# MANUEL

DE

# DROIT CIVIL

COMMENTAIRE PHILOSOPHIQUE ET CRITIQUE

DU

## CODE NAPOLÉON

TOME DEUXIÈME

PARIS. — IMPRIMERIE ARNOUS DE RIVIÈRE ET Cᵉ, 26, RUE RACINE.

# MANUEL

DE

# DROIT CIVIL

COMMENTAIRE PHILOSOPHIQUE ET CRITIQUE

DU

# CODE NAPOLÉON

CONTENANT

L'EXPOSÉ COMPLET DES SYSTÈMES JURIDIQUES

PAR

ÉMILE ACOLLAS

ANCIEN PROFESSEUR DE DROIT FRANÇAIS A L'UNIVERSITÉ DE BERNE
MEMBRE DE LA SOCIÉTÉ D'ÉCONOMIE POLITIQUE DE PARIS

*Droit et Liberté.*

« Il ne s'agissait pas d'examiner un principe en lui-même, mais d'interpréter, de discuter, de détruire ou de fortifier par d'autres textes ceux sur lesquels on l'appuyait. On n'adoptait pas une proposition parce qu'elle était vraie, mais parce qu'elle avait été écrite dans un tel livre, et qu'elle avait été admise dans tel pays et depuis tel siècle.

« Ainsi, partout l'autorité des hommes était substituée à celle de la raison. » CONDORCET.

« J'ai tiré mes principes, non de mes préjugés, mais de la nature des choses. » MONTESQUIEU.

---

TOME DEUXIÈME

DEUXIÈME ÉDITION

PARIS

GERMER-BAILLIÈRE, LIBRAIRE-ÉDITEUR

RUE DE L'ÉCOLE-DE-MÉDECINE, 17

1874

# TABLE DES MATIÈRES



## CODE NAPOLÉON

### LIVRE III



### TITRE PREMIER



*

## TITRE IV





FIN DE LA TABLE DES MATIÈRES DU DEUXIÈME VOLUME.

En entreprenant de soumettre l'ensemble des lois françaises, et en particulier des Codes Napoléoniens, à une exégèse rationnelle, nous nous sommes avant tout proposé d'accomplir envers les jeunes générations un devoir de bonne foi, de constater tout haut pour elles ce que beaucoup pensent, de les soustraire au joug des traditions épuisées, des admirations convenues, des superstitions hypocrites, de les porter enfin à juger par elles-mêmes et à entrer dans les voies de la libre recherche scientifique.

L'idée morale la plus considérable qu'aura dégagée la seconde moitié du XIX$^e$ siècle est celle de l'autonomie de l'individu ; c'est cette idée qu'il s'agit de faire pénétrer dans l'ordre de la législation.

A l'heure présente, l'Europe, en proie à un despotisme honteux, semble insoucieuse de sa direction et ignorante de son but. Ce n'est là qu'une apparence ; le Droit européen marche vers un système dont la liberté de l'individu sera la base.

Depuis des siècles, il est vrai, l'idée de la cité antique et l'esprit césarien de Rome et de Byzance ont corrompu les premiers principes des législations positives; mais la raison moderne déserte de jour en jour ces ruines; elle pense que le progrès de la législation n'est pas séparable du mouvement général des choses humaines, et c'est assurément trop peu de quelques exégètes, fixés aux traditions scolastiques, pour ensevelir dans la nécropole du Droit romain le souffle vivant des temps nouveaux.

Que les jeunes gens envisagent l'avenir avec confiance, qu'ils l'abordent avec une pensée libre, avec une science vraie, avec des convictions fermes, et de grandioses perspectives s'ouvriront devant eux.

Quelques mots d'explication maintenant au sujet des critiques adressées à nos idées.

On nous a reproché d'écarter systématiquement les traditions du Droit romain et de l'ancien Droit français.

Nous acceptons le reproche, en ce sens que nous refusons de reconnaître aucune valeur d'*autorité* aux Recueils législatifs du Bas-Empire romain ou byzantin, ainsi qu'aux décisions d'une École de légistes qui, depuis le XII<sup>e</sup> siècle, n'a su que mêler avec une suprême inintelligence et une incomparable servilité les traditions les plus disparates.

Pour nous, nous tenons à le redire, l'idée du Droit date du XVIII<sup>e</sup> siècle et de la Révolution française, car l'idée du Droit, c'est d'abord évidemment l'idée du Droit pour tous, et c'est en soi la liberté pour chacun de développer ses facultés ; or, avant le XVIII<sup>e</sup> siècle et avant la Révolution française, cette idée n'a germé nulle part, et c'est pourquoi le Droit nouveau procède de cette unique tradition.

On nous a également reproché de placer au premier rang, dans nos théories, les deux thèses de l'égalité des droits entre le mari et la femme, entre l'enfant légitime et l'enfant naturel.

Nous souscrivons pleinement à cette nouvelle censure, et nous pensons que, parmi les questions si graves du temps présent, aucune n'égale en importance celles du droit de la femme et du droit de l'enfant.

On nous a dit encore que les Codes Napoléoniens, *sans être des chefs-d'œuvre, avaient un immense mérite, celui d'exister.*

Au point de vue de la science du juste, cet éloge nous a paru étrange; nous savons pour notre part beaucoup de détestables choses qui n'ont absolument que le même genre de mérite.

Enfin, un publiciste des plus autorisés a exprimé le regret *que nous eussions pris pour point de départ la conception d'un droit qui existerait à priori dans la conscience, et que chacun pourrait affirmer d'intuition* (1).

Nous pensons n'avoir jamais écrit ni cette phrase ni aucune qui y ressemble ; nous ignorons si nos idées sont innées en nous ou si elles nous viennent des sens, et nous déclarons nous tenir

(1) M. Courcelle-Seneuil, *Journal des Économistes*, 3<sup>e</sup> série, t. XII (15 décembre 1868), p. 482.

en dehors de la célèbre controverse à laquelle notre critique a fait allusion.

Mais nous nous empressons de dire que nous croyons à la conscience, qu'elle est pour nous ce qu'il y a de plus intime, de plus sûr, de plus impérissable dans la raison humaine, qu'elle est la faculté la plus capable de discerner le bien du mal, la justice de l'injustice, qu'elle est le foyer de toutes les grandes inspirations, l'inexpugnable rempart de l'homme de cœur, et, dût ce point de vue devenir jamais une vieille méthode, nous attestons que nous y demeurerons fidèle.

Au surplus, tout en indiquant un grand nombre de réformes comme désirables ou même comme urgentes, nous n'en séparons aucune d'un certain ensemble ; nous n'en demandons aucune au régime actuel et nous sommes scientifiquement désintéressé de tout ce que ce régime peut entreprendre.

# CODE NAPOLÉON

## LIVRE III

### DES DIFFÉRENTES MANIÈRES DONT ON ACQUIERT LA PROPRIÉTÉ

Nous avons dit que pour chacun, *la propriété est le droit aux produits de son travail et à ceux qu'il tient de la libéralité d'un autre* (1).

Nous avons aussi indiqué la différence qui sépare *la cause d'acquisition de la manière d'acquérir* (2).

*La cause d'acquisition est le principe qui légitime l'acquisition;*

*La manière d'acquérir est le moyen juridique qui met ce principe en œuvre et réalise l'acquisition.*

La cause ou le principe de toute acquisition consiste *dans l'effort de l'individu,* soit que l'individu réserve pour lui-même les résultats de cet effort, soit qu'il les attribue gratuitement à autrui.

La manière d'acquérir, en d'autres termes, le moyen juridique de l'acquisition est variable; elle dépend *des différents rapports juridiques que l'état de société fait naître entre les individus.*

On voit immédiatement que, si la rubrique de ce livre est exacte, elle accuse, dans le Code Napoléon, un nouveau vice de méthode fondamental. *Les différentes manières dont on acquiert la propriété* sont, en effet, le complément nécessaire de la théorie de la propriété, et puisque cette théorie fait l'objet du livre II, il eût été conséquent de comprendre dans ce même livre les différentes manières dont on acquiert la propriété.

C'est le plan qu'avait suivi le Code de la Convention ; le titre III du

(1) V. *Manuel de droit civil*, t. I, p. 572.
(2) V. *Manuel de droit civil*, t. I, p. 572, 573, 574 et 577, *passim.*

livre II de ce Code porte pour rubrique : *Des manières d'acquérir les biens, indépendantes des contrats.*

Nous retrouvons donc, au seuil du livre III du Code Napoléon, la même absence de vues philosophiques qui caractérise l'ensemble des deux premiers livres.

Ce n'est pas tout, et la rubrique du livre III mérite deux autres reproches; d'une part, le livre III ne contient pas tout ce que cette rubrique annonce; d'autre part, il contient plus que ce qu'elle annonce.

Le premier reproche est expliqué d'avance.

Comme on le sait, l'art. 546 a rangé l'accession au nombre des moyens d'acquérir la propriété (1). Or, quoi qu'il faille penser au fond de la valeur scientifique et pratique de cet article, il n'en est pas moins vrai que le point de vue des rédacteurs du Code Napoléon, relativement à l'accession, eût dû les conduire à classer méthodiquement cette matière sous la rubrique du livre III.

Le second reproche est beaucoup plus grave que le premier ; il peut être décomposé en *trois* autres :

1° *Par l'effet d'une extension abusive, le mot propriété signifie, dans cette rubrique, non-seulement la propriété elle-même, mais l'ensemble des droits réels démembrés de la propriété* (2).

2° *En ce qui concerne les droits réels de gage, d'antichrèse, de privilége et d'hypothèque, le livre III renferme la théorie tout entière de ces droits* (art. 2071, 2203, C. N.).

3° *Enfin le livre III contient également la théorie tout entière du droit de créance* (art. 1101, 1387, 2219, 2281, *passim*, C. N.).

Ce manque de méthode a une portée considérable (3). Il est en partie cause qu'on ne peut fonder sur la législation actuelle une véritale doctrine du droit de propriété ; il a en effet entraîné le législateur à des confusions telles que toute raison philosophique et même juridique y disparaît.

C'est l'absence de l'esprit d'ensemble qui a empêché les rédacteurs du Code Napoléon de dégager ici la distinction capitale du droit réel et du droit de créance.

Cependant cette distinction est indiquée de la manière la plus nette

---

(1) V. *Manuel de droit civil*, t. I, p. 576.

(2) V. *Manuel de droit civil*, t. I, p. 560.

(3) Il est vraiment inimaginable que M. Demolombe écrive à ce sujet : « *cette inexactitude, au reste, est sans importance* (oui, sans doute, s'il s'agit d'un répertoire), *il suffit que notre troisième livre soit complet* », puis, que le même auteur ajoute dans la même page : *On ne saurait nier toutefois que ce livre troisième de notre Code ne présente, sous ce rapport, une confusion regrettable entre les causes translatives du droit réel et les causes qui n'engendrent, au contraire, que le droit personnel.* (M. Demolombe, t. XIII, chap. 1er, *Des successions*, p. 5.)

dans le Code de la Convention, et elle est traditionnelle depuis les *Institutes* de Justinien.

C'est l'insouciance de l'ordre rationnel qui a conduit les rédacteurs du Code Napoléon à reléguer la prescription dans le dernier titre de leur œuvre.

Cependant la prescription, qui est à la fois un mode d'acquisition des droits réels et un mode d'extinction, tant de certains droits réels que du droit de créance, appartient à la théorie générale du droit réel et du droit de créance. C'est encore ce qu'avaient compris les rédacteurs du Code de la Convention, qui, sans la classer tout à fait à sa place, l'avaient au moins rangée parmi *les manières d'acquérir les biens, indépendantes des contrats* (1).

Portalis craignait l'abus de l'esprit philosophique. Assurément, la postérité lui rendra la justice d'avoir su, ainsi que ses collègues, en éviter jusqu'à l'apparence.

**711.** — La propriété des biens s'acquiert et se transmet par succession, par donation entre-vifs ou testamentaire, et par l'effet des obligations.

**712.** — La propriété s'acquiert aussi par accession ou incorporation, et par prescription.

L'explication de ces textes nécessite deux observations préalables.

En premier lieu, les auteurs font remarquer que la manière d'acquérir peut être conçue comme renfermant un double élément, d'abord l'*acte ou le fait qui est attributif de la propriété*, ensuite *le titre ou cause juridique de l'acquisition*, c'est-à-dire *la raison de droit en vertu de laquelle l'acquisition s'accomplit.*

Tantôt cet acte et cette raison de droit sont confondus ; tantôt, au contraire, ils sont distincts.

Ils sont confondus, par exemple, dans la succession, dans le legs, dans le contrat qui porte sur un corps certain (art. 1138); ils sont distincts dans l'obligation qui a en vue une chose indéterminée.

Dans le premier cas, en effet, la succession, le legs, le contrat portant sur un corps certain, constituent à la fois l'acte attributif de la propriété et la raison juridique de l'acquisition ; dans le second cas, la raison juridique de l'acquisition se trouve dans l'obligation ; l'acte attributif ne

(1) Les rédacteurs du Code Napoléon ont rangé la prescription à la suite des dispositions relatives à certains contrats spéciaux, de la théorie des droits réels de gage, d'antichrèse, de privilége et d'hypothèque, et des règles relatives à la saisie immobilière.

L'École de Paris a bien compris qu'elle ne pouvait, sans inconvénients, respecter ce désordre ; elle a inscrit la prescription parmi les matières du second examen de baccalauréat en droit ; aussi l'expliquons-nous nous-même à la fin de ce volume.

peut résulter que d'un fait ultérieur, qui est la tradition, ou, plus exactement, la détermination de la chose due.

En second lieu, les mots *acquérir* et *aliéner* sont habituellement, mais non pas nécessairement corrélatifs; l'occupation est une manière d'acquérir qui va jusqu'à exclure l'idée de toute aliénation au moment où l'acquisition s'opère; à l'inverse, l'abandon d'une chose de la part de celui auquel appartient cette chose est une aliénation qui n'implique aucune acquisition.

Il importe de se rappeler enfin que les mots *acquérir* et *aliéner* ont un sens générique dans lequel rentre ordinairement, comme termes spécifiques, les mots *acheter* et *vendre.* Cependant, lorsque la vente a pour objet une chose indéterminée, l'acheteur ne devient acquéreur et le vendeur aliénateur que par le fait de la tradition ou de la détermination de la chose.

Voyons :

1° *Les manières d'acquérir et de transmettre la propriété indiquées par l'art.* 711 ;

2° *Les manières d'acquérir la propriété indiquées par l'art.* 712 ;

3° *Les manières d'acquérir la propriété non indiquées dans les art.* 711 *et* 712 *et cependant consacrées par le Code Napoléon ;*

4° *Les classifications habituelles des manières d'acquérir la propriété.*

### 1° MANIÈRES D'ACQUÉRIR ET DE TRANSMETTRE LA PROPRIÉTÉ INDIQUÉES PAR L'ART. 711.

D'après l'art. 711, *la propriété* (en d'autres termes, *le droit réel*) *s'acquiert et se transmet par succession, par donation entre-vifs ou testamentaire et par l'effet des obligations.*

La fin de ce malencontreux texte doit d'abord être corrigée de la manière suivante : au lieu des mots l'*effet des obligations,* il faut mettre : *le contrat, lorsqu'il porte sur un corps certain, et dans tous les cas où naissent des obligations ayant pour objet une chose indéterminée, la tradition ou la détermination de la chose.*

Deux raisons commandent cette correction :

1° Les expressions : l'*effet des obligations*, sont dépourvues de tout sens dans le cas présent.

On sait que, d'après le Code Napoléon lui-même, une obligation est une nécessité juridique de donner, de faire ou de ne pas faire ; l'effet propre de l'obligation est d'engendrer, au profit du créancier, une action, c'est-à-dire un moyen de coercition contre le débiteur ; cette action, ce moyen de coercition, ne peut être et n'est jamais directement un moyen juridique d'acquisition.

Donc, dans tout système de législation, les expressions finales de l'art 711 seraient un non-sens.

2° Dans le système que les rédacteurs du Code Napoléon ont consacré, un contre-sens s'ajoute à ce non-sens.

Nous avons dit plusieurs fois (1) qu'aujourd'hui, grâce au célèbre logogriphe proposé à la pénétration des interprètes par l'art. 1138, le contrat qui porte sur un corps certain est regardé comme étant par lui-même translatif de propriété; mais les auteurs de cette innovation considérable (nous entendons les rédacteurs du Code Napoléon), n'en ont jamais eu l'intelligence tout à fait nette ; ils l'ont oubliée dans l'art. 711 comme dans les art. 1238, 1303, etc. Cependant cette innovation n'en est pas moins tenue pour constante, et il s'ensuit qu'aujourd'hui, en matière de translation de la propriété, il y a lieu de distinguer entre le cas du contrat qui porte sur un corps certain et tous les cas où naissent des obligations ayant pour objet une chose indéterminée. Tandis que, dans le premier cas, le contrat est par lui-même une manière d'acquérir, l'acquisition ne peut se réaliser, dans les autres, qu'au moyen d'un fait qui détermine la chose due.

La correction est donc pleinement justifiée; *elle a pour conséquence d'entraîner un nouveau changement dans la rédaction de l'art.* 711.

Cet article mentionne en effet *la donation entre-vifs* comme une manière d'acquérir spéciale ; or, dans le droit actuel, la donation entre-vifs est un contrat (art. 894) ; *il y a par conséquent lieu de lui appliquer ce que nous venons de dire du contrat.*

Ainsi rectifié, l'art. 711 comprend les *quatre* manières d'acquérir suivantes :

1° *La succession;*

2° *La donation testamentaire ;*

3° *Le contrat, lorsqu'il porte sur un corps certain ;*

4° *La tradition, dans tous les cas où naissent des obligations ayant pour objet une chose indéterminée.*

La qualification légale de la *seconde* manière d'acquérir peut, à juste raison, paraître étrange ; elle a le caractère d'un véritable *néologisme* juridique.

Comme on le comprend, cette qualification concerne *la transmission à cause de mort par la volonté expresse de l'homme ;* d'après un système généralement enseigné, les rédacteurs du Code s'en seraient servis pour faire entendre que, conformément aux traditions coutumières, le testament ne crée pas d'héritiers et que toute transmission testamentaire a la nature d'un legs (V. *infra*, art. 871).

---

(1) V. *Manuel de droit civil*, t. 1, p. 374, note 1, et 533.

En tenant pour bonne cette explication, aurons-nous épuisé les critiques auxquelles donne lieu l'art. 711 ?

Une dernière reste à formuler, et cette dernière est fondamentale.

Parmi les quatre manières d'acquérir, dont l'art. 711 contient l'énonciation au moins implicite, *les trois premières*, la succession, la donation testamentaire et le contrat sont *mixtes*, c'est-à-dire qu'elles conviennent tout aussi bien au droit de créance qu'au droit réel ; *la quatrième*, la tradition, *est la seule qui ne convienne qu'au droit réel.*

Que l'on puisse faire naître ou transmettre le droit de créance tout aussi bien que le droit réel par succession, par donation testamentaire ou par contrat, c'est d'abord un point qui ne souffre aucune difficulté ; or, à ce qu'il semble, les rédacteurs du Code Napoléon n'ont eu en vue d'indiquer ici que *les manières d'acquérir la propriété* ou plus généralement le *droit réel ;* eussent-ils eu, au surplus, la pensée d'énumérer *les modes mixtes* d'acquisition, la confusion, pour être d'ordre inverse, n'en serait pas moins tout aussi grave.

A la différence de la succession, de la donation testamentaire et du contrat, la tradition n'est susceptible de s'appliquer qu'à la transmission du *droit réel.*

D'après la définition classique, *la tradition est la remise de la possession d'une chose soumise au droit de propriété ;* par sa nature même, le droit de créance échappe à toute possession, et, en disant qu'il peut y avoir une propriété des créances, on tomberait en outre dans une logomachie.

Le cas des titres au porteur pourrait paraître faire exception, puisque ces titres constatent une créance et que cependant la propriété s'en transmet par la tradition.

Cette exception n'est qu'apparente ; sans doute, en matière de titres au porteur, quiconque a la propriété de l'*instrumentum* constatant la créance, obtient par là même la qualité de créancier ; mais ce n'est là qu'une suite forcée de l'acquisition du titre.

Il faut donc, en définitive, tenir pour certain que la tradition est bien une manière d'acquérir spéciale à *la propriété*, et, par conséquent, la seule des quatre, ci-dessus indiquées, qui réponde à la pensée des rédacteurs de l'art. 711 ; or, c'est précisément la tradition qui se trouve seule omise dans ce même article.

### 2° MANIÈRES D'ACQUÉRIR LA PROPRIÉTÉ INDIQUÉES PAR L'ART. 712.

Comme cinquième et comme sixième manières d'acquérir la propriété ou le droit réel, l'art. 712 mentionne l'*accession* ou *incorporation* et la *prescription.*

Nous avons dit ce qu'il y a lieu de penser scientifiquement de l'*ac-*

*cession* (1); il est clair, d'ailleurs, que si cette manière d'acquérir présentait un sens scientifiquement intelligible, elle ne conviendrait qu'*au droit réel.*

Un grand nombre d'auteurs enseignent que *la prescription est la présomption de l'existence d'une des différentes manières dont on acquiert la propriété, mais qu'elle n'est pas elle-même une de ces manières.*

Cette idée est la seule qui ait le caractère scientifique, mais elle est directement *contredite* par le Code Napoléon, qui admet *la prescription fondée sur une possession sans titre et de mauvaise foi* (art. 2262, V. *infra,* DE LA PRESCRIPTION) (2).

De même que la tradition, la prescription a la possession pour élément essentiel; elle consiste, en effet, dans une possession continuée en général durant un certain temps; par conséquent, de même aussi que la tradition, elle ne s'applique qu'*au droit réel.*

3° MANIÈRES D'ACQUÉRIR LA PROPRIÉTÉ NON INDIQUÉES DANS LES ARTICLES 711 ET 712, ET CEPENDANT CONSACRÉES PAR LE CODE NAPOLÉON.

En général, les auteurs ajoutent à cette nomenclature :

1° *L'occupation;*

2° *La loi;*

Et quelques-uns même :

*La perception des fruits par le possesseur de bonne foi.*

On pourrait douter, en ce qui concerne l'occupation, que le Code Napoléon l'ait maintenue au nombre des manières d'acquérir (V. *infra,* art. 713): mais, outre qu'il serait impossible et absurde de proscrire absolument l'occupation, les art. 715 et 717, ainsi que nous allons le voir, ont reconnu, soit implicitement, soit explicitement, cette manière d'acquérir (V. *infra,* art. 715 et 717).

Comme la tradition et comme la prescription, l'occupation repose sur la possession; *elle est la prise de possession d'une chose qui n'appartient à personne;* cette notion implique qu'elle n'est, de même, applicable qu'*au droit réel.*

A l'égard de la loi, c'est la perpétuelle faute commise par le Code Napoléon et par les légistes d'oublier qu'elle ne doit constater que des *rapports nécessaires* et de lui attribuer une valeur propre. D'après les textes actuels, il est certain que la loi est une des différentes manières

(1) *Manuel de droit civil,* t. I, p. 576.

(2) Cette mauvaise doctrine dont la première idée remonte au droit romain, mais qui s'est surtout développée dans l'ancienne jurisprudence, ne pouvait manquer d'être accueillie avec faveur par les théoriciens qui pactisaient avec le crime de Brumaire.

Le laps de temps ne couvre aucune iniquité, et, en science exacte, nulle prescription ne saurait faire titre contre le Droit.

dont on acquiert le *droit réel* (art. 384, et *infra*, p. 18 et suiv., *passim*), et que l'art. 1370, en la rangeant parmi les causes d'obligation, en a même fait un *mode mixte.*

Reste la perception des fruits par le possesseur de bonne foi; mais, comme nous l'avons dit (1), le possesseur de bonne foi est un propriétaire provisoire; il acquiert les fruits comme le propriétaire lui-même.

De tout ce qui précède, il résulte :

1° Qu'il faut éclairer et compléter les art. 711 et 712, soit par d'autres dispositions du Code Napoléon, soit par la doctrine des auteurs;

2° Qu'il y a lieu de distinguer dans ces articles éclaircis et complétés *des manières d'acquérir particulières au droit réel et des manières d'acquérir mixtes, c'est-à-dire à la fois applicables au droit de créance et au droit réel.*

Les manières d'acquérir particulières *au droit réel* sont :

1° *La tradition;*

2° *L'accession;*

3° *La prescription;*

4° *L'occupation.*

Les manières d'acquérir *mixtes* sont :

1° *La succession;*

2° *La donation testamentaire*; ou, en d'autres termes, *l'attribution testamentaire;*

3° *Le contrat*;

4° *La loi* (2).

---

(1) V. *Manuel de droit civil*, t. I, p. 580.

(2) D'une part, il n'est pas douteux que, dans une nomenclature scientifique, on ne doive distinguer :

1° Des manières d'acquérir propres au droit réel;

2° Des manières d'acquérir propre au droit de créance;

3° Des manières d'acquérir communes à ces deux sortes de droits, c'est-à-dire mixtes.

Ce point de vue est depuis longtemps adopté par les professeurs les plus autorisés de l'Allemagne et de la Belgique (V. notamment Varnkœnig, *Commentarii juris privati romani*, Leodii, 1824-1829, 3 vol. in-8°).

D'autre part, dans une théorie rationnelle des manières d'acquérir propres au droit réel et des manières d'acquérir mixtes (V. pour les manières d'acquérir propres au droit de créance, *infra*, tit. IV), il y aurait lieu, selon nous:

En ce qui concerne les manières d'acquérir propres au droit réel :

1° De retrancher l'inintelligible accession et l'inique prescription (V. *Manuel de droit civil*, t. I, p. 576 et *infra*, tit. XX, *De la prescription*).

2° De réformer la théorie de l'occupation (V. *infra*, art. 715 et 716).

En ce qui concerne les manières d'acquérir mixtes :

1° De réformer dans des parties essentielles la théorie de la succession *ab intestat* et de l'attribution testamentaire;

2° D'effacer la loi.

### 4° CLASSIFICATIONS HABITUELLES DES MANIÈRES D'ACQUÉRIR LA PROPRIÉTÉ.

Les auteurs présentent, en général, pour les manières d'acquérir, quatre classifications ; ils reconnaissent :

1° *Des manières d'acquérir du droit naturel ou des gens et des manières d'acquérir du droit civil ;*

2° *Des manières d'acquérir originaires ou primaires, et des manières d'acquérir dérivées ou secondaires ;*

3° *Des manières d'acquérir à titre onéreux et des manières d'acquérir à titre gratuit ;*

4° *Des manières d'acquérir à titre universel, et des manières d'acquérir à titre particulier.*

#### 1° Manières d'acquérir du droit naturel ou des gens et manières d'acquérir du droit civil ou positif.

Enseignée par Pothier, qui puisait sa philosophie dans les textes romains et dans les décisions du Concile de Trente, cette première division a la portée scientifique de l'idéal qui a éclairé la rédaction des Douze Tables ; et c'est sans le moindre examen que, selon sa coutume, l'honnête Pothier l'a empruntée à un état social séparé du nôtre par le seul intervalle de vingt-trois siècles (1).

Répétons-le aussi souvent que les simples ou les sophistes qui professent le contraire, *les textes ne sont rien par eux-mêmes ;* toute loi n'est une loi qu'à la condition d'exprimer *un rapport nécessaire dérivant de la nature des choses ;* toute loi civile ou positive doit être fondée sur le droit naturel, c'est-à-dire sur la raison perfectible ; sinon, elle est une règle de déraison et d'injustice.

Scientifiquement, il n'y a donc pas de manières d'acquérir qui appartiennent au droit civil ou positif sans appartenir par là même au droit naturel ; le motif en est qu'il n'y a pas de science en dehors de la science (2).

#### 2° Manières d'acquérir originaires ou primaires, et manières d'acquérir dérivées ou secondaires.

Les manières d'acquérir originaires ou primaires ont un caractère *unilatéral ;* elles font acquérir les choses qui n'ont encore appartenu à

(1) Pothier, *De la propriété,* n° 19.

(2) V. *Manuel de droit civil,* t. I, Introd., p. IV et V.

Sans doute Bonaparte et ses légistes ont constamment fait, au Conseil d'État, l'antithèse du droit naturel et du droit positif, et le célèbre premier président actuel de la Cour de cassation l'a reproduite dans tous ses ouvrages (V. notamment *De la vente,* t. I, n° 2) ; mais le Droit a aussi ses aveugles de naissance, et leur cécité n'est pas la moins incurable.

personne ; il en existe deux dans la législation actuelle : l'*occupation* et dans certains cas, l'*accession*.

Les manières d'acquérir dérivées ou secondaires ont un caractère *bilatéral;* elles font perdre à l'un ce qu'elles font acquérir à l'autre ; en d'autres termes, elles sont à la fois modes de transmission et d'acquisition.

Remarquons :

1° Que par une de ces négligences de rédaction si habituelles aux rédacteurs du Code Napoléon, l'art. 712, rapproché de l'art. 711, semble ne concerner que des manières d'acquérir originaires, tandis qu'il s'applique, en général, à des manières d'acquérir dérivées ;

2° Que les manières d'acquérir originaires ne sont jamais qu'à titre particulier, tandis que les manières d'acquérir dérivées peuvent être aussi bien à titre universel qu'à titre particulier.

Comme on le voit, cette division n'a, en définitive, qu'une importance très-secondaire.

### 3° Manières d'acquérir à titre onéreux, et manières d'acquérir à titre gratuit.

La distinction des manières d'acquérir à titre onéreux et des manières d'acquérir à titre gratuit touche aux fondements mêmes de la propriété.

*L'acquisition à titre onéreux implique l'échange des fruits d'un travail respectif ; dans cet échange, la propriété continue, des deux parts, à reposer sur la base de l'effort propre.*

*L'acquisition à titre gratuit est d'une tout autre nature ; elle détruit, pour celui qui acquiert, la nécessité de l'effort propre.*

C'est, à coup sûr, une doctrine qui appartient à l'enfance de la civilisation d'admettre que l'homme majeur ait jamais, en principe, un droit à l'acquisition à titre gratuit ; autant vaudrait dire, qu'en principe, l'homme valide peut jamais avoir le droit d'exiger que l'effort d'un autre le dispense de son effort personnel.

Cependant cette doctrine est une des pierres angulaires de la législation napoléonienne ; combinée avec le traditionnalisme des formes et avec l'erreur du droit social, elle y a produit les plus graves conséquences.

D'après le Code Napoléon, les manières d'acquérir à titre gratuit diffèrent des manières d'acquérir à titre onéreux au triple point de vue :

*Des formes auxquelles elles sont soumises ;*

*De la capacité du disposant ;*

*De la disponibilité des biens.*

Sur ces *trois* chefs, la transmission à titre gratuit est assujettie à une série de restrictions qui ne s'appliquent pas à la transmission à titre onéreux.

En tant qu'elles concernent les formes et la disponibilité des biens, ces restrictions sont pour la plupart dénuées de toute base scientifique; en tant qu'elles se rapportent à la capacité du disposant, nous verrons à quelles conditions elles peuvent avoir un caractère légitime.

La théorie scientifique des manières d'acquérir à titre gratuit repose sur les idées suivantes :

Juridiquement, l'acquisition, ou, pour mieux dire, la disposition à titre gratuit est un droit pour celui qui dispose et non pour celui qui reçoit; elle est le droit du propriétaire faisant de sa chose l'usage qui lui convient et ne devant être protégé par la collectivité sociale que dans les cas exceptionnels et dans la mesure où il est hors d'état de se protéger lui-même.

Économiquement, la disposition à titre gratuit fournit au créateur des capitaux le libre moyen d'en être le dispensateur et de les confier à l'activité la plus apte à les faire fructifier.

Moralement, la disposition à titre gratuit doit servir à mettre l'instrument de travail entre les mains du plus nécessiteux et du plus digne.

C'est par l'harmonie de ces trois idées que la disposition à titre gratuit a sa place rationnelle dans la science de la propriété, qu'elle peut éviter le mal de produire des oisifs, et concourir, avec ses moyens propres, au développement des sociétés.

### 4° Manières d'acquérir à titre universel, et manières d'acquérir à titre particulier.

L'acquisition à titre universel est celle qui embrasse, soit l'universalité ou une quote-part de l'universalité du patrimoine d'une personne, soit encore, d'après l'art. 1010, tous les immeubles, ou tout le mobilier, ou une quotité fixe de tous les immeubles, ou de tout le mobilier d'une personne; tels sont la succession *ab intestat*, le legs universel ou à titre universel.

Remarquons cependant que, dans la langue du Code Napoléon, l'acquisition de l'universalité a reçu le nom distinct d'acquisition universelle; l'acquisition à titre universel a pris un sens propre : elle s'entend des acquisitions de quotes-parts de l'universalité des biens, de tous les immeubles, de tout le mobilier, d'une quotité fixe de tous les immeubles ou de tout le mobilier.

L'acquisition à titre particulier semble devoir être celle qui s'applique à un ou plusieurs biens déterminés.

Quoique cette notion soit incontestable en elle-même, nous verrons néanmoins que, d'après la doctrine et la législation actuelles, elle exige un correctif en ce qui concerne le legs particulier (V. *infra*, art. 1014).

D'après la législation et la doctrine juridique actuelles, les acquéreurs universels se divisent eux-mêmes en deux classes :

*Les uns continuent la personne de leur auteur;*

*Les autres sont de simples successeurs aux biens.*

On a attaché à cette distinction un grave intérêt; en principe, les continuateurs de la personne sont tenus de ses dettes *in infinitum* (art. 724 et 802); les simples successeurs aux biens ne sont tenus des dettes que jusqu'à concurrence des biens qu'ils ont recueillis.

Quant aux acquéreurs à titre particulier, ils ne sont tenus, en général, d'aucune dette (art. 756, 1009, 1012, 1024; les art. 351, 747 et 766 ne font pas exception).

**713.** — Les biens qui n'ont pas de maître appartiennent à l'État.

Cet article, combiné avec l'art. 539 et pris à la lettre, aurait pour conséquence de retrancher l'occupation des manières d'acquérir.

Il se trouverait ainsi en contradiction plus ou moins directe avec les art. 715, 716 et 717.

Les rédacteurs du Code Napoléon eurent, en effet, l'intention sérieuse de proscrire l'occupation; ils eussent mieux fait de songer à la définir.

Voici quels étaient les termes du projet de la Commission (art. 2):

« *La loi civile ne reconnaît pas le droit de simple occupation;*

» *Les biens qui n'ont jamais eu de maître, et ceux qui sont vacants comme abandonnés par leurs propriétaires, appartiennent à la nation; nul ne peut les acquérir que par une possession suffisante pour opérer la prescription* (1). »

Les mots *la nation* désignaient ici l'État.

Le tribunal d'appel de Paris fit remarquer aux rédacteurs que, quelque partisan que l'on puisse être du droit de l'État, il y a des solutions qui s'imposent; déclarerait-on, par exemple, l'État propriétaire de l'eau qu'un particulier puise dans la rivière et dont il a empli sa cruche?

Cet exemple et plusieurs autres de même sorte firent hésiter les rédacteurs; ils retranchèrent la première partie de leur disposition, remanièrent la seconde et produisirent l'art. 713.

On tombe, en général, d'accord que ce texte s'applique d'une manière absolue *aux immeubles* et *aux universalités de meubles*, c'est-à-dire *aux meubles provenant des personnes qui décèdent sans héritiers ou dont les successions sont abandonnées*, mais qu'à l'égard des meubles particuliers, ils échappent à l'envahissante abstraction de l'État (2).

**714.** — Il est des choses qui n'appartiennent à personne et dont l'usage est commun à tous. — Des lois de police règlent la manière d'en jouir.

---

(1) Fenet, t. II, p. 124.

(2) M. Duranton, t. IV, n° 269. — M. Demolombe, t. XIII, p. 22. — En sens contraire, MM. Zachariæ, Aubry et Rau, t. I, p. 353 et 419.

Il y a des choses qui, dans leur ensemble, ne peuvent être l'objet d'un droit de propriété et qui, d'ailleurs, existent en telle quantité qu'elles suffisent à tous les besoins : tels sont l'air, la lumière, la mer, l'eau courante.

Ces choses sont proprement les choses *communes*.

Quoique l'article ne l'exprime pas, il n'est cependant pas douteux que les parties séparées de ces choses ne puissent être appropriées et ne le soient même nécessairement, au moins lorsqu'il s'agit de l'air.

La manière d'acquérir qui s'applique en pareil cas est l'*occupation*.

On remarquera que cet article eût dû être rationnellement le 1^er^ du livre II ou du livre III, et que les rédacteurs du Code Napoléon eussent bien fait cette fois d'imiter Gaïus et Justinien (Gaius, *Comm.*, II, § 1^er^. — Justin., *Inst.*, lib. II, tit. I, Pr.) ; ils eussent ainsi opposé, comme Gaïus et comme Justinien, les choses qui peuvent entrer dans notre patrimoine à celles qui n'y peuvent pas entrer.

---

# APPENDICE

## OCCUPATION.

L'occupation est définie techniquement : *la prise de possession d'une res nullius.*

Que faut-il entendre par *la prise de possession* et *par une res nullius ?*

On enseigne depuis les Romains que la prise de possession suppose l'*animus*, c'est-à-dire l'intention, et le *corpus*, c'est-à-dire le fait matériel de l'appréhension de l'objet. Pour ce fait, on ne se contente pas dans l'occupation, comme dans les traditions, de la *rei præsentia*, on exige le *tactus* (1).

Cette règle est en quelque sorte toute mécanique ; sans la repousser, il y a lieu, pour en apprécier la véritable valeur et pour déterminer la nature scientifique de l'occupation, de remonter au principe de la propriété.

Comme l'a dit Locke, *le grand fondement de la propriété est en nous-mêmes, parce que le grand fondement de la propriété est le travail* (2).

L'occupation, ainsi que toutes les autres manières d'acquérir, doit

(1) M. Pellat, *Principes généraux du Droit romain sur la propriété*, p. 23. — M. Molitor, *Traité de la possession*. — M. Maynz, *Éléments de droit romain*.

(2) V. *Manuel de droit civil*, t. I, p. 572.

être en rapport avec ce *grand fondement;* c'est dans cette idée que l'occupation trouve à la fois sa raison d'être et sa mesure.

L'occupation n'a donc de valeur juridique que tout autant qu'il y a eu *travail*, c'est-à-dire *effort personnel.*

L'âpre revendication de J. J. Rousseau contre *le premier qui s'avisa d'enclore un terrain et qui dit : ceci est à moi, nous paraît fondée, si le premier qui a enclos un terrain s'est borné à l'enclore;* nous la rejetons, au contraire, s'il a cultivé le terrain et s'il l'a rendu productif.

Ceci revient à dire que le *tactus* peut être sans doute un excellent signe pratique de l'occupation, mais que ce signe est insuffisant; il peut ne pas y avoir rationnellement occupation, quoiqu'il y ait *tactus*, et il peut y avoir occupation, quoiqu'il n'y ait pas *tactus.*

Sur ce point d'ailleurs la nature de la chose est d'une capitale importance; l'effort nécessaire pour occuper un coquillage ne peut être le même que l'effort nécessaire pour occuper un immeuble (1).

---

(1) La théorie de Kant sur l'occupation est tout aussi manquée que sa théorie sur le mariage; Kant n'a pas compris ce que Locke exprime si bien, à savoir que *l'homme a toujours en soi le fondement de la propriété;* et il a, en outre, exagéré et dénaturé l'idée que le droit n'a de réalité que dans l'état social.

Kant écrit que l'occupation par elle-même *ne peut en aucune manière se concevoir* (*lasst sich auch auf keine Weise einsehen*), en quoi Kant se trompe assurément, car l'occupation peut être une forme de l'effort propre, et, à ce point de vue, elle a la même légitimité que toute autre manière d'acquérir, fondée sur la même cause.

L'idée exacte, nous le répétons, est celle de Locke.

Kant écrit encore que *le titre rationnel de l'acquisition ne peut résider que dans l'idée d'une volonté générale collective à priori,* en quoi il revient à la doctrine du contrat social, posée par Rousseau comme fondement du droit, et en quoi de nouveau il se trompe cette fois en compagnie de Rousseau.

L'idée exacte est celle de Montesquieu définissant la loi : *le rapport nécessaire qui dérive de la nature des choses*, et ruinant par là d'avance l'idée d'un contrat social.

Sans examiner les origines historiques et assurément peu juridiques de la propriété, nous disons que le titre consistant dans l'occupation peut dériver du principe de la propriété, *abstraction faite de toute idée d'une volonté générale collective à priori.*

Enfin Kant, d'accord avec lui-même, admet cette double conclusion :

1° Que le droit d'occuper une terre s'étend aussi loin que la faculté de la défendre;

2° Que pour acquérir une terre par occupation, le travail n'est pas nécessaire, car les formes spécifiques du travail, bâtir, labourer, dessécher, etc., ne sont que des accidents, elles ne constituent pas la possession immédiate d'un objet, et ne peuvent appartenir au sujet qu'autant que la substance est déjà tenue pour sienne.

« *Le travail, lorsqu'il s'agit de la première acquisition*, ajoute Kant, *n'est rien de plus qu'un signe extérieur de la prise de possession, que l'on peut remplacer par beaucoup d'autres moins pénibles.*

Il est étrange que l'énormité de cette conclusion n'ait pas frappé le philosophe

Quant à la question de savoir ce qu'est en soi une *res nullius*, il nous paraît que la *res nullius* doit être définie : *toute chose qui, n'étant la propriété de personne, est cependant susceptible d'être appropriée.*

Cette notion comprend :

1° *Les choses qui n'ont jamais été appropriées ;*

2° *Les choses qui l'ont été, mais que le propriétaire a abandonnées.*

Scientifiquement, il ne faut tenir aucun compte de l'irrationnelle doctrine des Proculéiens, qui enseignaient que la chose abandonnée continuait, malgré le délaissement, d'appartenir au premier maître, jusqu'à ce qu'une autre personne s'en fût emparée (1).

Dans l'état actuel de la législation, ces vues spéculatives ne peuvent servir qu'à éclairer la confusion des textes et à en faciliter l'intelligence; il y a toujours lieu d'y introduire, au point de vue légal, les amendements que les textes imposent.

Les auteurs rapportent l'occupation à cinq hypothèses qui sont :

1° *L'occupation simple* (art. 714) ;

2° *La chasse* (art. 715);

3° *La pêche* (art. 715);

4° *L'invention* (art. 716-717) ;

5° *Le butin pris à la guerre.*

Nous avons vu l'hypothèse *de l'occupation simple ;* les *quatre* autres forment l'objet des art. 715-717.

---

**715.** — La faculté de chasser ou de pêcher est également réglée par des lois particulières.

## CHASSE ET PÊCHE.

### 1° CHASSE.

Le très-naïf Pothier expliquait, en plein XVIIIe siècle (1771), comment le droit de chasse n'appartient qu'au roi et aux seigneurs qui tiennent ce droit de sa permission (2).

---

de Kœnigsberg, et ne l'ait pas ramené à la question fondamentale : Qu'est-ce que la propriété?

(1) M. Pellat, *Principes généraux*, p. 26 et 83.

(2) Dans le siècle de Voltaire, de Rousseau, de Montesquieu, de Diderot, de d'Alembert, de Turgot, de Condorcet, il est curieux de voir quel est le coryphée de la science du Droit ; on n'y croirait pas, si la citation n'était textuelle :

« Quelques anciens docteurs, dit Pothier, ont douté si les souverains avaient eu le droit de se réserver la chasse et de l'interdire à leurs sujets. Ils opposent que Dieu ayant donné aux hommes l'empire sur les bêtes, le prince n'était pas en droit de priver ses sujets d'un droit que Dieu leur avait donné ; la loi naturelle, dit-on, permettant la chasse à chaque particulier, la loi civile qui la défend, est contraire à la loi naturelle, et excède par conséquent le pouvoir du

La Révolution, en abolissant la féodalité, supprima le droit régalien et féodal de chasse (Décrets des 4-11 août 1789).

Aujourd'hui, la loi spéciale qui régit cette matière est celle du 3 mai 1844.

La loi du 3 mai 1844 a pour but de protéger l'inviolabilité de la propriété privée, de préserver les fruits et les récoltes, de prévenir la trop grande destruction du gibier, enfin, de veiller à la sûreté des personnes.

En ce qui concerne l'acquisition du gibier, *deux* questions sont posées depuis longtemps :

1° *A quel moment le gibier est-il acquis?*

2° *Peut-on l'acquérir, même lorsqu'on s'en empare sur le fonds d'autrui et que le propriétaire a défendu l'accès de son fonds?*

Ces deux questions sont depuis longtemps controversées.

*A l'égard de la première*, Puffendorf enseigne que, si l'animal n'est pas blessé grièvement, il appartient au premier occupant; dans le cas contraire, il appartient à celui qui l'a blessé (1).

Barbeyrac est, au contraire, d'avis qu'il suffit que le chasseur soit à la poursuite de l'animal, ne l'eût-il pas encore blessé, pour qu'il soit censé être le premier occupant (2).

L'opinion de Barbeyrac est préférable à celle de Puffendorf, car si Puffendorf a pour lui Gaïus et les *Institutes* de Justinien (l. 5, § 1, D. *De acq. rer. Dom.*, *Instit.*, § 12, l. 1, tit. I), Barbeyrac applique l'idée rationnelle de l'occupation.

*A l'égard de la seconde question*, Cujas professe que le chasseur qui

---

législateur, qui étant lui-même soumis à la loi naturelle, ne peut rien ordonner de contraire à cette loi. »

Il est facile de répondre à ces objections. De ce que Dieu a donné au genre humain l'empire sur les bêtes, il ne s'ensuit pas qu'il doit être permis à chaque particulier du genre humain d'exercer cet empire. La loi civile ne doit pas, dit-on, être contraire à la loi naturelle ; cela est vrai, à l'égard de ce que la loi naturelle commande ou de ce qu'elle défend ; mais la loi civile peut restreindre la loi naturelle dans ce qu'elle ne fait que permettre ; la plupart des lois civiles ne sont que des restrictions de ce que la loi naturelle permet. C'est pourquoi, quoi qu'aux termes du pur droit naturel, la chasse fût permise à chaque particulier, le prince a été en droit de se la réserver et à un certain genre de personnes, et de l'interdire aux autres. La chasse étant un exercice propre à détourner les paysans et les artisans de leur travail, et les marchands de leur commerce, il était utile, et pour leur propre intérêt, et pour l'intérêt public, de la leur défendre. La loi qui défend la chasse est donc une loi juste... (Pothier, *De la propriété*, n° 28).

La citation est longue, mais elle est suffisamment décisive. Voilà pourtant la portée d'esprit de l'homme dont les écrits ont si constamment inspiré la législation napoléonienne, et dont la doctrine actuelle se fait gloire de procéder.

(1) Puffendorf, trad. par Barbeyrac, *le Droit de la nature et des gens*, l. IV, chap. VI, n° 10. Amsterdam, 1712, 2 vol. in-4°.

(2) Barbeyrac, *Note sur le traité de Puffendorf*.

tue du gibier sur le fonds d'autrui, malgré la défense du propriétaire du fonds, n'en acquiert pas, en ce cas, la propriété (1).

Vinnius attribue au chasseur la propriété du gibier, parce que le gibier, même poursuivi sur le fonds d'autrui, ne cesse pas d'être une *res nullius;* il accorde seulement au propriétaire du fonds une action en dommages-intérêts.

2° PÊCHE.

La pêche est divisée par la doctrine et par la égislation en *maritime* et *fluviale.*

La pêche maritime est libre, en ce sens qu'elle est permise à tout le monde; cependant, l'ordonnance sur la marine de 1681, qui la régit encore aujourd'hui (liv. V, tit. I, art. 1er), la soumet à une série de prohibitions, en ce qui concerne les temps, saisons et heures durant lesquels elle peut avoir lieu, ainsi que les procédés, engins et instruments avec lesquels elle peut être pratiquée.

Le pêcheur acquiert le poisson de mer par occupation.

La pêche fluviale n'est pas de même condition juridique que la pêche maritime.

Elle est aujourd'hui réglée par les lois des 15 avril 1829 et 6 juin 1840.

Dans les rivières navigables ou flottables et dans leurs dépendances, le droit de pêche appartient à l'État; dans les rivières non navigables ni flottables, il appartient par moitié aux propriétaires riverains des deux côtés du cours d'eau.

Dans les rivières navigables et flottables, la pêche à la ligne flottante est libre, le temps du frai excepté (art. 1 et 5, l. 15 avril 1829).

L'État ou ses ayants cause, le pêcheur à la ligne flottante à l'égard des rivières navigables ou flottables, les riverains ou leurs ayants cause, en ce qui concerne les rivières non navigables ni flottables, acquièrent le poisson par occupation.

Il n'est pas médiocrement étrange de voir l'État obtenir le poisson des rivières navigables et flottables à titre d'occupation, mais telle est la conséquence à laquelle conduit le principe de domanialité, conçu comme conférant à l'État un droit de propriété.

Lorsque la pêche est exercée par un individu sans droit, l'art. 5 de la loi du 16 avril 1829 oblige cet individu à restituer le prix du poisson par lui pêché; il semble donc que cet article n'a pas maintenu d'une manière absolue aux poissons des rivières le caractère de *res nullius.*

**716.** — La propriété d'un trésor appartient à celui qui le trouve dans son

(1) Cujas, observ. IV, 2, Vinnius.

propre fonds : si le trésor est trouvé dans le fonds d'autrui, il appartient pour moitié à celui qui l'a découvert, et pour l'autre moitié au propriétaire du fonds. — Le trésor est toute chose cachée ou enfouie sur laquelle personne ne peut justifier sa propriété, et qui est découverte par le pur effet du hasard.

**717.** — Les droits sur les effets jetés à la mer, sur les objets que la mer rejette, de quelque nature qu'ils puissent être, sur les plantes et herbages qui croissent sur les rivages de la mer, sont aussi réglés par des lois particulières. — Il en est de même des choses perdues dont le maître ne se représente pas.

## INVENTION.

Le cas, dit de l'invention, est défini par les auteurs : *une espèce d'occupation par laquelle la propriété est acquise à celui qui trouve une chose n'appartenant à personne, ou même, dans certains cas, une chose appartenant à quelqu'un, mais dont le maître est inconnu* (1).

Il s'agit, bien entendu, de choses mobilières.

On applique l'invention à trois sortes de choses :

1° *Au trésor ;*

2° *Aux choses qui n'ont pas de maître, soit qu'elles n'aient jamais appartenu à personne, soit qu'elles aient été abandonnées par celui à qui elles appartenaient ;*

3° *Aux choses perdues, aux épaves, dans la plus large acception de ce mot.*

Cependant, comme nous allons le voir, les hypothèses du trésor et des épaves ne s'harmonisent pas avec l'idée juridique de l'occupation.

### 1° TRÉSOR.

Le trésor était défini par les Romains : *vetus quædam depositio pecuniæ, cujus non exstat memoria, ut jam dominum non habeat* (L. 31, § I, D., *de Acq. rer. dom.*).

D'après l'art. 716, *trois* circonstances sont nécessaires pour qu'il y ait un trésor ; il faut :

1° *Que la chose soit cachée ou enfouie ;*

2° *Que personne ne puisse justifier sa propriété sur cette chose ;*

3° *Qu'elle soit découverte par le pur effet du hasard.*

Ce dernier élément doit être retranché de la définition ; il se rapporte à l'acquisition du trésor.

Voyons chacun des deux autres.

*Il faut*, en premier lieu, *que la chose soit cachée ou enfouie.*

La nature de la chose n'importe pas ; l'art. 716 emploie les mots : *toute chose ;* ce qui est seulement nécessaire, c'est que la chose ait une individualité propre, c'est-à-dire qu'elle ne se confonde pas avec celle dans laquelle elle se trouve.

(1) M. Demolombe, t. XIII, p. 37 et 38.

Les mots : *cachée ou enfouie*, sont suffisamment clairs par eux-mêmes; ils excluent les choses qui seraient à la surface de la terre, mais il n'importe pas que la chose soit cachée dans un immeuble plutôt que dans un meuble, et, bien que le texte paraisse avoir eu en vue les choses cachées ou enfouies dans les fonds de terre, on enseigne qu'il n'a entendu statuer que *de eo quod plerumque fit* (1).

*Il faut*, en second lieu, *que personne ne puisse justifier sa propriété sur la chose.*

Ce point est évident ; autrement la chose doit revenir à son propriétaire.

Maintenant, *à qui le trésor est-il attribué ?*

L'art. 716 distingue :

Est-il trouvé par un propriétaire dans son propre fonds, il appartient *tout entier à ce propriétaire.*

Est-il trouvé par un tiers dans le fonds d'autrui, il appartient *pour moitié à celui qui l'a découvert, et pour l'autre moitié au propriétaire du fonds.*

Il y a d'ailleurs cette différence entre les deux hypothèses que, dans la *première*, le propriétaire du fonds obtient le trésor tout entier, *même lorsqu'il a fait des fouilles pour le chercher*, tandis que dans la *seconde*, l'inventeur n'a droit pour moitié au trésor, *que lorsqu'il l'a découvert par le pur effet du hasard.*

*Dans les deux cas, en vertu de quelle manière d'acquérir l'attribution de la propriété du trésor a-t-elle lieu ?*

Lorsque le trésor est trouvé par un propriétaire dans son propre fonds, les auteurs discutent pour savoir si ce propriétaire l'acquiert pour moitié *jure accessionis* et pour l'autre moitié *jure occupationis;* ou s'il l'obtient tout entier *jure accessionis.*

Lorsque le trésor est trouvé par un tiers dans le fonds d'autrui, on s'accorde à admettre que l'inventeur étranger acquiert la moitié du trésor *jure occupationis*, et que le propriétaire du fonds acquiert l'autre moitié *jure accessionis.*

Rationnellement, il y a d'abord lieu d'écarter le *jus accessionis*, aussi inintelligible dans ces deux cas que dans tous les autres.

Dans le premier cas, le propriétaire, qui trouve un trésor dans son fonds, a droit à ce trésor, *parce qu'il est propriétaire du fonds et qu'il a par là même le droit de prétendre à tous les avantages que le fonds peut lui procurer.*

Dans le second cas, *toute raison de droit* manque pour attribuer à l'inventeur une part quelconque dans le trésor.

---

(1) MM. Aubry et Rau, *Sur Zachariæ*, t. II, p. 418. — M. Demolombe, t. XIII, p. 42.

Le trésor, en effet, diffère sensiblement des *res nullius*, et, d'un autre côté, l'inventeur n'est pas un occupant, car l'occupation suppose un effort propre dirigé dans le sens de l'acquisition, si faible d'ailleurs que soit cet effort ; et précisément, dans l'espèce, n'est inventeur que celui qui découvre la chose par le pur effet du hasard.

Nous sommes donc d'avis que, dans le second comme dans le premier cas, le trésor devrait appartenir pour le tout *au propriétaire*, parce que, dans l'un et dans l'autre cas, la seule raison de droit qui apparaisse est celle de la propriété de la chose dans laquelle le trésor est caché ou enfoui (1).

Remarquons :

1° *Que, même dans la théorie actuelle, le possesseur de bonne foi étant provisoirement subrogé au propriétaire, n'est pas soumis à la règle écrite dans l'alinéa* 2 *de l'art.* 716 *et qu'il a droit à la moitié du trésor attribuée à l'inventeur, quoiqu'il ait fait des fouilles tout exprès pour le découvrir* (2) ;

2° *Qu'à l'inverse, l'emphytéote, l'usufruitier, le fermier, perdent tout droit à la moitié du trésor, lorsqu'ils ont fait des travaux dans le but de le découvrir.*

2° CHOSES QUI N'ONT PAS DE MAITRE, SOIT QU'ELLES N'AIENT JAMAIS APPARTENU A PERSONNE, SOIT QU'ELLES AIENT ÉTÉ ABANDONNÉES PAR CELUI A QUI ELLES APPARTENAIENT.

Comme exemple de choses qui n'ont pas de maître et qui n'ont jamais appartenu à personne, on peut citer les cailloux, propres à être taillés, qui se trouvent sur le bord de la mer ; de même, les différentes espèces de coquillages.

On doit aussi comprendre dans cette catégorie les choses du cru de la mer, telles que l'ambre, le corail, et les plantes ou herbages, varech, sar ou gouesmons qui croissent sur les rivages.

Les cailloux et les coquillages appartiennent toujours *à l'inventeur, c'est-à-dire au premier occupant.*

Quant aux choses du cru de la mer et aux plantes et aux herbages qui croissent sur ses rivages, l'ordonnance de 1681 sur la marine, qui s'applique encore aujourd'hui, fait une distinction :

---

(1) Les inventeurs perdraient peu de chose à ce que cette doctrine prévalût, car si le cas du trésor fait quelque figure dans la théorie juridique, il n'en fait qu'une très-modeste dans la pratique ordinaire des choses. Mais il serait temps, pour la science du Droit, d'en finir avec les *dona fortunæ* et les *beneficia Dei*, (*L. Unic. Cod. de Thesauris*), et d'apprendre à tout homme que la propriété n'a d'autre base légitime que l'effort propre.

(2) V. *Manuel de droit civil*, t. I, p. 582.

Les choses du cru de la mer appartiennent entièrement *à celui qui les a tirées du fond de la mer ou pêchées sur les flots.*

Il en est de même du varech jeté par les flots sur les grèves, ou de celui qui croît sur les îles ou les rochers déserts en pleine mer (1).

Au contraire, les choses du cru de la mer trouvées sur les grèves appartiennent pour un tiers *à l'inventeur* et pour les deux autres tiers *à l'État* (Ord. de 1681, combinée avec les art. 539 et 713).

Par corrélation, le varech qui croît sur les rochers de la côte appartient *aux habitants des communes dans le territoire desquelles il pousse* (art. 3, tit. X, ord. de 1681; décl. des 30 mai 1731 et 3 octobre 1772; arrêté des consuls du 18 thermidor an X) (2).

A l'égard des choses qui ont appartenu à quelqu'un, mais qui ont été *abandonnées* par celui qui était le propriétaire, il est clair que l'*occupation* leur est applicable.

### 3° CHOSES PERDUES OU ÉPAVES.

*On appelle épaves*, dit Pothier, *les choses égarées dont on ne connaît pas le propriétaire* (3).

Les expressions *choses gayves* étaient aussi employées autrefois pour désigner les épaves et choses égarées ou adirées qu'aucun ne réclame.

Une observation domine toute cette matière : c'est qu'il ne s'agit pas ici de choses *nullius* et que l'occupation n'est pas applicable.

Quant au renvoi à des lois particulières qui résume l'art. 717, nous allons voir que pour le cas le plus important, ce renvoi ne se réfère à aucune loi.

Les auteurs divisent les épaves en *quatre* classes, d'après les lieux où les choses ont été perdues :

1° *Les épaves de mer ;*

2° *Les épaves des cours d'eau navigables ou flottables ;*

3° *Les épaves des cours d'eau non navigables ni flottables et les épaves de terre ;*

4° *Enfin certaines choses égarées dans des cas particuliers et qui sont assimilées aux épaves.*

#### 1° Épaves de mer.

C'est l'ordonnance sur la marine de 1681 qui régit encore aujourd'hui les épaves maritimes.

Cette ordonnance constate fort bien que les effets procédant de jet,

(1) Valin, *Commentaire de l'ordonnance de* 1681, tit. X.
(2) Valin, *Commentaire de l'ordonnance de* 1681, tit. X.
(3) Pothier, *De la propriété,* n° 82.

bris ou naufrage, les ancres tirées du fond de la mer, l'argent monnayé, les bagues ou autres choses de prix, trouvés sur un cadavre noyé, ne sont pas des *res nullius* et doivent être restitués, s'il est possible, au propriétaire ; mais, pour le cas où le propriétaire ne réclame pas, l'ordonnance consacre les systèmes de répartition les plus divers et les plus arbitraires, tantôt entre le roi et l'amiral, l'inventeur étant alors tenu à l'écart, tantôt entre le roi, l'amiral et l'inventeur, tantôt entre l'inventeur et le propriétaire lui-même.

Comme nous l'avons déjà dit, l'État a pris aujourd'hui la place du roi et de l'amiral.

L'ensemble de ces différentes règles n'en est pas moins demeuré une législation de fantaisie; il n'y a lieu de conserver que la disposition qui rend les objets à celui auquel ils appartiennent.

En cas de non-réclamation, le principe rationnel de la matière est double :

Toutes les fois qu'il y a eu effort personnel de la part de l'inventeur, l'épave doit lui appartenir ;

Toutes les fois que cet effort manque ou n'est pas suffisant pour justifier l'attribution de propriété, l'épave doit appartenir à la collectivité sociale, ou, si l'on veut, à l'État.

### 2° Épaves des cours d'eau navigables ou flottables.

On enseigne généralement que l'ordonnance des eaux et forêts du mois d'août 1669 continue à s'appliquer à ces épaves.

D'après l'art. 16, tit. XXXI, de cette ordonnance, certaines formalités de publicité doivent être immédiatement accomplies pour avertir, s'il est possible, le propriétaire ; si les épaves ne sont pas réclamées dans le délai d'un mois, elles doivent être vendues au profit du roi, c'est-à-dire aujourd'hui de l'État ; le prix qui provient de la vente peut encore être réclamé par le propriétaire, dans le même délai d'un mois à partir de la vente.

L'inventeur n'a droit, dans aucun cas, ni aux objets eux-mêmes, ni au produit de la vente.

Il y a, au sujet de cette législation, matière aux mêmes critiques que pour les règles qui concernent les épaves maritimes.

### 3° Épaves des cours d'eau non navigables ni flottables, et épaves de terre.

Les épaves des cours d'eau non navigables ni flottables n'ont été réglées par aucune loi spéciale ; aussi les assimile-t-on aux épaves terrestres.

Cette catégorie d'épaves peut, selon les cas, comprendre des objets d'une certaine importance.

Au milieu de dispositions fort diverses, les anciennes Coutumes étaient généralement d'accord en cette matière sur deux points :

1° Elles proclamaient que l'épave continuait à appartenir au propriétaire ;

2° En cas de non-réclamation, elles l'attribuaient au seigneur haut justicier, *pour le récompenser*, comme dit sérieusement Pothier, *des frais qu'il fait pour faire rendre la justice* (1).

L'inventeur était donc exclu ; cependant quelques Coutumes lui attribuaient un tiers du prix.

Le droit de la Révolution fit le même sort au droit seigneurial d'épaves qu'à tous les autres droits seigneuriaux ; il l'abolit formellement par l'art. 7 du tit. I de la loi des 13 et 20 avril 1791.

*Quelle est aujourd'hui la législation sur ce point ? Et d'abord est-il soumis à une législation spéciale?*

Certains auteurs le prétendent ; ils proposent de suivre encore aujourd'hui la Coutume du lieu où la chose a été trouvée ; il en résulterait que l'État prendrait la place du seigneur, sauf à attribuer, dans certains lieux, une part du prix à l'inventeur (2).

Ce système se fonde sur les termes de la loi du 30 ventôse an XII, qui n'abroge les lois anciennes qu'en tant qu'elles sont contraires au Code Napoléon.

Les autres auteurs se prononcent en faveur du droit commun, mais ils l'entendent de *trois* manières différentes.

D'après une *première* opinion, il y aurait lieu d'appliquer à ces épaves le § 2 de l'art. 2279 et de déclarer que l'inventeur en acquiert la propriété par la prescription de trois ans (3).

Outre le § 2 de l'art. 2279, cette opinion invoque une circulaire du ministre des finances du 3 août 1825, qui a fait une application de ce paragraphe.

D'après une *seconde* opinion, c'est aussi l'inventeur qui acquiert la propriété de ces épaves, mais la prescription qui lui est applicable est celle de trente ans (4).

Cette opinion écarte aisément, comme nous allons le voir, la prescription triennale du § 2 de l'art. 2279, et elle invoque elle-même l'art. 2262.

---

(1) Pothier, *Traité du droit de propriété*, n° 67.

(2) Proudhon, *Du domaine privé*, t. I, n° 427.

(3) M. Delvincourt, t. II, p. 2, note 10. — M. Marcadé, art. 717. — MM. Ducaurroy, Bonnier, Roustain, t. II, n° 394.

(4) M. Duranton, t. IV, n° 329. — M. Troplong, *De la prescription*, t. II, n° 1049. — M. Demolombe, t. XIII, p. 88.

Enfin, d'après une *troisième* opinion, les épaves de cette classe appartiendraient à l'État en vertu :

1° De la loi du 1er décembre 1790, qui attribue à l'État *tous les biens et effets, meubles ou immeubles demeurés vacants et sans maître* (art. 2);

2° De la loi du 20 avril 1791, qui a aboli le droit seigneurial d'épaves (art. 7, tit. 1er);

3° Des art. 539 et 713, qui ont consacré la disposition de la loi de 1790 (1).

Parmi ces opinions, les deux qui appliquent la *prescription* sont *prépondérantes.*

Elles ne nous paraissent avoir, ni en législation, ni en raison, le moindre fondement.

D'abord, celle qui invoque la prescription triennale manque de toute base; c'est là ce qui ressort de la simple lecture du seul texte qui sert d'argument à cette opinion.

La prescription triennale du § 2 de l'art. 2279 ne s'accomplit, en effet, qu'au profit de la personne qui a un titre et qui est de bonne foi; or, précisément, l'inventeur n'a pas de titre et n'est pas de bonne foi.

Le rédacteur de la circulaire du 3 août 1825 est tombé dans une évidente distraction.

Mais il y a mieux; où prend-on que l'inventeur ait le droit de conserver la possession de la chose qu'il a trouvée? L'ancienne législation ne lui attribuait pas ce droit; Pothier le déclare en termes exprès: « *il n'a pas même le droit de les retenir* (les épaves), *jusqu'à ce que le propriétaire paraisse et les réclame* (2). » A quelle époque et en vertu de quels textes, la législation a-t-elle été changée sur ce point?

L'opinion de la prescription trentenaire est tout aussi hors d'état de répondre à cette question que celle de la prescription triennale.

La vérité est que si, en fait, l'inventeur conserve la possession de l'épave, il arrivera à la prescrire, à cause de l'art. 2262; mais la question n'en reste pas moins la même, l'inventeur a-t-il le droit de conserver a possession de l'épave?

C'est ce droit que, pour notre part, nous nions; nous le nions en législation et nous le nions en raison.

Qu'on ne s'étonne pas de notre insistance; il n'y a pas de minime question lorsqu'on fausse les principes; ou la propriété reposé sur l'effort propre, ou la propriété est sans fondement; l'inventeur, dans l'espèce, ne fait aucun effort; rationnellement, comme légalement, il n'a, par conséquent, droit à rien.

---

(1) Merlin, Rép., v° *Épaves et Gayves.* — Favard, Rép., v° *Propriété*, sect. I, n° 11.

(2) Pothier, *Traité du droit de propriété*, n° 67.

Mieux que la doctrine qui procède des Codes de brumaire, l'ancien droit l'avait compris, mais l'ancien droit était féodal, et, sans l'ombre d'une raison, il s'était décidé en faveur du seigneur.

Le vrai droit nouveau, le droit de la Révolution, s'est réellement borné, en matière d'épaves, à abroger le droit du seigneur (art. 7, tit. Ier, l. 20 avril 1791).

Cette abrogation condamne le système qui se réfère aux anciennes Coutumes en substituant l'État aux seigneurs.

Reste donc seulement celui qui soutient le droit absolu de l'État.

Il est incontestable que ce système a pour lui la généralité des termes de l'art. 2 de la loi du 1er décembre 1790 et des art. 539 et 713, et, qu'à tout considérer, il est, dans le désordre actuel, le moins improbable (1).

La solution rationnelle consisterait :

1° A attribuer, en principe, la propriété de ces sortes d'épaves à la collectivité communale;

2° A laisser aux usages locaux le soin de décider, s'il y a lieu, d'accorder une indemnité à l'inventeur ;

3° A punir, comme coupable de vol, l'inventeur qui ne remettrait pas l'épave entre les mains du mandataire communal, ayant qualité pour la recevoir.

Ce système serait à peu près celui des anciennes Coutumes, avec substitution de la commune au seigneur.

Il ne se trouve certainement pas formulé d'une manière expresse, dans la législation existante, mais il suffirait d'y mettre un peu d'esprit scientifique pour l'en faire sortir.

Actuellement même, certains auteurs professent que, si l'inventeur a pris ses précautions pour empêcher le propriétaire de retrouver l'épave et pour se l'approprier, il encourt la peine du vol (2).

---

(1) M. Demolombe lui oppose une singulière argumentation : selon l'éminent professeur, l'art. 717 en renvoyant pour les choses perdues à des lois particulières, *prouve irrésistiblement que les art.* 529 *et* 713 *ne sont pas applicables aux épaves ; autrement*, dit-il, *le renvoi de l'art.* 717 *n'aurait aucun sens.* (M. Demolombe, t. XIII, p. 89.)

C'est parfaitement ce que nous prétendons, et nous allons même plus loin ; nous affirmons que M. Demolombe est notre allié dans cette thèse.

Est-ce que d'aventure l'éminent professeur considérerait comme une loi particulière le système de prescription (la prescription de trente ans), dont il est, dans l'espèce, un des plus fervents défenseurs?

(2) Merlin, *Rép.*, v° Vol. — M. Demante, t. II, n° 14 *bis*, III. — M. Demolombe, t. XIII, p. 95.

### 4° Choses égarées dans des cas particuliers et qui sont assimilées aux épaves.

On comprend sous cette rubrique plusieurs séries d'objets non réclamés dans des délais que certaines lois ou certains décrets spéciaux ont fixés ; ce sont :

1° Les effets mobiliers déposés dans les greffes et conciergeries des tribunaux (l. 11, germinal, an IV) ;

2° Les balles, caisses, malles, paquets, etc., confiés à des entreprises de roulage ou de messageries par terre ou par eau (déc., 13 août 1810) ;

3° Les ballots, balles ou marchandises quelconques, abandonnés dans les bureaux des douanes (l., 6 août 1791, tit. IX) ;

4° Les sommes versées aux caisses des agents des postes pour être remises à destination (l., 31 janvier 1833).

Non réclamées dans les délais légaux, ces différentes choses profitent à l'État.

### BUTIN PRIS A LA GUERRE.

Dans la langue des auteurs, l'acquisition du butin pris à la guerre porte le nom d'*occupatio bellica*.

L'*occupatio bellica* n'appartient pas plus au droit que la guerre offensive qui y donne lieu.

D'après Pothier, cet excellent représentant du vieux droit, le butin fait même dans le pillage d'une ville est légitimement acquis, et il cite comme exemple le sac de la ville de Berg-op-Zoom par les soldats de Maurice de Saxe ; il est vrai que sa concience catholique le trouble, et que, pour la satisfaire, il ajoute :

« *Je laisse aux théologiens à examiner si cette manière d'acquérir, qui est légale, suivant le droit rigoureux de la guerre, peut se concilier avec les lois de la charité.* »

Moins complétement étranger à la science de son temps, Pothier eût su :

1° Que depuis Descartes la science ne demande plus ses solutions à la théologie ;

2° Que la loi morale est la même entre les citoyens des différents peuples et entre ceux d'un même peuple ;

3° Que l'effort propre, unique fondement juridique de la propriété, ne conserve ce caractère que tout autant qu'il ne viole pas le droit d'autrui.

# TITRE PREMIER

## DES SUCCESSIONS

### I

Comme le droit de disposer entre-vifs et comme le droit de tester, dont il forme la contre-partie, le droit de succession *ab intestat* est le corollaire du droit de propriété.

*L'unique fondement de la succession ab intestat est dans la volonté probable du propriétaire ;* ce qui revient à dire que, pour avoir, à son tour, une base, la législation de la succession *ab intestat* doit reposer *sur l'interprétation de cette volonté.*

Il n'y a donc pas, à proprement parler et en principe, de droit d'hérédité ou d'héritage (1).

Ce droit n'existe qu'exceptionnellement, dans le cas de réalisation de la dette d'éducation ou d'aliments (2).

Les écrivains qui, de nos jours, attribuent en principe à la succession *ab intestat* un autre fondement que la volonté probable du propriétaire enseignent plus ou moins nettement deux doctrines.

Les uns prennent pour point de départ l'idée de la copropriété familiale, les autres, celle du droit éminent de l'État sur la propriété individuelle.

Cette double conception doit être reléguée dans l'histoire politique des siècles passés.

Aux premiers âges de l'humanité, la propriété a appartenu à la tribu, puis à la caste ; la moyenne antiquité a connu à la fois la propriété familiale et le droit éminent de l'État (3) ; sous la forme de la propriété féodale, le moyen âge a donné au droit éminent de l'État son plus complet développement (4).

---

(1) *Manuel de droit civil*, t. I, p. 287, note 2, et *suprà*, p. 10.

(2) *Manuel de droit civil*, t. I, p. 220, et *infrà*, notamment chap. III de ce titre et chap. III du titre II.

(3) Nous faisons ici particulièrement allusion à l'antiquité romaine, par opposition à l'antiquité orientale.

A Rome, l'idée de la copropriété familiale s'applique à tout territoire qui jouit du *jus Italicum ;* celle du droit éminent de l'Etat, à tout territoire qui ne participe pas à ce même *jus*, c'est-à-dire, en général, à l'*ager provincialis*.

(4) L'histoire du Droit élevée à une certaine hauteur, et embrassant l'ensemble des législations des différents peuples, a, comme nous l'avons dit (voy. *Intr.*, p. LXXIII), une importance capitale pour le progrès de l'idée juridique.

C'est cette conception qu'au XVIIIe siècle le génie de Montesquieu essaya de mettre en œuvre dans l'*Esprit des lois*.

Nous n'en sommes plus là, et la lourde érudition de M. de Savigny a remplacé pour nous les idées de Montesquieu.

Cependant, tandis qu'en France l'investigation juridique empruntait le mot

La propriété de l'ordre nouveau est individuelle et elle le deviendra de plus en plus, c'est-à-dire qu'elle sera de plus exclusivement fondée sur l'effort propre.

De là, la substitution d'une nouvelle base à la législation de la succession *ab intestat;* de là aussi, la diminution progressive de l'importance de cette manière d'acquérir et de la législation qui la concerne.

Il a déjà été dit comment doit être considérée l'acquisition à titre gratuit, au triple point de vue juridique, économique et moral.

Ces vues s'appliquent spécialement à la succession *ab intestat.*

Ajoutons d'ailleurs qu'à mesure que grandira la conscience de la liberté et de la responsabilité, se dégagera aussi, en cette matière, une idée plus vraie de la justice et de l'utilité.

---

d'ordre de la fausse école historique allemande, l'Allemagne elle-même voyait naître des œuvres qui la ramenait à la véritable idée de la science des temps passés.

Philosophe, jurisconsulte et érudit, Edouard Gans écrivait : *Le droit de succession au point de vue de son développement dans l'histoire du monde* (*Das Erbrecht in weltgeschichtlicher Entwickelung*) ; il prouvait qu'il n'y a d'invariablement féconde que la méthode qui cherche dans l'histoire universelle la loi de l'évolution du genre humain.

Si le Droit de succession d'Edouard Gans n'est pas un de ces livres qui marquent un siècle de leur empreinte, au moins est-il une glorieuse tentative pour sortir des voies dans lesquelles se complaît, en ce qui concerne spécialement le Droit, la vocation historique de notre âge, qui n'est que trop semblable à l'impuissance de découvrir et de créer.

Nous ne croyons pas qu'il soit sans intérêt d'insister ici en quelques mots sur le livre de Gans.

Pour exposer dans toute son ampleur l'histoire du Droit de succession, Gans a jugé utile de constater le développement de la famille qu'il nomme anté-romaine (*vorrömische*), romaine, et post-romaine (*nachrömische*).

Il passe ainsi successivement en revue la famille indienne, chinoise, hébraïque, musulmane, athénienne; il indique le droit de succession qui correspond aux divers moments (*den verschiedenen Momente*) de chacune de ces familles, et il dégage la conception (*der Begriff*) qui en résulte pour l'histoire universelle.

Il est inutile d'insister sur la haute valeur scientifique de cette méthode, qui rejette à l'arrière-plan la plupart des travaux de l'école de de Savigny ; il nous suffit de dire ici qu'aucun écrivain n'a témoigné, au même degré que Gans, du rapport, qui, dans le passé, a existé entre le droit de la famille et le droit de succession.

A une époque où le culte des larges études est bien près de s'anéantir, nous ne saurions recommander trop vivement aux esprits curieux de vrai savoir l'étude d'une telle œuvre.

Cependant deux observations doivent être ajoutées : l'une concerne le plan, l'autre l'idée de l'auteur sur le droit de succession.

En ce qui concerne le plan de son livre, Gans fait du monde romain le centre de toute l'histoire (*als der Mittelpunkt der gesammten Geschichte*).

Cette manière de procéder, qui est en contradiction avec la prémisse de l'auteur, a le regrettable résultat d'obscurcir sa philosophie de l'histoire.

Gans professe que le progrès consiste à développer les énergies individuelles

Lorsque l'individu se sera élevé jusqu'à la notion de son devoir d'homme et de l'intérêt harmonique de tous les membres de la grande famille humaine, lorsqu'en même temps le père aura compris qu'il a un autre devoir à remplir envers ses enfants et un autre intérêt à servir dans leur personne que ceux de les laisser riches, en les dispensant de tout effort propre, le propriétaire usera de plus en plus de la faculté de tester et de disposer de sa fortune d'une manière conforme à l'enseignement de la loi morale.

Pour réaliser ce progrès, il est d'abord indispensable que les entraves législatives aient disparu dans cet ordre, comme dans tous les autres, en d'autres termes, que le propriétaire ait conquis la plénitude de son droit.

Alors la succession *ab intestat* revêtira son véritable caractère scientifique qui est d'être le testament supposé de ceux qui n'ont pas testé ; alors aussi disparaîtront toutes ces doctrines d'abolition de l'héritage qui sont un non-sens, sous quelque aspect qu'on les considère.

## II

La théorie de la succession *ab intestat*, dépendant tout entière de la notion du droit de propriété, il était impossible qu'elle précédât cette notion.

Au XVIIIe siècle, certains publicistes, tels que Puffendorf, Barbeyrac

---

et à en fonder l'harmonie; il partage l'admiration de Hegel (Hegel, *Philosophie du Droit*, p. 352, édition allemande), pour cette société grecque, qui permit de pressentir l'âge viril de l'Humanité et qui eut la Liberté pour passion, sans cesser de regarder l'Unité comme idéal.

Gans n'a pas non plus le fétichisme du Droit romain; il en a scruté les formules ; il sait ce qu'elles peuvent pour l'avancement des sociétés nouvelles ; il a écrit que dans le droit de famille, certaines législations de l'Orient, et avant tout les lois de la Grèce, ont une incontestable supériorité sur les lois romaines, et si pour le droit de propriété et pour celui des obligations, il commence par accorder à ces dernières les éloges traditionnels, il termine par une réserve qui est la plus accablante censure : *il a fait abstraction du côté moral.*

Ce n'est pas dire assez ! l'économie politique de l'Empire romain vaut sa morale, et si Gans n'avait pas sacrifié à une vue purement spéculative, s'il n'avait pas cherché dans le Droit romain la combinaison chimérique de l'esprit de l'Orient et de l'esprit de la Grèce, Gans eût enfin mis à son rang ce génie fatal de Rome dont *nous portons encore l'ombre.*

L'erreur du plan a produit pour le fond le résultat suivant :

Gans a vu dans l'antiquité romaine le droit de succession rattaché à l'organisation de la famille ; il n'a pas su voir que le progrès du Droit a rompu ce lien, qu'au lieu de rester familiale, la propriété est devenue individuelle, et qu'en même temps qu'elle, le droit de succession a changé de base.

En résumé, Gans a eu beau vouloir secouer le joug de Rome, Rome lui a masqué l'idéal de l'histoire.

et Wolf entrevirent bien qu'elle ne peut être rationnellement fondée que sur la volonté probable du propriétaire, mais ces publicistes réglèrent mal la conséquence, parce qu'ils connurent mal le principe ; faute de comprendre que la notion du droit de propriété se résout pour chacun dans l'idée simple du droit aux fruits de son effort propre, ils se laissèrent impressionner par les législations existantes et placèrent le droit de succession *ab intestat* sur la triple et contradictoire assise de la volonté présumée du propriétaire, de la copropriété familiale et du droit éminent de l'État.

Kant y réussit moins que Puffendorf, Barbeyrac et Wolf; il opposa l'*état civil à l'état naturel* et rapporta à la fois la propriété et la succession *ab intestat* à l'état civil (1).

Par cette fausse antithèse, Kant, qu'il le voulût ou non, ramenait le fondement de la succession *ab intestat* à la pure idée de l'omnipotence sociale.

La nature du droit de succession n'a été vue clairement qu'en notre siècle. Bentham en a commencé la théorie ; un des premiers publicistes du temps actuel, M. John Stuart Mill, est bien près de l'avoir achevée.

D'après M. Mill, le droit de succession est identique avec le droit de tester et il constitue, à ce titre, une partie de l'idée de propriété individuelle (2).

Le droit de succession est ainsi un droit de disposer ; il n'est que subordonnement un droit de recevoir.

Ces principes sont l'essence même du droit de succession ; cependant, la théorie de M. Mill contient un vice : elle ne dégage pas le point de vue du juste du point de vue de l'utile ; par là, elle arrive à se heurter contre les contingences et les casualités, à tomber dans l'arbitraire, à tenir dans l'ombre le principe de la succession *ab intestat*.

M. Mill pose, sans le discuter, le droit de la société de limiter la faculté de tester (3) ; il repousse la limitation de la quotité que l'individu

---

(1) Kant, *Doctrine du Droit*, p. 138.

(2) « The right of bequest, or gift after death forms part of the idea of » private property. » (John Stuart Mill, *Principles of Political Economy*, p. 267, 5ᵉ édition.)

(3) Ce n'est pas discuter que de dire seulement, comme le fait M. Mill.... » Property is only a means to an end, not itself the end Like all other proprie- » tary rights, and even in a greater degree than most, the power of bequest may » be so exercised as to conflict with the permanent interests of the human race ». » Puis l'auteur ajoute : « Even the simplest exercise of the right of bequest, that » of determining the person to whom property shall pass immediately on the » death of the testator, has always been reckoned among the privileges which » might be limited or varied, according to views of expediency. » (*Ibid.* p. 273 et 274.)

Nous adhérons assurément à cette proposition que la propriété n'est pas son but à elle-même ; le but est toujours de développer toutes les énergies de

peut léguer ; il admet celle de la quotité qu'il serait permis à chacun d'acquérir par legs ou par héritage.

Ce ne serait là qu'un nouvel expédient démocratique substitué à un autre pour détruire la loi de la primogéniture, dans les pays où elle existe encore, pour empêcher partout l'accumulation de la propriété par héritage entre les mêmes mains, pour abolir partout l'oisiveté et inaugurer l'ère du travail universel.

Quoique ces buts soient les nôtres, nous rejetons la limitation imaginée par le célèbre écrivain et nous essayerons d'établir qu'elle ne serait pas moins inefficace que contraire au point de vue du juste (V. *infra*, tit. II, chap. III, *De la portion de biens disponible et de la réduction*).

Reste le principe de la succession *ab intestat*.

Dans la théorie de M. Mill, l'héritage n'est un droit qu'en tant qu'il ne se distingue pas du legs ; il s'ensuit que, dans cette même théorie, la succession *ab intestat* ne peut avoir de caractère juridique que comme une manière d'être du legs.

M. Mill, qui indique énergiquement ce côté négatif, néglige la contre-partie affirmative ; en tant que manière d'être du legs, la succession *ab intestat* a la même légitimité que le legs.

En réalité, et c'est ce que ne paraît pas avoir vu complétement M. Mill, toute la question de la succession *ab intestat* revient à une question de preuve. Tantôt le propriétaire teste expressément, tantôt il teste tacitement. Comme nous l'avons déjà dit, la succession *ab intestat* n'est rien autre chose que le testament tacite de l'homme qui n'a pas laissé de testament exprès. Quant au système légal qui doit régler ce testament tacite, il appartient à l'ordre des présomptions proprement dites, en d'autres termes des preuves généralisées à l'avance au moyen de l'observation des faits et appliquées ensuite aux cas particuliers de même sorte.

De là, selon nous, deux conséquences : l'une, que M. Mill admet explicitement ; l'autre, que sa méthode le conduisait à passer sous silence :

*La première est que le système légal de la succession* ab intestat,

---

l'homme ; mais il y aurait beaucoup à dire sur le reste, et il nous semble que pour réfuter le dernier point, il nous suffit de reproduire quelques lignes de M. Mill, sur l'hérédité *ab intestat* :

« That the property of persons who have made no disposition of it during » their lifetime, should pass first, to their children, and failing them, to the nea- » rest relations, may be a proper arrangement or not, but is no consequence of « the principle of private property.

» No presumption in favour of existing ideas on this subject is to be derived » from their antiquity. » (*Ibid.*, p. 267.)

*comme tout système de présomption, doit être renfermé dans les strictes limites de l'observation des faits;*

*La seconde est que ce système de présomption ne doit pas être irréfragable et qu'à l'occasion de toute succession particulière, on doit admettre à combattre tous ceux qui s'y prétendent intéressés* (1).

## III

La Révolution, qui n'avait guère su reproduire, en matière de propriété, que l'idée romaine, faussa radicalement la notion du droit de succession.

Grâce à l'enseignement général de Rousseau, et surtout grâce à ses légistes, nommément à Merlin (de Douai), la Convention reprit les plus vieux errements du passé ; elle fit revivre les pires traditions de la copropriété familiale et du droit éminent de l'État.

A l'égard de la faculté de tester, le Code de la Convention en destitua presque entièrement le propriétaire, pour le cas où celui-ci laissait des héritiers en ligne directe ou même des collatéraux.

A l'égard de la succession *ab intestat*, ce même Code porta nettement les deux dispositions suivantes :

« *L'ordre des successions est déterminé par les lois de la manière la plus convenable à l'utilité publique ; il ne dépend pas des particuliers d'y déroger par des institutions d'héritiers, des substitutions ou des exhérédations.* » (Art. 38, l. II, tit. III, § 4.)

« *Cette règle ne reçoit de modifications que celles que la loi même a établis pour l'adoption et les dispositions à cause de mort.* » (Art. 39, *ibid.*).

Si défectueuse que soit la doctrine qui ressort de ces textes, le Code de la Convention eut au moins le mérite de la suivre sans en dévier.

On retrouve d'ailleurs, dans cette partie de l'œuvre législative de 1793, l'excellence de méthode, la netteté de style, l'ampleur de formules, et, sur certains points spéciaux, l'esprit scientifique et progressif qui caractérisent le Code de la Convention, même lorsqu'il erre le plus gravement sur le fond des théories (2).

Quant à la législation napoléonienne, ce serait, à coup sûr, un ré-

(1) V. *infra*, chap. v, DES DISPOSITIONS TESTAMENTAIRES, sect. I, *Des règles générales sur la forme des testaments.*

(2) C'est ainsi, pour nous en tenir à un point d'ailleurs capital, que le Code de la Convention, tout en admettant le droit de l'État comme base de la succession *ab intestat*, présente en première ligne *la transmission gratuite par la volonté de l'homme* (Rubrique du § 3, l. II, tit. III), et en seconde ligne, à titre subsidiaire, *la transmission* par la disposition de la loi (Rubrique du § 4. *Ibid*).

A l'imitation du droit coutumier, le Code Napoléon suit l'ordre inverse.

sultat peu ordinaire et particulièrement prodigieux dans cette matière de parvenir à démêler le principe dont elle est issue.

Tout s'y heurte, s'y contredit, s'y confond ; le droit germanique, le droit romain, le droit de la Révolution, la copropriété familiale, le droit éminent de l'État, et même la volonté présumée du *de cujus.*

Nulle part le Code issu du 18 brumaire ne fut plus chargé de détails, plus rempli de lacunes, plus fécond en complications et en litiges, plus enclin à reproduire toutes les vieilleries juridiques, finalement plus dépourvu de valeur rationnelle et pratique.

Cependant, cette appréciation veut être amendée en un point ; le titre des successions *ab intestat* est, à tout prendre, au point de vue de la méthode, un des moins mal ordonnés du Code Napoléon, non pas assurément que même de ce côté il soit irréprochable, mais la marche générale en est à peu près logique.

Ce titre traite successivement :

1° *De l'ouverture de la succession et de la vocation héréditaire* (chap. I et II).

2° *Des différentes sortes et des différents ordres d'héritiers* (chap. III et IV).

3° *De l'acceptation et de la répudiation de la succession* (chap. V).

4° *Des conséquences de l'acceptation du partage et de ses suites* (chap. VI).

## CHAPITRE PREMIER

### DE L'OUVERTURE DES SUCCESSIONS ET DE LA SAISINE DES HÉRITIERS.

Le mot succession a *deux* sens ; il désigne :

1° *L'universalité des droits actifs et passifs d'une personne décédée ;*

3° *La transmission de cette universalité.*

Il a pour synonymes, dans ces deux sens, le mot d'*hérédité*, et, d'après le vieux langage français, celui d'*hoirie*.

*L'ouverture de la succession* veut dire, par métaphore, *le commencement du droit à la succession.*

Comme le droit à la succession *ab intestat* repose *sur la volonté présumée du de cujus*, cette volonté est rationnellement suffisante pour en opérer la transmission, sauf à l'héritier à refuser de l'accepter.

C'était là un point constant, même dans le droit coutumier ; on enenseigne, comme nous le verrons (art. 724), sous le Code Napoléon, que c'est la loi qui saisit aujourd'hui l'héritier.

Quel que soit le mode d'explication, il n'existe aucun moment où la succession soit *res nullius* (1).

De là il résulte que *tous les successeurs ou héritiers, quels qu'ils soient, d'une personne, acquièrent, dès l'instant de la mort de cette personne, tous les droits actifs et passifs qui composent son patrimoine.*

Mais autre chose est *la jouissance* du droit *sensu stricto* et autre chose *la faculté de l'exercer.*

Parmi les héritiers, il en est qui, dès l'instant de la mort du *de cujus* ont *le plein droit héréditaire*, c'est-à-dire qui ont à la fois *la jouissance et l'exercice de tous les droits actifs et passifs qui constituent la succession.*

Il en est d'autres, au contraire, qui ont *la jouissance sans l'exercice.*

Cette distinction est grosse de complications et d'embarras de toutes sortes; le Code de la Convention y était demeuré étranger (V. l. II, tit. III, § 4); en même temps que le Code Napoléon l'a admise, il a eu recours, pour en donner la formule, à la tradition la plus obscure de l'ancien droit français, c'est-à-dire à *la saisine* (V. *infra*, art. 724).

*La saisine actuelle* doit être définie : l'*investiture de l'exercice de tous les droits actifs et passifs du de cujus.*

Il n'y aurait rationnellement rien de choquant à ce qu'on nommât également du nom de *saisine* l'investiture des droits eux-mêmes; tel n'est pas le sens historique et actuel de ce mot; il se réfère exclusivement à l'investiture de l'exercice (V. *infra*, art. 724).

A l'égard des personnes qui recueillent la succession, le Code Napoléon a adopté d'une manière plus ou moins fixe la très-défectueuse terminologie suivante :

1° Il n'applique jamais la qualification d'*héritiers aux successeurs testamentaires* (V. notamment art. 1002).

2° Il appelle *héritiers* ou *héritiers légitimes* (étymologiquement institués par la loi), non pas tous les héritiers *ab intestat*, mais seulement ceux qui représentent le défunt, ou, en d'autres termes, qui en continuent la personne (V. art. 723-724);

3° Il qualifie de *successeurs irréguliers*, ceux des héritiers *ab intestat* qui ne succèdent qu'aux biens (V. rubrique du chap. IV, *Des successions*).

Nous serons obligé de nous conformer à ce langage; mais il y a lieu

(1) A part sa fausse conception du fondement de la succession *ab intestat*, Kant analyse très-exactement l'idée de la transmission héréditaire et il n'y a rien de mieux à faire que d'aller prendre leçon auprès du philosophe. (Kant, *Doctrine du Droit*, p. 138.)

de répéter que, vocabulaire à part, certains auteurs prétendent que, même sous l'empire du Code Napoléon, le testament peut encore créer des héritiers, c'est-à-dire des représentants ou des continuateurs de la la personne du défunt (V. *infra*, art. 871).

**718.** — Les successions s'ouvrent par la mort naturelle et par la mort civile.

**719.** — La succession est ouverte par la mort civile, du moment où cette mort est encourue, conformément aux dispositions de la section II du chapitre II du titre *De la Jouissance et de la Privation des droits civils*.

Le Code Napoléon admettait *deux* causes d'ouverture des successions :

1° *La mort naturelle ;*

2° *La mort civile.*

La loi du 31 mai 1854, en abrogeant la mort civile, a fait disparaître la *seconde* cause et a abrogé en même temps la fin de l'art. 718 et l'art. 719 tout entier.

*Les successions ne s'ouvrent plus aujourd'hui que par la mort naturelle.*

En cas de déclaration d'absence, l'envoi en possession *provisoire* ne constitue pas une ouverture de la succession ou plutôt la succession n'est ouverte que provisoirement, et si plus tard l'époque du décès est constatée, c'est cette époque qui fixe le moment de l'ouverture de la succession. Seulement, on conçoit qu'il peut arriver, en fait, que l'époque du décès ne soit jamais constatée; dans ce cas, l'envoi en possession provisoire aura, de fait, ouvert la succession au profit de ceux qui étaient les héritiers présomptifs de l'absent au jour de sa disparition ou de ses dernières nouvelles (art. 718, 130 et 120).

*Comment établir l'instant de la mort du de cujus, et, par conséquent, l'époque de l'ouverture de sa succession?*

*Dans le cas où il existe un acte de décès, faisant mention de l'heure et du jour du décès*, on discute, comme il a été dit (1), le point de savoir si cette mention fait foi jusqu'à preuve contraire, ou si elle n'a que la valeur d'un simple renseignement pour le tribunal.

L'école, en général, et la pratique, comme il a été également dit (2), se prononcent *pour la première opinion.*

*Dans le cas où il n'existe pas de registres, ou bien où l'acte de décès, même existant, ne fait pas mention de l'heure et du jour du décès*, l'instant de la mort peut alors être prouvé *tant par titres que par témoins* (art. 46).

La succession s'ouvre d'ailleurs *au lieu* où le défunt avait *son domicile*

(1) *Manuel de droit civil*, t. I, p. 86 et 87.
(2) *Ibid.*, p. 87.

*au temps de sa mort* (art. 110), et c'est *devant le tribunal du lieu de ce domicile* que doivent être portées, en principe, les actions qui se réfèrent au règlement de la succession (art. 822, C. N., et art. 59, alin. 6, C. Pr.).

**720.** — Si plusieurs personnes, respectivement appelées à la succession l'une de l'autre, périssent dans un même événement, sans qu'on puisse reconnaître laquelle est décédée la première, la présomption de survie est déterminée par les circonstances du fait, et, à leur défaut, par la force de l'âge ou du sexe.

**721.** — Si ceux qui ont péri ensemble avaient moins de quinze ans, le plus âgé sera présumé avoir survécu. — S'ils étaient tous au-dessus de soixante ans, le moins âgé sera présumé avoir survécu. — Si les uns avaient moins de quinze ans, et les autres plus de soixante, les premiers seront présumés avoir survécu.

**722.** — Si ceux qui ont péri ensemble avaient quinze ans accomplis et moins de soixante, le mâle est toujours présumé avoir survécu, lorsqu'il y a égalité d'âge, ou si la différence qui existe n'excède pas une année. — S'ils étaient du même sexe, la présomption de survie, qui donne ouverture à la succession dans l'ordre de la nature, doit être admise : ainsi le plus jeune est présumé avoir survécu au plus âgé.

## PRÉSOMPTIONS RELATIVES AUX COMMORIENTES.

Il est évident qu'on ne peut succéder à une personne, qu'à la condition de survivre à cette personne.

Le Code Napoléon a jugé utile de prévoir et de régler *à priori* l'hypothèse ou plusieurs personnes sont appelées à se succéder respectivement et succombent dans le même événement, sans qu'il soit possible de reconnaître, d'après les circonstances du fait, laquelle est décédée la première.

C'est cette hypothèse qui donne lieu aux présomptions dites des *commorientes*.

Le droit romain et l'ancienne jurisprudence avaient eu la sagesse d'être extrêmement sobres de règles sur ce point.

On ne rencontre dans les deux qu'une présomption, d'ailleurs sans caractère obligatoire pour les tribunaux, se rapportant au cas où l'enfant mourait dans le même événement que ses père et mère.

L'enfant était-il pubère, il était réputé avoir survécu à ses père et mère ; était-il impubère, les père et mère étaient réputés avoir survécu à l'enfant.

Il est facile de comprendre que, s'il y a des faits qui ne comportent pas l'uniformité de présomptions obligatoires, ce sont, à coup sûr, ceux qui rentrent dans l'hypothèse des *commorientes*.

Voyons le système qu'ont imaginé les rédacteurs du Code Napoléon et précisons d'abord le *casus*.

*Il faut bien remarquer, en premier lieu, qu'il s'agit dans les art.* 720-722 *de personnes appelées à se succéder respectivement.*

*Il faut remarquer, en second lieu, que les prescriptions édictées par ces mêmes textes ne s'appliquent que tout autant que le droit commun de la preuve ne suffit pas pour établir les prédécès et les survies.*

On sait que le droit commun de la preuve pour la constatation de faits dont la preuve littérale n'est pas possible, se résume dans l'admissibilité de toute espèce de preuve, même de la preuve testimoniale et des présomptions judiciaires (art. 1348 et 1353).

L'art. 720 rappelle assez maladroitement ce droit commun; il semble présenter comme une preuve à part, exceptionnelle et subsidiaire, les présomptions reposant sur *les circonstances du fait.*

Tel ne peut être et tel n'est pas le sens de l'article.

Les procès-verbaux de l'événement, les dépositions des témoins et les présomptions tirées *des circonstances du fait* ont absolument la même valeur légale pour éclairer les juges.

Quant au sens de ces mots : *les circonstances du fait*, il est aussi large que possible. Il comprend non-seulement les circonstances extérieures dans lesquelles l'événement s'est produit, mais encore toutes celles qui se rapportent à la personne des *commorientes.* Le juge a le droit d'apprécier même les différences de santé et de constitution physique ; son pouvoir discrétionnaire ne s'arrête que lorsque le seul élément d'appréciation serait *la force de l'âge ou du sexe* (1).

Il est maintenant possible de poser le *casus* des articles.

Par exemple, deux frères utérins, Pierre et Paul, n'ayant, ni l'un ni l'autre, aucun descendant ni ascendants sont appelés à se succéder respectivement (art. 752).

Ils périssent tous les deux dans la même bataille et les parents paternels de l'un et de l'autre ne trouvent pas dans le droit commun une ressource suffisante pour établir la survie de l'un à l'autre.

L'intérêt du débat est considérable :

Si les héritiers de Pierre prouvaient que c'est Pierre qui a survécu à Paul, ils auraient les deux successions, et *vice versâ*, si les héritiers de Paul fournissaient la preuve de la survie de Paul.

La preuve de la survie n'étant faite d'aucun côté, la solution rationnelle est banale, tant elle est évidente (V. *infra*, p. 39); mais auparavant exposons le système de la loi Napoléonienne.

Les art. 721 et 722 partagent la vie humaine en *trois* périodes :

*La première a pour point de départ la naissance et pour limite l'âge de quinze ans révolus ;*

---

(1) M. Demante, t. III, n° 22 *bis*, VI. — M. Demolombe, t. XIII, p. 128. — En sens contraire, M. Marcadé, art. 712, n° 24.

*La seconde a pour point de départ la limite de la première et pour propre limite l'âge de soixante ans révolus ;*

*La troisième a pour point de départ la limite de la seconde, et pour propre limite la mort.*

*Durant la première période, le plus âgé est présumé avoir survécu, comme devant être le plus fort ;*

*Durant la seconde période, l'art. 722 distingue si les* commorientes *sont ou non de même sexe : sont-ils de même sexe, le plus jeune est présumé avoir survécu, parce que, d'après l'ordre de la nature, il devait espérer de survivre au plus âgé ; sont-ils de sexe différent, l'homme, comme étant le plus fort, est présumé avoir survécu à la femme, lorsqu'il n'est pas plus âgé qu'elle de plus d'une année ;*

*Durant la troisième période, le moins âgé est présumé avoir survécu, comme devant être le plus fort.*

Le Code Napoléon ne s'en tient pas là ; il prévoit *le cas* où, parmi les *commorientes*, les uns appartiennent à la *première* et les autres à la *troisième* période ; *ceux de la première sont alors présumés avoir survécu.*

Il manque à cette quatrième présomption même l'apparence d'une raison, et les interprètes en conviennent (1).

Les articles n'ont pas prévu :

1° *Le cas où, parmi les* commorientes, *les uns appartiennent à la première et les autres à la seconde période ;*

2° *Le cas où les uns appartiennent à la seconde période et les autres à la troisième.*

La solution est évidente dans ces *deux* cas ; *les personnes qui appartiennent à la seconde période doivent toujours être présumées avoir survécu* (2).

Pour compléter le système, il faut y ajouter une loi spéciale du 20 prairial, an IV.

Cette loi est ainsi conçue :

« Lorsque des ascendants, des descendants et autres personnes, qui se succèdent de droit, auront été condamnés au dernier supplice, et que, mis à mort dans la même exécution, il devient impossible de constater leur prédécès, le plus jeune des condamnés sera présumé avoir survécu. »

Cette présomption est absolument dépourvue de base ; il n'y a, dans l'espèce, aucune circonstance d'où l'on puisse induire le fait inconnu de la survie (3).

(1) M. Demolombe, t. XIII, p. 131.
(2) M. Demante, t. III, n° 20. — M. Demolombe, t. XIII, p. 132.
(3) M. Demante, t. II, n° 22 *bis*, II. — M. Demolombe, t. XIII, p. 133.

En ce qui concerne la preuve de l'âge des *commorientes*, le droit commun s'applique; les naissances seront établies avant tout par l'acte de naissance, et, à défaut d'acte de naissance, dans les termes de l'art. 46, tant par titres que par témoins.

Cependant, depuis les Romains jusqu'à nos jours, la doctrine juridique se préoccupe d'un cas qui ne présente, en réalité, rien d'anormal, au seul point de vue qui intéresse la science du droit.

Il s'agit du cas où deux jumeaux sont appelés à se succéder respectivement et périssent dans le même événement.

Prouve-t-on la priorité de la naissance de l'un par rapport à l'autre? les présomptions de survie seront applicables; ne prouve-t-on pas cette priorité? il est clair qu'on se trouve alors en dehors de ces présomptions, et que sans abus (car les présomptions sont de droit étroit), on ne peut les étendre à un cas qu'elles ne comprennent pas.

Dans cette dernière hypothèse, comment régler la dévolution des successions des *commorientes?* Et pour généraliser le *casus*, était-il possible de se passer des présomptions de survie? Comment eût-on fait pour s'en passer ?

On conçoit à peine que de pareilles questions aient besoin d'être traitées en forme. Il suffisait, pour rendre *absolument inutiles* les présomptions de survie, de se rappeler un principe qui, avant d'appartenir à la science du droit, appartient au sens commun :

*Quiconque invoque un droit a la charge de prouver que ce droit est à lui, ou,* en termes juridiques, *la preuve incombe au demandeur.*

L'application de ce *principe* à l'hypothèse des *commorientes* est naïve, tant elle est simple !

Deux personnes sont appelées à se succéder respectivement; les ayants cause, héritiers ou successeurs *ab intestat* de l'une et de l'autre, ne peuvent établir la survie d'aucune des deux par rapport à l'autre ; ce qui en résulte, le voici évidemment : *le lien de la successibilité respective qui unissait les deux personnes s'est délié tout seul ; les ayants cause de chacune d'elles ne peuvent prétendre qu'à la succession de chacune d'elles.*

*La nécessité de créer des présomptions de survie ne s'imposait donc nullement aux rédacteurs du Code Napoléon;* elle ne s'imposait pas plus à eux dans l'hypothèse des art. 721-722 que dans celles des art. 135-136. Ils n'avaient qu'à laisser aux tribunaux le soin de juger les faits (1).

---

(1) Il a fallu que M. Demolombe vînt pour répandre un jour complet sur cette thèse. (M. Demolombe, t. XIII, p. 140 et suiv.)

Croit-on que le premier président de la Cour de cassation de France en soit allé jusqu'à penser et jusqu'à écrire que *si les présomptions de survie n'existaient pas, les successions, dans les cas où s'appliquent ces présomptions, seraient*

*On s'est demandé si les présomptions de survie sont applicables :*

En matière de succession *ab intestat :*

1° *Lorsque l'un des* commorientes *seulement est héritier présomptif de l'autre, sans réciprocité ;*

2° *Lorsque les* commorientes *respectivement héritiers présomptifs l'un de l'autre, ont péri dans des événements différents ;*

3° *Lorsqu'il est impossible d'établir la date des naissances des* commorientes *respectivement héritiers présomptifs l'un de l'autre ;*

4° *Lorsque les* commorientes, *respectivement héritiers présomptifs n'ayant pas d'héritiers à réserve, ont institué un légataire universel.*

Même question *pour le cas où un seul des* commorientes *aurait institué un légataire universel.*

En matière de libéralités testamentaires ou contractuelles :

1° *Entre un testateur et un légataire* commorientes ;

2° *Entre deux personnes* commorientes *qui se sont respectivement instituées légataires universels l'une de l'autre et dans l'hypothèse même où elles ne laissent pas d'héritiers à réserve ;*

3° *Entre un donateur et un institué contractuel* (art. 1982) ;

4° *Entre deux époux* commorientes *qui se sont attribué, soit par contrat de mariage, soit pendant le mariage, des gains de survie.*

Même question *si l'un des époux seulement a attribué des gains de survie à l'autre.*

5° *Entre le grevé de substitution et le substitué ;*

6° *Entre le donateur qui a stipulé le droit de retour pour le cas de prédécès du donataire et le donataire.*

Il y a deux motifs pour n'appliquer les présomptions de survie dans *aucun* de ces cas ; chacun de ces motifs suffit par lui-même à exclure la solution contraire.

Voici ces *deux* motifs :

1° *Toutes les présomptions sont de droit étroit, c'est-à-dire qu'elles ne doivent pas être étendues à un autre cas que celui qu'elles règlent déterminément ;*

2° *Il n'existe nulle nécessité ni juridique, ni rationnelle, de sortir, dans ces différentes hypothèses, du droit commun de la preuve* (1).

---

*demeurées vacantes, faute d'héritier!* (M. Troplong, *Des donations et des testaments*, t. IV, n° 2126.)

(1) M. Demante, t. III, n° 22 *bis*. — MM. Ducaurroy, Bonnier et Roustain, t. II, n° 401, 403. — MM. Massé et Vergé, *Sur Zachariæ*, p. 236. — M. Demolombe, t. XIII, p. 144 et suiv.

En sens contraire, Toullier, t. III, n° 76 et suiv. — M. Taulier, t. III, p. 119 et suiv.

M. Duranton, t. V, n° 45, et t. VI, n° 45 et suiv., distingue entre les dif-

Il peut cependant se présenter *une hypothèse* dans laquelle on devra appliquer les présomptions de survie à la succession testamentaire.

Voici l'espèce :

Trois cousins, Pierre, Paul et Jacques sont appelés à se succéder respectivement; Pierre et Paul meurent dans le même événement, et, comme il est impossible d'établir, d'après les règles du droit commun, l'ordre des décès, le cas se trouve rentrer sous l'application des art. 721 et 722.

En appliquant ces articles, c'est Paul, *nous le supposons*, qui doit être réputé avoir survécu à Pierre; or, Paul avait en outre reçu de Pierre un legs par préciput.

A cause de la présomption de survie de l'auteur, les héritiers de Paul se trouvent appelés à recueillir la succession *ab intestat* de Pierre concurremment avec le troisième cousin Jacques, qui est vivant; peuvent-ils invoquer cette même présomption pour obtenir le legs fait à Paul par Pierre ?

L'*affirmative* est certaine, car il serait irrationnel de diviser la présomption de survie de Paul relativement à Pierre, et par conséquent les effets de cette même présomption (1).

**723.** — La loi règle l'ordre de succéder entre les héritiers légitimes : à leur défaut, les biens passent aux enfants naturels, ensuite à l'époux survivant ; et, s'il n'y en a pas, à l'État.

Cet article fait entrevoir la distinction de *deux* classes d'héritiers, les uns qu'il désigne sous la qualification collective d'*héritiers légitimes*, les autres, qu'il se borne à énumérer et qui ont reçu le nom de *successeurs irréguliers*, à cause de la rubrique du chap. IV (V. *infra*).

Il y a d'ailleurs *deux* inexactitudes à noter dans ce texte.

La *première* consiste en ce qu'il déclare que les enfants naturels ne viennent qu'*à défaut d'héritiers légitimes*, tandis que les enfants naturels *concourent* avec les héritiers légitimes (art. 757).

La *seconde* en ce que, dans l'énumération des successeurs irréguliers, il omet *deux* catégories sur *cinq*, savoir les père et mère naturels succédant à leurs enfants, les frères et sœurs naturels se succédant entre eux (art. 765, 766).

---

férentes hypothèses relatives à la succession *ab intestat*, et celles qui concernent la succession testamentaire.

Il applique les présomptions de survie aux premières ; il ne les applique pas aux secondes.

(1) M. Demolombe, t. XIII, p. 162.

Pour ne point embarrasser les élèves, nous avons fait abstraction, dans les

**724.** — Les héritiers légitimes sont saisis de plein droit des biens, droits et actions du défunt, sous l'obligation d'acquitter toutes les charges de la succession : les enfants naturels, l'époux survivant et l'État, doivent se faire envoyer en possession par justice, dans les formes qui seront déterminées.

## DE LA SAISINE.

L'art. 724 déclare que *les héritiers légitimes sont saisis de plein droit des biens, droits et actions du défunt*, par antithèse *aux autres successeurs qui doivent se faire envoyer en possession par justice.*

Nous examinerons d'abord :

*Ce qu'est la saisine des héritiers légitimes.*

Nous lui opposerons ensuite :

*La situation légale des successeurs irréguliers, tant avant qu'après leur envoi en possession par justice.*

### SAISINE DES HÉRITIERS LÉGITIMES.

La matière de la saisine est certainement une des plus confuses du droit; l'histoire juridique témoigne des profondes transformations qu'elle a subies à travers les siècles. Dans son dernier état, lorsque la société féodale fut sur le déclin, elle servit d'arme aux légistes contre une organisation qui s'écroulait. Aujourd'hui, elle n'est plus qu'une *expression juridique*, mais cette expression, à cause des souvenirs qu'elle réveille, manque absolument de netteté et fait naître des controverses.

---

explications qui précèdent, du principe sur lequel repose la succession *ab intestat*, lequel principe est *la volonté présumée du de cujus.*

Il est manifeste, en effet, qu'au point de vue de ce principe, les présomptions de survie devraient être appliquées par une sorte d'à fortiori à la succession testamentaire.

Mais il ne faut pas perdre de vue :

1° Que les rédacteurs du Code Napoléon étaient dépourvus de toute doctrine sur le fondement de la succession *ab intestat*, et qu'outre la volonté présumée du *de cujus* ils y voyaient encore le droit éminent de l'État, et la copropriété familiale ;

2° Que même aujourd'hui les auteurs de droit les plus compétents professent sur ce point les opinions les plus hétérogènes et les plus diverses, et qu'ils en sont dans certains cas à demander leur solution à la loi 26 D., *de Pactis dotalibus* et à Bartole. (V. M. Demolombe, t. XIII, p. 164.)

3° Qu'enfin, en supposant une doctrine assise sur des bases scientifiques, les présomptions de survie des art. 721 et 722 manquent de toute raison d'être.

La plupart des législations européennes ont repoussé ces présomptions. (V. Anthoine de Saint-Joseph, *Concordance entre les Codes civils étrangers et le Code Napoléon.*)

Toutefois, pour éclairer la théorie de la saisine même actuelle, il est indispensable de jeter un coup d'œil sur le passé (1).

La saisine appartient à la fois au droit germanique et au droit féodal ; elle se présente d'abord, dans l'un et dans l'autre, comme une investiture publique de la propriété territoriale ; elle finit, dans l'un et dans l'autre, par dégénérer en une fiction qui répute cette investiture accomplie.

D'après le droit germanique, en effet, le propriétaire n'est régulièrement institué que lorsqu'il a été reconnu par la Commune dont il est membre ; c'est la conséquence du *mundium*, c'est-à-dire de la garantie solidaire qui lie tous les membres de la Commune.

Cependant, pour que les droits et les devoirs qui s'attachaient à la propriété ne restassent pas en suspens durant un temps plus ou moins long, le droit germanique en arriva à supposer que les plus proches parents du *de cujus* étaient *ensaisinés* par la Commune dès le moment du décès.

D'après le droit féodal, le seigneur se considérait comme l'unique propriétaire des immeubles soumis à sa *mouvance* ; il en concluait, appuyé par les légistes de l'époque, qu'à la mort du vassal, la saisine de ces immeubles lui faisait retour et que les héritiers devaient comparaître devant sa justice pour recevoir une nouvelle institution de ses mains. Cette solennité n'avait d'autre but que d'astreindre les héritiers à payer au seigneur les droits de relief, s'il s'agissait de fiefs, les droits ou profits de saisine, s'il s'agissait d'héritages de roture (2).

Néanmoins, afin d'échapper à ces droits, « on introduisit que toute personne décédée serait réputée avoir remis, en mourant, la possession de ses biens entre les mains de son plus proche parent habile à lui succéder et non entre les mains d'aucune autre personne ; d'où est venue notre règle : *le mort saisit le vif, son hoir plus proche et habile à succéder* » (3).

---

(1) V. Renaud de Berne, *Monographie sur la saisine* (*Revue de législation*, 1847, t. II, p. 47 et 325 ; t. III, p. 55, analyse de cette monographie).— Simonnet, *Histoire et théorie de la saisine héréditaire*.

(2) Le fief admis, de telles conséquences n'ont rien d'exorbitant. Ce qu'il y a d'inimaginable, c'est le calme avec lequel depuis Dumoulin jusqu'à Pothier, en plein XVIIIe siècle, nous le répétons, les légistes reproduisent la définition suivante : « Feudum est benevola, libera et perpetua concessio rei immobilis vel » æquipollentis, cum translatione utilis dominii proprietate retentâ, sub fidelitate » et exhibitione servitorium. » (Dumoulin, *Préface des fiefs*, n° 114 ; Pothier, *Traité des fiefs*, n° 7).

(3) De Laurière, *Sur Loisel*, liv. II, tit. V, règle I.

On peut voir comme quoi Pothier explique que si les successions en ligne directe ont été exceptées de profit, c'est que les pères n'ayant leurs biens que pour les transmettre à leurs enfants, les enfants sont en quelque sorte *copropriétaires* avec leurs pères des biens de leurs pères, *filius vivo patre bonorum paternorum dominus intelligitur*, de manière qu'il succède à des biens qui

En dépit et à cause même de cette formule, la saisine héréditaire ne demeurait plus qu'une apparence.

Cependant, au lieu de supprimer le nom comme on supprimait la chose, on maintint l'expression de saisine et, comme pour ajouter aux difficultés que la conservation de ce mot ne pouvait manquer d'engendrer, les légistes firent entrer dans la théorie de la nouvelle saisine certaines traditions romaines qu'elle excluait plus radicalement encore que les traditions germanique et féodale (1).

Sous l'empire du Code Napoléon, on explique que la saisine s'est de nouveau transformée, en ce sens au moins que ce n'est plus le *mort* qui est censé saisir le *vif*, mais que c'est la *loi* qui saisit elle-même les héritiers.

Cette conception, que n'autorise pas d'une manière expresse le texte de l'art. 724, est d'ailleurs en parfaite harmonie avec l'esprit du Code Napoléon; mais les auteurs qui l'acceptent ne s'aperçoivent pas que si la loi est omnipotente pour saisir les héritiers, cette omnipotence lui donne également le droit de ne pas les saisir; de là à la négation de la transmission héréditaire, il n'y a qu'un pas (2).

---

étaient déjà à lui, *bonis quæ jam ante erant sua*, d'où est venu le nom de *suos hæredes*, etc. (Pothier, *Traité des fiefs*, n° 578.)

Le bon Pothier mêle ici l'idée catholique, l'idée romaine, l'idée féodale et l'idée d'émancipation qui travaillait même l'esprit légiste.

Il faut remarquer, en ce qui concerne l'idée romaine, que les *hæredes sui et necessarii* ne sont pas héritiers dès le jour de la mort, mais seulement dès qu'il est certain qu'il n'y aura pas d'héritier testamentaire, et qu'en outre ils ne succèdent pas à la possession du défunt. (Gaius, *Inst.*, Comm. IV, § 34. — Savigny, *De la possession*, p. 285.)

(1) A côté de la saisine héréditaire, les anciennes Coutumes en avaient placé deux autres ;

1° *La saisine acquise après une possession d'an et jour, paisible publique et à titre non précaire;*

C'est à celle-là que se rattache la théorie de l'action possessoire.

2° *La saisine consistant dans l'investiture féodale en cas d'aliénation volontaire.*

Cette dernière saisine, sans disparaître entièrement comme la saisine héréditaire, finit par n'être maintenue en tant que formalité obligatoire, que par un petit nombre de coutumes appelées pour cette raison dans l'ancien droit *Coutumes de nantissement.*

Qu'on dégage l'idée de la saisine de son caractère féodal et de ses solennités ; qu'on y voie un système de publicité de la transmission des droits réels, et cette idée, bien loin de devoir être répudiée pour la transmission de la propriété immobilière entre-vifs, rentrera au contraire complétement dans la doctrine du droit moderne, dont l'idée est la pleine liberté de disposer et la publicité de la transmission entre-vifs.

On conçoit que pour la transmission à la suite de décès, la notoriété du décès lui-même constitue une publicité suffisante.

(2) Rationnellement, nous le répétons, sinon légalement, il faut donc s'en tenir à l'ancienne formule en en retranchant le mot qui rappelle l'équivoque saisine.

M. Demolombe est un des auteurs qui enseignent que la saisine héréditaire

*Recherchons les effets que produit aujourd'hui cette saisine légale, et d'abord voyons ceux que les anciens auteurs y rattachaient.*

Les anciens auteurs déduisaient de la saisine héréditaire les trois principaux effets suivants :

1° *L'acquisition immédiate par l'héritier, même mineur ou interdit ou ignorant l'ouverture de la succession, de tous les droits du défunt, à partir du jour du décès ;*

2° *L'acquisition immédiate par l'héritier, même mineur ou interdit ou ignorant l'ouverture de la succession, de l'exercice des droits du défunt, en d'autres, l'investiture immédiate de la possession de ces droits ;*

3° *La continuation de la personne du défunt par l'héritier devenant propriétaire, créancier, débiteur de tout ce dont le défunt était propriétaire, créancier et débiteur et qui était ainsi tenu de payer les dettes héréditaires* ultra vires (1).

Il y a lieu de remarquer :

1° *Que le premier effet attribué à la saisine, c'est-à-dire l'acquisition immédiate par l'héritier de tous les droits du défunt, à partir du jour du décès, impliquait, à partir de la même époque, la transmissibilité du droit héréditaire dans le patrimoine de l'héritier, et comme partie intégrante de ce patrimoine.*

---

dérive aujourd'hui de la toute-puissance de la loi (t. XIII, p. 180). En cela l'éminent professeur est entièrement d'accord avec lui-même ; l'attestation du droit social est le fond le plus habituel de sa doctrine, et, à l'occasion de l'art 544, il a écrit cette proposition : « la propriété est soumise à la prédominance pour le plus grand bien de tous et de chacun, de l'intérêt général et collectif sur l'intérêt particulier et individuel ».

Il est clair que cela revient à déclarer que l'intérêt général et collectif est le régulateur suprême du droit de propriété, en d'autres termes, que l'État qui est l'organe de cet intérêt, a le droit de décréter l'organisation de la propriété d'après les convenances du plus grand nombre.

Comment se fait-il donc que M. Demolombe qui, à la page 180, est le champion du droit social en soit l'énergique antagoniste à la page 174 où il a écrit :

« On a soutenu que le droit de mutation était fondé sur un droit antérieur et supérieur de propriété dont l'État était revêtu..., nous nous associons, de toute l'énergie de notre conviction, aux protestations éloquentes et décisives, que cette doctrine *antisociale* a soulevées. »

M. Demolombe ne paraît pas voir que la question du droit de mutation n'est qu'un accident de cette grande thèse, et que son explication de la page 180 détruit sa protestation de la page 174.

En ce qui concerne spécialement la saisine héréditaire, nous répétons que c'est le Droit ancien qui a raison contre les théoriciens du temps actuel ; la saisine, ou pour parler en termes plus clairs, l'investiture de l'exercice des droits actifs et passifs du défunt, procède logiquement du défunt lui-même à l'héritier, et comme dit Kant en raisonnant, il est vrai, sur la succession testamentaire, l'héritier acquiert par son seul silence (*stillschweigend*) le droit à la succession. (Kant, *Doctrine du Droit*, Beerbung.)

(1) Lebrun, *Traité des successions*, l. III, chap. I, n° 36. — Pothier, *Traité des successions*, chap. III, sect. II.

2° *Que le troisième effet attribué à la saisine, c'est-à-dire la continuation de la personne du défunt par l'hériter, était une déduction que non-seulement l'idée de la saisine ne renfermait pas, mais qui n'avait même aucune relation avec cette idée.*

C'est dans le monde romain où la cité fait le plus qu'elle peut abstraction de l'individu, que l'héritier est le continuateur de la personne du défunt ; conception logique du reste et parfaitement en harmonie avec l'ensemble.

Dans les institutions germaniques et féodales, au contraire, ce principe manque de sens ; emprunté au droit romain, il ne constitue plus qu'une importation aussi maladroite que regrettable et qu'explique seule l'aveugle infatuation des légistes pour la loi romaine (1).

*Quoi qu'il en soit, ces trois effets sont-ils aujourd'hui compris dans la saisine?*

Les auteurs sont très-divisés sur ce point fondamental, et jamais, avouons-le, il n'y eut pour eux une plus belle occasion de l'être.

Nous nous rangeons à l'opinion qui considère le premier effet comme se rattachant, d'après le Code Napoléon, à la qualité générale de *successeur* et qui ne rapporte à la saisine actuelle que les deux derniers (2)

Cette opinion peut invoquer les textes :

1° Il ressort des art. 723 et 1014 que les successeurs irréguliers et les successeurs testamentaires acquièrent immédiatement, comme les héritiers légitimes, tous les droits du défunt, à partir du jour du décès (V. *supra*, art. 723, p. 41, *infra*, p. 58 et art. 1014);

2° Il résulte de l'art. 724 que la saisine confère à l'héritier légitime, non-seulement les biens et les droits, mais aussi les *actions* du défunt; or l'investiture des *actions* du défunt, c'est précisément l'investiture de l'exercice de ses droits actifs et passifs;

3° Il semble enfin que l'art. 724, à l'instar des anciens légistes, fait découler de la saisine l'*obligation d'acquitter toutes les dettes*, ou, comme porte le texte, *toutes les charges de la succession* (3).

La théorie, telle quelle de la saisine, se complète par une proposition

---

(1) Renaud de Berne, *Monographie sur la saisine*, *Revue de législ.*, 1847, t. II, p. 74 et 325; t. III, p. 55.

(2) M. Demante, t. III, n° 24 *bis*, II et III. — M. Demolombe, t. XIII, p. 182 et suiv.

En sens contraire, M. Duranton, t. VI, n$^{os}$ 54, 55 et 63. — MM. Zachariæ, Aubry et Rau, t. V, p. 129.

(3) Ces trois résultats sont beaucoup moins accusés dans le Code Napoléon que dans notre commentaire. En reprenant le nom de la saisine, les rédacteurs ont touché à une matière que les anciens légistes n'ont jamais entendue, dont eux-mêmes, les Cambacérès et les Portalis, ils paraissent avoir à peine possédé les premières notions, et sur laquelle les textes ont en réalité amoncelé les nuages.

qui n'est pas débattue et par l'examen de *quatre* questions, toutes les *quatre* controversées.

La proposition non débattue et qui, d'ailleurs, ne pourrait pas l'être en présence de l'art. 775, est celle que ce texte formule ainsi :

« Nul n'est tenu d'accepter une succession qui lui est échue. »

Cet article reproduit la règle coutumière :

« Il ne se porte héritier qui ne veut (1). »

Nous verrons en effet que les Coutumes n'ont jamais admis les héritiers nécessaires du droit romain ; il a été heureux qu'on n'ait pas eu la pensée d'introduire cette nouvelle disparate dans le droit germanique et féodal (V. *infra*, art. 775).

Les quatre questions controversées sont les suivantes :

1° *La saisine n'est-elle attribuée à l'héritier que sous la condition suspensive de son acceptation ou lui appartient-elle au contraire sous la condition résolutoire de sa renonciation ?*

Cette question revient à demander si l'héritier est investi du droit héréditaire même avant d'avoir accepté, et s'il n'est pas obligé de renoncer pour mettre à néant cette investiture.

A s'en tenir au texte de l'art. 724, l'affirmative ne paraît même pas susceptible d'être contestée, mais trois autres articles figurent encore dans cette discussion : le premier, l'art. 777, contredit directement la solution qu'implique en ce point le texte de l'art. 724 ; les deux autres, les art. 784 et 785, appuient au contraire cette même solution.

Nous exposerons cette première controverse sous l'art. 777.

2° *La saisine, ou plus généralement le droit héréditaire, considéré tout à la fois en lui-même et au point de vue de son exercice, est-il indivisible ?*

Cette question tend surtout à savoir si dans le cas où plusieurs personnes étant appelées ensemble à une même succession, l'une d'elles vient à renoncer (art. 784) ou à se faire restituer contre son acceptation, les cohéritiers ont le droit de refuser la part du renonçant ou du restitué et de s'en tenir à la leur.

Nous renvoyons cette seconde controverse à l'application de l'art. 785 ; mais il importe de noter que, même en admettant le point de vue de l'indivisibilité du droit héréditaire, il n'est pas contesté :

D'une part que, tant que les cohéritiers sont en présence les uns des autres, le droit de chacun est restreint par celui des autres ;

D'autre part, que les créances et les dettes héréditaires se divisent de plein droit entre les héritiers (art. 870, 873 et 1220, V. *infra*).

3° *La saisine est-elle collective, c'est-à-dire appartient-elle en même temps et collectivement à tous les parents du défunt, au degré succes-*

(1) Loisel, *Inst. coutum.*, règle 318, édit. Dupin et Laboulaye, t. I, p. 318.

*sible, tant que l'hérédité n'a pas été acceptée par ceux qui s'y trouvent appelés d'après l'ordre des successions, ou, au contraire, n'appartient-elle, dès le principe, qu'à ces derniers?*

4° *La saisine n'opère-t-elle qu'une seule fois, au profit des héritiers les plus proches au jour de la succession, ou, au contraire, est-elle attribuée successivement à chacun des parents plus éloignés qui deviennent héritiers par la renonciation des plus proches?*

Nous retenons à cette place ces deux dernières controverses.

CONTROVERSE SUR LA QUESTION DE SAVOIR SI LA SAISINE EST COLLECTIVE.

DEUX SYSTÈMES.

1er SYSTÈME (1). — *La saisine est collective, c'est-à-dire qu'elle appartient en même temps et collectivement à tous les parents du défunt, au degré successible, tant que l'hérédité n'a pas été acceptée par ceux qui s'y trouvent appelés d'après l'ordre des successions.*

1er *Arg.* — Dans l'ancien droit germanique, la saisine héréditaire était fondée sur la copropriété de famille et elle avait en conséquence un caractère collectif; or, la saisine du Code Napoléon dérive de la saisine du droit germanique.

2e *Arg.* — Tandis que l'art. 318 de la Coutume de Paris n'attribuait la saisine qu'à l'*hoir le plus proche*, l'art. 724 l'attribue d'une manière générale aux héritiers légitimes.

3e *Arg.* — Les art. 785 et 789 renferment implicitement diverses propositions qui ne peuvent être expliquées qu'au moyen du principe de la saisine collective (V. *infra*, art. 785 et 789).

Ce système déduit de sa prémisse les conséquences suivantes:

1° L'héritier plus éloigné a le droit de se mettre en possession de l'hérédité, tant que l'héritier plus proche s'en abstient;

2° L'héritier plus éloigné a le droit de revendiquer la succession contre les tiers, sans que ceux-ci soient fondés à prétendre qu'il n'a pas qualité d'héritier;

3° Les aliénations de biens héréditaires et les actes quelconques faits par l'héritier plus éloigné qui s'est mis en possession de l'hérédité sont valables et ne peuvent être attaqués que par l'action Paulienne.

2e SYSTÈME (2). — *La saisine n'appartient qu'aux parents qui se trouvent appelés à l'hérédité d'après l'ordre des successions.*

---

(1) M. Zachariæ, § 609, texte et note 10. — MM. Massé et Vergé, *Sur Zachariæ*, t. II, p. 296 et suiv. — M. Blondeau, *De la séparation des patrimoines*, p. 642 et suiv. — M. Renaud, *Revue de législ.*, 1847, t. II, p. 327.

(2) MM. Aubry et Rau, *Sur Zachariæ*, t. V, p. 133. — MM. Massé et Vergé, t. II, p. 297. — M. Demolombe, t. XIII, p. 204.

1er *Arg.* — Le principe de la copropriété de famille n'a jamais été admis en France d'une manière absolue.

D'ailleurs la saisine n'est pas arrivée sans modifications et sans encombre du droit germanique au Code Napoléon.

2e *Arg.* — Bien loin de contredire l'art. 318 de la Coutume de Paris, l'art. 724 est au contraire en harmonie avec ce texte, car il ne confère la saisine qu'aux *héritiers*, c'est-à-dire seulement aux parents qui sont appelés à l'hérédité d'après l'ordre des successions.

3e *Arg.* — Les diverses propositions, implicitement renfermées dans les art. 785 et 789, peuvent très-bien s'expliquer sans qu'on ait, pour cela, besoin de recourir au principe de la saisine collective.

A l'égard des trois conséquences du premier système, le second système accepte la première, à titre *de moyen tel quel* de réparer une lacune du Code.

Il repousse absolument la seconde et accorde une exception aux tiers actionnés en revendication par l'héritier plus éloigné.

Il ramène la troisième à la thèse générale du sort des aliénations consenties par l'héritier apparent (V. *infra*, chap. IV, sect. II, Appendice) (1).

Sans plus nous soucier de la raison germanique que de la raison romaine, nous prenons parti pour le principe du second système au nom de la raison toute seule, et nous rappelons que la succession *ab intestat* ne pouvant avoir d'autre fondement que la volonté du *de cujus*, il est rationnel d'en conclure que la dévolution de la succession a exclusivement lieu au profit des héritiers plus proches.

CONTROVERSE SUR LA QUESTION DE SAVOIR SI LA SAISINE N'OPÈRE QU'UNE SEULE FOIS AU PROFIT DES HÉRITIERS LES PLUS PROCHES, AU JOUR DE L'OUVERTURE DE LA SUCCESSION.

DEUX SYSTÈMES.

1er SYSTÈME (2). — *La saisine n'opère qu'une seule fois au profit des héritiers les plus proches au jour de l'ouverture de la succession.*

1er *Arg.* — L'art. 790 reconnaît aux héritiers qui ont renoncé la faculté d'accepter encore la succession, tant que les autres héritiers ne l'ont pas eux-mêmes acceptée ; cette disposition prouve bien que par l'effet des renonciations, la saisine ne descend pas des héritiers plus proches aux héritiers plus éloignés.

2e *Arg.* — Si l'on admettait que la saisine descend successivement,

(1) M. Demolombe, t. XIII, p. 211 et suiv.
(2) M. Bugnet, *Sur Pothier*, t. VIII, p. 112.

de degré en degré, par l'effet des renonciations, la vacance d'une succession n'existerait qu'après que tous les parents successibles jusqu'au douzième degré auraient été mis en demeure d'accepter ou de renoncer, et la nomination d'un curateur à la succession pourrait subir des retards préjudiciables à tous les intéressés (art. 755 et 811).

2e SYSTÈME (1). — *La saisine est attribuée successivement à chacun des parents plus éloignés qui deviennent héritiers par la renonciation des plus proches.*

1er *Arg.* — L'art. 724 pose en principe que les héritiers légitimes sont saisis *de plein droit*; or, aux termes de l'art. 786, l'héritier qui renonce est censé n'avoir jamais été héritier; donc, en cas de renonciation des parents plus proches, les plus éloignés doivent être réputés avoir la qualité d'héritiers et avoir été saisis dès le jour de l'ouverture de la succession.

2e *Arg.* — Il est rationnel et pratique qu'après la renonciation des parents plus proches, l'investiture de l'exercice des droits actifs et passifs du défunt, en d'autres termes la saisine, se porte sur la tête des parents plus éloignés, devenus aptes à recueillir la succession.

3e *Arg.* — L'art. 790, qui confère à l'héritier plus proche la faculté de revenir sur sa renonciation tant que l'héritier plus éloigné n'a pas accepté, prouve seulement que, dans la présente hypothèse, la saisine est soumise à une cause de résolution spéciale.

4e *Arg.* — Bien que la saisine descende de degré en degré par l'effet des renonciations, les héritiers plus éloignés sont réputés n'être pas connus, dans l'intérêt des créanciers, sans que ceux-ci soient obligés de les mettre en demeure, et les créanciers ont le droit de faire nommer un curateur à la succession après la renonciation des héritiers plus proches (V. *infra*, art. 811).

5e *Arg.* — L'ancien droit était fixé dans ce sens (2).

Le second système a pour lui l'évidence même, et ce n'est que faute d'un principe que cette controverse a pu naître (3).

---

(1) M. Demante, t. III, n° 106 *bis* I, et 135 *bis*, III et IV. — MM. Ducaurroy, Bonnier et Roustain, t. II, n° 598. — M. Demolombe, t. XIII, p. 208.

(2) Pothier, *Des successions*, chap. III, sect. II et sect. IV, § 4, et introd. au titre XVII *De la cout. d'Orléans*, n° 39.

(3) Au milieu de toutes ces difficultés que l'on peut dire inextricables, tant que l'on demeure sur le pur terrain historique (et quel terrain que cet amalgame de droit germanique, de droit féodal et de droit romain!), il est véritablement étrange qu'aucun interprète n'ait eu la pensée d'en revenir simplement à l'enseignement de la raison.

Par malheur, le Code Napoléon a prononcé le nom de la saisine, et il a porté certaines dispositions qui se réfèrent à l'ancienne théorie; il n'en a pas fallu davantage pour remettre les légistes dans la voie des traditions les moins certaines et les plus surannées.

Le Code de la Convention est absolument muet sur la saisine; progrès impor-

### SITUATION LÉGALE DES SUCCESSEURS IRRÉGULIERS.

Dans l'ancien droit français, la saisine appartenait à tous les héritiers *ab intestat;* c'est le Code Napoléon qui l'a enlevée aux successeurs irréguliers (1).

On a donné de cette innovation deux motifs :

Le premier est fondé, a-t-on dit, *sur la déférence due à l'héritier du sang.*

Le second, *sur la nécessité de garantir la réserve, dans tous les cas où il existe un réservataire* (2).

Ces deux motifs sont dépourvus l'un et l'autre de toute valeur rationnelle ; le seul résultat positif de l'innovation du Code est de compliquer la liquidation des successions.

Il y a lieu d'examiner la situation légale des successeurs irréguliers à deux époques :

1° *Avant leur envoi en possession par justice ;*

2° *Après ce même envoi.*

#### 1° Situation légale des successeurs irréguliers avant leur envoi en possession par justice.

Cette situation se résume en deux propositions fondamentales :

1° *Comme les héritiers légitimes, les successeurs irréguliers acquièrent, à partir du jour du décès, les droits qui appartiennent au défunt ; en d'autres termes, ils ont, comme les héritiers légitimes, ce que l'on peut nommer la saisine des droits du défunt ;*

2° *A la différence des héritiers légitimes, ils n'ont pas la saisine dont parle l'art. 724, c'est-à-dire qu'ils n'ont pas l'investiture de l'exercice des droits du défunt.*

De la première proposition il résulte notamment :

*Qu'à partir du décès, le successeur irrégulier est tout aussi apte que l'héritier légitime à transmettre le droit héréditaire à ses propres héritiers.*

---

tant que ce silence ; débarrassée du mot, la doctrine eût pu rejeter cette obscure chose.

(1) Voici en deux mots l'historique de la législation sur ce point : l'ancien droit français distinguait des héritiers légitimes et des successeurs irréguliers, comme l'a fait le Code Napoléon, mais il n'enlevait pas la saisine aux successeurs irréguliers; le Code de la Convention effaça la distinction des héritiers légitimes et des successeurs irréguliers ; le Code Napoléon reproduisit cette distinction, et y attacha des effets auxquels l'ancien droit lui-même n'avait jamais songé.

(2) V. les paroles de Bigot de Préameneu et de Tronchet, Locré, t. XI, p. 247, 253 et 404.

De la seconde :

*Que le successeur irrégulier n'a pas le droit de prendre possession de l'hérédité et qu'il ne peut, en conséquence, ni exercer les actions qui la concernent, ni y défendre.*

2° Situation légale des successeurs irréguliers après leur envoi en possession par justice.

Cette situation donne lieu aux plus graves difficultés doctrinales ; mais telle est, en cette matière, l'obscurité et la contradiction des textes, tel est le manque de vues d'ensemble du Code Napoléon, qu'à vrai dire toutes les opinions ont à la fois tort et raison au point de vue légal.

Dans ce désordre, la doctrine qui nous paraît la plus plausible est celle qu'a proposée M. Demolombe.

Cette doctrine se résume dans la proposition fondamentale suivante :

*L'envoi en possession par justice est, pour les successeurs irréguliers, ce qu'est la saisine légale pour les héritiers légitimes, et cet envoi a un effet rétroactif jusqu'au jour du décès ;* en d'autres termes, *la saisine des successeurs irréguliers existe sous la condition d'obtenir l'envoi en possession* (art. 1179).

De là, il y a lieu de déduire qu'après l'envoi en possession par justice :

1° *Les successeurs irréguliers sont réputés avoir succédé à la possession du défunt à partir du jour du décès, et le temps intermédiaire entre ce même jour et celui de l'envoi en possession compte à leur profit, tant pour l'exercice des actions possessoires* (art. 23, C. Pr.) *que pour l'accomplissement de la prescription ;*

2° *Les successeurs irréguliers sont tenus personnellement et même* ultra vires *des dettes héréditaires, à moins qu'ils ne déclarent accepter sous bénéfice d'inventaire ;*

3° *Les successeurs irréguliers ont droit aux fruits des biens de la succession à compter du jour de son ouverture.*

Ces trois points sont controversés.

PREMIÈRE CONTROVERSE.

DEUX SYSTÈMES.

1er **SYSTÈME** (1). — *Les successeurs irréguliers ne succèdent à la possession du défunt qu'à partir de l'envoi en possession, et le temps*

(1) M. Marcadé, t. III, art. 724, n° 3. — M. Duvergier, *Sur Toullier*, t. II, n° 82, note 2.

*intermédiaire entre le jour du décès et celui de l'envoi en possession ne compte à leur profit ni pour l'exercice des actions possessoires, ni pour l'accomplissement de la prescription.*

L'*argument* de ce système procède de l'obscurité de la notion de la saisine. Il consiste à dire que la saisine ne se rapporte qu'à la possession et qu'elle doit être définie : l'anticipation légale de la possession et des avantages qui en résultent.

De là, il suivrait que la différence résultant de la saisine entre l'héritier légitime et le successeur irrégulier tiendrait précisément à ce que le premier succède immédiatement à la possession du défunt, même avant d'avoir appréhendé les biens héréditaires, tandis que le second n'y succède qu'à partir de l'envoi en possession.

2e SYSTÈME (1). — *Les successeurs irréguliers sont réputés avoir succédé à la possession du défunt à partir du jour du décès, et le temps intermédiaire entre ce même jour et celui de l'envoi en possession compte à leur profit, tant pour l'exercice des actions possessoires que pour l'accomplissement de la prescription.*

L'*argument* de ce système est aussi tiré de la notion de la saisine ; il fait remarquer :

1° Que l'art. 724 ne se réfère pas exclusivement à la possession et qu'il s'applique au contraire de la manière la plus générale *aux biens, droits et actions du défunt* ;

2° Que la saisine des droits héréditaires, qui appartient aux successeurs irréguliers tout aussi bien qu'aux héritiers légitimes, comprend les droits de possession au même titre que l'ensemble des droits réels et personnels du défunt.

M. Demolombe ajoute un argument déduit des l. 54, D., *de Adq. vel omitt. hæred.*, et 193, D., *de Reg. juris ;* mais il est évident que le droit romain est étranger à la question.

### DEUXIÈME CONTROVERSE.

### DEUX SYSTÈMES.

1er SYSTÈME (2). — *Les successeurs irréguliers ne sont que des successeurs aux biens ; il en résulte qu'ils ne sont tenus des dettes que comme charges des biens et jusqu'à concurrence de la valeur des biens.*

1er *Arg.* — L'ancien droit français se prononçait dans ce sens et cependant il accordait la saisine légale aux successeurs irréguliers ; donc,

(1) M. Demante, t. III, n° 24 *bis*, I. — M. Demolombe, t. XIII, p. 222.

(2) M. Demante, t. III, n° 24 *bis*, IV. — MM. Ducaurroy, Bonnier, Roustain, t. III, n° 546. — M. Duranton, t. VI, n° 63 *bis*.

*a fortiori*, le droit actuel, qui leur refuse la saisine légale, a-t-il dû adopter la même doctrine.

2e *Arg.* — L'art. 724 n'applique qu'aux héritiers légitimes l'obligation de payer les dettes *ultra vires*, et il en fait pour eux une conséquence de la saisine légale.

D'autre part, les art. 774 et suiv., qui règlent l'acceptation pure et simple, ne concernent également que les héritiers légitimes.

3e *Arg.* — Les héritiers légitimes ne sont tenus des dettes *ultra vires* que parce qu'ils succèdent à la personne même du défunt; or, les successeurs irréguliers ne succèdent pas à la personne, et l'art. 723 déclare seulement que les *biens leur passent.*

4e *Arg.* — On ne comprendrait pas que l'État fût tenu des dettes *ultra vires;* or, il est certain que le Code Napoléon met tous les successeurs irréguliers sur la même ligne.

2e SYSTÈME (1). — *Les successeurs irréguliers sont tenus personnellement et même* ultra vires *des dettes héréditaires, à moins qu'ils ne déclarent accepter sous bénéfice d'inventaire.*

1er *Arg.* Bien que le Code Napoléon ne désigne pas sous un nom identique les personnes qui, à divers titres, recueillent l'universalité ou une partie de l'universalité des biens d'une autre personne décédée, il entend leur faire à toutes la même condition, c'est-à-dire leur imposer l'obligation de supporter une quotité des dettes proportionnelle à la quotité de la succession qu'elles recueillent.

C'est là ce que démontrent les art. 1002, 1009, 1012 et 1013 pour les légataires universels et à titre universel; or, il y a au moins une égale raison de décider de la même manière pour les successeurs irréguliers (2).

2e *Arg.* — Les articles qui déterminent de quelle manière les héritiers et les légataires universels et à titre universel sont respectivement tenus des dettes, soit entre eux, soit à l'égard des tiers (art. 870, 871, 873, 875, 1009, 1013, 1220), comprennent nécessairement, sous la dénomination d'héritiers, tout aussi bien les successeurs irréguliers que les héritiers légitimes; sinon, il faudrait admettre que le Code Napoléon a réglé le payement des dettes en ce qui concerne les héritiers légitimes et les légataires universels et à titre universel, mais qu'il a omis de faire ce même règlement à l'égard des successeurs irréguliers.

3e *Arg.* — Il est vrai que l'art. 724 rattache à la saisine l'obligation d'acquitter toutes les dettes de la succession; mais après que le succes-

(1) M. Demolombe, t. XIII, p. 227.

(2) M. Demolombe cédant ici de nouveau à l'habitude de l'argument de droit romain, conclut des *bonorum possessores*, c'est-à-dire des héritiers du droit prétorien, aux successeurs irréguliers. Nous cherchons vainement le lien, soit historique, soit rationnel qui relierait les deux matières.

seur irrégulier a obtenu l'envoi en possession, il est précisément investi de la saisine ; elle doit par conséquent produire dans sa personne les mêmes effets que dans celle de l'héritier légitime.

C'est, du reste, une erreur de prétendre que les art. 774 et suivants ne concernent pas les successeurs irréguliers.

4e *Arg.* — L'État ne pourrait sans doute être contraint, comme successeur irrégulier, au payement des dettes *ultra vires* ; mais l'objection n'est pas concluante, car l'État ne recueille pas, à vrai dire, une succession ; il occupe un bien vacant et sans maître, une sorte d'épave.

Cette explication écarte aussi l'argument tiré de l'ancien droit français, lequel n'admettait d'autre successeur irrégulier que le roi ou les seigneurs, et seulement pour des biens en déshérence (1).

Au point de vue légal il est impossible de prendre parti entre ces deux systèmes ; l'examen des textes prouve d'une manière irréfragable que les rédacteurs du Code Napoléon ne se sont déterminés ni pour l'un ni pour l'autre.

Au point de vue logique, la saisine des héritiers légitimes emportant pour eux la qualité de continuateurs de la personne du *de cujus* et l'obligation de payer ses dettes *ultra vires*, il y a exactement la même raison de décider que la saisine judiciaire des successeurs irréguliers emporte aussi pour eux cette qualité et cette conséquence.

Cependant, au pur point de vue scientifique, nous réservons notre opinion sur le fond de la question (V. *infra*, p. 59, note 1).

---

(1) Pothier, *Des successions*, chap. VI.

Nous avons emprunté pour ainsi dire textuellement à M. Demolombe les différents arguments sur lesquels il fonde l'opinion que, sous l'empire de la loi actuelle, les successeurs irréguliers sont tenus des dettes du défunt personnellement et *ultra vires* comme les héritiers légitimes ; mais nous ne pouvons laisser passer sans observation le quatrième argument de l'éminent auteur.

L'État, c'est-à-dire la collectivité sociale, est, selon nous, un successeur exactement au même titre d'héritier que tous les autres successeurs ; nous entendons par là que son droit est fondé, tout aussi bien que celui des autres, sur la volonté présumée du *de cujus*. Si le patrimoine que l'État recueille, lorsqu'il n'y a pas de parents au degré successible, était une sorte d'épave, il n'y aurait nulle raison d'admettre qu'il appartient à l'État, et chacun devrait être laissé libre de l'occuper.

M. Demolombe ajoute un étrange trait : « *Populus parens omnium*, s'écrie-t-il, en citant Tacite ; mais précisément, cette *parenté-là*, par cela même qu'elle est *omnium*, est, en réalité, *nullius* : « si tout le monde est mon frère, disait lui-même un écrivain socialiste (Proudhon), je n'ai plus de frère. »

Évidemment, M. Demolombe berne la loi de fraternité aux dépens de Proudhon, qu'il feint de ne pas comprendre (M. Demolombe, t. XIII, p. 231).

TROISIÈME CONTROVERSE.

DEUX SYSTÈMES.

1er SYSTÈME (1). — *Les successeurs irréguliers n'ont droit aux fruits des biens de la succession qu'à partir de la demande de l'envoi en possession.*

1er *Arg.* — Les héritiers légitimes ont qualité de possesseurs de bonne foi, pour l'ensemble de la succession, jusqu'au jour où les successeurs irréguliers ont formé une demande d'envoi en possession; or, la possession de bonne foi est attributive des fruits.

2e *Arg.* — Lorsqu'il s'agit du légataire universel, l'art. 1005 ne lui accorde les fruits à partir du décès que tout autant qu'il forme sa demande dans l'année, et encore le législateur a-t-il pris soin de porter à cet égard une disposition spéciale.

Ce serait faire la loi et non plus seulement l'interpréter que d'étendre cette disposition aux successeurs irréguliers.

2e SYSTÈME (2). — *Les successeurs irréguliers ont droit aux fruits des biens de la succession à compter du jour de son ouverture.*

1er *Arg.* — Les successeurs irréguliers sont propriétaires des biens de la succession au même titre que les héritiers légitimes et à partir du jour du décès comme ces héritiers; ils doivent donc acquérir les fruits à partir du jour du décès.

2e *Arg.* — Il s'agit d'ailleurs, dans l'espèce, d'une masse de biens que les fruits doivent rationnellement augmenter dans l'intérêt commun de tous les copropriétaires.

3e *Arg.* — Les héritiers légitimes qui connaissent l'existence des successeurs irréguliers n'ont pas qualité de possesseurs de bonne foi.

4e *Arg.* — Il est illogique d'aller jusqu'à écarter l'application même de l'art. 1005 aux successeurs irréguliers.

DÉLIVRANCE VOLONTAIRE.

*Pour les enfants naturels* venant en concours, *soit avec des héritiers directs*, *soit avec des collatéraux*, l'envoi en possession par justice n'est pas *la condition nécessaire* de la saisine.

Cet envoi peut être remplacé par *la délivrance volontaire* que les enfants naturels obtiennent des héritiers légitimes (V. *infra*, art. 757).

---

(1) Plusieurs arrêts ont été rendus dans ce sens, notamment, Bordeaux, 27 juillet 1854, Couperie, D., 1865, II, 187.

(2) M. Nicias Gaillard, *Revue critique de jurisprudence*, 1852, p. 359. — M. Demolombe, t. XIII, p. 231.

COMPARAISON ENTRE LA SITUATION LÉGALE DES HÉRITIERS LÉGITIMES ET CELLE DES SUCCESSEURS IRRÉGULIERS, TANT AVANT QU'APRÈS L'ENVOI EN POSSESSION PAR JUSTICE OU LA DÉLIVRANCE VOLONTAIRE.

Pour résumer les propositions principales qui précèdent, il est indispensable, dans l'état si incertain de la doctrine, de se placer successivement au point de vue des deux théories indiquées plus haut.

PREMIÈRE THÉORIE (GÉNÉRALEMENT REÇUE).

L'héritier légitime et le successeur irrégulier avant l'envoi en possession par justice ou la délivrance volontaire se ressemblent en ce que :

Dès l'ouverture de la succession, tous les deux sont :

1° *Saisis de tous les droits réels* (y compris la possession) *et de tous les droits personnels transmissibles qui appartenaient au* de cujus ;

2° *Tenus de toutes les dettes et soumis à toutes les charges transmissibles dont était tenu et auxquelles était soumis le* de cujus.

Ils diffèrent en ce que :

1° *L'héritier légitime a la saisine, c'est-à-dire l'investiture de l'exercice des droits tant actifs que passifs auxquels il succède, tandis que le successeur irrégulier n'a pas cette même saisine ;*

2° *L'héritier légitime est tenu personnellement de toutes les dettes et soumis personnellement, c'est-à-dire même sur ses propres biens, à toutes les charges transmissibles, tandis que le successeur irrégulier n'est tenu de ces dettes et n'est soumis à ces charges que* propter rem, *c'est-à-dire sur les biens héréditaires ;*

3° *L'héritier légitime est tenu de toutes les dettes et soumis à toutes les charges transmissibles, même* ultra vires successionis, *tandis que le successeur irrégulier n'est tenu de ces dettes et n'est soumis à ces charges qu'*intra vires successionis.

L'héritier légitime et le successeur irrégulier, après l'envoi en possession par justice ou la délivrance volontaire, continuent à présenter *les mêmes ressemblances et les mêmes différences, sauf, en ce qui concerne le point suivant :*

*Le successeur irrégulier a désormais, comme l'héritier légitime, avec ou sans rétroactivité, selon les systèmes, l'investiture de l'exercice des droits tant actifs que passifs auxquels il succède.*

DEUXIÈME THÉORIE.

Cette théorie professe qu'entre l'héritier légitime et le successeur irrégulier avant l'envoi en possession par justice ou avant la délivrance volontaire, il n'existe d'*autres différences* que celles qui se rapportent *à la saisine*.

Cette même théorie *assimile absolument* l'héritier légitime et le successeur irrégulier après l'envoi en possession par justice ou après la délivrance volontaire, et elle attribue un effet rétroactif à cet envoi ou à cette délivrance.

---

# 1er APPENDICE

## SUCCESSEURS TESTAMENTAIRES, OU DANS LE LANGAGE DU CODE NAPOLÉON, LÉGATAIRES UNIVERSELS, A TITRE UNIVERSEL OU PARTICULIER.

Comme nous l'avons déjà dit, les rédacteurs du Code Napoléon n'ont pas ramené au même principe la succession testamentaire et la succession *ab intestat*, et ils ont en outre subalternisé la première à la seconde.

De là, au point de vue de la théorie de l'investiture des droits héréditaires, les lacunes, les disparates et les anomalies que l'on rencontre dans les dispositions relatives à la succession testamentaire, lorsqu'on rapproche ces dispositions de celles qui concernent la succession *ab intestat*.

Sans entrer ici dans aucun détail, il est utile de constater les *quatre* points suivants qui résultent des textes :

1° *Les légataires universels, à titre universel et particulier, ont les uns et les autres, dès l'ouverture de la succession, l'investiture du droit qui leur est attribué ;*

2° *Les légataires universels et à titre universel sont tenus de toutes les dettes et soumis à toutes les charges transmissibles dans la mesure du droit auquel ils succèdent ;*

3° *Le légataire universel est le seul successeur testamentaire qui ait la saisine légale, c'est-à-dire l'investiture, dès le jour de l'ouverture de la succession, de l'exercice des droits actifs et passifs du de cujus, et encore ne l'a-t-il que tout autant qu'il n'existe pas d'héritiers réservataires* (art. 1006) ;

4° *Les légataires universels qui n'ont pas la saisine, les légataires à titre universel et les légataires sont mis en mise en possession, soit au moyen d'une délivrance volontaire, soit au moyen d'une action en délivrance.*

A l'égard des légataires universels et à titre universel, il existe une controverse de même ordre qu'à l'égard des successeurs irréguliers pour savoir s'ils sont tenus des dettes *ultra vires* (V. sur cette question spéciale, art. 871, et pour l'ensemble de la théorie, art. 1002 et suiv.).

NOTA. Le Code Napoléon admet, en outre, d'après l'ancien droit, pour certains cas spéciaux, une succession dite *contractuelle* (V. *infra*, art. 1082 et suiv., les règles qui la concernent).

## 2e APPENDICE

### HÉRITIERS RÉSERVATAIRES.

On désigne sous ce nom *certains héritiers légitimes ou certains successeurs irréguliers au profit desquels la loi met obstacle dans une mesure variable aux dispositions à titre gratuit* (donations ou legs) *du propriétaire* (V. *infra*, chap. III, *De la portion de biens disponible et de la réduction*).

Il y a lieu de remarquer, au point de vue de la théorie de l'investiture des droits héréditaires :

*Qu'il n'existe pas de corrélation entre la saisine légale et la réserve.*

Ainsi, d'un côté, parmi les héritiers légitimes, ceux de la ligne collatérale ont la saisine légale, sans être réservataires ;

D'un autre côté, parmi les successeurs irréguliers, les enfants naturels sont réservataires sans avoir la saisine légale (V. *infra*, art. 756 et 913) (1).

---

(1) Il n'a pas dépendu de nous d'abréger l'explication de l'art. 724 ; mais, tout en étant loin de nous flatter d'être parvenu à coordonner une des matières les moins scientifiques du droit français, nous tenons l'ensemble d'une exposition telle quelle de la saisine pour le préliminaire indispensable de l'étude des successions.

Voici maintenant à nos yeux quelles sont les idées fondamentales d'une doctrine scientifique :

1° Le principe de l'investiture du droit héréditaire est le même pour la succession testamentaire et pour la succession *ab intestat*, et ce principe est la volonté du *de cujus*, exprimée, lorsque la succession est testamentaire, présumée, lorsqu'elle est *ab intestat*.

2° En toute succession testamentaire ou *ab intestat*, la volonté du *de cujus* suffit pour investir à la fois le successeur du droit héréditaire et de l'exercice de ce droit.

On comprend cependant que, pour ordre, le légataire particulier soit astreint à demander une délivrance.

3° En toute succession testamentaire ou *ab intestat*, le successeur doit être réputé accepter le droit dont il est investi, tant qu'il n'a pas manifesté une intention contraire.

4° Qu'il s'agisse de la succession testamentaire ou de la succession *ab intestat*, le principe romain qui fait d'un successeur quelconque le continuateur de la personne, n'a nulle raison d'être dans le droit moderne.

Il en résulte que tout successeur est un successeur aux biens.

5° Lorsque la succession testamentaire porte sur une universalité, le successeur doit être tenu des dettes du défunt, au prorata de l'émolument qu'il retire

## CHAPITRE II

### DES QUALITÉS REQUISES POUR SUCCÉDER.

Afin de pouvoir succéder, il faut être *capable* et ne pas être *indigne*.

*L'incapacité est le manque d'aptitude à acquérir la succession;*

*L'indignité est le manque d'aptitude à conserver la succession déjà acquise.*

L'incapacité a lieu *de plein droit.* Elle fait obstacle à la saisine héréditaire.

L'indignité ne produit son effet *que lorsqu'elle a été déclarée par jugement.* Elle fait cesser, dès ce moment, la saisine héréditaire (1).

L'incapacité a un caractère *absolu;* celui qui est incapable de succéder ne peut recueillir aucune succession.

L'indignité a un caractère *relatif;* celui qui est déclaré indigne est exclu de la succession qu'il avait acquise, mais cette exclusion ne préjudicie pas à son droit d'en acquérir d'autres.

Le Code de la Convention admettait deux causes d'incapacité :

1° *La non-conception au temps de l'ouverture de la succession ;*

2° *La non-viabilité.*

Le Code Napoléon avait ajouté à ces deux causes (art. 725, 3e alinéa, et 726) :

3° *La mort civile ;*

4° *La qualité d'étranger.*

La loi du 31 mai 1854 a abrogé, comme nous le savons, la mort ci-

---

de la succession, et comme on doit présumer qu'il s'est assuré avant d'accepter la succession, que le montant des biens égalait au moins celui des dettes héréditaires, il doit être tenu des dettes *in infinitum,* s'il ne justifie que le montant des biens était effectivement inférieur au montant des dettes.

La succession *ab intestat* ne portant toujours que sur une universalité, ce raisonnement lui est toujours applicable.

Nous verrons au contraire qu'il ne peut jamais s'appliquer au légataire particulier.

6° Même après avoir accepté, tout successeur doit être laissé libre de revenir sur son acceptation, pourvu qu'il restitue la totalité ou la partie de l'actif héréditaire qui lui avait été attribuée, et qu'il fasse à cet égard la justification nécessaire.

Quoique le Code de la Convention n'eût pas ramené au même principe la succession testamentaire et la succession *ab intestat,* il avait consacré plusieurs de ces points, soit implicitement, soit explicitement.

(1) Cependant certains auteurs soutiennent que l'indignité comme l'incapacité a lieu de plein droit. V. notamment MM. Massé et Vergé *Sur Zachariæ,* t. II, p. 245.

Cette opinion est généralement rejetée.

vile (1) ; la loi du 14 juillet 1819 a déclaré les *étrangers aptes à succéder en France* (2).

Le Code de la Convention est avec raison muet sur l'indignité, car l'indignité ne soulève, comme nous le verrons, qu'une question de doctrine et de jurisprudence.

Le Code Napoléon n'a pas imité ce silence.

La rubrique du chapitre montre d'ailleurs que les dispositions qu'il renferme sont tout aussi bien applicables *aux successeurs irréguliers* qu'aux *héritiers légitimes*.

**725.** — Pour succéder, il faut nécessairement exister à l'instant de l'ouverture de la succession. — Ainsi, sont incapables de succéder : — 1° celui qui n'est pas encore conçu ; — 2° l'enfant qui n'est pas né viable ; — 3° celui qui est mort civilement.

### INCAPACITÉ DE SUCCÉDER.

Conformément au droit commun, la capacité de succéder est *la règle*, l'incapacité l'*exception*.

D'après le *primo* et le *secundo* de l'art. 725, qui subsistent seuls aujourd'hui (V. *supra*), sont incapables de succéder :

1° *Celui qui n'est pas encore conçu;*

2° *L'enfant qui n'est pas né viable.*

Voyons successivement chacune de ces causes.

### NON-CONCEPTION AU TEMPS DE L'OUVERTURE DE LA SUCCESSION.

De ce que l'art. 725 considère comme incapable de succéder celui qui n'est pas encore conçu au temps de l'ouverture de la succession, il résulte nécessairement qu'il répute, au contraire, capable, celui qui n'est que simplement conçu à la même époque.

Les auteurs donnent deux raisons de l'incapacité du non-conçu.

La première, tirée du droit romain (§ 8, *Inst. de hæredit. quæ ab intestat*), consiste à dire que les successions sont déférées aux parents et que la parenté ne peut s'établir qu'entre deux personnes qui ont existé en même temps.

La seconde est que si le non-conçu était déclaré capable, la dévolution des successions deviendrait conditionnelle et provisoire; ce qui entraînerait une incertitude dommageable.

La première de ces deux raisons est toute de forme ; la seconde a, au fond, une grande valeur, mais elle n'est pas décisive en droit; la véri-

---

(1) V. *Manuel de droit civil*, t. 1, p. 52 et suiv.
(2) *Ibid.*, p. 37 et suiv.

table raison juridique est qu'on ne peut présumer que le propriétaire a entendu laisser sa succession à celui qui n'est pas encore conçu (V. cep. *infra*, art. 906).

On explique la capacité de celui qui est simplement conçu par la maxime romaine : *Infans conceptus pro nato habetur quoties de commodis ejus agitur* (*Inst. de tut.*, § 4 ; l. VII, D., *de Statu homin.*).

Il y a lieu de remarquer que cette maxime ne s'appliquait, en droit romain, qu'à des hypothèses déterminées, et qu'elle avait pour but spécial de faire échapper, dans ces hypothèses, l'enfant simplement conçu à la prohibition générale qui atteignait les personnes incertaines.

En dehors de la raison romaine, reste *celle de la volonté présumée* du *de cujus*, scientifiquement la seule exacte.

*Comment savoir si l'enfant était conçu au temps de l'ouverture de la succession?*

Cette question, qui est très-controversée, doit être résolue par la distinction suivante :

*Ou la question de successibilité se présente comme dépendante de la question de légitimité, ou la question de successibilité se présente comme indépendante de la question de légitimité.*

Donc *deux* hypothèses :

1re HYPOTHÈSE. — *La question de successibilité se présente comme dépendante de la question de légitimité.*

Dans cette *première hypothèse*, il y a lieu d'appliquer *les présomptions écrites dans les art.* 312 *et* 315, car, bien qu'il soit de principe que les présomptions légales ne s'étendent pas d'un cas à un autre, ce n'est pas violer ce principe que d'appliquer les présomptions légales des art. 312 et 313 à la matière des successions, toutes les fois que la solution de la question de successibilité se présente comme une conséquence forcée de la solution de la question de légitimité.

1re *Espèce.* — Un enfant naît dans les trois cents jours du décès du mari de sa mère ; en vertu des présomptions légales des art. 312 et 315, cet enfant doit être réputé issu du mari et enfant légitime ; par conséquent, il doit être aussi réputé avoir été conçu au temps de l'ouverture de la succession et il a l'aptitude nécessaire pour recueillir la succession.

2e *Espèce.* — Un enfant naît dans les trois cents jours de la mort du mari de sa mère ; le frère du mari de sa mère meurt, par exemple, dix jours après la mort du mari et deux cent quatre vingt-dix jours avant la naissance de l'enfant ; en vertu des présomptions légales des art. 312 et 315, cet enfant devant être réputé issu du mari et enfant légitime du mari doit, par là même, être réputé neveu du frère du mari et, puisqu'il ne peut être le fils du mari et le neveu du frère du mari que tout autant qu'il était conçu à l'époque de la mort du mari, *à fortiori* doit-il être aussi réputé l'avoir été à l'époque de l'ouverture de la succession du frère du mari et il a la capacité de recueillir cette succession.

2° HYPOTHÈSE. — *La question de successibilité se présente comme indépendante de la question de légitimité.*

Dans cette *seconde* hypothèse, le principe selon lequel les présomptions légales ne s'étendent pas d'un cas à un autre, doit recevoir son application, et la question passe *du domaine du droit dans celui de la médecine légale;* en d'autres termes, c'est au médecin et non au jurisconsulte qu'il appartient de décider si l'enfant était conçu au temps de l'ouverture de la succession.

*Espèce.* — Deux époux ont un enfant, cet enfant vient à mourir en laissant des biens; le trois centième jour de sa mort, la mère accouche d'un nouvel enfant. La légitimité de ce second enfant n'est pas d'ailleurs contestée. Pour trancher la question de savoir si cet enfant était conçu à l'époque du décès de son frère et si par conséquent il est capable de recueillir la succession de ce frère, conjointement avec ses père et mère (art. 748), on n'appliquera pas les présomptions légales des art. 312 et 315; on consultera les médecins.

Cependant cette solution est repoussée par un grand nombre d'auteurs.

TROIS SYSTÈMES.

1er SYSTÈME (1). — *Les présomptions légales des art.* 312 *et* 315 *doivent être appliquées avec le caractère de présomption* juris et de jure, *même dans le cas où la question de successibilité est indépendante de toute question de légitimité.*

L'argument de ce système consiste à dire qu'il y a les mêmes raisons d'appliquer les présomptions des art. 312 et 315 en matière de succession qu'en matière de légitimité, et que décider en sens contraire, c'est livrer le droit de l'enfant à l'arbitraire d'une science conjecturale.

2e SYSTÈME (2). *Les présomptions légales des art.* 312 *et* 315, *sans pouvoir être invoquées comme présomptions* juris et de jure *peuvent au moins l'être comme présomptions* juris tantum.

L'argument de ce système se résume ainsi :

La conception est un fait mystérieux qui ne peut être établi qu'au

(1) Toullier, t. IV, n° 85. — M. Duranton, t. VI, n° 72. — MM. Zachariæ, Aubry et Rau, t. V, p. 67, note 2. — M. Taulier, t. III, p. 125. — M. Troplong, *Des donat. et des testaments*, t. II, n° 606.

(2) M. Demante, t. II, n° 32 *bis*, I. — MM. Duvergier, *Sur Toullier*, t. II, n° 95, note A. — M. Demolombe, t. XIII, p. 265.

moyen d'une présomption ; or, mieux vaut, dans tous les cas, une présomption qui repose sur la loi, qu'une présomption qui dérive de la médecine légale.

Les partisans de ce système ajoutent qu'en réservant la preuve contraire, ils font évanouir toute objection.

3e SYSTÈME (1). — *Les présomptions légales des art.* 312 *et* 315 *ne peuvent être invoquées, en matière de succession, ni comme présomptions* juris et de jure, *ni comme présomptions* juris tantum.

Ce système argumente du droit commun, qui est que les présomptions légales ne s'étendent pas d'un cas à un autre (art. 1350).

Il fait en outre remarquer qu'aux termes de l'art. 135, c'est à celui qui réclame un droit échu à un individu dont l'existence n'est pas reconnue, à prouver que cet individu existait lorsque le droit s'est ouvert.

Le premier système est arbitraire et logique ; le second est arbitraire sans être logique ; le troisième est tout à la fois conforme aux principes juridiques et aux principes rationnels.

### NON-VIABILITÉ.

Les auteurs posent, à ce sujet, *quatre* questions :

1° *Qu'est-ce qu'un enfant né vivant?*

2° *Qu'est-ce qu'un enfant né viable ?*

3° *Par qui et de quelle manière doit être faite la preuve que l'enfant est né vivant ?*

4° *Par qui et de quelle manière doit être faite la preuve que l'enfant est né viable ?*

Il est clair que les *deux premières* questions ne ressortent pas du droit, mais de la médecine légale et de l'anthropologie (2).

Sur la *troisième* question, on professe, en général, que *c'est à celui qui réclame la succession du chef de l'enfant à prouver qu'il est né vivant* (art. 135 et 136) (3).

Quant à la manière de faire cette preuve, elle consiste normalement à produire l'acte de naissance, et lorsque, par exception, l'enfant a été

(1) M. Coin-Delisle, art. 906, n° 6. — MM. Ducaurroy, Bonnier, Roustain, t. III, n° 418. — M. Marcadé, art. 725.

(2) Les auteurs de droit examinent :

1° Si l'enfant extrait du sein de sa mère, au moyen de l'opération césarienne et mort lui-même presque immédiatement, peut être présumé avoir vécu ;

2° Si les monstres peuvent être réputés viables.

De grâce, sortons le droit, si nous pouvons, d'où il est, et laissons parler chirurgie et physiologie aux Broca et aux Geoffroy Saint-Hilaire.

(3) M. Demante, t. III, n° 29. — M. Demolombe, t. XIII, p. 26?.

présenté sans vie à l'officier de l'état civil (D., 3 juillet 1806), à établir par tous les moyens possibles que l'enfant a eu vie (art. 1348).

Sur la *quatrième* question, on est à peu près unanime pour enseigner *que c'est à ceux qui prétendent que l'enfant n'est pas né viable à en fournir la preuve.*

Il est d'ailleurs évident qu'il faut encore admettre ici tous les moyens de preuve possibles (1).

**726.** — Un étranger n'est admis à succéder aux biens que son parent, étranger ou Français, possède dans le territoire du royaume, que dans le cas et de la manière dont un Français succède à son parent possédant des biens dans le pays de cet étranger, conformément aux dispositions de l'art. 11, au titre *De la jouissance et de la privation des droits civils.*

Loi du 14 juillet 1819. — Art. 1er. Les articles 726 et 912 du Code civil sont abrogés : en conséquence, les étrangers auront le droit de succéder, de disposer et de recevoir de la même manière que les Français, dans toute l'étendue du royaume.

Art. 2. — Dans le cas de partage d'une même succession entre des cohéritiers étrangers et français, ceux-ci prélèveront sur les biens situés en France une portion égale à la valeur des biens situés en pays étranger dont ils seraient exclus, à quelque titre que ce soit, en vertu des lois et coutumes locales.

L'art. 726 appartenait, comme nous l'avons dit (2), à cet esprit de réaction contre l'étranger dont le Code Napoléon porte l'empreinte ; nous avons dit aussi que, sous le coup de nécessités politiques et financières, la Restauration se vit obligée de reprendre en partie, par la loi du 14 juillet, la tradition de la Constituante et de la Convention, et d'effacer l'art. 726 (3).

D'après l'art. 1er de la loi du 14 juillet 1819, les étrangers ont aujourd'hui le droit de succéder, en France, *de la même manière* que les Français.

Cependant, d'après l'art. 2, lorsque des cohéritiers étrangers et des cohéritiers français sont appelés à recueillir une même succession, *les*

(1) M. Demante, t. II, n° 30. — M. Demolombe, t. XIII, p. 269.

(2) V. *Manuel de droit civil*, t. I, p. 17.

(3) M. Demolombe écrit à cette occasion : « C'est au régime de la loi des 8-15 avril 1791 (art. 3), que la loi du 14 juillet 1819 nous a ramenés, non point par les considérations de philanthropie et de fraternité universelle qui avaient déterminé le législateur de 1791, mais par des motifs d'économie politique et par calcul, a dit le ministre de la justice dans l'exposé des motifs de la loi de 1819. » (Locré, *Législ. civ.*, t. X, p. 501.)

Nous en demandons pardon à la mémoire du *doctrinaire* M. de Serre, ministre de la justice en 1819, et à l'honorable M. Demolombe ; pas plus que le droit vrai, l'économie politique vraie n'est séparable de la morale ; c'est là ce que l'on comprenait à la Constituante et à la Convention.

Nous plaignons le pays où un ministre de la justice peut tenir le langage que nous venons de citer et où les professeurs de droit se félicitent que la législation devienne un calcul.

*cohéritiers français ont le droit de prendre, avant tout partage, sur les biens situés en France, une portion égale à la valeur des biens situés en pays étranger dont ils seraient exclus, à quelque titre que ce soit, en vertu des lois et coutumes locales.*

Cette disposition a, comme on le voit, pour but d'empêcher que le système d'égalité, auquel est revenue la loi de 1819, ne soit détruit par la loi étrangère au préjudice du Français.

Examinons brièvement :

1° *Le système d'assimilation de l'étranger au Français, au point de vue du droit de succéder;*

2° *Le droit éventuel de prélèvement établi au profit du Français.*

#### 1° SYSTÈME D'ASSIMILATION DE L'ÉTRANGER AU FRANÇAIS, AU POINT DE VUE DU DROIT DE SUCCÉDER.

(Art. 1er, l. 14 juillet 1819.)

On est d'accord pour admettre :

Que l'état de guerre ne peut apporter aucun changement à la capacité de l'étranger de succéder de la même manière que le Français (1);

Que l'étranger succède, en France, lors même qu'il ne pourrait pas succéder d'après la loi de son pays et qu'il succède d'après la loi française ; par conséquent, sans aucune distinction de sexe ni de primogéniture, ni de l'origine ou de la nature des biens (art. 731, 732, 745);

Que l'étranger ne succède pas, en France, lors même qu'il pourrait succéder d'après la loi de son pays.

#### 2° DROIT ÉVENTUEL DE PRÉLÈVEMENT ÉTABLI AU PROFIT DU FRANÇAIS.

(Art. 2, l. 14 juillet 1819.)

Ce droit de prélèvement donne lieu à des difficultés en ce qui concerne :

1° *La détermination des cas auxquels il s'applique;*

2° *La manière de l'appliquer.*

#### 1° DÉTERMINATION DES CAS AUXQUELS S'APPLIQUE LE DROIT DE PRÉLÈVEMENT.

Cette détermination peut dépendre :

De la *qualité* des personnes appelées à la succession.

(1) M. Rossi, *Encyclopédie du Droit*, v° Aubaine, n° 18. — M. Demangeat, *De la condition civile des étrangers*, p. 283, 284. — M. Demolombe, t. XIII, p. 280.

Des *causes* en vertu desquelles les cohéritiers français sont exclus totalement ou partiellement, par la loi étrangère, des biens situés à l'étranger;

De la *nature des biens* qui composent la succession, soit en pays étranger, soit en France.

Personnes au profit desquelles existe le droit éventuel de prélèvement.

Le texte de l'art. 2 déclare que ce droit existe au profit du Français appelé à partager une succession avec un étranger.

On s'est demandé si le droit éventuel de prélèvement existe :

1° *Lorsque tous les cohéritiers sont étrangers ;*

2° *Lorsqu'ils sont tous Français.*

La *première* question est, en général, résolue par la *négative.*

On appuie cette solution sur ce que le texte manque pour appuyer la solution contraire, sur ce que la loi n'a pas les mêmes motifs d'établir l'égalité au profit des cohéritiers étrangers en concours avec des cohéritiers étrangers, qu'au profit de cohéritiers français en concours avec des cohéritiers étrangers; enfin, sur certaines paroles prononcées par le ministre de la justice lors de la discussion de la loi (1).

La *seconde* question donne lieu *à une controverse.*

Pour la non-application du droit de prélèvement, on dit, comme dans l'hypothèse précédente, que le texte manque et que les motifs ne sont pas non plus les mêmes que dans le cas prévu par l'art. 2 (2).

Pour l'application de ce même droit, on cite certaines paroles du rapporteur de la loi, M. Pasquier, desquelles on conclut qu'un étranger pourrait invoquer cette loi contre un Français, et que, par conséquent, *à fortiori*, un Français doit pouvoir l'invoquer contre un Français; on ajoute que, la loi française est portée à favoriser la dévolution des successions dans l'ordre et dans les proportions qu'elle a elle-même établies (3).

Causes en vertu desquelles les cohéritiers français sont exclus totalement ou partiellement par la loi étrangère des biens situés à l'étranger.

On enseigne, en général, que le droit de prélèvement est *applicable*, non-seulement lorsque l'exclusion totale ou partielle résulte directement *des dispositions de la loi étrangère*, mais même lorsqu'elle procède

(1) Locré, *Législ. civ.*, t. X, p. 568. — M. Rossi, *Encyclop.*, v° Aubaine, n° 20. — M. Demolombe, t. XIII, p. 287.

(2) M. Duvergier, *Sur Toullier*, t. II, n° 102, note A.

(3) M. Demante, t. III, n° 33 *bis*, III. — M. Demolombe, t. XIII, p. 289. — MM. Zachariæ, Aubry et Rau, t. V, p. 68, note 4.

d'*actes émanés du défunt auxquels la loi française refuserait sa sanction.*

Ces décisions sont en harmonie avec le texte, qui admet le droit de prélèvement lorsque les cohéritiers français sont exclus, *à quelque titre que ce soit*, en vertu des lois et coutumes locales (1).

On pense aussi, en général, qu'il n'y aurait plus lieu à la même solution lorsque la loi étrangère annulerait une disposition à titre gratuit faite par le *de cujus* au profit des cohéritiers français, sur des biens situés à l'étranger et que la loi française validerait cette même disposition.

Dans ce sens, on invoque encore le texte (2).

M. Rossi professe l'opinion contraire; il enseigne qu'il y a lieu de favoriser, autant que possible, *l'exécution de la volonté du disposant.* Nous adoptons pleinement cette manière de voir (3).

Nature des biens qui composent la succession, soit en pays étranger, soit en France.

Pour qu'il y ait lieu d'appliquer le droit de prélèvement, il est clair qu'il faut, avant tout, que la succession comprenne à la fois des biens situés en pays étranger et des biens situés en France.

La succession peut se composer :

*Soit d'immeubles seulement ;*

*Soit de meubles seulement ;*

*Soit d'immeubles et de meubles.*

Quelle que soit la nature des biens qui composent la succession, il n'y a d'abord nulle difficulté à admettre que le droit de prélèvement s'exercera tant sur les *meubles* qui se trouvent en France, que sur les *immeubles* qui y sont situés, *lorsque le défunt était Français ou lorsque étant étranger, il avait été autorisé par le gouvernement à fixer son domicile en France* (4).

Si le défunt est un étranger non domicilié en France, il y a plus de doute au sujet des *meubles* qui se trouvent en France; on peut dire, en effet, d'un côté, que c'est la loi du domicile du défunt qui doit régler sa succession (art. 110), et, d'un autre côté, que les meubles n'ont

---

(1) M. Rossi, *Encyclop.*, v° Aubaine, n° 20. — MM. Zachariæ, Aubry et Rau, t. V, p. 69. — M. Demolombe, t. XIII, p. 282 et suiv.

(2) MM. Zachariæ, Aubry et Rau, t. V, p. 69. — M. Demolombe, t. XIII, p. 285.

(3) M. Rossi, *Encyclop.*, v° Aubaine, n° 20.

(4) MM. Zachariæ, Aubry et Rau, t. V, p. 69. — M. Demolombe, t. XIII, p. 290.

d'autre situation que celle du domicile de la personne à laquelle ils appartiennent (1).

Cependant l'opinion contraire est plus généralement suivie ; l'art. 2 de la loi du 14 juillet 1819 s'applique, en effet, à toutes les *successions* et à tous les *biens*, et, s'il en était autrement, la disposition qu'il porte risquerait, dans les cas les plus habituels, d'être illusoire ; car c'est surtout en biens meubles, en actions industrielles, en marchandises, que les étrangers, en mourant peuvent laisser une partie considérable de leur fortune en France (2).

2° MANIÈRE D'APPLIQUER LE DROIT DE PRÉLÈVEMENT.

On détermine le montant du prélèvement en faisant une *seule* masse, tant des biens qui se trouvent en *pays étranger* que de ceux qui sont situés en *France*, et en calculant quelle serait *la part afférente sur cette masse aux héritiers français, d'après les dispositions de la loi française.* Lorsque la loi étrangère *diminue* cette part sur les biens situés à l'étranger, *les héritiers français prélèvent la différence sur les biens situés en France.*

M. Rossi professe que lorsque les biens situés en France ne suffisent pas pour indemniser les héritiers français, ceux-ci ont une action personnelle contre leurs cohéritiers, même sur les biens que ces cohéritiers posséderaient en France, *ex aliâ causâ* (3).

Cette opinion est fort rationnelle, mais le texte de l'art. 2 de la loi du 14 juillet 1819 y résiste et ne permet pas de douter que l'esprit légiste n'ait marqué sa trace dans cette loi à rebours des indications de la raison.

**727.** — Sont indignes de succéder, et comme tels, exclus des successions : — 1° celui qui serait condamné pour avoir donné ou tenté de donner la mort au défunt ; — 2° celui qui a porté contre le défunt une accusation capitale jugée calomnieuse ; — 3° l'héritier majeur qui, instruit du meurtre du défunt, ne l'aura pas dénoncé à la justice.

INDIGNITÉ.

L'ancien droit posait le principe de l'indignité, il n'en déterminait pas

(1) M. Duvergier, *Sur Toullier*, t. II, n° 102, note A. — Fœlix, *Droit international privé*, p. 155. — Mailher de Chassat, *Des statuts*, n° 63.

(2) M. Rossi, *Encyclop. du Droit*, v° Aubaine, n° 19. — M. Demante, t. III, n° 23 *bis*, IV. — M. Valette, *Sur Proudhon*, t. I, p. 99. — MM. Zachariæ, Aubry et Rau, t. V, p. 69. — MM. Ducaurroy, Bonnier, Roustain, t. III, n° 421. — M. Demangeat, *De la condition des étrangers*, p. 403. — M. Demolombe, t. XIII, p. 292.

(3) M. Rossi, *Encyclop. du Droit*, v° Aubaine, n° 20.

les causes; cela tenait à ce qu'il fondait l'indignité sur la volonté présumée du *de cujus* (1).

A l'instar du droit romain, la codification napoléonienne précise les cas dans lesquels l'indignité sera encourue, et des auteurs fort considérables professent qu'aujourd'hui, c'est *le législateur lui-même qui la prononce de sa souveraine autorité* (2).

Sont indignes, d'après l'art. 727 :

1° *Celui qui a été condamné pour meurtre ou pour tentative de meurtre sur la personne du défunt ;*

2° *Celui qui a porté contre le défunt une accusation capitale jugée calomnieuse ;*

3° *L'héritier majeur qui, instruit du meurtre du défunt, ne l'a pas dénoncé à la justice.*

Cette disposition est à la fois *impérative* et *limitative ;* le *de cujus* lui-même n'a pas le droit d'effacer par un pardon la cause d'indignité, et les tribunaux ne peuvent ni se dispenser d'appliquer les trois causes d'indignité énumérées par l'art. 727, ni ajouter à ces trois causes.

Il y a lieu de remarquer en outre :

1° *Que les causes d'indignité admises par le Code Napoléon ont toutes les trois trait à l'ouverture de la succession;*

2° *Qu'elles ne concernent pas les successeurs testamentaires, le Code Napoléon ayant établi, à l'égard de ces derniers, un système plus rigoureux qu'à l'égard des successeurs ab intestat* (art. 1046).

1re CAUSE D'INDIGNITÉ. — *Condamnation de l'héritier pour meurtre ou pour tentative de meurtre sur la personne du défunt.*

Pour que cette cause d'indignité s'applique, il faut :

1° *Qu'il y ait eu condamnation pénale ;*

2° *Qu'il y ait eu meurtre ou tentative de meurtre, c'est-à-dire homicide volontaire ou tentative d'homicide volontaire* (3).

D'une part, on déduit du premier point :

Qu'il n'y a pas à distinguer si la condamnation est *contradictoire* ou *par contumace* et que l'indignité s'applique dans les *deux* cas ; seule-

---

(1) Domat, *Lois civiles*, part. II, liv. I, sect. III, n° 2. — Lebrun, l. III, chap. IX, n° 15 (*Traité des successions, avec les remarques d'Espiard.* Paris, 1743 et 1775, 1 vol. in-folio). — Pothier, *Des successions,* chap. I, sect. II, § 2.

(2) M. Demolombe, t. XIII, p. 301.

M. Demolombe prétend que le régime du droit ancien valait moins sur ce chef que le régime romain, qu'il produisait des abus et qu'il était *arbitraire*, mais l'éminent auteur omet deux points :

1° De citer les abus;

2° De prouver l'arbitraire.

(3) MM. Zachariæ, Aubry et Rau, t. V, p. 70. — M. Demolombe, t. XIII, p. 304.

ment, en cas de condamnation par contumace, l'exclusion résultant de l'indignité n'est *définitive* qu'après l'expiration des *vingt années* pendant lesquelles la condamnation elle-même conserve un caractère provisoire (art. 2, 476, 635, 461, C. I. C.) (1);

Que la condamnation prononcée, la cause de l'indignité *subsiste*, nonobstant *la prescription de la peine*, *la grâce émanée du souverain*, *le pardon que le défunt aurait accordé au meurtrier* (V. *supra*) (2);

A l'inverse,

*Qu'il n'y a pas indignité*, lorsque la condamnation est devenue *impossible* par suite *de la prescription de l'action publique ou du décès de l'héritier*, *survenu avant la prononciation de l'arrêt de condamnation* (3).

D'autre part, on déduit du second point :

Qu'il y a lieu d'assimiler la *complicité* de meurtre *au meurtre lui-même* et *à la tentative* (4);

Que l'admission de *circonstances atténuantes* ne détruit pas *la cause d'indignité* (5).

A l'inverse,

*Qu'il n'y a pas lieu de déclarer indigne l'héritier qui a donné ou tenté de donner la mort au défunt :*

---

(1) M. Demante, t. III, n° 35 *bis*, II. — M. Demolombe, t. XIII, p. 306.

(2) « Pourtant, dit M. Demolombe, le *de cujus* ne pourrait-il pas valablement disposer par testament d'une partie ou même de la totalité de ses biens (s'il n'avait pas d'héritiers réservataires), au profit de celui de ses héritiers qui se trouverait dans un cas d'indignité ?

» Nous ne croyons pas qu'il soit possible d'aller jusque-là (t. XIII, p. 310). »

Là-dessus, l'honorable professeur rentre dans les textes, et il cite l'art. 902 qui établit que la capacité de disposer et de recevoir, soit par donation entre-vifs, soit par testament, est la règle; or, ajoute-t-il, aucune loi n'ayant rangé l'héritier indigne parmi les incapables de recevoir par donation entre-vifs, ou par testament, cet héritier conserve donc cette capacité.

Tout cela est à merveille, mais que déciderait M. Demolombe, si le *de cujus* avait fait un acte en forme de testament, pour dire simplement : je pardonne à mon héritier.

(3) M. Demante, t. III, n° 35 *bis*. — M. Demolombe, t. XIII, p. 307.

L'ancien droit français et même le droit romain consacraient à cet égard une décision toute contraire (Pothier, *Des successions*, chap. I, sect. II, art. 4, § 2).

Sous le Code Napoléon, l'héritier est déclaré par le jury coupable du meurtre du défunt; il vient à mourir *d'apoplexie foudroyante ou par un suicide avant l'arrêt de condamnation* (M. Demolombe), il ne meurt pas indigne.

Et M. Demolombe approuve, et tous les auteurs avec lui.

Nous disons, nous, que lorsqu'un texte produit de pareilles conséquences, ce texte est jugé.

(4) M. Demante, t. III, n° 35 *bis*, V. — MM. Ducaurroy, Bonnier, Roustain, n° 423. — M. Taulier, t. III, p. 128. — M. Demolombe, t. XIII, p. 304.

(5) M. Demante, t. III, n° 35 *bis*, IV. — MM. Ducaurroy, Bonnier, Roustain, t. II, n° 424. — M. Demolombe, t. XIII, p. 318.

1° Lorsque cet héritier se trouvait en état de *démence* au moment de l'accomplissement de l'acte (art. 64, C. P.);

2° Lorsqu'il se trouvait en état de *légitime défense* (art. 328 et 329, C. P.);

3° Lorsqu'il était *âgé de moins de seize ans* et qu'il a été déclaré *avoir agi sans discernement* (art. 66, C. P.) (1);

4° Lorsque l'homicide était *ordonné par la loi et commandé par l'autorité légitime* (art. 327, C. P.) (2);

5° Lorsque l'homicide a été *involontaire*, par exemple lorsqu'il a été commis par imprudence (art. 319, C. P.);

6° Lors même que l'héritier aurait porté à son auteur *des coups ou qu'il lui aurait fait des blessures qui auraient occasionné la mort*, mais sans qu'il eût l'*intention* de la donner (art. 309-310, C. P.) (3).

*Y a-t-il lieu à l'indignité lorsque le meurtre a été déclaré excusable, et que, par suite de cette déclaration, le meurtrier n'a été condamné qu'à une peine correctionnelle?*

Cette question est très-controversée.

### DEUX SYSTÈMES.

1er SYSTÈME (4). — *Nég.*

1er *Arg.* — Lorsque le meurtrier n'est condamné qu'à une peine correctionnelle, parce qu'il se trouve dans un cas d'excuse légale, il subit la peine non d'un crime, mais d'un simple délit ; or la loi civile n'a pas dû vouloir traiter comme un crime un fait que la loi pénale ne regarde que comme un simple délit.

2e *Arg.* — On ne peut assimiler ni en raison ni en équité l'héritier qui, par suite d'une provocation ou d'un outrage, a donné la mort au défunt, à un meurtrier ordinaire.

3e *Arg.* — Il serait absurde que l'héritier qui a donné la mort au défunt au moment même où il l'a surpris en flagrant délit d'adultère avec sa femme dans la maison conjugale encourût l'indignité, tandis que l'héritier condamné aux travaux forcés à perpétuité pour avoir porté au

(1) Sur ces quatre cas, MM. Ducaurroy, Bonnier, Roustain, t. II, n° 423. — M. Demolombe, t. III, p. 311.

(2) C'est le cas du bourreau, et disent les interprètes, celui de l'héritier, soldat ou garde national, qui tue son auteur combattant parmi les *insurgés*.

Que décider, si en 1830 ou en 1848, l'insurgé eût tué le soldat! *Quid*, s'il l'eût tué au 18 brumaire ou au 2 décembre?

(3) Cela s'applique même, y eût-il préméditation ou guet-apens, et l'héritier fût-il condamné aux travaux forcés à perpétuité.

M. Demante, t. III, n° 35 *bis*, III. — MM. Ducaurroy, Bonnier, Roustain, t. II, n° 423. — M. Demolombe, t. XIII, p. 313.

(4) MM. Ducaurroy, Bonnier, Roustain, t. II, n° 424. — M. Taulier, t. III, p. 129.

défunt des coups qui ont occasionné la mort sans intention de la donner ne l'encourt pas.

2e SYSTÈME (1). — *Aff.*

1er *Arg.* — Le texte prononce l'indignité contre l'héritier qui a été condamné pour avoir donné ou tenté de donner la mort au défunt; or, dans l'espèce, la condamnation a lieu pour cette cause.

2e *Arg.* — La volonté de donner la mort est le fait constitutif de l'indignité, et d'ailleurs *un crime excusable* n'en reste pas *moins un crime* (2).

3e *Arg.* — Lorsque l'héritier a frappé le défunt avec l'intention de lui donner la mort, il y a toujours lieu de craindre que son action n'ait eu la succession pour mobile.

En raison, nous ne prendrions aucun parti, car nous pensons qu'il y a là une question qui n'est ni de législation, ni même de doctrine et qui appartient à la jurisprudence; au point de vue du texte, il se peut bien que le second système doive l'emporter.

2e CAUSE D'INDIGNITÉ. — *Fait de l'héritier coupable d'avoir porté contre le défunt une accusation capitale jugée calomnieuse.*

Le terme d'*accusation* dont se sert l'art. 727 est impropre; dans l'organisation judiciaire actuelle, il n'y a que les magistrats du ministère public qui aient le droit d'*accuser*. Les citoyens portent une *dénonciation* ou une *plainte* (art. 30, 31, 63 et 66, C. I. C.).

Quant au mot *capitale*, les auteurs ne s'entendent pas entre eux pour en déterminer le sens.

---

(1) M. Valette. — M. Demante, t. III, n° 35 *bis*, IV. — MM. Zachariæ, Aubry et Rau, t. IV, p. 160. — M. Demolombe, t. XIII, p. 315.

(2) M. Berthauld, *Cours de Code pénal*, p. 387.

Nous avouons ne pas du tout entendre ce que l'auteur veut dire par là.

Sans doute le Code pénal a très-arbitrairement distingué des crimes, des délits et des contraventions, mais lorsqu'il s'est agi de définir ces trois catégories d'infractions, le Code pénal n'a su précisément se tirer de cette difficulté qu'en déclarant que le crime est l'infraction punie d'une peine criminelle, le délit, l'infraction punie d'une peine correctionnelle, enfin la contravention, l'infraction punie d'une peine de simple police.

Voilà la loi.

Maintenant, qu'est-ce que cette métaphysique qui sépare le crime des faits, sans lesquels il n'existerait pas, et qui le transforme en une sorte d'entité!

Quoi que l'on puisse dire, on ne prouvera jamais que l'homme qui a mérité les travaux forcés à perpétuité est coupable d'une infraction moindre, dans la hiérarchie pénale, que l'homme qui n'a mérité qu'une peine correctionnelle; si on le prouvait, ce serait le renversement de l'idée de justice et la confusion de la raison.

En présence de ce résultat, qu'importe l'accident de rédaction qui, dans le Code pénal, semble mettre aux prises l'art. 325 avec l'art. 1er?

Les uns l'appliquent à toute accusation de nature à entraîner *une peine afflictive et infamante*, ou *même simplement infamante.*

D'autres, seulement à l'accusation de nature à entraîner *une peine qui aurait fait ouvrir la succession*, mais depuis même l'abolition de la mort civile (L., 31 mai 1854), ces auteurs persistent à comprendre sous cette expression *la mort naturelle*, *la déportation*, *les travaux forcés à perpétuité.*

D'autres enfin, qui acceptent le second sens, n'appellent accusation capitale que la dénonciation ou la plainte *portant sur un crime puni de la mort naturelle* (1).

Cette dernière interprétation est à la fois conforme à la lettre et à l'esprit de l'art. 727.

Il faut d'ailleurs que les tribunaux de justice répressive compétents *aient jugé calomnieuse* la dénonciation ou la plainte portée par l'héritier contre le défunt.

On enseigne, en général, que la dénonciation peut être indifféremment jugée calomnieuse, soit sur la demande de la personne lésée, soit sur celle de ses héritiers, lorsque la personne est morte dans les délais de la prescription, soit même sur la seule poursuite du ministère public (2).

3e CAUSE D'INDIGNITÉ. — *Fait de l'héritier majeur qui, instruit du meurtre du défunt, est coupable de n'avoir pas dénoncé ce meurtre à la justice.*

L'héritier n'est tenu que de dénoncer *le meurtre* et *non pas le meurtrier.*

Il y a, au surplus, lieu d'admettre qu'alors même que l'héritier est *mineur* lors de l'ouverture de la succession, il est tenu *après sa majorité*, sous peine d'indignité, de dénoncer le meurtre du défunt, s'il n'y a pas encore eu de poursuites (3).

**728.** — Le défaut de dénonciation ne peut être opposé aux ascendants et descendants du meurtrier; ni à ses alliés au même degré, ni à son époux, ou à son épouse, ni à ses frères ou sœurs, ni à ses oncles et tantes, ni à ses neveux et nièces.

---

(1) Dans le premier sens, Chabot, *Des successions*, sur l'art. 727, n° 13. — Poujol, *Des successions*, sur le même article, n° 8.

Dans le second sens, Maleville sur l'art. 727. — M. Duranton, t. VI, p. 105 et 106.

Dans le troisième sens, M. Demante, t. III, n° 35 *bis*, VII. — MM. Zachariæ, Aubry et Rau, t. V, p. 71. — M. Demolombe, t. XIII, p. 320.

(2) M. Taulier, t. III, p. 132. — MM. Zachariæ, Aubry et Rau, t. V, p. 72. — M. Demolombe, t. XIII, p. 327.

(3) M. Demante, t. III, p. 35 *bis*, 9. — MM. Zachariæ, Aubry et Rau, t. V, p. 72. — M. Demolombe, t. XIII, p. 338.

Ce texte est mal rédigé.

L'article du projet, adopté au conseil d'État, était ainsi conçu :

« Le défaut de dénonciation ne peut être opposé aux ascendants et descendants du meurtrier, *ni à ses alliés en ligne directe*, ni à ses frères et sœurs, ni à ses oncles et tantes, ni à ses neveux et nièces (1). »

Le Tribunat proposa d'étendre cette disposition *aux alliés en ligne collatérale jusqu'au même degré* que pour les parents en ligne collatérale.

La modification consistait en conséquence à supprimer, au milieu de l'article, les mots *ni à ses alliés en ligne directe*, et à les remplacer à la fin par ceux-ci *ni à ses alliés au même degré*.

Une inadvertance fit maintenir à la place originaire la mention des alliés, en même temps que l'on corrigeait la formule qui les concernait.

Tous les auteurs sont d'accord pour lire le texte comme s'il était terminé par les mots *ni à ses alliés au même degré*.

L'exception qu'établit l'art. 728 existait en droit romain et dans l'ancien droit (l. 13 et 17, *C. de his qui accusare non possunt ;* Lebrun, liv. III, chap. IX, n° 6) ; le motif sur lequel elle repose est évident ; le législateur outrepasserait son droit d'une manière trop flagrante, s'il plaçait un héritier dans l'alternative de dénoncer lui-même le meurtre commis sur le défunt par un de ses parents ou alliés les plus proches ou d'être exclu de la succession, faute de l'avoir fait.

Cependant, cette dispense de dénonciation n'a pas toute la portée qu'elle paraît avoir ; elle s'applique sans difficulté *si le meurtrier est déjà condamné ou s'il est déjà sous la main de la justice, au moment où il est poursuivi comme indigne;* mais, *si*, au contraire, *au moment de cette même poursuite, le meurtre est connu et que le meurtrier soit inconnu*, l'héritier se trouvera forcément placé dans l'*alternative* que l'art. 728 a pour but de rendre impossible.

*Lorsque l'héritier s'est laissé exclure pour ne pas dénoncer son parent ou son allié, peut-il faire réformer le jugement qui l'a exclu si le meurtrier est ultérieurement découvert ?*

La solution de cette question ressort du droit commun ; il faudra voir si le jugement est encore susceptible d'être réformé, soit par les voies ordinaires d'opposition ou d'appel, soit par les voies extraordinaires de pourvoi en cassation ou de requête civile (2).

**329.** — L'héritier exclu de la succession pour cause d'indignité est tenu

(1) Fenet, t. XII, p. 11.

(2) M. Demante, t. III, n° 36 *bis*, 3. — MM. Ducaurroy, Bonnier, Roustain, t. II, n° 430. — M. Taulier, t. III, p. 134. — M. Demolombe, t. XIII, p. 344.

de rendre tous les fruits et les revenus dont il a eu la jouissance depuis l'ouverture de la succession.

Cet article ne se rapporte qu'aux effets de l'indignité; il y a lieu d'indiquer d'abord ceux de l'incapacité.

### DES EFFETS DE L'INCAPACITÉ.

L'incapacité, ayant lieu de plein droit (V. *supra*, p. 60), il en résulte :

1° *Que, si l'incapable s'est mis en possession de la succession, l'héritier a contre lui, de même que contre tout tiers, la pétition d'hérédité, c'est-à-dire l'action en revendication de l'hérédité;*

2° *Que, d'une part, l'incapacité peut être opposée non-seulement à l'incapable lui-même, mais encore à tous ses ayants cause; d'autre part, qu'elle peut être opposée par quiconque y a intérêt* (1).

### DES EFFETS DE L'INDIGNITÉ.

L'indignité, n'ayant pas lieu de plein droit (V. *supra*, p. 60), il y a deux époques à considérer dans l'indignité :

1° *L'époque antérieure à la déclaration judiciaire de l'indignité;*

2° *L'époque postérieure à cette même déclaration.*

#### 1° ÉPOQUE ANTÉRIEURE A LA DÉCLARATION JUDICIAIRE DE L'INDIGNITÉ.

On est d'accord pour admettre :

*Que, tant que l'indignité n'a pas été judiciairement déclarée, l'indigne conserve tous les droits et est soumis à toutes les obligations d'un héritier.*

On ne s'entend :

*Ni sur la question de savoir contre qui peut être intentée l'action en indignité;*

*Ni sur celle de savoir par qui peut être intentée cette même action.*

1re QUESTION. — *Contre qui peut être intentée l'action en indignité ?*

### DEUX SYSTÈMES.

1er SYSTÈME (2). — *L'action en indignité peut être intentée contre les héritiers de l'indigne décédé.*

---

(1) M. Demante, *Thémis*, t. VII, p. 6. — MM. Zachariæ, Aubry et Rau, t. V, p. 66 et 73. — M. Demolombe, t. XIII, p. 346.

(2) M. Bauby, *Revue critique de législation*, 1855, p. 481. — M. Demolombe, t. XIII.

1er *Arg.* — On invoque les L. 22 D., *de Senatusconsulto Silaniano*; 9, D., *de Jure fisci*; 1, D., *Si pend. appell.*

2e *Arg.* — C'était là aussi la doctrine des auteurs de l'ancien droit et notamment de Furgole (1).

3e *Arg.* — Le principe de droit commun est que les héritiers succèdent à toutes les obligations de leur auteur, à moins d'une dérogation exceptionnelle.

On prétend, il est vrai, que cette dérogation existe dans l'espèce et on allègue à l'appui de cet argument :

1° La nature de l'indignité ; d'où l'on conclut qu'il y a lieu d'appliquer à l'action en indignité la disposition de l'art. 2 du Code d'Instruction Criminelle ;

2° L'analogie que présente l'action en indignité avec l'action en révocation d'une donation pour cause d'ingratitude ; d'où l'on déduit qu'il y a lieu d'étendre à l'action en indignité la disposition de l'art. 957 du Code Napoléon.

Ce double raisonnement est inexact ; d'une part, l'indignité n'est pas une peine dans le sens que le droit criminel attribue à ce mot ; d'autre part, il existe des différences capitales entre l'action en indignité et l'action en révocation d'une donation pour cause d'ingratitude (V. notamment art. 957 et 958).

4e *Arg.* — Le système contraire est dangereux, car, dans le cas où l'héritier aura été condamné pour avoir donné la mort au défunt, il pourra, au moyen du suicide, rendre impossible la déclaration de son indignité et assurer quand même à ses enfants la succession de sa victime.

2e SYSTÈME (2). — *L'action en indignité s'éteint par la mort de l'héritier ; elle ne peut être intentée contre ses héritiers.*

1er *Arg.* — Toute question de terminologie législative mise à part, l'indignité dérive, dans l'esprit du législateur, d'une idée de pénalité ; or, une peine ne doit frapper que le coupable ; donc, mort l'héritier, morte aussi l'action en indignité (art. 2, C. I. C.).

2e *Arg.* — Les différences qui existent entre l'action en indignité et l'action en révocation d'une donation pour cause d'ingratitude ne portent pas sur le principe qui, dans les deux cas, est le méfait tout personnel d'un individu envers un autre.

Nous adoptons le second système :

1° *Parce qu'il s'appuie sur le principe rationnel que la succession* ab intestat *a pour fondement la volonté présumée du* de cujus *et*

---

(1) Furgole, *Des testaments*, t. I, chap. VI, sect. III, n° 351.

(2) M. Demante, t. III, n° 37 *bis*, II. — MM. Ducaurroy, Bonnier, Roustain, t. III, n° 431.

*qu'ici aucun texte n'impose une solution qui heurte ce fondement;*

2° *Parce que, dans l'esprit des rédacteurs du Code Napoléon, il y a au moins, quant au principe, une corrélation certaine entre l'action en indignité et l'action en révocation d'une donation pour cause d'ingratitude;*

3° *Parce qu'en laissant même de côté l'idée de pénalité, rien n'est plus personnel qu'une mauvaise action et par conséquent la responsabilité qui en résulte.*

2e QUESTION. — *Par qui peut être intentée l'action en indignité?*

L'action en indignité peut être intentée par les autres héritiers ou successeurs irréguliers et par les donataires ou légataires du défunt, de même aussi par les héritiers ou successeurs universels de ces personnes; *mais peut-elle l'être par leurs créanciers?*

DEUX SYSTÈMES.

1er SYSTÈME (1). — *L'action en indignité ne peut être exercée par les créanciers de celui auquel elle appartient.*

L'argument de ce système consiste à dire que, bien qu'en principe les créanciers soient admis à exercer les droits et actions de leur débiteur, l'art. 1166 réserve cependant ceux qui sont exclusivement attachés à la personne; or, cette exception se rapporte aux droits et actions dans lesquels l'intérêt moral est prédominant, et tel est le cas d'une demande en indignité.

2e SYSTÈME (2). — *Conformément au droit commun, l'action en indignité peut être exercée par les créanciers de celui auquel elle appartient.*

L'argument de ce système est tiré de l'idée que l'action en indignité existe dans un intérêt d'ordre public.

On ajoute que le législateur, qui est souverain, a mis d'une manière absolue l'action en indignité dans les biens de celui auquel il l'accorde.

Nous repoussons ces deux propositions; la première est vide de sens; la seconde contredit la définition de la loi; cependant, nous adoptons le second système par le motif que l'action en indignité se résout pour les héritiers ou successeurs irréguliers, pour les donataires ou légataires du défunt *en une question d'intérêt pécuniaire, et qu'elle constitue une pétition d'hérédité.*

(1) M. Duranton, t. VI, n° 120. — M. Taulier, t. III, p. 136. — MM. Massé et Vergé, *Sur Zachariæ*, t. II, p. 240.

(2) MM. Zachariæ, Aubry et Rau, t. IV, p. 167. — M. Demolombe, t. XIII, p. 373.

### 2° ÉPOQUE POSTÉRIEURE A LA DÉCLARATION JUDICIAIRE DE L'INDIGNITÉ.

Tous les auteurs admettent :

*Qu'à l'égard des personnes qui doivent succéder au défunt, la résolution du titre de l'héritier indigne rétroagit au jour de l'ouverture de la succession, et qu'il est même légalement réputé n'avoir jamais eu que la qualité d'un possesseur de mauvaise foi.*

On enseigne généralement :

*Qu'à l'égard des tiers, la résolution du titre de l'héritier indigne ne produit, au contraire, d'effet qu'à partir du jour où elle a été prononcée.*

La *première* proposition entraîne les conséquences suivantes :

1° *L'héritier, déclaré judiciairement indigne, doit restituer tous les biens héréditaires ;*

2° *Il doit également restituer tous les fruits, produits et intérêts, qu'il a perçus ou tirés des biens héréditaires (c'est même là, il faut le remarquer, la disposition spéciale de l'art.* 729).

3° *Tous les droits personnels ou réels que la confusion momentanée avait éteints, soit du chef de la succession contre l'indigne, soit du chef de l'indigne contre la succession, renaissent de part et d'autre, après la déclaration d'indignité* (1).

On s'est demandé si l'indigne ne devrait pas l'intérêt de toutes les sommes capitales provenant de l'actif héréditaire, à partir des époques où il les a touchées, lors même qu'il les aurait gardées entre ses mains.

MM. Aubry et Rau fondent l'affirmative sur ce que le possesseur de mauvaise foi est constitué en demeure, de plein droit, par la réception de la chose qu'il détient de mauvaise foi, et que l'héritier indigne est légalement considéré comme un possesseur de mauvaise foi (art. 1302, alin. 4, et art. 1378) (2).

On répond que la règle générale posée par l'art. 1153 est que les intérêts ne sont dus que du jour de la demande, et qu'il n'existe aucun texte établissant une exception contre l'héritier indigne (3).

La *seconde* proposition amène les résultats suivants :

*Les aliénations à titre onéreux ou gratuit, les servitudes et les hypothèques que l'héritier indigne a consenties jusqu'à l'époque du jugement qui l'a déclaré indigne, sont valables à l'égard des tiers et ne*

(1) M. Demante, t. III, n° 38 *bis*, III. — MM. Ducaurroy, Bonnier Roustain, t. II, n° 433. — MM. Zachariæ, Aubry et Rau, t. V, p. 74. — M. Demolombe, t. XIII, p. 398 et suiv.

(2) MM. Aubry et Rau, p. 78, note 4.

(3) M. Demante, t. III, n° 35 *bis*, III. — M. Demolombe, t. XIII, p. 404.

*peuvent donner lieu, contre lui, qu'à une action en dommages-intérêts.*

On ajoute cependant que les actes sus-indiqués pourront être révoqués sur la demande des parties intéressées, lorsqu'ils ont été la suite d'un concert frauduleux entre l'indigne et les tiers.

Cette théorie est particulièrement fondée sur l'analogie qui existe entre l'action en indignité et l'action en révocation d'une donation pour cause d'ingratitude (1).

**330.** — Les enfants de l'indigne, venant à la succession de leur chef, et sans le secours de la représentation, ne sont pas exclus pour la faute de leur père ; mais celui-ci ne peut, en aucun cas, réclamer, sur les biens de cette succession, l'usufruit que la loi accorde aux pères et mères sur les biens de leurs enfants.

L'art. 730 s'est proposé d'abroger, en matière d'indignité, l'absurde doctrine de la réversibilité de la faute, enseignée par les légistes de l'ancien droit et que Lebrun formulait ainsi :

« L'indignité de l'homicide descend à ses enfants, à quelques titres qu'ils puissent venir » (2).

Il en résultait que l'indignité du père pouvait être opposée aux enfants, *même venant de leur chef* à la succession de celui par rapport auquel leur auteur avait été déclaré indigne.

C'est cette doctrine que l'art. 730 a détruite.

Mal rédigée et obscure, la proposition principale que renferme le texte se ramène aux termes suivants :

*Lorsqu'une personne a été exclue d'une succession pour cause d'indignité, les enfants de cette personne, venant à la succession de leur chef, ne sont pas exclus pour la faute de leur père.*

Les mots : *et sans le secours de la représentation* constituent, dans l'article, une redondance, et ils doivent en être retranchés.

*Espèce.* — Pierre, fils unique de Paul, a été condamné pour avoir donné la mort à son père, et en conséquence déclaré indigne de lui succéder ; Pierre laisse des enfants ; ceux-ci, venant de leur chef à la succession de leur grand-père, recueilleront cette succession, malgré la déclaration d'indignité qui a atteint leur père.

Le texte ajoute que l'indigne ne peut, *en aucun cas*, réclamer sur les

(1) M. Demante, t. III, n° 38 *bis*, IV, et *Themis*, t. VII, p. 8. — MM. Ducaurroy, Bonnier, Roustain, t. III, n° 433. — M. Taulier, t. III, p. 135. — MM. Zachariæ, Aubry et Rau, t. V, p. 75 et 76.

M. Demolombe conteste cette théorie ; il lui substitue celle du vague mandat *cum libera administratione*, et il arrive ainsi à des distinctions qui rendent la propriété incertaine entre les mains des tiers. Ni juridiquement, ni économiquement, nous ne trouvons pour notre part satisfaisante la doctrine de l'éminent professeur.

(2) Lebrun, *Des successions*, l. III, chap. XI, n° 10.

biens de la succession l'usufruit que la loi accorde aux pères et mères sur les biens de leurs enfants (art. 384).

On fait remarquer que, quelque absolus qu'en soient les termes, cette disposition est forcément relative ; l'exclusion pour indignité ne se rapporte, en effet, qu'à la succession de la personne envers laquelle l'héritier s'est rendu indigne.

De là l'hypothèse suivante, dans laquelle la solution ne s'harmonise pas avec les termes de l'art. 730, tout en n'en contredisant pas au fond la solution.

Une personne est exclue d'une certaine succession pour cause d'indignité; cette personne a plusieurs enfants mineurs de dix-huit ans, qui recueillent de leur chef la succession dont leur père est exclu comme indigne.

Puis, l'un de ces enfants vient à mourir sans enfants, en laissant pour héritiers ses frères et l'indigne lui-même. Si les autres enfants sont encore mineurs de dix-huit ans, l'indigne a l'usufruit légal de la part qui leur revient dans la succession de leur frère, et il recueille, en outre, sa propre part comme héritier de son enfant prédécédé.

Comme nous l'avons dit, l'art. 730 a eu pour but d'abroger, en matière d'indignité, la doctrine de la réversibilité de la faute ; il a atteint ce but pour l'hypothèse qu'il a réglée; mais deux autres cas peuvent se rencontrer :

1° *Celui où les enfants de la personne déclarée indigne se trouveraient en présence de cohéritiers de cette personne ;*

2° *Celui où une personne qui aurait été condamnée pour avoir commis un fait de nature à entraîner son indignité si elle eût survécu au* de cujus *serait morte avant le* de cujus, *et où ses enfants se trouveraient en présence de cohéritiers de cette personne;*

*Première espèce.* — Pierre, l'un des deux fils de Paul, a été condamné pour avoir donné la mort à son père et en conséquence déclaré indigne de lui succéder ; Pierre laisse des enfants ; ceux-ci se trouvent en présence de leur oncle, cohéritier de leur père.

*Seconde espèce.* — Pierre, l'un des deux fils de Paul, a été condamné pour avoir tenté de donner la mort à son père ; il meurt avant son père et laisse des enfants ; ceux-ci se trouvent en présence de leur oncle, cohéritier de leur père.

*Dans ces deux cas, les petits-enfants viendront-ils à la succession de leur grand-père?*

La *négative* est certaine dans le *premier* cas et l'*affirmative* doit l'emporter dans le *second*.

Dans le *premier* cas, les enfants de l'héritier déclaré indigne ne peuvent venir de leur chef à la succession du *de cujus*, car, par rapport à leur grand-père, ces enfants sont au second degré, tandis que leur oncle, fils comme leur père du *de cujus*, est au premier degré.

D'un autre côté, ils n'ont pas la ressource de pouvoir représenter leur père.

En effet, la représentation est bien le droit pour une personne *de venir, en vertu d'une vocation propre, prendre au degré d'une autre la part héréditaire afférente à cette autre;* mais, aux termes de l'art. 744, *on ne représente pas les personnes vivantes* et nulle exception n'a été apportée à cette disposition pour le cas présent.

Donc les enfants de l'héritier déclaré indigne ne pouvant venir, dans l'espèce, à la succession du *de cujus, ni de leur chef, ni par représentation*, n'y viendront pas *du tout;* ils seront exclus au profit de leur oncle pour la faute de leur père.

C'est ainsi que la raison du Code Napoléon s'accorde avec la raison philosophique, ou pour mieux dire avec la raison toute seule !

Quoi qu'il en soit, cette solution est certaine, et en présence des textes, aucune contestation ne peut l'ébranler.

Dans le *second* cas, les enfants du condamné ne peuvent non plus venir de leur chef à la succession du *de cujus*, car, à ce point de vue, la situation est pour eux la même que dans l'hypothèse précédente; mais, au point de vue de la représentation, l'affirmative est aussi peu douteuse dans ce cas que la négative dans le premier; cependant les auteurs controversent vivement la question.

DEUX SYSTÈMES.

1er SYSTÈME (1). — *Lorsqu'une personne a été condamnée pour avoir commis un fait de nature à entraîner son indignité si elle eût survécu au* de cujus, *cette personne ne peut être représentée à la succession par ses enfants, même si elle meurt avant le* de cujus.

1er *Arg.* — L'art. 730 déclare que les enfants de l'indigne ne sont pas exclus pour la faute de leur père lorsqu'ils viennent de leur chef « *et sans le secours de la représentation* »; or les mots « *et sans le secours de la représentation* » n'ont de sens que si l'on suppose l'indigne mort avant le *de cujus*, puisqu'aux termes de l'art. 744 on ne représente pas les personnes vivantes.

2e *Arg.* — M. Siméon disait au Conseil d'État que l'indignité ne nuit point aux enfants lorsqu'ils peuvent arriver à la succession de leur chef et sans représenter l'*odieuse tête de leur père;* ces mots l'*odieuse tête de leur père* révèlent la pensée du législateur; même lorsque l'indigne est vivant, si ses enfants ne peuvent pas le représenter, ce n'est pas, suivant le droit commun, parce qu'il est vivant, c'est parce qu'il est *odieux;*

(1) MM. Zachariæ, Aubry et Rau, t. V, p. 76. — M. Taulier, t. III, p. 148.

donc, qu'il soit mort ou qu'il soit vivant, le motif subsiste et ses enfants ne peuvent pas le représenter.

3e *Arg.* — D'après l'art. 739, le représentant entre dans les droits qu'aurait eus le représenté, s'il fût venu lui-même à la succession ; or, dans l'espèce, le représenté, s'il eût survécu, n'eût eu aucuns droits, puisqu'il eût été nécessairement déclaré indigne ; donc, on pourra *prouver l'indignité contre les descendants de l'indigne pour les priver du bénéfice de la représentation.*

2e SYSTÈME (1). — *Lorsqu'une personne a été condamnée pour avoir commis un fait de nature à entraîner son indignité, si elle eût survécu au* de cujus, *et que cette personne est morte avant le* de cujus, *elle peut être représentée à la succession par ses enfants.*

1er *Arg.* — L'art. 730 n'a aucun rapport avec l'hypothèse qui donne lieu à la question.

Cet article parle des enfants de l'indigne, c'est-à-dire, par conséquent, des enfants d'une personne qui a survécu au *de cujus* et dont la saisine a été résolue pour cause d'indignité ; il est donc étranger à ce débat.

Si l'on en doutait, la fin du texte suffirait à en fournir une démonstration péremptoire.

La preuve évidente, en effet, qu'il s'agit dans l'art. 730 d'un véritable indigne, c'est-à-dire d'une personne qui a survécu au *de cujus* et dont la saisine a été résolue pour cause d'indignité, c'est que *la fin du texte lui refuse sur les biens de la succession l'usufruit que la loi accorde aux père et mère sur les biens de leurs enfants.*

Quant aux mots : « *et sans le secours de la représentation* », il n'y a pas à s'en occuper, c'est une *inexactitude de rédaction ; or, il s'en trouve, dans ce titre même, d'autres exemples bien plus frappants encore* (2).

2e *Arg.* — Il est possible que *la tête du père soit odieuse*, comme le disait énergiquement le conseiller d'État Siméon, mais ce que ce conseiller d'État n'a pas dit et ce qu'il ne pouvait pas dire, car autrement il eût été en désaccord avec l'esprit et les termes de l'art. 730, c'est que l'odieux retombait de la tête du père sur celle du fils.

3e *Arg.* — Quant à la définition de la représentation, telle que la fournit l'art. 739, c'est en vain qu'on en argumente à l'appui de la thèse contraire ; l'art. 739 est un des textes les plus incorrects de la matière des successions.

La représentation *n'identifie* pas le représentant avec le représenté ; le

(1) M. Demante, t. III, n° 39 *bis*, II. — M. Valette, à son cours. — MM. Ducaurroy, Bonnier, Roustain, t. II, n° 435. — MM. Massé et Vergé, *Sur Zachariæ* t. II, p. 247. — M. Demolombe, t. XIII, p. 385.

(2) M. Demolombe, t. XIII, p. 389.

premier vient *en vertu d'une vocation propre*, ce qui signifie avec un droit et avec des qualités propres, prendre *au degré du représenté la part héréditaire afférente au représenté.*

Le *second* système est, on le voit, seul rationnel, et comme le Code Napoléon ne le contredit pas, il doit être admis.

---

# CHAPITRE III

## DES DIVERS ORDRES DE SUCCESSION.

Ce chapitre ne concerne que la *succession régulière.*

Les divers *ordres* de succession sont les diverses *séries* de parents appelées à recueillir *hiérarchiquement* la succession.

Bien que l'art. 731 n'indique que *trois* ordres de succession, le Code Napoléon en distingue, en réalité, *quatre*, qui sont :

1° *L'ordre des descendants* (art. 745);

2° *L'ordre des frères et sœurs et de leurs descendants*, ou, dans le langage de la doctrine, *des collatéraux privilégiés* (art. 748-752);

3° *L'ordre des ascendants* (art. 746, 748-749, 751);

4° *L'ordre des collatéraux autres que les frères et sœurs et leurs descendants*, ou, dans le langage de la doctrine, *des collatéraux ordinaires* (art. 753).

Le Code Napoléon attribue en outre aux père et mère, compris dans le troisième ordre, le droit de concourir avec les héritiers du second ordre.

Nous résumerons et nous apprécierons en quelques mots les bases du système de la succession *ab intestat* :

1° *D'après le droit ancien;*

2° *D'après le droit de la Révolution;*

3° *D'après le Code Napoléon.*

### I. — Bases du système de la succession ab intestat d'après le droit ancien.

Dans le droit ancien, le régime des successions *ab intestat* différait d'abord, selon qu'il s'agissait *des pays de droit écrit* ou *des pays de droit coutumier*, et ensuite *dans les pays de droit coutumier*, selon qu'il s'agissait *de telle ou telle province.*

Voyons :

1° *Le régime des pays de droit écrit;*

2° *Le régime des pays de droit coutumier.*

### 1° RÉGIME DES PAYS DE DROIT ÉCRIT.

Dans les pays de droit écrit, on acceptait les bases générales du système que Justinien avait organisé par les Novelles 118 et 126.

Ces bases étaient les suivantes :

1° *La Novelle* 118 *reconnaissait trois ordres d'héritiers : les descendants, les ascendants et les collatéraux ;*

2° *La vocation des héritiers était en général déterminée, d'ordre à ordre, par la hiérarchie des ordres ; dans chaque ordre, par la proximité du degré ;*

3° *Le partage entre les héritiers avait, en général, lieu par tête.*

La *seconde* règle admettait *deux* exceptions :

1° *Les frères et sœurs germains ainsi que leurs enfants au premier degré, concouraient avec les ascendants et excluaient tous les autres collatéraux ; par un privilége, appelé privilége du double lien, ils excluaient même les frères consanguins ou utérins ; ceux-ci, à leur tour, ainsi que leurs enfants, excluaient tous les autres collatéraux ;*

2° *Dans chaque ordre, la vocation, résultant de la proximité du degré, était modifiée par la représentation admise en ligne directe descendante à l'infini, et, en ligne collatérale, en faveur des enfants au premier degré des frères et sœurs, soit germains, soit consanguins, soit utérins.*

Comme la seconde, la *troisième* règle souffrait aussi *deux* exceptions :

1° *Lorsqu'il existait des ascendants de même degré et appartenant à chacune des lignes paternelle et maternelle, la succession était alors partagée ex æquo entre les deux lignes ;*

2° *Lorsqu'il y avait représentation, le partage avait lieu par souches.*

Ce système ne laisse pas de faire quelque honneur aux conseillers de Justinien ; à part l'arbitraire fatalement inhérent à une législation qui procède d'une manière empirique, à part certaines injustices de détail particulièrement accusées, il attestait l'effort du législateur, sinon précisément pour régler la succession *ab intestat* d'après la volonté présumée du *de cujus*, au moins pour en appuyer le système sur un fondement naturel.

### RÉGIME DES PAYS DE DROIT COUTUMIER.

*La famille féodale, la dernière forme de la famille patriarcale* (*the last form of the family patriarchal*), selon l'expression déjà citée de M. John Stuart Mill, avait pour *base économique* la conservation des *immeubles* entre les mêmes mains.

De là, dans les Coutumes, la capitale distinction des *meubles* d'avec les *immeubles*, et, parmi les immeubles, des *propres* d'avec les *acquêts*.

*Les propres étaient les héritages venant des ancêtres ou autres parents par succession ou par quelque autre titre équipollent à succession* (1).

*Les acquêts étaient tous les héritages qui n'avaient pas la qualité de propres.*

Les Coutumes distinguaient en outre des immeubles *nobles* et des immeubles *roturiers*.

Voici d'ailleurs les formules les plus générales d'une législation qui ne présentait pas moins de complications dans chaque Coutume que de variétés d'une Coutume à l'autre :

1° *Lorsqu'il existait des descendants du défunt, l'hérédité tout entière leur était dévolue ;*

2° *A défaut de descendants, on recherchait la nature et l'origine des biens.*

*La succession aux propres était dévolue aux parents de la ligne et de la souche d'où ils étaient provenus, d'où la règle :* Paterna paternis, materna maternis.

*La succession aux meubles et aux acquêts était en général attribuée par moitié aux deux lignes paternelle et maternelle du défunt, et même, dans certaines Coutumes, refendue à l'infini entre les différentes branches de chaque ligne ;*

3° *Dans l'ordre des descendants, le droit variait, selon qu'il s'agissait de l'aîné ou des puînés, des mâles ou des filles, des enfants du même mariage ou de mariages différents ;*

4° *A l'égard des propres, les collatéraux excluaient en général les ascendants d'après la maxime : propres ne remontent, ou encore : les ascendants ne succèdent point aux descendants ;*

5° *A l'égard des meubles et des acquêts, les Coutumes admettaient en général le privilége du double lien, c'est-à-dire l'exclusion de certains collatéraux utérins ou consanguins par les collatéraux germains du même degré ;*

6° *En ce qui concerne la représentation, il y avait à distinguer la ligne directe descendante et la ligne collatérale :*

*Dans la ligne directe descendante, les Coutumes l'admettaient en général à l'infini.*

*Dans la ligne collatérale, les unes la rejetaient entièrement, d'autres l'admettaient en faveur des neveux et nièces du défunt, d'autres enfin*

---

(1) Pothier, *Intr. gén. aux Cout.*, chap. II, art. 3.

*l'admettaient à l'infini comme dans la ligne directe descendante.*

7° *Sauf les exclusions, les distinctions et les exceptions en tous genres qui précèdent, la règle était que le parent le plus proche exclut le plus éloigné et que les parents à égal degré succèdent ensemble* (1).

Tel est le chaos légal auquel vint mettre fin le droit de la Révolution.

## II. — Bases du système de la succession ab intestat d'après le droit de la Révolution.

Code de la Convention (liv. II, tit. III, § 4, art. 38-78);
Loi du 17 nivôse an II (6 janvier 1794).

Le droit de la Révolution, en matière de succession *ab intestat*, se trouve tout entier dans le Code de la Convention, dont la loi du 17 nivôse an II fut littéralement extraite.

La loi du 4 août 1789 avait décrété la complète destruction du régime féodal, et par là même la suppression de tous les priviléges qui s'attachaient à la *nobilité* des personnes et des biens.

La loi du 15 mars 1790 appliqua spécialement aux successions *ab intestat* les effets généraux de ce grand renouvellement.

La loi des 8-15 avril 1791 abolit *les priviléges* fondés sur l'*aînesse*, sur *la masculinité*, sur *la naissance* dans le *même* mariage, et elle érigea en règle la théorie de la *représentation en ligne directe descendante à l'infini.*

Ce n'était là que préparer l'œuvre législative qu'il s'agissait d'accomplir.

Le système du Code de la Convention, reproduit par la loi du 17 nivôse an II, présente les traits caractéristiques suivants :

1° *La loi ne reconnaît aucune différence dans la nature des biens, ou dans leur origine, pour en régler la transmission* (art. 45, Code de la Convention, liv. II, tit. III, § 4, et art. 62, l. 17 nivôse an II. — Comparer *infra*, art. 732) ;

2° *Il existe trois ordres d'héritiers, les descendants, les ascendants et les collatéraux* (art. 46, Code de la Convention, liv. II, tit. III, § 4, et art. 63, l. 17 nivôse an II. — Comparer *infra*, art. 631).

3° *Les ascendants sont toujours exclus par les héritiers collatéraux qui descendent d'eux ou d'autres ascendants au même degré* (art. 57 et 61, Code de la Convention, liv. II, tit. III, § 4, et art. 72 et 76, l. 17 nivôse an II).

---

(1) Pothier, *Introd. gén. aux coutumes*, *Traité des propres*, et *Traité des successions*. — Lebrun, *Traité des successions*. — Loisel, *Institutes coutumières*, édit. Dupin et Laboulaye. — Merlin, *Répertoire*, V. *Propre*, *Paterna paternis*, etc.

4° *Toute succession échue à des collatéraux se divise en deux parts, l'une attribuée aux parents de la ligne paternelle, l'autre à ceux de la ligne maternelle* (art. 68, Code de la Convention, liv. II, tit. III, § 4, et art. 83, l. 17 nivôse an II).

*Le Code de la Convention admettait, en outre, le système de la refente entre les différentes branches de chaque ligne, mais la loi du 17 nivôse était muette sur ce point* (art. 69-72, Code de la Convention, liv. II, tit. III, § 4).

5° *La représentation a lieu jusqu'à l'infini en ligne collatérale* (art. 62, Code de la Convention, liv. II, tit. III, et art. 77, l. 17 nivôse an II).

Comme on le voit, le Code de la Convention ne sut que revenir en cette matière aux errements du droit de Justinien et même à certains égards de l'ancien droit coutumier; sous la manifeste influence de l'esprit légiste, il ne parvint à réaliser qu'une sorte de moyen terme et, entraîné par une idée d'égalité exclusive et fausse, il méconnut le véritable fondement de la succession *ab intestat* (1).

### III. — Bases du système de la succession ab intestat d'après le Code Napoléon.

Le Code Napoléon n'est guère autre chose, en matière de succession *ab intestat*, que le plagiat du Code de la Convention et de la loi de nivôse; il en diffère cependant sur quelques points secondaires, entre autres sur les suivants :

1° *Il a attribué, comme nous l'avons dit, aux père et mère le droit de concourir avec les frères et sœurs ou leurs descendants pour une part déterminée;*

2° *Il rejette d'une manière absolue l'exclusion des ascendants par*

---

(1) L'état d'imperfection dans lequel se trouvait la science de la propriété, à l'époque de la Révolution, et même l'inique enseignement puisé à l'école du Droit romain, qui en voilait généralement le principe, ne suffisent pas à expliquer comment les hommes qui, dans le comité de législation de la Convention, avaient tracé d'une main si ferme les grandes lignes du droit de famille, ne réussirent même pas à orienter le droit de la succession *ab intestat*.

On ne comprendrait pas cet échec, si l'on ne savait que le comité de législation s'en remit du soin d'élaborer cette matière aux légistes qu'il comptait parmi ses membres, et notamment à Merlin de Douai.

Ce fut Merlin, rapporteur l'année suivante de la loi de nivôse, qui juxtaposa, dans la succession *ab intestat*, les dispositions relatives *à la fente* à côté de celle qui consacrait *l'unité du patrimoine* ; ce fut *la conviction républicaine et démocratique* de Merlin, qui emprunta aux Coutumes de Tours, du Maine, de l'Anjou, à toutes celles *dont l'esprit*, dit Pothier, *était de conserver l'égalité entre les lignes*, la règle de *la représentation à l'infini en ligne collatérale*.

Ce dernier point, qui est la conséquence logique de la double idée de la fente

*les héritiers collatéraux qui descendent d'eux ou d'autres ascendants au même degré ;*

3° *Il limite au douzième degré la vocation héréditaire des collatéraux* (art. 755).

5° *Il n'admet, en ligne collatérale, la représentation à l'infini qu'en faveur des descendants des frères et sœurs du* de cujus (art. 742).

Ces modifications ne touchent pas aux bases du système du droit de la Révolution; ce sont ces bases mêmes qu'il y a lieu de soumettre ici à un examen rationnel.

La succession *ab intestat* repose scientifiquement sur une *présomption ;* lorsque le propriétaire meurt sans avoir testé, il s'agit d'interpréter son silence ; or, la présomption n'est légitime et utile que pour guider cette interprétation.

Il résulte de là, comme nous l'avons déjà dit, que la présomption doit être restreinte dans les limites que détermine l'observation la plus générale et la plus stricte.

L'observation des faits journaliers confirme incontestablement la vocation des descendants à la succession *ab intestat;* confirme-t-elle également celle des collatéraux et celle des ascendants ?

A l'égard des collatéraux, on pourrait être porté à distinguer ; on pourrait vouloir rejeter ceux qui se trouvent au delà d'un certain degré, en admettant ceux qui sont en deçà du même degré ; la question de la fixation du degré à adopter comme limite prendrait ainsi le premier rang.

Le Code Napoléon est entré dans cette voie, et l'art. 755 porte que les parents (collatéraux) au delà du douzième degré ne succèdent pas.

La fixation du douzième degré comme limite de la successibilité en ligne collatérale serait, par elle-même, une preuve suffisante que le Code Napoléon n'a su rapporter la succession *ab intestat* à aucun principe; car ce Code admettant à la succession les collatéraux d'un tel degré, il n'y avait pour lui nulle raison d'exclure les collatéraux d'un degré plus éloigné.

---

et de la vocation héréditaire des collatéraux, a été vivement critiquée par certains auteurs.

M. Demolombe lui reproche d'avoir été « le triomphe de cet esprit de démocratie radicale, sans discernement et sans frein, qui veut toujours pousser, toujours et quand même, au morcellement de la propriété et au nivellement des fortunes. » (M. Demolombe, t. XIII, p. 463.)

Évidemment, M. Demolombe s'exagère la portée de la règle de la représentation à l'infini en ligne collatérale ; il oublie que la Touraine, l'Anjou et le Maine, pratiquèrent cette règle pendant des siècles, et que ces provinces n'ont jamais passé pour avoir été ravagées par l'esprit de la démocratie.

En vérité la démocratie a d'autres doctrines, et le pire reproche que mérite le système de Merlin de Douai, sur la succession *ab intestat*, c'est qu'il est fort loin d'y correspondre.

De nos jours, les relations de famille entre les collatéraux sont arrivées à être extrêmement restreintes, et le progrès, en cet ordre, est que les relations électives acquièrent de plus en plus la prépondérance. Aussi le législateur ne ferait-il qu'interpréter la volonté présumée du propriétaire mort sans testament, soit en limitant la succession collatérale au degré des cousins germains, soit même par une réforme plus radicale contre laquelle aucune objection sérieuse n'est possible, en rejetant la succession des collatéraux (1).

En ce qui concerne les ascendants, la question change d'aspect, quoiqu'elle doive recevoir la même solution.

Pour dénouer les complications de cette nouvelle thèse, il faut d'abord en écarter l'idée toute distincte de la provision d'aliments (V. chap. III, sect. 1re, *De la portion de biens disponible*) (2).

Ce premier point ne suffit pas.

Entre ascendants et descendants, les relations de famille sont fondées sur un principe que le progrès tend, il est vrai, à transformer, mais, en même temps, à développer, loin d'avoir pour but de le détruire.

Il semblerait que cette constatation appuie la vocation des ascendants à la succession *ab intestat*; il n'en est rien cependant.

Nous avons émis l'idée que, à l'égard des descendants eux-mêmes, les ascendants en viendraient à comprendre qu'ils ont une autre manière d'accomplir leur devoir envers eux que de leur laisser une fortune acquise et de les dispenser de l'effort propre : mais nous reconnaissons que cette idée est en avance sur les faits. Au contraire, en ce qui a rapport aux ascendants, l'observation de chaque jour témoigne que les descendants sont peu enclins à tester en leur faveur.

Et cet agissement est rationnel, en même temps qu'il ne présente rien de contraire à l'affection.

L'ascendant ne compte pas sur le patrimoine de son descendant, et, s'il se trouve à l'abri du besoin, comme il est en général arrivé à un âge où son activité décroît, il n'a pas lieu de se plaindre que la sollicitude de

---

(1) Ces idées sont identiques avec celles qu'ont présentées Bentham et M. John Stuart Mill, en se plaçant d'ailleurs à un point de vue sensiblement différent.

Les légistes font intervenir le droit de copropriété familiale, et d'intérêt de la conservation des biens dans la famille ; il faut se borner à leur répondre par ces paroles de M. John Stuart Mill : « The feudal family last historical form of » patriarcal life has long perished, and the unit of society is not now the family » or clan composed of all the reputed descendants of a common ancestor, but the » individual » ; la famille féodale, la dernière forme historique de la vie patriarcale, a péri depuis longtemps, et l'unité de la société a cessé d'être la famille ou le clan, composé de tous les descendants présumés d'un commun auteur, mais l'individu. (M. John Stuart Mill, *Principles of political economy*, B. II, chap. II, § 3, p. 268.)

(2) V. *Manuel de droit civil*, t. I, p. 220.

son descendant se tourne pour la disposition testamentaire du côté d'individus que ce descendant en juge dignes.

La conclusion, en ce qui concerne la vocation des ascendants à la succession *ab intestat*, est directe et, comme on le voit, cette conclusion est négative.

Il y a donc lieu de repousser à la fois les idées du Code de la Convention et du Code Napoléon sur la vocation héréditaire des collatéraux et des ascendants. Lorsque le propriétaire meurt sans avoir testé et qu'il ne laisse pas de descendants, la présomption rationnelle est qu'il entend attribuer ses biens à la collectivité tout entière.

## SECTION PREMIÈRE.

### DISPOSITIONS GÉNÉRALES.

**731.** — Les successions sont déférées aux enfants et descendants du défunt, à ses ascendants et à ses parents collatéraux, dans l'ordre et suivant les règles ci-après déterminées.

Cet article a pour but de distinguer, conformément à la rubrique, les divers *ordres* de successeurs réguliers. Ici, le mot *ordre*, comme nous l'avons dit, est synonyme de *série ;* les rédacteurs ne se sont pas attachés à ce sens ; ils ont classé les héritiers d'après la nature de la parenté; de là vient qu'au lieu des *quatre* ordres que le Code Napoléon se trouve avoir admis, l'art. 731 n'en indique que *trois*.

Comme nous le savons déjà, l'*ordre* à suppléer est celui des frères et sœurs et de leurs descendants, autrement dits des *collatéraux privilégiés;* cet ordre se place en seconde ligne entre l'ordre des descendants et l'ordre des ascendants.

Notons qu'il comprend non-seulement les frères germains, ainsi que leurs descendants, mais encore les frères utérins ou consanguins, ainsi que leurs descendants (art. 748-752).

Parmi les ascendants, les père et mère ayant exceptionnellement le droit de *concourir* chacun pour une part déterminée avec les frères et sœurs et leurs descendants, la doctrine leur applique la qualification d'*ascendants privilégiés* (1).

---

(1) Certains auteurs indiquent *cinq* ordres d'héritiers qui seraient : 1° *Les descendants ;* 2° *les ascendants privilégiés* (père et mère) ; 3° *les ascendants ordinaires* (ascendants autres que les père et mère) ; 4° *les collatéraux privilégiés* (frères et sœurs et descendants d'eux) ; 5° *les collatéraux ordinaires* (collatéraux autres que les frères et sœurs).

Outre que cette hiérarchie est inexacte, car elle ne place les collatéraux privilégiés qu'au quatrième rang, tandis qu'ils sont au second, il n'y a réellement aucun ordre des ascendants privilégiés.

D'autres auteurs classent les *père et mère* à côté des frères et sœurs dans le *second* ordre ; il y a aussi dans ce classement une légère inexactitude ; les père et mère appartiennent au *troisième* ordre, et sont seulement admis à *concourir*

A part le droit de concours des père et mère avec les héritiers du *second* ordre, il y a lieu de poser les *deux* règles suivantes ;

1° *Les héritiers de chaque ordre excluent les héritiers de l'ordre inférieur, lors même qu'ils se trouveraient à un degré plus éloigné que ces derniers ;*

2° *Entre les héritiers d'un même ordre, l'héritier le plus proche en degré exclut le plus éloigné et les héritiers au même degré succèdent par tête.*

Cependant la théorie de la *représentation* modifie la *seconde* règle, et les *deux*, pour être bien comprises, ne doivent pas être séparées de la théorie *de la nouvelle fente* consacrée par le Code Napoléon.

**732.** — La loi ne considère ni la nature, ni l'origine des biens pour en régler la succession.

Cet article est le même que l'art. 45 (liv. II, tit. III, § 4) du Code de la Convention (art. 62 de la loi du 17 nivôse an II).

Il renouvelle l'abrogation déjà consommée des règles du Droit coutumier relativement à la distinction des biens héréditaires en immeubles et meubles, en propres et acquêts, en nobles et roturiers.

Cependant, à la différence du Code de la Convention et de la loi de nivôse, le Code Napoléon admet exceptionnellement, dans *trois* cas, l'application de l'ancienne règle qui recherchait l'*origine* des biens pour en régler l'attribution héréditaire.

Ces trois cas, appelés cas de *retour légal*, sont indiqués dans les art. 351 et 352, 747 et 766 (1).

---

avec les héritiers du *second* ordre *chacun pour une part déterminée* (art. 746, 749 et 751).

(1) V. *Manuel de droit civil*, t. 1, p. 373, et *infra*.

Lors de la discussion de l'art. 732, l'ex-rapporteur du Code de la Convention, Cambacérès, et à la suite de Cambacérès, Bigot de Préameneu, demandèrent le rétablissement de la règle *paterna paternis, materna maternis*.

Ce fut Portalis qui leur objecta que si l'on rétablissait cette règle, on déclarerait par là même que la propriété, au lieu d'être dans l'individu, est dans la famille entière, et qu'alors, pour être conséquent, il faudrait, comme dans l'ancien Droit aller jusqu'à interdire la disposition des propres par testament.

Si l'on veut, au surplus, avoir une idée de la puérilité des discussions auxquelles donnaient lieu, dans le conseil d'État du Consulat, les questions les plus graves de l'ordre juridique et économique, qu'on se reporte à celle qui concerne la rédaction de l'art. 734. On y verra Cambacérès prendre pour prémisse la copropriété familiale, affirmer en même temps que la règle *paterna paternis* est la plus conforme aux affections présumées du défunt, « car dans tous les cœurs, on trouve le désir que les biens d'une famille ne passent pas à l'autre, par suite du système de succession », enfin terminer par ce burlesque argument : la règle *paterna paternis* est *politique*, elle favorise les mariages ; car un collatéral se montrera plus facile à donner lorsqu'il sera certain que sa libéralité ne passera jamais dans une autre famille.

Quand donc encore une fois opposera-t-on aux procès-verbaux du conseil d'État du Consulat et de l'Empire, ceux de la Constituante, de la Législative, et de la Convention ?

**733.** — Toute succession échue à des ascendants ou à des collatéraux, se divise en deux parts égales : l'une pour les parents de la ligne paternelle, l'autre pour les parents de la ligne maternelle. — Les parents utérins ou consanguins ne sont pas exclus par les germains ; mais ils ne prennent part que dans leur ligne, sauf ce qui sera dit à l'art. 752. Les germains prennent part dans les deux lignes. — Il ne se fait aucune dévolution d'une ligne à l'autre, que lorsqu'il ne se trouve aucun ascendant ni collatéral de l'une des deux lignes.

Ces *trois* dispositions ont été empruntées aux art. 68, 74 et 75 du Code de la Convention (art. 83, 89 et 90, l. 17 nivôse an II).

PREMIER ALINÉA DE L'ART. 733.

Le premier alinéa de l'art. 733 pose *un principe* qui domine, en général, les successions dévolues *aux ascendants* et *aux collatéraux.*

*Ce principe est celui de la division de la succession en deux parts égales, l'une pour la ligne paternelle et l'autre pour la ligne maternelle.*

Dans la pensée des rédacteurs du Code Napoléon, il est *connexe* (1) avec l'abrogation du système des propres et il a pour but de maintenir une sorte d'équilibre, au point de vue de la dévolution héréditaire, entre les deux lignes paternelle et maternelle (2).

Voici un premier exemple de l'application de cette nouvelle fente :

Une personne est morte en ne laissant d'autres parents qu'un petit cousin maternel du douzième degré et son grand-père paternel ; en vertu du principe posé par l'art. 733, le collatéral maternel du douzième degré recueille la moitié de la succession afférente à la ligne maternelle, et l'ascendant paternel, l'autre moitié afférente à la ligne paternelle.

On voit, d'après ce premier exemple, que la règle, en vertu de laquelle les héritiers de chaque ordre excluent les héritiers de l'ordre inférieur (V. *supra*, p. 92) doit être entendue en ce sens que, aux termes du 1er alin. de l'art. 733, les héritiers d'un ordre antérieur n'*excluent* ceux d'un ordre postérieur *que tout autant qu'il s'agit d'héritiers appartenant à la même ligne.*

Voici un second exemple de l'application de la nouvelle fente :

Une personne est morte en ne laissant d'autres parents qu'un petit cousin maternel du douzième degré et un oncle paternel, qui est un collatéral du troisième degré ; le collatéral maternel du douzième degré recueillera la moitié de la succession afférente à la ligne maternelle, et le collatéral paternel du troisième degré, l'autre moitié afférente à la ligne paternelle.

---

(1) Mot de Cambacérès. — Locré, t. XII, p. 14.

(2) V. *Exposé des motifs par Treilhard.* — Locré, t. X, p. 184 et 185, n° 12. Maleville, t. II, p. 184 et 185, a présenté de très-sages considérations sur les articles 732 et 733.

Il ressort donc de ce second exemple qu'aux termes du 1^er^ alin. de l'art. 733, la règle d'après laquelle entre les héritiers d'un même ordre l'héritier le plus proche en degré *exclut* le plus éloigné (V. *supra*, p. 92), ne s'applique *que lorsqu'il s'agit d'héritiers appartenant à la même ligne*.

Pareillement, les ascendants et les collatéraux du même degré ne succèdent *par tête* (V. *supra*, p. 92) *que tout autant que le concours s'établit entre des héritiers appartenant à la même ligne* (1).

Le principe posé par le premier alinéa de l'art. 733 souffre à son tour *trois* restrictions :

1° *La division entre les deux lignes n'a pas lieu lorsqu'il s'agit de régler le concours des frères et sœurs, soit germains, soit seulement utérins ou consanguins, avec les père et mère ;*

*Les père et mère recueillent ensemble dans ce cas la moitié de la succession, ou bien le survivant des père et mère en recueille le quart* (art. 748-749), *et la division a seulement lieu ensuite entre les frères et sœurs ou leurs descendants.*

2° *La division entre les deux lignes n'a pas lieu non plus lorsque le* de cujus *n'a laissé d'autres parents que des frères et sœurs, soit germains, soit même simplement utérins ou consanguins, ou des descendants de frères et sœurs, et des ascendants ordinaires ou des collatéraux ordinaires ;*

*Les frères et sœurs même simplement utérins ou consanguins recueillent alors toute la succession* (alin. 2 de l'art. 733 et art. 752, *in fine*).

Ce cas est à remarquer, car il manque de sens même au point de vue du système consacré par le 1^er^ alin. de l'art. 733.

3° *La division entre les deux lignes n'a lieu que sous une modification, lorsque le père ou la mère se trouve en concours avec des collatéraux ordinaires ;*

*Cette modification consiste en ce que le père ou la mère recueille, outre la pleine propriété de la moitié afférente à sa ligne, l'usufruit du tiers de la moitié afférente à l'autre ligne* (art. 753, 754).

Il est difficile d'imaginer une disposition plus arbitraire que cette troisième restriction.

### DEUXIÈME ALINÉA.

Le second alinéa de l'art. 733 contient :

1° L'inutile renouvellement de l'abrogation du privilége du *double lien* déjà supprimé par l'art. 89 de la loi du 17 nivôse (art. 74, liv. II, tit. III, § 4 du Code de la Convention) ;

(1) Si l'on suppose que le *de cujus* est mort en ne laissant d'autres parents qu'un oncle maternel, et deux oncles paternels, l'oncle maternel recueillera toute

2° L'application aux parents germains, utérins ou consanguins du *principe* de la division de la succession entre les lignes paternelle et maternelle ;

3° La restriction apportée à ce même principe, dans le cas où le *de cujus* a laissé des frères ou sœurs, soit germains, soit même simplement utérins ou consanguins, ou des descendants de frères et sœurs, et des ascendants ordinaires ou des collatéraux ordinaires (V. 2e restriction *supra*, p. 94).

Voici un exemple du second point :

Une personne meurt; elle laisse pour seuls parents un frère germain et un frère utérin ; le patrimoine à partager est de cent mille francs. Le frère germain qui représente seul la ligne paternelle recueille d'abord les cinquante mille francs afférents à cette ligne ; il recueille ensuite par moitié avec le frère utérin les cinquante mille francs afférents à la ligne maternelle.

Il est d'ailleurs évident que le droit de prendre part dans les *deux* lignes appartient *à tous les parents germains* et *non pas seulement aux frères germains*.

On peut supposer le cas suivant :

Une femme a épousé son cousin germain ; le mari est mort en laissant un fils unique ; ce fils meurt à son tour en laissant pour seuls parents sa mère et un collatéral paternel. Sa mère doit recueillir d'abord la moitié de la succession afférente à la ligne maternelle; ensuite, elle doit recueillir également la moitié afférente à la ligne paternelle, si, dans cette ligne, elle précède le collatéral paternel, car elle est elle-même la cousine paternelle de son enfant (1).

### TROISIÈME ALINÉA.

Cet alinéa renferme encore une conséquence du premier.

Quant à la dévolution qui s'opère d'une ligne à l'autre, lorsque dans l'une des lignes il n'existe pas de parents successibles, ce n'est pas une quatrième restriction au principe de la division de la succession entre la ligne paternelle et maternelle, c'est un cas qui ne rentre pas dans les termes de ce principe.

**734.** — Cette première division opérée entre les lignes paternelle et maternelle, il ne se fait plus de division entre les diverses branches ; mais la moitié

---

la moitié afférente à la ligne maternelle, et les deux oncles paternels n'auront à eux deux que l'autre moitié afférente à la ligne paternelle.

Ces divers exemples suffisent pour résoudre toutes les hypothèses qui rentrent sous l'application du premier alinéa de l'art. 733.

(1) M. Demante, t. III, n° 44. — M. Marcadé, art. 733, n° 4. — M. Demolombe, t. XIII, p. 476.

dévolue à chaque ligne appartient à l'héritier ou aux héritiers les plus proches en degrés, sauf le cas de la représentation, ainsi qu'il sera dit ci-après.

Le Code de la Convention (art. 69-72, liv. II, tit. III, § 4) admettait, comme nous l'avons dit, la *refente;* la loi du 17 nivôse était muette sur ce point ; le Code Napoléon a *proscrit* formellement *la refente.*

Ainsi, une personne meurt laissant d'un côté son père, et du côté de sa mère prédécédée, le père et l'aïeule maternelle de celle-ci ; en vertu de la fente, une moitié de la succession sera attribuée à la ligne paternelle, c'est-à-dire dans l'espèce au père, une autre moitié à la ligne maternelle. S'il y avait refente entre les deux branches de chaque ligne, la moitié afférente à la ligne maternelle devrait être subdivisée en deux nouvelles moitiés dont l'une appartiendrait au père de la mère, représentant la ligne paternelle de la mère, et l'autre à l'aïeule maternelle de la mère, représentant la ligne maternelle de la mère. Comme l'art. 334 rejette la refente, et que, dans la ligne maternelle, le père de la mère est à un degré plus proche que l'aïeule maternelle de la mère, c'est le père qui recueillera tout entière la moitié afférente à la ligne maternelle.

Étant au surplus admis le système de la nouvelle fente, ce n'est que par manque de logique que les rédacteurs du Code Napoléon ont reculé devant la refente.

La fin de l'art. 734 déclare que la moitié dévolue à chaque ligne appartient à l'héritier ou aux héritiers les plus proches en degrés, « *sauf le cas de la représentation, ainsi qu'il sera dit ci-après* ».

Cette réserve « *sauf le cas de la représentation* » s'applique dans une *seule* hypothèse : lorsque le *de cujus* laisse des frères et sœurs de différents lits, dans chacune des lignes, les frères et sœurs prédécédés sont représentés par leurs enfants qui concourent avec les frères ou sœurs survivants de la même ligne (1).

**735.** — La proximité de parenté s'établit par le nombre de générations ; chaque génération s'appelle un *degré.*

**736.** — La suite des degrés forme la ligne : on appelle *ligne directe* la suite des degrés entre personnes qui descendent l'une de l'autre ; *ligne collatérale*, la suite des degrés entre personnes qui ne descendent pas les unes des autres, mais qui descendent d'un auteur commun. — On distingue la ligne directe, en ligne directe descendante et ligne directe ascendante. — La première est celle qui lie le chef avec ceux qui descendent de lui, la deuxième est celle qui lie une personne avec ceux dont elle descend.

**737.** — En ligne directe, on compte autant de degrés qu'il y a de générations entre les personnes ; ainsi, le fils est, à l'égard du père, au premier degré ; le petit-fils au second ; et réciproquement du père et de l'aïeul à l'égard des fils et petits-fils.

**738.** — En ligne collatérale, les degrés se comptent par les générations

(1) MM. Ducaurroy, Bonnier, Roustain, t. III, n° 456. — M. Demolombe, t. XIII, p. 485.

depuis l'un des parents jusques et non compris l'auteur commun, et depuis celui-ci jusqu'à l'autre parent. — Ainsi, deux frères sont au deuxième degré, l'oncle et le neveu sont au troisième degré; les cousins germains au quatrième ainsi de suite.

Nous avons défini, à l'occasion des empêchements de mariage, la parenté, le degré, la ligne, et nous avons indiqué en même temps la manière de supputer les degrés, soit en ligne directe, soit en ligne collatérale (1).

L'ensemble des art. 735-738 donnent seulement lieu à plusieurs remarques :

1° Le *degré* est non pas *chaque génération*, mais l'*intervalle* qui sépare deux générations (art. 735);

2° Il n'y a qu'*une seule* ligne directe qui est tout à la fois descendante ou ascendante, suivant qu'on la considère d'en haut ou d'en bas (art. 736);

3° A proprement parler, *il n'y a pas de ligne collatérale*, car la ligne se forme par la suite des générations; or, il n'y aucune suite de générations entre les personnes qui ne descendent pas les unes des autres.

La ligne *collatérale* est, en réalité, une ligne *directe* rejoignant par le sommet une autre ligne directe, c'est-à-dire se réunissant à elle dans la personne d'un auteur commun (art. 736).

4° L'art. 738 porte que « *les degrés se comptent par les générations* », et il ajoute « *depuis l'un des parents jusques et non compris l'auteur commun* ».

Cette formule contient une contradiction ; si l'on compte les degrés *par la génération*, il n'y a aucun retranchement à opérer ; ce n'est que tout autant que l'on compte *les personnes engendrées* que l'auteur commun n'est pas compris dans le calcul.

Au surplus, les deux manières de compter aboutissent au même résultat (art. 738).

5° Outre l'acception d'après laquelle la ligne est *une série de degrés* (art. 736), ce mot en comporte *une autre;* il est aussi synonyme du mot *côté* et désigne alors collectivement une partie de la famille du *de cujus*, c'est-à-dire tous les parents qu'il a laissés *du côté paternel*, et tous les parents qu'il a laissés *du côté maternel* (art. 733).

6° Enfin on appelle *parents paternels* du *de cujus* tous ceux, hommes ou femmes, qui lui tiennent par son père; *parents maternels*, tous ceux, hommes ou femmes, qui lui tiennent par sa mère.

Les parents qui n'appartiennent qu'*à la ligne paternelle* sont *les parents consanguins*.

Ceux qui n'appartiennent qu'*à la ligne maternelle* sont *les parents utérins*.

(1) *Manuel de droit civil*, t. I, p. 133.

Ceux qui appartiennent à la fois *aux deux lignes* sont *les parents germains.*

Les auteurs enseignent, en général, qu'en matière de succession, lorsqu'il s'agit, non d'*une réclamation d'état*, mais uniquement d'*une pétition d'hérédité*, la *preuve* de la parenté et de ses degrés cesse d'être soumise aux dispositions des art. 320, 321, 323 et 324; mais ils ne s'entendent pas sur les catégories de preuves admissibles.

Les uns ne veulent admettre que des actes authentiques.

Les autres acceptent les actes sous seing-privé, mais rejettent la preuve par témoins.

D'autres admettent la preuve par témoins, mais en exigeant qu'elle soit accompagnée d'un commencement de preuve par écrit.

M. Demolombe est d'avis de s'en remettre, sur cette question, au pouvoir discrétionnaire des magistrats, par application de l'art. 46.

Dès le moment que l'on écarte l'application des art. 320, 321, 323 et 324, la seule règle à la fois rationnelle et juridique est de reconnaître aux parties le droit de présenter *toute espèce de preuves* (art. 1348) (1).

## SECTION II.

### DE LA REPRÉSENTATION.

*La représentation est le droit qu'a un individu de venir, en vertu d'une vocation propre, prendre au degré d'un autre la part héréditaire qu'aurait obtenue cet autre, s'il eût survécu au* de cujus.

Nous verrons tout à l'heure en quel point la définition de l'art. 739 s'écarte de celle-ci et le motif pour lequel cette définition doit être rectifiée.

Les auteurs enseignent, en général, que la représentation date de l'ancien droit romain.

Outre que le nom de la représentation était inconnu dans l'ancien droit romain, l'institution qu'on a l'habitude de lui comparer repose sur l'organisation propre à la famille romaine (2).

Ce n'est que dans la Novelle de Justinien que la représentation du droit coutumier trouve, en droit romain, un antécédent.

Au surplus, il paraît au moins douteux que le droit coutumier ait puisé l'idée de la représentation dans le droit de Justinien.

Voici la curieuse anecdote que raconte, à ce sujet, le grand historien Michelet :

(1) M. Demolombe, t. XIII, p. 444.

(2) *Justiniani Institutiones*, liv. I, tit. IX, § 3.

Il est facile de s'apercevoir que les interprètes du Code Napoléon ont souvent emprunté leur philosophie de l'histoire à Pothier; or, on a pu constater déjà jusqu'où s'étendaient les horizons philosophiques de Pothier.

« En l'an 941, en Allemagne, quelques-uns pensaient que les fils des fils ne devaient point être comptés parmi les fils, ni prendre en rang légitime leur part à l'hérédité concurremment avec ces derniers, dans le cas où le père serait mort du vivant de l'aïeul; mais le roi (Othon Ier), par un conseil meilleur, ne voulut pas que les nobles et les anciens du peuple s'exposassent à d'indécentes discussions ; il ordonna que la chose fût décidée par des champions. Or, le parti qui soutenait que les fils des fils comptaient entre les fils fut vainqueur, et il fut réglé qu'ils prendraient part avec leurs oncles paternels, et que ce serait chose ferme et stable à jamais (1). »

Cette origine ne rehausserait pas le droit de représentation, s'il n'était d'ailleurs conforme à la volonté présumée du *de cujus*.

Malheureusement, nous retrouverons encore dans cette matière le traditionnalisme non raisonné, les indécisions de doctrine et les mauvaises déductions qui caractérisent l'ensemble du Code Napoléon.

**739.** — La représentation est une fiction de la loi, dont l'effet est de faire entrer les représentants dans la place, dans le degré et dans les droits du représenté.

Cette définition a été en partie empruntée à Pothier, en partie au Code de la Convention (art. 67), et à la loi du 17 nivôse an II (art. 82).

Elle a été beaucoup critiquée (2); elle ne contient, à vrai dire, qu'un seul vice important à signaler.

Ce vice est le suivant :

Il semblerait, d'après l'art. 739, que, en ce qui concerne la succession, le représentant s'*identifie* avec le représenté; or, comme nous allons le voir, cette identification serait absurde. *En réalité, l'identification n'a lieu qu'au point de vue de la mesure du droit du représentant;* cette mesure est, pour le représentant, ce qu'elle eût été pour le représenté; en d'autres termes, *le représentant a droit à la part héréditaire qu'aurait obtenue le représenté, s'il eût survécu au* de cujus.

(1) Michelet, *Originesdu droitfrançais*, p. 64.

(2) On reproche, en général, à la définition de l'art. 739 :

1° D'employer les termes mêmes qu'il s'agit de définir (*représentants, représentés*);

2° De commettre un double emploi en se servant des deux mots *place* et *degré;*

3° Enfin d'avoir péché par excès de laconisme, en disant que le représentant entre *dans les droits du représenté,* tandis qu'il eût fallu dire, ajoutent certains auteurs, *dans les droits qu'aurait eus le représenté, s'il eût survécu au de cujus.*

Nous n'entreprendrons pas, et pour cause, de défendre l'art. 739 contre ces critiques, mais il y a lieu de remarquer que la formule de la troisième peut conduire à une erreur (le représentant a, en effet, *un droit propre*), et que les deux autres n'ont rien de bien sérieux.

Ce qui l'est moins encore, ce sont les dissertations auxquelles les auteurs se

Ce point de vue retranché, le représenté *disparaît;* c'est *le représentant qui succède*, c'est-à-dire qui vient *de son chef*, en vertu d'*une vocation propre*.

L'idée que le représentant vient de son chef, en vertu d'une vocation propre, voilà l'élément qui manque à la définition de l'art. 739.

Pour comprendre que la vocation propre du représentant est la base de son droit, il suffit de poser un exemple :

Pierre a deux fils, Paul et Jean, et Paul a lui-même un fils, Jacques. Ce dernier a été condamné pour avoir tenté de donner la mort à son aïeul Pierre. Paul, père de Jacques, vient à mourir; puis Pierre, aïeul de Jacques, meurt après Paul. Si Jacques peut représenter son père Paul, il partagera la succession de son aïeul Pierre avec Jean, fils survivant de Pierre. Si Jacques ne peut pas représenter son père Paul, comme il se trouve lui-même au second degré par rapport au *de cujus* son aïeul, tandis que Jean, fils du *de cujus*, est au premier degré, il sera exclu par Jean. Or, ce dernier résultat est rationnellement forcé; car Jacques, déclaré indigne, nous le supposons, ne peut être admis à dire : « En tant que je prétendrais à la succession sans invoquer ma qualité de représentant, je devrais en être écarté, mais en tant que j'invoque cette qualité, je revêts la personnalité de mon père et je viens à la succession en vertu de la vocation de mon père.

En résumé, *les qualités inhérentes à la personne restent en dehors de la théorie de la représentation.*

---

livrent au sujet du mot *fiction* que l'art. 739 emploie pour qualifier la représentation.

D'une part M. Bugnet écrit (*Sur Pothier*, t. VIII, p. 38) :

« C'est bien plutôt une faveur qu'une fiction, et s'il y a fiction, elle consiste seulement en ce que plusieurs personnes ne comptent que pour une. »

Toullier, annoté, et par conséquent approuvé par M. Duvergier, lorsque celui-ci ne le rectifie pas (t. II, n° 189) :

« La fiction est la supposition d'un fait contraire à la vérité ; c'est la ressource de la faiblesse ; le législateur commande et n'a pas besoin de feindre. »

D'autre part, M. Marcadé réplique (t. III, 5e édit., p. 73) :

« C'est précisément parce que le législateur est tout-puissant qu'il crée des fictions comme il veut, et il y a longtemps qu'on a dit que le droit vit de fictions plus encore que la poésie. »

M. Demolombe (t. III, p. 500) :

« La science du droit civil dont la loi n'est que la manifestation vivante comporte à merveille ces procédés (les fictions) souvent aussi utiles qu'ingénieux, qui maintiennent l'unité et l'harmonie de ses règles, en y rattachant comme des conséquences, celles mêmes de leurs dispositions qui, au fond, quelquefois s'en écartent radicalement. »

Nous ne prenons pas part dans cette discussion, mais nous rappelons que, quel que soit le mot dont on se serve pour caractériser la représentation, le représentant vient, comme disait Dumoulin (*De feudis*, n° 103), sauf à se contredire ensuite lui-même (note sur Maine, 241 ; v. *infrà*, art. 744) : « *Ex capite proprio et ex propria persona.* »

**740.** — La représentation a lieu à l'infini dans la ligne directe descendante. — Elle est admise dans tous les cas, soit que les enfants du défunt concourent avec les descendants d'un enfant prédécédé, soit que tous les enfants du défunt étant morts avant lui, les descendants desdits enfants se trouvent entre eux en degrés égaux ou inégaux.

**741.** — La représentation n'a pas lieu en faveur des ascendants; le plus proche, dans chacune des deux lignes, exclut toujours le plus éloigné.

**742.** — En ligne collatérale, la représentation est admise en faveur des enfants et descendants de frères ou sœurs du défunt, soit qu'ils viennent à sa succession concurremment avec des oncles ou tantes, soit que tous les frères et sœurs du défunt étant prédécédés, la succession se trouve dévolue à leur descendants en degrés égaux ou inégaux.

Le premier de ces trois articles admet la représentation *à l'infini dans la ligne directe descendante.*

Le deuxième la *rejette dans la ligne directe ascendante.*

Le troisième l'*admet à l'infini dans la ligne collatérale, en faveur des enfants et descendants de frères ou sœur du défunt.*

On explique la disposition de l'art. 741 en disant :

1° Que les affections ne remontent pas comme elles descendent et que si, à ce point de vue, le petit-fils peut tenir lieu à l'aïeul de son fils prédécédé, l'aïeul ne tient pas lieu au petit-fils de son père prédécédé.

2° Que, d'après l'ordre de la nature, l'ascendant ne devait pas s'attendre à recueillir la succession de son ascendant (1).

La seule raison nette et vraie, selon nous, est l'impossibilité de présumer, dans ce cas, la volonté du *de cujus.*

Voyons les dispositions des art. 740 et 742.

### 1° REPRÉSENTATION A L'INFINI EN LIGNE DIRECTE DESCENDANTE.

Les mots « à l'infini », dont se sert le 1er alinéa de l'art. 740, signifient que le fils du *de cujus* peut être représenté par ses fils, petits-fils, arrière-petits-fils, etc.

D'après le *second* alinéa de l'art. 740, il existe *trois* cas de représentation en ligne directe :

1° *Lorsque le* de cujus *laisse un ou plusieurs enfants au premier*

(1) M. Demolombe, t. XIII, p. 531.

M. Siméon disait devant le Tribunat en un langage qui n'appartenait qu'aux orateurs du premier Empire : « La successibilité des descendants est autant naturelle que législative, mais celle des ascendants est contraire à la marche ordinaire des événements ; on croit voir un fleuve remonter vers sa source ; l'ordre de la nature est troublé ; il n'y aura donc pas de représentation pour ce cas extraordinaire. » (Locré, *Législ. civ.*, t. X, p. 287.)

Otez le style imagé ; fouillez à fond l'idée rationnelle de la représentation, et de la négation de M. Siméon sortira sans beaucoup d'efforts la négation même du droit de succession *ab intestat* des ascendants.

*degré et un ou plusieurs descendants d'un ou de plusieurs enfants prédécédés.*

*Espèce.* — Pierre laisse un fils vivant, Jean, et un ou plusieurs descendants d'un autre fils prédécédé, Paul ; Jean est au premier degré par rapport au *de cujus*, son père ; le descendant ou les descendants de Paul sont, au contraire, au second degré par rapport au *de cujus* leur grand-père ; si le descendant ou les descendants de Paul n'avaient pas le droit de le représenter, ils se trouveraient donc exclus par Jean ; au moyen de la représentation, ils concourront avec lui.

2° *Lorsque le* de cujus *laisse des descendants à des degrés inégaux de plusieurs enfants au premier degré prédécédés.*

*Espèce.* — Pierre laisse un petit-fils, issu de son fils Jean prédécédé, et deux arrière-petits-fils, descendants de son fils Paul, également prédécédé, ainsi que son propre fils, père des deux arrière-petits-fils de Pierre ; le fils de Jean est au second degré par rapport au *de cujus* son aïeul ; les deux petits-fils de Paul sont au troisième degré par rapport au *de cujus* leur bisaïeul ; si les petits-fils de Paul n'avaient pas le droit de le représenter, ils se trouveraient exclus par le fils de Jean ; au moyen de la représentation, ils concourront avec lui.

3° *Lorsque le* de cujus *laisse des descendants à des degrés égaux de plusieurs enfants au premier degré prédécédé.*

Il n'y a qu'à répéter l'espèce précédente en transformant les deux arrière-fils de Pierre, descendants de son fils Paul, en deux petits-fils de Pierre, issus du même fils Paul.

Dans les *deux premières hypothèses*, le but de la représentation est d'empêcher l'exclusion des descendants plus éloignés par les descendants plus proches.

Dans la *troisième*, si les descendants d'un des enfants prédécédés ne sont pas en même nombre que les descendants d'un autre enfant également prédécédé, le but de la représentation est de maintenir l'égalité entre les différentes branches de la descendance, en amenant le partage par souche (V. *infra*, art. 743).

*Mais quel est l'intérêt de la représentation lorsque, en cas de prédécès de tous les enfants au premier degré, les descendants de chaque enfant sont non-seulement à des degrés égaux, mais encore, dans chaque souche, en nombre égal ?*

Cet intérêt peut être *triple* :

1° Les descendants, dans chaque souche, sont tenus de rapporter ce qui a été donné par le *de cujus* à la personne qu'ils représentent (art. 848) ;

2° La part du descendant renonçant dans chaque souche n'accroît qu'à ses cohéritiers de la même souche (art. 786) ;

3° Lorsqu'un des descendants, dans une souche, vend sa part héréditaire à un autre des descendants d'une autre souche, tout descendant cohéritier du vendeur, dans la même souche, peut exercer le retrait successoral contre l'acquéreur d'une autre souche (V. *infra*, art. 841) (1).

2° REPRÉSENTATION A L'INFINI EN LIGNE COLLATÉRALE, EN FAVEUR DES ENFANTS ET DESCENDANTS DE FRÈRES OU SOEURS DU DÉFUNT.

Quoique l'art. 742 ne dise pas expressément qu'il admet la représentation *à l'infini* en ligne collatérale en faveur des enfants et descendants de frères ou sœurs du défunt, cette conséquence ressort évidemment du texte.

Les frères ou sœurs du défunt peuvent donc être représentés par leurs fils, petits-fils, arrière-petits-fils, etc.

La limite arbitraire, qu'à la différence du Code de la Convention et de la loi de nivôse, le Code Napoléon a appliquée à la représentation en ligne collatérale consiste, non pas à avoir refusé le droit de représentation aux descendants d'un degré quelconque des frères ou sœurs du *de cujus*, mais à n'avoir admis la représentation *que pour les descendants de ces frères ou sœurs* (2).

Éclaircissons cette proposition au moyen :

1° D'une espèce où la représentation a lieu en collatérale ;

2° D'une espèce où elle n'a pas lieu en ligne collatérale.

1re ESPÈCE. — Pierre laisse un frère, Jean, et un neveu, Jacques, issu de Paul, autre frère de Pierre, prédécédé. Jean est au second degré par rapport au *de cujus* son frère ; Jacques est au troisième degré par rapport au *de cujus* son oncle. Si Jacques n'avait pas le droit de représenter Paul son père, autre frère du *de cujus*, il serait donc exclu par Jean ; mais, comme il est le descendant d'un frère du *de cujus*, il monte au degré de son père et il concourt avec Jean.

2e ESPÈCE. — Pierre laisse un oncle, Jean, et un cousin germain, Jacques, issu de Paul, autre oncle de Pierre prédécédé. Jean est au troisième degré par rapport au *de cujus* son neveu ; Jacques est au qua-

(1) M. Demante, t. III, n° 48 *bis*, II. — M. Demolombe, t. XIII, p. 127.

(2) Le Code Napoléon en distinguant pour la représentation entre les descendants des collatéraux dits privilégiés et les descendants de tous les autres collatéraux, a ébranlé le principe même de la succession de tous les collatéraux qui ne sont ni des frères ou sœurs, ni des descendants de frères ou sœurs.

C'est ce qui est évident, si l'on admet la vocation propre du représentant.

M. Demolombe est le défenseur énergique de la vocation propre du représentant, il est le panégyriste enthousiaste du système de représentation du Code Napoléon en ligne collatérale ; nous en concluons qu'en principe, M. Demolombe doit être rangé parmi ceux qui voudraient retrancher de la liste des héritiers *ab intestat*, au moins tous les collatéraux autres que les frères ou sœurs et les descendants de frères ou sœurs.

trième degré par rapport au *de cujus* son cousin germain. Jacques n'étant pas le descendant d'un frère du *de cujus* ne représentera pas Paul, son père, autre oncle du *de cujus* et il sera exclu par Jean,

Il faut d'ailleurs remarquer que la représentation a lieu en ligne collatérale pour les descendants de frères ou sœurs du *de cujus*, *dans les trois mêmes cas* qu'en ligne directe.

**743.** — Dans tous les cas où la représentation est admise, le partage s'opère par souche : si une même souche a produit plusieurs branches, la subdivision se fait aussi par souche dans chaque branche, et les membres de la même branche partagent entre eux par tête.

Cette disposition est la *conséquence* du principe en vertu duquel *le représentant ou les représentants prennent au degré d'un autre la part héréditaire qu'aurait obtenue cet autre, s'il eût survécu au* de cujus.

Ce qui s'applique *à une souche* doit évidemment s'appliquer aussi *aux différentes branches d'une même souche.*

Il y a lieu de noter que si le partage s'opère par souche dans tous les cas où la représentation est admise, ce n'est réciproquement que dans ces cas qu'il s'opère aujourd'hui (V. art. 544) par souche.

**744.** — On ne représente pas les personnes vivantes, mais seulement celles qui sont mortes naturellement ou civilement. — On peut représenter celui à la succession duquel on a renoncé.

Le premier alinéa de l'art. 744 est la traduction d'une note de Dumoulin, fameuse parmi les légistes.

Dumoulin, qui enseignait que le représentant vient à la succession *ex proprio jure* et *ex propria persona*, avait néanmoins écrit sur l'art. 241 de la Coutume du Maine :

« Quod repræsentatio nunquam est de persona vivente, sed tantum » de parente mortuo naturaliter aut civiliter. »

Cette proposition est la contradiction manifeste de la première, car si le représentant vient à la succession *en vertu d'une vocation propre*, cette vocation existe, *quelle que soit la cause pour laquelle le représenté n'y vient pas et par cela seul qu'il n'y vient pas.*

Il est vrai que Pothier, qui cite Dumoulin, donne cette explication adoptée par le plus grand nombre des auteurs : « *on ne peut représenter celui qui occupe encore son degré* ».

Cette réponse de Pothier repose sur la confusion du fait avec le droit. Comme le remarque fort bien M. Demolombe, la personne vivante qui ne vient pas à la succession n'occupe pas plus son degré que la personne prédécédée (1).

(1) M. Demolombe, t. XIII, p. 511.

Ce qu'il y a de plus curieux, c'est que Dumoulin a lui-même écrit que : *Abstinens censetur quasi non fuisset.* »

Cependant l'ancien droit refusait en général la représentation :

1° *Aux descendants de l'indigne;*

2° *Aux descendants du renonçant.*

Le Code Napoléon *a reproduit* cette doctrine, à la fois illogique et injuste (art. 730 et 787) et cette fois encore il a même exagéré l'ancien droit.

On s'était, en effet, préoccupé autrefois de corriger la règle, d'après laquelle on ne représente pas les personnes vivantes, et l'on avait admis que les enfants de différents fils renonçants représentent leur père dans le partage, « *afin*, dit Pothier, *que ceux qui sont nés de chacun desdits fils prennent tous ensemble la même part qu'aurait prise leur père, si c'était leur père qui eût succédé* (1). »

Cette représentation qui portait le nom de *représentation à l'effet de partager* se trouve rejetée par le Code Napoléon (art. 787) (2).

Il peut arriver que le descendant qui a besoin de la représentation pour succéder au *de cujus* soit séparé par plusieurs degrés de la personne qu'il s'agirait de représenter. Dans ce cas, d'après la formule de Lebrun, la représentation ne doit pas procéder *per saltum*, *omisso medio* (3).

*Espèce.* — Pierre laisse un fils Jean et un arrière-petit-fils Jacques, descendant d'un autre fils et d'un petit-fils prédécédés. Si, par une cause quelconque, Jacques ne peut représenter son père, il ne pourra pas non plus représenter son grand-père, et comme il est au troisième degré par rapport au *de cujus* son bisaïeul, il sera exclu par Jean qui est au premier degré par rapport au *de cujus*, son père.

Le second alinéa de l'art. 744 n'est que la *conséquence* manifeste de ce que le représentant a une vocation propre; on peut donc également représenter celui de la succession duquel on a été exclu pour cause d'indignité (4).

---

(1) Pothier, *Traité des successions*, chap. II, sect. I, art. 1, § 4.

(2) Ajoutons que Dumoulin, peu sûr de sa doctrine, enseignait que par exception, la représentation devait être admise au profit des enfants du renonçant pour leur permettre de concourir avec d'autres petits-enfants venant eux-mêmes par représentation d'un enfant prédécédé.

Enfin en Normandie, le prétendu principe était lui-même écarté et l'*on représentait les personnes vivantes* (V. Basnage, sur l'art. 304 de la *Coutume de Normandie*, et Guiné, *De la représentation*).

(3) Lebrun, liv. I, chap. III, n° 12.

(4) M. Demante, t. III, n° 51 *bis*, II. — M. Demolombe, t. XIII, p. 505. — MM. Zachariæ, Aubry et Rau, t. V, p. 82.

Ces derniers auteurs, qui n'admettent pas que la représentation suppose la vocation propre du représentant, écrivent ici : » la représentation est un droit que le représentant tient de la loi elle-même et non du représenté. »

M. Demolombe, qui admet la vocation propre du représentant, écrit de son

# APPENDICE

DIFFÉRENCES ENTRE LA REPRÉSENTATION ET LA TRANSMISSION DE LA SUCCESSION AUX HÉRITIERS DE CELUI AU PROFIT DUQUEL LA SUCCESSION S'EST OUVERTE.

1° *Le représentant vient à la succession en vertu d'un droit propre;*

*Celui au profit duquel s'opère la transmission recueille le droit qui s'était ouvert dans la personne du transmettant.*

2° *Le Code Napoléon n'accorde la représentation qu'à certaines personnes;*

*La transmission profite à tous les héritiers d'une personne morte elle-même héritière d'une autre.*

## SECTION III.

### DES SUCCESSIONS DÉFÉRÉES AUX DESCENDANTS.

Bien que les ascendants ne doivent pas en principe leur succession à leurs descendants et qu'ils puissent avoir une tout autre obligation morale que celle de la leur laisser, il est conforme, comme nous l'avons dit (V. *supra*, p. 89) à l'observation des faits de présumer que le propriétaire, père de famille, qui meurt *intestat*, entend avoir ses descendants pour héritiers.

Le point de vue rationnel est donc d'accord avec le point de vue légal pour faire des descendants le *premier* ordre des héritiers *ab intestat*.

**745.** — Les enfants ou leurs descendants succèdent à leurs père et mère, aïeuls, aïeules, ou autres ascendants, sans distinction de sexe ni de primogéniture, et encore qu'ils soient issus de différents mariages. — Ils succèdent par égales portions et par tête, quand ils sont tous au premier degré et appelés de leur chef : ils succèdent par souche, lorsqu'ils viennent tous ou en partie par représentation.

DESCENDANTS DU DÉFUNT. (1er ordre d'héritiers.)

Cet article commence par répéter l'abrogation qu'avait consommée la loi du 8-15 avril 1791 (art. 1er) relativement aux priviléges fondés sur :

1° *Le sexe;*

---

côté (p. 504) : « Le représentant tient sa vocation et ses droits de la loi ellemême, et de la loi seule. »

Quelle merveilleuse chose que *l'omnipotence* de la loi, suffisant ainsi aux théories les plus opposées !

2° *La primogéniture ;*

3° *La distinction des lits.*

La *seconde* partie du texte prévoit *deux* cas :

1° *Celui où les enfants ou leurs descendants succèdent par tête ;*

2° *Celui où ils succèdent par souche.*

Le *second* cas se rapporte exclusivement, comme nous le savons (V. *supra*, p. 104), à la théorie de la *représentation.*

La formule du premier cas renferme une inexactitude. Le texte porte, en effet, que :

« (Les enfants ou leurs descendants) succèdent, par tête, quand ils sont tous au premier degré *et* appelés de leur chef. »

Il résulterait de là que *deux* conditions seraient nécessaires pour que les enfants ou leurs descendants succédassent par tête :

1° *Qu'ils fussent tous au premier degré ;*

2° *Qu'ils fussent appelés de leur chef.*

La *première* condition *doit être retranchée*, comme le démontre suffisamment l'espèce suivante :

Pierre laisse deux fils, Paul et Jean; tous les deux renoncent ou sont déclarés indignes. Paul a un enfant, Jean en a dix ; Paul et Jean, étant vivants, il n'y a lieu pour leurs enfants ni à la représentation, ni par conséquent au partage par souche ; donc ces enfants viennent de leur chef et doivent partager par tête ; donc encore, au lieu de diviser dans l'espèce la succession en deux moitiés dont l'une serait attribuée à l'unique fils de Paul et l'autre aux dix fils de Jean, on la divisera en onze parts dont une pour l'unique fils de Paul, et dix pour les dix fils de Jean (1).

Il faut d'ailleurs entendre les mots *les enfants ou leurs descendants*, comme s'appliquant :

1° *Aux descendants légitimes ou légitimés du défunt* (art. 333) ;

2° *A ses enfants adoptifs*, sauf *deux* restrictions :

La *première*, que les enfants adoptifs, tout en succédant à l'adoptant lui-même, ne succèdent pas aux ascendants de l'adoptant ;

La *seconde*, que les descendants de l'enfant adoptif ne succèdent pas à l'adoptant (2).

## SECTIONS IV ET V.

### DES SUCCESSIONS DÉFÉRÉES AUX ASCENDANTS ET DES SUCCESSIONS COLLATÉRALES.

A la différence de ce qui concerne les descendants, la dévolution de la succession *ab intestat* aux ascendants et aux collatéraux manque d'une

(1) M. Demante, t. III, n° 52 *bis*. — M. Demolombe, t. XIII, p. 550.
(2) V. *Manuel de droit civil*, t. I, p. 374.

base rationnelle (V. *supra*, p. 89-91); cependant, comme on le sait, le Code Napoléon reconnaît *trois* ordres d'héritiers *ab intestat* se rattachant à la parenté ascendante ou collatérale.

Ces trois ordres sont, d'après leur classement hiérarchique :

1° *Les frères et sœurs ou leurs descendants, en d'autres termes les collatéraux privilégiés du défunt ;*

2° *Les ascendants du défunt ;*

3° *Les collatéraux ordinaires du défunt.*

Afin d'éviter les doubles emplois et les confusions, nous sommes forcé, par le manque de méthode des sections IV et V, de réunir les différents textes dont ces sections se composent ; nous mettons seulement à part l'art. 747 qui concerne *une succession toute spéciale* (1).

**746.** — Si le défunt n'a laissé ni postérité, ni frère, ni sœur, ni descendants d'eux, la succession se divise par moitié entre les ascendants de la ligne paternelle et les ascendants de la ligne maternelle. — L'ascendant qui se trouve au degré le plus proche recueille la moitié affectée à sa ligne, à l'exclusion de tous autres. — Les ascendants au même degré succèdent par tête.

**748.** — Lorsque les père et mère d'une personne morte sans postérité lui ont survécu, si elle a laissé des frères, sœurs, ou descendants d'eux, la succession se divise en deux portions égales, dont moitié seulement est déférée au père et à la mère, qui la partagent entre eux également. — L'autre moitié appartient aux frères, sœurs ou descendants d'eux ainsi qu'il sera expliqué dans la section V du présent chapitre.

**749.** — Dans le cas où la personne morte sans postérité laisse des frères, sœurs, ou des descendants d'eux, si le père ou la mère est prédécédé, la portion qui lui aurait été dévolue, conformément au précédent article, se réunit à la moitié déférée aux frères, sœurs, ou à leurs représentants, ainsi qu'il sera expliqué à la section V du présent chapitre.

**750.** — En cas de prédécès des père et mère d'une personne morte sans postérité, ses frères, sœurs ou leurs descendants, sont appelés à la succession, à l'exclusion des ascendants et des autres collatéraux. — Ils succèdent, ou de leur chef, ou par représentation, ainsi qu'il a été réglé dans la section II du présent chapitre.

**751.** — Si les père et mère de la personne morte sans postérité lui ont survécu, ses frères, sœurs, ou leurs représentants, ne sont appelés qu'à la moitié de la succession. Si le père ou la mère seulement a survécu, ils sont appelés à recueillir les trois quarts.

**752.** — Le partage de la moitié ou des trois quarts dévolus aux frères ou sœurs, aux termes de l'article précédent, s'opère entre eux par égales portions, s'ils sont tous du même lit ; s'ils sont de lits différents, la division se fait par moitié entre les deux lignes paternelles et maternelles du défunt : les germains prennent part dans les deux lignes, et les utérins et consanguins chacun dans leur ligne seulement : s'il n'y a de frères ou sœurs que d'un côté, ils succèdent à la totalité, à l'exclusion de tous autres parents de l'autre ligne.

**753.** — A défaut de frères ou de sœurs ou de descendants d'eux, et à défaut d'ascendants dans l'une ou l'autre ligne, la succession est déférée pour moitié,

(1) Ce ne sont pas des thèses scientifiques qu'il s'agit en vérité d'agiter avec les rédacteurs du Code Napoléon ; leur inqualifiable négligence éclate encore dans la comparaison de ces deux sections.

aux ascendants survivants, et pour l'autre moitié, aux parents les plus proches de l'autre ligne. — S'il y a concours de parents collatéraux au même degré, ils partagent par tête.

**754.** — Dans le cas de l'article précédent, le père ou la mère survivant a l'usufruit du tiers des biens auxquels il ne succède pas en propriété.

**755.** — Les parents au delà du douzième degré ne succèdent pas. — A défaut de parents au degré successible dans une ligne, les parents de l'autre ligne succèdent pour le tout.

Nous examinerons successivement les règles qui s'appliquent aux *trois* ordres d'héritiers cités plus haut.

### 1° FRÈRES ET SŒURS OU DESCENDANTS DE FRÈRES ET SŒURS, EN D'AUTRES TERMES COLLATÉRAUX PRIVILÉGIÉS.

(2e ordre d'héritiers, art. 748, 749, 750, 751 et 752.)

Lorsque le défunt ne laisse pas *de descendants aptes à lui succéder*, la succession est dévolue au *second* ordre d'héritiers, c'est-à-dire aux frères et sœurs ou descendants de frères et sœurs.

Il y a alors à distinguer *deux* hypothèses :

1° *Celle où le père et la mère du défunt sont vivants ;*

2° *Celle où le père et la mère sont prédécédés.*

1re HYPOTHÈSE. — *Le père ou la mère du défunt, ou l'un d'eux, sont vivants.*

Si le père et la mère survivent, *ils concourent* avec les frères et sœurs ou avec les descendants des frères et sœurs, *chacun pour un quart*, c'est-à-dire qu'ils prennent *la moitié* de la succession. *Les frères et sœurs* ou *leurs descendants* ont droit *à l'autre moitié.*

Si le père ou la mère est prédécédé, *le survivant concourt* avec les frères et sœurs ou avec les descendants des frères et sœurs *pour une part. Les frères et sœurs* ou *leurs descendants* ont droit *aux trois quarts.*

Au lieu d'attribuer séparément un quart au père et à la mère, lorsqu'ils sont tous les deux vivants, les art. 748 et 751 semblent admettre une sorte de fente en deux portions égales dont l'une serait déférée collectivement au père et à la mère, et l'autre de même collectivement aux frères et sœurs, ou à leurs descendants.

Les art. 748 et 751 contiennent à cet égard un *vice* de rédaction.

Ce qui prouve que, lorsque le père et la mère sont tous les deux vivants, chacun n'a droit qu'à un quart, c'est que, si l'un d'eux est prédécédé, l'autre n'a toujours droit qu'à son quart (art. 749, 751).

D'où les conséquences suivantes :

1° *En cas de renonciation ou d'indignité du père ou de la mère, la part du renonçant ou de l'indigne n'accroît à l'autre dans aucune me-*

*sure; elle profite exclusivement aux frères et sœurs ou à leurs descendants qui ont droit aux trois quarts, comme si le père ou la mère était prédécédé;*

2° *Il n'y a pas lieu à un premier partage général de la succession en deux lots égaux, l'un pour le père et la mère, l'autre pour les frères et sœurs ou leurs descendants.*

En vertu d'une règle commune à tous les ascendants (V. *infra*, p. 112, et art. 915), le quart afférent séparément au père et à la mère est, du reste, attribué à chacun non pas seulement *à titre de simple part héréditaire, mais à celui de réserve.*

Au contraire, la moitié ou les trois quarts afférents aux frères et sœurs ou à leurs descendants ne leur sont attribués qu'à *titre de simple part héréditaire.*

Cependant la cohérence n'est pas le fait du Code Napoléon et nous verrons que le § 1er *de l'art.* 1094 risque *d'atténuer singulièrement* la portée de la disposition qui transforme en une réserve le quart afférent séparément au père et à la mère (V. *infra*, art. 915 et 1094).

2e HYPOTHÈSE. — *Le père et la mère du défunt sont prédécédés.*

Cette hypothèse se règle toute seule; les frères et sœurs ou leurs descendants forment le *second* ordre d'héritiers et le *droit de concours* des père et mère avec les héritiers de ce second ordre étant un droit *exceptionnellement* attribué aux père et mère, *les frères et sœurs ou leurs descendants excluent toujours les deux ordres d'héritiers qui viennent après eux*, c'est-à-dire l'ordre des ascendants, non compris les père et mère, et l'ordre des collatéraux ordinaires (art. 750).

Il faut remarquer sur ces *deux* hypothèses :

1° Que les expressions *les frères et sœurs ou les descendants d'eux* comprennent les frères et sœurs *légitimes* ou *légitimés* du défunt et leurs descendants *légitimes* ou *légitimés;*

2° Qu'à l'inverse, ces mêmes expressions ne concernent pas les enfants *adoptifs* du père ou de la mère du défunt, l'adoption ne conférant aux enfants adoptifs aucun droit à la succession des descendants de l'adoptant et *vice versâ* (V. cep., art. 350 et 351) (1);

3° Que le droit des descendants des frères et sœurs du défunt est *indépendant de la représentation*, et que lors même que leurs auteurs vivants seraient renonçants ou indignes, ces descendants viennent de leur chef à la succession, comme héritiers du *second* ordre (art. 750, second alin.) (2);

(1) *Manuel de droit civil*, t. I, p. 373.

(2) Le mot *représentants*, employé dans l'art. 751, pour qualifier les descen-

4° Que les frères et sœurs *consanguins* et *utérins* ou leurs descendants succèdent comme héritiers du second ordre, aussi bien que les frères *germains*, ou leurs descendants (art. 752, *in fine*) (1);

5° Que, dans leurs rapports entre eux, les frères et sœurs ou leurs descendants sont soumis *à la règle de la fente* entre les deux lignes paternelle et maternelle (art. 733 et 752).

2° ASCENDANTS DU DÉFUNT. (3e ordre d'héritiers.)

Lorsque le défunt ne laisse *ni descendants, ni frères, ni sœurs, ou descendants de frères et sœurs aptes à lui succéder*, la succession est dévolue au *troisième* ordre d'héritiers, c'est-à-dire aux ascendants y compris les père et mère.

Dans cet ordre, la succession se partage *en deux parts égales*, l'une afférente à la ligne paternelle, l'autre à la ligne maternelle (art. 746).

Les ascendants qui appartiennent à la fois aux deux lignes prennent part à la fois dans les deux (art. 733, alin. 2).

Dans chaque ligne, l'ascendant le plus proche exclut le plus éloigné, et les ascendants qui se trouvent au même degré succèdent par tête (art. 746).

Comme on le sait, il n'existe d'ailleurs point de représentation au profit des ascendants (art. 741, V. *supra*, p. 101).

*A défaut d'ascendants dans la ligne paternelle ou dans la ligne maternelle*, les collatéraux ordinaires qui appartiennent à la ligne où il n'y a pas d'ascendants, ont droit à la moitié de la succession afférente à cette ligne (art. 753).

Cependant, si l'ascendant survivant de l'autre ligne est *le père ou la mère du défunt*, cet ascendant, père ou mère, recueille, outre la moitié de la succession afférente à sa ligne, l'*usufruit du tiers de la moitié afférente aux collatéraux de l'autre ligne* (art. 754).

Disposition bizarre et qui, comme nous le verrons bientôt (art. 767), a fait trébucher, dans une autre matière, l'esprit distrait des rédacteurs du Code Napoléon.

Il faut remarquer :

1° Qu'en tant qu'héritiers du *troisième ordre*, les ascendants succèdent à leurs descendants *légitimes* ou *légitimés*;

---

dants des frères et sœurs, n'a pas dans ce texte un sens technique, et il est probable, comme le conjecture M. Demolombe, que les rédacteurs se sont servis de cette expression défectueuse, afin « de varier un peu le style ».

V. M. Demante, t. III, n° 66 *bis*. — MM. Zachariæ, Aubry et Rau, t. V, p. 96, note 4. — M. Demolombe, t. XIII, p. 557.

(1) M. Demante, t. III, n° 67 *bis*. — MM. Zachariæ, Aubry et Rau, t. V, p. 95. — M. Demolombe, t. XIII, p. 561.

2° Qu'ils ne succèdent pas à leurs enfants *adoptifs* (V. cep., art. 351 et 352).

Les ascendants ont tous, d'ailleurs, un droit de *réserve* (art. 915); ce droit porte pour chaque ligne *sur la moitié de la moitié* qui est afférente à cette ligne, c'est-à-dire sur le *quart* de la succession.

*Le* § 1er *de l'art.* 1094 s'applique en outre à la réserve de tous les ascendants (V. *infra*, art. 915 et 1094).

3° COLLATÉRAUX ORDINAIRES DU DÉFUNT. (4e ordre d'héritiers.)

Lorsque le défunt ne laisse aucun héritier du *premier* et du *second* ordre, et que *les ascendants aptes à lui succéder* font défaut dans les *deux* lignes, ou même seulement dans l'*une* d'elles, les collatéraux ordinaires viennent à la succession.

Lorsque les ascendants ne font défaut que dans *une* ligne, les collatéraux de l'autre ligne, conformément *à la règle de fente* posée par l'art. 733, recueillent la *moitié* afférente à cette autre ligne (art. 733 et 753).

Lorsque les ascendants font défaut dans les *deux* lignes, les collatéraux recueillent la *totalité* de la succession, mais de même, conformément *à la règle de fente* posée par l'art. 733, la succession se divise *par moitié* entre les collatéraux de la ligne paternelle et les collatéraux de la ligne maternelle (art. 733, alin. 1er et 753).

Les collatéraux qui appartiennent aux lignes prennent part dans chacune d'elles (art. 733, alin. 2).

A défaut de collatéraux dans une des deux lignes, les collatéraux de l'autre ligne succèdent pour le tout (art. 733 alin. 3 et 375).

Dans chaque ligne, le collatéral le plus proche exclut le plus éloigné; les collatéraux qui se trouvent au même degré succèdent par tête.

On se rappelle, au surplus, qu'il n'existe pas de représentation pour les collatéraux ordinaires (art. 748).

Il faut remarquer :

1° Qu'en tant qu'héritiers du quatrième ordre, les collatéraux ordinaires succèdent à leurs parents *légitimes* ou *légitimés*;

2° Que l'*adoption* n'engendre aucun droit de succession au profit des collatéraux ordinaires.

Enfin, le Code Napoléon a limité au *douzième* degré inclusivement le droit de succession en ligne collatérale, ce qui est trop ou trop peu (1).

(1) A part les critiques que nous avons présentées relativement aux bases des divers ordres de succession admis par la législation napoléonienne, il y a à dire de l'ensemble du système qu'il abonde en complications, en indécisions, en contradictions, que sur certains points, notamment en matière de représentation, il a ramené la législation en deçà même de l'ancien droit, qu'en résumé il est

**747.** — Les ascendants succèdent, à l'exclusion de tous autres, aux choses par eux données à leurs enfants ou descendants décédés sans postérité, lorsque les objets donnés se retrouvent en nature dans la succession. — Si les objets ont été aliénés, les ascendants recueillent le prix qui peut en être dû. Ils succèdent aussi à l'action en reprise que pouvait avoir le donataire.

## DROIT DE RETOUR LÉGAL DE L'ASCENDANT DONATEUR.

*Le droit de retour légal de l'ascendant donateur est le droit qui appartient à un ascendant de reprendre, comme héritier, dans la succession de son descendant mort sans postérité, les biens que ce descendant avait reçus de lui à titre gratuit et qui se retrouvent en nature dans sa succession.*

Le droit de retour légal porte aussi les noms de *droit de réversion*, *droit de retour successoral* et *succession anomale*.

Conformément à ses principes sur l'organisation de la famille, la législation romaine paraît avoir admis assez anciennement que la dot profective ferait retour au père ou à l'ascendant paternel qui l'aurait constituée, lorsque le mariage serait dissous de son vivant par la mort de sa fille.

La *haute* philosophie du jurisconsulte Pomponius ajoutait que ce retour était une manière de consolation pour le père et qu'il avait lieu pour que celui-ci ne sentît pas à la fois le dommage de la perte de sa fille et de son argent « *ne et filiæ amissæ, et pecuniæ damnum sentiret* » (l. 6, D., liv. XXIII, tit. III).

Dans la suite, l'institution se développa et elle finit par s'appliquer à toutes les donations faites aux enfants en puissance.

Le nouveau motif exprimé par les empereurs Théodose II et Valentinien III était qu'il convenait d'attribuer aux ascendants le droit de retour pour que la crainte de ne pas recouvrer leurs donations en cas de prédécès de leurs enfants ne retînt leur munificence envers eux « *ne hac formidine injecta parentum circa liberos munificentia retardetur* (l. 2, C. liv. VI, tit. LXI).

L'ancien droit français fut rempli d'hésitations sur la théorie du droit de retour ; les pays de droit écrit y virent, en général, une stipulation tacite, affectant d'une condition résolutoire le droit du donataire (1) ; la plupart des pays coutumiers le considérèrent comme une succession (2).

---

l'œuvre évidente de gens dépourvus de toute conception propre, les uns n'ayant jamais étudié, les autres ayant beaucoup oublié, tous désireux d'en finir au plus vite et ne se donnant même pas la peine de vérifier, dans leur entier, les doctrines qu'ils reproduisaient.

(1) Furgole, *Question 42 sur l'ordonnance de 1731*.

(2) « Les Coutumes de Paris et d'Orléans, écrit Pothier (*Traité des succes-*

Le droit de la Révolution repoussa ce vieux débris du droit romain, aussi contraire aux saines notions économiques qu'incompatible avec l'esprit de la société nouvelle (1).

La science économique atteste, en effet, qu'il est conforme à l'intérêt de chacun et de tous que la propriété soit entre les mains les plus aptes à en user, et l'esprit des nouvelles relations de famille est en tous points l'antithèse de l'esprit romain.

La législation napoléonienne n'eut garde de maintenir l'abrogation du droit de retour.

D'après cette législation, le droit de retour légal existe :

Non-seulement,

*Au profit de l'ascendant donateur;*

Mais encore,

*Au profit du père adoptif et de ses enfants* (art. 351 et 352) (2) ;

*Au profit des frères et sœurs de l'enfant naturel, enfants légitimes du même père ou de la même mère* (art. 766).

Nous examinerons ici :

1° *Quelle est la nature du droit de retour attribué à l'ascendant donateur;*

2° *Quelles sont les personnes auxquelles il profite;*

3° *Quelles sont celles dont la présence y fait obstacle;*

4° *Quels sont les objets auxquels il s'applique;*

5° *Quels en sont les effets.*

### 1° NATURE DU DROIT DE RETOUR ATTRIBUÉ A L'ASCENDANT DONATEUR.

D'après l'opinion générale, le droit de retour légal n'est pas aujourd'hui, comme autrefois dans les pays de droit écrit, *une condition résolutoire* tacite, c'est-à-dire une clause de retour subordonnée à certaines éventualités et sous-entendue par l'ascendant dans la donation qu'il fait à son descendant; il constitue, comme autrefois dans la plupart des pays coutumiers, *une succession* (3).

Cette opinion se fonde notamment sur les termes dont se sert l'ar-

---

*sions*, chap. II, sect. II, art. 3, § 2) après avoir dit que « *propre héritage ne remonte aux père et mère, aïeuls et autres ascendants* », ajoutent dans un article suivant :

« Toutefois succèdent (les ascendants), ès choses par eux données à leurs enfants décédant sans enfants et sans descendants d'eux » (art. 313, Coutume de Paris, et art. 315, Coutume d'Orléans).

(1) Dans le rapport que Merlin de Douai présenta à la Convention sur la loi du 17 nivôse an II, le légiste Merlin de Douai, lui-même, prononça en termes formels la condamnation du droit de retour.

(2) V. *Manuel de droit civil*, t. I, p. 375.

(3) M. Demante, t. III, n° 55 *bis*. — MM. Ducaurroy, Bonnier, Roustain, t. II, n° 478. — M. Demolombe, t. XIII, p. 582.

ticle 747 « les ascendants succèdent » et sur la place qu'occupe, dans le titre *Des successions*, l'art. 747.

De là, les conséquences suivantes :

1° *L'ascendant ne peut d'avance ni renoncer au droit de retour, ni céder ce même droit, car le Code Napoléon prohibe les pactes sur succession future* (art. 791, 1130, 1600);

2° *Le droit de retour s'ouvre au profit de l'ascendant par les mêmes causes que toute succession au profit d'un héritier* (art. 718; V. aussi art. 120, 123);

3° *Pour être à même d'exercer le droit de retour, l'ascendant doit avoir l'aptitude d'un héritier* (art. 725, 726) ;

4° *L'ascendant est saisi de plein droit, comme tout héritier légitime* (art. 724);

5° *L'ascendant ne peut exercer son droit de retour sur les biens aliénés ; il est tenu de subir les servitudes et les hypothèques consenties par le donataire* (art. 747) ;

6° *L'ascendant n'a droit à aucune indemnité si les biens donnés ont péri par le fait ou par la faute du* de cujus;

7° *L'ascendant est obligé de contribuer au payement des legs et des dettes de la succession pour une part proportionnelle à la valeur des biens qui lui font retour, et il est même obligé au payement des dettes* ultra vires, *à moins qu'il n'accepte sous bénéfice d'inventaire* (art. 724 ; V. aussi art. 351 et 352 et *infra*, chap. VI, sect. III) (1).

Au surplus, le droit de retour légal forme *une succession* véritablement *anomale*, c'est-à-dire soumise *à certaines règles spéciales* et, par là même, *séparée* de la succession ordinaire.

Le retour légal forme une succession *anomale :*

1° *En ce qu'il rompt l'unité du patrimoine admise en principe par l'art.* 732 *et que, pour en opérer la dévolution, on y recherche l'origine des biens ;*

2° *En ce que, toutes les fois que le donataire ne laisse pas de postérité, la personne à laquelle profite le droit de retour est appelée à l'exercer, sans égard au système général de la succession* ab intestat.

Le retour légal forme par là même, avons-nous dit, une succession *séparée* de la succession ordinaire.

De là, les conséquences suivantes :

1° *La théorie de l'accroissement entre cohéritiers ne s'applique pas entre l'ascendant ayant le droit de retour et les autres héritiers* (art. 786);

---

(1) M. Demante, t. III, n° 55 *bis*. — MM. Aubry et Rau, t. V, p. 124, note 29. — M. Demolombe, t. XIII.

2° *L'obligation respective du rapport n'existe pas entre l'ascendant ayant le droit de retour et les autres héritiers* (art. 857);

3° *L'obligation respective de garantie n'existe pas non plus entre l'ascendant ayant le droit de retour et les autres héritiers* (art. 815, 884);

4° *L'ascendant ayant le droit de retour ne peut être admis à pratiquer le retrait successoral contre le cessionnaire des droits successifs d'un des autres héritiers, et un des autres héritiers ne peut non plus être admis à pratiquer le même retrait contre le cessionnaire de l'ascendant ayant le droit de retour* (art. 841);

5° *Lorsque l'ascendant, ayant le droit de retour, a en même temps le droit de recueillir la succession ordinaire, il n'est pas lié par l'indivisibilité du titre d'héritier; il peut accepter la première succession et répudier la seconde, ou* vice versâ (1);

6° *Les biens soumis au droit de retour n'entrent pas dans la masse pour le calcul de la quotité disponible et de la réserve* (V. *infra*, art. 915).

En regard du droit de retour légal de l'ascendant donateur se place, comme nous le verrons (art. 951 et 952), *le droit de retour que tout donateur a la faculté de stipuler.*

Outre sa généralité en tant qu'il s'agit des personnes auxquelles il peut appartenir, ce dernier droit de retour *diffère* du droit de retour légal de l'ascendant donateur par sa *nature* même; le droit de retour conventionnel n'est pas, en effet, *une succession;* il constitue une *condition résolutoire.*

De là, les conséquences suivantes :

1° *Le donateur qui stipule le droit de retour a la faculté de reprendre les biens donnés, même entre les mains des tiers acquéreurs; dans le cas où ces biens seraient grevés d'hypothèques ou de servitudes du chef du donataire, il les reprend libres de toutes charges;*

2° *Il a droit à une indemnité dans le cas où les biens donnés ont péri par le fait ou par la faute du donataire;*

3° *Il n'est obligé de contribuer ni au payement des legs, ni à celui des dettes de la succession du donataire;*

4° *L'art.* 951 *permet, en outre, au donateur, de stipuler le droit de retour, même pour le cas où il survivrait à la postérité du donataire.*

---

(1) M. Demante, t. III, n° 56 *bis*, v et vi. — MM. Zachariæ, Aubry et Rau, t. IV, p. 546 et suiv. — M. Demolombe, t. XIII, p. 595.

On a cependant contesté cette solution, mais elle est tellement commandée par la logique juridique, et par la raison ordinaire, qu'il n'y a pas lieu de s'arrêter à cette controverse.

2° PERSONNES AUXQUELLES PROFITE LE DROIT DE RETOUR LÉGAL.

*Tout ascendant légitime a le droit de retour légal sur les biens qu'il a donnés entre-vifs à un de ses descendants.*

Dans le cas où *un enfant naturel* n'a été reconnu *que par celui de ses auteurs qui lui a fait une donation*, il n'y a, en général, aucun intérêt à poser la question du droit de retour, la succession de l'enfant étant alors dévolue tout entière au père ou à la mère qui l'a reconnu.

Mais la question se présente au contraire :

1° *Même dans l'hypothèse précédente*, lorsque le donateur manifeste la volonté de s'en tenir aux objets donnés ;

2° Lorsque l'enfant naturel a été reconnu *à la fois* par son père et par sa mère.

*Doit-on décider, pour ces deux cas, que le droit de retour légal appartient au père ou à la mère dans la succession de son enfant naturel reconnu ?*

DEUX SYSTÈMES.

1er SYSTÈME (1). — *Aff.*

1er *Arg.* — Le terme d'*ascendant*, dont se sert l'art. 747, est général ; il comprend le père ou la mère naturel aussi bien que tout autre ascendant.

2e *Arg.* — L'art. 766, en attribuant le droit de retour dans la succession de l'enfant naturel aux descendants légitimes du père ou de la mère qui l'a reconnu, prouve qu'il faut, *à fortiori*, reconnaître ce même droit au père ou à la mère qui est l'auteur de la donation.

3e *Arg.* — Les motifs qui ont fait admettre le retour légal pour les ascendants légitimes acquièrent une autorité plus grande encore, lorsqu'il s'agit du père ou de la mère naturels.

« Serait-il moins douloureux, par exemple, pour le père naturel qui peut avoir des enfants légitimes, de voir les biens par lui donnés à son enfant passer, en partie du moins, à sa mère, qui lui est étrangère, qui peut-être a continué ses désordres, qui se trouve désormais, comme il arrive si souvent, tout à fait perdue, et qui semblerait ainsi scandaleusement recevoir la récompense de son inconduite (2). »

(1) M. Duranton, t. VI, n° 221. — M. Marcadé, art. 727, n° 128. — M. Taulier, t. III, p. 153.

(2) Nous ne pouvons pas ne pas relever, comme il mérite de l'être, cet inqualifiable argument dont tous les termes sont la négation de l'idée morale, où la femme est déclarée étrangère à l'homme, des œuvres duquel elle a mis un enfant au monde, où celui qui, d'ordinaire est le dépravateur, est à la fois présenté comme une sorte de victime et de justicier.

Un pareil enseignement est immoral au premier chef, et pour notre part nous le flétrissons de toutes nos forces.

2^e SYSTÈME (1). — *Nég.*

1^er *Arg.* — La place qu'occupe l'art. 747 témoigne que cet article est inapplicable au père et à la mère naturels; l'art. 747 se trouve, en effet, classé dans un chapitre qui n'a rapport qu'aux successions légitimes.

Les termes dont se sert ce même article (ascendants, enfants, descendants), confirment ce premier argument.

2^e *Arg.* — Cambacérès était, il est vrai, d'avis d'attribuer le droit de retour aux père et mère naturels, mais il demandait, en même temps, qu'on reproduisît la jurisprudence de certains parlements de l'ancien régime, et qu'on écartât les père et mère naturels de la succession de tous les autres biens.

L'avis de Cambacérès ne prévalut pas (art. 765) (2).

3^e *Arg.* — Il n'y a d'argument d'aucune sorte à fonder dans l'espèce sur l'art. 766.

Quant à l'argument *à fortiori* qu'on en veut déduire, il se réfute par cette simple considération que les termes mêmes de l'art. 766 le condamnent, puisque les descendants légitimes du père ou de la mère naturel donateur qui a reconnu l'enfant n'ont le droit de retour que tout autant qu'il y a prédécès à la fois du père et de la mère naturels, et qu'il s'agit d'attribuer ici le droit de retour à l'un des auteurs de l'enfant naturel, même à l'encontre de l'autre.

4^e *Arg.* — Au surplus, « les successions irrégulières reposant, non pas sur des principes naturels d'équité et de morale, mais sur des dispositions positives et arbitraires de législation, on ne saurait y introduire cette prérogative, qui n'a été accordée qu'aux ascendants légitimes » (3).

Nous prenons parti pour le second système :

1° *Parce que le droit de retour constitue une succession anomale et par conséquent soustraite à l'empire du droit commun ;*

2° *Parce que c'est à la raison scientifique qu'il faut en revenir dans tous les cas où les textes n'imposent pas une solution et que la raison scientifique repousse le droit de retour.*

### 3° PERSONNES DONT LA PRÉSENCE FAIT OBSTACLE AU DROIT DE RETOUR.

Pour que le retour légal puisse avoir lieu, l'art. 747 exige que le descendant *donataire* soit décédé *sans postérité*.

---

(1) M. Demante, t. III, n° 85 *bis*, II. — MM. Ducaurroy, Bonnier, Roustain, t. II, n° 536. — MM. Zachariæ, Aubry et Rau, t. V, p. 122. — M. Demolombe, t. XIII, p. 608.

(2) Fenet, t. XII, p. 32.

(3) M. Demolombe, t. XIII, p. 609.

Nous prenons acte de cette déclaration de l'éminent doyen : « les succes-

La postérité qui met obstacle au droit de retour s'entend d'abord, sans contestation, des descendants *légitimes* ou *légitimés*.

Il y a lieu pourtant d'ajouter qu'il faut que ces descendants puissent et veuillent accepter la succession du descendant donataire.

*La présence d'enfants adoptifs fait-elle obstacle au droit de retour ?*

DEUX SYSTÈMES.

1er SYSTÈME (1). — *Nég.*

Ce système s'attache au sens du mot *postérité* ; « une personne ne peut être considérée, dit-il, comme faisant partie de la postérité d'une autre qu'autant qu'elle fait également partie de la postérité du père de cette dernière ».

2e SYSTÈME (2). — *Aff.*

Ce système répond au précédent par les termes mêmes de l'art. 350 qui attribue à l'adopté sur la succession de l'adoptant *les mêmes droits que ceux qu'y aurait l'enfant né en mariage.*

Cette réponse est péremptoire.

*La présence d'enfants naturels reconnus fait-elle obstacle au droit de retour?*

DEUX SYSTÈMES.

1er SYSTÈME (3). — *La présence de l'enfant naturel fait obstacle au droit de retour dans la mesure de la portion de la succession à laquelle il a droit vis-à-vis d'un ascendant, c'est-à-dire de la moitié de la succession* (art. 757).

1er *Arg.* — L'enfant naturel est une postérité aux yeux de la loi comme à ceux de la nature ; ce qui le démontre, c'est que lorsque le Code Napoléon veut exclure la postérité naturelle, il a soin de s'en expliquer (art. 351, 352, 360).

2e *Arg.* — L'enfant naturel a d'ailleurs, en principe, droit à une portion de ce qu'il aurait eu, s'il eût été légitime ; or, en tant qu'il s'agit de la succession ordinaire, il a droit à la moitié de cette succession, lorsqu'il se trouve en concours avec un ascendant ; donc, en tant qu'il s'agit du droit de retour, on doit appliquer le même raisonnement, puisque les textes ne l'excluent pas.

---

sions irrégulières ne reposent pas sur des principes naturels d'équité et de morale, mais sur des dispositions positives et arbitraires de législation. »

(1) MM. Zachariæ, Aubry et Rau, t. V, p. 119, note 14.

(2) M. Demante, t. III, n° 56 *bis*, IX. — MM. Ducaurroy, Bonnier, Roustain, t. III, n° 479. — M. Demolombe, t. XIII, p. 615.

(3) M. Demante, t. III, n° 56 *bis*, IX. — M. Taulier, t. III, p. 154-155. — M. Marcadé, t. III, art. 747, n° 3.

3e *Arg.* — Si l'on suppose que les biens donnés par l'ascendant forment à eux seuls tout le patrimoine du *de cujus*, le système contraire a pour conséquence forcée de priver l'enfant de tous ses droits successifs et d'anéantir même sa réserve.

4e *Arg.* — S'il existait à la fois un enfant naturel et un enfant légitime, on ne songerait pas à demander le retour même pour partie, quoique l'enfant naturel recueillît une partie des biens donnés ; donc, le droit de cet enfant est plus fort que celui de l'ascendant.

5e *Arg.* — En reconnaissant son enfant naturel, le donataire a virtuellement témoigné qu'il entend attribuer à cet enfant une portion des biens donnés, correspondante à celle que la loi elle-même assure à l'enfant naturel dans la succession ordinaire de son auteur; or, toute succession *ab intestat* doit être déférée d'après la volonté présumée du *de cujus*.

2e SYSTÈME (1). — *La présence de l'enfant naturel ne fait, dans aucune mesure, obstacle à l'exercice du droit de retour.*

1er *Arg.* — Peu importe que, dans son acception vulgaire, le mot *postérité* comprenne l'enfant naturel ; il suffit de rapprocher entre eux les art. 746 à 755 pour voir que, dans ces textes, le législateur n'a entendu régler que les droits de succession fondés sur le mariage et qu'il n'a, par conséquent, parlé que de la postérité légitime.

2e *Arg.* — Si, d'ailleurs, la postérité légitime fait obstacle au droit de retour, c'est parce que l'ascendant donateur est présumé avoir compris dans sa libéralité, les enfants légitimes du donataire ; or, cette présomption n'est plus possible lorsqu'il s'agit d'enfants naturels.

3e *Arg.* — La raison déduite de l'art. 757 n'est rien moins que concluante ; l'art. 757 n'a pour but que de fixer la part héréditaire de l'enfant naturel en concours avec les héritiers légitimes des divers ordres et non de déterminer les biens qui doivent servir à former cette part.

4e *Arg.* — En vain, le système opposé prétend-il tirer argument de ce que l'admission du droit de retour expose l'enfant à être privé de tous ses droits successifs et à voir même sa réserve anéantie, si les biens donnés par l'ascendant composent seuls la succession ; est-ce qu'il n'en aurait pas été de même si la donation n'eût pas eu lieu ?

5e *Arg.* — Au surplus, la présence de l'enfant naturel doit faire obstacle pour la totalité au droit de retour, ou bien elle n'y doit faire aucun obstacle.

C'est là un dilemme qui ressort inévitablement de l'art. 747.

6e *Arg.* — On ne peut raisonnablement prétendre que le fait de

(1) MM. Aubry et Rau, t. V, p. 119, note 15. — MM. Massé et Vergé, t. II, p. 326. — M. Paul Pont, *Revue crit. de jurisprudence* 1852, p. 12, 13. — M. Demolombe, t. XIII, p. 618.

la reconnaissance de l'enfant naturel par le descendant donataire implique la disposition du bien donné au profit de cet enfant.

La reconnaissance établit seulement des rapports de paternité et de filiation; « quant au droit de l'enfant reconnu sur la succession *ab intestat* de son auteur, c'est la loi elle-même et la loi toute seule qui les détermine souverainement » (1).

Nous adoptons le second système à cause des deux raisons déjà indiquées plus haut :

1° *Parce que le droit de retour est une succession d'une nature exceptionnelle et par conséquent en dehors des règles de la succession ordinaire;*

2° *Parce que c'est la raison scientifique qui doit servir à résoudre les questions, toutes les fois que les textes n'imposent pas une solution et que la raison scientifique condamne le droit de retour.*

Il y a lieu, du reste, d'admettre dans le second système que, si l'enfant donataire a laissé à la fois un enfant légitime et un enfant naturel, l'enfant naturel a le droit de prendre sa part héréditaire sur la totalité de la succession, y compris les biens donnés.

*On s'est demandé si l'ascendant peut exercer le droit de retour dans la succession des descendants de l'enfant donataire qui viendraient à mourir avant lui.*

Cette question, peu discutable, d'après les termes de l'art. 747, a été cependant controversée; aujourd'hui, on s'accorde à la trancher par la *négative* (2).

### 4° OBJETS AUXQUELS S'APPLIQUE LE DROIT DE RETOUR LÉGAL.

D'après Pothier, le retour légal ne s'appliquait qu'aux *immeubles*, car le retour légal faisait partie de la théorie des *propres* et il n'y avait de propres que les immeubles.

Sous l'empire du Code Napoléon, la législation a marché à rebours; on est d'accord pour admettre que le droit de retour légal s'applique à *tout bien donné par un ascendant*, sans qu'il y ait lieu de distinguer entre les *meubles* et les *immeubles*.

Aux termes de l'art. 747, la règle fondamentale est que l'*ascendant a le droit de reprendre les objets donnés, à la condition qu'ils se retrouvent en nature dans la succession.*

---

(1) Nous citons textuellement ici la fin de l'argumentation de M. Demolombe, afin de signaler une fois de plus aux élèves la funeste idée de l'omnipotence de la loi qui semble avoir pénétré si profondément dans l'esprit de l'éminent professeur.

(2) M. Demante, t. III, n° 56 *bis*. — M. Taulier, t. III, p. 156. — M. Demolombe, t. XIII, p. 625.

L'article ajoute *deux* propositions qui ne sont que le développement de la *première :*

*En cas d'aliénation de la chose donnée, l'ascendant recueille le prix qui peut en être dû ;*

*Il succède aussi à l'action reprise qui pouvait appartenir au donataire.*

La proposition qui concerne *en cas d'aliénation de la chose donnée* le *prix* de cette chose *encore dû* reçoit *deux* explications :

Selon les uns, elle repose sur une idée de *subrogation*, c'est-à-dire de substitution juridique (1).

Selon les autres, elle est fondée sur un *souvenir des anciens principes* qui ne déclaraient l'aliénation définitive qu'après le payement du prix (2).

C'est à cette seconde explication que nous nous en tenons (3).

La proposition qui concerne l'action en reprise est une application directe de la règle du retour légal.

On définit l'action en reprise :

*Toute action, soit réelle, soit personnelle, qui tend à obtenir la restitution d'une chose.*

L'énumération des auteurs comprend :

1° Les actions en nullité ou en rescision de contrat (art. 1119, 1125, 1681, etc.);

2° Les actions en résolution de contrat (art. 1184, 1673, etc.);

---

(1) Notamment, MM. Aubry et Rau, t. V, p. 127.

Au surplus, la subrogation que certains auteurs admettent dans l'espèce n'est pas la subrogation réelle qui ne se fait que d'une chose déterminée à une autre chose également déterminée; c'est la subrogation personnelle qui a pour effet de substituer une personne aux droits généraux d'une autre, sur un ensemble de biens considérés comme universalité juridique.

Dans le premier cas, la doctrine juridique professe la maxime : *in judiciis singularibus, res non succedit in locum pretii, nec pretium in locum rei ;*

Dans le second cas, elle admet au contraire l'adage : *in judiciis generalibus, res succedit in locum pretii, et pretium in locum rei* (Renusson, *Traité de la subrogation*, chap. I).

C'est de cet adage qu'on veut faire bénéficier l'ascendant.

(2) En particulier, M. Demolombe, t. XIII, p. 643.

(3) V. *Manuel de droit civil*, t. 1, p. 376, note 1.

Comme nous le verrons bientôt, les auteurs luttent ardemment pour ou contre l'idée de la subrogation.

Il n'est pas douteux qu'il n'y ait une suprême inconséquence à admettre en principe le droit de retour et à repousser l'idée de la subrogation ; mais il ne s'agit pas de savoir où se trouve la logique lorsqu'il existe un texte qui en arrête les déductions, et que d'ailleurs la logique a pour résultat d'étendre l'application d'un faux principe.

Maleville, un des rares hommes à peu près consciencieux et droits, qui aient participé à la rédaction du Code Napoléon, Maleville tout imbu des traditions de l'ancien régime, se prononçait en faveur de la subrogation ; nous dirons tout à l'heure jusqu'où son opinion conduisait Maleville. (V. *infrà*, p. 123, note 3)

3° Les actions en révocation de donation (art. 953 et suiv.);

4° L'action en restitution de la dot de la femme, sous le régime dotal (art. 1531, 1532, 1564), ou, sous le régime de communauté, l'action en reprise des apports de la femme, lorsque cette reprise a été stipulée par elle pour le cas où elle renoncerait à la communauté (art. 1504);

5° L'action de l'un ou de l'autre des époux pour le recouvrement des biens ou valeurs que, sous le régime de communauté, ils se sont réservés propres (art. 1503, etc.);

6° Les actions en revendication (1).

Cependant, à l'égard des actions en reprise se référant, soit au régime dotal, soit au régime de communauté, il semblerait qu'une difficulté soit susceptible de naître, au moins dans la théorie qui repousse toute idée de subrogation pour expliquer l'art. 747.

Que décider, en effet, lorsque les choses données ont été irrévocablement aliénées, soit sous le régime dotal par la femme au profit du mari, soit sous le régime de la communauté par l'un ou l'autre des époux au profit de la communauté, et que l'action en reprise a seulement pour objets des valeurs équivalentes?

Les auteurs mêmes qui rejettent l'idée de la subrogation attribuent, dans ces cas, l'action en reprise à l'ascendant donateur, toutes les fois que les choses données, soit par contrat de mariage, soit pendant le mariage, sont irrévocablement aliénées par le résultat même des conventions matrimoniales, « parce que, dit M. Demante, le résultat effectif de la donation est qu'alors le donataire devient seulement créancier de on conjoint ou de la communauté » (2).

Il s'agit maintenant d'en revenir à la règle fondamentale posée par l'art. 747 et de déterminer la portée exacte de cette règle.

Elle signifie, selon nous, que, *pour que le droit de retour légal existe, il faut que les objets donnés se retrouvent identiquement dans la succession et en vertu de la cause originaire de l'acquisition*, *c'est-à-dire en vertu de la donation* (3).

---

(1) MM. Aubry et Rau, t. V, p. 128. — M. Demolombe, t. XIII, p. 648.

(2) M. Demante, t. III, n° 58 *bis*, III. — M. Demolombe, t. XIII, p. 648.

(3) MM. Aubry et Rau, disent :

« Le droit de retour légal n'a lieu que lorsque les biens avenus au défunt à titre gratuit se retrouvent dans son patrimoine, soit identiquement les mêmes, soit dûment représentés, avec le caractère particulier que leur a imprimé le titre, en vertu duquel ils sont originairement entrés dans ce patrimoine. » (MM. Aubry et Rau, t. V, p. 125.)

Maleville dit :

« Le droit de retour doit toujours avoir lieu, excepté seulement que l'objet n'en ait péri dans les mains du donataire, ou n'ait été dissipé par lui sans emploi utile. » (Maleville, sur l'art. 747, alinéa 10.)

Si nous avions à choisir entre les deux formules, nous prendrions celle de Maleville, moins empreinte de subtilité juridique et plus logique.

Voyons les différentes controverses auxquelles ce point a donné lieu.

1re CONTROVERSE. — *Le droit de retour légal doit-il être admis lorsque, après avoir été aliénés par le donataire, les objets donnés sont rentrés, à un titre nouveau, dans son patrimoine, et qu'à l'époque de son décès ils se trouvent, à ce titre, dans sa succession?*

DEUX SYSTÈMES.

1er SYSTÈME (1). — *Aff.*

1er *Arg.* — L'art. 747 impose, pour toute condition à l'existence du droit de retour, que « les objets donnés se retrouvent *en nature* dans la succession ».

2e *Arg.* — Cette solution est, en outre, conforme à l'esprit de la loi; en n'admettant pas le retour légal, lorsque la chose a été aliénée par le donataire, le législateur a uniquement eu en vue de protéger les tiers acquéreurs.

3e *Arg.* — Il est vrai que les anciens auteurs, et notamment Lebrun, se prononçaient en sens contraire, mais cela tenait uniquement, dans l'ancien droit, à ce que la théorie du retour légal se rattachait à celle des *propres* et que l'aliénation anéantissait la qualité des propres.

2e SYSTÈME (2). — *Nég.*

1er *Arg.* — D'après le texte même de l'art. 747, il faut, pour que le droit de retour légal ait lieu, que les *objets donnés* se retrouvent *en nature* dans la succession; or, la chose primitivement donnée au *de cujus* et rentrée ensuite dans son patrimoine en vertu d'une nouvelle cause d'acquisition n'a plus la qualité d'*objet donné*, exigée par l'article.

2e *Arg.* — La base même du retour légal manque, dans l'espèce, car il n'y a plus augmentation du patrimoine du donataire par le fait de l'ascendant.

3e *Arg.* — Si la chose d'abord donnée par le père à son fils et ensuite aliénée par le fils a été redonnée en dernier lieu à celui-ci par son aïeul, le premier système est enfermé dans une impasse.

4e *Arg.* — L'ancien droit est dans le sens de ce second système.

De tous ces arguments, il n'y a que le second qui soit plausible à nos yeux, mais cet argument est décisif.

---

(1) Toullier, t. II, n° 233. — M. Duranton, t. VI, n° 232. — M. Taulier, t. III, p. 160.

(2) M. Demante, t. III, n° 58 *bis*, 2. — M. Bravard-Veyrières, *De l'étude et de l'enseignement du droit romain*, p. 284, 286. — MM. Ducaurroy, Bonnier et Roustain, t. II, n° 483. — MM. Zachariæ, Aubry et Rau, t. V, p. 126, texte et note 33. — M. Demolombe, t. XIII, p. 653.

2e CONTROVERSE. — *Le droit de retour légal peut-il s'exercer sur la chose que le descendant donataire a acquise en échange de celle qui lui a été donnée?*

DEUX SYSTÈMES.

1er SYSTÈME (1). — *Aff.*

1er *Arg.* — La subrogation doit être admise dans l'espèce, car :

1° Il est certain que la chose acquise provient de la chose donnée par l'ascendant;

2° Cette chose n'est pas confondue avec le reste de l'hérédité.

2e *Arg.* — La loi a pris soin de déclarer elle-même que le prix encore dû ferait fonction de la chose donnée lorsqu'elle serait aliénée; donc, *à fortiori*, en doit-il être de même de la chose acquise en échange de la chose donnée.

3e *Arg.* — Au surplus, cette doctrine est tout à fait conforme à l'équité et la loi la consacre, même dans des cas où il ne s'agit que de subrogation réelle.

2e SYSTÈME (2). — *Nég.*

1er *Arg.* — L'art. 747 subordonne l'exercice du droit de retour légal à la condition que *les objets donnés* se retrouvent *en nature* dans la succession.

Ces termes suffisent à écarter le premier système.

2e *Arg.* — L'ascendant ne succède au prix encore dû de la chose aliénée que parce que le législateur a faussement pensé qu'aujourd'hui, comme dans l'ancien droit, l'aliénation ne devenait définitive que lorsque le prix est payé.

Il n'y a donc rien à conclure du cas du prix encore dû de la chose aliénée au cas d'échange.

3e *Arg.* — Quant à l'idée de la subrogation, qui fait le fond du premier système, les termes de l'art. 747 l'excluent.

En effet, il ne peut d'abord s'agir ici de la subrogation réelle (subrogation d'une chose à une autre), car cette espèce de subrogation est de droit étroit, et toutes les fois que la loi entend l'admettre, elle s'en explique (art. 1407, 1559, etc.).

Peut-il s'agir davantage de la subrogation personnelle, comme le prétend le premier système, en posant d'ailleurs arbitrairement les conditions de cette subrogation?

Que l'ascendant, en sa qualité d'héritier légitime, soit le représentant

(1) Toullier, t. II, n° 245. — M. Duranton, t. VI, n° 233. — M. Taulier, t. III, p. 160. — MM. Zachariæ, Aubry et Rau, t. V, p. 127.

(2) M. Demante, t. III, n° 58 *bis*, I. — MM. Ducaurroy, Bonnier, Roustain, t. II, n° 483. — M. Demolombe, t. XIII, p. 662.

de son descendant donataire et qu'à ce point de vue il lui soit substitué, c'est assurément là une proposition incontestable, mais autre chose est la qualité en vertu de laquelle l'ascendant exerce le droit de retour et autre chose la détermination des objets sur lesquels ce droit peut porter ; or, l'art. 747 n'admet le droit de retour que lorsque les objets donnés se retrouvent en nature dans la succession.

Nous adhérons au second système en nous référant *aux raisons* que nous avons déjà indiquées (V. *supra*, p. 118 et 121).

3e CONTROVERSE. — *Le droit de retour légal peut-il s'exercer sur la chose acquise par le donataire avec le prix provenant de l'aliénation de la chose donnée, lorsque du moins l'acte d'acquisition mentionne l'origine et l'emploi des deniers.*

DEUX SYSTÈMES.

1er SYSTÈME (1). — *Aff.*

1er *Arg.* — Les deux conditions de la subrogation se rencontrent dans l'espèce.

2e *Arg.* — Les art. 132, 1434 et 1435 doivent être appliqués ici par analogie.

2e SYSTÈME (2). — *Nég.*

1er *Arg.* — Le texte de l'art. 747 exclut la conséquence que le premier système rattache à l'idée de la subrogation personnelle.

2e *Arg.* — Il n'existe aucune analogie entre l'art. 747 et les articles dont on le rapproche.

En effet,

1° L'art. 132 déclare en termes exprès que l'absent de retour ou dont l'existence est prouvée reprend *les biens provenant* de l'emploi qui aurait été fait du prix de ses biens vendus ;

2° Les art. 132, 1434 et 1435 se rapportent à des matières toutes spéciales.

4e CONTROVERSE. — *Lorsque la chose donnée par l'ascendant consiste en numéraire ou en denrées quelconques, le droit de retour légal peut-il s'exercer jusqu'à due concurrence sur le numéraire ou sur les denrées qui se trouvent dans la succession, sans qu'il y ait même lieu d'examiner si ce numéraire ou ces denrées sont identiques avec la chose données par l'ascendant ?*

---

(1) MM. Zachariæ, Aubry et Rau, t. V, p. 125 et 126, note 32. — M. Marcadé, sur l'art. 747, v.

(2) M. Demante, t. III, n° 58 *bis*, I. — M. Demolombe, t. XIII, p. 665.

DEUX SYSTÈMES.

1er SYSTÈME (1). — *Aff.*

1er *Arg.* — Le numéraire et les denrées sont des choses fongibles ; or, pour les choses fongibles, le genre tient lieu de l'espèce, et, par conséquent, elles existent en nature tant que leur genre tout entier existe, car c'est le genre tout entier qui les représente et qui les représente en nature (2).

2e *Arg.* — Dans le système contraire, le retour légal n'aurait presque jamais lieu lorsque la chose donnée consisterait en numéraire ou en denrées.

2e SYSTÈME (3). — *Nég.*

1er *Arg.* — Le premier système définit mal les choses fongibles ; la fongibilité ne dépend pas de la nature de la chose ; elle ne relève rationnellement que de l'intention des parties (4).

2e *Arg.* — Il ressort d'un grand nombre de textes romains (notamment l. 11, § 2 ; l. 19, § 2, D., *de Rebus cred.* ; Inst., § 2, *Quibus alienare licet*), que c'est seulement en ce qui concerne les débiteurs de quantités, tels que les emprunteurs, que les choses de consommation sont réputées exister en nature, comme espèce, tant que le genre tout entier auquel elles appartiennent n'a pas péri.

3e *Arg.* — Au surplus, l'art. 747 considère les choses dans leur individualité.

4e *Arg.* — Il est vrai que le retour légal aura rarement lieu lorsque la chose donnée consistera en numéraire ou en denrées, mais c'est là une conséquence du système de la loi, et ce système est rationnel ; car, comme le disait Lebrun : « Ce serait écrire sur du sable, que de vouloir faire des caractères particuliers de l'argent comptant » (5).

---

(1) Malcville, art. 747. — Chabot, art. 747, n° 22. — Delvincourt, t. II, p. 39. — Toullier, t. II, p. 245. — M. Taulier, t. III, p. 161.

(2) Chabot, art. 747, n° 22.

(3) M. Duranton, t. VI, n[os] 234, 238. — M. Duvergier, *Sur Toullier*, t. II, n° 245, note A. — M. Demolombe, t. XIII, p. 669.

(4) A vrai dire, il est fort difficile de savoir quel était pour Cambacérès, pour Portalis et leurs collègues, le critérium de la fongibilité. Chabot enseigne qu'elle dépend de la nature de la chose, et l'art. 1894 en particulier donne absolument raison à Chabot ; M. Demolombe professe que la fongibilité est un caractère que les choses reçoivent de la volonté de la loi ou de celle des parties, et M. Demolombe ne manquerait pas de textes pour établir que la fongibilité peut dériver de la volonté de la loi. Ce qu'il y a d'évident, c'est que les rédacteurs du Code Napoléon ne s'entendaient pas plus entre eux sur la notion de la fongibilité que sur une foule d'autres notions juridiques.

Dans cette confusion, il faut s'en tenir à l'idée que la fongibilité soulève une question d'intention, sauf à faire fléchir cette manière de voir devant les textes, lorsque les textes la contredisent.

(5) Lebrun, liv. I, chap. V, sect. II, n° 46.

5e *Arg.* — Le premier système aboutit, d'ailleurs, à une extension tout à fait démesurée et arbitraire du retour légal.

Nous admettons la solution du *second* système, mais en n'acceptant que l'argument fondé sur le *texte* et celui de la *profonde incompatibilité du retour légal avec la nouvelle direction des institutions et des mœurs*.

Si cette incompatibilité avait besoin de preuves, elle en trouverait surabondamment dans les discussions qui précèdent et en particulier dans la dernière (1).

### 5° EFFETS DU DROIT DE RETOUR LÉGAL.

Les effets du retour légal se rattachent à l'idée que le droit de retour légal constitue *une succession*.

Ces effets ont été indiqués plus haut (p. 115), notamment en ce qui concerne :

*La contribution aux legs et aux dettes;*

*La dégradation et la destruction de la chose donnée.*

Les auteurs *sont d'accord* pour enseigner, sur ce *dernier* point, que l'ascendant n'a aucune indemnité à réclamer, quelle que soit la cause de la dégradation ou de la destruction commise par le donataire, lors même que ce dernier aurait retiré un profit de l'une ou de l'autre et que les héritiers de la succession ordinaire s'en trouveraient enrichis.

A l'inverse, *doit-on admettre que les héritiers de la succession ordinaire ont le droit de réclamer une indemnité à l'ascendant donateur à raison des impenses, soit nécessaires, soit utiles, que le donataire aurait faites sur la chose donnée?*

---

(1) Nous entendons dire par là que Maleville, Chabot, Delvincourt, Toullier, Taulier, qui, dans cette discussion, ont tort à nos yeux contre MM. Duranton, Aubry et Rau, Duvergier, Demolombe, sont les logiciens, allant au fond des choses, tandis que MM. Duranton, Aubry et Rau, qui se tiennent à mi-côte, MM. Duvergier et Demolombe qui se retranchent comme nous derrière le texte, mais qui ne condamnent pas l'idée du retour légal, se payent en réalité de mots, et ne peuvent invoquer finalement que le désespérant brocard « *dura lex, sed lex* ».

N'est-il pas évident, en effet, que si le droit de retour légal est rationnel, il faut l'adapter à la transformation qu'a subie la propriété, et que puisque aujourd'hui, c'est la fortune mobilière qui prime en importance la fortune immobilière, il faut que le retour légal soit susceptible de recevoir une application tout aussi bien pour le numéraire, pour les valeurs mobilières, et pour les denrées que pour les immeubles.

Qu'on laisse de côté la pensée absente des rédacteurs du Code Napoléon, et qu'on efface de l'art. 747 les mots « en nature », comme l'a déjà fait la jurisprudence, ou qu'on écarte tous les débris du vieux droit, et avec eux le retour légal.

DEUX SYSTÈMES.

1er SYSTÈME (1). — *Aff.*

1er *Arg.* — Aux termes de l'art. 747, l'ascendant ne succède qu'aux choses par lui données ; il peut reprendre *moins ;* il ne peut reprendre *davantage.*

2e *Arg.* — En cas d'impenses, soit nécessaires, soit utiles, si l'ascendant n'indemnisait pas les héritiers de la succession ordinaire, il s'enrichirait injustement à leurs dépens.

Il y a, par conséquent, lieu d'appliquer ici, par analogie, les art. 548, 555, 862, 863, 1381.

2e SYSTÈME (2). — *Nég.*

1er *Arg.* — Les traditions de l'ancien droit sont dans ce sens ; l'héritier des propres n'était tenu d'aucune indemnité envers l'héritier des acquêts et des meubles pour les améliorations quelconques faites par le *de cujus* (3).

2e *Arg.* — L'art. 747 n'impose qu'une seule condition à l'exercice du retour légal, à savoir que les objets donnés se retrouvent en nature dans la succession.

3e *Arg.* — L'ascendant donateur ne peut être tenu à une indemnité ni envers l'enfant donataire, puisque, à l'égard de la chose donnée, il est son représentant, ni envers les héritiers de la succession ordinaire, puisque, en ce qui concerne la chose par lui donnée, il n'a jamais eu de rapports avec eux.

# CHAPITRE IV

## DES SUCCESSIONS IRRÉGULIÈRES.

Nous avons dit qu'en cette matière le Code Napolé on a innové (voy. *supra*, p. 51).

Dans l'ancien droit, on appelait succession irrégulière celle qui était déférée au roi ou aux seigneurs hauts justiciers ; « en certains cas, on peut aussi appeler de ce nom, disait Pothier, la *cotte morte*, ou droit de succéder au pécule délaissé par les religieux curés » (4).

(1) Chabot, art. 747, n° 25. — M. Duranton, t. VI, n° 246. — M. Marcadé, art. 747, n° 7.

(2) Toullier, t. II, n° 232. — M. Demante, t. III, n° 57 *bis*, 3. — M. Demolombe, t. XIII.

(3) Lebrun, liv. II, chap. v, sect. I, distinct. 2, n° 32. — Pothier, *Traité des successions*, chap. v, art. 2, § 1.

(4) Pothier, *Traité des successions*, chap. VI.

Le caractère de cette succession était de ne faire que des successeurs aux biens.

De là, d'après Pothier, *deux* conséquences :

*La première, que ceux qui succédaient à ce titre n'étaient tenus des dettes que jusqu'à concurrence de la valeur des biens ;*

*La seconde, qu'ils pouvaient en être déchargés en abandonnant les biens aux créanciers* (1).

Le Code Napoléon a fait subir *deux* modifications à cette théorie :

1° *Il a changé la liste des successeurs irréguliers ;*

2° *Il a enlevé à ces mêmes successeurs la saisine*, c'est-à-dire *l'investiture légale de l'exercice des droits actifs et passifs du* de cujus.

Nous avons insisté précédemment sur le *second* point (V. *supra*, p. 51) ; nous nous en tiendrons ici au *premier*.

D'après le Code Napoléon, la nomenclature des successeurs irréguliers comprend :

1° *Les enfants naturels du* de cujus ;

2° *Les père et mère de l'enfant naturel décédé ;*

3° *Les frères et sœurs de l'enfant naturel décédé ;*

4° *Le conjoint survivant ;*

5° *L'État ;*

Il faut ajouter :

6° *Les hospices, dans certains cas réglés par les lois administratives.*

Le changement le plus grave que le Code Napoléon ait apporté à la liste des successeurs irréguliers de l'ancien droit concerne les *enfants naturels*.

La règle généralement admise dans l'ancien droit était que :

Les bâtards ne succédaient pas plus à leur mère et à leurs parents maternels qu'à leur père (2).

L'ancien droit assurait des aliments à tout enfant né hors mariage ; mais il regardait d'ailleurs cet enfant comme un indigne de naissance (3).

---

(1) Pothier, *ibid.*

(2) Pothier, *Traité des successions*, chap. I, sect. II, § 3.

(3) Nous avons développé ailleurs sous tous ses aspects la thèse du droit de l'enfant né hors mariage ; nous reproduisons la proposition qui, en laissant de côté le droit celtique, exceptionnellement et profondément pénétré de l'idée de l'égalité de l'enfant en face de l'enfant, résume le mieux nos constatations historiques :

« Partout où règne l'influence de ces deux législations (droit canonique et droit germanique) l'enfant naturel a beau être regardé comme un indigne de naissance, on a beau en faire un véritable paria, non-seulement de la famille, mais encore de la société où il est serf ; en vain même est-il vrai, dans une certaine mesure, de dire qu'il n'a jamais été aussi maltraité qu'au moyen âge ; ni l'Eglise, ni le droit germanique ne subordonnent la vie matérielle de l'enfant au bon plaisir du père ou de la mère.

» Donc deux idées s'accusent : l'une, celle du droit romain, qui admet l'enfant

Le droit de la Révolution vit clairement *le principe de l'égalité de l'enfant en face de l'enfant* (1) et, s'il ne sut pas en organiser le système, il plaça, du moins en matière de succession, l'enfant naturel reconnu sur la même ligne que l'enfant né dans le mariage (2).

Le Code Napoléon trouva le moyen de réagir à la fois contre l'ancien droit et contre le droit de la Révolution.

Grace à la codification napoléonienne, le droit aux aliments de tout enfant né hors mariage a cessé d'être inscrit dans la législation (3), et, grâce à cette même codification, l'enfant naturel reconnu ne compte plus, comme nous allons le voir, en ce qui concerne la succession *ab intestat* de ses auteurs, que pour une fraction de la part héréditaire attribuée à l'enfant légitime.

Sans doute, en dehors de la provision destinée à acquitter la dette d'éducation (4), le père de famille qui vient à mourir ne devrait être, en général, astreint à laisser aucune portion de sa fortune à ses enfants, non plus qu'à nul autre, et nous pensons avec M. John Stuart Mill que, dans les cas ordinaires, un enfant qui a reçu cette part n'a aucune raison de se plaindre (5).

Le droit d'hériter, même pour les enfants, est donc un droit qui

---

naturel dans la famille de sa mère ; l'autre, celle de la législation canonique et du droit germanique, qui l'en repousse, toutes les deux se réunissant en un point : le droit de recherche contre le père et contre la mère en vue d'assurer la subsistance de l'enfant. » (*L'enfant né hors mariage*, p. 18.)

(1) *Manuel de droit civil*, t. I, p. 288, texte et note 2, et *L'enfant né hors mariage*, p. 31.

(2) Les idées législatives de la Révolution sur la vocation de l'enfant naturel à l'hérédité *ab intestat* de ses père et mère eurent pour expression, comme nous le savons déjà, l'art. 42, liv. II, tit. III, § 4 du Code de la Convention et le décret du 12 brumaire an II, dont Cambacérès, nous le rappelons, était le rapporteur.

Il n'est sorte de déclarations calomnieuses que les légistes n'aient accumulées contre le décret du 12 brumaire.

A toutes ces invectives, il n'y a qu'un mot à répondre :

Que l'on commence par renverser *le principe de l'égalité de l'enfant en face de l'enfant*, et il sera temps alors de juger l'idée du Code de la Convention et du décret du 12 brumaire.

(3) V. *Manuel de droit civil*, t. I, p. 289, 338-341, note 2, p. 341, 353, 356 et 359.

V. pour l'appréciation historique du Code Napoléon, sur ce point si considérable. (*L'enfant né hors mariage*, p. 24 et suiv.)

(4) C'est ce que nous avons appelé *la réalisation de la dette d'éducation*. *Manuel de droit civil*, t. I, p. 220.

(5) Voici les paroles mêmes de M. John Stuart Mill :

« No child for whom thus much has been done, has, unless on the score of » previously raised expectations, any grievance, if the remainder of the parent's » fortune is devoted to public uses, or the benefit of individuals on whom in the » parent's opinion it is better bestowed. » (*Principles of Political Economy*, V. I, B. II, chap. II, § 3.)

procède de la volonté du propriétaire, et lorsque le propriétaire meurt *ab intestat*, la loi, qui n'a d'autre fonction à remplir que d'assurer l'exécution de la volonté présumée du propriétaire, est tenue strictement d'appliquer, dans les rapports des enfants entre eux, le *principe d'égalité* (1).

Quelque incohérent, quelque étranger à toute idée et à toutes vues d'ensemble que soit, en général, l'amas de textes qui constitue la codification napoléonienne, il ne s'y trouve point de chapitre qui atteste, au même degré que celui des successions irrégulières, toutes les défectuosités dont cette codification est remplie.

## SECTION PREMIÈRE.

### DES DROITS DES ENFANTS NATURELS SIMPLES DANS LA SUCCESSION DE LEUR PÈRE OU MÈRE.

**756.** — Les enfants naturels ne sont point héritiers; la loi ne leur accorde de droit sur les biens de leur père ou mère décédés, que lorsqu'ils ont été légalement reconnus. Elle ne leur accorde aucun droit sur les biens des parents de leur père ou mère.

Cet article contient *trois* dispositions :

*D'après la première, les enfants naturels ne sont pas héritiers ;*

*D'après la seconde, ils ont pourtant un droit sur les biens de leur père ou mère décédés, lorsque d'ailleurs ils ont été légalement reconnus ;*

*D'après la troisième, la loi ne leur accorde aucun droit sur les biens des parents de leur père ou mère.*

La *première* proposition signifie simplement que les enfants naturels ne sont point héritiers *légitimes ;*

La *seconde*, en déclarant que les enfants naturels reconnus ont un droit sur les biens de leur père ou mère, *a entendu attribuer à ces enfants un droit héréditaire qui, sauf la quotité, est de même nature que le droit des héritiers légitimes.*

La *troisième* dérive de la doctrine en vertu de laquelle la reconnaissance volontaire ou forcée d'un enfant naturel n'établit de rapports *légaux* qu'entre cet enfant et ses auteurs qui l'ont reconnu.

La *seconde* a fait naître une *triple* difficulté; on a prétendu :

1° Que le droit de l'enfant naturel sur les biens de son père ou de sa mère décédés est *un simple droit de créance* (2) ;

---

(1) V. *Manuel de droit civil*, t. I, p. 287, note 2.

(2) Le projet de l'an VIII contenait les dispositions suivantes ;

Art. 54. — « L'enfant naturel qui n'a point de parenté civile, résultant du mariage, *n'est point héritier*. La portion que la loi lui accorde sur les biens de

2° Que la reconnaissance *volontaire*, à la différence de la reconnaissance *forcée*, est seule capable de produire ce droit ;

3° Que le droit de l'enfant naturel ne peut s'exercer que sur les biens *qui existent dans la succession des père ou mère après leur décès.*

Ces *trois* interprétations sont aujourd'hui à peu près abandonnées, et M. Demolombe pose en termes aussi nets qu'exacts la prémisse suivante :

« *Le droit de l'enfant naturel dans la succession de ses père ou mère est absolument, sauf la quotité, de même nature que le droit des héritiers légitimes ; c'est-à-dire qu'il est un droit héréditaire dans la masse indivise de la succession* (1).

**757.** — Le droit de l'enfant naturel sur les biens de ses père ou mère décédés est réglé ainsi qu'il suit : — Si le père ou la mère a laissé des descendants légitimes, ce droit est d'un tiers de la portion héréditaire que l'enfant naturel aurait eu s'il eût été légitime ; il est de la moitié lorsque les père ou mère ne laissent pas de descendants, mais bien des ascendants, ou des frères ou sœurs ; il est des trois quarts lorsque les père ou mère ne laissent ni descendants ni ascendants, ni frères ni sœurs.

Il résulte de ce texte :

D'*une part*, que l'enfant naturel concourt même avec l'ordre d'héritiers légitimes *le plus favorisé*, c'est-à-dire avec les descendants légitimes de ses père ou mère.

D'*autre part*, qu'il n'exclut pas même l'ordre d'héritiers légitimes *le moins favorisé*, c'est-à-dire les collatéraux ordinaires, et que, dans cet ordre, il subit le concours même du collatéral du dernier rang (12e degré).

*Le système de l'art. 757 consiste à faire varier la part héréditaire afférente à l'enfant naturel, selon la qualité des héritiers avec lesquels il se rencontre.*

---

ses père ou mère, n'est qu'une *créance* fondée sur l'obligation naturelle qu'ils ont contractée envers lui. »

ART. 55. — « Cette portion, lorsque le père ou la mère laisse des enfants ou descendants ou des ascendants légitimes, est en propriété d'une valeur égale au tiers de la portion héréditaire, que l'enfant naturel aurait eu droit de recueillir dans la succession de son père ou de sa mère, s'il eût été légitime, etc. »

ART. 60. — « Toutes les fois qu'il y a lieu de liquider la portion afférente à l'enfant naturel, l'héritier légitime auquel elle est demandée doit donner un état estimatif sommaire de l'actif et du passif de la succession, d'après lequel la portion de l'enfant est fixée, et lui offrir la valeur de cette portion en argent ou en fonds. »

L'option appartient à l'héritier légitime (Fenet, t. II, p. 133-134).

Une première modification retrancha de ce projet le droit d'option de l'héritier légitime ; une seconde, proposée par Cambacérès, l'ex-rapporteur du décret du 12 brumaire an II, effaça le mot *créance* et ne laissa subsister que cette négation : les enfants naturels ne sont point héritiers. (Fenet, t. XII, p. 28-29.)

(1) T. XIV, p. 34.

Cet article distingue, en conséquence, *trois* cas :

1° *Celui où l'enfant naturel se rencontre avec des descendants légitimes* (il faut ajouter : *légitimés ou adoptifs*) *de ses père ou mère;*

2° *Celui où il se rencontre avec des frères et sœurs* (il faut ajouter : *des descendants d'eux*, V. *infra*), *ou des ascendants de ses père ou mère;*

3° *Celui où il se rencontre avec des collatéraux de ses père ou mère, autres que des frères et sœurs ou descendants d'eux.*

Il va de soi que dans ces *trois* cas le concours n'existe juridiquement entre l'enfant naturel et les parents de ses père ou mère *que tout autant que ceux-ci ont titre d'héritiers*, en d'autres termes, qu'ils ne sont *ni incapables, ni renonçants, ni indignes;* cependant, certains auteurs ont soutenu l'idée contraire et de nombreux arrêts l'ont adoptée (1).

Examinons successivement les *trois* cas prévus par l'art. 757.

### 1° CONCOURS DE L'ENFANT NATUREL AVEC DES DESCENDANTS LÉGITIMES (LÉGITIMÉS OU ADOPTIFS) DE SES PÈRE OU MÈRE.

*Dans ce premier cas*, la règle formulée par le texte est que :

*La portion héréditaire de l'enfant naturel est du tiers de celle qu'il aurait eue s'il eût été légitime.*

---

(1) V. parmi les auteurs notamment M. Belost-Jolimont, *Sur Chabot*, t. I, p. 554.

V. pour les arrêts, en particulier, Cass. 31 août 1847, Rollindes, Dev. 1847, I, 785. — Cass. 15 mars 1847, Vergnes, Dev. 1847, I, 178.

Veut-on savoir sur quoi se fonde cette controverse si grave *contre* l'enfant naturel? Le voici :

L'art. 757, en réglant les trois cas où l'enfant naturel se rencontre avec les parents de ses père ou mère, dit : « les parents que les père ou mère ont laissés » et cet article n'ajoute pas : « comme héritiers ».

Donc, conclut-on, l'article ne s'attache qu'au *seul fait de l'existence des parents comme successibles* (on excepte l'hypothèse des incapables), *à l'époque du décès.*

Telle est la *forte* argumentation qui a décidé à deux reprises la Cour de cassation de France à prendre parti dans la matière *contre* l'enfant naturel.

Parce que Cambacérès, Portalis et leurs collègues, ont usé ici, il faut bien le dire, d'une ellipse universellement reçue et fort rationnelle en elle-même, car le sens des mots dans chaque phrase est relatif, la Cour de cassation de France, outrant le système du Code Napoléon *contre* l'enfant naturel, déclare que *ce n'est pas, eu égard aux droits successifs des héritiers légitimes, mais à leur qualité de parents à tel ou tel degré, qu'ont été déterminés les droits de l'enfant naturel.*

Il y a un grand malheur pour cette *doctrine* de la Cour de cassation ; équité et raison ordinaire à part, elle est absolument antijuridique : l'enfant naturel, même d'après Cambacérès et Portalis, vient à la succession comme *héritier;* il n'y a, par conséquent, que des *héritiers* qui puissent s'y rencontrer avec lui.

Il y a lieu d'en étudier l'application :

1° *Dans l'hypothèse où un seul enfant naturel concourt avec un ou plusieurs descendants légitimes;*

2° *Dans l'hypothèse où plusieurs enfants naturels concourent avec un ou plusieurs descendants légitimes.*

Nous verrons du reste que la même règle gouverne, en définitive, les deux situations.

1re HYPOTHÈSE. — *Concours d'un seul enfant naturel avec un ou plusieurs descendants légitimes.*

Dans cette *première* hypothèse, la règle, indiquée plus haut, comporte une application toute simple :

*Pour déterminer la portion héréditaire de l'enfant naturel, il faut calculer d'abord celle qui lui reviendrait s'il était enfant légitime; le tiers de cette portion forme la portion à laquelle il a droit, comme enfant naturel.*

Voici trois espèces :

1re *Espèce.* — Le *de cujus* laisse deux enfants légitimes et un enfant naturel. Si ce dernier eût été légitime, il aurait recueilli le tiers de la succession; comme enfant naturel, il recueillera le tiers du tiers, c'est-à-dire un neuvième.

2e *Espèce.* — Le *de cujus* laisse deux petits-enfants légitimes issus d'un fils légitime prédécédé et un enfant naturel. Les deux petits-enfants viennent à la succession par représentation de leur père. Si l'enfant naturel eût été légitime, il eût recueilli la moitié de la succession ; comme enfant naturel, il recueillera le tiers de la moitié, c'est-à-dire un sixième.

3e *Espèce.*— Le *de cujus* laisse un enfant légitime qui a deux enfants légitimes et un enfant naturel. L'enfant légitime est indigne ou renonce à la succession. Ses deux enfants ne peuvent venir à la succession de leur grand'père que de leur chef. Si l'enfant naturel eût été légitime, il eût recueilli toute la succession ; comme enfant naturel, il recueillera le tiers de toute la succession (1).

Il ressort de la comparaison des deux premières espèces entre elles, dans l'hypothèse du concours d'un seul enfant naturel avec un ou plu-

---

(1) Dans ce sens, M. Demante, t. III, n° 74 *bis*, IV. — M. Valette, à son cours. — MM. Aubry et Rau, t. V, p. 103. — M. Demolombe, t. XIV, p. 82.

M. A. Nicolas a dressé, dans son *Manuel du partage des successions* (1855, 1 vol. in-8), une série de tableaux fort utiles aux praticiens, où les calculs se trouvent tout faits.

Il existe du reste un procédé très-rapide pour trouver la part de l'enfant naturel, dans tous les cas où cet enfant est en concours avec des enfants légitimes au même degré que lui, c'est-à-dire au premier. *Il suffit alors de multiplier par*

sieurs enfants légitimes, que le rapport entre la part de l'enfant naturel et la part de l'enfant légitime n'est pas *invariable ;* ce rapport suit une progression décroissante à mesure qu'augmente le nombre des enfants légitimes.

Le Code Napoléon, dans cette première hypothèse, est ainsi tombé en pleine contradiction avec lui-même, car s'il est juste qu'un enfant légitime, en présence d'un enfant naturel, recueille les cinq sixièmes de la succession de l'auteur commun, il est évidemment injuste que deux enfants légitimes n'en recueillent à eux deux que les huit neuvièmes, c'est-à-dire chacun individuellement quatre neuvièmes.

2ᵉ HYPOTHÈSE. — *Concours de plusieurs enfants naturels avec un ou plusieurs descendants légitimes.*

Cette *seconde* hypothèse a donné lieu à de nombreux systèmes.

Nous indiquerons les *trois* principaux.

D'après un *premier* système, *on doit considérer simultanément tous les enfants naturels comme légitimes et faire entre eux et les enfants légitimes une répartition fictive de la succession; chacun des enfants naturels a droit au tiers de la part que la répartition fictive lui a attribuée.*

*Espèce.* — La succession est de 27 000 francs; un enfant légitime et deux enfants naturels y sont appelés ; on commencera par répartir fictivement la succession entre les trois enfants, comme s'ils étaient tous légitimes; cette répartition produira 9000 fr. pour chacun des trois; chacun des deux enfants naturels a droit au tiers de ces 9000 fr., c'est-à-dire que chacun des deux enfants naturels recueillera 3000 fr. et que l'enfant légitime aura 21 000 fr.

Ce système revient à suivre dans la *seconde* hypothèse le *même mode de supputation* que dans la *première.*

Il présente les *trois* arguments suivants :

1ᵉʳ *Arg.* — L'expression : l'*enfant naturel*, que contient le texte, est générale; elle s'applique tout aussi bien à plusieurs enfants naturels qu'à un seul enfant naturel.

2ᵉ *Arg.* — La rubrique du chap. IV porte : *Des droits des enfants naturels;* l'art. 756 parle également au pluriel *des enfants naturels;* enfin, dans la discussion de l'art. 757, aucun orateur n'a distingué le cas où il existerait plusieurs enfants naturels en présence d'un ou plu-

---

*trois le nombre des enfants y compris l'enfant naturel lui-même; la part de ce dernier est égale à une fraction qui a l'unité pour numérateur, et pour dénominateur le produit de la multiplication.*

Lorsque l'enfant se trouve en concours avec des descendants légitimes à un degré postérieur au premier, *ce calcul, comme on le conçoit, ne change pas ; la part de l'enfant naturel est toujours égale au tiers de toute la succession.*

sieurs descendants légitimes du cas où il n'en existerait qu'un seul.

3e *Arg.* — Il résulte des travaux préparatoires au Conseil d'État que, dans les deux dispositions de l'art. 757 qui prévoient le concours de l'enfant naturel, soit avec des ascendants ou des frères ou sœurs, soit avec des collatéraux autres que les frères ou sœurs, les rédacteurs du Code Napoléon ont entendu régler le cas où il existe plusieurs enfants naturels comme celui où il n'en existe qu'un seul.

Or, il est évident que la *première* disposition est aussi compréhensive que les deux autres.

Ce système est professé par la plupart des auteurs (1) et il est adopté par la jurisprudence.

Les arguments sur lesquels on l'appuie sont, en effet, péremptoires.

Par malheur, cette solution est aussi absurde qu'injuste, même étant admis, comme le veut le Code Napoléon, qu'en présence des descendants légitimes, l'enfant naturel ne recueille qu'une portion extrêmement restreinte de la succession de l'auteur commun.

Il n'y a pas lieu de s'arrêter à la réfutation d'une théorie dont tous les interprètes désertent la défense (2); pour la condamnation, dans l'espèce, de la législation napoléonienne, il suffit de remarquer que le fond *rationnel* du système revient *à considérer tour à tour chaque enfant naturel comme légitime, en tant qu'il s'agit de restreindre la part des autres enfants naturels, et comme naturel, en tant qu'il s'agit de restreindre sa propre part.*

De l'effort désespéré de la doctrine pour échapper à ce non-sens sont résultés :

1° *Un système qui, dans la répartition fictive à faire entre les enfants légitimes et les enfants naturels, consiste à n'assimiler les derniers aux premiers que successivement et non simultanément* (3);

---

(1) M. Demante, t. III, n° 75 *bis*, IV et V. — MM. Ducaurroy, Bonnier, Roustain, t. II, n$^{os}$ 511-513. — MM. Zachariæ, Aubry et Rau, t. V, p. 104, texte et note 7. — M. Demolombe, t. XIV, p. 84.

(2) Cependant nous devons amender notre assertion à l'égard de MM. Aubry et Rau qui ont écrit : « Ce résultat peut facilement se justifier. Ce n'est, en effet, que dans l'intérêt des parents légitimes que le législateur a réduit la portion de l'enfant naturel. Lors donc que plusieurs enfants naturels se trouvent simultanément appelés à l'hérédité, il ne peut être permis à aucun d'eux de se prévaloir, pour faire augmenter sa portion, de l'illégitimité des autres. Cette circonstance doit exclusivement tourner au profit des parents légitimes. Aussi le mode de supputation que nous avons admis, et à l'appui duquel on pourrait encore invoquer la maxime : *in dubio contra liberos naturales*, a-t-il été adopté par la plupart des auteurs. » (MM. Aubry et Rau, t. V, p. 105, note 8.)

L'incidence : *in dubio contra liberos naturales*, telle est bien, en effet, la philosophie de la section Ire du chap. IV.

(3) Ce système exposé par un jurisconsulte allemand, M. Unterholzner (*Juristiche Abhandlungen*, n° 1, p. 15), raisonne de la manière suivante :

En supposant une succession d'une valeur de 27 000 francs à partager entre

2° *Un système qui commence par constater le rapport existant, d'après l'art.* 757, *entre la part d'un seul enfant naturel et la part d'un ou de plusieurs enfants légitimes et qui maintient ensuite ce rapport, quel que soit le nombre des enfants naturels* (1).

On fait à ces *deux* derniers systèmes une objection qui, au point de vue de l'art. 757, ruine la base de l'un et de l'autre : *dans les deux, en effet, si le nombre des enfants naturels dépassait certaines limites, il arriverait que les enfants naturels, en concours avec des descendants légitimes, recueilleraient plus de la moitié et même plus des trois quarts de la succession, c'est-à-dire plus que, d'après les termes de l'art.* 757, *ils ne doivent jamais obtenir en concours avec des ascen-*

---

un enfant légitime et deux enfants naturels, chacun des deux enfants naturels est fondé à tenir successivement ce langage : si j'étais légitime, me trouvant en concours avec un autre enfant légitime et un enfant naturel, j'aurais droit à la moitié de ce qui resterait, déduction faite de la part de l'enfant naturel ; or, la part d'un enfant naturel en concours avec deux enfants légitimes est d'un neuvième de la succession ; par conséquent de 3000 francs dans l'espèce ; il resterait donc 24 000 francs à partager entre moi et mon frère légitime ; ce qui donnerait 12 000 francs à chacun de nous ; comme je ne suis qu'un enfant naturel, il ne me revient que le tiers de 12 000 francs, c'est-à-dire 4000 francs.

Ce raisonnement constitue un *cercle vicieux* évident ; le problème consiste, en effet, à déterminer la part afférente à chaque enfant naturel ; or, comme cette détermination dépend à la fois de la détermination de la part de l'enfant, ou des enfants légitimes, et de la détermination de la part des autres enfants naturels, on ne peut commencer par supposer cette dernière part déterminée et par en faire la déduction.

(1) Ce système proposé par M. Gros, avocat au barreau de Lyon (*Succession et réserve des enfants naturels*, 1844, br. in-8), a été formulé de la manière suivante par son auteur :

Pour trouver la part afférente en toute hypothèse aux enfants naturels en concours avec un ou plusieurs descendants légitimes, *il faut commencer par déterminer le rapport existant entre la part d'un seul enfant naturel, et la part du nombre donné d'enfants légitimes.*

Prenons l'hypothèse la plus simple, celle où il n'existe qu'un seul enfant naturel en présence d'un seul enfant légitime ; la part de l'enfant naturel étant alors du tiers de la moitié, c'est-à-dire du sixième de toute la succession, le rapport entre cette part et la part de l'enfant légitime, qui prend alors les cinq autres sixièmes, est de 1 à 5.

*Quel que soit le nombre des enfants naturels, il faut maintenir ce rapport,* en faisant, d'ailleurs, décroître la grandeur des parts, en raison inverse de l'accroissement du nombre des enfants naturels.

Ainsi, lorsqu'au lieu d'un seul enfant naturel, il en existera deux en présence d'un seul enfant légitime, on divisera la succession en septièmes et non plus en sixièmes ; chaque enfant naturel prendra un septième ; l'enfant légitime, les cinq autres septièmes.

S'il y avait trois enfants naturels, on diviserait la succession en huitièmes ; chaque enfant naturel recueillerait un huitième ; l'enfant légitime, les cinq autres huitièmes.

Et ainsi de suite, à mesure qu'augmenterait le nombre des enfants naturels.

*Si c'est le nombre des enfants légitimes qui s'accroît, il faut à chaque nouvelle unité qui s'y ajoute calculer à nouveau le rapport existant entre la part d'un*

*dants, des frères ou sœurs ou des collatéraux autres que les frères ou sœurs* (1).

### 2° CONCOURS DE L'ENFANT NATUREL AVEC DES FRÈRES ET SOEURS (DES DESCENDANTS D'EUX) OU DES ASCENDANTS.

*Dans ce second cas,* la règle qui résulte du texte est que :

*La portion héréditaire de l'enfant naturel est de la moitié de celle qu'il aurait eue, s'il eût été légitime ; c'est-à-dire de la moitié de la succession, quel que soit le nombre des héritiers avec lesquels il se trouve en concours.*

---

*seul enfant naturel, et la part du nombre donné* (2, 3, 4, 5, etc.), *d'enfants légitimes.*

Ainsi, supposons un seul enfant naturel en concours avec deux enfants légitimes ; l'enfant naturel a droit au tiers du tiers de la succession, c'est-à-dire au neuvième de toute la succession, et les deux enfants légitimes recueillent par parts égales les huit neuvièmes restants, soit quatre neuvièmes chacun ; le rapport existant entre la part de l'enfant naturel et la part de chaque enfant légitime, est donc alors de 1 à 4.

*Quel que soit le nombre des enfants naturels, il faut maintenir ce rapport* en faisant, d'ailleurs, décroître la grandeur des parts, en raison inverse de l'accroissement du nombre des enfants naturels.

Ainsi, existe-t-il, deux, trois, quatre enfants naturels, au lieu de neuvièmes, on fait des dixièmes, des onzièmes, des douzièmes, et le partage procède toujours d'après la même proportion.

S'il y avait trois enfants légitimes, et un seul enfant naturel, on trouverait que le rapport existant entre la part de l'enfant naturel et la part de chaque légitime serait de 1 à 3.

On comprend le système.

En voici la formule arithmétique :

*Pour déterminer, en toute hypothèse, la part héréditaire de l'enfant naturel, il faut tripler le nombre des enfants légitimes, et y ajouter celui des enfants naturels, plus deux; la part de l'enfant naturel est égale à une fraction qui a pour dénominateur le nombre ainsi obtenu et pour numérateur l'unité.*

En somme, *tandis que la théorie généralement reçue fait varier le rapport existant entre la part de l'enfant naturel et la part de l'enfant légitime, à mesure qu'augmente, soit le nombre des enfants naturels, soit le nombre des enfants légitimes,* le système de M. Gros sauve le Code Napoléon de la *première* inconséquence, mais ne parvient pas à le dérober à la *seconde*.

(1) M. Demolombe, t. XIV, p. 98. — MM. Aubry et Rau, p. 105, note 8.

Dans le système de M. Unterholzner, s'il y a plus de trois enfants naturels ces enfants recueillent plus de la moitié de la succession.

Le même résultat se produirait dans le système de M. Gros, s'il existait plus de cinq enfants naturels.

M. Valette, qui professe la théorie de M. Gros, essaye de se soustraire à la conséquence que nous venons de dire, et à la réfutation qu'elle implique, en étendant le système Gros aux deux autres cas réglés par l'art. 757.

L'enseignement de l'éminent professeur avait été repoussé d'avance par l'auteur même du système, et il est contredit par l'historique de l'art. 757 (V. *infra*, p. 133).

D'après l'opinion générale, cette règle s'applique tout aussi bien dans l'hypothèse où il existe *plusieurs* enfants naturels que dans l'hypothèse où il n'en existe qu'*un seul* (1).

*Doit-on dans le cas présent placer les descendants de frères et sœurs sur la même ligne que les frères et sœurs, ou, au contraire, les ranger parmi les collatéraux autres que les frères et sœurs?* En d'autres termes, *lorsque l'enfant naturel concourt avec des neveux et nièces du défunt venant tous à la succession, soit par représentation, soit de leur chef, cet enfant n'a-t-il droit qu'à la moitié de la succession, ou, au contraire, a-t-il droit aux trois quarts?*

Nous avons adopté d'avance la *première partie* de cette double alternative; toutefois, la question est vivement controversée.

DEUX SYSTÈMES.

1er SYSTÈME (2). — *Lorsque l'enfant naturel concourt avec des neveux et nièces du défunt venant tous à la succession, soit par représentation, soit de leur chef, cet enfant a droit aux trois quarts de la succession.*

1er *Arg.* — Le texte appuie cette solution, car l'art. 757 déclare que « *le droit de l'enfant naturel est des trois quarts, lorsque les père ou*

---

(1) MM. Zachariæ, Aubry et Rau, t. V, p. 107. — M. Gros, nos 34, 48 et suiv. — M. Demolombe, t. XIV, p. 86, 98 et 99, 103.

Cependant, M. Valette est d'avis que cette règle ne concerne que l'hypothèse où il n'existe qu'un *seul* enfant naturel.

Il ajoute qu'elle détermine le rapport existant entre la part de l'enfant naturel et la part des frères et sœurs ou des ascendants avec lesquels cet enfant se rencontre.

Ce rapport est le suivant :

*Chaque enfant naturel a droit, à lui seul, à une portion héréditaire aussi considérable que celle afférente aux frères et sœurs, ou aux ascendants réunis.*

En d'autres termes, d'après M. Valette, lorsque plusieurs enfants naturels concourent avec des frères et sœurs, ou des ascendants, on doit diviser la succession en autant de parts qu'il y a d'enfants naturels, plus un ; chaque enfant naturel recueille une part, les frères et sœurs ou les ascendants réunis en recueillent aussi une, qu'ils partagent ensuite entre eux.

Il est incontestable que M. Valette corrige ici le système du Code Napoléon.

Voici, en effet, la disposition qui, dans le projet de ce Code, se trouvait à la suite du troisième cas :

« Dans ce dernier cas, tous les enfants naturels, en quelque nombre qu'ils soient, ne peuvent prendre ensemble que le quart de la succession » (art. 55 du projet, Fenet, t. II, p. 134).

Or, il résulte, comme nous l'avons dit, de l'examen des travaux préparatoires, que, dans la pensée des rédacteurs, cette disposition, en tant qu'elle détermine le sens des mots *l'enfant naturel*, s'appliquait tout aussi bien aux *deux premiers cas* qu'au troisième.

(2) M. Troplong, *Des donations et des testaments*, t. II, n° 776. — MM. Massé et Vergé, *Sur Zachariæ*, t. II, p. 275. — M. Taulier, t. III, p. 175.

La jurisprudence se prononce dans ce sens.

*mère ne laissent ni descendants, ni ascendants, ni frères, ni sœurs* »; il n'ajoute pas : « ni neveux, ni nièces ».

2e *Arg.* — L'atteinte portée à la dignité de la famille est d'ailleurs moins grave, à mesure que la parenté s'éloigne; les droits de l'enfant naturel doivent par conséquent augmenter, eu égard à l'éloignement du degré de ceux avec lesquels il concourt.

3e *Arg.* — Il est vrai que, dans les successions régulières, les neveux et nièces viennent par représentation des frères et sœurs (art. 742) et, qu'indépendamment même du bénéfice de la représentation, ils ont, en général, les mêmes droits héréditaires que les frères et sœurs (art. 748, 749, 750); mais le Code Napoléon a traité, dans deux chapitres différents, des successions régulières et des successions irrégulières, et il est impossible de conclure des dispositions de l'un de ces deux chapitres à celles de l'autre.

4e *Arg.* — Le système contraire oppose aussi les travaux préparatoires, mais en présence d'un texte qui décide par lui-même la question, cette objection est sans force.

2e SYSTÈME (1). — *Lorsque l'enfant naturel concourt avec des neveux et nièces du défunt venant tous à la succession, soit par représentation, soit de leur chef, cet enfant n'a droit qu'à la moitié de la succession.*

1er *Arg.* — L'art. 43 du projet du Code Napoléon qui déterminait le droit de l'enfant naturel était ainsi conçu :

« ..... Il est de la moitié, lorsque les père ou mère ne laissent pas de descendants, mais bien des ascendants; il est des trois quarts, lorsque les père ou mère ne laissent ni descendants, ni ascendants. »

Maleville fit observer qu'en ce qui concernait les frères et sœurs, cette disposition ne concordait pas avec celle qui réglait le concours, dans les successions régulières, entre les ascendants et les frères et sœurs.

Alors le consul Cambacérès, ex-rapporteur du Code de la Convention et du décret du 12 brumaire an II, proposa de restreindre les enfants naturels à la moitié, lorsqu'il existerait des frères et sœurs du défunt.

Cette motion fut adoptée (2).

On voit, d'après cela, que le changement de rédaction, apporté à l'art. 757, a eu pour but de faire concorder cet article avec la préférence dont les frères et sœurs sont l'objet relativement aux ascendants dans l'ordre de la succession régulière; or, cette concordance n'existerait pas

(1) Maleville, sur l'art. 757. — M. Demante, t. III, n° 75 *bis*, VII. — MM. Ducaurroy, Bonnier et Roustain, t. III, n° 514. — MM. Zachariæ, Aubry et Rau, t. V, p. 106, note 9. — M. Demolombe, t. XIV, p. 108.

(2) Fenet, t. XII, p. 27 et suiv. — Locré, t. X, p. 89 et 90, n° 18.

si les neveux et nièces, en concours avec l'enfant naturel, ne recueillaient pas la même part que les frères et sœurs.

L'Exposé des motifs, présenté par Treilhard, confirme d'ailleurs expressément ce point de vue (1).

2e *Arg.* — C'est un principe général, en matière de succession, que les descendants de frères et sœurs soient assimilés aux frères et sœurs ; pour que cette assimilation existe donc, il suffit qu'elle ne soit pas écartée.

3e *Arg.* — Vainement objecte-t-on que ce principe ne concerne que la succession régulière, et qu'il s'agit ici de la succession irrégulière.

Ce n'est qu'à l'égard de l'enfant naturel que la succession est irrégulière ; mais les neveux et nièces, de même que tous les autres parents demeurent des successeurs réguliers.

4e *Arg.* — Le premier système est d'ailleurs condamné par ses propres conséquences.

Si le *de cujus* laissait un enfant naturel, un aïeul et un neveu, il arriverait, d'après ce système, que l'aïeul produirait seul une réduction à la moitié dont il ne pourrait pas profiter, et que le neveu profiterait seul de cette même réduction qu'il n'aurait pas pu produire.

5e *Arg.* — Y eût-il incertitude, il faudrait s'en tenir à la maxime : *in dubio contra liberos naturales.*

6e *Arg.* — C'est, au surplus, en dehors de toute idée de représentation et en leur seule qualité de descendants de frères et sœurs, conformément aux art. 748, 749, 750, etc., que les descendants de frères et sœurs ont droit contre l'enfant à la moitié de la succession.

Nous nous décidons pour le *second* système, à cause de ses *trois premiers* arguments.

### 3° CONCOURS DE L'ENFANT NATUREL AVEC DES COLLATÉRAUX AUTRES QUE DES FRÈRES OU SOEURS OU DESCENDANTS D'EUX.

*Dans ce troisième cas*, la règle qui ressort du texte est que :

*La portion héréditaire de l'enfant naturel est des trois quarts de celle qu'il aurait eue s'il eût été légitime, c'est-à-dire des trois quarts de la succession, quel que soit le nombre des héritiers avec lesquels il se trouve en concours.*

Les auteurs sont, en général, d'accord pour appliquer cette règle tout aussi bien dans l'hypothèse où il existe *plusieurs* enfants naturels, que dans l'hypothèse où il n'en existe qu'*un seul* (2).

---

(1) Fenet, t. XII, p. 150. — Locré, t. X, p. 192, n° 2.

(2) M. Valette suit jusqu'au bout l'idée de M. Gros ; lorsqu'il existe plusieurs enfants naturels, il partage en conséquence la succession, de manière que *chaque enfant naturel ait toujours à lui seul trois fois autant que tous les collatéraux réunis.*

*Lorsque le* de cujus *a laissé un ou plusieurs ascendants dans une ligne et dans l'autre ligne des collatéraux autres que des frères et sœurs ou descendants d'eux, quelle est alors la part de l'enfant naturel?*

DEUX SYSTÈMES.

1er SYSTÈME (1). — *Lorsque le* de cujus *a laissé un ou plusieurs ascendants dans une ligne et dans l'autre ligne des collatéraux autres que des frères et sœurs ou descendants d'eux, l'enfant naturel a alors droit divisément à la moitié de la part des ascendants et aux trois quarts de la part des collatéraux.*

1er *Arg.* — L'art. 757 s'est proposé pour but de régler la portion héréditaire de l'enfant naturel eu égard à la qualité des parents avec lesquels il concourt; c'est correspondre à la pensée de cet article que de diviser la solution dans le cas présent.

2e *Arg.* — L'ascendant ne peut se plaindre de cette décision, car il a exactement la même part que celle qu'il eût eue si le droit de l'enfant naturel avait été calculé sur la succession tout entière.

De son côté, le collatéral ne pourrait se plaindre qu'en invoquant le droit de l'ascendant qui lui est étranger.

3e *Arg.* — Dans le cas où l'ascendant qui se trouve dans l'une des lignes est le père ou la mère du *de cujus*, il est vrai qu'il existe alors une difficulté pour attribuer à cet ascendant, outre la moitié en propriété afférente à sa ligne, l'usufruit du tiers des biens de l'autre ligne.

Quelque grave qu'elle soit, cette difficulté ne se rapporte pas au principe, elle n'a trait qu'à l'application, et l'on peut la résoudre de diverses manières (2).

2e SYSTÈME (3). — *Lors même que le* de cujus *n'a laissé dans une ligne que des collatéraux autres que des frères et sœurs ou descendants d'eux, s'il a laissé dans l'autre ligne un ou plusieurs descendants, l'enfant naturel n'a alors droit indivisément qu'à la moitié de la succession.*

1er *Arg.* — L'art. 757 restreint le droit de l'enfant naturel à la moitié de la succession totale, par cela seul que le *de cujus* laisse des ascendants.

L'article ne distingue pas.

2e *Arg.* — Tout le monde reconnaît que, s'il n'y a d'ascendants que dans une seule ligne, l'enfant naturel n'a droit qu'à la moitié de la suc-

(1) M. Demante, t. III, n° 75 *bis*, IX. — M. Valette à son cours. — MM. Massé et Vergé, *Sur Zachariæ*, t. II. p. 275.

(2) V. notamment M. Demante, t. III, n° 75 *bis*, IX.

(3) MM. Zachariæ, Aubry et Rau, t. V, p. 107, texte et note 11. — MM. Ducaurroy, Bonnier, Roustain, t. III, n° 515. — M. Demolombe, t. XIV, p. 117.

cession totale, quoiqu'il n'existe dans l'autre ligne aucun parent successible; or, il serait étrange que le droit de l'enfant naturel fût plus considérable, précisément parce que la famille légitime compterait un plus grand nombre de membres appelés à prendre part à la succession.

3e *Arg.* — Dans les deux derniers cas réglés par l'art. 757, le système de la loi consiste à opérer d'abord une *fente* de la succession totale entre la postérité naturelle et la parenté légitime.

Vient ensuite, s'il y a lieu, entre les parents légitimes, *la fente établie par l'art.* 733.

Cette dernière fente ne concerne que la succession régulière.

4e *Arg.* — D'après la règle de la fente établie part l'art. 733, toute succession échue à des ascendants ou à des collatéraux se divise en *deux parts égales.*

Si l'on adoptait le premier système, cette règle d'égalité serait détruite, dans l'espèce.

5e *Arg.* — Lorsque l'ascendant qui se trouve dans l'une des lignes est le père ou la mère, la difficulté d'application atteint le principe, car toutes les solutions proposées sont contraires au texte ou à l'esprit de la loi.

6e *Arg.* — Enfin, si l'article est ambigu, les doutes auxquels il donne lieu doivent, selon l'esprit du Code Napoléon, être résolus contre l'enfant naturel : *in dubio contra liberos naturales.*

A nos yeux, ce *dernier* système est incontestable (1).

Il importe de remarquer que, dans les *trois* cas prévus par l'art. 757, la part de succession afférente *aux parents légitimes* se divise entre eux, *d'après les règles ordinaires de la succession régulière.*

**758.** — L'enfant naturel a droit à la totalité des biens, lorsque ses père ou mère ne laissent pas de parents au degré successible.

Ce texte produit les *deux* résultats inverses suivants :

1° *Un seul collatéral, fût-il même au douzième degré et n'appartînt-il même qu'à une seule ligne, empêche l'enfant naturel de recueillir la totalité des biens ;*

2° *A défaut de parents au degré successible, l'enfant naturel exclut pour la totalité des biens, non-seulement l'État, mais le conjoint survivant* (art. 767).

A part les deux points que nous venons d'indiquer, l'art. 758 a une importance capitale pour caractériser la *nature* des restrictions apportées

(1) Nous ne voyons dans l'opinion contraire de MM. Demante, Valette, Massé et Vergé, que la tentative la plus honorable, mais aussi la plus infructueuse, pour améliorer par voie d'interprétation une législation inique.

au droit héréditaire de l'enfant naturel en concours avec des parents légitimes.

De ce que l'enfant naturel a droit à la totalité des biens, lorsque ses père ou mère ne laissent pas de parents au degré successible, il ressort clairement que les restrictions indiquées dans l'art. 757 appartiennent à une théorie de *disponibilité réelle* ou de *réserve* et non de *capacité personnelle ;* en d'autres termes, ce n'est que *dans l'intérêt de la famille légitime*, que les rédacteurs du Code Napoléon ont limité le droit héréditaire de l'enfant naturel ; ce n'est point *parce qu'ils ont considéré cet enfant comme personnellement incapable* de recevoir de ses père ou mère une quotité supérieure à celle qu'ils jugeaient à propos de lui attribuer (Comparer les art. 757 et 758 avec les art. 920 et 922).

De là, *deux* conséquences :

1° *Les parents dans l'intérêt desquels ces restrictions existent, ont le droit de refuser de s'en prévaloir ;*

2° *Ils n'ont le droit de demander que la réduction et non pas la nullité des libéralités excessives* (1).

**759.** — En cas de prédécès de l'enfant naturel, ses enfants ou descendants peuvent réclamer les droits fixés par les articles précédents.

Cet article procède à la fois de l'art. 42 du Code de la Convention (liv. II, tit. III, § 1), et de l'art. 16 du décret du 12 brumaire, an II.

Il a donné lieu à *deux* questions :

1° *Est-ce seulement, en cas de prédécès de l'enfant naturel et par voie de représentation, ou est-ce, même en cas de renonciation ou d'indignité de l'enfant naturel et de leur chef, que les descendants de l'enfant naturel peuvent réclamer les droits attribués à leur auteur?*

2° *Est-ce seulement la descendance légitime de l'enfant naturel ou est-ce même sa descendance naturelle qui peut invoquer l'application de l'art.* 759 ?

(1) M. Demante, *Themis*, t. VII, p. 149-150.
M. Demolombe, t. XIV, p. 127.
Ceci correspond à ce que nous avons écrit ailleurs :
« Certaines législations actuelles semblent reconnaître que le droit de l'enfant naturel vaut en soi celui de l'enfant légitime, et si, par une incroyable inconséquence, elles défendent la recherche de la paternité, arrivant ainsi jusqu'à nier le droit humain de l'enfant naturel, ou si, la paternité volontairement reconnue, elles créent des différences dans les droits de succession entre l'enfant naturel et l'enfant légitime, tout en faisant à l'enfant naturel une part qui peut dépasser de beaucoup le droit aux aliments, c'est qu'elles procèdent à ce point de vue d'une pensée d'intérêt social, celle d'empêcher une recherche qu'elles réputent scandaleuse, et de sauvegarder le principe de la dignité du mariage. » (*L'enfant né hors mariage*, p. 22.)

La *première* question, à vrai dire, n'en est pas une ; elle n'existe que par suite de la négligence apportée à la rédaction de l'art. 759 ; d'une part, l'art. 42 du Code de la Convention et l'art. 16 du décret du 12 brumaire an II assimilaient formellement, pour les droits de succession, les descendants des enfants naturels reconnus à ces enfants eux-mêmes ; d'autre part, *toute personne déclarée apte à venir par représentation à une succession est, par là même, déclarée apte à y venir de son chef* (1).

La *seconde* question, dans le système du Code Napoléon, n'est pas plus douteuse que la première ; l'art. 756 déclare, en effet, formellement que la loi n'accorde aucun droit aux enfants naturels sur les biens des parents de leur père ou mère.

Il importe de remarquer :

1° Sur les trois art. 757, 758 et 759,

*Que par application de l'art.* 337, *si le* de cujus *a reconnu, pendant son mariage, un enfant naturel qu'il a eu, avant son mariage, d'un autre que de son conjoint, cet enfant n'a pas le droit de concourir avec les descendants légitimes qu'a laissés le* de cujus, *et qu'à défaut de parents au degré successible, il est exclu par le conjoint* (2);

2° Sur les deux art. 758 et 759,

*Que lorsqu'il n'existe pas de parents au degré successible, s'il y a eu une réduction opérée conformément à la disposition de l'art.* 761, *l'enfant naturel n'a droit qu'à la portion fixée par cet article et le reste de la succession est recueilli par le conjoint survivant, ou, à son défaut, par l'État, sauf le cas où il serait démontré que la réduction a eu lieu, non pas en haine de l'enfant naturel, mais en faveur d'héritiers présomptifs qui ne peuvent ou ne veulent accepter la succession.*

**760**. — L'enfant naturel ou ses descendants sont tenus d'imputer sur ce qu'ils ont droit de prétendre, tout ce qu'ils ont reçu du père ou de la mère dont la succession est ouverte, et qui serait sujet à rapport, d'après les règles établies à la section II du chapitre VI du présent titre.

---

(1) M. Demante, t. III, n° 78 *bis*, 1. — MM. Zachariæ, Aubry et Rau, t. V, p. 112. — MM. Ducaurroy, Bonnier, Roustain, t. II, n° 517. — M. Demolombe, t. XIV, p. 132.

En sens contraire, notamment M. Marcadé (art. 759, II), qui a manqué toute la théorie de la représentation, faute de comprendre que le représentant vient *en vertu d'une vocation propre*.

(2) Lorsque le conjoint se trouve exclu par des ascendants ou des collatéraux qu'a laissés le défunt, l'enfant naturel reconquiert, grâce à la présence des ascendants ou des collatéraux, le droit héréditaire qu'il eût perdu en face du conjoint.

Dans la pensée des rédacteurs du Code Napoléon, cet article a eu pour but, sinon pour effet nécessaire, d'*empêcher les père et mère d'augmenter, par des libéralités, la portion héréditaire de l'enfant naturel* (1).

Il doit être complété au moyen de l'art. 908, qui porte que :

« Les enfants naturels ne pourront, par donation entre-vifs ou par testament, rien recevoir au delà de ce qui leur est accordé au titre des successions. »

De ces deux textes réunis, il résulte, au point de vue de la succession *ab intestat :*

1° *Que l'enfant naturel venant à la succession de son père ou de sa mère est obligé de faire raison à ses cohéritiers des donations ou des legs qu'il a reçus du* de cujus, *même avec déclaration que ces donations ou ces legs lui sont attribués hors part ;*

2° *Que l'enfant naturel, même renonçant à la succession de son père ou de sa mère, ne peut retenir ou réclamer sur les donations ou sur les legs qu'il a reçus du* de cujus *une quotité supérieure à sa portion héréditaire* (V. *infra*, art. 908).

On donne pour motifs de cette double disposition :

1° Les décisions correspondantes du droit romain et de l'ancien droit français (2) ;

2° Les convenances sociales.

Ces deux motifs ne sont pas plus admissibles l'un que l'autre ; concevables en fait dans un état économique où la propriété foncière jouait le principal, sinon l'unique rôle, les prohibitions des art. 760 et 908 sont d'ailleurs complétement illusoires, aujourd'hui que le courant de la civilisation tend à mobiliser de plus en plus la propriété.

Quoi qu'il en soit, l'art. 760 astreint l'enfant naturel ou ses descendants *à imputer sur ce qu'il a droit de prétendre tout ce qu'il a reçu du père ou de la mère dont la succession est ouverte, et qui serait sujet à rapport, d'après les règles indiquées ultérieurement.*

*De ce texte ténébreux, doit-on conclure que l'imputation à laquelle est soumis l'enfant naturel est identique avec le rapport proprement dit?*

Les auteurs sont loin de s'entendre sur cette question ; pour la résoudre, il est indispensable de caractériser préalablement le *rapport*.

Comme nous le verrons (*infra*, chap. IV, sect. II), on définit le rapport :

*La réunion à la masse héréditaire ou la retenue dans cette masse*

---

(1) Fenet, t. XII, p. 194.

(2) V. en particulier, l. II et VIII, C., *de Natur. lib.* — Nov. 89, cap. 12, princ., § 1 et 2, et cap. 15 ; L. C. *Ad senat. orphit.*

Daguesseau, *Dissertation sur les bastards*, œuvres complètes, t. VII.

*des donations entre-vifs ou des legs faits sans préciput par le* de cujus *à ses héritiers légitimes.*

Les auteurs s'entendent pour admettre de prime abord *une* analogie fort importante et *trois* différences non moins importantes entre la théorie de l'imputation et la théorie du rapport.

L'analogie consiste en ce que :

*D'après les termes de l'art.* 760, *les règles de l'imputation sont les mêmes que celles du rapport à l'égard de ce qui est sujet à imputation* (art. 843, 851, 852, 853, 854, 856).

Les *trois* différences sont que :

1° *D'après les termes des art.* 760 *et* 908, *l'enfant naturel ne peut être dispensé de l'imputation par le* de cujus, *ou s'en exonérer en renonçant à la succession ;*

*Au contraire, l'héritier légitime est, dans les deux mêmes cas, affranchi du rapport* (art. 843, 844, 845);

2° *D'après les termes des art.* 908 *et* 911, *l'enfant naturel est tenu d'imputer non-seulement ce qui lui a été donné ou légué à lui-même, mais encore ce qui a été donné ou légué à ses descendants ou à son conjoint ;*

*Au contraire, l'héritier légitime, dans les mêmes cas, n'est pas obligé au rapport* (art. 847 et 849) ;

3° *D'après les termes des art.* 759 *et* 908, *les descendants de l'enfant naturel, même venant de leur chef à la succession des père ou mère de leur auteur, sont tenus d'imputer tout ce que l'enfant naturel prédécédé a reçu du* de cujus.

*Au contraire, les descendants de l'héritier légitime dans le même cas ne sont pas obligés au rapport* (art. 848) (1).

Théoriquement, ces *trois* différences ont d'ailleurs pour cause la nature du droit héréditaire des parents légitimes en concours avec l'enfant naturel, droit qui est une *réserve* (V. *supra*, p. 145).

En ce qui concerne les descendants de l'enfant naturel, un point est débattu :

*Lorsque après le décès de l'enfant naturel, ses descendants ont reçu par donation entre-vifs ou par testament, du père ou de la mère de leur auteur au delà de ce qui leur est attribué dans la succession* ab intestat, *cessent-ils d'être soumis aux dispositions des art.* 759 *et* 908, *et peuvent-ils conserver la libéralité tout entière ?*

---

(1) M. Demante, t. XII, n° 79 *bis*, VI. — MM. Zachariæ, Aubry et Rau, p. 372, texte et note 16. — M. Demolombe, t. XIV, p. 146.

DEUX SYSTÈMES.

1er SYSTÈME (1). — *Aff.*

1er *Arg.* — La capacité de disposer et de recevoir par donation entre-vifs ou par testament est la règle; l'incapacité est l'exception; aucun texte ne prononce d'incapacité dans ce cas.

2e *Arg.* — On ne peut opposer à cette solution ni l'art. 759 pris isolément, car, par lui-même, cet article a un caractère attributif et non pas un caractère restrictif; ni l'art. 760 pris isolément, car, par elle-même, l'obligation d'*imputer* n'implique pas plus que l'obligation de *rapporter* une incapacité de recevoir; ni ces deux textes combinés avec les art. 908 et 911, car, d'une part, l'art. 908 ne frappe d'incapacité que *les enfants naturels* et non pas leurs descendants, et d'autre part, l'art. 911, bien que prononçant la nullité de la disposition à titre gratuit faite au profit même du descendant d'un incapable, est fondé sur une présomption d'interposition de personnes que l'hypothèse exclut.

2e SYSTÈME (2). — *Nég.*

1er *Arg.* — Le système général du Code Napoléon est qu'en matière de disponibilité les descendants soient traités de la même manière que l'enfant dont ils procèdent (art. 914).

2e *Arg.* — L'art. 908 est le complément et la sanction des art. 759 et 760.

L'art. 911, à son tour, est le complément et la sanction des incapacités de recevoir et il statue par voie de disposition générale.

3e *Arg.* — Dans le premier système, il faudrait aller jusqu'à admettre, si l'on ne veut violer la logique :

1° Que les descendants de l'enfant naturel ont le droit, en renonçant à la succession du père ou de la mère de leur auteur, de conserver intacte la libéralité, si considérable qu'elle soit, qu'ils ont reçue du *de cujus ;*

2° Que les père et mère de l'enfant naturel ont le droit de dispenser les descendants de l'enfant naturel de l'imputation des libéralités qu'ils ont faites à ces descendants.

Mais, en se sauvant par ces deux déductions de la violation de la logique, on tomberait dans la violation des textes (art. 759 et 760).

Nous adoptons le *second* système, parce qu'à quelque degré que soit portée la confusion de tout cet ensemble, l'assimilation, dans la matière, des descendants de l'enfant naturel à l'enfant naturel lui-même, nous paraît commandée par les art. 759 et 760.

---

(1) MM. Zachariæ, Aubry et Rau, t. V, p. 439, texte et note 46. — MM. Massé et Vergé, *Sur Zachariæ*, t. III, p. 240.

(2) M. Duranton, t. VIII, n° 247. — M. Demolombe, t. XIV, p. 149.

Reste maintenant la question *capitale* à laquelle donne lieu la théorie de l'imputation :

*Sauf les trois différences constatées plus haut, les dispositions relatives au rapport sont-elles applicables à l'imputation?*

Faut-il notamment décider :

1° *Que l'imputation doit se faire tantôt en nature, tantôt en moins prenant, d'après les mêmes distinctions que le rapport* (art. 855, 860, 861, 862, 863, 864 et 868)?

2° *Que l'enfant naturel doit les fruits et les intérêts de l'objet sujet à l'imputation à dater de l'ouverture de la succession* (article 856)?

### TROIS SYSTÈMES.

1er SYSTÈME (1). — *L'imputation diffère radicalement du rapport, en ce que l'imputation n'entraîne aucune résolution de la donation, quelle que soit la nature de l'objet donné.*

En conséquence :

1° *L'imputation se fait toujours en moins prenant et d'après une règle qui lui est propre, c'est-à-dire d'après la valeur de l'objet sujet à imputation au moment de la donation ;*

2° *L'enfant naturel n'est pas tenu des fruits et des intérêts de l'objet sujet à imputation, même à dater de l'ouverture de la succession.*

1er *Arg.* — En se servant, dans l'art. 760, du mot : *imputer*, au lieu du mot : *rapporter*, les rédacteurs du Code Napoléon ont témoigné que le principe de l'imputation n'était pas le même que le principe du rapport.

2e *Arg.* — Ce point de vue se confirme par le rapprochement de l'art. 843, qui n'impose le rapport qu'aux héritiers, avec l'art 756, qui déclare que les enfants naturels ne sont point héritiers, et avec l'article 760.

---

(1) Chabot, art. 760, n° 2. — MM. Ducaurroy, Bonnier et Roustain, t. II, n° 520. — M. Marcadé, art. 760, n° 1.

Telle est en cette matière l'anarchie de la doctrine qu'il est à peine possible d'en classer les divergences sous des formules générales, et qu'en y regardant de près on arriverait à trouver autant de systèmes qu'il existe d'auteurs ayant traité la question.

Cependant les interprètes suivent *trois* directions plus ou moins déterminées, et ce sont ces trois directions que nous indiquons ici sous le nom de systèmes.

Il y a à remarquer, en ce qui concerne le *premier*, qu'il se divise lui-même en *deux* autres, et que plusieurs de ses partisans, tels que Chabot, sont allés jusqu'à enseigner que *l'objet donné à l'enfant naturel ne doit pas être réuni fictivement à la masse héréditaire pour la fixation du montant de la quote-part à laquelle cet enfant a droit* (Chabot, art. 760, n° 2).

Évidemment, il n'y a pas lieu de s'arrêter à cette idée de Chabot.

2ᵉ SYSTÈME (1). — *A la différence du rapport, l'imputation ne se fait jamais en nature, mais elle constitue d'ailleurs un rapport en moins prenant.*

En conséquence :

1° *L'imputation est soumise aux règles du rapport en moins prenant* (art. 855, 860, 861, 862, 863, 864 et 868).

2° *L'enfant naturel est tenu des fruits et des intérêts de l'objet sujet à imputation à dater de l'ouverture de la succession* (art. 858).

Ce système présente les *mêmes arguments* que le système précédent, tout en en déduisant deux conséquences directement contraires.

M. Demante ajoute que la question appartient à la matière de la *disponibilité* plutôt qu'à celle du *rapport*, et il invoque, à l'appui du second système, les art. 922 et 928.

3ᵉ SYSTÈME (2). — *L'imputation ne diffère pas, en principe, du rapport.*

1ᵉʳ *Arg.* — L'idée qui ressort de l'art. 757 est que l'enfant naturel doit être momentanément considéré comme légitime pour le réglement de sa portion héréditaire.

Cette idée serait incompatible avec les deux systèmes précédents.

2ᵉ *Arg.* — On ne peut fonder toute une théorie sur le mot *imputer* que renferme l'art. 760.

3ᵉ *Arg.* — Les systèmes précédents *consacrent l'injustice et engendrent l'incohérence* (3).

A part ce dernier argument, qui va trop loin, parce que, convenablement rétorqué, il ébranlerait les fondements mêmes du chap. IV, nous optons pour le troisième système, comme présentant la seule théorie soutenable.

Conformément à cette théorie, il est d'ailleurs manifeste que si le *de cujus* laisse pour *seuls* successeurs *plusieurs enfants naturels*, il y a lieu d'appliquer, sans aucune modification, *le droit commun du rapport, c'est-à-dire même les règles relatives au cas de préciput ou de renonciation de l'héritier à la succession* (art. 843, 844, 845) (4).

**761.** — Toute réclamation leur est interdite, lorsqu'ils ont reçu, du vivant de leur père ou de leur mère, la moitié de ce qui leur est attribué par les articles précédents, avec déclaration expresse, de la part de leur père ou mère, que leur intention est de réduire l'enfant naturel à la portion qu'ils lui ont assignée.

---

(1) M. Demante, t. III, n° 76 *bis*, I et II. — MM. Zachariæ, Aubry et Rau, t. V, p. 372. — MM. Massé et Vergé, t. II, p. 438.

(2) M. Demolombe, t. XIV, p. 157.

(3) L'aveu est de Chabot, un des partisans de ces systèmes (Chabot, art. 760, n° 1.

(4) M. Demante, t. III, n° 80 *bis*, IV, note 1. — MM. Ducaurroy, Bonnier, Roustain, t. II, n° 522. — M. Demolombe, t. XIV, p. 166.

Dans le cas où cette portion serait inférieure à la moitié de ce qui devrait revenir à l'enfant naturel, il ne pourra réclamer que le supplément nécessaire pour parfaire cette moitié.

Cet article établit, pour les père et mère de l'enfant naturel, un moyen *spécial* de réduire la portion héréditaire de cet enfant.

*Ce moyen consiste dans l'attribution à l'enfant, du vivant de ses père ou mère, de la moitié de sa portion héréditaire.*

Il faut d'ailleurs que les père ou mère aient déclaré *expressément* qu'ils entendent réduire l'enfant à cette moitié.

En portant une telle disposition, le Code Napoléon s'est proposé un double but :

1° Il a voulu débarrasser la famille légitime d'un compétiteur que le tribun Siméon qualifiait d'*odieux;*

2° Il a entendu investir les père et mère d'une faculté qui retînt les enfants dans les devoirs de la piété filiale (1).

Il est facile de voir que le *premier* but n'est pas atteint; la quotité d'une succession ne peut être connue qu'*à l'époque où cette succession s'ouvre;* ce n'est donc qu'à *cette époque* qu'il sera possible d'apprécier si l'enfant naturel a reçu la *moitié* de sa portion héréditaire.

De là, le droit pour cet enfant d'*intervenir*, nonobstant toute réduction, dans la succession de ses père et mère, afin d'en constater le montant exact.

C'est ce que reconnaît, au surplus, l'alinéa 2 de l'art. 761, en déclarant que *si la valeur de l'attribution faite à l'enfant naturel est inférieure à la moitié de ce qui devrait lui revenir, il peut réclamer le supplément nécessaire pour parfaire cette moitié.*

L'art. 761 a donné lieu à *plusieurs* controverses ; le débat *principal* porte sur le point suivant :

---

(1) Voici les propres paroles des tribuns Siméon et Chabot.

Siméon disait devant le Corps législatif :

« Si, pour la tranquilité et le repos de leur famille, les père et mère ont eu soin d'acquitter, de leur vivant, leur dette envers leur enfant naturel ; si, en la payant par anticipation, ils ont déclaré ne vouloir pas qu'il vînt après eux troubler leur succession, le Code maintiendra cette disposition ».

« Une pareille donation est utile et pour l'enfant naturel qu'elle fait jouir plus tôt, et pour la famille qu'elle débarrasse d'un créancier odieux »..... (Discours du 29 germinal an XI).

Chabot s'exprimait ainsi devant le Tribunat :

« Il était convenable de laisser aux père et mère cette faculté qui retiendra les enfants dans les devoirs de la piété filiale (Rapport du 26 germinal an XI).

V. au surplus, Fenet, t. XII, p. 194 et 231. — Locré, t. X, p. 293, n° 25.

On remarquera que Siméon reste fidèle à l'idée que l'enfant naturel n'a qu'un droit de créance contre la succession de ses père et mère.

Quant aux idées morales que supposent les paroles de deux tribuns, nous les avons appréciées d'avance (*Manuel de droit civil*, t. I, p. 289 et 338).

*Les père et mère de l'enfant naturel ne peuvent-ils user de la faculté que leur confère l'art.* 761 *que subordonnément à l'acceptation de l'enfant ?*

DEUX SYSTÈMES.

1er SYSTÈME (1). — *Les père et mère de l'enfant naturel peuvent user, nonobstant même le refus de l'enfant, de la faculté que leur confère l'art.* 761.

1er *Arg.* — Les travaux préparatoires appuient cette solution (V. *supra*, discours de Siméon et de Chabot, p. 152, note 1).

2e *Arg.* — Si le refus de l'enfant naturel pouvait paralyser la faculté que l'art. 761 confère à ses père et mère, cette faculté serait illusoire, car, le plus souvent, l'enfant ne consentirait pas à la réduction.

3e *Arg.* — La formule de l'article investit les père et mère d'une faculté souveraine.

2e SYSTÈME (2). — *Les père et mère de l'enfant naturel ne peuvent user de la faculté que leur confère l'art.* 761 *que subordonnément à l'acceptation de l'enfant.*

1er *Arg.* — Il ne peut s'agir, dans la question proposée, que d'une transmission entre-vifs à titre gratuit ; or, toute transmission entre-vifs à titre gratuit constitue une donation, et toute donation n'est parfaite que par le consentement du donataire (art. 893, 894 et 932).

2e *Arg.* — Dans son discours devant le Corps législatif, Siméon lui-même a déclaré à plusieurs reprises qu'il s'agissait, dans l'art. 761, d'un *don* anticipé, d'une *donation*.

3e *Arg.* — Il est inexact de prétendre que l'enfant naturel acceptera rarement l'offre de ses père ou mère, car, une donation immédiate lui fournira le moyen de se créer une position.

4e *Arg.* — Le texte est plutôt dans le sens de cette seconde solution que dans le sens de la première, car le texte suppose que l'enfant a *reçu* ce que lui offraient ses père et mère ; or, on ne *reçoit* que lorsqu'on *consent*.

Du reste, le législateur s'est aussi servi, dans l'art. 760, du mot *recevoir* et il lui a attribué cette acception.

5e *Arg.* — Le premier système aboutit finalement à une impasse pour le cas où l'enfant refuse l'offre qui lui est faite.

---

(1) Pothier, t. II, n° 262. — M. Duranton, t. VI, n° 304. — M. Rodière *Revue de législation*, t. III, p. 468. — M. Paul Pont, *Revue de législation* nouv. série, t. V, p. 88. — MM. Massé et Vergé, t. II, p. 279.

La jurisprudence s'est prononcée dans ce sens.

(2) Maleville, art. 761. — Chabot, art. 761. — M. Demante, t. III, n° 80 *bis*, I. — M. Valette à son cours. — MM. Ducaurroy, Bonnier, Roustain, t. II, n° 524. — MM. Zachariæ, Aubry et Rau, t. V, p. 110, texte et note 18. — M. Demolombe, t. XIV, p. 172.

Il n'y a pas, en effet, de donation possible sans l'acceptation du donataire.

A nos yeux, cette question doit être déclarée insoluble si, pour la résoudre, on recherche la pensée des rédacteurs du Code Napoléon.

D'un autre côté, l'idée doctrinale d'après laquelle l'attribution aurait lieu, dans le cas présent, par voie de donation, est en contradiction flagrante avec les faits; ce qui manque assurément le plus dans une pareille hypothèse, c'est l'*animus donandi* (1).

Néanmoins, nous adoptons le *second* système, parce que l'enfant naturel étant un héritier, il est logique d'admettre que ses père et mère doivent le rendre propriétaire de la moitié à laquelle ils le réduisent, et qu'il n'y a pas de translation de propriété possible d'une personne à une autre, contre la volonté de cette autre.

Il y a lieu de remarquer que, dans le second système, l'art. 761 *déroge* aux art. 791 et 1130, qui prohibent les pactes sur une succession future.

Comme nous l'établirons (*infra*, art. 913), l'enfant naturel a une réserve; l'art. 761 implique lui-même cette conséquence; de là, la question suivante :

*La moitié à laquelle l'art. 761 permet de réduire l'enfant naturel est-elle la moitié de ses droits héréditaires* ab intestat *ou bien seulement la moitié de sa réserve?*

DEUX SYSTÈMES.

1er SYSTÈME (2). — *L'art. 761 permet de réduire l'enfant naturel à la moitié de sa réserve et non pas seulement de sa part héréditaire.*

1er *Arg.* — Le texte même de l'alinéa 2 de l'art. 761 fixe à « *la moitié de ce qui devrait revenir à l'enfant naturel* », la mesure de la réduction qu'autorise le premier alinéa.

Or, les expressions : « *la moitié de ce qui devrait revenir à l'enfant naturel* », paraissent bien faire allusion à la réserve.

2e *Arg.* — S'il en était autrement, les père ou mère qui auraient épuisé, en libéralités, leur quotité disponible, ne pourraient plus user de la faculté que leur confère l'art 761.

2e SYSTÈME (3). — *L'art. 761 ne permet de réduire l'enfant naturel qu'à la moitié de ses droits héréditaires.*

---

(1) Il nous est arrivé d'être consulté plusieurs fois sur l'application de l'art. 761; nous n'attestons ici que les résultats de notre propre vérification.

(2) M. Demante, t. III, n° 80 *bis*, II. Il existe plusieurs arrêts dans ce sens.

(3) MM. Massé et Vergé, *Sur Zachariæ*, t. II, p. 279. — M. Demolombe, t. XIV, p. 186.

1er *Arg.* — Le texte même de l'alinéa premier de l'art. 761 fixe à « *la moitié de ce qui est attribué à l'enfant naturel par les articles précédents* », la mesure de la réduction qu'il autorise.

Or, les expressions : « *la moitié de ce qui est attribué à l'enfant naturel par les articles précédents* », font certainement allusion à la portion héréditaire *ab intestat* de l'enfant naturel.

2e *Arg.* — Dans le titre des successions *ab intestat*, les rédacteurs du Code Napoléon n'ont toujours eu en vue que la dévolution de toute l'hérédité.

3e *Arg.* — Il serait très-grave de cumuler contre l'enfant deux réductions.

Nous adoptons ce système.

Lorsque le *de cujus* a laissé des descendants légitimes et plusieurs enfants naturels, parmi lesquels quelques-uns seulement ont été réduits, tous les auteurs admettent que la réduction ne profite qu'aux descendants légitimes.

*Lorsqu'au lieu de descendants légitimes, le* de cujus *a laissé, dans une hypothèse d'ailleurs semblable, des ascendants ou des frères et sœurs, ou d'autres collatéraux, la réduction ne profite-t-elle également qu'à la famille légitime?*

DEUX SYSTÈMES.

1er SYSTÈME (1). — *Lorsqu'au lieu de descendants légitimes, le* de cujus *a laissé des ascendants ou des frères et sœurs, ou d'autres collatéraux, la réduction profite à la fois aux enfants naturels non réduits et à la famille légitime.*

L'argument de ce système consiste à dire que, dans le cas de concours entre les enfants naturels et tous autres parents légitimes que les descendants, il existe une sorte de fente de la succession en deux parts ; or, comme cette fente porte sur la masse, tout ce qui augmente la masse augmente, par conséquent, chacune des deux parts.

2e SYSTÈME (2). — *Lors même qu'au lieu de descendants légitimes, le* de cujus *n'a laissé que des ascendants ou des frères ou sœurs, ou d'autres collatéraux, la réduction ne profite qu'à la famille légitime.*

1er *Arg.* — Toutes les fois que le *de cujus* ayant usé, contre un ou plusieurs de ses enfants naturels, du droit de réduction, laisse des héritiers légitimes, quels qu'ils soient, il y a lieu de supposer qu'en faisant la réduction, il a eu exclusivement en vue l'intérêt de la famille légitime.

---

(1) M. Duranton, t. VI, n° 308. — M. Taulier, t. III, p. 194.
(2) M. Demante, t. III, n° 80 *bis*, III. — M. Demolombe, t. XIV, p. 194.

2e *Arg.* — L'art. 908 serait violé si des enfants naturels obtenaient, au moyen de la réduction, une part plus forte que celle qu'ils devaient avoir d'après la première disposition de l'art. 757, eu égard au nombre des autres enfants naturels et des héritiers.

Nous adoptons le *second* système.

*La réduction d'un ou de plusieurs enfants naturels peut-elle avoir lieu, à défaut de parents légitimes au degré successible, dans l'intérêt des autres enfants naturels, du conjoint survivant ou de l'État.*

TROIS SYSTÈMES.

1er SYSTÈME (1). — *Ce n'est que dans l'intérêt de la famille légitime que la réduction peut avoir lieu.*

1er *Arg.* — L'art. 761 n'a pas été fait en haine de l'enfant naturel; il a pour unique but de ménager les susceptibilités de la famille légitime.

2e *Arg.* — Cet article est d'ailleurs placé dans une section où il ne s'agit que du concours de l'enfant naturel avec les parents légitimes.

3e *Arg.* — Les systèmes contraires, s'ils ne veulent enfreindre la logique, doivent admettre que la réduction d'un des enfants naturels peut avoir lieu, à défaut de parents au degré successible, même dans l'intérêt des autres enfants naturels; or, cette conséquence est la condamnation de ces systèmes.

2e SYSTÈME (2). — *La réduction ne peut jamais profiter à l'État.*

L'argument de ce système est fondé sur l'idée que l'État n'est pas, à proprement parler, un héritier, et que la réduction n'est autorisée que dans l'intérêt des héritiers.

3e SYSTÈME (3). — *La réduction profite même aux autres enfants naturels, au conjoint survivant et à l'État, lorsque telle est l'intention de l'auteur de la disposition emportant réduction.*

L'argument de ce système consiste à dire :

L'art. 761 contient un renvoi général *aux articles précédents;* or, parmi ces articles, se trouve l'art. 758 qui prévoit le cas où *les père et mère de l'enfant naturel ne laissent pas de parents légitimes au degré successible;* donc, l'enfant naturel peut être réduit, *même lorsqu'il n'existe pas de parents légitimes au degré successible.*

Nous nous décidons pour ce troisième système, *en vertu du principe fondamental, d'après lequel la succession* ab intestat *repose sur la volonté présumée du* de cujus.

---

(1) MM. Ducaurroy, Bonnier, Roustain, t. II, n° 527. — MM. Massé et Vergé, *Sur Zachariæ,* t. II, p. 283. — M. Demolombe, t. XIV, p. 195.

(2) M. Delvincourt, t. II, p. 22, note 4.

(3) M. Demante, t. III, n° 80 *bis,* IV. — M. Valette, à son cours.

En dehors du droit spécial établi par l'art. 761, les père et mère de l'enfant naturel ont aussi, comme nous le verrons (*infra*, art. 913), la faculté de réduire cet enfant à sa réserve, conformément au droit commun.

**762.** — Les dispositions des articles 757 et 758 ne sont pas applicables aux enfants adultérins ou incestueux. — La loi ne leur accorde que des aliments.

**763.** — Ces aliments sont réglés eu égard aux facultés du père ou de la mère, au nombre et à la qualité des héritiers légitimes.

**764.** — Lorsque le père ou la mère de l'enfant adultérin ou incestueux lui auront fait apprendre un art mécanique, ou lorsque l'un d'eux lui aura assuré des aliments de son vivant, l'enfant ne pourra élever aucune réclamation contre leur succession.

### DROIT DES ENFANTS ADULTÉRINS OU INCESTUEUX CONTRE LA SUCCESSION DE LEURS PÈRE ET MÈRE

Les enfants adultérins ou incestueux n'ont pas de *droit héréditaire ;* aux termes de l'alinéa 2 de l'art. 761, la loi ne leur accorde que *des aliments.*

Avant de déterminer la nature, l'étendue et les conditions d'existence de ce droit à des aliments, réglons-en d'abord la portée d'application.

Comme nous l'avons déjà indiqué (1), l'art. 762 est en état *de flagrante antinomie* avec l'art. 335.

L'art. 335 *prohibe*, en effet, *la reconnaissance des enfants adultérins ou incestueux*, et l'art. 762 *suppose*, au contraire, *cette même reconnaissance accomplie*, puisqu'il permet aux enfants adultérins et incestueux de réclamer des aliments contre la succession de leurs père et mère.

Sans revenir sur les *quatre* systèmes qui se proposent de *concilier* ces deux textes, nous admettons *que*, d'après la législation actuelle, *la reconnaissance d'un enfant adultérin ou incestueux ne peut produire aucun effet juridique, soit pour lui, soit contre lui* (2).

Cependant, comme il existe *quatre* cas dans lesquels la filiation adultérine ou incestueuse se trouve *forcément constatée*, l'art 762 s'applique dans ces *quatre* cas.

Ainsi :

1° *Dans le cas du désaveu* (art. 312 et 313);

2° *Dans le cas de l'action en réclamation d'état, lorsque le mari ou ses héritiers parviennent à écarter la prétention de l'enfant, en ce qui concerne le mari* (art. 325) ;

(1) *Manuel de droit civil*, t. 1, p. 341.
(2) *Idem*, p. 340.

3° *Dans le cas d'un mariage contracté de mauvaise foi et annulé pour cause de bigamie ou d'inceste;*

4° *Dans le cas enfin où la filiation incestueuse ou adultérine serait, par erreur de fait ou de droit, constatée par une décision passée en force de chose jugée* (1).

*Quelle est la nature de ce droit aux aliments?*

Nous avons dit que ce n'est point un *droit héréditaire;* les rédacteurs du Code Napoléon ont suivi, pour l'enfant adultérin ou incestueux, cette idée du *droit de créance* qu'ils avaient d'abord appliquée même à l'enfant naturel simple et qu'ensuite, à l'égard de cet enfant, ils ont plus ou moins nettement répudiée.

*Dans les quatre cas ci-dessus mentionnés, l'enfant adultérin ou incestueux, en face de la succession de ses père et mère, ne pouvant être qu'un créancier d'aliments, lui appliquera-t-on pour régler l'étendue et les conditions d'existence de son droit les règles qui gouvernent, en général, l'obligation alimentaire?*

C'est à cette question que les rédacteurs du Code Napoléon ont répondu dans les art. 763 et 764, sans manquer d'ailleurs d'y laisser des traces de leur incurie habituelle.

L'art. 753 commence par déclarer, ce qui est assez évident par soi-même, que « ces aliments doivent être réglés eu égard *aux facultés du père ou de la mère* ».

Ce même article ajoute qu'on devra aussi avoir égard *au nombre et à la qualité des héritiers légitimes.*

Il faut lire : *au nombre et à la qualité de tous les successeurs quelconques, héritiers légitimes ou irréguliers.*

On conçoit la limitation dérivant du nombre, car elle s'impose, si les successeurs se trouvent être eux-mêmes des créanciers d'éducation et d'aliments (2); mais, là où l'ex-rapporteur du décret du 12 brumaire an II, et ses collègues du Conseil d'État ont cessé de se comprendre, c'est lorsqu'ils ont déclaré que le *nombre* (sans distinction) *et la qualité des héritiers légitimes feraient varier le droit aux aliments de l'enfant adultérin ou incestueux.*

Que la créance d'aliments soit variable, qu'elle doive varier d'après la quotité de la fortune de la personne qui doit les aliments et d'après l'étendue du besoin de la personne qui y a droit, c'est là une proposi-

(1) *Manuel de droit civil*, t. I, p. 340.
De ce que le Code Napoléon attribue dans ces *quatre* cas à l'enfant adultérin ou incestueux une *créance d'aliments contre la succession de ses père et mère*, la doctrine en conclut, non sans hardiesse, que, dans ces *quatre* même cas, *les père et mère doivent de leur vivant des aliments à leur enfant hors d'état de subvenir à ses besoins.*

(2) Comparez M. Demante, t. III, n° 82 *bis*, IV.

tion que nous avons déjà développée et que le Code Napoléon lui-même consacre en termes exprès (art. 208) (1).

Mais, eût-on du reste eu, comme Cambacérès, l'insigne honneur, d'être le rapporteur du Code de la Convention et du décret du 12 brumaire, cela ne dispense pas, surtout lorsqu'on fait un Code, d'entendre les dispositions qu'on y met! *Une créance d'aliments, à raison de sa nature, doit primer tout autre droit;* car, une créance d'aliments, c'est une créance qui se réfère à un *minimum* de vie intellectuelle, morale et physique.

Qu'importent donc ici, en tout état, *la qualité des successeurs et même leur nombre, lorsqu'ils ne sont pas, de leur côté, des créanciers d'éducation ou d'aliments* (2)!

---

(1) *Manuel de droit civil*, t. I, p. 206 et 214.

(2) Rendons tout ceci sensible au moyen d'une espèce.

Nous sommes dans un des quatre cas où le Code Napoléon ne refuse pas absolument un morceau de pain à l'enfant adultérin ou incestueux. Le père de cet enfant est mort, en laissant pour patrimoine un petit capital de vingt mille francs; il existe d'ailleurs deux enfants légitimes pourvus chacun de dix mille livres de rente; quant à l'enfant adultérin ou incestueux, il n'a ni rentes, ni capital.

Assurément, nous n'exagérons pas l'espèce; de quelle manière les choses se passeront-elles, d'après l'esprit, comme d'après la lettre des deux alinéas combinés de l'art. 762?

Puisque les enfants adultérins ou incestueux ne succèdent pas à leurs père et mère, ce sont les deux enfants légitimes, munis chacun de dix mille livres de rente, qui recueilleront héréditairement le capital de vingt mille francs laissé par l'auteur commun.

Il est vrai qu'ils devront fournir une pension alimentaire à leur frère adultérin ou incestueux; quelle sera la quotité de cette pension?

Légalement, la réponse est facile : elle est dictée par le texte, sauf en un seul point, celui qui concerne le besoin de l'enfant.

D'après ce que nous venons de dire, on devra avoir égard :

1° Aux facultés de l'auteur commun, c'est-à-dire au capital de vingt mille francs qu'il a laissé, et qui représente, au taux de cinq pour cent, mille francs de rente;

(La fortune personnelle des héritiers est complétement en dehors du calcul.)

2° Au nombre des héritiers, c'est-à-dire, que comme il existe deux héritiers, le total de la pension mise distributivement à la charge des deux est moins élevé que le total de la pension qui eût dû être mise à la charge exclusive d'un seul, s'il n'en eût existé qu'un seul;

3° A la qualité des héritiers, c'est-à-dire que, comme les enfants légitimes ont la meilleure qualité d'héritiers, la créance attribuée contre eux à l'enfant adultérin ou incestueux est d'autant plus réduite que cet enfant est leur frère.

Et les hommes qui firent l'art. 762, ce fut Cambacérès qui avait écrit :

« Les différences établies entre les enfants sont ignominieuses, et contraires à la justice »;

Ce fut Bonaparte qui, s'épanchant en famille dans son Conseil d'État, avait déclaré l'adultère :

« Une galanterie, une affaire de bal masqué. » (V. *Manuel de droit civil*, t. I, p. 339, note 1, et p. 353, note 2.)

L'histoire sera sans pitié pour tous ces sycophantes de justice et de vertu, vrais professeurs de vice, qui n'eurent même pas pitié de l'enfant.

Cependant la loi napoléonienne a parlé; on devra tenir compte *du nombre* (sans distinction) *et de la qualité des héritiers.*

A la différence de l'art. 208, l'art. 763 omet de mentionner l'élément fondamental de tout droit à des aliments, c'est-à-dire le besoin qu'a celui qui les réclame.

*De là, une controverse sur le point de savoir si l'enfant adultérin ou incestueux n'a pas droit provisionnellement à des aliments contre la succession de ses père ou mère, bien qu'il ne soit pas dans le besoin à l'époque de l'ouverture de la succession.*

DEUX SYSTÈMES.

1er SYSTÈME (1). — *La créance d'aliments, attribuée à l'enfant adultérin ou incestueux contre la succession de ses père ou mère, existe provisionnellement au profit de cet enfant, bien qu'il ne soit pas dans le besoin à l'époque de l'ouverture de la succession.*

Voici l'argument de ce système :

L'obligation alimentaire, dont il s'agit dans le cas présent, a un caractère particulier ; ce n'est pas une obligation d'aliments, *pietatis causa*, qui, si elle ne s'ouvrait pas à l'époque du décès, parce que l'enfant ne serait pas alors dans le besoin, pourrait plus tard s'ouvrir, le besoin survenant ; donc, cette obligation s'ouvre toujours et doit toujours se liquider d'une manière définitive à l'époque de l'ouverture de la succession, parce qu'elle a le caractère d'une garantie, en quelque sorte à forfait, contre les éventualités des besoins possibles et imprévus de l'avenir.

2e SYSTÈME (2). — *La créance d'aliments attribuée à l'enfant adultérin ou incestueux contre la succession de ses père et mère n'existe au profit de cet enfant que lorsqu'il est dans le besoin, à l'époque de l'ouverture de la succession.*

1er *Arg.* — Toute créance d'aliments a pour cause le besoin de celui à qui elle appartient ; lorsque cette cause n'existe pas, la créance d'aliments elle-même ne saurait prendre naissance.

2e *Arg.* — D'après l'art. 764, l'enfant adultérin ou incestueux, auquel le père *ou* la mère a fait apprendre un art mécanique ou assuré des aliments de son vivant, ne peut rien réclamer contre la succession de l'autre.

De là résulte forcément que, selon le droit commun, la créance d'aliments de l'enfant adultérin ou incestueux n'a pas d'autre cause que le besoin de cet enfant.

---

(1) M. Demante, t. III, n° 82 *bis*, II.

(2) MM. Ducaurroy, Bonnier, Roustain, t. II, n° 532. — MM. Massé et Vergé, t. I, p. 337. — M. Demolombe, t. XIV, p. 204.

Nous adoptons le *second* système, car il est clair, à nos yeux, que l'auteur du premier, le très-honorable M. Demante, a cherché à profiter du silence du Code Napoléon pour faire prévaloir une interprétation extensive du droit de l'enfant (1).

Aux termes de l'art. 764, comme nous l'avons déjà indiqué, *la créance d'aliments* de l'enfant adultérin ou incestueux contre la succession de ses père ou mère *ne prend pas naissance, lorsque le père ou la mère a fait apprendre à l'enfant un art mécanique, ou lui a assuré des aliments de son vivant* (2).

On fait remarquer sur cette dernière disposition :

1° *Que, pour user de la faculté que leur confère l'art.* 764, *les père ou mère n'ont pas besoin du consentement de l'enfant ;*

2° *Que les expressions d'art mécanique n'ont rien de limitatif et qu'elles comprennent toute profession procurant à l'enfant des moyens effectifs d'existence ;*

3° *Que, dans le cas où les père ou mère ont donné une profession à l'enfant, ou lui ont assuré des aliments de leur vivant, si, à l'époque de l'ouverture de la succession, l'enfant n'est dans le besoin que par l'effet de son inconduite, il n'a point de créance d'aliments.*

Ajoutons qu'aucun article, semblable à l'art. 759, ne permet d'appliquer l'art. 762 *aux descendants légitimes de l'enfant adultérin ou incestueux.*

Finalement, il résulte des trois art. 762, 763 et 764 que la prohibi-

---

(1) La vérité tout entière sur ce point si grave nous paraît consister dans l'explication suivante :

Quoique les rédacteurs du Code Napoléon aient attribué pour cause à la créance d'aliments de l'enfant adultérin ou incestueux exclusivement le besoin de cet enfant, ce n'est pas ce besoin qui, dans le système de l'art. 763, doit régler la mesure de cette même créance.

Sans doute c'est là une idée inconcevable, mais il n'est pas douteux qu'elle ne soit celle de l'art. 763, si toutefois cet article contient une idée (V. *suprà*, p. 159, note 2).

(2) Il est curieux de retrouver ici, sous le travestissement napoléonien, une idée de l'*Émile* que le Code de la Convention avait érigée en principe de la manière suivante :

« Le principal devoir des pères et mères, après avoir nourri et élevé leurs enfants, est de leur apprendre ou faire apprendre un métier d'agriculture ou d'art mécanique.

» Ceux qui négligeraient d'accomplir cette obligation, sont tenus de fournir des aliments à leurs enfants pendant toute leur vie » (art. 2, liv. I, tit. V, Code de la Convention).

Comme on voit, *le fertile et sage* Cambacérès (M. Thiers, *Histoire du Consulat et de l'Empire*) savait mettre à profit, dans l'occasion, ses souvenirs démocratiques.

tion de recevoir à titre gratuit, qui, aux termes de l'art. 908, atteint tous les enfants nés hors mariage, revêt pour les enfants adultérins ou incestueux un tout autre caractère que pour les enfants naturels simples; elle appartient à la théorie de la *capacité personnelle*, et non à celle de la *disponibilité réelle*.

De là, entre autres, les deux conséquences suivantes :

1° *Aucune renonciation des héritiers ou successeurs ne peut habiliter l'enfant adultérin ou incestueux à succéder à ses père et mère;*

2° *Toute donation ou tout legs fait par ses père et mère à l'enfant adultérin ou incestueux qui n'est pas dans le besoin sont nuls* (1).

### DES SUCCESSEURS DE L'ENFANT NÉ HORS MARIAGE.

Cette rubrique est omise dans le Code Napoléon, qui n'a jamais su ni embrasser dans son ensemble une même matière, ni séparer les différentes matières les unes des autres.

Il s'agit maintenant de la dévolution de la succession laissée par l'enfant né hors mariage.

Nous traiterons :

1° *Des successeurs de l'enfant naturel simple;*

2° *Des successeurs de l'enfant adultérin ou incestueux.*

---

(1) Nous ne pouvons quitter le commentaire des trois articles 762, 763 et 764 sans signaler, entre autres propositions de M. Demolombe, la phrase suivante :

« Ce n'est pas seulement dans l'intérêt relatif de l'un des parents (c'est-à-dire du père ou de la mère) que la loi veut, autant que possible, écarter un *tel* enfant de la succession de ses auteurs; c'est dans l'intérêt absolu de la morale publique.

Dans cette phrase, la loi signifie, comme toujours, la volonté de Bonaparte, de Cambacérès, tous les deux, si sévères envers eux-mêmes à l'endroit des mœurs, de l'*éloquent* Portalis; ajoutons-y le très-enjoué M. Réal.

Or donc, Bonaparte, Cambacérès, Portalis et Réal pensaient que, lorsque d'un commerce illicite ou illégal naît un enfant, ce n'est avant tout ni la faute du père, ni la faute de la mère, c'est celle de l'enfant.

Cette profonde prémisse bien comprise, le système napoléonien s'éclaire subitement, et, s'il n'y perd rien en incohérences secondaires, au moins l'idée fondamentale s'en dégage.

Puisque *c'est la faute de l'enfant*, il est tout simple, comme l'exprime M. Demolombe, que, lorsqu'on oppose intérêt à intérêt, le père et la mère passent avant l'enfant; il est non moins simple que, pour écarter l'enfant, on invoque l'intérêt de la morale publique ayant pour verbe Bonaparte, Cambacérès, Portalis et Réal.

Ceci indiqué, afin de bien faire entendre, avec l'aide d'un de ses meilleurs interprètes, la pensée napoléonienne, nous devons dire que M. Demolombe ne partage pas, ne peut pas partager cette pensée (V. *Manuel de droit civil*, t. I, p. 360, note 1); mais nous regrettons pour notre part que l'éminent professeur n'ait pas séparé sa propre doctrine de son exégèse et qu'il n'ait pas repoussé en termes exprès la solidarité d'un semblable enseignement.

### 1° SUCCESSEURS DE L'ENFANT NATUREL SIMPLE.

Il y a d'abord lieu de distinguer *deux* cas :

1° *Celui où les père ou mère de l'enfant naturel sont légalement connus ;*

2° *Celui où les père ou mère de l'enfant naturel ne sont pas légalement connus.*

Dans le *premier* cas, celui où l'enfant naturel a été reconnu, le Code Napoléon appelle à lui succéder :

1° *Ses descendants légitimes ou légitimés, ses enfants adoptifs, ses enfants naturels reconnus et leurs descendants légitimes ou légitimés* (art. 765) ;

2° *Ses père et mère* (art. 765) ;

3° *Ses frères et sœurs naturels reconnus, ou leurs descendants légitimes ou légitimés* (art. 766) ;

4° *Son conjoint survivant* (art. 767) ;

5° *Enfin, l'État* (art. 768).

Il y a à remarquer que les enfants légitimes ou légitimés, issus du même père ou de la même mère que l'enfant naturel et leurs descendants légitimes ou légitimés, ne recueillent jamais dans la succession de cet enfant que les objets provenant de l'auteur commun (art. 766).

Dans le *second* cas, celui où l'enfant naturel n'a pas été reconnu, il a pour successeurs, d'après les règles générales posées par le Code Napoléon :

1° *Ses descendants légitimes ou légitimés, ses enfants adoptifs, ses enfants naturels reconnus et leurs descendants légitimes ou légitimés* (art. 745) ;

2° *Son conjoint survivant* (art. 767) ;

3° *Enfin, l'État* (art. 768).

Comme on le voit, le *second* cas, celui où l'enfant naturel a été reconnu, ne donne pas lieu à des développements spéciaux.

Quant au *premier* cas, telle est la série de contradictions accumulées dans les articles qui le concernent que, même commises par les rédacteurs du Code Napoléon, ces contradictions peuvent surprendre; elles attestent clairement que Cambacérès, Portalis et Tronchet sommeillaient, comme Homère, lorsqu'ils firent les deux art. 765 et 766 (1).

(1) Il va de soi que le Code de la Convention ne contenait aucune disposition sur cette matière, puisqu'il assimilait, en fait de succession, l'enfant naturel reconnu à l'enfant légitime.

**765.** — La succession de l'enfant naturel décédé sans postérité est dévolue au père ou à la mère qui l'a reconnu ; ou par moitié à tous les deux, s'il a été reconnu par l'un et par l'autre.

**766.** — En cas de prédécès des père et mère de l'enfant naturel, les biens qu'il en avait reçus passent aux frères ou sœurs légitimes, s'ils se retrouvent en nature dans la succession : les actions en reprise, s'il en existe, ou le prix de ces biens aliénés, s'il est encore dû, retournent également aux frères et sœurs légitimes. Tous les autres biens passent aux frères et sœurs naturels, ou à leurs descendants.

## DES SUCCESSEURS DE L'ENFANT NATUREL SIMPLE RECONNU.

### 1° POSTÉRITÉ DE L'ENFANT NATUREL (DESCENDANTS LÉGITIMES OU LÉGITIMÉS, ENFANTS ADOPTIFS, ENFANTS NATURELS RECONNUS ET LEURS DESCENDANTS LÉGITIMES OU LÉGITIMÉS).

Du texte de l'art. 765, il ressort implicitement que la *postérité* de l'enfant naturel est appelée, en *première* ligne, à recueillir la succession de cet enfant.

Le mot *postérité* désigne ici, comme pour l'enfant légitime, *toute postérité légitime ou légitimée, adoptive, naturelle.*

Le droit des descendants légitimes ou légitimés et des enfants adoptifs est réglé, d'*après la loi commune*, par l'art. 745.

A l'égard des enfants naturels reconnus de l'enfant naturel et de leurs descendants légitimes ou légitimés, il y a lieu de distinguer :

Se trouvent-ils en concours avec des descendants légitimes ou légitimés ou avec des enfants adoptifs, leur droit est réglé par l'art. 757 ;

Se trouvent-ils, au contraire, affranchis de ce concours, on enseigne, en général, qu'ils ont droit *à la totalité des biens*, à l'exclusion de tous autres successeurs de l'enfant naturel décédé.

Selon les auteurs, cette solution est fondée, à l'égard des père et mère du *de cujus*, sur les plus hautes considérations *de justice et de moralité*, « car, ajoute M. Demolombe, les père et mère sont seuls responsables, devant la société, de cette filiation illégitime » (1).

*Lorsque l'enfant naturel ne laisse pas de postérité*, sa succession est dévolue, soit *par moitié* à ses père et mère, si l'un et l'autre sont légalement connus, soit *pour le tout* à l'un des deux, si l'un des deux, seul, est légalement connu (art. 765).

Même dans le cas où les deux auteurs de l'enfant sont légalement con-

(1) M. Demolombe, t. XIV, p. 217, — M. Demante, t. III, n° 84 *bis*, 1. — M. Valette, à son cours. — MM. Aubry et Rau, t. V, p. 114. — MM. Ducaurroy, Bonnier, Roustain, t. II, n° 533.

nus, le père ou la mère recueille à luiseul la *totalité* de la succession, lorsque l'un des deux est prédécédé, renonçant ou indigne (art. 765 et 766).

Il y a ici une *double* observation à faire :

1° Dans la succession régulière, ce sont *les frères et sœurs qui forment le second ordre*, sauf le droit attribué aux père et mère de *concourir* avec eux pour une part déterminée ;

2° Dans la succession régulière, *lorsque le père ou la mère fait défaut, ce sont les frères et sœurs qui recueillent la part afférente au père ou à la mère.*

*A quoi peut tenir cette double différence entre la succession régulière et la succession irrégulière?*

Nous venons de voir (*supra*, p. 164) que, tandis que, dans la succession régulière, les père et mère du *de cujus* concourent avec ses enfants naturels, ils sont au contraire exclus par eux dans la succession irrégulière.

Et, comme l'enseigne la doctrine, cela est fondé *sur les plus hautes considérations de justice et de moralité.*

Nous allons voir que, tandis que *dans la succession régulière*, les frères et sœurs naturels n'ont *aucun* droit à la succession de leurs frères et sœurs, enfants légitimes du même père ou de la même mère, ils sont au contraire *appelés à se succéder entre eux dans la succession irrégulière*, à l'exclusion des frères et sœurs, enfants légitimes du même père ou de la même mère.

Et, comme l'enseigne encore la doctrine, cela est fondé *sur ce que les frères et sœurs naturels sont unis entre eux par la communauté du malheur.*

Donc, *d'une part*, les père et mère de l'enfant naturel sont *indignes de toute faveur*, en ce qui concerne la succession de cet enfant, et, *d'autre part*, les frères et sœurs naturels sont, au contraire, *dignes de toute faveur*, en ce qui concerne la même succession.

*Mais alors comment se fait-il que, dans deux hypothèses capitales, ce soit à la proposition inverse que le Code Napoléon donne raison?*

« Nous sommes ici dans une matière exceptionnelle, répondent à l'unisson les auteurs. »

Merveilleuse explication et dont il n'est que juste de dire qu'elle vaut le texte auquel elle s'applique (1).

(1) M. Demolombe appelle *cela* le *système* des successions irrégulières ; l'antiphrase est un peu forte ; *cela n'a ni rime ni raison*, et chacun serait ébahi si, pouvant lire dans la codification napoléonienne, il pouvait en voir le fond.

### 3° FRÈRES ET SOEURS NATURELS RECONNUS OU LEURS DESCENDANTS LÉGITIMES OU LÉGITIMÉS.

Lorsque l'enfant naturel ne laisse *ni postérité, ni père ni mère légalement connus, sa succession est dévolue à ses frères et sœurs naturels reconnus ou à leurs descendants.*

C'est là la disposition finale de l'art. 766.

D'après l'opinion commune, les mots : « ou à leurs descendants » ne désignent que les descendants *légitimes* ou *légitimés* des frères et sœurs naturels et non leurs *descendants naturels reconnus* (1).

On tombe, en général, d'accord que les descendants légitimes ou légitimés de l'enfant naturel lui succèdent, *tant en vertu de la représentation* (art. 742 et 743) *que de leur chef* (2).

*Doit-on également appliquer ici les art.* 733 *et* 752, *en d'autres termes, lorsqu'il existe des frères et sœurs naturels, germains, consanguins et utérins, la succession se partage-t-elle entre les deux lignes, les germains et les utérins prenant part dans chacune d'elles, les consanguins et les utérins, seulement dans la ligne à laquelle ils appartiennent?*

DEUX SYSTÈMES.

1er SYSTÈME (3). — *Aff.*

1er *Arg.* — Dans le projet du Code Napoléon, la présente section se terminait par un article ainsi conçu :

« La succession de l'enfant naturel n'est dévolue à ses père, mère, frères ou sœurs, que lorsqu'il a été légalement reconnu ; *elle est, au surplus, régie conformément aux règles générales sur les successions* (4).

Cet article n'a été retranché que parce qu'il a paru inutile.

2e *Arg.* — Il est tout aussi rationnel d'attribuer au double lien une double part dans les successions irrégulières que dans les successions régulières.

2e SYSTÈME (5). — *Nég.*

---

(1) M. Demante, t. III, n° 86 *bis*, VII. — MM. Zachariæ, Aubry et Rau, t. V, p. 115, note 6. — M. Demolombe, t. XIV, p. 239. — En sens contraire, MM. Ducaurroy, Bonnier, Roustain, t. II, n° 539.

(2) M. Demante, t. III, n° 86 *bis*, VIII. — M. Valette, à son cours. — M. Demolombe, t. XIV, p. 240.

(3) Delvincourt, t. II, p. 23, note 9. — MM. Zachariæ, Aubry et Rau, t. V, p. 115, note 7. — MM. Massé et Vergé, t. II, p. 381.

(4) Fenet, t. XII, p. 32.

(5) M. Demante, t. III, n° 86 *bis*, IX. — MM. Ducaurroy, Bonnier, Roustain, t. II, n° 540. — M. Demolombe, t. XIV, p. 242.

1^er *Arg.* — Le texte ne fait aucune distinction entre les frères et sœurs germains, consanguins et utérins.

2^e *Arg.* — Bien loin d'appuyer le système contraire, les travaux préparatoires le condamnent.

Dans les premiers projets, les frères et sœurs légitimes succédaient à la totalité des biens de l'enfant naturel, et c'est à eux que se référaient la disposition retranchée (1).

La nouvelle fente, en effet, n'est qu'une dérivation de l'ancienne, c'est-à-dire de la règle : *paterna paternis, materna maternis;* elle suppose l'existence d'une famille, et dans cette famille d'une ligne paternelle et d'une ligne maternelle. Cette base lui manquerait dans les successions irrégulières.

3^e *Arg.* — La prérogative du double lien, dans les successions régulières, n'est qu'une conséquence du principe de la fente ; or, c'est ce principe même qui est incompatible avec la succession irrégulière.

4^e *Arg.* — Il n'y a d'ailleurs aucune objection à fonder sur ce que la représentation doit être admise entre les frères et sœurs naturels et leurs descendants, car la représentation a une tout autre nature que la fente.

Légalement et rationnellement, ces deux systèmes se valent à nos yeux.

DROIT DE RETOUR LÉGAL DES FRÈRES ET SŒURS DE L'ENFANT NATUREL, ENFANTS LÉGITIMES OU LÉGITIMÉS DU MÊME PÈRE OU DE LA MÊME MÈRE ET DE LEURS DESCENDANTS LÉGITIMES OU LÉGITIMÉS.

Lorsque l'enfant naturel ne laisse pas de *postérité, et que ses père et mère sont prédécédés*, l'art. 766 déclare que :

« Les biens que l'enfant naturel avait reçus de ses père et mère passent à ses frères ou sœurs légitimes. »

Les expressions « *frères ou sœurs légitimes* » sont évidemment défectueuses ; l'enfant naturel n'a pas de frères et sœurs légitimes ; les personnes que l'article entend désigner sont les frères et sœurs de l'enfant naturel, enfants légitimes du même père ou de la même mère.

*La théorie de ce troisième droit de retour légal est la même que celle des deux autres droits de retour légal établis par les art.* 351, 352 et 747 (2).

Cependant les frères et sœurs de l'enfant naturel, enfants légitimes du même père ou de la même mère, n'ont que la qualité de *successeurs irréguliers* (V. *infra*, p. 171).

---

(1) Fenet, t. II, p. 156.
(2) V. *Manuel de droit civil*, t. I, p. 375, et *suprà*, p. 113.

Le motif de ce retour légal a été donné par Tronchet :

« Il présente une compensation de ce que les enfants légitimes ont perdu de la succession de leur père, par la part qui a été donnée à leur frère naturel (1). »

Cette explication, en même temps qu'elle suffirait à déterminer la portée philosophique et juridique de Tronchet, est la condamnation péremptoire de ce nouveau droit de retour légal. Les enfants légitimes n'ont à prétendre dans l'espèce à aucune compensation, *par la double raison qu'en principe, le propriétaire ne commet nulle injustice envers ses enfants, en disposant de ses biens comme il l'entend, et que l'enfant né hors mariage est l'égal de l'enfant né dans le mariage.*

*Deux* questions sont vivement controversées.

1re CONTROVERSE. — *Les enfants légitimes de l'auteur commun prédécédé ne succèdent-ils aux biens que l'enfant naturel en avait reçus que tout autant que l'autre auteur de l'enfant naturel est aussi lui-même prédécédé, ou suffit-il que l'auteur commun, donateur, soit prédécédé ?*

DEUX SYSTÈMES.

1er SYSTÈME (2). — *Lorsque l'enfant naturel est mort, d'ailleurs, sans postérité, l'exercice du droit de retour légal établi par l'art.* 766 *n'est subordonné qu'à la condition du prédécès de l'auteur commun, donateur.*

1er *Arg.* — Dans les deux autres cas où le retour légal est admis, la postérité seule du *de cujus* y fait obstacle.

Dans le cas présent, on conçoit qu'au défaut de postérité doive s'ajouter le prédécès de l'auteur commun, donateur ; sauf ce dernier point, l'identité des motifs sur lesquels sont fondés les trois droits de retour légal doit faire admettre identiquement la même théorie.

2e *Arg.* — L'autre auteur de l'enfant naturel n'a aucun titre pour prétendre à des biens qui ne viennent pas de lui.

3e *Arg.* — Si l'exercice du droit de retour légal établi par l'art. 766 était subordonné à la condition du prédécès des deux auteurs de l'enfant naturel, il en résulterait que les enfants légitimes des père et mère de l'enfant naturel succéderaient sans distinction, non-seulement aux biens que l'enfant naturel aurait reçus de l'auteur commun, mais encore à ceux qu'il aurait reçus de l'auteur qui leur serait étranger.

4e *Arg.* — Il est vrai que l'art. 766 semble exiger le prédécès des

(1) Locré, *Législ, civ.*, t. X, p. 96.

(2) M. Duranton, t. VI, n° 338. — M. Pont, *Revue de législ.*, 1846, t. II, p. 94 et suiv. — MM. Massé et Vergé, *Sur Zachariæ*, t. II, p. 228.

père et mère de l'enfant naturel, mais « la rédaction de nos Codes n'est pas toujours, à beaucoup près, grammaticalement irréprochable (1); d'ailleurs, en exposant l'art. 766, Treilhard a dit : les père ou mère (2).

5e *Arg.* — Il serait de la dernière immoralité que l'un des concubins pût être encouragé à persévérer dans le vice, en recueillant au préjudice des enfants légitimes de l'autre concubin, la donation faite par cet autre à l'enfant naturel commun (3).

2e SYSTÈME (4). — *Lorsque l'enfant naturel est mort, d'ailleurs, sans postérité, l'exercice du droit de retour légal établi par l'art. 766 est subordonné à la condition du double prédécès de l'auteur commun donateur et de l'autre auteur de l'enfant naturel.*

1er *Arg.* — L'art. 765 porte que *la succession*, c'est-à-dire la totalité des biens de l'enfant naturel décédé sans postérité est dévolue au père ou à la mère qui l'a reconnu, et par conséquent *à celui des deux qui survit*, si tous les deux l'ont reconnu.

2e *Arg.* — L'art. 766 mentionne positivement à son tour *la condition du double prédécès des père et mère de l'enfant naturel.*

3e *Arg.* — L'art. 766 est partie intégrante d'un système;

L'art. 765 règle :

1° Le cas où l'enfant naturel laisse son père *ou* sa mère ;

2° Le cas où l'enfant naturel laisse son père *et* sa mère ;

Donc l'art. 766 règle le cas où cet enfant ne laisse *ni* son père *ni* sa mère.

4e *Arg.* — Au surplus, l'art. 766 subordonne aux mêmes conditions l'exercice du droit de retour légal au profit des frères et sœurs de l'enfant naturel, enfants légitimes de l'auteur commun, et la vocation héréditaire des frères et sœurs naturels ou de leurs descendants ; or, cette dernière vocation n'a lieu qu'en cas de prédécès des père et mère de l'enfant natnrel.

5e *Arg.* — L'art. 52 du projet attribuait, « à défaut des père *et* mère », la succession de l'enfant naturel « aux frères et sœurs du défunt, sans distinction des frères et sœurs légitimes, ou à leurs descendants » (5).

Au droit sur la succession tout entière, on a substitué le droit de retour légal pour les frères et sœurs de l'enfant naturel, enfants légitimes

---

(1) M. Demolombe, t. XIV, p. 227.
(2) Fenet, t. X, p. 150.
(3) Placé dans la bouche de Bonaparte ou de Cambacérès, ce cinquième argument ne manquerait pas de gravité.
(4) M. Demante, t. III, n° 85 *bis*, II. — MM. Ducaurroy, Bonnier, Roustain, t. II, p. 537. — MM. Zachariæ, Aubry, Rau, t. V, texte et note 21. — M. Demolombe, t. XIV, p. 227.
(5) Locré, *Législation civile*, t. X, p. 93.

de l'auteur commun; mais l'exercice de ce droit de retour légal est subordonné aux mêmes conditions que celui du droit héréditaire qui leur était primitivement accordé.

Légalement, le *second* système nous paraît incontestable ; rationnellement, la question est insoluble.

On ajoute, d'ailleurs, que les biens ne retourneront pas sans distinction aux enfants légitimes des deux auteurs de l'enfant naturel, mais que les enfants légitimes de chacun des deux auteurs de l'enfant naturel succéderont exclusivement aux biens provenant de cet auteur.

2e CONTROVERSE. — *Les descendants légitimes ou légitimés des frères et sœurs de l'enfant naturel, enfants légitimes ou légitimés de l'auteur commun, peuvent-ils exercer le droit de retour légal tant de leur chef que par représentation.*

Remarquons que, quel que soit le système que l'on adopte, il faut assimiler au cas de prédécès toute cause par suite de laquelle les père et mère ne peuvent ou ne veulent recueillir la succession de l'enfant naturel.

DEUX SYSTÈMES.

1er SYSTÈME (1). — *Les descendants légitimes ou légitimés des frères et sœurs de l'enfant naturel, enfants légitimes ou légitimés de l'auteur commun, ne peuvent exercer le droit de retour légal, ni par représentation ni de leur chef.*

1er *Arg.* — Le texte est muet à l'égard de ces descendants, et son silence est d'autant plus significatif que lorsqu'il s'agit ensuite de la dévolution de la succession aux frères et sœurs naturels, il ajoute : « ou à leurs descendants ».

2e *Arg.* — Du reste, la matière est tout exceptionnelle, et il faut par conséquent s'en tenir strictement à la lettre de la loi.

2e SYSTÈME (2). — *Les descendants légitimes ou légitimés des frères et sœurs de l'enfant naturel, enfants légitimes ou légitimés de l'auteur commun, peuvent exercer le droit de retour légal, tant de leur chef que par représentation.*

1er *Arg.* — Les projets originaires du Code Napoléon assimilaient aux frères et sœurs de l'enfant naturel, enfants légitimes de l'auteur commun, les descendants légitimes de ces frères et sœurs ; ce n'est que par une inadvertance du législateur, que les mots « ou leurs descendants »

(1) M. Demante, t. III, n° 36 *bis*, IV. — MM. Ducaurroy, Bonnier, Roustain, t. II, n° 537. — MM. Massé et Vergé, *Sur Zachariæ*, t. II, p. 281.

(2) MM. Zachariæ, Aubry et Rau, t. V, p. 120, texte et note 18. — M. Demolombe, t. XIV, p. 232.

ne se trouvent pas dans l'art. 766, à la suite des mots frères et sœurs légitimes.

2e *Arg.* — Le motif donné par Tronchet pour expliquer l'établissement d'un droit de retour légal, dans l'hypothèse prévue par l'art. 766, s'applique à toute la descendance légitime.

3e *Arg.* — Dans le titre des successions, le Code Napoléon traite toujours les descendants légitimes des frères et sœurs comme les frères et sœurs eux-mêmes.

Légalement et logiquement, ce *second* système est préférable au premier.

#### 4° ET 5° CONJOINT SURVIVANT ET ÉTAT.

Ce 4° et ce 5° ne donnent lieu à aucune remarque spéciale, car les droits héréditaires du conjoint survivant et de l'État sont toujours les mêmes, qu'il s'agisse *d'enfants naturels* ou *d'enfants légitimes* (V. *infra*).

Au surplus, les auteurs sont, en général, d'accord pour enseigner qu'à part la postérité de l'enfant naturel, *les différents successeurs de cet enfant sont tous des successeurs irréguliers* (1).

#### 2° SUCCESSEURS DE L'ENFANT ADULTÉRIN OU INCESTUEUX.

En ce qui concerne ces enfants, il n'y a pas lieu de distinguer les *quatre* cas où leur filiation est *forcément établie* de ceux où cette filiation est *inconnue ;* ils ne peuvent, dans tous les cas, avoir pour héritiers ou pour successeurs que :

1° *Leurs descendants légitimes ou légitimés, leurs enfants adoptifs, leurs enfants naturels et les descendants légitimes ou légitimés de ces mêmes enfants* (art. 350, 745, 757 et 758) ;

2° *Leur conjoint survivant* (art. 767) ;

3° *L'État* (art. 768).

## SECTION II.

### DES DROITS DU CONJOINT SURVIVANT ET DE L'ÉTAT.

**767.** — Lorsque le défunt ne laisse ni parents au degré successible, ni enfants naturels, les biens de sa succession appartiennent au conjoint non divorcé qui lui survit.

Cet article est mal rédigé.

(1) M. Demolombe, t. XIV, p. 237 et 247.

*Dans le cas où il s'agit de la succession d'un enfant légitime*, le conjoint survivant est primé, non-seulement par les parents au degré successible et par les enfants naturels du *de cujus*, sauf, sur ce dernier point, l'exception résultant de l'art. 337;

Mais encore par les descendants légitimes ou légitimés des enfants naturels du *de cujus* (art. 759).

*Dans le cas où il s'agit de la succession d'un enfant naturel*, le conjoint est primé, non-seulement par les parents au degré successible, par les enfants naturels, sauf toujours l'hypothèse prévue dans l'art. 337, par les descendants légitimes ou légitimés des enfants naturels du *de cujus*;

Mais encore par les père et mère, par les frères et sœurs naturels, et par les descendants légitimes ou légitimés des frères et sœurs naturels du *de cujus* (art. 765 et 766).

L'art. 767 n'excepte du droit à la succession *que le conjoint survivant divorcé.*

De là résulte *à contrario*, selon les auteurs, que ce même droit subsiste dans tous les cas au profit du conjoint survivant *séparé de corps* (1).

*Dans l'hypothèse du mariage putatif*, la nullité du mariage n'est-elle prononcée que *postérieurement* à l'ouverture de la succession, on admet que le droit du conjoint survivant subsiste; est-elle, au contraire, prononcée *antérieurement* à l'ouverture de la succession, on décide que le conjoint survivant est sans droit.

En résumé, d'après la codification napoléonienne, le conjoint survivant se trouve classé parmi les successeurs irréguliers, et à l'avant-der-rang de la liste totale des héritiers *ab intestat.*

L'art. 1094 complète le *système*, tantôt en *augmentant* au profit du conjoint, tantôt en *diminuant* à son préjudice le montant de la quotité disponible (V. *infra*, art. 1094).

En dehors de l'application des art. 767 et 1094, *le conjoint survivant qui est dans le besoin n'a pas même le droit de réclamer des aliments contre la succession de son conjoint prédécédé.*

Cette innovation appartient bien en propre aux rédacteurs du Code

---

(1) Nous avouons ne pas comprendre pourquoi on n'a pas raisonné ici plutôt *à simili* qu'à *contrario*. La déduction admise par les auteurs est contraire, non-seulement au principe sur lequel repose la succession *ab intestat*, c'est-à-dire à la volonté présumée du *de cujus*, mais encore à la doctrine de l'ancien Droit (V. Lebrun, liv. I, chap. VII, n° 21 et suiv. — Pothier, Intr., titre XVII de la *Cout. d'Orléans*, n° 35).

Finalement, elle est due à une inadvertance du législateur (V. Locré, t. X, p. 100).

Cependant, les légistes qui ne sont jamais à court de raisons, disent que ce qui fait le droit du conjoint survivant, même séparé de corps, *c'est son titre d'époux.*

Napoléon, et comme nous allons le voir, ils ne se sont même pas doutés qu'ils la commettaient.

Dans le dernier état du droit de Justinien, la femme non dotée, épousée *per solum affectum*, qui survivait à son mari, et qui était dans le besoin, avait droit à une certaine part sur les biens du mari (Nov. 117, cap. V).

La jurisprudence des provinces de droit écrit étendit ce droit au mari, *sous le nom de quarte du conjoint pauvre* (1).

Les provinces coutumières admirent le douaire, c'est-à-dire une sorte de provision *accordée* à la femme, selon la définition de Pothier, *sur les biens de son mari pour ses aliments, pour sa subsistance au cas qu'elle lui survive* (2).

Le Droit de la Révolution s'attesta dans les trois formules suivantes :

« *L'époux survivant nécessiteux a droit à la jouissance de tout ou partie des biens de l'époux décédé* ».

« *La quotité de cette jouissance est réglée par un conseil de famille dans la proportion des besoins de l'époux et de ceux des enfants* ».

« *Si le défunt ne laisse aucun parent, ou si ceux qu'il a ne se présentent pas pour recueillir sa succession, le conjoint survivant pourra la recueillir et la transmettre à ses héritiers.* » (Code de la Convention, art. 25 et 26, liv. I, tit. III, § 4; art. 76, liv. II, tit. III, § 4.)

Il était réservé à la législation napoléonienne de retourner sur ce point, comme sur plusieurs autres, même en deçà de la législation justinienne.

Voici comment ce retour s'accomplit :

Lors de la discussion de l'article, devenu plus tard l'art. 767, Maleville réclama au nom de la tradition des pays de droit écrit; Treilhard répondit « *que par l'art.* 55 (du projet), *on accordait au conjoint survivant l'usufruit du tiers des biens du conjoint prédécédé* ». Ni Maleville, ni Treilhard, ni aucun des graves conseillers de l'État, rédacteurs du Code Napoléon, ne se souvenaient, et pour cause, de cette disposition, mais aucun d'eux ne songea même à vérifier si elle existait.

*C'est pour cela que depuis soixante-cinq ans, le conjoint surpris par la mort se trouvât-il avoir laissé des millions à un collatéral du douzième degré, le conjoint survivant nécessiteux n'aura pas droit à des aliments* (3).

---

(1) Lebrun, liv. I, chap. VII, n° 3, Despeisses, p. 305.

(2) Pothier, *Du douaire*, n° 1.

(3) Il ne s'est rencontré qu'un légiste, mais il s'en est rencontré un, pour « *puiser dans l'esprit du Code Napoléon* » l'explication de l'inqualifiable légèreté qui a produit ce résultat; selon M. Troplong, si l'époux nécessiteux n'a pas droit même à des aliments contre la succession de son conjoint prédécédé, cela tient à ce que la législation napoléonienne se serait proposé d'encourager

**768.** — A défaut du conjoint survivant, la succession est acquise à l'État.

Les auteurs continuent ici à *réaliser* la conception abstraite de l'État, et ils enseignent, conformément du reste aux traditions juridiques, que l'État n'est pas un héritier.

Selon eux, l'État recueille comme biens vacants les biens de la personne décédée *ab intestat*, sans aucun successeur.

De là le mot de *déshérence* pour qualifier le titre en vertu duquel l'État recueille.

Il faut remarquer :

1° *Que ce droit de déshérence s'applique aux biens laissés en France par des étrangers, comme aux successions des nationaux* (1).

2° *Qu'à côté de la succession en déshérence, la législation et la doctrine reconnaissent une autre succession appelée vacante* (V. *infra*, art. 811) (2).

---

ainsi, par une sorte de sanction *à contrario*, l'adoption du régime de communauté (M. Troplong, *Des donat. et des testaments*, t. II, n° 765).

Encouragement intelligent et beau régime !

Mais jadis le douaire coutumier florissait précisément dans les pays de communauté, mais la communauté peut avoir été mauvaise, mais la volonté présumée du *de cujus* a aussi sans doute son importance, mais enfin la réalité des délibérations du Conseil d'État impérial s'impose ; futiles objections pour le célèbre premier président qui en a connu bien d'autres, et qui a été de taille à démontrer que la philosophie, l'économie politique, la science démocratique moderne coulent à pleins bords dans le Code issu du 18 brumaire (V. M. Troplong, *Revue de législation et de jurisprudence : De l'esprit démocratique du Code Napoléon*).

Finalement, pour notre part, nous sommes d'avis :

1° *Que la permanence de l'intimité conjugale ayant pour fondements la liberté et l'égalité des époux, la femme doit travailler, comme le mari, et être, comme le mari, propriétaire ; que, par conséquent, la question de la successibilité respective des époux comporte la même solution pour la femme que pour le mari ;*

2° *Qu'étant admis l'abrogation des lois de succession* ab intestat *des collatéraux et des ascendants, il y aurait lieu d'en revenir aux sages art.* 25 *et* 26, liv. I, tit. III, § 4, 76, liv. II, tit. III, § 4, du *Code de la Convention*.

(1) V. *Manuel de droit civil*, t. III, art. 3.

(2) Nous avons déjà contredit la théorie d'après laquelle l'État ne serait pas un héritier.

Nous n'entendons pas soutenir que cette théorie n'était pas plus ou moins au fond de l'esprit des rédacteurs du Code Napoléon formulant les art. 539 et 713 ; mais ce qui nous échappe absolument, c'est le principe sur lequel elle est fondée.

M. Demolombe avance à ce sujet une proposition qui pourrait le mener loin : L'État, dit-il, exerce en ceci le droit éminent de souveraineté (M. Demolombe, t. XIV, p. 260).

M. Demolombe est à deux doigts du communisme autoritaire.

C'est encore au Code de la Convention qu'il faut demander la vraie formule : « A défaut de parents ou de conjoints survivants, les biens du défunt seront à la disposition de la nation » (art. 77, liv. II, tit. III, § 4).

# APPENDICE

## DE LA SUCCESSION IRRÉGULIÈRE ÉTABLIE, DANS CERTAINS CAS, AU PROFIT DES HOSPICES (L. 15 PLUVIOSE AN XIII, ET AVIS DU CONSEIL D'ÉTAT DES 3-8 NOVEMBRE 1809).

On distingue *deux* cas :

1° *Celui relatif à la succession des enfants mineurs décédés dans les hospices* (l. 15 pluviôse an XIII);

2° *Celui relatif à la succession des individus majeurs décédés dans les hospices où ils ont été traités, soit gratuitement, soit à prix d'argent* (avis du Conseil d'État, 3-8 novembre 1809).

1<sup>er</sup> CAS. — *Succession des enfants mineurs décédés dans les hospices.*

D'après l'art. 8 de la loi du 15 pluviôse an XIII, lorsqu'un enfant admis dans un hospice y décède avant sa *majorité* ou son *émancipation*, et qu'*aucun héritier* ne se présente, ses biens appartiennent en propriété à l'hospice.

C'est là, selon les auteurs, *un nouveau droit de déshérence* primant celui qui s'exerce au profit de l'État.

Nul doute, d'ailleurs, que l'hospice ne soit tenu des legs faits par l'enfant dans les limites indiquées par l'art. 904 (1).

2<sup>e</sup> CAS. — *Succession des individus majeurs décédés dans les hospices où ils ont été traités, soit gratuitement, soit à prix d'argent.*

Cette succession ne comprend que les effets mobiliers apportés par le malade.

1<sup>re</sup> HYPOTHÈSE. — *Le malade a été traité gratuitement dans l'hospice.*

D'après l'avis du Conseil d'État des 3-8 novembre 1809, *les effets mobiliers* du malade décédé, qui a été traité gratuitement, appartiennent à l'hospice non-seulement *à l'exclusion du domaine en cas de déshérence*, mais même à l'exclusion *des héritiers.*

On entend ici, en général :

1° Par les mots *effets mobiliers*, seulement les hardes et vêtements, et non les valeurs de portefeuille et les sommes d'argent ;

2° Par les mots *les héritiers*, tous les successeurs *ab intestat* et testamentaires.

---

(1) Avis du Conseil d'État, 8 novembre 1809. — M. Demante, t. III, n° 91 *bis*, 1. — M. Demolombe, t. XIV, p. 266.

2e HYPOTHÈSE. — *Le malade a été traité à prix d'argent dans l'hospice.*

Dans cette hypothèse, le droit des successeurs tant *ab intestat* que testamentaires reste intact; *les effets mobiliers*, apportés par le malade, n'appartiennent à l'hospice *qu'à l'exclusion du domaine* (1).

### FORMALITÉS DE L'ENVOI EN POSSESSION DES SUCCESSEURS IRRÉGULIERS. — EFFETS DE L'ACCOMPLISSEMENT OU DE L'INACCOMPLISSEMENT DE CES FORMALITÉS.

Cette rubrique est encore omise dans le Code Napoléon ; de là, l'embarras des interprètes pour savoir si les formalités de l'envoi en possession concernent *tous les successeurs irréguliers*, ou si elles se rapportent seulement *aux enfants naturels, au conjoint survivant et à l'État*, l'application à l'État de l'art. 771 étant d'ailleurs écartée par la teneur même de cet article (V. *infra*).

Quant aux enfants naturels, lorsqu'il existe des parents, ils peuvent obtenir d'eux, comme on se le rappelle (V. *supra*, p. 56), la délivrance amiable de leur part héréditaire; sinon ils procèdent contre eux par voie d'action en délivrance ou en partage.

Indiquons :

1° *Les formalités de l'envoi en possession des successeurs réguliers ;*

2° *Les effets de l'accomplissement ou de l'inaccomplissement de ces formalités.*

#### 1° FORMALITÉS DE L'ENVOI EN POSSESSION DES SUCCESSEURS IRRÉGULIERS.

Ces formalités ont pour objet :

1° *La constatation de la qualité des successeurs qui forment la demande d'envoi en possession, et la publicité de cette demande ;*

2° *Certaines garanties de restitution des biens héréditaires, dans l'intérêt des autres successeurs qui pourraient se présenter plus tard.*

Ces mêmes formalités consistent :

1° *A faire apposer les scellés* (art. 769).

2° *A faire faire inventaire* (art. 769) ;

3° *A rendre publique, par affiches, la demande d'envoi en possession* (art. 770) ;

4° *A faire emploi du mobilier, ou à donner caution suffisante pour en assurer la restitution* (art. 771).

---

(1) En cas de déshérence, la caisse des retraites est aussi préférée à l'État pour le capital déposé à cette caisse; de même, la caisse de dotation de l'armée (L. 8 mars, 12 et 18 juin 1850, art. 7; l. 26 avril 1855, art. 18).

**769.** — Le conjoint survivant et l'administration des domaines qui prétendent droit à la succession sont tenus de faire apposer les scellés, et de faire faire inventaire dans les formes prescrites pour l'acceptation des successions sous bénéfice d'inventaire.

Cet article se rapporte *à l'apposition des scellés* et *à la confection de l'inventaire.*

Il n'impose cette *double* formalité qu'*au conjoint et à l'État;* il y a lieu d'ajouter non-seulement *les enfants naturels*, comme l'indique par un renvoi exprès l'art. 773, mais *tous les successeurs irréguliers* (V. *infra*, p. 185).

**770.** — Ils doivent demander l'envoi en possession au tribunal de première instance dans le ressort duquel la succession est ouverte. Le tribunal ne peut statuer sur la demande qu'après trois publications et affiches dans les formes usitées, et après avoir entendu le procureur du roi.

Le tribunal auquel il est fait allusion dans cet article est celui du domicile du *de cujus* (art. 110) (1).

La demande d'envoi en possession doit être formée par requête (art. 859 et 860, C. pr.) (2).

Quant à la décision du tribunal, elle a avant tout le caractère d'un acte de juridiction *gracieuse;* au surplus, le ministère public doit être, s'il y échet, le contradicteur du demandeur (3).

Le demandeur doit prouver :

1° *Qu'il possède la qualité en vertu de laquelle il demande l'envoi en possession provisoire;*

2° *Qu'il ne s'est présenté aucun successeur préférable, pour recueillir la succession.*

Cette dernière preuve se fait au moyen d'un acte de notoriété, constatant le fait allégué par le demandeur.

Il est d'ailleurs clair que l'obligation du demandeur ne saurait aller jusqu'à prouver *qu'il n'existe aucun successeur régulier ou irrégulier, qui lui soit préférable;* c'est aux tribunaux qu'il appartient d'apprécier si la preuve est suffisante (4).

Dans le cas où la demande paraît immédiatement dénuée de fondement, le tribunal, sur les conclusions du ministère public, doit la rejeter *de plano.*

(1) *Manuel de droit civil*, t. I, p. 101.

(2) M. Bertin, *Chambre du conseil*, t. II, n° 1170.

(3) M. Demante, t. III, n° 89 *bis*, III. — MM. Zachariæ, Aubry et Rau t. V, p. 375. — M. Demolombe, t. XIV, p. 282.

(4) M. Demante, t. III, n° 89 *bis*, IV. — MM. Zachariæ, Aubry et Rau, t. V, p. 376, note 5. — M. Bertin, Chambre du Conseil, t. II, n° 1172. — M. Demolombe, t. XIV, p. 289. — V. cep. en sens contraire, Toullier, t. II, n°s 291-294.

Dans le cas contraire, le tribunal ordonne, avant de faire droit, que la demande sera, à la diligence du demandeur, rendue publique dans les formes et dans les délais qu'il lui appartient entièrement de fixer (1).

Le tribunal a également le droit de désigner le demandeur ou un tiers pour administrer les biens durant les délais des publications; mais, comme la succession n'est pas vacante (V. *infra*, art. 811), il n'a pas le droit de nommer un curateur à succession vacante (2).

Après l'accomplissement des formalités ordonnées par le jugement préparatoire, le tribunal statue définitivement.

Au surplus, la théorie de la saisine (art. 724) et les termes de l'art. 811 commandent cette conséquence, *que s'il existe des héritiers légitimes et que l'existence de ces héritiers soit parvenue d'une manière quelconque à la connaissance du tribunal, cela suffit pour que le demandeur ne doive pas obtenir l'envoi en possession de l'hérédité* (3).

**771.** — L'époux survivant est encore tenu de faire emploi du mobilier, ou de donner caution suffisante pour en assurer la restitution, au cas où il se présenterait des héritiers du défunt, dans l'intervalle de trois ans : après ce délai, la caution est déchargée.

Aux obligations mentionnées dans les articles précédents s'ajoute, d'après l'art. 711, pour le conjoint survivant, *l'obligation de faire emploi du mobilier ou de donner caution suffisante, afin d'en assurer, le cas échéant, la restitution.*

Il y a à remarquer :

1° Que cette nouvelle obligation ne concerne pas *l'État*, réputé toujours diligent et solvable ;

---

(1) M. Demante, t. III, n° 89 *bis*, IV. — MM. Zachariæ, Aubry et Rau t. V, p. 375, texte et note 3. — M. Demolombe, t. XIV, p. 284.

Voyez aussi une circulaire du ministre de la justice du 8 juillet 1806, qui, d'ailleurs, ne concerne que la régie des domaines, et, comme tous les actes de même sorte, ne lie que les subordonnés du ministre.

(2) M. Demante, t. III, n° 89 *bis*, III. — MM. Zachariæ, Aubry et Rau, t. V, p. 376. — M. Demolombe, t. XIV, p. 281. — Voyez cependant en sens contraire, Toullier, t. II, n° 292.

(3) M. Demolombe, t. XIV, p. 293.

Il ne s'est pas formé sur ce point moins de trois opinions :

MM. Zachariæ, Aubry et Rau, t. V, p. 376, enseignent que la circonstance qu'il existe des successeurs, réguliers ou irréguliers, à l'exclusion du demandeur, ne forme point obstacle à l'admission de la demande, si d'ailleurs ces personnes sont restées dans l'inaction et n'ont manifesté aucune prétention à l'hérédité ;

M. Demante, t. III, n° 89 *bis*, IV, professe, à l'inverse, que le tribunal doit rejeter la demande d'envoi en possession par cela seul qu'il connaît l'existence de successeurs réguliers ou irréguliers préférables au demandeur.

Pratiquement, l'opinion de MM. Zachariæ, Aubry et Rau nous paraît la meilleure;

Logiquement, nous serions avec M. Demante, contre la distinction des successeurs réguliers et des successeurs irréguliers;

Au point de vue du Code Napoléon, la doctrine de M. Demolombe est rigoureusement déduite.

2° Qu'elle concerne, outre le conjoint survivant, *tous les autres successeurs irréguliers* (V. *infra*, p. 185), et nommément *les enfants naturels* (art. 773).

Il y a à remarquer, en outre :

Que l'obligation, dont il est question dans l'art. 771, est *alternative* au choix du successeur envoyé en possession.

*Si le successeur opte pour l'emploi du mobilier, il doit :*

1° Vendre le mobilier corporel, selon les formalités imposées à l'héritier bénéficiaire ou au curateur à succession vacante (art. 769, 805, 806, 814) (1);

2° Se conformer pour le placement des valeurs mobilières aux prescriptions du tribunal, et, si le tribunal n'a rien prescrit à cet égard, choisir l'emploi le plus sûr (2).

*Si le successeur préfère donner caution*, comme il s'agit dans l'espèce d'une caution *légale*, on doit appliquer les dispositions des art. 2018, 2019, alin. 1er, et 2041.

Cette caution doit être reçue contradictoirement avec le procureur impérial (art. 114 et 770 C. N. ; art. 517-522 C. pr.).

Remarquons encore :

1° Que l'obligation de la caution ne se rapporte qu'à la restitution du *mobilier* héréditaire (3);

2° Qu'elle cesse *de plein droit au bout de trois ans*, à partir du jour de l'envoi en possession (4), bien entendu sans préjudice de l'obligation principale existant éventuellement contre le successeur envoyé en possession, et qui ne s'éteint que par la prescription de l'action en pétition d'hérédité, c'est-à-dire par le laps de trente ans.

Les auteurs sont, en général, d'avis que la caution est tenue *envers les successeurs quelconques réguliers, irréguliers ou testamentaires dont le droit prime celui du successeur envoyé en possession, et aussi envers le légataire particulier*; la raison de décider est, en effet, la même dans tous les cas (5).

---

(1) M. Demante, t. III, n° 89 *bis*, VI. — M. Demolombe, t. XIV, p. 297.

(2) M. Bertin, Chambre du Conseil, t. II, n° 1176. — M. Demolombe, t. XIV, p. 297.

(3) M. Demante, t. III, n° 90 *bis*, I. — MM. Zachariæ, Aubry et Rau, t. V, p. 379. — M. Demolombe, t. XIV, p. 299.

(4) M. Demolombe, t. XIV, p. 306. — En sens contraire, MM. Zachariæ, Aubry et Rau, t. V, p. 379, qui indiquent, comme point de départ du délai de trois ans, le jour où la caution a fait sa soumission.

(5) Chabot, art. 771, n° 7. — M. Demante, t. III, n° 89 et n° 90 *bis*, I. — M. Demolombe, t. XIV, p. 301. — En sens contraire, MM. Zachariæ, Aubry et Rau, t. V, p. 378, note 6.

EFFETS DE L'ACCOMPLISSEMENT OU DE L'INACCOMPLISSEMENT DES FORMALITÉS DE L'ENVOI EN POSSESSION DES SUCCESSEURS IRRÉGULIERS.

La distinction annoncée par cette rubrique n'a d'intérêt que lorsqu'une pétition d'hérédité évince le successeur irrégulier de tout ou partie des biens héréditaires.

Alors s'agite, au sujet de ce successeur, la grande thèse juridique plus générale, concernant la validité des actes faits par l'héritier apparent (1).

Cette thèse présente une triple importance au point de vue :

1° *Des fruits perçus par l'héritier apparent;*

2° *Des détériorations causées aux biens héréditaires par l'héritier apparent;*

3° *Des actes faits avec les tiers par l'héritier apparent.*

Le Code Napoléon, qui a prévu tant de *casus*, n'a su porter en cette matière que les *deux* insignifiantes dispositions contenues dans les art. 138 et 772.

En ce qui concerne spécialement le successeur irrégulier évincé, nous étudierons les trois questions précédentes, en distinguant :

1° *L'hypothèse où le successeur irrégulier a accompli les formalités de l'envoi en possession;*

2° *L'hypothèse où le successeur irrégulier n'a pas accompli les formalités de l'envoi en possession.*

1re HYPOTHÈSE. — *Le successeur irrégulier a accompli les formalités de l'envoi en possession, et il est ultérieurement évincé.*

1° *Fruits perçus.*

L'opinion générale est que, si le successeur irrégulier est de bonne foi, il gagne les fruits conformément aux art. 549 et 138 (2).

2° *Détériorations causées aux biens héréditaires.*

L'opinion générale distingue ici *entre les détériorations que le successeur irrégulier de bonne foi a causées aux biens héréditaires du-*

(1) On oppose à l'héritier réel sous le nom d'héritier apparent, toute personne qui appréhende une succession à titre d'héritier (successeur régulier, irrégulier ou testamentaire, et dont le droit est primé par celui d'un autre.

(2) MM. Zachariæ, Aubry et Rau, t. V, p. 384, note 26, p. 384. — M. Demolombe, t. XIV, p. 313.

En sens contraire, Maleville, sur l'art. 771. D'après ce rédacteur du Code Napoléon, le successeur irrégulier ne gagnerait pas les fruits perçus pendant les trois ans qui ont suivi l'envoi en possession, parce que, durant ces trois ans, il ne serait, selon Maleville, qu'un simple administrateur de la succession. Il ne commencerait à gagner les fruits qu'à l'expiration de ces trois ans.

*rant les trois ans qui suivent l'envoi en possession et les détériorations qu'il a causées à ces mêmes biens, après l'expiration de ces trois ans.*

*A l'égard des premières*, le successeur irrégulier est déclaré responsable, même lorsqu'il n'en a pas profité.

*A l'égard des secondes*, il n'est déclaré responsable que tout autant qu'il en a profité, et seulement dans la mesure du profit qu'il en a retiré (1).

Nous rejetons pour notre part cette distinction comme arbitraire, et nous appliquons dans les *deux* cas la *seconde* solution (2).

3° *Actes faits avec les tiers.*

La confusion de la doctrine dans cette matière est extrême (3).

Il y a lieu de distinguer :

1° *Les actes d'administration ;*

2° *Les aliénations de meubles ;*

3° *Les aliénations d'immeubles.*

*En ce qui concerne les actes d'administration* (payements faits ou reçus, baux, etc.), les auteurs sont, en général, d'accord pour les déclarer valables, lorsqu'ils sont faits avec des tiers de bonne foi (4).

L'art. 1240 permet d'appliquer déterminément cette solution aux payements faits entre les mains de celui qui est en possession de la créance ; or, le successeur irrégulier envoyé en possession satisfait évidemment à la disposition de l'art. 1240.

*En ce qui concerne les aliénations de meubles*, il faut distinguer s'il s'agit de meubles corporels, individuels, aliénés au profit de tiers de bonne foi, et livrés à ces tiers, ou si une de ces conditions manque.

---

(1) M. Demante, t. III, n° 89 *bis*, VII. — M. Demolombe, t. XIV, p. 315.

(2) MM. Zachariæ, Aubry et Rau, t. V, p. 384, 183, 380, note 15, et 387, note 29.

Ces derniers auteurs, dans les différentes questions que nous passons en revue, repoussent, en ce qui concerne la bonne foi ou la mauvaise foi du successeur irrégulier évincé l'application de toute présomption tirée de la circonstance que ce successeur a ou n'a pas accompli les formalités de l'envoi en possession.

Ils ne font non plus pour la solution de ces mêmes questions aucune distinction entre la période des trois ans et celle qui l'a suivie.

A leurs yeux, il n'y a lieu de tenir compte que de la bonne foi ou de la mauvaise foi du successeur évincé, et le point est entièrement de fait.

Ce système est fort rationnel, et il ne rencontre dans les textes aucun obstacle, en tant qu'il affirme que le successeur irrégulier peut être constitué en état de mauvaise foi, bien qu'il ait accompli les formalités de l'envoi en possession ; mais, dans sa contre-partie, c'est-à-dire, en tant qu'il prétend que le successeur irrégulier peut être réputé possesseur de bonne foi, même lorsqu'il n'a pas accompli les formalités de l'envoi, ce système est contredit par l'art. 772, à moins pourtant que cet article ne contienne une disposition purement inutile, au lieu de renfermer une disposition injuste.

(3) V. *Manuel de droit civil*, t. III, *Des absents*, tit. IV, chap. III, sect. II.

(4) MM. Zachariæ, Aubry et Rau, t. V, p. 388 et 188. — M. Demolombe, t. XIV, p. 317, et t. II, p. 2.

Lorsque toutes ces conditions concourent, l'aliénation doit être *maintenue*, en vertu des art. 2279 et 1141;

Lorsque l'aliénation porte sur des meubles incorporels ou sur une universalité de meubles, les auteurs, en général, la déclarent *nulle* (1).

Il y a lieu de décider *de même* dans le cas d'aliénation de meubles corporels, non livrés à l'acquéreur.

Enfin l'aliénation est incontestablement *nulle*, lorsqu'elle a été faite au profit d'un acquéreur de mauvaise foi.

*En ce qui concerne les aliénations d'immeubles*, il faut distinguer s'il s'agit d'aliénations à titre gratuit ou d'aliénations à titre onéreux.

A l'égard des premières, tous les auteurs sont d'accord pour les déclarer *nulles* (2).

A l'égard des secondes, certains auteurs distinguent entre celles qui ont été faites pendant le délai de trois ans, indiqué par l'art. 771, et celles qui ont eu lieu postérieurement à ce délai.

Ces auteurs se prononcent pour la *nullité* des premières, et pour la *validité* des secondes, *sous les conditions résultant de la théorie générale des actes faits par l'héritier apparent* (V. *infra*) (3).

D'autres auteurs professent que ces aliénations doivent toujours être *annulées*, à quelque époque qu'elles aient eu lieu (4).

D'autres enfin sont d'avis que ces aliénations doivent toujours être *maintenues*, à quelque époque qu'elles aient eu lieu, *sous les conditions résultant de la théorie générale des actes faits par l'héritier apparent* (5).

La détermination *de ces dernières conditions* fait naître une des plus *grosses* controverses qu'agite la doctrine actuelle; il suffit d'en indiquer ici les termes les plus généraux (6).

*Un premier système maintient les aliénations d'immeubles à titre onéreux faites par le successeur irrégulier, lorsque ce successeur, vendeur de bonne foi, serait constitué en perte sur ses propres biens par l'effet de la revendication du véritable héritier contre le tiers acquéreur* (7).

*Un second système maintient ces mêmes aliénations lorsqu'il y a bonne foi simultanée du vendeur et de l'acheteur* (8).

---

(1) Toullier, t. IV, n° 289. — M. Duranton, t. I, n° 552-579. — M. Troplong, *De la prescription*, t. II, n° 1065. — En sens contraire, MM. Zachariæ, Aubry et Rau, t. V, p. 188, note 31. — M. Demolombe, t. II, p. 313.

(2) Même M. Demolombe, t. XIV, p. 318, et t. II, p. 251.

(3) M. Demante, t. III, n° 89 *bis*, VI. — M. Demolombe, t. XIV, p. 320.

(4) Toullier, t. II, n°s 277, 278 et 301. — M. Duranton, t. VI, n° 358.

(5) MM. Aubry et Rau, t. V, p. 387, texte et note 29.

(6) V. *Manuel de droit civil*, t. III, *Des absents*, tit. IV, chap. III, sect. II.

(7) Merlin, *Quest.*, v° *Héritier*, § 3. — M. Laferrière, *Revue de droit français et étranger*, 1844, t. I, p. 208.

(8) Ce système a été consacré par plusieurs arrêts.

*Un troisième système enfin les maintient, sous l'unique condition de la bonne foi de l'acheteur* (1).

Ces profondes divergences tiennent :

1° *A ce que le Code Napoléon ne fournit aucune direction générale de nature à conduire à une solution ;*

2° *A ce qu'au lieu de chercher cette solution dans le développement rationnel des principes du droit de propriété, la doctrine et la jurisprudence la demandent à des textes romains contradictoires et sans valeur, ou s'efforcent de la trouver dans les ténèbres de l'ancien droit français* (2).

Les principes rationnels nous paraissent être :

1° *Que bien que la volonté du défunt suffise par elle-même à investir provisoirement l'héritier de la propriété du patrimoine héréditaire, l'héritier n'en est définitivement investi que par son acceptation tacite ou expresse ;*

2° *Que l'héritier apparent, c'est-à-dire appuyé sur une possession publique et paisible, a qualité à l'égard des tiers de bonne foi pour faire des aliénations en son nom personnel* (3).

*Ces principes doivent, en particulier, faire déclarer valables les aliénations d'immeubles faites au profit de tiers de bonne foi par le successeur irrégulier, envoyé en possession* (4).

2e HYPOTHÈSE. — *Le successeur irrégulier n'a pas accompli les formalités de l'envoi en possession, et il est ultérieurement évincé.*

C'est à cette *seconde* hypothèse que s'applique l'art. 772.

**772.** — L'époux survivant ou l'administration des domaines qui n'auraient pas rempli les formalités qui leur sont respectivement prescrites, pourront être condamnés aux dommages et intérêts envers les héritiers, s'il s'en représente.

Au conjoint survivant et à l'administration des domaines, il faut ajouter dans ce texte *les enfants naturels appelés à défaut de parents* (art. 773), *et les autres successeurs irréguliers* (V. *infra*, p. 185).

---

(1) MM. Zachariæ, Aubry et Rau, t. V, p. 188, texte et note 31. — M. Demolombe, t. II, p. 320.

(2) Pour vérifier sur cette matière la contradiction et l'absence de toute idée économique du droit romain, voyez notamment les l. 2, C. *de Hæred. petit.*, 13, § 4, et 25, § 17, D., *de Hæred. petit.*

Quant aux ténèbres de l'ancien Droit français, comparez Lebrun, *Des successions*, liv. III, chap. IV, n° 57. — Denizart, v° *Héritier*, § 2, 16. — Merlin, *Questions de droit*, t. VIII, suppl., v° *Héritier*, p. 325, 328.

(3) Comparez, Cass. 16 janvier, de Rastignac c. Rolland, *Dev.*, 1843, I, 97. Cet arrêt admet assez nettement notre seconde proposition, mais il porte d'ailleurs l'empreinte de la théorie de la saisine collective (V. *supra*, p. 47).

(4) V. *Manuel de droit civil*, t. III, *Des absents*, tit. IV, ch. III, sect. II.

Les auteurs ne s'entendent pas sur la valeur générale de l'art. 772.

Le plus grand nombre enseigne que le successeur irrégulier, qui s'est mis en possession de l'hérédité, sans accomplir les formalités légales, doit être réputé à raison de ce seul fait, possesseur de mauvaise foi (1).

Quelques-uns, au contraire, argumentent du mot « *pourront* » que renferme le texte, et présentent l'art. 772 comme une application du principe en vertu duquel tout homme qui, par un fait illicite, cause un dommage à autrui, est obligé à la réparation de ce dommage (art. 1382) (2).

L'explication de l'art 772 se meut donc, comme nous l'avons déjà dit, (V. *supra*, p. 181, note 2), entre les deux termes de cette alternative : injustice ou inutilité.

Nous répétons pour cette *seconde* hypothèse les trois questions posées pour la première.

1° FRUITS PERÇUS.

L'opinion la plus générale est que, dans cette hypothèse, le successeur irrégulier devant toujours être réputé possesseur de mauvaise foi, il est tenu de rendre les fruits à l'héritier réel qui l'évince (art. 549) (3).

2° DÉTÉRIORATIONS CAUSÉES AUX BIENS HÉRÉDITAIRES.

On décide de la même manière que pour les fruits.

3° ACTES FAITS AVEC DES TIERS.

L'opinion générale est que, dans cette hypothèse, la bonne foi des tiers ne peut les sauvegarder, parce qu'en traitant avec un successeur irrégulier qui n'a pas accompli les formalités légales, ils ont eux-mêmes commis une faute, et se sont ainsi exposés à l'éviction qui les atteint (4).

**773.** — Les dispositions des articles 769, 770, 771 et 772 sont communes aux enfants naturels appelés à défaut de parents.

---

(1) Maleville, art. 771-772. — Chabot, art. 773, n° 6. — Delvincourt, t. II, p. 23, note 3. — Toullier, t. II, n° 303. — M. Marcadé, art. 772.

(2) MM. Aubry et Rau, t. V, p. 384, note 27. — M. Demolombe, t. XIV, p. 323.

(3) Maleville, art. 771 et 772. — Chabot, art. 773, n° 6. — Delvincourt, t. II, p. 64. — Toullier, t. II, n° 303. — M. Marcadé, art. 772.

En sens contraire, M. Demante, t. III, n° 90 *bis*, II. — MM. Ducaurroy, Bonnier, Roustain, t. II, n° 550. — MM. Aubry et Rau, t. V, p. 384, texte et note 26, et p. 386, note 28. — M. Demolombe, t. XIV, p. 323.

(4) MM. Aubry et Rau, *Sur Zachariæ*, t. V, p. 387, note 29. — M. Demolombe, t. XIV, p. 329.

Cet article déclare applicables *aux enfants naturels appelés à défaut de parents* les formalités de l'envoi en possession, mais outre le conjoint, l'État et les enfants naturels, il existe, comme nous le savons (V. *supra*, p. 130), *deux* autres catégories de successeurs irréguliers, c'est-à-dire :

1° *Les père et mère naturels :*

2° *Les frères et sœurs du* de cujus, *enfants naturels ou enfants légitimes de l'auteur commun.*

*Doit-on également appliquer à ces deux autres catégories de successeurs irréguliers les art.* 769, 770, 771 et 772 ?

## TROIS SYSTÈMES.

1er SYSTÈME (1). — *Les père et mère, et les frères et sœurs naturels, ne sont soumis à aucune des formalités de l'envoi en possession.*

1er *Arg.* — L'art. 773 ne mentionne pas ces deux catégories de successeurs irréguliers.

2e *Arg.* — Les formalités de l'envoi en possession ont pour but de sauvegarder les droits des héritiers légitimes qui viendraient à se présenter ultérieurement ; dans l'espèce, il ne peut exister d'autres héritiers légitimes que les enfants, or, s'il existe des enfants du *de cujus*, il est improbable que ce fait ne soit pas connu.

2e SYSTÈME (2). — *Les père et mère et les frères et sœurs de l'enfant naturel ne sont pas soumis à l'obligation des scellés ni de l'inventaire, ni des publications et affiches, ni de la caution.*

*Ils doivent cependant accomplir la formalité même de l'envoi en possession.*

Les partisans de ce second système écartent par les mêmes raisons, que les partisans du premier, l'obligation des scellés et de l'inventaire des publications et affiches, de la caution ;

Ils appuient la nécessité de la formalité même de l'envoi en possession sur ce que les successeurs irréguliers n'étant pas saisis de plein droit, ils sont tous dans la nécessité de faire vérifier le titre de leur vocation.

3e SYSTÈME (3). — *Les père et mère et les frères et sœurs de l'enfant naturel sont soumis à toutes les formalités de l'envoi en possession.*

1er *Arg.* — Cet argument est celui qu'emploie le second système, pour appuyer la nécessité de la formalité même de l'envoi en possession.

2e *Arg.* — Les art. 769, 770, 771, 773, forment un ensemble ; il

---

(1) MM. Zachariæ, Aubry et Rau, t. V, p. 374.

(2) M. Valette à son cours. — MM. Ducaurroy, Bonnier, Roustain, t. II, n° 515. — MM. Massé et Vergé, *Sur Zachariæ*, t. II, p. 439-440.

(3) M. Demante, t. III, n° 89 *bis*. — M. Demolombe, t. XIV, p. 308.

est tout à fait arbitraire de distinguer entre l'application de l'art. 770, et celle des art. 769, 771 et 773.

Nous nous prononçons sans hésiter pour le *troisième* système.

Cette futile controverse n'eût jamais pris naissance, si les rédacteurs du Code Napoléon se fussent suffisamment rendu compte que, dans leur théorie, les père et mère naturels, ainsi que les frères et sœurs de l'enfant naturel, ne pouvaient être que des successeurs irréguliers.

---

# CHAPITRE V

## DE L'ACCEPTATION ET DE LA RÉPUDIATION DES SUCCESSIONS.

*D'après le Code Napoléon, l'acceptation d'une succession est, de la part de l'héritier saisi, l'acte par lequel il manifeste l'intention de conserver le droit héréditaire et l'exercice de ce droit; de la part de l'héritier non saisi, l'acte par lequel il manifeste l'intention de conserver le droit héréditaire, et d'acquérir l'exercice de ce droit, de la part de l'héritier d'abord renonçant, l'acte par lequel il manifeste l'intention de réacquérir le droit héréditaire et l'exercice de ce droit* (1).

Philosophiquement, l'acceptation d'une succession est l'acte qui rend définitive la dévolution, jusqu'alors provisoire, du droit héréditaire (2).

D'après le Code Napoléon, l'acceptation d'une succession est, en principe, *irrévocable, en ce sens que l'héritier qui a une fois accepté, ne peut lui-même, en général, revenir sur son acceptation* (art. 783).

C'est la reproduction d'une idée romaine, « *semel heres, semper heres* », tenant chez les Romains à l'organisation de la cité et de la famille, et au triple caractère religieux, politique et civil de la dévolution héréditaire.

D'après le Code de la Convention :

« La renonciation est admise dans tous les temps, même pour ceux

---

(1) Par un jeu de mots puéril, certains interprètes disent que, pour l'héritier saisi, l'acceptation est *la renonciation au droit de renoncer*.

On ajoute, dans la même direction d'idées, que l'acceptation d'une succession étant en principe irrévocable, l'héritier saisi qui accepte une succession, même opulente, perd toujours quelque chose ; il perd le droit d'y renoncer.

C'est avec ces fadaises, qui ont reçu des élèves un nom significatif, que l'on détourne l'esprit des recherches sérieuses, qu'on le dresse à de stériles subtilités, et que l'on corrompt finalement les études.

(2) Kant, *Doctrine du Droit*, 1re partie, ch. II, § 34.

Même dans le cas où l'héritier a d'abord renoncé, s'il peut revenir sur sa renonciation, tant que l'héritier saisi à son défaut n'a pas manifesté l'intention d'accepter (V. *infra*, art. 790), c'est évidemment que la dévolution provisoire originaire n'a pas entièrement cessé pour cet héritier.

qui ont accepté la succession, pourvu qu'ils aient fait un inventaire dans les formes prescrites par la loi. » (*Code de la Convention*, liv. III, tit. II, § 4, art. 78).

D'autres idées romaines, tout aussi peu intelligibles que la précédente dans l'économie des sociétés actuelles, résultent plus ou moins directement de la codification napoléonienne, et sont professées par la doctrine; telle est notamment celle qu'*on ne peut être héritier pour partie* (1).

Au surplus, le manque de méthode des rédacteurs du Code Napoléon a atteint une nouvelle fois le comble dans la matière de l'acceptation des successions; il importe spécialement de remarquer que les art. 795 à 800, classés sous la rubrique du bénéfice d'inventaire, eussent dû figurer, à titre préliminaire, en tête des dispositions relatives aux différents partis que l'héritier peut prendre, car ils ont précisément pour but de l'éclairer sur le choix d'un de ces partis.

Les contradictions, les confusions, les redites, les développements inutiles, sont aussi très-fréquents dans ce chapitre (2).

Notons enfin que, malgré la généralité de la rubrique, il n'est spécialement question, dans les articles qui suivent, *que des héritiers légitimes.*

## SECTION PREMIÈRE.

### DE L'ACCEPTATION.

**774.** — Une succession peut être acceptée purement et simplement, ou sous bénéfice d'inventaire.

Cet article se rapporte aux différentes *modalités* ou manières d'être, dont est susceptible l'acceptation d'une succession.

Ces modalités sont au nombre de *deux;* l'acceptation peut être :

1° *Pure et simple;*

2° *Sous bénéfice d'inventaire.*

*L'acceptation pure et simple est l'acte par lequel l'héritier devient définitivement, tant au point de vue passif qu'au point de vue actif, le représentant du défunt.*

---

(1) On invoque dans ce sens les lois 1, 2 et 55, D., liv. XXIX, tit. II.

Il n'existe certainement aucune science où les cristallisations d'idées aient été aussi abondantes que dans la science juridique; lorsque l'on a cité une loi romaine à l'appui d'une disposition, il semble que l'on soit arrivé à la raison finale des choses.

Nous ne saurions trop répéter que le droit de la société romaine n'a pas existé *à part de l'organisation de cette société, et que tant vaut, à notre point de vue moderne, l'organisation de la famille et de la propriété à Rome, tant vaut le droit romain.*

(2) V. dans ce sens le témoignage si concluant de M. Demolombe, t. XIV, p. 338 et suiv.

De là il résulte que *l'héritier pur et simple est personnellement astreint à payer* ultra vires successionis *les dettes du défunt.*

L'acceptation sous bénéfice d'inventaire, *diffère* de l'acceptation pure et simple, *en ce qu'elle permet à l'héritier de ne pas confondre son patrimoine avec celui du défunt.*

De là il résulte que *l'héritier bénéficiaire n'est astreint qu'à titre de détenteur des biens héréditaires et* intra vires successionis *à payer les dettes du défunt.*

Rationnellement, l'idée que l'héritier puisse jamais être *un représentant* du défunt est inacceptable (V. *supra*, p. 59, note 1).

*L'homme moderne date de lui-même, et puise en lui-même le principe de son droit.*

Est-ce à dire qu'il faille absolument répudier la conséquence que la théorie actuelle rattache au prétendu principe de la représentation du *de cujus* par l'héritier, et qui, ce principe mis à part, caractérise l'acceptation pure et simple? En d'autres termes, l'héritier ne devrait-il jamais être personnellement astreint à payer *ultra vires successionis* les dettes du défunt?

L'héritier recueille une *universalité*, et il ne doit être présumé l'avoir acceptée que parce qu'il en considère les forces comme suffisantes pour faire face au passif; donc, en même temps qu'il devrait toujours avoir la possibilité de se dérober aux poursuites des créanciers de la succession, en prouvant qu'il leur abandonne tout l'actif héréditaire, il serait juste qu'il fût personnellement astreint, faute de faire cette preuve, à payer *ultra vires successionis* les dettes du défunt.

Dans la législation napoléonienne, l'idée romaine a prévalu sur l'idée rationnelle; il y a une acceptation qui fait des représentants du défunt; il y en a une autre qui ne fait que des successeurs aux biens.

C'est cette distinction que consacre l'art. 774.

En général, il est *loisible* à l'héritier d'*opter* entre l'acceptation pure et simple, l'acceptation sous bénéfice d'inventaire et la renonciation; cependant, il existe *un cas où la liberté de l'option cesse, et où le Code Napoléon impose à l'héritier l'acceptation sous bénéfice d'inventaire.*

Ce cas est celui où une personne à qui une succession est échue, meurt sans avoir pris parti relativement à cette succession, et où ses héritiers ne s'entendent pas sur le parti à prendre; alors la succession doit être acceptée sous bénéfice d'inventaire (art. 781 et 782, V. *infra*).

Dans plusieurs autres cas, la faculté de renoncer subsiste pour l'héritier, mais s'il ne renonce pas, *l'acceptation bénéficiaire est obligatoire* (art. 461, 484, 776).

On enseigne que l'acceptation ne peut avoir lieu :

Ni *ex die*, c'est-à-dire, *à dater d'une certaine époque;*

Ni *ad diem*, c'est-à-dire *jusqu'à une certaine époque ;*

Ni *sous condition.*

On enseigne encore qu'*elle ne peut avoir lieu pour partie* (V. *supra*, p. 187).

Ces divers points de doctrine sont fondés sur des lois romaines ; on ajoute, à l'appui des trois premiers, que la loi déférant à l'héritier, sans aucune modalité, la succession du défunt, l'héritier ne peut l'accepter ou la répudier que comme elle lui est déférée (1).

Les auteurs sont d'accord pour déclarer nulle l'acceptation faite sous condition ; ils sont partagés sur le sort de l'acceptation faite à terme ou pour partie ; les uns professent qu'elle est nulle, au moins s'il est manifeste que l'héritier n'a entendu accepter qu'à terme ou pour partie ; les autres enseignent qu'elle équivaut à une acceptation illimitée ou intégrale (2).

Comme nous le verrons (*infra*, tit. IV, chap. I), l'acceptation d'une succession est rangée parmi les quasi-contrats.

**775.** — Nul n'est tenu d'accepter une succession qui lui est échue.

Cet article est la pure reproduction de la règle coutumière, « *il n'est héritier qui ne veut* » (3).

Il signifie spécialement, pour l'héritier saisi, que cet héritier est toujours libre de se dépouiller même rétroactivement de la saisine par une renonciation (V. *infra*, art. 785).

Il signifie encore que le Code Napoléon n'admet pas les héritiers nécessaires du droit romain (4).

On est cependant tenu de rester héritier malgré soi dans le cas de l'art. 782 (V. *supra*, p. 188, et *infra*).

---

(1) Toullier, t. II, n° 339. — M. Demolombe, t. XIV, p. 443 et suiv.

Les lois romaines invoquées sont les lois 77, D., liv. IV, tit. XVII; 7, § 10, D., liv. IV, tit. IV; 51, § 2, D., liv. XXIX, tit. II, 1 et 2, D., liv. XXIX, tit. II.

Quant à la raison citée à l'appui de ces décisions, il est clair, pour n'en pas dire davantage, qu'elle constitue une pure pétition de principes.

De ce qu'il est rationnel, comme l'exprime Kant, que l'héritier soit réputé accepter la succession dès l'époque du décès, il n'en résulte nullement que lorsqu'il déclare ensuite sa volonté, il doive être privé du droit d'imposer à son acceptation un terme ou une condition.

Ce n'est qu'en mettant en présence le droit de l'héritier et celui des créanciers de l'hérédité que doctrinalement une contestation peut surgir.

(2) Dans le premier sens, Furgole, *Des testaments*, ch. x, sect. I, n° 153. — M. Demolombe, t. XIV, p. 448.

Dans le second sens, MM. Zachariæ, Aubry et Rau, t. V, p. 142. — MM. Massé et Vergé, t. II, p. 303.

(3) Loisel, *Inst. coutum.*, règle 318, édit. Dupin et Laboulaye, t. I, p. 318.

(4) *Justiniani institutiones*, liv. II, tit. XIX, §§ 1 et 2.

Certains auteurs ajoutent *le cas de l'art.* 792 (V. *infra*).

**776.** — Les femmes mariées ne peuvent pas valablement accepter une succession sans l'autorisation de leur mari ou de justice, conformément aux dispositions du chapitre VI du titre *du Mariage*. — Les successions échues aux mineurs et aux interdits ne pourront être valablement acceptées que conformément aux dispositions du titre *De la minorité, de la tutelle et de l'émancipation*.

Cet article n'a que la valeur d'un renvoi mal rédigé ; les femmes mariées, les mineurs et les interdits ont besoin d'autorisation non-seulement pour accepter une succession, mais aussi pour y renoncer (1).

Il y a lieu de remarquer que :

En ce qui concerne les femmes mariées, le Code Napoléon admet le choix entre l'acceptation pure et simple, l'acceptation bénéficiaire et la renonciation.

En ce qui concerne au contraire les mineurs et les interdits, une alternative se pose entre l'acceptation bénéficiaire et la renonciation (art. 461).

Cependant on agite, comme nous le verrons, dans *trois* cas, la question de savoir si les mineurs et les interdits ne peuvent pas être déclarés héritiers purs et simples ; ces cas sont les suivants :

1° *Lorsque faute d'avoir pris qualité, ils sont condamnés comme héritiers purs et simples* (art. 800) ;

2° *Lorsqu'ils n'ont pas accompli les formalités imposées à tout héritier qui ne veut accepter que sous bénéfice d'inventaire* (art. 794) ;

3° *Lorsqu'étant capables de discernement, ils ont diverti ou recelé des effets de la succession* (art. 792, 801, 1310, C. N. ; 66 et 67 C. P.), (V. *infra*, art. 800, 794, et 792).

Il faut appliquer *à l'interdit légal* ce que l'article déclare expressément pour l'interdit judiciaire.

*Quant à la personne pourvue d'un conseil judiciaire*, elle ne peut se prononcer qu'avec l'assistance de ce conseil ; mais elle est d'ailleurs libre d'opter entre les trois partis offerts en principe à l'héritier (2).

**777.** — L'effet de l'acceptation remonte au jour de l'ouverture de la succession.

En tant que cette proposition est écrite dans le même Code que l'art. 724, elle constitue un non-sens.

L'art. 724 est emprunté au droit coutumier, l'art. 777 au droit romain ; or, comme en matière d'acceptation de succession, ces deux droits se contredisent, l'art. 777 forme une *antinomie* avec l'art. 724 (3).

(1) *Manuel de droit civil*, t. I, p. 232, 454 et 508, et aussi t. III, *Contrat de mariage*.

(2) V. *Manuel de droit civil*, t. I, p. 518.

(3) En droit romain, l'héritier externe n'acquérait le droit héréditaire qu'on

Il y a plus, cette antinomie est doublée par les art. 784 et 785, qui rentrent dans le système de l'art. 724.

*D'après la lettre, comme d'après l'esprit des art.* 724, 784 et 785, *l'héritier est investi du droit héréditaire, même avant d'avoir accepté, et il est obligé de renoncer pour mettre à néant cette investiture.*

*D'après la lettre, comme d'après l'esprit de l'art.* 777, *l'héritier ne serait investi du droit héréditaire qu'en vertu de son acceptation, bien que cette acceptotion dût avoir d'ailleurs un effet rétroactif* (1).

De là, la grosse controverse que nous avons annoncée sous l'art. 724 (V. *supra*, p. 47).

*La saisine n'est-elle attribuée à l'héritier que sous la condition suspensive de son acceptation ou lui appartient-elle au contraire sous la condition résolutoire de sa renonciation.*

## DEUX SYSTÈMES.

1er SYSTÈME (2). — *La saisine n'est attribuée à l'héritier que sous la condition suspensive de son acceptation.*

1er *Arg.* — Aux termes de l'art. 777, l'effet de l'acceptation remonte au jour de l'ouverture de la succession ;

Donc, l'héritier n'est pas censé acceptant dès cette époque, puisque ce n'est que par son acceptation que cet effet se produit rétroactivement.

2e *Arg.* — L'art. 771 confirme cette solution ; cet article considère, en effet, la volonté comme nécessaire pour faire un héritier.

3e *Arg.* — La saisine n'a été introduite que dans l'intérêt de l'héritier ; elle ne doit pas être rétorquée contre lui.

4e *Arg.* — Il est rationnel « qu'entre l'homme qui accepte une hérédité et celui qui la répudie, il y ait un état intermédiaire ; cet état est celui de l'homme qui s'abstient de toucher aux biens héréditaires et qui ne se prononce ni pour l'acceptation, ni pour la répudiation (3). »

5e *Arg.* — Dans l'ancien droit, Lebrun professait formellement

---

vertu de l'adition, mais, une fois faite, l'adition rétroagissait jusqu'au jour de l'ouverture de la succession; c'est cette idée que l'art. 777 a reproduite.

(1) Que les inattentifs rédacteurs du Code Napoléon, après avoir commencé par adopter l'*idée coutumière*, aient ensuite consacré, sans s'en apercevoir, l'*idée romaine*, quoique les deux fussent *incompatibles* l'une avec l'autre, qu'enfin ils aient repris l'*idée coutumière*, sauf à laisser réapparaître çà et là l'*idée romaine*, cette confusion, de la part de ces rédacteurs est dans l'ordre, et il y a d'autant moins lieu d'en être surpris que les anciens légistes leur en avaient ouvert la voie.

(2) M. Troplong, *Revue de législation*, 1836. — M. Froissart, *Revue pratique*, t. V, p. 301 et suiv. — M. Hureaux, *ibid.*, t. XVIII, p. 292 et suiv.; 410 et suiv.

(3) M. Troplong, *Revue de législation*, 1836, p. 184 et 193.

cette doctrine, et Pothier inclinait vers le même enseignement (1).

2e SYSTÈME (2). — *La saisine est attribuée à l'héritier sous la condition résolutoire de sa renonciation.*

1er *Arg.* — Aux termes de l'art. 724, les héritiers sont saisis *de plein droit*, c'est-à-dire évidemment, en dehors de toute acceptation, de leur part des biens, droits et actions du défunt.

2e *Arg.* — Aux termes de l'art. 785, l'héritier qui renonce est *censé* n'avoir jamais été héritier ;

Donc, s'il est censé n'avoir jamais été héritier lorsqu'il a renoncé, c'est qu'il l'était jusqu'à l'époque de sa renonciation.

3e *Arg.* — L'art. 784 confirme cette solution ; cet article déclare, en effet, que la renonciation ne se présume pas ; il s'ensuit donc forcément qu'à l'inverse, c'est l'acceptation qui se présume.

4e *Arg.* — Les art. 797 à 800, C. N., et l'art. 174, C. Pr., supposent que l'héritier saisi peut être poursuivi et assigné en cette qualité, dès le moment de l'ouverture de la succession.

5e *Arg.* — La saisine a pour but d'empêcher, à chaque décès, la suspension et l'interruption de tous les rapports actifs et passifs du patrimoine du *de cujus* avec les tiers ; elle existe donc dans un intérêt d'ordre public, et elle a un caractère absolu.

*Légalement*, la question est *insoluble ;* il y a, nous le répétons, une antinomie certaine entre l'art. 774 d'une part, et, d'autre part, les art. 724, 784 et 785 ;

*Rationnellement*, le *second* système est préférable ; en principe, toute personne doit être réputée accepter la succession qui lui est échue, tant qu'elle n'a pas manifesté l'intention contraire (3).

Cette controverse cesse, au surplus, de comporter *aucun intérêt*, dès que l'héritier a accepté ou renoncé ; car toute condition suspensive ou résolutoire a un effet rétroactif (art. 1179, 1183).

Durant l'intervalle qui sépare l'époque de l'ouverture de la succession de celle où l'héritier a pris parti, cette même controverse présente le *double* intérêt suivant :

---

(1) Lebrun, *Des successions*, liv. III, chap. I, n° 36. — Pothier, *Des successions*, chap. III, sect. II.

(2) M. Demante, t. III, n° 24 *bis*, VI et VII. — MM. Ducaurroy, Bonnier, Roustain, t. III, n° 413. — M. Demolombe, t. XIII, p. 191.

(3) Nous avouons que, dans le droit actuel, cette présomption nous paraît être tenue en échec par le faux principe qui fait de l'héritier le représentant du défunt et qui l'astreint en conséquence *de plano* à payer les dettes *ultra vires ;* il meurt certainement un grand nombre d'insolvables ; en tant qu'il s'agit de la succession de ce grand nombre, la présomption pèche.

Dans une théorie rationnelle qui ferait de l'héritier ce qu'il devrait être, c'est-à-dire *un simple successeur aux biens*, cette présomption serait à l'abri de toute critique.

1° *D'après le système qui admet que la saisine existe sous condition résolutoire, on peut poursuivre et faire condamner l'héritier en cette qualité, sans avoir besoin d'établir qu'il a fait un acte d'acceptation* (V. *infra*, art. 800).

2° *D'après le même système, l'héritier qui est resté pendant trente ans sans prendre parti, est définitivement héritier au bout de ces trente ans* (V. *infra*, art. 789).

Certains auteurs enseignent, en outre, que l'art. 774 reçoit une application dans *deux* cas :

1° *Lorsqu'un héritier qui a d'abord renoncé revient sur sa renonciation* (art. 790) ;

2° *Lorsqu'en cas de renonciation de l'héritier le plus proche, la succession est acceptée par l'héritier du degré subséquent* (1).

Nous n'admettons pas, pour notre part, ces *deux* exceptions, car, ainsi que nous l'avons enseigné, la saisine descend par l'effet des renonciations des degrés plus proches aux degrés plus éloignés (V. *supra*, p. 50).

**778.** — L'acceptation peut être expresse ou tacite : elle est expresse, quand on prend le titre ou la qualité d'héritier dans un acte authentique ou privé ; elle est tacite, quand l'héritier fait un acte qui suppose nécessairement son intention d'accepter, et qu'il n'aurait droit de faire qu'en sa qualité d'héritier.

Cet article distingue *deux* sortes d'acceptations :

1° *L'acceptation expresse;*

2° *L'acceptation tacite.*

L'article donnant une définition de l'une et de l'autre, il y a à remarquer que, quels que soient dans l'espèce l'erreur du procédé et le vice des deux définitions, la question ne se pose pas, comme elle devrait, purement en fait; les tribunaux n'ont de pouvoir discrétionnaire que pour la constatation du fait ; cette constatation opérée, ils *doivent* déclarer qu'il y a ou non acceptation, selon que les faits constatés rentrent ou non dans les définitions de l'article.

### 1° ACCEPTATION EXPRESSE.

Le mode par excellence de cette acceptation est celui *d'un acte ad hoc.*

Le texte considère, en outre, comme une acceptation expresse le *fait du successible, qui prend* d'une manière incidente *le titre ou la qualité d'héritier dans un acte authentique ou privé.*

Il faut remarquer que :

1° *Dans cette formule, le mot acte signifie un écrit;*

D'où la conséquence, déduite *à contrario*, qu'une déclaration *verbale,*

(1) M. Valette à son cours. — M. Bugnet, *Sur Pothier*, t. I. p. 497. — M. Marcadé, art. 777.

si explicite qu'elle soit d'ailleurs, ne suffit pas pour emporter acceptation.

2° *Dans cette même formule, les mots acte authentique ou privé doivent s'entendre de tout acte judiciaire ou extrajudiciaire, et même de la simple lettre missive écrite par le successible avec l'intention évidente qu'elle puisse constituer une preuve contre lui* (1).

2° ACCEPTATION TACITE.

D'après le texte, l'acceptation tacite semble impliquer deux conditions :

1° *Que l'héritier fasse un acte qui suppose nécessairement son intention d'accepter;*

2° *Qu'il n'ait eu le droit de faire cet acte qu'en sa qualité d'héritier.*

On est, en général, d'accord pour admettre que ces *deux* conditions se réduisent à *une seule*, c'est-à-dire à la *seconde*.

Aussi MM. Zachariæ, Aubry et Rau, redressant la définition de l'article, déclarent-ils très-exactement :

« *Que l'acceptation a lieu tacitement quand le successible fait un acte juridique qu'il n'a pu légalement faire qu'en qualité de propriétaire de l'hérédité, c'est-à-dire d'héritier, dans le sens propre de ce mot* (2). »

**779.** — Les actes purement conservatoires, de surveillance et d'administration provisoire, ne sont pas des actes d'adition d'hérédité, si l'on n'y a pas pris le titre ou la qualité d'héritier.

**780.** — La donation, vente ou transport que fait de ses droits successifs un des cohéritiers, soit à un étranger, soit à tous ses cohéritiers, soit à quelques-uns d'eux, emporte de sa part acceptation de la succession. — Il en est de même : 1° de la renonciation, même gratuite, que fait un des héritiers au profit d'un ou de plusieurs de ses cohéritiers; — 2° de la renonciation qu'il fait même au profit de tous ses cohéritiers indistinctement, lorsqu'il reçoit le prix de sa renonciation.

Il faut commencer par effacer de l'art. 779 les mots d'*adition d'hé-*

---

(1) MM. Zachariæ, Aubry et Rau, t. V, p. 143, texte et note 8. — MM. Massé et Vergé, t. II, p. 304. — M. Demolombe, t. XIV, p. 466.

M. Demante se prononce en sens contraire (t. III, n° 98 *bis*, I); un incident de la rédaction du projet appuie son opinion.

Au surplus, la matière est remplie de périls pour les héritiers; en transformant en un point de droit un point qui est de pur fait, on a voulu, dit-on, les sauver de l'arbitraire de l'équité, et on les a livrés en plein à l'arbitraire de la casuistique juridique.

(2) MM. Zachariæ, Aubry et Rau, t. V, p. 144, texte et note 14.

M. Demolombe, qui voit dans la définition donnée par l'art. 778 le triomphe *des pressentiments du grand jurisconsulte Pothier* (t. XIV, p. 483), repousse la correction apportée au texte par MM. Zachariæ, Aubry et Rau (p. 486); nous n'apercevons pas ce qu'il y reprend.

La matière est au fond des plus simples; elle consiste tout en fait; elle revient à savoir quelle a été l'intention du successible.

*rédité* qui sont contraires à la *nature* de l'acceptation de la succession en droit français.

Les art. 779 et 780 forment d'ailleurs tous les deux le développement en sens inverse de la définition de l'acceptation tacite donnée par l'art. 778.

Le *premier* donne la formule *des actes n'emportant pas acceptation tacite;* ce sont les actes purement conservatoires de surveillance et d'administration provisoire.

Le *second* indique, au moyen d'exemples, *les actes emportant acceptation tacite,* en d'autres termes, les actes de disposition de jouissance ou d'administration définitive.

### 1° ACTES N'EMPORTANT PAS ACCEPTATION TACITE (ACTES PUREMENT CONSERVATOIRES DE SURVEILLANCE ET D'ADMINISTRATION PROVISOIRES).

La seule définition possible de ces actes est la suivante :

*Ce sont ceux que le successible fait sans avoir l'intention de se comporter en propriétaire.*

Au nombre de ces actes, les auteurs rangent entre autres :

Les réquisitions tendant, soit à l'apposition et à la levée des scellés, soit à la confection de l'inventaire ;

L'interruption des prescriptions près de s'accomplir :

L'inscription des hypothèques nouvelles, et le renouvellement des inscriptions hypothécaires déjà existantes près de se périmer;

Les locations d'appartements vacants;

La vente des meubles sujets à dépérissement, *à condition* qu'elle ait été autorisée par justice, et qu'elle ait eu lieu dans les formes déterminées par la loi (art. 796, etc.).

Il faut d'ailleurs, *dans tous ces cas,* que le successible ait soin de ne pas prendre *la qualité d'héritier;* autrement, par l'effet de l'emploi d'un mot que démentirait même son intention, il deviendrait héritier pur et simple (1).

### 2° ACTES EMPORTANT ACCEPTATION TACITE (ACTES DE DISPOSITION, DE JOUISSANCE OU D'ADMINISTRATION DÉFINITIVE).

La seule définition possible de ces actes est la contre-partie de celle qui a été donnée pour les actes de la première classe.

*Ce sont ceux que le successible fait avec l'intention de se comporter en propriétaire.*

---

(1) Lorsque le formalisme du droit arrête la libre initiative des individus, il y a un énorme mal social ; lorsque ce formalisme va jusqu'à dénaturer l'intention, il y a un véritable attentat contre le droit de l'individu.

Tandis que les rédacteurs du Code Napoléon n'ont indiqué déterminément aucun acte de la première classe, ils ont, en ce qui concerne la seconde classe, précisé *trois* cas dans lesquels est présumée l'intention du successible de se comporter en propriétaire.

Ces *trois* cas sont les suivants :

1° *Celui de la cession à titre gratuit ou onéreux de ses droits successifs faite par un des successibles, soit à un étranger, soit à un de ses cosuccessibles, soit à tous ses cosuccessibles ;*

2° *Celui de la renonciation, même gratuite, faite par un des successibles au profit d'un ou de quelques-uns de ses cosuccessibles ;*

3° *Celui de la renonciation à titre onéreux, faite par un des successibles, même au profit de tous ses cosuccessibles indistinctement.*

1^er CAS. — *Cession à titre gratuit ou onéreux de ses droits successifs faite par un des successibles, soit à un étranger, soit à un de ses cosuccessibles, soit à tous ses cosuccessibles.*

On explique ce cas d'acceptation tacite par la parole suivante de Furgole :

« La cession, le transport ou la disposition (des droits successifs) renferment *deux* actes distincts, dont l'un est caché *fictione brevis manus* (1). »

Ces *deux* actes sont :

1° *L'acceptation de la succession, acte préalable et caché ;*

2° *La transmission de la succession acceptée.*

*En ce qui concerne, en particulier, la cession à titre gratuit faite par un des successibles au profit de tous ses cosuccessibles, on pourrait être porté à l'assimiler à une renonciation.*

Les auteurs expliquent qu'elle en diffère *essentiellement* en ce que le successible qui renonce *abdique* ses droits successifs ; tandis que le successible qui fait une cession à titre gratuit, même au profit de tous ses cosuccessibles, *s'approprie implicitement et préalablement* ses droits successifs pour en *disposer* ensuite.

*De cette différence essentielle*, il résulte qu'il faut appliquer ici, *d'une part*, au successible qui a fait la cession, *tous les effets de l'acceptation*, et, *d'autre part*, aux rapports de ce successible avec ses cosuccessibles, *toutes les règles de la donation.*

Ainsi, notamment :

Au *premier* point de vue,

1° *Le successible qui a fait la cession peut être poursuivi par les créanciers de la succession, sauf son recours contre ses cosuccessibles cessionnaires ;*

(1) Furgole, *Des testaments*, chap. x, sect. i, n° 98.

2° *Le successible qui a fait la cession doit à ses cosuccessibles cessionnaires le rapport des legs et des donations qu'il a reçus du défunt, à moins qu'il ne soit protégé par une clause de préciput* (art. 843).

Au *second* point de vue :

1° *La donation de droits successifs doit être consentie et acceptée par-devant notaire* (art. 931 et 932) ;

2° *Elle est sujette à rapport, à moins qu'elle n'ait été faite avec une clause de préciput* (art. 843) ;

3° *Elle est réductible toutes les fois que la quotité disponible est dépassée* (art. 920) ;

4° *Elle est révocable dans les cas déterminés par les art.* 953 *et suivants.*

2ᵉ CAS. — *Renonciation même gratuite faite par un des successibles au profit d'un ou de plusieurs de ses cohéritiers seulement.*

Une renonciation de cette sorte implique évidemment donation ; ce cas rentre donc dans le précédent.

3ᵉ CAS. — *Renonciation à titre onéreux faite par un des successibles, même au profit de tous ses cosuccessibles indistinctement.*

Ce cas constitue une innovation du Code Napoléon, et l'innovation n'est pas heureuse, bien qu'elle s'appuie sur l'autorité de Domat (1).

En effet, la renonciation à titre onéreux, faite par un des successibles au profit de tous ses cosuccessibles, forme contrat ; or, *l'intention des parties* est, en matière de contrats, *la règle essentielle;* il est clair que, dans l'espèce, les rédacteurs du Code Napoléon ont violé cette règle.

Quant aux conséquences dérivant, d'après la législation actuelle, de ce troisième cas, elles sont nécessairement *les mêmes* que celles des deux cas précédents.

Ajoutons que lorsque le successible ne reçoit pas le prix de sa renonciation, la déclaration *qu'il renonce au profit et dans l'intérêt de tous ses cosuccessibles, n'empêcherait pas que la renonciation ne dût être considérée comme pure et simple;* ce ne serait, disent les auteurs, qu'eu égard aux circonstances, qu'il pourrait être jugé qu'elle a été un moyen employé pour exercer une libéralité indirecte (2).

Sur l'ensemble de ces trois cas, il faut remarquer :

1° *Qu'ils constituent des cas d'acceptation tacite, lors même que le successible a protesté dans l'acte contre la présomption légale d'acceptation, ou que l'acte se trouve frappé de nullité.*

(1) Domat, *Lois civiles*, liv. I, tit. III, sect. I, n° 19.
(2) M. Demante, t. III, n° 100 *bis*, I. — M. Demolombe, t. XIV, p. 530.

2° *Qu'ils ne sont pas indiqués limitativement* (1).

**781.** — Lorsque celui à qui une succession est échue est décédé sans l'avoir répudiée ou sans l'avoir acceptée expressément ou tacitement, ses héritiers peuvent l'accepter ou la répudier de son chef.

**782.** Si ces héritiers ne sont pas d'accord pour accepter ou pour répudier la succession, elle doit être acceptée sous bénéfice d'inventaire.

Le patrimoine d'une personne comprend *tous ses droits*, comme tous ses biens. Lors donc qu'une personne meurt après avoir recueilli une succession, mais sans avoir encore exercé le droit d'accepter ou de renoncer, elle transmet à ses héritiers ce droit, comme *une partie intégrante* de son patrimoine.

De là, il résulte que, *quelque parti que prennent les héritiers de cette personne, relativement à la succession qui lui était échue*, ils acceptent par là même tacitement la succession à laquelle ils étaient appelés de leur chef; en effet, ils ont fait *acte de propriétaire* en disposant d'une partie de cette succession.

Si leur propre auteur avait renoncé, ils recueilleraient dans sa succession le droit de revenir sur sa renonciation, conformément à l'art. 790 (V. *infra*, art. 790).

Il semble qu'il n'y ait dans tout cela matière à aucune difficulté; mais les légistes en ont imaginé une, et c'est pourquoi les compilateurs napoléoniens ont rédigé d'une part l'inutile art. 781, et d'autre part l'irrationnel art. 782.

Cette difficulté est la suivante :

En vertu d'une métaphysique spéciale au vieux droit, on considère le titre d'héritier comme *indivisible*. Cette prémisse posée, on en déduit que si les héritiers du successible décédé sans avoir pris parti ne sont pas d'accord pour accepter ou pour répudier la succession, ils devront être *contraints* à s'entendre; en d'autres termes, le juge, dans l'ancien droit, la loi, dans le droit actuel, choisit pour eux tous un même parti.

Ce parti consiste dans *l'acceptation sous bénéfice d'inventaire.*

Il y a là un abus d'intervention de la part de la loi ; chaque héritier

---

(1) Rationnellement, la matière n'est pas législative; elle est à peine doctrinale; elle est avant tout de jurisprudence.

Quant aux compilateurs napoléoniens, ils ont plagié l'ancien droit sans trop savoir où l'ancien droit les conduirait. Autrefois, la renonciation pouvait se faire par acte notarié, et la forme de cet acte se prêtait à toute espèce de conventions et de mentions. Aujourd'hui, comme nous le verrons (*infra*, p. 208), la renonciation suppose une déclaration faite au greffe et la compétence du greffier cesse, si l'acte perd la nature d'une renonciation.

Les auteurs en sont réduits à faire effort pour trouver les hypothèses où ces solutions s'appliqueront.

eût dû être laissé libre de se décider suivant la direction de son propre intérêt (1).

**783.** — Le majeur ne peut attaquer l'acceptation expresse ou tacite qu'il a faite d'une succession, que dans le cas où cette acceptation aurait été la suite d'un dol pratiqué envers lui : il ne peut jamais réclamer sous prétexte de lésion, excepté seulement dans le cas où la succession se trouverait absorbée ou diminuée de plus de moitié par la découverte d'un testament inconnu au moment de l'acceptation.

Cet article a une importance capitale.

Aussi mal rédigé dans la forme qu'inexact au fond, il se rapporte à la théorie de la *révocation* ou de *l'annulation de l'acceptation*.

Comme nous l'avons dit, d'après le Code Napoléon, l'acceptation d'une succession est, en principe, *irrévocable*.

Par exception, l'art. 783 indique *deux* cas où la révocation doit être admise :

1° *Lorsque l'acceptation a été la suite d'un dol pratiqué envers le successible ;*

2° *Lorsque, par l'effet de l'acceptation, le successible souffre une certaine lésion dans sa fortune personnelle, ou, selon les termes de l'article, lorsque la succession se trouverait absorbée ou diminuée de plus de moitié, par la découverte d'un testament inconnu au moment de l'acceptation.*

Il faut ajouter :

3° *Lorsque l'acceptation a été le résultat d'une violence ;*

4° *Lorsqu'elle a eu lieu sans l'observation des conditions et des formalités requises pour suppléer à l'incapacité du successible, auquel la succession est échue.*

Parcourons successivement ces *quatre* causes de révocation (2).

---

(1) Treilhard, expliquant l'art. 782 devant le Conseil d'Etat impérial, disait : « Cette décision est simple, et elle ne nuit à personne. » (Fenet, t. XII, p. 45.)

Même au point de vue de la codification napoléonienne, Treihard oubliait :

1° Que celui auquel la succession est échue peut avoir reçu du *de cujus* des dons ou des legs sans clause de préciput, et qu'un ou plusieurs de ses propres héritiers peuvent penser qu'il lui serait nuisible de se soumettre, par une acceptation, à la nécessité de rapporter ces dons ou ces legs ;

2° Que, dans la même hypothèse, l'héritier qui veut accepter la succession échue à l'auteur commun peut être personnellement l'héritier du donateur à la succession duquel le rapport doit être fait.

Quand donc la grande idée de l'*autonomie de l'individu* viendra-t-elle enfin renouveler l'ordre juridique, destituer la loi du rôle de *providence* et faire évanouir cette métaphysique de pure forme ?

(2) Les auteurs emploient indifféremment, pour qualifier ces quatre causes, les termes de *révocation*, *nullité*, ou *annulation*, *rescision*, *restitution*.

Génériquement, l'expression qui convient est celle d'*annulation* ou d'*annulabilité ;* spécifiquement, celle de *révocation*.

### 1° RÉVOCATION DE L'ACCEPTATION POUR CAUSE D'UN DOL PRATIQUÉ ENVERS LE SUCCESSIBLE.

*Le dol* est, comme on sait, *un ensemble de manœuvres employées pour tromper autrui* (1).

En matière de contrats, *deux* conditions sont requises pour que le dol soit une cause d'annulation.

Il faut :

1° *Qu'il ait été la cause déterminante du contrat*, dolus dans causam contractui;

2° *Qu'il ait été pratiqué par l'une des parties* (1116).

La *première* condition est évidemment requise *en toute matière.*

Quant à la *seconde*, les auteurs sont, en général, d'accord pour reconnaître qu'elle ne s'applique pas *à l'acceptation des successions.* Ils enseignent, en conséquence, que l'acceptation est *annulable* pour cause de dol pratiqué :

*Soit par un créancier de la succession*, qui veut s'assurer le payement de ce qui lui est dû en déterminant un successible solvable à accepter une succession obérée ;

*Soit par un héritier*, qui a provoqué l'acceptation de son cosuccessible ;

Dans le cas d'une succession obérée, pour diminuer le montant de sa propre contribution aux dettes ;

Dans le cas d'une succession dont l'actif dépasse le passif, afin de profiter du rapport auquel son cosuccessible, donataire du *de cujus*, serait tenu envers lui ;

*Soit enfin par un tiers, étranger à la succession*, qui aurait eu pour mobile l'intérêt des créanciers ou des héritiers, sans que d'ailleurs ceux-ci aient participé au dol dont il est l'auteur.

Il est facile d'expliquer pourquoi, *en matière de contrats*, le dol est *personnel*, c'est-à-dire pourquoi il ne constitue une cause d'annulation que tout autant qu'il procède de la personne à laquelle on l'oppose, et pourquoi, au contraire, *en matière d'acceptation de succession*, il est *réel*, c'est-à-dire pourquoi il constitue une cause d'annulation, quelle que soit la personne dont il procède.

*En matière de contrats*, en effet, le cocontractant qui n'a pas participé au dol sous l'empire duquel son cocontractant s'est déterminé,

D'une part, a dû compter sur l'exécution de l'engagement pris envers lui,

(1) V. *Manuel de droit civil*, t. I, p. 168.

Et d'autre part, ne doit pas être responsable d'un fait auquel il est demeuré étranger.

C'est à l'auteur du dol qu'il appartient de réparer les conséquences des manœuvres dont il s'est rendu coupable.

*En matière d'acceptation de succession*, au contraire, supposons le dol alternativement pratiqué par un créancier ou par un héritier, et l'héritier, victime du dol, opposant ce dol comme cause de révocation, dans la première hypothèse, à un héritier, dans la seconde, à un créancier.

Si l'héritier victime d'un dol, de la part d'un créancier, invoque ce dol comme cause de révocation à l'encontre d'un de ses cohéritiers, sa prétention est rationnelle et juste, et elle doit triompher ; la demande en révocation n'atteint pas, en effet, le droit des cohéritiers, *ceux-ci n'ayant dû se déterminer à accepter la succession, que par des motifs propres et indépendants du parti que prenait individuellement chacun d'eux.*

Si l'héritier victime d'un dol, de la part d'un de ses cohéritiers, invoque ce dol comme cause de révocation contre un des créanciers, sa prétention dans ce cas est tout aussi rationnelle et tout aussi juste que dans le précédent, et elle doit de même triompher ; la demande n'atteint pas, en effet, non plus le droit des créanciers, *ceux-ci n'ayant dû compter pour le payement de leur créance que sur le patrimoine du* de cujus, *personnellement tenu envers eux, et ne devant être admis, ni en raison, ni en justice, à profiter du délit qui a porté un héritier solvable à accepter une succession obérée.*

Dans le cas où le dol est pratiqué par un *tiers étranger à la succession*, il n'y a qu'à reproduire tantôt la première, tantôt la seconde partie de ce raisonnement, selon que le conflit s'élève entre l'héritier victime du dol et un de ses cohéritiers ou entre ce même héritier et un des créanciers (1).

2° RÉVOCATION DE L'ACCEPTATION POUR CAUSE D'UNE CERTAINE LÉSION SOUFFERTE PAR LE SUCCESSIBLE DANS SA FORTUNE PERSONNELLE (SELON LES TERMES DE L'ARTICLE, CAS OU LA SUCCESSION SE TROUVERAIT ABSORBÉE OU DIMINUÉE DE PLUS DE MOITIÉ PAR LA DÉCOUVERTE D'UN TESTAMENT INCONNU AU MOMENT DE L'ACCEPTATION).

Ce cas forme un des logogriphes les plus justement célèbres du Code Napoléon, et il a beaucoup exercé la perspicacité des interprètes.

En matière de contrats, la lésion n'est, en principe, une cause de rescision que pour les mineurs (art. 1305); elle n'en est une pour les

(1) M. Demante, t. III, n° 103 *bis*, I. — M. Valette, à son cours. — MM. Ducaurroy, Bonnier, Roustain, t. II, n° 577. — MM. Zachariæ, Aubry et Rau, t. V, p. 151, texte et note 47. — M. Demolombe, t. XIV, p. 636.

majeurs que dans des cas déterminés et peu nombreux (art. 1118, 887, 1674).

La lésion d'ailleurs ne s'entend jamais que du cas où la personne qui se prétend atteinte allègue une *perte effective* dans sa propre fortune et non pas seulement une *atténuation du gain sur lequel elle avait compté.*

En matière d'acceptation de succession, la lésion est-elle, en principe, une cause de révocation?

La *négative* n'est pas douteuse; elle ressort du texte même de l'art. 783 (1).

Aussi la doctrine enseigne-t-elle qu'en général l'héritier ne peut invoquer comme cause de révocation de son acceptation :

*Ni la lésion résultant de l'augmentation du passif héréditaire par la découverte de dettes inconnues au moment de l'acceptation;*

*Ni la lésion résultant de la diminution de l'actif héréditaire, soit par l'effet de revendications exercées par des tiers, soit par l'effet de l'annulation, de la rescision ou de la résolution d'actes quelconques, contrats, donations ou testaments, qui avaient mis certains biens dans le patrimoine du* de cujus, *soit par l'effet de l'extinction de droits viagers qui appartenaient au* de cujus, *et dont le successible, au moment de l'acceptation, ignorait la nature propre* (2).

La *même* solution s'applique *au cas où l'actif héréditaire est diminué par une donation, soit mobilière, soit immobilière, ignorée de l'héritier.*

Bien qu'en général les donations immobilières, sous l'empire du Code Napoléon, ne soient opposables aux *tiers* que tout autant qu'elles ont été transcrites (art. 939, complété aujourd'hui par l'art. 2 de la loi du 23 mars 1855), cependant les *héritiers* du *de cujus* ne doivent pas être admis à se prévaloir du défaut de transcription de ces donations (V. *infra*, art. 941).

Reste donc *la lésion provenant de la découverte d'un testament inconnu au moment de l'acceptation*, et la question se pose alors ainsi :

*Dans quel cas cette lésion peut-elle se produire?*

Comme on enseigne, en général, que l'héritier pur et simple, tout en étant tenu des dettes *ultra vires*, n'est tenu des legs qu'*intra vires*, il semble bien que la découverte d'un testament, excédant même les forces de la succession, ne pourra jamais léser l'héritier.

---

(1) Le sens restrictif est, au surplus, confirmé par les travaux préparatoires (Fenet, t. II, p. 139 et 569).

(2) Fenet, t. XII, p. 45. — M. Demante, t. III, n° 103 *bis*, VI. — M. Demolombe, t. XIV, p. 639.

### RECHERCHE DE L'HYPOTHÈSE PRÉVUE PAR L'ART. 783, RELATIVEMENT A LA LÉSION.

#### PREMIÈRE TENTATIVE D'EXPLICATION (1).

*Au moment où l'héritier a accepté purement et simplement la succession*, il était fondé à penser que l'actif héréditaire suffirait à payer les dettes commises et inconnues ;

*Plus tard*, un testament est découvert qui lui enlève plus de la moitié de cet actif ;

*Plus tard* encore, surgissent des créanciers jusqu'alors inconnus ;

*Au moment où ces créanciers se présentent*, l'héritier n'a plus entre ses mains assez d'actif pour les satisfaire.

Or, bien que l'héritier, même pur et simple, ne soit tenu des *legs qu'intra vires*, il est tenu des *dettes ultra vires ;*

Il est vrai qu'il peut exercer un *recours contre les légataires* ;

Mais il arrive que *les légataires sont insolvables ;*

Donc *finalement*, il sera en perte *de suo*, il sera *lésé.*

Voici l'espèce :

Il existe 100 000 francs d'actif héréditaire, et 80 000 francs de dettes connues ;

Postérieurement à l'acceptation, un testament est découvert qui contient un legs particulier de 60 000 ;

Postérieurement à la découverte du testament, des créanciers se présentent en réclamant 20 000 francs.

Le reste, comme il vient d'être dit plus haut.

Cette fabuleuse explication n'a pas même le mérite de correspondre au texte ; et elle met, au fond, les auteurs qui la professent en pleine contradiction avec leur propre enseignement ; elle ramène, en effet, par un subterfuge, la révocation *pour cause de lésion par suite de la découverte d'un testament à n'être autre chose qu'une révocation pour cause de lésion par suite de la découverte de dettes* (V. *supra*, p. 202) (2).

---

(1) M. Demante, t. III, nos 103 et 103 *bis*, III. — M. Villequez, *Revue de droit français et étranger*, t. VII, p. 234, 235.

(2) Au point de vue de la préparation des examens, nous n'en recommandons pas moins aux élèves de prendre ce *casus* en grande considération.

Cela est triste à dire, mais cela est ainsi : voilà une hypothèse à laquelle, dans toute autre science, on n'accorderait même pas l'honneur d'une discussion, une hypothèse que les rapports sociaux ne feront peut-être pas naître une seule fois en mille ans (et le droit est par excellence une science sociale !) ; dans la direction où est engagée la doctrine actuelle, qu'importe à ses yeux ?

D'abord il faut justifier le texte ; est-ce que la codification napoléonienne n'est

DEUXIÈME TENTATIVE D'EXPLICATION (1).

Il existe *plusieurs héritiers* dont un, *donataire du* de cujus, *sans clause de préciput;*

D'après l'état de la succession, cet héritier a intérêt *à accepter en se soumettant au rapport de la donation qu'il a reçue ;*

Mais *après que l'acceptation a eu lieu*, un testament est découvert qui diminue la succession, *de plus de moitié*, et réduit l'héritier *à une part héréditaire inférieure au montant de la donation ;*

L'héritier est donc en perte.

Voici l'espèce :

Il existe deux héritiers dont l'un, ayant reçu du *de cujus* une donation de 50 000 francs, sans clause de préciput ;

La succession est de 100 000 francs ;

Dans cette situation, l'héritier donataire a intérêt à accepter la succession, car, en rapportant 50 000 francs, il obtiendra 75 000 francs.

Mais, postérieurement à son acceptation, un testament est découvert qui contient un legs de 80 000 francs, et réduit la succession à 20 000 francs ;

L'actif alors n'est plus en tout que de 70 000 francs, et l'héritier qui a rapporté 50 000 francs n'obtiendra que 35 000 francs.

L'héritier subit donc une perte de 15 000 francs.

Cette explication n'atteint pas au degré d'invraisemblance de la première ; cependant, bien qu'elle se rapporte à l'acceptation bénéficiaire, comme à l'acceptation pure et simple, *les cas où elle pourrait recevoir une application sont fort rares*, et il ne peut être un seul instant douteux qu'elle ne s'est pas présentée à l'esprit des rédacteurs du Code Napoléon.

---

pas sacro-sainte ; à peu près, il est vrai, au même titre que les recueils législatifs du Bas-Empire?

Et puis, est-ce que la science juridique est faite pour trouver la formule du juste et pour réaliser l'utile? Est-ce qu'il ne s'agit pas, avant tout, de trouver de nouveaux arguments et d'inventer de nouveaux *systèmes?*

Tout en se rendant aptes à répondre selon le rituel imposé, que les élèves réagissent énergiquement contre cette perversion des études, qu'ils réclament du professeur dans sa chaire « *l'examen de chaque principe en lui-même* », et qu'ils se persuadent bien que, malgré les apparences, le Droit n'est pas en dehors de la science générale de la raison humaine.

(1) MM. Ducaurroy, Bonnier, Roustain, t. II, n° 581. — M. Villequez, *Revue de droit français et étranger*, t. VII, p. 236.

TROISIÈME TENTATIVE D'EXPLICATION (1).

Il faut prendre les termes de l'article dans leur généralité et dans leur sens naturel; ces termes supposent nécessairement que *l'héritier pur et simple est tenu de payer les legs, comme les dettes* ultra vires; or, l'art. 783 vient au secours de l'héritier qui se trouverait *trop gravement lésé par la découverte d'un testament inconnu, au moment de l'acceptation.*

Les partisans de cette troisième explication ne repoussent d'ailleurs pas l'application de l'article à l'hypothèse faite par les partisans de la seconde, tout en déclarant qu'elle n'est pas celle que les rédacteurs ont eu en vue (2).

Nous aurons à examiner plus loin (art. 1017), si la prémisse sur laquelle repose cette explication est fondée, c'est-à-dire *si l'héritier pur et simple est, en effet, tenu de payer les legs comme les dettes* ultra vires.

Qu'au surplus l'art. 783 implique la solution affirmative de cette question, cela ne peut faire assurément le moindre doute, et il n'y a au monde que les légistes pour refuser de reconnaître dans un texte ce qui s'y trouve; cependant, malgré ce texte, et à cause d'autres textes qui existent en sens contraire, il n'y a pas lieu, selon nous, d'attribuer au Code Napoléon cette nouvelle énormité juridique (V. *infra*, article 1017) (3).

A part ces *trois* tentatives d'explication, les auteurs ne s'entendent pas non plus d'ailleurs sur le point de savoir si la lésion prévue par l'art. 783 peut résulter indifféremment :

*De legs à titre particulier;*

*De legs à titre universel;*

---

(1) MM. Zachariæ, Aubry et Rau, t. V, p. 152, texte et note 49. — M. Demolombe, t. XIV, p. 608, 617 et 649.

(2) MM. Zachariæ, Aubry et Rau, t. V, p. 152, note 49. — M. Demolombe, t. XIV, p. 655.

M. Demolombe a exposé cette matière, comme une foule d'autres, avec une clarté qui ne laisse rien dans l'ombre; à nos yeux l'éminent doyen est le plus impitoyable destructeur qu'ait rencontré la compilation napoléonienne; il l'a éclairée dans ses plus menus détails, et, plus que personne, il aura contribué à lui restituer son vrai caractère.

(3) Le jour où l'on se décidera à faire du Droit une véritable science, raisonnant ses principes, ayant un idéal et formant un enchaînement, ce jour-là, toutes ces puériles difficultés théoriques disparaîtront et avec elles une multitude de litiges que la législation actuelle semble faite tout exprès pour susciter.

Nous rappellerons que, dans une législation dirigée par l'esprit scientifique :

1° L'héritier ne devrait jamais être le représentant du *de cujus;*

2° Que l'acceptation devrait toujours être révocable au gré du successible qui l'a faite, sauf l'obligation, pour ce successible, de prouver qu'il rend tout ce qu'il a reçu.

*De legs universels.*

On professe en général :

1° *Qu'il faut admettre la révocabilité de l'acceptation pour le cas de la découverte de legs à titre universel, comme pour celui de la découverte de legs à titre particulier;*

2° *Que pour le cas de la découverte d'un legs universel, il y a une distinction à faire :*

*Si l'héritier est non réservataire*, il est placé en dehors de la succession, et de même qu'il ne recueille aucune part de l'actif, il ne supporte aucune part du passif (art. 1006); il n'a donc pas lieu de demander la révocation d'une acceptation inefficace.

*Si l'héritier est réservataire*, la solution est la même que dans le cas de la découverte de legs à titre particulier, et de legs à titre universel (1).

D'autres auteurs enseignent que la lésion dont il est question dans l'art. 783 ne comporte d'application que dans le cas de la découverte *de legs à titre particulier* (2).

Ces auteurs se fondent sur ce que les légataires universels étant, selon eux, tenus personnellement, pour leur part, envers les créanciers de la succession, de la même manière que les héritiers, il n'y a que les legs particuliers qui laissent à la charge des héritiers le fardeau tout entier du passif (V. *supra*, p. 58, et *infra*, art. 871).

### 3° RÉVOCATION DE L'ACCEPTATION POUR CAUSE D'UNE VIOLENCE PRATIQUÉE ENVERS LE SUCCESSIBLE.

Tous les auteurs sont d'accord pour ranger la violence parmi les causes de révocation de l'acceptation, bien que l'art. 783 n'en ait point fait mention.

*La violence est, en effet, un dol avec circonstances aggravantes.*

On applique à ce vice, en matière d'acceptation, la même définition et les mêmes règles qu'en matière de contrats (art. 1109, 1111-1115, 1117).

C'est ainsi notamment que la violence produit toujours un effet d'annulation, sans qu'il y ait lieu de distinguer si elle procède *d'un tiers étranger au contrat*, ou *d'une personne qui y figure comme partie* (3).

---

(1) M. Demante, t. III, n° 103 *bis*, IV.

(2) M. Demolombe, t. XIV, p. 657.

(3) M. Demante, t. III, n° 103. — MM. Zachariæ, Aubry et Rau, t. V, p. 152. — M. Demolombe, t. XIV, p. 635.

4° RÉVOCATION DE L'ACCEPTATION POUR CAUSE D'INOBSERVATION DES CONDITIONS ET DES FORMALITÉS REQUISES A L'EFFET DE SUPPLÉER A L'INCAPACITÉ DU SUCCESSIBLE.

Ce cas de révocation de l'acceptation dérive de la règle générale posée pour les différentes sortes d'incapables par l'art. 1125, et se déduit spécialement par argument *à contrario* de l'art. 776 (1).

*L'erreur n'est point rangée au nombre des causes de révocation de l'acceptation, bien qu'elle soit une des causes d'annulation des contrats.*

Cette apparente anomalie s'explique aisément.

En matière de contrats, l'erreur est une cause d'annulation, lorsqu'elle porte *sur la substance de la chose* (art. 1110), c'est-à-dire, ainsi qu'on l'explique, *sur la qualité principale que les parties ont eue en vue en contractant;*

En matière d'acceptation de succession, *la qualité principale* est *l'importance de l'actif héréditaire;* l'erreur, en pareil cas, rentre donc dans la *lésion* (2).

Comme l'acceptation pure et simple, *l'acceptation sous bénéfice d'inventaire* est soumise aux *quatre* causes de révocation ci-dessus indiquées.

En effet, l'acceptation, tout en étant bénéficiaire, peut causer un *grave* préjudice à l'héritier; elle lui impose à la fois *l'obligation du rapport* et *la charge d'administrer*.

Par là se trouve toute résolue une question qui, grâce à la vicieuse rédaction de l'art. 783, a soulevé des difficultés; nonobstant la formule *trop étroite du texte, le mineur et le majeur interdit ont, aussi bien que le majeur non interdit, le droit d'invoquer les trois causes de révocation résultant du dol, de la lésion et de la violence* (3).

L'action en révocation de l'acceptation se prescrit *par le laps de dix ans*, d'après la règle applicable, en général, à l'action en annulation des contrats.

Ces dix ans ont *un point de départ* qui *varie* selon les cas (art. 1304).

---

(1) MM. Zachariæ, Aubry et Rau, t. V, p. 151. — M. Demolombe, t. XIV, p. 629.

(2) M. Demante, t. III, n° 103. — MM. Ducaurroy, Bonnier et Roustain, t. III, n° 576. — M. Demolombe, t. XIV, p. 632.

(3) MM. Ducaurroy, Bonnier, Roustain, art. 783, note. — MM. Zachariæ, Aubry et Rau, t. V, p. 153, texte et notes 53 et 54. — M. Demolombe, t. XIV, p. 630.

L'héritier, qui a fait révoquer son acceptation, rentre dans la plénitude de sa liberté ; il peut à son gré *renoncer*, *accepter sous bénéfice d'inventaire*, bien qu'il se soit écoulé *plus de trente ans depuis l'ouverture de la succession* (V. *infra*, art. 789) (1).

Enfin il va de soi que *la théorie de l'action révocatoire ou Paulienne s'applique à cette matière ;* c'est-à-dire que *les créanciers de l'héritier peuvent attaquer son acceptation toutes les fois qu'elle a eu lieu en fraude de leurs droits* (2).

NOTA. — En dehors des *causes de révocation* ou *d'annulation de l'acceptation*, appelées aussi par abus, comme nous l'avons dit, *causes de nullité*, il existe de *véritables causes de nullité*, qui tiennent à ce que l'acceptation manque d'une condition *essentielle*.

Telle serait, par exemple, l'acceptation d'une succession de la part d'une personne qui n'y serait pas appelée, ou d'une succession pour une autre de la part d'une personne qui se trouve appelée à deux successions (3).

## SECTION II.

### DE LA RENONCIATION AUX SUCCESSIONS.

**784.** — La renonciation à une succession ne se présume pas : elle ne peut plus être faite qu'au greffe du tribunal de première instance dans l'arrondissement duquel la succession s'est ouverte, sur un registre particulier tenu à cet effet.

Conformément à la règle admise, en général, dans les pays coutumiers, la renonciation à la différence de l'acceptation doit toujours être *expresse*.

Autrefois, même dans les pays coutumiers, elle pouvait se faire par-devant notaire ; *aujourd'hui, elle ne peut se faire qu'au greffe* (4).

Enfin, elle doit être *pure et simple ;* elle ne peut avoir lieu ni à terme, ni sous condition, ni pour une partie seulement de l'hérédité.

On discute sur le point de savoir si l'ensemble de ces règles ne s'ap-

(1) MM. Zachariæ, Aubry et Rau, t. V, p. 155. — M. Demolombe, t. XIV, p. 666.

(2) M. Demante, t. III, n° 108 *bis*, IV. — MM. Ducaurroy, Bonnier, Roustain, t. II, n° 591. — M. Demolombe, t. XIV, p. 663. — En sens contraire, M. Troplong, *Du contrat de mariage*, t. III, n^os^ 1500 et 1529.

(3) V. pour la comparaison des effets de la nullité avec ceux de l'annulabilité le *Manuel de droit civil*, t. I, p. 124, et *infrà*, art. 1304. — MM. Ducaurroy, Bonnier, Roustain, t. II, n° 576. — M. Demolombe, t. XIV, p. 762.

(4) Pothier, *Des successions*, chap. III, sect. IV, § 3. — Lebrun, liv. III, chap. VIII, sect. II, n° 36.

plique à la renonciation, *que vis-à-vis des créanciers et des légataires*, ou s'il concerne *même les cosuccessibles du renonçant*.

Selon M. Demolombe, la renonciation faite par acte notarié ou sous seing privé, n'est efficace, *même vis-à-vis des cosuccessibles du renonçant, que tout autant qu'elle est le résultat d'un accord de volontés, c'est-à-dire qu'elle revêt le caractère d'un contrat* (1).

La procuration à l'effet de renoncer doit être donnée *en termes exprès et par écrit;* mais il n'est pas nécessaire qu'elle soit authentique. Elle doit rester *annexée au registre du greffe*.

**785.** — L'héritier qui renonce est censé n'avoir jamais été héritier.

Cet article signifie que *la renonciation met fin à la saisine avec effet rétroactif, jusqu'au jour de l'ouverture de la succession*.

Il démontre péremptoirement, comme nous l'avons dit (V. *supra*, p. 184), que la saisine existe *sous condition résolutoire*, et non *sous condition suspensive*.

En définitive, le renonçant doit être considéré, relativement à la succession, *comme s'il n'existait pas*, sauf en un seul point qui est une faute de logique de la part des rédacteurs du Code Napoléon ; il ne peut être *représenté*, parce qu'il est vivant (art. 787 et *supra*, p. 104) (2).

**786.** — La part du renonçant accroît à ses cohéritiers ; s'il est seul, elle est dévolue au degré subséquent.

Cet article se réfère à ce qu'on nomme l'*accroissement entre cohéritiers du même degré*, ou *la dévolution au profit des héritiers du degré subséquent*.

Bien que la doctrine juridique et les législations aient fort mal relié entre elles jusqu'ici la succession testamentaire et la succession *ab intestat*, il existe aussi, comme nous le verrons, *une théorie d'accroissement entre colégataires*.

La formule de l'art. 786 contient *plusieurs* vices de rédaction.

*Le plus grave* est que le texte donne à entendre qu'*en droit, le re-*

---

(1) M. Demolombe, t. XV, p. 10. — En sens contraire, MM. Zachariæ, Aubry et Rau, t. V, p. 167, texte et note 3, et p. 168. — MM. Massé et Vergé, *Sur Zachariæ*, t. II, p. 316.

M. Demolombe déclare fort exactement, à notre sens, qu'une renonciation contractuelle faite par acte notarié ne vaut plus aujourd'hui que comme *promesse de renoncer* (M. Demolombe, t. XV, p. 22) ; mais il ne va pas, selon nous, jusqu'au bout de sa doctrine ; cette promesse de renoncer ne doit logiquement constituer à la charge de celui qui l'a faite vis-à-vis de ceux auxquels il l'a faite, *qu'une simple obligation de faire se résolvant en dommages-intérêts, si le successible ne régularise pas ultérieurement sa renonciation.*

(2) M. Demolombe, t. XIII, p. 510, et t. XV, p. 26.

*nonçant vis-à-vis des autres successibles, au point de vue de l'attribution héréditaire, a eu une part, et que cette part tantôt accroît aux héritiers du même degré, tantôt est dévolue aux héritiers du degré subséquent.*

*En droit, le renonçant vis-à-vis des autres successibles, au point de vue de l'attribution héréditaire, est comme s'il n'existait pas; la théorie de l'accroissement est une théorie de non-décroissement et de successibilité immédiate; la théorie de la dévolution est une théorie de pure successibilité immédiate.*

La démonstration de ces *deux* points est contenue tout entière dans cette idée que nous répétons :

*En droit, renoncer à une succession ou ne pas exister vis-à-vis des autres successibles, au point de vue de l'attribution héréditaire, c'est une seule et même chose,* erreur législative à part (1).

1er EXEMPLE. — *Accroissement d'après une idée juridique fausse, non-décroissement et successibilité immédiate d'après l'idée juridique exacte.*

Le *de cujus* laisse quatre petits-fils, deux nés de son fils Pierre prédécédé, et deux de son fils Paul, également prédécédé. Ces quatre petits-fils viennent deux à deux, par représentation de leur père, à la succession de leur grand-père.

L'un renonce ; vis-à-vis des autres successibles, au point de vue de l'attribution héréditaire, c'est comme s'il n'existait pas ; donc son cohéritier de la même souche recueillera toute la part afférente à cette souche.

2e EXEMPLE. — *Accroissement d'après une idée juridique fausse; non-décroissement et successibilité immédiate d'après l'idée juridique exacte.*

---

(1) La Cour de cassation de France et M. Troplong, enseignent que, *même après sa renonciation, le renonçant doit toujours être considéré comme ayant eu sa part* (Cass., 18 février 1818, Laroque de Mons, Sirey, 1818, I, 98. — M. Troplong, *Des donations et testaments*, t. II, nos 784 et 785).

Ce qui a trompé la Cour de cassation et M. Troplong, c'est la lettre de l'article ; c'est sans doute aussi les inspirations qu'ils ont puisées dans Pothier (*Des successions*, chap. III, sect. IV, § 4).

Nous verrons d'ailleurs toutes les étrangetés juridiques que la première cour judiciaire de France et son célèbre premier président ont fondées sur cette base.

En ce qui concerne le point actuel, la doctrine exacte est professée par M. Valette à son cours, et elle a été exposée par lui dans le journal *le Droit*, 17 décembre 1845 et 6 septembre 1854.

V. aussi M. Lagrange, *Revue de Droit français et étranger*, t. I, p. 128, et, comme en toutes matières, M. Demolombe, qui a traité la question avec de vastes développements (t. XV, p. 41).

Le *de cujus* laisse ses père et mère, et un frère. Le père renonce ; vis-à-vis des autres successibles, au point de vue de l'attribution héréditaire, c'est comme s'il n'existait pas ; la mère recueillera un quart, et le frère les trois quarts (art. 749).

3e EXEMPLE. — *Dévolution d'après une idée juridique fausse ; successibilité immédiate d'après l'idée juridique exacte.*

Le *de cujus* laisse son père, son fils et un petit-fils issu de son fils. Le fils renonce ; vis-à-vis des autres successibles, au point de vue de l'attribution héréditaire, c'est comme s'il n'existait pas ; le petit-fils, tout en étant au second degré, exclut le père du *de cujus*, qui est au premier degré, parce que les ascendants ne succèdent qu'à défaut de descendants.

De ces trois exemples, il ressort :

1° *Que le successible renonçant vis-à-vis des autres successibles, au point de l'attribution héréditaire, est comme s'il n'existait pas ;*

2° Qu'au lieu de dire, comme le fait l'article, que :

*La part du renonçant accroît à ses cohéritiers ; s'il est seul, elle est dévolue aux héritiers du degré subséquent ;*

Il fallait :

*Ou ne porter aucune disposition, ce qui était le plus simple et le meilleur,*

Ou dire :

*En cas de renonciation, la succession est attribuée à ceux qui l'auraient recueillie à défaut du renonçant.*

On voit ainsi les *nouveaux* vices de rédaction de l'art. 786.

Au surplus, il importe de remarquer que *le renonçant, tout en devant être considéré comme n'ayant jamais existé vis-à-vis des autres successibles, au point de vue de l'attribution héréditaire, n'en a pas moins été héritier, vis-à-vis des autres successibles et des tiers, au point de vue des poursuites dirigées contre lui, et des actes concernant l'administration de la succession* (1).

Les auteurs examinent encore *deux* questions sur l'art. 786 :

1° *L'accroissement est-il facultatif ou forcé ; en d'autres termes, les cohéritiers du renonçant peuvent-ils ou non répudier la part qui, en fait, procède pour eux de la renonciation?*

2° *L'art. 786 est-il applicable aux successeurs irréguliers, comme aux héritiers légitimes ?*

Sur la *première* question, il existe *trois* opinions :

*Les uns pensent que l'accroissement est toujours facultatif* (2) ;

*D'autres le déclarent forcé en principe, mais ils enseignent que si*

---

(1) M. Demolombe, t. XV, p. 35.

(2) M. Villequez, *Revue de droit français et étranger*, t. VII, p. 238-239.

*l'héritier a renoncé après avoir obtenu la révocation de son acceptation* (783), *et que cette acceptation fût antérieure à celle de ses cohéritiers, l'accroissement est alors facultatif* (1);

*D'autres enfin déclarent l'accroissement forcé dans tous les cas* (2).

Cette *dernière* opinion est la seule logique dans la théorie qui admet :

1° Que le renonçant vis-à-vis de ses cosuccessibles, et au point de vue de l'attribution héréditaire, est comme s'il n'existait pas ;

2° Qu'on ne peut être héritier pour partie (3).

Sur la *seconde* question :

*Les uns ont dit que les successeurs irréguliers ont droit à l'accroissement des parts de ceux qui renoncent, mais que pour eux l'accroissement est toujours facultatif, parce qu'ils n'ont pas la saisine* (4).

*Les autres admettent que l'art.* 786 *est applicable aux successeurs irréguliers comme aux héritiers légitimes, parce que la vraie cause de l'accroissement consiste dans une idée de successibilité immédiate* (5).

Cette dernière opinion nous paraît incontestable.

**787.** — On ne vient jamais par représentation d'un héritier qui a renoncé : si le renonçant est seul héritier de son degré, ou si tous ses cohéritiers renoncent, les enfants viennent de leur chef et succèdent par tête.

Cet article répète, pour le cas de renonciation, l'art. 744.

En tant qu'il n'admet pas que le renonçant puisse être représenté, il fait *brèche* au principe en vertu duquel le renonçant vis-à-vis des autres successibles, au point de vue de l'attribution héréditaire, est comme s'il n'existait pas (6).

**790.** — Tant que la prescription du droit d'accepter n'est pas acquise contre les héritiers qui ont renoncé, ils ont la faculté d'accepter encore la succession, si elle n'a pas été déjà acceptée par d'autres héritiers ; sans préjudice néanmoins des droits qui peuvent être acquis à des tiers sur les biens de la succession, soit par prescription, soit par actes valablement faits avec le curateur à la succession vacante.

*A la différence de l'acceptation, la renonciation peut en principe être révoquée ou annulée, tant que la succession n'a pas été acceptée par d'autres successibles.*

---

(1) M. Demante, t. III, n° 106 *bis*, II.

(2) MM. Zachariæ, Aubry et Rau, p. 132, texte et note 16. — M. Hureaux, *Revue pratique*, t. I, p. 180. — M. Demolombe, t. XIV, p. 676, et t. XV, p. 50.

(3) Scientifiquement, nous acceptons la première proposition et nous repoussons la seconde ; mais nous savons que la loi napoléonienne a consacré la seconde (V. *supra*, p. 187 et 189).

(4) M. Demante, t. III, n° 106 *bis*, III.

(5) M. Demolombe, t. XV, p. 39, et t. XIV, p. 440.

(6) M. Demolombe, t. XV, p. 20.

Cette règle rationnelle est la consécration d'une idée de Domat, et elle a été indirectement empruntée par le législateur napoléonien au Code de la Convention (*Code de la Convention*, liv. II, tit. III, § 4, art. 78 et 79) (1).

Indépendamment de la limitation essentielle qui consiste en ce que la succession n'ait pas été acceptée par d'autres successibles, il faut remarquer que la révocation de sa propre renonciation de la part du successible implique *deux* conditions :

1° *Que la prescription du droit d'accepter ne soit pas acquise contre lui* (V. *infra*, art. 789).

2° *Que les droits valablement acquis aux tiers soient respectés.*

Même dans le cas où la succession a été acceptée par d'autres successibles, la renonciation peut être *exceptionnellement* révoquée :

1° *Lorsqu'elle a été la suite d'un dol pratiqué envers le renonçant ;*

2° *Lorsqu'elle a été la conséquence d'une violence exercée contre lui ;*

3° *Lorsqu'elle a eu lieu sans l'observation des conditions et des formalités requises pour suppléer à l'incapacité du renonçant.*

*La lésion* n'est pas une cause de révocation de la renonciation.

Quant à *l'erreur*, ou bien elle rentre dans la lésion, et alors il faut appliquer ce que nous venons de dire, ou bien elle a porté sur une autre hérédité que sur celle à laquelle le successible entendait renoncer, et alors la renonciation ne tombe plus seulement sous le coup d'une simple demande en révocation ou en annulation, elle est frappée de nullité (2).

L'action en révocation de la renonciation, comme l'action en révocation de l'acceptation, est soumise *à la prescription de dix ans.*

*Le point de départ* de cette prescription *varie* aussi selon les cas (art. 1304).

*Le tuteur, autorisé par une nouvelle délibération du conseil de famille, ou le mineur devenu majeur qui reprend la succession vacante, est-il obligé de respecter les prescriptions acquises aux tiers ?*

---

(1) Elle contredit, il est vrai, l'inintelligible idée de la dévolution héréditaire *par la volonté de la loi*, autrement dit *la saisine légale*, mais elle s'harmonise à merveille avec ces deux autres idées rationnelles :

1° Que c'est par la volonté du *de cujus* que le droit héréditaire est provisoirement transmis à l'héritier ;

2° Que c'est par la volonté propre de ce dernier qu'il lui est définitivement acquis.

M. Demolombe reproduit encore ici les expressions de *faveur de la loi* (t. XV, p. 55) ; l'éminent doyen paraît ne pas voir que s'il y avait *faveur*, ce qui serait *faveur envers l'un* deviendrait nécessairement *injustice envers l'autre.*

Nous répétons que *le droit vrai, comme l'ordre vrai, consiste dans l'harmonie de tous les droits et de toutes les libertés.*

(2) MM. Zachariæ, Aubry et Rau enseignent que, même dans ce cas, il n'y a lieu qu'à révocation ou annulation (t. V, p. 171).

DEUX SYSTÈMES.

1er SYSTÈME (1). — *Nég.*

1er *Arg.* — Aux termes de l'art. 2252, *la prescription ne court pas*, en principe, *contre le mineur.*

Or, comme *l'effet de l'acceptation*, d'après l'art. 777, *remonte au jour de l'ouverture de la succession*, ce serait violer l'art. 2252 que d'admettre le système contraire.

2e *Arg.* — La différence de rédaction qui existe entre les art. 462 et 790 appuie cette solution.

L'art. 462 n'impose pas, dans le cas du mineur, le respect des droits acquis aux tiers par prescription.

3e *Arg.* — Si *la prescription ne court pas*, en règle générale, *contre le mineur*, lorsqu'il s'agit de biens soumis à la tutelle, c'est-à-dire pour lesquels il a, à l'égard des tiers, un représentant ; *à fortiori* en doit-il être de même lorsqu'il s'agit de biens à l'égard desquels il n'était nullement défendu.

2e SYSTÈME (2). — *Aff.*

1er *Arg.* — L'art. 777 forme antinomie avec l'art. 785, et dans cette antinomie, c'est l'art. 785 qui doit être préféré (V. *supra*, p. 184) ;

Or l'héritier qui renonce étant censé n'avoir jamais été héritier, la succession était vacante ;

De là, il suit que la prescription courait au profit des tiers.

2e *Arg.* — L'art. 790 prouve d'ailleurs que la révocation de la renonciation ne rétroagit pas.

3e *Arg.* — Quoique la rédaction de l'art. 462 ne soit pas identique avec celle de l'art. 790, la déclaration que *le mineur ne pourra reprendre la succession que dans l'état où elle se trouvera* est par elle-même suffisamment démonstrative.

Comme nous l'avons déjà dit (3), nous adoptons le *second* système.

**788.** — Les créanciers de celui qui renonce au préjudice de leurs droits peuvent se faire autoriser en justice à accepter la succession du chef de leur débiteur, en son lieu et place. — Dans ce cas, la renonciation n'est annulée qu'en faveur des créanciers, et jusqu'à concurrence seulement de leurs créances : elle ne l'est pas au profit de l'héritier qui a renoncé.

Cet article ne contient autre chose *qu'une application de l'action Paulienne ou révocatoire* (art. 1167).

---

(1) M. Valette, *Sur Proudhon*, t. II, n° 4. — M. Marcadé, art. 790, n° 3. M. Hureaux, *Revue pratique*, t. XVII, p. 177.

(2) M. Valette, *Explication sommaire*, p. 257. — M. Demolombe, t. VII, p. 480.

(3) *Manuel de droit civil*, t. I, p. 456.

Nous avons déjà exposé les principes fondamentaux qui gouvernent cette action (1) ; les créanciers qui veulent attaquer l'acte fait par leur débiteur doivent, en général, prouver :

1° *Que cet acte leur cause un préjudice ;*

2° *Qu'il a été fait en fraude de leurs droits.*

C'est là ce qu'on nomme la double preuve de l'*eventus* et du *consilium.*

Cependant *certains auteurs* appliquent ici la théorie qu'ils soutiennent d'une manière générale *relativement à l'action Paulienne*, et que nous avons déjà mentionnée à l'occasion de l'art. 622 (2) ; ils prétendent que *la renonciation impliquant une abdication gratuite de la succession*, le *consilium* n'est pas requis et qu'il suffit de l'*eventus* (3).

La formule de l'art. 805 appuie cette manière de voir, car elle ne mentionne que *le préjudice ;* or, l'argument paraît d'autant plus concluant que le mot *fraude* était d'abord écrit dans l'article, et qu'il en fut retranché sur une observation significative du tribunal de Cassation (4).

*D'autres auteurs* repoussent en principe l'opinion précédente ; pour suppléer le mot *fraude* dans l'art. 788, ils invoquent spécialement l'art. 1464, qui règle une hypothèse analogue (5).

Conformément à la théorie générale de l'action Paulienne, les cohéritiers du renonçant ont, d'ailleurs, le droit d'exiger que les créanciers commencent par *discuter*, c'est-à-dire *par faire vendre les biens de leur débiteur.*

Il faut remarquer :

1° *Que l'annulation de la renonciation n'a pas pour effet de rendre les créanciers héritiers du défunt ;*

D'où il suit qu'ils ne pourraient être poursuivis sur leurs propres biens, par les créanciers de la succession ;

2° *Que l'annulation de la renonciation n'a lieu qu'en leur faveur comme le porte le texte ;*

---

(1) *Manuel de droit civil*, t. I, p. 651.

(2) *Ibid.*

(3) MM. Zachariæ, Aubry et Rau, t. V, p. 172, texte et note 30. — MM. Ducaurroy, Bonnier, Roustain, t. II, n° 588.

(4) Le tribunal de Cassation faisait observer que « la fraude du renonçant, qui suppose à la fois *consilium* et *eventus*, ne doit pas être exigée pour que les créanciers puissent attaquer la renonciation, et qu'il doit suffire qu'en résultat elle leur soit préjudiciable ». (Fenet, t. II, p. 140 et 569.)

(5) Delvincourt, t. II, p. 34, notes 7 et 8. — M. Demolombe, t. XV, p. 79.

Les deux opinions ne sont pas en définitive aussi tranchées qu'elles paraissent l'être ; c'est ainsi que les partisans de la seconde déclarent plus ou moins nettement que, *dans les actes à titre gratuit, la fraude se présume de droit au profit du créancier, en vertu du seul fait du préjudice, et sauf le droit, pour le débiteur, de fournir la preuve contraire.*

Au surplus, les rédacteurs du Code Napoléon ont répandu à pleines mains les ténèbres sur cette thèse (V. *infra*, art. 1167).

D'où il suit qu'après qu'ils ont été payés, tout ce qui reste de la part du renonçant, ou, s'il est seul de son degré, de la succession elle-même, demeure dévolue à ses cohéritiers, ou aux héritiers du degré subséquent.

Certains auteurs enseignent que les cohéritiers ou les héritiers du degré subséquent ont *un recours en répétition* contre le renonçant, revenu à meilleure fortune.

Ces auteurs abusent évidemment des termes du second alinéa de l'art. 788 ; la renonciation a beau en effet n'être pas annulée au profit de l'héritier qui a renoncé, on ne peut prétendre que les créanciers, payés avec les biens héréditaires ont été désintéressés aux dépens des cohéritiers ou des héritiers du degré subséquent; le recours est donc *inadmissible* (1).

Nous verrons sous l'art. 802, les profondes différences qui séparent *l'héritier renonçant* de *l'héritier bénéficiaire faisant abandon de l'administration.*

**789.** — La faculté d'accepter ou de répudier une succession se prescrit par le laps de temps requis pour la prescription la plus longue des droits immobiliers.

Cet article rappelle fort bien les *cruces juris* des glossateurs, relativement aux textes romains (2); cependant il se rapporte en réalité à la question la plus simple: *après quel laps de temps l'héritier doit-il être réputé avoir pris un parti définitif?*

Les auteurs sont d'accord sur *trois* points :

1° *La prescription dont il est question dans l'article est celle de trente ans* (art. 2262);

2° *Cette prescription est extinctive;*

3° *Elle ne doit pas être confondue avec la prescription de la pétition d'hérédité.*

Ce *dernier* point est *capital :*

*La prescription de la pétition d'hérédité suppose qu'un étranger ou un parent plus éloigné a pris possession* pro hærede *de la succession, et l'a possédé* animo domini *pendant le temps nécessaire pour l'acquérir par la prescription;*

*La prescription de la faculté d'accepter ou de répudier suppose seulement l'inaction de l'héritier pendant trente ans.*

---

(1) M. Demante, t. III, n° 100 *bis*, III. — MM. Ducaurroy, Bonnier, Roustain, t. II, n° 589. — M. Demolombe, t. XV, p. 87. — En sens contraire, MM. Zachariæ, Aubry et Rau, t. V, p. 173.

(2) M. Demolombe commence par déclarer qu'il est introductif d'un droit nouveau ; puis il ajoute : « Pourtant, c'est en vain que l'on chercherait dans les travaux préparatoires la pensée qui a inspiré le législateur... l'art. 789 est une espèce d'énigme dont tous les efforts des commentateurs n'ont peut-être pas encore pu découvrir le véritable mot. » (M. Demolombe, t. XIV, p. 384.)

Ce qui constitue le sens énigmatique de l'article, c'est qu'*il semble appliquer la prescription trentenaire*, *pour la même hypothèse, à deux facultés qui s'excluent l'une l'autre.*

## RECHERCHE DU SENS DE L'ART. 789.

### PREMIÈR TENTATIVE D'EXPLICATION (1).

Après l'accomplissement de la prescription, l'héritier doit être réputé *acceptant, vis-à-vis de ceux qui ont intérêt à son acceptation* (créanciers de la succession), *renonçant vis-à-vis de ceux qui ont intérêt à sa renonciation* (débiteurs, détenteurs des biens héréditaires, cohéritiers ou successeurs d'un degré subséquent, qui auraient appréhendé la succession).

Ce système invoque les l. 69, D., *de Adquir. vel omitt. hæred.* et 22, § 14, C. *de Jure delib.*

Ce système ne correspond pas même à la lettre de l'art. 789; en raison, il ne supporte pas l'examen.

### DEUXIÈME TENTATIVE D'EXPLICATION (2).

Après l'accomplissement de la prescription, l'héritier doit être considéré comme *renonçant ;*

Ce système repose sur l'idée que *la saisine existerait sous condition suspensive* (V. *supra*); il ne rend pas d'ailleurs compte de la perte de la faculté de renoncer.

### TROISIÈME TENTATIVE D'EXPLICATION (3).

Après l'accomplissement de la prescription, l'héritier doit être considéré *comme renonçant, toutes les fois que, pendant le délai de la prescription, l'hérédité a été appréhendée par des successibles, soit du même degré, soit d'un degré ultérieur, soit par des légataires universels et à titre universel ;*

Il doit être considéré *comme acceptant, toutes les fois que la succession n'a été appréhendée par aucun autre successible.*

Ce système est une déduction *de la théorie de la saisine collective* (V. *supra*, p. 48); il a, en outre, pour conséquence dernière *de confondre la pétition d'hérédité* avec *la faculté d'accepter ou de renoncer.*

---

(1) Delvincourt, t. II, p. 31, note 6.
(2) Malevillc, art. 789. — M. Duranton, t. VI, n° 488.
(3) MM. Zachariæ, Aubry et Rau, t. p. 136.

QUATRIÈME TENTATIVE D'EXPLICATION (1).

C'est le *même* système que le précédent, avec cette seule différence que l'héritier qui a laissé passer trente ans sans accepter ni renoncer, est déchu de la faculté d'accepter vis-à-vis des successible du même degré ou d'un degré ultérieur, qui ont pris possession de l'hérédité, sans qu'il y ait lieu d'examiner si la possession de ces derniers a ou n'a pas duré trente ans.

*La confusion de la pétition d'hérédité*, avec *la faculté d'accepter ou de renoncer* continue et s'aggrave.

CINQUIÈME TENTATIVE D'EXPLICATION (2).

*Ou l'héritier est resté saisi pendant trente ans, et, dans ce cas, c'est la faculté de renoncer qu'il a perdue ;*

*Ou l'héritier a renoncé, et il n'a pas révoqué dans les trente ans sa renonciation, et alors c'est la faculté d'accepter qui est éteinte.*

Très-exact en lui-même, ce système est tout à fait en dehors du texte qui ne se réfère qu'à une *seule* hypothèse.

SIXIÈME TENTATIVE D'EXPLICATION (3).

*S'il s'agit d'un successeur régulier, après trente ans, il ne peut plus renoncer ;*

*S'il s'agit d'un successeur irrégulier, après trente ans, il ne peut plus accepter.*

Aussi très-exact en lui-même, ce système échoue d'ailleurs, en tant qu'explication de l'article, contre le *même écueil* que le précédent.

SEPTIÈME TENTATIVE D'EXPLICATION (4).

Ce que l'article veut dire, c'est qu'*après l'accomplissement de la prescription, l'héritier a perdu l'option entre la faculté d'accepter purement et simplement, d'accepter sous bénéfice d'inventaire, et de renoncer.*

Ce système, comme l'article, ne se réfère qu'à une seule hypothèse, mais il n'explique nullement *comment la faculté d'accepter purement et simplement* (la seule faculté d'accepter à laquelle fasse allusion le texte) *se prescrit par trente ans.*

---

(1) *La jurisprudence semble se fixer à cette explication.*
(2) Blondeau, *De la séparation des patrimoines*, p. 617, 646.
(3) M. Taulier, t. III, p. 248.
(4) M. Demolombe, t. XIV, p. 395.

La conclusion nous paraît être celle-ci :

*Les interprètes ne parviennent pas à découvrir le sens que le législateur napoléonien a attaché à l'art.* 789, *par la raison que ce législateur n'y en a attaché aucun.*

En résumé, l'art. 789 est un article inintelligible et par conséquent nul, et la doctrine n'a qu'à s'en tenir aux solutions présentées par les partisans de la *cinquième* et de la *sixième* explication.

*Quant au point de départ de la prescription de la faculté d'accepter ou de renoncer*, il est rationnel d'admettre qu'il se rapporte *au moment où l'héritier a connu sa vocation* (1).

791. — On ne peut, même par contrat de mariage, renoncer à la succession d'un homme vivant, ni aliéner les droits éventuels qu'on peut avoir à cette succession.

Cet article reproduit l'art. 84 du Code de la Convention (liv. II, tit. III, § 4), qui lui-même reproduisait en ce point l'art. 1er de la loi du 15 avril 1791.

La Révolution avait porté cette disposition *dans un but politique.*

Sous l'ancien régime, les filles étaient habituellement forcées de renoncer par contrat de mariage aux successions futures, au profit de leurs frères, et les mâles puînés au profit de leur frère aîné ; « C'était, comme dit Pothier, un moyen de conserver les biens dans la famille, et de soutenir la splendeur du nom », en d'autres termes, cela faisait partie de l'ensemble du droit *aristocratique et féodal.*

Nous examinerons plus loin ce que vaut aujourd'hui *la prohibition des renonciations à succession future et*, plus généralement, *des pactes sur succession future*, mais il est facile de voir dès à présent que cette prohibition n'a pas le caractère d'un *principe* (V. *infra*, art. 1130).

792. — Les héritiers qui auraient diverti ou recélé des effets d'une succession, sont déchus de la faculté d'y renoncer : ils demeurent héritiers purs et simples, nonobstant leur renonciation, sans pouvoir prétendre aucune part dans les objets divertis ou recélés.

801. — L'héritier qui s'est rendu coupable de recélé, ou qui a omis, sciemment et de mauvaise foi, de comprendre dans l'inventaire des effets de la succession, est déchu du bénéfice d'inventaire.

Ces textes prévoient :

1° *Le cas où le successible a diverti des effets de la succession ;*

2° *Le cas où il en a recélé.*

*Le divertissement, c'est la soustraction d'un effet de la succession.*

---

(1) M. Demante, t. III, n° 110 *bis*. — M. Valette à son cours. — MM. Ducaurroy, Bonnier, Roustain, t. II, n° 596. — M. Demolombe, t. XIV, p. 399. — MM. Zachariæ, Aubry et Rau enseignent que cette prescription a pour point de départ l'*ouverture de la succession*.

*Le recel ou recélé*, c'est *l'action de cacher, de dissimuler un objet diverti* (1).

L'art. 801 paraît mentionner à part l'omission frauduleuse d'un effet de la succession dans l'inventaire, mais il est évident que cette omission constitue un recélé.

Les sanctions prononcées par ces deux articles, dont le second n'est que la répétition du premier, consistent :

1° *Dans la déchéance pour l'héritier coupable de divertissement ou de recel de la faculté de renoncer ou d'accepter sous bénéfice d'inventaire ;*

2° *Dans la privation de toute part dans les objets divertis ou recélés.*

La *première* déchéance est évidemment seule applicable, lorsque l'héritier n'a pas de cohéritiers ;

La *seconde*, lorsqu'au moment du divertissement ou du recélé, l'héritier avait déjà accepté purement et simplement.

On exige, au surplus, comme conditions générales :

1° *Que le fait commis soit entaché de fraude ;*

2° *Que ce fait soit postérieur à l'ouverture de la succession ;*

3° *Que ce fait soit antérieur à la renonciation :*

Il y a à remarquer :

Sur la *première* condition,

Qu'il n'est pas nécessaire que le divertissement ou le recel ait un caractère *délictueux ;*

Sur la *seconde*,

Que les déchéances sont applicables, d'après les auteurs, lorsque le divertissement ou le recel, quoique *antérieur au décès* du *de cujus*, a été commis par le successible *en vue de la prochaine ouverture de la succession* (2).

Sur la *troisième*,

Qu'il suffit que le divertissement ou le recel soit *postérieur à la renonciation du successible, fût-il, du reste, antérieur à l'acceptation de la succession par d'autres successibles*, pour qu'il doive être considéré comme *un vol* (3).

On est à peu près d'accord pour appliquer *aux mineurs et aux interdits, en état de discernement, la privation de toute part dans les objets divertis ou recélés ;*

---

(1) M. Demante, t. III, n° 113 *bis*, I. — M. Demolombe, t. XIV, p. 566.

(2) MM. Zachariæ, Aubry et Rau, t. V, p. 159. — MM. Massé et Vergé, t. II, p. 317. — M. Demolombe, t. XIV, p. 579.

(3) M. Demante, t. III, n° 1113 *bis*, V. — MM. Ducaurroy, Bonnier, Roustain, t. II, n° 603.

En sens contraire, MM. Zachariæ, Aubry et Rau, t. V, p. 174. — M. Demolombe, t. XIV, p. 583.

*Doit-on leur appliquer aussi la déchéance du bénéfice d'inventaire?*

DEUX SYSTÈMES.

1er SYSTÈME (1). — *Aff.*

1er *Arg.* — C'était là l'ancienne doctrine, et Cujas opinait dans ce sens.

2e *Arg.* — Les termes des art. 792 et 801 sont absolus.

3e *Arg.* — Aux termes de l'art. 1310, le mineur (et l'interdit) *doli capax*, « n'est pas restituable contre les engagements résultant de son délit ou de son quasi-délit » ; or, le divertissement ou le recel constitue un délit frappé d'une pénalité civile.

4e *Arg.* — Puisque l'on applique aux mineurs et aux interdits en état de discernement la seconde sanction, il faut aussi leur appliquer la première, car la disposition ne peut être scindée.

5e *Arg.* — Si cette solution n'était pas admise, il n'existerait aucune sanction contre les mineurs ou les interdits en état de discernement qui se sont rendus coupables de divertissement ou de recel, et qui n'ont pas de cohéritiers.

2e SYSTÈME (2). — *Nég.*

1er *Arg.* — Les termes des art. 461 et 776 et toute l'économie du Code témoignent que les mineurs et les interdits ne peuvent, par un fait d'immixtion quelconque dans la succession, se rendre héritiers purs et simples.

2e *Arg.* — L'art. 1310 ne signifie qu'une chose, à savoir que les mineurs qui ont agi avec discernement doivent être tenus des dommages intérêts, qui sont la conséquence de leurs délits ou de leurs quasi-délits.

3e *Arg.* — Entre la déchéance de la faculté de renoncer ou d'accepter sous bénéfice d'inventaire, et le fait du divertissement ou du recel, « il n'y a, il faut bien le reconnaître, ni de proportion, ni même de rapport très-direct (3) ».

Le législateur est sorti de l'idée de la pénalité, et il applique les principes de l'acceptation pure et simple.

Nous adoptons le second système, surtout à cause de son troisième argument, qui, selon nous, renverse le fondement même des art. 792 et 801 (4).

---

(1) M. Troplong, *Contrat de mariage*, t. III, n° 1567.

(2) MM. Zachariæ, Aubry et Rau, t. IV, p. 278, et t. III, p. 490, et M. Demolombe, t. XIV, p. 419.

(3) M. Demolombe, t. XIV, p. 421.

(4) Ces textes, dont l'application est remplie de difficultés de détail, ne relèvent d'aucune conception nette, et c'est pourquoi, à la différence de certains au-

## SECTION III.

### DU BÉNÉFICE D'INVENTAIRE, DE SES EFFETS ET DES OBLIGATIONS DE L'HÉRITIER BÉNÉFICIAIRE.

*Le bénéfice d'inventaire est*, comme nous l'avons dit, *le droit qu'a l'héritier, moyennant l'accomplissement de certaines conditions, de ne pas confondre son patrimoine avec celui du* de cujus, *et, par conséquent, de n'être pas tenu personnellement et* ultra vires *des dettes de la succession.*

Son nom de *bénéfice* vient du droit du bas Empire; ce nom est un contre-sens, car le bénéfice d'inventaire replace l'héritier dans les conditions rationnelles de la dévolution héréditaire ; l'héritier n'étant en effet, *rationnellement*, qu'*un simple successeur aux biens*, il devrait toujours avoir la possibilité de s'exonérer des dettes et des charges de la succession, en abandonnant l'actif ou en établissant qu'il est épuisé.

*D'après le droit napoléonien, non-seulement le bénéfice d'inventaire n'appartient pas de plein droit à l'héritier, mais il suppose, en outre, que l'héritier s'est mis en état de prouver d'une manière spéciale la consistance de l'actif.*

*D'après ce même droit*, il paraît *logique* de décider que le bénéfice d'inventaire est utile non-seulement *aux héritiers légitimes*, mais encore *aux successeurs irréguliers, aux successeurs testamentaires* (légataires universels ou à titre universel), *aux donataires par contrat de mariage, en tout ou en partie des biens du* de cujus (V. *supra*, p. 55 et 58, et *infra*).

Il paraîtrait devoir en être *de même à l'égard des successeurs qui exercent, dans trois cas, le retour légal* (V. *supra*, p. 115, et *infra*) (1).

Les auteurs sont, en général, d'avis que le défunt ne peut valable-

---

teurs, nous n'avons pas classé le cas qu'ils réglementent parmi ceux d'acceptation forcée.

La compilation napoléonienne en a emprunté la formule à l'ancienne jurisprudence (Lebrun, liv. III, chap. VIII, sect. II, n° 60), qui elle-même l'avait empruntée, en la dénaturant, au droit romain (V. l. 71, § 4, D., *de Adq. vel omitt. hæred.*, et l. 21, pr. D., *ibid.*).

Rationnellement, entre une simple sanction de dommages intérêts et une sanction pénale il n'y a pas place, dans l'espèce, pour une troisième sanction.

(1) Ou il faut renoncer à soumettre à aucune théorie les dispositions de la codification napoléonienne en cette matière, ce qui serait incontestablement le parti le plus sage, si les faits ne s'imposaient, ou il faut aller jusqu'au bout et professer avec MM. Nicias-Gaillard (*Revue critique de jurisprudence*, 1852, t. II, p. 344) et Demolombe (t. XV, p. 112) que *tout successeur a qualité de représentant du* de cujus.

ment interdire à son successeur *ab intestat* ou testamentaire d'accepter sous bénéfice d'inventaire (1).

**793.** — La déclaration d'un héritier, qu'il entend ne prendre cette qualité que sous bénéfice d'inventaire, doit être faite au greffe du tribunal de première instance dans l'arrondissement duquel la succession s'est ouverte : elle doit être inscrite sur le registre destiné à recevoir les actes de renonciation.

**794.** — Cette déclaration n'a d'effet qu'autant qu'elle est précédée ou suivie d'un inventaire fidèle et exact des biens de la succession, dans les formes réglées par les lois sur la procédure, et dans les délais qui seront ci-après déterminés.

L'acceptation sous bénéfice d'inventaire suppose l'accomplissement de *deux* conditions :

1° *Une déclaration de l'héritier, soit en personne, soit par un mandataire spécial au greffe du tribunal de première instance, dans les ressort duquel la succession s'est ouverte, et une inscription de cette déclaration sur le registre destiné à recevoir les renonciations ;*

2° *Un inventaire des biens de la succession.*

Le Code Napoléon n'impose pas à l'héritier l'obligation de faire apposer les scellés, et l'art. 810 indique implicitement qu'il peut ne pas en être apposé (V. aussi art. 819 C. N., et art. 923 C. Pr.); cependant il est prudent, de la part de l'héritier, d'accomplir cette formalité.

Lorsqu'il existe un inventaire fait récemment, un nouvel inventaire est inutile; un simple procès-verbal de *recolement* peut suffire.

Lorsque le défunt n'a laissé aucuns meubles, on dresse un procès-verbal de *carence* (art. 924, C. Pr.).

On voit qu'*en principe* l'acceptation sous bénéfice d'inventaire doit être *expresse*.

*Exceptionnellement*, elle a lieu *même sans déclaration*, lorsque la succession est échue *à un mineur, ou à un interdit*, mais si le défaut de déclaration a causé un préjudice, par exemple, aux créanciers de la succession, ceux-ci pourront demander des dommages-intérêts au tuteur (2).

NOTA. — Les articles qui suivent, jusqu'à l'art. 800, *n'appartiennent pas spécialement* comme nous l'avons déjà dit (V. *supra*, p. 187), à la matière du bénéfice d'inventaire ; ils font partie de la théorie générale de l'acceptation et sont communs *aux trois partis que l'héritier peut prendre*.

**795.** — L'héritier a trois mois pour faire inventaire, à compter du jour de l'ouverture de la succession. — Il a de plus, pour délibérer sur son accepta-

(1) M. Demante, t. III, n° 114 *bis*, II. — MM. Zachariæ, Aubry et Rau, t. V, p. 156. — M. Demolombe, t. XV, p. 135.

(2) Tambour, *Du bénéfice d'inventaire*, p. 418.

tion ou sur sa renonciation, un délai de quarante jours, qui commencent à courir du jour de l'expiration des trois mois donnés pour l'inventaire, ou du jour de la clôture de l'inventaire, s'il a été terminé avant les trois mois.

Cet article accorde à l'héritier non pas un *seul* délai de trois mois et quarante jours, mais *deux* délais distincts :

*L'un de trois mois pour faire inventaire, à compter du jour de l'ouverture de la succession ;*

*L'autre de quarante jours pour délibérer, à compter du jour de l'expiration des trois mois concernant l'inventaire, ou du jour de la confection de l'inventaire, s'il a été terminé avant les trois mois.*

A l'égard des parents qui n'ont été saisis que postérieurement au décès par la renonciation des parents plus proches, ce n'est qu'à partir de cette renonciation que court contre eux, soit le délai de trois mois et quarante jours, si l'inventaire n'était pas encore terminé au moment de la renonciation, soit le délai de quarante jours si l'inventaire était déjà dressé (1).

Lorsque l'héritier décède lui-même avant l'expiration des délais de trois mois et quarante jours, ses propres héritiers jouissent à l'égard de la succession qui lui est échue des mêmes délais que ceux qui leur sont attribués à l'égard de la succession de leur auteur (2).

Il y a deux points à remarquer :

1° *C'est sous la forme d'une exception dilatoire* (3), *que l'héritier doit faire valoir les délais indiqués dans l'art.* 795. (V. *infra*, art. 797 et art. 174, C. Pr.)

2° *Sur la demande de l'héritier, le tribunal a le droit de proroger ces mêmes délais, s'il estime qu'ils ont été insuffisants* (V. *infra*, art. 798 et 799).

**796.** — Si cependant il existe dans la succession des objets susceptibles de dépérir ou dispendieux à conserver, l'héritier peut, en sa qualité d'habile à succéder, et sans qu'on puisse en induire de sa part une acceptation, se faire autoriser par justice à procéder à la vente de ces objets. — Cette vente doit être faite par officier public, après les affiches et publications réglées par les lois sur la procédure.

L'héritier, en sa qualité d'habile à succéder, peut et doit faire *tous les actes conservatoires* (V. *supra*, p. 194).

*Quant aux actes qui dépassent ses pouvoirs*, tels que la vente des objets susceptibles de dépérir ou dispendieux à conserver, il est consé-

(1) MM. Zachariæ, Aubry et Rau, t. V, p. 179. — M. Demolombe, t. XIV, p. 347.

(2) MM. Zachariæ, Aubry et Rau, t. V, p. 176. — M. Demolombe, t. XIV, p. 349.

(3) On appelle *exception dilatoire* un *moyen de procédure tendant à retarder une instance.*

quent qu'il ne puisse y procéder *qu'avec l'autorisation de la justice* (V. aussi art. 986, C. Pr.).

S'il fait un de ces actes sans autorisation, l'acte sera *valable*, mais il emportera contre lui *acceptation pure et simple.*

**797.** — Pendant la durée des délais pour faire inventaire et pour délibérer, l'héritier ne peut être contraint à prendre qualité, et il ne peut être obtenu contre lui de condamnation : s'il renonce lorsque les délais sont expirés ou avant, les frais par lui faits légitimement jusqu'à cette époque sont à la charge de la succession.

**798.** — Après l'expiration des délais ci-dessus, l'héritier, en cas de poursuite dirigée contre lui, peut demander un nouveau délai, que le tribunal saisi de la contestation accorde ou refuse suivant les circonstances.

**799.** — Les frais de poursuite, dans le cas de l'article précédent, sont à la charge de la succession, si l'héritier justifie ou qu'il n'avait pas eu connaissance du décès, ou que les délais ont été insuffisants, soit à raison de la situation des biens, soit à raison des contestations survenues; s'il n'en justifie pas, les frais restent à sa charge personnelle.

D'après l'art. 797, l'effet des délais de trois mois et quarante jours, en d'autres termes, de l'exception dilatoire attribuée par la loi à l'héritier, est *double :*

1° *Pendant la durée des délais de trois mois et quarante jours, l'héritier ne peut être contraint à prendre qualité, et il ne peut être obtenu contre lui de condamnation ;*

2° *Pendant la durée de ces mêmes délais, les frais régulièrement faits, soit par lui, soit contre lui, sont à la charge de la succession.*

Remarquons que les demandes formées dans ce même intervalle contre l'héritier par les créanciers et par les légataires sont régulières, et que, bien que l'héritier ait le droit de faire suspendre l'instance en opposant l'exception dilatoire des trois mois et quarante jours, ces demandes produisent à leur tour le *double* effet :

1° *D'interrompre la prescription;*

2° *De faire courir les intérêts* (1).

Si les créanciers sont munis de titres exécutoires, et qu'ils se soient conformés à la disposition de l'art. 877, ils ont même le droit de pratiquer des voies d'exécution sur les meubles et sur les immeubles de la succession, mais l'héritier est fondé de son côté à s'y opposer, et à y faire surseoir par le tribunal (V. *infra*, art. 877) (2).

Aux termes de l'art. 798, après l'expiration des délais ci-dessus, *le tribunal peut accorder ou refuser, suivant les circonstances, un nouveau délai à l'héritier qui est poursuivi.*

---

(1) M. Tambour, *Du bénéfice d'inventaire*, p. 236. — M. Demolombe, t. XVI, p. 357.

(2) M. Tambour, *Du bénéfice d'inventaire*, p. 239, 241. — M. Demolombe, t. XIV, p. 362.

Les auteurs sont d'accord pour enseigner que *ce nouveau délai* doit s'entendre *même de plusieurs délais successifs*, d'une durée déterminée discrétionnairement par le tribunal.

Quant à la question des effets, *elle ne se résout pas*, pour les délais *prorogés*, *de la même manière* que pour les délais *originaires*.

*La prorogation produit toujours l'effet de permettre à l'héritier d'opposer l'exception dilatoire aux poursuites dirigées contre lui ;*

*Elle ne produit l'effet de l'exonérer des frais que dans les trois cas réglés par l'art.* 799.

**800.** — L'héritier conserve néanmoins, après l'expiration des délais accordés par l'art. 795, même de ceux donnés par le juge, conformément à l'art. 798, la faculté de faire encore inventaire et de se porter héritier bénéficiaire, s'il n'a pas fait d'ailleurs acte d'héritier, ou s'il n'existe pas contre lui de jugement passé en force de chose jugée, qui le condamne en qualité d'héritier pur et simple.

Inutile comme tant d'autres, cet article, comme tant d'autres aussi, fait naître une des grosses controverses que signalent les auteurs.

D'abord l'expiration des délais dont il vient d'être question *anéantit nécessairement* l'exception dilatoire de l'héritier et les effets que cette exception produisait.

C'est ce qui résulte des articles précédents et des mots :

« L'héritier conserve *néanmoins*.... »

Cependant, comme l'indique aussi d'une manière manifeste le commencement de l'article, l'expiration de ces mêmes délais *n'entraîne pas nécessairement* contre l'héritier la déchéance de la faculté d'accepter sous bénéfice d'inventaire.

C'est là une partie de ce qu'établissait déjà l'art. 789, si l'art. 789 a quelque sens (V. *supra*, p. 216).

La fin du texte se rapporte *aux causes qui limitent la durée de la faculté d'accepter sous bénéfice d'inventaire*.

Par voie d'*à contrario*, elle en indique *deux* :

1° *Le cas où le successible a fait un acte d'héritier ;*

2° *Le cas où il existe contre l'héritier un jugement passé en force de chose jugée, qui le condamne en qualité d'héritier pur et simple.*

Il faut ajouter :

3° *Le cas où le successible a laissé passé le laps de trente ans à partir de l'ouverture de la succession, sans prendre parti.*

C'est le *second* cas qui donne lieu à la controverse que nous avons annoncée ; le thème du débat se formule ainsi :

*Le jugement qui, sur la poursuite d'un créancier ou d'un légataire, a condamné le successible en qualité d'héritier pur et simple, équivaut-il à un acte d'héritier, en d'autres termes, peut-il être invoqué par tous les créanciers et par tous les légataires et emporte-t-il à la fois contre le successible la déchéance de la faculté, soit d'accepter sous bénéfice d'inventaire, soit de renoncer?*

Il faut se rappeler qu'*en principe les jugements n'ont d'effet qu'à l'égard des parties en cause* (1).

## QUATRE SYSTÈMES.

1er SYSTÈME (2). — *Tout jugement qui a condamné le successible en qualité d'héritier pur et simple équivaut à un acte d'héritier.*

1er *Arg.* — L'indivisibilité de la qualité d'héritier pur et simple exclut dans l'espèce l'application de l'art. 1351.

2e *Arg.* — Par l'effet de l'instance, il se forme une sorte de quasi-contrat judiciaire ; or, on peut dire qu'il résulte de ce quasi-contrat, un acte volontaire d'acceptation (3).

3e *Arg.* — Il y aurait de graves inconvénients à remettre à tout instant en question ce que les magistrats ont décidé, après un examen consciencieux.

2e SYSTÈME (4). — *Le jugement qui a condamné le successible en qualité pur et simple équivaut à un acte d'héritier, dans tous les cas où il implique une sorte d'adhésion tacite de la part du successible.*

*De là, la distinction suivante :*

*Le jugement a-t-il été rendu, soit par défaut, soit en premier ressort, et n'a-t-il été frappé ni d'opposition ni d'appel, il équivaut à un acte d'héritier.*

*Le jugement a-t-il été rendu, soit contradictoirement et en dernier ressort, soit à la suite d'opposition ou d'appel, il n'a d'effet qu'à l'égard du créancier ou du légataire qui l'a obtenu.*

1er *Arg.* — M. Muraire a professé cette distinction devant le Conseil d'État (5).

2e *Arg.* — Ce système est d'ailleurs en harmonie avec tous les principes ; en même temps qu'il explique l'art. 800, sans avoir besoin d'y reconnaître une exception à l'art. 1351, il s'appuie sur un fondement rationnel.

3e SYSTÈME (6). — *Le jugement qui a condamné le successible en*

(1) V. *Manuel de droit civil,* t. I, p. 92, et *infra,* art. 1351.

(2) Merlin, *Répertoire,* v° Successions, sect. I, § 5, n° 4, et *Questions de droit,* v° Héritier, § 8.

(3) V. pour la notion du quasi-contrat, *Manuel de droit civil*, t. I, p. 40, note 1, et *infra*, art. 1370 et 1371.

(4) MM. Massé et Vergé, *Sur Zachariæ*, t. II, p. 311. — M. Marcadé, art. 800.

(5) Fenet, t. XII, p. 41.

(6) M. Valette, *Revue étrangère et française*, t. IX, p. 257 et suiv.

*qualité d'héritier pur et simple emporte, au profit de tous les créanciers et de tous les légataires contre le successible, la déchéance de la faculté d'accepter sous bénéfice d'inventaire;*

*Ce même jugement n'emporte contre le successible la déchéance de la faculté de renoncer qu'au profit du créancier ou du légataire qui l'a obtenu.*

1er *Arg.* — Le projet primitif portait une disposition ainsi conçue :

«... Cette faculté (d'accepter sous bénéfice d'inventaire), ne s'étend pas au-delà d'une année, à compter de l'expiration des délais ; l'héritier ne peut ensuite qu'accepter purement et simplement ou renoncer » ;

Or, le sens de cette disposition était le suivant :

En règle générale, la faculté d'accepter bénéficiairement dure une année ; cependant elle peut être perdue avant l'expiration de ce délai, lorsque le successible a fait acte d'héritier, ou lorsqu'il a été condamné en qualité d'héritier pur et simple.

On a retranché, il est vrai, la disposition qui établissait un délai maximum d'une année ; mais les deux autres limites on été maintenues.

2e *Arg.* — La formule de l'art. 800 commande cette solution.

L'article dit, en effet, que « l'héritier conserve... la faculté de faire encore inventaire, et de se porter héritier bénéficiaire, s'il n'a pas fait d'ailleurs acte d'héritier, ou s'il n'existe pas contre lui de jugement passé en force de chose jugée, qui le condamne en qualité d'héritier pur et simple ».

3e *Arg.* — L'art. 800 est enfin classé sous la rubrique spéciale du *bénéfice d'inventaire.*

4e SYSTÈME (1). — *Le jugement qui, sur la poursuite d'un créancier ou d'un légataire, a condamné le successible en qualité d'héritier pur et simple, n'équivaut pas à un acte d'héritier; en d'autres termes, il ne peut être invoqué que par le créancier ou par le légataire qui l'a obtenu, et ce n'est qu'à l'égard de ce créancier ou de ce légataire qu'il emporte contre le successible la déchéance de la faculté, soit d'accepter sous bénéfice d'inventaire, soit de renoncer.*

1er *Arg.* — Cette doctrine est conforme aux errements de l'ancien droit (2).

2e *Arg.* — Elle est, en outre, appuyée sur les vrais principes.

3e *Arg.* — Sans doute la disposition, qui dans l'art. 800 concerne le cas du jugement, fait alors double emploi avec l'art. 1351.

---

(1) M. Demante, t. III, n° 122 *bis*, 1 à 9. — M. Duverger à son cours. — MM. Aubry et Rau, t. V, p. 161, texte et note 24. — M. Tambour, p. 244. — M. Demolombe, t. XV, p. 167.

(2) V. Pothier, *Des successions*, chap. III, sect. V, et Introduction au tit. XVII de la Coutume d'Orléans, n° 70. — Lebrun et Espiard, liv. III, chap. VIII, sect. II, n° 63.

Mais d'une part, l'art. 100 fait exactement le même double emploi. D'autre part, la disposition qui dans l'art. 800 déclare le successible déchu de la faculté d'accepter bénéficiairement, s'il a fait acte d'héritier, n'est-elle pas tout aussi inutile que peut l'être celle qui se rapporte au cas du jugement (1)?

4° *Arg.* — On objecte en vain la pensée des rédacteurs du Code, en attestant la discussion qui a eu lieu sur ce point au Conseil d'État ;

« Nous répondons que cette discussion a été des plus confuses » (2).

La lutte sérieuse ne peut s'établir qu'entre le *troisième* et le *quatrième* système ; *légalement*, ces deux systèmes nous paraissent aussi probables l'un que l'autre ; *rationnellement*, nous préférons le *dernier*.

**801.** — L'héritier qui s'est rendu coupable de recélé, ou qui a omis, sciemment et de mauvaise foi, de comprendre dans l'inventaire des effets de la succession, est déchu du bénéfice d'inventaire.

**802.** — L'effet du bénéfice d'inventaire est de donner à l'héritier l'avantage — 1° de n'être tenu du payement des dettes de la succession que jusqu'à concurrence de la valeur des biens qu'il a recueillis, même de pouvoir se décharger du payement des dettes en abandonnant tous les biens de la succession aux créanciers et aux légataires ; — 2° de ne pas confondre ses biens personnels avec ceux de la succession, et de conserver contre elle le droit de réclamer le payement de ses créances.

Cet article est fort mal rédigé ; il ne présente qu'en *seconde* ligne *l'élément caractéristique du bénéfice d'inventaire* ; *au lieu d'être un principe*, le point qu'il indique en première ligne n'est qu'une *conséquence.*

Le bénéfice d'inventaire consiste *essentiellement dans la séparation du patrimoine de l'héritier et de celui de la succession* (3).

De là, cette *première* conséquence :

*L'héritier bénéficiaire n'est pas tenu personnellement, et sur son propre patrimoine, des dettes et charges de la succession, et il n'est obligé de les acquitter que jusqu'à concurrence de la valeur des biens qu'il a recueillis.*

De là aussi, cette *seconde* conséquence enchevêtrée par le texte dans la première :

---

(1) M. Demolombe, t. XV, p. 168.

(2) M. Demolombe, t. XV, p. 169.

Combien l'éminent professeur pourrait-il citer de discussions qui échapperaient à cette censure ?

(3) Nous verrons (*infra*, art. 178 et suiv., et *Manuel de droit civil*, t. III, art. 2111) que *les créanciers et les légataires ont aussi, de leur côté, un droit de séparation des patrimoines* ; c'est une question controversée de savoir si la séparation de patrimoines, qui résulte au profit de l'héritier du bénéfice d'inventaire, emporte de plein droit séparation des patrimoines au profit des créanciers et des légataires. (V. *Manuel de droit civil*, t. III, art. 2111.)

*L'héritier bénéficiaire peut même s'exonérer du payement des dettes et charges de la succession, en abandonnant tous les biens aux créanciers et aux légataires.*

Il y a, en outre, à remarquer :

Relativement à la *première* conséquence,

*Que l'héritier bénéficiaire peut cependant être tenu personnellement et sur ses propres biens, si par son fait il s'oblige lui-même directement envers les créanciers et envers les légataires;*

Ce point est, au surplus, l'application du droit commun ;

Relativement à la *seconde* conséquence,

*Que la faculté d'abandon de l'héritier bénéficiaire est radicalement distincte de la renonciation; car l'héritier bénéficiaire qui fait abandon des biens n'en reste pas moins héritier.*

D'où, *plusieurs différences* entre le cas de l'abandon et celui de la renonciation (V. *infra*, Appendice).

Du principe que *le bénéfice d'inventaire est une séparation de patrimoines*, il résulte encore :

*Que les créances et en général tous les droits, soit de l'héritier bénéficiaire contre le* de cujus, *soit du* de cujus *contre l'héritier bénéficiaire, ne s'éteignent pas par confusion.*

Les actions, appartenant à l'héritier bénéficiaire contre la succession, doivent être intentées contre les autres héritiers, et s'il n'y en a pas, ou s'ils sont tous demandeurs, contre un curateur nommé dans la même forme que le curateur à succession vacante (art. 996, C. Pr.).

Ce serait aussi un curateur de cette sorte qui devrait exercer les actions appartenant à la succession contre l'héritier bénéficiaire.

## APPENDICE

### DIFFÉRENCES ENTRE L'ABANDON DE L'ADMINISTRATION DE LA SUCCESSION PAR L'HÉRITIER BÉNÉFICIAIRE ET LA RENONCIATION A LA SUCCESSION.

| | |
|---|---|
| 1° *L'abandon ne concerne que l'administration des biens, et n'a d'effet qu'à l'égard des créanciers et des légataires.* | 1° *La renonciation concerne la qualité même d'héritier, et a effet à l'égard des cohéritiers du renonçant ou des héritiers du degré subséquent, comme à l'égard des créanciers et des légataires.* |
| 2° *En cas d'abandon, il appartient aux créanciers et aux légataires de régler le mode d'administration des biens s'ils s'entendent entre eux, sinon, les tribunaux doivent le régler à leur place.* | 2° *En cas de renonciation, la succession se trouve dévolue pour le tout aux cohéritiers ou aux héritiers subséquents; s'il ne s'en présente pas, il y a lieu à la nomination d'un curateur à succession vacante.* |

3° *L'héritier qui fait abandon n'en reste pas moins tenu au rapport à l'égard de ses cohéritiers* (art. 843).

4° *L'héritier qui fait abandon n'en conserve pas moins son droit au reliquat de l'actif héréditaire, s'il en existe un.*

3° *L'héritier qui renonce est déchargé de l'obligation du rapport* (art. 845).

4° *L'héritier qui renonce perd tout droit à l'actif héréditaire, à moins qu'il ne révoque sa renonciation* (V. *supra*, p. 212).

**803.** — L'héritier bénéficiaire est chargé d'administrer les biens de la succession, et doit rendre compte de son administration aux créanciers et aux légataires. — Il ne peut être contraint sur ses biens personnels qu'après avoir été mis en demeure de présenter son compte, et faute d'avoir satisfait à cette obligation. — Après l'apurement du compte, il ne peut être contraint sur ses biens personnels que jusqu'à concurrence seulement des sommes dont il se trouve reliquataire.

Cet article déclare l'héritier bénéficiaire *administrateur des biens de la succession.*

De là, les *droits* de cet héritier et ses *obligations corrélatives à ses droits.*

Parmi ses obligations figure en *première* ligne *celle de rendre compte de son administration aux créanciers et aux légataires.*

La fin de l'article confirme ce qui a été dit plus haut, à savoir que l'héritier bénéficiaire ne peut être contraint sur ses biens personnels, que lorsque par son fait il s'oblige lui-même directement envers les créanciers et envers les légataires (1).

**804.** — Il n'est tenu que des fautes graves dans l'administration dont il est chargé.

Dans le droit actuel, le principe est que *le débiteur doit à la conservation de la chose tous les soins d'un bon père de famille* (art. 1137); c'est ce que l'on exprime encore en disant qu'il est tenu de la faute appréciée *in abstracto*; en d'autres termes, *on le compare à un type abstrait d'homme moyennement diligent.*

A l'imitation de Pothier, les rédacteurs du Code Napoléon ont fait *exception* à ce principe *pour l'héritier bénéficiaire*; l'art. 804 ne déclare cet héritier responsable *que de ses fautes graves* (*lata culpa*, dans la langue de Pothier), c'est-à-dire *des fautes qu'il ne commettrait pas par rapport à ses propres affaires* (Comparez art. 1927, 1928, 1992) (2).

Il est clair que toute cette théorie aboutit à investir les tribunaux d'un droit d'appréciation discrétionnaire (3).

(1) M. Demante, t. III, n° 126. — MM. Ducaurroy, Bonnier, Roustain, t. III, n° 619. — M. Demolombe, t. XV, p. 179.

(2) M. Demante, t. III, n° 127. — MM. Ducaurroy, Bonnier, Roustain, t. II, n° 623. — M. Demolombe, t. X, p. 273.

(3) C'est précisément parce que cette nécessité de l'appréciation discrétion-

**805.** — Il ne peut vendre les meubles de la succession que par le ministère d'un officier public, aux enchères, et après les affiches et publications accoutumées. — S'il les représente en nature, il n'est tenu que de la dépréciation ou de la détérioration causée par sa négligence.

**806.** — Il ne peut vendre les immeubles que dans les formes prescrites par les lois sur la procédure ; il est tenu d'en déléguer le prix aux créanciers hypothécaires qui se sont fait connaître.

L'héritier bénéficiaire n'est, en principe, tenu de vendre ni les meubles (V. *infra*, art. 807), ni les immeubles de la succession. Cependant, lorsqu'il ne les vend pas ou ne réclame pas l'autorisation de les vendre, il agit bien entendu sous sa responsabilité telle qu'elle vient d'être définie ; c'est ce que déclare inutilement et assez mal, pour les meubles, le 2e alinéa de l'art. 805.

Lorsque l'héritier bénéficiaire vend les *meubles*, il faut distinguer les meubles *corporels* des meubles *incorporels*, en assimilant d'ailleurs *les rentes sur particuliers* aux meubles *corporels* (art. 989, 945, 617-655, C. Pr.).

Il ne peut, en qualité d'héritier bénéficiaire, vendre les meubles *corporels*, et céder *les rentes sur particuliers* que *selon les formes prescrites par le Code de procédure.*

Il peut, au contraire, céder, *de gré à gré*, *les créances*, *les actions industrielles*, etc. (1).

Lorsque l'héritier bénéficiaire veut vendre les *immeubles*, *l'autorisation du tribunal se trouve au nombre des formes prescrites par les lois sur la procédure* (art. 987, C. Pr.).

Les *autres* formes sont d'ailleurs celles qui s'appliquent *à la vente des immeubles appartenant aux mineurs* (art. 988, C. Pr.).

L'art. 806 ajoute que : « l'héritier bénéficiaire est tenu de déléguer le prix de la vente des immeubles aux créanciers hypothécaires, qui se sont fait connaître ».

Cette disposition se référait à un projet de système de priviléges et d'hypothèques occultes, qui a été ensuite abandonné ; elle est *sans valeur ;* il y a lieu de s'en tenir, dans ce cas, comme dans tous les autres de même sorte, à la règle posée en ces termes par l'art. 991, C. Pr. :

« Le prix des immeubles sera distribué suivant l'ordre des priviléges et hypothèques » (2).

*Si l'héritier bénéficiaire n'a pas observé les formalités légales pour*

---

naire s'impose dans une foule de cas que *le jury doit former la base de toute organisation judiciaire rationnelle* (V. Intr., p. LXIV).

(1) M. Demante, t. III, n° 128 *bis*, II et III. — MM. Zachariæ, Aubry et Rau, t. V, p. 199. — M. Tambour, p. 133. — M. Demolombe, t. XV, p. 304.

C'est le même *système* malavisé que pour l'administration de la tutelle (V. *Manuel de droit civil*, t. I, p. 446).

(2) M. Demante, t. III, n° 129 *bis*.

*les ventes, soit de meubles, soit d'immeubles*, les auteurs ne sont pas d'accord sur la sanction à appliquer; l'opinion générale est cependant que la vente sera *valable* (art. 988 et 989, C. Pr.).

Quant au point de savoir *si en pareil cas l'héritier est nécessairement déchu du bénéfice d'inventaire*, ou, *s'il est simplement facultatif pour les tribunaux de l'en faire déchoir*, l'incertitude est complète ; cependant la *première* solution a pour elle le texte (1).

**807.** — Il est tenu, si les créanciers ou autres personnes intéressées l'exigent, de donner caution, bonne et solvable, de la valeur du mobilier compris dans l'inventaire, et de la portion du prix des immeubles non déléguée aux créanciers hypothécaires. — Faute par lui de fournir cette caution, les meubles sont vendus, et leur prix est déposé, ainsi que la portion non déléguée du prix des immeubles, pour être employés à l'acquit des charges de la succession.

L'héritier bénéficiaire, avons-nous dit (V. *supra*, p. 232), a, en principe, le droit de vendre ou de conserver sous sa responsabilité les meubles et les immeubles de la succession.

Néanmoins, *à l'égard des meubles*, l'art. 807 tempère ce principe ; il permet aux créanciers et aux légataires d'exiger de l'héritier « une caution bonne et solvable de la valeur du mobilier compris dans l'inventaire ».

*Faute par l'héritier de fournir cette caution, la vente des meubles est de droit.*

Le prix qui provient de cette vente doit être alors déposé à Paris à la caisse des dépôts et consignations; dans les départements, chez les receveurs particuliers, aux chefs-lieux d'arrondissement ; chez les trésoriers-payeurs généraux, aux chefs-lieux de département (2).

Cette même décision s'applique aux deniers héréditaires, et notamment à la portion du prix des immeubles *non payés* (l'article dit *non déléguée*, V. *supra*, p. 232) aux créanciers hypothécaires.

---

(1) Le texte ! voilà bien, en effet, avec la doctrine et la codification actuelles, le suprême recours. Au fond, il s'agit dans l'espèce de la question la plus simple; mais :

1° Cette question devrait se poser toute en fait ;

2° Il ne devrait y avoir lieu qu'à une sanction de dommages-intérêts contre l'héritier bénéficiaire qui, par des ventes accomplies sans les formalités légales, aurait nui aux créanciers et aux légataires.

Tel n'est certainement pas le système que l'on puisse faire sortir de la compilation napoléonienne.

V. M. Demante, t. III, nos 128 *bis*, v, et 128 *bis*, vi. — MM. Zachariæ, Aubry et Rau, t. V, p. 199. — MM. Massé et Vergé, *Sur Zachariæ*, t. II, p. 349. — M. Tambour, p. 391. — M. Demolombe, t. XV, p. 313 et 383.

(2) Consulter, sur l'organisation financière actuelle, d'Audiffret, *Système financier de la France*, nouvelle édition, 5 vol.

Cet ouvrage est un panégyrique; il est, en outre, mal ordonné ; toutefois, il renferme d'importants documents qu'on chercherait vainement ailleurs.

La caution que peut être astreint à fournir l'héritier bénéficiaire, appartient à la classe des cautions *légales* (art. 2018, 2019 et 2041).

**808.** — S'il y a des créanciers opposants, l'héritier bénéficiaire ne peut payer que dans l'ordre et de la manière réglés par le juge. — S'il n'y a pas de créanciers opposants, il paye les créanciers et légataires à mesure qu'ils se présentent.

Cet article se réfère *au mode de payement* des créanciers et des légataires, en cas d'acceptation bénéficiaire.

Il prévoit *deux* cas :

1° *Celui où il existe des créanciers* (il faut ajouter, *ou des légataires*) *opposants ;*

2° *Celui où il n'existe pas de créanciers* (*ni de légataires*) *opposants.*

1^er^ CAS. — *Il existe des créanciers ou des légataires opposants.*

D'abord la distribution procède *très-régulièrement à l'amiable*, toutes les fois que les opposants peuvent et veulent s'entendre entre eux et avec l'héritier bénéficiaire.

A défaut d'entente, il y a lieu à *deux* procédures, *l'une* appelée *procédure d'ordre*, *l'autre procédure de distribution par c ntribution*, ou plus simplement *contribution.*

La procédure d'ordre concerne exclusivement les créanciers privilégiés et les créanciers hypothécaires (art. 749 et suiv., C. Pr.).

La procédure de contribution concerne non-seulement les simples créanciers chirographaires, mais encore les créanciers privilégiés et les créanciers hypothécaires non désintéressés dans l'ordre (art. 656 et suiv., C. Pr.).

*Il y a à remarquer que les créanciers, quels qu'ils soient, doivent être payés en principe avant les légataires, quels qu'ils soient* (V. *infra*, art. 878 et suiv.).

2^e^ CAS. — *Il n'existe pas de créanciers ni de légataires opposants.*

L'héritier bénéficiaire *peut* et *doit* alors payer les créanciers et les légataires à mesure qu'ils se présentent.

Nul doute que s'il est créancier, il n'ait le droit de se payer lui-même (1).

**809.** — Les créanciers non opposants qui ne se présentent qu'après l'apurement du compte et le payement du reliquat, n'ont de recours à exercer que contre les légataires. — Dans l'un et l'autre cas, le recours se prescrit par le laps de trois ans, à compter du jour de l'apurement du compte et du payement du reliquat.

---

(1) MM. Zachariæ, Aubry et Rau, t. V, p. 202. — M. Demolombe, t. XV, p. 337.

Le *premier* alinéa de cet article ne prévoit que *le cas où des créanciers non opposants se présentent après l'apurement du compte, et le payement du reliquat.*

Il décide que, dans cette hypothèse, le recours n'existe que *contre les légataires.*

Le *second* alinéa ajoute que « ce recours se prescrit par le laps de trois ans, à compter du jour de l'apurement du compte et du payement du reliquat ».

Cependant les premiers mots de ce même alinéa « dans l'un et l'autre cas », semblent bien indiquer qu'il se rapporte à *deux* cas, quoiqu'il ne soit question que d'un *seul* cas dans le *premier* alinéa.

*Faut-il, en conséquence, suppléer un second cas dans le premier alinéa, et quel serait ce second cas ?*

D'après le projet primitif, le premier alinéa était conçu, comme il l'est actuellement.

Les observations du tribunal de cassation et du tribunal d'Aix y firent ajouter la disposition suivante :

« Ceux qui se présentent avant l'apurement peuvent aussi exercer un recours subsidiaire contre les créanciers payés à leur préjudice. »

Dans la rédaction définitive, *cette addition disparut*, sans qu'il soit possible d'expliquer pour quelle cause ; *néanmoins, le second alinéa de l'art.* 809 *continue à y faire allusion.*

De là, une controverse dont voici le thème :

*Les créanciers qui se présentent avant l'apurement du compte et le payement du reliquat peuvent-ils exercer un recours contre les autres créanciers qui ont reçu un dividende supérieur à celui qui eût dû leur revenir d'après une distribution régulièrement faite ?*

### DEUX SYSTÈMES.

1^er^ SYSTÈME (1). — *Aff.*

1^er^ *Arg.* — De ce que les créanciers, qui ne se présentent qu'après l'apurement du compte et le payement du reliquat, n'ont de recours à exercer que contre les légataires (art. 809, 1^er^ alinéa), il s'ensuit forcément, *à contrario*, que les créanciers qui se présentent avant l'apurement du compte et le payement du reliquat peuvent, en outre, exercer un recours contre les autres créanciers.

2^e^ *Arg.* — Les travaux préparatoires appuient cette décision (V. *supra*).

3^e^ *Arg.* — Au surplus, les créanciers qui ont reçu un dividende supérieur à celui qui eût dû leur revenir, d'après une distribution régulière, ont en définitive reçu plus qu'il ne leur était dû.

---

(1) Toullier, t. II, n° 383. — M. Taulier, t. III, p. 267-269. — M. Marcadé, art. 809, n° 2. — M. Coulon, *Questions de droit*, t. I, n° 587.

2e SYSTÈME (1). — *Nég.*

1er *Arg.* — L'argument *à contrario* du premier système est sans valeur, à l'égard des autres créanciers.

Il n'a de valeur qu'à l'égard de l'héritier qui n'a pas encore payé son reliquat.

2e *Arg.* — Telle est en ce point la confusion des travaux préparatoires qu'il n'y a aucun argument à en déduire.

3e *Arg.* — Aux termes de l'art. 808, « s'il n'y a pas de créanciers opposants, l'héritier bénéficiaire paye les créanciers et les légataires, à mesure qu'ils se présentent » ;

Or, en recevant tout ce qui leur est dû, les créanciers ne reçoivent que ce qui leur est dû ;

Donc, il n'y a pas de répétition possible contre eux.

4e *Arg.* — Dans l'espèce, il faut appliquer la maxime: *jura vigilantibus, non dormientibus prosunt.*

Nous prenons parti pour le *second* système qui satisfait à la fois la raison juridique et l'intérêt économique.

Lorsqu'il existe des oppositions, et que l'héritier bénéficiaire a fait des payements, nonobstant ces oppositions, non-seulement l'héritier bénéficiaire est lui-même personnellement responsable envers les opposants, mais on doit, en outre, admettre que ceux-ci ont un recours contre les personnes payées à leur préjudice, légataires ou autres créanciers (2).

**810.** — Les frais de scellés, s'il en a été apposé, d'inventaire et de compte sont à la charge de la succession.

On généralise cette disposition, et l'on admet que l'héritier bénéficiaire a le droit de faire figurer dans son compte tous les frais d'administration (3).

---

(1) M. Demante, t. III, n° 133 *bis*, III. — MM. Zachariæ, Aubry et Rau, t. V, p. 202, et note 35. — MM. Ducaurroy, Bonnier, Roustain, t. II, n° 632. — M. Tambour, p. 358. — M. Demolombe, t. XV, p. 348.

(2) M. Demante, t. III, n° 153 *bis*. II. — MM. Zachariæ, Aubry et Rau, t. V, p. 202. — M. Tambour, p. 347. — M. Demolombe, t. XV, p. 330.

(3) A part même le manque de méthode et la mauvaise rédaction des articles, on ne retrouve guère que matière à reproches dans les dispositions classées sous la rubrique du *Bénéfice d'inventaire*.

Nous nous bornons à signaler les deux chefs suivants :

1° Dans la compilation napoléonienne, le bénéfice d'inventaire est une institution aussi mal définie qu'arbitraire.

Cela tient en partie à ce que le bénéfice d'inventaire a eu pour origine, en droit romain, la faveur impériale, en partie à ce que l'ancien droit français n'a jamais cherché à fonder aucune théorie sur les vrais principes.

Pour ne citer dans cette matière qu'un seul exemple, s'il est juste de faire sa part au droit de l'héritier, il est non moins juste de faire la sienne au droit

## SECTION IV.

### DES SUCCESSIONS VACANTES.

**811.** — Lorsqu'après l'expiration des délais pour faire inventaire et pour délibérer, il ne se présente personne qui réclame une succession, qu'il n'y a pas d'héritier connu, ou que les héritiers connus y ont renoncé, cette succession est réputée vacante.

En matière de *vacance* et de *déshérence*, les seules notions théoriques acceptables d'après les textes actuels sont les suivantes :

*La succession vacante est celle dans laquelle il est probable ou même certain qu'il existe un successeur autre que l'État, quoique ce successeur ne se présente pas.*

Par antithèse, *la succession en déshérence est celle qui, faute d'un autre successeur doit revenir à l'État.*

Pratiquement, il est possible qu'une succession réellement vacante soit traitée comme une succession en déshérence et *vice versâ* (1).

Le Code de la Convention assimilait excellemment la succession vacante à la succession abandonnée (art. 96, l. II, tit. III, § 4).

Les rédacteurs du Code Napoléon se firent une idée fort peu nette de la vacance et de la déshérence (2), de là, la rédaction embarrassée de l'art. 811, et les divergences des interprètes sur cette matière (3).

D'après cet article, *trois* conditions sont nécessaires pour qu'une succession soit réputée *vacante*, savoir :

1° *Que les délais pour faire inventaire et pour délibérer soient expirés ;*

---

des créanciers, et il est contre toute équité d'imposer à ces derniers, en cas d'acceptation bénéficiaire, une atteinte qui peut leur être préjudiciable.

2° Dans la compilation napoléonienne, le bénéfice d'inventaire a emprunté au régime économique du moyen âge l'idée de la prééminence de la fortune immobilière sur la fortune mobilière.

De là, comme nous l'avons indiqué (*supra*, p. 232), la disposition relative à la vente des immeubles et à celle des meubles.

*Et c'est ainsi que, romaine ou coutumière, sans jamais soumettre au critérium de la raison et des besoins la double tradition romaine et coutumière*, procéda dans tous ses détails l'élaboration législative qui remonte au 18 brumaire.

(1) V. la circulaire du 8 juillet 1806 relative à la déshérence.

(2) Dans l'exposé des motifs, Treilhard disait : « Il peut arriver qu'il ne se présente, pour recueillir la succession, ni parents, ni enfants naturels, ni époux survivant, *ni même la République* ; la succession est alors vacante. » (Fenet, t. XII, p. 151.)

De la part d'un rédacteur du Code Napoléon, le manque de réflexion est évident. Cette idée ne serait exacte que si l'on répudiait la fausse doctrine de la déshérence, c'est-à-dire si l'on considérait l'Etat comme un héritier.

(3) V. notamment MM. Zachariæ, Aubry et Rau, t. V, p. 399, texte et note 2, p. 403, note 8.

2° *Que personne ne réclame la succession;*

3° *Qu'il n'y ait pas d'héritier connu, ou que les héritiers connus aient renoncé.*

Il y a à remarquer :

Sur la *première* condition,

Que si, durant les délais pour faire inventaire et pour délibérer, certaines mesures deviennent urgentes, le tribunal, selon l'avis des auteurs, a le droit d'autoriser tout intéressé à y pourvoir (1).

Sur la *seconde* condition,

Que la succession ne peut être réputée vacante toutes les fois qu'elle est réclamée par un prétendant quelconque, héritier légitime, successeur irrégulier, donataire ou légataire universel (2);

Sur la *troisième* condition,

Que cette condition est spéciale aux héritiers *légitimes;*

Que l'existence connue des héritiers légitimes auxquels la succession est déférée suffit pour empêcher la vacance, si ces héritiers n'ont pas renoncé;

Qu'enfin, dans le cas où ces héritiers ont renoncé, l'existence connue des héritiers appelés à leur défaut ne forme point obstacle à la vacance, si ces héritiers ultérieurs ne réclament pas la succession (3).

**812.** — Le tribunal de première instance dans l'arrondissement duquel elle est ouverte nomme un curateur sur la demande des personnes intéressées, ou sur la réquisition du procureur du roi.

Aux termes de cet article, lorsqu'une succession est réputée vacante,

---

(1) M. Demolombe, t. XV, p. 404.

(2) M. Demante, t. III, n° 135 *bis*, I. — MM. Zachariæ, Aubry et Rau, t. V, p. 399, texte et note 2. — M. Demolombe, t. XV, p. 405.

(3) MM. Zachariæ, Massé et Vergé, t. II, p. 443. — M. Demolombe, t. XV, p. 413.

En sens contraire, MM. Aubry et Rau, *Sur Zachariæ*, t. V, p. 400, texte et note 3. — MM. Ducaurroy, Bonnier, Roustain, t. II, n° 386.

Ces derniers auteurs enseignent que la succession ne doit pas être réputée vacante, tant qu'il existe un héritier connu jusqu'au douzième degré.

Sans aucun doute, cette seconde théorie est la seule qui soit logique : mais, selon nous, elle méconnaît le vrai caractère de la vacance qui constitue un état de fait, et qui, si le texte de l'art. 811 n'y faisait obstacle, devrait être admise à raison de la seule circonstance que les héritiers, quels qu'ils soient, ne se présentent pas.

C'est toujours la tradition de la saisine qui continue à empêcher, dans cette matière, le dégagement de la théorie rationnelle.

Evidemment, les rédacteurs du Code Napoléon n'ont même pas cherché à se rendre compte de la disposition qu'ils portaient; aussi, à la place d'une logique qui contredirait le texte et nous ferait dévier davantage du principe, préférons-nous adopter ici une inconséquence qui ressort du texte et qui nous ramène au principe.

le tribunal de première instance dans l'arrondissement duquel elle est ouverte nomme un curateur :

1° *Sur la demande des personnes intéressées ;*

2° (A défaut de réclamation par les personnes intéressées) *sur la réquisition du procureur impérial.*

*Les personnes intéressées* sont le plus habituellement les créanciers héréditaires, les légataires à titre universel ou à titre particulier du défunt. Cette expression est, au surplus, aussi compréhensive que possible.

Quant à l'action du procureur impérial, dans le cas présent, elle déroge au principe qui refuse, en général, au ministère public la voie d'action en matière civile.

On sait, du reste, que l'intervention du ministère public devient une sorte de droit commun, toutes les fois qu'il s'agit des intérêts des présumés absents et de l'État (art. 114, C. N., et 83, 1° et 7°, C. Pr.).

En pareil cas, le ministère public non-seulement *peut*, mais *doit* agir.

La demande se forme par requête.

En cas de concurrence entre plusieurs curateurs nommés par erreur à la même hérédité, le premier nommé est préféré, sans qu'il soit besoin d'un nouveau jugement (art. 999, C. Pr.).

**813.** — Le curateur à une succession vacante est tenu, avant tout, d'en faire constater l'état par un inventaire ; il en exerce et poursuit les droits ; il répond aux demandes formées contre lui ; il administre, sous la charge de faire verser le numéraire qui se trouve dans la succession, ainsi que les deniers provenant du prix des meubles ou immeubles vendus, dans la caisse du receveur de la régie royale, pour la conservation des droits, et à la charge de rendre compte à qui il appartiendra.

**814.** — Les dispositions de la section III du présent chapitre sur les formes de l'inventaire, sur le mode d'administration et sur les comptes à rendre de la part de l'héritier bénéficiaire, sont, au surplus, communes aux curateurs à successions vacantes.

Ces articles verbeux reviennent à dire qu'il existe un certain nombre de ressemblances et de différences entre l'administration du curateur à succession vacante et celle de l'héritier bénéficiaire.

*Les ressemblances* se rapportent, en général, *aux formes de l'inventaire, au mode d'administration et aux comptes à rendre.*

Les différences sont les suivantes :

| | |
|---|---|
| 1° *Le curateur à succession vacante est tenu, d'après le droit commun, de ses fautes légères, comme tout mandataire* (450, 1137, 1992). | 1° *L'héritier bénéficiaire n'est tenu que de ses fautes graves* (art. 804) (V. *supra*, p. 231). |
| 2° *La vente des meubles corporels est obligatoire pour le curateur à succession vacante.* | 2° *La vente de ces mêmes meubles est facultative pour l'héritier bénéficiaire* (V. *supra*, p. 232). |

| | |
|---|---|
| 3° *Le curateur à succession vacante n'a pas le maniement des deniers héréditaires.* | 3° *L'héritier bénéficiaire touche les deniers héréditaires* (*V. supra*, p. 232). |
| 4° *Le curateur à succession vacante n'est jamais tenu de fournir caution.* | 4° *L'héritier bénéficiaire peut être tenu de fournir caution* (V. *supra*, p. 233). |
| 5° *Le curateur à succession vacante qui accomplit une vente sans les formalités légales fait un acte nul.* | 5° *L'héritier qui accomplit une vente sans les formalités légales fait un acte valable ; seulement, cet héritier est déchu du bénéfice d'inventaire* (V. *supra*, p. 232 et 233). |
| 6° *La gestion du curateur à succession vacante est en général salariée.* | 6° *La gestion de l'héritier bénéficiaire est gratuite.* |
| 7° *Le curateur à succession vacante n'a pas droit à l'excédant de l'actif héréditaire sur le passif.* | 7° *L'héritier bénéficiaire a droit à l'excédant de l'actif héréditaire sur le passif.* |
| 8° *Le curateur à succession vacante est tenu de rendre compte de sa gestion, soit aux héritiers, soit à tous autres successeurs, soit à la personne chargée de l'administration provisoire de la succession, soit enfin au nouveau curateur.* | 8° *L'héritier bénéficiaire n'est tenu de rendre compte de sa gestion qu'aux créanciers héréditaires et aux légataires.* |

C'est la caisse des dépôts et consignations qui a le maniement des deniers héréditaires, et qui en conséquence touche les créances et paye les dettes.

Les payements ont lieu sur ordonnance du tribunal.

Les fonctions du curateur cessent de plein droit, dès qu'il se présente un successeur quelconque (1).

---

# CHAPITRE VI

## DU PARTAGE ET DES RAPPORTS.

Abstraction faite du point de vue juridique, *le partage est une opération par laquelle plusieurs personnes qui ont droit toutes ensemble à toutes les parties d'une même chose, reçoivent chacune dans cette chose des parts propres et distinctes.*

On appelle *indivision* l'état qui précède le partage.

En ce qui concerne la nature juridique du partage, la doctrine a varié.

L'indivision est identique avec la copropriété et à la communauté.

(1) MM. Zachariæ, Aubry et Rau, t. V, p. 404 et suiv. — M. Demolombe, t. XV, p. 433 et suiv.

Nous verrons (*infra*, p. 243), qu'elle ne doit pas être confondue avec la société.

Selon les Romains, le partage était un *échange;* les Romains considéraient chacun des communistes comme aliénant au profit des autres son droit indivis sur le tout, moyennant l'attribution d'un droit propre sur certains objets.

Pour échapper aux prohibitions et aux exigences seigneuriales, l'ancienne pratique transforma cette théorie, et le partage, *translatif de propriété* chez les Romains, devint ainsi *déclaratif de propriété* dans le droit féodal.

Voici ce que signifia cette transformation :

Chaque cohéritier fut regardé comme ayant succédé seul dès l'ouverture de la succession aux objets compris dans son lot.

Cependant, les anciens légistes, fort empêchés de concilier cette doctrine avec l'état d'indivision qui précède le partage, ne surent trouver rien de mieux, pour y parvenir, que d'imaginer une *fiction.*

C'est cette fiction pleine d'ambiguïté et sans raison qu'a consacrée le législateur napoléonien (V. *infra*, art. 883).

L'idée exacte est l'idée romaine; mais cette idée est incomplète; les Romains n'ont pas compris la nature scientifique de la propriété; ils n'ont pas vu que l'état d'indivision recèle virtuellement le partage à titre de condition toujours susceptible de se réaliser au gré de chacun des communistes.

Comme toute condition, le partage doit donc avoir un effet rétroactif, et cet effet rétroactif doit remonter jusqu'au jour où a commencé l'indivision, c'est-à-dire jusqu'au jour de l'ouverture de la succession.

Ce n'est là l'expression d'aucune fiction ; c'est la formule d'une déduction rationnelle (V. *infra*, art. 883) (1).

Remarquons, au surplus, que le partage n'a une raison d'être nécessaire, que tout autant qu'il s'agit de choses corporelles (2).

---

(1) Les auteurs ont été en tout temps fort embarrassés par la question de la nature du partage, et les définitions qu'ils en ont données ne brillent pas précisément par la clarté.

Ainsi, d'après Dumoulin, le partage est « contractus mixtus participans de » distractu et contractu, de permutatione et venditione, et tamen distinctam et » propriam habet naturam. » (§ 33, gl. 1, n° 74.)

MM. Zachariæ, Aubry et Rau, et M. Demolombe, qui ont certainement présenté sur ce point la théorie la plus nette, en arrivent à déclarer finalement que le partage n'est ni translatif ni déclaratif, et que c'est un acte équivoque (MM. Zachariæ, Aubry et Rau, t. V. p. 263. note 1.— M. Demolombe, t. XV, p. 534.)

Nous pensons, pour notre part, que la nature scientifique, c'est-à-dire à la fois philosophique, économique et juridique de la propriété, donne la solution du problème.

(2) V. cependant *infra*, art. 883 et 1217 et suiv.

La rubrique annonce que le chapitre VI traite des rapports en même temps que du partage.

Comme il a déjà été indiqué (*supra*, p. 147), le rapport est la réunion à la masse héréditaire des dons entre-vifs, et la retenue dans cette même masse des legs faits sans préciput, c'est-à-dire sans dispense de rapport, par le *de cujus* à l'héritier (V. *infra*, section II).

Outre le rapport des donations et des legs, il existe aussi d'après le Code Napoléon un rapport de dettes (V. *infra*, art. 829, 853 et 854).

Les vices de rédaction et de méthode du chapitre VI sont d'ailleurs considérables.

Ainsi :

1° En mentionnant spécialement les rapports à côté du partage, la rubrique pourrait faire supposer que le chapitre VI ne règle que les relations des cohéritiers entre eux, tandis qu'il règle en même temps celles des cohéritiers envers les tiers, créanciers ou légataires du *de cujus* (1) ;

2° La matière du partage proprement dit, comprise dans les sections I, IV et V, est subitement interrompue par les sections II et III qui concernent particulièrement les rapports et le payement des dettes ;

3° De l'avis général des auteurs, la plupart des dispositions relatives aux formes et aux effets du partage des successions doivent être étendues :

Soit au partage de toute universalité, de quelque cause que procède l'état d'indivision ;

Soit même au partage de choses particulières (2).

---

(1) Cette erreur tient à ce que les rédacteurs du Code Napoléon ont copié la rubrique du Code de la Convention, fort exacte dans ce dernier Code.

(2) M. Demante, t. III, n° 138 *bis*. — MM. Zachariæ, Aubry et Rau, t. I, p. 405. — M. Demolombe, t. XV, p. 453.

M. Demolombe ajoute (p. 455) ; « Nous croyons qu'il n'aurait pas été impossible, ni même très-difficile, de trouver une distribution plus rationnelle et plus méthodique de ces importantes matières. »

Or, la méthode, rappelons-le, ce n'est pas seulement l'unique voie pour arriver aux vues d'ensemble et pour constituer la science, c'est aussi le meilleur moyen de prévenir les incertitudes résultant des lacunes et des doubles emplois, les contradictions flagrantes, une multitude de difficultés pratiques qui sont le stimulant de la mauvaise foi.

On répète banalement, qu'indispensable dans une exposition théorique, la méthode est de médiocre importance dans une codification : ou cela ne veut rien dire, ou cela signifie que l'enseignement d'une législation est indépendant de l'agencement des textes qui la contiennent.

Pour ceux qui enseignent ou sont enseignés, y a-t-il lieu de réfuter de pareilles propositions?

## SECTION PREMIÈRE.

### DE L'ACTION EN PARTAGE ET DE SA FORME.

Les articles compris dans cette section se rapportent :

1° *A l'état d'indivision et au droit qu'a chacun des cohéritiers de provoquer le partage ;*

2° *A la capacité requise pour procéder au partage ;*

3° *A la forme du partage ;*

4° *Au retrait successoral*, c'est-à-dire *au droit qui appartient à tout successible d'écarter du partage, en la désintéressant, toute personne non successible, cessionnaire d'un droit à la succession.*

### 1° ÉTAT D'INDIVISION ET DROIT QU'A CHACUN DES COHÉRITIERS DE PROVOQUER LE PARTAGE.

**815.** — Nul ne peut être contraint à demeurer dans l'indivision ; et le partage peut être toujours provoqué, nonobstant prohibitions et conventions contraires. — On peut cependant convenir de suspendre le partage pendant un temps limité : cette convention ne peut être obligatoire au delà de cinq ans ; mais elle peut être renouvelée.

La première question que soulève cet article est la comparaison de l'état d'indivision avec l'état de société.

D'après la doctrine, en effet, l'état d'indivision heurte l'intérêt public.

L'état de société, à l'inverse, est proclamé digne de toute faveur, et si les réalités légales ne correspondent pas à cet enseignement, toujours est-il que, même dans la codification napoléonienne, la société ne subit pas les restrictions imposées à l'indivision.

L'indivision est considérée comme contraire à l'ordre public :

Parce que, dit-on, elle fait naître des dissentiments et des procès ;

Parce que, ajoute-t-on, elle entrave l'exercice du droit de propriété (1).

Selon les auteurs, les différences théoriques entre l'indivision et la société se ramènent aux *deux* points suivants :

| | |
|---|---|
| 1° *L'indivision a pour origine, sinon nécessaire, du moins habituelle, un quasi-contrat* (2). | 1° *La société a toujours pour origine un contrat.* |

(1) Nous admettons aussi, pour notre part, que l'indivision peut être contraire à l'ordre public ; nous l'admettons pour tous les cas où l'indivision ne procède pas du contrat ; parce qu'en effet, dans tous ces cas, elle peut porter atteinte à l'ordre public vrai, c'est-à-dire *à l'harmonie des droits et des libertés individuelles.*

(2) Certains auteurs évitent même de se servir de l'expression de *quasi-*

| | |
|---|---|
| 2° *L'indivision n'a pas pour but de procurer des bénéfices : elle constitue un état passif et n'a aucune individualité.* | 2° *La société a pour but de procurer des bénéfices; elle est éminemment active, et forme un être de raison* (1). |

Au point de vue purement légal, on ajoute comme *troisième* différence :

*Que, même par contrat, l'indivision ne peut être établie que pour un temps strictement limité* (V. *infra*), *tandis que la société peut être constituée, soit pour quatre-vingt-dix-neuf ans, soit même pour un temps indéfini.*

L'état d'indivision ou de communauté n'ayant aucune individualité, il s'ensuit qu'avant tout partage chaque communiste a le droit de revendiquer jusqu'à concurrence de sa part, contre les tiers détenteurs, les immeubles qui font partie de la communauté (2).

Quant aux créances, la même solution est évidente, car la division des créances s'opère de plein droit entre les communistes (art. 1220).

C'est au principe que *l'indivision est contraire à l'ordre public* que les auteurs rattachent :

1° *La disposition principale contenue dans le premier alinéa de l'art.* 815 ;

2° *L'exception limitée, apportée par le second alinéa, à la disposition du premier.*

Sauf le mot *prohibitions* qui s'y rencontre à côté de celui de *conventions*, et qui est l'occasion d'une controverse (V. *infra*), le *premier* alinéa est parfaitement clair; il exprime que l'indivision ne peut se prolonger *contre le gré des communistes.*

Le *second* alinéa admet cependant comme obligatoire *la convention*

---

*contrat*; aussi M. Demolombe lui substitue cette périphrase : « un événement indépendant de la volonté des copropriétaires. » (T. XV, p. 459.) Cela tient sans doute à ce que l'éminent auteur est toujours sous l'empire de cette idée, que la loi crée des droits; d'où il serait alors fondé à conclure très-justement que l'indivision a, en général, pour origine, la volonté de la loi; mais nous savons que *la loi ne doit constater que des rapports nécessaires.*

(1) M. Demolombe, t. XV, p. 460.

Nous ne pouvons laisser passer l'énonciation de la doctrine sur le but de la société sans prévenir les élèves que cette énonciation prétendue théorique est puisée dans les textes. Or, jamais les textes n'obéirent plus servilement qu'en matière de société à la pensée des chefs d'État; jamais ils ne faussèrent d'une façon plus pernicieuse la notion du juste.

*Scientifiquement, la société peut tout aussi bien exister dans un but moral ou intellectuel que dans un but pécuniaire.*

Issue, en ce nouveau point, du Bas-Empire, la législation napoléonienne est fort loin de l'entendre ainsi, et les légistes français ont suivi la législation napoléonienne. (V. *Manuel de droit civil*, t. III, liv. III, tit. IX, *Des sociétés*.)

(2) MM. Zachariæ, Aubry et Rau, t. V, p. 239, texte et note 2. — M. Demolombe, t. XV, p. 463.

*par laquelle les communistes suspendent le partage pendant un laps maximum de cinq ans.*

De plus, cette convention est *indéfiniment renouvelable.*

On enseigne, en général, que si le renouvellement a lieu *avant l'expiration des cinq ans*, le nouveau délai court *immédiatement ;* sinon, rien ne serait plus facile, *au moyen de renouvellements anticipés, que de suspendre indéfiniment le partage* (1).

Lorsque la convention suspensive du partage a été faite pour une durée de plus de cinq ans, il y a lieu de la *réduire* à cinq ans (art. 1660, *arg. d'analogie*).

Lorsque cette même convention a été faite *pour un temps indéfini*, les auteurs en général la déclarent nulle (2).

*Un testateur peut-il valablement imposer, soit à ses héritiers* ab intestat *non réservataires, soit à ses légataires, l'obligation de rester dans l'indivision pendant cinq ans, à dater de l'ouverture de la succession?*

DEUX SYSTÈMES.

1er SYSTÈME (3). — *Lorsqu'un testateur impose, soit à ses héritiers* ab intestat *non réservataires, soit à ses légataires, l'obligation de rester dans l'indivision pendant cinq ans, à dater de l'ouverture de la succession, cette clause doit être réputée non écrite.*

1er *Arg.* — Le mot *prohibitions* inscrit dans le premier alinéa de l'art. 815, à côté du mot *conventions*, ne peut s'entendre que de clauses prohibitives testamentaires ;

Or, le second alinéa ne fait d'exception que pour le cas de *conventions entre les héritiers.*

2e *Arg.* — Les héritiers sont à même d'apprécier s'il peut leur convenir de rester pendant un certain temps dans l'indivision ;

Le testateur ne saurait se substituer à eux dans cette appréciation.

2e SYSTÈME (4). — *Lorsqu'un testateur impose, soit à ses héritiers* ab intestat *non réservataires, soit à ses légataires, l'obligation de rester dans l'indivision pendant cinq ans, à dater de l'ouverture de la succession, cette clause est valable.*

---

(1) M. Demante, t. III, n° 139 *bis*, III. — MM. Aubry et Rau, *Sur Zachariæ*, t. II, n° 244. — M. Demolombe, t. XV, p. 477.

(2) M. Demante, t. III, n° 139 *bis*, III. — M. Demolombe, t. XV, p. 479. Rationnellement, nous repoussons pour notre part les limitations imposées au contrat d'indivision et nous y voyons une violation du droit et de la liberté individuels.

(3) Demante, t. III, n° 139 *bis*, II. — M. Ducaurroy, Bonnier, Roustain, t. II, n° 649. — MM. Massé et Vergé, *Sur Zachariæ*, t. II, p. 72 et 361.

(4) MM. Aubry et Rau, *Sur Zachariæ*, t. I, 408, et t. V, p. 245. — M. Demolombe, t. XV, p. 487.

1er *Arg.* — Les anciens auteurs, et notamment Pothier, mettaient sur la même ligne, en matière d'indivision, la prohibition du testateur et la convention des parties (1);

Or, il n'est pas douteux que le Code Napoléon n'ait entendu reproduire l'ancienne doctrine.

2e *Arg.* — Il n'y a d'ailleurs aucun motif sérieux pour ne pas attribuer, dans le cas présent, la même valeur à la prohibition testamentaire qu'à la convention.

*Rationnellement*, ce point est difficile, car il soulève la grande question du conflit entre la liberté de tester, et la nature scientifique, c'est-à-dire la liberté de la propriété (2).

Nous nous prononçons d'une manière générale dans cette question pour la liberté de la propriété (3).

*Légalement*, le *second* système nous paraît plus probable que le premier.

**816**. Le partage peut être demandé, même quand l'un des cohéritiers aurait joui séparément de partie des biens de la succession, s'il n'y a eu un acte de partage, ou possession suffisante pour acquérir la prescription.

L'action en partage est *imprescriptible*, en ce sens que la prescription ne peut servir à fonder à perpétuité l'état d'indivision.

Cette décision, que suppose l'ensemble des deux art. 815 et 816, est fort rationnelle, car la perpétuité imposée de l'indivision contredirait la liberté de la propriété.

D'après l'art. 816, l'action en partage cesse dans *deux* cas :

1° *Lorsqu'il y a eu un acte de partage;*

2° *Lorsqu'il y a eu possession suffisante pour acquérir la prescription.*

1er CAS. — *Il y a eu un acte de partage.*

Cette partie de l'art. 816 est expliquée par les premiers mots du texte; elle a pour but de proscrire ce que l'on appelait autrefois *les partages de fait*, c'est-à-dire les partages présumés, d'après la doctrine des glossateurs (4), à raison du seul fait de la jouissance séparée, par les cohéritiers, des biens de la succession.

Aujourd'hui, l'action en partage ne peut être écartée que *s'il y a eu*

(1) Pothier, *Traité des successions*, chap. IV, art. 1er, § 1, et *Du quasi-contrat de communauté*, n° 197. — Lebrun, t. IV, chap. I, n° 418. — Despeisses, t. I, p. 141, n° 1. — Rousseau de la Combe, v° *Part.*, sect. I, n° 1.

(2) Voy. *Manuel de droit civil*, t. 1, p. 568.

(3) V. *infra*, art. 896 et 900, l'indication développée de cette thèse

(4) Gloss. *in* liv. IV., *C. Comm. divid.*

*un acte de partage*, c'est-à-dire une convention de partage entre les cohéritiers.

*Cette convention doit-elle être constatée par écrit?*

DEUX SYSTÈMES.

1er SYSTÈME (1). — *Le partage doit toujours être constaté par écrit.*

1er *Arg.* — Cette solution est commandée par le texte même de l'art. 816 qui exige *un acte de partage ;* or, un acte de partage, c'est un écrit, un *instrumentum*.

2e *Arg.* — La preuve testimoniale serait d'ailleurs insuffisante pour établir l'existence de l'ensemble des opérations compliquées, dont se compose un partage.

2e SYSTÈME (2). — *Le partage peut être constaté même sans écrit.*

1er *Arg.* — Le mot *acte* qui se trouve dans l'art. 816, n'a d'autre but que de proscrire *les partages de fait.*

2e *Arg.* — La doctrine contraire n'aboutit à rien moins qu'à faire du partage un acte solennel, c'est-à-dire dans lequel l'écriture serait requise non pas seulement pour la preuve, mais pour l'existence même de l'acte ; or, outre que l'esprit du droit moderne repousse la solennité des actes, il est exorbitant d'admettre qu'un partage constaté par interrogatoire sur faits et articles, par serment ou même par aveu, n'est pas suffisamment établi.

Le *second* système a pour lui l'évidence.

2e CAS. — *Il y a eu possession suffisante pour acquérir la prescription.*

Certains auteurs sont d'avis que la jouissance séparée d'une partie des biens de la succession par un des cohéritiers ne peut entraîner la prescription de l'action en partage au profit de ce cohéritier, qu'à *deux* conditions, la première indiquée, la seconde omise dans le texte.

Ces *deux* conditions seraient :

1° *Une possession suffisante pour acquérir la prescription;*

2° *Une interversion dans le titre du cohéritier, conformément à l'art.* 2238 (V. *infra*, art. 2238) (3).

Cette opinion est conforme aux principes généraux posés par le Code Napoléon en matière de prescription.

---

(1) MM. Ducaurroy, Bonnier, Roustain, t. II, n° 650. — MM. Massé et Vergé, *Sur Zachariæ*, t. II, p. 365.

(2) M. Demante, t. III, n° 140 *bis*, I. — MM. Aubry et Rau, *Sur Zachariæ*, t. V, p. 249, texte et note 6. — M. Demolombe, t. XV, p. 498.

(3) MM. Zachariæ, Aubry et Rau, t. V, p. 246, texte et note 9.

Cependant la plupart des auteurs professent que, par une sorte d'exception, la *première* condition est *seule* requise dans le cas présent (1).

On est d'accord pour enseigner que cette prescription est de trente ans (art. 2262), et qu'elle a pour point de départ le jour où a commencé la jouissance séparée du cohéritier.

Il est clair que les précédentes solutions sont de même applicables au cas où chacun des cohéritiers a joui séparément de parties distinctes, égales ou inégales, des biens héréditaires.

### 2° CAPACITÉ REQUISES POUR PROCÉDER AU PARTAGE.

**817.** — L'action en partage, à l'égard des cohéritiers mineurs ou interdits, peut être exercée par leurs tuteurs, spécialement autorisés par un conseil de famille. — A l'égard des cohéritiers absents, l'action appartient aux parents envoyés en possession.

*Le Code Napoléon n'exige pas pour le partage la même capacité que pour l'aliénation ; d'un autre côté, il ne se contente pas de celle qui est requise pour les actes d'administration; il exige une capacité intermédiaire.*

L'art. 817 prévoit *deux* cas :

1° *Celui où il s'agit d'exercer l'action en partage, au nom des mineurs ou interdits ;*

2° *Celui où il s'agit d'exercer cette même action au nom des héritiers absents.*

Les mots « exercer l'action » signifient ici intenter l'action.

L'article est muet sur les *deux* cas corrélatifs où il s'agit de *défendre* à l'action en partage, au nom des mêmes incapables (2).

1<sup></sup>

1er CAS. — *Action en partage exercée au nom des mineurs ou interdits.*

---

(1) M. Demante, t. III, n° 140 *bis*. — M. Duvergier, *Sur Toullier*, t. II, n° 407, note 1.

Toute cette discussion tient à ce qu'on ne s'entend pas sur le fondement de la prescription ; les uns y voyant une cause d'acquisition *sui generis*, les autres ne la regardant que comme la présomption d'une cause légitime d'acquisition, dont la preuve ne peut plus être représentée.

Il faut ajouter que, dans l'hypothèse actuelle, la doctrine est fort en peine pour décider si l'article 816 prévoit un cas de prescription extinctive ou de prescription acquisitive.

La pire chose est que la compilation napoléonienne fournit des arguments à toutes les opinions (v° *Infra*, t. XX, *De la prescription*).

(2) Les négligences de toutes sortes sont extrêmement abondantes dans cette section ; le vice de la terminologie, les doubles emplois, les omissions, le manque de corrélation des articles entre eux, les défauts les plus vulgaires, les moins admissibles dans une œuvre de codification, y embarrassent à chaque instant l'exégèse.

*A l'égard des mineurs et des interdits*, le premier alinéa de l'art. 817, confirmé par l'art. 840, ne contient qu'une application de l'art. 450 et une répétition de l'art. 465.

Pour provoquer un partage, le tuteur, agissant au nom du mineur ou de l'interdit, a toujours besoin de l'autorisation du conseil de famille, sans qu'il y ait lieu d'excepter le cas des successions même purement mobilières, car les universalités de meubles sont assimilées aux immeubles, en ce qui concerne les actions dont elles sont l'objet (1).

Lorsqu'il existe *plusieurs* mineurs ou interdits pourvus d'un même tuteur et ayant des intérêts opposés dans un même partage, le conseil de famille doit donner à chacun d'eux un tuteur spécial pour ce partage (art. 808, C. N.; art. 968, C. Pr.).

En ce qui concerne le cas où il s'agit de *défendre* à l'action en partage au nom des mineurs ou interdits, il faut s'en tenir à la disposition de l'art. 465; l'autorisation du conseil de famille n'est pas nécessaire au tuteur (2).

On applique au père administrateur légal des biens de ses enfants mineurs les mêmes règles qu'au tuteur (3).

*A l'égard des mineurs émancipés*, la doctrine la plus générale leur reconnaît le droit même d'*intenter* l'action en partage, avec la seule assistance de leur curateur et sans autorisation du conseil de famille (art. 482, 484, 817 et 840) (4).

*A l'égard de l'individu pourvu d'un conseil judiciaire*, on enseigne qu'il a besoin de l'assistance de ce conseil, soit pour *intenter* l'action en partage, soit pour y *défendre* (5).

*A l'égard enfin des individus placés dans un établissement public ou privé d'aliénés*, le président du tribunal doit commettre un notaire pour les représenter dans les partages (art. 36, l. 30 juin 1838).

---

(1) V. *Manuel de droit civil*, t. I, p. 453 et 457. — M. Demante, t. III, n° 143 *bis*, II. — MM. Zachariæ, Aubry et Rau, t. V, p. 241, texte et note 8. — M. Demolombe, t. XV, p. 542.

(2) V. *Manuel de droit civil*, t. I, p. 457. — M. Demante, t. III, n° 143 *bis*, I. — MM. Zachariæ, Aubry et Rau, t. V, p. 244, texte et note 22. — M. Demolombe, t. XV, p. 535.

(3) V. *Manuel de droit civil*, t. I, p. 415.

(4) V. *Manuel de droit civil*, t. I, p. 482. — M. Demante, t. III, n° 143 *bis*, I. — MM. Zachariæ, Aubry et Rau, t. V, p. 248, texte et note 11. — M. Demolombe, t. XV, p. 540.

(5) M. Demante, t. III, n° 144. — M. Demolombe, t. XV, p. 546.

2ᵉ CAS. — *Action en partage exercée au nom des héritiers absents.*

*A l'égard des héritiers absents*, le second alinéa de l'art. 817, confirmé par l'art. 840, attribue l'action en partage en leur nom « aux parents envoyés en possession », ou, plus généralement, *aux envoyés en possession.*

Cette décision se rapporte évidemment aux deux périodes qui peuvent suivre la déclaration d'absence et concerne à la fois les envoyés en possession provisoire et les envoyés en possession définitive.

Il faut y ajouter : *l'époux qui, dans les termes de l'art.* 124, *a opté pour la continuation de la communauté.*

Du reste, le second alinéa de l'art. 817, portant que « l'action appartient aux parents envoyés en possession », il faut en conclure que les envoyés en possession ont tout aussi bien le droit *d'intenter* l'action que celui d'y *défendre.*

Avant la déclaration d'absence, l'action appartient au mandataire que l'absent a lui-même désigné, ou à la personne commise spécialement à cet effet par le tribunal.

**818.** — Le mari peut, sans le concours de sa femme, provoquer le partage des objets meubles ou immeubles à elle échus qui tombent dans la communauté : à l'égard des objets qui ne tombent pas en communauté, le mari ne peut en provoquer le partage sans le concours de sa femme ; il peut seulement, s'il a le droit de jouir de ses biens, demander un partage provisionnel. — Les cohéritiers de la femme ne peuvent provoquer le partage définitif qu'en mettant en cause le mari et la femme.

Comme on le voit, cet article vient régler le cas de la femme mariée. Les *deux* alinéas dont il se compose sont fort mal conçus.

*Le premier alinéa* ne se réfère textuellement *qu'au régime de communauté ;* cependant les auteurs l'étendent, par une raison d'analogie évidente, *au régime exclusif de communauté et au régime de séparation de biens.*

Cette rectification faite, il y a à considérer :

1° *Le droit du mari, en tant qu'il s'agit de provoquer le partage des successions échues à la femme ;*

2° *Le droit de la femme, en tant qu'il s'agit de provoquer le partage des mêmes successions.*

La formule du droit du mari est la suivante :

*En tant qu'il s'agit de provoquer le partage des successions échues à la femme, le mari a un droit corrélatif à celui que, du chef de la communauté ou de son propre chef, il acquiert sur les biens échus à la femme.*

Ainsi :

1° Du chef de la communauté, acquiert-il un droit de propriété sur les biens, meubles ou immeubles, échus à la femme, il a le droit de provoquer un partage de propriété (partage définitif) ;

2° Du chef de la communauté ou de son chef, sous les régimes de communauté, exclusif de communauté et de séparation de biens, n'acquiert-il qu'un simple droit de jouissance sur les biens, meubles ou immeubles, échus à la femme, il n'a le droit de provoquer qu'un simple partage de jouissance (partage provisionnel) (art. 818, 1er alinéa).

Cette dernière décision s'applique même au cas où la succession échue à la femme est purement mobilière ; d'où il résulte que, sur ce point, l'art. 818 modifie l'art. 1428 (1).

Le droit du mari, comme on le voit, est fondé sur l'attribution, plus ou moins complète, qu'en vertu du contrat de mariage la femme est censée lui avoir faite de ses droits héréditaires.

La formule du droit de la femme est la suivante :

*En tant qu'il s'agit de provoquer le partage des successions qui lui sont échues, la femme a un droit qui, tantôt aide, tantôt supplée celui du mari.*

Le droit de la femme *aide* celui du mari, lorsque le mari acquiert *la simple jouissance* des biens échus à la femme ;

Le droit de la femme *supplée* celui du mari, lorsque le mari n'acquiert *aucun droit* sur les biens échus à la femme.

De là il résulte que, *lorsque le mari doit avoir la jouissance et la femme la propriété des biens échus*, les deux époux doivent agir *conjointement*, pour provoquer un partage *définitif*.

Remarquons que :

1° Relativement à la formule du droit de la femme, la rédaction du premier alinéa de l'art. 818 est tout à fait vicieuse ; *elle attribue au mari lui-même l'exercice de l'action en partage, avec le concours de la femme, tandis que c'est la femme qui a seule qualité pour exercer sa propre action ;*

2° Le droit d'action *de la femme est d'ailleurs* subordonné, selon la règle (art. 215), à l'autorisation de son mari (2).

Toutefois, *lorsqu'il s'agit d'un partage à l'amiable de successions purement mobilières attribuées à la femme en pleine propriété*, la femme, en raison de l'art. 1449, a le droit de procéder à ce partage *sans aucune autorisation* (3).

---

(1) V. *Manuel de droit civil*, t. III, art. 1428.

A l'égard du droit d'intenter l'action en partage, la capacité s'apprécie, en général, indépendamment de la nature mobilière ou immobilière des biens à partager.

Dans ce sens, M. Demante, t. III, n° 146 *bis*, III. — MM. Zachariæ, Aubry et Rau, t. V, p. 243, texte et note, 17. — M. Demolombe, t. XV, p. 556.

(2) V. *Manuel de droit civil*, t. I, p. 230.

(3) M. Demolombe, t. XV, p. 570.

L'éminent professeur tient pour l'art. 217 contre l'art. 1449, pour le *prin-*

Le *second alinéa de l'art.* 818 s'occupe de la capacité nécessaire pour défendre à l'action en partage des successions échues à la femme ; sa formule beaucoup trop étroite doit être transformée ainsi :

*La capacité du mari et de la femme pour défendre à l'action en partage est corrélative à leur capacité pour l'intenter* (1).

*A l'égard des biens dotaux, l'art.* 818 *est-il applicable?* en d'autres termes, *quoique le mari n'ait que la jouissance des biens dotaux, a-t-il le droit de procéder sans le concours de sa femme au partage définitif des successions dotales échues à celle-ci?*

DEUX SYSTÈMES.

1er SYSTÈME (2). — *Aff.*

1er *Arg.* — L'art. 818 est inapplicable au régime dotal, car le régime dotal n'a été introduit dans le titre *Du contrat du mariage* qu'après la promulgation de cet article.

Au surplus, la manière même dont le texte est rédigé témoigne dans ce sens.

2e *Arg.* — En revanche, l'art. 1549 attribue *au mari seul le droit de poursuivre les débiteurs et détenteurs des biens dotaux*, c'est-à-dire qu'il attribue au mari seul l'exercice des actions réelles mobilières ou immobilières et des actions personnelles.

Or l'action en partage rentre incontestablement dans ces termes.

3e *Arg.* — Cette doctrine est d'ailleurs en rapport avec les origines du régime dotal ; le mari est un *dominus dotis*, dont on a successivement diminué les attributions, mais auquel il reste toutes celles qui ne lui ont pas été enlevées.

2e SYSTÈME (3). — *Nég.*

1er *Arg.* — Avant de formuler un principe légal, l'art. 818 formule un principe rationnel ;

Or, ce principe est général et comprend le régime dotal ainsi que tous les autres.

2e *Arg.* — L'art. 1549, d'après l'interprétation même qu'en donnent les adversaires, est étranger à la question ;

---

*cipe* de l'incapacité de la femme mariée contre l'effet extensif du régime. (V. *Manuel de droit civil*, t. I, p. 227 et 237 ; t. III, art. 1449.)

(1) M. Demante, t. III, n° 146, II. — MM. Zachariæ, Aubry et Rau, t. V. p. 243. — M. Demolombe, t. XV, p. 554.

(2) M. Troplong, *Du contrat de mariage*, t. IV, nos 3108-3111. — M. Benoît, *De la dot*, t. I, p. 117. — M. Duport-Lavilette, *Questions de droit*, t. V, p. 640.

(3) M. Demante, t. III, nos 146 *bis*, IV. — M. Valette, *à son cours*. — MM. Rodière et Pont, *Du contrat de mariage*, t. II, n° 644. — M. Tessier, *De la dot*, t. II, p. 142 et *Questions sur la dot*, nos 59, 62. — M. Dutruc, *Du partage*, n° 290. — MM. Zachariæ, Aubry et Rau, t. V, p. 243. — M. Demolombe, t. XV, p. 565.

Le droit d'exercer les actions personnelles ou réelles, même immobilières, n'a jamais entraîné celui d'exercer l'action en partage.

3e *Arg.* — A Rome, où le mari était franchement proclamé *dominus dotis*, il ne pouvait intenter l'action en partage du fonds dotal sans le concours de sa femme (l. 2, C. *De fundo dotali*).

4e *Arg.* — La femme peut avoir un grave intérêt à intervenir dans le partage des successions dotales.

Si le mari agit seul, il est à craindre en effet qu'il ne collude avec les cohéritiers, afin de faire entrer dans le lot de la femme des valeurs mobilières, dont il aurait disposition, plutôt que des immeubles qui seraient inaliénables (art. 1554).

Le premier argument du *second* système est décisif.

### 3° FORME DE PARTAGE.

Le partage des successions peut avoir lieu de *deux* manières :

1° *A l'amiable ;*

C'est le partage *conventionnel.*

2° *En justice ;*

C'est le partage *judiciaire.*

En principe, les parties sont libres de faire le partage à l'amiable, et dans la forme qui leur convient (art. 819, V. *infra*, p. 255).

Le partage doit avoir lieu en justice et d'après les formes déterminées par la loi :

1° *Lorsque parmi les cohéritiers il se trouve des mineurs, même émancipés, ou des interdits ;*

2° *Lorsque parmi les cohéritiers il se trouve des non-présents, n'ayant pas constitué de mandataire pour procéder en leur nom à un partage amiable* (art. 985, C. Pr., et 1988, C. N.) ;

3° *Lorsque les cohéritiers étant tous capables et présents, l'un d'eux refuse de consentir au partage, ou qu'il s'élève entre eux des contestations, soit sur le mode d'y procéder, soit sur la manière de le terminer* (art. 824, V. *infra*, p. 257).

Il est d'ailleurs évident que, dans ce dernier cas, les parties sont toujours libres de s'entendre et de s'écarter des formes déterminées par la loi, ou même de les abandonner complétement (art. 827, V. *infra*, p. 259, et art. 985, C. Pr.).

La même observation s'applique dans le cas où l'obstacle qui s'opposait à un partage amiable vient à cesser pendant le cours de la procédure.

Remarquons encore qu'à part toute question d'autorisation, la femme mariée sous le régime dotal peut, pour ses biens dotaux comme pour ses paraphernaux, procéder à un partage amiable ; les femmes mariées ne figurent pas en effet dans l'énumération des personnes auxquelles est imposée la nécessité du partage en justice (art. 819 et suiv. C. N.; 985, C. Pr.) (1).

Les articles que les compilateurs napoléoniens ont consacrés à la forme du partage portent l'empreinte d'une incurie telle qu'une exégèse méthodique en est presque impossible ; outre qu'ils eussent dû pour la plupart être supprimés ou renvoyés au Code de procédure, ils sont remplis de vices de rédaction.

Ces articles se réfèrent :

1° *A certaines formalités qui n'ont pas nécessairement lieu dans les partages en justice, et qui peuvent avoir lieu dans les partages à l'amiable* (apposition et levée des scellés, confection d'inventaire) (art. 819-821) ;

2° *A la détermination du tribunal compétent en matière de partage* (art. 822);

3° *A la procédure de l'action en partage et des incidents auxquels le partage peut donner lieu* (art. 823) ;

4° *A l'estimation des immeubles et des meubles* (art. 824, 825);

5° *A la vente, soit des meubles, soit des immeubles* (art. 826-827) ;

6° *A la liquidation, c'est-à-dire à la détermination devant un notaire de la masse partageable et des droits de chaque héritier* (art. 828 et 837);

7° *Au rapport des dons et des legs faits sans préciput par le* de cujus *aux héritiers ;*

*Au rapport des dettes dont les héritiers peuvent se trouver tenus envers le* de cujus (art. 829) ;

8° *Au droit de prélèvement des cohéritiers dans le cas où l'héritier tenu du rapport ne l'effectue pas en nature* (art. 830);

9° *A la formation et à la composition des lots* (art. 831, 834, 836, 1er alinéa) ;

10° *A l'homologation du partage* (art. 835 C. N., 981 et 982, C. Pr.) ;

11° *Au tirage des lots au sort* (art. 834, 2e alinéa);

12° *A l'exécution du partage* (art. 842).

Les art. 838-840 concernent les partages dans lesquels sont intéressés *des non-présents ou des absents, des mineurs ou des interdits.*

L'art. 841 règle *le retrait successoral* (2).

---

(1) M. Demolombe, t. XV, p. 583.

En sens contraire, MM. Rodière et Pont, *Du contrat de mariage*, t. II, n° 560.

(2) Tout a été dit contre les partages en justice, et il n'est aucun praticien de bonne foi qui ne soit prêt à en attester les désespérantes lenteurs, les formalités ruineuses, l'inintelligente réglementation.

Les partages en justice, imposés pour les mineurs et pour les interdits,

1° FORMALITÉS QUI N'ONT PAS NÉCESSAIREMENT LIEU DANS LES PARTAGES EN JUSTICE ET QUI PEUVENT AVOIR LIEU DANS LES PARTAGES A L'AMIABLE (APPOSITION ET LEVÉE DE SCELLÉS, CONFECTION D'INVENTAIRE).

**819.** — Si tous les héritiers sont présents et majeurs, l'apposition des scellés sur les effets de la succession n'est pas nécessaire, et le partage peut être fait dans la forme et par tel acte que les parties intéressées jugent convenables. — Si tous les héritiers ne sont pas présents, s'il y a parmi eux des mineurs ou des interdits, le scellé doit être apposé dans le plus bref délai, soit à la requête des héritiers, soit à la diligence du procureur du Roi près le tribunal de première instance, soit d'office par le juge de paix dans l'arrondissement duquel la succession est ouverte.

**820.** — Les créanciers peuvent aussi requérir l'apposition des scellés, en vertu d'un titre exécutoire ou d'une permission du juge.

**821.** — Lorsque le scellé a été apposé, tous créanciers peuvent y former opposition, encore qu'ils n'aient ni titre exécutoire ni permission du juge. — Les formalités pour la levée des scellés et la confection de l'inventaire sont réglées par les lois sur la procédure.

Il y a à remarquer sur ces textes :

1° Que l'art. 819, qui ordonne en termes absolus l'apposition des scellés, *s'il y a des mineurs*, a été modifié par l'art. 911 du Code de procédure, qui ne maintient cette injonction *que pour le cas où le mineur est sans tuteur*;

2° Qu'il n'y a que les créanciers, *munis d'un titre exécutoire ou d'une permission du juge*, qui puissent requérir l'apposition des scellés; tandis que *tous les créanciers* peuvent y former opposition, c'est-à-dire ont qualité pour s'opposer à ce qu'ils soient levés en dehors de leur présence.

Certains auteurs refusent *aux créanciers personnels* des héritiers le droit de requérir l'apposition des scellés, en argumentant des art. 820-821, C. N., et de l'art. 934, C. Pr. ;

---

livrent les petits patrimoines en proie aux hommes de loi ; ils donnent occasion aux spéculations les plus inavouables. ils sont le fléau des campagnes.

En regard de la section que le Code Napoléon a consacrée à la matière, il y a lieu de placer les deux articles suivants du Code de la Convention :

« Si des cohéritiers ne peuvent pas faire leurs partages à l'amiable, ils seront tenus de convenir d'arbitres pour les terminer (art. 85, liv. II, t. III, § 4).

« S'il y a des mineurs parmi les cohéritiers, le partage à l'amiable ne sera obligatoire pour les mineurs qu'autant qu'il aura été approuvé par un conseil de famille, dans lequel les héritiers ne seront pas admis) art. 86, liv. II, t. III, § 4) ».

Ainsi le Code de la Convention, n'admettait que des partages à l'amiable ou des partages devant arbitres ; son seul tort, tort de forme, non de fond, était de paraître imposer aux cohéritiers dissidents le partage devant arbitres, tandis que, pour écarter le partage en justice, il suffisait de ne pas l'organiser.

D'autres accordent à ces créanciers ce même droit en vertu de la théorie de l'action subrogatoire (1).

### 2° DÉTERMINATION DU TRIBUNAL COMPÉTENT EN MATIÈRE DE PARTAGE.

**822.** — L'action en partage, et les contestations qui s'élèvent dans le cours des opérations, sont soumises au tribunal du lieu de l'ouverture de la succession. — C'est devant ce tribunal qu'il est procédé aux licitations, et que doivent être portées les demandes relatives à la garantie des lots entre copartageants, et celle en rescision du partage.

Cet article applique la compétence du tribunal du lieu de l'ouverture de la succession :

1° A l'action en partage et aux contestations qui s'élèvent dans le cours des opérations ;

2° Aux licitations (V. *infra*, art. 826-827, 839 et 883) (2) ;

3° Aux demandes relatives à la garantie des lots entre copartageants (V. *infra*, art. 884-886) ;

4° Aux demandes en rescision du partage (V. *infra*, art. 887-891).

Cependant le 6e alinéa de l'art. 59, C. Pr., n'attribue compétence au tribunal du lieu de l'ouverture de la succession sur les demandes entre héritiers que *jusqu'au partage exclusivement ;* ce qui semble exclure la compétence du même tribunal, à l'égard des demandes relatives à la garantie entre copartageants, et les demandes en rescision du partage, car ces demandes sont postérieures au partage.

Les auteurs sont, en général, d'accord pour enseigner que le 6e alinéa de l'art. 59, C. Pr., ne modifie pas l'art. 822 (3).

---

(1) Dans le premier sens, Chabot, art. 820, n° 4. — M. Thomines-Desmazures, *De la procédure civile*, n° 1074.

Dans le second sens, Toullier, t. II, n° 411. — M. Demolombe, t. XV, p. 612. — V. l'ensemble des règles relatives aux scellés, art. 907, 940, Code de Procédure.

(2) V. *Manuel de droit civil*, t. III, art. 1686, 1688.

Nous rappelons la définition de la licitation :

La licitation est la vente aux enchères publiques d'un bien indivis, reconnu impartageable, où sur le partage duquel les copropriétaires ne s'entendent pas.

(3) M. Demante, t. III, n° 154 *bis*, III. — MM. Zachariæ, Aubry et Rau, t. V, p. 63, texte et note 4. — MM. Ducaurroy, Bonnier, Roustain, t. II, n° 659. — M. Demolombe, t. XV, p. 616.

L'article 822, doit d'ailleurs être complété par le 3e alinéa de l'art. 50 et le 6e alinéa de l'art. 59, Code de Procédure. Ces deux textes étendent la disposition de l'art. 822 :

1° Aux demandes intentées par les créanciers du défunt, avant le partage ;

2° Aux demandes relatives à l'exécution des dispositions à cause de mort, jusqu'au jugement définitif.

3° PROCÉDURE DE L'ACTION EN PARTAGE ET DES INCIDENTS AUXQUELS LE PARTAGE PEUT DONNER LIEU.

**823.** — Si l'un des cohéritiers refuse de consentir au partage, ou s'il s'élève des contestations, soit sur le mode d'y procéder, soit sur la manière de le terminer, le tribunal prononce comme en matière sommaire, ou commet, s'il y a lieu, pour les opérations du partage, un des juges, sur le rapport duquel il décide les contestations.

D'après les auteurs, cet article oblique doit recevoir l'interprétation suivante :

*La procédure sommaire dont il y est question n'est applicable qu'aux contestations qui ne touchent pas au fond du droit ;*

*L'action en partage elle-même doit être considérée comme une matière ordinaire* (1).

Il y a à remarquer que, par le même jugement qui statue sur la demande en partage, le tribunal commet :

1° Un notaire pour les opérations du partage (art. 969 et 976, C. Pr., modifiant l'alinéa 1er de l'art. 828, C. N.; V. *infra*).

2° S'il y a lieu, un juge sur le rapport duquel il décide les contestations.

Il ressort des textes que la nomination du notaire est *obligatoire*, et celle du juge-commissaire *facultative.*

4° ESTIMATION DES IMMEUBLES ET DES MEUBLES.

**824.** — L'estimation des immeubles est faite par experts choisis par les parties intéressées, ou, à leur refus, nommés d'office. — Le procès-verbal des experts doit présenter les bases de l'estimation : il doit indiquer si l'objet estimé peut être commodément partagé; de quelle manière; fixer enfin, en cas de division, chacune des parts qu'on peut en former, et leur valeur.

**825.** — L'estimation des meubles, s'il n'y a pas eu de prisée faite dans un inventaire régulier, doit être faite par gens à ce connaissant, à juste prix et sans crue.

D'après les art. 466 et 824 du Code Napoléon, l'expertise des immeubles était *obligatoire;*

---

(1) M. Demante, t. III, n° 155. — MM. Aubry et Rau, t. V, p. 255, texte et note 2. — MM. Ducaurroy, Bonnier, Roustain, t. II, n° 661. — M. Demolombe, t. XV, p. 625.

Nous étudierons ailleurs l'organisation à laquelle les praticiens du Code de Procédure ont soumis ce qu'on appelle les *matières ordinaires* par opposition *aux matières* dites *sommaires :* nous y verrons ce que devinrent, à la suite du 18 brumaire, les promesses de justice gratuite faites par la Révolution et comment les gens de loi, issus des Codes napoléoniens, n'ont eu qu'à apprendre l'art d'user de ces Codes pour faire revivre l'esprit processif, la fiscalité et tous les abus de la procédure de l'ancien régime.

D'après l'art. 970, C. Pr., elle est devenue *facultative, même lorsqu'il y a des mineurs en cause.*

De plus, l'estimation peut être faite par *un* ou *trois* experts *convenus* ou *nommés d'office, même lorsqu'il y a des mineurs en cause* (alinéa 1er de l'art. 971, modifiant les art. 466 et 824).

Il existe d'ailleurs entre l'art. 466 et l'art. 824, *deux* contradictions :

1° *D'après l'art.* 466, *les experts doivent être nommés d'office, lorsque des mineurs sont intéressés au partage ;*

*D'après l'art.* 824, *les experts peuvent être choisis par les parties elles-mêmes.*

Nous nous contentons de signaler la controverse qu'a soulevée cette antinomie et nous prenons parti, comme nous venons de l'indiquer, *pour l'art.* 824 *contre l'art.* 466 ; « cet article ayant été promulgué postérieurement à l'art. 466, la conséquence en est, pensent les auteurs, qu'il y a dérogé » (1).

2° *D'après l'art.* 466, *les experts chargés de l'estimation doivent aussi procéder à la formation des lots, lorsqu'il y a un mineur parmi les héritiers ;*

*D'après l'art.* 824, *confirmé par l'art.* 834, *les experts ne sont pas en principe chargés de cette fonction.*

On fait cette fois disparaître l'antinomie au moyen de l'art. 875 C. Pr. ; l'art. 466, dit-on, n'est applicable que dans le *seul* cas, *où la demande en partage a exclusivement pour objet la division d'un ou de plusieurs immeubles sur lesquels les droits des intéressés sont déjà liquidés* (2).

Quant à l'estimation, elle se trouve habituellement faite dans l'inventaire (art. 943, 3°, C. Pr.).

Lorsqu'elle n'a pas eu lieu, « elle doit être faite, déclare l'art. 825, par gens à ce connaissant, à juste prix et sans crue. »

Les mots sans « crue », comme l'on sait, ont pour but d'abolir l'ancien usage d'après lequel on estimait au-dessous de leur valeur les choses à inventorier, sauf à augmenter ensuite l'estimation d'un quart en sus (3).

Il y a à remarquer que l'expertise des immeubles, à la différence de celle des meubles, doit non-seulement constater la valeur des immeubles, mais en outre :

Présenter les bases de l'estimation ;

---

(1) M. Nicias-Gaillard *Revue critique de législation*, 1855, t. VI, p. 109 et suivantes. — MM. Aubry et Rau, t. V, p. 256, texte et note 10.
M. Demolombe hésite sur la solution (t. XV, p. 632).
(2) M. Demolombe, t. XV, p. 633.
(3) V. *Manuel de droit civil*, t. 1, p. 440.

Indiquer si l'objet estimé peut être commodément partagé;

De quelle manière;

Fixer enfin, en cas de division, chacune des parts qu'on peut en former, et leur valeur (1).

5° VENTE SOIT DES MEUBLES, SOIT DES IMMEUBLES.

**826.** — Chacun des cohéritiers peut demander sa part en nature des meubles et immeubles de la succession : néanmoins, s'il y a des créanciers saisissants ou opposants, ou si la majorité des cohéritiers juge la vente nécessaire pour l'acquit des dettes et charges de la succession, les meubles sont vendus publiquement en la forme ordinaire.

**827.** — Si les immeubles ne peuvent pas se partager commodément, il doit être procédé à la vente par licitation devant le tribunal. — Cependant les parties, si elles sont toutes majeures, peuvent consentir que la licitation soit faite devant un notaire, sur le choix duquel elles s'accordent.

En principe, chacun des cohéritiers a le droit de demander sa part en nature des meubles et des immeubles.

En ce qui concerne les meubles, ce principe comporte *deux* exceptions se référant :

1° *Au cas où il existe des créanciers saisissants ou opposants*, c'est-à-dire *ayant pratiqué des saisies arrêts, et où il n'y a pas dans la succession assez de numéraire pour les payer;*

2° *Au cas où la majorité des cohéritiers juge la vente nécessaire pour l'acquit des dettes et charges de la succession* (art. 826).

Il va de soi que chacun des cohéritiers peut s'opposer à la vente de sa part dans lesdits meubles, en offrant deniers suffisants pour payer sa portion desdites dettes et charges (2).

En ce qui concerne les immeubles, le principe que chacun des cohéritiers a le droit de demander sa part en nature, ne souffre qu'une exception se rapportant :

*Au cas où les immeubles ne peuvent pas se partager commodément* (art. 827).

Il y a à remarquer que, nonobstant les termes de l'art. 827, la vente par licitation peut être faite *devant un notaire*, tout aussi bien dans le cas où les parties sont *mineures* que dans celui où elles sont *majeures;* toutefois, *lorsqu'il existe des mineurs, c'est au tribunal qu'il appar-*

(1) On conçoit l'embarras : il s'agit de mettre les tribunaux en état de procéder à une opération, dont la force même des choses leur enlève la responsabilité effective.

(2) Fenet, t. II, p. 147. — Toullier, t. II, n° 416.

En sens contraire, M. Demolombe, t. XV, p. 641.

*tient de prononcer le renvoi devant un notaire, et de choisir ce notaire* (art. 954 et 970, C. Pr.) (1).

6° LIQUIDATION.

**828.** — Après que les meubles et immeubles ont été estimés et vendus, s'il y a lieu, le juge-commissaire renvoie les parties devant un notaire dont elles conviennent, ou nommé d'office, si les parties ne s'accordent pas sur le choix. — On procède, devant cet officier, aux comptes que les copartageants peuvent se devoir, à la formation de la masse générale, à la composition des lots, et aux fournissements à faire à chacun des copartageants.

**837.** — Si dans les opérations renvoyées devant un notaire, il s'élève des contestations, le notaire dressera procès-verbal des difficultés et des dires respectifs des parties, les renverra devant le commissaire nommé pour le partage; et, au surplus, il sera procédé suivant les formes prescrites par les lois sur la procédure.

Dans un sens strict, *la liquidation d'une succession comprend la détermination de la masse partageable et des droits de chaque héritier.*

Cette opération est *toujours* faite par un notaire, car ainsi qu'il a été dit plus haut (p. 257), le premier alinéa de l'art. 828 a été abrogé et remplacé par les art. 969 et 976 du Code de procédure.

Le notaire commis procède sans l'assistance d'un second notaire ou de témoins, et sans avoir besoin du concours permanent des parties (art. 976, 977 et 978, C. Pr.) (2).

S'il s'élève des contestations durant le cours des opérations, il est évident que le notaire commis ne doit pas en être juge; aussi l'art. 837 a-t-il prévu et réglé le cas.

L'art. 828 complété, mais non éclairé par l'art. 976 C. Pr., indique d'ailleurs avec une extrême confusion les éléments de la liquidation.

On peut les ramener aux chefs suivants :

1° *Détermination de la masse des biens existants dans la succession, y compris les deniers et les créances héréditaires;*

2° *Détermination des dettes héréditaires;*

3° *Détermination des dons et des legs à rapporter, soit en nature, soit en moins prenant par les héritiers* (V. *infra*, art. 829 et 843-869).

4° *Détermination des dettes à rapporter ou à payer par les héritiers* (V. *infra*, art. 829 et 853-854).

5° *Détermination des prélèvements destinés à compenser pour les cohéritiers les rapports de dons et de legs à faire en moins prenant et les rapports de dettes* (V. *infra*, art. 830, et 853-854);

(1) V. les titres *De la vente du mobilier*, *Des saisies-exécutions*, *Des partages et licitations*, *De la vente des biens immeubles*, art. 945, 952, 617, 625, 955, 965, 970, 973. C. Pr.

(2) M. Mollot, *Des liquidations judiciaires*, n^os 23, 24.

6° *Détermination des préciputs* (V. *infra*, art. 843 et 919);

7° *Détermination des legs faits à des personnes étrangères à la succession;*

8° *Détermination des prestations personnelles*, en d'autres termes, *des indemnités respectivement dues à la succession ou par la succession, aux héritiers, à raison de l'administration que les uns ou les autres auraient eue ;*

9° *Détermination des parts héréditaires ;*

10° *Détermination des lots* (V. *infra*, art. 831-834, alinéa 1er, et 836).

Les clauses du contrat de mariage du *de cujus* peuvent encore fournir d'autres éléments à la liquidation de sa succession.

On voit par là que cette opération doit être souvent une des plus difficultueuses de la pratique notariale.

7° RAPPORT DES DONS ET DES LEGS FAITS SANS PRÉCIPUT PAR LE DE CUJUS AUX HÉRITIERS. — RAPPORT DES DETTES DONT LES HÉRITIERS PEUVENT SE TROUVER TENUS ENVERS LE DE CUJUS.

**829.** — Chaque cohéritier fait rapport à la masse, suivant les règles qui seront ci-après établies, des dons qui lui ont été faits, et des sommes dont il est débiteur.

Cet article, qui constitue avant tout un renvoi à la grave matière du rapport des donations et des legs (V. *infra*, art. 843-869), paraît reproduire incidemment une théorie de l'ancien droit, célèbre sous le nom de *rapport des dettes*.

L'addition : « et des sommes dont il est débiteur », est, du reste, la seule trace légale qu'ait laissée cette théorie; aussi, n'est-il pas douteux que les compilateurs napoléoniens n'ont pas eu le sens de la disposition qu'ils consacraient dans cette occasion (V. *infra*, art. 853-854).

8° DROIT DE PRÉLÈVEMENT DES COHÉRITIERS DANS LE CAS OU L'HÉRITIER TENU DU RAPPORT NE L'EFFECTUE PAS EN NATURE.

**830.** — Si le rapport n'est pas fait en nature, les cohéritiers à qui il est dû, prélèvent une portion égale sur la masse de la succession. — Les prélèvements se font, autant que possible, en objets de même nature, qualité et bonté que les objets non rapportés en nature.

Comme le précédent, cet article se réfère à la matière du rapport (V. *infra*, art. 843-869).

9° FORMATION ET COMPOSITION DES LOTS.

**831.** — Après ces prélèvements, il est procédé, sur ce qui reste dans la masse, à la composition d'autant de lots égaux qu'il y a d'héritiers copartageants, ou de souches copartageantes.

**832.** — Dans la formation et composition des lots, on doit éviter, autant que possible, de morceler les héritages et de diviser les exploitations; et il convient de faire entrer dans chaque lot, s'il se peut, la même quantité de meubles, d'immeubles, de droits ou de créances de même nature et valeur.

**833.** — L'inégalité des lots en nature se compense par un retour, soit en rente, soit en argent.

**834** (1er alinéa). — Les lots sont faits par l'un des cohéritiers, s'ils peuvent convenir entre eux sur le choix, et si celui qu'ils avaient choisi accepte la commission : dans le cas contraire, les lots sont faits par un expert que le juge-commissaire désigne.

**836.** — Les règles établies pour la division des masses à partager sont également observées dans la subdivision à faire entre les souches copartageantes.

Ces articles concernent les *trois* points suivants :

1° *Le nombre des lots à faire ;*

2° *Le mode de composition des lots ;*

3° *La désignation de la personne chargée de faire les lots.*

Voyons successivement chacun de ces *trois* points.

### 1° Nombre des lots à faire.

Il faut distinguer *deux* cas :

1° *Le partage se fait-il, soit par tête, soit par souche*, on fait autant de lots égaux qu'il y a d'héritiers copartageants, ou de souches copartageantes, sauf toute subdivision ultérieure entre les différents membres de chaque souche (art. 831 et 836) ;

2° *Les copartageants ou les souches copartageantes sont-ils appelés à des parts inégales*, les auteurs indiquent *deux* procédés :

*D'après le premier*, on réduit toutes les fractions à un dénominateur commun ; on divise ensuite la masse héréditaire en autant de lots égaux qu'il y a d'unités au dénominateur commun, et l'on attribue enfin par voie de tirage au sort à chacun autant de lots qu'il y a d'unités au numérateur de la fraction qui indique sa part (1).

*D'après le second*, on divise d'abord la masse héréditaire en autant de lots que la part la plus forte se trouve de fois dans le tout ; ensuite, après un premier tirage au sort, attribuant un des lots à l'héritier qui a la part la plus forte, on opère une nouvelle division et un nouveau partage de l'autre lot ou des autres lots entre ceux qui ont les parts les plus faibles.

1re *Espèce*. — Le *de cujus* laisse pour héritiers son père et un frère ; le père doit avoir un quart, et le frère trois quarts.

(1) MM. Zachariæ, Aubry et Rau, t. V, p. 261, texte et note 29.

On appliquera nécessairement le premier procédé, afin de rendre possible le tirage au sort.

2e *Espèce.* — Le *de cujus* laisse pour héritiers ses père et mère et un frère ; les père et mère doivent avoir chacun un quart, c'est-à-dire à eux deux la moitié, et le frère l'autre moitié.

Les deux procédés sont alors applicables, et c'est aux tribunaux qu'il appartient d'apprécier celui qui convient à l'espèce (1).

### 2° Mode de composition des lots.

Ce point est tout entier économique et pratique ; les art. 832 et 833 le règlent (2).

On appelle *soulte de partage le retour en rente ou en argent*, que mentionne l'art. 883.

Le payement de la soulte est garantie par un *privilége* (art. 2103, § 3, et 2109).

### 3° Désignation de la personne chargée de faire les lots.

Ce point est réglé par l'art. 834, 1er alinéa, et par l'art. 978, C. Pr., qui le confirme et le complète.

Il y a à remarquer sur ces textes :

1° Que le mandat de composer les lots ne peut être conféré *à l'un des cohéritiers* que par un choix *unanime ;*

2° Que, pour être à même de faire ce choix, tous les cohéritiers doivent être *présents, majeurs et maîtres de leurs droits;*

3° Que, lorsque tous les cohéritiers sont présents, majeurs et maîtres

---

(1) M. Demante, t. III, n° 136 *bis*, III. — M. Demolombe, t. XV, p. 670 et suivantes.

(2) Certains auteurs ont cru trouver dans l'article 832 un remède à ce qu'ils nomment les déplorables effets du morcellement du sol.

Nous croyons ce remède nul ou à peu près :

1° Parce que les partages ne sont pas la seule cause active du morcellement du sol, et que tous les partages ne se font pas en justice ;

2° Parce que les tribunaux manquent de l'aptitude nécessaire pour user de l'article 832.

Au surplus, tout en reconnaissant que le morcellement du sol peut comporter des excès, nous pensons que le jour où la France sera rentrée en possession d'elle-même, elle tentera, dans l'ordre économique agricole, d'autres voies que celles qui ont été ouvertes par ce chétif article 832.

La réforme du système des impôts et le dégrèvement de la propriété foncière, la refonte du régime hypothécaire et la constitution du *Crédit agricole*, l'abolition des monopoles des gens de loi, c'est-à-dire, au point de vue des campagnes, de la spéculation et de l'usure qui les dévorent, la propagation de l'idée de l'association libre et diverse, le groupement des activités sous l'unique

de leurs droits, ils ont la faculté de nommer eux-mêmes *l'expert* tenant lieu, s'il y échet, du cohéritier (1).

Nous avons indiqué *supra*, p. 258, le mode de conciliation de l'art. 834 avec l'art. 466.

10° HOMOLOGATION DU PARTAGE.

**835.** — Avant de procéder au tirage des lots, chaque copartageant est admis à proposer ses réclamations contre leur formation.

L'art. 835 se borne à dire qu'avant de procéder au tirage des lots, chaque copartageant est admis à proposer ses réclamations contre leur formation; *la mention du jugement d'homologation n'a été faite que dans le Code de procédure* (art. 981-982).

Le jugement d'homologation a pour but d'approuver, s'il y a lieu, *l'ensemble des opérations du partage.*

Il ordonne, en outre, *le tirage au sort des lots.*

11° TIRAGE AU SORT DES LOTS.

**834** (2ᵉ alinéa). — Ils sont ensuite tirés au sort.

Cette disposition est absolue, elle proscrit le partage *par voie d'attribution*, c'est-à-dire de décision discrétionnaire du juge, admis en droit romain et dans l'ancien droit français.

L'alternative posée en conséquence aux héritiers par la législation actuelle est *le tirage au sort des biens en nature* ou *la licitation*, à moins évidemment que tous les héritiers ne soient *présents, majeurs et maîtres de leurs droits* (2).

Le tirage au sort des lots a lieu, soit devant le juge-commissaire, soit devant le notaire commis, selon la décision contenue dans le jugement d'homologation (art. 982, C. Pr.).

---

influence des lois économiques naturelles, voilà les vrais remèdes aux excès du morcellement du sol.

Ces remèdes sont de ceux qu'un peuple qui s'appartient est seul à même d'appliquer.

(1) M. Demante, t. III, n° 165 *bis*, I. — MM. Zachariæ, Aubry et Rau, t. V, p. 260, texte et note 25 et 26. — M. Demolombe, t. XV, p. 654.

(2) M. Demante, t. III, n° 163 *bis*, II, note I, — MM. Zachariæ, Aubry et Rau, t. V, p. 262, texte et note 30 et 31. — Demolombe, t. XV, p. 666.

En sens contraire, M. Mollot, *Des liquidations judiciaires*, nᵒˢ 30, 11 et 147. Nous ne nous portons pas les champions du système admis en droit romain et dans l'ancien droit français, mais, lorsqu'il s'agit de partages en justice imposés aux mineurs et aux interdits, il peut être très-préjudiciable à l'intérêt de ces incapables, que le partage ne puisse se faire que par voie de tirage au sort.

Les auteurs conseillent d'user, s'il y a lieu, de l'expédient de la transaction (art. 467).

12° EXÉCUTION DU PARTAGE.

**842.** — Après le partage, remise doit être faite à chacun des copartageants, des titres particuliers aux objets qui lui seront échus. — Les titres d'une propriété divisée restent à celui qui a la plus grande part, à la charge d'en aider ceux de ces copartageants qui y auront intérêt, quand il en sera requis. — Les titres communs à toute l'hérédité sont remis à celui que tous les héritiers ont choisi pour en être le dépositaire, à la charge d'en aider les copartageants, à toute réquisition. — S'il y a difficulté sur ce choix, il est réglé par le juge.

A l'occasion de cet article, on a discuté la question de l'attribution des portraits de famille, des papiers domestiques de la correspondance, des cachets, des armes d'honneur, des croix de chevalerie, etc., du défunt.

Le vieux droit féodal attribuait ces *monuments* à l'aîné dans la ligne directe (1).

Les textes actuels sont muets sur ce point, et la question peut être résolue doctrinalement.

A l'égard des souvenirs vraiment intimes et pieux de la famille, ou des papiers utiles à tous les héritiers (portraits de famille, papiers domestiques, correspondance), il y a lieu d'y appliquer, soit *à fortiori*, soit par analogie, l'art. 842;

A l'égard des hochets de la vanité (cachets, armes d'honneur, croix de chevalerie), il n'existe nulle raison de les soustraire à la règle du tirage au sort ou de la vente aux enchères qui concerne tout le mobilier (V. *supra*, p. 232) (2).

ARTICLES CONCERNANT LES PARTAGES DANS LESQUELS SONT INTÉRESSÉS DES NON-PRÉSENTS OU DES ABSENTS, DES MINEURS OU DES INTERDITS.

**838.** — Si tous les cohéritiers ne sont pas présents, ou s'il y a parmi eux des interdits, ou des mineurs, même émancipés, le partage doit être fait en justice, conformément aux règles prescrites par les articles 819 et suivants, jusques et compris l'article précédent. S'il y a plusieurs mineurs qui aient des intérêts opposés dans le partage, il doit leur être donné à chacun un tuteur spécial et particulier.

**839.** — S'il y a lieu à licitation, dans le cas du précédent article, elle ne peut être faite qu'en justice, avec les formalités prescrites pour l'aliénation des biens des mineurs. Les étrangers y sont toujours admis.

**840.** — Les partages faits conformément aux règles ci-dessus prescrites, soit par les tuteurs, avec l'autorisation d'un conseil de famille, soit par les mineurs émancipés, assistés de leurs curateurs, soit au nom des absents ou non-présents,

---

(1) Rousseau de La Combe, v° Partage, sect. III, n° 12, p. 475.

(2) Comparer M. Mollot, *Des liquidations judiciaires*, n° 176. — M. Demolombe, t. XV, p. 697.

sont définitifs : ils ne sont que provisionnels, si les règles prescrites n'ont pas été observées.

Le *premier* de ces textes répète l'art. 819, en y ajoutant seulement la prévision du cas où plusieurs mineurs ayant des intérêts opposés, seraient intéressés dans le même partage.

Il répète, en outre, une série d'articles épars dans le Code Napoléon (art. 113, 466, 484, 509).

Le *second* de ces textes répète l'art. 469 et anticipe sur l'art. 1687.

Le *troisième* de ces textes, dans sa *première* partie, ne doit pas être pris à la lettre, car la capacité requise pour défendre à une action en partage n'est pas, comme l'on sait, toujours la même que celle qui est exigée pour intenter cette action (V. *supra*, p. 248 et suiv.).

Le *troisième* de ces textes, dans sa *seconde* partie, répète l'art. 466 ; il déclare *provisionnels* les partages auxquels il a été procédé sans l'observation des règles prescrites.

Ces partages ne doivent d'ailleurs être réputés *provisionnels, qu'à l'égard des héritiers présents, mineurs ou interdits* (art. 1125) : ils sont, au contraire, *définitifs à l'égard des héritiers présents, majeurs et maîtres de leurs droits qui ont entendu faire un partage définitif* (1).

**841.** — Toute personne, même parente du défunt, qui n'est pas son successible, et à laquelle un cohéritier aurait cédé son droit à la succession, peut être écartée du partage, soit par tous les cohéritiers, soit par un seul, en lui remboursant le prix de la cession.

### RETRAIT SUCCESSORAL.

*Le retrait successoral est le droit qui appartient à tout successible d'écarter du partage, en la désintéressant, toute personne non-successible cessionnaire d'un droit à la succession.*

Caduque avant d'avoir existé, et qualifiée par les anciens légistes eux-mêmes *d'abus* et de *pur passe-droit* (2), cette institution, selon Lebrun, tire son origine d'une interprétation extensive des constitutions impériales *Per diversas* et *ab Anastasio* (L. 22 et 23, C. *Mandati*).

Le même auteur fonde le retrait successoral sur ce motif : « Qu'il y a ordinairement de la vexation ou un extrême intéressement de la part de l'étranger, curieux d'apprendre les affaires d'autrui », et il ajoute, en citant Plaute : « *curiosus, quin sit malevolus* » (3).

La doctrine générale des retraits était alors en harmonie avec l'idée

---

(1) MM. Zachariæ, Aubry et Rau, t. V, p. 251 et 252, texte et notes 13 et 14. — M. Demolombe, t. XV, p. 684.
V. aussi *Manuel de droit civil*, t. I, p. 457.
(2) Bannelier *sur Davot*, t. III, p. 759.
(3) Lebrun, liv. IV, chap. II, sect. III, n° 66.

de la copropriété familiale et de la conservation des biens entre les mêmes mains; cependant, même dans l'ancien régime, la doctrine du retrait successoral souleva toujours de graves dissidences (1).

Le droit de la Révolution abrogea toutes les espèces de retrait (2).

Non-seulement la Convention ne mentionna pas dans son Code le retrait successoral, mais, par un décret du 19 floréal an XI, elle le déclara formellement aboli.

La codification napoléonienne fit revivre, à côté du retrait litigieux, *cette expropriation forcée pour cause d'utilité familiale* (3).

En cette matière, nous nous trouvons donc rejetés bien loin de l'*autonomie de l'individu*, seule base du droit nouveau.

D'après les auteurs, le retrait successoral présenterait dans le Code Napoléon une double utilité ; il servirait à protéger les familles :

1° *Contre l'intrusion des étrangers dans leurs secrets de succession;*

2° *Contre la cupidité processive des acheteurs de droits successifs.*

C'est de cette double raison qu'on essaye de déduire la théorie du retrait successoral; les auteurs font d'ailleurs remarquer qu'il faut compléter l'art. 841, tout à la fois par la disposition des art. 1699 et 1700, relatifs au retrait litigieux, et par la plupart des principes qui gouvernaient les retraits dans l'ancienne jurisprudence (4).

Il y a lieu d'examiner :

1° *Contre quelles personnes le retrait successoral peut être exercé;*

2° *Quelles personnes peuvent exercer le retrait successoral ;*

3° *Quelles cessions sont soumises au retrait successoral ;*

4° *Sous quelles conditions le retrait successoral peut être exercé ;*

5° *Pendant combien de temps le retrait successoral peut être exercé ;*

6° *Quels effets produit, soit la demande à fin de retrait successoral, soit le retrait successoral lui-même.*

### 1° PERSONNES CONTRE LESQUELLES LE RETRAIT SUCCESSORAL PEUT ÊTRE EXERCÉ.

Cette question revient à celle de savoir quel est, dans l'art. 841, le sens de ces expressions : « Toute personne, même parente du défunt, qui n'est pas son successible. »

Le retrait successoral ayant pour but d'écarter du partage les intrus, le *non-successible*, dans le cas présent, est évidemment *toute personne*

(1) Ancien Denizart, t. III, v° *Per diversas*, n° 2.

(2) M. Kœnigswarter, *Revue de législation* de M. Wolowski, 1844, t. III, p. 517-522.

(3) Nous nous empressons de rapporter à M. Demolombe le mérite de ces termes caractéristiques. — M. Demolombe, t. XVI, p. 14.

(4) M. Labbé, *Revue critique de jurisprudence*, 1855, p. 142, 143.

M. Labbé a fouillé curieusement la matière des retraits, et, à cette occasion, il a écrit : « Cette étude nous a persuadé plus que jamais de l'avantage qu'on re-

*qui ne pourrait venir au partage qu'en vertu de la cession qui lui aurait été faite*, en d'autres termes, toute personne qui ne pourrait y venir en vertu de son droit propre.

De ce point de vue capital, il résulte que le retrait ne peut être exercé :

1° *Contre les héritiers légitimes ;*

2° *Contre les successeurs irréguliers ;*

3° *Contre les légataires ou donataires universels ou à titres universels en pleine propriété, ou en nue propriété.*

A l'inverse, d'après la doctrine la plus générale, le retrait peut être exercé :

1° *Contre un héritier renonçant ou indigne ;*

2° *Même contre un proche parent*, par exemple un frère, *s'il a été exclu par des dispositions testamentaires*, par exemple par deux legs universels, et qu'il soit devenu cessionnaire de l'un des légataires (1).

Lorsque, aux termes de l'art. 733, la succession se divise entre les parents de la ligne paternelle et ceux de la ligne maternelle, si un des parents de l'une des lignes devient cessionnaire des droits d'un des parents de l'autre, on distingue, en général, si la cession est *antérieure* ou *postérieure au partage de la succession totale entre les deux lignes.*

Si elle est *antérieure*, elle n'est pas soumise au retrait ;

Si elle est *postérieure*, elle y est soumise (2).

C'est une grosse question de savoir *si le retrait peut être exercé contre le légataire ou le donataire contractuel en usufruit de l'universalité ou d'une quote-part de l'universalité des biens du défunt, lorsqu'il s'est rendu cessionnaire d'un droit à la succession.*

Nous résolvons cette question par *l'affirmative*, en nous référant aux développements, déjà donnés, sur la nature des legs d'usufruit (3).

---

trouve à remonter au delà de Pothier aux auteurs qui avaient élaboré la science du droit, avant que Pothier en fît un exposé d'ailleurs si lumineux. »

Est-ce que, par hasard, selon M. Labbé, la théorie du retrait ferait partie de la science du droit?

(1) Nous ne nous chargeons pas, bien entendu, de concilier, *en tout état*, la législation et la doctrine avec elles mêmes ; ici, les interprètes abandonnent l'idée de la conservation des secrets de la famille, et ils disent *qu'un parent, après tout, peut être un spéculateur, comme un autre.*

Au surplus, la doctrine est ici en grande confusion. V. M. Demante, t. III, n° 171 *bis*, III. — MM. Zachariæ, Aubry et Rau, t. III, p. 324. — M. Demolombe, t. XV , p. 23.

(2) M. Demante, t. III, n° 171 *bis*. — M. Demolombe, t. XVI, p. 41.

(3) *Manuel de droit civil*, p. 638, t. I. Dans le même sens, M. Demante, t. III, n° 171 *bis*, I. — MM. Zachariæ, Aubry et Rau, t. III, p. 324.—M. Demolombe, t. XVI, p. 34.

En sens contraire, pour la négative absolue, M. Dutruc, n° 478 ; pour une doctrine intermédiaire, repoussant le retrait contre le bénéficiaire de l'usufruit de l'universalité des biens et l'admettant contre le bénéficiaire de l'usufruit d'une quote-part de l'universalité, Merlin, *Répert.*, v° *Droits successifs*, n° 13.

2° PERSONNES QUI PEUVENT EXERCER LE RETRAIT SUCCESSORAL.

Il y a une *corrélation nécessaire* entre les personnes qui peuvent exercer le retrait successoral et les personnes contre lesquelles il peut être exercé.

De là, les deux propositions suivantes, si nettement formulées par M. Demolombe (1) :

1° *Celui contre lequel le retrait successoral ne pourrait pas être exercé, s'il était lui-même cessionnaire, pourra exercer le retrait successoral contre un autre cessionnaire ;*

2° *Celui contre lequel le retrait successoral pourrait être exercé, s'il était lui-même cessionnaire, ne pourra pas exercer le retrait contre un autre.*

On enseigne en général :

1° *Que les créanciers d'un des cohéritiers n'ont pas le droit d'exercer le retrait successoral, au nom de leur débiteur* (art. 1166, *in fine*) (2) ;

2° *Que tous les successeurs d'un des cohéritiers ont le droit d'exercer le retrait successoral* (3).

*On s'est demandé si celui ou ceux des cohéritiers qui ont exercé le retrait successoral, sans que les autres cohéritiers y aient concouru, ni refusé d'y concourir, peuvent être contraints de communiquer à ceux-ci le bénéfice du retrait.*

La *négative* prévaut (4); cependant, si les légistes n'eussent pas perdu le vrai sens du retrait successoral, l'affirmative devrait l'emporter (5).

3° CESSIONS SOUMISES AU RETRAIT SUCCESSORAL.

Pour qu'une cession soit soumise au retrait successoral, il faut :

---

(1) M. Demolombe, t. XVI, p. 45.

(2) MM. Zachariæ, Aubry et Rau, t. III, p. 82 et 325. — M. Demolombe, t. XVI, p. 58.

(3) MM. Zachariæ, Aubry et Rau, t. III, p. 82. — M. Demolombe, t. XVI, p. 60.

(4) M. Demante, t. III, n° 171 *bis*, IV. — MM. Zachariæ, Aubry et Rau, t. III, p. 326. — M. Demolombe, t. XVI, p. 69.

(5) Tout en ayant été déduit des lois romaines, selon les habitudes de l'ancienne doctrine, le retrait successoral n'en procède pas moins, nous le répétons, comme tous les retraits, de l'idée de la copropriété familiale et de la conservation des biens dans les familles ; or, en matière de retrait lignager, l'ancienne doctrine enseignait l'affirmative.

Le retrait lignager était le droit accordé aux parents lignagers du vendeur de pouvoir retirer le propre vendu, en remboursant l'acquéreur du prix des frais et loyaux coûts de la vente.

1° *Qu'elle ait pour objet un droit à la succession*, c'est-à-dire *à l'universalité héréditaire ;*

2° *Qu'elle soit faite à titre onéreux, car les termes de l'art.* 841 *supposent le remboursement du prix de la succession.*

De la *première* condition, il ressort :

*Que le retrait doit être admis même contre la cession d'une quote-part héréditaire* (1) ;

*Qu'*à l'inverse, *il ne doit pas être admis contre la cession d'une portion indivise dans un ou plusieurs objets spécialement déterminés de la succession.*

Cependant, ce second point est vivement débattu (2).

De la *seconde* condition, il ressort :

*Que le retrait doit être admis contre la personne à laquelle le donataire ou le légataire des droits successifs d'un cohéritier aurait cédé ces mêmes droits à titre onéreux ;*

*Et aussi contre le créancier auquel un cohéritier aurait cédé ses droits successifs à titre de* datio in solutum (comparer art. 1701, 2e alinéa) (3).

*Qu'*à l'inverse, *il ne doit pas être admis contre le donataire ou le légataire des droits successifs d'un cohéritier, même lorsque la donation ou le legs ont été faits sous certaines charges.*

### 4° CONDITIONS SOUS LESQUELLES LE RETRAIT SUCCESSORAL PEUT ÊTRE EXERCÉ.

Le *retrayant*, en d'autres termes le cohéritier qui exerce le retrait, doit rembourser au *retrayé*, en d'autres termes, au cessionnaire qui subit le retrait, le prix *réel* de la cession ;

Il faut d'ailleurs appliquer ici l'art. 1699.

### 5° TEMPS PENDANT LEQUEL LE RETRAIT SUCCESSORAL PEUT ÊTRE EXERCÉ.

Le Code Napoléon n'a fixé aucun délai pour l'exercice du retrait successoral.

---

(1) M. Demante, t. III, n° 171 *bis*, I. — MM. Zachariæ, Aubry et Rau, t. III, p. 323. — M. Demolombe, t. XVI.

(2) M. Théodore Derome, *Revue critique de jurisprudence*, 1858, p. 540 et suivantes. — MM. Zachariæ, Aubry et Rau, t. III, p. 223.

En sens contraire, M. Demante, t. III, n° 171 *bis*, I.

M. Valette, à son cours, pose la question en fait ; il n'admet le retrait que lorsque le cessionnaire se présente pour figurer au partage.

(3) M. Demolombe, t. XVI, p. 103.

En sens contraire, M. Demante, t. III, n° 171 *bis*, VI.

En conséquence, l'opinion générale est que l'exercice de ce droit est possible *jusqu'à la consommation du partage* (1).

### 6° EFFETS PRODUITS, SOIT PAR LA DEMANDE A FIN DE RETRAIT SUCCESSORAL, SOIT PAR LE RETRAIT SUCCESSORAL LUI-MÊME.

D'après les auteurs, *l'effet de la demande* est de créer au profit du retrayant un droit indépendant de tout événement ultérieur, tel, par exemple, que l'ouverture de la succession du cédant au profit du cessionnaire.

*L'effet du retrait* est de substituer le retrayant au retrayé, mais sans annuler le marché intervenu entre le cédant et le cessionnaire, en d'autres termes, le retrait constitue une *subrogation.*

D'accord sur la prémisse, les auteurs, sont divisés de fort ancienne date, sur les conséquences.

On pose notamment la question suivante :

*Le retrayant est-il subrogé au retrayé, même en ce qui concerne l'obligation contractée par ce dernier envers le cédant de payer le prix de la cession?*

### DEUX SYSTÈMES.

1er SYSTÈME (2). — *La subrogation qui résulte du retrait est absolue ;*

*En conséquence, le retrayant est subrogé au retrayé, même en ce qui concerne l'obligation contractée par ce dernier envers le cédant de payer le prix de la cession.*

Sans se l'avouer nettement, ce système part de l'idée qu'il ne peut exister de contrat *sans cause*, et que le retrayé ne doit pas être astreint à acquitter les charges d'un marché dont le bénéfice lui est enlevé.

2e SYSTÈME (3). — *La subrogation qui résulte du retrait est relative, c'est-à-dire que le retrait est une opération qui se passe uniquement entre le retrayant et le retrayé.*

En conséquence, le retrayé reste tenu envers le cédant de payer à ce dernier le prix de la cession.

Sans dégager son propre principe, plus nettement que le précédent, ce système se fonde sur l'idée du *respect des conventions.*

---

(1) MM. Zachariæ, Aubry et Rau, t. III, p. 326, 327. — M. Demolombe, t. XVI, p. 138.

(2) M. Labbé, *Revue critique de législation*, 1855, p. 144, nos 7 et suivants. — MM. Zachariæ, Massé et Vergé, t. IV, p. 336.

(3) M. Brives-Cazes, *Revue de législation*, de M. Wolowski, 1851, t. I, nos 69 et suivants. — Aubry et Rau sur Zachariæ, t. III, p. 328. — M. Demolombe, t. XVI, p. 154.

Le *premier* système était suivi dans l'ancien droit par Tiraqueau et par Grimaudet, son disciple (1).

Le *second* était professé par Dumoulin et par Pothier (2).

En réalité, nous sommes ici dans une impasse ; ces deux systèmes ont raison ; ce qui a tort, c'est l'institution du retrait.

## SECTION II.

### DES RAPPORTS.

*Le rapport*, comme nous l'avons dit plusieurs fois (p. 147), *est la réunion à la masse héréditaire ou la retenue dans cette masse des donations entre-vifs, ou des legs faits sans préciput par le* de cujus *au profit de ses héritiers* ab intestat.

Nous avons aussi annoncé, qu'*outre le rapport des dons et des legs*, il existe dans le Code Napoléon, comme dans l'ancien droit français, *un rapport de dettes.*

C'est aux constitutions du Bas-Empire que, selon ses errements habituels, l'ancien droit français emprunta l'idée du rapport (3).

Les pays de droit écrit adoptèrent, en général, les règles romaines.

Les pays coutumiers suivirent une foule de systèmes différents, et telle en était la complication que Lebrun déclarait « en perdre le fil (4). »

Selon ce qui se dégage à peu près de l'ensemble, il fallait distinguer :

D'une part, *la règle du rapport applicable seulement aux donations, et seulement aussi en ligne directe descendante ;*

D'autre part, *la règle de l'incompatibilité des qualités d'héritier et de légataire, applicable dans toutes les lignes et à tous les héritiers.*

On appuyait la première sur le principe de l'égalité entre les enfants.

Pour expliquer la seconde, les anciens légistes balbutiaient plusieurs raisons sans netteté (5).

---

(1) Tiraqueau, § 29 gl. 1, nos 1 et suivants. — Grimaudet, t. VII et 10.

(2) Dumoulin, *Cout. de Paris*, § 20, gl. 8, n° 8. — Pothier, *Des retraits*, nos 300 et 427.

(3) Liv. VI, tit. XX, C. *De collationibus* ; l. 12, C., liv. III, t. XXXVIII ; l. 25. C., Liv. III, tit. XXXVI ; Nov. 18, cap. VI.

Nous dirons ailleurs (*Manuel de droit romain*) comment le rapport des constitutions du Bas-Empire est lui-même issu de la *collatio bonorum imposée* par le prêteur aux enfants émancipés qui réclamaient la possession de biens *contrà liberos* ou *unde liberi.*

Cette filiation peut paraître étrange, la *collatio bonorum* ayant eu une raison d'être toute spéciale ; elle n'en est pas moins constante, et elle a une importance capitale ; elle témoigne qu'à l'origine, le rapport fut une conséquence de l'organisation de la famille romaine.

(4) Lebrun, liv. III, ch. VII, nos 3-17.

(5) Ferrière, *Coutume de Paris*, art. 300. — Pothier, *Des successions*, ch. IV, art. 3, § 2. — Lebrun, liv. III, ch. VII, n° 1. — Bourjon, *Droit commun de la France*, 2e partie, *Des successions*, ch. IV, sect. I, n° 2.

Les deux reposaient au fond sur cette idée de *copropriété familiale*, qui, à côté de celle du *droit éminent de l'État*, est demeurée, même de nos jours, la substance de la science juridique (1).

Il n'y avait guère plus d'harmonie entre les règles coutumières, à l'égard du *préciput*, c'est-à-dire de la dispense du rapport par la volonté du disposant, qu'à l'égard du rapport lui-même; cependant, on était arrivé à distinguer sur ce chef *trois* classes principales de Coutumes :

Les *premières*, dites *d'égalité parfaite*, défendaient le préciput;

Les *secondes*, dites *de simple égalité*, prohibaient aussi le préciput, mais, à la différence des premières, elles permettaient à l'héritier donataire de s'affranchir du rapport par sa propre volonté, en renonçant à la succession;

Les *troisièmes* enfin, dites de *préciput*, admettaient même la dispense du rapport par la volonté du disposant (2).

Nous avons déjà indiqué la regrettable influence que les idées de la cité antique, les théories de Rousseau et les habitudes d'esprit de ses légistes exercèrent en ce point sur la législation de la Convention.

C'est de cette triple inspiration que procédèrent les deux dispositions suivantes :

« Il n'est pas permis de donner, soit entre-vifs, soit à cause de mort, à aucun de ses héritiers ; la loi veut qu'ils soient tous également apportionnés dans la même hérédité » (art. 24, liv. II, tit. III, § 3, *Code de la Convention*).

« Les cohéritiers sont tenus de rapporter à la succession du défunt tout ce qu'il a donné au préjudice de leurs cohéritiers, soit à eux, soit à leurs descendants, soit à ceux que ces cohéritiers représentent » (art. 87, liv. II, tit. III, § 3, *Code de la Convention*).

C'était là l'affirmation nette du *droit social* et de la *copropriété familiale*.

En définitive, la Convention en revenait au système des Coutumes *d'égalité parfaite*, c'est-à-dire à la négation du droit du propriétaire, et à l'adoption du point de vue de la répartition mathématiquement égale du patrimoine entre les héritiers.

---

(1) Pour qui contemple l'histoire du droit, il y a un spectacle plus étonnant que celui de l'aveugle soumission des législateurs et des docteurs à l'empire des traditions, c'est de les voir constamment consacrer ou professer des déductions dont ils ne reconnaissent pas la prémisse. Ainsi un auteur tel que M. Demolombe en vient à opposer les deux idées de la copropriété familiale et de la répartition mathématiquement égale du patrimoine entre les enfants, sans s'apercevoir que la première a engendré la seconde. — M. Demolombe, t. XVI, p. 177.

(2) Merlin, *Répert.*, v° *Rapport*, § I. — M. Ch. Duverdy, *Revue critique de droit français et étranger*, t. II, p. 44 et suivantes.

Le Code de la Convention suivit ce système jusqu'au bout, et la loi du 17 nivôse an II le reproduisit intégralement (V. *infra*, tit. II, chap. III).

La loi du 4 germinal an VIII, qui permit le préciput, mais qui le soumit en même temps à des limites arbitraires, ne fut qu'une œuvre de transaction, de confusion et de transition (V. *infra*, tit. II, chap. III).

La codification napoléonienne a atténué sur certains chefs et aggravé sur d'autres la législation de germinal (1).

Finalement, la conception scientifique de la propriété a été jusqu'ici absente de cette partie de la doctrine et de la législation.

Ce qu'il importe avant tout de constater, c'est que le rapport est une dérivation plus ou moins accusée, selon les législations, de *l'indisponibilité du patrimoine ; aussi*, à de rares exceptions près, le *rapport et la réserve sont-ils historiquement unis entre eux* par un intime lien.

En ce qui concerne spécialement le rapport, voici les indications rationnelles :

D'une part, au point de vue juridique,

*Pour devenir propriétaire, chacun n'a le droit de compter que sur son effort propre, ou sur la libéralité d'autrui;*

De là il résulte que le droit d'aucun héritier n'est atteint, lorsqu'un de ses cohéritiers est dispensé du rapport ;

D'autre part, au point de vue économique,

*Chacun a intérêt à ce que la composition de son patrimoine soit le plus possible à l'abri de toutes chances et à ce que l'état de sa fortune*

---

(1) Les auteurs discutent entre eux pour savoir quelle est, dans le Code Napoléon, la base du rapport.

Les uns y voient un principe de conservation imposé, à ce titre, par le législateur à la société (M. Agnès, *De la propriété considérée comme principe de conservation et de l'hérédité*).

Les autres y croient trouver *une présomption de la volonté du père de famille*, et ceux-là ajoutent, sur l'autorité de Guy-Coquille, qu'il faut que le père de famille « ait le moyen de tenir en subjection et crainte ceux de leurs enfants qui ne leur sont pas obséquieux. » (M. Demolombe, t. XVI, p. 182.)

Mauvais moyen, n'en déplaise à M. Demolombe et à Guy-Coquille, et dont l'inefficacité n'est pas le pire tort!

Quoi qu'il en soit, il suffit de ces citations pour prouver que les interprètes de la compilation napoléonienne ne s'entendent pas sur cette question de principe.

Notre avis est, du reste, que dans cette œuvre, si pauvre en doctrine et si dépourvue de direction, le mot de l'énigme est introuvable (V. *infra*).

Consulter :

Pour l'appréciation technique du *système*, plusieurs articles de M. Dufour (*Revue étrangère et française*, 1847, t. III, p. 884 et 480).

Pour l'appréciation économique, les excellentes réflexions incidentes de M. Courcelle-Seneuil, auxquelles nous reprochons cependant d'être exclusivement utilitaires et de supposer la chimère du droit social (*Du droit de tester et de ses limites, Journal des Économistes*, 2e série, t. XLVI, p. 32).

(V. en outre *infrà*, tit. II, ch. III).

*puisse être exactement et facilement apprécié, s'il y a lieu, par les tiers ;*

De là, il résulte que le rapport, malgré la faculté de renoncer attribuée à l'héritier donataire ou légataire sans préciput (art. 845), introduit dans l'organisation de la propriété un élément d'incertitude, de trouble, et de discrédit (1).

Ce dommage s'accroît lorsque, comme la compilation napoléonienne, une législation pose pour une certaine sorte de biens la règle du rapport en nature (art. 859-867).

Les bases rationnelles de cette partie de la législation sont, en conséquence, les suivantes :

*En premier lieu, la dispense de rapport devrait toujours être présumée pour les donations comme pour les legs, sauf preuve contraire* (2);

*En second lieu, l'héritier astreint au rapport devrait avoir la faculté de l'opérer à son gré pour toute espèce de biens, soit en nature, soit en moins-prenant, soit même par équivalent en numéraire, sous la réserve, quant au premier mode, des droits acquis aux tiers* (3).

Comme la succession *ab intestat*, le rapport est finalement destiné à perdre dans la théorie juridique la place importante qu'il y occupe aujourd'hui.

Pour nous reconnaître dans l'exégèse de la section II, nous en classerons les articles sous les rubriques suivantes :

1° PERSONNES TENUES DE L'OBLIGATION DU RAPPORT ;

2° SUCCESSION A LAQUELLE DOIT SE FAIRE LE RAPPORT ;

3° PERSONNES AUXQUELLES EST DU LE RAPPORT ;

4° AVANTAGES SOUMIS AU RAPPORT ;

5° MANIÈRE DONT S'OPÈRE LE RAPPORT.

---

(1) Nous verrons plus bas les funestes effets économiques du rapport des dettes.

(2) Évidemment conforme aux faits à l'égard des legs, cette présomption deviendra de jour en jour plus exacte à l'égard des donations elles-mêmes, à mesure que se dissipera la fausse idée de la copropriété familiable, et qu'abandonnant la règle spécieuse et erronée de la répartition mathématiquement égale de sa fortune entre ses héritiers, le propriétaire saura suivre le vrai principe équitable et intelligent de la répartition proportionnelle aux besoins de ceux qu'il entend gratifier, c'est-à-dire s'élever à la haute moralité du rôle de dispensateur des fruits de son travail (V. *infrà*, tit. II, chap. III).

(3) Le *Code de la Convention* avait implicitement admis l'héritier à choisir entre le rapport en nature et le rapport en moins-prenant (art. 92 et 93, liv. II, tit. III, § 4).

Les rédacteurs du Code Napoléon ont reproduit ici la distinction féodale des immeubles et des meubles, et c'est assurément un des cas où cette distinction nuit le plus à l'intérêt agricole et au développement de la fortune immobilière (V. *Manuel de droit civil*, t. I, p. 526, et aussi notre théorie de la condition résolutoire, art. 1184).

## I. — Personnes tenues de l'obligation du rapport.

**843.** — Tout héritier, même bénéficiaire, venant à une succession, doit rapporter à ses cohéritiers tout ce qu'il a reçu du défunt, par donation entre-vifs, directement ou indirectement : il ne peut retenir les dons ni réclamer les legs à lui faits par le défunt, à moins que les dons et legs ne lui aient été faits expressément par préciput et hors part, ou avec dispense du rapport.

Cet article indique les principaux traits du rapport ; il rend inutiles plusieurs autres dispositions qui ne font que surcharger et obscurcir la section (V. *infra* notamment les art. 847, 849, 854).

D'après ce texte, les personnes tenues de l'obligation du rapport sont celles qui cumulent les *deux* qualités suivantes :

1° *La qualité d'héritier du* de cujus ;

2° *La qualité de donataire ou de légataire du* de cujus.

Par exception, ou, si le Code Napoléon a fondé le rapport sur la volonté présumée du *de cujus* (1), parce que le cas ne rentre pas dans la règle, l'héritier donataire ou légataire du *de cujus* n'est pas tenu de l'obligation du rapport, si le *de cujus* l'en a dispensé.

Examinons successivement les *deux* qualités sus-indiquées, et le cas de la *dispense du rapport*, en d'autres termes du *préciput*.

### 1° Pour être tenu de l'obligation du rapport, il faut avoir la qualité d'héritier du de cujus.

Dans l'art. 843, l'héritier désigne la personne qui recueille une succession, *qui y vient*, selon les expressions de l'article, et non plus *le simple successible*, c'est-à-dire la personne appelée à recueillir une succession.

En outre, dans le même art. 843, l'héritier est exclusivement *le successeur ab intestat* (2).

L'obligation du rapport est d'ailleurs imposée à tout successeur *ab intestat :*

Par conséquent,

---

(1) V. *suprà*, p. 274, note 1.

Aux examens, le candidat fait bien d'indiquer les deux bases.

Nous déplorons d'avoir à constater, en passant, les dispositions intolérantes qui président parfois aux épreuves réglementaires. Des hommes d'étude ferment la bouche au jeune candidat qui, au milieu des impasses napoléonniennes, hésite à choisir sa route, ou qui, chose impardonnable aux yeux de certains esprits, essaye de penser par lui-même.

(2) Plus conséquent que le Code Napoléon, le *droit impérial romain* avait étendu l'obligation du rapport aux successeurs testamentaires (Nov. 18, cap. VI).

A tout héritier légitime en ligne directe ou en ligne collatérale (1);

A tout successeur irrégulier, sauf ce qui a déjà été dit de spécial sur le même point, relativement à ce successeur (V. *supra*, p. 146);

A tout héritier pur et simple, ou même bénéficiaire.

Au surplus, il est clair que le successible qui renonce à la succession, comme le déclare expressément l'art. 845, n'a plus la qualité d'héritier exigée par l'art. 843 (V. *infra*, p. 280).

2° POUR ÊTRE TENU DE L'OBLIGATION DU RAPPORT, IL FAUT, OUTRE LA QUALITÉ D'HÉRITIER DU DE CUJUS, AVOIR CELLE DE DONATAIRE OU DE LÉGATAIRE DU MÊME DE CUJUS.

Comme il n'existe pas d'obligation sans cause, et que la qualité de donataire ou de légataire est précisément la cause de l'obligation du rapport, cette seconde proposition se trouve par là même toute justifiée.

Il y a lieu de remarquer que si le Code Napoléon a fondé le rapport sur la volonté présumée du *de cujus*, il s'est contredit d'une manière flagrante, en y assujettissant *l'héritier légataire*.

L'obligation du rapport prend, en effet, naissance au moment même où commence le droit au legs, c'est-à-dire à l'époque de l'ouverture de la succession ; il est évident que le *de cujus* en faisant un legs à son successible n'a pu avoir la volonté que ce successible le rapportât, ou, selon les termes de l'art. 843, ne le réclamât pas.

Cependant le texte est formel, et l'ensemble de la section le confirme.

*En doit-on conclure que le legs fait sans préciput à un successible ne présente aucune utilité pour ce successible* (2)?

Nous examinerons plus loin cette question à la place qui lui appartient (V. *infra*, p. 302).

---

(1) Le droit impérial romain ne présumait l'obligation du rapport que dans les successions déférées aux descendants du défunt et à l'égard des dons entre-vifs (L. 12, C., liv. III, tit. XXXVIII ; l. 39, § 1. D., liv. X, tit. II ; L. 1, § 19, D., liv. XXXVII, Tit. VI. — L. 10 et 16 C., liv. VI, tit. XX.

Quant au *droit coutumier*, il privait ainsi qu'il a été dit (v° *suprà*, p. 272), les ascendants et les collatéraux, comme les descendants, du droit de réclamer les legs qui leur avaient été faits ; mais il n'imposait ni aux ascendants, ni aux collatéraux le rapport des donations.

Encore un cas où le Code issu du 18 brumaire est resté en deçà même du droit romain et du droit de l'ancien régime !

(2) M. Demolombe convient qu'il est difficile d'expliquer rationnellement cette disposition ; « il est permis de penser, ajoute l'éminent doyen, qu'elle n'est, dans notre Code, qu'un vestige de l'ancienne règle de l'incompatibilité des qualités d'héritier et de légataire dont le législateur a conservé une conséquence, en même temps qu'il abrogeait le principe ». (M. Demolombe, t. XVI, p. 185.)

On ne peut en vérité mieux dire.

De même, *celle de savoir ce qu'il faut entendre par les donations indirectes auxquelles le texte fait allusion* (V. *infra*, p. 292).

3° DISPENSE DU RAPPORT OU PRÉCIPUT (1).

L'art. 843, confirmé par l'art. 919, exige que la dispense du rapport soit expresse.

Cependant les auteurs sont d'accord pour enseigner qu'une déclaration spéciale, à cet effet, n'est pas nécessaire ; mais ils essayent ensuite de déterminer en droit le caractère que doit avoir la manifestation de la volonté du *de cujus* pour être suffisante ; de là, de nombreuses divergences, et l'examen de nombreux *casus* (2).

On admet, en général, comme suffisantes :

1° *La dispense de rapport qui résulte nécessairement de l'ensemble des dispositions entre-vifs ou testamentaires du défunt;*

2° *La dispense de rapport qui résulte nécessairement de la nature de la disposition elle-même, par exemple d'une disposition universelle, faite par le défunt au profit d'un de ses successibles* (3).

*Doit-on considérer également comme suffisante même la dispense de rapport manifestée par les précautions que le défunt a prises pour céler les avantages dont il a gratifié l'un de ses successibles* (4) ?

Il existe sur ce point une grosse controverse, notamment en ce qui concerne :

1° *Les donations faites par voies d'interposition de personne ;*

2° *Les donations déguisées sous la forme d'un contrat à titre onéreux* (V. *infra*, p. 294).

Posée dans les termes de la compilation napoléonienne, cette question ne comporte pas de solution (V. *infra*). Toutefois, sous l'empire des réalités quotidiennes, la jurisprudence s'est trouvée forcée de lui restituer de plus en plus son vrai caractère, c'est-à-dire celui d'une question d'interprétation de volonté ou de fait (5).

---

(1) Explique-t-on le rapport par l'idée de la copropriété familiale et de l'égalité entre les enfants ? le préciput n'est pas concevable ;

Explique-t-on le rapport par l'idée de la *volonté* présumée du *de cujus ?* c'est la réserve qui manque de raison d'être.

Entre les deux termes de cette alternative, il n'y a pas de moyen terme.

(2) V. notamment, M. Demolombe, t. XVI, p. 272 et suivantes.

(3) M. Demante, t. III, n° 177 *bis*, III. — MM. Zachariæ, Aubry et Rau, t. V, p. 326, texte et notes 6, 7 et 8. — MM. Massé et Vergé, *Sur Zachariæ*, t. II, p. 418. — M. Demolombe, t. XVI, p. 272, 275 et 278.

(4) Dans le sens de l'affirmative, MM. Zachariæ, Aubry et Rau, t. V, p. 327. Dans le sens de la négative, notamment M. Demolombe, t. XVI, p. 288.

(5) V. en particulier, Cass., 9 mars 1837, Verdat, Dev. 1837, 1, 714.

En définitive, malgré la propension de la doctrine juridique à transformer en question de droit ce qui n'est que question de fait, à distinguer et à cher-

En ce qui concerne l'*acte* dans lequel peut être insérée la dispense de rapport, l'art. 919 déclare que cette dispense peut être accordée *tant par l'acte même qui contient la donation ou le legs que par un acte postérieur fait dans la forme des dispositions entre-vifs ou testamentaires.*

844. — Dans le cas même où les dons et legs auraient été faits par préciput ou avec dispense du rapport, l'héritier venant à partage ne peut les retenir que jusqu'à concurrence de la quotité disponible : l'excédant est sujet à rapport.

Cet article, confirmé, comme la partie finale du précédent, par l'art. 919, restreint la validité de la dispense de rapport aux limites de la quotité disponible, c'est-à-dire de la portion de biens dont le *de cujus* a la libre disposition.

D'après les auteurs, *le successible donataire ou légataire par préciput est, en effet, assimilable à un étranger donataire ou légataire du* de cujus ; donc, ainsi qu'un étranger, il peut recevoir, en vertu de la préférence du *de cujus*, toute la quotité disponible, mais il ne peut recevoir au delà de cette quotité.

Par suite de la même théorie, dans les cas où il n'existe pas d'héritier réservataire (art. 916), toute limite du préciput disparaît.

Dans le cas où il existe des héritiers réservataires, l'excédant, d'après les termes de l'art. 844, est sujet à rapport.

Les auteurs discutent pour savoir si les règles, alors applicables, au lieu d'être celles du *rapport*, ne sont pas plutôt celles de la *réduction.*

Ceux qui tiennent pour le rapport expliquent d'ailleurs leur opinion en ce sens que les règles du rapport ne sont applicables qu'en tant que cette application ne porte pas atteinte au droit des autres héritiers, considérés comme réservataires (1).

---

cher les nuances, à imposer à l'individu le maillot des lois et des règlements, ce n'est pas à elle, mais bien aux rédacteurs du Code Napoléon que revient la responsabilité de ce gros débat qui a tenu les légistes en haleine, qui a inspiré de longues dissertations, qui a stimulé énergiquement l'esprit de discorde et qui porte sur quoi ? *sur la détermination du critérium de l'intention.*

(1) Voyez, pour la comparaison du rapport et de la réduction, Appendice à la suite de la section II, chap. III, tit. II.

Dans le sens du rapport, M. Demante, t. III, n° 178 *bis*, II. — M. Demolombe, t. XVI, p. 261.

Dans le sens de la réduction, MM. Ducaurroy, Bonnier, Roustain, t. III, n° 700.

Sous l'empire du Code Napoléon, nous croyons les deux thèses aussi soutenables l'une que l'autre.

Les partisans du rapport peuvent dire et disent en effet :

Le rapport pour l'héritier donataire ou légataire du *de cujus* est la règle ; l'exception, c'est-à-dire la dispense du rapport, n'est valable que dans les limites

**845.** — L'héritier qui renonce à la succession, peut cependant retenir le don entre-vifs, ou réclamer le legs à lui fait, jusqu'à concurrence de la portion disponible.

Aux termes de l'art. 843 l'obligation du rapport impliquant *la qualité d'héritier*, il en résulte que si l'héritier donataire ou légataire *renonce* à la succession, *il doit pouvoir retenir le don entre-vifs ou réclamer le legs à lui fait* (1).

L'art. 154 du projet dit de Jacqueminot, et l'art. 160 du projet de l'an VIII l'assimilaient alors d'une manière expresse *à un étranger* (2).

Cette idée paraît avoir été suivie par les rédacteurs du Code Napoléon.

De là il résulte que, comme l'héritier donataire ou légataire dispensé du rapport, l'héritier donataire ou légataire, sans dispense de rapport, qui renonce à la succession, ne peut retenir le don ou réclamer le legs à lui fait par le défunt *que dans les limites du disponible ordinaire.*

Cependant, il existe sur ce point une célèbre controverse (3) ; *on prétend que, dans le cas de l'art.* 845, *l'héritier peut avoir le bénéfice d'un disponible plus large que le disponible ordinaire.*

En supposant la succession dévolue à des héritiers réservataires, il y a lieu de remarquer :

---

du disponible ; or, quand l'exception cesse d'être valable, c'est la règle qui doit être suivie.

Les partisans de la réduction sont fondés à répliquer que, d'après les partisans même du rapport, l'héritier donataire ou légataire par préciput est assimilable à un étranger ; or, lorsqu'un étranger a reçu une donation ou un legs qui excède le disponible, il subit la réduction (art. 920).

Voilà qui nous éloigne singulièrement de Montesquieu et de sa définition des lois !

Que les élèves tiennent leur conscienceet leur raison en garde contre ce probabilisme.

(1) Nous disons : *aux termes de l'article* 843, nous ne disons pas : *selon l'esprit de cet article,* car, à nos yeux, le rapport dérive de la copropriété familiale.

C'est ce qu'avait bien compris le Code de la Convention qui contenait la disposition suivante.

« L'héritier présomptif ne peut se dispenser du rapport en renonçant à la succession, pour se tenir au don qui lui a été fait, au préjudice de ses cohéritiers (art. 94, liv. II, tit. III, § 4).

Quant à nous qui sommes d'avis qu'une législation bien faite devrait toujours présumer la dispense de rapport, nous pensons en même temps que s'il était établi que le *de cujus* a entendu obliger son héritier au rapport, cette clause devrait s'exécuter, et cela, nonobstant toute renonciation de l'héritier, sauf à lui à se libérer en argent du rapport des donations.

Sous l'empire de la législation actuelle, cette dernière solution doit être admise en en retranchant la faculté pour l'héritier de faire le rapport en argent.

(2) Fenet, t. I, p. 423 et t. II, p. 150.

(3) V. *infrà*, tit. II, ch. III, sect. I.

1° *Que la disposition de l'art. 845 ne présente d'intérêt que dans les cas où la donation ou le legs peuvent être supérieurs à la part héréditaire réservée* (V. *infra*, art. 913 et 915) ;

2° *Que cette disposition peut aller directement à l'encontre de la volonté du* de cujus.

*Espèce.* — Le *de cujus* laisse un patrimoine de 60 000 fr. et deux enfants; il a fait à l'un de ses enfants, par voie de donation, un avancement d'hoirie de 45 000 fr., et il a, en outre, légué, à titre particulier, 30 000 fr. à un étranger.

Si les deux enfants acceptent la succession, l'enfant donataire sans préciput de 45 000 fr. rapportera ces 45 000 fr., et la masse héréditaire se composera de 90 000 fr.

Sur cette masse les deux enfants prendront leur réserve, qui est des deux tiers (art. 913), c'est-à-dire de 60 000 fr., et il restera 30 000 fr. de disponible pour payer le legs d'égale somme fait à l'étranger.

Si l'enfant donataire sans préciput renonce, la masse héréditaire n'en devra pas moins être considérée comme se composant de 90 000 fr., en tant qu'il s'agira de calculer le disponible (art. 922).

Sur cette masse, l'unique enfant qui vient à la succession prendra sa réserve qui est de moitié (art. 913), c'est-à-dire de 45 000 fr. Quant aux 45 000 fr. donnés sans préciput à l'enfant qui a renoncé, celui-ci les gardera et l'étranger légataire de 30 000 fr. ne recevra rien, car les donations s'imputent avant les legs sur le disponible (art. 923).

Dans l'espèce, la loi se trouve ainsi avoir invité les deux enfants à s'entendre entre eux pour frustrer le légataire étranger.

Toutefois, le disposant peut prévenir ce résultat, en déclarant que l'héritier donataire sera tenu du rapport, même en cas de renonciation (1).

Notons encore que la décisions de l'art. 845 doit être appliquée :

*A l'héritier donataire sans préciput exclu de la succession comme indigne ;*

*Et* à fortiori *au futur successible donataire sans préciput, mort avant l'ouverture de la succession sans laisser d'enfants qui puissent l'y représenter* (2).

---

(1) Dumoulin voyait dans le titre exprès d'*avancement d'hoirie* une condition résolutoire de la donation, pour le cas où le donataire ne viendrait pas à la succession (sur l'art. 17 de la Coutume de Paris, n° 4).

La doctrine de Dumoulin, exagérée par M. Marcadé (art. 845 et art. 919, n° 4), n'a prévalu ni dans l'ancien droit, ni dans le nouveau; la conséquence inscrite dans le texte se déduit logiquement de la législation de la réserve.

V. Lebrun, liv. III, chap. VI, sect. II, n° 43. — M. Demolombe, t. XVI, p. 329.

(2) M. Demolombe, t. XVI, p. 330.

Nous pensons avec l'éminent professeur qu'en toutes ces matières de suc-

846. — Le donataire qui n'était pas héritier présomptif lors de la donation, mais qui se trouve successible au jour de l'ouverture de la succession, doit également le rapport, à moins que le donateur ne l'en ait dispensé.

En imposant le rapport à l'*héritier*, l'art. 843 rendait inutile l'art. 846, car celui-là seul a qualité d'héritier qui se trouve appelé à la succession au moment du décès.

Au surplus, l'art. 846 est peu en harmonie avec la doctrine qui fonde le rapport sur la volonté présumée du *de cujus;* il est évident, en effet, que *lorsque le donataire n'est pas l'héritier présomptif du* de cujus, *lors de la donation, l'idée de lui faire un avancement d'hoirie n'a pu se présenter à l'esprit du donateur.*

Tous les auteurs sont d'accord pour appliquer l'art. 846 aux *légataires* comme aux *donataires* (1).

847. — Les dons et legs faits au fils de celui qui se trouve successible à l'époque de l'ouverture de la succession, sont toujours réputés faits avec dispense du rapport. — Le père venant à la succession du donateur n'est pas tenu de les rapporter.

Cet art. est le produit confus d'un remaniement du projet et d'une discussion au conseil d'État, à laquelle prirent surtout part Tronchet et Treilhard (2).

Il a donné lieu à *deux* explications.

PREMIÈRE EXPLICATION (3).

*L'article est fondé sur une présomption d'interposition de personne:* il suppose que le don ou le legs est réellement fait au successible par l'entremise du petit-fils; mais le moyen détourné auquel le *de cujus* a eu recours pour gratifier son héritier témoigne suffisamment qu'il a entendu le *dispenser du rapport.*

Cette explication invoque :

1° Les expressions employées dans le premier alinéa de l'art. 847 : « Les dons ou legs faits au fils sont toujours présumés faits avec dispense de rapport. »

2° Les paroles échangées entre Tronchet et Treilhard.

---

cession, de rapport et de réserve, *il faut assimiler à l'étranger donataire le successible donataire qui ne vient pas à la succession, quelle que soit la cause pour laquelle il n'y vient pas* (t. XVI, p. 332). Nous ajoutons que, si l'on répudie ce point de vue, il n'y a pas, sous l'empire de la codification napoléonienne, de théorie possible du rapport et de la réserve.

(1) M. Grenier, *Des donations*, II, 532. — MM. Zachariæ, Aubry et Rau, t. V, p. 306. — M. Demolombe, t. XVI, p. 210.

(2) Fenet, t. II, p. 150. — Locré, *Législation civile*, t. X, p. 127, 128.

(3) MM. Aubry et Rau, *Sur Zachariæ*, t. V, p. 327 et note 12.

SECONDE EXPLICATION (1).

*L'article entend abroger la présomption d'interposition de personne en vertu de laquelle, dans l'ancien droit, la donation faite au fils du successible était réputée faite au successible lui-même;* la donation doit être prise avec l'apparence qu'elle revêt et le petit-fils regardé *comme personnellement donataire.*

Cette explication s'appuie sur la pensée exprimée dans les articles du projet.

Ce qui ressort le plus nettement de ces deux explications, c'est l'inutilité de l'article.

*On s'est demandé si la présomption qu'il établit peut être combattue par la preuve contraire.*

Les auteurs se prononcent, en général, pour l'*affirmative*, mais ils tempèrent cette solution, en ajoutant que la volonté du donateur devra être attestée dans une convention ou un acte quelconque (2).

**848.** — Pareillement, le fils venant de son chef à la succession du donateur, n'est pas tenu de rapporter le don fait à son père, même quand il aurait accepté la succession de celui-ci : mais si le fils ne vient que par représentation, il doit rapporter ce qui avait été donné à son père, même dans le cas où il aurait répudié sa succession.

Cet article pose l'*alternative* suivante :

*Ou le fils vient de son chef à la succession du donateur, et alors il n'est tenu, dans aucun cas, de rapporter la donation faite à son père;*

*Ou le fils vient à la succession du donateur par représentation de son père, et alors il est tenu, dans tous les cas, de rapporter la donation faite à son père.*

La *première* proposition revient à dire qu'il faut cumuler personnel-

(1) M. Demante, t. III, n° 183 *bis*. — MM. Ducaurroy, Bonnier, Roustain, t. II, n° 602. — M. Demolombe, t. XVI, p. 222.

(2) MM. Zachariæ, Aubry et Rau, p. 329, texte et note 14. — M. Demolombe, t. XVI, p. 227.

Le texte porte que « les dons et legs faits au fils de celui qui se trouve successible, à l'époque de l'ouverture de la succession, sont *toujours* réputés faits avec dispense du rapport. »

De son côté, Treilhard ajoutait dans l'Exposé des motifs : « à moins que le donateur n'ait exprimé une volonté contraire (Locré, *Législation civile*, t. X, p. 299-300).

Si l'on s'en tient au texte, il semblerait qu'on dût rejeter dans tous les cas la preuve contraire.

Si l'on fait argument des paroles de Treilhard, il n'y a aucune raison pour ne pas admettre que l'expression de la volonté du donataire pourra être rendue manifeste par tous les moyens.

lement les deux qualités d'héritier et de donataire du défunt pour être tenu du rapport.

La *seconde* proposition est déduite de la définition de la représentation. D'après cette définition, en effet, *le représentant vient, en vertu d'une vocation propre, prendre au degré d'un autre la part héréditaire afférente à cet autre ;* or, il résulte évidemment de cette prémisse que le représentant ne peut recueillir une part plus considérable que celle qu'eût recueillie le représenté, et que, *par conséquent, il doit rapporter ce qu'eût rapporté le représentant.*

*Outre le rapport de la donation que le* de cujus *a faite au représenté, le représentant doit-il le rapport de la donation que le* de cujus *lui a faite à lui-même?*

DEUX SYSTÈMES.

1er SYSTÈME (1). — *Aff.*

1er *Arg.* Tout héritier « venant à une succession » doit le rapport de la donation que le *de cujus* lui a faite (art. 843);

Or, le représentant est héritier et il vient à la succession ;

De plus, dans le cas présent, on le suppose donataire du *de cujus;*

Donc, il doit le rapport de la donation que le *de cujus* lui a faite.

« Ce syllogisme, dit M. Demolombe, est irrésistible » (2).

2e *Arg.* On objecte que le représentant semble alors succéder tout à la fois de son chef et du chef du représenté.

« Mais, dit encore M. Demolombe, la représentation est une faveur singulière de la loi; or, la loi est bien libre de régler ses faveurs comme elle le croit le plus convenable » (3).

2e SYSTÈME (4). — *Nég.*

1er *Arg.* On ne peut jamais être héritier en son nom et au nom d'un autre tout à la fois, et par conséquent on ne doit jamais être tenu de rapporter tout ensemble la donation qui a été faite à un autre, et la donation dont on est soi-même le bénéficiaire.

2e *Arg.* Les règles positives du Code Napoléon, comme celles de l'équité naturelle, veulent que le représentant soit mis exactement dans la position qu'aurait le représenté et qu'il n'obtienne ni plus ni moins qu'aurait obtenu celui-ci.

3e *Arg.* C'est faire une pétition de principe de dire que le représen-

---

(1) M. Demante, t. III, n° 184 *bis*, I. — MM. Zachariæ, Aubry et Rau, t. V, p. 313. — M. Demolombe, t. XVI, p. 233.

(2) M. Demolombe, t. XVI, p. 234.

(3) M. Demolombe, t. XVI, p. 235.

(4) M. Marcadé, t. III, art. 848.

tant est héritier, et d'invoquer l'art. 843, « car nous prétendons, dit M. Marcadé, que ce n'est pas l'enfant (le représentant) qui est héritier » (1).

Quant à nous, nous voyons :

D'une part,

Dans le *premier* argument du premier système, une pure raison de forme ;

Dans le *second* argument du premier système, une raison de fond, mais vide de sens ;

Dans la solution du premier système une conclusion illogique et injuste.

D'autre part,

Dans le premier argument du *second* système, une fausse indication du point à débattre ;

Dans le *second* argument du *second* système, une raison vraie, mais à la fois trop affirmative en ce qui concerne le Code Napoléon, et présentée en termes trop peu explicites ;

Dans le *troisième* argument du *second* système, une méconnaissance absolue de la théorie de la représentation.

Nous adhérons d'ailleurs à la solution de ce système, et voici comment nous comprendrions qu'on la déduisît des principes :

Philosophiquement et juridiquement, la représentation contient *deux* idées, toutes deux fondées sur la volontée présumée du *de cujus* :

1° *L'idée que le représentant vient à la succession en vertu d'une vocation propre ;*

2° *L'idée qu'il vient y recueillir au degré d'un autre la part héréditaire afférente à cet autre.*

Au premier point de vue, on suppose que le *de cujus* a entendu attribuer sa succession au représentant ; en d'autres termes, qu'il appelle lui-même le représentant à sa succession ;

Au second point de vue, on suppose que le *de cujus* a entendu attribuer au représentant la même quotité qu'il eût entendu attribuer au représenté.

Il s'agit de savoir laquelle de ces deux idées on doit appliquer dans le cas présent ; or, il faut le dire, la question est résolue par le simple énoncé de la théorie de la représentation.

Qu'on fonde, en effet, le rapport sur la copropriété familiale qui est sa vraie base historique, ou qu'on l'appuie sur la volonté présumée du *de cujus*, qui serait sa base rationnelle, l'idée du rapport n'a rien de commun avec celle de la vocation propre, et, au contraire, elle se confond évidemment avec celle de la quotité héréditaire.

(1) M. Marcadé, t. III, art. 848, n° 1017 *bis*.

Donc, par la même raison que le représentant doit rapporter la donation qui a été faite au représenté, *car, autrement, il recueillerait une part supérieure à celle qu'eût recueillie le représenté*, il ne doit pas rapporter la donation que n'eût pas rapportée le représenté, *car, autrement, il recueillerait une part inférieure à celle qu'eût recueillie le représenté.*

Nous croyons cette démonstration péremptoire.

Remarquons, par surcroît, que d'après le premier système, si le père, c'est-à-dire le représenté, eût survécu au fils, c'est-à-dire au représentant, comme c'était l'ordre naturel et probable, les cohéritiers n'auraient eu le droit d'exiger que le rapport de la donation faite au père.

Ainsi, d'après le même système, le droit des cohéritiers reste fixe ou augmente, selon que l'ordre naturel et probable des décès respectifs du père et du fils se maintient ou est dérangé.

Il est facile de voir que, dans cette discussion, le premier système abandonne à la fois les deux idées de la copropriété familiale et de la volonté présumée du *de cujus* (1).

*Le représentant doit-il le rapport des donations que le* de cujus *a faites aux ascendants placés à des degrés intermédiaires entre le degré que le représentant occuperait à défaut de la représentation et le degré qu'il occupe à cause de la représentation?*

Soit, par exemple, un arrière-petit-fils venant à la succession de son bisaïeul par représentation de son aïeul; cet arrière petit-fils doit-il le rapport de la donation que le *de cujus* a faite à son petit-fils, père du représentant?

DEUX SYSTÈMES.

1^er^ SYSTÈME (2). — *Aff.*

L'*argument* consiste à dire que la représentation ne procède pas *per saltum omisso medio*, et que, pour monter au degré successible, l'arrière-petit-fils est obligé d'occuper d'abord le degré de son père; or, au moment où il occupe ce degré, l'obligation du rapport naît à sa charge.

2^e^ SYSTÈME (3). — *Nég.*

L'*argument* consiste à dire que le représentant a droit à la part héréditaire afférente au représenté; or, si le représenté fût venu à la succession, il n'eût pas rapporté la donation faite à son descendant.

Ce *second* système nous paraît avoir pour lui l'évidence même; le premier prend une métaphore pour une raison de droit.

---

(1) C'est le premier système qui prévaut à l'école de Paris. — M. Duverger enseigne le second, mais nous ignorons sur quels arguments il le fonde.

(2) M. Demolombe, t. XVI, p. 236.

(3) MM. Ducaurroy, Bonnier, Roustain, t. II, n° 704. — M. Marcadé, t. III. art. 848.

849. — Les dons et legs faits au conjoint d'un époux successible sont réputés faits avec dispense du rapport. — Si les dons et legs sont faits conjointement à deux époux, dont l'un seulement est successible, celui-ci en rapporte la moitié ; si les dons sont faits à l'époux successible, il les rapporte en entier.

Nous renvoyons pour l'interprétation de cet article aux *deux* explications données sous l'art. 847 (V. *supra*, p. 282) (1).

## II. — SUCCESSION A LAQUELLE DOIT SE FAIRE LE RAPPORT.

850. — Le rapport ne se fait qu'à la succession du donateur.

Cette règle est évidente.

Elle présente quelques difficultés d'application lorsqu'il s'agit de déterminer quel est le donateur dans les constitutions de dot faites par les père ou mère au profit de leur enfant commun.

Il y a notamment lieu de remarquer l'*irrationnelle disposition de l'art.* 1439, dont le casus est le suivant :

Deux personnes sont mariées sous le régime de communauté ; le mari seul constitue une dot à l'enfant commun, mais il la constitue en effets de la communauté ; *si la femme accepte ensuite la communauté, elle se trouve avoir été donatrice de la dot pour moitié ;*

*Donc l'enfant devra rapporter la moitié de la dot à la succession de la mère* (2).

## III. — PERSONNES AUXQUELLES EST DU LE RAPPORT.

857. — Le rapport n'est dû que par le cohéritier à son cohéritier ; il n'est pas dû aux légataires ni aux créanciers de la succession.

Ce texte important renferme *deux* propositions ; il déclare :

1° *Que le rapport n'est dû que par le cohéritier à son cohéritier ;*

2° *Qu'il n'est pas dû aux légataires ni aux créanciers de la succession.*

Comme on le voit, la seconde proposition n'est que la contre-partie de la première.

Étudions successivement les deux.

### 1° LE RAPPORT N'EST DU QUE PAR LE COHÉRITIER A SON COHÉRITIER.

Cette première proposition établit une *corrélation évidente* entre la nomenclature des personnes auxquelles est dû le rapport, et la nomenclature des personnes tenues de l'obligation du rapport.

(1) V. L'abondant commentaire de M. Demolombe, t. XVI, p. 242.

(2) V. *Manuel de droit civil*, t. III, Contrat de mariage ; en particulier, art. 1438, 1439 et 1544.

Par conséquent, d'une part, le rapport est dû :

A tout héritier légitime en ligne directe ou en ligne collatérale ;

A tout successeur irrégulier ;

A tout héritier pur et simple ou même bénéficiaire.

D'autre part le rapport n'est pas dû :

Au successible qui renonce à la succession ;

Au successible exclu de la succession pour cause d'indignité ;

Au successible écarté de la succession par les dispositions testamentaires du défunt (1).

Le droit de demander le rapport n'ayant d'ailleurs pas le caractère d'un droit exclusivement attaché à la personne, il en résulte que les créanciers de l'héritier auquel ce droit appartient, sont recevables à l'exercer au nom de leur débiteur (art. 788 et 1166) (2).

### 2° LE RAPPORT N'EST PAS DU AUX LÉGATAIRES NI AUX CRÉANCIERS DE LA SUCCESSION.

Cette seconde proposition est entendue en ce sens que les légataires et les créanciers de la succession non-seulement n'ont pas qualité pour exercer l'action en rapport, mais même ne doivent pas être admis à profiter du rapport effectué sur la demande de cohéritiers.

Cependant :

1° *En ce qui concerne les légataires, il faut prendre garde d'appliquer cette proposition en dehors de ses limites ;*

2° *En ce qui concerne les créanciers de la succession, il y a lieu d'y apporter un tempérament extrêmement grave.*

Développons ces *deux* points.

#### 1° Le rapport n'est pas dû aux légataires.

A l'égard des légataires, la difficulté consiste à déterminer, le cas échéant, la part d'application qui revient *à la règle posée en matière de rapport par l'art.* 857, et la part d'application qu'il faut faire *à la règle du calcul de la quotité disponible, inscrite dans l'art.* 922.

D'après l'art. 922, pour calculer le disponible, on doit réunir fictivement aux biens existants au jour du décès du *de cujus* ceux dont il a été disposé entre-vifs.

Ces dernières expressions comprennent à la fois :

Les donations faites à un étranger ;

Les donations faites à un successsible avec dispense de rapport ;

---

(1) Comparer *suprà*, p. 276, et note 2.

(2) M. Demante, t. III n° 192 *bis*, I. — MM. Zachariæ, Aubry et Rau, t. V, p. 312, texte et note 15. — M. Demolombe, t. XVI, p. 344.

Les donations faites à un successible sans dispense de rapport, ou, comme on dit, à titre d'avancement d'hoirie ;

En un mot, toutes les donations sans distinction.

Supposons le cas de donations faites à titre d'avancement d'hoirie; admettons, en outre, que les cohéritiers soient des réservataires, qu'ils n'exigent pas le rapport les uns des autres, et qu'il existe un legs du disponible.

*Quel sera l'effet de l'inaction des héritiers les uns vis-à-vis des autres, et de l'impossibilité légale où se trouve le légataire d'exercer lui-même l'action en rapport? Résultera-t-il de la règle posée par l'art.* 857 *une modification quelconque au calcul du disponible?*

La négative n'est pas douteuse, car l'art. 857 a trait au rapport, et, c'est l'art. 922 qui règle le calcul du disponible; or, aux termes de l'art. 922, les biens donnés entrant dans la formation de la masse héréditaire pour le calcul du disponible, le légataire aura le droit d'y comprendre, pour déterminer l'étendue de son legs, la valeur des avancements d'hoirie *rapportés* ou *non rapportés.*

*Voilà la part d'application de l'art.* 922; *voici maintenant celle de l'art.* 847.

Lorsque les avancements d'hoirie empiètent sur le disponible ou vont même jusqu'à l'épuiser, le legs devient caduc pour partie ou pour le tout; or, à ce nouveau point de vue comme au précédent, il est sans intérêt de distinguer entre les avancements d'hoirie *rapportés* ou *non rapportés* (1).

Un des principaux résultats de la théorie que nous venons d'exposer consiste dans l'*imputation des avancements d'hoirie sur la réserve;* il est clair du reste que, contrairement à la présomption contenue dans le titre d'avancement d'hoirie, le *de cujus* peut toujours manifester la volonté que les dons qu'il fait à son successible sans dispense de rapport soient imputés sur la quotité disponible. Il appartient aux tribunaux de décider ce point d'intention.

*On s'est demandé si la doctrine de l'imputation sur la réserve des dons faits au successible en avancement d'hoirie doit encore être suivie, lorsqu'il n'y a qu'un seul héritier et un légataire du disponible.*

Évidemment, cette question rentre dans la précédente. Les auteurs font remarquer qu'il se rencontrera alors un cas où l'héritier se fait le rapport à lui-même (2).

---

(1) MM. Zachariæ, Aubry et Rau, t. V, p. 310, texte et note 12 — Marcadé, t. III, art. 857. — M. Demolombe, t. XVI, p. 349.

Cass., 8 juillet 1826. — Saint-Arroman D., 1826, II, 314.

(2) V. sur cet *intéressant casus* M. Troplong, *Des donations et test.*, t. III, n° 990.

2° Le rapport n'est pas dû aux créanciers de la succession.

A l'égard des créanciers de la succession, le tempérament, extrêmement grave, que souffre cette règle, tient au principe qui gouverne l'acceptation *pure et simple* d'une succession.

En vertu de ce principe qui, comme on sait, est de rendre l'héritier pur et simple continuateur de la personne du *de cujus* et de confondre son patrimoine avec celui du *de cujus*, si parmi les héritiers auxquels le rapport est dû il s'en trouve qui acceptent purement et simplement la succession, les créanciers de la succession deviennent par là même les *créanciers personnels de ces héritiers; en conséquence, comme les créanciers personnels, ils peuvent exercer l'action en rapport au nom de leur débiteur* (1).

C'est donc *seulement* lorsque les héritiers auxquels le rapport est dû *ont* accepté la succession *sous bénéfice d'inventaire, que les créanciers de la succession ne peuvent ni exercer l'action en rapport, ni profiter du rapport effectué.*

Certains auteurs (2) pensent que *la séparation des patrimoines* présente un *second* cas où le rapport ne profite pas aux créanciers de la succession.

La séparation des patrimoines est, comme nous le verrons, *le droit pour les créanciers et pour les légataires de la succession de demander que le patrimoine du* de cujus *ne se confonde pas avec celui de l'héritier lorsqu'ils suspectent la solvabilité de l'héritier.*

Quoique ce point de législation procède dans le Code Napoléon de doctrines juridiques opposées entre elles, et qu'il soit fort peu intelligible, l'interprétation la plus probable, selon nous, admet que les créanciers de la succession qui demandent la séparation des patrimoines ne perdent pas pour cela le titre de *créanciers personnels* des héritiers qui ont accepté purement et simplement la succession; *ces créanciers conservent donc aussi le droit d'exercer l'action en rapport au nom de ces héritiers.*

Il y a d'ailleurs lieu à deux remarques :

1° *A l'égard des légataires comme des créanciers de la succession*, la question du rapport ne peut se poser *que pour les donations.*

(1) Demante, t. III, n° 192 *bis*, I. — MM. Zachariæ, Aubry et Rau, p. 308, note 5 et p. 312; texte et note 18. — M. Demolombe, t. XVI, p. 368.

(2) Notamment M. Demolombe, qui nous paraît tomber ici en pleine contradiction avec lui-même ou ne se sauver de la contradiction que par une subtilité. Comparez M. Demolombe, t. XVI, p. 369 avec M. Demolombe, t. XVII, p. 268.

S'agit-il, en effet, d'un legs fait sans préciput à un héritier ;

D'une part, l'héritier légataire, dont le titre, en ce qui concerne le legs, est simplement égal au titre des autres légataires, devra venir au marc le franc avec les autres légataires, si l'actif de la succession est insuffisant pour acquitter l'intégralité des legs (art. 926, 927) ;

D'autre part, l'héritier légataire sera primé pour le payement de son legs par les créanciers de la succession, car les créanciers de la succession, en vertu du principe « *nemo liberalis, nisi liberatus* », doivent être payés avant tous les légataires, et par conséquent avant les héritiers légataires dispensés ou même non dispensés du rapport (V. *infra*, art. 878 et suiv.) (1).

2° D'après les auteurs qui enseignent que l'héritier pur et simple est tenu d'acquitter les legs comme les dettes *ultra vires*, il faut admettre *les légataires comme les créanciers de la succession* à exercer l'action en rapport au nom des héritiers qui ont accepté purement et simplement la succession ou à profiter du rapport effectué sur la demande de ces héritiers (2).

Signalons enfin la *corrélation* de la disposition qui, dans l'art. 857, refuse l'action en rapport aux légataires et aux créanciers de la succession avec celle qui dans l'art 921 refuse aux mêmes personnes l'action en réduction (V. *infra*, art. 921) (3).

### IV. — AVANTAGES SOUMIS AU RAPPORT.

Ces avantages sont :

1° *Les dons entre-vifs faits sans préciput à l'héritier ;*

---

(1) M. Demante, t. III, n° 192 *bis* III. — MM. Aubry et Rau, *Sur Zachariæ*, p. 303 texte et note 8. — M. Demolombe, t. XVI, p. 362.

(2) MM. Zachariæ, Aubry et Rau, p. 312. — M. Demolombe, t. XVI, p. 368.

(3) Sans même pousser trop loin ces textes, il n'est pas difficile de leur faire produire les conséquences les plus irrationnelles.

Les auteurs insistent particulièrement pour expliquer la règle qui refuse aux créanciers de la succession le droit de profiter du rapport ou de la réduction effectuée ; ils disent que les biens donnés qui rentrent dans la succession n'y rentrent pas vis-à-vis des créanciers, et ils accusent les partisans de l'opinion *théorique* contraire de commettre une pétition de principe (M. Demolombe, t. XVI, p. 364).

Nous croyons que la pétition de principe est exactement la même des deux côtés, tant que l'on en reste de part et d'autre dans ces termes généraux.

Que si l'on en sort, on doit, selon nous, commencer par reconnaître que l'art. 857 tout entier appartient au système de la copropriété familiale et que le refus fait aux créanciers de profiter du rapport effectué est une déduction plus ou moins intelligente de ce même système.

Le rapport opéré, il n'y a aucun motif rationnel pour n'en pas faire profiter les créanciers.

*Ce qu'il y a de grave, c'est de faire opérer le rapport* (V. *suprà*, p. 274).

2° *Les legs faits sans préciput à l'héritier ;*

3° *Certaines dettes contractées envers le* de cujus *par l'héritier.*

Cette partie de la théorie du rapport est aussi peu systématisée que possible dans la compilation napoléonienne ; les textes qui suivent concernent exclusivement les avantages entre-vifs.

De son côté la doctrine, fort empêchée de savoir à quel principe il convient de rattacher le rapport, multiplie ici les espèces, mêle constamment le fait au droit, et arrive de cette façon à établir une théorie pour chaque *casus.*

Nous parcourrons successivement les *trois* classes d'avantages soumis au rapport.

#### 1° RAPPORT DES DONS ENTRE-VIFS.

En dehors de la clause expresse de préciput, et à part la théorie du rapport des dettes, qui, comme le rapport des donations, concerne des avantages entre-vifs (V. *infra,* p. 303), il y a lieu de rechercher :

1° *Quels avantages entre-vifs sont soumis au rapport ;*

2° *Quels avantages entre-vifs ne sont pas soumis au rapport.*

**851.** — Le rapport est dû de ce qui a été employé pour l'établissement d'un des cohéritiers, ou pour le payement de ses dettes.

Nous indiquerons en outre :

3° *Quels effets produit le don entre-vifs fait sans préciput à un héritier ?*

##### 1° Avantages entre-vifs soumis au rapport.

L'art. 843 dispose dans les termes les plus généraux que :

« Tout héritier... doit rapporter... tout ce qu'il a reçu du défunt directement ou indirectement. »

La difficulté capitale en cette matière porte sur le sens des mots :

« Tout ce qu'il a reçu indirectement. »

*Que faut-il entendre par une donation indirecte* (1) ?

---

(1) Ce point a beaucoup exercé les auteurs.

Ils professent, en général, que :

1° Les donations directes sont les dispositions faites, à titre de donation, à la personne même que le disposant entend gratifier et dans un acte revêtu des formes légales.

Par exception, les dons manuels, c'est-à-dire faits de la main à la main,

L'art. 851 fait *deux* applications; il déclare rapportable :

1° *Ce qui a été employé pour l'établissement d'un des cohéritiers;*

2° *Ce qui a été employé pour le payement des dettes d'un des cohéritiers.*

D'après les auteurs, la nature *commune* à ces *deux* sortes de dépenses est de s'acquitter sur le *capital;* d'où, par opposition *à celles* que règle l'art. 852, la conséquence qu'elles doivent être *rapportées* (V. *infra*, p. 296) (1).

*A l'égard de ce qui a été employé pour l'établissement du succes-*

---

bien que ne se prêtant à aucune forme, sont considérés comme des donations directes.

2° Les donations indirectes, par une contre-partie nécessaire, sont toutes les donations qui ne rentrent pas dans la définition précédente.

Les auteurs présentent *trois* classifications des donations indirectes.

*Première classification.*

Il y a *deux* manières de faire des donations indirectes :

1° Au moyen d'actes dans lesquels le successible n'est point partie, soit que ces actes émanent de la volonté unilatérale du défunt, soit qu'ils constituent des conventions entre le défunt et un tiers;

2° Au moyen d'opérations ayant eu lieu entre le défunt et le successible lui-même.

*Seconde classification.*

Il y a *trois* sortes de donations indirectes :

1° Les donations faites par voie d'interposition de personne;

2° Les donations déguisées sous la forme d'un contrat à titre onéreux;

3° Les donations qui, ne rentrant pas dans les deux catégories précédentes, sont faites par mille moyens qu'il est impossible de réduire à une formule unique.

*Troisième classification.*

Il y a *quatre* sortes de donations indirectes :

1° Les donations qui sont faites dans la forme des donations, mais dans lesquelles un tiers intervient à la place du donataire;

2° Les donations dans lesquelles le donataire intervient lui-même, mais qui sont faites dans la forme d'un contrat à titre onéreux;

3° Les donations qui sont faites dans la forme d'un contrat à titre onéreux et dans lesquelles un tiers intervient à la place du donataire;

4° Les donations qui constituent des actes purement unilatéraux de la part du disposant.

V. Chabot, art. 843, n° 16. — M. Grenier, *Donat.*, t. II, n° 513. — M. Duranton, t. VII, p. 315. — M. Demolombe, t. XVI.

Cette antithèse savante du direct et de l'indirect, utile, comme on le verra, pour l'explication du Code Napoléon, rappelle la célèbre antithèse de M. Jourdain entre la prose et les vers.

Textes à part, au point de vue du rapport, la question, nous le répétons, se réduit *à l'interprétation de la volonté* du *de cujus*, c'est-à-dire à une appréciation de fait.

(1) Toullier, t. IV, p. 478. — MM. Zachariæ, Aubry et Rau, t. V, p. 321 et note 30. — M. Demolombe, t. XVI, p. 515.

*sible*, on y comprend non-seulement les sommes employées pour l'établissement proprement dit, achat de fonds de commerce, d'office, etc., mais aussi toutes les sommes employées, soit avant, soit après l'établissement, pour un objet qui s'y réfère, achat d'outils ou d'instruments, d'un corps de bibliothèque, etc. (1).

*A l'égard de ce qui a été employé pour le payement des dettes du successible*, les auteurs examinent, en général, *trois* cas :

1° *Celui des dommages-intérêts payés par les père et mère comme civilement responsables, à raison d'un délit commis par un de leurs enfants* (art. 1384 et 1310);

2° *Celui du prix payé pour le remplacement du successible au service militaire;*

3° *Celui de la somme déboursée pour acquitter une dette au payement de laquelle le successible n'eût pas pu être contraint par voie d'action.*

Dans le premier cas, le montant des dommages-intérêts n'est regardé comme rapportable que tout autant que le délit a été commis par un enfant en âge de discernement; si l'enfant n'était pas en âge de discernement, les père et mère sont réputés avoir acquitté leur propre dette.

Dans le *second* cas, le prix payé pour le remplacement est, en général, déclaré rapportable, comme s'appliquant à l'acquittement d'une dette personnelle au successible, à moins que le remplacement n'ait eu lieu plutôt dans l'intérêt des père et mère ou de la famille que dans celui du successible (2).

Dans le *troisième* cas, les solutions sont diverses ; l'opinion préférable, à nos yeux, est celle qui décide la question d'après les circonstances (3).

En dehors des *deux* hypothèses prévues par l'art. 851, *doit-on regarder comme rapportables à titre de donations indirectes :*

1° *Les donations faites par voie d'interposition de personne ;*

2° *Les donations déguisées sous la forme d'un contrat à titre onéreux ?*

Au point de vue du rapport, la thèse est la même pour ces *deux*

---

(1) MM. Zachariæ, Aubry et Rau, t. V, p. 316. — M. Demolombe, t. XVI, p. 427.

(2) M. Demante, t. III, n° 188 *bis*, IV. — MM. Zachariæ, Aubry et Rau, t. V, 316. — M. Demolombe, t. XVI, p. 437.

(3) MM. Zachariæ, Aubry et Rau, t. II, p. 316. — MM. Massé et Vergé, t. II, p. 402.

MM. Ducaurroy, Bonnier, Roustain, t. II, n° 709, 710; M. Labbé, *Revue pratique de droit français*, p. 495, 498, n°s 25, 28 ; M. Demolombe, t. XVI, p. 434, professent que la somme ainsi payée n'est jamais rapportable.

M. Chabot, art. 843, n° 2, pense qu'elle est toujours rapportable.

Les trois opinions ont été exprimées au Conseil d'État

espèces de donations; mais, comme nous le verrons (art. 911), il existe pour les donations déguisées sous la forme d'un contrat à titre onéreux une controverse qui *prime* celle du rapport et qui concerne le point de savoir si ces donations sont *valables*.

En supposant, pour le moment, ce dernier débat tranché d'une manière *affirmative*, voyons celui qui s'agite au sujet de la question du rapport.

DEUX SYSTÈMES.

1er SYSTÈME (1). *Les donations, faites par voie d'interposition de personne et les donations déguisées sous la forme d'un contrat à titre onéreux, emportent par elles-mêmes la dispense du rapport.*

1er *Arg.* Les textes appuient ce système ;

Les art. 847 et 849, en ce qui concerne les donations faites par personne interposée ;

L'art. 918, en ce qui concerne les donations déguisées.

2e *Arg.* En ayant recours à une interposition de personne ou à un déguisement d'acte, le donateur témoigne clairement l'intention de dispenser du rapport le successible qu'il gratifie d'une donation.

3e *Arg.* Au surplus, lorsqu'un acte est simulé, il faut en principe le prendre avec l'apparence qu'il a revêtue, *ut sonat.*

2e SYSTÈME (2). *Les donations, faites par voie d'interposition de personne et les donations déguisées sous la forme d'un contrat à titre onéreux, n'emportent point par elles-mêmes la dispense du rapport.*

1er *Arg.* La généralité des termes employés dans l'art. 843 confirme cette solution.

D'ailleurs la formule de l'art. 843 a été copiée dans Pothier; or, Pothier citait précisément comme exemples de donations indirectes les donations faites par voie d'interposition de personne et les donations déguisées sous la forme d'un contrat à titre onéreux (3).

2e *Arg.* Les art. 847 et 849 ne reposent pas sur une présomption d'interposition de personne, et ils entendent, au contraire, abroger cette présomption dans les cas spéciaux qu'ils prévoient (V. *supra*, p. 283).

Quant à l'art. 918, il est fondé sur des motifs exceptionnels (V. *infra*, art. 918).

(1) MM. Aubry et Rau, *Sur Zachariæ*, t. V, p. 327, 332. — MM. Massé et Vergé, t. II, p. 405, 406.

(2) M. Demante, t. III, nos 187 *bis*, v et vi. — MM. Ducaurroy, Bonnier, Roustain, t. II, n° 698. — M. Pont, *Revue de législation*, nouvelle série, 1845, t. I, p. 284. — M. Demolombe, t. XVI, p. 295.

(3) Pothier, *Des successions*, ch. IV, art. 2, § 2 et Intr. au tit. XVII de la Cout. d'Orléans, n° 77.

Donc, le premier système ne peut trouver aucun appui dans les textes qu'il invoque.

3e *Arg.* Ni l'interposition de personnes, ni le déguisement d'acte ne prouvent d'une manière certaine l'intention où serait le *de cujus* de faire à son successible une donation préciputaire.

Dans les deux cas, le *de cujus* a pu avoir pour seul but de ne pas exciter les jalousies de la famille.

Dans le cas spécial du déguisement d'acte, il a pu ne se proposer que d'échapper aux droits d'enregistrement.

Du reste, les art. 843 et 919 sont formels; la clause de préciput doit être expresse.

4e *Arg.* Enfin les art. 853 et 854 fournissent dans le sens de cette solution un puissant argument à *contrario.*

Nous avons déjà apprécié cette controverse (V. *supra*, p. 278); il est facile de se convaincre, d'après ce qui précède, à quel point elle est puérile lorsqu'on la transporte dans le domaine doctrinal (1).

### 2° Avantages entre-vifs non soumis au rapport.

**852** (2). — Les frais de nourriture, d'entretien, d'éducation, d'apprentissage, les frais ordinaires d'équipement, ceux de noces et présents d'usage, ne doivent pas être rapportés.

---

(1) Cependant M. Demolombe la pousse plus avant; après avoir adhéré au second système, l'éminent professeur essaye de circonscrire le pouvoir discrétionnaire du juge à l'égard des donations déguisées sous la forme d'un contrat à titre onéreux; il voudrait que pour ces donations, *les éléments de la preuve du préciput ne pussent être puisés en dehors de l'acte même qui renferme la simulation*, et, quelque peu rationnelle à notre sens que soit cette restriction, il ajoute cette fois fort justement, *qu'il y a une contradiction étrange à exiger une déclaration expresse de préciput, lorsque la donation a été faite ouvertement dans un acte solennel de donation entre-vifs et à admettre toutes les preuves et toutes les présomptions, lorsque la donation a été déguisée.* (M. Demolombe, t. XVI, p. 307 et suivantes).

Hélas oui! la contradiction est étrange; mais quelle question fouillée à fond ne conduit au même résultat dans la Babel Napoléonienne?

(2) Les compilateurs napoléoniens ont reproduit ici presque littéralement le Code de la Convention, bien entendu en trouvant le moyen d'y introduire une faute de méthode, en ce qui concerne le classement de l'article 856.

Le Code de la Convention portait :

Art. 88. — La nourriture et l'entretien annuel, les frais ordinaires d'éducation et d'apprentissage ne sont point sujets au rapport.

Art. 89. — Les fruits et intérêts des choses données n'y sont sujets que du jour de la succession échue.

Art. 90. — Il n'y a pas lieu au rapport des bénéfices que l'héritier a pu retirer des conventions faites avec le défunt, si elles ne présentaient aucun avantage lorsqu'elles ont été faites.

Art. 91. — On l'observe aussi pour les associations faites entre le père et le fils, pourvu que les conditions en aient été réglées par un acte authen-

**856.** — Les fruits et les intérêts des choses sujettes à rapport ne sont dus qu'à compter du jour de l'ouverture de la succession.

**853.** — Il en est de même des profits que l'héritier a pu retirer de conventions passées avec le défunt, si ces conventions ne présentaient aucun avantage indirect, lorsqu'elles ont été faites.

**854.** — Pareillement, il n'est pas dû rapport pour les associations faites sans fraude entre le défunt et l'un de ses héritiers, lorsque les conditions en ont été réglées par un acte authentique.

Ces textes indiquent trois sortes d'avantages entre-vifs non soumis au rapport :

a. *Les frais d'une certaine nature faits par le* de cujus *en faveur d'un de ses successibles* (art. 852);

b. *Les fruits et les intérêts produits avant le jour de l'ouverture de la succession par les choses sujettes à rapport* (art. 856);

c. *Les profits résultant pour un des successibles de contrats sincères à titre onéreux intervenus entre le* de cujus *et ce successible* (art. 853 et 854).

Examinons séparément ces trois sortes d'avantages.

*a.* Les frais d'une certaine nature faits par le *du cujus* en faveur d'un de ses successibles (art. 852).

D'après les auteurs, la nature commune aux frais prévus par l'art. 852 est de s'acquitter sur les *revenus*; d'où la conséquence que, par opposition aux frais qui s'acquittent sur le capital (V. *supra*, p. 293), *ils ne sont pas soumis au rapport* (1).

---

tique, et qu'il y ait eu un inventaire préalable pour constater l'état des biens respectifs.

Tandis que, par le désordre des articles qui vient s'ajouter à celui des idées, le Code Napoléon, dans la matière des rapports, crée une si rude tâche à l'exégète, le Code de la Convention demeure un modèle de déduction, de classement, de clarté.

(V. Code de la Convention, liv. II, tit. III, § 4, *Des partages et rapports*).

(1) Toullier, t. IV, p. 478. — MM. Zachariæ, Aubry et Rau, t. V, p. 321, texte et note 30. — M. Demolombe, t. XVI, p. 314.

Ces auteurs font justement remarquer que ce ne serait pas fonder l'art. 852 sur une base assez large que de l'appuyer sur l'article 203.

Ce dernier texte ne concerne que l'obligation des père et mère envers leurs enfants et encore ne se réfère-t-il formellement qu'aux enfants nés du mariage (V. *Manuel de droit civil*, t. I, p. 203); or, l'article 852 est applicable à tous les successibles, et même à l'enfant né hors mariage.

Lorsque le conseiller d'État Treilhard lut son exposé des motifs, l'ex-membre du comité de public eut un retour, et il dit cette parole :

« Le père, en donnant le jour à ses enfants, contracte l'obligation de les entretenir et de les élever. »

Remarquons que l'article peut être invoqué :

1° Par les successibles en ligne collatérale, tout aussi bien que par les successibles en ligne directe ;

2° Même par les successibles qui avaient une fortune personnelle suffisante pour satisfaire aux frais mentionnés dans le texte, à condition toutefois que le *de cujus* ait entendu faire ces frais à titre de libéralité (1) ;

3° Même par le successible qui seul entre plusieurs a été favorisé de ces avantages.

*b*. Fruits et intérêts produits avant le jour de l'ouverture de la succession par les choses sujettes à rapport (art. 856).

En ce qui concerne cette sorte d'avantages, la dispense de rapport résulte *virtuellement*, sinon *formellement*, de l'art. 856.

D'après les auteurs, elle est fondée sur le motif que les fruits et les intérêts ont été donnés par le *de cujus* et reçus par le successible, pour être dépensés jour par jour ; or, ajoute-t-on, astreindre le successible à les rapporter, ce serait faire obstacle aux établissements qu'il projetterait et peut-être causer sa ruine (2).

On applique d'ailleurs à cette matière les règles relatives à l'usufruit (3).

*Une question grave est celle de savoir si, lorsque le* de cujus *a fait en faveur d'un de ses successibles une assurance sur la vie, ce successible est tenu de rapporter soit le montant de la sommé assurée, soit au moins celui des primes payées par le* de cujus.

C'est en traitant du calcul de la réserve que nous examinerons ce point *si menaçant* pour la doctrine *de la copropriété familiale et de l'indisponibilité d'une partie des biens* (V. *infra*, art. 922).

Nota. — Les fruits et les intérêts produits par les choses sujettes à rapport, à compter du jour de l'ouverture de la succession, sont eux-mêmes soumis au rapport :

1° Parce que, dit-on, les choses données rentrent dès ce même jour dans la succession par l'effet d'une condition résolutoire, d'où l'application de la maxime : *fructus augent hæreditatem* ;

2° Parce que, dit-on encore, entre associés les intérêts courent en principe de plein droit (art. 1848).

---

(1) M. Demolombe, t. XVI, p. 520.

(2) Ce motif est fort bien développé par M. Demolombe (t. XVI, p. 549) ; il n'y manque qu'une vue économique plus générale qui serait la condamnation même du système actuel du rapport (V. *supra*, p. 274).

(3) *Manuel de droit civil*, t. I, p. 612.

MM. Zachariæ, Aubry et Rau, t. V, p. 322 et suivantes, texte et notes 40, 44. — M. Demolombe, t. XVI, p. 555 et suivantes.

Il est évident que, selon une observation de M. Demante, cette règle ne concerne pas les choses non-frugifères (1).

*c.* Profits résultant pour le successible de contrats sincères à titre onéreux intervenus entre le *de cujus* et ce successible (art. 853 et 854).

Historiquement, ce point de droit a une importance capitale, quoique, rationnellement, il soit tout simple.

Dans l'ancien droit, l'idée de la copropriété familiale, qui avait fait établir l'obligation du rapport entre les enfants, portait les Coutumes à suspecter les contrats à titre onéreux intervenus entre le *de cujus* et un de ses enfants ; les Coutumes craignaient que ces contrats ne dissimulassent des avantages indirects au préjudice des autres enfants.

De là, des prohibitions ou des restrictions atteignant, entre le *de cujus* et ses successibles, en ligne directe descendante, *la liberté de contracter même à titre onéreux* (2).

Sous l'empire des idées que nous avons dites, le Code de la Convention imposa l'obligation du rapport à tous les héritiers descendants, ascendants et collatéraux.

Par là même, ce Code, si sévère contre le préciput, fut indirectement, mais forcément amené à proclamer le *principe rationnel en matière de contrats à titre onéreux* intervenus entre le *de cujus* et ses successibles (art. 90 et 91, liv. II, *cujus* et tit. III, § 4). Il est clair, en effet, que si, à l'égard de ces contrats, le Code de la Convention eût adopté les prohibitions ou les restrictions admises par l'ancien régime, la liberté générale de contracter eût été tenue en échec.

Les compilateurs napoléoniens reproduisirent inintelligemment (3) la théorie *extensive* du Code de la Convention à l'égard du rapport ; et tout ensemble ils lui empruntèrent la disposition qui consacrait *la liberté de contracter* à titre onéreux entre le *de cujus* et ses successibles.

Finalement, l'art. 853 trouve son commentaire dans le Code de la Convention, et il contient, en réalité, *deux* propositions :

*La première déclare applicable entre le* de cujus *et ses successibles le principe de la liberté des contrats ;*

---

(1) M. Demante, t. III, n° 188 *bis*. — M. Demolombe, t. XVI, p. 561. — Nous verrons que par une variété qui est au moins bonne à engendrer la confusion, le Code Napoléonien a séparé sur ce chef la théorie du rapport de celle de la réduction (v. art. 928, et aussi art. 1005).

Le véritable principe économique, en matière de restitution de fruits, serait que les fruits ne fussent dus qu'à partir de la demande.

(2) Coutume de Montargis, art. 1, ch. XV. — Coutume de Normandie, art. 434.

(3) Nous disons *inintelligemment*, parce que les auteurs du Code Napoléon étaient certes fort loin d'avoir en vue le même but d'*égalité sociale imposée* que les auteurs du Code de la Convention.

*La seconde limite l'application de ce principe au cas où le contrat ne présentait, pour le successible, aucun avantage sujet à rapport au moment où il a été fait* (1).

La *première*, difficile à concilier avec l'idée de la copropriété familiale, et fort utile à exprimer sous un système législatif d'égalité imposée *au nom du droit social*, est la conséquence évidente du *droit individuel*.

La *seconde* a la même valeur scientifique que tout le système des rapports.

L'art. 854 applique au contrat de société la disposition écrite dans l'art. 853, mais en restreignant cette disposition sur le point suivant :

*Lorsqu'il s'agit d'un contrat de société intervenu entre le* de cujus *et son successible, le contrat n'est présumé être sans fraude, c'est-à-dire ne céler aucun avantage sujet à rapport, que tout autant qu'il a été constaté par un acte authentique* (2).

Ce tempérament s'explique, dit-on, pour les sociétés, par une double raison :

1° La société constitue un des contrats les plus fréquents;

2° Elle est celui qui peut le mieux servir à dissimuler un avantage entre-vifs.

Quant à la formalité de l'authenticité qui, d'après la doctrine générale, ne peut être suppléée par aucune autre, on dit qu'elle a pour but :

1° De prévenir la suppression de l'acte ;

2° De fournir aux cohéritiers le moyen d'en scruter les clauses, en en réclamant la représentation (3).

Au surplus, de même que, dans le cas où la société est constatée par un acte authentique, la présomption de sincérité qui la protége peut être combattue *par la preuve contraire ;* de même, *vice versà*, dans le cas où elle n'a été constatée que par un acte sous-seing privé, la pré-

(1) Il est remarquable que, dans le Code de la Convention, dont les rédacteurs exprimaient nettement une pensée nette, on ne rencontre jamais les mots de *donations directes* et de *donations indirectes* qui ne se rapportent qu'au fait et juridiquement ne sont bons qu'à stimuler l'esprit casuiste.

(2) Les auteurs ont beaucoup discuté sur le sens de ces mots «*sans fraude*» contenus dans le texte ; les auteurs se fussent épargné toutes ces discussions, en remontant jusqu'aux vraies sources, c'est-à-dire jusqu'au droit de la Révolution. Ils eussent vu que le Code de la Convention, qui savait enchaîner les idées et ranger les textes à leur place, détermine le sens qu'ils ont tant cherché.

(3) MM. Zachariæ, Aubry et Rau, t. V, p. 319 et 320, texte et notes 26 et 27. — M. Demolombe, t. XVI, p. 459.

MM. Aubry et Rau déclarent cependant (p. 319, note 26), qu'il est assez difficile de comprendre la nécessité d'une formalité spéciale au contrat de société.

En ce qui concerne la législation napoléonienne, ces auteurs ont tout à fait raison, mais ce qu'ils n'ont pas vu, c'est que l'art. 854 n'est que le plagiat mal avisé et défiguré de l'art. 91 du Code de la Convention.

somption de non-sincérité qui s'élève contre elle peut également être détruite *par la preuve contraire* (1).

*En résumé, lorsqu'un contrat à titre onéreux est intervenu entre le* de cujus *et un de ses successibles, ce contrat, s'il est sincère, doit produire les mêmes effets que s'il était intervenu entre des étrangers, en d'autres termes, il est absolument soumis à l'empire du droit commun.*

D'où la conséquence *nécessaire* que, *de même* que le successible ne doit pas à ses cohéritiers le *rapport* des profits qu'il a retirés du contrat; *de même*, il ne leur doit pas non plus le *rapport* des dettes dont il peut se trouver tenu envers le *de cujus;* il doit *le payement* de ces dettes (V. *infra*, p. 303) (2).

3° Effets que produit le don entre-vifs fait sans préciput à un héritier.

Ces effets sont au nombre de quatre :

1° *L'héritier donataire sans préciput gagne les fruits de la chose sujette à rapport, depuis le jour de la donation, jusqu'à celui de l'ouverture de la succession* (V. *supra*, p. 287, art. 850) ;

2° *L'héritier donataire sans préciput a le droit d'opter entre l'objet donné et sa part héréditaire* (V. *supra*, p. 280, art. 845) ;

3° *L'héritier donataire sans préciput, même lorsqu'il accepte la succession, conserve toujours la chose sujette à rapport, si c'est un meuble, et la conserve aussi, dans certains cas, si c'est un immeuble, sauf à en imputer la valeur sur sa part héréditaire, c'est-à-dire sauf à moins prendre* (V. *infra*, art. 868, 859 et 860) ;

4° *L'héritier donataire sans préciput ne doit pas en principe le rapport aux créanciers de la succession* (V. *supra*, p. 287, art. 857).

2° RAPPORT DES LEGS.

En ce qui concerne le rapport des legs, rejeté par le Code de la Convention et introduit sans la moindre raison, comme nous l'avons dit,

(1) M. Demante, t. III, n° 189 *bis*, II. — M. Demolombe (t. XVI, p. 464) professe une opinion différente pour le cas de l'acte sous seing-privé ; il enseigne qu'alors la présomption de non-sincérité, de fraude, est *juris* et *de jure*, c'est-à-dire qu'elle exclut la preuve contraire. Appliquée à l'art. 91 du Code de la Convention, cette interprétation serait incontestable ; appliquée à l'article 854 du Code Napoléon, elle prête à ce Code sans doctrine une disposition que ni le texte ni la raison juridique vraie ne commandent (V. sur la valeur scientifique des présomptions *juris* et *de jure, infrà*, liv. III, tit. III, chap. VI, sect. III, *Des présomptions*).

(2) M. Demante, t. III, n° 189 *bis*, I, et t. IV, n° 56 *bis*, II. — M. Demolombe, t. XVI, p. 472.

dans la compilation napoléonienne (p. 275, note 2), la théorie se réduit à quelques mots.

En dehors de la clause expresse de préciput, il n'y a pas, en effet, lieu de rechercher, dans cette matière, comme dans celle des dons entre-vifs :

Quels avantages sont soumis au rapport ;

Quels avantages ne sont pas soumis au rapport.

L'art. 843, auquel ne déroge aucun article ultérieur, pose ici un principe absolu :

*Tout legs fait à un héritier est soumis au rapport, à moins qu'il n'ait été fait expressément par préciput.*

Ajoutons :

D'une part, qu'au point de vue du rapport, on se trouve forcé *d'étendre* aux legs, faits par voie d'interposition de personne, la solution applicable aux donations faites de la même manière, c'est-à-dire que ces legs n'emportent pas non plus virtuellement par eux-mêmes la dispense de rapport (V. *supra*, p. 295).

D'autre part, que l'art. 852 doit être *restreint* aux donations (1).

En dehors de la clause expresse de préciput, il n'y aurait d'autre exception à la règle posée pour les legs par l'art. 843, que celle qui résulterait des art. 847 et 849, si l'on admettait la première explication présentée sur ces textes (V. *supra*, p. 282).

Reste donc seulement la question de savoir :

*Quels effets produit le legs fait sans préciput à un héritier?*

D'après certains auteurs, ce legs ne produit qu'un *seul* effet :

*L'héritier légataire sans préciput a le droit d'opter entre l'objet légué et sa part héréditaire* (V. *supra*, p. 280, art. 845).

D'après d'autres auteurs, il produit toujours un *second* effet :

*L'héritier légataire sans préciput a toujours le droit de réclamer l'objet légué sauf à le précompter sur sa part héréditaire.*

Selon d'autres auteurs, il faut user d'une distinction :

*L'héritier légataire sans préciput a le droit de réclamer l'objet légué, sauf à le précompter sur sa part héréditaire, dans tous les cas où l'héritier donataire sans préciput opère le rapport en moins prenant ;*

*Il n'a pas ce droit dans tous les cas où l'héritier donataire sans préciput opère le rapport en nature* (2).

---

(1) On ne juge pas un pareil manque de réflexion ; il suffit de l'indiquer.

(2) Cette étrange discussion revient à chercher le sens d'une disposition qui n'en comporte aucun ; les trois solutions proposées sont aussi probables ou aussi improbables l'une que l'autre.

Cependant, l'école posant fréquemment la question, nous conseillons aux élèves d'adopter la troisième, en se retranchant derrière l'*à simili*.

### 3° RAPPORT DES DETTES.

C'est parmi les praticiens de l'ancien droit qu'est née l'obscure idée du rapport des dettes.

Selon Lebrun, cette idée fut trouvée si parfaite après une dissertation fameuse au Palais, que le rapport des dettes, à la différence du rapport des dons fut étendu à la ligne collatérale.

Le malheur est que l'ancienne doctrine paraît n'avoir jamais bien su ce qu'elle entendait par le rapport des dettes.

Le Code de la Convention fit pour l'idée du rapport des dettes ce qu'il avait fait pour celle du rapport des legs ; il n'en tint aucun compte.

Sous l'empire de la législation napoléonienne :

1° *Y a-t-il un rapport des dettes ou de certaines dettes?*

2° *Qu'est-ce que le rapport des dettes?*

La *première* question se trouve d'avance tranchée affirmativement par l'art. 829 (V. *supra*, p. 261).

La *seconde* question, qui, doctrinalement, précède la première et qui renferme toute la théorie du rapport des dettes, est restée dans la science juridique actuelle ce qu'elle était dans l'ancienne.

Cette question se décompose en *deux* autres :

1° *Quelles sont les dettes soumises au rapport;*

2° *Quels sont les effets du rapport des dettes.*

Voyons successivement ces *deux* points :

#### 1° Dettes soumises au rapport.

On distingue :

a. *Les dettes dont un des héritiers était tenu envers le* de cujus *avant l'ouverture de la succession;*

b. *Les dettes dont un des héritiers peut être tenu envers ses cohéritiers pour des causes postérieures à l'ouverture de la succession.*

##### *a.* Dettes dont un des héritiers était tenu envers le *de cujus* avant l'ouverture de la succession.

L'unique texte qui mentionne explicitement le rapport des dettes, l'art. 829, contient au sujet de ce rapport l'*unique* disposition suivante :

« Chaque cohéritier fait rapport à la masse, suivant les règles qui seront ci-après établies......, des sommes dont il est débiteur. »

Comme on le voit, cette disposition est aussi générale que possible ; *en doit-on conclure que toutes les dettes dont un des héritiers était tenu envers le* de cujus *avant l'ouverture de la succession sont soumises au rapport?*

Une *première* théorie répond affirmativement.

Une *seconde* théorie entre dans la voie des distinctions.

La première se renferme dans la formule de l'art. 829 (1).

La seconde oppose les art. 853 et 854.

*D'après ces textes*, comme nous l'avons dit (V. *supra*, p. 299), *le contrat à titre onéreux intervenu entre le* de cujus *et un de ses successibles doit produire, s'il est sincère, les mêmes effets que s'il était intervenu entre des étrangers.*

La conséquence est évidente, et, comme le principe, nous l'avons déjà formulée : *de même* que le successible ne doit pas à ses cohéritiers le rapport des profits qu'il a retirés du contrat; *de même*, il ne leur doit pas non plus le rapport des dettes dont il peut se trouver tenu envers le *de cujus*. Autrement, la rupture des idées serait complète; le *même* contrat serait à la fois réputé *sincère* et *non sincère;* on admettrait un nouveau non-sens juridique, une nouvelle énormité économique (2).

Il y a donc lieu à distinction; or, selon nous, voici la proposition à laquelle conduit l'exégèse rationnelle des textes :

*Le rapport des dettes s'applique à toute dette qui ne dérive pas d'un contrat à titre onéreux intervenu entre le* de cujus *et son successible.*

De là il résulte,

D'une part, que le rapport s'applique :

1° *A toute dette du successible envers le* de cujus, *provenant d'une avance désintéressée, par exemple, d'un prêt gratuit;*

2° *A toute dette du successible envers le* de cujus, *provenant d'un quasi-contrat, d'un délit, d'un quasi-délit ou de la loi* (art. 1370).

D'autre part, que le rapport ne s'applique :

1° *A aucune dette du successible envers le* de cujus, *provenant d'un contrat à titre onéreux* (3).

2° *A fortiori, à aucune dette du successible envers le* de cujus, *pro-*

(1) M. Labbé, *Revue pratique de droit français*, 1859, t. VII, p. 476, et suivantes.)

(2) M. Demante, t. III, n° 187 *bis*, VIII. — MM. Ducaurroy, Bonnier, Roustain, n° 713. — M. Demolombe, t. XVI, p. 583.

Nous ne disons pas, pour notre part, que les textes napoléoniens, pris à la lettre, ne renferment pas ce non-sens et cette énormité, nous prétendons seulement qu'ils ne les imposent pas; or, en exposant la législation napoléonienne, il faut ou renoncer à tout enchaînement d'idées quelconque en un point quelconque, ou reconnaître qu'ici les articles 853 et 854 sont venus modifier, évidemment sans que les rédacteurs du Code Napoléon s'en soient doutés, l'exorbitante doctrine ressortant de la généralité des termes de l'article 829.

(3) M. Demolombe, qui expose si complétement cette matière, soumet au rapport toutes les dettes exigibles : « Lorsque la dette est exigible, dit l'éminent doyen, il n'y a plus aucun profit que l'héritier débiteur puisse prétendre con-

*venant d'une transmission de droit, qui a eu lieu au profit du* de cujus, *par exemple, d'une succession ou d'une cession* (1).

*b.* Dettes dont un des héritiers peut être tenu envers ses cohéritiers pour des causes postérieures à l'ouverture de la succession.

Ces dettes sont celles auxquelles le 2ᵉ alinéa de l'art. 828 fait allusion en ces termes :

« On procède, devant cet officier (le notaire), aux comptes que les copartageants peuvent se devoir.... »

Elles se réfèrent aux réparations d'entretien, aux dégradations, aux perceptions de fruits, etc., et ont reçu le nom de *prestations personnelles*.

Comme aucun texte ne soustrait ces dettes à l'application de l'art. 829, on doit décider qu'elles sont soumises au *rapport* (2).

2° Effets du rapport des dettes.

L'art. 829 déclare que le rapport des dettes, comme celui des dons, doit avoir lieu suivant les règles qui seront ci-après établies.

Les auteurs enseignent, en général, que les règles applicables à la fois au rapport des dettes et au rapport des donations sont les trois suivantes :

1° *L'exigibilité immédiate, à compter de l'ouverture de la succession* (art. 850) (3).

---

server à ce point de vue », donc, conclut-il, les articles 853 et 854 sont alors inapplicables (t. XVI, p. 586).

L'objection, en droit, n'est pas, selon nous, celle que se fait M. Demolombe ; un contrat à titre onéreux *sincère* est un obstacle insurmontable à toute théorie de rapport.

(1) MM. Ducaurroy, Bonnier, Roustain, t. II, n° 713. — M. Demolombe, t. XVI, p. 587.

En sens contraire, M. Demante, t. III, n° 187 *bis*, VIII.

(2) M. Demante, t. III, n° 162 *bis*, V. — MM. Aubry et Rau, t. V, p. 258 texte et note 23. — M. Demolombe, t. XVI, p. 591.

En sens contraire, Grenier, *Des hypothèques*, t. I, n° 159 et plusieurs arrêts de Cours impériales.

. Ce qu'il y aurait d'étrange, en toute autre science que la science juridique, ce serait de voir les contradicteurs admettre à peu près la prémisse et ne repousser guère qu'une des conséquences (celle qui a trait au droit de prélèvement, V° *infra*, p. 304).

Heureuse casuistique, toute remplie de ces procédés qui la mettent à l'aise même avec sa propre raison !

(3) Cette solution doit être admise, même dans le cas où la somme à rapporter par l'héritier débiteur serait plus considérable que la part de succession de cet héritier ; en effet, la raison d'être du rapport tient à la nature de la dette,

2° *Le cours des intérêts* (ou des fruits) *de plein droit à compter de la même époque* (art. 858);

3° *Le droit pour les cohéritiers de prélever une portion égale sur la masse de la succession* (art. 830).

Le droit de prélèvement des cohéritiers est logiquement considéré par la plupart des auteurs, comme opposable aux créanciers personnels de l'héritier tenu du rapport; ces créanciers ne sont, en effet, que les ayants cause de cet héritier (1).

Remarquons :

1° *Que l'héritier tenu du rapport d'une dette peut s'exonérer de cette obligation en renonçant à la succession; mais qu'il ne s'affranchit pas par là de l'obligation de payer sa dette;*

2° *Que le rapport d'une dette n'est dû ni aux légataires ni aux créanciers de la succession; mais que le payement de cette dette est dû aux uns et aux autres.*

## V. — MANIÈRE DONT S'OPÈRE LE RAPPORT.

**858.** — Le rapport se fait en nature ou en moins prenant.

Aux termes de cet article, le rapport peut avoir lieu de deux manières :

1° *En nature;*

2° *En moins prenant.*

---

et cette nature ne change pas, parce que la dette est plus considérable que la part héréditaire.

V. en sens contraire, l'article déjà cité de M. Labbé, *Revue pratique de droit français*, 1859, t. VII, p. 185 et suivantes.

Dans cette dissertation, étrangère au point de vue économique, l'auteur commence par affirmer que le rapport, en général, est fondé tout à la fois sur l'idée d'égalité imposée par le législateur, et sur la volonté présumée du *de cujus;* puis, au sujet du rapport des dettes, il tombe dans une série de fluctuations, adoptant ou quittant tour à tour la même règle, selon les besoins de chaque *casus*, et trouvant, par exemple, légitime que le rapport soit dû, même pour un prêt à titre onéreux, mais déclarant injuste qu'il ait lieu, soit pour un prêt gratuit plus considérable que la part héréditaire du débiteur, soit pour un prêt gratuit conditionnel.

Nous reconnaissons que la question du rapport des dettes place le jurisconsulte dans une voie fermée; mais, lorsqu'on est dans une impasse, la première condition pour en sortir est de s'avouer à soi-même qu'on s'y trouve.

(1) M. Demante, t. III, n° 187 *bis*, VIII, et n° 162 *bis*, IV. — MM. Zachariæ, Aubry et Rau, t. V, p. 302. — M. Demolombe, t. XVI, p. 573.

Il est inutile d'insister sur les deux premiers effets du rapport des dettes, tous les deux si graves, si contraires à la foi due aux contrats, si propres à détruire la sécurité de certaines transactions et à arrêter par là le développement économique.

Les auteurs s'imaginent justifier le rapport des dettes en invoquant la loi 82 D., *ad Legem Falcidiam*, et une idée d'égalité de même sorte, de même valeur que celle sur laquelle est fondée toute la théorie du rapport.

*Le rapport en nature est la remise dans la succession de l'objet donné lui-même.*

*Le rapport en moins prenant consiste dans l'imputation de la valeur de l'objet donné sur la part de succession du donataire;* en d'autres termes, dans le prélèvement d'une portion égale sur la masse de la succession au profit des cohéritiers de l'héritier donataire (art. 830).

Le 2e alinéa de l'art. 830 règle le droit de prélèvement des cohéritiers.

On est d'accord pour admettre qu'il s'exerce *par voie d'attribution*, sans tirage au sort (1).

Lorsque la valeur de l'objet donné est supérieure à celle de l'objet héréditaire, l'héritier donataire compense la différence en argent.

A s'en tenir au texte de l'art. 858, il semblerait que le rapport peut toujours avoir lieu ndifféremment en nature ou en moins prenant, et, comme l'héritier tenu du rapport est, à ce point de vue, le débiteur de ses cohéritiers, il eût dû paraître logique de lui donner le choix entre les deux modes de libération, sauf bien entendu l'obligation pour lui de respecter les droits acquis aux tiers.

Tel n'est point le système qu'a suivi le Code Napoléon et qui ressortait, comme nous l'avons dit (V. *supra*, p. 275, note 3), des termes du Code de la Convention.

La compilation napoléonienne détermine *à peu près* les cas où le rapport s'opère en nature et les cas où il s'opère en moins prenant ; dans les uns et dans les autres, l'héritier donataire doit se conformer aux déterminations légales.

Les textes s'occupent :

1° *Du rapport des immeubles ;*

2° *Du rapport des meubles.*

### 1° RAPPORT DES IMMEUBLES.

**859.** — Il peut être exigé en nature, à l'égard des immeubles, toutes les fois que l'immeuble donné n'a pas été aliéné par le donataire, et qu'il n'y a pas, dans la succession, d'immeubles de même nature, valeur et bonté, dont on puisse former des lots à peu près égaux pour les autres cohéritiers.

Cet article enchevêtre l'énonciation de la règle qui concerne le rapport des immeubles dans la formule de *deux* exceptions apportées à cette règle.

---

(1) M. Demante, t. III, n° 162 *bis* III. — M. Demolombe, t. XVI, p. 597.

La règle est que :

*Le rapport des immeubles s'opère en nature.*

Les *deux* exceptions mentionnées par l'art. 859 sont que le rapport des immeubles s'opère en moins prenant :

1° *Lorsque l'immeuble donné a été aliéné par le donataire* (sans qu'il y ait lieu de distinguer entre l'aliénation à titre gratuit, et l'aliénation à titre onéreux) (1);

2° *Lorsqu'il existe dans la succession des immeubles de même nature, valeur et bonté que l'immeuble donné, dont on puisse former des lots à peu près égaux pour les autres cohéritiers.*

Il faut ajouter :

3° *Lorsque l'immeuble donné a péri par la faute de l'héritier;*

4° *Lorsqu'une expropriation pour cause d'utilité publique ou une licitation a enlevé à l'héritier l'immeuble donné;*

5° *Lorsque le donateur a accordé au donataire la faculté, ou lui a imposé l'obligation de rapporter seulement la valeur de l'immeuble ou une somme déterminée.*

Remarquons que, dans le cas de la *seconde* exception, le rapport en moins prenant est facultatif, et que, dans le cas de la *cinquième*, il est tantôt *facultatif* et tantôt *obligatoire.*

Pothier atteste, en termes naïfs, que c'est à l'état économique du moyen âge qu'est due la règle du rapport en nature des immeubles (2).

Chaque exception reçoit son explication propre.

D'après les auteurs, la *première* se justifie plutôt au point de vue de l'utilité pratique, que de la pureté du droit (3) ;

---

(1) MM. Zachariæ, Aubry et Rau, t. V, p. 340. — M. Demolombe, t. XVI, p. 631.

(2) Voici ce que dit Pothier : « Cela a été prescrit pour établir entre les enfants une égalité parfaite qui ne le serait pas, si l'un pouvait conserver de bons héritages, pendant que les autres n'auraient que de l'argent, dont ils auraient souvent de la peine à faire un bon emploi (*Des successions*, ch. IV, art. 2, § 5).

Même au temps où le Code Napoléon fut rédigé, la direction de la société nouvelle était assez accusée et le développement de la propriété mobilière assez important pour qu'on ne fût plus en peine de placer son argent autrement qu'en *bons* héritages.

(3) (M. Demolombe, t. XVI, p. 629) ; il cite Pothier dans ce sens et il ajoute avec Pothier : *Res inter cohæredes non sunt amare tractandæ* (Pothier, *Des successions*, ch. IV, art. 2, § 5.)

Pour notre part, nous pensons, tout au contraire, que rien n'est plus fondé au point de vue du juste, comme de l'utile, que cette prétendue exception. L'idéal scientifique de l'organisation de la propriété est que la propriété soit aussi libre que possible entre les mains de celui qui l'a acquise ; rien n'est donc plus conforme à ce plan rationnel, que de ne pas exiger en principe le rapport en nature ; rien ne serait plus injuste que de l'exiger en particulier de cette manière lorsqu'au moment de l'ouverture de la succession, l'immeuble donné se trouve par suite d'une aliénation entre les mains d'un tiers.

C'est le vice des méthodes exclusivement utilitaires de procéder par voie

La *seconde* a une raison d'être évidente ;

La *troisième* est fondée sur un fait qui s'impose ;

La *quatrième*, de même ;

La *cinquième* enfin, dans la théorie des auteurs qui rattachent le rapport à la volonté présumée du *de cujus*, est une déduction fort rationnelle de cette prémisse : qui peut le plus doit, dans cette circonstance, pouvoir le moins.

**855.** — L'immeuble qui a péri par cas fortuit et sans la faute du donataire, n'est pas sujet à rapport.

Toute donation étant, en principe, soumise au rapport, lorsqu'elle est faite à un héritier, il s'ensuit, comme nous l'avons déjà remarqué, que toute donation faite à un héritier renferme implicitement pour cet héritier *une obligation sous condition suspensive*.

Le rapport d'un immeuble ayant, en outre, pour objet un corps certain, il en résulte que, pour les donations d'immeubles, *une condition résolutoire* vient s'ajouter à la condition générale suspensive qui affecte l'obligation du rapport (1) ; en d'autres termes, la propriété de l'immeuble donné rentre dans le patrimoine, comme si elle y était toujours restée.

De là, l'art. 855 qui exonère du rapport l'héritier donataire, lorsque l'immeuble donné a péri ou a été détérioré par cas fortuit ; ajoutons : soit avant, soit après l'ouverture de la succession.

Il est, en effet, logique d'admettre que, dans ces cas, la perte ou le dommage est pour le compte de la succession (V. aussi, art. 1302, 1182, 1245), ce qui *revient à dire, sous une forme* dogmatique, que :

---

de solutions casuelles et contingentes ; ce serait le rôle et l'honneur de la science du droit de restituer leur généralité aux problèmes sociaux.

Évidemment, ni ce rôle ni cet honneur ne pouvaient appartenir au législateur napoléonien ; aussi ce législateur n'a pas vu :

1° Que la règle qu'il établissait pour le rapport des immeubles, dans le cas où l'héritier donataire les a aliénés avant l'ouverture de la succession, et, pour le rapport des meubles, dans tous les cas, est la vraie règle du rapport ;

2° Qu'après avoir recueilli dans Pothier une *exception* dont il n'avait d'ailleurs, il est vrai, pas mieux que Pothier compris la nature, il contredisait directement l'esprit de cette exception en déclarant résolues (V. *infra*, p. 314) les servitudes et les hypothèques, que l'héritier a établies sur l'immeuble avant la même époque.

(1) Nous rappelons :

1° Que la condition suspensive est un événement futur et incertain auquel est subordonnée la naissance d'un droit (art. 1168 et 1181) ;

2° Que la condition résolutoire est un événement futur et incertain, auquel est subordonnée l'extinction d'un droit (art. 1184).

Nous verrons (*infra*, art. 1184) comment ces deux conditions s'impliquent l'une l'autre, lorsque l'obligation a pour objet un corps certain.

*En matière de rapport d'immeubles, les risques sont, à toute époque, pour le compte de la succession* (1).

Lorsque, d'ailleurs, pour se prétendre libéré, l'héritier allègue un cas fortuit, c'est à lui d'établir cette allégation (art. 1315).

*On s'est demandé si, en cas de destruction de l'immeuble donné par suite d'incendie, et en supposant que cet immeuble fût assuré, l'héritier serait tenu de rapporter la somme qu'il aurait touchée de la compagnie d'assurance ?*

La *négative* est certaine; car cette somme a pour cause les primes que l'assuré a contracté l'engagement de payer, et non pas l'immeuble lui-même (2).

Remarquons que lorsque l'immeuble *a péri* ou *a été détérioré par la faute* de l'héritier, celui-ci est déclaré responsable (V. *infra*, art. 863, p. 314).

La question *correspondante* serait maintenant celle des *améliorations fortuites* et des *améliorations procédant du fait de l'héritier.*

Le cas des *améliorations fortuites*, par corrélation avec le cas de *la perte et des détériorations fortuites* donne lieu à une solution réciproque : ces améliorations profitent à la succession de même que les détériorations et les pertes fortuites lui nuisent.

Quant au cas des *améliorations* procédant du *fait* de l'héritier, tel est ici le désordre des textes, qu'avant d'aborder ce point qui appartient à la règle, nous sommes conduits par la compilation napoléonienne à examiner une disposition qui concerne *le cas d'exception particulier au rapport de l'immeuble aliéné.*

**860.** — Le rapport n'a lieu qu'en moins prenant, quand le donataire a aliéné l'immeuble avant l'ouverture de la succession : il est dû de la valeur de l'immeuble à l'époque de l'ouverture.

Le *premier* alinéa de cet article ne fait guère que répéter inutilement la *première* exception apportée à la règle du rapport en nature de l'immeuble donné (V. *supra*, p. 307).

Le *second* alinéa, pour le cas particulier d'aliénation de l'immeuble donné, *constitue l'héritier donataire débiteur de la valeur de cet immeuble au temps de l'ouverture de la succession.*

---

(1) Nous rappelons également qu'il ne faut pas confondre le risque avec la faute :

*Le risque, c'est le fait dommageable non imputable ;*

*La faute, c'est en principe, et, sauf les casus, le fait dommageable imputable.*

Il y a peu de théories moins ordonnées, dans la compilation napoléonienne, que celles du risque et de la faute; et, toute imbue de droit romain, la doctrine, il faut le dire, ne répare guère à cet égard l'échec du Code Napoléon.

(2) MM. Zachariæ, Aubry et Rau, t. V. p. 336, texte et note 11. — M. Demolombe, t. XVI, p. 609.

De là, il résulte :

D'une part,

*Que, jusqu'au jour de l'ouverture de la succession, l'héritier donataire reste débiteur de l'immeuble donné, c'est-à-dire d'un corps certain;*

D'autre part,

*Qu'à dater de l'ouverture de la succession, il est débiteur d'une quantité.*

En conséquence, la théorie des risques se modifie pour ce cas de la manière suivante :

*Jusqu'au jour de l'ouverture de la succession, les risques sont pour le compte de la succession;*

*A dater de l'ouverture de la succession, la dette de l'héritier donataire est invariable* (comparer, *supra*, p. 310) (1).

Cette *seconde* proposition ne correspond, il est vrai, ni à l'idée de la condition résolutoire indiquée plus haut (V. p. 309), ni à la règle posée en matière d'obligation de corps certain par les art. 1245 et 1302.

*D'après cette idée et d'après cette règle, le rapport devrait être dû de la valeur de l'immeuble à l'époque du partage* (V. *infra*, art. 861) (2).

Quant à la *première* proposition, conforme au droit commun du rapport, voici une espèce qui en rendra les conséquences manifestes dans le cas présent :

Supposons que l'immeuble donné à l'héritier valut 10 000 francs à l'époque où la donation lui a été faite;

Avant le jour de l'ouverture de la succession, l'héritier vend cet immeuble 20 000 francs;

---

(1) M. Demante, t. III, n° 190 *bis*, II, et n° 196 *bis*, II. — M. Demolombe, t. XVI, p. 636.

(2) M. Demolombe ne sait comment se tirer des mauvais pas dans lesquels l'engagent les rédacteurs du Code Napoléon ; et la vérité est que, malgré toutes les ressources de son érudition juridique, l'éminent professeur ne s'en tire pas.

Il confesse « que cette disposition (second alinéa de l'art. 860) n'est pas d'accord avec notre principe (la condition résolutoire); il croit qu'il eût été logique de régler la dette de l'héritier donataire d'après la valeur de l'immeuble à l'époque du partage; cependant il ne veut pas abandonner le thème de l'admiration pour la cacophonie napoléonienne et il écrit *in terminis :*

« C'est donc par *une véritable innovation* que le législateur moderne a décidé qu'il faudrait, en cas d'aliénation, considérer la valeur de l'immeuble à l'époque de l'ouverture de la succession ; il aura jugé sans doute qu'il convenait alors de s'attacher au moment même où l'obligation du rapport prend naissance, car cette obligation, une fois née, ne peut avoir pour objet que de l'argent. » (M. Demolombe, t. XVI, p. 634, 635 et 636.)

A merveille ; mais alors, c'est au jour où l'héritier accepte la donation, et non au jour de l'ouverture de la succession, que devrait se régler le montant de sa dette.

Décidément, lorsqu'on redresse à droite la compilation napoléonienne, elle retombe à gauche.

Puis, toujours antérieurement à l'ouverture de la succession, l'immeuble vient à périr;

L'héritier ne doit, en pareil cas, rien rapporter.

A l'inverse, en ne changeant du reste que le dernier point, si la valeur de l'immeuble, au lieu d'être anéantie ou diminuée, avait augmenté, par exemple si elle était devenue de 30 000 francs, l'héritier devrait rapporter ces 30 000 francs.

**861.** — Dans tous les cas, il doit être tenu compte au donataire des impenses qui ont amélioré la chose, eu égard à ce dont la valeur se trouve augmentée au temps du partage.

**862.** — Il doit être pareillement tenu compte au donataire des impenses nécessaires qu'il a faites pour la conservation de la chose, encore qu'elles n'aient point amélioré les fonds.

Ces articles ne font qu'appliquer au rapport certains principes qui forment le droit commun pour toutes les hypothèses analogues.

La doctrine juridique répartit en *quatre* classes les impenses qu'une personne a pu faire sur le fonds d'une autre ; ce sont :

1° *Les impenses d'entretien;*

2° *Les impenses voluptuaires ;*

3° *Les impenses utiles ;*

4° *Les impenses nécessaires;*

Les impenses d'*entretien* se définissent d'elles-mêmes ; ce sont toutes celles qui ont pour but de maintenir le fonds en bon état.

Le droit commun n'admet aucune indemnité pour ces sortes d'impenses, qui sont considérées comme une charge des fruits (1).

Les impenses *voluptuaires* sont les impenses de pur agrément.

Le droit commun n'admet non plus aucune indemnité pour ces sortes d'impenses ; la personne dépossédée a seulement le droit d'enlever tout ce qu'elle peut enlever, *sine læsione prioris status rei.*

Comme les art. 861 et 862 sont muets sur ces deux classes d'impenses, il y a évidemment lieu, en ce qui les concerne, d'appliquer le droit commun à l'héritier donataire soumis au rapport.

Les impenses *utiles* sont celles qui ont amélioré la chose.

Le droit commun admet une indemnité pour cette sorte d'impenses.

L'art. 861 reproduit, sur ce point, la décision du droit commun au profit de l'héritier donataire soumis au rapport ; il règle, en outre, la base du calcul de l'indemnité qui est due à cet héritier.

Les impenses *nécessaires*, comme les définit l'art. 862, sont celles qui ont été « faites pour la conservation de la chose, encore qu'elles n'aient point amélioré le fonds ».

(1) V. *Manuel de droit civil*, t. I, p. 631.

Le droit commun admet une indemnité pour cette sorte d'impenses, comme pour les précédentes.

L'art. 862 répète purement et simplement, sur ce chef, la décision du droit commun.

Il reste *deux* remarques à faire relativement à l'art. 861 :

La *première* concerne les mots « *dans tous les cas* » qui se trouvent au commencement de l'article.

La *seconde* se réfère à la base du calcul de l'indemnité qui, pour les impenses utiles, est due à l'héritier.

A l'égard des mots : « dans tous les cas », ils signifient clairement que les dispositions des art. 861-863 s'appliquent au cas où le rapport se fait en moins prenant, comme à ceux où il se fait en nature (1).

A l'égard de la base du calcul de l'indemnité, l'article indique que la valeur de l'immeuble doit être appréciée « au temps du partage ».

Cette disposition, en pleine discordance avec celle que consacre l'article précédent (V. *supra*, p. 310), est une déduction logique de l'idée que les biens rapportés font partie de la masse partageable, et une application du principe général posé par l'art. 1245 (2).

Toutefois, plusieurs auteurs proposent de corriger ce texte, et de prendre pour base du calcul de l'indemnité la valeur de l'immeuble *à l'époque de l'ouverture de la succession.*

Ces auteurs invoquent :

1° *L'injustice qui peut résulter de la discordance de l'art.* 861 *avec l'art.* 860 ;

2° *Certains incidents de la discussion qui eut lieu au Conseil d'État sur l'art.* 860.

L'injustice consiste en ceci :

Supposons que l'immeuble donné valût 10000 fr. à l'époque de la donation ; grâce à une plus-value de 2000 fr. créée par l'héritier ou par son acquéreur, il vaut 12 000 fr. à l'époque de l'ouverture de la succession ; en vertu de l'art. 860, l'héritier doit rapporter à la succession une valeur de 12 000 fr. ; si la plus-value de 2000 fr. est détruite par un cas fortuit avant le temps du partage, en vertu de l'art. 861, la succession sera déchargée de l'obligation d'en payer le montant à l'héritier.

---

(1) MM. Zachariæ, Aubry et Rau, t. V. p. 343, texte et note 38.

M. Demante, t. III, n° 197 *bis*, et M. Demolombe, t. XVI, p. 616, sont cependant d'avis que, lorsque l'immeuble a été aliéné, ils ne concernent pas l'époque où l'estimation doit être faite.

Ces auteurs reculent devant l'amas des contradictions de la compilation napoléonienne.

(2) MM. Zachariæ, Aubry et Rau, t. V, p. 337, texte et note 15. — M. Demolombe, t. XVI, p. 616.

Finalement, la plus-value, créée par l'héritier ou par son acquéreur, aura augmenté la dette de l'héritier envers la succession.

Les incidents de la discussion se ramènent à ce point :

D'après l'agencement primitif des art. 860 et 861, comme d'après l'ancien droit, on ne devait considérer pour le calcul des indemnités en matière de rapport que le seul temps du partage. Il fut décidé au conseil d'État qu'en cas d'aliénation, le rapport serait dû de la valeur de l'immeuble, à l'époque de l'ouverture de la succession. Ce changement en commandait un semblable dans l'art. 861 ; les rédacteurs du Code Napoléon ont omis par inadvertance d'opérer ce second changement.

Peu concluants en eux-mêmes, ces deux arguments ne sauraient prévaloir contre un texte formel (1).

**863.** — Le donataire, de son côté, doit tenir compte des dégradations et détériorations qui ont diminué la valeur de l'immeuble, par son fait ou par sa faute et négligence.

Cet article s'applique, comme on le voit, tout aussi bien au cas de la *culpa in omittendo* qu'à celui de la *culpa in committendo.*

Il est fondé sur l'*obligation conditionnelle de rapport* à laquelle l'héritier se trouve soumis.

De la teneur du texte et aussi du motif que nous venons d'énoncer, on conclut qu'à la différence de l'usufruitier, l'héritier donataire est obligé de faire les *grosses* réparations nécessaires à la conservation de l'immeuble (2).

**864.** — Dans le cas où l'immeuble a été aliéné par le donataire, les améliorations ou dégradations faites par l'acquéreur doivent être imputées conformément aux trois articles précédents.

Cet article confirme l'application au cas d'aliénation de l'immeuble donné des règles qui ressortent des art. 861 et 863.

Il indique, en outre, que *dans les relations entre cohéritiers* il n'importe pas que les améliorations ou les détériorations faites à l'immeuble donné procèdent de l'héritier donataire ou de l'acquéreur qui est l'ayant cause de cet héritier.

C'est là une application du principe que *les conventions n'ont d'effet qu'entre les parties contractantes* (art. 1165).

**865.** — Lorsque le rapport se fait en nature, les biens se réunissent à la masse de la succession, francs et quittes de toutes charges créées par le dona

---

(1) Toutes ces complications, toutes ces contradictions n'ont qu'une seule cause, le manque absolu de vues générales des rédacteurs napoléoniens ; toute cette législation fut une œuvre de hasard.

(2) MM. Zachariæ, Aubry et Rau, p. 338, texte et note 16. — M. Demolombe, t. XVI, p. 615.

taire; mais les créanciers ayant hypothèque peuvent intervenir au partage, pour s'opposer à ce que le rapport se fasse en fraude de leurs droits.

Comme nous l'avons dit (V. *supra*, p. 308, note 3), cet article est rationnellement inconciliable avec les dispositions des art. 859 et 860.

Il est clair, en effet, que si, dans le cas où l'héritier donataire aliène en pleine propriété la chose soumise au rapport, il est bon que cette aliénation soit opposable à ses cohéritiers; il y avait même raison de décider dans le cas où cet héritier a consenti l'aliénation d'un démembrement de la propriété.

Tel n'est pas le raisonnement de la science juridique actuelle.

C'est la première solution que les auteurs représentent comme contraire aux principes; quant à la seconde, qui, selon eux, y est toute conforme, ils l'appuient sur les deux brocards; *soluto jure dantis, solvitur jus accipientis; nemo plus juris in alium transferre potest quam ipse habet* (1).

Remarquons :

1° *Que le mot « charges » employé dans l'article comprend les servitudes comme les hypothèques;*

2° *Que la formule « créées par le donataire » ne doit pas être prise à la lettre, et que, relativement aux hypothèques, l'article s'applique à toutes celles qui sont établies par lui ou de son chef* (art. 2116);

3° *Que les créanciers hypothécaires sont seuls autorisés à intervenir au partage pour empêcher que le rapport ne se fasse en fraude de leurs droits.*

Lorsque l'immeuble donné tombe dans le lot de l'héritier donataire, on professe, en général, que les charges réelles établies du chef de ce dernier doivent être considérées *comme n'ayant jamais été éteintes* (2).

Cela tient, selon les auteurs, à ce que l'héritier donataire en avancement d'hoirie ne pouvait cesser d'être propriétaire de la chose donnée que par le partage de l'hoirie; or, dans l'espèce, on suppose précisément que le partage de l'hoirie a rendu incommutable la propriété de l'héritier donataire.

**866.** — Lorsque le don d'un immeuble fait à un successible avec dispense du rapport, excède la portion disponible, le rapport de l'excédant se fait en nature, si le retranchement de cet excédant peut s'opérer commodément. — Dans

(1) Comment une science qui se paye ainsi de lieux communs, de maximes surannées, de pétitions de principes, pourrait-elle exister à l'état de véritable doctrine ?

Il faut que les auteurs en prennent leur parti, les brocards sont morts et avec eux finira par mourir la casuistique juridique.

(2) M. Demante, t. III, n° 198 *bis*, I. — MM. Zachariæ, Aubry et Rau, t. V, p. 339 texte et note 21. — M. Demolombe, t. XVI, p. 625.

le cas contraire, si l'excédant est de plus de moitié de la valeur de l'immeuble, le donataire doit rapporter l'immeuble en totalité, sauf à prélever sur la masse la valeur de la portion disponible : si cette portion excède la moitié de la valeur de l'immeuble, le donataire peut retenir l'immeuble en totalité, sauf à moins prendre, et à récompenser ses cohéritiers en argent ou autrement.

Cet article prévoit le cas où le *de cujus* a donné par préciput à un de ses successibles un immeuble *dont la valeur excède la portion disponible.*

Il y a lieu alors au retranchement de l'excédant.

Pour régler la manière d'opérer le retranchement, l'article pose une *alternative :*

*Ou le retranchement peut avoir lieu commodément;*

*Ou*, au contraire, *il ne peut avoir lieu commodément.*

Dans le *premier* cas, la solution est toute simple, on retranche l'excédant et on le remet en nature dans la masse héréditaire.

Dans le *second* cas, l'article fait une sous-distinction :

*Ou la moitié de la valeur de l'immeuble excède le disponible;*

*Ou cette moitié est inférieure au disponible.*

Dans la *première* hypothèse, l'immeuble tout entier doit être remis dans la masse héréditaire, sauf à l'héritier à prélever sur cette masse la valeur de la portion disponible.

Dans la *seconde* hypothèse, l'immeuble tout entier peut être retenu par l'héritier, sauf à lui à moins prendre et tout à la fois à récompenser, c'est-à-dire à indemniser, s'il y échet, ses cohéritiers.

En résumé, la seconde partie de l'article fait exception au principe qui exige que *tout bien indivis et impartageable soit licité*, et elle applique selon les auteurs, l'adage *major pars ad se trahit minorem.*

*Dans le cas où le retranchement peut avoir lieu commodément, l'excédant doit-il être toujours nécessairement remis en nature dans la masse héréditaire?*

Soit que l'on suive sur ce point les règles de la *réduction*, soit que l'on adopte celles du *rapport* (V. *supra*, p. 279), la *négative* n'est pas douteuse.

L'héritier donataire a le droit d'imputer sur sa part héréditaire l'excédant de la donation :

1° *Lorsqu'il existe dans la succession des immeubles de même nature, valeur et bonté* (art. 924 et 859);

2° *Lorsque l'immeuble donné a été aliéné avant l'ouverture de la succession* (art. 930, 859 et 860) (1).

*Pour le cas où le retranchement ne peut avoir lieu commodément,*

(1) M. Demante, t. III, n° 199 *bis*, I. — MM. Ducaurroy, Bonnier, Roustain, t. II, n° 732. — M. Demolombe, t. XVI, p. 648.

*que doit-on décider dans une troisième hypothèse non réglée par le texte, c'est-à-dire dans celle où la moitié de la valeur de l'immeuble est juste égale à la portion disponible?*

La solution est évidente; la seconde partie de l'article 866 déroge, en effet, pour *deux* hypothèses déterminées *au principe de la licitation;* or, le principe règne là où l'exception cesse de s'appliquer (1).

**867.** — Le cohéritier qui fait le rapport en nature d'un immeuble peut en retenir la possession jusqu'au remboursement effectif des sommes qui lui sont dues pour impenses ou améliorations.

Cette disposition indique une application du *droit de rétention* (2).

## APPENDICE

*En ce qui concerne les différents cas de rapport des immeubles en moins prenant*, le Code Napoléon n'a déterminé expressément que pour celui de l'aliénation (art. 860), l'*époque* à laquelle doit être estimé l'immeuble soumis au rapport.

Pour tous les *autres* cas, hormis celui de l'aliénation nécessaire, les auteurs hésitent entre l'*époque de l'ouverture de la succession et l'époque du partage*. Sous l'empire de la codification napoléonienne, la règle logique est qu'à moins d'une dérogation écrite dans les textes, l'*immeuble soumis au rapport doit être apprécié d'après sa valeur à l'époque du partage* (3).

Dans le cas spécial d'aliénation nécessaire, on est d'accord pour admettre que l'héritier donataire doit le rapport *non de l'immeuble lui-même, mais de la somme qu'il a reçue;* d'où il résulte que le montant de son obligation est *invariable* (4).

---

(1) M. Demante, t. III, n° 199 *bis*, IV. — M. Demolombe, t. XVI, p. 663.
Nous regrettons assurément d'être obligé de raisonner ainsi et de ne pouvoir admettre que dans cette hypothèse l'héritier restera en possession, mais il est certain :

1° *Que la seconde partie de l'article* 866 *est une exception apportée au principe de la licitation;*

2° *Que cette seconde partie est une application du brocard :* major pars ad se trahit minorem :

3° Qu'enfin, au lieu de consacrer une exception non justifiée et de s'inspirer d'un brocard qui en droit n'a absolument aucun sens, les compilateurs napoléoniens n'ont nullement songé à établir ici le *véritable principe juridique et économique qui condamne les résolutions de propriété.*

(2) V. *Manuel de droit civil*, t. I, p. 562, et t. III, tit. XVIII.

(3) M. Demolombe, t. XVI, p. 642 et suivants.
En sens contraire, MM. Zachariæ, Aubry et Rau, t. V, p. 340.

(4) M. Demante, t. III, n° 199 *bis*, I. — MM. Zachariæ, Aubry et Rau, t. V, p. 342 texte et note 36. — M. Demolombe, t. XVI, p. 641.

### 2° RAPPORT DES MEUBLES.

**868.** — Le rapport du mobilier ne se fait qu'en moins prenant. Il se fait sur le pied de la valeur du mobilier lors de la donation, d'après l'état estimatif annexé à l'acte; et, à défaut de cet état, d'après une estimation par experts, à juste prix et sans crue.

La règle posée par cet article doit être entendue en ce sens :

D'une part,

*Que l'héritier donataire n'a pas le droit d'opérer le rapport en nature.*

D'autre part :

*Que ses cohéritiers n'ont pas le droit de l'exiger de lui.*

Pour expliquer cette différence capitale entre le rapport des immeubles et celui des meubles, les auteurs disent :

1° *Qu'il existe un grand nombre de meubles dont on ne peut user sans les consommer;*

2° *Que les meubles mêmes dont on peut user sans les consommer, se détériorent au moins par l'usage qu'on en fait;*

3° *Que c'est souvent un acte de bonne administration d'aliéner les meubles;*

4° *Qu'enfin il est toujours facile pour les cohéritiers de les remplacer.*

Il est inutile d'insister sur la futilité de ces motifs; la distinction entre le rapport des immeubles et celui des meubles relève avant tout, comme nous l'avons dit, d'une tradition qui n'a plus aujourd'hui la moindre raison d'être.

L'article ajoute que :

« Le rapport se fait sur le pied de la valeur du mobilier, lors de la donation. »

On en conclut que l'obligation du rapport a pour objet *cette valeur*, et que par conséquent les meubles donnés sont, *dès le moment de la donation, aux risques de l'héritier.*

La valeur du mobilier est, en général, déterminée par l'état estimatif annexé à l'acte de donation (art. 948).

Dans le cas où il n'existe pas d'état estimatif, par exemple lorsque cet état a été détruit, ou lorsque la donation consiste dans un don manuel, l'estimation doit être faite par experts à juste prix et sans crue (1).

*L'art. 868 est-il applicable au mobilier incorporel, c'est-à-dire notamment aux créances et aux rentes, soit sur l'État, soit sur particuliers?*

Cette question est controversée.

---

(1) V. pour le sens des mots *sans crue*, *Manuel du droit civil*, t. I, p. 448.

### DEUX SYSTÈMES.

1er SYSTÈME (1). — *Nég.*

1er *Arg.* Plusieurs des motifs qui ont fait porter pour les meubles corporels la règle du rapport en moins prenant ne s'appliquent pas aux créances.

2e *Arg.* La formule même de l'article suppose que le rapport dont il y est question concerne le mobilier corporel, car on ne dresse d'état estimatif que pour la donation d'effets mobiliers corporels.

3e *Arg.* Le Code Napoléon n'a réglé nulle part le rapport des meubles incorporels; donc, pour ces meubles, on doit suivre le principe tout naturel que c'est l'objet même qui a été reçu, qui doit être rapporté (2).

2e SYSTÈME (3). — *Aff.*

1er *Arg.* Plusieurs des motifs qui ont fait porter pour les meubles corporels la règle du rapport en moins prenant s'appliquent tout aussi bien aux meubles incorporels qu'aux meubles corporels; le texte même prévoit le cas où cet état viendrait à manquer.

2e *Arg.* L'existence d'un état estimatif n'est pas la condition *sine qua non* du rapport en moins prenant des meubles corporels.

3e *Arg.* L'expression de *mobilier*, employée dans l'art. 868, comprend les meubles de toute nature.

Nous nous décidons pour le *second* système :

1° *Parce que le Code Napoléon est muet sur la question ;*

2° *Parce que la raison scientifique est que le rapport doit toujours avoir lieu en moins prenant* (V. *supra*, p. 275).

Au surplus, on enseigne que le disposant peut, pour toute espèce de meubles, astreindre l'héritier donataire à opérer le rapport en nature (4).

**869.** — Le rapport de l'argent donné se fait en moins prenant dans le numéraire de la succession. — En cas d'insuffisance, le donataire peut se dispenser de rapporter du numéraire, en abandonnant, jusqu'à due concurrence, du mobilier, et à défaut de mobilier, des immeubles de la succession.

Le *premier* alinéa de cet article est naïf.

Le *second* crée une *faculté* pour le donataire de numéraire, c'est-à-dire qu'à défaut de numéraire dans la succession, le donataire est investi

(1) M. Delvincourt, t. II, p. 42, note 7. — M. Taulier, t. III, p. 371.

(2) M. Marcadé, art. 868, n° 11.

(3) M. Demante, t. III, n° 201 *bis*, IV. — M. Valette, à son cours. — MM. Zachariæ, Aubry et Rau, t. V, p. 334. — M. Demolombe, t. XVI, p. 662.

(4) M. Demolombe, t. XVI, p. 669.

d'*un droit d'option;* il peut, à son choix, rapporter une somme égale à celle qu'il a reçue, ou exiger que ses cohéritiers opèrent des prélèvements en nature sur la masse de la succession.

Ce n'est d'ailleurs qu'à la donation de *numéraire* que l'article est applicable; lorsqu'il s'agit de toute autre donation, il y a lieu de s'en référer à l'art. 830 (1).

## SECTION III.

### DU PAYEMENT DES DETTES.

Sous la rubrique *du payement des dettes*, cette section pose certaines règles relatives :

1° *Au payement des dettes, et en général des charges de la succession* (frais funéraires, de scellé, d'inventaire, etc., legs), *c'est-à-dire à la manière dont les dettes et les charges d'une succession se répartissent entre les différentes sortes de successeurs* (art. 870-877);

2° *A la séparation des patrimoines, c'est-à-dire au droit qui appartient aux créanciers de la succession, et aux légataires de demander que le patrimoine du défunt ne se confonde pas avec celui de l'héritier* (art. 878-881).

3° *Au droit qui appartient aux créanciers d'un copartageant d'intervenir au partage, afin d'empêcher qu'il ne soit fait en fraude de leurs droits.*

Grâce à leur insouciance de toute méthode, et à leur manque absolu d'esprit scientifique, les compilateurs napoléoniens n'ont réglé ici que d'une façon partielle le premier et le second chef; ils ont notamment disséminé dans plusieurs titres (*Titre des successions*, art. 870-877, *Titre des donations entre-vifs et des testaments*, art. 913, 915, 920, 926 et 927, 1009, 1012, 1017, 1024, *Titre des obligations conventionnelles*, art. 1220 et suiv.) les articles concernant le payement des dettes et des charges.

Dans une législation rationnelle, la matière du payement des dettes et des charges de la succession ne présenterait aucune difficulté ; dans une

---

(1) M. Demolombe, t. XVI, p. 67.

En sens contraire. — M. Demante, t. III, n° 303 *bis*, III et IV. — MM. Ducaurroy, Bonnier, Roustain, n° 737.

Il serait impossible et inutile de récapituler ici toutes les critiques d'ensemble et de détails auxquels donne lieu la matière des rapports dans la codification napoléonienne.

Qu'il nous suffise d'ajouter que lorsqu'un législateur a fourni un pareil témoignage de son incapacité philosophique et économique, son œuvre est jugée et nous n'imaginons pas en vérité ce que l'esprit légiste lui-même peut alléguer pour la couvrir.

codification bien faite, elle devrait être entièrement abandonnée à la doctrine.

C'est ce qu'avaient compris les rédacteurs du Code de la Convention qui l'avaient passée sous silence.

Les compilateurs napoléoniens n'ont pas adopté ce sage point de vue; ils ont accumulé les textes; aux erreurs de fond ils ont mêlé les erreurs de rédaction, et, s'ils n'ont pu faire autrement que de maintenir certains progrès accomplis par le droit de la Révolution, il n'en est pas moins exact d'affirmer qu'indécise ou incohérente dans l'ensemble, leur œuvre a finalement une valeur législative inférieure même à l'ancien droit français (1).

Les principes scientifiques consisteraient :

1° *A n'astreindre au payement des dettes tout successeur* ab intestat *ou testamentaire qu'en qualité de successeur aux biens* (V. *supra*, p. 591, note 1).

2° *A admettre qu'en dehors de certaines circonstances d'indivisibilité, tout héritier ne doit être tenu à payer à tout créancier qu'une part de dettes proportionnelle à sa part héréditaire, c'est-à-dire, pratiquement, à supprimer autant que possible, au point de vue du payement des dettes, les actions récursoires entre cohéritiers* (2).

**870.** — Les cohéritiers contribuent entre eux au payement des dettes et charges de la succession, chacun dans la proportion de ce qu'il y prend.

Les anciens légistes fondaient la matière du payement des dettes sur la distinction entre la *contribution et le droit de poursuite* (3).

*La contribution était la part de dettes que devait acquitter chaque héritier dans ses rapports avec ses cohéritiers.*

*Le droit de poursuite était le droit attribué aux créanciers de la*

(1) Pour qu'on ne puisse accuser d'aucune exagération cette censure qui revient constamment sous notre plume, il suffit de faire remarquer qu'en refusant aux successeurs irréguliers la saisine légale et en augmentant la liste de ces successeurs (V. *supra*, p. 51), la codification napoléonienne, dans la matière du payement des dettes, a fait naître des complications ignorées même de l'ancien droit (V. au surplus l'exégèse des articles).

(2) Cela revient à dire en termes encore plus généraux que tous ceux qui recueillent à titre gratuit l'universalité ou une partie de l'universalité d'un patrimoine, ont même qualité pour payer les dettes qui grèvent le patrimoine; or cela est en vérité si juste, si utile et si simple, que, les traditions romaines et féodales écartées, on a peine à comprendre que cela ne soit écrit dans toutes les législations.

Nous verrons (*infra*, p. 325) que MM. Nicias-Gaillard (*Revue critique*, 1852) et M. Demolombe (t. XVII, p. 33, 53) ont fait une remarquable tentative pour découvrir cette règle dans la compilation napoléonienne.

(3) Considéré du chef des héritiers, le droit de poursuite recevait et reçoit encore le nom d'*Obligation*.

*succession de contraindre chaque héritier à acquitter une part de dettes plus ou moins forte.*

Habituellement, le droit de poursuite pour certains successeurs dépassait la mesure de la contribution (V. *infra*, p. 328).

*Sous l'empire de la législation napoléonienne, la distinction entre la contribution et le droit de poursuite doit-elle continuer à occuper une place importante dans l'exégèse juridique, ou, au contraire, doit-on l'en bannir presque totalement ?*

L'absence d'idées générales dans ce chapitre, comme dans tous les autres, et l'obscurité des textes rend la solution de cette question fort incertaine (V. *infra*, p. 329).

Toujours est-il que l'art. 870 se réfère à ce que la doctrine actuelle nomme encore la contribution aux dettes et aux charges entre cohéritiers.

D'après les termes de cet article, la contribution serait proportionnelle à *ce que prend* dans la succession chacun des héritiers.

Cette formule est défectueuse; elle a été empruntée à l'ancien droit, où elle n'était pas rigoureusement exacte, mais où elle signifiait que les dettes se partageaient entre les héritiers des meubles et des acquêts, et les héritiers des propres ; il faut dire aujourd'hui qu'*à l'égard de chaque héritier, la contribution est proportionnelle à la part héréditaire.*

Ainsi, par exemple, un héritier a-t-il reçu du *de cujus* un legs particulier par préciput, la contribution de cet héritier n'en demeure pas moins proportionnelle à sa part héréditaire.

Remarquons :

1° *Que l'art.* 870 *ne mentionne pas les successeurs irréguliers, et que, comme nous l'avons dit* (*supra*, p. 53. V. aussi *infra*, p. 329), *les auteurs discutent pour savoir si ces successeurs sont tenus des dettes personnellement, et alors tant au point de vue de la contribution qu'au point de vue du droit de poursuite* (V. *infra*, p. 329);

2° *Que les successeurs qui exercent le droit de retour légal doivent être regardés comme compris sous la qualification de cohéritiers et d'héritiers* (1);

3° *Que si l'on admet que les successeurs irréguliers et les successeurs qui exercent le droit de retour légal sont tenus des dettes personnellement et* ultra vires, *on doit aussi admettre qu'ils peuvent user du bénéfice d'inventaire pour limiter leur part contributoire et le droit de poursuite des créanciers* (V. *supra*, p. 222) *au montant de leur part héréditaire* (2).

---

(1) V. *Manuel de droit*, t. I, p. 373, et *supra*, p. 113.
(2) M. Demolombe, t. XV, p. 125 et suiv.

**871.** — Le légataire à titre universel contribue, avec les héritiers, au prorata de son émolument; mais le légataire particulier n'est pas tenu des dettes et charges, sauf toutefois l'action hypothécaire sur l'immeuble légué.

Cet article pose la règle de la contribution aux dettes pour les successeurs testamentaires.

La législation napoléonienne distingue trois sortes de successeurs testamentaires (art. 1002) :

1° *Les légataires universels* (art. 1003-1009);

2° *Les légataire à titre universel* (art. 1110-1012);

3° *Les légataires à titre particulier* (art. 1014-1024).

La *première* proposition de l'art. 871 concerne les légataires universels et les légataires à titre universel.

La *seconde* proposition de ce même article se rapporte aux légataires à titre particulier.

Voyons successivement ces *deux* propositions.

### 1° LÉGATAIRES UNIVERSELS ET A TITRE UNIVERSEL.

A l'égard de ces légataires, l'art. 871 déclare que : « le légataire à titre universel contribue avec les héritiers au prorata de son émolument ».

D'après la terminologie et la classification napoléoniennes, il faut commencer par élargir la formule : « le légataire à titre universel » et lui substituer celle-ci, *le légataire universel et le légataire à titre universel.*

On explique, en effet, que, dans l'ancien droit, la distinction entre le legs universel et le legs à titre universel n'était pas connue, et qu'on s'y servait différemment des dénominations de legs universel et de legs à titre universel pour désigner le legs de l'universalité, ou le legs d'une quote-part de l'universalité des biens (1).

C'est le législateur napoléonien qui le premier a opposé ces deux legs entre eux sous des noms spéciaux; mais au moment où ce législateur rédigeait l'art. 871, il ignorait encore l'innovation qu'il allait accomplir dans les art. 1002 et suiv. (2).

*Cette rectification est-elle la seule à laquelle donne lieu l'art.* 871? *Doit-on admettre que le légataire universel et le légataire à titre universel contribuent avec les héritiers au prorata de leur émolument; c'est-à-dire dans la proportion de leur émolument, quels que soient d'ailleurs le montant des dettes héréditaires et le montant du legs universel ou du legs à titre universel?*

Ce point revient à savoir si les légataires universels et à titre uni-

(1) Pothier, *Des donations testamentaires*, chap. II, sect. 1, § 2.

(2) M. Demolombe, t. XVII, p. 32. — V. *infra*, art. 1002 et suivants l'appréciation de la distinction entre le legs universel et legs à titre universel.

versel sont tenus personnellement et *ultra vires* des dettes héréditaires.

Comme nous l'avons dit (V. *supra*, p. 58), la question est très-controversée (1).

DEUX SYSTÈMES.

1er SYSTÈME (2). — *Les légataires universels et à titre universel ne sont que des successeurs aux biens ; il en résulte qu'ils ne sont tenus des dettes que comme charges des biens, et jusqu'à concurrence de la valeur des biens.*

1er *Arg.* — Cette doctrine est conforme aux anciennes traditions.

Elle était professée par Pothier et par Lebrun (3).

2e *Arg.* — D'après l'art. 870, « les cohéritiers contribuent aux dettes de la succession, *chacun en proportion de ce qu'il y prend* ».

D'après l'art. 871, « le légataire contribue *au prorata de son émolument* » ;

Or, ces deux formules ont un sens très-différent ;

La seconde veut dire *jusqu'à concurrence de son émolument.*

Grammaticalement, l'art. 1017 appuie cette interprétation.

3e *Arg.* — C'est à la saisine que les art. 724 et 1220 rattachent l'obligation personnelle de payer les dettes de la succession ;

Or, les légataires universels n'ont pas en général la saisine (art. 1004 et 1006), et les légataires à titre universel ne l'ont jamais (art. 1011).

4e *Arg.* — Les art. 967 et 1002, témoignent qu'en dehors des héritiers légitimes, le Code Napoléon ne reconnaît que de simples successeurs aux biens.

Il a été dit en termes exprès, lors de la discussion de l'art. 1002, que tous les effets attachés par les lois romaines au titre d'héritier (testamentaire) étaient entièrement détruits (4).

5e *Arg.* — D'après le droit philosophique, les légataires universels et à titre universel ne devraient être obligés pour aucune part au payement des dettes de la succession.

Au point de vue philosophique, en effet, l'obligation de payer les

---

(1) Plusieurs auteurs exposent cette controverse à l'occasion du droit de poursuite ; nous pensons qu'au point de vue d'une logique allant au fond des choses, de même qu'à celui de l'exégèse des textes, elle doit avant tout prendre place dans la matière de la contribution sous l'art. 871 (V. *supra*, p. 58).

(2) M. Valette à son cours. — M. Demante, t. III, nos 208 et suiv.

MM. Zachariæ, Aubry et Rau, t. V., p. 350. — M. Colmet de Santerre, t. IV, nos 152 et suiv. — M. Berriat Saint-Prix, *Revue critique de jurisprudence*, 1852, t. II, p. 167. — M. Marcadé, *Revue critique de jurisprudence*, 1852, t. II, p. 197.

(3) Pothier, *Des successions*, chap. v, art. 3, §§ 1 et 2. Lebrun, liv. IV, chap. II, sect. 1, nos 3 et 5.

(4) Fenet, t. XII, p. 459.

dettes de la succession ne s'impose qu'aux représentants de la personne du défunt.

Or, les légataires universels et à titre universel ne sont pas des représentants de la personne du défunt.

Toutefois, le droit positif en a autrement disposé ; mais au moins doit-on admettre que les successeurs dont il s'agit ne sont tenus « que comme détenteurs des biens de l'hérédité, et jusqu'à concurrence de la valeur des biens dont elle se compose » (1).

Plusieurs partisans du premier système y apportent un amendement pour le cas où le légataire universel est investi de la saisine héréditaire (art. 1006) ; ils professent que ce légataire est alors tenu des dettes personnellement et *ultra vires* (V. *infra*, art. 1006) (2).

2ᵉ SYSTÈME (3). — *Les légataires universels et à titre universel sont tenus des dettes personnellement et* ultra vires.

1ᵉʳ *Arg.* — Les anciennes traditions ne sont sur ce point ni très-sûres ni très-nettes.

Ainsi Lebrun commence par écrire que « le légataire universel n'est tenu des dettes que jusqu'à concurrence des biens », et il finit par ajouter que ce même légataire est un héritier institué par la loi domestique et par le testament du défunt ; qu'il représente parfaitement sa personne.... ; qu'il est tenu indistinctement de toutes ses obligations... » (4).

2ᵉ *Arg.* — Les deux formules des art. 870 et 871, ont un sens identique.

---

(1) MM. Aubry et Rau *Sur Zachariæ*, t. V, p. 9.

Cet argument qui s'abrite sous le nom de deux professeurs, aussi autorisés que MM. Aubry et Rau, contient implicitement ou explicitement quatre propositions trop hétérodoxes pour que nous ne les signalions pas à part :

1° Il renferme la négation du fondement rationnel sur lequel repose l'obligation pour un successeur de payer *intra vires* les dettes de la succession, savoir le fait que ce successeur recueille l'universalité ou une quote-part de l'universalité des biens ;

2° Il prend pour un point de vue philosophique l'idée politique romaine, routinièrement acceptée par la doctrine, qui revêt l'héritier de la personnalité du défunt ;

3° Il commet une pétition de principe en affirmant que, d'après la compilation napoléonienne, on ne doit pas revêtir de la personnalité du défunt les légataires universels et à titre universel, car c'est là précisément la démonstration à fournir ;

4° Il semble impliquer que le droit positif a une base et une légitimité propres, en dehors de ce qu'il nomme le droit philosophique, c'est-à-dire de la raison.

(2) M. Demante, t. III, n° 24 *bis*, IV et V. — MM. Zachariæ, Aubry et Rau, t. V., p. 350.

(3) M. Nicias-Gaillard, *Revue critique de jurisprudence*, 1852, t. II, p. 344. — M. Demolombe, t. XV, p. 119, et t. XVII, p. 32 et 40.

(4) Lebrun, liv. III, chap. IV, nᵒˢ 10 et 79.

C'est faire, en effet, un étrange argument de grammaire, de prétendre que dans l'art. 871, les mots : « au prorata de son émolument » veulent dire : *jusqu'à concurrence de son émolument*.

Comme la formule de l'art. 870 à l'égard des héritiers, la formule de l'art. 871 à l'égard des légataires universels et à titre universel indique seulement la quote-part dont ces légataires sont débiteurs ; elle ne détermine nullement la nature et les limites de leur obligation (1).

3e *Arg.* — La saisine n'est la cause ni de la continuation de la personne du défunt par l'héritier (V. *supra*, p. 46), ni par conséquent de l'obligation pour l'héritier de payer les dettes *ultra vires*.

Du reste, une fois que les légataires universels et à titre universel, ont obtenu la délivrance judiciaire ou amiable, ils ont aussi la saisine et cette saisine doit produire les mêmes effets que la saisine légale.

4e *Arg.* — Les art. 967 et 1002 n'ont trait qu'à une question de terminologie ; ils signifient que, sous quelque dénomination qu'une disposition testamentaire ait été faite, elle doit être regardée, soit comme un legs universel, soit comme un legs à titre universel, soit comme un legs à titre particulier, et qu'elle produira ses effets, suivant les règles établies pour ces trois sortes de legs (V. *infra*, art. 1002).

5e *Arg.* — Les art. 1009 et 1012, sont, au surplus, décisifs;

Ces textes déclarent en termes formels que les légataires universels et à titre universel sont tenus personnellement pour leur part et portion des dettes et charges de la succession ;

Donc, ils en sont aussi tenus *ultra vires*, car il est de la nature de l'obligation personnelle d'être indéfinie (art. 2092 et 2093).

Cet argument, fait-on remarquer, est d'autant plus probant, que, pour régler l'obligation des héritiers légitimes envers les créanciers de la succession, l'art. 873 se sert exactement des mêmes termes que les art. 1009 et 1012.

6e *Arg.* — Si le droit philosophique enseigne que les légataires universels ou à titre universel ne devraient être obligés pour aucune part au payement des dettes de la succession, pourquoi le droit positif les y oblige-t-il jusqu'à concurrence de leur émolument ?

Si en même temps le droit philosophique enseigne que l'obligation de payer les dettes de la succession s'impose aux représentants de la personne du défunt, pourquoi cette obligation ne s'imposerait-elle pas aux légataires universels et à titre universel, en d'autres termes, pourquoi ces légataires ne seraient-ils pas, eux aussi, comme les héritiers légitimes, des représentants du défunt (2) ?

---

(1) M. Nicias-Gaillard, *Revue critique de jurisprudence*, p. 1852, t. II, p. 344.

(2) De ce que la propriété est fondée pour chacun sur le droit individuel,

*Légalement*, ainsi que nous l'avons déjà dit pour les successeurs irréguliers (V. *supra*, p. 55), la question est insoluble ; les arguments invoqués des deux parts se font à peu près équilibre.

*Logiquement*, le *second* système est seul soutenable, et comme il entraîne la conséquence philosophique qu'un individu peut revêtir qui bon lui semble de sa personnalité pour le temps qui suivra sa mort, *il constitue une excellente réfutation par l'absurde de l'idée que l'héritier est le continuateur de la personne du défunt* (V. *supra*, p. 59, note 1) (1).

Il existe une *seconde* controverse au sujet du sens du mot *émolument* dans la *première* proposition de l'art. 871 ; *on s'est demandé si l'émolument des légataires universels et à titre universel ne devait pas s'entendre seulement de l'avantage qui reste à ces légataires, déduction faite des legs particuliers mis à leur charge.*

Cette controverse n'est possible que pour les auteurs qui, sur la question précédente, professent le premier système; même au point de vue de ces auteurs, la négative ne semblerait pas devoir être douteuse (2).

Remarquons :

1° *Que certains auteurs enseignent que les légataires universels et à titre universel sont tenus, personnellement et* ultra vires, *au point de vue du droit de poursuite, tout en ne l'étant, selon eux, que jusqu'à concurrence de leur émolument, au point de vue de la contribution* (3).

2° *Qu'on doit étendre aux donataires universels et à titre universel la solution que l'on adopte à l'égard de la contribution des légataires universels et à titre universel* (art. 1082 et suiv.);

---

MM. Aubry et Rau concluent à une sorte de personnalité du patrimoine, laquelle survivrait même au propriétaire ; ils partent de là pour admettre que l'héritier en recevant le patrimoine reçoit la personnalité du défunt (MM. Aubry et Rau *Sur Zachariæ*. Mais alors, comme leur répond très-bien M. Demolombe (t. XVII, p. 49), *les légataires universels et à titre universel, qui succèdent à la totalité ou à une fraction du patrimoine, devraient aussi succéder à la totalité ou à une fraction de la personnalité du défunt.*

D'une prémisse exacte, mais mal dégagée, les deux savants professeurs ont, en réalité, tiré une série de déductions, qui ne supportent pas l'examen.

(1) Est-il assez manifeste que les auteurs de la compilation napoléonienne, n'ont, en général, su ni ce qu'ils voulaient, ni où ils allaient et que l'œuvre législative issue de Brumaire est *un néant de doctrine philosophique, économique et juridique?* (V. *Manuel de droit civil*, t. I, Intr. p. LXIII, note 1).

(2) M. Nicias-Gaillard, *Revue critique de jurisprudence*, 1852, t. II, p. 355, — M. Demolombe, t. XXII, p. 33.

En sens contraire, M. Demante, t. III, n^os^ 205 et suiv. — M. Troplong, *Des donations et testaments*, t. IV, n° 1858.

MM. Zachariæ, Aubry et Rau, expriment la même opinion que MM. Nicias-Gaillard et Demolombe, t. V, p. 359.

(3) Notamment, M. Troplong. *Des donations et testaments*, n° 1839.

3° *Que, si l'on admet que les légataires et les donataires universels et à titre universel sont tenus des dettes personnellement et* ultra vires *on doit aussi admettre qu'ils peuvent user du bénéfice d'inventaire, pour limiter leur part contributoire et le droit de poursuite des créanciers* (V. *supra*, p. 222) *au montant de leur part héréditaire* (1).

### 2° LÉGATAIRES A TITRE PARTICULIER.

A l'égard de ces légataires, l'art. 871 dispose que : « le légataire particulier n'est pas tenu des dettes et charges, sauf toutefois l'action hypothécaire sur l'immeuble légué. » (V. aussi *infra*, art. 1024.)

Les dettes étant une charge de l'universalité, il est clair que le légataire particulier n'y doit pas contribuer; mais, bien entendu, il n'a droit de réclamer son legs que sur ce qui reste du patrimoine, déduction préalablement faite des dettes.

Quant à l'action hypothécaire, elle s'exerce contre le légataire particulier de la même façon que contre tout tiers détenteur (art. 2166) et sauf le recours de ce légataire (V. *infra*, art. 874).

**873.** — Les héritiers sont tenus des dettes et charges de la succession, personnellement pour leur part et portion virile et hypothécairement pour le tout, sauf leur recours, soit contre leurs cohéritiers, soit contre les légataires universels, à raison de la part pour laquelle ils doivent y contribuer.

Cet article établit la règle du droit de poursuite.

Il y a à y reprendre d'abord l'*insuffisance* de sa formule : ensuite *deux* graves vices de rédaction.

L'insuffisance de la formule consiste en ce que l'article ne concerne nommément que les *héritiers* (légitimes);

Les *deux* vices de rédaction sont :

1° *Que, d'après le texte, le droit de poursuite aurait pour mesure à l'égard de chacun des héritiers, « la part et portion virile », tandis qu'il a effectivement pour mesure la part héréditaire;*

2° *Que d'après le texte, le droit de poursuite semblerait protégé par une hypothèque qui résulterait de l'ouverture même de la succession, tandis qu'à part l'hypothèque existant du chef du défunt, les créanciers de la succession n'ont que l'action personnelle contre chacun des héritiers.*

Le premier vice tient à une réminiscence malavisée de l'ancien droit (2) et à une confusion entre *la part virile et la part héréditaire*

(1) M. Nicias-Gaillard, *Revue critique de jurisprudence*, 1852, t. II, p. 344. — M. Demolombe, t. XV, p. 119.

(2) L'ancien droit admettait à la fois la règle de la part virile et la règle de la part héréditaire; il appliquait la première au cas où, dans une même succes-

*taire* (1), renouvelée en termes exprès par les compilateurs napoléoniens dans un article ultérieur (art. 1475).

Le *second* vice a pour cause la reproduction inattentive, et du reste inutile, de l'art. 333 de la *Coutume de Paris*, qui statuait sur le cas où une hypothèque existait du chef du défunt.

En ce qui concerne les héritiers légitimes, la règle du droit de poursuite est donc *identique* avec celle de la contribution, en d'autres termes, *à l'égard de chaque héritier le droit de poursuite est proportionnel à la part héréditaire* (Comparer art. 1220).

Comme il n'existe pas de solidarité entre cohéritiers, la règle précédente n'est pas modifiée par la circonstance qu'un ou plusieurs des héritiers sont insolvables ; à l'égard de chaque cohéritier solvable, le droit de poursuite reste proportionnel à la part héréditaire.

Dans le cas où, parmi les héritiers, un ou plusieurs ont accepté purement et simplement, et un ou plusieurs, sous bénéfice d'inventaire, il faut distinguer :

*A l'égard de chaque héritier pur et simple*, la règle subsiste ;

*A l'égard de chaque héritier bénéficiaire*, elle subsiste également, *jusqu'à concurrence de la part que l'héritier bénéficiaire recueille dans la succession ;*

*Cette part épuisée, l'héritier bénéficiaire est affranchi du droit de poursuite, comme de la contribution* (V. *supra*, p. 222).

*Au point de vue du droit de poursuite, doit-on soumettre à la même règle que les héritiers légitimes :*

1° *Les successeurs irréguliers ;*

2° *Les successeurs qui exercent le droit de retour légal ;*

3° *Les légataires universels et à titre universel ;*

4° *Les donataires universels et à titre universel?*

Cette question est complexe ; elle comprend les *deux* suivantes :

1° *Les créanciers ont-ils le droit de poursuivre les successeurs sus-indiqués personnellement et* ultra vires?

2° *Les créanciers ont-ils le droit de faire abstraction de ces mêmes*

---

sion, il y avait plusieurs successions et plusieurs ordres d'héritiers (Pothier, *Des successions*, chap. v, art. 3, § 2 et art. 4) ; la seconde, au cas où tous les héritiers, comme dit Pothier, étaient héritiers aux mêmes biens (Pothier, *Des successions*, chap. v, art. 3, § 2.

(1) *La part virile est celle qui se détermine d'après le nombre des cohéritiers ou, plus généralement, des copartageants*, pro numero virorum.

*La part héréditaire est la quotité que chaque héritier est appelé à recueillir dans la succession.*

La part virile et la part héréditaire se confondent, lorsque les héritiers sont appelés à la succession pour des parts égales ; il en est tout autrement lorsqu'ils y sont appelés pour des parts inégales.

*successeurs, et de poursuivre exclusivement les héritiers légitimes, sauf le recours de ceux-ci contre les autres successeurs?*

Sur ces *deux* points, les divergences sont multiples ; la *seule* doctrine qui forme un enchaînement, tout irrationnelle qu'en soit la prémisse (V. *supra*, p. 327 et 59, note 1), est celle qui se prononce sur le *premier*, pour *l'affirmative*, et sur le *second*, pour la *négative*, en d'autres termes, *qui repousse la distinction entre les successeurs aux biens et les représentants de la personne, et qui généralise la dernière idée* (1).

Du reste, à l'égard des successeurs irréguliers, des légataires universels et à titre universel, et des donataires universels et à titre universel, cette même doctrine est forcée de distinguer à son tour *entre l'époque qui précède et celle qui suit le moment* (envoi en possession, délivrance), *où ces successeurs sont mis en possession, soit de l'universalité, soit de la partie de l'universalité qui leur est attribuée;* elle décide, comme la doctrine opposée, que le droit de poursuite n'existe contre aucun de ces successeurs, *tant qu'il n'a pas été mis en possession* (2).

Quant aux successeurs qui exercent le droit de retour légal, comme ils héritent de véritables propres, il paraît conforme à la tradition juridique d'admettre qu'avant le règlement des parts contributoires, ils peuvent être poursuivis pour leur *part virile* (3).

---

(1) MM. Nicias-Gaillard, *Revue critique de Jurisprudence*, 1852, t. II, p. 344 et suiv. — M. Demolombe, t. XVII, p. 42.

En sens contraire, M. Demante, t. III, n$^{os}$ 208 et suiv. — MM. Zachariæ, Aubry et Rau, t. V, p. 350. — M. Colmet de Santerre, t. IV, n$^{os}$ 152 et suiv. — M. Berriat Saint Prix, *Revue critique de jurisprudence*, 1852, p. 157 et suivants.

Tel est en cette matière le chassez-croisez des systèmes et des opinions juridiques qu'il est impossible d'en présenter le tableau complet. Les pétitions de principe, les sophismes, les subtilités en tous genres y ont été accumulées, comme à plaisir. Quant aux textes napoléoniens, ils sont en réalité désintéressés dans le débat, car ils rendent probables au même degré, les interprétations les plus diverses.

Nous redisons que, rationnellement, il ne doit exister qu'une seule classe d'héritiers, ayant tous pour titre la volonté du propriétaire et pour condition, celle de successeurs aux biens.

(2) M. Demolombe, t. XVII, p. 39.

MM. Aubry et Rau ont très-bien relevé cette inconséquence (t. V, note 5), mais il suffit d'un seul mot pour leur répondre :

Ce vice du système de MM. Nicias-Gaillard et Demolombe résulte de l'indéchiffrable énigme de la saisine, consacrée en termes exprès par la compilation napoléonienne.

Au surplus, si la théorie de ces auteurs n'est pas fondée, il n'y a dans la matière aucune théorie possible.

(3) M. Demante, t. III, n° 209 *bis* III. — M. Valette à son cours. — M. Demolombe, t. XVII, p. 56.

Le retour légal n'étant qu'un débris de l'ancien régime économique, il est tout simple qu'on y doive appliquer l'ancienne règle du droit de poursuite.

*En résumé, on voit que, selon les uns, la très-arbitraire et très-regrettable distinction entre la contribution et le droit de poursuite subsisterait pour tous les cas où des représentants de la personne se trouveraient en concours avec de simples successeurs aux biens, tandis que, selon les autres, cette même distinction n'aurait d'application que dans l'unique cas des successeurs qui exercent le droit de retour légal.*

La thèse précédente mise à part, la corrélation entre la règle de la contribution et la règle du droit de poursuite cesse d'exister dans les *trois* cas suivants :

1° *Lorsque les cohéritiers sont convenus dans le partage qu'un d'entre eux payera une part de dettes supérieure à la proportion que donnerait la règle du droit de poursuite* (arg., art. 1166) ;

2° *Lorsque la dette est indivisible* (art. 1222, 1223 et 1225, V. *infra*) ;

3° *Lorsque la dette, bien que divisible, rentre dans un des chefs de l'art.* 1221 (V. *infra*) ; *notamment lorsqu'elle est hypothécaire.*

On remarquera que ces trois cas appartiennent au droit commun ; toutefois le législateur napoléonien a jugé bon d'indiquer spécialement dans l'art. 873, comme nous l'avons dit (V. *supra*, p. 328), le cas où il existe dans la succession *une dette garantie par une hypothèque*, et de développer ce même cas dans les deux articles suivants.

**874.** — Le légataire particulier qui a acquitté la dette dont l'immeuble légué était grevé, demeure subrogé aux droits du créancier contre les héritiers et successeurs à titre universel.

L'hypothèque est *un droit réel ;* de plus, elle est *indivisible.*

*En tant que droit réel*, elle confère un droit de suite à la personne à qui elle appartient, c'est-à-dire que cette personne a la faculté de faire valoir l'hypothèque contre tout détenteur de la chose hypothéquée (1).

*En tant qu'indivisible*, elle existe pour le tout à la fois sur chaque partie de la chose hypothéquée, et pour chaque partie de la créance qu'elle garantit (2).

L'art. 870 avait déjà indiqué que ce double principe s'applique au légataire particulier, comme à tout tiers détenteur ; l'art. 874 reprend la même idée et règle, en outre, le droit de recours du légataire particulier (V. aussi art. 611 et 1024).

---

(1) *Manuel de droit civil*, t. I, p. 20.

(2) On a fait un adage de ce mot de Dumoulin : « *Est tota in toto et tota in qualibet parte.* » Ce mot est incomplet.

Il y a donc à distinguer :

1° *Les rapports du légataire particulier avec le créancier hypothécaire ;*

2° *Les rapports du légataire avec ceux contre lesquels il a le droit de recours.*

### 1° RAPPORTS DU LÉGATAIRE PARTICULIER AVEC LE CRÉANCIER HYPOTHÉCAIRE.

A ce *premier* point de vue, le légataire particulier est absolument dans la position d'un tiers détenteur ordinaire ; pour se dérober à l'hypothèque, il a le droit :

*Soit de délaisser l'immeuble hypothéqué* (art. 2168, 2172 et suiv.) ;

*Soit d'opposer l'exception de discussion* (art. 2170, 2171);

*Soit de purger* (art. 2181 et suiv.) (1).

### 2° RAPPORTS DU LÉGATAIRE PARTICULIER AVEC CEUX CONTRE LESQUELS IL A LE DROIT DE RECOURS.

A ce *second* point de vue, le légataire particulier a :

1° *L'action personnelle* negotiorum gestorum, *contre chacun de ceux dont il a fait l'affaire en payant la dette* (art. 1372 et 1375);

2° *L'action hypothécaire contre tout tiers détenteur de biens hypothéqués à la même dette* (art. 1251, 3°).

*L'action personnelle* du légataire particulier est protégée par une hypothèque légale qui grève tous les immeubles de la succession (article 1017), et par le droit à la séparation des patrimoines (art. 878-882 et 2111).

*L'action hypothécaire* de ce même légataire est soumise aux règles ordinaires de la subrogation (2); aussi y a-t-il à rectifier à cet égard la rédaction de l'art. 871.

---

(1) Le délaissement de l'immeuble grevé de priviléges ou d'hypothèques est le droit qu'a le tiers détenteur d'abandonner la possession *de cet immeuble*, afin que les créanciers privilégiés et hypothécaires le fassent vendre et se payent sur le prix (art. 2174).

*L'exception ou le bénéfice de discussion est le droit qu'a le tiers détenteur de paralyser la poursuite des créanciers privilégiés et hypothécaires, tant que la saisie et la vente des autres immeubles affectés par privilége ou par hypothèque à la même dette et restés dans la possession du principal ou des principaux obligés n'ont pas démontré que le prix de ces autres immeubles est insuffisant pour acquitter la dette* (art. 2170).

*La purge est pour le tiers détenteur un moyen de libérer un immeuble grevé de priviléges ou d'hypothèques, en accomplissant certaines formalités à l'égard des créanciers privilégiés ou hypothécaires et en leur offrant le prix ou la valeur estimative de l'immeuble* (art. 2181, 2184).

(2) L'idée la plus générale dans laquelle se résume la subrogation est, comme

D'après cet article, il semblerait que le légataire particulier ne peut exercer de recours hypothécaire que « contre les héritiers et successeurs à titre universel ».

Les principes de la subrogation excluent une pareille restriction, et aucune raison spéciale ne la justifierait ici. Comme tout subrogé, nous le répétons, le légataire particulier peut recourir *contre tout tiers détenteur de biens hypothéqués à la dette qu'il a payée* (1).

**875.** — Le cohéritier ou successeur à titre universel, qui, par l'effet de l'hypothèque, a payé au delà de sa part de la dette commune, n'a de recours contre les autres cohéritiers ou successeurs à titre universel, que pour la part que chacun d'eux doit personnellement en supporter, même dans le cas où le cohéritier qui a payé la dette se serait fait subroger aux droits des créanciers ; sans préjudice néanmoins des droits d'un cohéritier qui, par l'effet du bénéfice d'inventaire, aurait conservé la faculté de réclamer le payement de sa créance personnelle, comme tout autre créancier.

**876.** En cas d'insolvabilité d'un des cohéritiers ou successeurs à titre universel, sa part dans la dette hypothécaire est répartie sur tous les autres, au marc le franc.

A l'égard de l'héritier ou du successeur à titre universel qui détient un immeuble hypothéqué, il y a lieu de distinguer comme à l'égard du légataire particulier :

1° *Les rapports de cet héritier ou de ce successeur avec le créancier hypothécaire ;*

2° *Les rapports de ce même héritier ou de ce même successeur avec ceux contre lesquels il a le droit de recours.*

### 1° RAPPORTS DE L'HÉRITIER OU DU SUCCESSEUR A TITRE UNIVERSEL AVEC LE CRÉANCIER HYPOTHÉCAIRE.

A ce *premier* point de vue, l'héritier ou le successeur à titre universel n'est pas dans la position d'un tiers détenteur ordinaire, car, à la différence du tiers détenteur ordinaire, cet héritier ou ce successeur est à la fois tenu envers le créancier hypothécaire :

*Personnellement, dans la mesure* « de sa part *de la dette commune* »;

*Hypothécairement, pour le tout.*

Il est d'abord certain que dans la mesure où il est tenu personnellement, il n'a le droit :

*Ni de délaisser* (art. 2172) ;

---

nous l'avons déjà dit, celle de substitution (V. *supra*, p. 122); la subtilité juridique a hérissé de difficultés la théorie de la subrogation (V. *infra*, art. 1249 et suiv.)

(1) L'exégèse complète de ce texte inutile engagerait à la fois la question du régime hypothécaire et celle de la subrogation ; nous renvoyons en conséquence pour le développement à l'exposition de ces deux matières, dont il faut en tout appliquer les règles au cas présent.

*Ni d'opposer l'exception de discussion* (art. 2170);

*Ni de purger* (2181).

*En est-il de même lorsqu'il a payé sa part de la dette commune, et qu'il n'est plus tenu qu'hypothécairement?*

La difficulté tient :

D'un côté, à ce que l'héritier et, d'après la théorie la plus logique (V. *supra*), le successeur universel, quel qu'il soit, est le représentant du défunt.

D'un autre côté, à ce que l'obligation réelle corrélative au droit hypothécaire est indivisible comme ce droit lui-même (1).

*Trois* opinions ont été émises :

*D'après les uns* (2), l'héritier qui a payé la part dont il était tenu personnellement n'en continue pas moins, en tant que tenu hypothécairement, à être assimilable au défunt lui-même; cet héritier ne peut en conséquence :

*Ni délaisser;*

*Ni opposer l'exception de discussion;*

*Ni purger.*

*D'après les autres* (3), l'héritier qui a payé la part dont il était tenu personnellement est dans la position d'un tiers détenteur ordinaire; cet héritier peut en conséquence :

*Soit délaisser;*

*Soit opposer l'exception de discussion;*

*Soit purger.*

*D'après d'autres enfin* (4), l'héritier qui a payé la part dont il était tenu personnellement, peut :

*Délaisser;*

Il ne peut :

*Ni opposer l'exception de discussion;*

*Ni purger.*

Le *premier* système est seul conforme à la double idée que l'héritier est le représentant du défunt, et que l'obligation réelle corrélative au droit hypothécaire est indivisible comme ce droit lui même.

La *seconde* opinion ne procède d'aucune règle légale.

---

(1) Cette excellente formule est de MM. Aubry et Rau, t. V, p. 355, note 14.

(2) Cette opinion, à peu près abandonnée aujourd'hui, était professée dans l'ancien droit par Loyseau (*Du déguerpiss.*, liv. III, ch. VIII, n° 13; liv. IV, chap. IV, n° 17).

(3) Notamment M. Troplong (*Des privil. et des hypoth.*, t. III, n$^{os}$ 798 et 812).

(4) MM. Zachariæ, Aubry et Rau, t. V, p. 355 et 356, texte et notes 14, 18. M. Labbé, *Revue critique de jurisprudence*, t. VIII, p. 211 et suiv. — M. Demolombe, t. XVII, p. 88.

La *troisième* opinion qui accepte les solutions de la première à l'égard de l'exception de discussion et de la purge, et qui la repousse pour le délaissement, oublie simplement que, d'après la tradition juridique, l'héritier est le représentant du défunt (1).

Les décisions précédentes sont au surplus appliquées à l'héritier ou à *tout autre successeur universel, qui a accepté sous bénéfice d'inventaire*, mais, bien entendu, *sauf la restriction résultant du bénéfice d'inventaire* (V. *supra*, p. 222).

2° RAPPORTS DE L'HÉRITIER ET DU SUCCESSEUR A TITRE UNIVERSEL AVEC CEUX CONTRE LESQUELS IL A LE DROIT DE RECOURS.

A ce *second* point de vue, l'héritier ou le successeur à titre universel a :

1° *L'action personnelle* negotiorum gestorum *contre ses cohéritiers ou ses cosuccesseurs à titre universel* (art. 1372 et 1375);

2° *L'action personnelle en garantie contre ses cohéritiers ou ses cosuccesseurs à titre universel* (art. 884-885);

3° *L'action hypothécaire contre tous ceux de ses cohéritiers ou de ses cosuccesseurs à titre universel, qui détiennent des biens hypothéqués à la même dette* (art. 1251, 3°) (2).

*L'action personnelle en garantie* de l'héritier ou du successeur à titre universel est protégée par un privilége qui grève tous les immeubles de la succession (art. 2103, 3°, et 2109).

*L'action hypothécaire* de ce même héritier ou de ce même successeur à titre universel lui est attribuée par l'effet *non d'une subro-*

---

(1) Les auteurs sentent bien qu'en repoussant comme exorbitante la première opinion et en adhérant à la troisième, ils se trouvent encore une fois sur un terrain mal assis.

Si, par exemple, M. Labbé exécute d'une main leste le vieux Loyseau (*Revue crit.* t. VIII, p. 213), il s'empresse de se retrancher cependant derrière «l'admirable bon sens de Pothier» ; or, suivant l'habitude invétérée des légistes, Pothier n'a pas même abordé la discussion ; il s'est contenté de faire une distinction qu'il a prise pour une raison.

Voici, en effet, le passage capital de Pothier sur ce point de droit :

« Suivant la nature de l'action personnelle, l'héritier en partie du débiteur ne peut, par le délais des héritages auxquels il a succédé, ni en cessant de les posséder, se décharger de la dette pour la part dont il est héritier et dont il est personnellement tenu ; mais il peut, suivant la nature de l'action hypothécaire, se décharger du surplus de la dette par le délais des immeubles auxquels il a succédé, qui y sont hypothéqués, ou en cessant de les posséder » (Cout. d'Orléans, tit. 20, n° 52).

Ainsi tout le raisonnement de Pothier consiste à opposer l'action personnelle à l'action hypothécaire, et Pothier, non plus que ceux qui le reproduisent, ne se souvient pas qu'il admet que l'héritier est le représentant du défunt.

Quand donc les légistes arriveront-ils à comprendre qu'on n'est pas libre de quitter un principe par l'unique raison qu'il est gênant?

(2) Comparer M. Demolombe, t. XVII, p. 89.

*gation conventionnelle*, comme paraît l'exprimer la défectueuse formule de l'art. 875, *mais d'une subrogation légale* (art. 1251, 3°) (1).

L'art. 876 ajoute sur ce point à l'art. 875 une disposition complémentaire dérivant de l'obligation réciproque de garantie qui lie les cohéritiers et les cosuccesseurs à titre universel (art. 884-885) :

Si un des cohéritiers ou des cosuccesseurs à titre universel était déjà insolvable à l'époque où le payement a été fait, la part à supporter par l'insolvable se répartit au marc le franc entre les *autres cohéritiers ou cosuccesseurs* à titre universel, y compris celui qui exerce le recours.

*D'où vient que, nonobstant le droit commun de la subrogation, l'action hypothécaire, dans le cas de l'art.* 875, *se divise comme l'action personnelle?*

En d'autres termes, *pourquoi, dans le cas de l'art.* 875, *le cohéritier ou cosuccesseur à titre universel qui a payé toute la dette hypothécaire n'a-t-il pas le droit de recourir pour le tout, sa part préalablement déduite, contre ses cohéritiers ou ses cosuccesseurs à titre universel, détenteurs d'immeubles hypothéqués à la même dette, et pourquoi chacun des cohéritiers ou cosuccesseurs à titre universel, payant celui qui l'actionne, n'a-t-il pas à son tour le même droit contre les autres?*

On répond :

*Que la disposition exceptionnelle de l'art.* 875 *a pour but d'éviter une série d'actions récursoires, ce que les légistes nomment un circuit d'actions ;*

*Que cette même disposition était commandée par les rapports de quasi-société, que l'indivision établit entre les cohéritiers et les cosuccesseurs à titre universel ;*

*Qu'elle était aussi commandée par l'obligation réciproque de garantie qui lie les cohéritiers et les cosuccesseurs à titre universel* (2).

Voici comment on explique en particulier cette *dernière* raison :

---

(1) M. Demolombe, t. XVII, p. 91. Comparer MM. Zachariæ, Aubry et Rau, t. V, p. 360 texte et note 3.

Ce n'est pas assez que les compilateurs napoléoniens n'aient eu aucune idée arrêtée sur la théorie du payement des dettes ; ils en ont parsemé tous les textes de fautes telles que l'exégète se trouve constamment absorbé par le double soin de réparer l'erreur grammaticale et de rechercher le sens de la loi.

Ici, les compilateurs napoléoniens ont plagié l'ancien droit ; ils ont emprunté presque littéralement à Pothier ce membre de phrase : « même dans le cas où le cohéritier qui a payé la dette se serait fait subroger aux droits du créancier » (Pothier, Cout. d'Orléans, art. 358, note), ce qui semblerait impliquer qu'aujourd'hui, comme dans l'ancien droit, le cohéritier ou successeur à titre universel n'obtient le bénéfice de la subrogation qu'en vertu d'une convention, tandis qu'aux termes de l'art. 1251 n° 3, la subrogation a lieu de plein droit « au profit de celui qui, étant tenu avec d'autres ou pour d'autres au payement de la dette, avait intérêt à l'acquitter. »

(2) M. Demolombe, t. XVII, p. 94.

En vertu de l'obligation de garantie, chacun des cohéritiers ou cosuccesseurs à titre universel doit indemniser ses cohéritiers ou ses cosuccesseurs des troubles et évictions qui procèdent d'une cause antérieure au partage (art. 884) ; or, dans l'espèce, le cohéritier ou cosuccesseur qui contraindrait un de ses cohéritiers ou cosuccesseurs à payer une somme dépassant la part personnelle de ce dernier dans la dette, serait lui-même l'auteur d'*une sorte d'éviction* envers une personne à laquelle il doit garantie de l'éviction ; c'est donc le cas d'appliquer l'adage ; *quem de evictione tenet actio, eumdem agentem repellit exceptio* (1).

Remarquons :

1° *Que la subrogation conventionnelle* (art. 1250) *ne produirait pas des effets plus complets que la subrogation légale ;*

2° *Que le cohéritier ou le successeur à titre universel subrogé peut, pour la sûreté de son recours, invoquer la séparation des patrimoines du chef du créancier qu'il a payé ;*

*On demande si un des cohéritiers ou cosuccesseurs à titre universel peut agir hypothécairement pour le tout contre les autres cohéritiers ou cosuccesseurs à titre universel d'immeubles hypothéqués :*

1° *Dans le cas où ce cohéritier ou cosuccesseur à titre universel avait de son chef une créance hypothécaire contre le défunt ;*

On suppose, bien entendu, que le cohéritier ou le cosuccesseur déduit la part qui s'est éteinte par confusion (art. 1300).

---

(1) A l'école, cette explication, est en général, préférée aux deux autres; M. Demolombe la pousse plus avant ; l'éminent professeur, qui comprend à merveille que l'éviction n'existe que tout autant qu'il y a une dépossession, une perte définitive et effective, ajoute à peu près ce raisonnement (t. XVII, p. 94) :

Sur l'action hypothécaire d'un créancier, un premier cohéritier a payé le tout ; supposons que, conformément aux règles ordinaires de la subrogation, ce cohéritier ait le droit de recourir pour le tout, moins sa propre part, contre un second cohéritier, détenteur d'un immeuble hypothéqué à la même dette, et qu'au moment où le second rembourse le premier, un troisième cohéritier, également détenteur d'un immeuble hypothéqué à la même dette, soit insolvable ; le second aura alors à son tour le droit de recourir contre le premier pour la somme que celui-ci doit prendre à sa charge dans la part personnelle du troisième; mais il peut arriver que le premier cohéritier soit devenu insolvable ; donc le second se trouvera finalement évincé par suite du recours exercé contre lui par le premier.

En résumé, M. Demolombe n'aboutit à fonder que sur un risque d'éviction la disposition exceptionnelle de l'art. 875.

Certes, à nos yeux, cette raison est tout à fait suffisante; elle rentre très-logiquement dans la théorie de la garantie ; mais pourquoi parler d'éviction lorsqu'il ne s'agit que de risque d'éviction, et pourquoi aller chercher une démonstration si loin, lorsqu'on en a une tout près de soi ? N'est-il pas évident, en effet, que ce qui produit ici le risque de l'éviction, c'est l'incertitude où l'on se trouve, à cause de l'art. 876, pour calculer la part personnelle du cohéritier qui exerce le recours et que ce cohéritier doit déduire ?

Au point de vue économique, d'ailleurs, et par là même, au point de vue juridique, la nécessité d'empêcher un circuit d'actions constitue une raison excellente.

2° *Dans le cas où ce cohéritier ou cosuccesseur à titre universel, légataire par préciput d'un immeuble hypothéqué, est subrogé au créancier, en qualité de légataire particulier* (art. 874).

L'*affirmative* est subtilement soutenue par certains auteurs (1).

La *négative* doit l'emporter par les mêmes raisons qui s'opposent au recours pour le tout dans le cas prévu par l'art. 875 (2).

*Ce n'est qu'à l'égard de l'héritier bénéficiaire que s'applique le droit commun de la subrogation.*

Cette décision n'est pas écrite en toutes lettres dans l'art. 875 ; mais elle en ressort nécessairement.

La fin de l'art. 875 ne mentionne, il est vrai, que le cas où l'héritier bénéficiaire réclame « le payement de sa créance personnelle, comme tout autre créancier » ; mais les mots « sans préjudice néanmoins », indiquent d'abord qu'il s'est fait à cet endroit une évidente rupture d'idées dans l'esprit des compilateurs napoléoniens, et il n'est du reste pas contestable que l'héritier bénéficiaire qui paye de ses deniers la créance héréditaire, au delà de la part qu'il doit supporter dans cette créance, est créancier personnel pour le surplus.

On voit par là que la disposition principale de l'art. 875 s'expliquant au moyen de l'obligation de garantie (art. 884-885), il y a lieu de penser que l'héritier bénéficiaire n'est pas tenu de cette obligation sur ses biens personnels (V. *infra*, art. 885).

Remarquons enfin que, bien que l'art. 875 ne s'occupe que du seul cas de dette hypothécaire, la disposition qu'il contient doit-être étendue à *tous* les cas où un cohéritier ou un successeur à titre universel est contraint de payer une dette de la succession, *pour une part qui excède sa part personnelle* (V. art. 1221).

**872.** — Lorsque des immeubles d'une succession sont grevés de rentes par hypothèque spéciale, chacun des cohéritiers peut exiger que les rentes soient remboursées et les immeubles rendus libres avant qu'il soit procédé à la formation des lots. Si les cohéritiers partagent la succession dans l'état où elle se trouve, l'immeuble grevé doit être estimé au même taux que les autres immeubles ; il est fait déduction du capital de la rente sur le prix total ; l'héritier dans le lot duquel tombe cet immeuble demeure seul chargé du service de la rente, et il doit en garantir ses cohéritiers.

Cet obscur article prévoit un cas *particulier* de dette hypothécaire. Ce cas est celui où l'hypothèque garantit une *rente*.

---

(1) MM. Zachariæ, Aubry et Rau, t. V, p. 361 et 362 texte et note 6. — MM. Massé et Vergé, t. II, p. 432, 434.

(2) M. Demante, t. III, n° 216 *bis* II et III. — MM. Ducaurroy, Bonnier, Roustain, t. II, n° 755. — M. Demolombe, t. XVII, p. 96.

On conçoit qu'alors il y ait un intérêt considérable à prévenir les recours entre cohéritiers ou cosuccesseurs à titre universel, car les arrérages des rentes se payant périodiquement, le cohéritier ou cosuccesseur à titre universel contraint par le credi-rentier de payer le tout, devra avoir le droit d'exercer un recours périodique contre ses cohéritiers ou cosuccesseurs.

C'est cette complication que les rédacteurs napoléoniens se sont proposé de prévenir législativement.

Dans ce but, ils ont porté *deux* dispositions, d'ailleurs aussi mal formulées l'une que l'autre.

Le *premier* expédient, selon l'expression de M. Demolombe (1), consiste en ce que *chacun des cohéritiers ou cosuccesseurs à titre universel a le droit d'exiger que les rentes soient remboursées, et les immeubles rendus libres avant la formation des lots.*

L'article exprime que cela doit avoir lieu, quand les immeubles « sont grevés de rentes *par hypothèque spéciale* » ; cela doit avoir lieu, *à fortiori*, quand les immeubles sont grevés de rentes *par hypothèque générale*, car, dans ce cas, le mal des recours existe toujours, et il est habituellement plus grand.

Ce n'est que par suite d'une inadvertance que les mots « *par hypothèque spéciale* » figurent dans la première phrase de l'art. 872 (2).

Le *second* expédient consiste en ce que *chacun des cohéritiers ou cosuccesseurs à titre universel a le droit d'exiger, au moment du partage, l'évaluation du capital de la rente, et la déduction de ce capital sur le prix de l'immeuble grevé de l'hypothèque ;* de cette façon, l'héritier ou le successeur dans le lot duquel tombe cet immeuble reste, à l'égard de ses cohéritiers ou cosuccesseurs, seul chargé du service de rente, et il doit en garantir ses cohéritiers ou cosuccesseurs (3).

Il est évident que ce second expédient n'est applicable que tout autant que l'hypothèque est *spéciale* sur un seul immeuble.

L'inadvertance s'est renouvelée cette fois en sens inverse de la précédente (4).

---

(1) M. Demolombe, t. XVII, p. 103.

(2) M. Demante, t. III, n° 207 *bis*, I. MM. Zachariæ, Aubry et Rau, t. V, p. 357 texte et note 21. — M. Demolombe, t. XVII, p. 103.

(3) Chabot a soutenu que cet expédient est imposé par la loi aux cohéritiers ; l'atteinte à la liberté des conventions est déjà assez grave, dans l'espèce, pour qu'on ne l'exagère pas en arguant d'un accident de rédaction.

(4) M. Demante, t. III, n° 207 *bis*, I. — MM. Zachariæ, Aubry et Rau, t. V, p. 358 texte et note 25. — M. Demolombe, t. XVII, p. 106.

Il était pourtant si simple d'éviter des fautes de commission et d'omission en laissant aux héritiers le soin de s'arranger entre eux au mieux de leurs intérêts.

Ce n'était pas là l'idée napoléonienne, et c'est ainsi que d'une prémisse ar-

On remarquera que l'article *tout entier* est inapplicable aux rentes *viagères*, qui ne sont ni remboursables, ni susceptibles d'une évaluation certaine, et que le *premier* expédient est inapplicable même aux rentes *perpétuelles*, lorsqu'elles ne sont pas *actuellement remboursables* (art. 530 et 1911).

**877.** Les titres exécutoires contre le défunt sont pareillement exécutoires contre l'héritier personnellement ; et néanmoins les créanciers ne pourront en poursuivre l'exécution que huit jours après la signification de ces titres à la personne ou au domicile de l'héritier.

Cet article se rattache au principe que l'héritier est le représentant du défunt ; cependant les auteurs du Code Napoléon ont senti que la fiction risquait d'être ici en contradiction trop flagrante avec la réalité, pour qu'il ne fût pas nécessaire de l'amender ; les créanciers ne pourront poursuivre contre l'héritier personnellement l'exécution des titres exécutoires contre le défunt, *que huit jours après la signification de ces titres à la personne ou au domicile de l'héritier*.

Cette signification peut avoir lieu durant les délais pour faire inventaire et pour délibérer, sauf, bien entendu, le droit de l'héritier d'opposer son exception dilatoire (V. *supra*, p. 225), afin de paralyser la poursuite du créancier.

Les titres exécutoires contre le défunt ne peuvent d'ailleurs être mis à exécution sans signification préalable, pas plus sur les biens de la succession, que sur les biens personnels de l'héritier.

La plupart des auteurs pensent que l'art. 877 est inapplicable *aux successeurs irréguliers, aux légataires et aux donataires universels ou à titre universel ;* c'est là, à leurs yeux, une déduction de la doctrine qui considère tous ces successeurs comme de simples successeurs aux biens (1).

---

bitraire, d'un complément de même sorte et d'une élaboration embrouillée sortit l'art. 872.

Le projet de l'art. 872 était conçu de la manière suivante :

« Lorsqu'un immeuble de la succession est grevé d'une rente par hypothèque spéciale, il doit être estimé au même taux que les autres immeubles ; il est fait déduction du capital de la rente sur le prix total ; l'héritier dans le lot duquel tombent les immeubles demeure seul chargé du service de la rente et il doit en garantir ses cohéritiers. »

Dès le moment qu'on entrait dans la voie de la réglementation des casus, il était clair que le règlement de celui-là était insuffisant, *car*, selon la remarque de Tronchet, *une rente peut être hypothéquée sur plusieurs immeubles répartis dans différents lots*. (Locré, *Législation civile*, t. X, p. 138, 140.)

Tronchet fit, en conséquence, la motion de douteuse valeur qui a engendré le premier expédient.

La section de législation ne comprit rien à la motion de Tronchet, et l'art. 872 fut rédigé tel qu'il subsiste.

(1) M. Valette, à son cours.

La déduction contraire s'impose à ceux qui regardent ces mêmes successeurs comme des représentants du défunt (1).

### SÉPARATION DES PATRIMOINES.

*La séparation des patrimoines est le droit qu'ont les créanciers et les légataires particuliers de faire cesser la confusion entre le patrimoine du* de cujus *et celui de l'héritier, afin d'empêcher que cette confusion ne leur porte préjudice.*

C'est du droit romain que la séparation des patrimoines a passé dans l'ancien droit français.

A Rome, cette institution ne procéda pas du droit civil ; elle fut imaginée par le Préteur, pour pallier les conséquences du principe que l'héritier est le représentant du défunt.

En vertu de ce principe, les créanciers du défunt se trouvaient, en effet, obligés de souffrir sur le patrimoine de leur débiteur la concurrence des créanciers personnels de l'héritier; de là, des risques qui, même dans un système aussi fortement relié que celui de la cité romaine et dans une société où le mouvement économique était presque nul, contraignirent *le droit social* à reculer devant *le droit individuel.*

Dans l'ancien droit français, le principe de la représentation du défunt par l'héritier perdit ses dimensions et son caractère (V. *supra*, p. 42 et suiv.); en même temps les indécisions qui, dès l'origine, avaient signalé la théorie de la séparation des patrimoines ne firent que s'accroître.

On a pu voir ce qu'est devenue, sous l'empire de la compilation napoléonienne, la doctrine générale de la dévolution héréditaire ; bien moins encore que les légistes de l'ancienne France, les compilateurs napoléoniens eurent souci de comprendre les idées romaines qu'ils reproduisaient; en ce qui concerne spécialement la séparation des patrimoines, ils n'ont rempli aucune matière de plus d'antinomies et de ténèbres (2).

---

(1) M. Demolombe, t. XVII, p. 74.

Le sens si droit de M. Demante, lui avait fait rencontrer la solution qui, dans une bonne législation, devrait, selon nous, être admise pour tous les héritiers ; M. Demante, dans le cas des successeurs irréguliers, des légataires et des donataires universels ou à titre universel, distinguait entre les biens de la succession et les biens personnels du successeur; il affranchissait ces derniers de l'application de l'art. 877 ; il y soumettait les premiers en les déclarant grevés, par l'effet du titre exécutoire, d'une condition de saisissabilité immédiate (M. Demante, t. III, n° 218 *bis*, III).

(2) « C'est aujourd'hui une thèse très-grave, écrit M. Demolombe, que celle qui consiste à savoir quel est au vrai le caractère même de la séparation des patrimoines, particulièrement en ce qui concerne les immeubles et quels en sont les effets. » (M. Demolombe, t. XVII, p. 121.)

Cette question est tellement *grave*, ajouterons-nous à notre tour, qu'il n'est en vérité pas plus grave de chercher la quadrature du cercle que de tenter

Pour conformer sur ce point la législation aux indications scientifiques, il suffirait de déclarer *que le patrimoine de l'héritier, demeure de plein droit séparé du patrimoine du défunt*, en d'autres termes, d'abroger une fiction que repoussent les besoins autant que la raison du temps présent.

**878.** — Ils peuvent demander, dans tous les cas, et contre tout créancier, la séparation du patrimoine du défunt d'avec le patrimoine de l'héritier.

Cet article peut être considéré comme se référant aux *trois* questions suivantes :

1° *Quelles personnes ont le droit de demander la séparation des patrimoines?*

2° *Contre quelles personnes doit-elle être demandée?*

3° *A quels biens s'applique-t-elle?*

Nous examinerons aussi :

4° *En quelle forme elle doit être demandée.*

### 1° PERSONNES QUI ONT LE DROIT DE DEMANDER LA SÉPARATION DES PATRIMOINES.

Ces personnes sont :

1° *Tous les créanciers héréditaires, purs et simples, à terme ou sous condition; privilégiés, hypothécaires ou chirographaires, munis d'un titre authentique ou d'un titre sous seing privé;*

2° *Tous les légataires particuliers, quelles que soient également les modalités et les garanties de leurs legs, et la forme du testament qui contient ces legs* (art. 2111) (1).

On fait remarquer que, bien qu'en général les créanciers privilégiés et hypothécaires n'aient pas intérêt à demander la séparation des patrimoines, cependant ils peuvent y trouver une utilité dans certains cas, par exemple pour écarter les créanciers de l'héritier qui, par suite de la confusion des patrimoines, seraient à même d'obtenir un rang préférable au leur (art. 2101).

---

d'établir une théorie de la séparation des patrimoines à l'aide des textes napoléoniens.

(V. Blondeau, *Traité de la séparation des patrimoines considérée spécialement à l'égard des immeubles*, 1840, 1 vol. in-8. — M. Dufresne, *Traité de la séparation des patrimoines*, Paris et Orléans, 1842, 1 vol. in-8. — M. Cabantous (*Revue de Législation*, t. IV, p. 27, *Esquisse d'une théorie de la séparation des patrimoines*).

Au surplus, les rédacteurs du Code Napoléon ont jugé à propos d'y revenir à deux reprises, et de modifier dans les priviléges (art. 2111) ce qu'ils avaient écrit dans les successions (art. 878, 881).

(1) MM. Zachariæ, Aubry et Rau, t. V, p. 210 texte et notes 2, 3 et 4. — M. Demolombe, t. XVII, p. 122.

Il est clair que si l'héritier, nonobstant l'art. 1300, est resté créancier du défunt, il a le droit de demander la séparation des patrimoines comme tout autre créancier.

Le droit de demander la séparation des patrimoines appartient à *chacun* des créanciers de la succession, et des légataires *individuellement* (1).

### 2° PERSONNES CONTRE LESQUELLES DOIT ÊTRE DEMANDÉE LA SÉPARATION DES PATRIMOINES.

Les auteurs s'entendent fort peu sur la solution de cette question.

Selon M. Demolombe, il faut d'abord distinguer si la demande a pour objet :

La conservation du droit d'exercer la séparation des patrimoines;

Ou,

L'exercice même de ce droit, afin d'en obtenir les résultats positifs.

*Au premier point de vue*, la demande pourrait être exercée soit contre l'héritier lui-même, soit contre ses créanciers.

*Au second point de vue*, elle ne pourrait, au contraire, être intentée que contre les créanciers de l'héritier (2).

Cette distinction manque d'une base rationnelle, car il y a une corrélation nécessaire entre les deux points de vue; on ne peut avoir lieu de conserver un droit qu'à l'égard de ceux auxquels on a lieu de l'opposer.

D'après les termes des art. 878 et 2111, comme d'après la doctrine généralement professée, toute demande ayant pour objet la séparation des patrimoines doit être dirigée *non contre l'héritier*, *mais contre les créanciers de l'héritier* (3).

Elle peut, d'ailleurs, être dirigée contre *tout* créancier de l'héritier.

Ainsi, par exemple, le simple créancier chirographaire du défunt a le droit de la demander contre le créancier hypothécaire ou privilégié de l'héritier.

Remarquons que les légataires devenant par l'effet de l'acceptation pure et simple les créanciers personnels de l'héritier, les créanciers du défunt ont besoin de demander contre eux la séparation des patrimoines pour

---

(1) M. Demante, t. III, n° 219. — MM. Zachariæ, Aubry et Rau, t. V, p. 211. — M. Demolombe, t. XVII, p. 127.

(2) M. Demolombe, t. XVII, p. 129.

(3) MM. Zachariæ, Aubry et Rau, t. V, p. 212 et 213, texte et note 12. — M. Duranton, t. VII, n° 488. — M. Duvergier sur Toullier, t. II, n° 529, note *a*.

être payés par préférence à eux sur les biens de la succession (1).

De même, les créanciers du défunt et les légataires peuvent se trouver obligés de demander la séparation des patrimoines contre d'autres créanciers du défunt ou contre d'autres légataires, pour paralyser les causes de préférence que ces derniers auront obtenues de l'héritier sur les biens de la succession (2).

Du reste, la majorité des auteurs enseignent que, bien qu'un légataire, en demandant la séparation des patrimoines, obtienne une cause de préférence vis-à-vis des créanciers du défunt, il n'en obtient pas pour cela vis-à-vis des autres légataires (art. 878 et 2111) (3).

La séparation des patrimoines peut être demandée, *soit collectivement contre tous les créanciers de l'héritier*, *soit individuellement contre un seul d'entre eux*, *et*, *lorsqu'il y a plusieurs héritiers*, *contre les créanciers de chacun de ces héritiers* (4).

3° BIENS AUXQUELS S'APPLIQUE LA SÉPARATION DES PATRIMOINES.

Ces biens sont d'abord toutes les choses *mobilières* ou *immobilières*, *corporelles* ou *incorporelles* qui ont appartenu au défunt.

D'après les auteurs, il faut y comprendre en outre :

*Le prix des biens héréditaires, lorsqu'il est dû par l'acquéreur à l'héritier, ou les biens acquis en remplacement, lorsque l'origine et l'identité en sont certaines ;*

*Les fruits naturels ou civils produits par les biens héréditaires depuis le décès du défunt* (5).

---

(1) M. Demante, t. II, n° 219 *bis*, III. — MM. Zachariæ, Aubry et Rau, t. V, p. 224 texte et note 44. — M. Demolombe, t. XVII, p. 136.

En sens contraire, M. Toullier, t. II, n°s 536, 537. — M. Delvincourt, t. II, p. 33, note 7.

L'opinion de MM. Demante, Zachariæ, Aubry et Rau et Demolombe n'est pas contestable, et nous en concluons que jamais un faux principe ne se reconnut mieux à ses conséquences.

(2) MM. Zachariæ, Aubry et Rau, t. V, p. 224 et 225, texte et note 45. — M. Demolombe, t. XVII, p. 138.

Tout ce système de complications, de surprises, de procès, tient, nous le répétons, à l'inintelligente tradition romaine qui fait de l'héritier le continuateur de la personne du défunt.

(3) M. Delvincourt, t. II, p. 178. — MM. Zachariæ, Aubry et Rau, t. V, p. 225 texte et note 46. — M. Duranton, t. VII, p. 477 et XIX, 226.

Il nous paraît impossible d'accumuler de meilleures déductions et plus de non-sens.

(4) M. Demante, t. III, n° 219 *bis*, I. — MM. Zachariæ, Aubry et Rau, t. V, p. 212 et 213. — M. Demolombe, t. XVII, p. 139.

(5) MM. Zachariæ, Aubry et Rau, t. V, p. 213 et 214 texte et notes 17, 18 et 19. — M. Demolombe, t. XVII, p. 143 et 146.

La séparation de patrimoines ne s'applique :

*Ni aux biens rentrés dans la masse héréditaire par suite de rapport* (art. 857);

*Ni aux biens provenant d'une action en réduction intentée contre une donation entre-vifs pour cause d'atteinte à la réserve* (1).

La séparation des patrimoines peut être demandée,

*Soit collectivement sur toute l'universalité héréditaire,*

*Soit individuellement sur chacun des biens que cette universalité renferme.*

4° FORME DANS LAQUELLE LA SÉPARATION DES PATRIMOINES DOIT ÊTRE DEMANDÉE.

Comme nous l'avons dit (V. *supra*, p. 343), la séparation des patrimoines doit être demandée non contre *l'héritier* mais contre *les créanciers de l'héritier*.

Elle n'est pas d'ailleurs soumise à la condition d'une action spéciale; elle peut être invoquée *par voie d'exception et incidemment à toute demande en collocation sur le prix des biens de l'hérédité* (2).

**879.** — Ce droit ne peut cependant plus être exercé, lorsqu'il y a novation dans la créance contre le défunt, par l'acceptation de l'héritier pour débiteur.

**880.** — Il se prescrit, relativement aux meubles, par le laps de trois ans. — A l'égard des immeubles, l'action peut être exercée tant qu'ils existent dans la main de l'héritier.

D'après ces articles, les différents faits qui éteignent le droit de demander la séparation des patrimoines sont :

1° *La novation dans la créance contre le défunt, par l'acceptation de l'héritier comme débiteur* (art. 879);

2° *La prescription de trois ans à l'égard des meubles* (art. 880, 1er alinéa);

3° *L'aliénation à l'égard des immeubles et* à priori *à l'égard des meubles* (art. 880, 2e alinéa).

Il faut ajouter :

4° *La confusion des meubles avec les meubles personnels de l'héritier.*

---

(1) M. Demante, t. III, n° *bis*, II. — MM. Zachariæ, Aubry et Rau, t. V, p. 215 texte et note 2. — M. Demolombe, t. XVII, p. 142.

(2) Ces points sont extrêmement confus dans les auteurs. — Comparer MM. Aubry et Rau sur Zachariæ, t. V, p. 212 et 213 texte et note 12. — M. Demolombe, t. XVII, p. 129 et 147.

1° NOVATION DANS LA CRÉANCE CONTRE LE DÉFUNT PAR L'ACCEPTATION DE L'HÉRITIER COMME DÉBITEUR.

*La novation est la substitution d'une nouvelle dette à une ancienne;* transfusio veteris debiti in novum debitum.

Comme on le verra, cette substitution, cette *transfusio* peut avoir lieu de plusieurs manières et notamment *par la substitution d'un nouveau débiteur à l'ancien.*

Il ressort des termes mêmes de l'art. 879, que c'est à cette *dernière* sorte de novation que le législateur napoléonien a voulu ici fait allusion; l'ancien débiteur serait le *de cujus* et le nouveau serait l'*héritier.*

Malheureusement cette explication n'est pas possible, puisque l'héritier représente *de plein droit* le défunt dès l'ouverture de la succession.

Les auteurs sont réduits à dire que, dans l'art. 879, le mot novation est détourné de son acception; qu'il désigne *tout acte des créanciers impliquant nécessairement de leur part l'intention d'accepter sans réserve les effets de la confusion opérée par l'acceptation pure et simple de la succession* (1).

Quel sera cet acte?

Cette question se pose avant tout *en fait;* tel serait sûrement, par exemple, un acte d'exécution sur les biens personnels de l'héritier.

2° PRESCRIPTION DE TROIS ANS A L'ÉGARD DES MEUBLES.

Le droit romain limitait à un délai de cinq ans le droit de demander

---

(1) M. Demante, t. III, n°s 220 *bis*, I. — MM. Zachariæ, Aubry et Rau, t. V. p. 211. — M. Demolombe, t. XVII, p. 182.

MM. Aubry et Rau ajoutent (p. 211, note 6) : « le terme novation n'est employé dans l'art. 879 que *secundum subjectam materiam,* c'est-à-dire sous le rapport de la conservation et de la perte du droit de demande en séparation des patrimoines, tandis que la novation ordinaire entraîne l'extinction de tous les droits attachés à l'ancienne créance ».

M. Demolombe (p. 184) : « C'est donc là une novation *sui generis,* d'où résulte cette situation nouvelle, en effet, que le créancier du défunt a perdu définitivement cette qualité pour n'être plus qu'un créancier de l'héritier, comme tous ses autres créanciers. »

La vérité est que l'idée de la novation dans ce cas vient du droit romain, qu'en droit romain, dans la théorie de Paul et d'Ulpien sur la séparation des patrimoines (V. *infrà*, p. 350), cette idée était rigoureusement exacte; que les anciens légistes préférèrent, en général, à la théorie de Paul et d'Ulpien, la théorie de Papinien; qu'ils n'en continuèrent pas moins à professer une idée de novation fort bien déduite dans le premier système et incompatible avec le second; qu'enfin les inattentifs compilateurs napoléoniens ont copié les anciens légistes.

Il n'a pas suffi de transporter les traditions romaines dans un monde essentiellement différent du monde romain; voilà, en général, en vertu de quelle logique ces traditions vivent dans les institutions depuis l'ancien droit jusqu'à nos jours!

la séparation des patrimoines, sans distinguer entre les meubles et les immeubles (l. I, § 13, D., *de Separationibus*).

L'ancien droit français ne renfermait ce même droit dans aucun délai.

Les rédacteurs napoléoniens ont innové en soumettant à une prescription de trois ans le droit de demander la séparation des patrimoines à *l'égard des meubles.*

*Le premier alinéa de l'art.* 880 s'applique d'ailleurs tout aussi bien aux meubles *incorporels* qu'aux meubles *corporels.*

Les auteurs discutent sur le point de départ de cette prescription ; les uns le fixent *à l'acceptation de l'hérédité, les autres à l'ouverture de la succession* (1).

*A l'égard des immeubles,* il semble bien que le droit de demander la séparation des patrimoines n'est pas prescriptible (2).

3° ALIÉNATION A L'ÉGARD DES IMMEUBLES ET A FORTIORI A L'ÉGARD DES MEUBLES.

*Le second alinéa de l'art.* 880 ne comprend textuellement que les *immeubles ;* mais il n'est pas douteux que, dans l'esprit du Code Napoléon, il ne faille l'appliquer *à fortiori à tous les meubles corporels et incorporels* (3).

*A l'égard des immeubles,* le même *second* alinéa de l'art. 880, *déclare expressément que l'aliénation* éteint le droit de demander la séparation des patrimoines.

De là, il résulterait que la séparation des patrimoines n'engendrerait pas *le droit de suite contre les tiers acquéreurs,* car autrement on ne comprendrait pas que le seul fait de l'aliénation éteignît le droit de la demander.

Nous verrons que ce double point a été changé (4).

D'après l'art. 2111, en effet, la séparation des patrimoines est *un privilége soumis à inscription dans les six mois, à compter de l'ouverture de la succession.* Or, en combinant ce nouveau texte avec l'art. 2113 du Code Napoléon, et avec l'art. 6 de la très-défectueuse loi du 23 mars 1855, on doit arriver, selon nous, à conclure que c'est *la transcription de l'aliénation,* et non pas *l'aliénation* elle-même qui éteint le droit de demander la séparation des patrimoines.

---

(1) Dans le premier sens, MM. Zachariæ, Aubry et Rau, t. V, p. 217 texte et note 28.

Dans le second sens, M. Demante, t. III, n° 221 *bis,* IV. — M. Demolombe, t. XVII, p. 195.

(2) MM. Zachariæ, Aubry et Rau, t. V, p. 217 texte et note 29 et 30. — M. Demolombe, t. XVII, p. 222.

(3) M. Demolombe, t. XVII, p. 197.

(4) V. *Manuel de droit civil,* t. III, art. 2111.

De là il résulte que, pourvu que l'inscription de la séparation des patrimoines ait lieu avant la transcription de l'aliénation, *le droit de suite peut être invoqué contre les tiers acquéreurs* (1).

4° CONFUSION DES MEUBLES AVEC LES MEUBLES PERSONNELS DE L'HÉRITIER.

Cette cause d'extinction du droit de demander la séparation des patrimoines est ajoutée par les auteurs aux précédents; elle est d'ailleurs évidente par elle-même, car elle suppose que les meubles du défunt ont été confondus avec les meubles de l'héritier, de telle manière qu'il est matériellement impossible de les distinguer les uns des autres.

**881.** — Les créanciers de l'héritier ne sont point admis à demander la séparation des patrimoines contre les créanciers de la succession.

Cet article rejette une doctrine fort accréditée dans l'ancien droit.

Un débiteur, dit-on, ne devient pas incapable de contracter de nouvelles obligations par cela seul qu'il est débiteur, et il suffit aux créanciers de l'héritier d'avoir la ressource de l'action Paulienne pour faire révoquer l'acceptation qui aurait lieu en fraude de leurs droits (2).

---

(1) La matière de la séparation des patrimoines n'est composée que d'une série de controverses; huit ou dix autres à part, il en existe trois très-vives sur les trois propositions capitales que nous affirmons ici :

*La séparation des patrimoines est un privilége;*

*La transcription de l'aliénation éteint le droit de demander la séparation des patrimoines;*

*La séparation des patrimoines engendre le droit de suite.*

Mais, cette fois encore, nous soutenons qu'à moins de renoncer à toute théorie, ces *trois* propositions doivent être admises (V. *Manuel de droit civil*, t. III, art. 2111.)

(2) M. Demolombe, t. XVII, p. 127.

Voici ce que pensait, au contraire, sur ce point le seul esprit philosophique qui ait marqué sa trace parmi les anciens légistes français : « Si les créanciers de l'héritier, écrivait Domat, craignent de leur part que cet héritier leur débiteur, s'engageant dans une succession onéreuse, ses biens ne passent aux créanciers du défunt à leur préjudice, il est de la même équité qu'ils puissent distinguer et séparer les biens de l'héritier de ceux du défunt. Sur quoy, il faut remarquer encore, que la condition des créanciers de l'héritier et celle des créanciers du défunt doivent être égales. Le Droit romain en avait disposé autrement et n'accordait pas la séparation aux créanciers de l'héritier par cette raison qu'un débiteur ayant la liberté de s'obliger, il peut empirer la condition de ses créanciers par de nouveaux engagements à leur préjudice. Mais cette subtilité n'a pas été goûtée dans notre usage; et l'on juge que la liberté que peut avoir un débiteur de contracter de nouvelles dettes, quoi qu'il en arrive, au préjudice de ses créanciers, ne doit pas être tirée à une telle conséquence (Domat, *Loix civiles*, liv. III, t. II, sect. I, préambule).

Le raisonnement de Domat est excellent; il est clair qu'il y a la même justice à admettre la séparation des patrimoines au profit des créanciers de l'héritier, qu'au profit des créanciers du défunt et qu'il n'existe aucune parité entre

Cette décision est d'ailleurs en parfaite harmonie avec la doctrine qui considère la séparation des patrimoines comme constituant *un privilége au profit des créanciers de la succession.*

---

# APPENDICE

En nous plaçant au point de vue de la doctrine qui range la séparation des patrimoines parmi les priviléges (1), nous examinerons ici *deux* questions :

1° *Quel est le sens de cette proposition : la séparation des patrimoines est un privilége?*

2° *Quelle est, à l'égard de la personne et du patrimoine de l'héritier, la situation des créanciers du défunt et des légataires qui ont demandé la séparation des patrimoines* (2) ?

### 1° QUEL EST LE SENS DE CETTE PROPOSITION : LA SÉPARATION DES PATRIMOINES EST UN PRIVILÉGE ?

Cela veut dire que la séparation des patrimoines produit ou peut produire *trois* effets principaux :

1° *Le droit de préférence, à raison de la qualité de la créance* (art. 2095) ;

2° *Le droit de suite* (art. 2166) ;

3° *L'indivisibilité* (art. 2095, 2114).

*Le droit de préférence à raison de la qualité de la créance, c'est, pour les créanciers du défunt et pour les légataires qui ont demandé la séparation des patrimoines, le droit de primer sur les biens de la succession les créanciers mêmes privilégiés de l'héritier* (art. 878, 2111, 2113).

---

le fait de l'homme qui contracte une nouvelle dette isolée envers un nouveau créancier et le fait de l'homme qui assume la responsabilité de toutes les dettes contractées par un autre.

Si Ulpien n'a pas vu cela (l. I, § 2 ; liv. XLII, tit. VI), nous soupçonnons Ulpien de s'être mis volontairement une écaille sur les yeux.

Au surplus, cette question n'a donné lieu à examen qu'à raison du faux principe qui revêt l'héritier de la personnalité du *de cujus.*

(1) Les nécessités de l'exégèse nous forcent dans cette circonstance à faire une part au désordre de la compilation napoléonienne, et à renvoyer à l'art. 2111 l'exposé des controverses fondamentales relatives à la nature de la séparation des patrimoines.

(2) Nous ne pouvons donner un meilleur conseil aux élèves que celui de se reporter, pour l'étude développée de ces deux questions, à la dissertation si claire que leur a consacrée M. Demolombe, t. XVII, p. 232.

*Le droit de suite*, *c'est, pour les créanciers du défunt et pour les légataires qui ont demandé la séparation des patrimoines, le droit d'exproprier, le cas échéant, le tiers qui a acquis les immeubles héréditaires* (art. 2111, 2113, et art. 6, l. 23 mars 1855).

*L'indivisibilité*, *c'est, pour les créanciers et pour les légataires qui ont demandé la séparation des patrimoines, le droit de se faire payer pour la totalité de la part personnelle de dettes afférente à chaque héritier sur chacun des biens de la succession, soit que le bien se trouve entre les mains de l'héritier ou entre celles des ayants cause de l'héritier* (1).

2° QUELLE EST, A L'ÉGARD DE LA PERSONNE ET DU PATRIMOINE DE L'HÉRITIER, LA SITUATION DES CRÉANCIERS DU DÉFUNT ET DES LÉGATAIRES QUI ONT DEMANDÉ LA SÉPARATION DES PATRIMOINES ?

Cette question consiste à savoir :

1° *Si les créanciers du défunt et les légataires qui ont demandé la séparation des patrimoines conservent néanmoins la qualité de créanciers personnels de l'héritier, et le droit de se faire payer sur les propres biens de l'héritier ;*

2° *En cas d'affirmative, en quel ordre ces mêmes créanciers et ces mêmes légataires, vis-à-vis des créanciers de l'héritier, pourront se faire payer sur les propres biens de l'héritier* (2).

Depuis les temps de Paul, d'Ulpien et de Papinien jusqu'à nos jours, cette question n'a cessé d'être controversée.

TROIS SYSTÈMES.

1er SYSTÈME (3). — *Les créanciers du défunt et les créanciers qui ont demandé la séparation des patrimoines ont perdu la qualité de créanciers personnels de l'héritier, et par là même le droit de se faire payer par l'héritier sur ses propres biens.*

1er *Arg.* C'était l'avis de Paul et d'Ulpien.

Les créanciers du défunt qui ont demandé la séparation des patrimoines doivent supporter les conséquences de leur défiance, lorsque l'héritier se trouve solvable (l. 1, § 17, D., t. XLII, tit. VI).

(1) MM. Zachariæ, Aubry et Rau, t. V, p. 233. texte et note 39. — M. Demolombe, t. XVII, p. 248. V. d'ailleurs, *Manuel de droit civil*, t. III, art. 2111.

(2) Outre M. Demolombe, t. XVII, p. 268, consulter M. Nicias-Gaillard, *Revue critique de législation*, 1856, t. VIII, p. 201, et suiv.; M. Genty, même recueil, 1856, t. VIII, p. 350 et suivantes. — M. Dollinger, même recueil, 1858, t. XIII, p. 179.

(3) M. Duranton, t. VII, nos 500, 501. — M. Bugnet, *Sur Pothier*, t. VIII, p. 221.

Ce système enseigne d'ailleurs avec Ulpien que lorsque les créanciers du défunt ont imprudemment demandé la séparation, ils peuvent se faire restituer en alléguant une juste cause d'ignorance (l. 1, § 17, C.).

2e *Arg.* L'art. 879 ne comporte d'explication que dans ce système.

2e SYSTÈME (1). — *Les créanciers du défunt et les légataires qui ont demandé la séparation des patrimoines conservent néanmoins la qualité de créanciers personnels de l'héritier, en cas d'insuffisance des biens héréditaires, mais ils ne peuvent se faire payer sur les propres biens de l'héritier, qu'après que les créanciers personnels de l'héritier auront été préalablement payés sur ces biens.*

1er *Arg.* C'était l'avis de Papinien (l. 3, § 2, liv. XLII, tit. VI) (2).

2e *Arg.* L'ancienne doctrine a, en général, suivi ce système.

3e *Arg.* La séparation des patrimoines ne produit d'effet qu'entre les créanciers du défunt et les légataires d'une part, et les créanciers de l'héritier d'autre part.

Donc :

1° Nonobstant la séparation des patrimoines, l'héritier reste débiteur personnel des créanciers du défunt et des légataires ;

2° Chaque classe de créanciers sur chaque masse de biens fait échec à l'autre.

4e *Arg.* L'équité, la réciprocité, exigent que de même que les créanciers personnels du défunt priment les créanciers personnels de l'héritier sur les biens du défunt ; de même, les créanciers personnels de l'héritier priment les créanciers personnels du défunt sur les propres biens de l'héritier.

3e SYSTÈME (3). — *Les créanciers du défunt et les légataires qui ont demandé la séparation des patrimoines conservent néanmoins la qualité de créanciers personnels de l'héritier, et, en cas d'insuffisance des biens héréditaires, ils ont le droit de se faire payer sur les propres biens de l'héritier, soit en concours avec les créanciers personnels de l'héritier, soit même par préférence à eux, lorsque la qualité de leurs créances les rend préférables.*

1er *Arg.* — L'héritier, qui a accepté purement et simplement, est le débiteur personnel des créanciers du défunt et des légataires.

La séparation des patrimoines n'efface pas cette qualité de l'héritier.

2e *Arg.* — La séparation des patrimoines est un bénéfice ;

---

(1) Maleville sur l'art. 878. — M. Valette à son cours.

(2) Le fragment extrait de Papinien n'énonce aucune raison.

(3) M. Nicias-Gaillard, *Revue critique de législation*, 1856, t. VIII, p. 201 et suiv. — M. Genty, même recueil, 1856, t. VIII, p. 350 et suiv. — M. Dollinger, même recueil, 1858, t. XIII, p. 179. — M. Duverger à son cours. — MM. Zachariæ, Aubry et Rau, t. V, p. 232. — MM. Massé et Vergé, *Sur Zachariæ*, t. II, p. 336. — M. Demolombe, t. XVII, p. 268.

Or, on ne rétorque pas un bénéfice contre ceux auxquels il est accordé.

3e *Arg.* — La séparation des patrimoines est, en outre, un privilége;

Or, un privilége ne peut se concevoir qu'entre les créanciers d'un même débiteur.

4e *Arg.* — On allègue l'art. 879;

Mais l'explication qu'il convient d'en donner (V. *supra*, p. 346), détruit l'argument qu'on fonde sur ce texte.

5e *Arg.* — On invoque aussi l'équité, la réciprocité;

Mais cette équité, cette réciprocité, ne tendraient à rien moins qu'à créer un privilége par voie d'analogie;

Or, pour exister, un privilége doit être écrit dans la loi.

Le *premier* système est fort logique, à la condition :

1° Que l'on admette, comme le droit romain, la fiction *hæreditas sustinet personam defuncti;*

2° Que l'on n'admette pas, comme la législation napoléonienne, la règle de la saisine légale.

Tout en procédant d'une idée de justice, le *second* système est arbitraire, et repose sur une subtilité.

A part son *quatrième* argument, le *troisième* système est bien déduit; ce qui n'empêche, pas du reste, que ce système ne lèse en plein le droit des créanciers de l'héritier.

*Rationnellement*, la solution serait la suivante :

*En principe, il n'y a aucun droit des créanciers de la succession sur les biens de l'héritier* (V. *supra*, p. 59, note 1);

*Il y a, au contraire, un droit des créanciers personnels de l'héritier sur les biens de la succession, lorsque les créanciers de la succession ont été préalablement désintéressés.*

Remarquons que, comme la loi romaine et comme le second système, le troisième système n'admet les créanciers du défunt, et les légataires, à se faire payer sur les biens personnels de l'héritier, *qu'en cas d'insuffisance des biens héréditaires.*

Cette restriction est une inconséquence; un bénéfice et un privilége ne peuvent être rétorqués dans aucune mesure contre ceux qui y ont droit (1).

**882.** — Les créanciers d'un copartageant, pour éviter que le partage ne soit fait en fraude de leurs droits, doivent s'opposer à ce qu'il soit procédé hors de leur présence : ils ont le droit d'y intervenir à leurs frais ; mais ils ne peuvent attaquer un partage consommé, à moins toutefois qu'il n'y ait été procédé sans eux et au préjudice d'une opposition qu'ils auraient formée.

(1) M. Demolombe, t. XVII, p. 274.

Comme on le sait, en vertu de la théorie de l'action révocatoire ou Paulienne, les créanciers d'une personne ont le droit d'attaquer les actes faits par leur débiteur en fraude de leurs droits.

*L'action Paulienne s'applique-t-elle au partage?*

C'est à cette question que se réfère la disposition, mal distribuée et mal conçue, de l'art. 882 (1).

Cet article commence par créer un système qui semble bien être radicalement différent de celui de l'action Paulienne.

*L'action Paulienne est purement répressive;*

*Le système, créé, en matière de partage, par l'art.* 882, *est préventif.*

Voici ce système :

*Les créanciers, ou, plus généralement, les ayants cause d'un copartageant, ont le droit de figurer au partage, pour en surveiller les opérations, c'est-à-dire, selon les termes de l'article, d'y intervenir à leurs frais.*

De là, *trois* hypothèses :

1° *Les créanciers sont intervenus au partage, ou y ont été dûment appelés par les copartageants;*

2° *Ils ont fait opposition à ce qu'il y fût procédé hors de leur présence, c'est-à-dire qu'ils ont demandé à y intervenir, et ils n'y ont pas été appelés par les copartageants ;*

3° *Ils n'ont pas formé d'opposition préalable, et ils n'y sont pas intervenus.*

Dans la *première* hypothèse, les créanciers ne sont pas recevables à attaquer le partage par voie d'action Paulienne.

Dans la *seconde* hypothèse, ils peuvent attaquer le partage pour cause de simple préjudice.

Dans la *troisième* hypothèse, l'article dit : « ils ne peuvent attaquer un partage consommé ».

Ces expressions signifient-elles un partage consommé, *même en fraude de leurs droits?*

Enchevêtrées dans le texte, et rapprochées d'un vague renvoi de l'alinéa 2 de l'art. 1167, elles manquent de clarté ; aussi l'on discute.

## QUATRE SYSTÈMES.

1er SYSTÈME (2). — *En matière de partage, le cas de fraude reste absolument soumis à l'action Paulienne.*

---

(1) Consulter une dissertation très-nette de M. Boutry-Boissonade, *Revue critique de jurisprudence*, 1856, t. IX, p. 450.

(2) Toullier, nos 412 et 563. — A. Dalloz, *Dict. gén. et suppl.*, n° 124.

*L'argument* de ce système consiste dans la phrase suivante de Treilhard :

« Les créanciers ne peuvent attaquer un partage fait sans fraude en leur absence, à moins qu'il n'y ait été procédé au préjudice d'une opposition qu'ils auraient formée » (1).

2ᵉ SYSTÈME (2). — *En matière de partage, la fraude est-elle l'œuvre de tous les copartageants, l'action Paulienne s'applique;*

*La fraude n'est-elle pas l'œuvre de tous les copartageants, l'action Paulienne ne s'applique pas.*

L'*argument* de ce système consiste à dire que *ce serait violer tous les principes de morale et de justice* que de ne pas admettre l'application de l'action Paulienne, lorsque la fraude est l'œuvre de tous les copartageants (3).

3ᵉ SYSTÈME (4). — *En matière de partage, la fraude tend-elle à diminuer le patrimoine saisissable par tous les créanciers, l'action Paulienne s'applique;*

*La fraude tend-elle seulement à diminuer les garanties de certains créanciers, l'action Paulienne ne s'applique pas.*

*Les principaux arguments* de ce système consistent à invoquer l'équité, et un certain agencement des textes (5).

4ᵉ SYSTÈME (6). — *En matière de partage, le cas de la fraude n'est pas distinct de celui du simple préjudice;*

*L'action Paulienne ne s'applique jamais au partage.*

*L'argument* de ce système consiste à relier le renvoi du second alinéa de l'art. 1167 avec l'art. 882, et à invoquer le sens absolu de la rédaction de l'art. 882.

*Légalement*, le *quatrième* système nous paraît incontestable;

---

(1) Exposé des motifs du titre *Des successions*, Fenet, t. XII, p. 158 et Locré, *Législ. civ.*, t. X, p. 201, nº 35.

Comme le fait remarquer M. Boutry-Boissonade, Treilhard ne savait pas trop lui-même s'il parlait des créanciers de l'héritier ou des créanciers du défunt, ou plutôt il tombait en pleine confusion; ne venait-il pas de dire, en effet, que : « le payement des dettes est la première et la plus importante obligation des héritiers » ?

(2) MM. Aubry et Rau, *Sur Zachariæ*, t. V, p. 292, du dol et de la fraude, nº 1055 et suiv. — M. Bédarride, *Traité du dol et de la fraude*, nº 1055 et suiv. — M. Dutruc, *Du partage des successions*, nº 532.

(3) MM. Aubry et Rau, t. V, p. 292, texte et note 43.

En viole-t-on moins tous les principes de morale et de justice, parce qu'on est seul à les violer que parce que l'on est vingt ?

(4) M. Boutry-Boissonade, *Revue critique de jurisprudence*, t. IX, p. 450.

(5) Nous doutons qu'à douze ans d'intervalle, M. Boutry-Boissonade maintînt sans restriction le point de vue qui domine sa thèse; dans la compilation napoléonienne, l'équité et l'agencement des textes sont, au même degré, choses de rencontre.

(6) M. Demante, t. III, nº 224 *bis*. — MM. Ducaurroy, Bonnier, Roustain. t. II, nº 773. — M. Demolombe, t. XVII, p. 291.

*Rationnellement*, nous pensons que l'action Paulienne devrait s'appliquer au partage aux mêmes conditions qu'à tous les actes à titre onéreux, faits par un débiteur en fraude de ses créanciers.

Selon les auteurs, le motif qui a fait insérer l'art. 882 dans la codification napoléonienne est *double*.

*D'une part*, en permettant aux créanciers d'intervenir au partage, on a voulu leur donner le moyen de se prémunir contre les fraudes faciles à pratiquer dans un acte tel que le partage;

*D'autre part*, en soustrayant le partage à l'application de l'action Paulienne, on a pris en considération l'intérêt des familles qui exige que les partages soient aussi stables que possible.

Les fraudes que peut pratiquer, au détriment de ses créanciers, un copartageant débiteur, sont, par exemple :

De se soumettre à un rapport qu'il ne doit pas;

D'attribuer à ses copartageants des prélèvements ou des bonifications qui ne leur sont pas dues;

De faire comprendre dans le lot de ses copartageants des immeubles sur lesquels il a lui-même consenti des hypothèques qui se trouveront résolues par l'effet déclaratif du partage (art. 883).

## SECTION IV.

### DES EFFETS DU PARTAGE ET DE LA GARANTIE DES LOTS.

**883.** — Chaque cohéritier est censé avoir succédé seul et immédiatement à tous les effets compris dans son lot, ou à lui échus sur licitation, et n'avoir jamais eu la propriété des autres effets de la succession.

Comme nous l'avons dit (V. *supra*, p. 240), la règle que consacre cet important texte est issue du droit féodal (1), et elle a pour fondement rationnel *l'idée que l'état d'indivision recèle virtuellement le partage à titre de condition toujours susceptible de se réaliser au gré de chacun des communistes.*

Voici l'explication de ce dernier point :

Soient, par exemple, deux cohéritiers, ayant un droit mathématiquement égal, et deux immeubles; dès l'instant de l'ouverture de la succession, chaque cohéritier acquiert pour moitié un droit de propriété indivise, ou de copropriété sur chaque immeuble ; en effet, comme il s'agit dans l'espèce de choses corporelles, une attribution de parts propres et distinctes, en d'autres termes, un partage est indispensable pour que l'état d'indivision cesse d'exister entre les deux cohéritiers ; mais

(1) V. en particulier, A. Championnière, *Revue de législation*, 1838, t. VII, p. 405, et t. VIII, p. 161.

il est d'ailleurs inhérent à la nature de la propriété d'être individuelle (1); donc, l'état d'indivision des deux cohéritiers implique pour chacun d'eux le droit de se faire attribuer à son gré une part propre et distincte; donc, lorsque cette attribution a lieu, elle doit rétroagir au jour où a commencé l'état d'indivision, car elle ne fait que réaliser une condition que cet état recélait virtuellement.

Au point de vue de l'utilité, la règle du partage *déclaratif* l'emporte, au surplus, de beaucoup sur celle du partage purement *translatif;* elle prévient les recours entre cohéritiers.

En reprenant l'exemple précédent, supposons, en effet, que durant l'état d'indivision, l'un des deux cohéritiers ait grevé d'une hypothèque l'un des deux immeubles pour la moitié indivise qui lui revient dans cet immeuble, et que, dans le partage, une part quelconque de l'immeuble grevé vienne à échoir au second cohéritier :

*D'après la règle du partage purement translatif, combinée avec celle de l'indivisibilité de l'hypothèque*, le second cohéritier eût été obligé envers le créancier hypothécaire de payer la totalité de la dette, sauf son recours contre son cohéritier;

*D'après la règle du partage déclaratif*, le second cohéritier n'est point obligé envers le créancier hypothécaire, car, dès l'instant de l'ouverture de la succession, il a été virtuellement seul propriétaire de la part de l'immeuble grevé tombée dans son lot.

Il est clair que ce résultat s'applique de même au cas où c'est la totalité de l'immeuble grevé qui tombe dans le lot du second cohéritier (2).

*On voit par là que le sort de toute constitution d'hypothèque faite*

---

(1) Nous affirmons de nouveau le droit de propriété individuelle comme dérivant scientifiquement de la nature de l'homme et nous rappelons le mot de Locke :

« Bien que la nature ait donné toutes choses en commun, l'homme néanmoins étant le maître et le propriétaire de sa personne, de toutes ses actions, de tout son travail, a toujours en soi le grand fondement de la propriété. » (Locke, *Du gouvernement civil*, p. 930. — V. *Manuel de droit civil*, t. I, p. 572, note 4.)

Nous ne saurions trop nous étonner de voir en toute rencontre les légistes, même les plus éminents, éluder de prendre parti dans cette thèse fondamentale. Encore une fois, construit-on une doctrine sans en avoir posé la base ?

(2) Les Romains étaient fort embarrassés par leur doctrine du partage purement translatif ; c'est ce dont témoigne une espèce recueillie par Papinien dans sa pratique :

« Post divisionem regionibus factam inter fratres convenit, *ut, si frater agri « portionem pro indiviso pignori datam, a creditore suo non liberasset, ex di- « visione quæsitæ partis partem dimidiam alter distraheret :* pignus intelligi « contractum existimavi : sed priorem secundo non potiorem ; quoniam secun- « dum pignus ad eam partem directum videbatur, quam ultra partem suam « frater non consentiente socio non potuit obligare. » (L. 3, § 2. D., liv. XX, tit. IV.)

*par un des cohéritiers durant l'état d'indivision dépend de l'événement du partage* (1).

Lorsque l'immeuble grevé tombe dans le lot du cohéritier qui a constitué l'hypothèque, il faut décider, d'après l'intention des parties, la question de savoir si l'hypothèque grève l'immeuble pour le tout ou seulement pour la part indivise qui appartenait au constituant, au moment où la constitution a eu lieu.

Voyons maintenant comment les auteurs essayent de déterminer l'*étendue d'application de la règle du partage déclaratif*, en ce qui concerne :

1° *Les actes ;*

2° *Les choses ;*

3° *Les personnes* (2).

### 1° ACTES AUXQUELS LA RÈGLE DU PARTAGE DÉCLARATIF EST APPLICABLE.

D'après la doctrine la plus accréditée, ces actes sont :

1° *Le partage ordinaire en nature ;*

2° *Tout acte à titre onéreux, dont l'effet est de faire cesser, relativement à tous les cohéritiers, l'indivision, soit de l'hérédité elle-même, soit de l'un ou de l'autre des objets qui en font partie* (3).

En conséquence, on doit considérer comme soumis à la règle du partage déclaratif :

*Le partage avec soulte ou retour de lots* (V. *supra*, p. 261) ;

*La licitation d'un immeuble héréditaire, faite en justice ou à l'amiable devant notaire, au profit d'un des cohéritiers ;*

*La cession de droits successifs faite à un des cohéritiers par tous ses cohéritiers.*

*Lorsque, dans la licitation d'un immeuble héréditaire, c'est au profit d'un étranger et non d'un cohéritier que l'adjudication a eu lieu, la règle du partage déclaratif est-elle alors applicable ?*

La *négative* n'est pas douteuse ; historiquement, elle était admise par l'ancien droit ; rationnellement, elle est commandée par le principe sur lequel repose la règle du partage déclaratif (V. *supra*, p. 355) (4).

---

(1) La même observation s'applique aux constitutions de servitudes.

(2) Nous prévenons les élèves que nous entrons ici dans une matière pleine de confusion. Faute de ramener la règle du partage déclaratif au principe de la propriété individuelle, la doctrine fait comme la compilation napoléonienne : elle tâtonne.

(3) Nous empruntons cette formule à MM. Zachariæ, Aubry et Rau, t. V, p. 264 et 265.

(4) MM. Zachariæ, Aubry et Rau, t. V, p. 266 texte et note 8. — M. Demolombe, t. XVII, p. 325.

2° CHOSES AUXQUELLES LA RÈGLE DU PARTAGE DÉCLARATIF EST APPLICABLE.

Ces choses sont :

1° *Les choses corporelles;*

2° *Certaines choses incorporelles qui ne sont pas susceptibles de division* (art. 1217 et suiv.).

*La règle du partage déclaratif est-elle applicable aux créances?*

Cette question est très-controversée.

TROIS SYSTÈMES.

1er SYSTÈME (1). — *La règle du partage déclaratif est applicable aux créances.*

1er *Arg.* L'art. 832 ordonne de comprendre les créances dans le partage au même titre que les autres effets de la succession (2).

2e *Arg.* La disposition de l'art. 883 est aussi générale que possible.

Quant à la division légale, résultant de l'art. 1220, elle n'est que provisoire et subordonnée à l'événement du partage.

2e SYSTÈME (?). — *La règle du partage déclaratif est applicable aux créances, en tant qu'il ne s'agit pas du maintien des droits irrévocablement acquis à des tiers* (payement, compensation, cession);

*Elle n'est pas applicable aux créances, en tant qu'il s'agit du maintien des droits irrévocablement acquis à des tiers.*

L'*argument* de ce système consiste à dire qu'il faut faire sa part d'application à chacun des deux art. 883 et 1220.

L'art. 883 concerne les droits qui ne sont pas irrévocablement acquis à des tiers.

L'art. 880 se rapporte aux droits qui sont irrévocablement acquis à des tiers.

3e SYSTÈME (3). — *La règle du partage déclaratif est inapplicable aux créances.*

1er *Arg.* Aux termes de l'art. 1220, les créances héréditaires divisibles sont divisées de plein droit entre tous les cohéritiers dès le jour même de l'ouverture de la succession.

2e *Arg.* Aux termes de l'art. 883, la règle du partage déclaratif s'applique, il est vrai, à tous les effets compris dans le lot de chaque cohéritier; mais les créances ne sont pas des effets.

(1) Cass., 24 janvier 1837, Loustain, Dev., 1837, 1, 107.

(2) MM. Zachariæ, Aubry et Rau, t. V, p. 345 et suivantes, texte et notes 8 et 11. — M. Demolombe, t. XVII, p. 359.

(3) M. Demante, t. III, n° 225 *bis*, VII. — MM. Ducaurroy, Bonnier, Roustain, t. II, n° 780.

*Rationnellement*, les *deux premiers* systèmes manquent de toute base ;

*Rationnellement et légalement*, le *troisième* système nous paraît incontestable.

On voit ainsi que la clause du partage qui attribue à un des cohéritiers une part de créance supérieure à la part héréditaire de ce cohéritier dans la créance est un *transport-cession* pour tout ce qui excède la part héréditaire du cohéritier.

Ce n'est donc que par une notification ou par une acceptation, soit authentique, soit par acte sous seing privé, ayant date certaine, que le cohéritier cessionnaire sera saisi de la part de créance qui appartenait au cohéritier cédant (art. 1690).

De là, tant que cette notification ou cette acceptation n'a pas eu lieu, *plusieurs* conséquences :

1° *Si le cohéritier cédant fait une nouvelle cession de la même part de créance au profit d'un tiers, et que ce tiers accomplisse avant le cohéritier cessionnaire les formalités prescrites par l'art.* 1690, *le second cessionnaire l'emportera, selon la règle, sur le premier cessionnaire* (1) ;

2° *Si le débiteur paye entre les mains du cohéritier cédant, il a valablement payé et il est libéré ;*

3° *Si le cohéritier cédant est ou devient de son chef débiteur du débiteur héréditaire, sa part héréditaire dans la créance se compense de plein droit, jusqu'à due concurrence, avec sa dette personnelle ;*

4° *Si un des créanciers personnels du cohéritier cédant frappe de saisie-arrêt la part cédée, cette saisie-arrêt est valable.*

### 3° PERSONNES AUXQUELLES LA RÈGLE DU PARTAGE DÉCLARATIF EST APPLICABLE.

A part les nombreuses controverses de détail auxquelles il donne lieu, ce point est extrêmement débattu en principe.

#### TROIS SYSTÈMES.

1^er^ SYSTÈME (2). — *La règle du partage déclaratif ne concerne que les cohéritiers et les ayants cause des cohéritiers.*

Ce système invoque les traditions féodales et coutumières.

---

(1) V. *Manuel de droit civil*, t. III, art. 1690.

(2) MM. Aubry et Rau, *Sur Zachariæ*, t. V, p. 268 texte et note 18. — MM. Ducaurroy, Bonnier et Roustain, t. II, n° 779.

2^e^ SYSTÈME (1). — *La règle du partage déclaratif est générale et absolue.*

Ce système s'appuie sur les termes de l'art. 883.

3^e^ SYSTÈME (2). — *La règle du partage déclaratif est, en général, applicable à toute personne; cependant, le plus sûr est de ne se décider que d'après chaque cas.*

Ce prudent système accepte d'abord l'argument du second; il constate ensuite que les anciens légistes ne s'entendaient pas sur la question, et que les rédacteurs du Code Napoléon ne s'en sont pas préoccupés.

Pour notre part, nous pensons que la règle du partage déclaratif n'a jamais été assise sur sa vraie base (V. *supra*, p. 241), et que la compilation napoléonienne n'a pas plus su dans ce cas que dans une foule d'autres ni ce qu'elle voulait, ni où elle allait (3).

**884.** — Les cohéritiers demeurent respectivement garants, les uns envers les autres, des troubles et évictions seulement qui procèdent d'une cause antérieure au partage. — La garantie n'a pas lieu, si l'espèce d'éviction soufferte a été exceptée par une clause particulière et expresse de l'acte de partage; elle cesse, si c'est par sa faute que le cohéritier souffre l'éviction.

**885.** — Chacun des cohéritiers est personnellement obligé, en proportion de sa part héréditaire, d'indemniser son cohéritier de la perte que lui a causée l'éviction. — Si l'un des cohéritiers se trouve insolvable, la portion dont il est tenu doit être également répartie entre le garanti et tous les cohéritiers solvables.

D'après ces deux articles, *la garantie entre les copartageants est l'obligation respective où sont les copartageants de s'indemniser les uns les autres de la perte que leur cause tout trouble ou toute éviction de droit, lorsque la cause du trouble ou de l'éviction remonte à une époque antérieure au partage.*

Cette obligation repose sur l'idée que chaque copartageant doit obtenir au moyen du partage la totalité de la part propre et distincte à laquelle lui donne droit son titre de copartageant (4).

---

(1) M. De Valroger, *Revue de droit français*, t. VII, p. 116. — M. Gabriel Demante, *Exposition raisonnée des principes de l'enregistrement*, n° 707.

(2) M. Demolombe, t. XVII, p. 371.

(3) Finalement, pour la doctrine, qu'est-ce que la règle du partage déclaratif? Un expédient de situation. — Qu'est-ce pour les auteurs du Code Napoléon? Un débris recueilli à l'aventure, selon l'habitude, dans les anciennes traditions.

(4) Ce motif nous paraît être de toute évidence.

Les auteurs cherchent, en général, fort loin le fondement de l'obligation de garantie entre les copartageants; Pothier a écrit :

« La seule raison sur laquelle est fondée, dans notre droit, la garantie des copartageants, c'est que l'égalité qui doit régner dans les partages, se trouvant blessé par l'éviction que souffre l'un des partageants dans quelqu'une des choses tombées dans son lot, la loi, qui exige cette égalité, oblige chacun des copartageants à la rétablir (*De la vente*, n° 633). »

Ou cette phrase fait de la loi une sorte d'entité omnipotente, ou elle ne contient qu'une pure pétition de principe.

*On entend par trouble de droit toute demande judiciaire ou extra-judiciaire par laquelle un tiers réclame un droit.*

*On appelle*, dans un sens large, *éviction de droit*, *toute espèce de préjudice qu'une personne éprouve en dehors du cas fortuit.*

Les conditions de l'existence de l'obligation de garantie sont :

1° *Que le trouble ou l'éviction procède d'une cause antérieure au partage ;*

2° *Que l'espèce d'éviction soufferte n'ait pas été exceptée par une clause particulière et expresse de l'acte de partage ;*

3° *Que ce ne soit pas par sa faute que le cohéritier souffre l'éviction.*

Sur la *seconde* condition, on fait remarquer :

*D'une part*, qu'une clause particulière et expresse n'est pas nécessaire :

Soit, lorsqu'il existait notoirement à l'époque du partage certains droits réels ou personnels (droit de servitude réelle, droit d'usufruit, droit de bail), donnant lieu à trouble ou à éviction ;

Soit, lorsqu'il existait à l'époque du partage des servitudes apparentes ou des limitations de la propriété (servitudes légales) ;

*D'autre part*, qu'une clause générale par laquelle les copartageants s'affranchiraient réciproquement de toute obligation de garantie serait nulle.

*A fortiori*, doit-on regarder comme inefficace une renonciation purement tacite (1).

A l'égard des créances héréditaires et des rentes (V. *infra*, art. 886), la garantie porte non-seulement sur l'*existence* de la créance ou de la rente du temps au partage, mais encore sur la *solvabilité* du débiteur à cette même époque.

Ce dernier point constitue une différence entre la cession de créance faite dans un partage et la cession ordinaire (art. 1694).

En quoi consiste l'obligation de garantie ?

Il résulte des termes de l'art. 885 que l'éviction, quelle qu'en soit l'étendue, n'entraîne jamais *la rescision* du partage, et qu'elle donne seulement lieu *à une indemnité* pécuniaire (2).

---

(1) MM. Zachariæ, Aubry et Rau, t. V, p. 275 note 40. — M. Demolombe, t. XVII, p. 425 et 426.

(2) M. Demante, t. III, n° 231 *bis*. — M. Demolombe, t. XVII, p. 437. Une doctrine sans direction et qui s'inspire de Lebrun prétend cependant que le cohéritier évincé a le droit de demander la rescision du partage, toutes les fois que l'éviction lui cause une lésion de plus du quart (comparer Lebrun, liv. IV, chap. I, n° 80, et Vazeille, art. 885, n$^{os}$ 1 et 2). Cette doctrine heurte à la fois les principes économiques et les principes juridiques (V. *supra*, p. 308, et note 3, et *infra*, p. 364).

On admet, en général, que *cette indemnité doit être calculée d'après la valeur qu'avait à l'époque de l'éviction la chose dont le cohéritier a été évincé.*

D'où, la conséquence que le cohéritier profite des améliorations ou souffre des diminutions de valeur qu'a reçues ou subies la chose depuis *l'époque du partage* (1).

L'obligation de garantie constitue évidemment une obligation de la succession tout entière ; il est, en conséquence, rationnel qu'elle se répartisse entre *tous* les cohéritiers, y compris le garanti lui-même, *en proportion de la part héréditaire de chacun*, et que, *si l'un des cohéritiers se trouve insolvable, la portion dont il est tenu soit pareillement répartie entre le garanti et tous les cohéritiers solvables.*

Comme l'héritier pur et simple, l'*héritier bénéficiaire* est tenu de l'obligation de garantie, mais il paraît résulter de l'alinéa final de l'art. 875 qu'il ne peut être poursuivi à raison de cette obligation, *que sur les biens de la succession et seulement jusqu'à concurrence de la valeur de ces biens;* autrement, il serait difficile de comprendre qu'à la différence de l'héritier pur et simple il soit subrogé pour le tout contre chacun de ses cohéritiers au créancier hypothécaire qu'il a payé (V. *supra*, art. 875, p. 383) (2).

L'action en garantie est protégée par un *privilége* qui grève tous les immeubles de la succession (art. 2103, 3°, et 2109); mais, bien que par lui-même le privilége soit *indivisible*, comme il existe, dans l'espèce, *autant de créances distinctes que de cohéritiers débiteurs de la garantie*, il existe aussi *autant de priviléges que de créances.*

Selon le droit commun d'ailleurs, *l'action en garantie se prescrit par trente ans à dater du trouble ou de l'éviction* (art. 2262 et 2267) (3).

**886.** — La garantie de la solvabilité du débiteur d'une rente ne peut être exercée que dans les cinq ans qui suivent le partage. Il n'y a pas lieu à garantie à raison de l'insolvabilité du débiteur, quand elle n'est survenue que depuis le partage consommé.

Par exception à la règle, que l'action en garantie se prescrit par

---

(1) M. Demante, t. III, n° 228 *bis*, I. — MM. Zachariæ, Aubry et Rau, p. 448 texte et note 38 — MM. Ducaurroy, Bonnier, Roustain, t. II, n° 792. M. Demangeat, *Revue pratique*, 1857, t. IV, p. 272. — M. Demolombe, t. XVII, p. 442.

(2) M. Demante, t. III, n° 228 *bis*, IV. — M. Demolombe, t. XVII, p. 449. En sens contraire, MM. Ducaurroy, Bonnier, Roustain, t. II, n° 799.

(3) V. art. 175 et suiv., C. de pr., la distinction entre l'action incidente en garantie et l'action principale en garantie, entre la garantie formelle et la garantie simple.

trente ans à dater du trouble ou de l'éviction, *l'action en garantie fondée sur l'insolvabilité, à l'époque du partage, du débiteur d'une rente, ne dure que cinq ans, à compter du partage.*

Cette règle a-t-elle une raison d'être spéciale ?

Elle n'en a aucune.

On a dit pour l'expliquer, que *les arrérages d'une rente se prescrivant par cinq ans* (art. 2277), *l'héritier qui a laissé s'écouler ces cinq ans, sans recourir en garantie contre ses cohéritiers, doit être présumé avoir reçu les arrérages de sa rente;* d'où il y aurait *dès lors lieu de conclure que le débi-rentier n'était pas insolvable au moment du partage.*

Ce puéril raisonnement tombe devant la simple remarque que les intérêts des créances se prescrivent par le même laps de temps que les arrérages des rentes, et qu'il est beaucoup plus fréquent de rencontrer des créances que des rentes dans l'actif héréditaire ; or, les termes de l'exception établie par l'art. 886 n'étant pas applicables aux créances, l'action en garantie, en ce qui les concerne, ne peut, conformément à la règle, se prescrire que par trente ans, à dater de l'insolvabilité constatée du débiteur.

*Voyons maintenant quelle est la cause de la très-défectueuse disposition de l'art.* 886.

L'ancien droit confondait la rente avec les arrérages qui en sont les fruits civils (1); il enseignait, en conséquence, que la garantie, en matière de rente, était d'une durée illimitée, c'est-à-dire que si, à une époque quelconque, « même après plus d'un siècle », dit Pothier, les arrérages de la rente cessaient d'être payés, le recours en garantie s'ouvrait au profit du copartageant ou de ses héritiers (2).

Cette théorie, qui fait un médiocre honneur aux légistes de l'ancien droit, exigeait un remède; on ne sut pas trouver celui qui était rationnel et simple, et au lieu de distinguer entre l'insolvabilité antérieure et l'insolvabilité postérieure au partage, on imagina de faire, dans les actes de partage, un forfait des rentes : les copartageants stipulaient qu'ils ne seraient point garants de l'insolvabilité des débi-rentiers, lorsqu'elle surviendrait plus de dix ans après le partage (3).

---

(1) V. *Manuel de droit civil*, t. I, p. 619.

(2) Une rente, écrivait Pothier, est un être successif, dont la réalité consiste dans les arrérages qui en courront jusqu'au rachat qui en sera fait ; c'est pourquoi, lorsque, par l'insolvabilité du débiteur, je cesse de percevoir les arrérages d'une rente tombée dans mon lot, je suis censé n'avoir pas encore reçu toute la chose tombée dans mon lot, et n'être pas égal à mes copartageants, qui ont reçu tout ce qui est tombé dans le leur; d'où il suit que, pour rétablir l'égalité, ils doivent me la parfournir. (*De la vente*, n° 634.)

(3) Pothier, *Des successions*, chap. IV, art. 5, § 3). — Lebrun, liv. IV, chap. I, n° 68.

Cette restriction apportée à la durée de l'obligation en garantie n'empêchait pas qu'on ne laissât d'ailleurs l'action en garantie, sous l'empire du droit commun de la prescription.

Les compilateurs napoléoniens commencèrent par reprendre les errements de l'ancien droit, en y ajoutant la confusion entre *l'obligation de garantie* et *l'action en garantie;* puis, lorsque le projet eut été communiqué au tribunal de Cassation, ce tribunal proposa la disposition qui est devenue l'art. 886 (1).

Or, voici ce qu'a fait, en définitive, cet article :

1° *Il a redressé la fausse doctrine qui, dans le cas spécial de la rente, astreignait les copartageants à la garantie, bien que la cause de l'éviction, c'est-à-dire ici l'insolvabilité du débi-rentier, fût postérieure au partage;*

2° *Il a emprunté à l'ancien droit l'idée et le point de départ d'une limitation qui n'avaient de raison d'être que dans l'ancien droit;*

3° *Il a reproduit la confusion entre l'obligation de garantie et l'action en garantie, commise dans leur projet par les compilateurs napoléoniens* (2).

## SECTION V.

### DE LA RESCISION EN MATIÈRE DE PARTAGE.

Dans la langue juridique actuelle, le terme de *rescision* est synonyme de celui d'*annulation;* cependant, ce mot désigne traditionnellement *l'action en annulation pour cause de lésion* (3).

Méconnaissant de nouveau, en cette matière, l'enseignement scientifique, les auteurs de la compilation napoléonienne ont admis la rescision du partage, *pour le cas où l'un des copartageants est lésé de plus du quart;* là où il n'y avait lieu de reconnaître que l'existence d'une simple action en indemnité pour le cas d'erreur, ils ont emprunté à l'ancien droit une action qui contribue à rendre la propriété incertaine, et qui porte ainsi une atteinte non moins grave aux principes juridiques qu'à l'ordre économique (comparer, *supra*, p. 308 et note 3. — V. aussi art. 1109 et suiv.) (4).

Quant au dol et à la violence indiqués dans cette section, à côté de

(1) V. Fenet, t. II, p. 158, 580 et 581.

(2) En résumé, la *seconde* phrase de cet article rend la *première* inutile, et, dans une doctrine assise, le principe sur lequel est fondée l'obligation de garantie eût rendu le *tout* inutile.

Comparer M. Demolombe, t. XVII, p. 459 et suiv.

(3) V. *infrà*, t. III, sect. VII. — De l'action en nullité ou en rescision des conventions.

(4) Dans un article qui n'a de décidé que la forme, mais où l'idée du Droit

la lésion, comme causes d'annulation du partage, ce n'est que faute d'avoir posé des principes généraux, que les auteurs du Code Napoléon ont eu besoin d'en faire ici la mention expresse (1).

Le Code de la Convention ne contenait rien sur les causes d'annulation du partage.

**887.** — Les partages peuvent être rescindés pour cause de violence ou de dol. — Il peut aussi y avoir lieu à rescision, lorsqu'un des cohéritiers établit, à son préjudice, une lésion de plus du quart. La simple omission d'un objet de la succession ne donne pas ouverture à l'action en rescision, mais seulement à un supplément à l'acte de partage.

Cet article établit *trois* causes d'annulation du partage :

1° *Le dol;*

2° *La violence;*

3° *La lésion.*

*D'après la théorie générale des contrats* (art. 1109-1118), *l'erreur est aussi une cause d'annulation ; cette cause s'applique-t-elle au partage?*

Les rédacteurs du Code Napoléon ont pensé qu'en matière de partage l'erreur n'était jamais une cause propre d'annulation ; selon les auteurs, elle tombe, en effet, sous l'alternative suivante :

*Ou bien elle se confond avec une cause propre, soit de nullité, soit d'annulation, soit de réparation pécuniaire ou autre;*

*Ou bien elle est indifférente.*

Ainsi :

Le partage est nul, lorsque, par erreur, il n'a pas été fait entre tous les cohéritiers (V. *infra*, nota).

Le partage est annulable ou rescindable pour cause de lésion, lorsque, par erreur, certains objets héréditaires ont été estimés à une trop haute valeur, et qu'il en est résulté une lésion de plus du quart pour l'un des cohéritiers (art. 887).

---

reste entièrement enveloppée, M. Émile Ollivier exprime l'avis que, sans détruire les actions en rescision et en résolution, il y a lieu d'en faire des actions personnelles. (M. Émile Ollivier, *Revue pratique*, 1858.)

Ce n'est là qu'une opinion d'aventure et une théorie bâtarde, tout aussi bien au point de vue économique qu'au point de vue juridique.

Les actions en rescision et en résolution sont contraires à la liberté de la propriété, et c'est pour cette cause qu'elles doivent être supprimées.

L'unique principe fondé en raison est celui qui astreint l'auteur d'un dommage, pécuniairement appréciable, à réparer pécuniairement ce dommage.

(V. *infra*, art. 1108, 1305, et *Manuel de droit civil*, t. III, art. 1654 et chap. VI, de la vente.)

(1) Nous verrons que les actions en annulation pour cause de dol et de violence ont aussi un effet résolutoire à l'égard des tiers.

Nous n'aurions qu'à répéter pour ces actions ce que nous avons dit dans la note précédente.

Le partage donne lieu à l'action en garantie, lorsque, par erreur, on y a compris des objets appartenant à des tiers, et que l'un des cohéritiers a subi une éviction (V. *supra*, art. 884-885).

Le partage doit être suivi d'un acte supplémentaire, lorsque, par erreur, on y a omis un objet de la succession (art. 887).

Le partage est inattaquable :

Soit, par exemple, lorsque, par erreur, certains objets ont été estimés à une trop haute valeur, et qu'il n'en est pas résulté une lésion de plus des cohéritiers.

Soit encore lorsque, par erreur, dans un partage fait à l'amiable et par voie d'attribution, l'un des cohéritiers a accepté son lot dans la croyance qu'il comprenait un certain bien, tandis que ce bien n'en fait pas partie (1).

Remarquons que les causes d'annulation indiquées dans l'art. 887 sont applicables tout aussi bien aux partages faits *en justice* qu'aux partages faits *à l'amiable.*

NOTA. — Quoique le Code Napoléon n'ait distingué dans aucune matière la *nullité* de l'*annulabilité* ou *cause d'annulation*, il n'est pas douteux que cette distinction ne domine la théorie de tous les actes juridiques (2).

Ainsi, parmi les cas de nullités du partage, il faut citer, outre celui qui a été indiqué plus haut :

Le cas ou, par erreur, un étranger aurait été admis au partage, comme ayant titre de cohéritier.

Le cas où, par erreur, on aurait attribué à l'un des cohéritiers une part supérieure ou inférieure à sa part héréditaire ;

Le cas où, par erreur, on aurait compris dans le partage des biens qui n'existaient pas, ou qui appartenaient privativement à l'un des cohéritiers (3).

**888.** — L'action en rescision est admise contre tout acte qui a pour objet de faire cesser l'indivision entre cohéritiers, encore qu'il fût qualifié de vente, d'échange et de transaction, ou de toute autre manière. — Mais après le partage, ou l'acte qui en tient lieu, l'action en rescision n'est plus admissible contre la transaction faite sur les difficultés réelles que présentait le premier acte, même quand il n'y aurait pas eu à ce sujet de procès commencé.

---

(1) Comparer M. Demante, t. III, n° 231 *bis*, II. — MM. Zachariæ, Aubry et Rau, t. V, p. 276 et suiv. — M. Demolombe, t. XVII, p. 281 et suiv.

(2) V. *Manuel de droit civil*, t. I, p. 165 et *infra*, notamment, tit. III, sect. VII.

(3) M. Demante, t. III, n° 221 *bis*, I. — MM. Zachariæ, Aubry et Rau, t. V, p. 277 et 278 texte et notes 4 et 5. — MM. Ducaurroy, Bonnier, Roustain, t. II, n° 781. — M. Demolombe, t. XVII, p. 478.

Pour les majeurs, la lésion, quelque considérable qu'elle soit, n'est pas, en général, une cause de rescision des contrats (art. 1118) (1).

On explique qu'une exception a dû être admise pour le partage « parce que, dit-on, l'égalité est l'âme des partages » (2).

Ce qui est l'âme du partage, ce n'est pas l'égalité, c'est le droit de propriété et la liberté des conventions.

Le principe d'égalité a pour se mouvoir une autre carrière que celle que lui ouvre le partage de la succession *ab intestat !*

L'art. 888 a pour but de déterminer l'étendue de cette exception.

Du premier alinéa de l'article, il résulte *que l'action en rescision pour cause de lésion est recevable contre tout acte dont l'objet est de faire cesser l'indivision pour la totalité ou pour une partie de la succession, soit à l'égard de tous les cohéritiers, soit à l'égard de quelques-uns d'entre eux* (rapprocher art. 889).

Cette formule, acceptée en général par la doctrine, conduit :

1° *A reconnaître, au point de vue de la théorie de l'action en rescision, le caractère du partage à des actes auxquels on dénie ce même caractère au point de vue de la théorie de l'effet déclaratif* (V. *supra*, p. 357);

2° *A admettre que la recevabilité de l'action en rescision est indépendante, même du caractère intrinsèque de l'espèce d'opération (vente, échange ou transaction) au moyen de laquelle les cohéritiers sont sortis d'indivision* (3).

Du *second* alinéa de l'article, il ressort *que la transaction faite après partage, si elle porte sur des difficultés réelles, c'est-à-dire si elle est sérieuse, n'est pas assimilable à un partage opéré par voie de transaction, ni par conséquent rescindable pour cause de lésion* (4).

Ce n'est là qu'une simple contre-partie du premier alinéa.

889. — L'action n'est pas admise contre une vente de droit successif faite sans fraude à l'un des cohéritiers, à ses risques et périls, par ses autres cohéritiers, ou par l'un d'eux.

Le premier alinéa de l'art. 888 suppose une opération qui ait pour objet de faire cesser l'indivision (V. *supra*).

*L'art.* 889 *se place dans l'hypothèse toute différente d'un contrat aléatoire intervenu entre cohéritiers.*

---

(1) V. les cas exceptionnels de rescision admis par les art. 1674 et 1854 et par la loi du 3 septembre 1807.

(2) M. Demolombe, t. XVII, p. 503.

(3) M. Demante, t. III, n° 232 *bis*, I. — MM. Zachariæ, Aubry et Rau, t. V, p. 264, note 2 et p. 280 et 281 texte et notes 11 et 14. — M. Demolombe, t. XVII, p. 511 et suiv.

(4) M. Demolombe, t. XVII, p. 526.

Ce contrat est celui par lequel l'un des cohéritiers vend, ou, d'après la terminologie usuelle, cède *son droit successif non liquidé* à tous les autres ou à quelques-uns d'entre eux. Tandis que dans la vente qui tend à faire cesser l'indivision, le marché ne porte *que sur la part héréditaire active, et, par conséquent, certaine du vendeur*, il a, au contraire, pour objet, dans la vente de droit successif, l'*intégralité ou une quote-part de l'intégralité de la part héréditaire active et passive, et, par conséquent, incertaine du vendeur.*

L'art. 889, exige du reste :

1° *Que la vente ait été faite aux risques et périls du cohéritier acheteur ;*

2° *Qu'elle ait été faite sans fraude à la personne ni à la loi.*

La première condition est, en outre, confirmée par l'art. 1696.

Les deux sont naïves ; la première rentre évidemment dans la définition du droit successif, et la seconde est assurément de droit commun (1).

**890.** — Pour juger s'il y a eu lésion, on estime les objets suivant leur valeur à l'époque du partage.

Cette disposition est de toute évidence.

Conformément à la règle que l'expertise est, en général, *facultative*, et contrairement à l'art. 1678, qui fait exception à cette règle pour la vente d'immeubles, on décide que le juge a le pouvoir de faire lui-même l'estimation des objets héréditaires et de prononcer d'après les pièces et les documents du procès.

De là il résulte que, contrairement aussi à l'art. 1677, le juge a le pouvoir d'ordonner une expertise même dans le cas où le demandeur n'a articulé aucun fait assez vraisemblable et assez grave pour faire supposer la lésion (2).

**891.** — Le défendeur à la demande en rescision peut en arrêter le cours et empêcher un nouveau partage, en offrant et en fournissant au demandeur le supplément de sa portion héréditaire, soit en numéraire, soit en nature.

Cet article atténue, sans les supprimer, les inconvénients de la théorie de la rescision pour cause de lésion.

On admet, en général, que le droit d'offrir le supplément subsiste *même après le jugement qui a prononcé la rescision du partage* (3).

---

(1) Comparer M. Demante, t. III, n° 234 *bis*, I. — MM. Zachariæ, Aubry et Rau, t. V, p. 281 et 282 texte et notes 14 et 17. — M. Demolombe, t. XVII, p. 539 et suiv.

(2) MM. Zachariæ, Aubry et Rau, t. V, p. 285 texte et note 25. — M. Demolombe, t. XVII, p. 508.

(3) M. Demante, t. III, n° 236 *bis*, IV. — MM. Zachariæ, Aubry et Rau, t. V, p. 286 texte et note 31. — M. Demolombe, t. XVII, p. 550.

Les ayants cause du défendeur en rescision, et notamment ses créanciers et les tiers possesseurs d'immeubles héréditaires aliénés par lui, jouissent incontestablement de la même faculté que lui.

Au surplus, l'art. 891 est inapplicable à l'*action en annulation pour cause de dol ou de violence;* dans ces deux cas, le partage sera nécessairement *recommencé* (1).

**892.** — Le cohéritier qui a aliéné son lot en tout ou partie, n'est plus recevable à intenter l'action en rescision pour dol ou violence, si l'aliénation qu'il a faite est postérieure à la découverte du dol, ou à la cessation de la violence.

Cet inutile et défectueux article prévoit un cas *de ratification tacite du partage, affecté des vices de dol ou de violence*, mais non de *lésion.*

L'article suppose que le cohéritier, victime du dol ou de la violence, a aliéné son lot en tout ou en partie postérieurement à la découverte du dol ou à la cessation de la violence, c'est-à-dire dans une situation où sa volonté était éclairée et libre; de là, la présomption qui rend alors l'action en annulation non recevable.

*Doit-on appliquer à la rescision pour cause de lésion la disposition de l'art.* 892?

Les auteurs s'entendent fort peu sur cette question; cependant, la *négative* résulte du texte; elle est aussi imposée par l'idée que le partage affecté de lésion est nul à raison du seul fait que la lésion existe et indépendamment de toute erreur du cohéritier lésé (2).

Pour compléter la théorie de l'extinction des actions en annulation ou en rescision du partage, il faut ajouter :

1° *Que, conformément au droit commun, la prescription des trois actions en annulation ou en rescision du partage pour cause de dol, de violence ou de lésion, est soumise à un délai de dix ans ;*

2° *Que, conformément au droit commun, les deux actions en annulation pour cause de dol et de violence sont anéanties par la confirmation expresse ou tacite* (art. 1338);

3° *Que, contrairement au droit commun, l'action en rescision pour cause de lésion n'est pas détruite par la confirmation expresse ou tacite.*

La *première* proposition ne soulève à peu près aucun débat.

Il y a seulement lieu de remarquer, au sujet du point de départ de la

(1) M. Demante, t. III, n° 236 *bis* I. — MM. Zachariæ, Aubry et Rau, t. V, p. 279. — M. Demolombe, t. XVII, p. 498.

(2) M. Demante, t. III, n° 237 *bis*, I. — M. Valette, à son cours. — MM. Massé et Vergé, *Sur Zachariæ*, t. II, p. 387, 388.

En sens contraires et divers, Chabot, art. 892, n° 2. — M. Zachariæ, p. 626, note 20. — M. Taulier, t. III, p. 400, 402.

Comparer MM. Aubry et Rau, *Sur Zachariæ*, t. V, p. 287, 289 texte et notes 34, 35. — M. Demolombe, t. XVII, p. 585.

prescription, qu'il n'est pas *le même* dans les cas de vices, de dol ou de violence, que dans le cas de la lésion.

D'après l'art. 1304, en effet, *lorsqu'il s'agit de dol ou de violence*, le délai de la prescription court *à partir du jour où le dol a été découvert, ou à partir du jour où la violence a cessé*;

D'après la doctrine générale, *lorsqu'il s'agit de la lésion*, le délai de la prescription court contre les majeurs jouissant de leurs droits, *à partir du partage*, et contre les mineurs ou les interdits, *à partir de la majorité ou de la levée de l'interdiction* (1).

La *seconde* proposition ne comporte aucune difficulté (art. 1115, 1304 et 1338).

La *troisième* proposition était controversée dans l'ancien droit; elle est restée controversée dans le nouveau.

Voici le thème de cette controverse :

*Tant que le déficit qui produit la lésion n'a pas été comblé ou au moins ramené à une proportion telle qu'il cesse de constituer une lésion de plus du quart, la cause de rescision, et par conséquent l'action qui en dérive, subsiste-t-elle, nonobstant tout acte confirmatif ?*

L'affirmative n'est pas douteuse en présence des termes du second alinéa de l'art. 888; ce texte n'admet la validité de la transaction postérieure au partage que lorsqu'elle est faite « sur les difficultés réelles que présentait le premier acte » ; or, dans le cas présent, la confirmation ne porte pas sur des difficultés réelles.

Concluons donc qu'un cohéritier, même majeur et maître de ses droits, n'a jamais la faculté de renoncer à se prévaloir de la lésion (2).

COMPARAISON ENTRE L'ACTION EN GARANTIE ET L'ACTION EN RESCISION POUR CAUSE DE LÉSION.

| | |
|---|---|
| 1° *L'action en garantie ne se prescrit en général que par le laps de trente ans* (art. 2262 ; V. cep. art. 886). | 1° *L'action en rescision se prescrit par le laps de dix ans* (art. 1304). |
| 2° *Le délai de la prescription de l'action en garantie court à partir du moment de l'éviction* (V. supra, p. 362). | 2° *Le délai de la prescription de l'action en rescision court à partir du partage* (V. supra). |

---

(1) MM. Zachariæ, Aubry et Rau, t. V, p. 289 et 290 texte et notes 36, 37. — M. Demolombe, t. XVII, p. 567.

(2) M. Demante, t. III, n° 237 *bis*, I. — M. Valette, à son cours. — MM. Massé et Vergé *Sur Zachariæ*, t. II, p. 387, 388.

En sens contraire, MM. Zachariæ, Aubry et Rau, t. V, p. 287. — M. Demolombe, t. XVII, p. 574.

Cette décision couronne à merveille la théorie des successions *ab intestat* d'après la loi napoléonienne; elle montre jusqu'où peut conduire dans ses détails d'application la doctrine de la tutelle sociale.

| | |
|---|---|
| 3° *L'action en garantie ne donne droit qu'à une indemnité pécuniaire* (art. 884, 885; V. supra, p. 361). | 3° *L'action en rescision donne droit au renouvellement du partage, sauf l'application de l'art.* 891 (V. supra, p. 365). |
| 4° *Dans le cas de l'action en garantie, pour apprécier le montant de l'indemnité on estime la chose d'après sa valeur à l'époque de l'éviction* (V. supra, p. 362). | 4° *Dans le cas de l'action en rescision, pour apprécier s'il y a lésion, on estime la chose d'après sa valeur à l'époque du partage* (art. 890, V. supra, p. 368). |

# TITRE II

## DES DONATIONS ENTRE-VIFS ET DES TESTAMENTS

### I

Dans l'ordre juridique, le droit de disposer en maître est la conséquence rationnelle du droit de propriété ; au point de vue du principe, on ne saurait admettre aucune distinction entre la disposition à titre gratuit et la disposition à titre onéreux ; on ne saurait davantage en reconnaître aucune entre les différentes sortes de dispositions à titre gratuit.

Un homme accumule les produits de son travail ; il avait l'incontestable pouvoir non-seulement de ne pas faire cette accumulation ou de l'anéantir après l'avoir faite, mais même de rester oisif ; il a préféré obéir à la loi morale, il a travaillé, épargné et fait une fortune (1) ; il a l'incontestable droit d'attribuer les résultats de son effort à qui bon lui semble et par le mode que bon lui semble.

L'ordre vrai est l'harmonie des droits individuels ; réaliser de plus en plus cet ordre, le développer, tel est le but de l'état de société ; tel est aussi le principe qui doit régler l'intervention de la collectivité sociale dans le conflit des intérêts individuels ; la collectivité sociale n'a le droit d'ingérence et de contrainte que lorsqu'il y a empiétement du droit de l'un sur celui de l'autre.

Le propriétaire qui donne ou qui teste viole-t-il en principe le droit d'un autre, et par là même en principe donne-t-il lieu à l'immixtion sociale ?

C'est dans ces termes que consiste toute la question ; or, ainsi for-

(1) Nous n'entendons pas donner ici, cela est bien évident, la formule générale de la loi morale ; au-dessus de l'effort qui tend à acquérir et à épargner dans un but de justice et d'utilité, il y a d'autres efforts ; il y a celui qui les prime tous, nous voulons dire le sacrifice.

mulée, elle n'admet aucun doute; il faut ou nier la propriété individuelle, ou reconnaître au propriétaire la plénitude du droit de disposer (1).

Que cette plénitude de droit ne soit pas un absolu; qu'elle rencontre, non pas des exceptions (un vrai principe n'en comporte point), mais des limitations; qu'en face de la liberté du propriétaire se pose directement la liberté de la propriété, c'est-à-dire, sous une autre forme, la liberté de tous ceux qui seront après lui propriétaires des mêmes objets; que, comme fils, comme époux, comme père, comme citoyen et comme homme, le propriétaire ait à acquitter des obligations naturelles et contractuelles, toutes ces propositions sont certaines et n'en laissent pas moins subsister le principe de la liberté de disposer (2).

Sans doute, la disposition à titre gratuit a un caractère particulièrement grave; à côté des produits du travail personnel, elle fait entrer dans la fortune de l'individu les produits du travail d'un autre, et elle paraît ainsi fausser par nature les conditions du libre concours entre les diverses activités.

A notre époque de barbarie relative, cet effet funeste de la disposition à titre gratuit n'est pas niable; il se manifeste avec la plus entière évidence dans le système de la succession *ab intestat*, où la répartition se fait en vertu d'une règle abstraite et comme au hasard de la loi.

Ce n'est là, il faut bien se le dire, qu'une réalité toute contingente, tenant à des causes parfaitement appréciables, au vice de la législation, au déclin de l'idée morale.

Scientifiquement, la disposition à titre gratuit est appelée à remplir un admirable rôle; c'est à elle qu'il appartient de combler le déficit de toutes les lois de propriété, de subvenir à toutes les inégalités de nature ou d'origine, de pallier toutes les injustices du sort.

La disposition à titre gratuit a pour titres la conscience et la fraternité humaine, et son vrai nom est réparation.

Bien loin donc de fausser par nature les conditions du concours social, la disposition à titre gratuit est, au contraire, propre par nature à atténuer l'inégalité des conditions de ce concours.

Voilà ce qui sera compris de mieux en mieux, à mesure que sera aussi comprise davantage la loi de l'ordre nouveau, c'est-à-dire qu'on se

(1) Le jour où l'on voudra constituer une véritable doctrine du droit, la méthode sera simple : on prendra chaque principe un à un; on le définira, on en déduira les conséquences; l'ensemble formera la synthèse rationnelle et progressive que jusqu'aujourd'hui les peuples ont remplacée par le plus inintelligent synchrétisme.

(2) Nous avons déjà suffisamment expliqué comment, à nos yeux, la propriété individuelle repose sur la nature humaine; nous examinerons plus bas, point de vue du droit à part, ce que vaut le système de justice distributive que l'on désigne sous le nom de *Communisme*.

persuadera qu'il est de l'intérêt de chacun que la meilleure fonction appartienne à la meilleure activité.

Au surplus, la fortune une fois acquise, il faut bien de toute nécessité qu'elle se transmette gratuitement à la mort du propriétaire ; or, en écartant même l'idée capitale, c'est-à-dire celle du droit, il s'agirait de savoir s'il est préférable que cette transmission s'opère conformément à une règle qui ne peut tenir compte des cas particuliers, ou, selon l'indication pour chaque cas, de la volonté du propriétaire.

Cela reviendrait à rechercher où est la moindre chance d'erreur entre l'aventure d'une induction fondée sur les faits les plus divers, et le choix éclairé de l'individu ; or, si l'on examinait les cas particuliers, il serait facile de se convaincre que le point de vue de l'utile ne viendrait pas infirmer l'idée du droit.

De ce qui précède, nous concluons que le devoir du législateur est :

1° *De n'apporter aucune entrave à l'exercice de la liberté de disposer ;*

2° *D'aider de tout son pouvoir la disposition à titre gratuit et spécialement la disposition testamentaire, en n'édictant que les règles indispensables pour assurer l'exercice de la liberté du disposant.*

## II

Le vice commun à toutes les théories qui concernent le droit de propriété est qu'on a essayé de les constituer sans se préoccuper en aucune sorte de résoudre au préalable la question du principe et des fins de la propriété.

A l'égard de la disposition à titre gratuit, ce vice exerce une énorme influence.

Jusqu'ici, du moins sur le continent européen (1), on a à peine

(1) Voici ce que raconte le docteur Lyell du grand peuple américain, de celui que ses détracteurs appellent le peuple du roi-dollar :

« Les legs et les donations magnifiques destinés à des projets publics de philanthropie ou d'éducation forment un des traits frappants de l'histoire moderne des États-Unis, et en particulier de la Nouvelle-Angleterre. Non-seulement, il arrive souvent que de riches capitalistes laissent par testament une portion de leur fortune pour doter des établissements nationaux, mais des individus pendant leur vie accordent de riches dons en argent pour la même destination. Il n'existe pas de loi obligatoire pour l'égale répartition des biens entre les enfants, comme en France, et, d'un autre côté, on n'y admet pas la coutume de substitution ou le droit de primogéniture, comme en Angleterre ; de telle sorte que les gens riches se sentent libres de partager leur fortune entre leurs parents et l'État ; il est impossible d'y *fonder* une famille, et les parents ont souvent le bonheur de voir tous leurs enfants bien pourvus et dans une position indépendante longtemps avant leur mort. J'ai vu une liste de legs et de donations, faites pendant ces trente dernières années au profit d'institutions religieuses, charitables et littéraires, dans le seul État de Massachusetts ; ils ne s'élevaient

aperçu le rôle social qui appartient à un tel droit, et, chose plus étrange, non-seulement on n'a pas su, en général, dégager l'idée synthétique qui relie et subordonne la succession *ab intestat* à la disposition à titre gratuit (1), mais l'opinion s'est accréditée, même en dehors des légistes, que la donation et le testament ont un fondement différent.

Ce dernier point exige qu'on s'y arrête, car il a égaré une légion d'écrivains.

Depuis l'âge antique où la législation opposait le *peregrinus* au *civis*, on répète que, tandis que la donation procède du droit des gens, la *factio testamenti* est *non privati, sed publici juris.*

Papinien l'a écrit (l. 3, liv. XXVIII, tit. I) ; les légistes de l'ancienne France ont reproduit Papinien ; le philosophe Kant a exprimé à peu près la même doctrine (2), et, de nos jours, un des esprits dont s'honorent le plus les études économiques, M. Courcelle-Seneuil, a pensé comme Papinien et comme Kant (3).

Cependant, ce n'est là qu'une tradition mal comprise, ou une idée mal définie.

A l'époque où Papinien écrivait, il y avait déjà des siècles que, même à Rome, la tradition manquait de sens et que la cité ne faisait plus le testament du citoyen (4).

---

pas à moins de 6 millions de dollars, c'est-à-dire plus de 1 million sterling. » (Lyell, *Voyage en Amérique,* 1er vol., p. 263.)

M. John Stuart Mill, qui cite ce passage, ajoute :

« En Angleterre, quiconque laisse au delà de quelques legs insignifiants, destinés au public ou à des projets philanthropiques, lorsqu'il lui reste quelques parents vivants, court risque d'être déclaré fou par le jury après sa mort, ou au moins de voir ses biens dissipés dans un procès devant la chancellerie pour annuler son testament. »

En France, les mœurs ne diffèrent pas sur ce point de ce qu'elles sont en Angleterre ; « il n'y a donc au monde, comme le dit M. Mill, que les États-Unis où les idées et la pratique en matière d'héritage paraissent être extrêmement rationnelles et satisfaisantes (*where the ideas and practice in the matter of inheritance seem to be unusually rational and beneficial.*) » M. John Stuart Mill, *Principles of Political economy*, t. I, p. 277.

(1) V. *supra*, p. 29. Nous rappelons qu'en Europe, Bentham et M. Mill sont les seuls publicistes qui aient nettement pensé que le droit de succession est identique avec le droit de tester.

(2) Kant, *Doctrine du droit,* t. I, p. 138, 145 et 252.

(3) Notamment dans le très-remarquable article intitulé : *Du droit de tester et de ses limites* (*Journal des Économistes*, IIe série, t. XLVI, p. 321).

(4) Avons-nous des *peregrini* et un *jus peregrinorum ?* disons-nous que la donation s'accomplit pour les *res mancipi* par la mancipation, et pour les *res nec mancipi* par la tradition?

Avons-nous des comices auxquels nous présentions notre héritier et qui soient libres de l'accepter ou de le refuser? Avons-nous des héritiers succédant à notre personne politique, religieuse et civile? — Comparer Doneau, VI, 4, I. — Domat, *Loix civiles*, liv. III, tit. I, sect. II, n° 1.)

On ne saurait croire combien de traditions de même valeur que celle-ci en-

Quant à l'idée, on a, il est vrai, avancé dogmatiquement que le droit du propriétaire finit à sa mort, et l'on en a conclu que la dévolution testamentaire ne peut s'accomplir que sous l'autorité de l'État (1).

---

combrent la doctrine juridique actuelle et combien d'hommes, d'ailleurs fort éclairés, s'y sont laissé prendre.

(1) Cette idée paraît avoir pour ancêtre l'avocat général Gilbert des Voisins qui, au siècle du président Montesquieu, s'exclamait en ces termes :

« Le pouvoir de disposer de nos biens ne nous appartient pas naturellement. La mort dépouille les hommes de tout ; et ce qu'ils n'ont point exécuté pendant leur vie, leur volonté ne peut le faire après leur mort, si la loi, qui est immortelle, ne prend soin de la faire accomplir. C'est donc proprement la loi qui imprime le caractère et l'autorité aux volontés des défunts, qui autrement seraient caduques. » Plaidoyer dans l'affaire de Pommereuil, Merlin, *Répertoire* (V° Testament, sect. II, § 4, art. 2).

Que ce morceau oratoire, qui confond entre autres choses la possession avec la propriété, ait séduit Merlin de Douai (*loc. cit.*), pour notre part, nous nous en étonnons peu ; mais, ce dont nous ne sommes pas médiocrement surpris, c'est de retrouver la doctrine de l'avocat général des Voisins, accrue et aggravée sous la plume aussi précise que réfléchie de M. Courcelle-Seneuil ; voici, en effet, comment s'exprime l'éminent économiste :

« Quelque étendu et absolu que puisse être le droit de propriété, il s'éteint naturellement avec l'existence du propriétaire. A sa mort, les biens qu'il a acquis, à quelque titre que ce soit, se trouvent à la disposition du législateur. Celui-ci peut en disposer bien ou mal, c'est-à-dire d'une manière plus ou moins favorable à la conservation et à l'accroissement de la société, mais, pourvu qu'il sauvegarde les espérances légitimes que la loi ou la coutume antérieure avait fait naître, il ne peut pas en disposer injustement. Supposez, par exemple, que le législateur abolisse l'hérédité et le droit de tester pour tous les hommes à naître à dater de ce jour, il pourrait avoir commis une erreur très-grande, préjudiciable à un haut degré à l'intérêt public et particulièrement à la production ; mais il n'aurait pu léser des droits individuels, des droits acquis par des personnes qui n'existent pas encore. » (*Du droit de tester et de ses limites*, *Journal des Économistes*, II° série, t. XLVI, p. 322.)

C'est assurément l'occasion de se demander quelle idée M. Courcelle-Seneuil se fait du droit en général, du droit de propriété individuelle, en particulier, et du législateur.

A ses yeux, le Droit, au lieu d'être l'expression d'un rapport nécessaire et une règle absolue de libre développement de nos facultés, n'est-il qu'une fantaisie et qu'une contingence ?

Le droit de propriété individuelle, au lieu d'être une des formes essentielles de l'activité humaine et de la liberté, est-il une affaire de convenance et de circonstances ?

Quant au législateur, est-ce un être de raison, un être mystique, ayant le droit de tailler et de rogner à sa guise, pouvant dire à ceux qui ne sont pas encore nés qu'ils viennent trop tard dans un monde où la liberté humaine a péri ?

M. Courcelle-Seneuil pense que le droit de tester est un droit *délégué par le législateur à l'individu* (p. 341.) Mais qu'est-ce donc encore une fois que ce législateur ? d'où vient-il ? Où a-t-il pris son droit ou son mandat, s'il n'est pas l'individu lui-même ou le délégué de l'individu s'efforçant de trouver la formule du juste ?

La thèse de M. Courcelle-Seneuil, comme on le verra (*infra*, chap. III), est au fond la nôtre ; mais, plus considérable est, au point de vue de cette thèse, l'ensemble des raisons exposées par le savant économiste, plus nous avons à

De ces deux propositions, la première contient une pétition de principe, et la seconde une sorte d'antithèse qui s'évanouit dès qu'on la précise.

La pétition de principe consiste à affirmer que le propriétaire ne conserve pas le droit de disposer pour le temps qui suivra sa mort, tandis qu'au contraire, le principe sur lequel repose la propriété individuelle implique ce droit de transmission et qu'il serait impossible de présenter à cet égard aucune raison de distinguer entre la disposition à titre gratuit et la disposition à titre onéreux.

Quant à l'espèce d'antithèse relative à la nécessité de l'intervention de l'État, formellement attestée pour le cas du testament, et niée sans doute pour celui de la donation entre-vifs, quel jurisconsulte ne verrait qu'elle n'existe que par un sous-entendu, et que, s'il y a litige, la donation, non plus que le testament, ne saurait se passer de la sanction sociale (1)?

Ainsi donc disparaît, au point de vue du droit du propriétaire, la différence qu'on a prétendu établir entre le fondement de la donation entre-vifs et celui du testament.

Avec Barbeyrac, avec Burlamaqui, et surtout avec M. John Stuart Mill, il faut professer que « *la propriété d'une chose ne peut être regardée comme complète sans la faculté d'en disposer suivant son bon plaisir, au moment de la mort, ou pendant la durée de la vie* » (2).

Nous examinerons plus loin d'une manière spéciale s'il existe la moindre raison de justice et d'utilité, pour apporter un tempérament, quel qu'il soit, à la faculté de disposer à titre gratuit (3).

## III

Tout en admettant comme prémisse l'idée de la cité antique, c'est-à-

---

cœur d'en retrancher tout ce qui est de nature à l'affaiblir, et plus s'accuse aussi le vice d'une méthode qui est exclusivement utilitaire, plus nous tenons à lui opposer la méthode seule complète, qui recherche la vérité à la lumière du juste et de l'utile.

(1) S'il n'y a pas litige, il est clair que, dans les deux cas, l'État, c'est-à-dire la collectivité des citoyens, n'a pas à prêter main-forte.

(2) Tout en ne se guidant, comme M. Courcelle-Seneuil, que d'après la méthode utilitaire, l'illustre auteur des *Principes d'économie politique et de la logique* dit en propres termes :

« . . . . . Bequest is one of the attributes of property ; the ownership of a » thing cannot be looked upon as complete without the power of bestowing it, » at death or during life, at the owner's pleasure. » (M. John Stuart Mill, *Principles of political Economy*, t. I, p. 273.)

(3) V. *infra*, chap. III, *De la portion de biens disponible et de la réduction.*

dire celle du droit social, et tout en renfermant, au nom de cette idée, le droit de disposer à titre gratuit dans d'étroites limites (1), le Code de la Convention avait consacré dans cette matière, comme dans toutes les autres, une série de règles profondément empreintes de l'esprit du droit moderne (2).

Ces règles étaient les suivantes :

*Toutes donations (entre-vifs ou à cause de mort) peuvent être écrites de la main du donateur, ou rédigées par notaires publics; mais, au premier cas, elles doivent être déposées chez un notaire.......* (art. 32, liv. II, tit. III, § 4).

*Le notaire fait afficher et publier l'acte de donation sur la place publique, au lieu du domicile du donateur et de la situation des biens, dans la huitaine de l'acceptation pour les donations entre-vifs, et dans la huitaine du décès du donateur pour celles à cause de mort* (art. 33, *ibid.*).

*L'acceptation olographe ou authentique du donataire ou de ceux qui le représentent est nécessaire; elle vaut prise de possession; elle n'est faite qu'après l'exécution des conditions en cas de donations conditionnelles* (art. 34, *ibid.*)......

...... *Aucune disposition n'est révocable pour raison de survenance d'enfants, d'ingratitude, de suggestion, captation et autres motifs* (art. 37, *ibid*).

Ainsi, le Code de la Convention assimilait d'une manière absolue le droit de disposer entre-vifs et le droit de disposer à cause de mort; il affranchissait de toutes formes la donation entre-vifs comme le testament; il organisait, dans les deux, la publicité de la transmission; il essayait de prévenir, dans les deux, la résolution pour cause d'inexécution des charges; il supprimait enfin, dans les deux, certaines causes de révocation ou d'annulation, particulièrement incompatibles avec la liberté de la propriété (3).

De leur côté, les compilateurs napoléoniens, non moins incapables d'établir la législation de la propriété que celle de la famille, ont exactement pris la contre-partie de l'idée scientifique.

D'abord, comme le droit de la Révolution, quoique dans des proportions atténuées, ils ont porté atteinte au libre droit de disposer du propriétaire.

---

(1) V. *Manuel de droit civil*, t. I, *Introduction*, p. XXVIII et XXIX, p. 32, et *supra*, chap. III.

(2) Nous rappelons que, dans le Code de la Convention, la matière *des donations* ou *de la transmission gratuite des biens par la volonté de l'homme* précédait fort rationnellement celle *des successions*, ou, comme disaient les auteurs du Code de la Convention, *de la transmission des biens des défunts par la disposition de la loi.*

Ensuite, à la place du progrès réalisé par le droit de la Révolution, ils ont mis les idées de l'ancien régime, toujours en les dénaturant et parfois en les amplifiant.

De là, en particulier, les articles relatifs à l'actualité et à l'irrévocabilité de la donation entre-vifs, les nombreuses restrictions apportées à la capacité de disposer ou de recevoir à titre gratuit, les solennités concernant la forme des donations et celle des testaments, le retour aux causes de révocation et à l'institution contractuelle.

Pour le fond, le titre des donations et des testaments est finalement l'un des plus défectueux de la compilation napoléonienne; c'est toujours le même mélange d'éléments disparates et non fondus ensemble, le même esprit d'inintelligente réaction contre l'idée de la démocratie moderne.

Quant à la méthode et à la forme, elles sont également dans cette matière ce qu'elles sont dans toutes les autres, c'est-à-dire remplies de titubations et d'obscurités; mais la prolixité du législateur napoléonien s'y est surpassée elle-même, et jamais elle n'a commis de plus inutiles ni de plus dangereux excès.

Ce titre contient :

1° *Des règles applicables en général aux donations entre-vifs et aux testaments* (chap. I, II et III) ;

2° *Des règles spécialement applicables aux donations entre-vifs* (chap. IV);

3° *Des règles spécialement applicables aux testaments* (chap. V);

4° *Des règles relatives :*

1° *Aux substitutions permises* (chap. VI);

2° *Aux partages d'ascendants* (chap. VII) ;

3° *Aux donations faites par des tiers aux époux par contrat de mariage ou par l'un des époux à l'autre, soit par contrat de mariage, soit pendant le mariage* (chap. VIII et IX).

---

## CHAPITRE PREMIER

### DISPOSITIONS GÉNÉRALES.

**893.** — On ne pourra disposer de ses biens, à titre gratuit, que par donation entre-vifs ou par testament, dans les formes ci-après établies.

Selon l'enseignement de Pothier (1), cet article ne reconnaît que *deux* sortes d'actes de disposition à titre gratuit :

1° *La donation entre-vifs ;*

2° *Le testament.*

---

(1) Pothier, *Des donations entre-vifs*, art. prél.

Le texte ajoute que ces deux sortes d'actes devront avoir lieu *dans les formes ci-après établies*, ce qui implique que ce sont des actes solennels (1).

Le droit romain, comme on sait, admettait, outre le testament, un acte de dernière volonté, dispensé de toute solennité et désigné sous le nom de *codicille* (*Inst.*, lib. II, tit. XXV, *De codicillis*).

A la différence des pays coutumiers, les pays de droit écrit pratiquaient le codicille (2); l'art. 893 rejette implicitement cet acte de disposition.

Quant à la donation à cause de mort, genre de disposition à titre gratuit, distinct de la donation entre-vifs et du testament, elle se trouve également proscrite par les termes de l'art. 893 (3).

On enseigne, conformément aux art. 967 et 1002, que, pour appliquer cette prohibition, il faut s'attacher non pas à la dénomination dont le disposant s'est servi, mais au caractère intrinsèque de la disposition (4).

Or, d'après la théorie romaine, ce caractère est double :

*La donation à cause de mort est nécessairement caduque par le prédécès du donataire relativement au donateur;*

*La donation à cause de mort est par nature, c'est-à-dire à moins de stipulation contraire, révocable à la volonté du donateur* (5).

C'est un point de fait de savoir si ce double caractère se rencontre dans une disposition à titre gratuit, et, par conséquent, si cette disposition doit être annulée comme tombant sous le coup de la prohibition de l'art. 893 (6).

Remarquons :

1° *Que les partages d'ascendants qui, dans la forme, ne sont plus aujourd'hui que de pures donations ou de purs testaments, sont, au fond, des dispositions à titre gratuit d'un genre mixte, c'est-à-dire où*

---

(1) On se rappelle que l'acte solennel est celui qui n'a juridiquement d'existence que tout autant que les formalités requises y ont été observées.

Les solennités exigées en cette matière par la législation napoléonienne n'ont presque toujours, comme nous le verrons, d'autre résultat final que d'empêcher l'exécution de la volonté du défunt.

(2) V. Ordonnance de 1735, art. 14. — Furgole, *Des testaments*, t. IV, chap. XII, n° 10.

(3) En opposant ici le mot *genre* au mot *acte* que nous avons employé plus haut, nous voulons faire entendre qu'il faut se garder de confondre l'acte ou la forme de la disposition avec la disposition elle-même.

(4) MM. Zachariæ, Aubry et Rau, t. V, p. 414 et 415. — M. Demolombe, t. XVIII, p. 37. — M. Baudry, *Revue critique de législation*, 1856, p. 232 et suiv.

(5) De Savigny, tr. Guenoux, *Traité de droit romain*, t. IV, p. 247. — De Vangerow, *Lehrbuch der Pandekten*, t. II, p. 656.

(6) M. Baudry, *Revue critique de législation*, 1856, t. VIII, p. 232 et suiv. — M. Demolombe, t. XVIII, p. 37.

*les règles de la succession ab intestat se combinent avec les règles de la donation entre-vifs, si le partage a revêtu la forme de la donation entre-vifs; avec les règles du testament, si le partage a revêtu la forme du testament* (art. 1075 et suiv., V. *infra*);

2° *Que les dispositions à titre gratuit, faites par contrat de mariage, sont affranchies dans la forme et au fond de plusieurs règles applicables, en général, aux donations entre-vifs, et que, comme les partages d'ascendants, elles peuvent constituer des dispositions à titre gratuit d'un genre mixte, c'est-à-dire où les règles de la donation entre-vifs se mêlent à celles du testament* (art. 947, 1082, 1084, 1087 et 1093, V. *infra*);

3° *Que les donations faites entre époux, pendant le mariage, sont, comme l'ancienne donation à cause de mort:*

*Révocables à la volonté du donateur;*

*Caduques par le prédécès du donataire, lorsqu'elles ont pour objet des biens à venir* (art. 1096, V. *infra*);

4° *Que certaines donations sont affranchies de toutes formes* (V. art. 931, 1121 et 1283);

5° *Que les libéralités qui n'impliquent pas diminution du patrimoine de l'un pour augmenter le patrimoine de l'autre, par exemple le mandat, le dépôt, le commodat, et, en général, les avantages résultant des contrats de bienfaisance, ne sont ni dans la forme, ni au fond* (*sauf ce qui a été dit de l'irrationnel rapport des dettes*, V. *supra*, p. 303), *soumis aux règles des donations entre-vifs et des testaments* (1).

**894.** — La donation entre-vifs est un acte par lequel le donateur se dépouille actuellement et irrévocablement de la chose donnée, en faveur du donataire qui l'accepte.

Cet article définit la donation entre-vifs; il en résulte :

1° *Que la donation entre-vifs exige l'acceptation du donataire, et que, par conséquent, elle constitue un contrat;*

2° *Que la donation entre-vifs doit être actuelle;*

3° *Que la donation entre-vifs doit être irrévocable;*

---

(1) Veut-on apprécier ce que, spécialement en cette matière, peut l'enseignement romain pour mettre un système rationnel à la place du chaos de la législation existante ; qu'on se reporte aux écrits du chef de l'École historique, que l'on compare les stériles dissections et la vaine métaphysique de M. de Savigny avec les vues si larges, si vivantes, si pratiques de M. John Stuart Mill. De Savigny, trad. Guénoux, *Traité de droit romain*, t. IV. — John Stuart Mill *Principles of political Economy*, t. 1, p 267 et suiv.)

Qu'on se l'avoue donc enfin, car en France le temps presse particulièrement ! Tant que la législation et la doctrine resteront engagées dans la pure archéologie romaine, tant que l'esprit philosophique et critique n'aura pas renouvelé les traditions des vieux âges, la science du Droit attendra ses premiers principes.

4° *Que la donation entre-vifs est gratuite de sa nature.*

Rappelons, en outre, que la donation entre-vifs est un acte *solennel* (V. *supra*, p. 379).

1° LA DONATION ENTRE-VIFS EXIGE L'ACCEPTATION DU DONATAIRE; PAR CONSÉQUENT, ELLE CONSTITUE UN CONTRAT.

Cette proposition est fondée sur le texte même de l'art. 894.

Le texte, il est vrai, porte que : « la donation entre-vifs est *un acte* », et il ne contient pas le mot de *contrat ;* mais, toutes les fois qu'il existe un concours de volontés de nature à produire un effet de droit, il existe par là même un contrat; or, le texte exige l'acceptation du donataire (1).

Il y a mieux; l'acceptation du donataire, comme nous le verrons, (art. 932), doit être *expresse.*

Cette règle repose, du reste, sur l'idée que la donation frustre les espérances légitimes de la famille, et qu'il est bon de créer des obstacles au donateur.

2° LA DONATION ENTRE-VIFS DOIT ÊTRE ACTUELLE.

Cette règle obscure a été empruntée par les rédacteurs du Code Napoléon à l'ancien droit; elle signifiait alors *que la donation n'était parfaite qu'autant que le donataire avait été mis en possession de la chose donnée.*

Cette même règle veut dire aujourd'hui que *le donateur doit :*

---

(1) Le projet du Code Napoléon déclarait que :

« La donation entre-vifs est un contrat par lequel, etc. » (Fenet, t. XII, p. 261.)

Lors de la discussion au Conseil d'État, Bonaparte, qui ne parvenait point à retenir les leçons de Merlin, demanda que la rédaction fût changée, « parce que, disait-il, le contrat impose des charges mutuelles aux deux contractants; qu'ainsi, cette expression ne peut convenir à la donation ». (Fenet, *Ibid.*)

Non-seulement on s'abstint de répondre au maître, mais, par une plate adulation, on déféra à l'erreur de son motif; le mot *acte* remplaça le mot de contrat au commencement de l'article, quoique la fin continuât à affirmer que la donation est un contrat.

Opinion de Bonaparte et textes à part, on peut se demander si, philosophiquement, la donation est en elle-même un contrat, ou si elle ne constitue pas plutôt un acte unilatéral.

M. de Savigny, qui a longuement traité la question, ne l'a envisagée qu'au point de vue des textes romains (*Traité de droit romain*, t. IV, p. 149 et suiv.) V. aussi Molitor (*Les obligations en droit romain*, t. III, p. 95).

Sans entrer ici dans des développements qui seraient surabondants, nous nous bornerons à faire remarquer qu'un acte de libéralité est certainement indépendant par lui-même du consentement de celui même au profit duquel on l'exerce.

*Ou se dépouiller actuellement du droit réel ou du droit personnel qui fait l'objet de la donation ;*

*Ou faire naître actuellement au profit du donataire un droit de créance contre lui-même.*

Le donateur se dépouille actuellement *d'un droit réel*, s'il donne, par exemple, en propriété ou en usufruit un corps certain qui lui appartient.

Il se dépouille actuellement *d'un droit de créance*, s'il donne une créance qu'il a contre un tiers.

Il fait naître actuellement au profit du donataire *un droit de créance contre lui-même*, s'il donne des choses indéterminées, par exemple une somme d'argent qu'il ne met pas sur table au moment même du contrat.

Dans ce dernier cas, le donataire a titre de créancier ordinaire (V. *infra*, art. 943).

Au surplus, la donation ne cesse pas d'être actuelle, bien qu'elle ait été faite à terme ou sous une condition casuelle, suspensive ou résolutoire.

3° LA DONATION ENTRE-VIFS DOIT ÊTRE IRRÉVOCABLE.

Cette règle, qui, comme disent les auteurs, présente une étroite corrélation avec la précédente et qui, pour cette cause, est tout aussi peu nette, signifie que *le donateur ne peut subordonner la donation à une condition dont l'accomplissement serait potestatif de sa part*, c'est-à-dire *dépendant de sa volonté*.

Les auteurs discutent pour savoir si la prohibition du législateur napoléonien ne porte que sur la condition *purement* potestative, c'est-à-dire dépendant de la *seule* volonté du donateur, ou si elle s'applique même à la condition dépendant de la volonté du donateur et du hasard.

Nous retrouverons plus loin (art. 944) cette puérile thèse; nous prenons parti pour la seconde *doctrine*.

Les *deux* règles de l'*actualité* et de l'*irrévocabilité* de la donation entre-vifs sont la traduction de l'adage, jadis célèbre, qui se formulait ainsi : « Donner et retenir ne vaut (1). »

Le point de vue de l'ancien droit français aristocratique et féodal était, comme nous le savons, la conservation des biens dans les familles, et l'immobilisation de la propriété; de là tout le régime des propres, et notamment la prohibition d'en disposer par testament au delà d'une part peu considérable.

(1) Loysel, édition Dupin et Laboulaye, *Inst. cout.*, liv. IV, tit. IV, règle v).

L'ancien droit français cependant n'avait pas étendu la même prohibition à la donation entre-vifs, mais il l'avait remplacée, pour cette sorte de disposition, par la règle : « Donner et retenir ne vaut. »

Le point de vue du droit moderne, démocratique et égalitaire, est la circulation des biens et l'attribution de la propriété à l'activité la plus apte à l'acquérir comme à en user; nous avons dit plus haut (p. 373) à quelles conséquences cette prémisse conduirait en législation.

Le point de vue napoléonien a consisté à prendre dans l'ancien droit français la règle « donner et retenir ne vaut », à appliquer à la donation entre-vifs comme au testament la prohibition de disposer à titre gratuit, et à soumettre à cette même prohibition tous les biens (V. *infra*, chap. III) (1).

#### 4° LA DONATION ENTRE-VIFS EST GRATUITE DE SA NATURE.

Cette règle fait ranger la donation entre-vifs parmi les *contrats de bienfaisance* (art. 1105).

Elle n'empêche pas, du reste, que le donateur ne puisse imposer au donataire l'accomplissement de certaines charges, pourvu que ces charges ne violent pas la double règle de l'actualité et de l'irrévocabilité de la donation (art. 945 et 953-954).

Lorsque la donation a été faite avec charges, elle constitue, selon l'expression des auteurs, un *negotium mixtum*, c'est-à-dire un contrat participant à la fois de la nature des contrats à titre onéreux et de la nature des contrats à titre gratuit (2).

**895.** — Le testament est un acte par lequel le testateur dispose, pour le temps où il n'existera plus, de tout ou partie de ses biens, et qu'il peut révoquer.

---

(1) Ricard, *Des donations*, n° 1044. — Argou, *Instit. au droit français*, t. 1, p. 253.

Comparer MM. Zachariæ, Aubry et Rau, t. V, p. 417 et 418. — M. Demolombe, t. XVIII, p. 21.

Il n'est pas facile, ainsi qu'on s'en apercevra, de mesurer dans la compilation napoléonienne la portée exacte de la double règle de l'*actualité* et de l'*irrévocabilité* de la donation entre-vifs; et comment cela serait-il facile, quand cette double règle manque aujourd'hui de tout sens et que les compilateurs napoléoniens n'ont pu faire autrement que de la dénaturer !

Bien entendu, en censurant la règle féodale de l'actualité et de l'irrévocabilité de la donation entre-vifs, nous réservons d'ailleurs ce que nous avons déjà dit, à plusieurs reprises, sur l'incompatibilité de la condition résolutoire avec une théorie rationnelle de la propriété (V. notamment *supra*, p. 308, note 3).

(2) De Savigny, *Traité de droit romain*, t. IV, p. 105 et 290. — Molitor, *Les obligations en droit romain*, t. III, p. 135.

A la place de l'art. 894, développé par les art. 943-946 (V. *infra*), le Code de la Convention contenait les simples formules suivantes :

« La donation est un acte de bienfaisance » (art. 21, liv. II, tit. III, § 3).

» Elle est gratuite et irrévocable. » (*Ibid.*)

Cet article définit le testament; il en ressort :

1° *Que le testament est l'œuvre personnelle et exclusive du testateur;*

2° *Que le testament ne produit aucun effet actuel;*

3° *Que le testament peut toujours être révoqué;*

Rappelons, en outre, que le testament est un acte *gratuit* et *solennel* (V. *supra*, p. 379).

En rapprochant ces caractères de ceux de la donation entre-vifs, il est facile d'apercevoir en quoi, d'après les textes napoléoniens, la donation entre-vifs et le testament se ressemblent entre eux et diffèrent l'un de l'autre.

De ce que le testament est l'œuvre personnelle et exclusive du testateur, il résulte :

1° *Qu'une personne ne peut faire aujourd'hui le testament d'une autre* (V. *infra*, chap. VI);

2° *Que le légataire n'intervient pas dans le testament.*

Du reste, l'intervention du légataire dans le testament ne serait pas de nature à annuler la disposition faite à son profit.

Remarquons enfin que, tandis qu'on ne peut être héritier pour partie, (V. *supra*, p. 187 et 189), on peut être légataire pour partie.

**896.** — Les substitutions sont prohibées. — Toute disposition par laquelle le donataire, l'héritier institué, ou le légataire, sera chargé de conserver et de rendre à un tiers, sera nulle, même à l'égard du donataire, de l'héritier institué, ou du légataire. — Néanmoins, les biens libres formant la donation d'un titre héréditaire que le Roi aurait érigé en faveur d'un prince ou d'un chef de famille, pourront être transmis héréditairement, ainsi qu'il est réglé par l'acte du 30 mars 1806, et par celui du 14 août suivant.

**897.** — Sont exceptés des deux premiers paragraphes de l'article précédent les dispositions permises aux pères et aux mères et aux frères et aux sœurs, au chapitre VI du présent titre.

**898.** — La disposition par laquelle un tiers serait appelé à recueillir le don, l'hérédité ou le legs, dans le cas où le donataire, l'héritier institué ou le légataire ne le recueillerait pas, ne sera pas regardée comme une substitution, et sera valable.

**899.** — Il en sera de même de la disposition entre vifs ou testamentaire par laquelle l'usufruit sera donné à l'un, et la nue propriété à l'autre.

Nous renvoyons l'exégèse de ces textes au commencement du chap. VI, afin d'exposer dans son ensemble la matière des substitutions.

**900.** — Dans toute disposition entre-vifs ou testamentaire, les conditions impossibles, celles qui seront contraires aux lois ou aux mœurs, seront réputées non écrites.

Cet article inutile et mal fait revient à dire qu'on n'a pas plus le droit de porter atteinte à l'ordre public, en d'autres termes, à l'harmonie des droits et des libertés individuelles par des dispositions à titre gratuit, que par tous autres actes juridiques (1) ; mais, au lieu d'annuler à la fois l'acte et la condition attentatoires à l'ordre public, ce qui était l'unique décision rationnelle, les compilateurs napoléoniens ont maintenu l'acte et annulé la condition.

Indiquons rapidement les antécédents historiques de l'art. 900.

Chez les Romains, voici comment on décidait ce point de droit :

S'agissait-il d'un contrat fait sous une condition affirmative, impossible, soit physiquement, soit légalement, on ne distinguait pas si ce contrat était intervenu à titre gratuit ou à titre onéreux, on l'annulait dans tous les cas (l. 31, D., liv. XLIV, tit. VII, l. 137, § 6, D., liv. XLV, tit. I. Inst., § 10, liv. II, tit. XIV, l. 7, D. liv. XLV, tit. I).

S'agissait-il d'un testament, les proculéiens appliquaient, sans dévier, la même doctrine, (L. 50, D., LXXVIII, tit. V), mais les sabiniens professaient qu'on devait maintenir l'institution ou le legs, et se contenter d'annuler la condition (Gaius, *Inst. comm.*, III, § 98).

L'opinion sabinienne prévalut, bien que Gaius, qui la rapporte et l'adopte, en prononce lui-même la condamnation (2).

Les légistes de l'ancien droit suivirent les errements romains.

Le droit de la Révolution porta à cet égard *deux* séries de dispositions :

Les premières, qui procédaient d'une pensée révolutionnaire et transitoire réputaient non écrites dans les testaments, donations et autres actes, *les conditions attentatoires à la liberté religieuse*, *à la liberté du mariage*, *à la liberté de choisir telle ou telle profession*, *à la liberté de remplir les devoirs imposés et d'exercer les fonctions déférées par la Constitution* (l. 5-12 septembre 1791, art. I, l. 5 ; brumaire, art. 12, l. 17 nivôse, an II).

Les secondes, qui furent inscrites dans le Code de la Convention et qui devaient avoir un caractère permanent, ne reconnaissaient aucune donation (donation entre-vifs ou disposition testamentaire) accompagnée de *conditions impossibles ou conditions contraires aux bonnes mœurs* (Code de la Convention, art. 35 et 36, liv. II, tit. III, § 3).

Pour le législateur napoléonien, la question eût dû, ce semble, se poser entre la tradition sabinienne et coutumière et le Code de la Convention.

Les auteurs du Code Napoléon ne l'entendirent pas ainsi ; ce fut la pensée révolutionnaire et transitoire qu'ils reproduisirent et qu'ils généralisèrent sans la comprendre (3).

---

(1) *Manuel de droit civil*, t. I, p. 12.

(2) « Et sane vix idonea diversitatis ratio reddi potest » dit Gaius (*Comm.*, III, § 98).

(3) Pour apprécier la valeur de l'idée qui présida à la rédaction de l'art. 900, on n'a qu'à se reporter à l'Exposé des motifs présenté par M. Bigot-Préameneu. M. Demolombe se rend fort bien compte que c'est la disposition de la loi

De là, une doctrine entièrement nouvelle, il faut bien l'avouer, dans l'histoire du Droit, et qui, dans le cas où une donation est affectée d'une condition illicite, récompense le donataire, soit d'avoir réellement accepté la pensée d'une action contraire au droit, soit d'avoir feint de l'accepter pour capter une donation (1).

Quoi qu'il en soit, la disposition de l'art. 900 est constante et il s'agit de l'interpréter.

La liste des conditions *physiquement impossibles* ou *légalement impossibles*, c'est-à-dire *illicites* ou *immorales*, est indéfinie.

Toutefois, ces dernières peuvent être ramenées à *deux* grandes classes; elles constituent :

*Ou bien une entreprise directe sur la liberté de la personne,*

*Ou bien une entreprise indirecte sur cette même liberté, en portant atteinte à la liberté de la propriété.*

Dans la *première* classe rentreraient les conditions :

De ne pas reconnaître son enfant naturel;

De ne pas acquitter la dette d'éducation envers son enfant légitime ou naturel;

De ne pas se marier ou de ne pas se remarier;

De ne pas professer telle doctrine religieuse ou scientifique;

De ne pas exercer ses droits politiques.

Dans la *seconde* classe devraient être rangées les conditions :

De ne pas aliéner la chose donnée ou tels autres biens (2);

De renoncer au droit de tester.

Il est certain, d'ailleurs, que, nonobstant la disposition de l'art. 900, la

des 5-12 septembre 1791 qui a été reproduite et généralisée par les compilateurs napoléoniens; mais d'où vient qu'il passe sous silence la disposition capitale du Code de la Convention ?

(1) Pour constater l'absence d'esprit de suite du législateur napoléonien, il suffit de rapprocher l'art. 900, en ce qui concerne la donation, de l'article qui annule le contrat à titre onéreux, lorsqu'une condition physiquement ou légalement impossible est jointe à ce contrat (art. 1172), et, en ce qui concerne le testament comme la donation, des articles qui établissent contre la disposition à titre gratuit une série de nullités inapplicables à la disposition à titre onéreux (art. 943 et 1001.)

(2) Les auteurs ne s'entendent pas sur le point de savoir si toute prohibition d'aliéner, quels qu'en soient l'étendue et le but, doit être regardée comme illicite.

M. Zachariæ admet l'affirmative d'une manière absolue (Zachariæ, édit. Massé et Vergé, t. III, p. 180).

MM. Aubry et Rau apportent à cette doctrine un correctif pour les cas où la prohibition d'aliéner garantirait un droit réservé au donateur, par exemple un droit de retour légal ou conventionnel ou un avantage que le disposant a légitimement conféré à un tiers (MM. Aubry et Rau, t. VI, p. 6 et 7, texte et note 22).

M. Demolombe va plus loin encore; il ne répute illicite la prohibition

donation ou le legs devrait être annulé s'il était manifeste que le donateur ou le testateur a subordonné sa libéralité à l'accomplissement de la condition *contraire aux lois ou aux mœurs* (1).

## CHAPITRE II

### DE LA CAPACITÉ DE DISPOSER OU DE RECEVOIR PAR DONATION ENTRE-VIFS OU PAR TESTAMENT.

La plus haute fonction du propriétaire, celle par laquelle à la fois il exerce son droit le plus considérable et accomplit son devoir le plus grave, c'est, comme il a déjà été indiqué, la disposition à titre gratuit.

Mettre l'instrument de travail au service de l'activité qui en a le besoin le plus certain et qui est la plus apte à en user (2), voilà incontestablement une œuvre morale et sociale, entre toutes les autres, et c'est cette œuvre qui s'impose au propriétaire.

Pour que l'individu soit à la hauteur d'un tel droit et d'un tel devoir, il lui faut une volonté qui soit en état de mesurer l'un et l'autre.

Par là, on conçoit que la capacité nécessaire pour la disposition à titre onéreux ne suffise plus lorsqu'il s'agit de la disposition à titre gratuit; mais c'est surtout en pareil cas que le rôle du législateur présente des difficultés et des périls.

La règle légale restrictive n'est légitime qu'à trois conditions :

---

d'aliéner que lorsqu'elle est absolue et indéfinie (M. Demolombe, t. XVIII, p. 320 et suiv.)

Nous tenons pour certain avec M. Zachariæ que toute prohibition d'aliéner est illicite, *car toute prohibition d'aliéner viole la liberté de la propriété et par conséquent de la personne.*

(1) Comparer, pour l'ensemble de l'explication de l'art. 900, MM. Zachariæ, Aubry et Rau, t. VI, p. 1 et suiv. — M. Demolombe, p. 232 et suiv.

Nous pouvons d'autant moins nous abstenir de présenter ici une observation générale sur le procédé critique appliqué par l'éminent doyen de Caen à l'examen de l'art. 900, que ce procédé jouit d'une grande faveur auprès du corps enseignant des Écoles.

On commence par présenter toutes les raisons qui condamnent un texte; lorsqu'on est M. Demolombe, on ne se contente pas de refaire l'œuvre des autres, on renforce les objections déjà produites et, le cas échéant, on y ajoute; puis, quand le faisceau est bien lié, quand l'évidence est complète, on déclare que cependant il n'est peut-être pas impossible d'expliquer, même de justifier, dans une certaine mesure, la théorie qu'a consacrée la loi, et l'on s'efforce de relever ce que l'on vient d'abattre.

Appliqué à la critique des textes, ce procédé produit des effets déplorables ; il énerve les convictions, il fausse l'étude du droit, il fait dégénérer l'enseignement en une sophistication de l'esprit.

(2) Nous n'avons pas besoin de faire rappeler qu'à nos yeux l'aptitude, dans son sens large et vrai, comprend le point de vue moral, comme le point de vue intellectuel.

1° *Elle doit avoir pour unique but de sauvegarder la liberté du propriétaire;*

2° *Elle ne doit consister que dans une induction fondée sur l'observation de faits constants;*

3° *Elle ne doit jamais exclure la possibilité de la preuve contraire* (1).

Le Code de la Convention ne contenait pas de règles spéciales à la capacité de disposer à titre gratuit; il déclarait que :

*Elle* (la donation entre-vifs ou à cause de mort) *n'est exercée que par le citoyen qui a le droit d'aliéner* (art. 23, liv. II, tit. III, § 3, Code de la Convention).

La loi du 17 nivôse an II abrogea la vieille suspicion qui, depuis la chute de la République romaine, plaçait en dehors du droit commun les donations entre époux (art. 13 et 14) (2).

Quant à la compilation napoléonienne, en même temps qu'elle est de nouveau tombée dans ses redites, dans ses confusions (3) et dans tous ses défauts habituels, elle a consacré une série de prohibitions dont l'arbitraire n'est, pour plusieurs, que le moindre tort, et, comme nous le verrons plus loin (4), elle a fait revivre pour les donations entre époux la tradition du Bas-Empire continuée par l'ancien régime.

**902.** — Toutes personnes peuvent disposer et recevoir, soit par donation entre-vifs, soit par testament, excepté celles que la loi en déclare incapables.

Cet article consacre l'évidence; en toute matière, la capacité est la *règle* et l'incapacité l'exception.

La capacité de *disposer* est appelée capacité *active;* la capacité de *recevoir*, capacité *passive.*

Conformément à la codification napoléonienne, la doctrine distingue :

1° *Des incapacités de disposer ;*

---

(1) Cela pourrait se dire en une formule unique, que nous nous efforçons seulement de rendre explicite pour chaque cas : « *La loi est l'expression des rapports nécesssires dérivant de la nature des choses.* »

(2) M. Pellat, *Commentaire sur la dot,* p. 356. — V. d'ailleurs, *infra,* art. 1096, chap. IX.

(3) Notamment en ce qui concerne l'*incapacité de disposer et l'indisponibilité.*

L'incapacité ne peut tenir qu'à ce que la volonté n'est pas apte à discerner la règle du juste.

L'indisponibilité, chose toujours sans justice et sans raison, tient à ce qu'il plait au législateur de décréter que le propriétaire devra conserver une plus ou moins grande partie de ses biens dans l'intérêt de telles ou telles personnes.

Les commentateurs sont très-perplexes pour distinguer ce qui, dans le Code Napoléon, est présomption d'incapacité, de ce qui est règle d'indisponibilité.

(4) V. *infra,* art. 1096, chap. IX.

2° *Des incapacités de recevoir* (1).

On subdivise ces *deux* classes d'incapacités en :

1° *Incapacités absolues;*

2° *Incapacités relatives.*

Sont dites :

Absolues, les incapacités qui mettent obstacle à ce qu'une personne dispose au profit de qui que ce soit ou reçoive de qui que ce soit;

Relatives, les incapacités qui mettent obstacle à ce qu'une personne dispose au profit de certaines personnes ou reçoive de certaines personnes.

Les incapacités relatives tiennent à la qualité respective des parties; d'où la conséquence, claire, selon les auteurs, que l'incapacité de disposer pour l'une d'elles implique forcément pour l'autre l'incapacité de recevoir (2).

Il y a lieu, du reste, à deux remarques :

1° *Les incapacités soit absolues, soit même relatives, ne sont pas toujours réciproques ;*

Ainsi, le mineur, au-dessous de seize ans, est absolument incapable de disposer, tandis qu'il est, au contraire, capable de recevoir (art. 903).

Le mineur, quoique parvenu à l'âge de seize ans, ne peut pas disposer par testament au profit de son tuteur, tandis qu'il peut, au contraire, recevoir de toutes manières de son tuteur.

---

(1) Dans une doctrine juridique exacte, l'incapacité de recevoir n'est concevable que de la part de l'individu qui manque de l'aptitude nécessaire pour mesurer l'étendue du devoir qu'il accepte en recevant une disposition à titre gratuit.

C'est là un autre aspect, infiniment grave de la théorie de la disposition à titre gratuit.

Il est sûr, en effet, que si la propriété crée une obligation morale considérable, lorsqu'elle est le fruit du travail, cette obligation s'accroît, lorsque la propriété procède d'un titre gratuit.

Il y a un livre à faire sur les devoirs de la propriété et ce livre éclairerait singulièrement la thèse juridique.

Dans la législation napoléonienne et dans la doctrine actuelle, l'incapacité de recevoir ne relève pas d'une théorie ; elle forme un pêle-mêle avec l'incapacité de disposer et avec l'indisponibilité.

Inutile d'ajouter qu'ici, comme partout, nous reproduisons, d'ailleurs, strictement l'enseignement de l'École.

(2) Notamment, selon M. Demolombe, t. XVIII, p. 357.

Cela n'est pas du tout clair, ou plutôt la corrélation n'est que dans les mots; ainsi, M. Demolombe cite le cas de l'art. 907 qui déclare le mineur, quoique parvenu à l'âge de seize ans, incapable de disposer par testament au profit de son auteur; donc, « le tuteur, ajoute M. Demolombe, est incapable de recevoir. »

Ou l'incapacité signifie un manque d'aptitude qui se réfère à la volonté, ou l'incapacité ne veut rien dire ; dans l'espèce, le mineur est seul incapable.

Nous insistons sur l'abus des mots, parce que l'abus des mots, c'est aussi la ruine des idées (V. *supra*, p. 388, note 3).

2° *L'incapacité absolue de disposer ne comprend pas nécessairement la double incapacité de disposer par donation entre-vifs et par testament.*

Ainsi, le mineur au-dessous de seize ans est absolument incapable de disposer par donation entre-vifs, tandis qu'il est, au contraire, capable de disposer par testament (art. 904).

3° *Le terme de « absolu » appliqué, soit à l'incapacité de disposer, soit à l'incapacité de recevoir, laisse en dehors la question de savoir si l'incapable peut ou non être relevé de son incapacité en accomplissant certaines formalités* (1).

Nous étudierons successivement :

1° *Les incapacités absolues de disposer;*

2° *Les incapacités absolues de recevoir;*

3° *Les incapacités relatives de disposer et de recevoir.*

## I. — INCAPACITÉS ABSOLUES DE DISPOSER.

Ces incapacités s'appliquent :

1° *A l'individu non sain d'esprit* (art. 901);

2° *Au mineur* (art. 903-904);

3° *A la femme mariée* (art. 905);

4° *A l'individu condamné à une peine afflictive et infamante perpétuelle* (art. 3, alin. 1, l. 31 mai 1854);

5° *Au failli* (art. 546, C. Co.).

### 1° INCAPACITÉ DE L'INDIVIDU NON SAIN D'ESPRIT.

**901.** — Pour faire une donation entre-vifs ou un testament, il faut être sain d'esprit.

Comme on le voit, cet article concerne les *deux* modes de disposer à titre gratuit.

Pris isolément, l'art. 901 ne fait qu'énoncer, pour la donation entre-vifs et pour les testaments, cette proposition générale qui appartient au sens commun :

*Tout acte dont le consentement est la base exige que la personne qui le fait soit capable de consentement.*

Rapproché des art. 502, 503, 504, l'art. 901 déroge à la fois à ces *trois* textes (2), et se résume, à ce point de vue, dans les trois propositions suivantes :

1° *L'interdit lui-même est capable de disposer à titre gratuit, soit*

(1) N'y rencontrât-on que l'équivoque de cette terminologie et le dédale de cette casuistique, cela serait assez pour attester que la matière manque de principes.

(2) V. *Manuel de droit civil*, t. I, p. 500 et suiv.

*par donation entre-vifs, soit par testament, s'il dispose étant sain d'esprit, c'est-à-dire pendant un intervalle lucide* (1).

2° *La disposition à titre gratuit, donation entre-vifs ou testament, faite par une personne qui a été ultérieurement interdite, peut être annulée pour cause de démence, quoique la démence n'existât pas notoirement à l'époque où la disposition a eu lieu.*

3° *La disposition à titre gratuit, donation entre-vifs ou testament, faite par une personne en état de démence, peut être attaquée pour cette cause par ses héritiers, quoique ceux-ci n'aient ni fait prononcer, ni provoqué l'interdiction de leur auteur avant son décès, et quoique la preuve de la démence ne résulte pas de l'acte même qui est attaqué.*

Cependant, ces trois propositions sont loin d'être unanimement admises; la *première* est combattue par *deux* sortes d'adversaires :

Les *uns* soutiennent que, même pendant ses intervalles lucides, l'interdit est absolument incapable de disposer à titre gratuit, soit par donation entre-vifs, soit par testament (2).

Les *autres* distinguent entre la donation entre-vifs et le testament; ils admettent la validité du testament et repoussent celle de la donation (3).

Nous n'avons qu'à nous référer pour ces controverses aux développements que nous avons fournis sous l'art. 502 ; ils témoignent qu'en refusant d'appliquer à l'interdit l'art. 901, on manque à la nature et au but de l'interdiction (4).

On est, en général, d'accord pour enseigner que la législation actuelle n'admet plus l'action, connue dans l'ancien droit sous le nom d'action *ab irato* (5).

Cette étrange action permettait autrefois aux parents, mécontents des dispositions de dernière volonté du testateur, de soutenir qu'elles lui avaient été inspirées par une haine violente et injuste et de les faire annuler sous prétexte de démence.

On professe aussi, en général, que la *captation* et la *suggestion* ne

---

(1) M. Valette, *Explic. somm.*, p. 363 et 364.

(2) M. Demante, t. IV, n° 17 *bis*, III. — MM. Zachariæ, Aubry et Rau, t. V, p. 422, texte et note 3. — M. Duverger, à son cours.

(3) M. Demolombe, t. VIII, p. 430 et t. XVIII, p. 399.

(4) V. *Manuel de droit civil*, t. I, p. 500 et suiv. — V. aussi p. 516, en ce qui concerne l'individu placé dans un établissement d'aliénés, et p. 519 en ce qui concerne l'individu pourvu d'un conseil judiciaire.

(5) M. Delvincourt, t. II, p. 195 et suiv. — MM. Zachariæ, Aubry et Rau, t. V, p. 424, texte et note 6. — M. Bigot-Préameneu dans l'Exposé des motifs, a, il est vrai, déclaré le contraire (Locré, *Lég. civ.*, t. XI, p. 365, n° 10); mais les auteurs trouvent eux-mêmes que l'opinion de M. Bigot ne tire pas à conséquence (comparer MM. Zachariæ, Aubry et Rau, note 6).

constituent des causes de nullité de la disposition à titre gratuit que lorsqu'elles sont accompagnées de dol (1).

C'est, du reste, aux tribunaux qu'il appartient d'apprécier souverainement les faits; s'ils sont pénétrés de leur devoir, ils auront avant tout pour pensée de rechercher la volonté du propriétaire et d'en assurer l'exécution (2).

2° INCAPACITÉ DU MINEUR.

**903.** — Le mineur, âgé de moins de seize ans, ne pourra aucunement disposer, sauf ce qui est réglé au chapitre IX du présent titre.

**904.** — Le mineur, parvenu à l'âge de seize ans, ne pourra disposer que par testament, et jusqu'à concurrence seulement de la moitié des biens dont la loi permet au majeur de disposer.

Au point de vue de la capacité de disposer à titre gratuit, les art. 903-904 divisent la minorité en *deux* périodes :

*L'une comprend les seize premières années;*

*L'autre comprend l'intervalle de la seizième à la vingt et unième année.*

Il n'y a, du reste, lieu de distinguer ni dans l'une ni dans l'autre, entre le mineur qui est soumis à la puissance paternelle ou qui est en tutelle et le mineur qui a été émancipé.

Durant la *première* période, le mineur n'a le droit de disposer ni par donation entre-vifs, ni par testament; cependant, à l'âge où il devient *habile à contracter mariage*, il devient également *habile à faire par contrat de mariage des donations entre-vifs à son futur époux*, pourvu qu'il ait été assisté, dans le contrat, des personnes dont le consentement est nécessaire pour le mariage (art. 1398).

Cette exception s'applique :

*A la femme qui a quinze ans révolus* (art. 144);

*A l'homme qui aurait obtenu des dispenses d'âge, et qui se marierait de la sorte avant seize ans* (art. 145).

Au surplus, d'après l'opinion générale, cette même exception ne doit pas être étendue aux donations qui se font entre époux pendant le mariage.

La raison en est, disent les interprètes, que si les donations par con-

---

(1) M. Demante, t. IV, n° 17 *bis*, v. — MM. Zachariæ, Aubry et Rau, t. V, p. 466. — M. Demolombe, t. XVIII, p. 403 et suiv.

(2) Voilà encore un de ces cas, et il se présente fréquemment dans la pratique, où éclate la supériorité du jury en matière civile sur une magistrature chargée cumulativement d'apprécier le fait et de déclarer le droit.

La magistrature fût-elle reconstituée sur ses bases rationnelles, qui, mieux qu'un juré, peut avoir le respect de la volonté du propriétaire? (V. Cherbuliez, *Revue de législation*, t. XLI et XLII, *Du jury, envisagé comme garantie politique*).

trat de mariage sont de nature à encourager le mariage, cette cause de faveur ne s'applique pas évidemment aux donations entre époux après la célébration du mariage.

Durant la *seconde* période, *le droit relatif à la donation entre-vifs* ne change pas.

*A l'égard du testament*, le législateur napoléonien a décidé que le mineur aurait une demi-capacité ; *il peut disposer jusqu'à concurrence de la moitié des biens dont la loi permet au majeur de disposer* (1).

Aussi irrationnel que mal conçu, ce texte a fait naître beaucoup de difficultés.

*On se demande comment on doit liquider la succession du mineur, lorsqu'il laisse dans une ligne des ascendants ; dans l'autre ligne, des collatéraux autres que des frères et sœurs ou descendants d'eux, et qu'il a légué tout ce dont il peut disposer.*

Soit, par exemple, un mineur laissant 4000 francs d'actif net, sa mère et un cousin paternel. On peut supposer, alternativement, que ce mineur a légué tout son disponible à un autre qu'à sa mère, ou qu'il l'a attribué par préciput à sa mère elle-même.

Voici les *deux* solutions les moins improbables :

*Dans l'hypothèse où le mineur a légué tout son disponible à un autre qu'à sa mère*, ce disponible est équivalent à 1500 francs, car la réserve de la mère est du quart, c'est-à-dire de 1000 francs (art. 915), et par conséquent, s'il s'agissait d'un majeur, le disponible serait de 3000 francs. Resteront 2500 francs qui, conformément à l'art. 733, et sauf, bien entendu, l'application de l'art. 754, seront divisés en deux parts égales, l'une afférente à la mère, l'autre au cousin paternel,

*Dans l'hypothèse où le mineur a attribué par préciput tout son disponible à sa mère*, ce disponible est équivalent à 2000 francs, car on ne peut pas rétorquer contre la mère sa propre qualité de réservataire. Resteront 2000 francs, qui, toujours conformément à l'art. 733, et sauf encore l'application de l'art. 754, seront divisés en deux parts égales, l'une afférente à la mère, l'autre au cousin paternel.

Il y a lieu, d'ailleurs, d'ajouter, en ce qui concerne la *première* hypothèse, que si un partage par moitié entre la mère et l'héritier collatéral

---

(1) Où le législateur a-t-il pris la mesure de cette demi-capacité ? Si le mineur de seize ans n'est pas apte à tester, c'est le droit tout entier qu'il fallait lui dénier ; s'il est apte à tester, c'est le droit tout entier qu'il fallait lui reconnaître.

On professe avec raison que l'art. 904 contient une règle de capacité personnelle, bien qu'il combine cette règle avec celle de la réserve et de la quotité disponible ; le dilemme est donc irréfragable.

Mais qu'attendre d'un législateur qui pensait que la loi permet *au majeur de disposer*, comme si la loi n'avait pas pour unique fonction de formuler la règle du juste !

ne donnait pas à la mère la *réserve* à laquelle elle a droit, celle-ci pourrait réclamer contre le collatéral *sa réserve entière* (1).

### 3° INCAPACITÉ DE LA FEMME MARIÉE.

**905.** — La femme mariée ne pourra donner entre-vifs sans l'assistance ou le consentement spécial de son mari, ou sans y être autorisée par la justice, conformément à ce qui est prescrit par les articles 217 et 219 au titre *du Mariage*. — Elle n'aura besoin ni du consentement du mari, ni d'autorisation de la justice, pour disposer par testament.

Cet article est une redite (2).

*D'une part*, en dépouillant la femme mariée du droit et du devoir de donner entre-vifs, il fausse un des rapports fondamentaux de la société humaine, *car il viole le principe qui reconnaît à la femme une personnalité autonome au même titre qu'à l'homme.*

*D'autre part*, en admettant la femme mariée à tester, il témoigne du désordre d'idées d'un législateur qui, *après avoir fait de la femme mariée une mineure de volonté malsaine* (3), n'a pas su suivre sa règle jusqu'au bout.

Remarquons :

1° *Que, même séparée de biens, la femme mariée ne peut faire sans autorisation aucune donation entre-vifs, soit immobilière, soit mobilière, quoique, d'ailleurs, elle ait le droit d'aliéner ses meubles* (art. 1449, 1538) (4) ;

2° *Que, la femme mariée, autorisée par justice à faire une donation entre-vifs, ne peut porter atteinte aux droits que le mari tient des conventions matrimoniales.*

---

(1) M. Valette, à son cours.

Ces puérilités qui, sous l'empire de la codification napoléonienne, se trouvent avoir malheureusement une importance pratique, ont beaucoup exercé les auteurs ; on n'a qu'à consulter :

Dans notre sens, M. Demolombe, t. XVIII, p. 456 et suiv,

En sens contraire, M. Demante, t. IV, n° 22 *bis*, IV

Comparer MM. Zachariæ, Aubry et Rau, t. V, p. 604 et suiv.

(2) V. *Manuel de droit civil*, t. I, p. 232 et 256.

(3) V. *Manuel de droit civil*, t. I, p. 224.

(4) Cela ne se réfute pas, cela s'expose, car de nos jours surtout, cette prohibition est aussi inutile qu'elle est absurde.

Toutefois, M. le premier président Troplong fait remarquer gravement que les donations manuelles y sont comprises, aussi bien que les autres. (M. Troplong, t. II, n° 594.)

# APPENDICE

### 4° INCAPACITÉ DE L'INDIVIDU CONDAMNÉ A UNE PEINE AFFLICTIVE ET INFAMANTE PERPÉTUELLE.

(Art. 3, alin. 1, L. 31 mai 1854.)

Cette incapacité a été empruntée au régime de la mort civile (art. 25, 1er et 3e alinéa, C. N.), *néanmoins, avec la modification que le gouvernement a le droit de la faire cesser* (art. 4, l. 31 mai 1854).

De l'origine sus-mentionnée, on doit conclure que l'individu condamné à une peine afflictive et infamante perpétuelle n'a le droit de disposer à titre gratuit, au profit d'aucune personne et par aucun mode (1).

### 5° INCAPACITÉ DU FAILLI.

(Art. 446, C. Co.)

Cette incapacité ne concerne que les donations entre-vifs : elle résulte de l'art. 446 du Code de commerce, ainsi conçu :

« Sont nuls et sans effet, relativement à la masse, lorsqu'ils auront été faits par le débiteur depuis l'époque déterminée par le tribunal comme étant celle de la cessation de ses payements, et dans les dix jours qui auront précédé cette époque :

» Tous actes translatifs de propriétés mobilières ou immobilières à titre gratuit ».

## II. — INCAPACITÉS ABSOLUES DE RECEVOIR.

Ces incapacités s'appliquent :

1° *A la personne non conçue* (art. 906);

2° *Aux corporations et communautés* (art 910);

3° *A l'individu condamné à une peine afflictive et infamante perpétuelle* (art. 3, alinéa 1er, L., 31 mai 1854).

### 1° INCAPACITÉ DE LA PERSONNE NON CONÇUE.

**906.** — Pour être capable de recevoir entre-vifs, il suffit d'être conçu au moment de la donation. — Pour être capable de recevoir par testament, il suffit d'être conçu à l'époque du décès du testateur. — Néanmoins, la donation ou le testament n'auront leur effet qu'autant que l'enfant sera né viable.

Pour entrer dans les rapports juridiques, il faut avant tout exister ; or, la personne humaine ne commence à exister qu'à partir de la conception ; de là, l'incapacité de l'individu non encore conçu ; de là aussi,

(1) M. Demolombe, t. XVIII, p. 484.

à l'inverse, la capacité de recevoir de l'individu déjà conçu, et qui naît ensuite vivant et viable.

*En matière de donation entre-vifs*, le donataire doit être conçu *au moment de la rédaction de l'acte qui contient la déclaration de donation* (1).

Cependant, ce point est contesté ; certains auteurs soutiennent qu'il suffit que le donataire soit conçu *à l'époque de l'acceptation de la donation* (2).

*En matière de testament*, on s'accorde à reconnaître que, même lorsqu'il s'agit d'un legs conditionnel, le légataire doit être conçu *à l'époque du décès du testateur* (3).

Il y a exception à la règle posée par l'art. 906 :

1° *A l'égard des appelés, dans le cas des substitutions permises* (art. 1048 et suiv. V. *infra*);

2° *A l'égard des enfants à naître du mariage, dans le cas d'une donation de biens à venir faite en vue du mariage* (art. 1082 et 1084; V. *infra*).

### 2° INCAPACITÉ DES CORPORATIONS ET COMMUNAUTÉS.

**910.** — Les dispositions entre-vifs ou par testament, au profit des hospices, des pauvres d'une commune, ou d'établissements d'utilité publique, n'auront leur effet qu'autant qu'elles seront autorisées par une ordonnance royale.

Cet article se rattache à l'une des plus funestes traditions de la vieille France monarchique ; *il fait partie du système politique qui nie le droit des individus de former à leur gré des personnes civiles, sous la seule condition de prévenir les tiers* (4).

D'après la législation actuelle,

Si l'existence de la corporation ou communauté n'est pas légalement autorisée, la corporation ou communauté est sans droit ;

Si l'existence de la corporation ou communauté est légalement autorisée, cette même corporation ou communauté a la capacité de recevoir, mais sous la condition d'obtenir l'autorisation du gouvernement.

Si la disposition s'adresse à des congrégations religieuses, ou à des

(1) MM. Zachariæ, Aubry et Rau, t. V, p. 429 texte et note 1. — M. Demolombe, t. XVIII, p. 604.

(2) M. Demante, t. IV, n° 26 *bis*, I, et Thémis, t. VII, p. 377. — MM. Massé et Vergé *Sur Zachariæ*, t. III, p. 32.

(3) M. Demante, t. IV, n° 38 *bis*. — MM. Zachariæ, Aubry et Rau, t. V, p. 430, texte et note 2. — M. Demolombe, t. XVIII, p. 605.

(4) V. *Manuel de droit civil*, t. I, p. 553 et t. III, liv. III, tit. IX.

établissements ecclésiastiques, elle ne peut être qu'à titre particulier, et il n'est pas permis au disposant de s'en réserver l'usufruit (1).

# APPENDICE

### 3° INCAPACITÉ DE L'INDIVIDU CONDAMNÉ A UNE PEINE AFFLICTIVE ET INFAMANTE PERPÉTUELLE.

(Art. 3, alin. 1, 31 mai 1854.)

Cette incapacité a été empruntée, comme celle de disposer, au régime de la mort civile (art. 25, 1er et 3e alinéa, C. N.), et le gouvernement a de même le droit de la faire cesser (art. 4, l. 31, mai 1854).

*Elle n'empêche pas, d'ailleurs, que le condamné ne puisse recevoir pour cause d'aliments.*

NOTA. 1. — L'art. 912 du Code Napoléon portait :

**912.** — On ne pourra disposer au profit d'un étranger, que dans le cas où cet étranger pourrait disposer au profit d'un Français.

Cet article a été abrogé par la loi du 14 juillet 1819.

NOTA. 2. — Les femmes mariées, les mineurs et les interdits ne sont

---

(1) V. notamment L. des 18 juillet 1837, 10 mai 1838, 24 mai 1825, 14 janvier 1831.

Toute cette législation n'est qu'une législation d'expédient!

On a peur des congrégations religieuses et plus peur encore de la liberté qui ferait évanouir les fantômes et ne profiterait qu'à la vérité.

On s'épouvante de voir reparaître la main-morte ; que ne s'épouvante-t-on de voir reparaître avec elle tout le système religieux, politique et économique du moyen âge !

Le droit de disposer et de recevoir n'est pas plus à la discrétion du législateur pour les associations que pour les individus, et nous nous étonnons qu'un publiciste de la valeur de M. Laboulaye ait contredit indirectement dans les lignes suivantes cette proposition si simple :

« Je crois que, sans manquer à la justice, l'État peut refuser à l'Église, comme à toute autre corporation, le droit de posséder des terres. Il y a là une question qui n'est pas religieuse, mais économique et politique. Le capital mobilier d'un pays peut augmenter à l'infini, mais le sol est limité. Sur le vieux continent, en des pays où la terre est rare et la population pressée, il y a un intérêt de premier ordre à ce que le sol reste livré à l'activité individuelle, à ce que rien n'en arrête la circulation. Quand elle interdit la main-morte, la société est dans son droit. Ce n'est point là une gêne dont l'Église ait sérieusement à souffrir; rien n'est plus aisé aujourd'hui que d'établir un revenu régulier sur des valeurs mobilières d'une solidité éprouvée. Les rentes sur l'État ne sont guère moins estimées qu'un placement foncier et elles ont ce grand avantage qu'elles débarrassent l'Église d'un souci terrestre, où il est difficile qu'elle ne laisse pas un peu de sa dignité. » (Edouard Laboulaye, *le Parti libéral, son programme et son avenir*, p. 51.)

Évidemment, le spirituel et célèbre auteur de *Paris en Amérique* a oublié dans ce passage que la science ne sacrifie point les principes et que l'idée du droit ne comporte point les reculs.

pas incapables de recevoir à titre gratuit, mais leur droit ne peut être exercé que sous certaines autorisations ou par certaines personnes qui les représentent (art. 934 et suiv., V. *infra*).

### III. — INCAPACITÉS RELATIVES DE DISPOSER ET DE RECEVOIR.

Ces incapacités s'appliquent :

1° *Au mineur dans ses rapports avec son tuteur ou avec son ancien tuteur* (art. 907) ;

2° *Au malade dans ses rapports avec les docteurs en médecine ou en chirurgie, officiers de santé, pharmaciens ou ministres du culte qui l'ont traité ou assisté pendant la maladie dont il meurt* (*art.* 909) ;

3° *Au père ou à la mère dans ses rapports avec ses enfants naturels* (art. 908) ;

4° *A la personne qui fait partie d'une communauté religieuse de femmes, légalement autorisée, dans ses rapports avec la communauté ou avec les autres membres de la communauté.*

#### 1° INCAPACITÉ DU MINEUR DANS SES RAPPORTS AVEC SON TUTEUR OU AVEC SON ANCIEN TUTEUR.

**907.** — Le mineur, quoique parvenu à l'âge de seize ans, ne pourra, même par testament, disposer au profit de son tuteur. — Le mineur, devenu majeur, ne pourra disposer, soit par donation entre-vifs, soit par testament, au profit de celui qui aura été son tuteur, si le compte définitif de la tutelle n'a été préalablement rendu et apuré. — Sont exceptés, dans les deux cas ci-dessus, les ascendants des mineurs, qui sont ou qui ont été leurs tuteurs.

Constamment enclin à protéger l'individu et à dénaturer sa volonté, sous prétexte d'en mieux assurer les effets, l'ancien droit déclarait nulles toutes les dispositions gratuites faites par des mineurs *au profit de leurs tuteurs, curateurs, pédagogues, ou autres administrateurs, ou leurs enfants pendant le temps de leur administration, et jusqu'à ce qu'ils eussent rendu compte*. Cependant on faisait exception *au profit des père, mère, aïeul ou aïeule ou autres ascendants non remariés, quoiqu'ils fussent de la qualité susdite* (1).

L'ancienne jurisprudence avait encore exagéré la loi positive, et, dans certains cas, elle était allée jusqu'à annuler les dispositions entre-vifs ou testamentaires faites, *soit par les apprentis, domestiques, serviteurs ou intendants en faveur de leurs maîtres, soit par les maîtres en faveur de leurs apprentis, domestiques, serviteurs ou intendants* (2).

---

(1) Art. 131, Ordonnance de François Ier, du mois d'août 1539. — Déclaration de Henri II, du mois de février 1549. — Art. 276, Coutume de Paris.

(2) Comparer Furgole, question 34 sur l'ordonnance de 1731. — Ricard, *Des donations*, part. I, sect. IX, n° 485.

C'est de cette tradition, d'ailleurs atténuée, qu'est issu l'art. 907.

L'incapacité s'applique à *deux* cas:

1° *A celui où le mineur, parvenu à l'âge de seize ans, dispose par testament au profit de son tuteur;*

2° *A celui où le mineur, devenu majeur, dispose par donation entre-vifs ou par testament au profit de celui qui a été son tuteur, tant que le compte de la tutelle n'a pas été préalablement rendu et apuré.*

Relativement au *premier* cas, on enseigne, en général, que le mineur, émancipé ou même resté en tutelle, peut disposer par testament au profit de son ex-tuteur, pourvu que, selon l'esprit de l'alinéa 2 de l'art. 907, et, conformément à l'art. 472 (2), *le compte de tutelle de celui-ci ait été rendu et apuré* (3).

Relativement au *premier* et au *second* cas, on est aussi, en général, d'avis que la disposition, faite au profit d'un ex-tuteur par son ex-pupille, est valable, bien que l'ex-tuteur n'ait pas encore payé le reliquat du compte de tutelle (4).

Comme l'incapacité, prononcée par l'art. 907, est, d'ailleurs, une sorte d'application de l'art. 472, on décide qu'elle cesse d'exister lorsque plus de dix ans s'étant écoulés depuis la majorité du ci-devant pupille, l'action en reddition de compte se trouve éteinte par la prescription (5).

D'autre part, cette même incapacité étant éminemment de droit étroit, il y a lieu d'admettre qu'elle ne s'applique :

*Ni au tuteur de l'individu frappé d'interdiction légale;*

*Ni au tuteur de l'individu frappé d'interdiction judiciaire* (6).

Enfin elle ne s'applique pas non plus aux *ascendants, alors même qu'ils ont usé du droit de contracter un second mariage* (comparer, *supra*, p. 398).

### 2° INCAPACITÉ DU MALADE DANS SES RAPPORTS AVEC LES DOCTEURS EN MÉDECINE OU EN CHIRURGIE, OFFICIERS DE SANTÉ, PHARMACIENS OU MINISTRES DU CULTE QUI L'ONT TRAITÉ OU ASSISTÉ PENDANT LA MALADIE DONT IL MEURT.

**909.** — Les docteurs en médecine et en chirurgie, les officiers de santé et les pharmaciens qui auront traité une personne pendant une maladie dont elle meurt, ne pourront profiter des dispositions entre-vifs ou testamentaires qu'elle aurait faites en leur faveur pendant le cours de cette maladie. — Sont exceptées,

(1) V. *Manuel de droit civil*, t. I, p. 469.

(2) M. Demante, t. IV, n° 27 *bis* I, — M. Demolombe, t. XVIII, p. 504.

(3) M. Demante, t. IV, n° 27 *bis*, III. — MM. Zachariæ, Aubry et Rau, t. V, p. 434. — M. Demolombe, t. XVIII, p. 510.

(4) M. Demante, t. IV, n° 27 *bis*, IV.— MM. Zachariæ, Aubry et Rau, t. V, p. 434. — M. Demolombe, t. XVIII, p. 508.

(5) M. Demante, t. IV, n° 27 *bis*, II. — MM. Zachariæ, Aubry et Rau, t. V, p. 435 texte et note 26. — M. Demolombe, t. XVIII, p. 515.

1° les dispositions rémunératoires faites à titre particulier, eu égard aux facultés du disposant et aux services rendus; — 2° Les dispositions universelles, dans le cas de parenté jusqu'au quatrième degré inclusivement, pourvu toutefois que le décédé n'ait pas d'héritiers en ligne directe, à moins que celui au profit de qui la disposition a été faite, ne soit lui-même du nombre de ces héritiers. — Les mêmes règles seront observées à l'égard du ministre du culte.

Cet article procède de la même pensée de protection que le précédent; mais il a une portée beaucoup plus considérable et par conséquent beaucoup plus dangereuse.

Notons, d'ailleurs, qu'il enchérit sur le droit de l'ancien régime, car, quelque acclimatée que fût dans la vieille France l'idée de tutelle, ni les textes, ni les coutumes ne consacraient autrefois une semblable présomption, et, tout au plus, pouvait-on la faire résulter de la jurisprudence rétrograde des arrêts (1).

La compilation napoléonienne n'a pas su imiter ici la retenue de l'ancien droit; elle a tranché d'avance une question qui ne peut être sagement décidée qu'en fait, et, pour prévenir la possibilité d'un abus d'influence, elle a porté une atteinte certaine à la liberté de tester.

L'art. 909 règle explicitement *trois* points :

1° *Les personnes que l'incapacité frappe;*

2° *Les conditions sous lesquelles l'incapacité existe;*

3° *Les exceptions à la règle de l'incapacité.*

Voyons successivement chacun de ces trois points.

### 1° Personnes que l'incapacité frappe.

D'après l'opinion générale, l'incapacité est applicable, sans distinction, à tous ceux qui ont traité le malade *avec ou sans un titre légal qui leur donnât le droit d'exercer la médecine* (2).

Il en est de même à l'égard de tous ministres d'un culte *quelconque* qui ont dirigé la conscience du malade, encore bien que ce culte n'admette pas la confession auriculaire.

A l'inverse, l'incapacité n'est pas applicable aux médecins qui ont été simplement appelés en consultation, aux pharmaciens qui n'ont fait que fournir des médicaments, aux gardes-malades, aux ministres du culte « qui n'ont rempli, disent les auteurs, auprès du malade, aucune fonction de leur ministère » (3).

(1) Pothier, *Des donations entre-vifs*, p. 363.

(2) MM. Zachariæ, Aubry et Rau, t. V, p. 436. — M. Demolombe, t. XVIII, p. 536.

(3) M. Demante, t. IV, n° 30 *bis*, v. — MM. Zachariæ, Aubry et Rau, t. XVIII, p. 439. — M. Demolombe, t. XVIII, p. 542.

Tellement sont indécises les lignes de démarcation qu'essaient de tracer les auteurs, qu'elles dénotent à elles seules ce que vaut toute la théorie.

### 2° Conditions sous lesquelles l'incapacité existe.

Ces conditions sont au nombre de *deux;* il faut :

1° *Qu'il y ait coïncidence entre l'époque où la disposition a été faite et l'époque du traitement ;*

2° *Que le traitement ait eu lieu pendant la maladie dont meurt le disposant* (1).

Ces deux conditions ressortent du texte, et, par-dessus tout, de l'idée que le législateur napoléonien aurait commis sans raison une usurpation sur le droit individuel, si l'application de l'art. 909 n'était pas strictement limitée à l'époque où le médecin a pu maîtriser à son profit la volonté du disposant, sans que celui-ci ait ensuite recouvré sa liberté et ait eu le moyen de revenir sur sa disposition (2).

### 3° Exceptions à la règle de l'incapacité.

D'après le texte, sont exceptées de la règle de l'incapacité :

1° *Les dispositions rémunératoires à titre particulier ;*

2° *Les dispositions universelles dans certains cas et sous certaines conditions.*

---

(1) Cette seconde condition n'est pas commode à interpréter, et elle ouvre une large porte à l'arbitraire, ainsi qu'en témoignent plusieurs arrêts, entre autres celui de la cour d'Agen du 12 janvier 1833.

Qui définira précisément la *maladie* et la *dernière maladie?* (V. le *Dictionnaire de l'Académie* et le *Dictionnaire de médecine* des savants Littré et Charles Robin).

(2) Eu égard à l'esprit qui anime les tribunaux français actuels et qui les rapproche si complétement des traditions du vieux droit, nous sommes peu surpris pour notre compte qu'ils aient plusieurs fois méconnu ces principes d'une manière flagrante, en particulier à l'occasion du testament du P. Lacordaire et de celui du duc de Caderousse-Gramont.

En revanche, ce dont nous ne saurions trop nous étonner, c'est qu'un avocat, tel que Me Allou, ait pu découvrir dans de semblables décisions l'inspiration intime de la science du juste, et qu'il ait pu parler, même par artifice oratoire, du « souffle large et puissant de la jurisprudence française ». (Demande en nullité du testament du duc de Caderousse-Gramont, plaidoirie de Me Allou, cour impériale de Paris, audiences du 16 février et du 1er mars 1867.)

Contrairement à l'honorable avocat, nous professons que rien n'est à la fois plus pernicieux et plus opposé à la direction de la société moderne que de substituer l'irresponsabilité d'une formule légale à la responsabilité de la conscience et de la raison de l'individu.

Sur la question spéciale de l'interprétation de l'art. 909, on ne peut d'ailleurs mieux faire que de se reporter à l'ouvrage de M. Demolombe, t. XVIII, p. 545 et à la consultation, si remarquable en ses points principaux, que M. Valette a délibérée dans l'affaire du testament du duc de Caderousse-Gramont (Consultation de M. Valette pour le docteur Déclat, suivie de l'adhésion de M. Demolombe).

La *première* exception ne présente d'embarras sérieux qu'au point de vue du fait; la disposition prétendue rémunératoire ne doit pas dépasser les facultés du disposant et l'importance des soins qu'il a reçus; en cas d'excès, les tribunaux ont le droit de la réduire (1).

La *seconde* exception a d'abord besoin d'être précisée.

Conformément au texte, cette exception concerne « les dispositions universelles (ou à titre universel), dans le cas de parenté directe ou collatérale jusqu'au quatrième degré ».

Néanmoins, si le défunt *laisse des héritiers en ligne directe*, le médecin ou le ministre du culte ne peut recevoir que tout autant qu'il est lui-même du nombre de ces *héritiers* (2).

Certains auteurs substituent le mot *parents* à celui d'*héritiers* dans le 3e alinéa de l'art. 909 (3); mais cette substitution doit être repoussée, ne serait-ce que par l'unique raison que le texte est formel.

Ainsi, par exemple, le malade a son aïeul, son père, un fils et un petit-fils; comme le fils est héritier et qu'il appartient à la ligne directe, le malade ne peut faire une disposition universelle ou à titre universel au profit de son aïeul ou de son père ou de son petit-fils, qui l'aurait traité ou assisté, car l'aïeul ou le père, ou le petit-fils a beau être lui-même du nombre des *parents* en ligne directe; dans l'espèce, il n'est pas du nombre des *héritiers* en ligne directe.

Ce résultat paraît fort étrange; il l'est encore plus en réalité qu'en apparence; la règle posée par l'art. 909 fait partie de la théorie de l'*incapacité;* or, la raison exige qu'en matière d'incapacité on se reporte *au moment où l'acte a eu lieu pour savoir si à ce moment l'individu* qui en est l'auteur *était capable;* ce principe de sens commun cesse de s'appliquer ici : *le sort de la disposition faite par le malade dépend de la composition de sa famille au moment de son décès* (4).

On est d'accord pour admettre que l'exception établie en faveur de la parenté ne s'étend pas à l'*alliance* (5).

*L'art.* 909 *est-il applicable au mari médecin ou à la femme médecin qui a traité son conjoint durant sa dernière maladie?*

Cette question a beaucoup embarrassé les auteurs et les tribunaux;

(1) M. Demante, t. IV, n° 30 *bis*, VI. — MM. Zachariæ, Aubry et Rau, t. V, p. 437. — M. Demolombe, t. XVIII, p. 552.

(2) M. Demante, t. IV, n° 30 *bis*, VIII, XI. — MM. Massé et Vergé sur Zachariæ, t. III, p. 45. — M. Demolombe, t. XVIII, p. 555.

(3) MM. Zachariæ, Aubry et Rau, t. V, p. 438 texte et note 37.

(4) Nous tombons donc de la théorie de l'*incapacité* dans celle de l'*indisponibilité;* il faut, par conséquent, aller jusqu'au bout et dire avec M. Demolombe que « la renonciation ou l'indignité des héritiers en ligne directe pourra faire cesser l'incapacité du disposant ». (M. Demolombe, t. XVIII, p. 561.)

(5) MM. Zachariæ, Aubry et Rau, t. V, p. 438. — M. Demolombe, t. XVIII, p. 565.

les uns et les autres la résolvent par la *négative*, et donnent pour principale raison que l'art. 909 ne concerne pas les époux (1).

Nous croyons l'*affirmative* incontestable :

1° *Parce qu'une pétition de principe n'a jamais été une raison ;*

2° *Parce que la formule de l'art.* 909 *est aussi générale que possible, et que les compilateurs napoléoniens ayant spécifié certaines exceptions, il est logique de penser qu'il n'ont pas dû en admettre d'autres que celles qu'ils ont spécifiées ;*

3° *Parce que, depuis la fin de la République romaine jusqu'à nos jours, les législations et la doctrine juridique ont été d'accord pour réputer suspectes les donations entre époux* (2).

### 3° INCAPACITÉ DU PÈRE OU DE LA MÈRE DANS SES RAPPORTS AVEC SES ENFANTS NATURELS.

**908.** — Les enfants naturels ne pourront, par donation entre-vifs ou par testament, rien recevoir au delà de ce qui leur est accordé au titre *des Successions*.

Ici, le législateur napoléonien ne s'est pas reconnu dans ses propres règles; il a confondu de la manière la plus complète la théorie de la *capacité personnelle* avec celle de la *disponibilité réelle.*

Il a déjà été expliqué comment et pourquoi dans le cas de disposition à titre gratuit, faite par le père ou par la mère au profit de ses enfants nés hors mariage, il y a lieu de distinguer si la disposition s'adresse à des *enfants naturels simples* ou à des *enfants adultérins ou incestueux* (3).

*A l'égard des premiers*, la règle, édictée par l'art. 908, constitue une règle de *disponibilité réelle ;*

*A l'égard des seconds*, une règle de *capacité personnelle.*

De la combinaison de l'art. 908 avec les art. 757, 758 et 762, il ré-

---

(1) Attendu que ce n'est pas pour les époux qu'a été établie la prohibition de l'article contenue dans l'art. 909, dit un arrêt de Cassation du 30 août 1808 (V. Cass., 30 août 1808, Rey, Sirey, 1808, I, 482).

V. d'ailleurs, M. Demante, t. IV, n° 30 *bis*, XIII. — MM. Zachariæ, Aubry et Rau, t. V, p. 438. — M. Demolombe, t. XVIII, p. 564.

(2) V. *supra*, p. 388, et *infra*, art. 1096.

L'argument topique et de fond est, en réalité, le suivant :

L'époux est suspect, rien qu'à raison de sa seule qualité d'époux (art. 1096); donc, il est *à fortiori* suspect, lorsque à cette qualité il joint celle de médecin (art. 909.)

Nous croyons pouvoir citer dans le sens de notre solution M. Valette, qui pense que les raisons, données à l'appui de la première opinion, ne sont rien moins que décisives (Consultation pour le docteur Déclat, p. 7.)

(3) V. *supra*, p. 145, 161 et 162, 147.

sulte, d'ailleurs, que, dans le cas d'une disposition excessive faite au profit des uns ou des autres, l'action en réduction ne peut-être intentée qu'au décès du disposant (1).

Dans le cas où l'enfant né hors mariage n'a pas été ou n'a pas pu être reconnu, cet enfant devient un *privilégié au point de vue da la disposition à titre gratuit, faite à son profit par son père ou par sa mère*, car il est clair que l'art. 908 lui est inapplicable.

4° INCAPACITÉ DE LA PERSONNE QUI FAIT PARTIE D'UNE COMMUNAUTÉ RELIGIEUSE DE FEMMES, LÉGALEMENT AUTORISÉE, DANS SES RAPPORTS AVEC LA COMMUNAUTÉ OU AVEC LES AUTRES MEMBRES DE LA COMMUNAUTÉ.

Cette incapacité résulte de l'art. 5 de la loi du 24 mai 1825, lequel article est ainsi conçu :

« Nulle personne faisant partie d'un établissement dûment autorisé ne pourra disposer, par acte entre-vifs ou par testament, soit en faveur de cet établissement, soit au profit de l'un de ses membres, au delà du quart de ses biens, à moins que le don ou le legs n'excède pas la somme de dix mille francs.

» Cette prohibition cessera d'avoir lieu relativement aux membres de l'établissement, si la légataire ou donataire était héritière en ligne directe de la testatrice ou donatrice. »

NOTA. — Aux termes de l'art. 997 (V. *infra*), la personne qui fait son testament sur mer ne peut disposer au profit des officiers du vaisseau, à moins que le légataire ne soit son parent.

**911.** — Toute disposition au profit d'un incapable sera nulle, soit qu'on la déguise sous la forme d'un contrat onéreux, soit qu'on la fasse sous le nom de personnes interposées. — Seront réputées personnes interposées les père et mère, les enfants et descendants, et l'époux de la personne incapable.

(1) M. Demante, t. IV, n° 28 *bis*, II. — M. Demolombe, t. XVIII, p. 582. — Comparer *supra*, p. 162, le cas où la disposition aurait lieu au profit d'un enfant adultérin ou incestueux qui n'est pas dans le besoin, et où la sanction est celle de la nullité (V. p. 1447.)

Il serait logique de décider de même dans le cas où, bien que l'enfant soit dans le besoin, la disposition serait hors de toute la proportion avec une pension alimentaire ; mais les auteurs sont fort gênés par la nature de la règle relative aux enfants adultérins ou incestueux; M. Demolombe, en particulier, y voit un mélange où l'idée d'incapacité personnelle l'emporte sur celle de disponibilité réelle, et il conclut néanmoins sans distinction que si la disposition viole pour cette classe d'enfants l'art. 908, il y aura lieu non pas à une action en nullité, mais à une action en réduction.

Ou l'incapacité est l'incapacité et la nullité en est la conséquence, ou il est beaucoup plus simple de déclarer que dans tout ce désordre aucune idée n'est susceptible d'aucune suite.

Cet article contient d'abord la *sanction* des incapacités décrétées par les textes précédents; il prononce *la nullité des dispositions faites contrairement aux volontés du législateur napoléonien.*

Rappelons toutefois que lorsqu'il ne s'agit que d'une incapacité de disposer au delà d'une certaine quotité, la disposition qui excède cette quotité est alors *simplement réductible.*

A part ce point de sanction, l'art. 911 se propose un but principal : il entreprend de déjouer les simulations au moyen desquelles l'individu essayerait de reconquérir son droit contre l'autocratie napoléonienne, et il prononce encore :

1° *La nullité des dispositions déguisées sous la forme d'un contrat à titre onéreux au profit d'un incapable;*

2° *La nullité des dispositions faites sous le nom de personnes interposées au profit d'un incapable.*

C'est à la personne qui attaque l'acte, soit dans le *premier*, soit dans le *second* cas, de prouver ce que les auteurs appellent *la fraude à la loi*, c'est-à-dire le déguisement de l'acte ou l'interposition de la personne (1).

Cependant, les compilateurs napoléoniens ont jugé à propos d'établir une présomption *juris* et *de jure* d'interposition de personnes à l'égard :

1° *Des père et mère* (*légitimes, adoptifs ou naturels, car la formule est générale*);

2° *Des enfants* (*légitimes, adoptifs ou naturels, car la formule est également générale*) *et descendants* (*légitimes*);

3° *Du conjoint de l'incapable* (2).

Cette liste, disent les auteurs, est *limitative,* non pas certainement en ce sens que le législateur napoléonien ait entendu prohiber la preuve de l'interposition relativement à d'autres personnes que celles qu'il a énumérées, mais seulement que la présomption *juris* et de *jure* ne s'applique qu'à ces dernières.

La doctrine enseigne, au surplus, que la partie du texte qui concerne l'*interposition de personne* est étrangère *aux incapacités absolues* et qu'elle ne se réfère même qu'*aux incapacités relatives édictées dans ce chapitre* (3).

Nous verrons *infra* (art. 931), que l'art. 911 n'a pas peu contribué à obscurcir la question de savoir si, d'après la compilation napoléonienne,

---

(1) MM. Zachariæ, Aubry et Rau, t. V, p. 446. — M. Demolombe, t. XVIII, p. 651.

(2) MM. Zachariæ, Aubry et Rau, t. V. p. 446. — M. Demolombe, t. XVIII, p. 674.

(3) MM. Zachariæ, Aubry et Rau, t. V, p. 446, texte et note 64. — M. Demolombe, t. XVIII, p. 669.

les donations déguisées faites au profit d'une personne, même capable, doivent être déclarées nulles (1).

---

# APPENDICE

## ÉPOQUE A LAQUELLE DOIT EXISTER LA CAPACITÉ DE DISPOSER OU DE RECEVOIR PAR DONATION ENTRE-VIFS OU PAR TESTAMENT.

On règle cette matière tout à la fois d'après les idées reçues dans l'ancienne jurisprudence et d'après certaines dispositions particulières du Code Napoléon.

Nous examinerons :

1° *Les règles relatives à la donation entre-vifs ;*

2° *Les règles relatives au testament.*

### 1° RÈGLES RELATIVES A LA DONATION ENTRE-VIFS.

En matière de donation entre-vifs, on distingue si la déclaration du donateur et l'acceptation du donataire ont lieu par un seul et même acte, ou si l'acceptation a lieu par un acte postérieur.

Dans le *premier* cas, il faut qu'*au moment de la passation de l'acte*, le *donateur* ait la capacité de disposer et le *donataire* celle de recevoir.

Cette doctrine s'applique à toute donation entre-vifs, pure et simple, à terme ou sous condition.

Du reste, le *donateur* a toujours besoin d'une *double* capacité :

1° *De la capacité de droit, c'est-à-dire de la jouissance du droit de donner entre-vifs;*

2° *De la capacité de fait, c'est-à-dire de la santé d'esprit.*

Il suffit au *donataire* de la *capacité de droit*, car, s'il a cette dernière capacité, sans avoir celle de fait, l'acceptation peut avoir lieu par son représentant (2).

---

(1) La spoliation du droit de l'individu continuée et aggravée ; en plus, quelques ténèbres répandues sur l'ensemble, voilà les résultats nets de l'art. 911.

Les légistes s'imaginent justifier ce couronnement du chapitre II, en disant que « le législateur *a charge de discipliner nos affections et de réglementer nos devoirs* ».

La plus pure théocratie n'a jamais professé un pire axiome.

Que les légistes eux-mêmes s'y résignent ! La doctrine du droit de l'État et de l'omnipotence sociale a fait son temps ; les vieilles fictions touchent à leur fin ; l'homme moderne entend être le maître de sa conscience et de ses actions.

(2) Ricard, part. 1, chap. III, sect. XVIII, n° 790. — M. Demante, t. IV, n° 35. — MM. Zachariæ, Aubry et Rau, t. V, p. 451. — M. Demolombe, t. XVIII, p. 711.

Dans le *second* cas, c'est-à-dire lorsque l'acceptation a lieu par un acte postérieur :

De la part du *donateur*, on exige, en général, qu'il réunisse la capacité de droit et de fait à *trois* époques :

1° *A celle de sa déclaration de volonté;*

2° *A celle de l'acceptation du donataire;*

3° *A celle de la notification de l'acceptation, qui doit lui être faite lorsqu'il n'a pas concouru à cette acceptation* (art. 932, V. *infra*) (1).

De la part du *donataire*, certains auteurs exigent qu'il ait la capacité de recevoir aux *trois* époques sus-indiquées.

D'autres, seulement *à l'époque de la déclaration de volonté du donateur et à celle de sa propre acceptation.*

D'autres, seulement *à l'époque de sa propre acceptation et à celle de la notification.*

D'autres enfin, seulement *à l'époque de son acceptation* (2).

On ajoute, en général, que le *donateur* et le *donataire* doivent rester capables *durant les intervalles qui séparent les époques auxquelles leur capacité est exigée* (3).

### 2° RÈGLES RELATIVES AU TESTAMENT.

En matière de testament, on distingue d'abord s'il s'agit du *testateur* ou du *légataire.*

*S'agit-il du testateur*, il y a lieu de considérer *deux* époques :

1° *Celle de la confection du testament;*

2° *Celle de la mort du testateur.*

A la *première* époque, celle de la confection du testament, le *testateur* a besoin d'une *double* capacité :

1° *De la capacité de droit*, c'est-à-dire *de la jouissance du droit de tester;*

---

(1) M. Coin-Delisle, art. 932, n° 8. — MM. Zachariæ, Aubry et Rau, t. V, p. 451. — M. Demolombe, t. XVIII, p. 713.

M. Demante repousse fort raisonnablement la nécessité de la capacité du donateur *à l'époque de la notification* (*Thémis*, t. VII, p. 371 et suiv. et *Cours analyt.*, t. IV, n° 17 *bis*, VII); mais, comme nous le verrons, le texte de l'art. 932 semble bien donner tort à la raison de M. Demante.

(2) Comparer M. Coin-Delisle, art, 932, n° 9. — MM. Zachariæ, Aubry et Rau, t. V, p. 452, texte et note 2. — M. Demolombe, t. XVIII, p. 716.

M. Demante professe la *dernière* des *quatre* opinions énoncées dans le texte (*Thémis*, VII, p. 371, et *Cours analyt.*, t. IV, n° 26 *bis*, I).

L'opinion de M. Demante est cette fois encore *la plus raisonnable*; la *seconde* est aujourd'hui la plus suivie et semble être la plus légale.

(3) M. Demolombe, t. XVIII, p. 714, et t. XX.

En sens contraire, M. Demante, t. IV, n° 17 *bis*, VII.

2° *De la capacité de fait*, c'est-à-dire *de la sanité d'esprit.*

On conçoit, en effet, que, pour exercer la faculté de tester, cette double capacité soit indispensable.

A la *seconde* époque, celle de la mort du testateur, il suffit au *testateur* de la capacité de droit, car, lorsque la volonté testamentaire a été une fois exprimée, elle ne peut être logiquement détruite que par la manifestation d'une volonté contraire; d'où il résulte qu'elle est indépendante de tout trouble intellectuel ultérieur.

Au surplus, on ne tient pas compte des incapacités, même de droit et de fait, qui ont pu survenir au testateur *après la confection* de son testament, *et qui ont cessé avant sa mort.*

*S'agit-il du légataire*, on distingue si le legs est pur et simple, à terme ou sous condition.

Dans les *deux premiers* cas, il suffit que le *légataire* ait la capacité de droit *à l'époque du décès du testateur.*

Dans le *troisième* cas, il faut que le *légataire* ait cette même capacité *à l'époque du décès du testateur, et à celle de l'événement de la condition.*

On ajoute que le *légataire* doit rester capable *durant l'intervalle qui sépare l'époque du décès du testateur de celle de l'événement de la condition* (1).

## CHAPITRE III

### DE LA PORTION DE BIENS DISPONIBLE ET DE LA RÉDUCTION.

#### I

Le droit de tester n'est qu'un cas particulier du droit de disposer, mais ce cas a une importance pratique qui est capitale, à ce point que l'on peut dire que la faculté de disposer à titre gratuit se résume presque tout entière dans le droit de tester.

D'abord, la disposition universelle à titre gratuit ne s'exerce en général qu'à cause de mort; ensuite, dans la plupart des sociétés européennes, les grandes fortunes tendent à disparaître; on possède peu et partant on donne peu entre-vifs.

Par le progrès même des choses, le testament est donc devenu la forme par excellence du droit de disposer à titre gratuit.

Le droit de tester doit-il être limité? La prohibition de disposer à titre

(1) M. Demante, t. IV, n° 38 *bis.* — M. Demolombe, t. XVIII, p. 728. M. Coin-Delisle, art. 1041, n° 3, et MM. Zachariæ, Aubry et Rau, enseignent que, dans le cas du legs conditionnel, il suffit au légataire d'avoir la capacité de droit *à l'époque de l'événement de la condition.*

gratuit d'une partie du patrimoine, la règle des *réserves* au profit de certains héritiers doit-elle conserver son rang au nombre des principes juridiques?

Nous avons déjà indiqué les raisons générales qui condamnent les restrictions à la liberté de disposer. Elles constituent, comme nous l'avons montré, une spoliation du droit du propriétaire, un attentat contre la conscience (1), une infraction à la loi de l'égalisation des conditions, enfin, une substitution aventureuse de l'omnipotence sociale au discernement de l'individu.

Ces raisons sont majeures et bien suffisantes, à elles seules, pour faire rejeter un prétendu principe qui n'a d'autre appui que la tradition romaine faussée de longue date, et la tradition féodale du moyen âge.

Il s'en faut cependant que cela soit tout ; la question des réserves présente un autre aspect, et c'est du côté du réservataire qu'il convient maintenant de l'envisager.

La législation napoléonienne attribue, comme nous le verrons, un droit de réserve aux descendants et aux ascendants.

Il y a là, en ce qui concerne les réservataires les plus importants, nous voulons dire les descendants, un mal considérable.

Depuis que le grand XVIIIe siècle a répandu dans le monde ses immortelles vérités, depuis que la Révolution française a tenté de les accomplir, depuis enfin que s'est levée de l'autre côté de l'Atlantique une jeune civi-

---

(1) Voici comment s'exprime, à ce sujet, un écrivain dont le talent égale l'élévation morale : « Que l'on y prenne garde, ce qui constitue l'essence de notre loi sur les héritages, bien plus, de notre législation sur la propriété en général, ce n'est nullement la portion disponible que le Code nous laisse sur nos biens à l'heure de notre mort, pas plus que la faculté de vendre, d'acheter et d'échanger qu'il nous accorde d'ailleurs pendant notre vie ; le principe des réserves forcées, voilà la véritable clef de la position que la loi entend nous faire et qu'elle nous fait en réalité. Par cela seul qu'elle se pose comme ayant autorité pour nous *retirer* dans certains cas l'usage d'une partie de nos biens, elle nie absolument la propriété individuelle et la quotité dont elle nous *permet* d'user à notre gré, ainsi que toutes les autres permissions qu'elle nous octroie, ne sont qu'une autre manière de constater notre déchéance absolue de tout droit immédiat. S'il nous est libre de disposer de notre propre avoir, c'est uniquement par suite d'une concession de la loi et dans la limite, comme dans les circonstances, qu'il lui plaît de fixer. En principe, nous sommes au moyen âge, ou dans l'antique Babylone, à Constantinople ou à Memphis ; l'État chez nous est seul propriétaire des hommes et des choses....

» En nous soumettant à un régime de tutelle, le principe des réserves forcées nous réconcilie à la fois avec l'idée d'être asservis et avec celle d'asservir les autres ; il nous façonne à aimer l'arbitraire sans le savoir, à disposer en maîtres, dans nos systèmes, de la vie et de la propriété de nos semblables ; que dis-je, à ne concevoir et à ne vouloir vraiment, même sous le nom de liberté, qu'un système de dictature au profit de nos idées. » (M. J. Milsand, *le Code et la Liberté, Liberté du mariage, Liberté des testaments*. Paris, Germer Baillière, 1865, et aussi *Revue germanique et française*.)

lisation pleine de sève, les sociétés ont pour idéal la démocratie, et, malgré des retards ou des haltes, c'est vers ce but qu'elles se dirigent ; or, la démocratie est avant tout la doctrine de l'effort propre ; à ses yeux, le travail est non-seulement l'unique cause légitime de la propriété, mais il est le constant initiateur du devoir et l'éternel propulseur des grandes inspirations morales.

La réserve des descendants va directement à l'encontre de l'idéal démocratique ; l'enfant qui compte sur un héritage susceptible de le faire vivre, et parfois même de lui procurer l'opulence, ne sent pas le besoin de développer ses facultés et de les mettre en œuvre ; il se réduit au rôle de consommateur souvent inutile où même nuisible, car il dépense sans raison l'épargne accumulée par ses ancêtres, et, ce qui est de beaucoup le plus grave, en devenant un oisif, il court le risque de perdre la notion générale de la justice, et de croupir dans une lâche indifférence (1).

Au surplus, rien n'arrêtera le mouvement qui porte à l'abolition de la réserve ; tant que la richesse a exclusivement consisté dans la propriété du sol, et que le sol est resté en quelque sorte fixé aux mains du propriétaire, l'efficacité des restrictions apportées à la liberté de disposer n'a pas été niable ; aujourd'hui, les choses ont changé, et à mesure que l'on avancera, elles changeront bien davantage ; la propriété mobilière, la vraie richesse des temps modernes, ne fera que s'accroître, la propriété immobilière se mobilisera de plus en plus.

Que pourront alors les prohibitions édictées par le législateur, sinon contribuer à entretenir de fausses idées, c'est-à-dire à persuader au propriétaire qu'il doit son patrimoine à ses enfants, et aux enfants, qu'ils ont le droit de profiter sans rien faire du travail de leurs ancêtres !

Qu'on y songe, si les mauvaises mœurs font les mauvaises lois, les mauvaises lois, à leur tour, perpétuent les mauvaises mœurs.

## II

Les théoriciens de la réserve s'entendent fort peu entre eux sur la manière de la défendre.

Les uns se sont placés à un point de vue politique, et, chose qui pourrait sembler étrange, si le temps actuel n'offrait le spectacle de troubles de toutes sortes, et de plus d'une confusion du même genre, on a vu

---

(1). V. M. John Stuart Mill, *Principles of political economy*, t. 1, p. 267 et suiv. — M. Courcelle-Seneuil, *Journal des économistes*, 2e série, t. XLVI, p. 321. — M. Milsand, *le Code et la Liberté, Liberté du mariage, Liberté des testaments*.

Bien que l'étude de M. Courcelle-Seneuil soit appuyée sur la fausse prémisse du droit social et qu'elle s'attache surtout au point de vue de l'utile, nous ne saurions en recommander trop vivement la lecture, car elle est sans contredit une des plus concluantes qui aient été publiées sur la liberté de tester.

les esprits dévoués à l'égalisation des conditions se ranger en grand nombre parmi les adversaires de la liberté de tester (1), tandis que les zélateurs de l'ancien régime s'en constituaient les champions.

La méprise des premiers sur une idée si évidemment conforme au droit, et le feint ralliement des seconds à la cause de la liberté ne comportent pas une explication différente ; des deux parts, on a posé la question de la liberté de tester, comme si au lieu de se rattacher à un vaste système de liberté et d'autonomie générales, cette question était indépendante et isolée ; de là sont venues des frayeurs ou des espérances, qui, des deux parts aussi, sont dénuées de fondement (2).

D'autres antagonistes de la liberté de tester font de la réserve une thèse morale et sociale ; ils argumentent du droit de l'enfant et du droit de l'ascendant (3).

Nous avons expliqué à plusieurs reprises comment cette objection est empruntée à un ordre d'idées entièrement différent de celui auquel se rattache la réserve, et comment elle laisse entièrement intact le principe qu'elle se propose de tenir en échec (4).

Le droit de l'enfant consiste dans une créance d'éducation qui, au point de vue d'une classification rationnelle des droits, occuperait incontestablement le premier rang, mais dont l'étendue et la durée sont délimitées par sa nature même.

Le droit de l'ascendant consiste dans une créance éventuelle d'aliments, laquelle créance peut aussi appartenir à l'enfant.

Entre ces deux droits et la réserve, la corrélation n'est qu'affaire de

---

(1) « Ce qui est plaisant, écrit dans le même sens M. Courcelle-Seneuil, c'est que ce soient précisément ceux qui se donnent pour apôtres spéciaux de l'égalité qui réclament le plus haut pour le maintien de la réserve. Ils trouvent que l'hérédité fait aux pauvres une condition trop dure et prétendent que les enfants des riches doivent faire caste. Quelle étrange contradiction (p. 331)!

(2) Il en est de la liberté de tester comme de la liberté d'enseignement, comme de la liberté du suffrage, comme de toutes les libertés ; réunies, elles forment le faisceau du Droit et les conditions vitales du progrès ; séparées, non-seulement elles sont impuissantes à rien faire, mais il n'est pas impossible qu'elles deviennent l'instrument de la plus monstrueuse iniquité et de la plus inévitable réaction.

La liberté ne peut être scindée, et toute question ne peut être résolue par elle que dans le système à la fois moral, politique et économique qui l'adoptera pour sa base.

(3) Cet argument est surtout celui des légistes, et le même qui vient d'écrire *que le testament n'emprunte rien au droit civil, qu'il découle du droit naturel, qu'il est une suite naturelle du droit de propriété*, s'empresse d'ajouter : *c'est un droit naturel au premier chef que celui qui veut que les enfants aient une part certaine dans le patrimoine des pères* (M. Troplong, *Donations et testaments*, t. I, p. 423).

Ce que les légistes oublient de fournir, c'est la démonstration de ce second point.

(4) V. *supra*, p. 372.

rencontre, car tout point de genèse historique même mis à part (1), la réserve présente plusieurs caractères qui la distinguent d'une manière radicale de la dette d'éducation et de la dette d'aliments.

La réserve frappe par avance d'indisponibilité une partie du patrimoine; elle n'a pas pour fondement le besoin de celui qui est appelé à la recueillir ; elle n'est pas proportionnelle à ce besoin ; elle grève très-inégalement les gros et les petits patrimoines.

De là, il ressort avec une nouvelle clarté que la réserve est une dépendance de ces théories de justice distributive qui remplacent par la volonté abstraite de l'État la volonté libre et responsable de l'individu (2).

Pour tous ceux que dirige la pensée de réaliser de plus en plus l'autonomie du majeur, il est donc certain que la liberté de tester ne doit être limitée par aucune indisponibilité du patrimoine.

Est-il juste et utile qu'elle le soit par une prohibition de recevoir à titre gratuit au delà d'une certaine somme?

M. John Stuart Mill l'enseigne (3), et de la part d'un des hommes qui sont le plus dégagés des idées de la cité antique, ce fait a assurément de quoi surprendre.

La doctrine de M. Mill est d'abord sujette à toutes les critiques qui s'adressent, en général, à la limitation du droit de disposer ; mais il est évident que le célèbre publiciste a été séduit par deux idées, l'une implicitement contenue dans son théorème, l'autre très-explicitement formulée par lui.

La première est qu'il est immoral d'enrichir par des dispositions gratuites l'individu déjà pourvu d'une certaine aisance;

La seconde qu'il y a danger de transformer ainsi ce même individu en un oisif.

Ces deux propositions sont assurément incontestables, mais le moyen indiqué par M. Mill a le défaut de tous les procédés qui substituent l'arbitraire de la loi à la raison du juste; il n'est pas de nature à atteindre le but que M. Mill a en vue.

---

(1) V. *infra*, p. 418.

(2) Dans une réunion qui se proposait d'étudier ce qu'elle appelait les questions *du lendemain*, nous avons encore entendu faire contre la liberté de tester une dernière objection : on a prétendu qu'elle aurait pour résultat de constituer une sorte de *gérontocratie*. Si cette objection était fondée, elle s'appliquerait dans une mesure plus ou moins large à toute législation qui admet un certain disponible ; elle est, d'ailleurs, en dehors du principe qui proclame que lorsque le père a payé à son enfant la dette d'éducation, il est, en général, quitte envers lui.

(3) « Were I framing a Code of laws according to what seems to me best in » itself, without regard to existing opinions and sentiments, I should prefer to res» trict, not what any one might bequeath, but what any one should be permitted » to acquire, by bequest or inheritance. » (*Principles of political Economy*, t. I, p. 275.)

Une loi qui fixerait, en effet, le maximum de la quotité que chacun peut acquérir à titre gratuit, tantôt permettrait trop et tantôt n'accorderait pas assez ; elle n'empêcherait pas le disposant d'enrichir des individus qui possèdent déjà une certaine fortune et de créer des oisifs ; elle mettrait en même temps obstacle à ce qu'il compense, dans certains cas, d'une manière suffisante, les inégalités résultant de la différence des aptitudes ou du hasard des circonstances.

Si l'idée d'une limitation pouvait être admise, la seule qui paraîtrait rationnelle serait l'interdiction de recevoir à titre gratuit décrétée contre tout individu qui a par lui-même les moyens de vivre.

Mais qui ne voit que ces défenses de diverses sortes viennent se heurter, en définitive, contre l'écueil des faits, et que, dans cet ordre, comme dans tous les autres, c'est à la liberté et à la conscience qu'il appartient de poser la règle du juste !

## III

La législation relative à la disposition à titre gratuit a passé à Rome par les phases les plus diverses.

On y trouve à l'origine la profonde empreinte de ce génie qui considérait le droit comme une délégation faite par la cité à l'individu ; le testament était un acte public ; le citoyen romain se bornait à présenter un héritier à l'agrément des comices (1).

Vinrent les premières victoires de la plèbe et la promulgation des Douze Tables ; une nouvelle règle fut posée ; le père de famille acquit le droit de faire la loi de son hérédité, et de dépouiller par une simple prétérition ses héritiers siens de la propriété acquise en commun (2).

Législation conséquente en définitive avec elle-même, et qui permettant au père de tuer ses enfants eût manqué de logique en lui défendant de les priver des résultats de leur propre effort (3).

Le progrès du droit romain consista exclusivement à réagir contre cette prémisse, et c'est à quoi s'employèrent les Prudents et le Prêteur.

Le père de famille fut ainsi obligé d'abord d'appliquer une formule d'exhérédation à ceux de ses enfants qu'il entendait dépouiller, ensuite d'user de cette même formule à l'égard des enfants émancipés, comme à l'égard de ceux restés en puissance ; enfin les Prudents imaginèrent de réputer *non sanæ mentis* le père de famille qui exhérédait, sans justes

(1) Gaius, *Comm.*, II, § 101 et suiv.

(2) Loi des Douze Tables, tabula quinta.

(3) On connaît le mot de Paul au sujet de l'exhérédation proprement dite : *nec obstat quod liceat eos exheredare, quos et occidere licebat* (L. 11, D., liv. XXVIII, tit. II).

motifs, certains de ses proches, en ne leur laissant pas au moins le quart de ce qu'ils auraient eu *ab intestat* (1).

Ce fut sous cette couleur, *hoc colore*, que s'introduisit en droit romain la double théorie de la *querela testamenti inofficiosi*, et de la *légitime* ou de la limitation *réelle* du droit de disposer par testament; on voit qu'elle fut le produit d'une véritable transaction entre l'idée du droit des enfants au patrimoine de la famille et la barbare institution de la *patria potestas* (2).

Les empereurs complétèrent cet ensemble en étendant la *querela inofficiosi testamenti* aux donations entre-vifs et aux constitutions de dot (3).

L'ancien droit français donne lieu de distinguer, dans cette matière, comme dans toutes les autres, les provinces de droit écrit d'avec les provinces coutumières.

Dans les provinces de droit écrit, on suivit, en général, la tradition romaine.

Dans les provinces coutumières, on admit à la fois la *légitime* romaine et une institution qui, sous le nom de *réserve*, avait pour but de conserver les immeubles dans les familles.

La plupart des coutumes fixèrent cette réserve aux quatre cinquièmes des propres : aussi l'appelait-on réserve des *quatre-quints*.

On reconnaissait trois différences essentielles entre la légitime et la réserve.

1° La légitime appartenait seulement aux enfants et descendants, et quelquefois aux ascendants et aux frères et sœurs;

La réserve était établie au profit de tous les héritiers *ab intestat*.

2° La légitime portait sur tous les biens;

La réserve ne s'appliquait qu'aux propres.

3° La légitime ne pouvait pas plus être atteinte par des donations entre-vifs que par des dispositions testamentaires;

La réserve ne concernait que les dispositions testamentaires (4).

La réserve fut d'ailleurs une institution féodale et monarchique; elle eut pour but invariable de prévenir la diminution des bonnes familles

---

(1) *Inst.*, liv. II, tit. XIII et XVIII.

(2) La question de date, comme on le conçoit, a ici une importance capitale. Or, il n'est pas douteux que la *querela inofficiosi testamenti* n'ait été créée au temps de la République, c'est-à-dire à une époque où le système économique de la copropriété familiale subsistait encore intact (Comparer Cicéron, *In Verrem*, 1, 42).

(3) L. 87, § 3, D., liv. XXXI; l. 3, C., liv. III, tit. XXIX; l. unic., liv. III, tit. XXX.

(4) Art. 292 et 298, Coutume de Paris. — V. M. Ginoulhiac, *Revue de droit français et étranger*, 1846, t. III, p. 380 et suiv. — M. Vernet, *Traité de la quotité disponible*, p. 177 et suiv.

et elle constitua ainsi l'un des fondements de l'ancien régime (1).

Les lois de la Révolution ne pouvaient manquer d'abroger l'idée de la réserve coutumière; malheureusement, elles ne surent lui substituer qu'un système d'égalité mathématique et imposée qui se formula dans la prohibition suivante :

« *On ne peut donner à cause de mort que le dixième de son bien, si l'on a des héritiers en ligne directe, et que le sixième si l'on n'a que des héritiers collatéraux* (art. 26, liv. 11, tit. III, § 3, Code de la Convention ; art. 16, l. 17, nivôse, an II).

Le Code de la Convention et la loi du 17 nivôse défendirent, en outre, comme nous l'avons dit (V. *supra*, p. 273), toute clause de préciput au profit de l'un des héritiers.

On voit que le dernier mot de cette législation était de consacrer une quasi-indisponibilité du patrimoine et d'arriver par une fausse conception de l'égalité, à faire subir à la liberté le plus regrettable échec.

La loi du 4 germinal an VIII, qui remplaça celle du 17 nivose an II, se résume dans les principaux chefs suivants :

1° *Il existe une réserve,*

*Pour les enfants et descendants ;*

*Pour les ascendants ;*

*Pour les frères ou sœurs et pour les descendants de frères ou de sœurs ;*

*Pour les oncles ou grands oncles, pour les cousins germains ou cousines germaines, et pour les enfants desdits cousins ou cousines.*

2° *Dans le cas où le* de cujus *laisse des enfants, le disponible est d'un quart, s'il y a trois enfants ou moins de trois enfants; du cinquième, s'il y en a quatre; du sixième, s'il y en a cinq, et ainsi de suite; en d'autres termes, à partir de trois enfants, le disponible est représenté par une fraction ayant pour dénominateur le nombre des enfants, plus un.*

*Dans le cas où le* de cujus *laisse des ascendants, et de même dans celui où il laisse des frères ou sœurs ou des descendants des frères ou de sœurs, le disponible est de moitié.*

*Dans le cas où le* de cujus *laisse des oncles ou grands-oncles, des cousins germains ou cousines germaines, ou des enfants desdits cousins ou cousines, le disponible est des trois quarts.*

*A défaut de parents dans les divers degrés, le disponible est du tout.*

3° *Le disponible peut être attribué aux héritiers, à titre de préciput.*

---

(1) L'édit de François II, du mois de juillet 1560, déclare que, sans la réserve, il y aurait *diminution des bonnes familles et conséquemment de la force de l'État public.*

Loi d'expédient, s'il en fut jamais, la loi de germinal n'a d'autre importance que d'avoir fourni plusieurs de ses bases à la codification napoléonienne.

Toutefois le Code Napoléon n'a attribué une réserve qu'aux descendants et aux ascendants (1).

## SECTION PREMIÈRE

### DE LA PORTION DE BIENS DISPONIBLE.

**913.** — Les libéralités, soit par actes entre-vifs, soit par testament, ne pourront excéder la moitié des biens du disposant, s'il ne laisse à son décès qu'un enfant légitime ; le tiers, s'il laisse deux enfants ; le quart, s'il en laisse trois ou un plus grand nombre.

**914.** — Sont compris dans l'article précédent, sous le nom d'*enfants*, les descendants en quelque degré que ce soit; néanmoins, ils ne sont comptés que pour l'enfant qu'ils représentent dans la succession du disposant.

Nous traiterons, sous ces deux textes :

1° *De la nature juridique de la réserve;*

2° *De la réserve des enfants et descendants légitimes, légitimés ou adoptifs;*

3° *De la réserve des enfants naturels.*

#### 1° NATURE JURIDIQUE DE LA RÉSERVE.

La nature juridique de la réserve napoléonienne est à peu près aussi confuse que sa nature philosophique, et que sa filiation historique (2).

Cependant, d'après la doctrine la plus accréditée, la réserve doit être définie :

*Une portion de la succession* ab intestat *garantie au profit de certains héritiers contre les libéralités du* de cujus.

---

(1) Quelques auteurs ont essayé de faire une célébrité posthume à la loi de germinal, et ils en ont pris texte pour demander le rétablissement de la réserve au profit de certains collatéraux ! V. notamment M. Rodière, *Recueil de l'Académie de législation de Toulouse*, t. VIII, p. 90-92 et suiv. — M. Vernet, *Traité de quotité disponible*, p. 329 et suiv., 349 et suiv.

Ces auteurs vont justement à l'encontre de l'idée vraie.

(2) Au point de vue philosophique, on professe, en général, à l'École, que la réserve actuelle est fondée :

1° *Sur l'intérêt général de l'État qui exige que les familles dont il est formé se conservent* (M. Bigot-Préameneu, *Exposé des motifs*; Locré, *Légis. civ.*, t. XI, p. 68 et 69; M. Demolombe, t. XIX, p. 5).

2° *Sur une obligation morale qui lie réciproquement les descendants et les ascendants* (M. Vernet, p. 3. — M. Demolombe, t. XIX, p. 4).

Au point de vue philosophique vrai la réserve actuelle est indéfinissable.

Au point de vue historique, la réserve actuelle est une sorte de compromis entre les idées romaines, les idées coutumières et les idées de la Révolution. (Comparer M. Vernet, p. 347.)

De là il résulte nécessairement que, *pour être réservataire, il faut se porter héritier* (1).

*Ces deux* idées sont *capitales* et elles servent à résoudre la plupart des difficultés auxquelles donne lieu la matière de la réserve (2).

D'après une autre doctrine, qui invoque les règles de la légitime romaine, la réserve serait *quota pars bonorum, non hereditatis.*

Cela reviendrait à dire que l'on peut être réservataire sans se porter héritier.

La *première* opinion est préférable; elle s'appuie sur les raisons suivantes :

1° A l'instar de l'art. 16 de la loi du 17 nivôse, an II, et des art. 1 et 3 de la loi du 4 germinal an VIII, l'art. 913 règle directement et uniquement la quotité disponible; par conséquent, il laisse la réserve sous l'empire des principes de la succession *ab intestat.*

2° Les différentes manières dont on acquiert la propriété ont été déterminées par les art. 711 et 712; or, la qualité d'enfant ou d'ascendant n'est pas au nombre de ces manières d'acquérir et le titre des enfants ou des ascendants qui réclament la réserve est pour les uns et pour les autres leur vocation héréditaire (art. 745 et 746).

3° Lorsqu'un ascendant ordinaire est en présence d'un frère, cet ascendant ne peut réclamer sa réserve, parce que les biens réservés ne peuvent être recueillis que dans l'ordre où la loi appelle les réservataires à succéder, et que le droit héréditaire du frère prime celui de l'ascendant ordinaire (art. 915, V. *infra*).

4° Enfin le Code Napoléon appelle toujours les réservataires du nom d'héritiers (art. 917, 922, 930, 1004, 1006, 1009, 1011).

Concluons donc :

*Que la réserve est une portion de la succession* ab intestat;

*Et que, par conséquent, pour être réservataire, il faut se porter héritier* (3).

---

(1) M. Demante, t. IV, p. 134. — M. Valette, à son cours. — MM. Zachariæ, Aubry et Rau, t. V, p. 544 et suiv. — M. Vernet, p. 337 et suiv. — M. Demolombe, t. XIX, p. 41 et suiv.

(2) C'est faute de les avoir comprises, que M. le premier président Troplong a accumulé de si nombreuses et de si graves erreurs dans la matière de la réserve. (Comparer M. Troplong, *Des donations et testaments*, t. II, avec M. Demolombe, t. XIX.)

M. Troplong a appartenu à cette funeste école de légistes qui, depuis la renaissance du Droit romain, ont réduit toute la science juridique à un examen de cas particuliers, qui, Domat mis à part, n'ont jamais pu s'élever à la conception d'un principe, et qui tout en se réclamant, selon l'occasion, de la philosophie et du droit naturel, ont tant contribué à répandre la déplorable idée de l'omnipotence du législateur.

(3) MM. Zachariæ, Aubry et Rau, t. V, p. 544. — M. Vernet, p. 337 et suiv. — M. Demolombe, t. XIX, p. 41 et suiv.

De ces prémisses fondamentales, il ressort :

1° *Que l'héritier renonçant ne peut réclamer la réserve par voie d'action, c'est-à-dire :*

*Ni par voie de demande en partage contre les autres héritiers réservataires;*

*Ni par voie de demande en réduction contre les donataires entre-vifs ou contre les légataires;*

2° *Que l'héritier renonçant ne peut retenir la réserve par voie d'exception, c'est-à-dire :*

*Par voie de défense contre la demande des réservataires, lorsqu'étant lui-même donataire entre-vifs, ou légataire sans clause de préciput, il prétend retenir, jusqu'à concurrence tout à la fois de la quotité disponible et de sa part de réserve, la donation entre-vifs et le legs qui lui ont été faits.*

Cependant, grâce aux traditions anciennes et à l'absence générale de doctrine qui marque à chaque article le Code Napoléon, ce dernier point est très-vivement débattu ; la controverse qu'il a fait naître est fameuse sous le nom de *question du cumul du disponible et de la réserve.*

Voici l'espèce :

Une personne meurt laissant une succession de 120 000 francs et six enfants.

La quotité disponible est du quart, c'est-à-dire de 30 000 francs, et la part de réserve de chaque enfant est de 15 000 francs.

L'un des enfants a reçu du *de cujus* une donation entre-vifs de 45 000 francs.

*En renonçant, cet enfant peut-il conserver la totalité de la donation qui lui a été faite, c'est-à-dire cumuler par voie d'exception la quotité disponible et sa part de réserve?*

### TROIS SYSTÈMES.

1er SYSTÈME (1). — *L'héritier renonçant, donataire ou légataire sans clause de préciput, peut retenir cumulativement par voie d'exception la quotité disponible et sa part de réserve.*

1er *Arg.* — Ce système a pour lui l'autorité,

Du droit romain (Novelle 92);

De la jurisprudence des provinces de droit écrit;

De la jurisprudence des provinces coutumières;

(1) M. Troplong, t. II, nos 786-793. — M. Gabriel Demante, *Revue critique de jurisprudence*, t. II, p. 81, 148 et 743. — M. Labbé, *Revue pratique de Droit français*, 1858, t. V, p. 193 et suiv.; p. 305 et suiv.; p. 353 et suiv. — M Bressolles, *Revue critique de jurisprudence*, 1860, t. XVII, p. 519 et suiv. — M. Ragon, *Revue pratique*, t. XV, p. 280 et suiv.

De la Coutume de Paris (art. 307);

Enfin de Dumoulin (sur la *Cout. de Paris*, art. 124, n° 6).

2e *Arg.* — Il existe deux quotités disponibles: l'une, au profit des étrangers, ne porte que sur le patrimoine du *de cujus*, déduction faite de la réserve (art. 913 et 915); l'autre, au profit de chaque réservataire, comprend, outre la quotité disponible ordinaire, la part de réserve de chaque réservataire (art. 845).

En effet, l'indisponibilité de la réserve ne peut être rétorquée contre celui au profit duquel elle est établie.

2e SYSTÈME (1). — *L'héritier renonçant, donataire ou légataire sans clause de préciput, peut retenir d'abord sa part de réserve, et ensuite la quotité disponible, mais de manière que la valeur qu'il retient ne dépasse pas la quotité disponible.*

Ce système se décompose en deux propositions :

D'une part, la libéralité que retient l'héritier renonçant, donataire ou légataire sans clause de préciput, doit s'imputer d'abord sur la réserve, parce qu'aux termes des art. 843, 844 et 919, la libéralité faite aux héritiers du donateur n'est imputable sur la quotité disponible que tout autant qu'elle a été faite expressément, à titre de préciput;

D'autre part, la libéralité que retient l'héritier renonçant, donataire ou légataire sans clause de préciput, peut égaler pour lui, comme pour un étranger, le montant de la quotité disponible (art. 845); donc, l'excédant de la donation sur la réserve de l'héritier doit s'imputer sur la quotité disponible, mais de manière que la valeur retenue par l'héritier ne dépasse pas la quotité disponible.

3e SYSTÈME (2). — *L'héritier renonçant, donataire ou légataire sans clause de préciput, ne peut retenir que la quotité disponible.*

L'argument de ce système consiste dans le syllogisme suivant:

Tout héritier, même réservataire, qui renonce à une succession, est un étranger par rapport à cette succession ;

Or, un étranger n'a droit, à titre de donataire ou de légataire, qu'à la quotité disponible.

Donc, tout héritier, même réservataire, n'a droit, à titre de donataire ou de légataire, qu'à la quotité disponible.

Ce syllogisme est irréfragable (V. *supra*, p. 417).

---

(1) M. Demante, t. IV, n° 42 *bis*, et suiv. — MM. Aubry et Rau, *Sur Zachariæ*, t. V, p. 573 et 575, texte et note 15. — M. Aubry, *Revue pratique*, t. III, p. 481 et suiv.

(2) M. Valette, Le Droit des 17 décembre 1845 et 6 septembre 1854. — M. Lagrange, *Revue étrangère*, t. I, p. 109. — M. Vernet, p. 381 et suiv. — M. Demolombe, t. XIX, p 60 et suiv. — 82 et suiv.

2° RÉSERVE DES ENFANTS ET DESCENDANTS LÉGITIMES, LÉGITIMÉS OU ADOPTIFS.

L'art. 913 ne mentionne en termes exprès que les enfants *légitimes;* mais, en matière de réserve, les enfants *légitimés* et les enfants *adoptifs* doivent être entièrement assimilés aux enfants légitimes (art. 333 et 350).

La réserve des enfants légitimes varie selon leur nombre; elle est:

*De la moitié du patrimoine, lorsque le disposant ne laisse à son décès qu'un seul enfant;*

*Des deux tiers, lorsque le disposant laisse deux enfants;*

*Des trois quarts, lorsque le disposant laisse trois enfants ou un plus grand nombre.*

On voit que cette fixation est justement la contre-partie de celle qu'avait adoptée la loi du 4 germinal, an VIII.

D'après l'art. 1er de cette loi, la quotité disponible n'était que d'une part d'enfant lorsqu'il y avait trois enfants ou un plus grand nombre. Elle était fixée au maximum du quart, lorsqu'il y avait moins de quatre enfants.

D'après l'art. 913, la quotité disponible est d'une part d'enfant lorsqu'il n'y a pas plus de trois enfants; elle est fixée au maximum du quart, lorsqu'il y a plus de trois enfants.

Certains auteurs trouvent que la loi de germinal n'accordait pas un assez large disponible au propriétaire, lorsque celui-ci avait beaucoup d'enfants.

D'autres pensent que l'art. 913 n'attribue pas, dans la même hypothèse, une réserve suffisante aux enfants (1).

La réserve des petits-enfants ou des descendants d'un degré ultérieur est, du reste, toujours la même que celle à laquelle auraient eu droit les enfants dont ils sont issus, ou, comme dit l'art. 914, *qu'ils représentent.*

Le mot « *représentent* » dans l'art. 914 est pris dans le sens usuel du mot *remplacent;* il en résulte que les petits-enfants ou descendants d'un degré quelconque ne doivent être comptés que pour l'enfant dont ils sont issus, même lorsqu'ils viennent de leur propre chef à la succession du disposant (2).

*L'enfant renonçant fait-il nombre pour le calcul de la réserve?*

(1) M. Vernet, p. 371. — M. Boutry-Boissonade, *Revue critique de législation*, t. XXXI, août 1867.

(2) M. Demante, t. IV, n° 40 *bis*, I. — MM. Zachariæ, Aubry et Rau, t. V, p. 551 et 552 texte et note 1 et 10. — M. Vernet, p. 373. — M. Demolombe, t. XIX, p. 150.

Comme celle du cumul de la quotité disponible et de la réserve, cette question est toute tranchée d'avance en vertu de la double règle que la réserve est une portion de la succession, et que, pour être réservataire, il faut se porter héritier.

Cependant, comme pour le cumul de la quotité disponible et de la réserve, et grâce aux même causes, une très-grosse controverse existe sur ce nouveau point.

La réserve étant invariable dès qu'il y a plus de trois enfants, on conçoit, d'ailleurs, que la question ne se pose que tout autant qu'il n'y a que trois enfants ou moins de trois enfants.

### TROIS SYSTÈMES.

1^er^ SYSTÈME (1). — *L'enfant renonçant fait nombre pour le calcul de la réserve.*

1^er^ *Arg.* — L'art. 913 fixe le montant de la réserve d'après le nombre des enfants que le disposant *laisse à son décès;* cet article n'exige pas, pour que les enfants soient comptés, qu'ils se portent tous héritiers.

2^e^ *Arg.* — La réserve est un droit collectif, c'est-à-dire attribué en masse à tous les héritiers et non un droit individuel, c'est-à-dire attribué à chacun des enfants en particulier.

C'est ce qui résulte de l'art. 786, d'après lequel la part du renonçant dans la succession totale accroît à ses cohéritiers ; or, ce qui est vrai du tout l'est aussi de la partie.

2^e^ SYSTÈME (2). — *Si l'enfant renonce* aliquo accepto, *il fait nombre pour le calcul de la réserve.*

*S'il renonce,* nullo accepto, *il ne fait pas nombre pour ce même calcul.*

Ce système se fonde exclusivement sur l'opinion prépondérante parmi les légistes du droit coutumier (3).

3^e^ SYSTÈME (4). — *L'enfant renonçant ne fait pas nombre pour le calcul de la réserve.*

---

(1) MM. Zachariæ, Aubry et Rau, t. V, p. 553, texte et note 5. — MM. Massé et Vergé, t. III, p. 130 et 131. — M. Coin-Delisle, art. 913, n° 6.
Dans le même sens, Cass., 18 février 1818, arrêt Laroque, de Mons, Sirey, 1, 98.

(2) M. Delvincourt, t. II, p. 216 et suiv. — M. Demante, t. IV, n° 45 *bis*, I-VII.

(3) Ricard, 3e partie, chap. VIII, sect. VII, n° 1056.

(4) M. Valette, le Droit des 17 décembre 1845 et 6 septembre 1854. — M. Lagrange, *Revue de droit français et étranger*, 1844, t. V, p. 127 et suiv. — M. Ginoulhiac, même *Revue*, 1846, t. III, p. 460. — M. Vernet, p. 382. — M. Demolombe, t. XIX, p. 169.

1er *Arg.* — La raison déduite des expressions « *laisse à son décès* », est un argument de mots qui ne prouve absolument rien.

2e *Arg.* — La réserve ne devient un droit collectif que lorsqu'il y a plus de trois enfants; au-dessous de cette limite, elle forme un droit individuel.

Or, l'art. 786 ne peut recevoir d'application que lorsque la réserve devient un droit collectif.

C'est seulement, en effet, dans ce cas, que les réservataires qui acceptent ont une vocation à la part de réserve de l'enfant renonçant (V. *supra*, p. 209).

3e *Arg.* — Si la réserve de l'enfant renonçant profitait par droit d'accroissement aux enfants acceptants, la réserve de tous les enfants renonçants au premier degré devrait, en vertu de la même logique, profiter par droit de dévolution aux héritiers du degré subséquent.

Or, cette conséquence est inadmissible.

4e *Arg.* — L'héritier qui renonce est censé n'avoir jamais été héritier, et, pour être réservataire, il faut se porter héritier.

Ce *dernier* argument pourrait dispenser de tous les autres.

Il est évident qu'il faut adopter, à l'égard de l'héritier indigne, la même décision qu'à l'égard de l'héritier renonçant (1).

### 3° RÉSERVE DES ENFANTS NATURELS.

Bien que les termes de l'art. 913 ne s'appliquent qu'aux enfants légitimes, la doctrine reconnaît aussi, en général, un droit de réserve aux enfants naturels.

Ce droit de réserve résulte, en effet, nécessairement de la disposition de l'art. 761.

On sait que, d'après cet article, le père ou la mère, même en faisant une donation entre-vifs à son enfant naturel, n'a pas le droit de le réduire à une portion inférieure à la moitié de ce qui lui reviendrait dans la succession, et que l'enfant réduit au delà de cette moitié a le droit de réclamer un supplément.

Donc, *à fortiori*, l'enfant naturel ne peut être privé de la totalité de sa part héréditaire ; donc, il a une réserve.

Restent trois questions :

1° *Quelle est la quotité de cette réserve?*

2° *Sur quels biens peut-elle s'exercer?*

3° *Doit-elle être fournie, soit par la quotité disponible, soit par la réserve des parents légitimes, soit par l'une et par l'autre en même temps?*

---

(1) M. Demolombe, t. XIX, p. 179.

En ce qui concerne le *premier* point, il est évidemment logique de calculer la réserve de l'enfant naturel sur la réserve de l'enfant légitime de la même manière que l'on calcule la part héréditaire de l'enfant naturel sur la part héréditaire de l'enfant légitime (art. 757, 758, V. *supra*, p. 133 et 114) (1).

En ce qui concerne le *second* point, il est clair, quoique il existe à cet égard plusieurs controverses, que la réserve de l'enfant naturel peut s'exercer, comme celle des enfants légitimes, tout aussi bien sur les donations entre-vifs que sur les dispositions testamentaires faites par ses père et mère, et sans qu'il y ait lieu de distinguer entre les donations postérieures à la reconnaissance de l'enfant et les donations antérieures à cet acte (2).

En ce qui concerne enfin le *troisième* point, de nombreux systèmes sont enseignés ; le seul qui soit fondé sur des prémisses certaines et qui soit déduit des textes est celui dont M. Demolombe a fourni la formule en ces termes :

« La réserve de l'enfant naturel doit nuire dans la mesure de sa quotité réduite à tous ceux et rien qu'à ceux auxquels sa réserve aurait nui, dans la mesure de sa quotité non réduite, s'il avait été légitime » (3).

**915.** — Les libéralités, par actes entre-vifs ou par testament, ne pourront excéder la moitié des biens, si, à défaut d'enfants, le défunt laisse un ou plusieurs ascendants dans chacune des lignes paternelle et maternelle, et les trois quarts, s'il ne laisse d'ascendants que dans une ligne. — Les biens ainsi réservés au profit des ascendants seront par eux recueillis dans l'ordre où la loi les appelle à succéder : ils auront seuls droit à cette réserve, dans tous les cas où un partage en concurrence avec des collatéraux ne leur donnerait pas la quotité de biens à laquelle elle est fixée.

Nous traiterons sous ce texte :

1° *De la réserve des ascendants relativement à la succession ordinaire* (art. 746) ;

2° *De la réserve des ascendants relativement à la succession anomale* (art. 747) ;

3° *De la réserve des père et mère naturels.*

#### 1° RÉSERVE DES ASCENDANTS RELATIVEMENT A LA SUCCESSION ORDINAIRE.

L'art. 915 ne concerne que les ascendants *légitimes* ; mais on doit leur assimiler *les ascendants de l'enfant légitimé* (art. 333).

(1) MM. Zachariæ, Aubry et Rau, t. V, p. 589. — M. Vernet, p. 508 et suiv. — M. Demolombe, t. XIX, p. 233.

(2) MM. Zachariæ, Aubry et Rau, t. V, p. 590, texte et notes 8 et 9. — M. Vernet, p. 513. — M. Demolombe, t. XIX, p. 239.

(3) M. Demolombe, t. XIX, p. 253 et suiv.

Il en est autrement de *l'adoptant* qui n'est pas appelé à la succession de l'adopté, et qui, par conséquent, ne peut avoir aucune réserve dans cette succession (art. 350-352) (1).

*La réserve des ascendants est d'un quart pour chaque ligne paternelle et maternelle, sans qu'il y ait lieu d'examiner le nombre et le degré des ascendants que le* de cujus *laisse dans l'une ou l'autre ligne.*

De là il résulte :

1° *Que la réserve des père et mère est égale à leur part héréditaire* (art. 748, 749 et 751);

2° *Que la réserve des ascendants autres que les père et mère est égale à la moitié de leur part héréditaire* (art. 746).

On voit en même temps que la réserve des ascendants forme une quotité invariable; il suffit qu'il y ait un ascendant dans une ligne pour qu'il existe une réserve du quart; il suffit qu'il y ait un ascendant dans chaque ligne, pour qu'il existe une réserve de la moitié.

Les ascendants recueillent la réserve « dans l'ordre où la loi les appelle à succéder », c'est-à-dire que la réserve appartient, dans chacune des lignes, à l'ascendant le plus proche à l'exclusion du plus éloigné.

Le texte ajoute que, « ils auront seuls droit à cette réserve dans tous les cas où un partage en concurrence avec des collatéraux ne leur donnerait pas la quotité de biens à laquelle elle est fixée ».

*Cette disposition signifie que les collatéraux appelés avec les ascendants à la succession* ab intestat, *n'ont rien à prétendre, tant que la réserve des ascendants n'est pas complète.*

Supposons, par exemple, une succession de 40 000 francs dans laquelle les legs s'élèvent à 35 000 francs, et deux héritiers, dont l'un est le père et l'autre le frère du *de cujus*.

Le père a droit à une réserve d'un quart de l'actif, c'est-à-dire à 10 000 francs.

Le père prendra, en conséquence, les 5000 francs dont le *de cujus* n'a pas disposé, et il obtiendra, en outre, le complément de sa réserve, en faisant réduire les legs de 5000 à son profit.

Quant au frère, il ne recueillera rien (2).

---

(1) V. *Manuel de Droit civil,* t. I, p. 373 et suiv.

(2) M. Demolombe convient qu'il y a ici une *incohérence*; *le droit héréditaire le plus fort est moins garanti que le droit héréditaire le plus faible.* Toutefois, cela n'empêche pas l'éminent professeur d'entreprendre de justifier ce résultat étrange, mais il s'aperçoit lui-même qu'il n'y réussit pas, et il ajoute : « Nous verrons encore d'autres complications qui sont aussi, provenues de cette *espèce* de désaccord entre le titre des *successions,* où les frères et sœurs sont préférés aux ascendants, et le titre des donations entre-vifs et des testaments, où les ascendants sont, au contraire, préférés aux frères et sœurs (t. XIX, p. 152).

Comparer, en outre, *supra*, p. 108, et *infra*, art. 1094, où l'incohérence éclate de nouveau, cette fois au détriment des ascendants.

La même solution s'appliquerait dans le cas où la concurrence aurait lieu entre un ascendant ordinaire d'une certaine ligne, et un collatéral ordinaire de l'autre ligne.

Dans le cas, au contraire, où la concurrence s'établirait entre un ascendant ordinaire et un collatéral privilégié, même n'appartenant qu'à une seule ligne (*frère consanguin ou utérin*), comme la loi appelle le collatéral privilégié à succéder avant l'ascendant ordinaire (art. 752, *in fine*), l'ascendant ordinaire n'a alors aucun droit de réserve.

De là, la question suivante :

*Lorsqu'une personne décède laissant un ascendant ordinaire, un frère et un légataire universel, l'ascendant ordinaire a-t-il droit à une réserve ?*

Cette question est fort débattue.

### TROIS SYSTÈMES.

1^er^ SYSTÈME (1). — *L'ascendant ordinaire n'a pas de réserve, lors même que le frère renonce.*

1^er^ *Arg.* — En présence d'un légataire universel, le frère n'a rien à prétendre (art. 1006) : or, *quod quis, si velit habere, non potest, repudiare non potest.*

2^e^ *Arg.* — Les droits du légataire universel et de l'ascendant ne peuvent dépendre d'une option entre l'acceptation et la répudiation de la succession qui appartiendrait au frère et qui serait sans intérêt pour lui-même.

3^e^ *Arg.* — Si l'on subordonnait les droits du légataire universel et de l'ascendant à l'option du frère, celui-ci proposerait au plus offrant, sa renonciation à l'ascendant, son acceptation au légataire universel.

Le frère se procurerait ainsi une réserve par la fraude.

2^e^ SYSTÈME (2). — *L'ascendant ordinaire a droit à une réserve, lors même que le frère ne renonce pas.*

1^er^ *Arg.* — Le frère, exclu par un légataire universel, n'est héritier ni de droit, ni de fait (art. 1006); par conséquent, l'ascendant vient à la succession, et, s'il y vient, il a droit à une réserve (art. 746, 753, 915).

2^e^ *Arg.* — Ce système a le double avantage d'assurer une réserve à l'ascendant, et de ne pas faire dépendre son droit ainsi que celui du légataire universel du bon plaisir du frère.

3^e^ SYSTÈME (3). — *L'ascendant n'a pas droit à une réserve, si le frère ne renonce pas ; il a droit à une réserve, si le frère renonce.*

---

(1) MM. Zachariæ, Aubry, t. V, p. 549, texte et note 10.

(2) M. Demante, t. IV, n° 50 *bis*, VIII. — M. Valette, à son cours. — M. Vernet, p. 365.

(3) M. Duranton, t. VIII, n^os^ 310-311. — M. Demolombe, t. XIX, p. 197.

1er *Arg.* — En tant que le frère ne renonce pas, il paralyse le droit héréditaire, et par là même le droit de réserve de l'ascendant.

En effet, la saisine du légataire universel n'anéantit pas le titre héréditaire du frère, et, ce qui le prouve bien, c'est que si le legs était nul, ce serait le frère qui serait fondé à l'attaquer.

En tant que le frère renonce, l'ascendant vient à la succession, et, s'il y vient, il a droit à une réserve.

2e *Arg.* — Sans doute cette solution est étrange, mais cette étrangeté même en prouve l'exactitude, car de prémisses incohérentes il ne peut résulter que des conséquences incohérentes.

Ce dernier système nous paraît seul bien déduit.

### 2° RÉSERVE DES ASCENDANTS RELATIVEMENT A LA SUCCESSION ANOMALE (art. 747).

La question de la réserve des ascendants, relativement à la succession anomale, peut être posée à *deux* points de vue :

1° *L'ascendant donateur a-t-il droit à une réserve dans la succession anomale ?*

2° *Les biens donnés doivent-ils entrer dans la masse sur laquelle se calcule la réserve ?*

Ces *deux* questions doivent être résolues par la *négative* ; cependant, la *seconde* a donné lieu à de nombreux systèmes.

La raison de décider, commune à l'une et à l'autre, est qu'il existe *deux* successions distinctes dans celle qui comprend des biens personnels et des biens donnés : *la succession ordinaire et la succession anomale.*

Or, d'une part, l'art. 747 n'appelle l'ascendant donateur qu'autant que l'on retrouve dans la succession *les choses elles-mêmes en nature, ou le prix encore dû de ces choses aliénées, ou des actions en reprise.*

D'autre part, ce même article déclare que l'ascendant donateur est, pour les choses par lui données, *héritier à l'exclusion de tous autres.*

Donc,

D'une part, l'ascendant donateur n'a pas droit à une réserve, relativement à la succession anomale ;

D'autre part, les biens donnés ne doivent pas entrer dans la masse sur laquelle se calcule la réserve, et même l'ascendant donateur venant à la succession ordinaire n'est pas tenu de les imputer sur sa réserve (1).

---

(1) M. Valette, à son cours. — M. Demolombe, t. XIX, p. 201 et suiv. En sens contraire, MM. Zachariæ, Aubry et Rau, t. V, p. 125, 126 et 598. — M. Vernet, p. 538 et suiv.

### 3° DE LA RÉSERVE DES PÈRE ET MÈRE NATURELS.

Certains auteurs soutiennent que les père et mère naturels ont une réserve, et cette opinion a été consacrée par plusieurs arrêts.

La doctrine contraire doit être admise :

1° Parce que l'art. 915 ne concerne que les ascendants légitimes ;

2° Parce que toute réserve est une limitation de la propriété, et que, par conséquent, aucune réserve ne peut exister sans qu'un texte l'impose (1).

**916.** — A défaut d'ascendants et de descendants, les libéralités par actes entre-vifs ou testamentaires pourront épuiser la totalité des biens.

Il faut ajouter à ce texte que le disponible est aussi égal à la totalité des biens, lorsque le *de cujus*, qui a laissé des ascendants autres que les père et mère, a laissé, en outre, des frères et sœurs ou des descendants d'eux.

**917.** — Si la disposition par actes entre-vifs ou par testament est d'un usufruit ou d'une rente viagère dont la valeur excède la quotité disponible, les héritiers au profit desquels la loi fait une réserve, auront l'option, ou d'exécuter cette disposition, ou de faire l'abandon de la propriété de la quotité disponible.

Cet article règle la moitié d'une hypothèse, célèbre depuis longtemps dans la doctrine.

*Lorsque la disposition à titre gratuit, donation entre-vifs ou legs, consiste en usufruit ou en rente viagère, comment savoir si la réserve n'est pas atteinte?*

L'estimation d'un usufruit ou d'une rente viagère a toujours, en effet, un caractère plus ou moins incertain, la valeur de pareils droits dépendant de la durée de l'existence de la personne sur la tête de laquelle ils sont constitués.

L'art. 917 a résolu cette difficulté en adoptant un expédient proposé par Lebrun dans l'ancienne jurisprudence (2); *il a conféré, dans cette hypothèse, un droit d'option au réservataire.*

*Ce dernier a le choix ou d'exécuter la disposition telle quelle, ou d'abandonner au donataire ou au légataire la pleine propriété de tout le disponible.*

Cependant, ce droit d'option est subordonné *à une condition;* il faut,

(1) M. Demante, t. IV, n° 51 et 15 *bis.* — MM. Aubry et Rau, t. V, p. 548. — M. Vernet, p. 361. — M. Demolombe, t. XIX, p. 263.
En sens contraire, M. Merville, *Revue de Droit français et étranger*, 1848, t. V, p. 41 et suiv.

(2) Lebrun, *Traité des successions*, liv. II, chap. III, sect. IV et sect. IX.

pour qu'il existe, que « la valeur de la disposition excède, dit le texte, la quotité disponible ».

Évidemment, il y a dans cette rédaction une inadvertance, car, si on la prenait à la lettre, elle astreindrait à faire le calcul aléatoire qu'elle a pour but d'éviter.

D'après l'interprétation la plus judicieuse, la condition de l'existence du droit d'option est *que la disposition en usufruit ou en rente viagère excède non le capital, mais le revenu du disponible* (1).

Néanmoins, il existe des cas où, pour régler les droits des donataires ou légataires entre eux, l'évaluation de la donation ou du legs d'usufruit ou de rente viagère est indispensable (art. 1970 et 1973).

Par exemple, lorsque le *de cujus* ayant fait successivement donation à deux personnes différentes de droits d'usufruit ou de rentes viagères, l'héritier réservataire, au lieu d'exécuter l'une et l'autre donation, abandonne la pleine propriété de tout le disponible aux deux donataires.

De même, lorsque le *de cujus* ayant fait à la fois un legs d'usufruit ou de rente viagère, et des legs de pleine propriété, l'héritier réservataire, au lieu d'exécuter ces diverses dispositions, abandonne la pleine propriété de tout le disponible à tous les légataires.

Dans ces deux cas, l'évaluation seule permet de régler les droits des donataires ou des légataires, les uns par rapport aux autres (2).

Cette évaluation est alors faite discrétionnairement par les tribunaux, eu égard à l'âge et à l'état de santé de l'usufruitier ou de la personne sur la tête de laquelle la rente a été constituée (3).

*Que doit-on décider, si le* de cujus *a fait une disposition de nue propriété qui excède la nue propriété du disponible?*

C'est la *seconde* moitié de l'hypothèse.

D'après Lebrun, l'héritier réservataire devait obtenir dans ce *second* cas le même droit d'option que dans le *premier*.

*Certains auteurs* pensent qu'il y a alors lieu d'évaluer la disposition de nue propriété.

*D'autres* accordent à l'héritier réservataire le droit de faire réduire la disposition de nue propriété, par cela seul qu'elle excède la nue propriété du disponible, et de conserver néanmoins intact l'usufruit qui lui a été laissé.

*D'autres enfin* appliquent, dans son entier, la doctrine de Lebrun (4).

(1) M. Demante, t. IV, nº 55 *bis*, II. — M. Vernet, p. 455, 456. — M. Demolombe, t. XIX, p. 456.

(2) M. Vernet, p. 458 et suiv. — M. Demolombe, t. XIX, p. 459 et suiv.

(3) Les tribunaux se dirigent aussi, en pareil cas, comme nous l'avons déjà dit, d'après les tables de Deparcieux et de Duvillard.

(4) Dans le premier sens, M. Vernet, p. 461.

Dans le second sens, Cass. 17 juin 1857, de Piennes, Dev. 1857, I, 742. —

**918.** — La valeur en pleine propriété des biens aliénés, soit à charge de rente viagère, soit à fonds perdu, ou avec réserve d'usufruit, à l'un des successible en ligne directe, sera imputée sur la portion disponible ; et l'excédant, s'il y en a, sera rapporté à la masse. Cette imputation et ce rapport ne pourront être demandés par ceux des autres successibles en ligne directe qui auraient consenti à ces aliénations, ni, dans aucun cas, par les successibles en ligne collatérale.

L'idée de cette disposition a été empruntée à l'art. 26 de la loi du 17 nivose an II.

Conséquent avec son principe de répartition mathématiquement égale du patrimoine entre les héritiers, le Droit de la Révolution avait interdit, comme susceptibles de cacher une fraude à ce principe, toutes donations à charge de rentes viagères ou ventes à fonds perdu en ligne directe ou collatérale, à l'un des héritiers présomptifs ou à ses descendants « à moins, portait l'art. 26, que les parents du degré de l'acquéreur ou de degrés plus prochains n'y interviennent et n'y consentent ».

Le législateur napoléonien a suivi les mêmes errements ; mais, au lieu de prononcer, comme le législateur de la Révolution, une sanction de nullité, qui, le principe admis, eût été la seule rationnelle, il a pris *un moyen terme* et décrété une *double* présomption de donation et de préciput.

Nous examinerons :

1° *Les cas dans lesquels est applicable la présomption établie par l'art.* 918 ;

2° *Les effets de cette présomption ;*

3° *Le moyen que les parties peuvent employer pour s'y soustraire.*

### 1° CAS DANS LESQUELS EST APPLICABLE LA PRÉSOMPTION ÉTABLIE PAR L'ART. 918.

Il y a à considérer :

1° *Le caractère de l'aliénation ;*

2° *La qualité des parties.*

#### 1° Caractère de l'aliénation.

Ce point est rempli d'obscurités.

---

Caen, 17 mars 1858, De Piennes, Dev. 1858. II, 273 et suiv. et plaidoirie de Me Dufaure. — Dans le troisième sens, M. de Cacqueray, *Revue pratique*, 1856, t. II, p. 329 et suiv. ; et 1858, t. IV, p. 481 et suiv. — M. Demolombe, t. XIX, p. 484 et suiv.

On se trouve ici en plein arbitraire, et force est bien de s'en tirer comme on peut.

La seule solution vraiment juridique est celle qui se rapprocherait le plus possible de l'intention du disposant ; c'est en même temps celle qu'ont écartée, d'une manière radicale, les deux arrêts ci-dessus mentionnés.

L'art. 918 semble indiquer *trois* sortes d'aliénations :

*Les aliénations à charge de rente viagère ;*

*Les aliénations à fonds perdu ;*

*Les aliénations avec réserve d'usufruit.*

En réalité, les *premières* rentrent dans les *secondes*, et le texte ne contient à cet égard qu'un rappel maladroit de l'art. 26 de la loi de nivôse.

*L'aliénation à fonds perdu est celle qui est faite moyennant des prestations viagères, c'est-à-dire qui doivent s'éteindre avec la vie de l'aliénateur.*

Le fonds est alors *perdu*, en ce sens qu'il n'est représenté dans le patrimoine de l'aliénateur par aucun capital équivalent de nature à être retrouvé après sa mort par ses héritiers.

*L'aliénation avec réserve d'usufruit est celle qui est faite moyennant une somme principale, et*, comme l'indiquent les mots eux-mêmes, *sous la réserve de l'usufruit.*

Cette sorte d'aliénation n'est point, par elle-même, une aliénation à fonds perdu, mais rien n'empêche, évidemment, qu'elle ne soit à la fois à fonds perdu et avec réserve d'usufruit ; c'est ce qui aurait lieu si la nue propriété était aliénée, moyennant constitution d'une rente viagère.

Au surplus, sous l'empire de la législation napoléonienne, qui étend en ce point l'art. 26 de la loi de nivôse, la double présomption de donation et de préciput s'attache à toutes les aliénations faites avec réserve d'usufruit, *qu'elles soient ou non à fonds perdu* (1).

*Cette même présomption est-elle applicable dans le cas d'aliénation à charge de rente viagère, lorsque la rente viagère doit être servie à une autre personne que l'aliénateur ?*

Cette question, fort controversée, doit être résolue par la *négative*, car toute présomption est *strictissimæ interpretationis* (2).

*Dans le cas où l'aliénation a été faite moyennant tout à la fois un prix fixé en capital et une rente viagère, il semble logique de décomposer l'opération en deux éléments :*

*D'une part*, en ce qui concerne la portion des biens aliénés dont le prix est représenté par la rente viagère, l'art. 918 s'appliquera ;

*D'autre part*, en ce qui concerne la portion des biens aliénés, dont le prix est représenté par un capital, le droit commun reparaîtra, c'est-à-

---

(1) M. Valette, à son cours. — M. Vernet, p. 434. — M. Demolombe, t. XIX, p. 529.

(2) M. Vernet. — En sens contraire, M. Demante, t. IV, n° 56 *bis*, IV. — M. Demolombe, t. XIX, p. 531.

Nous sommes dans une matière où le droit individuel a été constamment méconnu ; il y a toutes raisons de ne pas aggraver bénévolement cette partie de la législation.

dire que l'on examinera seulement en fait, comme pour tous les autres contrats à titre onéreux, passés entre le défunt et l'un de ses successibles, si l'acte est ou non sincère (1).

2° Qualité des parties.

A la différence de l'art. 26 de la loi de nivôse, qui comprenait *tous les héritiers présomptifs ou leurs descendants*, l'art. 918 ne s'applique qu'*aux seuls successibles en ligne directe, leurs descendants non compris.*

Du reste, le mot *successible* signifie ici *héritier au jour du décès de l'aliénateur* (2).

2° EFFETS DE LA PRÉSOMPTION ÉTABLIE PAR L'ART. 918.

Comme nous l'avons déjà indiqué, cette présomption est *double.*

*D'une part*, le législateur napoléonien annule l'acte en tant que contrat à titre onéreux, en *présumant* qu'il cache une donation ;

*D'autre part*, il *présume* que cette donation est préciputaire; en d'autres termes, il déclare « qu'elle sera imputée sur la portion disponible ».

« L'excédant, s'il y en a, ajoute le texte, *sera rapporté* à la masse. »

Nous avons déjà indiqué la difficulté à laquelle donne lieu l'expression *sera rapporté* (V. *supra*).

Comme il s'agit ici d'un cas où la loi, sur le fondement d'une présomption, annule un acte, on doit décider que la preuve contraire n'est pas admissible (art. 1352) (3).

3° MOYEN QUE LES PARTIES PEUVENT EMPLOYER POUR SE SOUSTRAIRE A LA PRÉSOMPTION ÉTABLIE PAR L'ART. 918.

A l'imitation de l'art. 26 de la loi de nivôse, l'art. 918 fournit aux successibles en ligne directe un moyen d'éviter l'application de la présomption qu'il édicte.

*Les aliénations, définies plus haut, seront réputées sincères, toutes les*

---

(1) M. Demolombe, t. XIX, p. 355. — En sens contraire, M. Valette, à son cours. — MM. Zachariæ, Aubry et Rau, t. V, p. 571. — M. Vernet, p. 437. Ces auteurs enseignent que l'art. 918 sera applicable tout entier, mais que l'acquéreur aura le droit de se faire rembourser le capital, s'il justifie qu'il l'a réellement déboursé.

(2) M. Demante, t. IV, n° 56 *bis*, VI. — M. Valette, à son cours. — M. Vernet, p. 436. — M. Demolombe, t. XIX, p. 547.

(3) M. Demante, t. IV, n° 56 *bis*, VIII. — MM. Zachariæ, Aubry et Rau, t. V, p. 571. — M. Vernet, p. 431. — M. Demolombe, t. XIX, p. 550.

*fois que les autres successibles en ligne directe, c'est-à-dire les personnes dont elles pourraient compromettre le droit de réserve, y auront consenti.*

*Le consentement donné par ceux qui sont successibles au moment de l'aliénation rend-elle non recevable la demande de ceux qui le deviendraient ultérieurement et qui seraient successibles de leur chef au jour de l'ouverture de la succession ?*

Ce point est discuté; la *négative* est la solution la moins improbable, car elle s'appuie sur le texte (1).

Notons que les mots « ni dans aucun cas par les successibles en ligne collatérale » sont dénués de sens; car les collatéraux n'ayant plus de réserve, il est clair qu'ils ne pourront jamais demander ni l'imputation, ni la réduction (2).

**919.** — La quotité disponible pourra être donnée en tout ou en partie, soit par acte entre-vifs, soit par testament, aux enfants ou autres successibles du donateur, sans être sujette au rapport par le donataire ou le légataire venant à la succession, pourvu que la disposition ait été faite expressément à titre de préciput ou hors part. — La déclaration que le don ou le legs est à titre de préciput ou hors part pourra être faite, soit par l'acte qui contiendra la disposition, soit postérieurement dans la forme des dispositions entre-vifs ou testamentaires.

Cet article a pour but de déclarer qu'à la différence du Code de la Convention et de la loi de nivôse, la codification napoléonienne autorise les dons ou legs faits avec clause de préciput au profit de l'un des successibles.

L'article exige que la dispense de rapport soit *expresse :* il permet, toutefois, au disposant de l'écrire, *soit dans l'acte qui contient la libéralité, soit dans un acte postérieur revêtu des formes de la donation entre-vifs ou du testament.*

## SECTION II

### DE LA RÉDUCTION DES DONATIONS ET LEGS.

**920.** — Les dispositions soit entre-vifs, soit à cause de mort, qui excéderont la quotité disponible, seront réductibles à cette quotité lors de l'ouverture de la succession.

---

(1) M. Valette, à son cours. — MM. Zachariæ, Aubry et Rau, t. V, p. 572. — M. Vernet, p. 441. — M. Demolombe, t. XIX, p. 557.

(2) Dans le cas de l'art. 918, qu'a produit la manie de réglementer et d'établir des présomptions ?

Elle a produit un texte dont personne n'est en état de mesurer la portée d'application, des procès sans cesse renouvelés, et, ce qui est beaucoup plus grave, un nouvel échec à l'idée que le droit n'est pas une règle de tutelle, mais un principe de liberté.

*L'action en réduction, dite aussi autrefois action en retranchement, est celle qui appartient aux héritiers réservataires pour faire déclarer inefficace, en tant qu'elles portent atteinte à la réserve, les dispositions à titre gratuit procédant du* de cujus.

L'action en réduction étant la sanction du droit de réserve, il est tout simple qu'elle ne puisse être intentée qu'à l'époque où s'ouvre ce droit, c'est-à-dire au décès du disposant (1).

Pour mettre quelque méthode dans l'exposition de cette matière, nous examinerons :

1° *Quelles sont les personnes qui peuvent intenter l'action en réduction ;*

2° *Quel est le mode à suivre pour apprécier s'il y a ou non lieu à réduction ; en d'autres termes, pour faire le calcul du disponible et de la réserve ;*

3° *Dans quel ordre s'exerce l'action en réduction contre les deux sortes de dispositions à titre gratuit ;*

4° *De quelle manière s'opère la réduction ;*

5° *Quels sont les effets de l'action en réduction ;*

6° *Par quelles fins de non-recevoir la réduction peut être repoussée.*

### 1° PERSONNES QUI PEUVENT INTENTER L'ACTION EN RÉDUCTION.

**921.** — La réduction des dispositions entre-vifs ne pourra être demandée que par ceux au profit desquels la loi fait la réserve, par leurs héritiers ou ayants cause : les donataires, les légataires, ni les créanciers du défunt, ne pourront demander cette réduction, ni en profiter.

Peuvent intenter l'action en réduction *non-seulement contre les dispositions entre-vifs*, comme l'exprime le texte, *mais aussi contre les dispositions testamentaires :*

1° Les héritiers réservataires.

Il faut d'ailleurs remarquer que, bien qu'on ne puisse être réservataire sans se porter héritier, les héritiers réservataires, en tant qu'ils exercent l'action en réduction, agissent de leur chef, et non du chef du défunt.

2° Les ayants cause des héritiers réservataires, c'est-à-dire les héritiers légitimes, les successeurs irréguliers, les cessionnaires, les donataires ou légataires, enfin les créanciers personnels des réservataires (art. 2092, 2093 et 1166).

L'article ajoute que :

« Les donataires, les légataires, ni les créanciers du défunt ne peuven demander la réduction, ni en profiter ».

(1) Voyez cependant *Manuel de droit civil*, t. III, titre IV, *Des absents.*

Voyons séparément :

1° *Le cas des donataires et des légataires ;*

2° *Le cas des créanciers.*

*En ce qui concerne d'abord les donataires et les légataires*, l'embarras des interprètes a été considérable ; les donataires et les légataires du défunt sont, en effet, les ayants cause du défunt ; or, il est bien évident que ce dernier n'avait pas l'action en réduction contre ses propres dispositions, et il serait en vérité par trop étrange que ceux mêmes qui sont passibles de cette action soient fondés à l'intenter.

Cependant, comme d'après la méthode des légistes, il faut que les textes aient raison, même lorsqu'ils ne présentent aucun sens, voici l'explication qu'on a donnée :

Cette partie de l'article est utile pour faire entendre que les donataires et les légataires, sujets à réduction et poursuivis par les héritiers à réserve, ne pourront jamais les renvoyer à demander préalablement la réduction de dispositions qui, suivant les règles ordinaires, ne sont réductibles qu'après celles qu'ils ont eux-mêmes reçues, et qui se trouvent devoir être réduites, parce qu'à l'égard de ceux qui en ont bénéficié, la portion disponible était plus restreinte que celle du droit commun (articles 908, 1094, 1098) (1).

Pour éclaircir cette explication, il y a certainement lieu à une espèce.

Un homme, qui a un enfant d'un premier mariage, se remarie et donne à sa seconde femme 50 000 francs.

Postérieurement, il donne à un étranger 25 000 francs.

Enfin il meurt, laissant dans sa succession 25 000 francs.

D'après l'art. 1098, la seconde femme ne pouvait recevoir que le quart des biens de son mari.

D'après l'art. 913, l'étranger eût pu recevoir la moitié des mêmes biens.

Généralisée, la question est donc de savoir si le donataire qui pouvait recevoir la quotité la plus forte est fondé à renvoyer l'héritier à réserve contre le donataire qui ne pouvait recevoir que la quotité la plus faible, dans le cas où celui-ci, quoique antérieur à lui, a reçu au delà de ce qu'il pouvait recevoir.

Les partisans de *l'explication* répondent *négativement ;* mais il est clair que, dans l'espèce, le second donataire qui renvoie le réservataire contre le premier, ne cherche à conserver que ce dont le défunt a valablement disposé en sa faveur, et que, par conséquent, sa prétention est aussi légale qu'elle est rationnelle.

Concluons donc que la désignation des donataires et des légataires

---

(1) Toullier, t. V, n° 883. — Grenier, *Des donations*, t. II, n° 707.

dans l'art. 921 n'a pas le sens que nous venons de réfuter, et qu'une fois de plus, les compilateurs napoléoniens ont sommeillé en inscrivant le nom des donataires et des légataires dans ce même article (1).

*En ce qui concerne les créanciers du défunt*, la mention finale qu'en fait le texte est beaucoup moins simple.

Depuis Dumoulin jusqu'à Pothier, en passant par Guy Coquille, par Ricard et par Lebrun, les légistes se sont évertués à prouver qu'il n'y a pas contradiction à professer que le légitimaire n'exerce l'action en retranchement qu'en sa qualité d'héritier, et à refuser en même temps aux créanciers du défunt le droit de se faire payer sur la portion retranchée.

On assure toutefois que Pothier a trouvé le mot de l'énigme (2), que la portion retranchée n'est pas *de la succession*, bien que l'héritier n'ait pu obtenir le retranchement *qu'en sa qualité d'héritier*, et que, finalement, il tient son droit de la *loi*; or, évidemment, la loi qui a pu lui concéder ce droit a bien pu ne le concéder qu'à lui seul (3).

Cette explication est mauvaise, car aucun droit ne dérive de la volonté arbitraire de la loi, et si la réserve n'a d'autre base que cette volonté, c'est là à coup sûr l'irrévocable condamnation de la réserve.

Ce qu'il y a tout au plus d'exact dans la prétendue conciliation présentée par Pothier, c'est que la réserve procède d'origine de la copropriété familiale, et qu'à ce point de vue il pouvait être juste de sauvegarder les enfants contre les abus de l'administration du père de famille (4).

---

(1) M. Demante, t. IV, n° 59 *bis*, III et IV. — MM. Zachariæ, Aubry et Rau, t. V, p. 577, texte et note 3. — M. Vernet, p. 469. — M. Demolombe, t. XIX, p. 290 et suiv.

Nous n'eussions assurément pas pris la peine d'insister sur ce casus, si certains professeurs ne le trouvaient fort satisfaisant.

(2) M. Vernet, p. 464. — M. Demolombe, t. XIX, p. 29 et 298.

(3) Le passage est assez curieux pour que nous le citions textuellement :

« On peut dire que ces choses retranchées ne sont pas de la succession, puisque le donateur s'en était dessaisi de son vivant ; qu'encore bien que le droit qu'a l'héritier d'obtenir ce retranchement fût attaché à sa qualité d'héritier, néanmoins, ce n'est pas un droit qu'il tienne du défunt et auquel il ait succédé au défunt, puisque le défunt ne l'a jamais eu ; il ne le tient donc pas du défunt ni de la succession, mais de la loi. Ces choses retranchées ne font donc pas partie de la succession. » (*Traité des donations entre-vifs*, sect. III, art. 6, § 3, *in fine.*)

(4) Cela pouvait être juste, lorsqu'il existait encore une *copropriété familiale* ; cela est profondément injuste, depuis que la propriété est devenue *individuelle*.

Il est vrai que l'on oppose aux créanciers du défunt l'espèce de dilemme suivant :

Sont-ils postérieurs à la donation, ils n'ont pas pu compter sur les biens donnés qui étaient déjà sortis du patrimoine de leur débiteur au moment où ils ont contracté avec lui;

Sont-ils antérieurs à la donation, ils pourront la faire annuler pour cause de

*Notons, d'ailleurs, que toutes les fois que les héritiers réservataires acceptent la succession purement et simplement, les créanciers du défunt deviennent eux-mêmes les créanciers personnels de ces héritiers, et qu'ils peuvent, à ce titre, intenter l'action en réduction.*

L'art. 921 n'exclut donc finalement les créanciers du défunt *que dans le cas d'acceptation bénéficiaire* (Comparer, art. 857, v. *supra*).

Remarquons, en outre, que cette exclusion n'a point trait aux *legs*, car les legs ne sont payés que sur ce qui reste des biens du disposant, après l'acquittement de ses dettes.

### 2° MODE A SUIVRE POUR APPRÉCIER S'IL Y A OU NON LIEU A RÉDUCTION, EN D'AUTRES TERMES, POUR FAIRE LE CALCUL DU DISPONIBLE ET DE LA RÉSERVE.

**922.** — La réduction se détermine en formant une masse de tous les biens existants au décès du donateur ou testateur. On y réunit fictivement ceux dont il a été disposé par donation entre-vifs, d'après leur état à l'époque des donations et leur valeur au temps du décès du donateur. On calcule, sur tous ces biens, après en avoir déduit les dettes, qu'elle est, eu égard à la qualité des héritiers qu'il laisse, la quotité dont il a pu disposer.

La formule de cet important article présente de prime abord une erreur ; le procédé qu'il indique pour former la masse sur laquelle doivent être calculées la quotité disponible et la réserve est défectueux, lorsque le passif dépasse l'actif laissé par le *de cujus*.

Ce procédé consiste, en effet, dans *quatre* opérations dont l'ordre serait le suivant :

1° *Estimation de l'ensemble des biens existants au jour du décès ;*

2° *Estimation des biens donnés et addition de cette seconde estimation à la précédente ;*

3° *Déduction des dettes sur le montant de l'estimation totale ;*

4° *Calcul du disponible et de la réserve sur l'actif net.*

Pour rendre manifeste le vice que renferme cette série, prenons une espèce :

Une personne qui a un enfant laisse à son décès 50 000 francs de biens et 100 000 francs de dettes ; elle a, de plus, donné entre-vifs 50 000 francs.

---

fraude, d'incapacité, de vice de forme, ou exercer leur droit de suite, s'ils ont une hypothèque.

En dehors de cette alternative, on ne leur nuit pas, et, en y regardant de près, c'est eux-mêmes qui pourraient bien se trouver en faute ; n'ont ils pas omis de demander des sûretés réelles ?

Ce raisonnement n'a qu'un tort, celui de ne pas expliquer comment il serait juste que le réservataire, grâce à l'art. 921, trouvât le moyen de rouler carrosse, tandis que, grâce au même article, le créancier de monsieur son père continuerait d'aller a pied.

Paye-t-on d'une manière effective les 100 000 francs dus aux créanciers, tout à la fois sur les biens donnés (50 000 francs) et sur les biens laissés par le *de cujus* (50 000 francs), c'est, outre la violation de l'art. 921, l'anéantissement de la réserve ;

Ne paye-t-on les 100 000 francs dus aux créanciers que sur les biens laissés par le *de cujus*, tout en faisant, d'ailleurs, porter d'une manière fictive la déduction de ces 100 000 francs sur les biens donnés, c'est l'anéantissement de la quotité disponible.

Et si l'enfant a eu soin de n'accepter que sous bénéfice d'inventaire, il profitera bien réellement de tout le disponible !

*Afin de mettre le procédé, indiqué par l'art.* 922, *en rapport avec l'art.* 921, *et avec la pensée probable des compilateurs napoléoniens* (1), *il suffit d'intervertir l'ordre de la deuxième et de la troisième opération; on ne fera ainsi porter la déduction comme le payement des dettes que sur les biens existants, et, si les dettes excèdent ces biens, ce sera tant pis pour les créanciers; la réserve ne s'en calculera pas moins sur l'intégralité des biens donnés* (2).

Voyons une à une les *quatre* opérations auxquelles l'article fait allusion; nous en modifions, du reste, l'ordre, selon ce qui vient d'être dit.

### 1° ESTIMATION DE L'ENSEMBLE DES BIENS EXISTANTS AU JOUR DU DÉCÈS.

Dans les biens existants on comprend sans difficulté :

Tous les biens laissés par le défunt, meubles ou immeubles corporels ou incorporels, le défunt eût-il disposé par testament de quelques-uns ou de tous;

Les dettes dont les héritiers à réserve sont eux-mêmes débiteurs envers la succession, car la confusion n'éteint pas l'obligation ; elle ne fait que la paralyser d'une manière relative.

On rejette :

Les mauvaises créances;

Les créances douteuses ou conditionnelles, sauf répartition ultérieure, s'il y a lieu, entre la quotité disponible et la réserve, et, sauf aussi le droit qu'ont les donataires et les légataires de faire comprendre immédiatement ces créances dans la masse, en fournissant caution pour la rentrée à l'échéance.

On estime, d'ailleurs, les biens existants *d'après leur état et leur va-*

---

(1) Dans l'Exposé des motifs, M. Bigot de Préameneu disait en termes qui ne brillent pas par la clarté : « La faculté de disposer ne se calcule pas seulement sur les biens qui restent après les dettes payées ; il faut ajouter à ces biens ceux que la personne décédée a donnés entre-vifs ».

(2) M. Demante, t. IV, n° 60 *bis*, IV. — MM. Zachariæ, Aubry et Rau, t. V, p. 561, texte et note 2. — M. Vernet, p. 419. — M. Demolombe, t. XIX, p. 414.

*leur au jour du décès, sans tenir compte des changements survenus depuis cette époque* (1).

### 2° DÉDUCTION DES DETTES SUR LE MONTANT DE L'ESTIMATION DES BIENS EXISTANTS.

A l'égard des créances appartenant aux héritiers à réserve contre le défunt, on les comprend dans le passif par la même raison que l'on comprend dans l'actif les dettes de ces héritiers envers le défunt.

A l'égard des dettes litigieuses ou conditionnelles, on professe, en général, qu'on doit en faire la déduction provisoire (2).

### 3° ESTIMATION DES BIENS DONNÉS ET ADDITION DE CETTE SECONDE ESTIMATION AU RELIQUAT DE CELLE DES BIENS EXISTANTS, DÉDUCTION FAITE DES DETTES.

L'art. 922 porte que les biens donnés doivent être estimés « d'après leur état à l'époque des donations, et leur valeur au temps du décès du donateur ».

Cette mauvaise formule signifie que les biens donnés doivent être estimés *d'après leur valeur au temps du décès du donateur, abstraction faite des changements* (améliorations ou détériorations), *procédant du fait du donataire.*

En d'autres termes, ce qu'ont voulu les compilateurs napoléoniens, *c'est que les biens donnés fussent estimés pour la valeur qu'ils auraient eue s'ils n'étaient pas sortis du patrimoine du donateur.*

Le mot vague *d'état* désigne ici *la manière d'être matérielle du bien;* ce sens admis, les rédacteurs ont dû penser que tout changement, qui affecte la manière d'être matérielle du bien, procède nécessairement du fait du donataire, et qu'à l'inverse, tout changement, qui en affecte la valeur, procède non moins nécessairement d'un fait indépendant du donataire.

De là, l'antithèse *entre l'état des biens à l'époque de la donation et leur valeur au temps du décès du donateur.*

Dans cette proposition, outre l'erreur de langage, il y a une erreur d'idée ; ainsi, par exemple, une alluvion améliore l'immeuble donné ou un ensablement le détériore entre les mains du donataire ; dans les deux cas, le changement procède d'une cause naturelle, et cependant il y aura lieu d'en tenir compte si l'on veut estimer le bien pour la valeur qu'il aurait eue, s'il n'avait pas cessé d'être la propriété du donateur (3).

---

(1) M. Demolombe, t. XIX, p. 318 et suiv.

(2) M. Demolombe, t. XIX, p. 411.

(3) MM. Zachariæ, Aubry et Rau, t. V, p. 567, texte et note 2. — M. Vernet, p. 425. — M. Demolombe, t. XIX, p. 393.

La section étant muette sur le règlement des indemnités auxquelles le donataire ou la succession peut avoir droit, il est rationnel d'appliquer ici les dispositions qui ont le même objet, dans la matière des rapports (V. *supra*, p. 312 et 314).

Remarquons enfin que la règle, relative à l'estimation des biens donnés, concerne les *meubles*, comme les *immeubles;* d'où, la conséquence que l'héritier soumis à la réduction, à la différence de l'héritier soumis au rapport, bénéficie des améliorations ou souffre des détériorations qui augmentent ou diminuent la valeur des meubles dans l'intervalle de la donation au décès (1).

Voici maintenant une question qu'a suscitée le mouvement contemporain et qui, à elle seule, est de nature à dérouter toutes les anciennes théories.

*Lorsque le* de cujus *a fait en faveur d'un de ses héritiers réservataires ou d'un tiers une assurance sur la vie, le montant de la somme assurée ou au moins celui des primes payées par le* de cujus *doit-il entrer dans le calcul de la réserve?*

Il est d'abord évident que *le montant de la somme assurée* se trouve en dehors du calcul; la somme assurée n'a jamais fait partie du patrimoine du *de cujus;* en ce qui concerne cette somme, il n'y a pas donc plus lieu d'appliquer la règle de la *réduction* qu'il n'y aurait lieu d'appliquer celle du *rapport.*

*A l'égard des primes annuelles payées par le* de cujus, il sera extrêmement rare qu'elles aient été prises sur les *capitaux.*

*Que doit-on décider lorsqu'elles ont été prises sur les revenus?*

Au point de vue du *rapport*, la décision est à peine douteuse; *l'obligation du rapport ne s'applique pas aux primes ainsi acquittées;* c'est ce qui résulte, par un très-concluant argument à simili, des motifs sur lesquels on fonde la décision de l'art. 852.

Au point de vue de la *réduction*, la solution est incontestable; *on ne saurait comprendre dans les termes de la règle posée par l'art.* 922 *les donations faites sur les revenus* (2).

---

(1) MM. Zachariæ, Aubry et Rau, t. V, p. 568, texte et note 5. — M. Vernet, p. 452. — M. Demolombe, t. XIX, p. 401.

(2) Comparer M. de Cacqueray, *Revue pratique*, t. XVI.

Nous nous sommes, bien entendu, placés en dehors de l'hypothèse où le souscripteur de la police aurait stipulé pour lui-même et transmis ensuite, à titre gratuit, sa créance à un de ses héritiers réservataires ou à un tiers.

Dans ce cas, en effet, le montant de la somme assurée étant entré dans le patrimoine du défunt, il y aurait lieu de le faire figurer pour le calcul de la quotité disponible et de la réserve parmi les biens existants.

La question du rapport devrait être alors tranchée d'une manière corrélative.

L'assurance sur la vie est dès à présent fort répandue en Angleterre, et elle est destinée à prendre en France et en tous pays un essor considérable lorsque

### 4° CALCUL DU DISPONIBLE ET DE LA RÉSERVE SUR L'ACTIF NET.

Ce calcul se fait *eu égard au nombre et à la qualité des héritiers réservataires.*

On impute sur la quotité disponible :

1° *Tous les biens donnés ou légués à des étrangers ;*

2° *Tous les biens donnés ou légués à des successibles renonçants, sans distinguer si la donation ou le legs leur a été fait avec ou sans dispense de rapport ;*

3° *Tous les biens donnés ou légués avec dispense de rapport à l'un des successibles acceptant la succession.*

On impute sur la réserve :

*Tous les biens donnés ou légués sans dispense de rapport à un héritier acceptant.*

Lorsque la somme totale des dispositions imputables sur la quotité disponible dépasse cette quotité, c'est alors le cas pour les héritiers réservataires d'exercer l'action en réduction (1).

---

les individus seront en général arrivés à se rendre compte de la puissance du principe d'association et de toutes les variétés d'application que ce principe comporte.

L'assurance sur la vie consiste essentiellement dans l'idée et dans la combinaison suivantes.

L'être humain, en tant que susceptible de donner de l'utilité aux choses par l'usage de ses facultés, peut être considéré comme un véritable capital, mais ce capital est, d'ailleurs, de nature à disparaître par une cause tout éventuelle, c'est-à-dire par la mort.

En conséquence, moyennant une prime annuelle, calculée d'après les tables de mortalité, une société s'oblige à payer, lors du décès de l'assuré, soit au profit de l'assuré lui-même, soit à celui d'une personne désignée, un capital fixe.

Cette combinaison, qui repose tout entière sur la capitalisation des intérêts, est l'une des plus propres à encourager l'épargne, à développer le système du crédit personnel, à moraliser l'individu, en le mettant à même, dans certaines situations, d'accomplir le devoir que sa conscience lui dicte.

Mais, pour produire ces résultats, il faut que l'assurance devienne une institution démocratique, c'est-à-dire qu'elle échappe d'abord à l'inintelligence et à l'esprit de lucre des grandes compagnies financières.

(V. Horace Say, *Dictionnaire de l'Économie politique*, au mot Assurances, et surtout Théodore Fix, *Des Assurances sur la vie humaine*, *Annuaire de l'Économie politique de* 1845, librairie Guillaumin).

(1) M. Valette, à son cours. — M. Vernet, p. 462, et *Revue pratique*, t. XI et XII. — M. Demolombe, t. XIX, p. 509.

Comparer MM. Zachariæ, Aubry et Rau, t. V, p. 575. — M. Labbé, *Revue pratique*, t. XI.

### 3° ORDRE DANS LEQUEL S'EXERCE L'ACTION EN RÉDUCTION CONTRE LES DEUX SORTES DE DISPOSITIONS A TITRE GRATUIT.

**923.** — Il n'y aura jamais lieu à réduire les donations entre-vifs qu'après avoir épuisé la valeur de tous les biens compris dans les dispositions testamentaires ; et lorsqu'il y aura lieu à cette réduction, elle se fera en commençant par la dernière donation, et ainsi de suite en remontant des dernières aux plus anciennes.

**925.** — Lorsque la valeur des donations entre-vifs excédera ou égalera la quotité disponible, toutes les dispositions testamentaires seront caduques.

**926.** — Lorsque les dispositions testamentaires excéderont, soit la quotité disponible, soit la portion de cette quotité qui resterait après avoir déduit la valeur des donations entre-vifs, la réduction sera faite au marc le franc, sans aucune distinction entre les legs universels et les legs particuliers.

**927.** — Néanmoins, dans tous les cas où le testateur aura expressément déclaré qu'il entend que tel legs soit acquitté de préférence aux autres, cette préférence aura lieu, et le legs qui en sera l'objet ne sera réduit qu'autant que la valeur des autres ne remplirait pas la réserve légale.

Il résulte de ces quatre articles que l'action en réduction s'exerce :

*En premier lieu, contre les dispositions testamentaires ;*

*En second lieu, contre les donations entre-vifs.*

#### 1° RÉDUCTION DES DISPOSITIONS TESTAMENTAIRES.

Les dispositions testamentaires sont toujours réductibles *avant* les donations entre-vifs :

1° Parce que le droit des légataires est toujours postérieur à celui des donataires ;

2° Parce que les donations entre-vifs sont irrévocables (art. 923).

De là il résulte que, dans le cas où la valeur des donations entre-vifs *excède* ou *égale* la quotité disponible, toutes les dispositions testamentaires doivent être *caduques* (art. 925).

Lorsqu'il y a lieu à la réduction *partielle* des dispositions testamentaires, cette réduction se fait *au marc le franc* sans aucune distinction entre les legs universels, les legs à titre universel et les legs particuliers, soit de quantités, soit de corps certains (art. 926).

En ce qui concerne ce dernier point, les anciens légistes enseignaient, au contraire, que le retranchement devait d'abord porter exclusivement sur les legs universels et n'atteindre que subsidiairement les legs à titre particulier.

Du reste, dans l'ancien droit, comme aujourd'hui, on expliquait la règle admise en invoquant la volonté présumée du *de cujus* (1).

(1) Pothier, *Des donations entre-vifs*, sect. III, art. 5, § 5. — Ricard, 3e partie, n° IV. — Lebrun, liv. II, chap. III, sect. VIII, n° 2. — M. Vernet, p. 472. — M. Demolombe, t. XIX, p. 572.

*Comment opère-t-on la réduction au marc le franc entre un legs universel et un legs particulier ?*

Voici la manière de procéder :

*On supprime d'abord, par la pensée, l'héritier réservataire ; on se demande ce que chaque légataire recueillerait si l'héritier réservataire n'existait pas ; puis, on impute la réserve proportionnellement sur chaque legs.*

Soit, par exemple, un testateur ayant un enfant, et laissant une succession de 100 000 francs, un légataire universel et un légataire particulier pour 20 000 francs.

S'il n'existait pas de réservataire, le légataire universel recueillerait les 100 000 francs qui composent l'actif et payerait sur ces 100 000 francs le legs particulier de 20 000 francs.

En imputant la réserve, qui, dans l'espèce, est de 50 000 francs, proportionnellement sur chaque legs, le légataire universel se trouvera réduit à 50 000 francs et le légataire particulier à 10 000 francs.

Finalement, le légataire universel n'obtiendra que 40 000 francs.

Reste une difficulté : l'art. 1009, *in fine*, prévoit, comme l'art. 926, l'hypothèse du concours entre un légataire universel, grevé de legs particuliers, et un héritier réservataire ; or, cet article semble poser, *comme exception*, le cas de réduction que l'art. 926 pose, *comme principe*.

*A quoi tient cette différence de formules ?*

Fidèles au précepte qui veut que la loi ait toujours raison, tant qu'elle existe, les interprètes n'ont pas imaginé moins de *trois systèmes* pour concilier l'art. 1009 avec l'art. 926 (V. *infra*, art. 1009).

Nous pensons, pour notre part, que l'art. 1009 contient un ressouvenir de l'ancien droit et un lapsus du législateur napoléonien.

Il va assurément de soi *que le testateur a le droit de déclarer que tel ou tel legs devra être réduit avant les autres*, mais l'art. 927 exige que cette déclaration soit *expresse* (1).

### 2° RÉDUCTION DES DONATIONS ENTRE-VIFS.

L'art. 923 déclare que, lorsqu'il y a lieu de réduire les donations entre-vifs, *on doit commencer par la dernière, et ainsi de suite, en remontant des plus récentes aux plus anciennes.*

Cet ordre repose sur deux raisons :

1° Ce sont les dernières donations qui ont entamé la réserve ;

2° Le donateur eût pu aisément contrevenir à la règle de l'irrévoca-

(1) M. Vernet, p. 478. — M. Demolombe, t. XIX, 583.

bilité des donations entre-vifs, si, à l'instar des legs, les donations entre-vifs eussent été soumises à une réduction proportionnelle.

Comme les donations ordinaires, *les institutions contractuelles et les donations de biens présents faites entre époux durant le mariage, doivent, d'ailleurs aussi, être réduites à leur date* (V. *infra*, ch. XVIII et IX du présent titre).

*Lorsque l'un ou plusieurs des donataires soumis à la réduction se trouvent insolvables au moment du décès du disposant, par qui doit être supportée cette insolvabilité?*

C'était là une thèse fort controversée dans l'ancien droit et qui ne l'est pas moins dans le nouveau.

TROIS SYSTÈMES.

1er SYSTÈME (1). — *La perte résultant de l'insolvabilité du dernier donataire doit être exclusivement supportée par les donataires antérieurs.*

L'argument de ce système consiste à dire qu'aux termes de l'art. 923, la réduction doit se faire en commençant par la dernière donation, et ainsi de suite, en remontant des dernières aux plus anciennes;

Or, ajoute-t-on, cette formule est aussi générale que possible.

2e SYSTÈME (2). — *La perte résultant de l'insolvabilité du dernier donataire doit être à la fois supportée proportionnellement par les donataires antérieurs et par le réservataire.*

L'argument de ce système consiste à soutenir, conformément à un passage de Pothier, que le donataire ayant dissipé les biens, c'est, par rapport à la réserve, la même chose que si le défunt qui les lui a donnés les eût dissipés lui-même.

D'où l'on conclut que la perte doit retomber sur la succession tout entière.

3e SYSTÈME (3). — *La perte résultant de l'insolvabilité du dernier donataire doit être exclusivement supportée par le réservataire.*

L'argument de ce système est fondé sur ce que les biens donnés doivent être estimés d'après leur valeur au temps du décès du disposant, abstraction faite des détériorations comme des améliorations procédant du fait du donataire (art. 922).

Cet argument nous paraît décisif.

---

(1) Lebrun, *Des successions*, liv. II, chap. III, sect. VIII, n° 25. — MM. Zachariæ, Aubry et Rau, t. V, p. 566, texte et note 12, p. 583; texte et note. — M. Vernet, p. 262.

(2) Pothier, *Donations entre-vifs*, sect. III, art. 5, § 5.— M. Demante, t. IV, n° 61 *bis*, II. — M. Duverger, à son cours. — M. Demolombe, t. XIX, p. 615.

(3) M. Valette, à son cours.

### 4° MANIÈRE DONT S'OPÈRE LA RÉDUCTION.

**924.** — Si la donation entre-vifs réductible a été faite à l'un des successsibles, il pourra retenir, sur les biens donnés, la valeur de la portion qui lui appartiendrait, comme héritier, dans les biens non disponibles, s'ils sont de la même nature.

La règle est que la réduction se fait *en nature.*

On en donne pour motif que la réserve est une partie de la succession, et que, par conséquent, les héritiers réservataires ne peuvent être tenus de se contenter de la valeur estimative des biens réservés.

Cette façon de raisonner ne tient compte :

*Ni du principe de la liberté de la propriété ;*

*Ni de l'intérêt économique* (V. *supra*, p. 308, note 3).

Quoi qu'il en soit, il existe *certaines exceptions* à la règle que la réduction se fait en nature.

Il faut ranger parmi ces exceptions :

1° *Le cas où l'héritier réservataire, donataire d'un immeuble avec clause de préciput, retient sur les biens donnés une valeur égale à celle de sa réserve, lorsqu'il existe dans la succession des biens de même nature que ceux qu'il a reçus* (art. 866, V. *supra*) ;

2° *Le cas où l'héritier réservataire, donataire d'un immeuble avec clause de préciput, retient cet immeuble en totalité, lorsque le retranchement que sa donation doit subir ne peut s'opérer commodément en nature, et que la quotité qu'il a le droit de conserver excède la moitié de la valeur de l'immeuble* (art. 866, V. *supra*) ;

3° *Le cas où la donation consiste en choses fongibles ;*

4° *Le cas où le donataire a aliéné les biens qui lui ont été donnés* (art. 930, V. *infra*) ;

5° *Le cas où les biens donnés ont péri par la faute du donataire.*

Certains auteurs font découler le premier cas de la disposition de l'art. 924; mais, tel est le manque de précision de ce texte que d'autres auteurs, au contraire, y voient une formule qui se rapporterait à l'héritier *renonçant* et qui accorderait à ce dernier *le droit de retenir sa réserve par voie d'exception,* c'est-à-dire *de cumuler le disponible et la réserve* (V. *supra*, p. 418).

Nous pensons que les interprètes du Code Napoléon n'ont nul besoin de l'équivoque secours de l'art. 924 pour justifier la première exception à la règle que la réduction s'opère en nature ; à défaut du sens commun, l'art. 866 y suffit (1).

(1) Comparer MM. Zachariæ, Aubry et Rau, t. V, p. 580. — M. Vernet, p. 487. — M. Demolombe, t. XIX, p. 607.

Veut-on un spécimen de l'esprit byzantinien qui possède la doctrine juri-

Remarquons que, *dans les cas sus-indiqués*, la réduction s'opère tantôt *en moins prenant*, tantôt *au moyen d'un équivalent pécuniaire:*

En *moins prenant*, lorsque le donataire est un héritier réservataire et que la donation n'excède pas ce que cet héritier a pu recevoir du *de cujus*, y compris sa part de réserve ;

Au *moyen d'un équivalent pécuniaire*, lorsque le donataire est un tiers, ou même lorsque le donataire est un héritier réservataire, mais que la donation excède ce que cet héritier a pu recevoir du *de cujus*, y compris sa part de réserve.

### 5° EFFETS DE L'ACTION EN RÉDUCTION.

**928.** — Le donataire restituera les fruits de ce qui excédera la portion disponible, à compter du jour du décès du donateur, si la demande en réduction a été faite dans l'année; sinon, du jour de la demande.

**929.** — Les immeubles à recouvrer par l'effet de la réduction, le seront sans charge de dettes ou hypothèques créées par le donataire.

**930.** — L'action en réduction ou revendication pourra être exercée par les héritiers contre les tiers détenteurs des immeubles faisant partie des donations et aliénés par les donataires, de la même manière et dans le même ordre que contre les donataires eux-mêmes, et discussion préalablement faite de leurs biens. Cette action devra être exercée suivant l'ordre des aliénations, en commençant par la plus récente.

Les effets généraux de l'action en réduction peuvent être aisément déduits de ce qui précède.

La législation napoléonienne s'explique ici sur *trois points* qui concernent :

1° *Les fruits et intérêts des biens donnés ;*

2° *Les hypothèques ou autres charges imposées sur les biens donnés par le donataire ou de son chef;*

---

dique, même lorsqu'elle est enseignée par les consciences les plus droites ? Que l'on consulte le commentaire de l'art. 924 par M. Vernet ; qu'on y lise les sept systèmes auxquels a donné lieu ce texte de hasard ; nous défions qu'on imagine un biaisement plus constant, un effort plus dénué de résultats, un point de vue plus étranger à la raison.

Et parce qu'un auteur (Levasseur, *Portion disponible*) s'est avisé de déclarer la difficulté insoluble, il faut voir comme les légistes le traitent de haut ;

« *C'est l'admission d'une antinomie* » ! « *C'est un déni d'interprétation* » ! Mais en vérité que serait la science des légistes si elle ne consistait précisément à concilier les contraires, et « *à résoudre les difficultés à tout prix.* »

Proclamons-le énergiquement et à chaque occasion, c'est avec une pareille méthode appliquée aux sources romaines, germaniques et féodales que le vieux droit s'est fait ; c'est aussi avec elle que, sous l'empire des textes napoléoniens, le sophisme juridique a pris plus que jamais racine dans l'interprétation des lois, qu'il a gagné les institutions, corrompu les mœurs et produit depuis soixante ans une race d'hommes d'État faisant litière de toutes les convictions, argent de tous les principes.

Que l'École y songe ; plus qu'elle ne le pense, elle est coupable de cet état de choses !

3° *Les aliénations des biens donnés, consenties par le donataire.*

La funeste théorie de la *condition résolutoire* domine en principe les dispositions qui vont suivre.

### 1° FRUITS ET INTÉRÊTS DES BIENS DONNÉS.

*Le donataire entre-vifs de biens, excédant la quotité disponible, acquiert les fruits produits par ces biens jusqu'au jour du décès.*

Sur ce point, la décision est la même *qu'en matière de rapport* (art. 856, V. *supra*, p. 296).

On n'y applique pas l'effet rétroactif de la condition résolutoire et l'on se tire d'affaire en disant que si le donateur eût conservé les biens, il en eût probablement dépensé les fruits (1).

*A l'égard des fruits de l'époque postérieure à l'ouverture de la succession, il faut distinguer :*

*L'héritier réservataire forme-t-il sa demande dans l'année, le donataire est tenu de faire état des fruits à compter du jour du décès du donateur ;*

*L'héritier réservataire forme-t-il sa demande en dehors de l'année, le donataire n'est obligé de rendre que les fruits perçus depuis la demande.*

*Sur ce dernier point*, l'art. 928 est, comme on le voit, plus favorable *au donataire qui souffre la réduction* que l'art. 856 *à l'héritier qui subit le rapport.*

Cela tient, disent les auteurs, à ce que l'héritier ne peut ignorer le vice de son titre, tandis que le donataire est excusable de ne pas connaître le vice du sien (2).

On est, en général, d'accord pour appliquer l'art. 928 aux *intérêts ou fruits civils* aussi bien qu'aux *fruits naturels* (3).

Quant au tiers acquéreur soumis à l'action en réduction, la plupart des auteurs estiment qu'il ne tombe pas sous le coup de l'art. 928 et qu'il n'est tenu de restituer les fruits que du jour de la demande (4).

### 2° HYPOTHÈQUES OU AUTRES CHARGES IMPOSÉES SUR LES BIENS DONNÉS PAR LE DONATAIRE OU DE SON CHEF.

Cette décision est un des plus déplorables effets du caractère résolutoire de la réduction.

---

(1) M. Vernet, p. 505. — M. Demolombe, t. XIX, p. 619.

(2) M. Vernet, p. 505. — M. Demolombe, t. XIX, p. 620.

(3) M. Demolombe, t. XIX, p. 621. — En sens contraire, M. Demante, t. IV, n° 66 *bis*, III.

(4) M. Demante, t. IV, n° 67 *bis*, X. — M. Demolombe, t. XIX. En sens contraire, MM. Zachariæ, Aubry et Rau, t. V, p. 583, texte et note 13. — M. Vernet, p. 505.

Les auteurs croient la justifier en invoquant comme toujours, en pareil cas, l'adage : *soluto jure dantis, solvitur jus accipientis.*

Nous avons déjà expliqué comment cette maxime est tout aussi antijuridique qu'anti-économique.

On est d'accord pour admettre que l'art. 929 s'applique aux servitudes réelles et aux servitudes personnelles, comme aux hypothèques (1).

### 3° ALIÉNATION DES BIENS DONNÉS CONSENTIES PAR LE DONATAIRE.

Ce dernier article est encore une conséquence du fantastique principe : *soluto jure dantis, solvitur jus accipientis;* mais cette fois la conséquence est tempérée.

*L'héritier réservataire n'est admis à agir en réduction contre les tiers détenteurs des immeubles donnés que tout autant qu'il a discuté préalablement les biens du donataire, et il peut être, en tout état, écarté par le tiers détenteur, si celui-ci lui offre de l'indemniser en argent* (comparer *supra*, p. 444) (2).

Remarquons que, dans l'espèce, *la discussion préalable des biens du donataire* est la condition *sine qua non* de la recevabilité de l'action en réduction, c'est-à-dire qu'elle est directement imposée à l'héritier réservataire ; ce qui différencie ce cas de discussion de ceux prévus par les art. 2170 et 2021, 2022 et 2023 (comparer, au contraire, 2206) (3).

L'action en revendication contre les tiers doit être exercée, « suivant l'ordre des aliénations faites par le donataire en commençant par la plus récente » et sans aucune distinction entre les aliénations à titre onéreux et les aliénations à titre gratuit.

Les *mêmes* règles sont applicables *aux sous-acquéreurs.*

Conformément aux art. 929 et 930, on décide, du reste, en général, que l'effet résolutoire de la réduction ne concerne pas les tiers détenteurs des meubles (4).

### 6° FINS DE NON-RECEVOIR CONTRE L'ACTION EN RÉDUCTION.

Les principales sont :

1° *La renonciation de l'héritier réservataire.*

---

(1) M. Demante, t. IV, n° 67 *bis*, II et III. — MM. Zachariæ, Aubry et Rau, t. V, p. 583. — M. Demolombe, t. XIX, p. 625.

(2) M. Demante, t. IV, n° 67 *bis*, VI. — MM. Zachariæ, Aubry et Rau, t. V, p. 583, texte et note 8. — M. Vernet, p. 500. — M. Demolombe, t. XIX, p. 640.

(3) M. Demante, t. IV, n° 67 *bis*, IV. — MM. Zachariæ, Aubry et Rau, t. V, p. 582, texte et note 4. — M. Vernet, p. 500. — M. Demolombe, t. XIX, p. 637.

(4) M. Coin-Delisle, art. 929, 930, n° 1. — M. Demolombe, t. XIX, p. 635.

Cette renonciation ne peut avoir lieu qu'après l'ouverture de la succession; elle peut être expresse ou tacite;

2° *La prescription de trente ans, à compter de l'ouverture de la succession, à l'égard de toutes personnes* (art. 2262);

3° *La prescription de dix ou vingt ans, à compter de l'ouverture de la succession, à l'égard des tiers acquéreurs dont la prescription réunit les caractères requis par les art.* 2265 *et* 2266.

# APPENDICE

### DIFFÉRENCES ENTRE LE RAPPORT ET LA RÉDUCTION.

<table>
<tr><td>1° Le rapport peut être demandé par tout héritier ab intestat (V. supra, p. 287).</td><td>1° La réduction ne peut être demandée que par l'héritier réservataire (V. supra, p. 433).</td></tr>
<tr><td>2° Le rapport peut être demandé à tout héritier donataire ou légataire sans clause de préciput et non renonçant (V. supra, p. 276 et p. 286).</td><td>2° La réduction peut être demandée : 1° Contre l'héritier donataire ou légataire avec clause de préciput (V. cep. supra, p. 279 et note 1), et contre l'héritier donataire ou légataire sans clause de préciput et renonçant, dont la donation ou le legs excède le disponible (V. supra, p. 280 et 418); — 2° Contre tout donataire étranger dont la donation ou le legs excède le disponible (V. supra, p. 433).</td></tr>
<tr><td>3° En matière de rapport, l'estimation des immeubles se fait d'après leur valeur au moment de l'ouverture de la succession ;<br>Celle des meubles d'après leur valeur au moment de la donation (V. supra, p. 310 et 318).</td><td>3° En matière de réduction, l'estimation des meubles, comme celle des immeubles, se fait d'après leur valeur au moment de l'ouverture de la succession (V. supra, p. 438).</td></tr>
<tr><td>4° Les fruits et intérêts sujets à rapport sont toujours dus du jour de l'ouverture de la succession (V. supra, p. 298).</td><td>4° Les fruits et intérêts des choses sujettes à réduction sont dus tantôt du jour de l'ouverture de la succession, tantôt du jour de la demande en réduction (V. supra, p. 445).</td></tr>
<tr><td>5° L'action en rapport ne peut être exercée contre les tiers acquéreurs (V. supra, p. 314).</td><td>5° L'action en réduction peut être exercée contre les tiers acquéreurs (V. supra, p. 445).</td></tr>
</table>

Nous renvoyons, d'ailleurs, à ce que nous avons dit, dans le cours de nos précédentes explications, relativement à la base et au but de l'action en rapport et de l'action en réduction. Tel est, en effet, comme nous le savons, l'incohérence des traditions qui se rencontrent dans l'une et dans l'autre qu'il serait impossible de ramener historiquement chacune d'elles à une formule caractéristique; or, au point de vue rationnel, elles reposent toutes les deux sur l'idée de la copropriété familiale et elles constituent toutes les deux une négation du principe qui, dans la société nouvelle, assiéra de plus en plus la propriété sur le travail.

# CHAPITRE IV

## DES DONATIONS ENTRE-VIFS.

Emprunté presque littéralement à l'ancien droit (1) dans la plupart de ses dispositions, le présent chapitre organise *le système de l'actualité et de l'irrévocabilité de la donation entre-vifs.*

On se rappelle que, dans l'ancien droit, ce système reposait sur la distinction des propres et des acquêts, et que la règle de l'actualité et de l'irrévocabilité était, à l'égard de la donation entre-vifs, le pendant de celle de la réserve à l'égard des legs.

L'anachronisme est donc flagrant.

Il y a, en particulier, lieu de regretter dans ce chapitre les dispositions de la section II, qui, pour corriger dans certains cas les effets de la règle de l'actualité et de l'irrévocabilité, ont rétabli *trois causes de résolution* (inexécution par le donataire des charges sous lesquelles la donation a été faite, ingratitude du donataire, survenance d'enfants au donateur) formellement abrogées par le Code de la Convention (V. *supra*, p. 377, et art. 37, liv. II, tit. III, § 3, Code de la Convention).

On remarquera, dans la section première, *les formalités relatives à la publicité de certaines donations entre-vifs par voie de transcription;* bien moins compréhensives et bien moins efficaces que les dispositions de même sorte consacrées par le Code de la Convention (V. *supra*, p. 377), ces formalités ont cependant une importance capitale.

### SECTION PREMIÈRE.

#### DE LA FORME DES DONATIONS ENTRE-VIFS.

Les auteurs distinguent :

1° *La forme extrinsèque;*

2° *La forme intrinsèque.*

Ils appliquent le nom de forme *extrinsèque aux règles qui concernent l'acte instrumentaire, et en général toutes les formalités extérieures exigées pour la donation entre-vifs.*

Ils qualifient de forme *intrinsèque* les *conditions requises pour l'existence et pour la validité de la donation entre-vifs.*

Cette distinction, toute subtile, n'aurait aucune raison d'être dans une législation qui ne méconnaîtrait point *le droit de l'individu.*

**931.** — Tous actes portant donation entre-vifs seront passés devant notaires, dans la forme ordinaire des contrats ; et il en restera minute, sous peine de nullité.

(1) Ordonnance sur les donations, février 1731.

Cet article reproduit, en les combinant, les art. 1 et 2 de l'ordonnance de 1731 sur les donations.

Dans la pensée des auteurs de l'ordonnance, l'intervention des *notaires* avait pour but principal d'empêcher le donateur de retenir par devers lui l'acte qui contenait la donation, ou de le mettre entre les mains d'une personne tierce, qui aurait pu le lui rendre ; en d'autres termes, elle se rattachait d'une manière directe à *la règle féodale de l'actualité et de l'irrévocabilité de la donation entre-vifs.*

D'où la conséquence que, lorsque cette formalité avait manqué, la donation était *nulle* (1).

Les compilateurs napoléoniens ont suivi les mêmes errements ; la rédaction d'un *acte notarié* est, en principe, la condition *sine quâ non* de l'existence de la donation entre-vifs ; aussi, dans le Code Napoléon, l'acte de donation figure-t-il exceptionnellement parmi les contrats *solennels* (2).

Remarquons, en outre, que non-seulement l'acte de donation doit être passé « dans la forme ordinaire des contrats », c'est-à-dire, en un langage plus exact, *des actes notariés* (comparer C. 25 ventôse an XI) ; mais encore que, d'après l'art. 2 de la loi du 21 juin 1843, *il doit être reçu à peine de nullité, conjointement par deux notaires, ou par un notaire en présence de deux témoins.*

On admet, en général, que la procuration nécessaire pour faire une donation doit être *expresse* et *spéciale*, et que, comme la donation elle-même, *elle est soumise à l'art. 2 de la loi du 21 juin 1843* ; mais c'est un point controversé de savoir s'il en doit rester *minute* (3).

Du reste, la règle que la donation entre-vifs doit, à peine de nullité, être faite par acte notarié, comporte *plusieurs* exceptions ; elle ne s'applique pas :

1° *Aux dons manuels ;*

2° *Aux donations consistant dans la remise purement abdicative d'un droit ;*

3° *Aux donations qui sont la condition d'un contrat que le donateur fait avec une autre personne que le donataire* (art. 1121 et 1973) ;

---

(1) Pothier, *Introd. au titre XV de la coutume d'Orléans*, n° 28.

(2) Un légiste sur lequel désormais la flatterie va se taire et dont le nom sera vite restitué au néant, feu M. le premier président Troplong, a écrit que, dans le droit moderne, une donation faite par acte sous seing privé serait une *monstruosité*. (M. Troplong, t. III, n° 1063.)

Evidemment, cette parole ne mérite pas une réfutation ; l'actualité et l'irrévocabilité de la donation entre-vifs, telles que les a comprises et organisées la codification napoléonienne, sont, nous le répétons, un débris de l'ancien régime.

(3) V. dans le sens de l'affirmative M. Bayle-Mouillard sur Grenier, t. II, n° 159, note 6. — Dans le sens de la négative, MM. Zachariæ, Aubry et Rau, t. V, p. 476. — M. Demolombe, t. XX, p. 24.

4° Enfin, d'après la jurisprudence et d'après un grand nombre d'auteurs, *aux donations déguisées sous la forme d'un contrat à titre onéreux.*

*Les auteurs fondent les trois premières exceptions* sur les traditions anciennes et sur la formule même de l'art. 931 : « tous actes portant donations entre-vifs ».

Sauf le cas des dons manuels, les traditions anciennes ne sont rien moins que sûres.

Quant à la formule de l'art. 931, les auteurs l'entendent en ce sens :

1° *Qu'elle ne s'applique pas aux donations faites sans acte;*

2° *Qu'elle ne s'applique pas non plus aux donations faites par un acte, lorsque cet acte n'a pas la donation pour objet direct* (1).

*En ce qui concerne la quatrième exception*, c'est, comme nous l'avons dit à plusieurs reprises (V. *supra*, p. 294 et 405), une fort grosse question doctrinale, que de savoir si l'on doit l'admettre, ou, en d'autres termes, *si les donations déguisées sous la forme d'un contrat à titre onéreux sont valables.*

DEUX SYSTÈMES.

1er SYSTÈME (2). — *Les donations déguisées sous la forme d'un contrat à titre onéreux sont valables.*

1er *Arg.*— Cette solution était celle du Droit romain, de l'ancienne jurisprudence et du Droit de la Révolution (comparer, l. 36, D., liv. XVIII, tit. 1; l. 3 et 9, C., liv. IV, tit. XXXVIII ; l. 46, D., liv. XIX, tit. II ; l. 6, D., liv. XLI, tit. VI. — Furgole, sur l'art. 1er de l'ordonnance de 1731. — Art. 26, l. 17 nivôse an II, et art. 7, l. 18 pluviôse an V).

2e *Arg.*— Il doit être permis de faire par un acte simulé tout ce qu'on pourrait faire par un acte non simulé.

3e *Arg.* — Plusieurs textes du Code Napoléon supposent la validité de la donation déguisée.

Tel est notamment l'art. 911, qui semble bien ne prononcer la nullité de la donation déguisée, que tout autant que cette donation est faite à un incapable (ajouter art. 853 et 1099).

4e *Arg.* — Au surplus, il serait fort difficile, en pratique, d'admettre la doctrine contraire.

---

(1) M. Demante, t. IV, n° *bis*, VI. — MM. Zachariæ, Aubry et Rau, t. V, p. 478 note. — M. Demolombe, t. XX, p. 50.

(2) Merlin, *Répert.*, v° Donation, sect. II, § 6 ; v° Simulation, § 5 ; et *Quest. de Droit*, v° Donation. — Toullier, t. II, p. 474, et t. III, n° 176. — Grenier, t. II, n° 180, et Bayle-Mouillard, sur Grenier, note A. — Zachariæ, Aubry et Rau, t. V, p. 481.

Une jurisprudence constante a d'ailleurs consacré cette opinion.

2e SYSTÈME (1). — *Les donations déguisées sous la forme d'un contrat à titre onéreux ne sont pas valables.*

1er *Arg.* — La raison historique n'a pas la moindre portée en ce qui concerne le Droit romain ; elle se retourne contre le premier système, en ce qui concerne l'ancienne jurisprudence.

En droit romain, la donation n'était soumise à aucune solennité, et par conséquent rien ne s'opposait à ce qu'elle pût être faite sous la forme d'un contrat à titre onéreux.

Dans l'ancienne jurisprudence, Pothier déclarait en termes exprès que « *la donation faussement qualifiée de vente est sujette à toutes les formalités des donations* (2) », et l'on abuse de Furgole en lui faisant dire le contraire.

2e *Arg.* — Ce qui fait, dans le cas présent, que l'acte simulé ne doit pas être permis, c'est que la simulation, dans ce cas, a précisément pour but d'éluder les formalités si nombreuses prescrites par la loi, à titre de mesures de protection.

3e *Arg.* — La donation déguisée est d'ailleurs sous le coup d'un dilemme :

Elle ne peut valoir comme contrat à titre onéreux, car l'intention des parties n'a pas été de faire un contrat de cette sorte ;

Elle ne peut valoir comme donation, car elle manque des formes requises.

Donc, elle ne peut valoir à aucun titre.

4e *Arg.* — Les textes du Code Napoléon ne fournissent au premier système que des arguments *à contrario*, et l'on sait que les arguments de cette nature sont, en général, peu décisifs.

5e *Arg.* — Le législateur s'est proposé de mettre un *frein* aux manœuvres captatoires et aux libéralités immorales ; le premier système détruit ce *frein*.

*Rationnellement*, la *première* solution est indéniable ;

*Légalement*, la *seconde* eût dû l'emporter.

La vérité est que, dans les quatre cas d'exception susmentionnés, et, en particulier, dans ceux des dons manuels et des donations déguisées, la force des choses a fait violence à l'esprit de prohibition.

Aux *quatre* exceptions précédentes, il faut encore ajouter :

*Les donations résultant d'une assurance sur la vie au profit d'une personne déterminée.*

---

(1) M. Demante, t. IV, n° 3 *bis*, VI. — M. Gabriel Demante, dissertation insérée dans le *Recueil de l'Académie de législation* de Toulouse, t. 1, p. 4 et suiv. — M. Lafontaine, *Revue crit. de jurispr.*, 1857, t. X. — M. Vernet, *Revue prat. de Droit français*, 1863, t. XV, p. 193 et suiv. — M. Demolombe, t. XX, p. 101.

(2) Pothier, *Du contrat de vente*, n° 19.

L'assurance sur la vie n'est, en effet, dans aucun cas, soumise à aucune forme (1).

**932.** — La donation entre-vifs n'engagera le donateur, et ne produira aucun effet, que du jour qu'elle aura été acceptée en termes exprès. — L'acceptation pourra être faite du vivant du donateur, par un acte postérieur et authentique dont il restera minute ; mais alors la donation n'aura d'effet, à l'égard du donateur, que du jour où l'acte qui constatera cette acceptation lui aura été notifié.

Cet article contient *trois* propositions principales :

1° *La donation entre-vifs ne se forme que par l'acceptation du donataire, en d'autres termes elle constitue un contrat ;*

2° *L'acceptation du donataire peut être faite par un acte postérieur, pourvu que cet acte soit passé du vivant du donateur, et devant notaire en minute.*

Il faut même ajouter aujourd'hui : *conformément à la teneur de l'art. 2 de la loi du 21 juin* 1843.

3° *Lorsque l'acceptation du donataire est faite par un acte postérieur, elle n'a d'effet, à l'égard du donateur, que du jour où l'acte qui la constate lui a été notifié.*

La *première* proposition ne fait que répéter en partie l'art. 894 ; nous savions déjà que, d'après la codification napoléonienne, la donation entre-vifs est un contrat (V. *supra*, p. 301).

Les auteurs examinent spécialement ici ce qu'il faut entendre par les *termes exprès* exigés pour l'acceptation.

Les anciens légistes allaient jusqu'au bout et déclaraient *sacra-*

---

(1) A part toute vue philosophique sur le rôle social que la disposition à titre gratuit est appelée à remplir, qui ne comprendrait à quel point est, aujourd'hui, dénuée de raison la règle restrictive édictée par l'art. 931 ?

Sommes-nous donc menacés de voir les propriétaires se dépouiller témérairement entre-vifs à titre gratuit, et n'est-il pas manifeste que les quatre exceptions que nous avons dites ont pour résultat de transformer la prohibition napoléonienne en un défi impuissant au droit individuel et en une formule qui n'existe en définitive que pour être violée ?

Dans un état social où se multiplient, de jour en jour, les titres au porteur et les titres transmissibles par voie d'endossement, si la légomanie ne cède pas d'elle-même devant les besoins qui réclament la liberté, il n'est pas difficile de prévoir que ce ne sont pas les besoins qui seront vaincus.

Cependant les auteurs résistent de leur mieux ; ils sont extrêmement gênés par l'invasion des valeurs mobilières, mais ils professent énergiquement que les dons manuels, tout en étant dispensés des formalités extrinsèques prescrites en matière de donation, sont soumis aux formalités intrinsèques et aux règles qui concernent la capacité de disposer et de recevoir, et la quotité de bien disponible. (MM. Zachariæ, Aubry et Rau, t. V, p. 479, note 17. — M. Demolombe, t. XX, p. 55.)

Le tout, ô légistes, est de constater la trace du don manuel !

*mentel* le mot *accepter* (1). C'était là, au moins, une doctrine nette. Les nouveaux requièrent une déclaration *formelle* et *spéciale* (2).

La *seconde* proposition dérive de l'idée que la donation est un contrat et que l'acceptation du donataire en est une partie *intégrante*.

Il est clair, d'ailleurs, que, même en matière de donation, le législateur napoléonien n'eût pas pu, sans outrer par trop les choses, exiger que l'acceptation du donataire eût lieu en même temps que l'offre du donateur.

La *troisième* proposition implique qu'à l'égard du donateur la notification de l'acceptation est aussi une partie *intégrante* de la donation.

Cette injustifiable idée est repoussée, comme nous l'avons dit (V. *supra*, p. 407, notes 1 et 2), par un certain nombre d'auteurs; mais le texte de l'art. 932 ne comporte pas le moindre doute.

On professe, en général, que la notification ne peut résulter que d'un exploit d'huissier; cependant, on consent à regarder comme équivalente la déclaration faite par le donateur dans un acte authentique qu'il tient l'acceptation pour notifiée (3).

**933.** Si le donataire est majeur, l'acceptation doit être faite par lui, ou, en son nom, par la personne, fondée de sa procuration, portant pouvoir d'accepter la donation faite, ou un pouvoir général d'accepter les donations qui auraient été ou qui pourraient être faites. — Cette procuration devra être passée devant notaires; et une expédition devra en être annexée à la minute de la donation, ou à la minute de l'acceptation qui sera faite par acte séparé.

L'art. 933 signifie d'abord que *lorsque le donataire est majeur, il n'y a que lui-même ou son mandataire qui puisse faire l'acceptation de la donation.*

Les anciens légistes discutaient pour savoir si l'on devait admettre à faire l'acceptation :

1° Les héritiers du donataire décédé avant d'avoir accepté;

2° Les créanciers du donataire, lorsque celui-ci ne se met pas en devoir d'accepter;

3° Les notaires ou tabellions pour les donataires absents;

---

(1) Rousseau de la Combe.

(2) M. Demante, t. IV, n° 71 *bis*, III. — MM. Zachariæ, Aubry et Rau, t. V, p. 474. — M. Demolombe, t. XX, p. 128.

(3) MM. Zachariæ, Aubry et Rau, t. V, p. 475 et 476, texte et notes 3 et 4. — M. Demolombe, t. XX, p. 151.

On ne saurait reprocher aux auteurs d'être entrés dans ces déraisonnables détails, puisque les textes les y condamnent, mais comment comprendre qu'ils n'aient pas un seul mot de censure pour un système de codification qui leur impose un tel examen?

4° Les codonataires, les uns pour les autres;

5° Le tiers qui se porterait fort pour le donataire (1).

L'ordonnance de 1731 avait résolu la plupart de ces questions par la négative; les compilateurs napoléoniens, qui suivaient pas à pas l'ordonnance, ont cru utile de généraliser ici législativement cette solution.

L'art. 933 signifie, en outre, que la procuration pour accepter une donation doit être :

1° *Passée devant notaire comme l'acceptation elle-même;*

2° *Spéciale, sinon en ce qui concerne telle donation en particulier, au moins les donations en général;*

3° *Annexée, soit en brevet, soit en expédition à la minute de l'acte de donation, ou à celle de l'acte d'acceptation si l'acceptation a lieu par acte séparé* (2).

Tous ces points sont prescrits à peine de *nullité*.

Notons qu'en cette seconde partie de l'art. 933, les compilateurs napoléoniens ont innové; le vieux droit lui-même n'avait soumis à aucune condition la validité de la procuration à l'effet d'accepter une donation (3).

**936.** — Le sourd-muet qui saura écrire, pourra accepter lui-même ou par un fondé de pouvoir. — S'il ne sait pas écrire, l'acceptation doit être faite par un curateur nommé à cet effet, suivant les règles établies au titre *De la minorité, de la tutelle et de l'émancipation*.

Cet article divise les sourds-muets donataires majeurs et capables en *deux* classes :

1° *Ceux qui savent écrire ;*

2° *Ceux qui ne savent pas écrire.*

Les premiers, en matière d'acceptation de donation, sont assimilés aux autres personnes majeures et capables.

Les *seconds* doivent être représentés par un curateur, qui est nommé par le conseil de famille.

A l'égard des sourds-muets donataires *mineurs* ou *interdits*, il y a lieu à l'application des mêmes règles que pour toutes les autres personnes *mineurs* ou *interdites* (V. *infra*, p. 456) (4).

---

(1) Furgole, sur l'art. 7 de l'ordonnance de 1731. — Ricard, 1re partie, nos 856, 865, 866, 871, 872.

(2) M. Demante, t. IV, 72 *bis*, III. — M. Zachariæ, Aubry et Rau, t. V, p. 476, texte et note 6. — M. Demolombe, t. XX, p. 159.

Certains auteurs, argumentant du texte, font dériver du mot *expédition* qui s'y trouve la nécessité d'une procuration en *minute*. (V. notamment M. Troplong, t. III, n° 1113.)

Ces auteurs aggravent gratuitement le non-sens historique et rationnel commis en cette matière par les compilateurs napoléoniens.

(3) Furgole, sur l'art. 5 de l'ordonnance de 1731.

(4) On ne conteste pas que le sourd-muet, majeur et capable, qui peut parler par signes, ne soit apte à faire une donation, tout en ne sachant pas écrire, mais

**934.** — La femme mariée ne pourra accepter une donation sans le consentement de son mari, ou, en cas de refus du mari, sans autorisation de la justice, conformément à ce qui est prescrit par les articles 217 et 219, au titre *du Mariage*.

Ce texte nous remet en face de l'*incapacité de la femme mariée* (1); il n'est qu'une mauvaise redite, et il ne sert, comme nous le verrons, qu'à appuyer une controverse.

**935.** — La donation faite à un mineur non émancipé ou à un interdit, devra être acceptée par son tuteur, conformément à l'article 463, au titre *De la minorité, de la tutelle et de l'émancipation.*

Le mineur émancipé pourra accepter avec l'assistance de son curateur.

Néanmoins les père et mère du mineur émancipé ou non émancipé, ou les autres ascendants, même du vivant des père et mère, quoiqu'ils ne soient ni tuteurs ni curateurs du mineur, pourront accepter pour lui.

Le *premier* alinéa de cet article n'est encore qu'une redite (2).

Le *second* alinéa précise le vague renvoi de l'art. 484; le mineur émancipé doit accepter lui-même la donation qui lui est faite; il a, du reste, besoin d'*être assisté par son curateur*, mais non pas d'*être autorisé par le conseil de famille* (3).

Quant au *troisième* alinéa, il attribue le pouvoir de faire l'acceptation au nom du mineur émancipé ou non émancipé :

1° *Aux père et mère du mineur, quoiqu'ils ne soient ni ses tuteurs, ni ses curateurs;*

2° *Aux autres ascendants du mineur, quoiqu'ils ne soient non plus ni ses tuteurs, ni ses curateurs, et même du vivant de ses père et mère.*

Les auteurs sont fort embarrassés pour trouver une raison au mandat établi par cette disposition (4).

---

on soutient et non sans probabilité, à cause des termes de l'art. 936, que le même sourd-muet n'est pas apte à accepter par lui-même une donation ! (Comparer M. Demante, t. IV, n° 75 *bis*. — M. Demolombe, t. XX, p. 163.)

(1) *Manuel de droit civil*, t. I, p. 224 et 232.

Les élèves ne doivent pas oublier qu'à l'École ils sont tenus de dire que l'autorisation du mari est requise *dans le double intérêt de la puissance maritale et des bonnes mœurs*.

Exemple de circonstance, au point de vue spécial des bonnes mœurs, Bonaparte autorisant Joséphine ou Marie-Louise.

(2) V. *Manuel de droit civil*, t. I, p. 456 et 507.

(3) M. Demante, t. IV, n° 74 *bis*, I. — MM. Zachariæ, Aubry et Rau, t. V, p. 160. — M. Demolombe, t. XX, p. 168.

(4) Dans l'ancien droit, Furgole disait, sur l'art. 7 de l'ordonnance de 1731, qui contenait la même règle :

« Le lien du sang et de l'affection tient lieu d'un mandat aux père et mère et aux autres ascendants. »

Puis il ajoutait que les père et mère et les autres ascendants étant obligés de

Remarquons qu'au point de vue de l'application du troisième alinéa de l'art. 935 il n'y a d'ailleurs pas à distinguer :

1° *Entre les donations faites avec charges et les donations faites sans charges;*

2° *Entre la mère et le père, entre l'aïeule et l'aïeul.*

*Si bien que, même du vivant du père et malgré le refus du père, même du vivant de l'aïeul et malgré le refus de l'aïeul, la mère et l'aïeule ont le droit d'accepter la donation faite au mineur* (1).

Remarquons encore que le même troisième alinéa de l'art. 935 doit être appliqué :

1° *Aux père et mère ou autres ascendants de l'interdit;*

2° *Aux père et mère de l'enfant naturel.*

C'était là, en effet, la double décision de l'ancien droit (2).

**937.** — Les donations faites au profit d'hospices, des pauvres d'une commune, ou d'établissements d'utilité publique, seront acceptées par les administrateurs de ces communes ou établissements, après y avoir été dûment autorisés.

---

fournir des aliments à l'enfant, lorsqu'il se trouve dans le besoin, ils ont par conséquent intérêt à ce que sa fortune s'accroisse.

Au Conseil d'État, Tronchet s'attacha particulièrement à justifier le mandat conféré aux ascendants autres que le père et la mère et il le fit en ces termes :

« Le père peut être absent, il peut repousser la donation par un motif de haine contre son fils ou bien par le motif non moins odieux de son intérêt personnel, comme dans le cas où lui-même est héritier du donateur. Pourquoi priver le mineur de l'appui de son aïeul, surtout lorsqu'il s'agit d'un acte qui ne peut être qu'avantageux ? »

D'autres conseillers résistaient au nom de l'idée de la puissance paternelle. (Locré, *Législation civile*, t. XI.)

Il est fort clair, en effet, que le troisième alinéa de l'art. 935 ne concorde ni avec cette idée, ni avec la théorie de la tutelle.

(1) Comment comprendre que les rédacteurs napoléoniens aient pu consacrer un pareil échec au double intérêt du maintien de la puissance maritale et de la conservation des bonnes mœurs?

Les légistes répondent en essayant d'appliquer l'art du *distinguo* : « La mère et l'aïeule n'agissent point alors pour elles-mêmes, ni dans leur propre intérêt; elles ne font que remplir, dans l'intérêt du mineur, le mandat que la loi leur a confié. »

(M. Demolombe, t. XX, p. 180. — V. aussi M. Demante, t. V, n° 74 *bis*, v. — MM. Zachariæ, Aubry et Rau, t. V, p. 458, texte et note 2.)

Comme une foule d'autres, cette prétendue explication n'a qu'un seul défaut ; elle n'explique absolument rien.

D'une part, en vertu du présent texte, la femme peut dire oui, alors que le mari juge qu'il y a lieu de dire non ;

D'autre part, en vertu du même texte, la femme qui, comme on le sait, est *malesanæ mentis*, par comparaison avec l'homme, peut trouver le moyen, par l'interposition de son enfant, de se faire faire personnellement une donation, sans être munie de l'autorisation de son mari, ou au moins de celle de la justice.

En vérité, le législateur napoléonien n'a qu'une seule excuse : sans y réfléchir, il a reproduit la *doctrine* ancienne et copié l'ordonnance.

(2) Art. 7 de l'ordonnance. — Furgole, sur l'art. 7. — M. Demolombe t. XX, p. 182.

Les lois dites administratives déterminent les personnes qui ont qualité pour *accepter* les donations mentionnées dans cet article.

A l'égard de l'*autorisation* nécessaire à ces personnes, V. *supra*, art. 910, p. 396.

*Dans les divers cas réglés par les art.* 934, 935 *et* 936, *si l'acceptation a eu lieu sans les autorisations ou assistances requises, la nullité de la donation est-elle absolue, c'est-à-dire peut-elle être proposée par le donateur lui-même, par ses héritiers ou ayants cause, ou n'est-elle, au contraire, que relative, c'est-à-dire ne peut-elle être proposée que par l'incapable, par ses héritiers ou ayants cause?*

*Dans le cas de l'art.* 937, la sanction de la nullité *absolue* doit être incontestablement admise; *dans le cas des art.* 934 *et* 935, la question est débattue.

DEUX SYSTÈMES.

1^er^ SYSTÈME (1). — *La nullité de l'acceptation faite sans les autorisations ou assistances requises est absolue.*

1^er^ *Arg.* — La donation est un acte solennel;

Or, la capacité d'accepter dans la personne qui fait l'acceptation est un des éléments de la solennité;

Donc, lorsque cette capacité manque, la donation ne se forme pas.

2^e^ *Arg.* — L'intitulé de la section dans laquelle sont placés les art. 934 et 935 et le texte de ces mêmes articles prouvent que les autorisations ou assistances sont requises à peine d'inexistence de la donation.

3^e^ *Arg.* — M. Jaubert a dit dans son rapport au Tribunat: « L'acceptation qui ne lierait pas le donataire ne saurait engager le donateur. Ainsi, il est naturel que la femme mariée ne puisse accepter sans le consentement de son mari ou de l'autorisation de la justice, que la donation faite à un mineur ne soit acceptée que par son tuteur ou par un de ses ascendants (2). »

4^e^ *Arg.* — Dans les actes ordinaires concernant les incapables, la nullité relative forme une sanction suffisante;

Dans le cas des art. 934 et 935, elle serait une sanction presque illusoire, puisque l'action n'appartiendrait qu'à ceux qui n'ont point, en général, d'intérêt à l'intenter.

2^e^ SYSTÈME (3). — *La nullité de l'acceptation faite sans les autorisations ou assistances requises est relative.*

---

(1) Merlin, *Répert.*, v° Donation, sect. IV, n° 4 et v° Mineur, § 7, n^os^ 1 et 2. — Delvincourt, t. II p. 69, note 4. — M. Demante, t. IV, n° 73 *bis*. — MM. Zachariæ, Aubry et Rau, t. V, p. 461, texte et note 11.

(2) Locré, *Législ. civ.*, t. XI, p. 206 et 207, n° 17; p. 456 et 457, n° 42.

(3) M. Valette, *Sur Proudhon*, t. II, p. 479, note *a*. — M. Demolombe, t. XX, p. 202.

Ce système invoque :

1° La règle générale de nullité relative inscrite dans les art. 225 et 1125 ;

2° Le sens commun qui s'oppose, autant que l'équité, à ce qu'on retourne contre un incapable la protection qu'on a estimé lui être due.

Nous ne sommes pas sûr qu'au point de vue de la compilation napoléonienne le *second* système ait raison contre le *premier*.

**938.** — La donation dûment acceptée sera parfaite par le seul consentement des parties; et la propriété des objets donnés sera transférée au donataire, sans qu'il soit besoin d'autre tradition.

Cet article mal fait doit être traduit de la façon suivante :

*La donation offerte et acceptée régulièrement engendre, par la seule force du consentement des parties, au profit du donataire :*

1° Un droit *personnel contre le* donateur ou ses héritiers;

2° *Un droit réel sur l'objet donné, si cet objet est un corps certain* (1).

Le droit *personnel* du donataire consiste *dans la faculté de contraindre le donateur ou ses héritiers à l'exécution de la donation.*

Le droit *réel* du donataire est tantôt *le droit de propriété*, tantôt *un démembrement de la propriété*, selon que la donation porte sur le droit de propriété ou sur un démembrement de la propriété.

Dans l'ancien droit coutumier, la donation n'était parfaite, c'est-à-dire ne produisait à la fois au profit du donataire le droit personnel et le droit réel, qu'après *un fait de tradition* ou *en vertu d'une clause par laquelle le donateur, dès le moment même de la donation, se constituait possesseur de l'objet donné au nom du donataire.*

*Le fait de tradition* ou *tradition de fait* était une *tradition réelle; la clause* appelée *constitut possessoire, précaire, clause de dessaisine et de saisine*, était une tradition sans *réalité, une tradition feinte* (2).

Le législateur napoléonien semble avoir voulu que dorénavant *la clause de tradition feinte fût en quelque sorte sous-entendue dans tous les contrats portant sur un corps certain*, et c'est ce qu'il a exprimé en particulier dans l'art. 938, en disant que *la donation serait parfaite et la propriété transférée par le seul consentement des parties*, sans qu'il fût besoin d'*autre* tradition. (Comparer *supra*, art. 711, p. 4, et *infra*, art. 1138) (3).

*Cet effet de translation de la propriété par le seul consentement des*

---

(1) Nous rappelons que le corps certain est tout objet individuellement déterminé, ou, comme l'on dit encore, pour lequel il est certain *quid, quale, quantum sit ;* ainsi, tel cheval, tel tas de blé.

(2) Comparer : art. 275 de la Coutume de Paris et 273 et 276 de la Coutume d'Orléans.— Furgole, quest. 39 sur les donations.— Ricard, 1re part., nos 900, 902 et 945.

(3) Comparer Fenet, t. II, p. 285.

*parties est-il absolu ou relatif? En d'autres termes, ou a-t-il lieu même à l'égard des tiers ou seulement entre les parties?*

Sur ce point, il faut distinguer entre les corps certains *mobiliers* et les corps certains *immobiliers*.

*Pour les meubles, l'effet de translation de la propriété par le seul consentement des parties a lieu tant à l'égard des tiers qu'entre les parties*, sauf toutefois l'application du principe de la *prescription instantanée* (V. *infra*, art. 1141 et 2279).

*Pour les immeubles, l'effet de translation de la propriété par le seul consentement des parties n'a lieu qu'entre les parties*, comme nous allons le voir (art. 939, 942, et l. 23 mars 1855); pour qu'il se produise à l'égard des tiers, il faut, en outre, l'accomplissement d'une formalité qui se nomme la *transcription*.

Remarquons :

1° *Que lorsque l'objet donné n'est pas un corps certain, la donation n'engendre par elle-même au profit du donataire que le droit personnel; relativement à une chose indéterminée, le droit réel ne peut être transféré que par la tradition ou plus exactement par la détermination de l'objet donné* (V. *supra*, art. 711, p. 4, et surtout *infra*, *De l'obligation de donner*, tit. III, chap. III, sect. II);

2° *Qu'en ce qui concerne les effets mobiliers, l'art.* 938 *est défectueux, car l'art.* 948 *exige pour la validité de la donation la rédaction d'un état estimatif et l'annexion de cet état à la minute de la donation* (V. *infra*, art. 948, p. 477).

Remarquons encore que l'art. 938 est inapplicable aux meubles *incorporels*, c'est-à-dire *aux créances*.

*Pour les créances, le droit passe bien du donateur au donataire par le seul consentement des parties; mais, à l'égard des tiers, le donataire n'est saisi que par la signification de la donation faite au débiteur, ou par l'acceptation faite par ce débiteur dans un acte authentique ou sous seing privé ayant date certaine* (art. 1689, 1690).

**939.** — Lorsqu'il y aura donation de biens susceptibles d'hypothèques, la transcription des actes contenant la donation et l'acceptation, ainsi que la notification de l'acceptation qui aurait eu lieu par acte séparé, devra être faite aux bureaux des hypothèques dans l'arrondissement desquels les biens sont situés.

Nous avons dit comment le Code de la Convention avait pourvu à la publicité de toute donation entre vifs ou à cause de mort (testament), mobilière ou immobilière, en enjoignant au notaire « de faire afficher et publier l'acte de donation sur la place publique, au lieu du domicile du donateur et de la situation des biens, dans la huitaine de l'acceptation » (art. 33, liv. II, tit. III, § 3, Code de la Convention).

Pour que cet excellent mode fût de tous points irréprochable, il eût suffi d'y ajouter la rédaction et la conservation d'un procès-verbal reproduisant l'acte de donation et constatant l'accomplissement des formalités de publicité.

La compilation napoléonienne a laissé de côté les errements du Code de la Convention, et elle a consacré pour les seules donations immobilières une formalité qui porte le nom de transcription.

Pour se rendre un compte aussi exact que possible de cette dernière institution, un court historique est indispensable.

Nous indiquerons, en conséquence, sous cet article :

1° *Quelle a été l'organisation de la publicité des donations entre-vifs aux différentes époques de l'histoire du droit;*

2° *Quelles donations entre-vifs sont sujettes à transcription, d'après l'art.* 939 ;

3° *Quelles donations entre-vifs nouvelles et quels actes se référant aux donations entre-vifs sont sujets à transcription, d'après la loi du* 23 *mars* 1855.

### 1° ORGANISATION DE LA PUBLICITÉ DES DONATIONS ENTRE-VIFS AUX DIFFÉRENTES ÉPOQUES DE L'HISTOIRE DU DROIT.

Au temps de la République romaine, aucune formalité de publicité ne s'appliquait aux donations. Le peuple qui a le plus nettement fondé la propriété sur le droit de la force devait être, en effet, médiocrement enclin à pratiquer la disposition entre-vifs à titre gratuit.

Ce n'est qu'à l'époque du Bas Empire qu'on voit apparaître dans le droit romain la nécessité d'insinuer, c'est-à-dire de transcrire la donation entre-vifs sur des registres publics.

Il n'est pas facile de dire quel fut le but précis de cette innovation. Le point de vue économique des Romains était trop essentiellement différent du nôtre pour ne pas influer d'une manière directe sur leurs idées juridiques, et ce n'est assurément pas le souci du droit des tiers qui porta successivement Constance Chlore, Constantin et Justinien à décréter l'insinuation de la donation. Il semble qu'on ait vu surtout dans cette formalité un moyen d'empêcher que les donations importantes ne fussent faites sans mûres réflexions, un instrument de preuve, et peut-être aussi, car cette cause n'est jamais à dédaigner dans l'histoire juridique du Bas-Empire, une occasion d'impôt.

Quoi qu'il en soit, l'insinuation était exigée sous Justinien pour la perfection même de toute donation entre-vifs mobilière ou immobilière qui dépassait cinq cents solides.

De là, la conséquence que le donateur pouvait, aussi bien que ses héritiers ou les tiers, se prévaloir du défaut d'insinuation, afin de ramener sa libéralité à la somme de cinq cents solides.

Au XVI^e siècle, les vieux légistes français, de plus en plus fascinés par l'ordre apparent et par les pompes du Bas-Empire, importèrent une foule d'institutions romaines dans le droit féodal, et c'est ainsi qu'avec le secours des ordonnances l'insinuation s'introduisit parmi les formalités requises en matière de donations entre-vifs.

En droit romain, l'idée d'origine était confuse; naturellement, dans l'ancien droit français, la confusion ne fit qu'augmenter.

Cependant Ricard indique qu'en établissant l'insinuation les ordonnances se proposèrent de porter à la fois remède aux donations immenses qu'encourageait le secret, ainsi qu'à l'abus des traditions feintes (1).

L'insinuation parut ainsi être requise tant dans l'intérêt des tiers acquéreurs et créanciers du donateur que dans l'intérêt de sa famille.

L'ordonnance de 1731 déclara, en conséquence, que le défaut d'insinuation pourrait être opposé par tous les ayants cause du donateur; mais elle exclut le donateur lui-même (2)..

Le Code de la Convention ne resta malheureusement, comme nous le savons, qu'à l'état de projet; toutefois, vers la fin de la Révolution, la célèbre loi du 11 brumaire an VII vint poser d'une manière générale *le principe rationnel et démocratique de la publicité de la transmission des droits réels* (3).

L'idée de la loi de brumaire était de favoriser l'extension du crédit, et la libre circulation de la propriété. Par là, cette loi faisait subir au point de vue romain une transformation radicale et à celui de l'ancien droit français une modification profonde.

Cependant, l'insinuation ne disparut pas, et soit négligence, soit manque d'esprit de suite de la part des auteurs de la loi de brumaire, le vieux débris resta debout à côté de la nouvelle institution (4).

---

(1) Ricard, part. 1, n° 1084.

(2) Ordonnance de 1731 (art. 27).

L'art. 27 de l'ordonnance portait :

« Le défaut d'insinuation des donations, qui y sont sujettes à peine de nullité, pourra être opposé tant par les tiers acquéreurs et créanciers du donateur que par ses héritiers, donataires postérieurs, des légataires et généralement par tous ceux qui y auront intérêt, autres néanmoins que le donateur... »

Comparer ordonnance de Villers-Cotterets du mois d'août 1539 (art. 132, 133). — Ordonnance de Moulins du mois de février 1566 (art. 57, 58).

(3) L'art. 26 de la loi du 9 brumaire an VII était conçu dans les termes suivants :

« Les actes translatifs de biens et droits susceptibles d'hypothèques doivent être transcrits sur les registres du bureau de la conservation des hypothèques dans l'arrondissement duquel les biens sont situés. — Jusque-là, ils ne peuvent être opposés aux tiers qui auraient contracté avec le vendeur et qui se seraient conformés aux dispositions de la présente. »

(4) TABLEAU DES PRINCIPALES DIFFÉRENCES ENTRE L'INSINUATION DE L'ANCIEN DROIT FRANÇAIS ET LA TRANSCRIPTION DE LA LOI DU 11 BRUMAIRE AN VII :

1° *L'insinuation s'appliquait aux donations entre-vifs tant mobilières qu'immobilières ;*

Si les compilateurs napoléoniens eussent eu le moindre esprit législatif, la tâche leur eût été facile; ils eussent, en effet, supprimé l'insinuation, complété le système du Code la Convention par la transcription de la loi de brumaire et proclamé à leur tour *le principe de la publicité de la transmission des droits réels.*

Au lieu de comprendre ainsi leur rôle, ils s'engagèrent dans des discussions dont le fond même leur échappait, et finalement, ne sachant à quoi se résoudre, ils adoptèrent pour certaines donations entre-vifs une idée de transcription d'une nature indéfinissable, en même temps qu'ils abrogeaient par sous-entendu pour toute autre aliénation le régime de la publicité (1).

2° DONATIONS ENTRE-VIFS SUJETTES A TRANSCRIPTION, D'APRÈS L'ART. 939.

*La transcription est la copie littérale de l'acte de donation ou de tous les actes constitutifs de la donation*, offre, acceptation, notification, *sur un registre spécial tenu par le conservateur des hypothèques, et que toute personne peut consulter.*

La transcription est requise, d'après l'art. 939, pour la donation de *biens susceptibles d'hypothèques.*

De là il résulte que cette formalité est inapplicable :

1° *Aux donations de biens meubles corporels ou incorporels* (art. 2118);

---

*La transcription, aux seuls biens et droits susceptibles d'hypothèque.*

2° *L'insinuation se faisait au greffe des tribunaux ;*

*La transcription au bureau des hypothèques.*

3° *L'insinuation devait être faite dans les quatre mois à compter de la date de la donation pour les personnes et biens qui étaient dans le royaume, et dans les six mois pour ceux qui étaient hors du royaume.*

*Lorsque l'insinuation était pratiquée dans ces délais, la donation avait son effet du jour de sa date, à l'égard de toutes personnes.*

*Lorsqu'elle était pratiquée en dehors de ces délais, la donation n'avait effet que du jour de l'insinuation.*

*La transcription n'avait aucun effet rétroactif.*

4° *Le défaut d'insinuation pouvait être opposé au donataire par toute personne qui y avait intérêt, même par les héritiers du donateur.*

*Le défaut de transcription ne pouvait être opposé par les héritiers du donateur.*

(1) Fenet, t. II, p. 285. — Locré, *Législ. civ.*, t. XI, p. 209-212, 393 et 457.

Le dernier mot de la doctrine, aujourd'hui prépondérante, est que la transcription du Code napoléonien a le caractère d'une institution *sui generis*.

(M. Demante, t. IV, n° 82 *bis*. — MM. Zachariæ, Aubry et Rau, t. VI, p. 79, 80. — M. Demolombe, t. XX, p. 224.)

Nous nous garderons bien de contredire cette formule, d'abord parce qu'elle nous paraît tout à fait appropriée à cette partie de la législation napoléonienne et qu'ensuite, comme on le verra, elle joint, à l'immense avantage de rallier à peu près toutes les opinions, celui de n'en gêner aucune.

2° *Aux donations de biens immeubles non susceptibles d'hypothèques.*

Les biens immeubles susceptibles d'hypothèques sont :

1° *Ceux qui sont dans le commerce et leurs accessoires réputés immeubles ;*

2° *L'usufruit sur les biens de même nature* (art. 2118 et 2204).

3° *Les actions de la banque de France immobilisées;*

4° *Le droit de superficie, d'emphytéose et de domaine congéable* (1).

A l'inverse, les biens immeubles non susceptibles d'hypothèques sont :

1° *Les servitudes réelles, et, parmi les servitudes personnelles, le droit d'usage sur les immeubles, et le droit d'habitation;*

2° *Les actions qui tendent à revendiquer un immeuble* (art. 526).

Toutefois, nonobstant les termes très-positifs de l'art. 939, on débat la question de savoir si ce texte ne concerne pas quand même ces deux dernières catégories d'immeubles.

1re CONTROVERSE. — *L'art.* 939 *est-il applicable aux servitudes réelles, au droit d'usage sur les immeubles et au droit d'habitation ?*

DEUX SYSTÈMES.

1er SYSTÈME (2). — *Aff.*

1er *Arg.* — D'après la législation napoléonienne, le but de la transcription est de prévenir les fraudes qui peuvent résulter, au préjudice des tiers, de la clandestinité des donations les plus propres par elles-mêmes à demeurer secrètes.

Ce but ne serait pas atteint, et la législation napoléonienne serait tombée en pleine contradiction avec elle-même, si elle ne prescrivait pas la transcription des donations de servitudes, de droits d'usage sur les immeubles ou de droits d'habitation.

2e *Arg.* — Du reste, les droits de servitudes, d'usage sur les immeubles et d'habitation sont susceptibles d'hypothèques :

Du côté du donateur, comme faisant partie intégrante d'un droit de propriété qui ne pourra plus dorénavant être hypothéqué entre ses mains que pour une valeur réduite;

Du côté du donataire, comme devenant une qualité active du fonds dominant, laquelle qualité sera dorénavant frappée d'hypothèque conjointement avec ce fonds.

2e SYSTÈME (3). — *Nég.*

Ce système réplique qu'aux termes de l'art. 939, la transcriptiou n'est

(1) V. *Manuel de droit*, t. III, art. 2118.

(2) M. Demante, t. IV, n° 80 *bis*, II. — M. Bugnet, *Sur Pothier*, *Des donations entre-vifs*, n° 102, note 2.

(3) MM. Zachariæ, Aubry et Rau, t. VI, p. 84, texte et note 9. — M. Demolombe, t. XX, p. 231.

requise que pour les donations de biens susceptibles d'hypothèques, c'est-à-dire évidemment susceptibles par eux-mêmes d'être hypothéqués.

Cette *seconde* solution est en dehors de toute logique, mais elle ne comporte aucun doute.

2e CONTROVERSE. — *L'art.* 939 *est-il applicable aux actions qui tendent à revendiquer un immeuble?*

Cette controverse est une sorte de dépendance de la précédente.

L'*affirmative* est professée par les auteurs qui enseignent que, d'après l'art. 939, toutes les donations immobilières doivent être transcrites.

La *négative* est, en général, admise par les interprètes qui s'en tiennent à la formule de l'art. 939 (1).

NOTA. — La transcription doit être faite au bureau des hypothèques dans l'arrondissement duquel les biens sont situés, et lorsque la donation comprend des biens situés dans différents arrondissements, elle doit être faite dans les bureaux respectifs de leur situation.

De plus, le Code Napoléon n'a fixé aucun délai pour y procéder; elle peut, par conséquent, être accomplie à toute époque, même après la mort du donateur, sauf à ce qu'elle ne produise effet que du jour où elle a eu lieu.

### 3° DONATIONS ENTRE-VIFS NOUVELLES ET ACTES SE RÉFÉRANT AUX DONATIONS ENTRE-VIFS SUJETS A TRANSCRIPTION, D'APRÈS LA LOI DU 23 MARS 1855.

D'après l'art. 11 de la loi du 23 mars 1855, *les dispositions du Code Napoléon sur la transcription doivent continuer à recevoir leur exécution.*

Pris à la lettre, ce texte pourrait porter à penser que le *système* du Code Napoléon sur la transcription est encore aujourd'hui exclusivement applicable aux donations.

Toutefois, on est, en général, d'avis que, même en matière de donation, il faut compléter la compilation napoléonienne par la loi du 23 mars.

De là, la conséquence que l'on doit aujourd'hui transcrire :

1° *Les donations de servitudes réelles, de droits d'usage portant sur des immeubles, et de droits d'habitation* (alin. 1, art. 2, l. 23 mars 1855).

2° *Les jugements prononçant la nullité ou la révocation d'une donation transcrite* (art. 4);

3° *Les actes entre-vifs ou jugements constatant la remise ou la ces-*

(1) Comparer M. Demante, t. IV, n° 80 *bis*, III. — MM. Zachariæ, Aubry et Rau, t. VI, p. 81, texte et note 10. — M. Demolombe, t. XX, p. 235.

*sion à titre gratuit de loyers ou de fermages non échus, à moins que la remise n'ait été consentie pour moins de trois années* (1).

Du reste, les effets du défaut de transcription, d'après la loi du 23 mars, ne sont pas *les mêmes* que les effets du défaut de transcription, d'après les art. 939 et suivants (V. *infra*. art. 941) (2).

**940.** — Cette transcription sera faite à la diligence du mari, lorsque les biens auront été donnés à sa femme; et si le mari ne remplit pas cette formalité, la femme pourra y faire procéder sans autorisation. — Lorsque la donation sera faite à des mineurs, à des interdits, ou à des établissements publics, la transcription sera faite à la diligence des tuteurs, curateurs ou administrateurs.

**942.** — Les mineurs, les interdits, les femmes mariées, ne seront point restitués contre le défaut d'acceptation ou de transcription des donations; sauf leur recours contre leurs tuteurs ou maris, s'il y échet, et sans que la restitution puisse avoir lieu, dans le cas même où lesdits tuteurs et maris se trouveraient insolvables.

Ces articles mal rédigés et incomplets indiquent :

1° *Certaines personnes qui ont la faculté de faire faire la transcription;*

2° *Certaines personnes qui sont tenues de faire faire la transcription.*

Ont la faculté de faire faire la transcription :

1° *Le donateur;*

2° *Le donataire, capable ou même incapable, et, dans le cas où il est incapable, sans qu'il ait besoin d'aucune autorisation ni assistance;*

3° *Les successeurs universels ou particuliers et les créanciers du donataire* (art. 724, 1009, 1012, 1166, 2192, 2193);

4° *Les parents ou amis de la femme mariée, du mineur ou de l'interdit donataire, et le procureur impérial* (argument d'analogie, art. 2139 et 2194);

5° *Le mari non administrateur des biens de sa femme* (V. *infra*, le cas du mari administrateur), *le curateur du mineur émancipé, les ascendants du mineur* (argument d'analogie, art. 935) (3).

---

(1) Lesenne, *De la transcription*, n° 162. — MM. Aubry et Rau, t. VI, p. 91. — M. Demolombe, t. XX, p. 325 et suiv.

(2) M. Flandin, *De la transcription*, t. I, n° 681. — M. Grosse, *De la transcription*, n° 352. — M. Demolombe, t. XX, p. 328.

Les auteurs disent que la transcription de la loi du 23 mars est *d'une tout autre nature* que celle du Code Napoléon.

Ce qu'il y aurait de plaisant en moins grave matière, c'est de voir que ceux qui s'expriment ainsi ne peuvent pas plus définir la transcription de la loi du 23 mars que la transcription de la compilation napoléonienne.

Nous nous trouvons donc en face d'une nouvelle institution *sui generis*.

(3) Comparer M. Demante, t. IV, n° 81 *bis*, II. — MM. Zachariæ, Aubry et Rau, t. VI, p. 82, texte et note 11. — M. Coin-Delisle, art. 940. — M. Demolombe, t. XX, p. 244.

De ce que les différentes personnes sus-indiquées ont le droit de requérir la transcription de la donation, il en résulte qu'elles ont aussi par là même le droit de se procurer l'acte de donation, afin de requérir la transcription (1).

Sont tenus de faire faire la transcription :

D'après l'art. 940, *les maris, les tuteurs, curateurs ou administrateurs, lorsque la donation a été faite à des femmes mariées, à des mineurs, à des interdits ou à des établissements publics.*

On est, en général, d'accord pour retrancher de cette formule les *curateurs.*

C'est, en effet, par inadvertance que les curateurs ont été compris dans l'art. 940, au nombre des personnes chargées de faire faire la transcription ; d'abord les curateurs n'administrent pas ; ensuite, ils correspondent dans le texte, non aux *mineurs émancipés* qui n'y sont même pas nommés, mais aux *interdits* qui étaient autrefois en curatelle, et qui, comme l'on sait, sont aujourd'hui en tutelle ; enfin l'art. 942 ne parle plus des curateurs, lorsqu'il prononce la sanction de l'obligation décrétée par l'art. 940 (2).

Lorsque les maris ou tuteurs n'ont pas requis la transcription, ils sont passibles de dommages-intérêts envers les femmes, mineurs ou interdits, *s'il y échet*, c'est-à-dire à la fois s'ils ne présentent pas une excuse plausible, et si le défaut de transcription a effectivement causé un préjudice au donataire.

Quant aux administrateurs qui ne sont pas rappelés dans l'art. 942, certains auteurs concluent de cette omission que leur responsabilité n'est engagée que tout autant qu'en négligeant de requérir la transcription ils ont commis une faute grave (3).

Remarquons :

1° *Que l'art.* 942 *impose aux maris ou tuteurs la même responsabilité, en ce qui concerne l'acceptation des donations offertes aux femmes, mineurs ou interdits, qu'en ce qui concerne la transcription ; ce qui est une disposition erronée à l'égard du mari, ce dernier n'ayant pas qualité pour accepter les donations offertes à sa femme ;*

2° *Que les femmes mariées, mineurs, interdits ou établissements publics ne sont pas restituables contre le défaut de transcription, et*

---

(1) M. Demante, t. IV, n° 81 *bis*, II. — M. Demolombe, t. XX, p. 246.

(2) M. Valette, à son cours. — MM. Zachariæ, Aubry et Rau, t. VI, p. 82, texte et note 12.

En sens contraire, M. Demolombe, t. XX, n° 252.

(3) MM. Zachariæ, Aubry et Rau, t. VI, p. 83, texte et note 15. — Comparer M. Demolombe, t. XX, p. 255.

*les mineurs, interdits ou établissements publics contre le défaut d'acceptation, lors même que les personnes tenues de requérir pour eux la transcription ou de faire pour eux l'acceptation se trouvent insolvables.*

**941.** — Le défaut de transcription pourra être opposé par toutes personnes ayant intérêt, excepté toutefois celles qui sont chargées de faire faire la transcription, ou leurs ayants cause, et le donateur.

Par suite de l'idée *sui generis* du législateur napoléonien sur la transcription, cet article a donné lieu à un nombre indéfini de controverses.

Nous examinerons :

1° *Quelles personnes peuvent opposer au donataire le défaut de transcription, d'après l'art.* 941 ;

2° *Quelles personnes ne peuvent opposer au donataire le défaut de transcription, d'après l'art.* 941 ;

3° *Quelles personnes peuvent opposer au donataire le défaut de transcription, d'après la loi du* 23 *mars* 1855.

Être en droit d'opposer le défaut de transcription, c'est, comme on le conçoit, être en droit de regarder la donation non transcrite comme non avenue.

### 1° PERSONNES QUI PEUVENT OPPOSER AU DONATAIRE LE DÉFAUT DE TRANSCRIPTION, D'APRÈS L'ART. 941.

Le texte porte que « *le défaut de transcription pourra être opposé par toutes personnes ayant intérêt* ».

Les termes de cette règle sont aussi larges que possible.

Toutefois, il est d'abord évident qu'on n'y doit pas comprendre les ersonnes que la *seconde partie* du texte range elle-même dans l'*excepon.*

*Cette déduction faite* (V. *infra*, p. 473), *doit-on en demeurer là?*

Il reste encore parmi les personnes pouvant avoir intérêt à ce que la donation soit regardée, en ce qui les concerne, comme non avenue :

1° *Les héritiers ou autres successeurs universels ou à titre universel du donateur ;*

2° *Ses créanciers chirographaires ;*

3° *Les tiers qui de son chef ont acquis des droits réels à titre particulier et gratuit* (*donataires à titre particulier postérieurs et légataires à titre particulier*) ;

4° *Les tiers qui de son chef ont acquis des droits réels à titre particulier et onéreux* (*créanciers privilégiés et hypothécaires, et, dans le sens usuel, tiers acquéreurs*);

La controverse règne sur ces *quatre* classes.

Dans l'état actuel de la législation, si l'on veut présenter une théorie consistante, on doit logiquement refuser aux personnes de la *première* classe le droit d'opposer le défaut de transcription, et, au contraire, reconnaître ce même droit aux personnes des *trois* autres classes.

Examinons rapidement ce qui concerne chacune des *quatre* classes.

### 1° Héritiers ou autres successeurs universels ou à titre universel du donateur.

*Les héritiers ou autres successeurs universels ou à titre universel du donateur sont-ils en droit d'opposer le défaut de transcription ?*

#### DEUX SYSTÈMES.

1er SYSTÈME (1). — *Aff.*

1er *Arg.* — L'art. 941 est la reproduction abrégée de l'art. 27 de l'ordonnance de 1731;

Or, l'art. 27 de l'ordonnance comprenait formellement les héritiers du donateur parmi les personnes qui pouvaient se prévaloir du défaut de transcription.

2e *Arg.* — L'art. 941 ne range pas les héritiers du donateur parmi les personnes exceptées.

3e *Arg.* — Avant de faire une acceptation pure et simple ou même bénéficiaire, les héritiers peuvent avoir un intérêt considérable à connaître les donations qui ont diminué le patrimoine de leur auteur.

2e SYSTÈME (2). — *Nég.*

1er *Arg.* — La donation offerte et acceptée régulièrement engendre, par la seule force du consentement des parties, au profit du donataire un droit personnel contre le donateur;

Donc, par là même, contre les héritiers du donateur, puisque les héritiers représentent la personne du donateur;

Or, l'art. 941 refuse au donateur, et par conséquent à ses héritiers, le droit d'opposer le défaut de transcription.

2e *Arg.* — Il n'y a rien à conclure :

Ni de l'art. 27 de l'ordonnance de 1731, qui, s'appliquant à l'insinuation, exigeait, à peine de nullité, l'accomplissement de cette formalité;

Ni du silence de l'art. 941 à l'égard des héritiers du donateur, parce qu'il est de principe que les héritiers représentent la personne de leur auteur ;

Ni de l'intérêt que les héritiers du donateur peuvent avoir à opposer le

---

(1) M. Demante, t. IV, n° 82 *bis*, I. — M. Bugnet, *Sur Pothier*, t. VIII, p. 389.

(2) M. Valette, à son cours. — MM. Zachariæ, Aubry et Rau, t. VI, p. 85.

défaut de transcription, car, si le législateur a su être conséquent dans la circonstance, il n'a pas pu prendre cet intérêt en mains.

D'après l'ensemble de la législation napoléonienne, ce *dernier* système n'est pas contestable.

### 2° Créanciers chirographaires.

*Les créanciers chirographaires sont-ils en droit d'opposer le défaut de transcription ?*

DEUX SYSTÈMES.

1er SYSTÈME (1). — *Nég.*

1er *Arg.* — Les créanciers chirographaires ne sont que des ayants cause de leur débiteur, car ils n'ont sur les biens de celui-ci aucun droit propre ; donc, non plus que lui, ils ne peuvent opposer le défaut de transcription des donations qu'il a faites.

2e *Arg.* — L'art. 939 ne soumet à la transcription que les biens susceptibles d'hypothèques ; ces termes indiquent suffisamment que la transcription n'est requise que dans le seul intérêt des créanciers hypothécaires.

3e *Arg.* — La transcription du Code Napoléon est d'ailleurs issue de la transcription de la loi du 11 brumaire an VII ;

Or, cette dernière loi n'avait trait qu'au régime hypothécaire.

2e SYSTÈME (2). — *Aff.*

1er *Arg.* — Dans l'espèce, les créanciers chirographaires ont un droit propre qui résulte de ce qu'ils ont un intérêt propre.

2e *Arg.* — De ce que l'art 939 emploie des termes restrictifs pour déterminer les donations sujettes à la nécessité de la transcription, il n'y a absolument rien à conclure, car l'art. 941 se sert, au contraire, de la formule la plus compréhensive pour indiquer les personnes qui peuvent opposer le défaut de transcription.

3e *Arg.* — Il n'est point démontré que la loi de brumaire entendit refuser aux créanciers chirographaires le droit de se prévaloir du défaut de transcription.

Ce *second* système nous paraît fort probable.

Il en résulte la conséquence suivante :

*Tant que la transcription de la donation n'a pas eu lieu, les créanciers chirographaires du donateur ont le droit de regarder le bien donné*

---

(1) Merlin, *Répert.*, *transcription*, § VI, n° 2. — M. Coin-Delisle, art. 941. Marcadé, art. 941, n° 1.

(2) M. Demante, t. IV, n° 82 *bis*, VIII. — MM. Zachariæ, Aubry et Rau, t. VI, p. 87, texte et note 26. — M. Demolombe, t. XX, p. 270.

*comme continuant à faire partie du patrimoine de leur débiteur et de le frapper de saisie.*

Du reste, on ne doit évidemment admettre aucune distinction entre les créanciers dont les titres sont *antérieurs* à la donation et ceux dont les titres y sont *postérieurs* (1).

3° Tiers qui du chef du donateur ont acquis des droits réels à titre particulier et gratuit (donataires à titre particulier postérieurs et légataires à titre particulier).

Nous distinguerons :

a. *Le cas des donataires à titre particulier postérieurs ;*

b. *Le cas des légataires à titre particulier.*

a. *Les donataires à titre particulier postérieurs peuvent-ils opposer le défaut de transcription ?*

DEUX SYSTÈMES.

1re SYSTÈME (2). — *Nég.*

1er *Arg.* — Le rapporteur Jaubert s'est prononcé dans ce sens ; il disait au Tribunat :

« Le défaut de transcription peut être opposé par toutes personnes ayant intérêt. Il n'y a d'exception que pour celles qui sont chargées de faire faire la transcription ou leurs ayants cause et le donateur, ce qui comprend aussi nécessairement les donataires postérieurs, les cessionnaires et les héritiers du donateur (Locré, *Législ. civ.*, t. XI, p. 457). »

2e *Arg.* — L'art. 1072 refuse aux donataires de l'auteur d'une substitution le droit de se prévaloir du défaut de transcription de la substitution, et par conséquent de la donation qui la renferme.

3e *Arg.* — D'après la loi du 11 brumaire an VI, les donataires postérieurs n'eussent pas pu être admis à opposer aux antérieurs le défaut de transcription ;

Or, le Code Napoléon a reproduit en ce point l'idée de la loi de brumaire.

2e SYSTÈME (3). — *Aff.*

1er *Arg.* — L'art. 941 admet à opposer le défaut de transcription « toutes personnes ayant intérêt » ;

(1) MM. Zachariæ, Aubry et Rau, t. VI, p. 88, texte et note 27. — M. Demolombe, t. XX, p. 275.

(2) Merlin, *Rép.*, v° Donation, section VI, § 3. — M. Troplong, t. III, n° 1177-1179. — M. Marcadé, art. 941, n° 4.

(3) M. Maleville, sur l'art. 941. — M. Valette, à son cours. — MM. Zachariæ, Aubry et Rau, t. VI, p. 86, texte et note 25. — M. Demolombe, t. XX, p. 264.

Or, les donataires postérieurs ont intérêt, et ils ne sont pas tenus des engagements du donateur;

Donc, ils sont compris dans la règle posée par l'art. 941.

2e *Arg.* — Les paroles de Jaubert ne constatent que l'opinion de Jaubert.

Ces paroles ne peuvent l'emporter sur le texte formel de l'art. 941, et Maleville les a d'ailleurs contredites dans son commentaire.

3e *Arg.* — L'art. 1072 ne contient pas la conséquence qu'on y veut voir relativement à la donation.

Cet article a été presque littéralement emprunté à l'art. 34 de l'ordonnance de 1747;

Or, bien que ce dernier texte refusât aux donataires de l'auteur d'une substitution le droit de se prévaloir du défaut d'insinuation de la substitution, néanmoins l'art. 27 de l'ordonnance de 1731 leur attribuait le droit de se prévaloir du défaut d'insinuation des donations.

La corrélation n'est donc point forcée.

4e *Arg.* — L'un des partisans du 1er système a lui-même écrit qu'il n'était point douteux que, d'après la loi de brumaire, *on ne dut préférer un second donataire dont le titre serait transcrit à un premier donataire qui n'aurait pas fait revêtir le sien de la formalité de la transcription* (1).

Le *premier* argument du *second* système est péremptoire.

b. *Les légataires à titre particulier peuvent-il opposer le défaut de transcription?*

DEUX SYSTÈMES.

1er SYSTÈME (2). — *Nég.*

1er *Arg.* — Le donataire est à la fois un créancier du donateur et un propriétaire de la chose donnée en face du légataire particulier, et, par conséquent, il ne peut pas être exclu par ce légataire.

2e *Arg.* — La loi du 11 brumaire an VII n'avait institué la transcription qu'en faveur *des personnes* qui avaient contracté avec le vendeur (art. 26); donc, les légataires n'étaient pas compris dans ses termes.

2e SYSTÈME (3). — *Aff.*

1er *Arg.* — La généralité de la formule de l'art. 941 forme par elle-même une raison décisive.

---

(1) Merlin, *Quest. de droit*, v° Transcription, § 6, n° 3.

(2) Merlin, *Quest. de droit*, v° Transcription, § 6, n° 4. — M. Troplong, t. III, n° 1178. — M. Marcadé, art. 941, n° 4. — M. Demolombe, t. XX, p. 286.

(3) MM. Zachariæ, Aubry et Rau, t. VI, p. 86. — M. Flandin, t. II, nos 947 et suiv.

2e *Arg.*—La disposition de la loi de brumaire a, en effet, l'apparence de ne pas être applicable aux légataires; mais les considérations fondées sur cette loi n'ont qu'une importance toute secondaire pour l'interprétation de l'art. 941.

Nous adhérons au *second* système, en ajoutant que le *premier* argument du *premier* système est, à nos yeux, une pétition de principe évidente.

4° Tiers qui du chef du donateur ont acquis des droits réels à titre particulier et onéreux. (Créanciers privilégiés et hypothécaires, et, dans le sens usuel, tiers acquéreurs.)

Dans les premiers temps de la publication du Code Napoléon, certains auteurs ont enseigné que, d'après ce Code, la publicité de la transmission des droits réels n'avait pas plus été organisée en matière de donation entre-vifs qu'en matière de vente, et que, dans les donations entre-vifs comme dans les ventes, la transcription n'était requise qu'à titre de formalité préparatoire de la purge des hypothèques (1).

Cette doctrine avait pour but de sauver la compilation napoléonienne d'une incohérence flagrante; mais, en présence des articles 941 et 942, elle n'était pas soutenable.

Aussi les auteurs, les moins portés à entendre dans un sens large la formule de l'art. 941, admettent-ils sans difficulté les personnes de cette *quatrième* classe à opposer le défaut de transcription, et il y a lieu d'ajouter : sans que ces personnes aient elles-mêmes besoin de transcrire, nonobstant la disposition nouvelle de la loi du 23 mars 1855 (V. *infra*, p. 476) (2).

On professe unanimement que ni le donataire, ni ses créanciers et ayants cause ne seraient recevables à se prévaloir du défaut de transcription dans les cas, d'ailleurs exceptionnels, où ils pourraient avoir intérêt à le faire (3).

2° PERSONNES QUI NE PEUVENT OPPOSER AU DONATAIRE LE DÉFAUT DE TRANSCRIPTION, D'APRÈS L'ART. 941.

Aux termes de l'art. 941, ces personnes sont :

1° *Les personnes chargées de faire faire la transcription ;*

---

(1) V. notamment Toullier, t. V, p. 236 et suiv.

(2) Merlin, *Répert.*, v° Donation, sect. VI, § 3, et v° Transcription, § 3, n° 5. Comparer MM. Zachariæ, Aubry et Rau, t. VI, p. 85, texte et note 21. — M. Demolombe, t. XX, p. 262.

(3) MM. Zachariæ, Aubry et Rau, t. VI, p. 88, texte et note 30. — M. Demolombe, t. XX, p. 290.

2° *Les ayants cause de ces mêmes personnes;*
3° *Le donateur.*

1° Personnes chargées de faire faire la transcription,

En ce qui concerne ces personnes, l'exception a un motif évident; elle est fondée sur l'idée qu'*on* ne peut soi-même être l'auteur de l'éviction dont on serait responsable, si *un autre* en était l'auteur : *Quem de evictione tenet actio, eumdem agentem repellit exceptio.*

2° Ayants cause des personnes chargées de faire faire la transcription,

*S'agit-il des héritiers et des autres successeurs universels ou à titre universel des personnes chargées de faire faire la transcription*, il est clair qu'ils doivent être identifiés avec ces personnes.

*S'agit-il des successeurs particuliers, à titre onéreux ou gratuit, et des créanciers privilégiés, hypothécaires ou chirographaires de ces mêmes personnes*, on ne s'entend pas sur le point de savoir s'ils doivent être déclarés dans tous les cas non recevables à opposer le défaut de transcription.

*Deux* cas sont, en effet, possibles :

*Ou la donation ayant été faite par un tiers à une femme mariée, à un mineur, à un interdit ou à un établissement public, le mari, le tuteur ou l'administrateur a lui-même ensuite acquis des droits sur le bien donné, et les successeurs particuliers ou les créanciers du mari, du tuteur ou de l'administrateur, voudraient se prévaloir du défaut de transcription;*

*Ou la donation ayant été faite à une femme mariée par son mari, à un mineur ou à un interdit par son tuteur, ou à un établissement public par son administrateur, les successeurs particuliers ou les créanciers du mari, du tuteur ou de l'administrateur donateur voudraient se prévaloir du défaut de transcription.*

Dans le *premier* cas, on est, en général, d'accord pour déclarer que les successeurs particuliers ou les créanciers de la personne, chargée de faire faire la transcription, sont les ayants cause de cette personne et ne peuvent, par conséquent, opposer le défaut de transcription.

Dans le *second* cas, il y a controverse:

DEUX SYSTÈMES.

1er SYSTÈME (1). — *Même dans le cas où le mari, le tuteur ou l'ad-*

(1) Merlin, *Quest. de dr.*, v° Transcription, § VI, n° 3. — M. Demante t. IV, n° 82 *bis*, IX. — MM. François et Rivière, Explication de la loi du 23 mars 1855, 1er appendice, n° 22.

*ministrateur est le donateur, les successeurs particuliers et les créanciers privilégiés, hypothécaires ou chirographaires du mari, du tuteur ou de l'administrateur, doivent être déclarés non recevables à opposer le défaut de transcription.*

1er *Arg.* — L'art. 941 déclare en termes absolus non recevables à opposer le défaut de transcription les ayants cause des personnes chargées de la requérir.

2e *Arg.* — Les art. 30 et 31 de l'ordonnance de 1731 consacraient solution.

3e *Arg.* — Les successeurs particuliers et les créanciers privilégiés, cette hypothécaires ou chirographaires du mari, du tuteur ou de l'administrateur donateur, sont, il est vrai, compris à la fois dans la règle et dans l'exception formulées par l'art. 941;

Mais lorsqu'il y a concours entre la règle et l'exception, c'est toujours l'exception qui doit l'emporter sur la règle.

2e SYSTÈME (1). — *Dans le cas où le mari, le tuteur ou l'administrateur est le donateur, les successeurs particuliers et les créanciers privilégiés, hypothécaires ou chirographaires du mari, du tuteur ou de l'administrateur doivent être déclarés recevables à opposer le défaut de transcription.*

1er *Arg.*— L'expression *ayant cause* a un sens relatif, et la même personne peut être considérée tantôt comme un ayant cause de son débiteur, tantôt comme un tiers, selon la nature du droit qu'elle est apte à invoquer.

2e *Arg.*— La solution de l'ancien droit dérivait d'une tout autre prémisse que celle de la doctrine actuelle.

L'ancien droit ne refusait la faculté de se prévaloir du défaut d'insinuation qu'aux seuls successeurs particuliers du mari ou du tuteur qui se seraient trouvés eux-mêmes hypothécairement tenus des dommages-intérêts résultant du défaut qu'ils eussent opposé (2).

La doctrine actuelle laisse en dehors la question de l'hypothèque et fonde sa décision sur l'idée que tous les successeurs particuliers de la personne chargée de faire faire la transcription sont les ayants cause de cette personne.

3e *Arg.* — Les successeurs particuliers et les créanciers privilégiés, hypothécaires ou chirographaires du mari, du tuteur ou de l'administrateur donateur, sont compris seulement compris dans la règle, et non pas à la fois dans la règle et dans l'exception formulées par l'art. 941.

Lorsqu'ils opposent le défaut de transcription de la donation faite par

(1) MM. Zachariæ, Aubry et Rau, t. VI, p. 89, texte et note 31. — M. Demolombe, t. XX, p. 307.

(2) Pothier, Introd. au titre XV de la Coutume d'Orléans, n° 63; *Des donations entre-vifs*, sect. II, art. 3, § 3. — Furgole, Sur les art. 30 et 31 de l'ordonnance de 1731.

leur auteur ou par leur débiteur, ils arguent, en effet, d'un droit propre.

*Légalement*, les deux systèmes nous paraissent atteindre le même degré de probabilité.

*Rationnellement*, nous ne nous prononcerions non plus pour aucun des deux.

*Selon nous, les successeurs particuliers et les créanciers de la personne chargée de faire faire la transcription ne devraient, dans aucun cas, porter la responsabilité d'une faute qui leur est étrangère.*

Remarquons, du reste, que *la décision du second système n'en laisse pas moins subsister intact le recours hypothécaire des incapables;* ce qui atténue considérablement la portée de ce système (1).

3° Donateur.

Quelque peu net que soit le caractère de la transcription dans la compilation napoléonienne, cette formalité y joue incontestablement le rôle d'une mesure de publicité.

Il est donc tout simple que le donateur ne puisse se prévaloir de son inaccomplissement.

3° PERSONNES QUI PEUVENT OPPOSER AU DONATAIRE LE DÉFAUT DE TRANSCRIPTION, D'APRÈS LA LOI DU 23 MARS 1855.

La loi du 23 mars 1855 ayant ajouté une nouvelle théorie de transcription *sui generis* à la théorie de transcription *sui generis* de la compilation napoléonienne, il résulte de l'art. 3 de cette loi qu'à l'égard des donations auxquelles elle est applicable, le défaut de transcription ne peut être opposé que *par les tiers qui ont des droits sur l'immeuble, et qui les ont conservés en se conformant aux lois.*

De là, *deux* différences entre l'art. 941 de la compilation napoléonienne et l'art. 3 de la loi du 23 mars 1855 :

1° *D'après l'art.* 941, *les créanciers chirographaires du donateur ont le droit d'opposer au donataire le défaut de transcription* (V. *supra*, p. 470);

*D'après l'art.* 3 *de la loi du* 23 *mars* 1855, *ces créanciers n'ont pas ce droit.*

2° *D'après l'art.* 941, *l'acquéreur à titre onéreux qui n'a pas transcrit, a le droit d'opposer au donataire le défaut de transcription* (V. *supra*, p. 473);

(1) MM. Zachariæ, Aubry et Rau, t. VI, p. 93, texte et note 2. — M. Demolombe, t. XX, p. 316.

V. cep. en sens contraire les conclusions de l'avocat-général Tarbé, affaire de Laugrenière, *Dev.*, 1840, t. I, p. 221-223.

*D'après l'art. 3 de la loi du 23 mars 1855, cet acquéreur n'a pas ce droit* (1).

**948.** — Tout acte de donation d'effets mobiliers ne sera valable que pour les effets dont un état estimatif, signé du donateur et du donataire, ou de ceux qui acceptent pour lui, aura été annexé à la minute de la donation.

Ce texte a pour origine l'art. 15 de l'ordonnance de 1731.

Les auteurs disent qu'en exigeant un état estimatif pour les donations d'effets mobiliers, le législateur napoléonien a eu en vue :

1° *De protéger l'intérêt du donataire contre les changements de volonté du donateur.*

L'art. 948 apparaît ainsi principalement comme une application de la vieille maxime : « Donner et retenir ne vaut ».

2° *De protéger l'intérêt du donateur qui peut être fondé à se faire rendre les meubles donnés* (V. *infra*) ;

3° *De protéger l'intérêt des héritiers qui peuvent avoir le droit de demander le rapport ou la réduction de la donation* (V. *supra*, p. 287 et p. 433).

4° *De protéger l'intérêt des tiers qui peuvent avoir besoin de connaître la quotité de la donation.*

De ces *quatre* intérêts, il n'y en a qu'un seul, le dernier, qui méritât d'être pris législativement en considération, et l'art. 948 le sert aussi mal que possible (2).

L'état estimatif dont parle l'article, est requis pour toute donation d'effets mobiliers faite par un *acte* (3).

---

(1) Comparer M. Bressolles, *De la transcription*, nos 25 à 52. — M. Mourlon, *De la transcription*, t. I, n° 113. — M. Lesenne, *De la transcription*, n° 166. — MM. Aubry et Rau, t. VI, p. 90 et suiv. — M. Demolombe, t. XX, p. 321 et suiv.

Il est impossible d'imaginer un désordre législatif plus complet que celui qu'engendre le rapprochement de la loi du 23 mars 1855 et du Code Napoléon.

Le élucubrations juridiques des Rouher et des Baroche sont venues s'ajouter à celles des Cambacérès et des Portalis, et du tout il est sorti, en matière de transcription, une énigme indéchiffrable.

Notre exposé suffit pour mettre en relief les principales inconséquences et les principales contradictions commises par les légistes du premier et du second empire ; mais il importe de rappeler qu'à la différence même de l'ordonnance de 1731, la compilation napoléonienne et la loi du 23 mars 1855 ne se sont nullement préoccupées d'organiser la publicité des donations mobilières.

(2) Quelle publicité efficace peut-il résulter d'un état estimatif caché dans une étude de notaire !

Qu'on rapproche le Code de la Convention (art. 33 et 34, liv. II, tit. III, § 3) de ces plagiats de l'ancien droit aussi inintelligents qu'ils sont répétés.

(3) La tradition réelle ne couvrirait pas le vice résultant du défaut d'état estimatif. (Fenet, t. XII, p. 370 et 373.)

L'ancien droit en décidait autrement ; sur ce point donc, la codification napoléonienne a innové !

Lorsqu'il s'agit de créances ou de rentes, comme on ne peut spécifier ces sortes de meubles sans les estimer, une estimation spéciale n'est pas nécessaire.

Par *exception*, la disposition de l'article ne concerne pas les institutions contractuelles, ni les donations de biens à venir faites entre époux pendant le mariage.

Elle est *inapplicable* aux dons *manuels*.

Les objets donnés doivent être décrits et estimés un à un (1), soit dans l'acte même de donation, soit dans un état signé des parties, et annexé à la minute de cet acte, soit dans un acte authentique antérieur auquel les parties se sont référées.

De l'avis général des interprètes, le défaut d'état estimatif entraîne la *nullité absolue* de la donation ; aussi le *donateur lui-même* et *ses héritiers* doivent-ils être admis à l'invoquer, soit par voie d'exception si la délivrance des objets donnés n'a pas encore été faite, soit par voie d'action en restitution, si la délivrance a déjà eu lieu (2).

**943.** — La donation entre-vifs ne pourra comprendre que les biens présents du donateur ; si elle comprend des biens à venir, elle sera nulle à cet égard.

Par une méthode et par un procédé de codification qui leur sont propres, les compilateurs napoléoniens sont revenus, dans cet article et dans les trois suivants (art. 943-946), sur la règle féodale de l'*actualité et de l'irrévocabilité de la donation entre-vifs;* ils en ont présenté *quatre* applications.

Ces quatre applications constituent ce que les auteurs appellent *la forme intrinsèque des donations entre-vifs.*

La *première* est formulée par l'art. 943 en *deux* propositions :

1° *La donation entre-vifs ne peut comprendre que des biens présents;*

---

(1) M. Bayle-Mouillard s'est posé le cas de donation d'une collection, par exemple, de numismatique ou d'entomologie, et il décide qu'une estimation en bloc est seule nécessaire parce que l'ensemble des objets donnés acquière, par la réunion, un prix bien supérieur à celui de chaque objet pris isolément. (M. Bayle-Mouillard sur Grenier, t. II, n° 170, note 6.)

M. Demolombe réplique ; il veut qu'on estime, et sans doute qu'on décrive, chaque objet un à un. (M. Demolombe, t. XX, p. 341.)

Ce dernier enseignement nous paraît tout à fait conforme à l'esprit de la règle de l'état estimatif.

(2) M. Demante, t. IV, n° 90 *bis*, II. — MM. Zachariæ, Aubry et Rau, t. V, p. 484. — M. Demolombe, t. XX, p. 344.

Encore un point sur lequel la compilation napoléonienne a exagéré la vieille doctrine de l'actualité et de l'irrévocabilité.

Dans l'ancien droit, Ricard (part. I, n° 966) et Furgole (sur l'art. 15 de l'ord. de 1731) professaient que le défaut d'état estimatif produit un simple refus d'action.

Ce qui nous étonne, c'est que la doctrine de l'action en restitution, admise par le Code Napoléon, n'ait pas lassé l'éternel panégyrique de l'éminent doyen de Caen. (V. M. Demolombe, t. XX, p. 344.)

2° *Si elle comprend à la fois des biens présents et des biens à venir, elle est valable à l'égard des biens présents et nulle à l'égard des biens à venir.*

Ces *deux* propositions reviennent, comme on le voit, à distinguer le *biens présents* des *biens à venir*.

Ce n'est point là chose tout à fait simple, et depuis la promulgation de l'ordonnance de 1731 jusqu'au temps actuel, les auteurs ont, ce semble, médiocrement réussi à tracer la ligne de démarcation précise entre ces deux sortes de biens.

En général, on dit qu'on reconnaît les biens présents à ce signe qu'*ils sont transmis au donataire dès l'instant de la donation, de manière que le donateur ne puisse plus désormais les lui reprendre par aucun acte de sa volonté.*

Par antithèse, *les biens à venir sont ceux sur lesquels le donataire n'acquiert actuellement et irrévocablement aucun droit contre le donateur.*

Ainsi, d'après cette définition, sont, par exemple, des biens présents :

Les fruits à provenir d'un bien dont le donateur est propriétaire, usufruitier ou fermier (1);

La part de bénéfices que le donateur retirera d'une société dans laquelle il est intéressé.

A l'inverse, d'après la même définition, sont des biens à venir :

Le bien que le donateur se propose d'acheter ;

La part de bénéfices que le donateur retirera d'une société dans laquelle il se propose de prendre un intérêt.

Voici maintenant *l'écueil* de cette doctrine :

Soit, par exemple, une donation de 100 000 francs faite par une personne qui ne possède pas cette somme ; la donation porte-t-elle sur un *bien présent* ou sur un *bien à venir?*

Tous les auteurs enseignent qu'une pareille donation doit être regardée comme une donation de *biens présents*, et la plupart maintiennent cette solution, lors même que le payement de la somme donnée a été renvoyé au décès du donateur (2).

Mais il n'est pas difficile de démontrer qu'au moins dans les donations de cette dernière sorte, la règle de *l'actualité et de l'irrévocabilité* disparaît absolument.

---

(1) M. Demolombe, t. XX, p. 359.

Nous reproduisons cette formule comme étant la plus compréhensive de toutes celles que fournissent les auteurs ; mais l'éminent doyen a eu beau s'en tenir aux termes les moins caractéristiques et par conséquent les meilleurs, dans une circonstance où il s'agit de définir une chimère, cette prudence de doctrine ne l'a point sauvé, comme nous allons le voir, de la contradiction.

(2) M. Demante, t. IV, n° 85 *bis*, II. — MM. Zachariæ, Aubry et Rau, t. V, p. 533, 534, texte et note 4. — M. Demolombe, t. XX, p. 368.

Comme nous l'avons dit (V. *supra*, p. 382), le donataire de choses indéterminées est et ne peut être en principe qu'un *créancier* ordinaire. Supposons qu'à la suite de la première donation payable au décès du donateur, celui-ci ait fait une seconde donation affectée de la même modalité que la première. Le second donataire a exactement le même droit que le premier, car, à part toute cause d'hypothèque existant au profit de l'un ou de l'autre, l'un et l'autre sont des créanciers chirographaires ; d'où, la conséquence que si le patrimoine de leur débiteur est insuffisant pour les payer en totalité tous les deux, ils viendront ensemble *au marc le franc* sur le patrimoine de ce débiteur.

Ce qu'il y a de plus étrange, et ce qui est un résultat tout aussi forcé, c'est que si le donateur, qui n'a pas constitué d'hypothèque, nous le supposons, au profit du premier donataire, en constitue une au profit du second, ce sera le second qui l'emportera sur le premier.

Il est évident que le créancier à titre onéreux dont le droit naît postérieurement à celui du donataire d'une somme payable au décès du donateur, acquiert *à fortiori* le droit de venir au marc le franc avec ce donataire sur les biens du donateur, ou même de le primer, selon les cas, en vertu d'une cause de privilége ou d'hypothèque.

Il est tout aussi évident que le donataire créancier acquiert le droit de venir au marc le franc avec le créancier chirographaire dont le droit est né antérieurement à la donation, ou même de primer ce créancier, si le donateur constitue une hypothèque à son profit (1).

Les auteurs sont, du reste, à peu près unanimes pour considérer comme une donation de *biens à venir*, la donation d'une somme à pren-

---

(1) Comparer M. Demante, IV, n° 85, *bis*, II. — MM. Zachariæ, Aubry et Rau, t. V, p. 533, 534. — M. Labbé, *Journal du palais*, 1860, p. 353 et suiv. — M. Demolombe, t. XX, p. 363 et suiv.

Pour une doctrine véritablement scientifique, c'est-à-dire se piquant de mettre de la logique dans ses déductions, aucune des propositions précédentes ne serait contestable; il est loin d'en être ainsi et la discorde règne, chose assez fréquente, au camp d'Agramant. (V. M. Coin-Delisle, art. 943, n$^{os}$ 8 et 9. — M. Arnault, *Revue de législation*, 1851, p. 356 et suiv. — M. Nicias-Gaillard, *Revue crit. de législat.*, 1860, t. XVI, p. 193 et suiv. — M. Bonnet, *ibid.*, p. 412-444.)

Ce qu'il importerait cependant de comprendre, c'est qu'après la profonde révolution qui a commencé à mobiliser la propriété, la règle « donner et retenir ne vaut » ne peut, dans une foule de cas, conserver aucun sens; nous voulons dire qu'elle est logiquement inapplicable à toutes les donations de choses indéterminées.

Sans oser l'écrire en termes exprès, M. Demolombe partage fort clairement cet avis; il explique à merveille que lorsqu'on donne un droit de créance, on donne ce droit *avec les avantages et avec les inconvénients qui y sont attachés et qu'une dette contractée antérieurement ne fait pas obstacle à ce qu'on en contracte ensuite une nouvelle* (t. XX, p. 382).

Comment se fait-il donc que l'éminent professeur hésite *in extremis* sur les conséquences de sa propre doctrine et qu'il y apporte un correctif injustifiable

dre *sur les biens que le donateur laissera à son décès ;* dans ce cas, disent-ils, le donateur, au lieu de s'engager lui-même actuellement et irrévocablement, n'a entendu conférer au donataire qu'une créance éventuelle contre la succession, et, par conséquent, il a contrevenu à la défense de donner des biens à venir (1).

Lorsque la donation comprend à la fois des *biens présents* et *des biens à venir*, le législateur napoléonien, comme il a déjà été indiqué, la décompose en *deux* éléments, et, au risque de fausser complétement la volonté du donateur, il *sanctionne* la donation pour la partie des *biens présents* et il *l'annule* pour la partie des *biens à venir* (2).

Remarquons qu'en définitive un des principaux résultats de l'art. 943 est *d'annuler* en principe la donation de *l'universalité* ou d'*une quote part de l'universalité des biens* (V. toutefois, *infra*, art. 947, 1082 et 1093).

**944.** — Toute donation entre-vifs faite sous des conditions dont l'exécution dépend de la seule volonté du donateur sera nulle.

Quoique présenté par les compilateurs napoléoniens comme une application de la règle de *l'actualité et de l'irrévocabilité de la donation entre-vifs*, cet article contient, à vrai dire, la formule même de cette règle ; seulement, il la contient en des termes défectueux.

Dans les contrats en général, comme nous le verrons, on distingue *deux espèces de conditions dépendant de la volonté :* l'une est *la condition purement* potestative (art. 1174), l'autre *la condition potestative consistant dans un événement qu'il est au pouvoir de l'une ou l'autre des parties de faire arriver ou d'empêcher* (art. 1170) (3).

La *première* est la condition : *si je veux.*

La *seconde* serait, par exemple, la condition : *si je vais à Paris* (V. *infra*, art. 1174 et 1170).

Dans les contrats en général, *la condition purement potestative annule l'obligation lorsqu'elle est imposée au débiteur* (art. 1174).

---

en enseignant que le premier donataire a le droit d'invoquer, le cas échéant, l'art. 1167 contre le second donataire (t. XX, p. 383).

*Est-ce qu'un créancier antérieur est jamais armé de l'action révocatoire contre un créancier postérieur ?*

(1) M. Demante, t. IV, n° 85 *bis*, IV. — MM. Zachariæ, Aubry et Rau, p. 534, texte et note 6. — M. Demolombe, t. XX, p. 389.

(2) Comparer Ricard, 1re partie, n° 1024. — M. Demolombe, t. XX, p. 392.

(3) V. *infra*, art. 1170 et 1174, l'appréciation philosophique de cette distinction.

Au contraire, *la condition potestative, mais qui n'est pas purement potestative, n'invalide jamais l'obligation* (art. 1170).

Si l'on consulte la lettre de l'art. 944, il semble bien qu'il y ait lieu de transporter dans les donations la précédente distinction, car le texte ne prohibe que les conditions « dont l'exécution dépend de la seule volonté du donateur ».

Si l'on consulte le sens commun, la solution ne variera pas, car, selon le sens commun, s'il y avait à établir sur ce point une différence entre les *contrats à titre gratuit* et *les contrats à titre onéreux, ce serait à l'égard des contrats à titre onéreux* que la sévérité devrait être plus grande.

Cependant, telle n'est pas la véritable interprétation de l'art. 944 ; le mot « seule » y est de trop ; le législateur napoléonien a prohibé à la fois dans les donations *la condition purement potestative* (art. 1174), *et la condition potestative, mais qui n'est purement potestative* (art. 1170).

C'est ce qui résulte :

1° De la comparaison de la formule de l'art. 944 avec celle de l'art. 16 de l'ordonnance de 1731, et du sens que Ricard et Pothier attribuaient à ce dernier texte (1).

2° De ce que l'art. 944 qui a pour but de déroger à l'art. 944 ne reproduit pas le mot « *seule* » et n'entend permettre que la condition potestative qui ne dépend pas de la pure volonté du donateur (2).

**945**. — Elle sera pareillement nulle, si elle a été faite sous la condition d'acquitter d'autres dettes ou charges que celles qui existaient à l'époque de la donation, ou qui seraient exprimées, soit dans l'acte de donation, soit dans l'état qui devrait y être annexé.

Ce texte obscur constitue la *troisième* application de la règle : « Donner et retenir ne vaut » ; il prévoit :

1° *Le cas où le donataire est chargé d'une manière générale d'acquitter les dettes qui existent à l'époque de la donation, en d'autres termes, les dettes présentes du donateur ;*

2° *Le cas où le donataire est chargé d'acquitter d'autres dettes que celles qui existent à l'époque de la donation, en d'autres termes, les dettes futures du donateur.*

*A l'égard des dettes présentes,* le donataire est valablement chargé de les acquitter, lors même que le donateur n'aurait pas présenté et fait annexer à l'acte un état détaillé de ces dettes.

(1) Ricard, 1re partie, n° 1038. — Pothier, *Des donations entre-vifs,* sect. II, art. 11, § 3.

(2) M. Demante, t. IV, note 86 *bis*, I. — MM. Zachariæ, Aubry et Rau, t. VI, p. 64, 65, texte et notes 5, 6 et 7. — M. Demolombe, t. XX, p.

Le texte manque de netteté sur ce point ; mais, dès le moment qu'il s'agit de dettes déjà existantes à l'époque de la donation, c'est-à-dire que le donateur n'a nul pouvoir d'augmenter après coup, ce n'est pas violer la règle « donner et retenir ne vaut » que de charger le donataire de les acquitter (1).

*A l'égard des dettes futures,* le donataire n'est valablement chargé de les acquitter que tout autant qu'*elles ont été exprimées, soit dans l'acte de donation, soit dans l'état qui devrait y être annexé.*

La donation qui imposerait au donataire la charge d'acquitter en tout ou en partie *les dettes futures et non déterminées* du donateur serait *nulle* pour le tout.

Quant à la donation qui imposerait au donataire la charge d'acquitter *certaines dettes futures exprimées, soit dans l'acte de donation, soit dans un état y annexé,* c'est surtout en ce qui la concerne que la rédaction de l'art. 945 est défectueuse ; cette donation est sans doute *valable*, comme l'indique *à contrario* l'article, *mais elle n'est valable que pour ce qui excède le montant des dettes exprimées dans l'acte de donation ou dans l'état y annexé* (comparer, art. 946).

**946.** — En cas que le donateur se soit réservé la liberté de disposer d'un effet compris dans la donation, d'une somme fixe sur les biens donnés, s'il meurt sans en avoir disposé, ledit effet ou ladite somme appartiendra aux héritiers du donateur, nonobstant toutes clauses et stipulations à ce contraires.

Cet article renferme la *quatrième* application de la règle *de l'actualité et de l'irrévocabilité de la donation entre-vifs.*

Lorsque le donateur s'est réservé la faculté de disposer, soit d'un ou de plusieurs objets compris dans la donation, soit d'une somme fixe à prendre sur les biens donnés, *la donation n'est valable que pour le surplus.*

Les auteurs professent, en général, que si la réserve est soumise à une condition indépendante de la volonté du donateur, elle ne réduit pas *hic* et *nunc* le montant de la donation ; en d'autres termes, l'objet ou la somme dont le donateur s'est réservé la faculté de disposer aura toujours fait partie de la donation si la condition ne se réalise pas (2).

L'article ajoute que la nullité qu'il décrète s'applique :

« Nonobstant toutes clauses et stipulations à ce contraire. »

Mieux inspirés, les compilateurs napoléoniens eussent sous-entendu ce dernier trait. Est-ce que la règle « donner et retenir ne vaut »

---

(1) M. Demante, t. IV, n° 87 *bis*, II. — MM. Zachariæ, Aubry et Rau, t. VI, p. 99, texte et note 10. — M. Demolombe, t. XX, p. 416.

(2) M. Demante, t. IV, n° 88 *bis*, II. — M. Coin-Delisle, art. 946, n° 5. — M. Demolombe, t. XX, n° 447. — En sens contraire, M. Troplong, t. III, nos 1225, 1226.

n'appartient pas assez clairement à l'ordre public.... aristocratique et féodal?

**947.** — Les quatre articles précédents ne s'appliquent point aux donations dont est mention aux chapitres VIII et IX du présent titre.

La règle « donner et retenir ne vaut » n'est pas applicable, comme nous le verrons (art. 1081 et suiv.), aux donations qui sont faites, soit, *dans le contrat de mariage, par des tiers au profit des futurs époux ou des enfants à naître du mariage, ou par l'un des futurs époux au profit de l'autre*, soit, *pendant le mariage, par l'un des époux au profit de l'autre.*

L'art. 947 n'a d'ailleurs que la valeur d'un renvoi.

**949.** — Il est permis au donateur de faire la réserve à son profit, ou de disposer au profit d'un autre, de la jouissance ou de l'usufruit des biens meubles ou immeubles donnés.

Cet *intéressant* texte signifie que ce n'est pas donner et retenir que de se réserver l'usufruit à soi-même, en donnant à un autre la nue propriété, ou bien encore de donner l'usufruit à l'un et la nue propriété à l'autre.

Réagissant en ce point contre l'esprit féodal, les Coutumes de Paris et d'Orléans avaient déjà consacré législativement cette remarque (1).

Les rédacteurs du Code Napoléon l'ont reproduite, en l'augmentant d'un pléonasme (« réserve de la jouissance ou de l'usufruit »).

**950.** — Lorsque la donation d'effets mobiliers aura été faite avec réserve d'usufruit, le donataire sera tenu, à l'expiration de l'usufruit, de prendre les effets donnés qui se trouveront en nature, dans l'état où ils seront; et il aura action contre le donateur ou ses héritiers, pour raison des objets non existants, jusqu'à concurrence de la valeur qui leur aura été donnée dans l'état estimatif.

Lorsque la donation, *faite avec réserve d'usufruit*, porte sur des *effets mobiliers*, il faut distinguer *deux* cas :

1° *Celui où les effets mobiliers existent encore à l'époque de l'extinction de l'usufruit;*

2° *Celui où les effets mobiliers n'existent plus à cette même époque.*

Dans le *premier* cas, le donataire est tenu, à l'expiration de l'usufruit, de prendre les effets donnés qui se trouvent en nature, *dans l'état où ils sont*, sauf, bien entendu, l'obligation du donateur usufruitier, de répondre des détériorations provenant *de sa faute ou de son dol* (art. 589) (2).

Dans le *second* cas, malgré la vicieuse généralité du texte, il y a lieu

(1) Art. 275, Coutume de Paris, et 284, Coutume d'Orléans.
(2) V. *Manuel de droit civil*, t. I, p. 618.

de distinguer si la perte des effets donnés provient *d'un cas fortuit* ou bien *de la faute ou du dol du donateur usufruitier*.

Si la perte provient *d'un cas fortuit*, le donateur usufruitier n'en est évidemment pas responsable (1);

Si elle provient *de la faute ou du dol du donateur usufruitier*, le texte porte que « le donataire aura action contre le donateur ou ses héritiers pour raison des objets non existants, jusqu'à concurrence de la valeur qui leur aura été donnée dans l'état estimatif ».

Cette formule signifie qu'*à quelque époque que le donateur usufruitier ait fait périr les effets donnés*, fût-ce même à la veille du jour où son usufruit doit s'éteindre, *il devra au donataire une somme égale à la valeur qu'avaient ces effets au moment de la donation.*

Dans la circonstance, les compilateurs napoléoniens ont évidemment poussé jusqu'à l'excès le culte de l'actualité et de l'irrévocabilité de la donation entre-vifs.

**951.**— Le donateur pourra stipuler le droit de retour des objets donnés, soit pour le cas du prédécès du donataire et de ses descendants.— Ce droit ne pourra être stipulé qu'au profit du donateur seul.

**952.** — L'effet du droit de retour sera de résoudre toutes les aliénations des biens donnés, et de faire revenir ces biens au donateur, francs et quittes de toutes charges et hypothèques, sauf néanmoins l'hypothèque de la dot et des conventions matrimoniales, si les autres biens de l'époux donataire ne suffisent pas, et dans le cas seulement où la donation lui aura été faite par le même contrat de mariage duquel résultent ces droits et hypothèques.

## DROIT DE RETOUR CONVENTIONNEL.

*Le droit de retour conventionnel est la faculté que se réserve le donateur de reprendre les objets donnés, s'il survit, soit au donataire seul, soit au donataire et à ses descendants.*

Par antithèse au droit de *retour légal*, qui est une *succession* (V. *supra*, p. 113), le droit de *retour conventionnel* constitue une *condition résolutoire.*

Comme le font remarquer les interprètes, cette condition ne déroge pas d'ailleurs à la règle de *l'actualité et de l'irrévocabilité de la donation entre-vifs*, car elle n'a rien de *potestatif*, elle est purement *casuelle* (2).

Cependant, si elle ne heurte pas le vieux droit, elle blesse profondément le droit nouveau *qui condamne et rejette toutes les résolutions de propriété, sans qu'il y ait à distinguer les résolutions que la volonté*

(1) M. Demante, t. IV, n° 92 *bis*, II.— MM. Zachariæ, Aubry et Rau, p. 67, texte et note 14. — M. Demolombe, t. XX, p. 466.

En sens contraire, Proudhon, *De l'usufruit*, t. V, n^os^ 2644-2646.

(2) Ricard, 1^re^ part., n° 960. — M. Demolombe, t. XX, p. 468.

*de l'homme établit de celles que la loi sous-entend, car les deux portent une égale atteinte à la liberté de la propriété.*

Le droit de retour ne peut être stipulé *qu'au profit du donateur seul.*

S'il a été stipulé *cumulativement au profit du donateur et de ses héritiers, ou d'un tiers*, la clause est *valable* en ce qui concerne *le donateur;* elle est *illicite* en ce qui concerne *les enfants du donateur, ou le tiers*, et elle doit être réputée *non écrite à l'égard de ces derniers ou du tiers* (art. 900, V. *supra*, p. 384).

Si le droit de retour a été stipulé *exclusivement au profit des héritiers du donateur, ou d'un tiers*, il constitue, comme nous le verrons (*infra*, chap. VI), *une substitution fidéicommissaire*, et, à ce titre, il est *nul* (1).

Lorsque le droit de retour a été stipulé *pour le cas où le donateur survivrait au donataire seul*, ou, selon le texte, « pour le cas de prédécès du donataire seul », il est clair *qu'il suffit du prédécès du donataire pour y donner ouverture, quoique le donataire laisse des enfants.*

Lorsqu'il a été stipulé *pour le cas où le donateur survivrait au donataire et à ses descendants*, ou, selon le texte, « pour le cas du prédécès du donataire et de ses descendants », il est non moins clair *qu'il ne s'ouvre que par le décès, avant le donateur, de tous les descendants du donataire.*

C'est une pure question d'interprétation de convention, que de savoir si, dans ce dernier cas, l'existence d'un enfant *naturel* ou d'un enfant *adoptif* forme obstacle à l'ouverture du droit de retour.

Enfin lorsque le droit de retour a été stipulé *pour le cas du prédécès du donataire sans enfants, l'existence d'enfants au décès du donataire l'éteint immédiatement d'une manière irrévocable.*

De ce que le droit de retour conventionnel constitue une *condition résolutoire*, il s'ensuit, conformément au fameux brocard « *soluto jure dantis, solvitur jus accipientis* » (2), que le droit de retour conventionnel a pour effet *de résoudre toutes les aliénations de biens donnés consenties par le donataire ou ses enfants, et de faire revenir ces biens au donateur, francs et quittes de toutes charges et hypothèques du chef du donataire ou de ses enfants ou des tiers acquéreurs* (3).

---

(1) M. Demante, t. III, n° 10 *bis*, IX. — MM. Zachariæ, Aubry et Rau, t. VI, p. 23 et 24, texte et note 38 et p. 68. — M. Demolombe, t. XVIII, p. 119 et suiv. et t. XI, p. 469.

(2) V. *supra*, p. 308, note 3, et *infra*, art. 1184, l'appréciation de ce brocard.

(3) Cette formule signifie en langage économique *que les biens donnés avec une clause de retour sont retirés de la circulation et dérobés au crédit.*

V. d'ailleurs *supra*, p. 126, la comparaison entre les effets du retour légal et les effets du retour conventionnel.

Par *exception* à la règle qui vient d'être dite, la femme du donataire a le droit de faire valoir son hypothèque légale sur les biens donnés, mais à *deux* conditions; il faut :

1° *Que la donation ait été faite au mari par le contrat de mariage duquel résultent les droits et hypothèques de la femme;*

2° *Que les autres biens de l'époux donataire ne suffisent pas pour assurer à la femme la restitution de sa dot, et l'exécution des conventions matrimoniales.*

Cette hypothèque *subsidiaire* est fondée sur une présomption; l'article 952 suppose que la femme et sa famille ont pu, malgré la clause de retour, compter sur la donation pour la garantie des reprises de la femme; mais il est loisible au donateur d'exclure cette hypothèque subsidiaire par une déclaration formelle inscrite dans le contrat de mariage (1).

---

## APPENDICE

### DROITS ET OBLIGATIONS RÉSULTANT DE LA DONATION ENTRE-VIFS POUR LE DONATAIRE.

Outre le *droit réel*, qui peut selon les circonstances appartenir au donataire, celui-ci est fondé à exiger *personnellement* du donateur ou de ses héritiers l'exécution de la donation.

Cette créance du donataire se résout logiquement en dommages-intérêts, lorsque par leur fait le donateur ou ses héritiers manquent de l'acquitter.

Du reste, le donateur n'est point tenu, en principe, de la garantie envers le donataire.

La question des *obligations* du donataire soulève des difficultés.

D'abord, comme nous le verrons (*infra*, art. 955), le donataire doit dans tous les cas des *aliments* au donateur; mais, *à supposer que la donation porte sur l'ensemble ou sur une quote-part des biens présents du donateur, le donataire est-il de plein droit obligé, dans la proportion de la quotité des biens donnés, au payement des dettes que le donateur avait au jour de la donation?*

La question est controversée.

---

(1) Comparer M. Demante, t. IV, n° 94 *bis*, I. — MM. Zachariæ, Aubry et Rau, t. VI, p. 72 et 73, texte et notes 18-20. — M. Demolombe, t. XX, p. 492 et suiv.

L'école aime à opposer les uns aux autres les art. 952, 963, 1054; quoique nous ne voyions dans cette comparaison qu'un intérêt de rencontre, nous la signalons aux élèves.

DEUX SYSTÈMES.

1er SYSTÈME (1). — *Aff.*

1er *Arg.* — L'ancienne jurisprudence française admettait cette solution et plusieurs coutumes l'avaient formellement consacrée (2).

2e *Arg.* — Dans son rapport au Tribunat, Jaubert a déclaré expressément :

1° *Que le donataire de tous les biens est tenu de droit de toutes les dettes et charges qui existent à l'époque de la donation;*

2° *Que le donataire d'une quotité de biens doit supporter les dettes et charges en proportion de son émolument* (3).

3e *Arg.* — Une donation faite dans les conditions supposées et qui n'entraînerait pas de plein droit pour le donataire l'obligation de payer les dettes du donateur dans une proportion corrélative au *quantum* de la donation serait contraire à la justice et constituerait l'acte d'un *fripon ou d'un fou.*

2e SYSTÈME (4). — *Nég.*

L'*argument* de ce système consiste surtout à dire que le successeur à titre particulier n'est pas tenu de plein droit des dettes de son auteur;

Or, le donataire de biens présents ne peut jamais être qu'un successeur à titre particulier;

Donc, il ne peut jamais être tenu de plein droit des dettes du donateur.

Comme le dit M. Demolombe, ce syllogisme est péremptoire (5).

*Du reste, il est rationnel d'admettre que, dans de pareilles donations, le donateur qui n'a point encore fait la délivrance des biens donnés a entendu se réserver la faculté de faire, au moment de la délivrance, la déduction des dettes sur les biens* (V. en outre, *infra*, art. 1167).

## SECTION II.

### DES EXCEPTIONS A LA RÈGLE DE L'IRRÉVOCABILITÉ DES DONATIONS ENTRE-VIFS.

Ces exceptions sont au nombre de *trois* :

1° *L'inexécution des conditions, ou, en termes plus exacts, des charges de la donation;*

---

(1) Pothier, *Des donations entre-vifs*, sect. III, art. 1, § 2. — Grenier, t. I, nos 86 et suiv. — Merlin, *Rép.*, n° 8. v° Tiers détenteur. — M. Taulier, t. IV, p. 83-85.

(2) V. Coutumes de Normandie, art. 421; de Bourbonnais, art. 209; de Bretagne, art. 219.

(3) Locré, *Législ. civ.*, t. XI, p. 333.

(4) M. Demante, t. V, n° 87 *bis*, III. — MM. Zachariæ, Aubry et Rau, t. VI, p. 96 et suiv., texte et notes 2-5. — M. Demolombe, t. XX, p. 432.

(5) M. Demolombe, t. XX, p. 432.

2° *L'ingratitude du donataire ;*

3° *La survenance d'un enfant au donateur, si celui-ci n'en avait pas à l'époque de la donation.*

Certains auteurs font remarquer, avec raison, que ces trois causes de révocation sont *indépendantes de la volonté du donateur*, et que ce n'est que par abus de mots qu'elles peuvent être qualifiées d'*exceptions à la règle* « donner et retenir ne vaut » (1).

Nous avons déjà dit qu'à l'instar du Code de la Convention, il y aurait lieu de supprimer les *deux* dernières ; quant à *l'inexécution des charges*, il suffirait qu'elle fût sanctionnée par une peine de dommages-intérêts.

**953.** — La donation entre-vifs ne pourra être révoquée que pour cause d'inexécution des conditions sous lesquelles elle aura été faite, pour cause d'ingratitude, et pour cause de survenance d'enfants.

En droit romain et dans l'ancien droit français, on ne distinguait que *deux* causes de révocation de la donation entre-vifs :

1° *Du côté du donataire, l'ingratitude ;*

2° *Du côté du donateur, la survenance d'enfants* (2).

Le droit romain et l'ancien droit français avaient rangé *l'inexécution des conditions parmi les faits d'ingratitude ;* cependant, en droit romain, on appliquait à la donation *sub modo*, outre l'action en révocation pour cause d'ingratitude (*condictio ex lege*), les deux actions des contrats innommés (action *præscriptis verbis* et *condictio causâ datâ, causâ non secutâ*) (3), et, dans l'ancien droit français, Bourjon présentait l'inexécution des conditions comme une cause particulière de révocation (4).

Remarquons que les expressions « inexécution des conditions » sont défectueuses, et qu'elles doivent être remplacées par celles d'*inexécution des charges.*

La *condition*, en effet, *peut* avoir le caractère *suspensif* ou *résolutoire ;*

La *charge* ne suspend jamais ni l'existence, ni même *l'exécution de la donation ;* elle a *seulement* le caractère *résolutoire* pour le cas où elle n'est pas acquittée.

---

(1) Comparer, entre autres, M. Demolombe, t. XX, p. 520.

(2) L. 8 et 10 C., *De revoc. don.*, Ricard, 3e part., nos 694, 699. — Furgole, *Des testam.*, ch. II, sect. II, nos 26, 48. — Pothier, *Des donat. entre-vifs*, sect. III, art. 3, § 3.

Cependant tout porte à croire qu'en droit romain la révocation pour cause de survenance d'enfants ne s'appliquait qu'aux donations faites par le patron à son affranchi.

(3) Molitor, t. III, p. 134. — Maynz, t. II, p. 350.

(4) Bourjon, *Droit commun de la France*, 5e part., *Des donations*, chap. II,

La *condition* peut être *casuelle*, c'est-à-dire échapper entièrement au pouvoir de celui à qui elle est imposée ;

La charge doit toujours être « *conférée à la puissance de celui qui est tenu de l'acquitter* » (1).

**954.** — Dans le cas de la révocation pour cause d'inexécution des conditions, les biens rentreront dans les mains du donateur, libres de toutes charges et hypothèques du chef du donataire ; et le donateur aura, contre les tiers détenteurs des immeubles donnés, tous les droits qu'il aurait contre le donataire lui-même.

Cet article concerne la *première* cause de révocation de la donation entre-vifs, c'est-à-dire *l'inexécution des charges imposées par le donateur au donataire.*

Il se borne à consacrer en termes exprès l'application à ce cas du brocard : « *soluto jure dantis, solvitur jus accipientis* » (2).

On enseigne que si la donation est résolue pour cause d'inexécution des charges, le donataire doit indemniser le donateur des *détériorations* qu'il a commises sur les biens donnés, tandis que le donateur doit de son côté, suivant le droit commun, tenir compte au donataire des *impenses nécessaires ou utiles* que celui-ci a faites (3).

*A l'égard de la restitution des fruits*, les textes sont muets en ce qui concerne la révocation pour cause d'inexécution des charges ; aussi y a-t-il lieu de décider, conformément à la règle, que le donataire n'est, dans ce cas, tenu de les rendre, qu'à compter du jour de la *demande* en révocation (4).

*Le donataire peut-il, par l'abandon des biens donnés, se soustraire à l'exécution des charges de la donation ?*

---

(1) Furgole, *Des testam.*, chap. VII, sect. III, n° 4.

La charge, appelée aussi *mode* par les auteurs, peut être définie :

*Une obligation non équivalente à la donation et imposée par le donateur au donataire, sans que l'existence ou l'exécution même de la donation soit rendue dépendante de l'accomplissement de cette obligation, quoique en cas de non-accomplissement la donation puisse être révoquée.*

La charge peut consister :

1° *Dans une prestation à faire au donateur ;*

2° *Dans une prestation à faire à un tiers ;*

3° *Dans un acte qui ne constitue aucun droit et qui ne présente aucun intérêt particulier, pour une personne déterminée ; par exemple, l'érection d'un monument, la fondation d'une institution publique.*

(2) V. *supra*, p. 308, note 3, et *infra*, art. 1184.

(3) Ricard, 3e part., n° 738. — M. Demolombe, t. XX, p. 573.

(4) Dumoulin, sur la Coutume de Paris, § 43, gl. I, n° 44. — Furgole, *Des testam.*, chap. XI, sect. XXXIII, n° 48. — M. Coin-Delisle, art. 953, n° 22. — M. Demolombe, t. XV, p. 574.

En sens contraire, M. Valette qui astreint le donataire à rendre les fruits perçus même avant la demande.

Cette question a beaucoup embarrassé les légistes de l'ancien droit.

Le point difficultueux consiste en ce que dans les contrats synallagmatiques, « la partie envers laquelle l'engagement n'a point été exécuté a le choix ou de forcer l'autre à l'exécution de la convention, lorsqu'elle est possible, ou d'en demander la résolution avec dommages-intérêts » (art. 1184).

### TROIS SYSTÈMES.

1er SYSTÈME (1). — *Le donataire peut toujours, par l'abandon des biens donnés, se soustraire à l'exécution des charges de la donation.*

1er *Arg.* — La donation étant un acte de libéralité, il serait contraire à sa nature qu'elle devînt jamais onéreuse pour le donataire.

« *Donatărius non debet remanere damnificatus* », disait un ancien auteur (2).

2e *Arg.* — Au surplus, le donateur n'a pas l'intention d'obliger le donataire envers lui, et le donataire n'a pas non plus l'intention de s'obliger envers le donateur.

C'est en ce sens que l'art. 894 qualifie la donation d'*acte* et non de *contrat*.

3e *Arg.* — A la différence de l'art. 1184, l'art. 953 ne mentionne pas au profit du donateur le droit de demander l'*exécution* ; il ne mentionne que le droit de demander la *révocation*.

2e SYSTÈME (3). — *Le donataire ne peut jamais, par l'abandon des biens donnés, se soustraire à l'exécution des charges de la donation.*

1er *Arg.* — En tant que la donation comporte des charges, elle revêt plus ou moins le caractère d'un contrat synallagmatique ;

Or, les conventions légalement formées tiennent lieu de loi à ceux qui les ont faites, et elles ne peuvent être révoquées que de leur consentement mutuel ou pour les causes que la loi autorise.

2e *Arg.* — Il est inexact de prétendre *à priori* que l'intention commune du donateur et du donataire ne s'applique pas aux charges.

C'est là une assertion qui se trouvera souvent en contradiction manifeste avec les faits.

3e *Arg.* — De ce que l'art. 953 ne mentionne pas au profit du donateur le droit de demander l'exécution, il n'y a absolument rien à conclure.

---

(1) Ricard, *Des dispositions conditionnelles*, chap. IV, sect. I, nos 101 et 113. — Furgole, sur l'ordonnance de 1731, question 8. — Pothier, *De la communauté*, n° 439. — Casaregis, *Disc.* 82, n° 44. — M. Demante, t. IV, n° 96 *bis*, I.

(2) Casaregis, *Disc.* 82, n° 44.

(3) MM. Zachariæ, Aubry et Rau, t. VI, p. 100 et 101, textes et notes 10-11. — Ferry, *Revue étrangère et française*, 1843, t. X, p. 769 et suiv.

Le législateur n'a entendu s'occuper, dans la section II, que des *exceptions à la règle de l'irrévocabilité des donations entre-vifs.*

4ᵉ *Arg.* — Plusieurs articles appuient cette solution.

Tels sont :

1° Les art. 463 et 935 qui soumettent l'acceptation de la donation faite au mineur à la nécessité de la double autorisation du tuteur et du conseil de famille (1) ;

2° L'art. 1052, qui déclare que le donataire ne peut, par l'abandon des biens donnés, se soustraire à l'exécution d'une certaine charge (V. *infra*, art. 1052) ;

3° L'art. 1086, qui attribue, à titre exceptionnel, au donataire par contrat de mariage, la faculté d'abandonner les biens donnés pour se soustraire à l'exécution des charges (V. *infra*, art. 1086).

5ᵉ *Arg.* — Enfin, le légataire qui accepte un legs grevé de certaines charges est tenu de les exécuter.

Donc, au moins *à simili*, le donataire entre-vifs qui accepte une donation est tenu d'exécuter les charges que comporte cette donation.

3° SYSTÈME (2). — *Le donataire peut, par l'abandon des biens donnés, se soustraire à l'exécution des charges inhérentes à la donation;*

*Il ne peut se soustraire à l'exécution des charges expressément imposées par le donateur au donataire.*

Ce système allègue à titre d'*argument spécial* qu'entre *les charges inhérentes à la donation*, telles par exemple que l'obligation pour le donataire de fournir des aliments au donateur, et *les charges, proprement dites*, il y a une différence capitale :

*Les charges inhérentes à la donation sont des conséquences purement accessoires de la donation.*

Donc, le donataire en doit être exonéré par l'abdication de son titre.

*Les charges, proprement dites, constituent des obligations principales et directes du donataire.*

Donc, celui-ci ne peut s'en affranchir à sa volonté.

Posée en termes abstraits, cette question nous paraît devoir être tranchée dans le sens du *premier* système ;

Posée d'après l'espèce, elle donnera fréquemment lieu à l'application du *troisième* système, car il apparaîtra fréquemment que l'intention des parties a été conforme à la solution présentée par ce système.

**955.** — La donation entre-vifs ne pourra être révoquée pour cause d'ingratitude que dans les cas suivants : 1° Si le donataire a attenté à la vie du donateur ; — 2° S'il s'est rendu coupable envers lui de sévices, délits ou injures graves ; — 3° S'il lui refuse des aliments.

(1) V. *Manuel de droit civil*, t. I, p. 456, et *supra*, p. 456.

(2) MM. Massé et Vergé, *Sur Zachariæ*, t. III, p. 214 et 225. — M. Demolombe, t. XX, p. 538.

Cet article se rapporte à la *seconde* cause de révocation de la donation entre-vifs, en d'autres termes, *à l'ingratitude du donataire envers le donateur*.

Cette cause de révocation repose sur une *idée de pénalité* qui en domine toute la théorie, et qui la rapproche de *l'exclusion de la succession pour cause d'indignité.*

Cependant, comme nous allons le voir, la législation napoléonienne a déployé une réserve beaucoup plus grande contre l'ingratitude du donataire que contre l'ingratitude de l'héritier; aussi, quoiqu'il soit impossible de donner une raison satisfaisante de ce désaccord entre les deux sanctions, doit-on se garder de compléter l'art. 955 par l'art. 727.

La révocation pour cause d'ingratitude peut être prononcée :

1° *Si le donataire a attenté à la vie du donateur;*

2° *S'il s'est rendu coupable envers lui de sévices, délits ou injures graves;*

3° *S'il lui refuse des aliments.*

Cette énumération est, bien entendu, *limitative*, puisqu'elle s'applique à une matière *pénale;* mais les termes dans lesquels elle est conçue n'en confèrent pas moins aux tribunaux une grande latitude d'appréciation.

On fait remarquer :

Sur le *premier* cas,

Que le donataire qui a attenté à la vie du donateur peut être réputé ingrat, quoiqu'il n'ait point été *condamné* pour les faits dont il s'est rendu coupable, et lors même que ces faits ne constituent pas une *tentative*, d'après la loi criminelle;

Sur le *second* cas,

Qu'il comprend les différents actes qui s'attaquent à la *sûreté, à la propriété et à l'honneur de la personne;*

Sur le *troisième* cas,

Qu'en général, le refus d'aliments de la part du donataire n'est point une cause de révocation, *lorsque le donateur a des parents ou alliés auxquels il est en droit de réclamer des aliments, et qui sont en état de lui en fournir* (1).

**956.** — La révocation pour cause d'inexécution des conditions ou pour cause d'ingratitude, n'aura jamais lieu de plein droit.

Dans la pensée des compilateurs napoléoniens, cet article qui règle le *mode* de la révocation *pour cause d'inexécution des charges* ou *pour cause d'ingratitude*, a eu pour but de faire *antithèse* avec le mode de la révocation *pour cause de survenance d'enfants* (V. *infra*, art. 960).

(1) Comparer M. Demante, t. IV, n° 98 *bis*, III. — MM. Zachariæ, Aubry et Rau, t. VI, p. 104-106, texte et notes. — M. Demolombe, t. XX, p. 586.

Conformément à la règle générale posée par l'art. 1184 en matière de condition résolutoire tacite, l'art. 956 porte que « la révocation pour cause d'inexécution des conditions ou pour cause d'ingratitude n'aura jamais lieu *de plein droit* ».

Ces dernières expressions signifient :

1° *Que, dans ces deux cas, la révocation n'a lieu qu'en vertu de la décision des tribunaux ;*

2° *Qu'elle n'a lieu que tout autant que le donateur ou ses ayants cause la demandent.*

De la *première* proposition, il résulte :

*Que la révocation pour cause d'inexécution des charges ou pour cause d'ingratitude ne prend date qu'à partir du jugement qui la prononce ;*

*Que notamment, dans le cas d'inexécution des charges, le tribunal a en principe le droit d'accorder au donataire un délai de grâce* (art. 1184, V. *infra*).

De la *seconde* proposition, il résulte :

*Que le donateur ou ses ayants cause peuvent renoncer à demander la révocation pour cause d'inexécution des charges ou pour cause d'ingratitude ;*

*Que les tiers intéressés ne sont pas recevables à invoquer ces deux causes de révocation.*

*A l'égard de l'action en révocation pour cause d'inexécution des charges*, il faut remarquer :

1° *Que cette action appartient, en général, au donateur, à ses héritiers ou autres successeurs universels et à ses créanciers, en vertu de l'art.* 1166 ;

2° *Qu'elle peut être, en général, exercée contre le donataire et contre ses héritiers ou autres successeurs universels ;*

3° *Qu'elle est soumise aux règles du droit commun sur la prescription* (art. 2262, 2265 et 2279) (1).

*A l'égard de l'action en révocation pour cause d'ingratitude*, ces *trois* derniers points sont réglés par l'article suivant.

**957.** — La demande en révocation pour cause d'ingratitude devra être formée dans l'année, à compter du jour du délit imputé par le donateur au donataire, ou du jour que le délit aura pu être connu par le donateur. — Cette révocation ne pourra être demandée par le donateur contre les héritiers du donataire, ni par les héritiers du donateur contre le donataire, à moins que, dans ce dernier cas, l'action n'ait été intentée par le donateur, ou qu'il ne soit décédé dans l'année du délit.

---

(1) Comparer M. Demante, t. IV, n° 96 *bis*, III. — MM. Zachariæ, Aubry et Rau, t. VI, p. 102 et suiv. — M. Demolombe, t. XX, p. 558.

D'après le *premier* alinéa de cet article, *l'action en révocation pour cause d'ingratitude se prescrit par le legs d'une année*, « *à compter du jour du délit imputé par le donateur au donataire ou du jour que le délit aura pu être connu par le donateur* ».

La seconde partie de cette formule est certainement défectueuse ; pour que la présomption de pardon résultant de l'expiration d'une année, à dater du jour du délit, ait une raison d'être, il ne suffit pas que le délit *ait pu être connu par le donataire*, il faut qu'il *ait été effectivement connu par lui*.

*Ce délai d'une année constitue-t-il une prescription véritable à laquelle il faille appliquer les causes de suspension qui sont applicables à la prescription, d'après le droit commun, ou au contraire une déchéance qui, à ce point de vue, serait* sui generis ?

Les auteurs discutent (1) ; l'art. 1352 appuie la *seconde* partie de l'alternative, car il s'agit, dans le cas présent, d'une de ces présomptions « sur le fondement desquelles la loi dénie en action en justice », et qui, par conséquent, excluent *toute preuve contraire*.

D'après le *second* alinéa de l'art. 957, l'action en révocation pour cause d'ingratitude ne peut être intentée :

1° *Contre les héritiers du donataire ;*

2° *Par les héritiers du donateur*, « *à moins*, porte l'art. 957, *que, dans ce dernier cas, l'action n'ait été intentée par le donateur, ou qu'il ne soit décédé dans l'année du délit* ».

Examinons successivement ces *deux* points :

*En ce qui concerne la première disposition*, il n'y a qu'un mot à dire ; l'action en révocation pour cause d'ingratitude est *pénale ;* donc, elle doit logiquement s'éteindre par la mort du coupable.

*Si la demande a été formée contre le donataire, et que celui-ci vienne à mourir durant l'instance, le procès peut-il être continué contre ses héritiers?*

On débat la question.

**DEUX SYSTÈMES.**

1er SYSTÈME (2). — *Aff.*

1er *Arg.* — Cette décision a toujours été admise, suivant le principe romain : « *actiones, quæ tempore vel morte pereunt, semel inclusæ judicio, salvæ permanent* ».

---

(1) Dans le *premier* sens, M. Troplong, t. III, n° 1342.

Dans le *second* sens, MM. Zachariæ, Aubry et Rau, t. VI, p. 111 et 112 texte et notes 22-23. — M. Demolombe, t. XX, p. 619 et suiv.

(2) MM. Zachariæ, Aubry et Rau, t. II, p. 110, texte et note 20.

2e *Arg.* — L'art. 957 dit bien que l'action ne pourra pas être *commencée* contre les héritiers du donateur, mais il ne dit pas qu'elle ne pourra pas être *continuée* contre eux.

3e *Arg.* — Si la négative était admise, le donateur perdrait le bénéfice de son action par suite d'un fait qui lui serait étranger.

2e SYSTÈME (1). — *Nég.*

1er *Arg.* — Le droit actuel n'a rien à démêler avec le brocard : *actiones, quæ tempore vel morte pereunt, semel inclusæ judicio, salvæ permanent* (2).

2e *Arg.* — Aux termes de l'art. 957, la révocation ne peut être demandée,

*Ni par le donateur contre les héritiers du donataire;*

*Ni par les héritiers du donateur contre le donataire.*

Or, en indiquant une dérogation pour le *second* cas, l'article exclut par là même toute idée semblable pour le *premier.*

3e *Arg.* — L'action en révocation pour cause d'ingratitude a pour but de punir le donataire, et non de procurer un bénéfice au donateur ;

Or, toute peine est personnelle.

*Même légalement*, cette solution ne comporte pas le plus léger doute.

*En ce qui concerne la seconde disposition*, elle signifie justement le *contraire* de ce qu'elle paraît exprimer; après avoir, en effet, déclaré que l'action n'appartient pas aux héritiers du donateur, elle la leur accorde :

1° *Lorsqu'elle a été intentée par le donateur;*

2° *Lorsque le donateur est décédé dans l'année du délit.*

Or, à supposer que le donateur fût vivant, il ne pourrait avoir lui-même l'action que dans ces deux cas;

Donc, ses héritiers l'obtiennent par transmission avec la même étendue qu'il l'avait lui-même;

*Donc, les deux exceptions qui la leur attribuent annulent la règle qui la leur refuse* (3).

Malgré la mauvaise rédaction du texte, il paraît d'ailleurs évident :

1° *Qu'en ce qui concerne les héritiers du donateur, comme en ce qui*

---

(1) M. Demante, t. IV, n° 100 *bis*, IV et V. — M. Valette, à son cours. — M. Demolombe, t. XX, p. 631.

(2) V. *Manuel de droit*, t. I.

(3) M. Demolombe avoue que la rédaction de l'art. 957 eût pu être plus satisfaisante (t. XX, p. 640); nous demandons pour notre part comment elle eût pu l'être moins.

Dans la présente hypothèse, la distraction des compilateurs napoléoniens a été d'autant plus étrange qu'ils commettaient une innovation ; le droit romain et l'ancien droit français refusaient absolument aux héritiers du donateur le droit d'intenter l'action en révocation pour cause d'ingratitude.

*concerne le donateur lui-même, le délai d'une année qui éteint l'action en révocation pour cause d'ingratitude, ne court qu'à compter du jour où ce dernier a connu le délit ;*

2° *Que le délai soit d'une année, lorsque le donateur est mort sans avoir connu le délit, soit du reste de l'année, lorsqu'il est mort après l'avoir connu, ne court contre les héritiers du donateur qu'à compter du jour où ils ont eux-mêmes connu le délit* (1).

Les auteurs se demandent si l'on ne doit comprendre ici sous la qualification d'*héritiers* que *les héritiers qui ont la saisine légale.*

Cette question n'en est pas une : les compilateurs napoléoniens ayant rendu *transmissible* l'action en révocation pour cause d'ingratitude, il en résulte logiquement, *que tous ceux qui recueillent l'universalité des biens du défunt recueillent par là même cette action* (2).

**958.** — La révocation pour cause d'ingratitude ne préjudiciera ni aux aliénations faites par le donataire, ni aux hypothèques et autres charges réelles qu'il aura pu imposer sur l'objet de la donation, pourvu que le tout soit antérieur à l'inscription qui aurait été faite de l'extrait de la demande en révocation en marge de la transcription prescrite par l'article 939. — Dans le cas de révocation, le donataire sera condamné à restituer la valeur des objets aliénés, eu égard au temps de la demande, et les fruits, à compter du jour de cette demande.

---

(1) Certains auteurs soutiennent au contraire :

1° *Qu'en ce qui concerne les héritiers du donateur, et à la différence de ce qui a lieu pour le donateur lui-même, le délai d'une année court à compter du jour du délit, même inconnu du donateur.*

2° *Que le délai, soit d'une année lorsque le donateur est mort sans avoir connu le délit, soit du reste de l'année lorsqu'il est mort après l'avoir connu, court, contre les héritiers du donateur, à compter du jour du décès du donateur, quoique ces héritiers n'aient pas eux-mêmes connu le délit.*

Comparer M. Demante, t. IV, n° 100 *bis*, VI. — MM. Zachariæ, Aubry et Rau, t. VI, p. 110, texte et note 21. — M. Coin-Delisle, art. 957, n° 13. — M. Duvergier, *Sur Toullier*, t. III, n° 336, note *a*. — M. Demolombe, t. XX, 638 et 641.

(2) M. Demante, t. IV, n° 100 *bis*, VIII. — M. Demolombe, t. XX, p. 644.

MM. Zachariæ, Aubry et Rau se prononcent en sens contraire; ils arguent de ce que l'action en révocation pour cause d'ingratitude figure au nombre de celles que la *haute* philosophie du droit romain qualifiait d'actions *vindictam spirantes*. Or, une action qui respire la vengeance est, comme le font remarquer les honorables auteurs, éminemment personnelle ; si donc, ajoutent-ils, les rédacteurs du Code Napoléon ont cru devoir autoriser les héritiers du donateur à demander la révocation pour cause d'ingratitude, c'est qu'ils ont considéré les héritiers du donateur *comme représentant sa personne.*

Représenter pour la vengeance, la fiction est un peu forte, et nous pensons qu'elle dépasse le degré moyen de la susceptibilité de certains ordres d'héritiers pour les injures faites à leur auteur.

L'explication probable est beaucoup plus simple ; les compilateurs napoléoniens ont changé dans la personne des héritiers du donateur la nature de l'action en révocation pour cause d'ingratitude ; ils en ont fait une action pécuniaire.

Ce vicieux article a pour but de régler :

1° *Les effets de la révocation pour cause d'ingratitude à l'égard des tiers;*

2° *Les effets de la même révocation à l'égard du donataire.*

*Au point de vue des effets de la révocation pour cause d'ingratitude à l'égard des tiers*, il faut distinguer si les droits constitués par le donataire sur les biens donnés sont *antérieurs* ou *postérieurs à la demande en révocation.*

*Sont-ils antérieurs à la demande en révocation*, ils *subsistent* nonobstant le succès de cette demande ;

*Sont-ils postérieurs à la demande en révocation*, il faut, malgré l'étrange lacune que présente le texte, commencer par établir une sous-distinction.

*En ce qui concerne les meubles corporels*, les droits constitués sur ces meubles depuis le jour de la demande en révocation *sont résolus* par l'effet du succès de cette demande, sauf bien entendu le droit qu'ont les tiers de se protéger *au moyen de la prescription instantanée*, lorsqu'ils se trouvent dans les conditions nécessaires pour pouvoir l'invoquer (art. 2279).

C'était là, en effet, la doctrine de l'ancien droit ; le Code napoléonien est muet sur la question ; or, la loi du 30 ventôse qui a réuni les trente-six lois dont il est composé n'abroge l'ancien droit que dans les matières que le Code napoléonien a lui-même réglées (1).

*En ce qui concerne les meubles incorporels*, c'est-à-dire les créances, la cession de cette sorte de meubles *est résolue* par l'effet du succès de la demande en révocation, lorsque d'ailleurs la signification ou l'acceptation de la cession est *postérieure* à la demande, et sauf le cas où le cessionnaire *ignorait l'existence de la demande*, au moment où a eu lieu la signification ou l'acceptation (art. 1690) (2).

Cette dernière restriction revient à dire, qu'afin de pouvoir opposer au cessionnaire l'effet de la demande en révocation, le donateur doit avoir fait notifier cette demande à son ancien débiteur, avant que le cessionnaire ait lui-même signifié à ce débiteur ou ait fait accepter par lui la cession opérée à son profit (3).

---

(1) V. *Manuel de droit civil*, t. I, intr. p. XXVI.

Demante, t. IV, n° 101 *bis*, IV. — M. Valette, à son cours. — MM. Zachariæ, Aubry et Rau, t. VI, p. 112 texte et note 27. — M. Demolombe, t. XX, p. 649 et 655.

(2) V. *Manuel de droit civil*, t. III, art. 1690.

(3) M. Demante, t. IV, n° 101 *bis*, V. — M. Valette, à son cours. — M. Demolombe, t. XX, p. 655. — MM. Zachariæ, Aubry et Rau, t. VI, p. 112, texte et note 27, *in fine*, repoussent implicitement ce correctif.

*En ce qui concerne les immeubles*, il s'agit ou de donations « de biens susceptibles d'hypothèques » ou de donations de tous autres immeubles (art. 939, V. *supra*, p. 463).

*S'il s'agit de donations « de biens susceptibles d'hypothèques », et que, conformément à l'art.* 939, *ces donations aient été transcrites*, l'effet *rétroactif* de la révocation *remonte*, non pas *jusqu'au jour de la demande*, mais *seulement jusqu'au jour où, sur les diligences du donateur, un extrait de cette demande a été inscrit en marge de la transcription.*

A l'égard des donations d'immeubles de la même sorte, mais dont la transcription n'aurait pas été effectuée, le donateur devrait, pour assurer l'effet rétroactif de la révocation, requérir lui-même l'accomplissement de cette formalité, et faire inscrire ensuite sa demande en marge de la transcription.

*S'il s'agit de donations d'immeubles « non susceptibles d'hypothèques »*, on eût dû décider, sous le pur empire de la compilation napoléonienne, que l'effet *rétroactif* de la révocation *remontait au jour de la donation;* il semble bien que, pour ces donations comme pour les précédentes, on doive décider, sous l'empire de la compilation napoléonienne amendée par la loi du 23 mars 1855 (V. *supra*, p. 465), que dorénavant l'effet *rétroactif* de la révocation ne *remonterait* plus qu'*au jour de l'inscription par extrait de la demande en révocation en marge de la transcription de la donation* (1).

*Au point de vue des effets de la révocation pour cause d'ingratitude à l'égard du donataire*, le *second* alinéa de l'art. 858 décide :

1° *Que « le donataire sera condamné à restituer la valeur des objets aliénés, eu égard au temps de la demande »;*

2° « *Qu'il sera condamné à restituer les fruits, à compter du jour de cette demande* ».

La *première* disposition doit être entendue, en ce sens que le donataire est obligé :

D'abord de restituer tous les biens donnés qu'il possède encore;

Ensuite d'indemniser le donateur, d'après la base d'évaluation établie par l'article, des aliénations, des hypothèques ou autres charges qu'il a consenties (comparer, *supra*, p. 310, art. 860) (2).

La *seconde* disposition applique le droit commun (art. 549).

---

(1) Il n'est pas, en vérité, concevable que l'on rencontre dans un législateur un pareil manque d'aptitude à embrasser l'ensemble d'une matière et à suivre une idée jusqu'au bout !

V. Locré, *Législ. civ.*, t. XI, p. 225 et 318.

(2) M. Demante, t. IV, n° 101 *bis*, v. — MM. Zachariæ, Aubry et Rau, t. VI, p. 113. — M. Demolombe, t. XX, p. 637.

**959.** — Les donations en faveur de mariage ne seront pas révocables pour cause d'ingratitude.

Cet article est fondé sur ce que les donations faites en faveur de mariage ont pour but *l'avantage des deux époux et des enfants issus du mariage;* or, l'action en révocation pour cause d'ingratitude a un caractère *pénal;* donc, elle ne doit atteindre que le *coupable;* donc aussi, ajoutent les auteurs, il serait injuste que parce que l'époux donataire est en faute, la loi punit l'autre époux et les enfants issus du mariage (1).

*Ne doit-on appliquer cette exception qu'aux donations faites par des tiers aux futurs époux ou à l'un d'eux? Doit-on, au contraire, l'étendre aux donations entre époux?*

D'après une terminologie usuelle, on désigne ici spécialement sous le nom de donations *entre époux*, les donations faites *entre futurs époux.*

Cette question est fort controversée.

### DEUX SYSTÈMES.

1er SYSTÈME (2). — *Les donations entre époux ne sont pas révocables pour cause d'ingratitude.*

1er *Arg.* — La formule : « *les donations faites en faveur de mariage* » (art. 959) est aussi générale que possible.

2e *Arg.* — Les art. 960 et 1088 qualifient précisément les donations entre époux de *donations en faveur du mariage.*

3e *Arg.* — Les faits sont d'ailleurs en rapport avec la qualification ; est-ce qu'à notre très-morale époque, la plupart des mariages ne se contractent pas sur la foi des donations que l'un des futurs fait à l'autre ou qu'ils se font réciproquement ?

4e *Arg.* — Il pourrait y avoir de graves inconvénients à permettre aux héritiers de l'époux donateur de demander la révocation contre l'époux survivant.

2e SYSTÈME (3). — *Les donations entre époux sont révocables pour cause d'ingratitude.*

1er *Arg.* — La raison sur laquelle repose l'exception consacrée par l'art. 959 pour le cas des donations faites par des tiers aux futurs époux ou à l'un d'eux n'est pas applicable au cas des donations entre époux.

2e *Arg.* — Les erreurs de terminologie se rencontrent à peu près dans chaque article de la compilation napoléonienne, et l'art. 960

(1) M. Demolombe, t. XX, p. 620.

(2) Merlin, *Rép.*, t. XVI, v° *Sép. de corps*, § 4, n° 5 et *Quest. de droit*, t. VII, v° *Sép. de corps.* — M. Demante, *Programme*, t. I, n° 285. — M. Coin-Delisle, sur l'art. 959, n° 4 et suiv.

(3) M. Valette, à son cours. — MM. Aubry et Rau, *Sur Zachariæ*, t. VI, p. 107, texte et note 10. — M. Demolombe, t. IV, p. 641 et t. XX, p. 610.

en particulier en fournit de très-probants exemples (V. *infra* (1).

3e *Arg.* — Lorsqu'après le jugement de séparation de corps, l'époux demandeur se rend à son tour coupable d'ingratitude envers l'époux défendeur, il est logique, sous la législation actuelle, que l'époux défendeur puisse enlever à l'époux demandeur la donation qu'il lui a faite.

Nous admettons le *second* système.

Selon la remarque déjà faite (2), cette solution présente un intérêt :

1° *Lorsque les héritiers du donateur se trouvent dans les termes des art.* 955 *et* 957 ;

2° *Lorsqu'après le jugement de séparation, l'époux demandeur se rend à son tour coupable d'ingratitude envers l'époux défendeur* (3).

**960.** — Toutes donations entre-vifs faites par personnes qui n'avaient point d'enfants ou de descendants actuellement vivants dans le temps de la donation, de quelque valeur que ces donations puissent être, et à quelque titre qu'elles aient été faites, et encore qu'elles fussent mutuelles ou rémunératoires, même celles qui auraient été faites en faveur du mariage par autres que par les ascendants aux conjoints, ou par les conjoints l'un à l'autre, demeureront révoquées de plein droit par la survenance d'un enfant légitime du donateur, même d'un posthume, ou par la légitimation d'un enfant naturel par mariage subséquent, s'il est né depuis la donation.

Ce texte renferme la *troisième* cause de révocation de la donation entre-vifs, c'est-à-dire *la survenance d'un enfant au donateur, si celui-ci n'en avait pas à l'époque de la donation.*

Les légistes de l'ancienne France avaient cru trouver cette cause de révocation dans le droit romain (l. 8 C., Liv. VIII, tit. LVI); c'en fut assez pour qu'ils l'adoptassent.

Cependant, les rares interprètes du droit romain qui conservaient quelque liberté d'esprit, Doneau, Voet, Vinnius, résistèrent à la doctrine générale ; ils remontrèrent que le moindre tort des autres était de ne pas entendre le texte qu'ils invoquaient, que la loi 8 au Code n'avait d'application que dans les rapports du patron avec l'affranchi, et que, texte à part, il n'y avait en définitive *rien de plus absurde*, comme le disait en termes propres le Hollandais Vinnius (4), que de suspendre indéfiniment une pareille cause de résolution sur la tête du donataire et des tiers.

Non-seulement l'ordonnance de 1731 consacra cette *absurdité*, mais

(1) M. Demolombe, t. IV, p. 646.

(2) *Manuel de droit civil,* t. I, p. 284.

(3) Rapprocher la controverse relative au point de savoir *si la séparation de corps révoque de plein droit tous les avantages que le demandeur avait fait au défendeur, soit par contrat de mariage, soit pendant le mariage.* (V. *Manuel de droit civil,* t. I, p. 282.)

(4) « *Quo nihil absurdius dici potest.* » Vinnius, *Select. juris quæst.* Lib II cap. XXII.

elle lui attribua une énergie tout exceptionnelle (art. 39-45, de l'ordonnance de 1731) (1).

Lors de la rédaction de l'œuvre législative, issue du 18 brumaire, Tronchet appuya l'abolition de la révocation pour cause de survenance d'enfants, mais il rencontra comme adversaires Portalis, l'auteur de l'*Abus de l'esprit philosophique*, et Cambacérès, l'ex-rapporteur du Code de la Convention. Grâce à l'éloquence de l'un faisant écho à la conviction de l'autre, la révocation pour cause de survenance d'enfants sortit victorieuse de l'épreuve; le conseil d'État ratifia la *doctrine* des anciens légistes (2).

Sous l'empire de la compilation napoléonienne, on professe, en conséquence, d'après Pothier, que *celui qui n'ayant pas d'enfants fait une donation, ne la fait qu'à cause de la persuasion où il est qu'il n'aura pas d'enfants; que s'il prévoyait en avoir, il ne la ferait pas, et qu'ainsi il n'a entendu donner que sous la condition implicite de révocation en cas de survenance d'enfants* (3).

De date ancienne, les légistes se demandent *dans l'intérêt de qui* cette cause de révocation a été admise. Il semblerait qu'il n'y a même pas matière à question sur un pareil point, et que tout naturellement, on devrait répondre que la révocation pour cause de survenance d'enfants, existe dans l'intérêt des enfants.

La chose n'est pas aussi simple qu'elle paraît l'être; l'ordonnance de 1731, et à la suite la compilation napoléonienne, ont voulu que cette cause de révocation agît *de plein droit;* de là, comme nous le verrons, plusieurs conséquences juridiquement inconciliables avec la seule idée qui pût permettre à la doctrine de se couvrir d'au moins l'ombre d'une raison.

---

(1) Comparer M. Aubépin, *Revue critique de législation*, 1855, t. VII, p. 145.

(2) Le procès-verbal porte :

« Le conseil adopte le droit établi par l'ordonnance de 1731. » (V. Locré, *Lég. civ.*, t. XI, p. 227, nº 13, et Fenet, t. XII, p. 372-375.)

(3) Pothier, *Des donations entre-vifs*, sect. III, art. 2. — Discussion au Conseil d'État, exposé de motifs par Bigot-Préameneu, et discours de Favard (Locré, *Lég. civ.*, t. XI, p. 227, nº 13, p. 397, nº 51, p. 462, nº 51).

Cependant cette explication a bien l'air d'être en contradiction flagrante avec l'art. 44 de l'ordonnance de 1731 et avec les art. 965 et 963 du Code Napoléon, mais les légistes ne se laissent pas embarrasser pour si peu; ils appellent à leur aide, à titre *d'ultima ratio*, l'idée de la tutelle sociale, et ils disent avec le naïf Pothier que *les donateurs*, dans ce cas, *sont comme des mineurs et qu'il ne doit pas leur être permis pendant qu'ils n'ont pas encore d'enfants, pendant qu'ils sont dans l'erreur contre laquelle la loi a voulu subvenir, de renoncer au droit que la loi a établi en leur faveur* (Pothier, *ibid*).

Avec un pareil point de vue, ce n'est que pure inconséquence, si les légistes n'emmaillottent pas l'homme du berceau jusqu'à la tombe.

D'après Furgole, *la révocation pour cause de survenance d'enfants, n'a eu en vue que l'intérêt du donateur; l'intérêt des enfants n'y entre pour rien* (1).

D'après Ricard, reproduit par Pothier, *cette même révocation n'a pas été consacrée seulement en considération du donateur, mais aussi en considération des enfants* (2).

Les auteurs contemporains se retranchent, en général, derrière l'explication de Ricard (3).

Conformément à l'art. 960, nous examinerons :

1° *Les conditions d'application de la règle de la révocation pour cause de survenance d'enfants;*

2° *L'étendue de la règle de la révocation pour cause de survenance d'enfants et les exceptions qu'elle comporte;*

3° *Les effets de la révocation pour cause de survenance d'enfants.*

Au surplus, les mérites de rédaction du texte, comme on le constatera surabondamment, en égalent la valeur au fond.

### 1° CONDITIONS D'APPLICATION DE LA RÈGLE DE LA RÉVOCATION POUR CAUSE DE SURVENANCE D'ENFANTS.

Ces conditions sont au nombre de *deux :*

1° *Il faut qu'à l'époque de la donation, le donateur n'eût pas d'enfants ni de descendants;*

2° *Il faut que, postérieurement à la donation, il soit survenu au donateur un enfant.*

#### 1° IL FAUT QU'A L'ÉPOQUE DE LA DONATION LE DONATEUR N'EUT PAS D'ENFANTS NI DE DESCENDANTS.

A l'égard de cette *première* condition, il y a lieu de remarquer :

Que, bien que l'art. 960, à l'instar de la loi romaine (l. 8, C., liv. VIII, tit. LVI), emploie le mot « enfants » ou « descendants », au pluriel, il suffit de l'existence, à l'époque de la donation, d'un *seul* enfant légitime ou légitimé, pour faire obstacle à la révocation ;

Que dans ce cas, l'enfant simplement conçu ne doit pas être considéré comme existant (art. 961, V. *infra*, p. 510).

Les interprètes sont, d'ailleurs, en pleine divergence sur une série de points.

(1) Furgole, Question 16, n° 11.
(2) Ricard, 3e partie, n° 572. — Pothier, *Donations entre-vifs*, sect. III, art. 2.
(3) V. notamment MM. Zachariæ, Aubry et Rau, t. VI, p. 115. — M. Demolombe, t. XX, p. 720.

1° L'existence à l'époque de la donation d'un enfant naturel reconnu fait-elle obstacle à la révocation?

DEUX SYSTÈMES.

1er SYSTÈME (1). — *Aff.*

*Voici comment raisonne ce système :*

La révocation pour cause de survenance d'enfants est fondée sur cette présomption que le donateur ne se serait pas dépouillé au profit d'étrangers, si, au moment de la donation, il avait déjà connu le sentiment de la paternité; or, l'affection des père et mère pour leur enfant naturel est tout aussi vive et tout aussi profonde que celle qu'ils éprouvent pour un enfant légitime; donc, le motif légal de la révocation manque aussi bien dans le cas où le donataire, à l'époque de la donation, avait un enfant naturel, que dans le cas où, à cette même époque, il avait un enfant légitime.

2e SYSTÈME (2). — *Nég.*

1er *Arg.* — Les anciens auteurs étaient unanimes pour trancher la question dans ce sens (3).

2e *Arg.*— Si le terme d'*enfants*, employé seul, comprend parfois les enfants naturels aussi bien que les enfants légitimes, il ne peut plus recevoir ce sens large, lorsqu'il est joint au mot *descendants.*

3e *Arg.* — Les expressions finales de l'article, « s'il est né depuis la donation » sont inexplicables dans le système contraire.

En effet, ce n'est que tout autant que l'on commence par admettre que l'existence d'un enfant naturel à l'époque de la donation n'empêche pas la révocation, qu'il y a ensuite lieu de se demander si la légitimation de cet enfant doit avoir pour résultat de l'opérer.

*Légalement*, ce dernier système est incontestable ;

*Rationnellement*, il ne dépare pas l'ensemble.

Certains auteurs exceptent de cette solution le cas où la donation aurait été faite à l'enfant naturel lui-même par son père ou par sa mère (4), mais les *raisons* précédentes ne permettent point d'accueillir un pareil tempérament (5).

---

(1) M. Troplong, t. III, n° 1381. — M. Pont, *Revue de législ.*, 1844, t. XIX, p. 624. — MM. Devilleneuve et Carette, 1844, II, 49.

(2) M. Demante, t. IV, n° 103 *bis*, VII. — M. Valette à son cours. — MM. Zachariæ, Aubry et Rau, t. VI, p. 118-120, texte et note 17. — M. Demolombe, t. XX, p. 679.

(3) Comparer Ricard, 3e partie, chap. II, sect. IV, n° 699 et suiv. — Prévost de la Jannès, *Principes de la jurisprudence française*, t. II, n° 465. — Pothier, *Des donations entre-vifs*, sect. III, art. 2, § 2.

(4) MM. Zachariæ, Aubry et Rau, t. VI, p. 119 et 120, texte et note 18.

(5) M. Demolombe, t. XX, p. 682.

2° L'existence à l'époque de la donation, d'un enfant adoptif fait-elle obstacle à la révocation ?

DEUX SYSTÈMES.

1er SYSTÈME (1). — *Aff.*

Ce système se fonde sur le caractère général des rapports que l'adoption fait naître entre l'adoptant et l'adopté.

2e SYSTÈME (2). — *Nég.*

Ce système s'appuie sur le texte (V. *supra*, 2e arg.), et sur l'*esprit* de l'art. 960.

Nous acceptons pour notre part l'argument de texte.

3° L'existence, à l'époque de la donation, d'un enfant né d'un mariage putatif, fait-elle obstacle à la révocation, même lorsque le mariage a déjà été déclaré nul, et même à l'égard de l'époux de mauvaise foi?

Cette insignifiante controverse, qui n'est cependant pas beaucoup plus insignifiante que celles qui l'ont précédée ou qui vont la suivre, porte sur le point de savoir *si le donataire peut s'abriter derrière l'art. 202 pour soutenir qu'à l'époque de la donation le donateur avait un enfant légitime.*

L'*affirmative* est généralement admise (3).

4° L'absence, à l'époque de la donation, de l'enfant unique du donateur rend-elle la donation susceptible de révocation?

Cette question est très-controversée.

*Certains auteurs la décident d'une manière absolue par la négative ;* ils disent que la disposition de l'art. 960 étant d'une nature exceptionnelle, il n'est point permis d'appliquer la présomption légale qui lui sert de base à des hypothèses autres que celle que la compilation napoléonienne a entendu régler (4).

*La majorité des auteurs résout ce même point par une distinction :*

*L'enfant se trouve-t-il dans la période de présomption ou de déclaration d'absence, il doit être réputé existant ;*

---

(1) M. Zachariæ, édition Massé et Vergé, t. III, p. 241. — M. Taulier, t. IV, p. 104.

(2) M. Demante, t. IV, n° 103 *bis*, VIII. — MM. Aubry et Rau, *Sur Zachariæ*, t. VI, p. 120, texte et note 19. — M. Demolombe, t. XX, p. 684.

(3) Comparer M. Demante, t. IV, n° 103 *bis*, X. — M. Demolombe, t. XX, p. 685.

(4) MM. Zachariæ, Aubry et Rau, t. VI, p. 120 et 121, texte et notes 21-23.

*Se trouve-t-il, au contraire, dans la période où a lieu l'envoi en possession définitif, il doit être considéré comme n'existant plus* (1).

Selon nous, la question est de pur fait.

Afin d'achever cette esquisse, ajoutons que si le donateur a eu un enfant à une époque antérieure à la donation, et que cet enfant soit mort à l'époque de la donation, la révocation n'en reste pas moins possible (2).

2° IL FAUT QUE, POSTÉRIEUREMENT A LA DONATION, IL SOIT SURVENU AU DONATEUR UN ENFANT.

A l'égard de cette *seconde* condition, le texte admet formellement la révocation :

« Par la survenance d'un enfant légitime du donateur, même d'un posthume »;

« Par la légitimation d'un enfant naturel par mariage subséquent, s'il est né depuis la donation. »

Les auteurs font observer :

1° *Que la naissance d'un enfant n'opère la révocation que tout autant que cet enfant est né vivant et viable ;*

De là, un *intéressant* rappel des deux questions de l'opération césarienne et du part monstrueux (V. *supra*, p. 64).

2° *Que, par suite d'une innovation de la compilation napoléonienne, il faut, lorsqu'il s'agit d'un enfant naturel, que la naissance et la légitimation de cet enfant soient toutes les deux postérieures à la donation ;*

*Ne plus habeat luxuria quam castitas*, selon l'adage de Dumoulin chaleureusement invoqué par le Tribunat (3).

On fait encore remarquer que la révocation aurait lieu *pour cause de survenance d'un petit-enfant*, si le donateur avait disposé postérieurement à la mort de son fils unique, et qu'un enfant naquît de la veuve de ce fils dans les dix mois qui suivraient la mort de son mari (4).

---

(1) M. Demante, t. IV, n° 103 *bis*, XI. — M. Demolombe, t. II, p. 164, et t. XX, p. 688.

(2) Cependant, le donateur n'est pas *mineur à l'égard de l'affection paternelle;* il la connaît bien cette affection, puisqu'il a été père ; d'où vient donc que, dans ce cas, l'inepte règle continue de s'appliquer? Cela vient de ce que, pour les vieux légistes, elle s'harmonisait à merveille avec l'esprit féodal, avec l'idée nobiliaire de la conservation des biens dans les familles.

Et c'est avec de pareils débris qu'après la Révolution française les hommes de brumaire ont fait la législation de la France !

(3) Locré, *Législ. civ.*, t. XI, p. 318 et 319, n° 40. — Fenet, t. XII, p. 425 et 455.

(4) Comparer Pothier, *Des donations entre-vifs*, sect. III, art. 3, § 3.

Ici recommence le désaccord des interprètes sur *trois* points corrélatifs à ceux qui ont été examinés précédemment (V. *supra*, 2°, 3° et 4°, p. 505).

1° L'adoption d'un enfant par le donateur opère-t-elle la révocation?

La *négative* prévaut; « en effet, dit-on, ni l'art. 960, ni aucun autre n'attache à l'adoption ce résultat exorbitant de la révocation immédiate et de plein droit » (1).

2° La survenance d'un enfant né d'un mariage putatif opère-t-elle la révocation même de la donation faite par l'époux de mauvaise foi?

*Dans le cas où l'époux donateur est de bonne foi*, il n'y a pas de question, *l'affirmative* est incontestable.

*Dans le cas où l'époux donateur est de mauvaise foi*, les interprètes sont très-divisés.

Toutefois, la *négative* doit être admise, car la révocation pour cause de survenance d'enfants est essentiellement fondée sur l'intérêt du donateur, et l'on ne comprendrait pas que, dans le cas présent, cet intérêt fût pris en considération (2).

3° Le retour de l'enfant unique du donateur, absent à l'époque de la donation, opère-t-il la révocation?

Ce retour plonge les auteurs dans de cruelles perplexités; la *négative* est généralement admise, « car, dit-on, puisque l'enfant revient, c'est qu'il a toujours existé » (3).

### 2° ÉTENDUE DE LA RÈGLE DE LA RÉVOCATION POUR CAUSE DE SURVENANCE D'ENFANTS ET EXCEPTIONS QU'ELLE COMPORTE.

*La révocation pour cause de survenance d'enfants est, en principe, applicable à toutes les donations entre-vifs, en quelque forme, à quelque titre et sous quelques modalités qu'elles aient été faites.*

---

(1) M. Demolombe, t. VI, p. 148.

(2) M. Demante, t. IV, n° 103 *bis*, x. — M. Demolombe, t. XX, p. 691. En sens contraire, M. Delvincourt, t. II, n° 77, note 4. — MM. Zachariæ, Aubry et Rau, t. VI, p. 122, texte et note 25.

V. aussi, *Manuel de droit civil*, t. I, p. 202.

(3) Comparer, M. Demante, t. IV, n° 103 *bis*, XIII. — MM. Zachariæ, Aubry et Rau, t. VI, p. 122 et note 25. — M. Demolombe, t. XX, p. 697.

Est-il possible d'exposer sérieusement de pareilles raisons, mais n'est-il pas en même temps déplorable de voir une science qui s'y complaît et qui de parti pris répudie l'esprit critique?

Ainsi, elle atteint les donations déguisées, les donations mutuelles, les donations rémunératoires (1), les donations faites en faveur du mariage par des tiers.

De même, elle atteint les donations, de quelque valeur qu'elles puissent être.

Par *exception*, l'art. 960 déclare non révocables pour cause de survenance d'enfants :

1° *Les donations faites en faveur du mariage par les ascendants aux conjoints ;*

2° *Les donations faites en faveur du mariage par les conjoints l'un à l'autre.*

La *première* exception embarrasse beaucoup les auteurs ; elle est, en effet, bien propre à mettre à la torture même l'esprit d'un légiste, car, comme le constate M. Demolombe, « un ascendant qui donne à son enfant n'est pas apparemment sans enfant » (2) !

L'explication réputée la plus plausible consiste en ceci :

Certains vieux auteurs considéraient comme étant sans enfants à l'époque de la donation le donateur qui n'avait pas d'autre enfant que celui auquel il faisait la donation ; à leurs yeux, la qualité de donataire absorbait, en pareil cas, celle d'enfant (3).

C'est cette merveilleuse doctrine que d'abord les rédacteurs de l'ordonnance de 1731, et après eux les compilateurs napoléoniens auraient entendu abroger.

La *seconde* exception est formulée incomplétement par l'art. 960 ; l'art. 1096 y ajoute *les donations faites entre époux pendant le mariage.*

*D'où vient, en particulier, que la révocation pour cause de survenance d'enfants n'atteigne pas les donations faites en faveur du mariage par les conjoints l'un à l'autre?*

Les anciens légistes en balbutiaient *deux* raisons ; ils disaient que les donations de cette sorte « *étaient précisément faites avec un esprit de prévoyance sur les enfants qui proviendraient du mariage,* » *et que d'ailleurs il devait être indifférent à ces enfants de trouver les biens*

---

(1) D'après les auteurs, *les donations mutuelles sont celles que deux ou plusieurs personnes se font réciproquement par un seul et même acte.*

*Les donations rémunératoires sont celles qui ont pour but de récompenser certains services rendus par le donataire au donateur.*

C'est une question de fait, comme on le comprend, que de discerner la donation *mutuelle* de la donation *faite avec charges*, et la donation *rémunératoire* de l'acte *à titre onéreux*.

(2) M. Demolombe, t. XX, p. 704.

(3) Cujas, nov. 92. cap. I. — Balde, l. I, C. liv. III, tit. XVIII. — Arnauld de la Rouvière, à la suite du Traité des donations entre-vifs de Ricard, chap. XIII.

*donnés dans la succession du donateur, ou dans celle du donataire* (1).

Prises en elles-mêmes, ces raisons ont peu de sens ; rapprochées des textes (art. 39 de l'ordonnance, et 960 C. N.), elles cessent d'être intelligibles, et voici pourquoi :

Les donations faites en faveur du mariage par l'un des conjoints à l'autre, non-seulement ne sont pas révoquées par la survenance d'un enfant commun aux deux conjoints, mais elles ne le sont même pas *par la survenance à l'époux donateur d'un enfant que celui-ci, veuf sans enfant de son mariage avec l'époux donataire prédécédé, aurait eu d'un nouveau mariage.*

Reste la ressource de dire, comme font certains auteurs, que cette seconde exception est fondée *sur la nature du lien qui va unir le donateur au donataire* (2).

Remarquons que, bien que la révocation pour cause de survenance d'enfants atteigne les donations même les plus modiques, la loi n'a pu cependant aller jusqu'à y soumettre *les petits présents d'usage ou de circonstance* (comparer art. 852 et 1083).

### 3° EFFETS DE LA RÉVOCATION POUR CAUSE DE SURVENANCE D'ENFANTS.

La révocation pour cause de survenance d'enfants s'opère *de plein droit.*

Ces expressions signifient :

1° *Que cette révocation a lieu par suite du seul fait qu'il survient un enfant au donateur ;*

2° *Que cette révocation a lieu même malgré la volonté du donateur.*

De la *première* proposition, il résulte :

*Que la révocation pour cause de survenance d'enfants prend date à partir de la survenance de l'enfant qui produit la révocation ;*

*Qu'en cas de litige, les tribunaux n'ont à intervenir que pour vérifier le fait et pour enjoindre au donataire, s'il y échet, de restituer la chose donnée.*

De la *seconde* proposition, il résulte :

*Que le donateur ne peut renoncer à demander la révocation pour cause de survenance d'enfants* (comparer art. 1339 et 1340) ;

*Qu'à défaut du donateur, toute personne intéressée peut la demander.*

---

(1) Arnauld de la Rouvière, chap. XI. — Pothier, *Des donations entre-vifs*, sect. III, art. 2, § 1.

(2) Comparer M. Demante, t. IV, n° 103 *bis*, VI. — MM. Zachariæ, Aubry et Rau, t. VI, p. 117. — M. Demolombe, p. 707 et suiv.

A part l'art. 961, les articles suivants ne font d'ailleurs que développer et amplifier *l'effet de plein droit* qui sert de couronnement à l'art. 960.

**961.** — Cette révocation aura lieu, encore que l'enfant du donateur ou de la donatrice fût conçu au temps de la donation.

Cet article procède à la fois d'une idée juridique et d'une idée morale.

L'idée *juridique* est qu'un enfant conçu ne doit être réputé né que tout autant qu'il s'agit de ses intérêts : « *infans conceptus pro nato habetur, quoties de commodis ejus agitur*, dit le brocard.

L'idée *morale* est que le père et la mère ne connaissent le sentiment paternel ou maternel que lorsque leur enfant est né.

L'idée juridique, ou, en d'autres termes, le brocard est la généralisation du § 4, liv. I, tit. XIII, aux Institutes, et de la loi 7, liv. I, tit. V, au Digeste (V. *supra*, p. 62).

L'idée morale est en contradiction flagrante avec les faits aussi bien pour le père que pour la mère (1).

**962.** — La donation demeurera pareillement révoquée, lors même que le donataire serait entré en possession des biens donnés, et qu'il y aurait été laissé par le donateur depuis la survenance de l'enfant ; sans néanmoins que le donataire soit tenu de restituer les fruits par lui perçus, de quelque nature qu'ils soient, si ce n'est du jour que la naissance de l'enfant ou sa légitimation par mariage subséquent lui aura été notifiée par exploit ou autre acte en bonne forme ; et ce quand même la demande pour rentrer dans les biens donnés n'aurait été formée que postérieurement à cette notification.

Ce verbeux article contient *deux* dispositions ; il veut dire :

1° *Que la confirmation tacite ne peut, non plus que l'expresse,* comme nous le verrons (*infra*, art. 964), *réparer la résolution qu'entraîne la survenance d'enfants ;*

2° *Que le donataire est tenu de restituer les fruits de quelque nature qu'ils soient, qu'il a perçus ou qu'il est réputé avoir perçus, à partir du jour où il a été constitué de mauvaise foi par la notification en forme de la naissance ou de la légitimation de l'enfant.*

Il n'importe pas que la *demande* en délaissement des biens compris dans la donation ne soit formée que *postérieurement*.

On décide d'ailleurs, en général, que la règle relative à la restitution des fruits, est applicable aux *tiers détenteurs* comme au donataire lui-même (2).

---

(1) Il est peu surprenant que les Bonaparte et les Cambacérès n'aient rien compris au sentiment paternel.

(2) Comparer M. Demante, t. IV, n° 106 *bis*, I. — MM. Zachariæ, Aubry et Rau, t. VI, p. 125 et 126, texte et notes 32-35. — M. Demolombe, t. XX, p. 723 et suiv.

**963.** — Les biens compris dans la donation révoquée de plein droit, rentreront dans le patrimoine du donateur, libres de toutes charges et hypothèques du chef du donataire, sans qu'ils puissent demeurer affectés, même subsidiairement, à la restitution de la dot de la femme de ce donataire, de ses reprises ou autres conventions matrimoniales ; ce qui aura lieu quand même la donation aurait été faite en faveur du mariage du donataire et insérée dans le contrat, et que le donateur se serait obligé comme caution, par la donation, à l'exécution du contrat de mariage.

Cet article nous remet une nouvelle fois en face du brocard : « *resoluto juris dantis, resolvitur jus accipientis* », et l'application dans la présente hypothèse en est si complète, qu'il serait assurément difficile d'y ajouter.

Comme le donateur sans enfant est réputé n'être qu'un *mineur en ce qui concerne le sentiment paternel* (V. *supra*, p. 205, note 3), la compilation napoléonienne, à la suite de l'ordonnance, déclare révoquée *non-seulement l'hypothèque de la femme du donataire*, lors même que la donation a été faite en faveur du mariage du donataire et insérée dans le contrat, *mais encore l'obligation de cautionnement que le donateur aurait contractée expressément envers la femme du donataire.*

Cependant les compilateurs napoléoniens n'ont pas pris garde qu'ils excédaient en ce point même le système de la révocation pour cause de survenance d'enfant tel que l'avait organisé l'ancien régime !

A cette époque, en effet, toute obligation passée par-devant notaires emportait une hypothèque générale; il eût donc été impossible de maintenir l'obligation de cautionnement contractée par le donateur et de déclarer en même temps anéantie l'hypothèque de la femme du donataire sur les biens donnés (1).

**964.** — Les donations ainsi révoquées ne pourront revivre ou avoir de nouveau leur effet, ni par la mort de l'enfant du donateur, ni par aucun acte confirmatif ; et si le donateur veut donner les mêmes biens au même donataire, soit avant ou après la mort de l'enfant par la naissance duquel la donation avait été révoquée, il ne le pourra faire que par une nouvelle disposition.

Cet article est la généralisation de l'idée en vertu de laquelle la loi repousse *toute confirmation* de la donation révoquée par la survenance d'un enfant.

C'est là évidemment une disposition sans raison, et qu'il faut se borner à enregistrer.

Au surplus, le donateur recouvre la propriété absolue des biens donnés, et il est libre d'en disposer comme bon lui semble, soit au profit de l'ancien donataire, soit au profit d'un tiers.

Les auteurs qui soutiennent que la révocation pour cause de surve-

(1) M. Demante, t. IV, n° 107 *bis*, IV. — MM. Zachariæ, Aubry et Rau, t. VI, p. 125. — M. Demolombe, t. XX, p. 732 et suiv.

nance d'enfant n'est établie qu'au profit du donateur se font argument de ce dernier point (1).

**965.** — Toute clause ou convention par laquelle le donateur aurait renoncé à la révocation de la donation pour survenance d'enfant, sera regardée comme nulle, et ne pourra produire aucun effet.

Cet article place dans tout son jour le vrai caractère de la présomption qui forme la base de la révocation pour cause de survenance d'enfant.

Comme nous l'avons dit (V. *supra*, p. 502, note 3), le donateur sans enfant est réputé n'être qu'un mineur, en ce qui touche au sentiment paternel.

**966.** — Le donataire, ses héritiers ou ayants cause, ou autres détenteurs des choses données, ne pourront opposer la prescription pour faire valoir la donation révoquée par la survenance d'enfant, qu'après une possession de trente années, qui ne pourront commencer à courir que du jour de la naissance du dernier enfant du donateur, même posthume, et ce, sans préjudice des interruptions, telles que de droit.

Cet article n'est susceptible d'être soumis à aucune théorie ; il heurte non-seulement l'intérêt économique et la raison, mais même les règles ordinaires de la législation et de la science juridique actuelle.

Contentons-nous de constater d'après ce texte :

1° *Que l'action du donateur ou de ses héritiers à fin de restitution des biens donnés n'est prescriptible que par trente ans, non-seulement à l'égard du donataire ou de ses successeurs universels, mais encore à l'égard des tiers détenteurs même de bonne foi* (comparer, art. 2265);

2° *Que cette prescription de trente ans commence à courir non pas du jour de la naissance du premier enfant du donateur ou de la légitimation par mariage subséquent, mais du jour de la naissance du dernier enfant même posthume, et ce, sans préjudice des interruptions ou suspensions telles que de droit.*

Les auteurs se demandent si après l'accomplissement de cette prescription, le donataire, ses héritiers ou ayants cause conservent les biens *à titre de donataires, ou en vertu d'un nouveau titre qui ne serait autre que la prescription elle-même.*

On tient en général, *pour le titre de donataire*, et l'on invoque surtout dans ce sens l'art. 2240 qui déclare que « l'on ne peut prescrire contre son titre, c'est-à-dire qu'on ne peut se changer à soi-même la cause et le principe de sa possession ».

De là, il résulte en particulier, qu'après l'accomplissement de la prescription *sui generis* établie par l'art. 966, la donation demeure :

1° *Rapportable ;*

2° *Réductible ;*

(1) Furgole, question 16, n° 11. — Toullier, t. V, n° 302. — Grenier, t. I, n° 203.

3° *Révocable pour cause d'inexécution des charges ou pour cause d'ingratitude.*

Tel est le non-sens que, pour clore cette *théorie*, les compilateurs napoléoniens ont emprunté à l'ancien régime (1).

# CHAPITRE V

## DES DISPOSITIONS TESTAMENTAIRES.

Au point de vue philosophique, la disposition testamentaire est l'exercice du droit le plus considérable, et l'accomplissement du devoir le plus grave du propriétaire. Comme nous l'avons dit (V. *supra*, p. 371), c'est surtout par le règlement que fait le propriétaire des fruits de son travail, pour le temps où il n'existera plus, que l'idée morale pénètre dans la théorie de la propriété.

Au point de vue économique, la disposition testamentaire est l'acte par lequel le détenteur de capitaux peut influer de la manière la plus notable sur la production ; car c'est l'acte par lequel ce détenteur est le mieux à même de mettre l'instrument de travail entre les mains de l'activité la plus méritante.

Le progrès des mœurs serait donc que le testament remplaçât de plus en plus la succession *ab intestat.*

La première condition de ce progrès est, évidemment, que la législation n'y fasse pas obstacle, c'est-à-dire qu'elle se borne à soumettre le testament aux mesures de publicité que réclame l'intérêt des tiers.

La compilation napoléonienne a suivi des errements tout opposés ; elle a déterminé limitativement les formes de la disposition testamentaire, et, à la différence du Code de la Convention (art. 33, liv. II, tit. III, § 3), elle n'en a point prescrit la publicité.

(1) Comparer art. 45, ordonnance de 1731, et Furgole sur ce même article. C'est vainement que la raison de M. Demante s'est efforcée de dissiper les ombres qui enveloppent cette matière (tit. IV, n° 110 *bis*, I, à 110 *bis*, V). Les anciens légistes ne s'y sont jamais reconnus eux-mêmes; il suffit pour s'en convaincre de se reporter à Furgole (art. 45 de l'ord.) et à Pothier, *Des donations entre-vifs*, sect. III, art. 2, § 5.

Quant aux rédacteurs de l'œuvre informe de 1804, ils ont renouvelé ici ce qu'ils ont fait tant de fois; ils ont copié sans comprendre.

V. MM. Zachariæ, Aubry et Rau, t. VI, p. 127, texte et notes 36-38. — M. Demolombe, t. XX, p. 735 et suiv.

## SECTION PREMIÈRE.

### DES RÈGLES GÉNÉRALES SUR LA FORME DES TESTAMENTS.

**967.** — Toute personne pourra disposer par testament, soit sous le titre d'institution d'héritier, soit sous le titre de legs, soit sous toute autre dénomination propre à manifester sa volonté.

Cet article ne se rapporte qu'à une pure question de terminologie; il veut dire que, *de quelque expression que le testateur se soit servi pour désigner ceux qu'il entend gratifier*, cette circonstance n'influe en rien sur la validité du testament.

Pour comprendre le motif de cette disposition, il faut savoir que dans l'ancien droit, les pays coutumiers *prohibaient l'institution d'héritier*, et que, par une conséquence exagérée de cette doctrine, certaines coutumes déclaraient *nul* le testament où se rencontrait *le mot d'institution d'héritier*.

Les pays de droit écrit, au contraire, appliquaient le droit romain, et ne reconnaissaient comme *valable* que le testament qui renfermait *une institution d'héritier*.

Bien que l'art. 967 n'ait trait, nous le répétons, qu'à une question de langage, il importe :

1° *De noter que les auteurs du Code Napoléon n'ont pas reproduit la doctrine romaine sur la nécessité de l'institution d'héritier dans le testament ;*

2° *De rappeler que c'est aujourd'hui une des questions les plus confuses de savoir si le testament peut faire des héritiers, c'est-à-dire des continuateurs de la personne du défunt* (V. *supra*, p. 58 et 323, *et infra*, art. 1002).

**968.**—Un testament ne pourra être fait dans le même acte par deux ou plusieurs personnes, soit au profit d'un tiers, soit à titre de disposition réciproque et mutuelle.

Cet article concerne ce que la doctrine appelle les *testaments conjonctifs*.

La jurisprudence des parlements avait admis cette forme de disposition testamentaire ; l'art. 77 de l'ordonnance de 1735 sur les testaments la prohiba; les compilateurs napoléoniens ont reproduit l'ordonnance.

« Le motif de cette loi, selon les expressions de Pothier, paraît avoir été, afin que les testateurs eussent plus de liberté, et ne fussent pas exposés aux suggestions de la personne avec qui ils feraient conjointement leur testament (1). »

---

(1) Pothier, *Des donations testamentaires*, chap. I, art. 1.

D'après M. Bigot-Préameneu, « il fallait éviter la difficulté qu'aurait fait naître la question de savoir si après le décès de l'un des testateurs conjoints, le testament pourrait être révoqué par le survivant. Permettre de le révoquer, c'eût été violer la loi de la réciprocité ; le déclarer irrévocable, c'eût été changer la nature du testament, qui alors eût cessé d'être réellement un acte de dernière volonté. »

On enseigne, du reste, que l'art. 968 ne forme pas obstacle à ce que plusieurs personnes fassent des dispositions testamentaires au profit les unes des autres, ou au profit d'un tiers, à la même date et sur la même feuille de papier, pourvu que ces dispositions constituent des testaments distincts (1).

**969.** — Un testament pourra être olographe, ou fait par acte public ou dans la forme mystique.

D'après l'art. 969, il existe *trois* sortes de testaments :

1° *Le testament olographe ;*

2° *Le testament public ;*

3° *Le testament mystique.*

Ces *trois* sortes de testaments jouissent, en principe, de la *même* efficacité ; nous verrons cependant que les art. 1007 et 1008 attribuent *un effet propre au testament public.*

Comme l'énumération de l'art. 969 est limitative, il en résulte que la législation napoléonienne a proscrit implicitement le testament verbal (2).

Cependant, outre les *trois testaments ordinaires*, il y a des *testaments privilégiés ;* ce sont :

1° *Le testament militaire ;*

2° *Le testament fait en temps de peste ;*

3° *Le testament fait sur mer.*

Ces testaments sont privilégiés en ce sens qu'ils sont soumis à des formes plus simples que celles qui sont requises dans les testaments ordinaires (V. *infra*, art. 981 et suiv.).

**970.** — Le testament olographe ne sera point valable, s'il n'est écrit en entier, daté et signé de la main du testateur : il n'est assujetti à aucune autre.

D'après ce texte combiné avec les art. 892 et 969, le testament olographe (de ὅλος et γραφω), doit être défini :

*Un acte solennel de dernière volonté, écrit en entier, daté et signé de la main du testateur* (3).

---

(1) MM. Zachariæ, Aubry et Rau, t. X, p. 494 et 495. — M. Demolombe, t. XXI, p. 17.

(2) Comparer sur le testament verbal ou nuncupatif du droit romain et de l'ancienne jurisprudence française, §, 14, liv. II, tit. X. *Inst.*, et Ricard, *Des Donations*, 1re partie, I, n° 1326.

(3) A part son caractère solennel, qui en implique la nullité toutes les fois

C'est dans les pays coutumiers que s'est développé le testament olographe. Le chancelier Michel de Marillac eut beau faire effort pour en étendre l'usage aux pays de droit écrit ; l'inféodation des parlements à tradition romaine paralysa cette tentative (1).

Le Code de la Convention déclara, comme nous l'avons dit (V. *supra*, p. 377), que *toutes donations entre-vifs ou à cause de mort pourraient être écrites de la main du donateur, à la condition que, dans ce cas, elles fussent déposées chez un notaire* (art. 33, liv. II, tit. III, § 3).

Le Code Napoléon a reproduit la disposition du chancelier Marillac.

Le principal motif qui recommande le testament olographe est qu'il présente toutes les chances possibles d'être l'expression de la volonté libre et réfléchie du propriétaire.

Reprenons une à une les conditions requises pour la validité de ce testament, et qui, aux termes de la définition ci-dessus formulée, sont au nombre de *trois* :

1° *L'écriture en entier de la main du testateur ;*
2° *La date de la main du testateur ;*
3° *La signature de la main du testateur.*

### 1° ÉCRITURE EN ENTIER DE LA MAIN DU TESTATEUR.

Cette condition implique que *le testateur doit tracer seul de sa propre main les caractères du testament olographe.*

On enseigne, toutefois, que l'assistance d'un tiers qui n'aurait fait qu'aider le testateur dans la disposition matérielle de son écriture sur le papier ne rendrait pas le testament nul.

Mais la majorité des auteurs professent avec Pothier que l'addition d'un seul mot, écrit par une main étrangère, rend le testament nul pour le tout, quand même ce mot serait superflu, si d'ailleurs il fait partie du testament et qu'il ait été ajouté de l'aveu du testateur (2).

---

que les formes requises n'ont pas été observées et qui est ainsi tout à fait contraire à l'esprit du droit moderne, le testament olographe est une excellente manière de tester ; c'est celle qui se généralisera de plus en plus, à mesure que le système légal de la propriété se simplifiera et que l'instruction propagée égalisera les conditions.

(1) L'ordonnance du mois de janvier 1629, connue sous le nom de *Code Michaud* validait d'une manière générale, dans son article 126, le testament olographe ; la plupart des parlements des pays de droit écrit refusèrent d'enregistrer cette ordonnance, ou ne l'enregistrèrent en ce qui concernait l'art. 126, qu'en la restreignant aux partages d'ascendants, selon la disposition de la novelle 107 de Justinien.

(2) Pothier cite une curieuse application de sa *doctrine* : une dame ayant légué tous ses biens à son beau-frère, par un testament écrit de sa main, ce testament fut annulé pour l'unique raison que le mot *beau* s'y trouvait écrit en interligne d'une autre main, et sans que l'intention de la testatrice fût, du reste, douteuse.

V. Pothier, *Des donations testamentaires*, chap. I, art. II, § 2. — Comparer

Au surplus, le testament olographe peut être fait sous la forme d'une lettre missive ou inséré dans un livre domestique.

Il peut être écrit au crayon (1).

2° DATE DE LA MAIN DU TESTATEUR.

*La date du testament consiste dans l'indication du jour, du mois et de l'année où cet acte a été rédigé.*

Ces énonciations peuvent, du reste, être remplacées par d'autres équivalentes.

Les auteurs assimilent, en général, l'inexactitude de la date au défaut de date, et ils enseignent que la rectification d'une date inexacte ne peut avoir lieu que tout autant qu'elle résulte avec certitude du testament lui-même (2).

3° SIGNATURE DE LA MAIN DU TESTATEUR.

*La signature consiste dans l'apposition sur le testament, soit du nom de famille, soit du nom dont le testateur avait l'habitude de signer* (3).

Il nous reste à exposer *la grave question de la force probante du testament olographe.*

---

Zachariæ, Aubry et Rau, t. V, p. 496. — M. Coin-Deliste, art. 970, n° 11.— M. Demolombe, t. XXI, p. 64.

La raison de M. Demante a refusé de souscrire sur ce point à l'enseignement général; l'éminent professeur est d'avis que la règle la plus simple et la plus conforme à la lettre et à l'esprit de la loi consisterait à considérer purement et simplement comme ne faisant point partie du testament tout ce qui n'y est point écrit de la main du testateur (t. IV, n° 115 *bis*, I.)

Joindre M. Bayle-Mouillard, sur Grenier, t. II, n° 228, note *A*.

(1) MM. Zachariæ, Aubry et Rau, t, V, p. 498, texte et notes, 11-14. — M. Coin-Delisle, sur l'art. 970, n° 23.

(2) Merlin, *Rép. de test.*, sect. II, § 1, art. 16, n° 1. — M. Troplong, t. III, n$^{os}$ 1484 et 1489. — MM. Zachariæ, Aubry et Rau, t. V, p. 498, texte et notes, 5-9. — M. Demolombe, t. XXI, p. 73.

Il est difficile d'imaginer quelque chose d'aussi puéril, d'aussi empreint de l'esprit formaliste et légiste que l'enseignement des auteurs et les décisions des tribunaux français sur la date du testament.

De quoi s'agit-il dans cette matière, sinon uniquement d'assurer son plein effet à la volonté du testateur, et, en dehors de cette idée, en est-il une autre qui ne conduise à la déraison et à l'injustice?

Au surplus, pour apprécier si notre censure est fondée, on n'a qu'à parcourir les recueils d'arrêts.

V. dans le même sens que nous, en ce qui concerne la date du testament. — Toullier, t. III, n° 362. — M. Bayle-Mouillard sur Grenier, t. II, n° 226, note *c*. — M. Coin-Delisle, art. 970, n$^{os}$ 26-28.

(3) M. Demante, t. IV, n$^{os}$ 115 *bis*, III et V. — MM. Zachariæ, Aubry et Rau, t. V, p. 497. — M. Demolombe, t. XXI, p. 99.

Cette question est complexe :

1° *Lorsque l'héritier dénie la sincérité du testament olographe, c'est-à-dire l'écriture et la signature du défunt, est-ce à l'héritier ou au légataire qu'incombe la charge de la preuve?*

2° *Lorsque la sincérité du testament olographe n'est pas en question, ce testament fait-il foi de sa date?*

Examinons successivement ces *deux* points.

1° QUESTION DE LA PREUVE EN CE QUI CONCERNE LA SINCÉRITÉ DU TESTAMENT OLOGRAPHE, C'EST-A-DIRE L'ÉCRITURE ET LA SIGNATURE DU DÉFUNT.

Le testament olographe est un acte *sous seing privé;* c'est ce qui résulte à la fois de la manière dont il est rédigé et de la qualification que lui applique l'art. 969 ; or, il suffit que la personne à laquelle on oppose un acte sous seing privé, dénie la sincérité de cet acte pour que la personne qui en fait argument en sa faveur ait la charge de la preuve; l'acte sous seing privé n'a pas, à proprement parler, de force probante; *sa valeur*, au point de vue de la preuve, *est uniquement de ramener la preuve du droit à celle de l'écriture;* c'est cette théorie qui gouverne le testament olographe comme tous les autres actes sous seing privé ; de là finalement la conséquence que *lorsque l'héritier dénie la sincérité du testament olographe, la charge de la preuve incombe au légataire.*

Ce dernier doit, en pareil cas, faire procéder à la vérification de l'écriture et de la signature du défunt, conformément aux règles tracées par les art. 193 et suiv. du Code de procédure.

La plupart des auteurs enseignent avec raison que *la solution ne doit pas changer lorsque le testament olographe a été déposé chez un notaire par le testateur lui-même, et que le notaire a dressé un acte de ce dépôt ;* car le notaire ne peut, dans cette hypothèse, certifier qu'une seule chose, à savoir que le déposant lui a déclaré qu'il avait écrit et signé acte déposé ; d'où il suit que le testament olographe déposé chez un notaire n'en demeure pas moins un acte sous seing privé, et que *la charge de la preuve continue à incomber au légataire* (1).

Il en est évidemment *de même, lorsque le dépôt chez un notaire a eu lieu après le décès du testateur en vertu* d'une ordonnance du président du tribunal (art. 1007, V. *infra*), car le président du tribunal se borne alors à constater l'état matériel du testament (2).

(1) MM. Zachariæ, Aubry et Rau, t. V, p. 500. — M. Demolombe t. XXI, p. 142.

En sens contraire. — M. Coin-Delisle, art. 1008, n° 3.

(2) M. Demante, t. IV, n° 15 *bis*, VII. — MM. Zachariæ, Aubry et Rau, t. V, p. 500-501. — M. Marcadé, *Revue de droit français et étranger*, 1847, t. IV, p. 433 436. M Demolombe, t. XXI, p. 147.

*Cependant, cette doctrine est contestée pour le cas où un légataire universel se trouve en présence d'un héritier non réservataire; dans ce cas, est-ce au légataire universel, même envoyé en possession par une ordonnance du président du tribunal* (art. 1008, V. *infra*), *qu'incombe la charge de faire vérifier l'écriture et la signature du testateur?*

DEUX SYSTÈMES.

1er SYSTÈME (1). — *En matière de testament olographe, lorsqu'un légataire universel envoyé en possession par une ordonnance du président du tribunal* (art. 1008) *se trouve en présence d'un héritier non réservataire, c'est à l'héritier non réservataire et non au légataire universel qu'incombe la charge de faire vérifier l'écriture et la signature du testateur.*

1er *Arg.* — Lorsqu'il n'existe pas d'héritier réservataire, le légataire universel a d'abord la *saisine*, c'est-à-dire *la possession de droit*, en vertu de l'art. 1006;

Après l'envoi en possession, prononcé à son profit, conformément à l'art. 1008, il en a, en outre, *la possession de fait;*

Donc, il est *défendeur;* donc, il n'a aucune preuve à fournir.

2e *Arg.* — Les testaments vrais sont d'ailleurs plus communs que les testaments faux.

Donc aussi, à ce nouveau point de vue, la charge de la preuve doit incomber à l'héritier.

3e *Arg.* — L'ordonnance d'envoi en possession établit, au surplus, une présomption de sincérité en faveur du testament olographe.

2e SYSTÈME (2). — *En matière de testament olographe, même lorsqu'un légataire universel, envoyé en possession par une ordonnance du président du tribunal* (art. 1008), *se trouve en présence d'un héritier non réservataire, c'est au légataire universel et non à l'héritier non réservataire qu'incombe la charge de faire vérifier l'écriture et la signature du testateur.*

1er *Arg.* — Dans la présente hypothèse, le légataire universel réunit *deux* qualités parfaitement distinctes; en droit et en fait, il est *possesseur;* il est, en outre, *légataire.*

*En tant que possesseur*, le légataire universel est incontestablement

(1) M. Bonnier, *Traité des preuves*, n° 575. — M. Troplong, t. III, n° 1500. — M. Coin-Delisle, *Revue crit. de législ.*, 853, t. III, p. 369. — M. Girard de Vasson, *ibid.*, 1860, t. XVI, p. 254.

De nombreux arrêts de cassation ont consacré cette décision.

(2) MM. Demante et Colmet de Santerre, t. IV, n° 151 *bis*, III. — M. Valette, à son cours. — MM. Zachariæ, Aubry et Rau, t. V, p. 501, texte et note 6. — M. Marcadé, *Revue critique*, 1853, t. III, p. 946 et suiv. — M. Demolombe, t. XXI, p. 152.

*défendeur*, ce qui revient à dire que, si le légataire l'exige, l'héritier demandeur doit d'abord établir contre lui son titre d'héritier.

*En tant que légataire*, le légataire universel est incontestablement *demandeur*, car une fois que l'héritier a établi son titre d'héritier, le légataire n'invoquant contre ce titre qu'un acte sous seing privé, il est tenu à son tour, conformément au droit commun, de prouver la sincérité de cet acte.

2° *Arg.* — Sans doute, les testaments vrais sont plus communs que les testaments faux, mais cet argument va trop loin, car, si on l'admettait, il en faudrait conclure que, à part même la condition de l'envoi en possession prescrit par l'art. 1008, le testament olographe a en sa faveur une présomption de sincérité.

3° *Arg.* — L'ordonnance d'envoi en possession ne saurait non plus faire naître cette présomption, car elle ne change pas le caractère d'acte sous seing privé du testament olographe.

*Au point de vue de la compilation napoléonienne*, le *second* système est certain;

*Au point de vue juridique exact*, la solution du *premier* système devrait l'emporter, si le législateur napoléonien, à l'instar de la Convention, eût organisé d'une manière générale la publicité du testament (V. *supra*, p. 376), et s'il eût ainsi attribué au testament olographe la présomption de sincérité qui lui manque.

Il est clair, du reste, que, même dans l'état actuel de la législation, l'héritier *ab intestat*, qui aurait implicitement reconnu la sincérité d'un testament olographe, ne pourrait plus, par une simple dénégation ultérieure, mettre la vérification à la charge du légataire (1).

### 2° QUESTION DE LA PREUVE EN CE QUI CONCERNE LA DATE DU TESTAMENT OLOGRAPHE.

*A la différence des autres actes sous seing privé pour lesquels le principe est qu'ils ne font point par eux-mêmes foi de leur date à l'égard des tiers* (*art.* 1328), *le testament olographe fait foi de la sienne à l'égard de tous ceux auxquels il est opposé, lorsque d'ailleurs la sincérité de ce testament n'est pas en question.*

Cette solution résulte :

1° Des termes de l'art. 970, qui, après avoir indiqué les formes du testament olographe, ajoute que *ce testament n'est assujetti à aucune autre forme;*

2° De ce que, dans les cas où il existe plusieurs testaments olographes

(1) MM. Zachariæ, Aubry et Rau, t. V, p. 501 et suiv., texte et note 7. — M. Demolombe, t. XXI, p. 167.

dont les uns révoquent implicitement les autres (art. 1036), ce sont les derniers qui doivent naturellement l'emporter sur les premiers, et qu'alors il est au moins utile de s'attacher à la date respective de ces divers testaments pour déterminer les époques respectives auxquelles ils ont été faits (1).

*De quelle manière la date du testament olographe peut-elle être combattue ?*

Il règne sur ce point une grande confusion.

Certains auteurs admettent que la date du testament olographe ne peut, en général, être combattue que *par la voie de l'inscription de faux.*

Toutefois, ces auteurs professent que *la preuve testimoniale et les présomptions judiciaires* sont suffisantes dans les *trois* cas suivants :

1° *Lorsque les énonciations mêmes du testament ou son état matériel sont de nature à provoquer des doutes sur la sincérité de la date ;*

2° *Lorsque le testament est attaqué pour cause de suggestion ou de captation ;*

3° *Lorsqu'il est attaqué pour cause d'incapacité du testateur* (2).

D'autres auteurs enseignent que ces trois cas sont précisément les seuls où la date du testament olographe puisse être combattue, et, en conséquence, *ils érigent en règle l'admissibilité de la preuve testimoniale et des présomptions judiciaires.*

Ce *dernier* avis nous paraît le meilleur (3).

**971.** — Le testament par acte public est celui qui est reçu par deux notaires, en présence de deux témoins, ou par un notaire, en présence de quatre témoins.

D'après l'art. 971, combiné avec les art. 893 et 969, le testament par acte public, ou, plus simplement, le testament public est :

*Un acte solennel de dernière volonté qui est reçu par deux notaires en présence de deux témoins, ou par un notaire en présence de quatre témoins.*

Les dispositions de la loi du 25 ventôse an XI, sur les actes notariés sont applicables au testament public, sauf en ce qui concerne les points que la compilation napoléonienne a réglés explicitement ou implicitement d'une manière différente (4).

---

(1) M. Demante, t, IV, n° 115 *bis*, IX.

(2) M. Zachariæ, Aubry et Rau, t. V, p. 504.

(3) M. Demante, t. IV, n° 115 *bis*, IX. — M. Valette, à son cours. — M. Demolombe, t. XXI, p. 176.

(4) M. Demante, t. IV, n° 116 *bis*, II. — M. Valette, à son cours. — MM. Zachariæ, Aubry et Rau, t. V, p. 511 et 512, texte et note 30.

Il est plus facile de poser cette prémisse que de l'appliquer ; c'est ce dont

Voici *deux* de ces points :

1° *Le testament public doit être reçu par deux notaires en présence de deux témoins, ou par un notaire en présence de quatre témoins, tandis que la loi du 25 ventôse an XI (art. 9), se contente de deux notaires sans témoins, ou d'un notaire en présence de deux témoins.*

2° *Les conditions de capacité requises dans la personne des témoins, ne sont pas aussi rigoureuses pour le testament public que pour les autres actes notariés* (1) (comparer *infra*, art. 980, avec l. 25 ventôse an XI, art. 9).

Ajoutons que les formalités requises par la loi du 25 ventôse an XI, pour les actes notariés ordinaires, le *sont tantôt à peine de nullité, tantôt sous une autre sanction qui ne porte pas atteinte à la validité de l'acte;* celles que la compilation napoléonienne exige pour les divers testaments *doivent toutes être observées à peine de nullité* (art. 1001, V. *infra*).

Les auteurs font remarquer que le testament public est utile à ceux qui ne savent pas écrire, et qu'il présente au testateur l'avantage de l'authenticité légale pour ses dernières volontés (2).

Rien, en définitive, de moins certain que les règles qui gouvernent le testament public; rien de plus abusif que la jurisprudence qui en est issue; rien de plus propre que ces règles et que cette jurisprudence à priver d'effet la volonté du propriétaire (3).

**972.** — Si le testament est reçu par deux notaires, il leur est dicté par le testateur, et il doit être écrit par l'un de ces notaires, tel qu'il est dicté. — S'il n'y a qu'un notaire, il doit également être dicté par le testateur, et écrit par ce notaire. — Dans l'un et l'autre cas, il doit en être donné lecture au testateur, en présence des témoins. — Il est fait du tout mention expresse.

**973.** — Ce testament doit être signé par le testateur : s'il déclare qu'il ne

---

on peut se convaincre en parcourant les écrits des auteurs et les recueils de jurisprudence.

Là, comme ailleurs, les compilateurs napoléoniens n'ont su ce qu'ils voulaient établir.

(1) Cette différence, de pur hasard, embarrasse singulièrement les interprètes qui parlent de l'idée que le Code Napoléon est autre chose qu'un ramassis de textes. Ces interprètes s'imaginent donner une raison en disant que le législateur a jugé convenable de laisser dans la circonstance une certaine latitude au testateur.

Plutôt que de commettre de telles explications, que les auteurs prennent enfin le bon parti; qu'ils se résignent à abdiquer l'esprit légiste, à sortir de la vérité de convention, à s'avouer à eux-mêmes et à déclarer aux autres ce que révèle chaque ligne du Code Napoléon

(2) Comparer M. Demolombe, t. XXI, p. 187.

(3) Les choses en sont à ce point qu'en rédigeant un testament public les notaires les plus expérimentés ne sont pas toujours sûrs d'éviter les piéges que, sans s'en douter, ont multipliés sous leurs pas les incapables rédacteurs du Code Napoléon.

sait ou ne peut signer, il sera fait dans l'acte mention de sa déclaration, ainsi que de la cause qui l'empêche de signer.

**974.** — Le testament devra être signé par les témoins; et néanmoins, dans les campagnes, il suffira qu'un des deux témoins signe, si le testament est reçu par deux notaires, et que deux des quatre témoins signent, s'il est reçu par un notaire.

Les formalités prescrites par le Code Napoléon pour le testament public se rapportent :

1° *A la dictée qui doit en être faite par le testateur au notaire ou aux notaires ;*

2° *A l'écriture qui doit en être faite par l'un des notaires ;*

3° *A la lecture qui doit en être faite par l'un des notaires au testateur et aux témoins ;*

4° *A la mention de l'accomplissement de ces formalités ;*

5° *A la signature du testament par le testateur et par les témoins.*

### 1° DICTÉE.

*La dictée*, comme disent les auteurs, *consiste dans la prononciation mot à mot de ce qu'un autre écrit en même temps.*

La dictée du testament public par le testateur ne peut être remplacée ni par les signes les plus expressifs et les moins équivoques, ni par des notes manuscrites, ni par des interrogations suivies de réponses.

La dictée peut, d'ailleurs, être faite en une langue quelconque, pourvu que cette langue soit comprise par le notaire et par les témoins.

Lorsque le testament est reçu par deux notaires, il suffit qu'il soit dicté à l'un d'eux en présence de l'autre.

Il est également indispensable que les témoins concourent à cette opération (V. *supra*, art. 971).

### 2° ÉCRITURE.

*L'écriture doit être de la main de l'un des notaires ou du notaire, s'il n'y en a qu'un* (1) ; et cette formalité est tellement rigoureuse aux yeux des auteurs, que, selon eux, les tribunaux doivent déclarer nul le testament public, dans lequel le testateur aurait écrit de sa main une seule disposition, et lors même que le testateur aurait prononcé à haute voix devant les notaires et les témoins ce qu'il écrivait (2).

---

(1) Dans les autres actes, il suffit que l'acte écrit par une personne quelconque soit lu aux parties par le notaire ou en présence du notaire.

(2) M. Coin-Delisle, art. 972, n° 7. — M. Demolombe, t. XXI, p. 271.

Veut-on juger du progrès de l'esprit légiste? Que l'on compare cette décision avec le passage suivant de Furgole : « Comme cet inconvénient (celui d'insérer dans le testament des dispositions que le testateur n'aurait pas dictées) ne serait

On admet, au surplus, que lorsqu'il y a deux notaires, ils peuvent tenir alternativement la plume, pourvu, ajoutent les auteurs actuels, que l'on fasse mention de cette circonstance (1).

On admet encore que le notaire qui tient la plume n'est pas obligé :

1° De reproduire les incorrections de langage commises par le testateur, ni les tours de phrase vicieux ou obscurs employés par lui;

2° De reproduire les dispositions du testateur dans l'ordre exact où celui-ci les a dictées (2).

Lorsque le testateur dicte en langue étrangère, le notaire n'en doit pas moins écrire en français, c'est-à-dire qu'il doit faire une traduction instantanée de la dictée, et c'est cette traduction qui constitue le véritable testament (3).

Notons enfin que l'écriture doit avoir lieu en présence du testateur et des témoins.

3° LECTURE.

D'après le texte, « *il doit être donné lecture du testament au testateur en présence des témoins* ».

On discute gravement sur le double point de savoir :

1° *Si la lecture peut, en général, être faite par un autre que par le notaire, d'ailleurs en présence du notaire ou des notaires et des témoins ;*

2° *Si elle peut, en particulier, être faite par le testateur lui-même à haute voix, avec l'assistance qui vient d'être indiquée* (4).

---

pas à craindre, si le testateur écrivait lui-même sa disposition, elle ne pourrait pas être regardée comme nulle, pour n'être pas écrite de la main d'un des notaires; cela est conforme à l'esprit de la loi. » (*Des Testam.*, chap. II, sect. III, n° 7).

(1) MM. Zachariæ, Aubry et Rau, t. V, p. 513, note 41. — M. Demolombe, t. XXI, p. 255.

Pothier se contentait de dire : « Il importe que l'un des notaires l'ait écrit seul, ou qu'il ait été écrit en partie par l'un d'eux et en partie par l'autre. » *Introduct.*, au tit. XVI de la Coutume d'Orléans, n° 14. — Dans le même sens, Furgole, *Des Testam.*, chap. II, sect. III, n° 8.)

(2) M. Demante, t. IV, n° 117 *bis*, I. — M. Demolombe, t. XXI, p. 262.

M. Demante veut que le notaire remplisse le rôle d'un secrétaire habile et intelligent; grâce à l'esprit, qui corrompt à la fois la jurisprudence et la doctrine, ce rôle est plein de dangers, ou, pour mieux dire, il est à peu près impossible à remplir (Comp. Cass., 12 mars 1838, Saint-Martin, Dév., 1838, I, 206. — Cass., 20 janv. 1840, Julien, Dév., 1840, I, 107. — Cass., 19 juin 1841, Boissonnet, Dév., 1841, I, 333. — Cass., 15 janv. 1845, Miquel, Dév., 1845, I, 303).

(3) MM. Zachariæ, Aubry et Rau, t. V, p. 493, texte et note 10.

(4) Le bon sens de M. Demante tranche ces deux questions par l'affirmative (t. IV, n° 177 *bis*, 11); mais, comme l'indique si bien M. Demolombe (t. XXI, p. 284), où donc M. Demante a-t-il pris que les solennités légales aient quelque chose à démêler avec le bon sens? Où a-t-il pris que l'interprète soit autorisé à mettre sa raison à la place de la déraison napoléonienne?

### 4° MENTION DE L'ACCOMPLISSEMENT DES FORMALITÉS PRÉCÉDENTES.

*Cette mention doit comprendre chacune des trois formalités précédentes.*

Elle doit être expresse, déclare l'art. 972.

*Quand la mention est-elle expresse ?*

Sur ce point, les auteurs et les arrêts tombent de nouveau en pleine confusion.

Le système, assez peu net, qui paraît prévaloir, est que *la mention, entendue dans son sens naturel, doit exprimer d'une manière certaine l'accomplissement des trois formalités précédentes.*

Ainsi, sont admises, en général, comme *suffisantes :*

*En ce qui concerne la dictée*, la mention que *le testament a été dicté par le testateur, et écrit par le notaire,* bien qu'il ne soit pas dit expressément que « *c'est au notaire que la dictée a été faite* »;

*En ce qui concerne l'écriture*, la même mention que nous venons de dire, bien qu'elle ne soit pas suivie des mots : « *tel qu'il a été dicté* »;

*En ce qui concerne la lecture*, la mention qu'*après lecture du testament, le testateur a déclaré persévérer dans ses volontés*, bien qu'il ne soit pas indiqué expressément que « *la lecture a été donnée au testateur.* »

Au contraire, sont regardées comme *insuffisantes :*

*En ce qui concerne la dictée*, la mention que *le testateur a dit.....*, parce qu'elle ne constate pas d'une manière certaine *le fait de la dictée;*

*En ce qui concerne l'écriture*, la mention que *l'acte a été passé et rédigé par le notaire...*, parce qu'elle ne constate pas d'une manière certaine, *l'écriture de la main du notaire.*

*En ce qui concerne la lecture*, la mention que *la lecture a été donnée dans l'appartement du testateur et à côté de son lit...*, parce qu'elle ne constate pas d'une manière certaine que *la lecture a été donnée au testateur* (1).

De semblables exemples, il y a lieu de conclure que le seul parti prudent pour les notaires est de se servir des expressions mêmes employées par l'art. 972.

La mention de l'accomplissement des formalités testamentaires peut d'ailleurs être mise, soit à la fin, soit au milieu, soit au commencement de l'acte, pourvu qu'elle soit placée avant les signatures.

Rappelons qu'une déclaration mensongère exposerait le notaire *à la peine du faux.*

---

(1) MM. Zachariæ, Aubry et Rau, t. V, p. 514 et suiv. — M. Demolombe, t. 21, p. 294 et suiv.

### 5° SIGNATURE.

*Le testament public doit être signé :*

1° *Par le notaire ou les notaires ;*

2° *Par le testateur ;*

3° *Par les témoins.*

1° *A l'égard du notaire ou des notaires*, la nécessité de sa signature ou de leur signature dérive de l'art. 14 de la loi du 25 ventôse an XI.

2° *A l'égard du testateur*, l'art. 973 porte que « s'il ne sait ou ne peut signer, il doit être fait dans l'acte mention expresse de sa déclaration, ainsi que de la cause qui l'empêche de signer ».

On répute, en général, *insuffisante*, la mention que *le testateur a déclaré ne savoir écrire*, parce que, tel qui ne sait pas écrire, sait signer.

On répute de même *insuffisante*, la mention que *le testateur a fait tous ses efforts pour signer, mais qu'il en a été empêché par sa faiblesse*, parce que la mention ne porte pas sur une déclaration d'impossibilité de signer, faite par le testateur lui-même (1).

*On discute le point de savoir s'il faut regarder comme suffisante* la mention : *lequel n'a pas su ou n'a pas pu signer, de ce requis* et *interpellé*. Ce qui produit le doute, c'est que, dit-on, il ne résulte pas clairement de cette mention que le testateur ait fait la déclaration que la loi exige (2).

On est, d'ailleurs, d'accord pour admettre que le testament serait nul, si le testateur avait faussement déclaré qu'il ne sait ou ne peut signer (3).

3° *A l'égard des témoins*, la règle est que tous doivent signer.

Par exception, « *dans les campagnes* », il suffit qu'un des témoins signe, si le testament est reçu par *deux* notaires, et que *deux* des quatre témoins signent, s'il est reçu par un *seul* notaire.

Il n'est, d'ailleurs, pas nécessaire que le testament fasse mention que les témoins ont déclaré ne savoir ou ne pouvoir signer ; il n'est même pas nécessaire, d'après l'opinion la plus générale, que le notaire, de son chef, fasse mention de ce défaut de signature, et de la cause qui l'a produit.

---

(1) Comparer MM. Zachariæ, Aubry et Rau, t. V, p. 518, et suiv. — M. Demolombe, t. XXI, p. 310 et suiv.

(2) Comparer M. Coin-Delisle, art. 973, n° 6. — M. Demolombe, t. XXI, p. 312.

Que, par ce qui précède, on juge à la fois de la valeur des discussions auxquelles conduit le formalisme légal, et de la sûreté des solutions que ce formalisme peut commander.

(3) MM. Zachariæ, Aubry et Rau, t. V, p. 519, texte et note, 71. — M. Coin-Delisle, art. 973, n° 3. — M. Demolombe, t. XXI, p. 309.

Quant aux mots : « *dans les campagnes* », il appartient aux tribunaux d'en déterminer le sens.

**976.** — Lorsque le testateur voudra faire un testament mystique ou secret, il sera tenu de signer ses dispositions, soit qu'il les ait écrites lui-même, ou qu'il les ait fait écrire par un autre. Sera le papier qui contiendra ses dispositions, ou le papier qui servira d'enveloppe, s'il y en a une, clos et scellé. Le testateur le présentera ainsi clos et scellé au notaire, et à six témoins au moins, ou il le fera clore et sceller en leur présence ; et il déclarera que le contenu en ce papier est son testament écrit et signé de lui, ou écrit par un autre et signé de lui ; le notaire en dressera l'acte de suscription, qui sera écrit sur ce papier ou sur la feuille qui servira d'enveloppe ; cet acte sera signé tant par le testateur que par le notaire, ensemble par les témoins. Tout ce que dessus sera fait de suite et sans divertir à autres actes ; et en cas que le testateur, par un empêchement survenu depuis la signature du testament, ne puisse signer l'acte de suscription, il sera fait mention de la déclaration qu'il en aura faite, sans qu'il soit besoin, en ce cas, d'augmenter le nombre des témoins.

Le testament mystique est issu du droit du Bas-Empire, et il a été pratiqué autrefois en France dans les pays de droit écrit. Les compilateurs napoléoniens en ont presque textuellement emprunté les règles à l'ordonnance de 1735 (art. 9-12, 38, 43).

Embarrassé dans une foule de complications et en profond désaccord avec les mœurs modernes, le testament mystique est de moins en moins usité.

Les dispositions auxquelles il est soumis, d'après l'art. 976, ont pour but :

*D'une part*, de constater que ce testament a été présenté par le testateur au notaire et aux témoins, et que le testateur a déclaré que le papier qu'il présentait était son testament ;

*D'autre part*, de garantir ce testament entre les mains du notaire contre toute espèce de fraudes.

De là les dispositions qui, dans l'art. 976, concernent, en matière de testament mystique :

1° *L'écriture ;*

2° *La clôture et le scel ;*

3° *La présentation au notaire et aux témoins, avec la déclaration du testateur ;*

4° *L'acte de suscription ;*

5° *L'unité de temps et de lieu.*

1° ÉCRITURE

Le testament mystique peut être *écrit, soit par le testateur lui-même, soit par un autre*, et cet autre peut être indifféremment le notaire qui dressera l'acte de suscription, l'une des personnes que le testateur se propose d'y appeler comme témoins, l'une même de celles au profit desquelles il veut disposer.

Que le testament mystique ait été écrit par le testateur, ou qu'il l'ait été par un autre, *il doit*, *en principe* (V. *infra*, art. 977), *être signé par le testateur*, mais il n'a pas besoin d'être *daté*, car la date du testament mystique est celle de la suscription, et non celle de la disposition (1).

### 2° CLOTURE ET SCEL.

*L'écrit qui contient les dispositions ou le papier qui enveloppe cet écrit doit être clos et scellé.*

*Que veut dire le mot « scellé » ? signifie-t-il que le testament mystique doit être clos au moyen d'un cachet portant une empreinte ?*

Les auteurs discutent.

Les uns disent qu'il appartient au juge du fait d'apprécier si, toute question d'empreinte à part, le scellement qui a été pratiqué atteint le but que la loi a eu en vue (2).

Les autres invoquent les traditions, et sont d'avis que le scellement requis dans l'espèce suppose l'application d'un cachet portant une empreinte (3).

D'après l'esprit de la compilation napoléonienne, cette seconde opinion doit être préférée.

Cependant, ceux qui la professent concèdent eux-mêmes au testateur le droit de se servir d'un cachet autre que le sien (4).

### 3° PRÉSENTATION AU NOTAIRE ET AUX TÉMOINS AVEC LA DÉCLARATION DU TESTATEUR.

*Le testateur doit présenter le testament mystique, ainsi clos et scellé, au notaire et aux témoins, ou le faire clore et sceller en leur présence.*

*Il doit leur déclarer que le papier qu'il leur présente contient son testament écrit et signé par lui, ou écrit par un autre et signé par lui.*

Cette déclaration sert à constater l'identité de l'écrit présenté au notaire et aux témoins avec celui sur lequel la suscription est rédigée.

Il faut remarquer que, dans le cas présent, le nombre des témoins doit être de six au minimum (comparer art. 976 et 977).

---

(1) Comparer M. Demante, t. IV, n° 121 *bis*, I.— MM. Zachariæ, Aubry et Rau, t. V, p. 522. — M. Demolombe, t. XXI, p. 333.

(2) M. Demante, t. IV, n° 121 *bis*. — M. Valette, à son cours. — M. Mimerol, *Revue crit. de législat.*, 1856, t. I, p. 252.

(3) M. Nicias-Gaillard, *Revue crit. de législat.* 1857, t. X. — MM. Zachariæ, Aubry et Rau, t. V, p. 523. M. Demolombe, t. XXI, p. 343.

(4) MM. Zachariæ, Aubry et Rau, t. V, p. 523. — M. Demolombe, t. XXI, p. 348.

### 4° ACTE DE SUSCRIPTION.

*L'acte de suscription est le procès-verbal rédigé par le notaire, qui constate la présentation du testament et la déclaration du testateur.*

L'acte de suscription doit être écrit sur le papier même qui contient le testament ou sur l'enveloppe (1).

Il doit être signé par le testateur, par le notaire et par tous les témoins.

D'après le texte même de l'article, « *en cas que le testateur, par un empêchement survenu depuis la signature du testament, ne puisse signer l'acte de suscription, il doit être fait mention de la déclaration qu'il en aura faite, sans qu'il soit besoin en ce cas d'augmenter le nombre des témoins* ».

On discute, d'ailleurs, sur une foule de points, et notamment sur les suivants :

1° *Est-il nécessaire que l'acte de suscription soit rédigé en minute ?*

2° *Lorsque l'acte de suscription a été dressé par le notaire qui a lui-même écrit le testament intérieur, et que, dans ce testament, il se trouve des dispositions, soit au profit des parents ou alliés du notaire, soit au propre profit du notaire, le testament mystique est-il valable ?*

3° *Peut-on admettre comme témoins de l'acte de suscription :*

*Soit le légataire qui aurait écrit le testament ;*

*Soit les parents et alliés et les serviteurs du testateur ;*

*Soit les parents et alliés, les serviteurs et les clercs du notaire ?*

4° *Suffirait-il que l'acte de suscription constatât la clôture, sans mentionner le scel* (2)?

### 5° UNITÉ DE TEMPS ET DE LIEU.

L'art. 976 porte :

« *Tout ce que dessus sera fait de suite et sans divertir à d'autres actes.* »

C'est l'*unus contextus* des Romains (§ 3, *Inst.* liv. II, tit. X).

(1) MM. Zachariæ, Aubry et Rau, t. V, p. 324. — M. Demolombe, t. XXI, p. 352.

(2) V. pour les solutions MM. Zachariæ, Aubry et Rau, t. V, p. 324 et suiv. — M. Coin-Delisle, art. 976. — M. Demolombe, t. XXI, p. 355 et suiv.

Nous n'en finirions pas si nous voulions entrer dans le détail de toutes les difficultés qu'ont engendrées, dans cette matière, l'esprit légiste et le formalisme romain, joints à l'incapacité et à la négligence des auteurs de la compilation napoléonienne.

Se fût-on proposé de semer de chausse-trapes la législation du testament mystique, il eût été impossible d'y mieux réussir.

On sait qu'à Rome, le testament se faisait à l'origine dans les comices (*calatis comitiis*) ; or, lorsque les comices étaient interrompus, tout à recommencer; il était donc forcé que le testament se fît alors *uno contextu.*

Le droit romain maintint et développa cette règle, tout en en supprimant la raison d'être; l'ancienne jurisprudence copia le droit romain (ordonnance de 1735, art. 5); les rédacteurs du Code Napoléon ont copié l'ancienne jurisprudence.

Voilà pourquoi, sous l'empire de la codification napoléonienne, l'acte de suscription du testament mystique doit être dressé dans une seule séance; voilà aussi pourquoi, sous ce même empire, on ne doit pas le suspendre pour faire un autre acte.

**977.** — Si le testateur ne sait signer, ou s'il n'a pu le faire lorsqu'il a fait écrire ses dispositions, il sera appelé à l'acte de suscription un témoin, outre le nombre porté par l'article précédent, lequel signera l'acte avec les autres témoins ; et il y sera fait mention de la cause pour laquelle ce témoin aura été appelé.

Cet article est la reproduction de l'art. 10 de l'ordonnance de 1735.

*Lorsque, par une cause quelconque, le testateur n'a pu signer son testament fait en forme mystique, le nombre des témoins doit être porté à sept.*

On ne voit pas ce que la présence d'un septième témoin vient ajouter ici à celle des six autres ; mais, dans la fausse science juridique, il est de tradition qu'on ne saurait trop multiplier les causes de nullité des testaments, et la législation napoléonienne a soigneusement conservé cette tradition.

**978.** — Ceux qui ne savent ou ne peuvent lire, ne pourront faire de dispositions dans la forme du testament mystique.

Cet article est la reproduction de l'art. 11 de l'ordonnance de 1735.

C'est *au moment où il présente son testament au notaire et aux témoins que le testateur doit être en état de lire*, car c'est à ce moment qu'il doit être en état de vérifier si le papier qu'il présente est bien son testament (1).

**979.** — En cas que le testateur ne puisse parler, mais qu'il puisse écrire, il pourra faire un testament mystique, à la charge que le testament sera entièrement écrit, daté et signé de sa main, qu'il le présentera au notaire et aux témoins, et qu'au haut de l'acte de suscription, il écrira en leur présence, que le papier qu'il présente est son testament; après quoi le notaire écrira l'acte de suscription, dans lequel il sera fait mention que le testateur a écrit ces mots en présence du notaire et des témoins, et sera, au surplus, observé tout ce qui est prescrit par l'article 976.

(1) M. Demolombe, t. XXII, p. 379.

Cet article est la reproduction de l'art. 12 de l'ordonnance de 1735.

C'est *au moment où l'acte de suscription est dressé, qu'il est nécessaire que le testateur soit en état de parler*, car c'est à ce moment qu'il doit être en état de déclarer au notaire et aux témoins que le papier qu'il présente est bien son testament.

Celui qui ne peut parler au moment que nous venons d'indiquer, mais qui, d'ailleurs, peut écrire, est admis à faire un testament mystique à *trois* conditions :

1° *Que le testament soit entièrement écrit, daté* (1) *et signé de sa main;*

2° *Qu'au haut de l'acte de suscription, il écrive devant le notaire et les témoins que le papier qu'il présente est son testament;*

3° *Que le notaire fasse mention dans l'acte de suscription que le testateur a écrit ces mots en présence du notaire et des témoins.*

Remarquons que la personne qui peut écrire n'est jamais réduite à la seule ressource du testament mystique, et qu'elle a toujours à sa disposition celle du testament olographe.

---

## 1er APPENDICE

*Depuis plusieurs siècles, les auteurs examinent la question de savoir si le testament, qui est nul en la forme mystique, peut être valable en la forme olographe, lorsque d'ailleurs il remplit toutes les conditions requises en matière de testament olographe.*

Les partisans de la *négative* invoquent (2) :

1° Les lois romaines (L. Ult, C., liv. VI, tit. XXXVI; l. 19, C., liv. VI, tit. XLII);

2° La combinaison des art. 979 et 1001.

Selon eux, il ressort clairement de ces derniers textes, que *le testament, même écrit en entier, daté et signé de la main du testateur*, n'en est pas moins *nul si les formalités nécessaires pour qu'il vaille comme testament mystique n'ont pas été observées.*

Les partisans de *l'affirmative* opposent (3) :

(1) Le mot *daté* ne figure dans l'art. 979 que par suite d'une inadvertance des compilateurs napoléoniens. L'ordonnance de 1735 exigeait, en principe, (art. 387) la date de l'écriture intérieure du testament mystique; et, par conséquent elle exigeait aussi cette date, dans le cas particulier prévu par l'art. 979 (art. 12 de l'*Ord.*). Les compilateurs napoléoniens qui retranchaient, en principe, la nécessité de la date l'ont maintenue sans y prendre garde, dans l'hypothèse qui nous occupe.

(2) Ricard, part. 1, nos 1669 et suiv. — M. Coin-Delisle, art. 976, no 15.

(3) Henrys, liv. V, chap. I, quest. 2 et 3, et chap. IV, quest. 67. — M. De-

1° A l'argument romain une réfutation romaine (l. 3, D., liv. XXIX, tit. I);

2° A l'argument fondé sur la combinaison des art. 979 et 1001 une réfutation déduite de la distinction suivante :

*Veut-on faire valoir comme mystique le testament dans lequel les formalités requises pour le testament mystique n'ont pas été observées, l'art.* 1001 *ne le permet pas;*

*Veut-on faire valoir comme olographe ce même testament, s'il remplit d'ailleurs les conditions requises pour le testament olographe, l'art.* 1001 *ne le défend pas.*

Les partisans de l'affirmative allèguent enfin *l'intention probable du testateur qui paraît bien être avant tout d'avoir un testament.*

## 2e APPENDICE

Remarquons que, d'après la codification napoléonienne :

1° *Le muet qui sait écrire peut tester, soit dans la forme olographe soit dans la forme mystique* (V. *supra*, art. 970 et 979);

2° *Le sourd qui sait écrire, peut, comme le muet, tester dans la forme olographe ou dans la forme mystique, et même, à la différence du muet, le sourd qui sait lire sans savoir écrire peut tester dans la forme mystique;*

3° *Le muet et le sourd ne peuvent jamais tester dans la forme publique* (V. *supra*, art. 972, p. 522 et suiv.).

4° *Le muet et le sourd qui ne savent ni écrire ni lire, ne peuvent tester en aucune forme.*

**980.** — Les témoins appelés pour être présents aux testaments devront être mâles, majeurs, sujets du roi, jouissant des droits civils.

**975.** — Ne pourront être pris pour témoins du testament par acte public, ni les légataires, à quelque titre qu'ils soient, ni leurs parents ou alliés jusqu'au quatrième degré inclusivement, ni les clercs des notaires par lesquels les actes seront reçus.

Ces articles se réfèrent *aux conditions de capacité requises dans la personne des témoins.*

Il existe à l'égard des témoins *deux* sortes d'incapacités :

1° *Les incapacités absolues, privant celui qui en est atteint du droit de figurer comme témoin dans aucun testament;*

2° *Les incapacités relatives, privant celui qui en est atteint du droit de figurer comme témoin dans certains testaments.*

---

mante, n° 121 *bis*, VII. — MM. Zachariæ, Aubry et Rau, t. V, p. 527, texte et note 30. — M. Demolombe, t. XXI, p. 392.

Les incapacités *absolues* sont communes au testament public et au testament mystique (art. 980).

Les incapacités *relatives* ne s'appliquent qu'au testament public (art. 975) (1).

Voyons successivement ces *deux* sortes d'incapacités :

#### 1° INCAPACITÉS ABSOLUES DES TÉMOINS TESTAMENTAIRES.

D'après les auteurs, les incapacités absolues sont elles-mêmes de *deux* sortes :

*Les incapacités* dites *légales ;*

*Les incapacités* dites *naturelles* (2).

*Les incapacités*, dites *légales*, ont été déterminées par l'art. 980 ; elles sont au nombre de *quatre :*

1° *Les témoins doivent être mâles.*

L'origine de cette incapacité tient à ce que, chez les Romains, le testament se faisait dans les comices, et que les femmes n'étaient pas admises à faire partie des comices.

Les auteurs modernes disent plaisamment que *la pudeur du sexe s'oppose à ce qu'une femme comparaisse comme témoin testamentaire devant un notaire ou devant deux notaires* (3).

2° *Les témoins doivent être majeurs.*

Autrefois, pour avoir la capacité d'être témoin testamentaire, il suffisait, dans les pays de droit écrit, d'être pubère ; il fallait, dans les pays coutumiers, avoir vingt ans.

L'idée des pays de droit écrit, empruntée au droit romain, était que le même individu qui est capable d'être testateur est également capable d'être témoin dans les testaments.

D'ailleurs, incomplétement appliquée à Rome et dans les pays de droit écrit, cette idée était bonne ; on ne voit pas pourquoi les compilateurs napoléoniens ne s'y sont pas tenus (4).

3° *Les témoins doivent être « républicoles »*, selon l'expression em-

---

(1) Locré, *Législat. civ.*, t. XI, p. 236 et 466, — MM. Zachariæ, Aubry et Rau, t. V, p. 506 et suiv., et p. 525. — M. Demolombe, t. XXI, p. 362.

(2) Qu'on la considère comme idée au fond ou comme simple point de terminologie, cette antithèse de la *loi* et de la *nature* est tout ce qu'il y a de plus inexact, et, en se complaisant à la reproduire, les légistes ne fournissent pas la moindre preuve de leur absence d'esprit scientifique.

*Il n'existe point deux vérités, l'une d'ordre légal, et l'autre d'ordre naturel ; il n'existe qu'une vérité toujours naturelle et qui seule devrait être légale.*

(3) Merlin, *Répert.*, v° *Témoin instrumentaire*, § 11, n° 3. — M. Demolombe, t. XXI, p. 198.

(4) Comparer Daguesseau, Plaidoyer du 5 mars 1698.

ployée dans la rédaction primitive (13 floréal an XI), « *sujets de l'empereur* », selon le changement opéré dans l'édition de 1807, « *sujets du roi* », selon la nouvelle modification introduite dans l'édition de 1816.

Bien que, sous le second empire, il n'ait point été fait de nouvelle édition de la compilation napoléonienne, les interprètes contemporains se sont empressés de rétablir la formule *sujets de l'empereur*.

En quoi ces interprètes ont commis un *triple* manquement.

1° *Ils ont fourni une preuve de servilité dont les anciens légistes eux-mêmes s'étaient abstenus dans la circonstance ; la formule de l'ancien régime était, en effet, le mot* « régnicoles » (V. Ordonnance de 1735, art. 40).

2° *Ils ont travesti la notion fondamentale du droit politique, qui est que toutes les fonctions publiques ont pour base l'idée de mandat, et que tous les fonctionnaires publics sont les serviteurs de la nation.*

3° *Ils ont consenti à une substitution restrictive et arbitraire, en admettant comme équivalente de l'expression* républicoles, *celle de* sujets de l'empereur.

Le mot *républicoles* signifie vaguement et généralement tous les individus *français ou même étrangers qui habitent le territoire ;* le honteux et irrationnel mot *sujets de l'empereur* ne pourrait s'appliquer qu'aux *Français.*

Finalement, il est clair qu'il n'existe aucune raison de refuser aux étrangers la capacité d'être témoins dans les testaments (1).

4° *Les témoins doivent jouir des droits civils.*

Cette dernière condition exclut aujourd'hui :

1° *Ceux qui ont encouru la dégradation civique* (art. 34 et 35 C. P., art. 2, l. 31 mai 1854) ;

2° *Ceux qui ont encouru l'interdiction des droits civiques, civils et de famille.*

Les auteurs sont, en général, d'avis qu'en dehors des *quatre* conditions de capacité absolue requises par l'art. 980, on ne saurait en exiger d'autres dans la personne des témoins testamentaires, *ce qui revient à dire qu'il n'y a point lieu d'appliquer ici l'art.* 9 *de la loi du* 25 *ventôse an XI* (2).

*Les incapacités*, dites *naturelles*, sont rapportées par les auteurs *aux*

(1) Comparer Delvincourt, t. II, p. 83, note 1. — M. Demante, t. IV, n° 125 *bis*, II. — MM. Zachariæ, Aubry et Rau, t. V, p. 100, texte et note 11. — M. Demolombe, t. XX, p. 199.

(2) Comparer MM. Zachariæ, Aubry et Rau, t. V, p. 507, texte et note 13. — M. Demolombe, t. XX, p. 204.

*qualités physiques et morales que les témoins doivent réunir pour être en état de s'acquitter de leur fonction.*

C'est ainsi que les sourds, les aveugles et les idiots sont incapables d'être témoins (1).

2° INCAPACITÉS RELATIVES DES TÉMOINS TESTAMENTAIRES.

Ces incapacités, qui, comme nous l'avons déjà dit, ne s'appliquent qu'au testament *public*, sont indiquées par l'art. 975 ; elles sont au nombre de *trois* :

1° *Les légataires, à quelque titre qu'ils soient, ne peuvent figurer comme témoins dans le testament public.*

Les mots, « *à quelque titre qu'ils soient* », ont pour but d'écarter toute distinction entre les légataires universels à titre universel, ou à titre particulier.

2° *Les parents ou alliés des légataires jusqu'au quatrième degré inclusivement ne peuvent non plus figurer comme témoins dans le testament public.*

On fait remarquer que l'incapacité résultant de l'alliance continue à subsister dans le cas présent, bien que le conjoint par lequel l'alliance s'est formée soit mort sans postérité (2).

3° *Les clercs du notaire ou des notaires par lequel ou par lesquels l'acte est reçu, ne peuvent enfin figurer comme témoins dans le testament public.*

Cette dernière incapacité a causé la nullité d'un grand nombre de testaments.

Les auteurs professent, en général, qu'en dehors des *trois* causes d'incapacités relatives édictées par l'art. 975, on ne saurait en admettre d'autres ; *ce qui exclut l'application des incapacités décrétées par l'art.* 10 *de la loi du* 25 *ventôse an XI* (3).

---

(1) MM. Zachariæ, Aubry et Rau, t. V, p. 506. — M. Demolombe, t. XXI, p. 207.

A des hommes doués de quelque sens philosophique un peu de réflexion eût suffi à la fois pour indiquer d'une manière exacte la capacité requise dans les témoins testamentaires, et pour ne pas commettre la ridicule antithèse des incapacités légales et des incapacités naturelles.

(2) MM. Zachariæ, Aubry et Rau, t. V, p. 508, texte et note 16. — M. Demolombe, t. XXI, p. 219.

(3) M. Demante, t. IV, n° 120 *bis*, I. — MM. Zachariæ, Aubry et Rau, t. V, p. 509. — M. Demolombe. t. XXI, p. 213.

De là, il résulte notamment que, tandis que les clercs des notaires par lesquels les testaments publics sont reçus ne peuvent être témoins dans ces actes, les parents, les alliés et les domestiques des notaires sont parfaitement aptes à remplir la même fonction.

Il suffit de constater de pareils détails législatifs.

## SECTION II.

### DES RÈGLES PARTICULIÈRES SUR LA FORME DE CERTAINS TESTAMENTS.

Cette section s'occupe :

1° *Des testaments privilégiés* (testament militaire, testament fait en temps de peste, testament fait sur mer) ;

2° *Du testament fait par un Français en pays étranger.*

#### 1° TESTAMENTS PRIVILÉGIÉS.

**981.** — Les testaments des militaires et des individus employés dans les armées pourront, en quelque pays que ce soit, être reçus par un chef de bataillon ou d'escadron, ou par tout autre officier d'un grade supérieur, en présence de deux témoins, ou par deux commissaires des guerres, ou par un de ces commissaires en présence de deux témoins.

**982.** — Ils pourront encore, si le testateur est malade ou blessé, être reçus par l'officier de santé en chef, assisté du commandant militaire chargé de la police de l'hospice.

**983.** — Les dispositions des articles ci-dessus n'auront lieu qu'en faveur de ceux qui seront en expédition militaire, ou en quartier, ou en garnison hors du territoire français, ou prisonniers chez l'ennemi ; sans que ceux qui seront en quartier ou en garnison dans l'intérieur puissent en profiter, à moins qu'ils ne se trouvent dans une place assiégée, ou dans une citadelle et autres lieux dont les portes soient fermées et les communications interrompues à cause de la guerre.

**984.** — Le testament fait dans la forme ci-dessus établie sera nul six mois après que le testateur sera revenu dans un lieu où il aura la liberté d'employer les formes ordinaires.

Ces textes se rapportent au testament *militaire.*

Il en résulte :

1° *Que les formes du testament militaire peuvent être employées non-seulement par les militaires en activité de service, mais aussi par tous les individus qui se trouvent à la suite des armées à cause de leurs fonctions, tels que les chirurgiens militaires et leurs aides, tout le corps de l'intendance, les fournisseurs, etc.* (art. 981) ;

2° *Que le testament militaire peut être reçu :*

*En premier lieu, soit par un chef de bataillon ou d'escadron, ou par tout autre officier d'un grade supérieur, en présence de deux témoins, soit par deux sous-intendants militaires, ou par un sous-intendant (les sous-intendants militaires ont remplacé les commissaires des guerres), en présence de deux témoins* (art. 981);

*En second lieu, si le testateur est malade ou blessé, par l'officier de santé en chef, assisté du commandant militaire chargé de la police de l'hospice* (art. 982) ;

3° *Que le bénéfice du testament militaire n'est attribué aux personnes sus-indiquées que dans les cas déterminés par l'art.* 983 ;

4° *Que le testament militaire cesse d'être valable six mois après que le testateur est revenu dans un lieu où il a recouvré la liberté de tester par acte public ou dans la forme mystique* (art. 984).

Le *privilége* du testament militaire consiste :

1° *En ce que, comme nous venons de le dire, supra* 2°, *les notaires sont remplacés dans le testament militaire par des officiers de l'armée ;*

2° *En ce que, comme nous le verrons infra* (art. 998), *le testament militaire est dispensé de plusieurs des solennités auxquelles est soumis le testament ordinaire.*

A l'égard des conditions de capacité absolue et relative requises dans la personne des témoins, comme cette section ne renferme aucun article qui s'y rapporte, on professe, en général, qu'il y a lieu d'appliquer les art. 980 et 975 (1).

**985.** — Les testaments faits dans un lieu avec lequel toute communication sera interceptée à cause de la peste ou autre maladie contagieuse, pourront être faits devant le juge de paix, ou devant l'un des officiers municipaux de la commune en présence de deux témoins.

**986.** — Cette disposition aura lieu, tant à l'égard de ceux qui seraient attaqués de ces maladies, que de ceux qui seraient dans les lieux qui en sont infectés, encore qu'ils ne fussent pas actuellement malades.

**987.** — Les testaments mentionnés aux deux précédents articles deviendront nuls six mois après que les communications auront été rétablies dans le lieu où le testateur se trouve, ou six mois après qu'il aura passé dans un lieu où elles ne seront point interrompues.

Ces articles concernent le testament *fait en temps de peste.*

Ils décident :

1° *Que ce testament ne peut être fait que par ceux qui se trouvent dans un lieu avec lequel toute communication est interceptée à cause de la peste ou de quelque autre maladie contagieuse, sans qu'il y ait d'ailleurs lieu de distinguer entre les personnes malades et les personnes non malades* (art. 985 et 986) ;

2° *Que ce testament peut être reçu par le juge de paix ou par l'un des officiers municipaux de la commune, en présence de deux témoins ;*

3° *Que ce testament, comme le testament militaire, devient nul six mois après que le testateur s'est trouvé replacé dans les conditions ordinaires* (art. 987).

Le *privilége* du testament fait en temps de peste comprend les *deux* mêmes points que le privilége du testament militaire (V. *supra*).

---

(1) M. Demante, t. IV, n° 127 *bis*, I. — M. Valette, à son cours. — M. Demolombe, t. XXI, p. 411.

Comparer, MM. Zachariæ, Aubry et Rau, t. V, p. 529, texte et notes 3 et 4.

Il faut aussi appliquer à ce testament ce qui a été dit sur la capacité des témoins en matière de testament militaire (V. *supra*).

Notons enfin que la loi du 3 mars 1822 (art. 19) a déclaré les art. 985, 985 et 987 applicables dans les lazarets et autres lieux où le régime sanitaire est établi.

**988.** — Les testaments faits sur mer, dans le cours d'un voyage, pourront être reçus, savoir : — A bord des vaisseaux et autres bâtiments du roi, par l'officier commandant le bâtiment, ou, à son défaut, par celui qui le supplée dans l'ordre du service, l'un ou l'autre conjointement avec l'officier d'administration ou avec celui qui en remplit les fonctions. — Et à bord des bâtiments de commerce, par l'écrivain du navire ou celui qui en fait les fonctions, l'un ou l'autre conjointement avec le capitaine, le maître ou le patron, ou, à leur défaut, par ceux qui les remplacent. — Dans tous les cas, ces testaments devront être reçus en présence de deux témoins.

**989.** — Sur les bâtiments du roi, le testament du capitaine ou celui de l'officier d'administration, et sur les bâtiments de commerce, celui du capitaine, du maître ou patron, ou celui de l'écrivain, pourront être reçus par ceux qui viennent après eux dans l'ordre du service, en se conformant pour le surplus aux dispositions de l'article précédent.

**990.** — Dans tous les cas, il sera fait un double original des testaments mentionnés aux deux articles précédents.

**991.** — Si le bâtiment aborde dans un port étranger dans lequel se trouve un consul de France, ceux qui auront reçu le testament seront tenus de déposer l'un des originaux, clos ou cacheté, entre les mains de ce consul, qui le fera parvenir au ministre de la marine ; et celui-ci en fera faire le dépôt au greffe de la justice de paix du lieu du domicile du testateur.

**992.** — Au retour du bâtiment en France, soit dans le port de l'armement, soit dans un port autre que celui de l'armement, les deux originaux du testament, également clos et cachetés, ou l'original qui resterait, si, conformément à l'article précédent, l'autre avait été déposé pendant le cours du voyage, seront remis au bureau du préposé de l'inscription maritime ; ce préposé les fera passer sans délai au ministre de la marine, qui en ordonnera le dépôt, ainsi qu'il est dit au même article.

**993.** — Il sera fait mention sur le rôle du bâtiment, à la marge, du nom du testateur, de la remise qui aura été faite des originaux du testament, soit entre les mains d'un consul, soit au bureau d'un préposé de l'inscription maritime.

**994.** — Le testament ne sera point réputé fait en mer, quoiqu'il l'ait été dans le cours du voyage, si, au temps où il a été fait, le navire avait abordé une terre, soit étrangère, soit de la domination française, où il y aurait un officier public français ; auquel cas, il ne sera valable qu'autant qu'il aura été dressé suivant les formes prescrites en France, ou suivant celles usitées dans les pays où il aura été fait.

**995.** — Les dispositions ci-dessus seront communes aux testaments faits par les simples passagers qui ne feront point partie de l'équipage.

**996.** — Le testament fait sur mer, en la forme prescrite par l'art. 988, ne sera valable qu'autant que le testateur mourra en mer, ou dans les trois mois après qu'il sera descendu à terre, et dans un lieu où il aura pu le refaire dans les formes ordinaires.

**997.** — Le testament fait sur mer ne pourra contenir aucune disposition au profit des officiers du vaisseau, s'ils ne sont parents du testateur.

Ces articles ont trait au testament *fait sur mer.*

Ils disposent :

1° *Que ce testament peut être fait dans le cours d'un voyage, par tous ceux qui sont en mer* (art. 988);

2° *Que ce testament ne peut être fait lorsque le navire a abordé une terre où il y a un officier public français;*

*Sans qu'il y ait lieu de distinguer si cette terre est étrangère ou française* (art. 994) (1);

3° *Que ce testament peut être reçu par des officiers ou employés spéciaux* (art. 988-989);

4° *Que diverses mesures doivent être prises pour assurer la conservation de ce testament* (art. 990-993);

5° *Que ce testament n'est valable que tout autant que le testateur meurt en mer, ou dans les trois mois après qu'il est descendu à terre, et dans un lieu où il a pu tester devant un fonctionnaire français par acte public, ou dans la forme mystique* (art. 996) ;

6° *Que ce testament, même fait en la forme olographe, ne peut contenir aucune disposition au profit des officiers du vaisseau, s'ils ne sont parents du testateur* (art. 997).

On est d'accord pour admettre que le défaut d'accomplissement des mesures qui doivent être prises pour assurer la conservation du testament fait sur mer n'entraîne pas la nullité de ce testament (2).

Quant à la sanction de la défense qui concerne les dispositions faites au profit des officiers du vaisseau, il y a lieu de décider que cette sanction est tantôt celle d'une nullité limitée à la disposition elle-même, tantôt celle d'une nullité étendue au testament tout entier, selon que l'officier bénéficiaire du legs est demeuré étranger à la confection du testament, ou qu'au contraire, il a lui-même reçu le testament ou qu'il y a figuré comme témoin (3).

Le *privilége* du testament fait sur mer est exactement de *même sorte* que le privilége du testament militaire et du testament fait en temps de peste (V. *supra*).

---

(1) M. Valette, à son cours. — M. Colmet de Santerre, t. IV, n° 132 *bis.* — M. Demolombe, t. XXI, p. 429.

D'après MM. Duranton, t IX, n° 159, et Troplong, t. III, n° 1719, les mots « où il y aurait un officier public français » ne concernent que la terre de la domination française; selon ces auteurs, la faculté de se servir pour tester des formes maritimes cesse dès que le navire aborde une terre étrangère, encore qu'il ne se trouve pas sur cette terre d'officier public français.

(2) MM. Zachariæ, Aubry et Rau, t. V, p. 532, texte et note 1. — M. Coin-Delisle, sur l'art. 990, n° 1.

(3) MM. Zachariæ, Aubry et Rau, t. V, p. 532. — M. Demolombe, t. XXI, p. 436.

M. Colmet de Santerre enseigne que, dans tous les cas, la nullité n'est que partielle.

Il faut aussi appliquer à ce testament ce qui a été dit sur la capacité des témoins, en matière de testament militaire et de testament fait en temps de peste (V. *supra*).

**998.** — Les testaments compris dans les articles ci-dessus de la présente section seront signés par les testateurs et par ceux qui les auront reçus. — Si le testateur déclare qu'il ne sait ou ne peut signer, il sera fait mention de sa déclaration, ainsi que de la cause qui l'empêche de signer. — Dans les cas où la présence de deux témoins est requise, le testament sera signé au moins par l'un d'eux, et il sera fait mention de la cause pour laquelle l'autre n'aura pas signé.

Cet article règle les formes applicables aux *trois* testaments privilégiés.

Il exige :

1° *Que les testaments privilégiés soient signés par les testateurs et par ceux qui les auront reçus ;*

2° *Que, si le testateur ne signe pas, il déclare lui-même son empêchement de signer ainsi que la cause qui l'empêche, et qu'il soit fait mention de cette déclaration ;*

3° *Que ces testaments soient, en outre, signés au moins par l'un des deux témoins, et que, si l'un des deux en effet ne signe pas, il soit fait mention de la cause pour laquelle ce témoin ne signe pas.*

Les auteurs sont fort embarrassés, et il y a de quoi, pour savoir *si les règles particulières posées par la section II, relativement à la forme de certains testaments, doivent être complétées par les règles générales posées par la section II, relativement aux formes des testaments.*

On s'accorde à admettre que les art. 967, 968 et 969 de la section I, sont applicables aux situations exceptionnelles prévues par la section II (1).

A l'égard des autres articles de la section I, il existe *deux* opinions :

La *première* repousse d'une manière absolue l'application de ces articles (2).

La *seconde* repousse l'application des articles relatifs aux formes de la rédaction ; elle admet l'application des articles relatifs à la capacité des témoins (3).

Nous avons pris d'avance parti pour cette *seconde* opinion (V. *supra*, p. 537) (4).

---

(1) M. Demante, t. IV, n° 127. — M. Demolombe, t. XXI, p. 407.

(2) M. Duranton, t. IX, n° 150. — M. Marcadé, art. 998, n° 2.

(3) M. Demante, t. IV, n° 127 *bis*, I. — M. Demolombe, t. XXI, p. 413.

(4) L'enseignement qui se dégage de l'ensemble, c'est que l'émiettement et l'incohérence de la législation ont engendré ici une foule de menus embarras pour la doctrine.

### 2° TESTAMENT FAIT PAR UN FRANÇAIS EN PAYS ÉTRANGER.

**999.** — Un Français qui se trouvera en pays étranger pourra faire ses dispositions testamentaires par acte sous signature privée, ainsi qu'il est prescrit en l'art. 970, ou par acte authentique, avec les formes usitées dans le lieu où cet acte sera passé.

**1000.** — Les testaments faits en pays étranger ne pourront être exécutés sur les biens situés en France, qu'après avoir été enregistrés au bureau du domicile du testateur, s'il en a conservé un, sinon au bureau de son dernier domicile connu en France; et dans le cas où le testament contiendrait des dispositions d'immeubles qui y seraient situés, il devra être, en outre, enregistré au bureau de la situation de ces immeubles, sans qu'il puisse être exigé un double droit.

Rédigé à l'aventure, comme la plupart des textes qui composent la compilation napoléonienne, l'art. 999 a fait naître plusieurs difficultés dans une matière qui n'en comporterait aucune, si elle était abandonnée au pur enseignement doctrinal.

Il résulte de la lettre de cet article :

1° *Qu'un Français, en pays étranger, peut tester dans la forme olographe ;*

2° *Qu'un Français, en pays étranger, peut tester par acte authentique, avec les formes usitées dans le pays où il se trouve.*

Doit-on généraliser ces deux dispositions, et admettre :

1° *Qu'un Français, en pays étranger, peut tester selon les formes françaises (olographe, publique et mystique), le chancelier du consulat faisant fonction de notaire dans les formes publique et mystique ;*

2° *Qu'un Français, en pays étranger, peut tester selon les formes quelconques usitées dans le pays où il se trouve ?*

C'est évidemment là ce qui serait logique.

Cependant l'opinion qui prévaut est :

Sur le *premier* point,

*Qu'un Français, en pays étranger, ne peut tester selon les formes françaises, que dans les formes olographe et publique, et encore faut-il, lorsqu'il teste dans la forme publique, qu'il observe les formes spéciales prescrites par l'art. 24 du liv. I du tit. II de l'ordonnance de 1681, c'est-à-dire qu'il teste devant le chancelier du consulat en présence du consul et de deux témoins* (1).

Sur le *deuxième* point,

*Qu'un Français, en pays étranger, peut tester selon toutes les formes*

---

(1) MM. Zachariæ, Aubry et Rau, t. V, p. 485, texte et note 2. — M. Colmet de Santerre, t. IV, n° 138 *bis*, II. — M. Demolombe, t. XXI, p. 447.

*considérées comme authentiques par les lois du pays où le testament est fait, mais seulement selon ces formes* (1).

Le testament fait par un Français en pays étranger doit d'ailleurs toujours être enregistré au bureau du domicile du testateur, si le testateur a conservé un domicile, sinon au bureau de son dernier domicile connu en France ; en outre, dans le cas où le testament contient des dispositions d'immeubles qui sont situés en France, il doit être enregistré au bureau de la situation de ces immeubles, sans qu'il puisse être exigé un double droit.

---

## APPENDICE

### TESTAMENT FAIT PAR UN ÉTRANGER.

Distinguons :

1° *Le testament fait par un étranger en France ;*

2° *Le testament fait par un étranger en pays étranger.*

Nous examinerons successivement, pour ces deux hypothèses, si le testament fait par un étranger est valable à l'égard des biens dont cet étranger serait propriétaire en France.

#### 1° TESTAMENT FAIT PAR UN ÉTRANGER EN FRANCE.

Un étranger qui se trouve en France peut y tester selon toutes les formes admises par la loi française.

Cependant, on conteste qu'il ait le droit de se servir de la forme *olographe*, lorsque sa législation nationale ne la reconnaît pas (2).

*Un étranger qui se trouve en France peut-il tester aussi selon les formes admises par sa loi nationale?*

Ce point est controversé.

Les auteurs qui enseignent l'*affirmative* disent que la règle « *locus regit actum* », doit être considérée comme simplement *facultative* (3).

---

(1) MM. Zachariæ, Aubry et Rau, t. V, p. 485, texte et note 1. — M. Coin-Delisle, art. 999, n° 7. — M. Troplong, t. II, nos 1734, 1735. — M. Bayle-Mouillard, *Sur Grenier*, t. II, n° 280, note *b*.

M. Valette, à son cours, et M. Demolombe t. XXI, p. 443, professent qu'un Français, en pays étranger, peut faire son testament selon les formes usitées dans le pays où cet acte est passé, quelles que soient d'ailleurs ces formes, authentiques ou sous signature privée.

(2) Admettent la forme olographe :

MM. Zachariæ, Aubry et Rau, t. V, p. 486. — M. Colmet de Santerre, t. IV, n° 128 *bis*, IV. — M. Demolombe, t. XXI, p. 452.

Repoussent la forme olographe : M. Demante, t. IV, n° 138. — M. Coin-Delisle, l'art. 999, n° 6.

(3) MM. Zachariæ, Aubry et Rau, t. V, p. 486, texte et notes 4 et 5. — M. Fœlix, *Droit international*, n° 59.

Les auteurs qui se prononcent pour la *négative* allèguent que la règle « *locus regit actum* » est *obligatoire* (1).

2° TESTAMENT FAIT PAR UN ÉTRANGER EN PAYS ÉTRANGER.

Le testament fait par un étranger en pays étranger est valable en France, s'il a été fait :

Soit d'après la loi nationale de cet étranger ;

Soit d'après la loi du lieu où cet étranger se trouvait lorsqu'il a testé (2).

On est d'accord pour appliquer au testament fait par un étranger en pays étranger la *seconde* disposition de l'art. 1000 (3).

**1001.** — Les formalités auxquelles les divers testaments sont assujettis par les dispositions de la présente section et de la précédente, doivent être observées à peine de nullité.

La nullité que prononce cet article est une dérivation de l'idée qui a porté le législateur napoléonien à faire du testament un acte solennel (V. *supra*, p. 379).

Il résulte de la même prémisse que le testateur ne peut pas plus réparer par un acte confirmatif les vices de son testament que ceux de sa donation entre-vifs (4).

## SECTION III.

### DES INSTITUTIONS D'HÉRITIER ET DES LEGS EN GÉNÉRAL.

Dans un système de codification scientifique, c'est-à-dire s'en tenant

---

(1) M. Coin-Delisle, art. 999, n° 6. — M. Colmet de Santerre, t. IV, n° 128 *bis*, IV. — M. Demolombe, t. XXI, p. 454.

(2) Comparer, MM. Zachariæ, Aubry et Rau, t. V, p. 486. — M. Demolombe, t. XXI, p. 450 et 455.

(3) M. Duranton, t. IX, n° 172. — M. Demolombe, t. XXI, p. 455.

(4) C'est à l'histoire qu'il faut demander le secret de l'existence de cette multitude de textes que nous venons d'examiner un à un, et qui sacrifient d'une manière si constante la volonté de l'individu à la volonté du législateur.

Tant que l'idée de la propriété n'a point été reliée à celles de la personnalité et de la liberté de l'individu, tant qu'il a existé une copropriété familiale, un arrangement aristocratique, un ordre de choses où le travail était vil, et où la propriété ne reposait pas sur l'effort propre, le droit de tester a pu continuer à passer pour une concession faite par l'État à l'individu, et l'on conçoit que la loi, afin de protéger la famille, ait entouré la disposition à cause de mort d'une foule de restrictions et de piéges.

C'est faute de rattacher l'histoire de la loi civile à l'histoire générale que les légistes ont reproduit en cette matière tant de traditions surannées, *et qu'à leur insu même ils ont fourni un appui à ces doctrines de justice distributive qui substituent l'autorité et l'irresponsabilité de l'État à la liberté et à la responsabilité de l'individu.*

Le mauvais socialisme est né de l'esprit légiste.

aux formules les plus générales et aux divisions essentielles, cette section et les cinq suivantes jusqu'au chapitre VI eussent dû ou disparaître, ou être considérablement abrégées et fondues les unes dans les autres.

C'est ce qui ressortira de l'exégèse qui va suivre (1).

**1002.** — Les dispositions testamentaires sont ou universelles, ou à titre universel, ou à titre particulier. — Chacune de ses dispositions, soit qu'elle ait été faite sous la dénomination d'institution d'héritier, soit qu'elle ait été faite sous la dénomination de legs, produira son effet suivant les règles ci-après établies pour les legs universels, pour les legs à titre universel, et pour les legs particuliers.

Cet article divise les dispositions testamentaires en *trois* classes :

1° *Les legs universels ;*

2° *Les legs à titre universel ;*

3° *Les legs à titre particulier.*

Il déclare, par double emploi et dans un langage sans netteté, que ce n'est pas d'après la dénomination dont le testateur s'est servi qu'il faut caractériser les dispositions testamentaires, mais bien d'après la nature de ces dispositions ; en d'autres termes, il ne tranche qu'une question de mots, et n'a pas trait au point de savoir si le testament peut faire au fond des *héritiers*, c'est-à-dire *des continuateurs de la personne* (2).

## SECTION IV.

### DU LEGS UNIVERSEL.

**1003.** — Le legs universel est la disposition testamentaire par laquelle le testateur donne à une ou plusieurs personnes l'universalité des biens qu'il laissera à son décès.

La définition contenue dans cet article, doit être rectifiée de la manière suivante :

*Le legs universel est la disposition testamentaire par laquelle le testateur donne éventuellement à une ou plusieurs personnes l'universalité des biens qu'il laissera à son décès.*

Le mot *éventuellement* doit être ajouté au texte, car ce qu'il faut considérer pour savoir si un legs est universel, *ce n'est pas le résultat que produit ce legs, c'est l'étendue de la vocation du légataire.*

Ainsi, d'une part, pour qu'un legs soit universel, il faut qu'il puisse, le cas échéant, embrasser l'universalité du patrimoine ;

---

(1) La matière est, en effet, presque exclusivement doctrinale, quand elle n'est pas de pure jurisprudence.

Comparer, *Code de la Convention*, liv. II, tit. III, § 3.

(2) Comparer, *supra*, p. 58.

D'autre part, un legs peut être universel, quoique par le fait, le légataire se trouve ne recueillir aucune part du patrimoine.

Voici un exemple qui éclaircira cette double proposition :

Une personne meurt laissant 100 000 francs de biens, un légataire universel et dix légataires particuliers, chacun de 10 000 francs.

Si tous les legs particuliers sont caducs, le légataire universel recueillera l'universalité du patrimoine;

Si tous les legs particuliers produisent leur effet, comme le légataire universel est tenu d'acquitter tous les legs (art. 1009, V. *infra*), le légataire universel ne recueillera aucune part du patrimoine.

Ajoutons que la présence d'un héritier à réserve ne fait pas perdre au legs universel son caractère.

*Entre autres cas sur lesquels les auteurs se demandent si la disposition constitue un legs universel, se trouve celui où le testateur a déclaré léguer son disponible ou sa quotité disponible.*

On professe, en général, qu'il faut voir dans cette disposition *un legs universel*, mais il est clair que, pour la qualifier, on doit consulter avant tout *l'intention du testateur* (1).

Quant au legs universel d'usufruit, il est évident qu'il n'est pas universel, car, dans aucune éventualité, il ne peut conférer au légataire le droit de prétendre à l'universalité des biens.

Nous savons déjà (2), et nous aurons occasion de redire que la doctrine la plus accréditée considère ce legs comme un legs particulier.

Le légataire universel acquiert, si le legs est pur et simple, ou à terme, dès le jour du décès du testateur, s'il est affecté d'une condition suspensive, du moment de l'accomplissement de la condition :

1° *Un droit réel à l'universalité des biens héréditaires, lorsque le* de cujus *ne laisse pas d'héritiers à réserve, ou à la quotité disponible lorsque le* de cujus *laisse des héritiers à réserve* (V. *infra*, art. 1014);

2° *Un droit personnel à la délivrance contre les héritiers à réserve, lorsque le* de cujus *en laisse.*

---

(1) Comparer, MM. Zachariæ, Aubry et Rau, t. VI. p. 145. — MM. Massé, et Vergé, t. III, p. 247. — M. Colmet de Santerre, t. IV, n° 144 *bis*, III. — M. Demolombe, t. XXI, p. 494.

Ce point de vue de l'intention du testateur est capital, et la question de savoir si un legs est ou non universel, devrait même être regardée comme existant toute en fait, si le législateur napoléonien n'avait jugé bon de définir le legs universel et de régler les effets qu'il doit produire.

Dans l'état actuel, cette question de fait se trouve transformée en une question de droit (V. Cass., 5 mai, 1835, *Dev.*, 1835, I, 466 ; Cass., 4 août 1851, Manent, *Dev.*, 1851, I, 662 ; Cass., 5 mai 1852, Tanquerel, *Dev.* 1852, I, 522 ; Cass., 9 août 1858, Mercier, *Dev.*, 1858, I, 789 ; Cass., 28 janvier 1862, Chauvin, *Dev.*, 1862, I, 572).

(2) V. *Manuel de Droit civil*, t. I, p. 639.

Le droit réel du légataire universel étant un droit d'hérédité, il comprend :

1° *Le droit d'agir en revendication contre les tiers détenteurs des biens héréditaires;*

2° *Le droit d'agir en payement contre les débiteurs héréditaires;*

3° *Le droit d'agir en partage contre les héritiers à réserve, lorsque le* de cujus *en laisse.*

Toutefois, l'exercice du droit réel du légataire universel est subordonné, tantôt à la délivrance que ce légataire est tenu de demander aux héritiers à réserve, lorsque le *de cujus* en laisse (V. *infra*, art. 1004), tantôt même, lorsque le *de cujus* ne laisse pas d'héritiers à réserve, et que le légataire universel a la saisine, à l'envoi en possession que ce légataire doit demander au président du tribunal, dans les cas où le testament est olographe ou mystique (V. *infra*, art. 1007 et 1008).

Il y a en outre, comme nous le verrons (art. 1005), à tenir compte d'un nouveau point de vue, en ce qui concerne le droit du légataire universel aux fruits de son legs.

Le droit personnel à la délivrance qui appartient au légataire universel, dans le cas où le *de cujus* laisse des héritiers à réserve, n'est que le corrélatif de l'obligation qui lui est imposée dans le même cas (V. *infra*, art. 1004) (1).

Lorsque le legs universel est affecté d'une condition suspensive et que cette condition n'est pas encore accomplie, le légataire universel peut néanmoins exercer dans l'intervalle *tous les actes conservatoires* de son droit;

Pareillement, le légataire universel peut exercer *tous ces mêmes actes* avant toute demande en délivrance, dans le cas où l'obligation de demander la délivrance lui est imposée.

Il faut ranger notamment parmi les actes conservatoires les *interruptions de prescription contre les tiers détenteurs des biens héréditaires.*

---

(1) La vieille tradition de la copropriété familiale a fait ici tituber les compilateurs napoléoniens d'un article à l'autre ; elle les a conduits à placer, comme toujours, l'idée de la réserve avant celle de la liberté de tester, et, comme toujours aussi, à admettre une série de règles compliquées et arbitraires.

Il faut rendre au droit romain cette justice qu'il n'avait point subordonné l'exercice du droit des légataires à la nécessité d'une demande préalable en délivrance de leur legs; c'est au vieux droit français que remonte l'origine de cette théorie (Comparer, Locré, *Législ. civ.*, t. IX, p. 245 à 255. — Pothier, *Des donations testamentaires*, chap. v, sect. ii, § 2. — Ricard, *Des donations*, partie ii, chap. i, sect. i et ii).

Pour toute réfutation, contentons-nous de rappeler aux légistes le mot du philosophe Kant : l'héritier (et il n'importe point qu'il s'agisse d'un héritier testamentaire ou d'un héritier *ab intestat*), acquiert par son seul silence (stillschweigend) le droit à la succession (V. *supra*, p. 44).

**1004.** — Lorsqu'au décès du testateur il y a des héritiers auxquels une quotité de ses biens est réservée par la loi, ces héritiers sont saisis de plein droit par sa mort de tous les biens de la succession ; et le légataire universel est tenu de leur demander la délivrance des biens compris dans le testament.

**1005.** — Néanmoins, dans les mêmes cas, le légataire universel aura la jouissance des biens compris dans le testament, à compter du jour du décès, si la demande en délivrance a été faite dans l'année, depuis cette époque ; sinon, cette jouissance ne commencera que du jour de la demande formée en justice, ou du jour que la délivrance aurait été volontairement consentie.

*Ces deux articles règlent le cas où le légataire universel se trouve en présence d'héritiers à réserve.*

Dans cette hypothèse, l'art. 1004 attribue *la saisine aux héritiers réservataires.*

D'où, la nécessité pour le légataire universel de demander alors la délivrance à ces héritiers.

Les auteurs assignent *deux* motifs à cette disposition :

Le *premier* est que les héritiers réservataires ont une qualité privilégiée ;

Le *second* est que l'intégrité de la réserve aurait pu être compromise, si le légataire universel eût eu le droit de se mettre de sa propre autorité en possession des biens compris dans son legs.

Les auteurs ajoutent que le testateur ne peut affranchir le légataire universel de l'obligation de demander la délivrance aux héritiers réservataires, car la mesure, disent-ils, est d'ordre public (1).

*En ce qui concerne les fruits*, l'art. 1005 porte la règle spéciale suivante :

*Le légataire universel forme-t-il sa demande ou obtient-il amiablement la délivrance de son legs dans l'année du décès, il a la jouissance des biens compris dans le testament*, *c'est-à-dire qu'il a droit aux fruits de ces biens, à compter du jour du décès ;*

*Le légataire universel forme-t-il sa demande en dehors de l'année du décès, sa jouissance, c'est-à-dire son droit aux fruits, ne commence que du jour de la demande, ou du jour où la délivrance lui a été volontairement consentie.*

Les auteurs disent que, lorsque la demande est formée dans l'année du décès, le législateur napoléonien a appliqué la maxime : *fructus augent hæreditatem* (l. 20, § 2. D. liv. V, tit. III).

Ils ajoutent que le droit aux fruits à compter du jour du décès a été

---

(1) MM. Zachariæ, Aubry et Rau, t. VI, p. 155. — M. Colmet de Santerre, t. IV, n° 146 *bis*, II. — M. Demolombe, t. XXI, p. 508.

Elle est d'ordre public pour les légistes qui se payent de mots, et qui ne veulent pas voir que l'idée de l'ordre public est une conception relative et progressive (V. *Manuel de Droit civil*, t. I, p. 12).

accordé dans ce cas au légataire universel *comme une sorte de compensation de la saisine qu'on lui a refusée, pour l'attribuer de préférence aux héritiers réservataires.*

Ils disent encore que lorsque la demande est formée en dehors de l'année du décès, les héritiers réservataires sont présumés être de bonne foi jusqu'au jour de la demande, et que c'est là le motif pour lequel ils gagnent dans ce cas les fruits, jusqu'au jour de la demande (art. 549-550); ce qui réduit le légataire universel à ne les avoir qu'à compter de ce même jour ou de celui où la délivrance lui a été volontairement consentie.

Les auteurs font aussi remarquer que la disposition de l'art. 1005 est la contre-partie de l'art. 928 (1).

**1006.** Lorsqu'au décès du testateur il n'y aura pas d'héritiers auxquels une quotité de ses biens soit réservée par la loi, le légataire universel sera saisi de plein droit par la mort du testateur, sans être tenu de demander la délivrance.

**1007.** — Tout testament olographe sera, avant d'être mis à exécution, présenté au président du tribunal de première instance de l'arrondissement dans lequel la succession est ouverte. Ce testament sera ouvert, s'il est cacheté. Le président dressera procès-verbal de la présentation de l'ouverture et de l'état du testament, dont il ordonnera le dépôt entre les mains du notaire par lui commis. — Si le testament est dans la forme mystique, sa présentation, son ouverture, sa description et son dépôt, seront faits de la même manière; mais l'ouverture ne pourra se faire qu'en présence de ceux des notaires et des témoins, signataires de l'acte de suscription, qui se trouveront sur les lieux, ou eux appelés.

**1008.** — Dans le cas de l'art. 1006, si le testament est olographe ou mystique, le légataire universel sera tenu de se faire envoyer en possession, par une ordonnance du président, mise au bas d'une requête à laquelle sera joint l'acte de dépôt.

*Il s'agit maintenant du cas où le légataire universel ne se trouve pas en concours avec des héritiers à réserve.*

Dans cette hypothèse, l'art. 1006 confère la saisine au *légataire universel.*

Il a été dit plus haut, que parmi les interprètes qui regardent en

(1) Comparer, M. Troplong, t. IV, n° 1801. — M. Coin-Delisle, art. 1004-1006, n° 8. — M. Demolombe, t. XXI, p. 510.

V. aussi dans Locré, *Législ. civ.*, t. IX, p. 245 à 255, les observations échangées entre Jollivet, Cambacérès et Tronchet.

Le détestable esprit légiste, c'est-à-dire l'esprit qui ne va jamais au fond des choses, qui se complaît dans la pétition de principe, dans le lieu commun et dans l'équivoque, et qui ne se rendant compte de rien, est toujours prêt à rendre compte de tout, ce détestable esprit a donné dans l'explication des art. 1004 et 1005 un échantillon de son savoir faire.

Il suffit de remarquer que la complète consécration *du principe de la publicité de la transmission des droits réels* eût coupé court à tous ces graves embarras, et que si les compilateurs napoléoniens se fussent seulement souvenus de l'art. 33, liv. II, tit. III, § 3, *Du Code de la Convention*, les légataires eussent toujours été investis de la plénitude de leur droit, dès le moment du décès du testateur.

principe le légataire universel comme un simple successeur aux biens, quelques-uns professent que le légataire universel qui a la saisine dans les termes de l'art. 1006, est tenu des dettes personnellement et *ultra vires* (V. *supra*, p. 325).

Nous nous sommes déjà expliqué sur la valeur de cette opinion de transaction, ainsi que sur celle des deux systèmes absolus qui considèrent, l'un, le légataire universel comme étant toujours un simple successeur aux biens, l'autre comme étant toujours tenu des dettes personnellement et *ultra vires* (V. *supra*, p. 327) ; il y a lieu d'ajouter ici que les compilateurs napoléoniens, en conférant la saisine au légataire universel dans le cas de l'art. 1006, c'est-à-dire en la lui conférant dans un cas où le droit coutumier la lui refusait, ont encore embrouillé la question de savoir si le testament peut faire un héritier, en d'autres termes, un représentant de la personne du défunt.

Quoique, d'après l'art. 1006, le légataire universel ait la saisine, lorsqu'il ne se trouve pas en concours avec des héritiers à réserve, cependant, *s'il ne tient son droit que d'un testament olographe ou mystique*, la saisine dont il est investi ne suffit pas pour lui permettre d'*appréhender* la succession.

Aux termes de l'art. 1007, *l'exécution de tout testament olographe ou mystique* est subordonnée à l'accomplissement de *trois* formalités qui sont les suivantes :

1° *Présentation du testament olographe ou mystique au président du tribunal de première instance de l'arrondissement dans lequel la succession s'est ouverte;*

2° *Ouverture du testament par le président qui dresse un procès-verbal de la présentation de l'ouverture, et de l'état du testament;*

3° *Dépôt du testament entre les mains d'un notaire commis par le président.*

Remarquons, en outre, que, lorsque le testament est *mystique*, l'ouverture n'en doit être faite qu'en présence du notaire (et non pas « des notaires », comme a dit par inadvertance le législateur napoléonien (V. *supra*, art. 976), et de ceux des témoins signataires de l'acte de suscription qui se trouveront sur les lieux, ou eux appelés.

Les formalités précédentes doivent être observées, *quelle que soit la nature du legs universel, à titre universel ou particulier*, et ce n'est que par suite d'un mauvais classement que l'art. 1007 a été placé sous la rubrique du legs universel.

Aux termes de l'art. 1008, une *quatrième* formalité doit être ajoutée, *lorsque le legs est universel et que le testateur ne laisse pas d'héritiers à réserve.*

Cette formalité consiste en ce que *le légataire universel est tenu de demander l'envoi en possession au président du tribunal dans l'arrondissement duquel la succession s'est ouverte.*

C'est par une simple requête à laquelle est joint l'acte de dépôt que cette demande est formée, et c'est par une simple ordonnance mise au bas de la requête que le président accorde l'envoi en possession.

Le rôle du président se borne d'ailleurs à examiner :

1° *Si le testament est fait dans les formes légales;*

2° *S'il renferme un legs universel;*

3° *S'il a été régulièrement déposé;*

4° *Si le testateur n'a pas laissé d'héritier à réserve.*

On voit que l'ordonnance du président ne constitue qu'une sorte de *visa* et de *pareatis*, et qu'elle n'appartient pas au domaine de la juridiction *contentieuse*.

Remarquons que la loi n'a attaché aucune sanction de nullité à l'inobservation, soit des formalités générales prescrites par l'art. 1007, soit de la formalité spéciale ordonnée par l'art. 1008 (1).

**1009.** — Le légataire universel qui sera en concours avec un héritier auquel la loi réserve une quotité des biens, sera tenu des dettes et charges de la succession du testateur, personnellement pour sa part et portion, et hypothécairement pour le tout; et il sera tenu d'acquitter tous les legs, sauf le cas de réduction, ainsi qu'il est expliqué aux art. 926 et 927.

Cet article incomplet, surabondant et mal rédigé, se rapporte :

1° *Au payement des dettes par le légataire universel, en concours avec un héritier à réserve;*

2° *Au payement des legs par le légataire universel, en concours avec un héritier à réserve.*

*L'art.* 1009 *ne s'occupe pas du cas où le légataire universel n'est pas en concours avec un héritier à réserve.*

*Dans ce cas*, le légataire universel est évidemment tenu :

1° *De payer toutes les dettes;*

2° *De payer tous les legs.*

*Est-il tenu de payer les dettes, même* ultra vires, *s'il n'a pas accepté sous bénéfice d'inventaire?*

Cette question a été traitée, *supra*, p. 323.

*Est-il tenu de payer les legs, même* ultra vires, *s'il n'a pas accepté sous bénéfice d'inventaire?*

Cette question n'est possible que tout autant que l'on admet *l'affirmative* sur la précédente, c'est-à-dire que l'on décide que le légataire universel est un *héritier*, soit en principe, soit, d'après l'opinion de

(1) Comparer, MM. Zachariæ, Aubry et Rau, t. VI, p. 127 et suiv. — M. Coin-Delisle, art. 1007 et 1008. — M. Demolombe, t. XXI, p. 450 et suiv.

transaction indiquée *suprà*, p. 325, dans le cas où il n'est pas en concours avec un héritier à réserve.

L'affirmative admise en ce premier point, il reste à savoir *si l'héritier pur et simple est tenu de payer les legs comme les dettes* ultra vires (V. *infra*, art. 1017).

Il n'est pas d'ailleurs douteux que le légataire universel n'a jamais droit au bénéfice de la *quarte Falcidie* qui était consacrée par le droit romain et par la jurisprudence des pays de droit écrit, mais que le Code Napoléon n'a pas maintenue.

*Dans le cas où le légataire universel est en concours avec un héritier à réserve :*

*S'agit-il des dettes*, l'art. 1009 déclare que « le légataire universel en est tenu personnellement pour sa part et portion, et hypothécairement pour le tout » ;

*S'agit-il des legs*, l'art. 1009 porte que « le légataire universel est tenu d'acquitter tous les legs, sauf le cas de réduction, ainsi qu'il est expliqué aux art. 926 et 927 ».

La *première* formule doit être complétée par la disposition contenue dans l'art. 871 (V. *suprà*, art. 871, p. 323, et aussi art. 873, p. 329).

La *seconde* formule donne lieu à une controverse.

## TROIS SYSTÈMES.

1^er^ SYSTÈME (1). — *En posant la règle que le légataire universel, en concours avec un héritier à réserve, est tenu d'acquitter tous les legs, l'art.* 1009 *entend parler non pas de tout légataire universel, mais seulement du légataire universel du disponible.*

*Quant à l'exception indiquée par les mots :* « sauf le cas de réduction, etc. », *elle concerne, au contraire, tout légataire universel autre que le légataire du disponible.*

Comme on le voit, ce système commence par admettre que le legs de la quotité disponible est *nécessairement* un legs universel; puis il raisonne de la façon suivante :

Lorsqu'il s'agit d'un légataire auquel le disponible a été légué, la présence d'un héritier à réserve ne diminue pas ce qui lui a été légué ; donc, puisque le légataire ne subit pas de réduction, il ne peut en faire subir aux légataires particuliers ; donc, il est alors tenu d'acquitter *tous* les legs, c'est-à-dire les legs en totalité.

On fait le raisonnement inverse à l'égard de tout légataire universel autre que le légataire du disponible.

(1) M. Vernet, p. 475. — M. Colmet de Santerre, t. IV, n° 64 *bis*, II, et 152 *bis*, XIII et XIV.

Évidemment, ce système ne sort d'embarras que par un véritable tour de force : il tombe devant ces *deux* considérations :

1° *Que le legs de la quotité disponible n'est pas nécessairement un legs universel* (V. *supra*, p. 545).

2° *Qu'en admettant même que le legs de la quotité disponible soit nécessairement un legs universel, il est impossible de supposer qu'une formule aussi générale que celle dont se sert l'art.* 1009 *désigne un cas aussi exceptionnel que celui qu'imaginent les partisans du système.*

2° SYSTÈME (1). — *En décidant que le légataire universel en concours avec un héritier à réserve, sera tenu d'acquitter tous les legs, l'art.* 1009 *a entendu seulement décider qu'il ne pourra pas exercer la retenue de la* quarte Falcidie.

Il n'y a pas lieu de s'arrêter à ce système ; remarquons, en effet, qu'il ne rend pas compte de la fin de l'art. 1009.

3° SYSTÈME (2). — *Le légataire universel en concours avec un héritier à réserve est tenu d'acquitter tous les legs sur la portion disponible, sauf à faire subir aux légataires à titre universel et aux légataires particuliers, conformément à l'art.* 926 (V. *supra*, p. 441), *la réduction qu'il subit lui-même.*

Ce système nous paraît être le seul qui soit *acceptable.*

Sans doute, les termes dont le législateur napoléonien s'est servi dans l'art. 1009 *in fine* n'expriment point cette proposition ; ils indiquent comme une *exception* le cas de réduction, tandis que ce cas est la *règle* et qu'il se réalise toutes les fois que le légataire universel est en concours avec un héritier à réserve (art. 926) ; mais, comme nous l'avons déjà dit, l'art. 1009 procède d'un ressouvenir malheureux de l'ancien droit où le retranchement devait d'abord porter exclusivement sur les legs universels, et n'atteindre que subsidiairement les legs à titre particulier, et il contient un *lapsus* des compilateurs napoléoniens (V. *supra*, p. 441 et 442).

Il faut, en définitive, lire le texte, comme si, au lieu des mots : « sauf le cas de réduction », il renfermait ceux-ci : *sauf la réduction* (3).

## SECTION V.

### DU LEGS A TITRE UNIVERSEL.

On ne séparait pas autrefois la théorie du legs à titre universel de

(1) M. Valette, à son cours. — M. Duranton, t. VIII, n° 369.

(2) MM. Zachariæ, Aubry et Rau, t. VI, p. 171. — M. Demolombe, t. XXI, p. 577.

(3) Le fond de toutes ces théories est presque naïf, tant il est simple, et cependant, si l'on s'en tient aux termes mêmes de la compilation napoléonienne, il est impossible, comme l'atteste ce qui précède, d'en dégager l'expression.

celle du legs universel; ce sont les rédacteurs du Code Napoléon qui les ont distinguées l'une de l'autre.

Cette distinction qui, dans l'état de la législation (V. *infra*, p. 557), a une certaine importance, n'a, au point de vue rationnel, aucun fondement.

**1010.** — Le legs à titre universel est celui par lequel le testateur lègue une quote-part des biens dont la loi lui permet de disposer, telle qu'une moitié, un tiers, ou tous ses immeubles ou tout son mobilier, ou une quotité fixe de tous ses immeubles ou de tout son mobilier. — Tout autre legs ne forme qu'une disposition à titre particulier.

Pour définir le legs à titre universel, cet article procède par voie d'énumération; il indique comme legs à titre universel :

1° *Le legs d'une quote-part des biens dont la loi permet au testateur de disposer;*

2° *Le legs de tous les immeubles du testateur;*

3° *Le legs de tout le mobilier du testateur;*

4° *Le legs d'une quotité fixe de tous les immeubles ou de tout le mobilier du testateur.*

Il faut ajouter à cette liste :

5° *Le legs d'une quote-part de tous les biens du testateur.*

Les auteurs enseignent que c'est, en général, *une question d'interprétation de la volonté du testateur* que de savoir si un legs est à titre universel (1).

*Le legs universel d'usufruit, qu'on s'accorde à ne pas ranger parmi les legs universels, doit-il être classé parmi les legs à titre universel?*

Ce point est débattu.

DEUX SYSTÈMES.

1er SYSTÈME (2). — *Le legs universel d'usufruit constitue un legs à titre universel.*

Le *principal* argument de ce système consiste à dire que, aux termes de l'art. 612, le légataire universel d'usufruit est tenu personnellement des dettes de la succession.

2e SYSTÈME (3). — *Le legs universel d'usufruit constitue un legs particulier.*

Le *principal* argument de ce système consiste à dire que le legs universel d'usufruit ne rentre dans aucune des cinq classes entre lesquelles se répartissent les différents legs à titre universel.

---

(1) M. Demolombe, t. XXI, p. 530.

(2) M. Troplong, t. IV, n° 1848. — MM. Zachariæ, Massé et Vergé, t. III, p. 249-250.

(3) MM. Aubry et Rau, *Sur Zachariæ*, t. VI, p. 147, texte et note 16. — M. Colmet de Santerre, t. IV, n° 157 *bis*, II. — M. Demolombe, t. XXI, p. 532.

Ce système répond, d'ailleurs, à l'argument du précédent en niant que le légataire universel d'usufruit soit tenu personnellement des dettes de la succession. « Tout ce qui résulte de l'art. 612, dit M. Demolombe, c'est que ce legs est soumis à la règle : *bona non intelliguntur, nisi deducto œre alieno* » (1).

*Légalement*, le *second* système nous paraît préférable;

*Rationnellement*, les deux nous semblent avoir tort; les définitions et la classification qu'ils essayent d'appliquer l'un et l'autre aux legs d'usufruit n'ont été faites que pour les legs de propriété (2).

Le légataire à titre universel acquiert, si le legs est pur et simple ou à terme, dès le jour du décès du testateur, s'il est affecté d'une condition suspensive du moment de l'accomplissement de la condition :

*Un droit réel à la quotité ou à tous les immeubles ou à tout le mobilier compris dans le legs ;*

2° *Un droit personnel à la délivrance, lequel droit est réglé par l'art.* 1011 (V. *infra*).

Le droit réel du légataire à titre universel comprend, d'ailleurs, les *mêmes actions* que le droit réel du légataire universel (V. *supra*, p. 546).

Lorsque le legs, à titre universel, est affecté d'une condition suspensive et que cette condition n'est pas encore accomplie, ou bien, lorsque le légataire à titre universel n'a pas encore demandé la délivrance, il peut néanmoins, comme le légataire universel (V. *supra*, p. 546) exercer *tous les actes conservatoires* de son droit.

**1011.** — Les légataires à titre universel seront tenus de demander la délivrance aux héritiers auxquels une quotité des biens est réservée par la loi; à leur défaut, aux légataires universels; et à défaut de ceux-ci, aux héritiers appelés dans l'ordre établi au titre *Des successions*.

Il ressort de ce texte qu'à la différence du légataire universel, le légataire à titre universel n'a jamais la *saisine*.

A l'égard des personnes auxquelles le légataire à titre universel *est tenu de demander* la délivrance, ce sont, d'après le texte lui-même :

*En première ligne, les héritiers réservataires;*

*A défaut d'héritiers à réserve, les légataires universels;*

*A défaut de légataires universels, les héritiers non réservataires.*

*Lorsqu'il existe un héritier réservataire et un légataire universel, auquel des deux le légataire à titre universel doit-il demander la délivrance?*

---

(1) M. Demolombe, t. XXI, p. 533.

(2) V. *Manuel de droit civil*, t. I, p. 639, texte et note 2.

On répond par une distinction :

*Si le légataire universel est déjà en possession de son legs,* c'est à lui que le légataire à titre universel doit demander la délivrance.

*Si le légataire universel n'est pas encore en possession de son legs,* c'est à l'héritier réservataire que le légataire à titre universel doit s'adresser, sauf à ce que le légataire universel soit en même temps mis en cause (1).

*A partir de quel jour le légataire à titre universel a-t-il droit aux fruits de son legs?*

Cette question est discutée.

TROIS SYSTÈMES.

1er SYSTÈME (2). — *Le légataire à titre universel a droit aux fruits de son legs à partir du jour du décès, s'il a formé sa demande en délivrance dans l'année depuis cette époque; s'il n'a, au contraire, formé sa demande en délivrance qu'en dehors de l'année, il n'a droit aux fruits de son legs qu'à partir du jour de la demande en délivrance ou du jour auquel cette délivrance lui a été volontairement consentie* (art. 1005).

L'*argument* de ce système est fondé sur la maxime « *fructus augent hæreditatem* », et sur ce qu'il est, dit-on, rationnel d'assimiler, au point de vue de l'acquisition des fruits, le légataire à titre universel au légataire universel.

2e SYSTÈME (3). — *Lorsque le legs à titre universel a pour objet une quote-part de l'universalité, ou le mobilier en tout ou en partie, il faut appliquer le système précédent* (art. 1005).

*Lorsqu'au contraire le legs à titre universel a pour objet les immeubles ou une quotité fixe des immeubles, on doit décider que le légataire à titre universel n'a jamais droit aux fruits de son legs qu'à partir du jour de sa demande en délivrance ou du jour auquel cette délivrance lui a été volontairement consentie* (art. 1014).

Au point de vue de sa première solution, ce système accepte l'argument du système précédent;

Au point de vue de sa seconde solution, il fait remarquer que, une fois perçus, les fruits des immeubles deviennent des biens mobiliers et

(1) M. Valette, à son cours. — MM. Zachariæ, Aubry et Rau, t. VI, p. 160. — M. Colmet de Santerre, t. IV, n° 154 *bis*, I. — M. Demolombe, t. XXI, p. 537.

Voy. d'ailleurs *infra*, l'explication des articles relatifs aux exécuteurs testamentaires.

(2) MM. Zachariæ, Aubry et Rau, t. VI, p. 160, texte et note 4. — M. Colmet de Santerre, t. IV, n° 154 *bis*, II et III. — M. Demolombe, t. XXI, p. 542.

(3) M. Duranton, t. IX, n° 211.

qu'ils ne peuvent être regardés comme augmentant la masse des immeubles.

3e SYSTÈME (1). — *Le légataire à titre universel n'a jamais droit aux fruits de son legs qu'à partir du jour de sa demande en délivrance ou du jour auquel cette délivrance lui a été volontairement consentie* (art. 1014).

L'*argument* de ce système est la spécialité du motif sur lequel est fondée la disposition de l'art. 1005 (V. *supra*, p. 547).

*Légalement*, ce système nous paraît le plus probable ;

*Rationnellement*, le légataire à titre universel, comme le légataire universel, devrait avoir droit aux fruits de son legs à partir du jour du décès du testateur, si d'ailleurs le testament recevait la publicité qui, selon nous, doit accompagner toute transmission de droits réels (V. *supra*, p. 462 et 513).

**1012.** — Le légataire à titre universel sera tenu, comme le légataire universel, des dettes et charges de la succession du testateur, personnellement pour sa part et portion, et hypothécairement pour le tout.

*Cet article assimile le légataire à titre universel au légataire universel en ce qui concerne les dettes et les charges de la succession.*

La règle qu'il énonce est, d'ailleurs, de toute évidence, mais elle a besoin d'être complétée par la disposition que renferme l'art. 871 (V. *supra*, art. 871, p. 323, et aussi art. 873, p. 329).

Remarquons que, lorsqu'au lieu de consister dans une quote-part, le legs à titre universel comprend, soit tous les immeubles, soit tout le mobilier, soit une quotité fixe des immeubles ou du mobilier, il faut estimer la valeur de ce legs et la comparer à celle de l'ensemble de la succession, pour déterminer la quote-part que le bénéficiaire du legs doit supporter dans les dettes et charges de la succession.

**1013.** — Lorsque le testateur n'aura disposé que d'une quotité de la portion disponible, et qu'il l'aura fait à titre universel, ce légataire sera tenu d'acquitter les legs particuliers par contribution avec les héritiers naturels.

Cet article exprime incomplétement la règle à suivre pour déterminer la part contributoire du légataire à titre universel *dans le payement des legs particuliers.*

Voici quelle est cette règle :

*Le légataire à titre universel est tenu de contribuer avec les héritiers au payement des legs particuliers dans la proportion de la quote-part qu'il est appelé à recueillir, sauf dans tous les cas les droits des héritiers à réserve.*

(1) M. Coin-Delisle, art. 1014, n° 8. — M. Derôme, *Revue de législation*, 1852, t. III, p. 357. — MM. Massé et Vergé, *Sur Zachariæ*, t. III, p. 280.

De là, les solutions suivantes :

1° *Le testateur ne laisse-t-il pas d'héritier à réserve*, il n'y a qu'à appliquer la formule qui précède ;

2° *Le testateur laisse-t-il un héritier à réserve*, alors, de deux choses l'une :

*Ou bien le legs à titre universel comprend toute la portion disponible ;*

*Ou bien ce legs ne comprend qu'une quotité de cette portion.*

Dans le *premier* cas, le légataire à titre universel est tenu d'acquitter tous les legs, conformément à la disposition portée à l'égard du légataire universel par l'art. 1009 *in fine* (V. *supra*, p. 550).

Dans le *second* cas, qui est celui que prévoit l'art. 1013, il y a divergence entre les auteurs :

*D'après les uns, l'héritier à réserve n'est tenu de contribuer au payement des legs particuliers que proportionnellement à la quotité qu'il recueille dans la portion disponible* (1) ;

*D'après les autres, l'héritier à réserve est tenu de contribuer au payement des legs particuliers proportionnellement à la part qu'il recueille dans la succession tout entière, sauf à lui, si cette contribution porte atteinte à sa réserve, à faire abandon de tout le disponible au légataire à titre universel*, ce qui ramènerait alors le second cas au premier (V. *supra*, p. 550) (2).

Cette *seconde* opinion a la logique pour elle, car, comme l'exprime fort bien M. Demolombe, « il n'y a pas lieu de parler de réserve, là où l'héritier réservataire recueille dans la succession une portion plus forte que sa réserve » (3).

### DIFFÉRENCES ENTRE LE LEGS UNIVERSEL ET LE LEGS A TITRE UNIVERSEL.

| | |
|---|---|
| 1° *Le légataire universel a la saisine lorsqu'il ne se trouve pas en concours avec des héritiers à réserve* (art. 1006, V. *supra*, p. 548). | 1° *Le légataire à titre universel n'a jamais la saisine* (art. 1011, V. *supra*, p. 554). |
| 2° *Le légataire universel, même non saisi, a droit aux fruits à partir du jour du décès du testateur lorsqu'il forme sa demande ou qu'il obtient amiablement la délivrance de son legs dans l'année du décès* (art. 1005, V. *supra*, p. 547). | 2° *Le légataire à titre universel n'a jamais droit aux fruits qu'à partir de la demande en délivrance de son legs ou du jour auquel cette délivrance lui a été volontairement consentie* (art. 1011, V. *supra*, p. 555). |

(1) M. Taulier, t. IV, p. 154. — M. Colmet de Santerre, t. IV, n° 156 *bis*.

(2) MM. Zachariæ, Aubry et Rau, t. VI, p. 176. — M. Dupret, *Revue de droit français et étranger*, 1845, t. II, p. 881 et suiv. — M. Demolombe, t. XXI, p. 554.

(3) M. Demolombe, t. XXII, p. 556.

3° *L'accroissement a toujours lieu entre les légataires universels* (art. 1003, V. *supra*, et aussi *infra*, art. 1044-1045).

3° *L'accroissement n'est pas possible entre les légataires à titre universel lorsqu'ils sont chacun appelés à une quotité distincte* (art. 1010, V. *supra* et aussi *infra*, art. 1044-1045).

## SECTION VI.

### DES LEGS PARTICULIERS.

**1014.** — Tout legs pur et simple donnera au légataire, du jour du décès du testateur, un droit à la chose léguée, droit transmissible à ses héritiers ou ayants cause. — Néanmoins le légataire particulier ne pourra se mettre en possession de la chose léguée, ni en prétendre les fruits ou intérêts, qu'à compter du jour de sa demande en délivrance, formée suivant l'ordre établi par l'art. 1011, ou du jour auquel cette délivrance lui aurait été volontairement consentie.

Conformément au second alinéa de l'art. 1010, les auteurs définissent le legs particulier :

*Tout legs qui ne rentre ni dans la définition du legs universel ni dans celle du legs à titre universel* (1).

C'est en vertu de cette définition négative que le legs universel d'usufruit se trouve rangé parmi les legs à titre particulier (V. *supra*, p. 545 et 553).

Le légataire particulier acquiert, si le legs est pur et simple ou à terme, dès le jour du décès du testateur; s'il est affecté d'une condition suspensive, du moment de l'accomplissement de la condition :

1° *Tantôt un droit réel sur l'objet légué, si cet objet est un corps certain* (comparer art. 711, *supra*, p. 4);

*Tantôt seulement un droit personnel à l'objet légué, si cet objet n'est pas un corps certain* (comparer art. 711, *ibid.*).

2° *Un droit personnel à la délivrance de son legs contre « les héritiers du testateur ou autres débiteurs de ce legs »* (art. 1017, V. *infra*, p. 561).

3° *Un droit hypothécaire sur les immeubles de la succession* (art. 1017, V. *infra*, p. 561);

4° *Un droit de privilége, la séparation des patrimoines, sur l'ensemble du patrimoine du défunt* (art. 878, V. *supra*, p. 342 et art. 2111, et aussi *Manuel de droit civil*, t. III, art. 2111).

Le légataire particulier n'est jamais investi de la *saisine.*

---

(1) Ce qui rend les définitions si difficiles dans la doctrine juridique actuelle, ce n'est pas assurément la nature des choses, ce sont les déviations constantes que la doctrine juridique et les législations ont fait subir à la nature des choses.

(2) Nous rappelons que le corps certain est l'objet pour lequel il est certain *quid, quale, quantum sit*, ou, en d'autres termes, c'est toute chose qui est déterminée dans son individu.

De là il résulte :

1° *Que le légataire particulier est toujours tenu de demander la délivrance de son legs ;*

2° *Qu'il n'a jamais droit aux fruits ou intérêts de son legs, qu'à partir du jour de sa demande en délivrance « formée, dit l'art.* 1014, *suivant l'ordre établi par l'art.* 1011, *ou du jour auquel cette délivrance lui a été volontairement consentie ».*

Le *premier* point, comme on sait, est commun à tous les légataires, excepté au légataire universel qui n'est pas en concours avec un héritier à réserve (art. 1006, V. *supra*, p. 548).

Le *second* point est commun au légataire à titre particulier et au légataire à titre universel (V. *supra*, p. 556).

Les auteurs se demandent *si le légataire qui se trouve, lors du décès du testateur, en possession de l'objet légué, est quand même astreint à en demander la délivrance.*

L'*affirmative* prévaut ; on se fonde pour en décider ainsi sur ce que le légataire n'a pas le droit de changer par sa seule volonté la cause de sa possession, au préjudice de la saisine légale de l'héritier (art. 2240) (1).

Lorsque le legs particulier est affecté d'une condition suspensive, et que cette condition n'est pas encore accomplie, cette circonstance n'empêche pas plus le légataire particulier que tout autre légataire d'exercer dans l'intervalle *tous les actes conservatoires* de son droit.

Pareillement, le légataire particulier, comme tout autre légataire en général, peut exercer *tous ces mêmes actes* avant toute demande en délivrance.

*Les actes conservatoires* du droit du légataire particulier ont, d'ailleurs, une importance exceptionnelle ; c'est ainsi qu'outre *les interruptions de prescription contre les tiers* détenteurs des objets légués, ils comprennent spécialement :

1° *La réquisition d'inscription sur les immeubles de la succession* (art. 2111) ;

2° *La demande de séparation des patrimoines* (art. 878) (2).

**1015.** — Les intérêts ou fruits de la chose léguée courront au profit du légataire, dès le jour du décès, et sans qu'il ait formé sa demande en justice : —

(1) MM. Zachariæ, Aubry et Rau, t. VI, p. 155, texte et note 4. — M. Colmet de Santerre, t. IV, n° 158 *bis*, IV. — M. Demolombe, t. XXI, p. 571.

En sens contraire, Merlin, *Répert.*, v° *Légataire*, § 5, n° 7. — M. Delvincourt, t. II, p. 262. — M. Bayle-Mouillard, *Sur Grenier*, t. II, n° 301.

A la subtilité juridique qui forme l'argument des premiers, ces derniers auteurs répondent que la demande en délivrance est sans objet, lorsque le légataire a déjà la possession de la chose léguée.

(2) V. *supra*, p. 342.

1° Lorsque le testateur aura expressément déclaré sa volonté, à cet égard, dans le testament; 2° Lorsqu'une rente viagère ou une pension aura été léguée à titre d'aliments.

Quoique le testateur ne puisse pas dispenser le légataire particulier, non plus que tout autre légataire, de l'obligation de demander la délivrance de son legs, cependant, *il peut lui attribuer les fruits et intérêts de la chose léguée, dès le jour où il mourra.*

C'est là toute la portée de l'art. 1015.

On remarquera qu'à la différence de la première exception consacrée par ce texte, la seconde repose *sur une présomption de volonté tacite de la part du testateur.*

Certains interprètes ajoutent, à titre de troisième exception, le cas où le testateur a légué à une personne ce que cette personne lui devait (*legs de libération*).

En effet, dit-on, il résulte de la nature de ce legs que, le légataire cessant dès le jour du décès du testateur d'être débiteur du capital de la dette, il doit cesser par là même d'être débiteur des intérêts à échoir (1).

**1016.** — Les frais de la demande en délivrance seront à la charge de la succession, sans néanmoins qu'il puisse en résulter de réduction de la réserve légale. — Les droits d'enregistrement seront dus par le légataire. — Le tout, s'il n'en a été autrement ordonné par le testament. — Chaque legs pourra être enregistré séparément, sans que cet enregistrement puisse profiter à aucun autre qu'au légataire ou à ses ayants cause.

Cet article, mal classé, est général; il s'applique aux *trois* sortes de legs.

Les frais de la demande en délivrance sont à la charge de la succession en vertu de la règle qui met à la charge du débiteur les frais du payement (art. 1248 et 1608).

Les droits d'enregistrement sont à la charge du légataire, parce que c'est à son profit que la mutation a lieu.

Il faut remarquer :

1° *Que le testateur peut en ordonner autrement ;*

2° *Que chaque legs peut être enregistré séparément.*

Ce *dernier* point, qui ne concerne que les légataires *particuliers*, est une innovation, et voici dans quels termes M. Jaubert en fournissait la raison au tribunat :

« (Grâce à cette disposition), on ne verra plus, disait-il, un ancien serviteur qui aura reçu un legs d'aliments languir dans la misère, par

(1) M. Valette, à son cours. — M. Colmet de Santerre, t. IV, n° 158 *bis*, v. L'ancien droit lui-même faisait, sur cette question des fruits, une part plus large à la volonté du testateur que le droit napoléonien (comparer Ricard, part. II, nos 111-115).

l'impossibilité de pourvoir aux frais de l'enregistrement du testament tout entier » (1).

**1017.** — Les héritiers du testateur, ou autres débiteurs d'un legs, seront personnellement tenus de l'acquitter, chacun au prorata de la part et portion dont ils profiteront dans la succession. — Ils en seront tenus hypothécairement pour le tout, jusqu'à concurrence de la valeur des immeubles de la succession dont ils seront détenteurs.

Cet article règle :

1° *Le droit personnel du légataire particulier à la délivrance de son legs contre les héritiers du testateur ou autres débiteurs de ce legs* (V. *supra*, p. 558).

2° *Le droit hypothécaire du légataire particulier sur les immeubles de la succession* (V. *supra*, p. 558);

Examinons successivement ces *deux* droits.

### DROIT PERSONNEL DU LÉGATAIRE PARTICULIER A LA DÉLIVRANCE DE SON LEGS CONTRE LES HÉRITIERS DU TESTATEUR OU AUTRES DÉBITEURS DE CE LEGS.

D'après les auteurs, l'action personnelle des légataires, en général, dérive d'un *quasi-contrat.*

Ce quasi-contrat, pour l'héritier *ab intestat,* consiste dans l'acceptation de la succession (V. *supra*, p. 189), et pareillement, pour tout légataire grevé lui-même d'un autre legs, dans l'acceptation de son propre legs (V. *infra*, tit. IV, chap. I) (2).

*A l'égard des legs particuliers, ayant pour objet des choses indéterminées, doit-on admettre que les héritiers, ou autres débiteurs de ces legs, soient tenus de les acquitter* ultra vires, *lorsqu'ils n'ont pas fait une acceptation bénéficiaire?*

### DEUX SYSTÈMES.

1er SYSTÈME (3). — *Aff.*

1er *Arg.* — L'art. 724 porte que les héritiers ont l'obligation « d'acquitter toutes les charges de la succession » ;

L'art. 873 répète que « les héritiers sont tenus des dettes et charges de la succession » ;

Or, le mot « charges » comprend incontestablement les legs.

2e *Arg.* — L'art. 1017 dispose dans le même sens que « les héri-

---

(1) Fenet, t. XII, p. 610.

(2) Comparer § 5, *Instit.*, liv. III, tit. XXVIII, — Pothier, introduction au titre XVI de la coutume d'Orléans, n° 76. — M. Demolombe, t. XXI, p. 599.

(3) MM. Zachariæ, Aubry et Rau, t. V, p. 150 et 192, texte et note 5. — M. Demolombe, t. XXI, p. 614.

tiers, ou autres débiteurs d'un legs, seront tenus personnellement de l'acquitter » ;

Donc, si ces héritiers et ces autres débiteurs sont tenus *personnellement*, ils sont tenus même *ultra vires* (art. 2092).

Et c'est aussi là ce que confirme la fin de l'article par ces mots : « chacun au prorata de la part et portion dont ils profiteront dans la succession ».

3e *Arg.* — D'après l'art. 783, l'héritier peut demander la révocation de son acceptation pour cause de lésion, lorsque la succession se trouve absorbée ou diminuée de plus de moitié, par la découverte d'un testament inconnu au moment de l'acceptation ;

Or, si l'héritier n'était pas tenu d'acquitter les legs *ultra vires*, la découverte d'un testament ne pourrait jamais lui causer de lésion (V. *supra*, p. 205).

4e *Arg.* — Au surplus, l'héritier avait pour se sauvegarder la ressource de l'acceptation bénéficiaire; s'il n'y a pas eu recours, c'est tant pis pour lui.

2e SYSTÈME (1). — *Nég.*

1er *Arg.* — Cette solution était celle de l'ancien droit coutumier.

2e *Arg.* — Elle est, en outre, conforme aux principes juridiques.

En effet, si l'héritier pur et simple est tenu des dettes *ultrà vires*, c'est que le défunt en était de même tenu *ultrà vires ;*

Au contraire, le défunt n'a jamais été débiteur des legs qu'il a faits, et comme les legs ne sont qu'une délibation de l'hérédité (l. 116, pr. D., liv. XXX, 1°), l'héritier ne peut être tenu de les acquitter que tout autant qu'ils n'excèdent pas les forces de l'hérédité.

3e *Arg.* — Il suffit de comparer les termes des art. 1009, 1012 et 1013, pour voir que, dans certains cas, le législateur napoléonien oppose précisément aux *legs* les *charges* de la succession.

4e *Arg.* — L'art. 1017 place sur la même ligne les *héritiers du testateur et les autres débiteurs d'un legs.*

Or, parmi ces autres débiteurs, peut se trouver un légataire *particulier*, et il n'est pas douteux que le légataire particulier ne serait pas tenu d'acquitter *ultrà vires* le legs particulier mis à sa charge.

5e *Arg.* — L'art. 783 ne peut servir de point d'appui à aucune opinion, les compilateurs napoléoniens n'ayant pas eux-mêmes compris la disposition qu'ils y inscrivaient.

6e *Arg.* — L'art. 802 déclare que le bénéfice d'inventaire a pour

---

(1) M. Demante, t. II, n° 24 *bis*, v, 103 *bis*, II, et 124 *bis*, II. — MM. Ducaurroy, Bonnier, Roustain, t. II, n° 580. — M. Tambour, *Du bénéfice d'inventaire*, p. 280 et suiv. — M. Villequez, *Revue de droit français et étranger*, 1850, t. VII, p. 155 et 227.

effet de donner à l'héritier l'avantage de n'être tenu de payer les dettes de la succession qu'*intra vires;* ce même texte ne parle pas des legs; donc, par là même, il témoigne que l'héritier n'a nul besoin du bénéfice d'inventaire pour n'être pas tenu des legs *ultra vires*.

La solution du *premier* système est tout à fait *irrationnelle*, et, comme les textes ne l'imposent pas, il y a lieu de lui préférer celle du *second* système.

### DROIT HYPOTHÉCAIRE DU LÉGATAIRE PARTICULIER SUR LES IMMEUBLES DE LA SUCCESSION.

L'action hypothécaire du légataire particulier a été créée par Justinien (1); elle fut admise avec quelque difficulté par l'ancien droit français (2), et elle n'a continué de subsister dans la compilation napoléonienne, que grâce au perpétuel fétichisme des légistes pour les vieux textes.

Il est facile de comprendre ce que présente, en effet, d'exorbitant l'hypothèque du légataire particulier; outre qu'elle grève toute une masse de biens, elle assure, à une personne qui n'a d'autre titre que la libéralité du défunt, une condition que n'obtiennent pas les créanciers chirographaires du défunt.

De là est née une controverse sur le fait même de l'existence de cette hypothèque.

### DEUX SYSTÈMES.

1er SYSTÈME (3). — *Le légataire particulier n'a pas d'hypothèque légale sur les meubles de la succession.*

1er *Arg.* — Les rédacteurs du Code Napoléon, en adoptant l'art. 1017, n'ont pas eu en vue de conférer au légataire particulier une hypothèque légale; mais seulement d'annoncer celle qu'ils avaient l'intention de lui attribuer dans le titre *Des hypothèques;*

Or, cette intention n'a pas été suivie d'effet (art. 2121).

2e *Arg.* — Le législateur napoléonien a mis sur la même ligne le créancier chirographaire et le légataire particulier, et il s'est contenté d'accorder la séparation des patrimoines à l'un et à l'autre (art. 2111).

---

(1) V. L. 1, C. liv. V, tit. XLVIII, § 2, liv. II, tit. XX, Instit.
Justinien avait attribué cette hypothèque *omnibus legatariis;* l'opinion générale est qu'elle n'existe aujourd'hui qu'au profit des légataires *particuliers*.

(2) Comparer, Renusson, *Traité des propres*, chap. III, section XII, n° 10 et suiv. — Choppin, *De moribus parisiensis*, liv. II, t. IV, n° 19. — Ricard, *Des Donations*, part. II, chap. I, sect. IV, n° 25. — Pothier, *Des Donations testamentaires*, chap. V, sect. III, part. 2, § 2.

(3) MM. Zachariæ, Aubry et Rau, t. VI, p. 168, texte et note 21. — M. Gabriel Demante, *Revue crit. de jurispr.*, 1854, t. V, p. 179.

2e SYSTÈME (1). — *Le légataire particulier a une hypothèque légale sur les immeubles de la succession.*

1er *Arg.* — Quoique d'abord hésitant, l'ancien droit avait fini par se former dans ce sens ; or, le traditionnalisme habituel aux compilateurs napoléoniens suffirait pour porter à croire qu'ils ont dû admettre la même solution.

2e *Arg.* — L'art. 1017 est d'ailleurs aussi formel que possible.

*Légalement*, le *second* système a pour lui l'évidence.

Il est, du reste, toujours loisible au testateur de déclarer que son légataire particulier n'aura pas d'hypothèque.

Après avoir attribué sans raison une hypothèque au légataire particulier, les auteurs du Code Napoléon ont commis ici une seconde erreur, toute juridique cette fois ; ils ont mal mesuré l'étendue qui devait appartenir à cette hypothèque, et ils ont admis qu'elle existerait *pour le tout contre chacun des héritiers ou autres débiteurs du legs.*

Cette nouvelle disposition est manifestement illogique : l'hypothèque du légataire particulier est *la garantie du droit personnel qu'a ce légataire contre les héritiers du testateur ou autres débiteurs de son legs ;* or, ce droit personnel naît *multiple*, comme l'atteste la formule « chacun au prorata de la part et portion », etc. (art. 1017) ; cela revient à dire, en d'autres termes, que *le légataire particulier acquiert autant de créances partielles et distinctes qu'il existe de débiteurs du legs ;* mais, s'il en est ainsi du *droit personnel* du légataire, il en doit être forcément de même de l'*hypothèque* qui sert de *garantie* à ce droit ; cette hypothèque, elle aussi, doit naître *multiple*, ou plutôt *il doit naître aussi autant d'hypothèques partielles et distinctes qu'il existe de créances du légataire*, c'est-à-dire encore, *de débiteurs du legs.*

Ce raisonnement n'est pas contestable.

D'où est donc venue l'erreur des compilateurs napoléoniens ?

Tout simplement de ce qu'ils ont emprunté l'alinéa 2 de l'art. 1017 aux écrits de plusieurs anciens légistes (2), qui avaient à la fois dénaturé la doctrine romaine et faussé l'application du principe de l'indivisibilité de l'hypothèque.

La doctrine romaine était, en effet, celle-ci : à l'époque de la mort du testateur, il naissait au profit du légataire autant d'hypothèques partielles et distinctes qu'il existait d'héritiers, mais, comme les Romains professaient que le partage était translatif de propriété, il résultait de

(1) M. Demolombe, t. XXI, p. 605.

(2) Furgole, *Des test.*, t. III, chap. x, n° 43 et suiv. — Renusson, *Traité des propres*, chap. III, sect. XII, n° 10 et suiv. — Bacquet, *Des droits de justice*, chap. VIII, n° 26. — Mornac, t. I, p. 158, *ad leg.* 18, C., *De pactis*.

ce principe, combiné avec celui de l'indivisibilité de l'hypothèque, qu'après le partage chaque héritier se trouvant être propriétaire de son lot tout ensemble en vertu d'un droit propre, et en vertu d'un droit transmis par chacun de ses cohéritiers, chaque héritier devenait par là même responsable, hypothécairement, de la totalité du legs.

Quant au principe d'indivisibilité de l'hypothèque, il empêche bien que l'hypothèque une fois née puisse cesser de grever pour le tout la chose hypothéquée, et chaque partie de la chose hypothéquée, en quelques mains que passe d'ailleurs cette chose ou cette partie, mais il est clair qu'il ne fait point obstacle à ce qu'il naisse au même moment d'une même cause autant d'hypothèques qu'il naît de créances.

A quelque point de vue qu'on se place donc, l'alin. 2 de l'art. 1017 est injustifiable (1).

**1018.** — La chose léguée sera délivrée avec les accessoires nécessaires, et dans l'état où elle se trouvera au jour du décès du donateur.

Cet article se rapporte, ainsi que les suivants, *à l'interprétation de la volonté du testateur.*

Cependant, les auteurs professent que l'art. 1018, en déclarant que la chose léguée sera délivrée avec les *accessoires nécessaires*, entend dire qu'elle sera délivrée avec tout ce qui, *d'après la loi* ou l'intention du testateur, en forme des accessoires (2).

Ainsi, s'agit-il du legs d'un immeuble, sont réputés accessoires, d'après la loi, les animaux attachés à la culture, les ustensiles aratoires, et, comme disent les auteurs, tous les objets que la loi déclare immeuble, par destination (art. 522, 524 et 525).

Les auteurs essayent en outre, de déterminer abstraitement quelle peut bien être la volonté du testateur dans certains cas prévus par eux.

Ainsi, d'après Toullier et M. Bayle-Mouillard, le legs d'une maison comprend le jardin qui en dépend, quoique ce jardin soit séparé de la maison par une rue ou par un autre jardin (3) (V. cep. *infra*, art. 1019).

---

(1) Comparer, M. Demolombe, t. XXI, p. 602 et 608.

Tout ce que nous venons de dire est élémentaire; cependant, d'après le légiste Troplong, « on ne peut disconvenir que notre Code n'ait choisi ici le parti le plus conforme aux principes naturels de l'hypothèque » (tit. IV, n° 1795).

(2) MM. Zachariæ, Aubry et Rau, t. VI, p. 166, texte et note 13. — M. Demolombe, t. XXI, p. 634.

Les auteurs tombent ici dans une logomachie évidente; si, comme cela éclate, l'art. 1018 concerne l'interprétation de la volonté du testateur, que peut avoir à y faire la volonté de la loi?

Ce qui trouble les auteurs, c'est le souvenir des malencontreuses dispositions du législateur napoléonien sur les immeubles par destination (art. 522, 524, 525, V. *Manuel de droit civil,* t. I, p. 532).

(3) Toullier, t. III, n° 531. — M. Bayle-Mouillard, *Sur Grenier*, t. II, n° 316, note *a*.

C'est, comme on sait, le triomphe de l'esprit légiste de soustraire le plus de

L'art. 1018 ajoute que « la chose léguée doit être délivrée dans l'état où elle se trouvera au jour du décès du testateur ».

Cette formule trop large ne concerne que les améliorations ou les détériorations survenues dans la chose léguée *avant le décès du testateur*.

Quant aux améliorations ou aux détériorations survenues dans cette même chose *depuis le décès du testateur*,

Procèdent-elles de *cas fortuits*, elles profitent ou nuisent au légataire ;

Procèdent-elles du *fait des personnes chargées de l'acquittement du legs* (héritiers ou autres débiteurs), il faut appliquer les règles qui concernent toute dette d'un corps certain (art. 1042, 1136, 1245, et 1302).

**1019.** — Lorsque celui qui a légué la propriété d'un immeuble, l'a ensuite augmentée par des acquisitions, ces acquisitions, fussent-elles contiguës, ne seront pas censées, sans une nouvelle disposition, faire partie du legs. — Il en sera autrement des embellissements ou des constructions nouvelles faites sur le fonds légué, ou d'un enclos dont le testateur aurait augmenté l'enceinte.

La *première* disposition de cet article a une forme naïve, car, qui pourrait douter que l'acquisition par le testateur d'un immeuble, contigu à l'immeuble donné, n'implique pas par elle-même l'augmentation du legs ?

Toutefois, cette disposition sert au moins à faire naître une difficulté : *concerne-t-elle non-seulement le legs d'un immeuble unique, mais même celui d'un domaine composé de plusieurs immeubles ?*

Ce point est très-débattu, et la jurisprudence se prononce en faveur de l'interprétation *extensive*, c'est-à-dire en faveur de celle *qui a le plus de chances d'être contraire à la volonté probable du testateur* (1).

La *seconde* disposition de l'art. 1019 donne également lieu à une controverse, *les mots :* « constructions nouvelles », *doivent-ils être entendus non-seulement de constructions postérieures ajoutées à des constructions antérieures, ou de la reconstruction d'anciens bâtiments, mais même de constructions élevées sur un terrain d'abord tout à fait nu ?*

Les uns disent que la construction d'un bâtiment sur un terrain, d'a-

---

questions possible au domaine du fait, et de les soumettre aux règles de la plus creuse et de la plus contradictoire de toutes les métaphysiques.

(1) Comparer, M. Bugnet, *Sur Pothier*, t. VIII, p. 300. — M. Coin-Delisle, art. 1019, n° 4. — M. Demolombe, t. XXI, p. 650.

Il faut rendre cette justice aux Prudents romains et aux anciens, que, dans la présente hypothèse, ils s'attachaient à l'intention du testateur et se contentaient de la simple *union* de destination (Comparer, L. 39, D. *De légat.*, 1° ; L. 24, § 2, D. *De légat.*, 2°. — Pothier, *Des donat. test.*, chap. v, sect. III, § 5, et Introd. au tit. XVI de la Coutume d'Orléans, n° 93.

De nos jours, législateurs, interprètes et juges, tous sont en progrès.

bord tout à fait nu, opère la destruction juridique du terrain et entraîne ainsi la caducité du legs (art. 1042) (1);

Les *autres* répliquent par l'adage romain : *omne quod inædificatur, solo cedit* (2).

Nous pensons que ces raisons se valent à peu près; la question est, selon nous, de pur fait.

Remarquons que, si *le testateur a légué un enclos, et qu'il en ait ensuite augmenté l'enceinte, le légataire a droit à l'enclos dans toute son étendue* (3).

**1020.** — Si, avant le testament ou depuis, la chose léguée a été hypothéquée pour une dette de la succession, ou même pour la dette d'un tiers, ou si elle est grevée d'un usufruit, celui qui doit acquitter le legs n'est point tenu de la dégager, à moins qu'il n'ait été chargé de le faire par une disposition expresse du testateur.

Cet article est, en général, présenté comme une conséquence de la règle que la chose léguée doit être délivrée dans l'état où elle se trouvera au jour du décès.

On remarquera qu'à la différence des textes romains (4), l'art. 1020 ne veut pas que l'on distingue si le droit réel qui grève la chose léguée a été constitué par le testateur *avant* ou *depuis* la confection du testament; ni dans l'un ni dans l'autre cas, le débiteur du legs n'est tenu de dégager la chose, à moins que le testateur ne l'en ait expressément chargé.

Bien entendu, si c'est une hypothèque qui grève l'immeuble, et que le créancier hypothécaire poursuive le légataire particulier, l'art. 1020 ne porte pas préjudice au droit de recours de ce légataire (art. 874 ; V. *supra*, p. 331).

**1021.** — Lorsque le testateur aura légué la chose d'autrui, le legs sera nul, soit que le testateur ait connu ou non qu'elle ne lui appartenait pas.

Selon la doctrine romaine, le legs de la chose d'autrui était valable lorsque le testateur savait qu'il léguait la chose d'autrui.

Ce même legs était nul, lorsque le testateur ignorait qu'il léguait la chose d'autrui (5).

---

(1) M. Bayle-Mouillard, *Sur Grenier*, t. II, n° 317, note *a*. — M. Marcadé, art. 1019, n° 2.

(2) M. Coin-Delisle, art. 1019, n° 10. — M. Demolombe, t. XXI, p. 843.

(3) M. Colmet de Santerre fait remarquer que les juges ont une plus grande latitude pour interpréter les legs de meubles que pour interpréter les legs d'immeubles.

(4) L. 57, § 6, *De legat.*, 1°, § 5 et 12, *Inst.*, liv. II, tit. XX, *De legat.*; L. 66, § 6, D. *De legat.*, 2°.

Ici encore, ce sont les décisions romaines qui conservent la supériorité sur le recueil napoléonien.

(5) § 4, *Inst.*, liv. II, tit. XX.

Selon la lettre de l'art. 1021, il semblerait bien que le legs de la chose d'autrui est aujourd'hui nul dans les *deux* cas ; mais à quoi serviraient les interprètes, si les textes exprimaient ce qu'ils veulent dire?

Il résulte des travaux préparatoires du Code Napoléon, que les auteurs de ce Code n'ont pas entendu prohiber *d'une manière absolue* le legs de la chose d'autrui ; *ils ont seulement entendu exiger que le testateur expliquât en termes clairs son intention de léguer la chose d'autrui.*

Cette disposition a été portée pour tarir, a-t-on dit, une source de procès (1).

Le legs de la chose d'autrui appartient à la classe des legs ayant pour objet une obligation de faire; c'est comme si le testateur avait légué en pareil cas, à la charge de son héritier ou de tout autre débiteur du legs, *l'obligation d'acheter la chose léguée, afin de la remettre au légataire.*

*Que devient le droit du légataire, si cette obligation n'est pas exécutée?*

Il faut distinguer :

*Ou l'inexécution a pour cause un fait imputable au débiteur du legs, et celui-ci doit alors au légataire la valeur estimative de la chose léguée* (comparer, art. 1142, V. *infra*);

*Ou l'inexécution n'a pour cause aucun fait imputable au débiteur du legs, et celui-ci ne doit alors au légataire la valeur estimative de la chose léguée que tout autant que le testateur l'a voulu ainsi* (2).

On pense, en général, que l'art. 1021 est applicable *même à la chose de l'héritier ou de tout autre débiteur du legs* (3).

---

(1) Locré, *Législ. civ.*, t. XI, p. 257, n° 9. — Comparer cependant, Locré, *ibid.*, p. 506, n° 19.

Le danger des procès est loin d'égaler celui de l'ingérence du législateur dans des matières qui ne le regardent point ; outre que cette ingérence fausse les notions exactes et change les rôles, elle atteint rarement le but qu'elle a en vue, et le cas présent en est un exemple. (Voyez pour les nombreuses subtilités qu'a fait naître l'interprétation de l'art. 1021, MM. Zachariæ, Aubry et Rau, p. 535 et suiv. — M. Colmet de Santerre, t. IV, n° 166 *bis*. — M. Demolombe, t. XXI, p. 615 et suiv.).

Ce devait être une œuvre de jurisprudence, non de législation, que d'habituer les testateurs à s'expliquer clairement, lorsqu'ils entendent léguer la chose d'autrui.

(2) Comparer, M. Coin-Delisle, art. 1021, n^os^ 2 et 10. — M. Bayle-Mouillard, t. II, n° 319. — M. Demolombe, t. XXI, p. 618.

Il y a sur ce point une fausse idée romaine qui a embrouillé la doctrine juridique, V. § 4, *Instit.*, liv. II, tit. XX.

(3) MM. Zachariæ, Aubry et Rau, t. V, p. 535. — M. Colmet de Santerre, t. IV, n° 166 *bis*, III. — M. Demolombe, t. XXI, p. 622.

En sens contraire, Merlin, *Rép.*, v° *Legs*, sect. III, § 3, n^os^ 3 et 4. — M. Duranton, t. IX, n° 251. Ces auteurs tirent argument du droit romain (§ 4, *Inst.*, liv. II, tit. XX) et de l'ancien droit français (Pothier, *Des donat. testamentaires*, chap. VI, art. 1, § 1, VI).

Cette solution est *légale*, car l'art. 1021 ne contient aucune restriction ; elle est *rationnelle*, car l'héritier ou tout autre débiteur du legs a une personnalité et une propriété absolument distinctes de la personnalité et de la propriété du testateur.

**1022.** — Lorsque le legs sera d'une chose indéterminée, l'héritier ne sera pas obligé de la donner de la meilleure qualité, et il ne pourra l'offrir de la plus mauvaise.

Cet article prévoit le cas du legs que les interprètes appellent le *legs de genre*. Il décide, à l'inverse du droit de Justinien (§ 22, Instit., liv. II, tit. XX), que *le choix appartient toujours, en pareil cas, au débiteur du legs*, c'est-à-dire qu'il applique aux legs la règle admise en matière d'obligations conventionnelles portant sur une chose indéterminée (art. 1162 et 1191, V. *infra*).

**1023.** — Le legs fait au créancier ne sera pas censé en compensation de sa créance, ni le legs fait au domestique en compensation de ses gages.

Cet article règle le cas du legs que les interprètes appellent le *legs de créance;* il n'est ni plus ni moins *inutile* que tous les articles qui se rapportent *à l'interprétation de la volonté du testateur* (1).

**1024.** — Le légataire à titre particulier ne sera point tenu des dettes de la succession, sauf la réduction du legs, ainsi qu'il est dit ci-dessus, et sauf l'action hypothécaire des créanciers.

Cet article n'a que la valeur d'un renvoi (V. *supra*, p. 328 et 331).

### DIFFÉRENCES ENTRE LE LEGS UNIVERSEL ET LE LEGS A TITRE PARTICULIER.

| | |
|---|---|
| 1° *Le légataire universel a la saisine, lorsqu'il ne se trouve pas en concours avec des héritiers à réserve* (art. 1006, V. *supra*, p. 548) ; | 1° *Le légataire à titre particulier n'a jamais la saisine* (V. *supra*, p. 558); |
| 2° *Le légataire universel, même non saisi, a droit aux fruits de son legs à partir du jour du décès, lorsqu'il forme sa demande ou qu'il obtient amiablement la délivrance de son legs dans l'année du décès* (art. 1005, V. *supra*, p. 547); | 2° *Le légataire à titre particulier n'a jamais droit aux fruits de son legs qu'à partir du jour de sa demande en délivrance, ou du jour auquel cette délivrance lui a été volontairement consentie* (art. 1014, V. *supra*, p. 559); |

(1) La conclusion de M. Demolombe est entièrement d'accord avec la nôtre : voici ce qu'écrit le savant professeur : « s'il est une matière essentiellement rebelle à la discipline législative, c'est bien l'interprétation des volontés testamentaires, dans l'infinie variété de leurs espèces et avec toutes ces nuances si diverses, si mobiles, et pour ainsi dire ondoyantes, qu'elles revêtent incessamment (M. Demolombe, t. XXI, p. 664). »

Cet aveu est aussi explicite que possible ; il condamne péremptoirement toutes ces présomptions qui, bien loin d'éclairer le juge, ne servent qu'à égarer sa raison.

3° *Le légataire universel contribue au payement des dettes de la succession* (art. 1009, V. *supra*, p. 550);

4° *Le légataire universel est tenu de faire enregistrer tout le testament* (art. 1016, V. *supra*, p. 560);

5° *Le légataire universel n'a pas le droit de demander la séparation des patrimoines* (art. 878, V. *supra*, p. 342);

6° *Le légataire universel n'a pas d'hypothèque légale sur les immeubles de la succession* (art. 1017, V. *supra*, p. 561).

7° *L'accroissement a toujours lieu entre les légataires universels* (art. 1003, V. *supra*, et aussi *infra*, art. 1044-1045).

3° *Le légataire à titre particulier ne contribue pas au payement des dettes de la succession* (art. 1024, V. *supra*, p. 569);

4° *Le légataire à titre particulier n'est tenu de faire enregistrer que la partie du testament qui contient son legs* (art. 1016, p. 560).

5° *Le légataire à titre particulier a le droit de demander la séparation des patrimoines* (art. 878, V. *supra*, p. 342).

6° *Le légataire à titre particulier a une hypothèque légale sur les immeubles de la succession* (art. 1017, V. *supra*, p. 561).

7° *L'accroissement n'a pas lieu entre les légataires à titre particulier dans le cas de l'art. 1045, lorsque la chose léguée est susceptible d'être divisée sans détérioration* (art. 1044-1045, V. *infra*).

### DIFFÉRENCES ENTRE LE LEGS A TITRE UNIVERSEL ET LE LEGS A TITRE PARTICULIER.

1° *Le légataire à titre universel contribue au payement des dettes de la succession* (art. 1012, V. *supra*, p. 556);

2° *L'accroissement a toujours lieu entre les légataires à titre universel, lorsqu'ils sont appelés aux mêmes objets compris dans la même quotité* (art. 1010, V. *supra*, et aussi *infra*, ort. 1044-1045).

3° *Le légataire à titre universel n'a pas le droit de demander la séparation des patrimoines* (art. 878, V. *supra*, p. 342);

4° *Le légataire à titre universel n'a pas d'hypothèque légale sur les immeubles de la succession* (art. 1017, V. *supra*, p. 561).

1° *Le légataire à titre particulier ne contribue pas au payement des dettes de la succession* (art. 1024, V. *supra*, p. 569);

2° *L'accroissement n'a pas lieu entre les légataires à titre particulier dans le cas de l'art. 1045, lorsque la chose léguée est susceptible d'être divisée sans détérioration* (art. 1044-1045, V. *infra*).

3° *Le légataire à titre particulier a le droit de demander la séparation des patrimoines* (art. 878, V. *supra*, p. 342);

4° *Le légataire à titre particulier a une hypothèque légale sur les immeubles de la succession* (art. 1017, V. *supra*, p. 561).

## SECTION VII.

### DES EXÉCUTEURS TESTAMENTAIRES.

*L'exécution testamentaire est un mandat par lequel une personne charge une autre du soin d'assurer l'exécution de ses dernières volontés.*

Parmi les caractères spéciaux que dans la législation actuelle ce mandat présente, et qui tiennent plus ou moins à la nature des choses, il faut citer les suivants :

1° *Le mandat ordinaire finit à la mort du mandant* (art. 2003) ;

*L'exécution testamentaire commence à la mort du mandant.*

2° *Le mandat ordinaire peut être confié à une personne incapable de s'obliger* (art. 1990) ;

*L'exécution testamentaire ne peut être confiée à une personne incapable de s'obliger* (art. 1028).

3° *Le mandat peut en tout temps être révoqué sans aucune intervention des tribunaux* (art. 2003 et 2004) ;

*L'exécution testamentaire, à partir du jour où elle commence, ne peut être révoquée que par une décision des tribunaux.*

4° *Le mandataire est tenu de rendre compte de sa gestion à la personne dans l'intérêt de laquelle il a été nommé* (art. 1993) ;

*L'exécuteur testamentaire est tenu de rendre compte de sa gestion aux personnes, héritiers ou légataires universels, contre lesquelles il est chargé d'assurer l'exécution du testament.*

Les compilateurs napoléoniens n'ont pas vu que l'exécution testamentaire n'avait aucune place à occuper dans une œuvre de codification générale, et qu'elle devait exclusivement relever de la doctrine et du droit local ; ils ont emprunté aux anciennes coutumes la plupart des articles qui composent cette section, et ils l'ont remplie de dispositions mal définies, mal ordonnées et arbitraires.

**1025.** — Le testateur pourra nommer un ou plusieurs exécuteurs testamentaires.

Comme plusieurs dispositions de cette section, l'art. 1025 semble supposer que l'individu n'a que les droits que le législateur lui concède (1).

C'est là, ainsi que nous l'avons dit si souvent, le fondement même et l'une des funestes erreurs de la doctrine juridique actuelle.

On ne voit pas comment, dans l'espèce, le législateur pourrait avoir le droit de défendre à l'individu de nommer un ou plusieurs exécuteurs testamentaires (2).

Remarquons :

1° *Que la nomination d'un exécuteur testamentaire ne peut avoir*

(1) Cette idée est professée en termes très-explicites à l'occasion de l'art. 1025, par MM. Zachariæ, Aubry et Rau, t. VI, p. 133, texte et note 12, et par M. Demolombe, t. XXII, p. 25.

(2) Tant que ce fondement ne sera pas changé, tant que cette erreur ne sera pas détruite, une vraie doctrine du droit demeurera impossible.

Que les jeunes gens répudient de toutes leurs forces une idée qui est la cause

*lieu que par un acte revêtu des formes requises pour les testaments, mais que, néanmoins, elle doit être nécessairement contenue dans le testament dont elle a pour objet d'assurer l'exécution ;*

2° *Que lorsqu'un testateur a nommé plusieurs exécuteurs testamentaires, il y a à déterminer la manière dont ils devront gérer leur mandat* (V. *infra*, art. 1033).

**1026.** — Il pourra leur donner la saisine du tout, ou seulement d'une partie de son mobilier ; mais elle ne pourra durer au delà de l'an et jour à compter de son décès. — S'il ne la leur a pas donnée, ils ne pourront l'exiger.

**1027.** — L'héritier pourra faire cesser la saisine, en offrant de remettre aux exécuteurs testamentaires somme suffisante pour le payement des legs mobiliers, ou en justifiant ce payement.

Tandis que, d'après les anciennes Coutumes, l'exécuteur testamentaire avait *de plein droit* la saisine d'an et jour, l'art. 1026 *permet* seulement au testateur de la lui attribuer.

Tandis qu'en outre, d'après certaines Coutumes, la saisine de l'exécuteur testamentaire comprenait les *immeubles* aussi bien que les *meubles*, l'art. 1026 ne *permet* de l'appliquer qu'aux *meubles*.

Cette saisine a d'ailleurs une nature propre et tout à fait distincte de celle que l'art. 724 confère aux héritiers ; elle doit être définie :

*Le droit pour l'exécuteur testamentaire de se mettre en possession des meubles de la succession.*

Ce n'est, en réalité, qu'une simple détention, et elle n'empêche pas que la saisine héréditaire n'ait en même temps lieu au profit de l'héritier (art. 724), ou, le cas échéant, du légataire universel (art. 1006).

Le testateur n'a, du reste, pas le droit d'attribuer à son exécuteur testamentaire la saisine pour plus *de l'an et jour à compter de son décès ;* car les termes de l'art. 1026 sont formels à cet égard (1).

La même raison de texte doit faire décider aussi que le délai d'an et jour à compter du décès du testateur ne peut être prorogé par les tribunaux (2).

Que si, dans le cas de legs à terme ou conditionnels, le terme apposé au legs n'est pas encore échu, ou la condition sous laquelle le legs a été fait n'est pas encore accomplie, au moment où expire l'an et jour, et qu'il y ait lieu de craindre l'insolvabilité des héritiers, l'exécuteur tes-

---

de tous nos maux ; qu'ils se disent bien que la science de l'avenir est celle de l'*autonomie de l'individu.*

(1) MM. Zachariæ, Aubry et Rau, t. VI, p. 136, texte et note 25. — M. Demolombe, t. XXII, p. 39.

En sens contraire, M. Duranton, t. IX, n° 400.

(2) MM. Zachariæ, Aubry et Rau, t. VI, p. 137, texte et note 26. — M. Demolombe, t. XXII, p. 41.

En sens contraire, M. Troplong, t. IV, n° 1999.

tamentaire a, comme mandataire du défunt, le droit de requérir de la justice les mesures conservatoires nécessaires (1).

Toutefois, les auteurs enseignent, conformément aux anciennes traditions, qu'il y a *deux* cas où le délai de l'an et jour ne commencerait pas à courir, à compter du décès; ces deux cas sont :

1° *Celui où l'on ne découvrirait le testament qu'à un intervalle plus ou moins éloigné de l'époque du décès du testateur*;

2° *Celui où l'exercice de la saisine de l'exécuteur testamentaire se trouverait retardé par des contestations portant sur la validité, soit de la nomination de l'exécuteur testamentaire, soit du testament tout entier.*

Dans le *premier* cas, le délai de l'an et jour ne commencerait à courir que *du jour de la découverte du testament;*

Dans le *second* cas, que *du jour où l'exercice de la saisine ne rencontrerait plus d'obstacle* (2).

Constatons tout surabondamment, avec l'art. 1027, que l'héritier (ou le légataire universel) a la faculté de faire cesser, avant l'expiration de l'an et jour, la saisine de l'exécuteur testamentaire, en même temps que le mandat qui lui a été attribué, relativement à l'exécution des legs mobiliers, *en offrant de lui remettre une somme suffisante pour le payement de ces legs, ou en justifiant de ce payement.*

Il est clair que la saisine de l'exécuteur testamentaire prend, en outre, fin, avant l'expiration de l'an et jour par toutes les causes qui anéantissent le mandat, faute duquel elle manquerait du fondement (V. *infra*, art. 1032).

Nous comparerons, *infra*, art. 1031, les pouvoirs de l'exécuteur testamentaire, qui a été pourvu de la saisine, avec ceux de l'exécuteur testamentaire qui n'en a point été pourvu.

**1028.** — Celui qui ne peut s'obliger ne peut pas être exécuteur testamentaire.

Il a déjà été indiqué que, par dérogation aux règles ordinaires du mandat (art. 1990), *les personnes incapables de s'obliger* ne peuvent être chargées de l'exécution testamentaire.

Les auteurs pensent justifier cette prohibition en disant que l'exécution testamentaire étant imposée par le testateur à ses héritiers ou à ses légataires universels, il était bon que le législateur exigeât de l'exécuteur

(1) On cite de Dumoulin une décison de même sorte, au sujet d'un legs d'une somme de 200 écus fait par un prêtre à sa bâtarde pour l'époque où elle serait nubile (V. Dumoulin, *Sur la coutume de Paris*, art. 95, n$^{os}$ 7 et 8).

(2) MM. Zachariæ, Aubry et Rau, t. VI, p. 137, texte et note 27. — M. Colmet de Santerre, t. IV, n° 171 *bis*, IV. — M. Demolombe, t. XXII, p. 43.

testamentaire dans l'intérêt des héritiers ou des légataires, la capacité de s'obliger.

Ce motif est *mauvais*, au moins en tant que le testateur ne laisse pas d'héritiers à réserve ; l'art. 1028 ne peut être justifié ; il porte atteinte à la liberté du disposant (1).

**1029.** — La femme mariée ne pourra accepter l'exécution testamentaire qu'avec le consentement de son mari. — Si elle est séparée de biens, soit par contrat de mariage, soit par jugement, elle le pourra avec le consentement de son mari, ou, à son refus, autorisée par la justice, conformément à ce qui est prescrit par les art. 217 et 219, au titre *Du mariage*.

Cet article est à la fois une conséquence de la théorie de l'incapacité de la femme mariée (2), et de la prohibition portée par l'article précédent.

On remarquera que *l'autorisation du mari ne peut, en cette matière, être suppléée par celle de la justice*, si ce n'est :

1° *Dans le cas où les époux sont séparés de biens, soit conventionnellement, soit judiciairement* (art. 1029);

2° *Dans le cas où la femme mariée sous le régime dotal a des biens paraphernaux* (arg. d'analogie, art. 1576) (3).

Les auteurs disent que si, en dehors de ces cas, l'autorisation du mari ne peut être suppléée par celle de la justice, c'est qu'alors la jouissance des biens de la femme mariée appartenant au mari, la femme ne pourrait être habilitée à s'obliger que sur la seule nue propriété de ses biens ; or, « ainsi réduite, la garantie de l'obligation de la femme a paru insuffisante au législateur » (4).

**1030.** — Le mineur ne pourra être exécuteur testamentaire, même avec l'autorisation de son tuteur ou curateur.

Cet article est aussi à la fois une conséquence de la théorie de l'incapacité du mineur et de la prohibition portée par l'art. 1028.

*L'intervention du tuteur ou l'assistance du curateur ne peut effacer l'incapacité personnelle du mineur non émancipé ou émancipé.*

---

(1) Non-seulement M. Demolombe prend parti pour l'art. 1028, mais il ajoute, en forme d'observation, que la maxime : « Qui peut le plus peut le moins n'est pas toujours péremptoire. » (M. Demolombe, t. XXII, p. 19.)

Cette proposition peut être plus ou moins vraie à l'égard de la législation et de la doctrine juridique actuelles ; nous n'avons pas besoin de dire qu'absolument elle est fausse.

(2) V. *Manuel de droit civil*, t. I, p. 224.

Tant vaut la théorie tout entière, tant vaut la conséquence que les compilateurs napoléoniens en ont tirée ici.

(2) MM. Zachariæ, Aubry et Rau, t, VI, p. 131. — M. Colmet de Santerre, t. IV, n° 174 *bis*, 1. — M. Demolombe, t. XII, p. 21.

(4) M. Demolombe, t, XII, p. 21.

On ne dénonce pas plus clairement l'arbitraire d'une disposition.

Inutile d'ajouter que ne peuvent non plus être exécuteurs testamentaires :

1° *L'interdit* (art. 502, 509, 1125);

2° *L'individu auquel il a été nommé un conseil judiciaire* (art. 499, 513);

3° *L'individu placé dans un établissement public ou privé d'aliénés* (art. 39 de la loi du 30 juin 1838).

**1031.** — Les exécuteurs testamentaires feront apposer les scellés, s'il y a des héritiers mineurs, interdits ou absents. — Ils feront faire, en présence de l'héritier présomptif, ou lui dûment appelé, l'inventaire des biens de la succession. — Ils provoqueront la vente du mobilier, à défaut de deniers suffisants pour acquitter les legs. — Ils veilleront à ce que le testament soit exécuté ; et ils pourront, en cas de contestation sur son exécution, intervenir pour en soutenir la validité. — Ils devront, à l'expiration de l'année du décès du testateur, rendre compte de leur gestion.

Cet article règle les fonctions de l'exécuteur testamentaire.

Oubliant qu'ils venaient de décréter d'une manière implicite (art. 1025) que l'exécuteur testamentaire n'aurait plus *de plein droit* la saisine, les compilateurs napoléoniens ont omis de distinguer entre *le cas où l'exécuteur testamentaire a la saisine, et celui où il ne l'a pas;* c'est cette distinction qu'il est indispensable de faire à leur place.

### 1° FONCTIONS DE L'EXÉCUTEUR TESTAMENTAIRE QUI A LA SAISINE.

D'après l'art. 1031, qui paraît se référer spécialement à ce cas, les fonctions de l'exécuteur testamentaire qui a la saisine comprennent *quatre* chefs :

1° *Certaines mesures conservatoires;*

2° *La vente du mobilier à défaut de deniers suffisants pour acquitter les legs;*

3° *L'exécution du testament et le droit d'intervenir dans les contestations relatives à sa validité ou à l'exécution des dispositions qu'il renferme;*

4° *Le compte de la gestion de l'exécuteur testamentaire.*

Nous verrons du reste, si la volonté du testateur ne peut augmenter ces attributions.

#### 1° Mesures conservatoires.

D'après l'art. 1031, ces mesures consistent :

*A faire apposer les scellés;*

*A faire faire l'inventaire des biens de la succession.*

*A l'égard des scellés*, l'exécuteur testamentaire n'est tenu de les faire apposer que s'il y a des héritiers, mineurs, interdits ou absents, et que tout autant, d'après l'art. 910 du Code de procédure, que les mineurs et interdits sont sans tuteur.

*A l'égard de l'inventaire*, l'exécuteur testamentaire doit le faire faire, en présence des héritiers et des autres intéressés désignés dans l'art. 942 du Code de procédure, ou eux dûment appelés.

*En donnant la saisine à l'exécuteur testamentaire, le testateur a-t-il le droit de le dispenser de faire inventaire?*

Cette question est controversée.

DEUX SYSTÈMES.

1er SYSTÈME (1). — *Nég.*

1er *Arg.*—Les auteurs de l'ancien droit se prononçaient, en général, dans ce sens;

Or, rien ne prouve que les rédacteurs du Code Napoléon aient entendu déroger à leur *doctrine*.

2e *Arg.* — Pothier disait fort bien :

« Qu'il serait contre l'honnêteté et la bienséance que l'exécuteur voulût se prévaloir de la permission que le testateur lui donne de ne pas faire inventaire, n'ayant aucun intérêt de ne pas le faire, et ayant au contraire intérêt de le faire, pour purger les soupçons sur sa conduite, auxquels il pourrait donner lieu en ne le faisant pas » (2).

2e SYSTÈME (3). — *Aff.*

1er *Arg.* — Les auteurs de l'ancien droit étaient divisés sur cette question;

On ne peut donc arguer de leur opinion dans aucun sens.

2e *Arg.* — Comment le testateur qui a le droit de léguer son *mobilier* à son exécuteur testamentaire n'aurait-il pas, *à fortiori*, le droit de le dispenser d'en faire inventaire?

3e *Arg.* — Au surplus, rien n'empêche les héritiers de faire eux-mêmes procéder à l'inventaire s'ils le jugent convenable.

Le *second* système a pour lui l'évidence rationnelle; l'argument de Pothier appartient à l'ordre exclusivement moral.

Les partisans du second système y apportent, d'ailleurs, deux restrictions; la dispense d'inventaire n'est pas valable :

1° *S'il existe des héritiers à réserve;*

2° *Si l'exécuteur testamentaire est incapable de recevoir un legs du testateur.*

---

(1) Pothier, *Des donations testamentaires*, chap. v, sect. I, art. 3, § 1. — M. Coin-Delisle, art. 1031, n° 39. — M. Demolombe, t. XXII, p. 54.

(2) Nous citons textuellement Pothier, dans la crainte d'altérer son argument qui est reproduit avec piété par certains interprètes.

(3) Ricard, part. II, n° 86 et suiv. — M. Duranton, t. IX, n° 406. — M. Colmet de Santerre, t. IV, n° 176 *bis*.

Quant au choix des officiers publics qui devront faire l'inventaire et l'estimation des meubles, il y a lieu d'appliquer l'art. 935 du Code de procédure (1).

Indépendamment de l'apposition des scellés et de la confection de l'inventaire des biens de la succession, l'exécuteur testamentaire peut requérir toutes les mesures conservatoires qu'il juge utiles pour l'exécution du testament; il peut, en particulier, prendre inscription sur les immeubles de la succession, conformément aux art. 1017 et 2111.

2° Vente du mobilier à défaut de deniers suffisants pour acquitter les legs.

Cette vente est faite à la requête de l'exécuteur testamentaire qui a la saisine, et par des officiers publics dont le choix lui appartient en général.

Néanmoins, elle ne peut avoir lieu que du consentement de l'héritier, ou du légataire universel, ou, à son refus, après avoir été ordonnée par la justice : *Executor potest apprehendere, non autem vendere sine hærede* (2).

*Lorsque le mobilier ne suffit pas pour le payement des legs, l'exécuteur testamentaire peut-il de plein droit poursuivre la vente des immeubles contre l'héritier ou le légataire universel?*

Grâce surtout aux traditions du vieux droit, ce point fait l'objet d'une nouvelle controverse.

DEUX SYSTÈMES.

1er SYSTÈME (3). — *Nég.*

1er *Arg.* — Dans l'ancien droit, Ricard trouvait « beaucoup à redire » à la solution contraire, et Pothier écrivait que « l'exécuteur ne peut ni vendre les héritages, ni faire condamner les héritiers à en souffrir la vente; car, ajoutait-il, la saisine n'est qu'à l'effet d'en toucher les revenus » (4).

2e *Arg.* — Comme l'indique la combinaison des art. 1026 et 1031, il y a corrélation entre la saisine du mobilier qui peut être attribuée à l'exécuteur testamentaire, et le droit de cet exécuteur de provoquer la vente du mobilier.

Ce serait lui attribuer la saisine des immeubles et même de plein droit, que de l'autoriser à en poursuivre la vente.

---

(1) M. Coin-Delisle, art. 1031, n° 4. — M. Demolombe, t. XXII, p. 56. — Comparer, MM. Zachariæ, Aubry et Rau, t. VI, p. 134.

(2) Dumoulin, *Sur la Coutume de Paris*, art. 95, n° 10.

(3) MM. Zachariæ, Aubry et Rau, t. VI, p. 134, 135. — M. Coin-Delisle, art. 1031, n° 7. — M. Colmet de Santerre, t. IV, n° 176 *bis*, IV.

(4) Ricard, part. II, n° 78. — Pothier, *Des donations testamentaires*, chap. V, sect. I, art. 11, § 4.

3e *Arg.* — Les droits des légataires sont d'ailleurs bien mieux assurés à l'égard des immeubles qu'à celui des meubles, et il est bon qu'avant d'en venir à une vente, l'héritier ou le légataire universel ait la faculté de négocier un emprunt pour payer les legs, ou de solliciter un délai des légataires.

2e SYSTÈME (1). — *Aff.*

1er *Arg.* — Dans l'ancien droit, cette solution était généralement admise.

2e *Arg.* — Il n'y a aucune corrélation entre la saisine du mobilier qui peut être attribuée à l'exécuteur testamentaire, et le droit de cet exécuteur de contraindre l'héritier ou le légataire universel à la vente des biens sans distinction afin d'assurer l'exécution du testament.

3e *Arg.* — Au surplus, l'exécuteur testamentaire étant chargé de veiller à ce que le testament soit exécuté (V. *infra*), il est rationnel de lui reconnaître le droit d'employer tous les moyens nécessaires à l'accomplissement de son mandat.

Ce système ayant pour lui la logique, et n'ayant contre lui aucun texte, nous pensons qu'il doit être suivi.

### 3° Exécution du testament, et droit d'intervenir dans les contestations relatives à sa validité ou à l'exécution des dispositions qu'il renferme.

L'exécuteur testamentaire doit acquitter les legs mobiliers, mais afin de ne pas engager sa responsabilité, il est utile qu'il obtienne au préalable, soit le consentement de l'héritier ou du légataire universel, soit un jugement rendu contre l'héritier ou contre le légataire universel et passé en force de chose jugée.

L'exécuteur testamentaire doit aussi veiller à l'exécution des *charges* qui ne sont point des legs ; telle était, dans le passé, la charge d'élever un monument au défunt, de faire dire des messes pour le repos de son âme ; telle sera de plus en plus, dans l'avenir, la charge de fonder des écoles, d'ouvrir des asiles pour l'enfance, pour la vieillesse et pour toutes les infirmités.

Quant aux dettes, l'exécuteur testamentaire n'est point chargé de les payer; cependant, si l'exécution du testament se trouve empêchée par suite de l'existence de certaines dettes, l'exécuteur testamentaire peut, en mettant en cause l'héritier ou le légataire universel, se faire autoriser par la justice à les payer.

Enfin, l'exécuteur testamentaire a le droit d'intervenir, soit en première instance, soit en appel, dans les contestations qui se rapportent à

(1) MM. Massé et Vergé, *Sur Zachariæ*, t. III, p. 262, 263 — M. Demolombe, t. XXII, p. 61.

l'exécution de son mandat (contestations sur la validité du testament ou sur l'exécution des dispositions qu'il renferme), mais il n'a pas le droit d'intervenir dans un procès entre l'héritier ou le légataire universel, et un créancier de la succession ou tout autre tiers (1).

### 4° Compte de la gestion de l'exécuteur testamentaire.

Rationnellement, l'obligation de rendre compte est la suite de tout mandat.

L'exécuteur testamentaire est responsable de sa gestion, non-seulement envers l'héritier ou le légataire universel, mais encore envers les légataires particuliers lorsqu'il a compromis les intérêts de ces derniers.

L'obligation de rendre compte existe pour lui dès que son mandat prend fin par une cause quelconque (V. *infra*, p. 381), et aussi, d'après l'art. 1031, « à l'expiration de l'année du décès du testateur », c'est-à-dire à l'expiration du temps pendant lequel l'exécuteur testamentaire peut avoir la saisine du mobilier (2).

*Le testateur a-t-il le droit de dispenser l'exécuteur testamentaire de rendre compte de sa gestion?*

Controversée dans l'ancien droit, cette question reste controversée dans le nouveau.

#### DEUX SYSTÈMES.

1er SYSTÈME (3). — *Nég.*

L'*argument* de ce système consiste à dire que la dispense de rendre compte serait un encouragement *ad delinquendum*.

2e SYSTÈME (4). — *Aff.*

L'*argument* de ce système consiste à dire qu'il est impossible de contester, en général, au testateur le droit d'obliger ses héritiers et ses légataires à s'en rapporter à la déclaration de l'exécuteur testamentaire, et de l'affranchir de la responsabilité des fautes qu'il commettrait.

Les partisans de ce système admettent d'ailleurs la *négative* dans *deux* cas :

1° *Celui où le testateur laisse des héritiers à réserve ;*

2° *Celui où l'exécuteur testamentaire est incapable de recevoir du testateur.*

---

(1) Comparer, MM. Zachariæ, Aubry et Rau, t. VI, p. 135. — M. Colmet de Santerre, t. IV, n° 176 *bis*. — M. Demolombe, t. XXII, p. 66.

(2) Comparer, Zachariæ, Aubry et Rau, t. VI, p. 139, et M. Demolombe, t. XXII, p. 70.

(3) MM. Massé et Vergé, *Sur Zachariæ*, t. III, p. 258. — M. Demolombe, t. XXII, p. 92.

(4) MM. Zachariæ, Aubry et Rau, t. VI, p. 139, texte et note 40.

Évidemment, le *second* système a pour lui la raison scientifique (1).

Il s'agit maintenant de savoir si la volonté du testateur peut *augmenter* les attributions de l'exécuteur testamentaire.

Les auteurs sont fort divisés sur cette question ; les uns professent la *négative* d'une manière absolue (2) ; les autres, en plus grand nombre, enseignent l'*affirmative* (3), mais sous les *trois* restrictions suivantes :

1° *Que les pouvoirs conférés par le testateur à son exécuteur testamentaire aient pour but d'assurer l'exécution du testament;*

2° *Que ces pouvoirs ne constituent pas une violation des textes légaux;*

3° *Que ces pouvoirs ne soient pas contraires à l'ordre public et aux bonnes mœurs* (4).

2° FONCTIONS DE L'EXÉCUTEUR TESTAMENTAIRE QUI N'A PAS LA SAISINE.

D'après les auteurs, le principe est que *l'exécuteur testamentaire qui n'a pas la saisine, peut exercer les mêmes fonctions que l'exécuteur testamentaire qui a la saisine, à l'exception de celles qui sont une conséquence de la saisine.*

Il reste à déterminer ces *dernières*, et c'est ce sur quoi les auteurs s'entendent fort peu.

Ainsi, certains enseignent que l'exécuteur testamentaire qui n'a pas la saisine,

D'une part, n'est tenu :

*Ni de faire apposer les scellés et dresser un inventaire ;*

*Ni de rendre compte ;*

D'autre part, que ce même exécuteur *a qualité pour poursuivre contre l'héritier ou contre le légataire universel la vente, soit des meubles, soit des immeubles de la succession, si cette vente est néces-*

---

(1) Nous entendons par là que ce système est conforme à la notion exacte de la propriété qui implique la plénitude de la liberté de disposer sous la seule condition de ne porter atteinte à aucun droit.

(2) Grenier, t. III, n° 331. — M. Zachariæ, § 715, texte et note 25.

(3) MM. Aubry et Rau, *Sur Zachariæ*, t. VI, p. 133-135. — MM. Massé et Vergé, *Sur Zachariæ*, t. III, p. 265. — M. Émile Paultre, *Revue du notariat et de l'enregistrement*, t. I, n° 75. — M. Demolombe, t. XXII, p. 71 et suiv.

(4) On sait ce que signifie cette dernière condition dans la langue des légistes, et ce qu'il faut, en général, en penser (V. *Manuel de droit civil*, t. I, p. 12, et t. II, p. 384).

*Justice distributive par l'État*, c'est-à-dire mauvais socialisme, *et morale d'État*, tel est pour les légistes, nous le répétons, le sens plus ou moins accusé de la formule : *ordre public et bonnes mœurs*.

*saire pour le payement des legs et l'accomplissement des charges imposées par le testament* (1).

Or, précisément, quelques-uns répliquent en affirmant ce que les premiers nient, et en niant ce que ceux-là affirment (2).

On tombe cependant d'accord que lorsque l'exécuteur testamentaire n'a pas la saisine :

1° *C'est l'héritier ou le légataire universel qui a le droit d'appréhender tous les biens de la succession;*

2° *C'est contre l'héritier ou contre le légataire universel que doit être exclusivement dirigée l'action en délivrance des legs mobiliers.*

**1032.** — Les pouvoirs de l'exécuteur testamentaire ne passeront point à ses héritiers.

Cet article ne fait qu'appliquer par anticipation à l'exécution testamentaire un mode d'extinction qui est inhérent à la nature du mandat en général (art. 2003).

Outre :

1° *La mort de l'exécuteur testamentaire,*

Les autres événements qui peuvent mettre fin à l'exécution testamentaire sont :

2° *L'exécution complète du testament;*

3° *La démission volontaire de l'exécuteur* (art. 2007);

4° *La révocation ou la destitution de l'exécuteur prononcée en justice sur la demande de l'héritier ou du légataire universel.*

Lorsque le mandat de l'exécuteur testamentaire vient à cesser par une cause quelconque avant l'exécution complète du testament, il n'est point douteux que les tribunaux manquent de toute qualité pour nommer un nouvel exécuteur testamentaire (3).

**1033.** — S'il y a plusieurs exécuteurs testamentaires qui aient accepté, un seul pourra agir au défaut des autres, et ils seront solidairement responsables du compte du mobilier qui leur a été confié, à moins que le testateur n'ait divisé leurs fonctions, et que chacun d'eux ne se soit renfermé dans celle qui lui était attribuée.

Lorsque le testateur a nommé *plusieurs* exécuteurs testamentaires, il y a à déterminer la manière dont ils devront gérer leur mandat.

Il faut, à cet égard, faire une distinction :

---

(1) M. Demolombe, t. XXII, p. 83-84.

(2) M. Colmet de Santerre, t. IV, n° 176 *bis*, XII.

La vérité est que l'on ne comprend guère la nomination d'un exécuteur testamentaire réduit au simple rôle de surveillant, et que la pratique s'accommode mal de cette idée napoléonienne.

(3) MM. Zachariæ, Aubry et Rau, t. VI, p. 139. — M. Coin-Delisle. Observ., n° 4. — M. Demolombe, t. XXII, p. 87.

*Le testateur a-t-il divisé les fonctions de ses exécuteurs, chacun d'eux doit se renfermer dans sa part d'attributions, et n'est responsable que de ses propres faits.*

*Le testateur n'a-t-il pas divisé les fonctions de ses exécuteurs, un seul peut agir au défaut des autres, comme l'exprime l'art.* 1033, *et ils sont tous solidairement responsables du compte du mobilier qui leur a été confié.*

Il faut remarquer :

A l'égard du *premier* cas,

Que si l'un des exécuteurs excède sa part d'attributions, celui-là devient, bien entendu, responsable de tout ce qu'il a fait au delà et même aussi du compte du mobilier, lorsque la saisine a été donnée aux exécuteurs (arg. art. 1033).

A l'égard du *second* cas,

Que la solidarité ne s'applique point aux *actes de gestion* (1);

Que la solidarité n'existe même pour le compte du mobilier que tout autant que *le mobilier a été confié aux exécuteurs testamentaires*, c'est-à-dire que le testateur leur en a donné la saisine.

Il est, du reste, évident que, le testateur n'eût-il point divisé les fonctions de ses exécuteurs testamentaires, l'incapacité ou le refus de l'un d'eux ne doit pas, en général, être regardé comme paralysant le mandat des autres (2).

**1034.** — Les frais faits par l'exécuteur testamentaire pour l'apposition des scellés, l'inventaire, le compte et les autres frais relatifs à ses fonctions, seront à la charge de la succession.

Comme tout mandat (art. 1986), l'exécution testamentaire est *gratuite* de nature, ce qui n'empêche pas, au surplus, que le testateur ne puisse laisser un legs à titre de rémunération à son exécuteur.

Quant aux frais faits par l'exécuteur, il est tout simple qu'ils soient « à la charge de la succession ».

On doit, d'ailleurs, faire l'imputation de ces frais de manière que ceux qui ne profitent qu'au disponible ne soient imputés que sur le disponible.

---

(1) MM. Zachariæ, Aubry et Rau, t. VI, p. 140. — M. Colmet de Santerre, t. IV, n° 178. — M. Demolombe, t. XXII, p. 30.

En sens contraire, M. Coin-Delisle, art. 1033.

(2) MM. Zachariæ, Aubry et Rau, t. VI, p. 140, texte et note 41. — M. Colmet, t. IV, n° 178 *bis*. — M. Demolombe, t. XX, p. 27.

En sens contraire, M. Duranton, t. IX, n° 423.

C'est là, en définitive, une question de fait.

## SECTION VIII.

### DE LA RÉVOCATION DES TESTAMENTS ET DE LEUR CADUCITÉ.

D'après la théorie que les interprètes ont essayé d'édifier sur les textes napoléoniens, il faut distinguer *trois* séries de causes qui peuvent empêcher un testament de produire effet en tout ou en partie.

Ces causes sont :

1° *La nullité;*

2° *La révocation;*

3° *La caducité.*

Le caractère distinctif de la nullité est de procéder d'un fait antérieur à l'époque où le testament a été fait ou concomitant avec cette époque; ainsi, l'incapacité du testateur et l'inobservation des formes égales.

Par opposition à la nullité, le caractère distinctif commun de la révocation et de la caducité est de procéder d'un fait postérieur à l'époque où le testament a été fait.

Il faut d'ailleurs renoncer à définir la révocation et la caducité d'une manière précise l'une par opposition avec l'autre; tout ce qu'on peut dire à cet égard, c'est que la révocation repose ou devrait toujours reposer sur la volonté du testateur (1).

Au surplus, en mettant à part le point de vue purement théorique, il n'importe pas, en général, de distinguer la nullité et la révocation de la caducité; les règles qui concernent les effets de la caducité s'appliquent aussi, en général, à la nullité et à la révocation (V. *infra*, art. 1044-1045).

---

(1) Le terme de *caducité* vient des lois fameuses, les lois Julia et Papia Poppæa, qui essayèrent à la fois de subvenir à la fiscalité impériale, et de remédier à la dépopulation du monde romain, en édictant contre les *orbi*, les *cœlibes* et les Latins Juniens, certaines privations du droit de recevoir à titre gratuit, et en favorisant, dans le même ordre légal, les gens mariés pourvus d'enfants.

Si la langue du droit n'était pas la moins raisonnée de toutes les langues scientifiques, on pourrait déjà être surpris que le mot de caducité ayant eu dans la décadence romaine l'origine toute spéciale que nous venons de dire, ce mot se soit maintenu dans la langue du droit moderne; mais ce point n'est qu'un menu détail; ce qui aggrave le cas, c'est que la doctrine juridique est aujourd'hui dans l'impossibilité de ramener la caducité à une formule intelligible, et qu'un auteur tel que M. Demolombe ne parvient à écrire, pour toute définition, que la phrase suivante : « Le mot caducité désigne certaines causes, par suite desquelles une disposition testamentaire, quoique valable et non révoquée, ne produit pas néanmoins d'effet, et tombe pour ainsi dire. » (M. Demolombe, t. XXII, p. 254.)

Et comment ne pas comprendre, en effet, l'embarras de M. Demolombe, lorsqu'on voit les compilateurs napoléoniens, à plusieurs reprises, effacer sans s'en rendre compte toute ligne de démarcation entre la révocation et la caducité?

Notons que, d'après les textes, la révocation se divise en :

1° *Révocation par la volonté du testateur* (art. 1035-1038);

2° *Révocation judiciaire* (art. 1046-1047).

Notons enfin que les règles qui concernent les effets de la caducité, et aussi, en général, de la nullité et de la révocation, sont connues dans la doctrine juridique sous le nom d'accroissement entre colégataires (V. *infra*, art. 1044-1045).

Que si l'on dresse le bilan de cette déplorable section, il faut inscrire à l'actif, néant; au passif, usurpation du législateur sur le domaine de la doctrine et surtout de la jurisprudence, reproduction irrationnelle de la tradition, innovations inconscientes, banalité ou subtilité des idées, manque de méthode et mauvais langage (1).

## I. — RÉVOCATION PAR LA VOLONTÉ DU TESTATEUR.

(ART. 1035-1038).

Le testateur ne peut se dépouiller de la faculté de révoquer son testament, car le testament est un acte purement unilatéral qui n'oblige pas son auteur; celui-ci, en renonçant au droit de changer de volonté, violerait sa propre liberté et attenterait à sa propre personnalité.

La révocation par la volonté du testateur se subdivise en :

1° *Révocation expresse* (art. 1035);

2° *Révocation tacite* (art. 1036-1038).

### 1° RÉVOCATION EXPRESSE.

**1035.** — Les testaments ne pourront être révoqués en tout ou en partie, que par un testament postérieur, ou par un acte devant notaires, portant déclaration du changement de volonté.

D'après ce texte, la révocation expresse ne peut se faire que de deux manières :

1° *Par un testament postérieur;*

2° *Par un acte devant notaire, portant déclaration du changement de volonté.*

D'après les lois romaines, suivies dans les pays de droit écrit, la révocation d'un testament ne pouvait se faire, en tant qu'il s'agissait de l'institution d'héritier, qu'au moyen d'un autre testament (2).

---

(1) Ici, comme toujours, mais d'une manière particulièrement notable, les interprètes enregistrent la série des articles du Code Napoléon sans aucun souci de synthèse, de critique, de principes de droit et de codification, de science en un mot.

(2) Comparer Doneau, Comm. liv. VI, chap. XVI, n° 3. — Domat, part. II, liv. III, tit. I, sect. V, n° 12.

Quant aux legs, ils pouvaient être révoqués « ou par des dispositions ex-

D'après l'usage observé dans les pays de coutumes, la révocation d'un testament pouvait se faire au moyen d'un écrit simplement signé du testateur (1).

Placés entre ces deux traditions, les compilateurs napoléoniens se sont rapprochés de la tradition romaine et formaliste (2).

Lorsque la révocation a lieu par un testament postérieur, il faut remarquer :

1° *Que tout testament, quelle qu'en soit la forme, peut révoquer tout testament, quelle qu'en soit la forme ;*

2° *Que le testament qui en révoque un autre doit être valable, mais qu'il n'est pas nécessaire qu'il produise un effet* (3).

On discute ici le point suivant :

*La révocation faite par un acte en forme de testament olographe est-elle valable, quoique cet acte ne contienne aucune disposition de biens, aucun legs?*

DEUX SYSTÈMES.

1^er^ SYSTÈME (4). — *Nég.*

Voici le raisonnement des partisans de ce système :

La révocation faite par un acte en forme de testament olographe qui

---

presses comme par un second testament ou un codicille, ou sans aucune disposition expresse, comme si le testateur disposait autrement de la chose léguée » (Domat).

(1) Ricard, part. III, n° 111.— Pothier, *Des donations testamentaires*, ch. VI, sect. II, § 1.

(2) La question parut fort grosse aux auteurs de l'œuvre de 1804, et ils ne s'y prirent pas à moins de trois fois pour arriver à la disposition contenue dans l'art. 1035.

On mit d'abord en avant la formule suivante :

« Les testaments ne pourront être révoqués, en tout ou en partie, que par une déclaration du changement de volonté dans l'une des formes requises pour les testaments (Fenet, t. XII, p. 399) ».

C'était consacrer le système romain, en l'étendant sans distinction à toutes sortes de dispositions testamentaires, et, ni le rapporteur Bigot, ni les conseillers qui l'écoutaient ne semblèrent se douter de l'aggravation.

Cependant on remania l'article, et l'on proposa cette rédaction :

« Les testaments ne pourront être révoqués, en tout ou en partie, que par un acte authentique portant déclaration du changement de volonté » (Fenet, t. XII, p. 435).

Cette fois c'était proscrire la révocation par un testament olographe.

Finalement, les compilateurs associèrent les deux rédactions, en remplaçant le mot « authentique » de la seconde, par les mots « devant notaires ».

(3) MM. Zachariæ, Aubry et Rau, t. VI, p. 183, texte et note 5. — M. Demolombe, t. XXII, p. 111.

(4) Delvincourt, t. II, p. 96, note 12. — M. Bugnet, *Sur Pothier*, t, VIII, p. 308. — M. Marcadé, art. 1035, n° 1.

ne contient aucune disposition de biens ne peut être valable, car cet acte n'a le caractère,

Ni d'un acte simplement révocatoire, puisqu'il n'est pas passé devant notaires (art. 1035),

Ni d'un testament olographe, puisqu'il ne contient aucune disposition de biens (art. 895);

Donc, cet acte ne peut avoir un effet révocatoire.

2e SYSTÈME (1). — *Aff.*

On réplique :

1° Que dans la pensée du législateur napoléonien, la forme du testament olographe est plus solennelle que celle d'un simple acte notarié, et que par conséquent, si un simple acte notarié suffit pour révoquer un testament, *à fortiori* un acte en forme de testament olographe doit-il suffire pour opérer le même effet ;

2° Que révoquer, c'est disposer, et que, si l'acte qui contient la révocation est fait, comme on le suppose dans la présente hypothèse, en forme de testament, cet acte est un testament.

Dans cette discussion de Bas-Empire, nous optons pour le *dernier* système.

Lorsque la révocation a lieu par un acte devant notaires portant déclaration du changement de volonté, on enseigne :

1° *Que cet acte doit être revêtu des solennités requises, à peine de nullité, par la loi du 25 ventôse an XI;*

2° *Que cet acte doit être rédigé en minute* (2).

On débat ici la question suivante :

*Dans le cas où le testateur a voulu faire par acte public un second testament contenant à la fois des dispositions nouvelles, et une clause révocatoire d'un premier testament, si ce second testament est nul comme testament public, mais qu'il puisse être valable comme acte notarié ordinaire* (3), *doit-on déclarer nulles les dispositions nouvelles et valable la clause révocatoire?*

DEUX SYSTÈMES.

1er SYSTÈME (4). — *Dans le cas ci-dessus prévu, on doit décla-*

(1) MM. Zachariæ, Aubry et Rau, t. VI, p. 183, texte et note 3. — M. Colmet de Santerre, t. IV, n° 182 *bis*. — M. Demolombe, t. XXII, p. 113.

(2) M. Bayle-Mouillard, *Sur Grenier*, t. III, n° 342, note *b*. — M. Demolombe, t. XXII, p. 117.

(3) On supposera par exemple, que le second testament a été reçu par un seul notaire, en présence de trois témoins, au lieu de quatre (art. 971).

(4) M. Bugnet, *Sur Pothier*, t. VIII, p. 309. — M. Marcadé, art. 1035, n° 3.

*rer nulles les dispositions nouvelles et valable la clause révocatoire.*

1er *Arg.* — Cette décision était celle de l'ancien droit (1).

Lors de l'élaboration du Code Napoléon, Tronchet s'est d'ailleurs prononcé dans ce sens, et le Conseil d'État a adhéré à ses paroles.

2e *Arg.* — Il n'existe aucun rapport de dépendance entre les dispositions nouvelles et la clause révocatoire;

Donc, c'est le cas d'appliquer la maxime : *utile per inutile non vitiatur.*

3e *Arg.* — Du reste, l'art. 1037 déclare que la révocation tacite n'est pas subordonnée à l'efficacité des dispositions nouvelles;

Donc, *à fortiori*, doit-il en être de même de la révocation expresse.

2e SYSTÈME (2). — *Dans le cas ci-dessus prévu, on doit déclarer nul le testament tout entier.*

1er *Arg.* — Les légistes de l'ancien droit ne professaient pas unanimement la première opinion (3).

Quant aux paroles de Tronchet et à l'adhésion qu'y a donnée le Conseil d'État, elles tendaient à faire modifier les articles du projet, et précisément ces articles ont été maintenus tels qu'ils étaient.

2e *Arg.* — On ne peut affirmer *à priori*, qu'il n'existe aucun rapport de dépendance entre les dispositions nouvelles et la clause révocatoire.

*A priori*, c'est au contraire l'indivisibilité de l'intention du testateur qui est probable.

3e *Arg.* — L'art. 1037 n'a rien à faire dans cette discussion; il suppose le cas d'un testament inefficace, tandis qu'il s'agit ici d'un testament nul en la forme.

Le *second* argument du *second* système contient l'idée rationnelle; au surplus, la question est uniquement de savoir quelle a été l'intention du testateur.

Les auteurs se demandent encore, si, dans le cas où une personne a fait un premier testament, et où, après l'avoir révoqué, elle rétracte sa révocation, on doit nécessairement présumer qu'elle a voulu faire revivre son premier testament.

Lorsque la révocation rétractée est contenue dans un acte devant notaires, ou dans un testament postérieur qui ne renferme pas de dispositions nouvelles, on admet que la rétractation de cette révocation fait revivre de plein droit le premier testament.

Lorsque la révocation rétractée est contenue dans un second testament

---

(1) V. Pothier, *Introduction au titre XVI de la Coutume d'Orléans*, n° 126.

(2) M. Valette, à son cours. — MM. Zachariæ, Aubry et Rau, t. VI, p. 183, texte et note 5. — M. Colmet de Santerre, t IV, n° 184 *bis*, IV. — M. Demolombe, t. XXII, p. 122.

(3) Comparer Ricard, part. III, n° 127.

qui renferme des dispositions nouvelles, on enseigne, en général, que la rétractation de ce testament ne fait revivre le premier, que tout autant que le testateur a manifesté que telle était son intention (1).

Comment cette intention doit-elle être manifestée?

Les auteurs discutent (2).

### 2° RÉVOCATION TACITE.

**1036.** — Les testaments postérieurs qui ne révoqueront pas d'une manière expresse les précédents, n'annuleront, dans ceux-ci, que celles des dispositions y contenues qui se trouveront incompatibles avec les nouvelles, ou qui seront contraires.

**1038.** — Toute aliénation, celle même par vente avec faculté de rachat ou par échange, que fera le testateur de tout ou de partie de la chose léguée, emportera la révocation du legs pour tout ce qui a été aliéné, encore que l'aliénation postérieure soit nulle, et que l'objet soit rentré dans la main du testateur.

Ces deux naïfs articles prévoient *deux* causes de révocation tacite :

1° *La confection d'un second testament qui contient des dispositions inconciliables avec celles que renferme le premier* (art. 1036);

2° *L'aliénation que le testateur fait de tout ou partie de la chose léguée* (art. 1038).

D'après la plupart des auteurs, il faut ajouter :

3° *Tout fait par lequel le testateur a manifesté implicitement l'intention de révoquer son testament* (3).

---

(1) MM. Zachariæ, Aubry et Rau, t. VI, p. 185, texte et note 6. — M. Colmet de Santerre, t. IV, n° 184 *bis*, VI. — M. Demolombe, t. XXII, p. 130 et suiv.

Comparer Merlin, *Répert.*, v° *Révoc. de testam.*, § 4, n° 6. — M. Coin-Delisle, art. 1035, n° 12.

(2) V. Zachariæ, Aubry et Rau, t. VI, p. 186, texte et notes 7-8. — M. Colmet de Santerre, t. IV, n° 184 *bis*, V. — M. Demolombe, t. XXII, p. 133.

Tout ce formalisme légal et doctrinal, et toute la casuistique qui en est la suite, tiennent à l'antique idée que la propriété est à la famille et non pas à l'individu, et que par conséquent la famille doit être protégée contre les dispositions du *pater familias*.

Nous avons dit assez, pour n'avoir pas besoin d'y revenir, à quel point cette idée est aujourd'hui démentie par les faits, et à quel point elle heurte l'esprit de la démocratie nouvelle (V. *supra*).

(3) Comparer MM. Zachariæ, Aubry et Rau, t. VI, p. 187. — M. Demolombe, t. XXII, p. 206.

Ce 3° pourrait dispenser du 1° et du 2°, et si la législation des testaments était établie sur sa seule base scientifique possible, ce 3° serait lui-même d'évidence.

M. Demolombe écrit que « les questions de révocation testamentaire sont, *avant tout*, des questions de volonté » (t. XXII, p. 205);

L'affirmation du savant professeur sera tout à fait correcte au point de vue de l'idée, si l'on en retranche l'*avant tout*.

A l'imitation des interprètes de la compilation napoléonienne, passons successivement en revue ces *trois* cas.

### 1° Confection d'un second testament qui contient des dispositions inconciliables avec celles que renferme le premier (art. 1036).

A la place de l'expression inconciliable, le texte porte les mots : « incompatibles ou contraires ».

Les auteurs sont à peu près d'accord pour enseigner que ces deux mots sont synonymes, mais ils discutent sur le point de savoir si l'incompatibilité ou la contrariété doit être *matérielle*, ou s'il suffit qu'elle soit *intentionnelle*.

L'incompatibilité serait *matérielle*, par exemple si le testateur avait, par deux testaments successifs, légué à une personne, d'abord la pleine propriété d'un certain bien, ensuite l'usufruit du même bien.

L'incompatibilité pourrait être *intentionnelle*, par exemple si le testateur avait, par deux testaments successifs, légué à deux personnes différentes l'universalité de ses biens.

L'opinion qui attribue un effet révocatoire à ces *deux* sortes d'incompatibilités est aujourd'hui *prédominante* (1).

On fait remarquer :

1° *Que le jugement qui méconnaîtrait l'incompatibilité matérielle devrait être cassé pour violation de l'art.* 1036 ;

2° *Qu'il appartient au juge du fait d'apprécier souverainement l'incompatibilité intentionnelle* (2).

### 2° Aliénation que le testateur fait de tout ou partie de la chose léguée.

A l'égard de ce mode de révocation, les Romains et les anciens légistes distinguaient entre *la donation entre-vifs* et *la vente de la chose léguée*.

*En cas de donation entre-vifs*, le légataire n'était jamais admis à prouver que le testateur n'avait pas eu l'intention de révoquer le legs.

*En cas de vente*, au contraire, cette preuve était toujours recevable,

---

(1) Dans ce sens, MM. Zachariæ, Aubry et Rau, t. VI, p. 187. — M. Bayle-Mouillard, *Sur Grenier*, t. III, n° 343, note *a*. — M. Colmet de Santerre, t. IV, n° 184 *bis*. — M. Demolombe, t. XXII, p. 146.

En sens contraire, Merlin, *Répert.*, v° *Révoc. de legs*, § 2, Addit. p. 530. — Grenier, t. III, p. 343. — M. Coin-Delisle, art. 1036, n° 6.

(2) Comparer MM. Zachariæ, Aubry et Rau, t. VI, p. 188. — M. Demolombe, t. XXII, p. 149.

Ce n'est, nous le répétons, que par suite d'un abus législatif et d'un faux point de vue doctrinal que la question de la révocation testamentaire est posée en forme de thèse juridique. On peut consulter, pour l'examen détaillé des *casus*, M. Demolombe, t. XXII, p. 149.

car, disaient les Romains, la vente, à la différence de la donation, peut être imposée au testateur *propter necessitatem rei familiaris;* si le légataire établissait que le testateur n'avait pas eu l'intention de révoquer le legs, il pouvait réclamer, soit la chose elle-même lorsqu'elle était rentrée dans le patrimoine du testateur, soit la valeur de cette chose (1).

Les anciens légistes n'appliquaient aucune présomption de révocation :

*Ni dans le cas de vente de la chose léguée avec faculté de rachat ;*

*Ni dans le cas d'échange de la chose léguée* (2).

Les compilateurs napoléoniens ont innové, et à la place d'une théorie, sans doute indécise, mais qui avait au moins le mérite de reconnaître *le principe scientifique de l'intention*, ils ont mis l'arbitraire de la loi.

Aujourd'hui, toute aliénation, quel qu'en soit le motif, emporte une présomption de révocation qui ne peut être combattue par la preuve contraire (3), et l'art. 1038 applique expressément ce *principe :*

*Au cas de vente de la chose léguée avec faculté de rachat;*

*Au cas d'échange de la chose léguée.*

On est d'accord pour étendre la même règle :

*Au cas de toute aliénation faite sous une condition résolutoire* (4).

Les auteurs discutent sur le cas de *l'aliénation faite sous une condition suspensive ;* cependant, on professe, en général, que la volonté même d'aliéner étant incertaine dans cette hypothèse, la révocation devra être regardée comme affectée de la même condition que l'aliénation (5).

Il résulte d'ailleurs du texte, que la *nullité* de l'aliénation ne fait point obstacle à la présomption qu'il établit, et il ne semble pas qu'il y ait à distinguer à cet égard entre l'aliénation *nulle pour vice de fond*, et l'aliénation nulle *pour vice de forme* (6).

---

(1) L. 18, D. liv. XXXIV, tit. IV. — *Inst. de legs,* § 12. — L. 24, § 1, D., liv. XXXIV, tit. IV. — Pothier, *Des donations testamentaires*, chap. VI, sect. II, § 2.

(2) Ricard, part. III, n° 268 et suiv.

(3) Toutefois, les auteurs exceptent le cas où le testateur aurait déclaré dans l'acte même d'aliénation qu'il n'entend pas révoquer le legs. (MM. Zachariæ, Aubry et Rau, t. VI, p. 192, texte et note 28. — M. Demolombe, t. XXII, p. 194.)

Pauvre législation que celle qui oblige à énoncer de telles naïvetés ; non moins pauvre doctrine que celle qui les énonce sans y rien redire !

(4) MM. Zachariæ, Aubry et Rau. t. VI, p. 192, texte et note 30. — M. Colmet de Santerre, t. IV, n$^{os}$ 185 et 185 *bis*, I. — M. Demolombe, t. XXII, p. 184.

(5) MM. Zachariæ, Aubry et Rau, t. VI, p. 192. — M. Colmet de Santerre, t. IV, n° 185 *bis*, I. — M. Demolombe, t. XXII, p. 185.

En sens contraire, M. Coin-Delisle, art. 1038, n° 4.

(6) MM. Zachariæ. Aubry et Rau, t. VI, p. 192, texte et note 29. — M. Demolombe, t. XXII, p. 188.

Les différents *casus* auxquels ce nouveau point peut donner lieu sont passés

Fort évidemment, comme l'indique encore le texte, l'aliénation *partielle* de la chose léguée n'emporte la révocation du legs que pour la *portion aliénée*.

Il faut remarquer :

1° *Que l'art.* 1038 *ne concerne ni le legs d'une chose indéterminée dans son individualité, ni le legs universel ou à titre universel* (V. cependant, art. 1082) ;

2° *Que, d'après la doctrine la plus généralement reçue, ce même article est inapplicable à tous les cas* (saisie mobilière ou immobilière, aliénation faite par le tuteur, agissant avec l'autorisation du conseil de famille et l'homologation du tribunal, partage ou licitation, expropriation forcée pour cause d'utilité publique) *où le testatear est lui-même obligé de subir l'aliénation de la chose léguée* (1).

3° Tout fait par lequel le testateur a manifesté implicitement l'intention de révoquer son testament.

Les auteurs sont plus ou moins d'accord pour appliquer cette *troisième* cause de révocation tacite :

*Au cas où le testateur a détruit la chose léguée, ou bien où il en a changé la forme caractéristique* (2) ;

*Au cas où le testateur lui-même a fait cesser l'unique motif qui l'avait porté à faire le legs ;*

*Au cas où le testateur a détruit, lacéré ou cancellé l'unique original ou tous les originaux de son testament olographe* (3).

**1037.** — La révocation faite dans un testament postérieur aura tout son effet,

---

en revue par M. Demolombe, mais il s'en faut de beaucoup que les auteurs s'entendent sur les solutions qu'ils doivent recevoir, et le surprenant serait, en effet, qu'ils s'entendissent sur ces solutions.

(1) Dans ce sens, MM. Zachariæ, Aubry et Rau, t. VI, p. 193, texte et note 32. — M. Colmet de Santerre, t. IV, n° 185 *bis*. — M. Demolombe, t. XXII, p. 199.

En sens contraire, M. Coin-Delisle, n° 1038, n° 3.

Dans une *science* qui admet l'omnipotence du législateur, et qui ignore ce qu'est un principe, toutes les cacophonies ont leur place.

(2) La destruction par le testateur de l'objet de non legs est-elle une caducité? N'est-elle pas plutôt une révocation ?

C'est une caducité, peut-on dire au nom de l'art. 1042.

C'est une révocation, peut-on répondre par *à fortiori* de l'art. 1038.

Quant à la forme caractéristique, on consultera Bartole, et les ignares apprendront ainsi que la forme caractéristique est ce qui correspond au *nomen appellativum* (comparer, M. Demolombe, t. XXII, p. 206 et 291, et M. Coin-Delisle, art. 1038, n$^{os}$ 1 et 3. — V. aussi *Manuel de droit civil*, t. I, p. 648).

(3) Comparer MM. Zachariæ, Aubry et Rau, t. VI, p. 194 et suiv. — M. Demolombe, t. XXII, p. 206 et suiv.

quoique ce nouvel acte reste sans exécution par l'incapacité de l'héritier insti tué ou du légataire, ou par leur refus de recueillir.

Cet article est, en général, considéré comme applicable à toute révo cation *expresse* ou *tacite* opérée par de nouvelles dispositions testamen taires.

Le *principe*, comme l'on dit, est que la révocation de la première dis position testamentaire est indépendante de l'inefficacité de la seconde aussi, ajoute-t-on, aux *deux* cas prévus par le texte :

*Celui du prédécès du second légataire* (art. 1039);

*Celui de l'indignité ou de l'ingratitude du second légataire* (art 1046-1047);

*Celui où la seconde disposition est affectée de nullité, comme ren fermant une substitution prohibée* (art. 896).

Au contraire, on déclare l'art. 1037 inapplicable :

*Au cas où le second testament serait nul pour vice de forme ou d volonté;*

*Au cas où la seconde disposition étant subordonnée à une condition soit suspensive, soit résolutoire, se trouverait anéantie par le défau d'accomplissement de la condition suspensive ou résolue par l'événe ment de la condition résolutoire* (1).

## II. — RÉVOCATION JUDICIAIRE.

(Art. 1046-1047).

Cette révocation tire son nom de ce qu'elle est prononcée par les tri bunaux; elle suppose, d'ailleurs, que le testateur est décédé.

Rationnellement, elle appartient à la même théorie que l'action en indignité de la succession *ab intestat* (V. *supra*, p. 69);

Légalement, elle est séparée de cette théorie, se rapproche de celle de la révocation de la donation entre-vifs pour certaines causes (V. *supra*, p. 488), et fournit matière à une série de controverses.

**1046.** — Les mêmes causes qui, suivant l'art. 954 et les deux premières dispositions de l'art. 955 autoriseront la demande en révocation de la donation entre-vifs, seront admises pour la demande en révocation des dispositions testamentaires.

**1047.** — Si cette demande est fondée sur une injure grave faite à la mémoire du testateur, elle doit être intentée dans l'année, à compter du jour du délit.

---

(1) Comparer MM. Zachariæ, Aubry et Rau, t. VI, p. 191. — M. Colmet de Santerre, t. IV, n° 184 *bis*, II. — M. Demolombe, t. XXII, p. 172.

Nous serions curieux de voir comment on concilierait en raison (non juridique), la décision relative au cas où la seconde disposition renfermerait une substitution prohibée avec la solution applicable au cas où le second testament serait nul pour vice de forme.

Ces articles indiquent, par voie de renvoi, *deux* causes de révocation judiciaire des legs :

1° *L'inexécution des charges imposées au légataire;*

2° *L'ingratitude, ou plus exactement l'indignité du légataire.*

*En ce qui concerne l'inexécution des charges imposées au légataire*, le droit d'invoquer cette cause de révocation appartient à toute personne *intéressée;* ainsi :

A la personne tenue de l'acquittement du legs;

Au substitué vulgaire ou fidéicommissaire (art. 897, 1048 et suiv.);

Au colégataire conjoint (art. 1044-1045) ;

Enfin aux héritiers *ab intestat*, lorsqu'il s'agit de charges imposées à un légataire universel, dans l'intérêt d'un tiers ou du testateur lui-même.

Lorsque les charges ont été établies dans l'intérêt d'un tiers, celui-ci n'a pas le droit de demander la révocation du legs; il jouit seulement d'une action personnelle pour forcer le légataire à l'exécution des charges (1).

Il y a d'ailleurs lieu de compléter la théorie de la révocation des legs pour cause d'inexécution des charges au moyen des règles relatives à la révocation des donations entre-vifs pour la même cause.

*En ce qui concerne l'indignité du légataire*, il résulte de la combinaison des *deux* premières dispositions de l'art. 955 avec l'art. 1047, que la révocation peut être demandée dans *trois* cas :

1° *Si le légataire a attenté à la vie du testateur ;*

2° *S'il s'est rendu coupable envers lui de sévices, délits ou injures graves;*

3° *S'il a commis une injure grave envers sa mémoire.*

On peut remarquer :

1° *Que la cause de révocation pour refus d'aliments est spéciale à la donation entre-vifs ;*

2° *Que la cause de révocation pour injure grave commise envers la mémoire du testateur est spéciale au legs.*

Voyons maintenant les principales controverses.

*En premier lieu, on se demande à qui appartient l'action en révocation pour cause d'indignité du légataire.*

Les *uns* disent : c'est une action *vindictam spirans ;* donc, à ce titre, elle ne peut appartenir qu'aux successeurs universels qui représentent la personne du défunt.

(1) MM. Zachariæ, Aubry et Rau, t. VI. p. 211. — M. Demolombe, t. XXII, p. 229.

Les *autres* répondent : c'est une action qui profite à toutes les personnes chargées de l'acquittement du legs; donc, elle appartient à toutes ces personnes (1).

*En second lieu, on discute le point de savoir quelle est la durée de l'action en révocation, dans le cas de l'art.* 1046, *c'est-à-dire lorsque cette action est fondée sur des faits d'indignité commis envers le testateur lui-même.*

Les *uns* se prononcent alors pour une durée de trente ans, conformément au droit commun (art. 2260), en ajoutant toutefois, que si l'action a pour cause un attentat contre la personne du testateur, elle a la même durée que l'action criminelle ou correctionnelle.

Les *autres* opinent pour une durée d'une année, en appliquant par analogie l'art. 957 (2).

*En troisième lieu, on ne s'entend pas pour régler le point de départ de la durée de cette même action.*

Les *uns* le fixent au jour du décès du testateur;

Les *autres* lui donnent pour date le jour du délit ou celui auquel le testateur en a eu connaissance, et, s'il n'en a pas eu connaissance, le jour de son décès, ou celui auquel les héritiers auraient eux-mêmes acquis la connaissance du délit (3).

---

(1) Dans le *premier* sens, MM. Zachariæ, Aubry et Rau, t. VI, p. 212, note 6.
Dans le *second* sens, M. Duranton, t. IX, n° 482. — M. Demolombe, t. XXII, p. 249.

A l'égard du *premier* système, nous renvoyons pour l'appréciation de son argument, c'est-à-dire de l'action *vindictam spirans* à la p. 497, note 2.

A l'égard du *second* système, nous ferons observer que ses partisans ne disent pas complétement ce qu'ils veulent dire; ils entendent accorder l'action à tous ceux qui doivent en recueillir bénéfice.

(2) Dans le *premier* sens, M. Troplong, t. IV, n° 2204. — MM. Massé et Vergé, *Sur Pothier*, t. III, p. 307.

Dans le *second* sens, MM. Zachariæ, Aubry et Rau, t. VI, p. 213, texte et note 9. — M. Colmet de Santerre, t. IV, n° 201 *bis*, I et II. — M. Demolombe, t. XXII, p. 241.

Dans le *premier* système, on fait cet argument :

Si le législateur avait entendu restreindre ici l'action au laps d'une année, il aurait rappelé dans l'art. 1046 l'art. 957, comme il y a rappelé les art. 954 et 955.

Dans le *second* système, on fait cet autre argument :

Si le législateur n'a pas rappelé explicitement dans l'art. 1046 l'art. 957, comme il y a rappelé les art. 954 et 955, c'est qu'en renvoyant à ces derniers textes il entendait par là même renvoyer à tous ceux qui en règlent l'application.

(3) Dans le *premier* sens, M. Duranton, t. IX, n° 480. — M. Bayle-Mouillard, *Sur Grenier*, t. III, n° 355, note *a*.

Dans le *second* sens, MM. Zachariæ, Aubry et Rau, t. VI, p. 214, texte et note 10. — M. Demolombe, t. XXII, p. 243.

Les partisans du *premier* système disent, en invoquant l'art. 2232, que la

*En quatrième lieu, on ne sait trop comment régler le point de départ de la durée de l'action, dans le cas de l'art.* 1047.

*Quelques-uns* veulent qu'on s'en tienne au texte, et que dans ce cas, l'année coure invariablement à compter du jour du délit.

*Le plus grand nombre* prend sur lui de corriger la loi, et décide que l'année ne peut commencer à courir contre les héritiers qu'à compter du jour où ils ont eu connaissance du délit (1).

Enfin, tous les auteurs s'accordent à reconnaître que *la survenance d'enfant n'est pas, en principe, une cause de révocation des testaments*, puisque les articles qui ont réglé la matière (art. 1046-1047) n'y font aucune allusion; cependant, *plusieurs sont d'avis qu'il faut suppléer cette cause pour le cas où le testateur a disposé et est mort dans l'ignorance de la grossesse de sa femme* (2).

## CADUCITÉ.

La caducité procède :

1° *De la personne du légataire ;*

2° *De la chose léguée.*

### 1° CADUCITÉ PROCÉDANT DE LA PERSONNE DU LÉGATAIRE.

**1039.** — Toute disposition testamentaire sera caduque, si celui en faveur de qui elle est faite n'a pas survécu au testateur.

**1040.** — Toute disposition testamentaire faite sous une condition dépendante d'un événement incertain, et telle que, dans l'intention du testateur, cette disposition ne doive être exécutée qu'autant que l'événement arrivera ou n'arrivera pas, sera caduque, si l'héritier institué ou le légataire décède avant l'accomplissement de la condition.

**1041.** — La condition qui, dans l'intention du testateur, ne fait que sus-

---

prescription n'a pas pu commencer à courir contre le testateur, car la révocation de son testament était pour lui un acte de simple faculté.

Les partisans du *second* système continuent à appliquer l'art. 957.

(1) Dans le *premier* sens, M. Colmet de Santerre, t. IV, n° 201 *bis*, III.

Dans le *second* sens, MM. Zachariæ, Aubry et Rau, t. VI, p. 213. — M. Demolombe, t. XXII, p. 238.

(2) Dans ce sens, Grenier, t. III, n° 341. — M. Troplong, t. IV, n° 2205.

En sens contraire, MM. Zachariæ, Aubry et Rau, t. VI, p. 181, texte et note 4. — M. Colmet de Santerre, t. IV, n° 201 *bis*, V. — M. Demolombe, t. III, p. 225.

Toutefois, ces derniers auteurs enseignent que la révocation pourrait être admise, s'il était certain que le testateur n'a disposé que parce qu'il était convaincu qu'il décéderait sans enfants.

Nous n'avons pas pris formellement parti dans les controverses qui précèdent ; au point de vue légal, le pour et le contre s'y valent à peu près ; au point de vue rationnel, elles ne pourraient être résolues qu'à la condition de restituer préalablement à la révocation judiciaire la nature d'une action fondée sur la volonté du testateur.

pendre l'exécution de la disposition, n'empêchera pas l'héritier institué, ou le légataire, d'avoir un droit acquis et transmissible à ses héritiers.

**1043.** — La disposition testamentaire sera caduque, lorsque l'héritier institué ou le légataire la répudiera, ou se trouvera incapable de la recueillir.

En tant que la caducité procède de la personne du légataire, elle peut avoir pour causes :

1° *Le prédécès du légataire;*

2° *Le refus de recueillir du légataire;*

3° *L'incapacité du légataire.*

### 1° Prédécès du légataire.

Il y a *deux* cas où le prédécès du légataire entraîne la caducité du legs, ce sont :

1° *Aux termes de l'art.* 1039, *celui où le légataire meurt avant le testateur ;*

2° *Aux termes de l'art.* 1040, *celui où le légataire meurt avant l'événement de la condition à laquelle était subordonné son legs.*

En ce qui concerne le *premier* cas, la solution est fondée :

1° *Sur ce qu'en général les legs sont faits en considération de la personne;*

2° *Sur ce qu'avant la mort du testateur, aucun légataire n'a droit au legs, et par conséquent, ne peut transmettre le legs à ses héritiers.*

Du *premier* motif, il résulte que s'il apparaît en fait, dans telle ou telle hypothèse, que le legs est indépendant de la considération de la personne, ce premier cas de caducité n'a plus de raison d'être.

En ce qui concerne le *second* cas, la solution repose :

1° *Sur le même premier motif que la précédente:*

2° *Sur ce que, dans les legs conditionnels, avant l'événement de la condition, le légataire n'a pas droit au legs, et, par conséquent, ne peut transmettre le legs à ses héritiers.*

Il y a d'ailleurs lieu d'apporter à ce second cas le même correctif qu'au premier.

Remarquons :

1° *Que, d'après la formule de l'art.* 1041, « *la* condition qui, dans l'intention du testateur, ne fait que suspendre l'exécution de la disposition », *c'est-à-dire qui, au lieu d'être une condition, est un terme, n'empêche pas l'héritier institué, ou le légataire, d'avoir un droit acquis et transmissible à ses héritiers.*

Ce qui signifie que, dans le legs à terme, la mort du légataire, avant l'arrivée du terme, n'entraîne pas la caducité du legs.

2° *Que, d'après la doctrine, le terme incertain, c'est-à-dire l'événement futur et certain, mais dont la date est incertaine, vaut condition dans les testaments.* « Dies incertus conditionem in testamento facit », a dit en effet Papinien dans la loi 75, D., liv. XXXV, tit, I.

Ce qui a pour conséquence que, si le légataire meurt avant l'événement du *dies incertus*, le legs est caduc, conformément à ce qui vient d'être indiqué pour le cas de la condition proprement dite.

On peut citer comme exemple d'un legs fait sous un *dies incertus*, le cas d'un legs fait à un tel pour l'époque de la mort de tel autre (1).

2° Refus de recueillir du légataire.

Le Code Napoléon est muet sur la forme de la répudiation des legs.

Certains auteurs en concluent que cette répudiation n'est soumise à aucune forme.

D'autres n'admettent cette solution qu'à l'égard des legs particuliers; en ce qui concerne les legs universels ou à titre universel, ils enseignent que la répudiation doit être faite, comme en matière de succession *ab intestat*, par une déclaration au greffe (art. 784) (2).

On professe :

1° *Que la répudiation d'un legs ne lie, en général, le renonçant que tout autant qu'elle a été acceptée par ceux à qui elle doit profiter.*

2° *Que la répudiation d'un legs, devenue définitive, peut être annulée :*

*Pour cause d'erreur substantielle, de violence ou de dol;*

*Pour cause d'incapacité du légataire* (3).

Les auteurs ne s'entendent pas sur le point de savoir si le légataire peut accepter pour partie et répudier pour partie (4).

---

(1) M. Demolombe écrit que « ces distinctions ne tiennent pas précisément à la nature des choses » (t. XXI, p. 262).

Nous partageons absolument cet avis : tout cela est présomption inconsidérée et pur arbitraire. Ajoutez la rédaction de textes qui, comme l'art. 1040, aboutissent à un galimatias.

En résumé, il faut scruter chaque espèce et décider, pour chaque espèce, selon l'intention du testateur.

C'est tout particulièrement le seul conseil que la doctrine ait à donner, lorsqu'il s'agit d'une condition négative qui ne peut se vérifier qu'à la mort du légataire.

V. en sens contraire, MM. Zachariæ, Aubry et Rau, t. VI, p. 153, texte et note 10. — M. Demolombe, t. XXII, p. 268.

(2) Comparer MM. Zachariæ, Aubry et Rau, t. VI, p. 198 et 199. — M. Demolombe, t. XXII, p. 277.

(3) Comparer MM. Zachariæ, Aubry et Rau, t. VI, p. 199. — M. Demolombe, t. XXII, p. 281.

(4) V. Bayle-Mouillard, *Sur Grenier*, t. III, n° 348, note *a*. — M. Demolombe, t. XXII, p. 278.

En dépit des traditions contraires du droit romain, suivies par les anciens et

3° Incapacité du légataire.

Pour que l'idée de caducité puisse trouver place dans ce cas, il faut supposer que le légataire, capable à l'époque de la confection du testament, se trouve ensuite incapable, dans les legs purs et simples ou à terme, à l'époque du décès du testateur ; dans les legs conditionnels, à l'époque de ce même décès ou à celle de l'événement de la condition, ou encore durant l'intervalle qui sépare l'époque du décès du testateur de celle de l'événement de la condition (V. *supra*, p. 408).

Bien que, d'après la doctrine moderne, la capacité du légataire ne soit plus exigée à l'époque de la confection du testament, ce qu'il faudrait dire dans une langue tant soit peu exacte, si le légataire a toujours été incapable, ce ne serait pas que le legs est *caduc*, mais qu'il est *nul*.

2° CADUCITÉ PROCÉDANT DE LA CHOSE LÉGUÉE.

**1042.** — Le legs sera caduc, si la chose léguée a totalement péri pendant la vie du testateur. Il en sera de même, si elle a péri depuis sa mort, sans le fait et la faute de l'héritier, quoique celui-ci ait été mis en retard de la délivrer, lorsqu'elle eût également dû périr entre les mains du légataire.

Cet inutile et vicieux article prévoit *deux* hypothèses :

1° *Celle où la chose léguée a totalement péri avant le décès du testateur.*

2° *Celle où la chose léguée a péri depuis la mort du testateur sans le fait et la faute de l'héritier.*

Les compilateurs napoléoniens ont déclaré que, dans les *deux* cas, le legs serait *caduc*.

En ce qui concerne la *première* hypothèse, la décision des compilateurs napoléoniens est assurément incontestable pour le cas où la chose léguée a en effet : « *totalement péri* », selon les termes du *premier* alinéa de l'article ; textuellement, cette décision revient à dire que, lorsque son objet manque au legs, le legs ne peut être exécuté ; mais, comme l'article porte que c'est là un cas de caducité, force est bien de tirer la conséquence, fût-elle la plus irrationnelle possible, et de décider que, puisque le legs est caduc, le légataire ne peut réclamer ni les débris, ni les accessoires subsistants de la chose léguée (1).

---

par les nouveaux légistes, il n'y a nulle bonne raison de refuser, en principe, au légataire le droit de répudier pour partie même un seul legs (Comparer, p. 187 et 189).

(1) MM. Zachariæ, Aubry et Rau, t. VI, p. 198. — M. Colmet de Santerre, t. IV, n° 193 *bis*, IV. — M. Demolombe, t. XXII, p. 289.

Cela va, en général, directement contre la volonté du testateur, mais cela est pure bagatelle ; ce qui importe, n'est-ce pas avant tout que la doctrine de la caducité demeure sauve ?

En ce qui concerne la *seconde* hypothèse, la décision des compilateurs napoléoniens est fausse.

Lorsqu'en effet la chose léguée a péri depuis la mort du testateur sans le fait et la faute de l'héritier, le legs n'est pas, en général, caduc, car le droit au legs s'est ouvert pour le légataire, et si ce dernier est privé de toute action contre l'héritier, c'est par une application de la règle *Debitor rei certæ, rei interitu liberatur* (comparer, art. 302).

De là il résulte que le légataire a alors le droit de réclamer les débris et les accessoires subsistants de la chose léguée, ainsi que d'exercer les actions en indemnité auxquelles la perte de cette chose a pu donner naissance contre des tiers.

Il faut encore remarquer, *au sujet du legs conditionnel*, que si la chose léguée a totalement péri avant l'accomplissement de la condition, même depuis la mort du testateur, le legs est *caduc*, comme dans la *première* hypothèse.

### DROIT D'ACCROISSEMENT ENTRE COLÉGATAIRES.

Cette matière, qui n'eût jamais dû prendre place dans un Code, est issue du plus pur formalisme romain. A une époque où l'intention du testateur n'entrait pas en considération, et où l'art juridique consistait à déduire, d'une formule plus ou moins sacramentelle, l'enseignement du juste, on conçoit que la matière de l'accroissement pût donner lieu, comme disent les légistes, à une théorie *savante*. Aujourd'hui, les dispositions de la compilation napoléonienne, aussi mal rédigées que peu compréhensibles au fond, n'ont d'autre résultat que d'engager la doctrine dans un dédale de difficultés, de tenir en suspens l'esprit du juge, de dénaturer en fin de compte l'intention du testateur.

Or, dans une doctrine fondée sur des principes, l'intention du donateur, nous ne le dirons jamais trop, serait l'alpha et l'oméga de toute la matière des testaments.

Ajoutons, au même point de vue, et erreur législative mise à part, que le droit d'accroissement entre colégataires, n'est pas distinct en soi du droit d'accroissement entre cohéritiers, c'est-à-dire de la théorie de non-décroissement et de successibilité immédiate exposée sous l'art. 786 (V. *supra*, p. 209) (1).

Enfin, répétons que les dispositions qui suivent, règlent, en général,

(1) C'est l'idée toute simple entrevue par Celse dans la proposition suivante : *Conjunctim legari hoc est :... tota legata singulis data esse ; partes autem concursu fieri* (L. 80, D. liv. XXXII, tit. Unic.).

tout aussi bien les effets de la nullité et de la révocation que ceux de la caducité (1).

**1044.** — Il y aura lieu à accroissement au profit des légataires, dans le cas où le legs sera fait à plusieurs conjointement. — Le legs sera réputé fait conjointement lorsqu'il le sera par une seule et même disposition, et que le testateur n'aura pas assigné la part de chacun des colégataires dans la chose léguée.

**1045.** — Il sera encore réputé fait conjointement, quand une chose qui n'est pas susceptible d'être divisée sans détérioration, aura été donnée par le même acte à plusieurs personnes, même séparément.

*En général, la nullité, la révocation ou la caducité d'un legs profite à la personne ou aux personnes dont l'exécution du legs aurait réduit, ou même dans certains cas, anéanti la part.*

Ces personnes peuvent être :

Les héritiers *ab intestat* (successeurs légitimes ou successeurs irréguliers) ;

Les légataires universels;

Les légataires à titre universel;

Les légataires particuliers.

Ces personnes peuvent être aussi :

Les colégataires.

Ce *dernier* cas est précisément celui dit *du droit d'accroissement entre colégataires.*

Avant d'en exposer les règles actuelles, remarquons avec les auteurs :

1° *Que, lorsque le testateur s'est expliqué sur le sort que devra avoir le legs nul, révocable ou caduc, il n'y a pas de question, et que c'est ce qui a lieu, en particulier, dans le cas où le testateur a fait une substitution vulgaire, c'est-à-dire a appelé un tiers à recueillir le legs nul, révocable ou caduc* (art. 898; V. *infra*);

2° *Que, lorsque la révocation ou la caducité profite aux héritiers* ab intestat, *aux légataires universels, aux légataires à titre universel et aux légataires particuliers, les charges dites personnelles, en d'autres termes, imposées personnellement au légataire, s'évanouissent avec le legs, et que les charges réelles se transmettent à celui qui recueille le legs à la place du légataire* (2).

---

(1) Comparer MM. Zachariæ, Aubry et Rau, t. VI, p. 180, 196 et 215. — MM. Sebire et Carteret, *Encyclopédie du droit*, v° *Accroissement*, n° 37. — M. Demolombe, t. XXII, p. 298 et suiv.

(2) Comparer MM. Zachariæ, Aubry et Rau, t. VI, p. 201. — MM. Massé et Vergé, *Sur Zachariæ*, t. III, p. 303. — M. Demolombe, t. XXII, p. 302 et suiv.

Il ressortira de la théorie de l'accroissement que l'énonciation de ces deux propositions, qui paraissent naïves, n'est point superflue dans l'état actuel de la législation et de la doctrine.

Arrivons maintenant à l'exégèse des art. 1044-1045, et n'oublions pas que le généralisateur Domat a pensé qu'il n'y a dans tout le droit aucune matière aussi subtile que celle de l'accroissement, « quoy qu'il soit vray, ajoute-t-il, qu'il n'y en ait point dont l'usage soit moins nécessaire » (1).

La première question est de savoir ce que, d'après les textes napoléoniens, il faut entendre aujourd'hui par des colégataires.

La réponse incontestable est qu'on doit considérer comme légataires :

1° *Les légataires appelés à une même chose par une même disposition sans assignation de parts* (art. 1044, 2ᵉ alinéa).

*Exemple.* — Je lègue ma maison à Pierre et à Paul.

2° *Les légataires appelés à une même chose par deux dispositions différentes, lorsque la chose léguée n'est pas susceptible d'être divisée sans détérioration* (art. 1045).

*Exemple.* — Je lègue ma maison à Pierre; je lègue cette même maison à Paul.

Si l'on fait abstraction de l'étrange distinction ressortant du 2°, il paraît résulter de ce qui précède que la compilation napoléonienne pose comme constitutive de la définition des colégataires, l'idée de la conjonction dans la chose léguée, c'est-à-dire en une langue moins pédante et moins barbare, de la vocation de plusieurs légataires à une même chose.

Presque tous les commentateurs ont, en effet, adopté cette manière de voir ; à leurs yeux, la conjonction dans la chose léguée est la condition *sine qua non* de l'accroissement (2).

Rappelons maintenant, en deux mots, ce qu'il y a d'essentiel à cet égard dans la terminologie et dans la doctrine romaines.

Le droit romain disait :

Dans le *premier* cas cité plus haut, que les colégataires étaient conjoints *re* et *verbis ;*

Dans le *second* cas, que les colégataires étaient conjoints *re tantum.*

Il disait, en outre, ne considérant alors que la forme de la disposition :

Dans le *premier* cas, que les colégataires étaient appelés *conjunctim;*

Dans le *second* cas, qu'ils étaient appelés *disjunctim.*

Mais, à l'époque de ces lois, qui n'attestent que trop visiblement les hontes de la Rome impériale, nous voulons dire les lois Julia et Papia Poppæa (3), le droit romain admit un nouveau cas de colégataires, celui

(1) Domat, *Les loix civiles,* seconde édition, in-4°, 1696, t. III, p. 457.

(2) MM. Zachariæ, Aubry et Rau, t. VI, p. 292. — M. Colmet de Santerre, t. IV, n° 196 *bis.* — M. Demolombe, t. XXII, p. 316. — V. cependant *infra,* le système de Proudhon.

(3) Les lois Julia et Papia Poppæa ont laissé, comme nous allons le voir, des

des colégataires *conjuncti verbis tantum*, c'est-à-dire *des légataires appelés par une même disposition à une même chose avec assignation de parts*.

*Exemple.* — Je lègue ma maison par moitié à Pierre et à Paul (1).

Or, c'est ici, qu'encouragée à la fois par l'arbitraire et l'obscurité des traditions, et par l'ignorance des compilateurs napoléoniens, la sophistique juridique commence à se donner carrière (2).

---

vestiges jusque dans la législation napoléonienne ; il est donc bon de rappeler le stigmate que leur a imprimé Tacite :

« *Relatum deinde de moderanda Papia Poppæa, quam senior Augustus, post Julias rogationes, incitandis cælibum pœnis et augendo ærario, sanxerat nec ideo conjugia et educationes liberum frequentabantur prævalida orbitate. Cæterum multitudo periclitantum gliscebat, quum omnis domus delatorum interpretationibus subverteretur; utque antehac flagitiis, ita tunc legibus laborabatur* (Tacite, *Annalium*, liv. III, XXV).

(1) Paul a résumé en une phrase les trois cas de conjonction finalement admis par le droit romain :

« *Triplici modo conjunctio intelligitur : aut enim re per se conjunctio contingit ; aut re et verbis ; aut verbis tantum...* (L. 116, D., l. L, tit. XVI. — Ajouter, § 8, *Inst. Just.*, liv. II, tit. XX.)

(2) En ce qui concerne l'arbitraire et l'obscurité des traditions, nous n'avons qu'à renvoyer au Digeste, à Domat, à Ricard, à Pothier, aux travaux spéciaux de MM. Holtius (*Analyse historique du droit d'accroissement, Thémis*, t. IX, p. 235 et 524, et t. X, p. 321). Alban d'Hautuille (*Essai sur le droit d'accroissement*), Machelard (*Dissertation sur l'accroissement*).

En ce qui concerne l'ignorance des compilateurs napoléoniens, il est curieux de confronter les interprètes affirmant que le Code Napoléon a établi en matière d'accroissement une théorie nouvelle avec le tribun Jaubert, disant en termes propres dans son rapport : « Toute l'ancienne théorie du droit d'accroissement se trouve très-clairement résumée dans les art. 1044 et 1045 » (Fenet, t. XII, p. 612).

Rendons justice à M. Demolombe; cette fois, l'éminent doyen ne cherche pas à s'abuser sur la valeur de l'innovation napoléonienne ; il ne se dissimule ni que l'ancien droit romain avait fondé sur des mots sa théorie de l'accroissement, ni que les lois Julia et Pappia Poppæa vinrent substituer ou ajouter à ces mots une base étrangère à toute considération juridique ; il avoue sans difficulté que la compilation justinienne amalgama, particulièrement en cette matière, des traditions disparates ; enfin, il n'hésite point à attester que, dans l'ancien droit français, la confusion ne fit que s'accroître, et que la seule innovation incontestable des compilateurs napoléoniens a consisté à épaissir les ténèbres d'un sujet qui en était déjà rempli.

Tel n'est point l'avis de M. Colmet de Santerre.

Aux yeux de cet auteur, rien de plus rationnel, de mieux ordonné, de mieux rédigé que les textes napoléoniens sur l'accroissement, y compris même le fameux art. 1045.

Selon M. Colmet de Santerre, les compilateurs napoléoniens ont apporté un changement radical à la théorie de l'accroissement; ils en ont fait une substitution vulgaire tacite.

Pour juger de cette louange et de cette découverte, il suffit de jeter un coup d'œil sur les art. 1044-1045, et sur les travaux préparatoires.

La vérité est ce que nous répétons tant de fois : les compilateurs napoléoniens ont eu l'intention de reproduire d'inintelligentes et d'iniques traditions, et, pour comble, ces traditions mêmes, ils les ont faussées (V. encore Fenet, t. II, p. 709).

*D'abord, Proudhon a soutenu qu'il fallait encore aujourd'hui considérer comme colégataires, les légataires appelés par une même disposition à une même chose avec assignation de parts.*

Voici comment a raisonné Proudhon :

Appliqué à la conjonction *re tantum*, l'art. 1045 est injustifiable, car cette conjonction est celle qui atteste le plus énergiquement la vocation de chacun des légataires à recueillir toute la chose, et l'on ne comprend pas que l'accroissement puisse dépendre, dans ce cas, de la circonstance que la chose léguée est ou n'est pas susceptible d'être divisée sans détérioration.

Donc, à moins d'attribuer au législateur un non-sens, il faut trouver une autre explication de l'art. 1045.

Pour y parvenir, il suffit d'une supposition rationnelle, et d'une interprétation un peu complaisante.

La supposition est que le législateur ne s'est point du tout occupé de la conjonction *re tantum*, cette conjonction impliquant évidemment le droit d'accroissement ou plutôt de non-décroissement entre les légataires qu'elle unit.

L'interprétation consiste à entendre l'art. 1045, comme s'il était rédigé de la manière suivante :

« Il (le legs) sera encore réputé fait conjointement, quand une chose qui n'est pas susceptible d'être divisée sans détérioration aura été donnée par une seule et même disposition à plusieurs personnes, même avec assignation de parts.

C'est-à-dire que Proudhon est obligé d'admettre :

1° Que les mots : « par le même acte » employés dans l'art. 1045, ont le sens de ceux-ci : par une seule et même disposition ;

2° Que les mots : « même séparément » employés aussi dans l'art. 1045, ont le sens de ceux-ci : avec assignation de parts;

3° Qu'enfin l'art. 1045 est une suite de l'art. 1044, et une exception à cet article en ce qu'il accorde le droit d'accroissement aux légataires appelés par une seule et même disposition, avec assignation de parts, lorsque la chose léguée n'est pas susceptible d'être divisée sans détérioration.

Évidemment, le système de Proudhon se réfute de lui-même; ce qui en subsiste, c'est la condamnation de l'art. 1045 (1).

---

(1) Comparer Proudhon, *De l'usufruit*, t. II, n° 734. — Il s'en faut du tout que Proudhon fut de propos délibéré un sophiste, bien que, dans cette circonstance, il ait raisonné à la façon d'un sophiste ; Proudhon était un homme fort honnête et d'infiniment de sens, mais il était infecté de la contagion juridique actuelle, qui fait des sophistes contre leur gré, quand elle n'en fait pas de leur plein gré.

A l'égard de l'art. 1045, tous les auteurs sont d'accord pour reconnaître qu'il est issu de l'absurde loi 89, D. liv. XXXII ; cependant M. Colmet de San-

*Mais toute assignation de parts fait-elle obstacle à l'accroissement? Qu'est-ce, en d'autres termes, qu'assigner des parts?*

Les uns disent que toute assignation de parts est exclusive de l'accroissement, sans qu'il y ait lieu de distinguer si elle porte sur la vocation même des légataires ou si elle ne porte que sur l'exécution du legs (1).

D'autres sont d'avis que l'assignation de parts ne s'oppose à l'accroissement que tout autant qu'elle porte sur l'institution même des légataires, dont la vocation se trouve ainsi restreinte *ab initio* à une portion déterminée de la chose léguée (2).

D'autres enfin amendent le second système, et décident que si l'assignation des parts est accompagnée de clauses additionnelles, la question de savoir si ces clauses en détruisent l'effet appartient tout entière au fait (3).

Discussion bien digne des articles qui l'ont suscitée, et où refleurit l'art du Bas-Empire!

*On se demande encore si les art.* 1044-1045 *sont applicables aux legs universels et aux legs à titre universel aussi bien qu'aux legs particuliers.*

Cette question n'eût jamais dû être posée, car, même à ne consulter que les textes actuels, la nature des legs universels et à titre universel commande, en ce qui concerne ces legs, les solutions relatives au droit d'accroissement.

*S'agit-il, en effet, de deux légataires universels appelés par une seule et même disposition*, si l'un fait défaut, l'autre recueillera le tout, en vertu de l'art. 1003.

*S'agit-il de deux légataires à titre universel appelés par une seule et même disposition à la même chose, c'est-à-dire ici, aux mêmes objets compris dans la même quotité*, si l'un fait défaut, l'autre recueillera le tout, en vertu de l'art. 1010.

*S'agit-il de deux légataires à titre universel appelés par une seule*

---

terre résiste; mais M. Colmet de Santerre est un homme d'esprit, et son système n'est qu'une gageure.

Comparer MM. Zachariæ, Aubry et Rau, t. VI, p. 204, texte et note 34. — M. Bayle-Mouillard, *Sur Grenier*, t. III, n° 350, note *a*. — M. Demolombe, t. XXII, p. 322. — M. Colmet de Santerre, t. IV, n° 199 *bis*, II et III.

Comparer aussi les auteurs qui, comme Duaren, ont enseigné que la conjonction *re tantum* vaut moins que la conjonction *re et verbis*, parce qu'une seule conjonction est moins forte que deux conjonctions (V. en particulier Duaren, *De jure adcrescendi*, lib. I, cap. X).

(1) Delvincourt, t. II, p. 93, note 10. — M. Colmet de Santerre, t. IV, n° 199 *bis*, VI.

(2) MM. Zachariæ, Aubry et Rau, t. VI, p. 203, texte et note 32.

(3) MM. Sebire et Carteret, *Encyclopédie du Droit*, v° *Accroissement*, n° 29. — M. Demolombe, t. XXII, p. 321.

*et même disposition à deux quotités distinctes*, si l'un fait défaut, l'autre ne recueillera néanmoins que la quotité qui lui est propre, toujours en vertu de l'art. 1010.

*Tout cela est d'évidence, et tout cela écarte l'application de l'art.* 1044, *qui, d'ailleurs, ne conduirait pas, en général, à des résultats différents.*

Quant à l'art. 1045, il y a un incontestable intérêt à savoir s'il est applicable aux legs universels et aux legs à titre universel.

Comme il a été dit, l'art. 1045 concerne le cas de la conjonction *re tantum*, et il n'admet l'accroissement dans cette hypothèse que tout autant que la chose léguée n'est pas susceptible d'être divisée sans détérioration ; or, toute universalité est susceptible d'être divisée sans détérioration; *donc, si l'on applique l'art.* 1045 *aux legs universels et aux legs à titre universel, l'accroissement n'aura jamais lieu dans ces legs, lorsque les légataires y seront conjoints* re tantum.

Ce résultat est tellement contraire à la pensée manifeste du testateur qu'il n'y a même pas lieu de le discuter.

*Finalement, comme l'art.* 1044, *l'art.* 1045 *est inapplicable aux legs universels et aux legs à titre universel* (1).

Il reste *trois* questions sur deux desquelles au moins la controverse s'établit en forme.

Voyons successivement chacune d'elles.

1re QUESTION. — *La caducité est-elle la condition* sine qua non *de l'accroissement dans les legs d'usufruit, comme dans les legs de propriété ; en d'autres termes, dans les legs d'usufruit faits conjointement, la part des colégataires prémourants qui ont recueilli doit-elle faire retour par consolidation à la nue propriété, ou bien accroître à la part des colégataires survivants?*

DEUX SYSTÈMES.

1er SYSTÈME (2). — *Dans les legs d'usufruit faits conjointement, la part des colégataires prémourants qui ont recueilli, doit faire retour par consolidation à la nue propriété.*

1er *Arg.* — L'art. 1044 se rattache par un lien évident aux articles

(1) En ce sens, M. Valette, à son cours. — MM. Massé et Vergé, *Sur Zachariæ*, t. III, p. 305. — M. Demolombe, t. XXII, p. 334.
En sens contraire, MM. Zachariæ, Aubry et Rau, t. VI, p. 206, texte et note 38. — M. Colmet de Santerre, t. IV, n° 199 *bis*, VII.

(2) MM. Zachariæ, Aubry et Rau, t. VI, p. 211. — M. Colmet de Santerre, t. IV, n° 190 *bis*, VIII. — M. Demolombe, t. XXII, p. 342.

qui règlent la caducité, c'est-à-dire qu'il limite l'application de l'accroissement au cas où le droit de l'un des colégataires est devenu caduc ;

Or, les termes de cet article sont aussi généraux que possible, et ils comprennent les legs d'usufruit aussi bien que les legs de propriété.

2e *Arg.* — Du reste, dans les legs d'usufruit, comme dans les legs de propriété, à partir du moment où le legs s'est ouvert au profit de chacun des légataires, il y a autant de legs d'usufruit distincts qu'il y a de légataires acceptants ;

Or, cette division est exclusive de l'accroissement.

2e SYSTÈME (1). — *Dans les legs d'usufruit faits conjointement, la part des colégataires prémourants, même qui ont recueilli, doit accroître à la part des colégataires survivants.*

1er *Arg.* — Le droit romain et l'ancien droit français décidaient la question dans ce sens (2).

2e *Arg.* — Pris en lui-même, l'art. 1044 ne limite pas l'application de l'accroissement au cas où le droit de l'un des colégataires est devenu caduc ;

Or, c'est précisément la question que de savoir si, en ce qui concerne les legs d'usufruit, l'art. 1044 se rattache aux articles qui règlent la caducité.

3e *Arg.* — On affirme aussi, dans le premier système, qu'à partir du moment où le legs s'est ouvert au profit de chacun des légataires, il y a autant de legs d'usufruit distincts qu'il y a de légataires acceptants, et qu'en conséquence cette division est exclusive de l'accroissement.

Or, c'est précisément encore là ce qu'il s'agit d'établir.

4e *Arg.* — En matière d'accroissement, le seul principe scientifique et juridique est la volonté du testateur, et l'on doit revenir à ce principe, toutes les fois que les textes n'y font point obstacle.

Dans les legs de propriété faits conjointement, il est tout simple que la part des colégataires prémourants qui ont recueilli n'aille pas accroître à celle des colégataires survivants ; la part de propriété des colégataires est transmissible à leurs héritiers, et la volonté du testateur ne pourrait l'attribuer aux colégataires survivants, qu'en créant une substitution, c'est-à-dire en violant le principe de la liberté de la propriété (V. *infra*, p. 610).

Dans les legs d'usufruit faits conjointement, il est moins non simple que la part des colégataires prémourants, même qui ont recueilli, aille accroître à celle des colégataires survivants ; la part d'usufruit des colégataires n'est pas transmissible à leurs héritiers, et il est probable que la volonté du

(1) M. Valette, à son cours. — M. Bayle-Mouillard, *Sur Grenier*, t. II, no 353, note *a*. — MM. Massé et Vergé, *Sur Zachariæ*, t. III, p. 303. — M. Alban d'Hautuille, p. 197 et suiv.

(2) Comparer, L. 0, § 3, D., liv. VII, tit. II. — Furgole, chap. IX, no 4. — Pothier, *Des donat. testament.*, chap. VI, art. 11, sect. III, § 3.

testateur est de l'attribuer aux colégataires survivants, de préférence à ses héritiers.

Le *premier* système ne repose que sur une double pétition de principe;

Le *second* système nous paraît incontestable, sauf bien entendu, l'examen préliminaire, en fait, de la volonté du testateur.

2e QUESTION. — *Entre colégataires, l'accroissement est-il forcé ou volontaire?*

TROIS SYSTÈMES.

1er SYSTÈME (1). — *Entre colégataires, l'accroissement est toujours forcé.*

L'accroissement n'est rien autre chose, en réalité, qu'un non-décroissement; d'où il résulte qu'en acceptant, chaque colégataire accepte éventuellement le legs tout entier.

2e SYSTÈME (2). — *Entre colégataires conjoints* re tantum, *l'accroissement est forcé;*

*Entre colégataires conjoints* re *et* verbis, *l'accroissement est volontaire.*

1er *Arg.* — La loi 2, C. liv. VI, tit. LI, appuie cette solution.

2e *Arg.* — Dans le cas où les colégataires sont conjoints *re tantum*, chaque colégataire, à défaut des autres, recueille le legs tout entier par droit de non-décroissement; d'où la conséquence que l'accroissement doit être alors forcé, tandis que, dans le cas où les colégataires sont conjoints *re* et *verbis*, chaque colégataire, à défaut des autres, ne recueille le legs tout entier que par un véritable droit d'accroissement; d'où la conséquence que l'accroissement doit être alors facultatif.

3e SYSTÈME (3). — *Entre colégatoires, l'accroissement est toujours volontaire.*

1er *Arg.* — Les auteurs de l'ancien droit français se prononçaient, en général, dans ce sens (4).

2e *Arg.* — Qu'il s'agisse soit de colégataires conjoints *re tantum*, soit de colégataires conjoints *re* et *verbis*, le testateur n'a pas

(1) M. Marcadé, t. IV, art. 1045, p. 139.

(2) MM. Zachariæ, Aubry et Rau, t. VI, p. 208, texte et note 43.

C'est le cas de prévenir qu'en général, à l'Ecole de Paris, les professeurs repoussent énergiquement l'emploi de la formule latine, car cet emploi, c'est la négation de l'*innovation napoléonienne*.

(3) M. Valette, à son cours. — M. Colmet de Santerre, t. IV, n° 199 *bis*, XI. — M. Machelard, p. 322 et suiv. — M. Alban d'Hautuille, p. 183. — M. Demolombe, t. XXX. p. 351.

(4) Comparer Furgole, chap. IX, nos 99-100. — Ricard, part. III, n° 556.

pu ne pas voir que dans les deux cas le legs se partagerait entre les colégataires ; d'où il résulte que chaque colégataire, à défaut des autres, ne doit recueillir la part des autres que s'il le veut bien.

En principe, cette *dernière* solution a évidemment pour elle le sens commun.

3e QUESTION. — *Entre colégataires, l'accroissement est-il avec charges ou sans charges ?*

En général, on rattache cette question à la précédente.

Ceux qui professent que l'accroissement est forcé, au moins dans certains cas, décident qu'en tant que forcé, l'accroissement s'opère *sans les charges*.

Ceux qui enseignent que l'accroissement est toujours *volontaire*, admettent en même temps, par une suite naturelle de leur doctrine, que l'accroissement s'opère toujours *avec les charges*.

Il va de soi d'ailleurs que les charges personnellement imposées au colégataire défaillant ne passent pas à ses colégataires.

Telle est, bien en abrégé, cette matière sur laquelle l'art des légistes s'épuise depuis deux mille ans, et qui ne vaut pas même un seul trait de plume (1).

## CHAPITRE VI

### DES DISPOSITIONS PERMISES EN FAVEUR DES PETITS-ENFANTS DU DONATEUR OU TESTATEUR, OU DES ENFANTS DES SES FRÈRES ET SŒURS.

Les dispositions auxquelles ce chapitre se rapporte forment une sorte de double exception à la règle posée en ces termes par l'art. 896 :

*Les substitutions sont prohibées.*

C'est à l'histoire qu'il faut demander le sens et l'origine du mot *substitution.*

Les Romains qui, comme dit Thévenot d'Essaule (2), furent les inventeurs de ce mot, appelaient du nom de substitution une institution d'héritier subordonnée à une autre.

Il y avait, aux yeux des Romains, trois sortes de substitutions :

1° La substitution vulgaire ;

2° La substitution pupillaire ;

3° La substitution quasi-pupillaire ou exemplaire.

---

(1) Très-demandé aux examens dans le faux système du monopole universitaire !

(2) Thévenot d'Essaule, *Traité des substitutions*. Paris, 1778, 1 vol. in-8, chap. III, n° 46.

La substitution vulgaire était une institution par laquelle le testateur déclarait que si un tel ne recueillait pas sa succession, il appelait à la place de celui-là tel autre (1).

La substitution pupillaire était une institution par laquelle le père de famille, après avoir institué un héritier pour lui-même, en désignait également un pour son enfant impubère placé sous sa puissance immédiate dans la prévoyance du cas où cet enfant viendrait à mourir avant d'avoir atteint l'âge de la puberté, c'est-à-dire l'âge où il était permis de tester (2).

La substitution quasi-pupillaire ou exemplaire était une institution par laquelle un ascendant, après avoir institué un héritier pour lui-même, en désignait également un pour son descendant en démence, dans la prévoyance du cas où ce descendant mourrait avant d'avoir recouvré la raison (3).

Le droit de substitution vulgaire est une conséquence évidente du droit de tester, et aucun législateur, sans violer le droit individuel, ne saurait supprimer cette conséquence.

Le droit de substitution pupillaire n'avait, sous la République romaine, d'autre fondement que l'organisation de la famille.

Ce furent les empereurs qui imaginèrent le droit de substitution quasi-pupillaire ou exemplaire.

Historiquement, la substitution prohibée par l'art. 896 n'a aucun rapport avec les trois substitutions que nous venons de dire ; elle a pour origine une manière de disposer toute différente.

On sait à quel point le Droit romain était pénétré de la fausse idée de l'omnipotence sociale, et combien de catégories de personnes ce droit avait frappé de l'incapacité de recevoir ; mais fût-on enclin, même comme l'antiquité romaine, à supposer l'existence d'un droit d'État supérieur au droit de l'individu, et non simple sanction du droit de l'individu, on ne violente pas impunément la nature des choses, et cette fois encore le Droit romain en fit l'épreuve.

Comme l'arbitraire de la loi décrétait sans cesse de nouvelles incapacités de recevoir, cet arbitraire eut pour contre-partie un genre de dispositions dont l'unique but fut d'y déroger. Et c'est ainsi que, par un enseignement mémorable, le fidéicommis arriva enfin à prendre place dans la législation elle-même.

Or, voici ce que l'on désignait sous le nom de *fidéicommis :* c'était une disposition par laquelle un citoyen romain priait son héritier testamentaire ou *ab intestat*, ou même son légataire, de restituer à une

(1) Pr. liv. II, tit. XV. *Inst.*
(2) Pr. liv. II, tit. XVI, *Inst.*
(3) § 1, liv. II, tit. XVI, *Inst.*

tierce personne la totalité ou quelques-uns des biens héréditaires.

A l'époque où les fidéicommis devinrent obligatoires, l'héritier ou le légataire interposé, en d'autres termes, le fiduciaire fut d'abord astreint à restituer immédiatement l'objet du fidéicommis au bénéficiaire de la disposition, c'est-à-dire au fidéicommissaire; dans la suite, on l'autorisa à conserver même jusqu'à sa mort les biens compris dans le fidéicommis (1).

On prit, en outre, l'habitude de faire plusieurs degrés de fiduciaires et de fidéicommissaires, et la charge de conserver et de restituer put ainsi se trouver imposée à une suite indéfinie de générations.

C'est cette corruption d'une sorte de dispositions, excellente dans son principe puisqu'elle avait ramené l'iniquité romaine aux conditions du droit véritable; c'est cette corruption, disons-nous, qui étant allée toujours grandissant sous le Bas-Empire, fut avidement recueillie par l'imbécillité aristocratique du moyen âge, et qui, qualifiée à son tour de substitution, devint l'un des plus importants auxiliaires du système monarchique et féodal (2).

---

(1) V. L. 65, § 1, D., liv. XXXVI, tit. I; L. 41, § 13, D., liv. XXXIII.

(2) On peut comparer ce qu'a écrit, à ce sujet, Rossi :

« Le fidéicommis, dit cet écrivain, était une institution équitable qui, dénaturée par les coutumes du moyen âge, toutes fondées sur le privilége et par les passions aristocratiques des familles patriciennes et de la haute bourgeoisie, avait fini par donner naissance à cette jurisprudence fidéicommissaire si compliquée, si subtile, si bizarre qui obscurcissait et défigurait le droit civil d'un grand nombre de pays, en particulier celui de l'Espagne et de l'Italie. Ce serait une curieuse histoire que celle des extravagances que ce droit autorisait sous le nom de *substitution* ou de *fidéicommis* et dont les testateurs n'avaient garde de se faire faute. Rien de plus commun dans ces pays, que de voir un chétif mortel, déjà affaissé sur son lit de mort, dicter gravement un testament où il disposait de ses biens pour tous les siècles à venir, où il faisait la loi à toutes les générations qui devaient se succéder sur la face du globe et s'épuisait en hypothèses et en combinaisons pour que la chaîne de ses prévisions ne se trouvât jamais interrompue, pour que jusqu'à la fin des temps son patrimoine et son nom ne pussent sortir de la route que sa main débile leur avait tracée... Ces législateurs de la famille prétendaient immobiliser le monde au profit de leur vanité, épuiser une fois pour toutes un pouvoir qui ne peut être équitable et sensé que lorsqu'il s'éclaire de la lumière des faits présents, que lorsqu'il fait, avec une bonté scrupuleuse, cette exacte appréciation des hommes et des choses que ne peut faire le législateur, en traçant des règles nécessairement générales et inflexibles... J'ai vu les exemples les plus ridicules de cette *omnipotence* testamentaire du père de famille, omnipotence qui consistait avant tout à dépouiller de tout pouvoir les pères de famille qui devaient succéder au testateur. » (Rossi, *Cours d'économie politique*, t. II, 3e édit., p. 159.)

Quoiqu'en général Rossi, comme tous les économistes, ne soit guère touché de l'idée du juste et qu'il ne soit point arrivé à dégager et surtout à formuler nettement le principe de la liberté de la propriété (V. *passim*, t. II, p. 133-168), combien le jugement que nous venons de reproduire ne l'emporte-t-il pas ici sur celui de Montesquieu disant du haut de son éclectisme historique :

« Les substitutions, qui conservent les biens dans les familles, seront très-

Cependant, telles se manifestaient avec le temps les conséquences extrêmes de ce monstrueux abus du droit de disposer, que l'ancien régime lui-même se vit obligé de réagir en ce point contre sa propre licence.

Au XVIe siècle, les ordonnances d'Orléans (31 janvier 1560) et de Moulins (février 1566) décidèrent, l'une, que les substitutions fidéicommissaires ne pourraient désormais dépasser deux degrés, l'institution non comprise, l'autre, que les substitutions déjà existantes seraient restreintes à quatre degrés.

Il paraît que la vanité aristocratique ne tint pas compte de ces limitations, car l'ordonnauce du mois d'août 1747 dut venir les renouveler.

Quelques années auparavant, Daguesseau, frappé du mal, écrivait que « l'abrogation entière des fidéicommis était peut-être la meilleure de toutes les lois » (1).

Elle fut enfin promulguée, cette loi régénératrice ; elle fut promulguée à la date immortelle où l'homme se sentit des droits en tant qu'homme et où croûla pour jamais l'édifice monarchique et féodal.

La loi du 14 novembre 1792 portait :

ART. 1er. — *Toutes substitutions sont interdites et prohibées à l'avenir.*

ART. 2. — *Les substitutions faites avant la publication du présent décret, par quelques actes que ce soit, qui ne seront pas ouvertes à l'époque de ladite publication, sont et demeurent abolies et sans effet.*

ART. 3. — *Les substitutions ouvertes lors de la publication du présent décret n'auront d'effet qu'en faveur de ceux seulement qui auront alors recueilli les biens substitués ou le droit de les réclamer.*

Ainsi, le dernier mot était dit en matière de substitutions, la loi de

---

utiles dans ce gouvernement (le gouvernement monarchique), quoique elles ne conviennent pas dans les autres. »

Et encore :

« Les substitutions gênent le commerce ; le retrait lignager fait une infinité de procès nécessaires, et tous les fonds du royaume vendus sont au moins, en quelque façon, sans maître pendant un an. Des prérogatives attachées à des fiefs donnent un pouvoir très à charge à ceux qui les souffrent. Ce sont des inconvénients particuliers de la noblesse qui disparaissent devant l'utilité générale qu'elle procure. Mais, quand on les communique au peuple, on choque inutilement tous les principes. » (Montesquieu, *Esprit des lois*, liv. V, chap. IX.)

O président de Montesquieu, si ce sont là des *principes*, que devient votre fameuse définition des lois ?

La vérité est qu'il n'y a qu'une seule constitution de la société qui soit la bonne et qu'un seul gouvernement qui soit le bon, c'est la constitution de la société et le gouvernement qui tendent à réaliser de plus en plus la justice pour chacun, c'est-à-dire l'autonomie de l'individu.

(1) Daguesseau, lettre du 24 juin 1730, t. IX.

1792 achevait d'abolir la servitude de la terre, et si l'ordre nouveau annoncé par la Révolution française eût effectivement pris naissance, si le XIX^e siècle n'eût dû être livré à la plus étonnante réaction qu'enregistrera l'histoire, jamais la substitution n'eût reparu dans les lois françaises (1).

Bonaparte survient, et ce soldat, auquel ses panégyristes ont si niaisement décerné la gloire du législateur, ce soldat rêve de reconstituer le moyen âge, de refaire, à son profit, le monde monarchique et féodal (2).

---

(1) Rédigé en 93, le code de la Convention ne mentionne même pas le nom de la substitution.

(2) On n'y croirait pas, non plus qu'au motif qui porta Bonaparte à entreprendre la confection d'un Code civil, si nous n'en avions pour garant le propre témoignage du capitaine: le passage mérite bien d'être cité tout au long; il est extrait d'une lettre adressée par Bonaparte à Joseph, alors roi de Naples !

« Lorsque vous serez maître de la Sicile, écrivait Bonaparte, instituez trois autres fiefs, dont un pour Régnier; aussi bien je pense que c'est lui que vous chargez de l'expédition, et ce ne sera pas un faible encouragement pour lui s'il se doute de ce que je veux faire en sa faveur. Dites-moi les titres que vous voudriez donner aux duchés qui sont dans votre royaume. Ce ne sont que des titres; le principal est le bien qu'on y attache; il faut y affecter 200 mille livres de rentes. J'ai exigé aussi que les titulaires eussent une maison à Paris, parce que c'est là qu'est le centre de tout le système, et je veux avoir à Paris cent fortunes toutes s'étant élevées avec le trône et restant seules considérables, parce que ce sont des fidéicommis, et que ce qui ne sera pas *elles*, par l'effet du Code civil va se disséminer.

» Établissez le Code civil à Naples; tout ce qui ne vous est pas attaché va se détruire alors en peu d'années et ce que vous voudrez conserver se consolidera. Voilà le grand avantage du Code civil. Si le divorce vous gêne pour Naples, je ne vois pas d'inconvénient de cartonner cet article; cependant, je le crois utile, car pourquoi le pape prononcerait-il, lorsqu'il y a cause d'impuissance ou autre force majeure ressortissant à l'ordre civil ? Toutefois, si vous le croyez nécessaire, changez-le. Pour les actes de l'état civil, vous pouvez les laisser aux curés. Au moyen de ces modifications, il faut établir le Code civil chez vous; il consolide votre puissance puisque par lui tout ce qui n'est pas fidéicommis tombe et qu'il ne reste plus de grandes maisons que celles que vous érigez en fiefs. C'est ce qui m'a fait prêcher un Code civil et m'a porté à l'établir. » (*Mémoires et correspondance politique et militaire du roi Joseph*, publié par A. Du Casse, p. 299 et 300, t. II, 3^e édit. 1856.)

Allons ! béats, parlez maintenant du génie politique du grand empereur; allons, légistes, vantez-nous sa gloire législative !

Et c'est dans cette même correspondance qu'à quelques pages en avant ou en arrière, on trouve des phrases telles que celles-ci :

« Mon frère, je reçois votre lettre du 5 avril; je vois *avec plaisir* qu'on ait brûlé un village des insurgés. Des exemples sévères sont nécessaires. J'imagine qu'on aura fait piller ce village par les troupes (p. 199). »

« J'ai vu *avec plaisir* que le marquis de Rhodio avait été fusillé (p. 230). »

Oh ! le grand homme ! celui-là ne se gênait pas avec le reste de l'espèce, il prenait *plaisir* (c'était son mot favori) à faire brûler et fusiller ceux qui lui résistaient, au nom du Droit; et maintenant, comme on conçoit bien que devant ce type de toutes les réactions, de toutes les férocités, de toutes les petitesses, qui, même en famille, se faisait donner de la majesté, lui le parvenu d'hier, le fils

Pour y parvenir, le moyen est simple ; il suffira, selon Bonaparte d'empêcher les anciennes familles de revivre et d'en créer de nouvelles.

De là, d'une part, l'art. 896 interdisant en principe les substitutions et complétant ainsi les différentes règles destinées à assurer l'égalité mathématique dans les partages ; de là, d'autre part, les art. 1048-1074 consacrant une première exception à la prohibition des substitutions, en en attendant une seconde (1).

La seconde mit en œuvre l'idée du système, le rétablissement des majorats (2).

Voici dans quels termes parlait sur ce point à la France de la Révolution le sénatus-consulte du 14 août 1806 (3) :

« Quand Sa Majesté le jugera convenable, soit pour récompenser de grands services, soit pour exciter une utile émulation, soit pour concourir à l'éclat du trône, elle pourra autoriser un chef de famille à substituer ses biens libres pour former la dotation d'un titre héréditaire, que Sa Majesté érigerait en sa faveur, réversible à son fils aîné, né ou à naître, et à ses descendants en ligne directe, de mâle en mâle par ordre de primogéniture (4). »

La Restauration n'eut garde de répudier en ce point l'héritage que Bonaparte lui laissait ; mais fidèle en même temps à ses propres traditions, elle essaya de ressusciter l'ancienne noblesse et proposa dans ce but la loi du 17 mai 1826.

Le régime bâtard de Juillet ne toucha pas à cette dernière loi, et à peine sut-il faire plus que d'abroger pour l'avenir le sénatus-consulte de 1806 (5).

Le rôle de la seconde République était tout tracé ; elle n'avait qu'à reprendre les errements de la Révolution et à renouveler la promulgation de la loi de 1792.

Mais à son tour la seconde République biaisa, et, sous couleur de

---

de Lætitia, comme on conçoit bien que devant ce soldat furieux la lâche histoire soit restée à court de louanges ! (Voy. M. Thiers.)

Mais sois tranquille, ô Bonaparte, Fichte t'a marqué au front pour les siècles : « Cet homme qui n'eut jamais le moindre sentiment de la destination morale du genre humain. »

(1) Les légistes, dupes des mots et grands artisans de mots eux-mêmes, n'ont vu, ou n'ont pas voulu voir, le piége que Bonaparte avait caché dans cette première exception.

(2) Le majorat peut être défini : l'affectation de certains biens à la dotation de titres héréditaires, avec droit d'aînesse et de masculinité.

(3) Ou, ce qui revient au même, l'ancien pensionnaire du Prytanée de Toulon.

(4) Lors de la révision du Code Napoléon, en 1807, cette disposition devint le 3e alinéa de l'art. 896.

(5) V. loi du 12 mai 1835.

L'histoire du droit participe en cette matière d'une façon tout à fait notable aux tâtonnements de l'histoire générale.

respecter le bon droit, elle eut des ménagements qui y font échec (7 mai 1849) (1).

Aujourd'hui la législation sur les substitutions se trouve ramenée aux points suivants :

1° *En vertu de la loi du 12 mai 1835, les majorats de propre mouvement* (2) *établis avant la promulgation de cette loi, doivent continuer à être possédés et transmis conformément aux actes d'investiture* (art. 4, loi du 12 mai 1835).

2° *En vertu de la loi du 7 mai 1849, les majorats sur demande* (3) *établis avant la promulgation de la loi du 12 mai 1835 ou sont abolis, dès qu'ils ont été transmis à deux degrés successifs à partir du premier titulaire, ou ne sont transmissibles dans l'avenir à deux degrés qu'au profit des enfants nés ou conçus lors de la promulgation de la loi du 7 mai 1849.*

3° *En vertu de la même loi du 7 mai 1849, la loi du 17 mai 1826 est abrogée, sauf pourtant à l'égard des appelés nés ou conçus lors de la promulgation de la loi du 7 mai 1849, et ce sont les dispositions de la compilation napoléonienne qui ont reconquis la force légale.*

Ces dispositions, comme nous l'avons dit, consistent dans une règle et dans une exception.

La règle, qui est fort bonne, a été empruntée par le droit napoléonien au droit de la Révolution (comp. art. 1, l. 14 nov. 1792 et art. 896).

L'exception, qui est mauvaise, est l'œuvre propre du droit napoléonien (art. 897 et 1048-1075).

*La substitution fidéicommissaire est d'une manière absolue une institution contraire au droit et à l'intérêt économique* (4).

---

(1) V. M. Duvergier, *Recueil des lois*, 1849, p. 154.

Plus nous portons de respect au rapporteur de la loi du 7 mai, l'honorable M. Valette, plus nous éprouvons de sympathie pour un jurisconsulte qui appartient à la tradition républicaine et démocratique, plus nous nous sentons par là même le devoir de dire catégoriquement de la loi du 7 mai ce que nous en pensons. Cette loi restreint ce qui doit être étendu, complique ce qui est simple, et au lieu d'entrer, comme la loi de 1792, dans les larges voies des principes, elle s'engage dans toutes les sinuosités du funeste esprit légiste.

(2) Les majorats dits de propre mouvement sont ceux qui ont été fondés au moyen de dotations par le chef de l'État.

(3) Les majorats dits sur demande sont ceux qui ont été fondés avec des biens particuliers.

(4) M. John Stuart Mill dit à ce sujet que le pouvoir de tester peut s'exercer de telle façon qu'il lutte contre les intérêts permanents de la race humaine « the » power of bequest may be so exercised as to conflict with the permanent interests » of the human race. » V. *Principles of political economy*, t. 1, p. 273.

Quelque exacte que soit cette formule, elle n'a pas, à nos yeux, un caractère suffisamment scientifique et précis; la cause en est qu'ici, comme partout, la méthode de l'illustre publiciste le porte à faire abstraction du point de vue du droit, et c'est ce qui l'empêche de poser la question dans ses vrais termes, entre

C'est une institution contraire au droit, car en frappant les biens d'inaliénabilité entre les mains du grevé, elle porte atteinte à la liberté de la propriété ; elle permet au propriétaire actuel d'enchaîner le droit des propriétaires qui lui succéderont.

A ce point de vue, bien loin de se rattacher, comme l'ont écrit certains publicistes, à la liberté de tester, elle est une dépendance de la fausse idée de la réserve.

C'est une institution contraire à l'intérêt économique, car pour que la terre, comme tout instrument quelconque du travail, acquière la plénitude de son efficacité productive, il faut que l'homme puisse la modifier, l'améliorer et en disposer à son gré.

L'exception, écrite dans l'art. 897 et développée dans les art. 1048-1074, est limitée aux petits-enfants et aux neveux et nièces du déposant.

Même ainsi restreinte, cette exception n'échappe point à la double censure que mérite toute substitution ; chétif débris de la législation d'un autre âge, elle disparaîtra au premier choc, sans que personne même s'en aperçoive, dans un monde où la propriété mobilisée de plus en plus sera de plus en plus fondée sur l'effort propre.

## PROHIBITION DES SUBSTITUTIONS FIDÉICOMMISSAIRES.

**896.** — Les substitutions sont prohibées. — Toute disposition par laquelle le donataire, l'héritier institué, ou le légataire, sera chargé de conserver et de rendre à un tiers, sera nulle, même à l'égard du donataire, de l'héritier institué ou du légataire. — Néanmoins les biens libres formant la dotation d'un titre héréditaire que le roi aurait érigé en faveur d'un prince ou d'un chef de famille, pourront être transmis héréditairement, ainsi qu'il est réglé par l'acte du 30 mars 1806, et par celui du 14 août suivant.

L'*unique* question que soulève cet article est celle de savoir *quelles sont les dispositions que le législateur napoléonien a entendu prohiber sous le nom de substitution*.

---

le droit du propriétaire et la liberté de la propriété. De là aussi, l'impossibilité où s'est trouvé M. Mill de tracer la ligne de démarcation entre l'usage et l'abus du droit de tester (V. *supra*, p. 412) ; l'auteur des *Principes d'économie politique* n'a pas vu que ce problème consiste tout entier dans la conciliation des différents droits individuels.

Notons que la plupart des États de l'Union américaine ont conservé les lois anglaises qui admettent les substitutions, mais cela a peu d'inconvénients dans la grande République, où les mœurs souvent corrigent même les lois les plus défectueuses ; les Américains n'ont garde d'user de la faculté de faire des gentilshommes ; comme nous l'avons déjà dit (p. 373, note 1), ils ne se servent de la liberté illimitée de tester que pour faire triompher l'esprit de démocratie et de justice. (Comparer Tocqueville, *De la démocratie en Amérique*, t. I, p. 303, et Dunoyer, *De la liberté du travail*, liv. X, chap. III.)

*Pour être, d'ailleurs, unique, il s'en faut de beaucoup que cette question soit simple.*

*D'abord, est-ce au fidéicommis en général que s'applique la prohibition édictée par l'art.* 896 ?

A prendre à la lettre le *deuxième* alinéa de cet article qui a pour but évident d'expliquer le *premier*, la réponse devrait être affirmative. Le *deuxième* alinéa contient, en effet, la définition générale du fidéicommis, tel qu'on peut le concevoir dans le droit moderne, c'est-à-dire comme *une disposition à titre gratuit, affectée de la charge de conserver et de rendre à un tiers.*

Toutefois, il n'est pas possible d'attribuer ce sens absolu à la prohibition formulée par l'art. 896, et cela pour plusieurs raisons :

1° *Parce que, d'après l'art.* 1121, *un donataire peut être astreint à conserver les biens donnés et à les rendre à un tiers; ce qui est un cas de fidéicommis par voie de donation;*

2° *Parce que, d'après les art.* 1040 *et* 1041, *un héritier ou un légataire peut être astreint à conserver les biens du* de cujus *jusqu'à la réalisation d'une certaine condition ou jusqu'à l'arrivée d'un certain terme et à les rendre à un tiers à l'époque de la réalisation de cette condition ou de l'arrivée de ce terme; ce qui est un cas de fidéicommis par testament;*

3° *Parce que, en thèse générale, il est, il doit être toujours permis de faire d'une manière indirecte ce que l'on peut faire d'une manière directe.*

Le fidéicommis, en général, est donc *valable*, et il ne cesse de l'être que tout autant qu'il a pour but de faire une libéralité à une personne incapable par l'entremise d'une personne capable.

*D'après la législation napoléonienne, qu'est-ce donc que la substitution prohibée?*

Les différentes définitions qu'en donnent les auteurs peuvent être ramenées à ces termes :

*La substitution prohibée est une disposition à titre gratuit par laquelle une personne est chargée de conserver et de rendre à sa mort à une autre personne, sous la condition que cette dernière soit vivante et capable à l'époque de la mort de la première* (1).

Cette définition s'appuie :

1° *Sur l'enseignement historique* (2);

---

(1) Comparer M. Saint-Espès-Lescot, *Traité des substitutions prohibées*, 1 vol. in-8, 1849. — MM. Zachariæ, Aubry et Rau, t. VI, p. 10 et suiv. — MM. Massé et Vergé, *Sur Zachariæ*, t. III, p. 182. — M. Demolombe, t. XVIII, p. 86 et suiv.

(2) V. *supra*, p. 609, et aussi Thévenot d'Essaule, sect. I, § 1, n° 30.

2° *Sur ce que les substitutions, permises par exception à la règle prohibitive de l'art.* 896, *constituent précisément des dispositions à titre gratuit, affectées pour une personne, gratifiée en premier ordre, de la charge de conserver et de rendre à sa mort à une personne, gratifiée en second ordre* (comparer art. 897 et 1048, 1074);

3° *Sur l'atteinte qui serait portée à la liberté de la propriété par une disposition qui enlèverait à une ou à plusieurs séries de générations le droit de tester relativement à certains objets* (1).

De ce qui précède, il résulte qu'une disposition ne peut être regardée comme une substitution prohibée, que tout autant qu'elle présente les trois caractères suivants :

1° *La réunion d'au moins deux libéralités, dont l'une ne doit venir qu'après l'autre, ou, comme disaient les anciens légistes, qui sont séparées l'une de l'autre par un trait de temps* (tractus temporis).

2° *L'éventualité de la vocation du second gratifié;*

3° *L'ordre successif* (ordo successivus), *c'est-à-dire un arrangement tel que le premier gratifié ait la charge de conserver et de rendre à sa mort au second gratifié.*

On donne les noms de :

1° *Grevant* (gravans) *ou substituant, à l'auteur de la substitution;*

2° *Grevé* (gravatus) *ou institué, au premier gratifié;*

3° *Appelé ou substitué au second gratifié.*

Les biens compris dans la substitution sont désignés sous le nom de *biens substitués.*

On a eu beau chercher à définir la substitution, l'absence de principes et de logique qui domine toute la science du droit, a fait naître parmi les auteurs une foule de controverses pour savoir si dans tel ou tel cas il existe une substitution (2).

---

(1) V. *supra*, p. 615.

Nous irions plus loin pour notre part, et, dans une théorie véritablement scientifique, nous n'admettrions pas que la volonté du propriétaire pût frapper d'inaliénabilité, même pour un temps quelconque, la chose qu'il transmet à d'autres.

Lorsque l'idée de la propriété aura été mieux analysée et mieux comprise, la corrélation de cette idée avec celle de la liberté éclatera au grand jour, et il deviendra manifeste que toute atteinte à la liberté de la propriété est en même temps une atteinte à la liberté de la personne.

(2) Le principe ici est celui que nous répétons à satiété :

*La propriété doit être libre entre les mains de celui qui la détient.*

La logique serait d'organiser la liberté de la propriété, de manière à anéantir toutes les entraves qui portent atteinte au droit de jouir et de disposer. (Comparer t. I, p. 568, p. 569 et suiv., p. 606, 660, 707, p. 730, et t. II, p. 308, note 2, 362, 371, 386, 408, 449, 488.)

*Il y a d'abord une de ces difficultés qui se pose toute en fait.*

Supposons, par exemple, que le grevant n'ait point indiqué d'une manière expresse l'époque de la mort du grevé pour celle de la restitution, mais qu'il apparaisse néanmoins que la dévolution des biens aux appelés est subordonnée à cet événement; nul doute que les tribunaux ne doivent appliquer à l'espèce la règle prohibitive de l'art. 896.

*Que décider lorsque le droit de retour a été stipulé ;*

*Soit cumulativement au profit du donateur et de ses héritiers,*

*Soit exclusivement au profit des héritiers du donateur ou d'un tiers?*

Comme nous l'avons déjà dit, dans le *premier* cas il y a simplement *une clause illicite en ce qui concerne les héritiers du donateur ou le tiers;*

Dans le *second* cas il y a *une substitution fidéicommissaire.*

Ce qui fait que, dans le *premier* cas, il y a simplement *une clause illicite*, c'est que le donateur ayant stipulé, dans ce cas, le droit de retour à son propre profit, en même temps qu'à celui de ses héritiers ou d'un tiers, *la partie de la clause relative aux héritiers ou aux tiers n'est qu'une extension exagérée de la convention de retour.*

Ce qui fait que, dans le *second* cas, il y a *une substitution fidéicommissaire*, c'est que le donateur n'ayant pas stipulé, dans ce cas, le droit de retour à son propre profit, *la clause relative aux héritiers ou au tiers renferme en faveur de ceux-ci une disposition consistante par elle-même, et qui réunit les trois caractères de la substitution prohibée.*

De là il résulte :

*Que, dans le premier cas, la clause doit être réputée non écrite à l'égard des héritiers ou du tiers* (art. 900) ;

*Que, dans le second cas, non-seulement elle est nulle elle-même, mais elle rend, en outre, nulle la donation à laquelle elle est jointe* (V. *infra*) (1).

*La disposition par laquelle le donataire ou le légataire est chargé de rendre à son décès ce qui restera des biens donnés ou légués; en d'autres termes, le fidéicommis de* eo quod supererit, *constitue-t-il une substitution fidéicommissaire?*

---

(1) V. p. 480, note 1, les principaux auteurs à consulter sur ce double point.

Nous ne nions pas que la distinction à laquelle nous nous rallions ne repose sur une pure subtilité, mais cette subtilité est commandée par la loi napoléonienne qui admet la mauvaise institution du *droit de retour*. (Comparer *supra*, p. 485.)

Controversée d'ancienne date, cette question est encore aujourd'hui débattue.

TROIS SYSTÈMES.

1er SYSTÈME (1). — *Le fidéicommis de* eo quod supererit *constitue une substitution fidéicommissaire; à ce titre, il est nul et il rend, en outre, nulle la disposition à laquelle il est joint.*

L'*argument* de ce système est que la bonne foi, sinon le droit lui-même, impose, dans ce cas, au grevé l'obligation de conserver et de rendre.

On invoque dans ce sens les lois 54 et 58, § 8, D. liv. XXXVI, tit. I; 70, § 3, D. liv. XXXI, et la Novelle 108, cap. 1 (2).

2e SYSTÈME (3). — *Le fidéicommis de* eo quod supererit *est une disposition faite sous une condition purement potestative de la part du débiteur; à ce titre, il est nul, mais il ne rend pas nulle la disposition à laquelle il est joint.*

L'*argument* de ce système est que le fidéicommis de *eo quod supererit* laisse à la discrétion du premier gratifié le droit du second gratifié, et qu'il tombe ainsi sous le coup des art. 944 et 1174.

3e SYSTÈME (4). — *Le fidéicommis de* eo quod supererit *n'est ni une substitution fidéicommissaire, ni une disposition faite sous une condition purement potestative de la part du débiteur.*

*C'est une charge éventuelle, qui par elle-même n'a rien d'illégal.*

Les partisans de ce système réfutent :

Le *premier* système, en alléguant que le fidéicommis de *eo quod supererit* n'emporte pas en droit la charge de conserver;

Le *second* système, en répliquant que ce même fidéicommis n'est pas séparable de la disposition à laquelle il est joint et qu'il n'affecte pas cette disposition d'une condition purement potestative de la part du débiteur, c'est-à-dire dans l'espèce du donateur.

Cette réfutation est péremptoire, et ce système a pour lui l'évidence.

Remarquons qu'aux termes formels de l'art. 896, l'*effet de la pro-*

(1) M. Meyer, *Thémis*, t. V, p. 457 et suiv. — M. Cotelle, *Thémis*, t. VI, p. 325 et suiv.

(2) Voilà un nouvel exemple de la manière dont les interprètes comprennent et citent les textes romains.

On chercherait en vain une analogie entre l'idée qui a fait instituer le fidéicommis romain et celle qui fait encore pratiquer chez nous le même genre de disposition.

(3) Merlin, *Quest. de droit*, v°, *Substitution, fidéicommis*, § 13, n° 2. — M. Demante, t. III, nos 8 et 8 *bis*.

(4) MM. Zachariæ, Aubry et Rau, t. VI, p. 18 et 19, texte et notes, 27-29. — M. Demolombe, t. XVIII, p. 154.

*hibition de la substitution fidéicommissaire est d'entraîner la nullité non-seulement de cette disposition, mais même de la disposition faite au profit du grevé.*

Cette sanction constitue une *dérogation* au principe posé par l'art. 900, d'après lequel les conditions illicites insérées dans les donations ou dans les legs, sont simplement réputées non écrites.

Pour expliquer ce droit exceptionnel, les auteurs disent :

1° *Que la disposition grevée de substitution est indivisible, et qu'en la maintenant à l'égard du grevé, tout en l'annulant à l'égard de l'appelé, on risquerait de contredire la volonté du disposant ;*

2° *Que, par cette sanction rigoureuse, le législateur de* 1804 *s'est proposé de couper les substitutions dans leur racine* (1).

Ce *second* motif n'est pas soutenable, étant donné le rôle que Bonaparte entendait faire jouer à la substitution dans le rétablissement du monde monarchique et féodal.

Pour réfuter, au reste, ce motif, il suffit de ne point isoler les *deux premiers* alinéas de l'art. 896 du *dernier*, c'est-à-dire du paragraphe qui y fut ajouté par la loi du 3 septembre 1807, en exécution de l'art. 5 du sénatusconsulte du 14 août 1806 (2).

**897.** — Sont exceptées des deux premiers paragraphes de l'article précédent les dispositions permises aux pères et aux mères et aux frères et aux sœurs, au chapitre VI du présent titre.

Cet article n'est qu'un renvoi ; il annonce l'exception, toujours substituante, que comporte la règle posée par l'art. 896 (3).

**898.** — La disposition par laquelle un tiers serait appelé à recueillir le don, l'hérédité ou le legs, dans le cas où le donataire, l'héritier institué ou le légataire ne le recueillerait pas, ne sera pas regardée comme une substitution, et sera valable.

Vicieux dans la forme et inutile au fond, ce texte concerne la *substitution vulgaire ;* il signifie qu'*à la différence de la fidéicommissaire, la substitution vulgaire n'est point défendue.*

Comme il a déjà été dit, le législateur n'eût pu prohiber cette dernière sorte de disposition sans violer le droit individuel ; la liberté de disposer à titre gratuit entraîne, en effet, d'une manière évidente, *la faculté pour le propriétaire de déclarer que si la personne qu'il entend*

---

(1) M. Coin-Delisle, art. 896, n° 42. — M. Demolombe, t. XVIII, p. 203.

(2) Comparer *supra*, p. 613.

Nous ne parlons point de la pensée propre des compilateurs napoléoniens sur la matière ; aussi vides d'idées que de convictions, ces hommes n'avaient cure que de refléter la pensée du maître.

(3) V. *supra*, p. 614 et *infra*, p. 621.

*gratifier en premier ordre ne veut pas recueillir, telle autre recueillera à sa place, et ainsi de suite indéfiniment;* or, c'est là toute la *substitution vulgaire.*

Il y a à remarquer :

1° *Que la substitution vulgaire tombe lorsque la personne gratifiée en premier ordre recueille ;*

*D'où il résulte que cette personne, à la différence du grevé, dans la substitution fidéicommissaire n'a aucune charge de conserver et de rendre;*

2° *Que le substitué vulgaire, à la différence de l'appelé, dans la substitution fidéicommissaire, doit être conçu à l'époque, soit de la donation entre-vifs, soit du décès du testateur, selon que la substitution vulgaire est contenue dans une donation entre-vifs ou dans un testament* (art. 906, 1048, 1050 ; V. *suprà*, art. 1082).

Remarquons que, comme la donation entre-vifs n'est parfaite que par l'acceptation du donataire, elle ne peut, en général, renfermer de substitution vulgaire, car le donataire, qui a accepté, a acquis un droit irrévocable; cependant, la substitution vulgaire peut avoir lieu dans une donation entre-vifs affectée d'une condition, soit suspensive, soit résolutoire (1).

**899.** — Il en sera de même de la disposition entre-vifs ou testamentaire par laquelle l'usufruit sera donné à l'un, et la nue propriété à l'autre.

Encore un texte inutile !

Le législateur napoléonien prend ici la peine de faire entendre que lorsque l'on donne à l'un l'*usufruit* d'une certaine chose et à l'autre la *nue-propriété* de cette même chose, il y a deux donations distinctes et directes.

Nous verrons *infrà* toutes les différences qui séparent le grevé de substitution d'un usufruitier; la principale consiste en ce que le grevé de substitution a un droit de *propriété* et non de *simple jouissance.*

### EXCEPTION A LA PROHIBITION DES SUBSTITUTIONS FIDÉICOMMISSAIRES.

**1048.** — Les biens dont les pères et mères ont la faculté de disposer pourront être par eux donnés, en tout ou en partie, à un ou plusieurs de leurs enfants, par actes entre-vifs ou testamentaires, avec la charge de rendre ces biens aux enfants nés et à naître, au premier degré seulement, desdits donataires.

**1049.** — Sera valable, en cas de mort sans enfants, la disposition que le défunt aura faite par acte entre-vifs ou testamentaire, au profit d'un ou plusieurs de ses frères ou sœurs, de tout ou partie des biens qui ne sont point

(1) Comparer MM. Zachariæ, Aubry et Rau, t. VI, p. 8 et 9. — M. Demolombe, t. XVIII, p. 75 et suiv.

réservés par la loi dans la succession, avec la charge de rendre ces biens aux enfants nés et à naître, au premier degré seulement, desdits frères ou sœurs donataires.

D'après ces deux articles, les substitutions sont permises :

1° *Aux pères et mères qui donnent entre-vifs ou qui lèguent leur disponible à un ou plusieurs de leurs enfants, avec la charge pour l'enfant gratifié de conserver les biens donnés ou légués, et de les rendre à sa mort à ses enfants nés ou à naître, au premier degré seulement ;*

2° *Aux frères et sœurs qui, en cas de mort sans enfants, donnent ou lèguent leur disponible à un ou plusieurs de leurs frères ou sœurs, avec la charge, pour le frère ou la sœur gratifié, de conserver les biens donnés ou légués, et de les rendre à sa mort à ses enfants nés ou à naître, au premier degré seulement* (1).

L'exception à la prohibition des substitutions fidéicommissaires comprend ainsi *deux* cas.

Les auteurs expliquent celui qui concerne les pères et mères en invoquant un double motif :

Ils disent, en *premier* lieu, qu'il est moral de permettre au père ou à la mère qui a un enfant dissipateur, d'assurer par une substitution tout à la fois l'avenir de cet enfant ainsi que celui des enfants que cet enfant a déjà ou pourra avoir dans la suite.

Ils ajoutent, en *second* lieu, qu'il y va du *bon ordre de l'État* à ce que les familles ne tombent pas de la richesse dans la pauvreté.

Au *premier* point de vue, et toute question de dette d'éducation ou d'aliments mise à l'écart (2), les auteurs oublient que *la disposition à titre gratuit n'est morale que lorsqu'elle a pour but de remédier aux inégalités naturelles ou accidentelles, c'est-à-dire aux injustices du sort.*

Au *second* point de vue, les auteurs ne se rendent pas compte que,

---

(1) Comme de coutume, la rédaction des articles laisse beaucoup à désirer : d'abord, par un procédé puéril, les compilateurs napoléoniens, tout en permettant ici de véritables substitutions, ont évité de se servir du terme propre pour les qualifier ; en outre, ils ont omis la mention d'un des caractères constitutifs de la substitution, c'est-à-dire la charge de conserver ; enfin, ils ont indiqué l'époque de la restitution d'une manière si peu nette que c'est presque une question de savoir si, dans les cas prévus par les articles 1048 et 1049, une disposition ne peut pas être valable à titre de substitution, lors même que l'époque fixée pour la restitution est antérieure à la mort du grevé.

Toutefois, l'*affirmative* en ce point ne nous paraît pas douteuse, car, puisque les art. 1048 et suivants valident exceptionnellement, à titre de substitution, la clause qui astreint le grevé à ne rendre qu'à sa mort, *a fortiori* valident-ils au même titre celle qui oblige le grevé à rendre à une époque antérieure à sa mort. (En ce sens, M. Demolombe, t. XVIII, p. 111 et suiv.)

Quant à l'intérêt de la question, comparer les articles 1048-1050 avec l'art. 906.

(2) V. *Manuel de droit civil*, t. I, p. 202.

*dans les sociétés nouvelles le bon ordre consiste et consistera de plus en plus à ce que chaque activité soit récompensée selon ses œuvres propres.*

En réalité, les articles 1048 et 1049 manquent de toute base, et c'est ce que les auteurs avouent eux-même implicitement, *en ce qui concerne les frères et sœurs*, car ils sont muets sur la justification de ce second cas (1).

Remarquons que, d'après la doctrine la plus généralement admise :

1° Les ascendants *autres que les pères et mères et les collatéraux autres que les frères et sœurs, ne peuvent pas, en faisant une disposition au profit d'un de leurs descendants ou d'un descendant de leurs frères ou sœurs, imposer à ce descendant la charge de rendre à ses enfants nés ou à naître, lors même que par suite du prédécès des personnes placées entre lui et l'auteur de la disposition, le grevé se trouverait personnellement appelé à la succession de l'auteur de la disposition.*

Ex. L'aïeul dont le fils est prédécédé ne peut pas faire une libéralité à son petit-fils en lui imposant la charge de rendre à ses enfants nés ou à naître (2).

---

(1) Comparer notamment M. Demolombe, t. XXII, p. 359 et suiv.

Il n'y a aucun mal à ce qu'un dissipateur soit ruiné, et quant aux enfants de ce dissipateur, risquassent-ils de n'avoir rien à leur naissance, ils ne se trouveraient pas dans une condition pire que celle qui est impartie encore de nos jours aux dix-neuf vingtièmes de l'espèce.

Au surplus, que, dans l'ordre de la famille, la dette d'éducation et la dette d'aliments soient organisées comme elles devraient l'être, que la cité subvienne au défaut de la famille, qu'enfin la liberté du travail, *qui, jusqu'aujourd'hui n'a été qu'un mot,* existe effectivement dans sa plénitude, et l'immense classe des déshérités disparaîtra.

A coup sûr, les rédacteurs du Code Napoléon étaient fort loin d'avoir cet idéal devant les yeux ; ils songèrent d'abord à permettre aux père et mère de réduire leur enfant dissipateur à l'usufruit de sa portion héréditaire au profit de ses enfants nés ou à naître (cela s'appelait la *disposition officieuse*) ; puis, comme il était évident qu'aucun enfant ne se résignerait à subir sans une décision des tribunaux la flétrissure dont son père ou sa mère l'aurait ainsi marqué vis-à-vis de ses propres enfants, et que l'on craignit en outre de paraître commettre un outrage envers le vieux fétiche de la réserve, on imagina de rétablir dans deux cas le système des substitutions et l'on adapta à ces deux cas les dispositions ressassées de l'ordonnance de 1747.

(2) En ce sens, M. Valette, à son cours. — MM. Zachariæ, Aubry et Rau, t. VI, p. 37, texte et note 3. — M. Colmet de Santerre, t. IV, n° 209 *bis*, III. — M. Demolombe, t. XXII, p. 368.

En sens contraire, Delvincourt, t. II, p. 104, n° 5. — M. Duranton, t. IX, n° 525.

Dans une législation qui serait fondée sur des principes et qui se piquerait de quelque logique, on ne comprendrait pas qu'il fût moral à la fois de permettre au père qui a un enfant dissipateur de faire une substitution au profit de ses petits-enfants et de défendre à l'aïeul, dont le fils est prédécédé et qui a un

2° *La charge de conserver et de rendre ne peut être imposée qu'en faveur des enfants du grevé nés et à naître au premier degré seulement, c'est-à-dire séparés du grevé par une seule génération.*

3° *Les père et mère naturels ne peuvent, en faisant une disposition au profit de l'enfant qu'ils ont reconnu, grever cet enfant de substitution au profit de ses enfants même légitimes.*

4° *La substitution faite en faveur des enfants d'un frère ou d'une sœur (art. 1049) n'est point affectée de nullité lorsque le disposant n'a laissé que des enfants adoptifs ou des enfants naturels* (1).

**1050.** — Les dispositions permises par les deux articles précédents ne seront valables qu'autant que la charge de restitution sera au profit de tous les enfants nés et à naître du grevé, sans exception ni préférence d'âge ou de sexe.

Ici le Code Napoléon s'est éloigné des errements de l'ancien droit; la charge de conserver et de rendre ne peut être établie en faveur d'un seul ou de quelques-uns seulement des enfants du grevé; elle doit avoir en vue, comme le déclare le texte, « tous les enfants nés et à naître, sans distinction d'âge ou de sexe ».

**1051.** — Si, dans les cas ci-dessus, le grevé de restitution au profit de ses enfants meurt, laissant des enfants au premier degré et des descendants d'un enfant prédécédé, ces derniers recueilleront, par représentation, la portion de l'enfant prédécédé.

Il y a à remarquer qu'en admettant la *représentation* en matière de substitution, l'art. 1051 déroge à l'art. 1039 qui veut que toute disposition testamentaire soit *caduque*, si le bénéficiaire de cette disposition n'a pas survécu au testateur.

Au surplus, la substitution elle-même serait *caduque*, si tous les enfants au premier degré du grevé venaient à mourir avant lui (V. *infra*); les ascendants de ces enfants prédécédés ne pourraient alors recueillir qu'en qualité d'héritiers les biens précédemment substitués.

**1052.** — Si l'enfant, le frère ou la sœur auxquels des biens auraient été donnés par acte entre-vifs, sans charge de restitution, acceptent une nouvelle libé

---

petit-fils dissipateur, de faire une substitution au profit de ses arrière-petits-enfants.

Pour faire échec à l'intérêt moral tel qu'ils l'entendent, les partisans de la première opinion invoquent ici l'intérêt économique.

Qu'ils se contentent donc de dire que les textes sont formels, et que l'historique de la rédaction de l'art. 1048 est dans leur sens : ce sera franc et ce sera vrai. (V. Locré, *Législ. civ.*, t. XI, p. 329.)

(1) Comparer MM. Zachariæ, Aubry et Rau, t. VI, p. 37 et suiv., texte et notes 4, 5, 6, 10 et 11. — M. Colmet de Santerre, t. IV, n° 209 *bis*, VI. — M. Demolombe, t. XXII, p. 370 et 385.

Il serait inutile de chercher la moindre harmonie rationnelle dans toutes ces décisions; elles ne relèvent que de considérations d'aventure.

ralité faite par acte entre-vifs ou testamentaire, sous la condition que les biens précédemment donnés demeureront grevés de cette charge, il ne leur est plus permis de diviser les deux dispositions faites à leur profit, et de renoncer à la seconde pour s'en tenir à la première, quand même ils offriraient de rendre les biens compris dans la seconde disposition.

Cet article règle l'hypothèse suivante :

*Une donation entre-vifs, pure et simple, a d'abord été faite au profit d'un enfant, d'un frère ou d'une sœur; puis elle a été convertie en substitution au moyen d'une nouvelle libéralité entre-vifs ou testamentaire, faite par le donateur au donataire. Le donataire qui a accepté cette nouvelle libéralité, n'a pas le droit de revenir après coup sur son acceptation et de rendre les biens compris dans la seconde disposition pour dégrever la première de la charge de restitution.*

Il faut, en outre, ajouter que le *consentement du donateur* ne changerait rien à cette décision lorsque la seconde disposition consiste elle-même dans une donation entre-vifs. La doctrine reçue de longue date est, en effet, que toutes les fois que la substitution a eu lieu par donation entre-vifs, le donateur et le donataire ne peuvent, par un arrangement entre eux, modifier la substitution au préjudice des appelés.

C'est là une dérogation à l'art. 1121, duquel il ressort à *contrario*, que la personne qui a fait une stipulation au profit d'un tiers peut la révoquer tant que le tiers n'a pas déclaré vouloir en profiter.

Une autre dérogation à l'art. 1121 consiste en ce que la charge de restitution ne peut être la condition d'une stipulation que le grevant ferait pour lui-même, c'est-à-dire d'une convention à titre onéreux qui interviendrait postérieurement entre le donataire et lui. Les termes exprès de l'art. 1152 impliquent cette solution, car ils n'autorisent l'insertion d'une clause de substitution que dans une nouvelle libéralité faite par acte entre-vifs ou testamentaire (1).

**1055.** — Celui qui fera les dispositions autorisées par les articles précédents pourra, par le même acte, ou par un acte postérieur, en forme authentique, nommer un tuteur chargé de l'exécution de ces dispositions ; ce tuteur ne pourra être dispensé que pour une des causes exprimées à la section VI du chapitre II du titre *de la Minorité, de la Tutelle et de l'Émancipation.*

**1056.** — A défaut de ce tuteur, il en sera nommé un à la diligence du grevé, ou de son tuteur s'il est mineur, dans le délai d'un mois, à compter du jour du décès du donateur ou testateur, ou du jour que, depuis cette mort, l'acte contenant la disposition aura été connu.

---

(1) Comparer MM. Zachariæ, Aubry et Rau, t. VI, p. 41, texte et notes 18 et 19. — M. Colmet de Santerre, t. IV, nos 211 et 211 *bis*, II. — M. Demolombe, t. XXII, p. 393 et suiv., 398 et suiv.

Quelle est la cause de ces deux dérogations ?

M. Demolombe sort d'embarras pour la première en invoquant la toute-puissance de la loi (p. 394) ; il consent à avouer pour la seconde qu'il ne faut pas espérer d'en fournir une explication tout à fait satisfaisante (p. 400).

**1057.** — Le grevé qui n'aura pas satisfait à l'article précédent sera déchu du bénéfice de la disposition ; et, dans ce cas, le droit pourra être déclaré ouvert au profit des appelés, à la diligence, soit des appelés s'ils sont majeurs, soit de leur tuteur ou curateur s'ils sont mineurs ou interdits, soit de tout parent des appelés majeurs, mineurs ou interdits, ou même d'office, à la diligence du procureur du roi près le tribunal de première instance du lieu où la succession est ouverte.

**1058.** — Après le décès de celui qui aura disposé à la charge de restitution, il sera procédé, dans les formes ordinaires, à l'inventaire de tous les biens et effets qui composeront sa succession, excepté néanmoins le cas où il ne s'agirait que d'un legs particulier. Cet inventaire contiendra la prisée à juste prix des meubles et effets mobiliers.

**1059.** — Il sera fait à la requête du grevé de restitution, et dans le délai fixé au titre *des Successions*, en présence du tuteur nommé pour l'exécution. Les frais seront pris sur les biens compris dans la disposition.

**1060.** — Si l'inventaire n'a pas été fait à la requête du grevé dans le délai ci-dessus, il y sera procédé dans le mois suivant, à la diligence du tuteur nommé pour l'exécution, en présence du grevé ou de son tuteur.

**1061.** — S'il n'a point été satisfait aux deux articles précédents, il sera procédé au même inventaire, à la diligence des personnes désignées en l'art. 1057, en y appelant le grevé ou son tuteur, et le tuteur nommé pour l'exécution.

**1062.** — Le grevé de restitution sera tenu de faire procéder à la vente, par affiches et enchères, de tous les meubles et effets compris dans la disposition, à l'exception néanmoins de ceux dont il est mention dans les deux articles suivants.

**1063.** — Les meubles meublants et autres choses mobilières qui auraient été compris dans la disposition, à la condition expresse de les conserver en nature, seront rendus dans l'état où ils se trouveront lors de la restitution.

**1064.** — Les bestiaux et ustensiles servant à faire valoir les terres seront censés compris dans les donations entre-vifs et testamentaires desdites terres ; et le grevé sera seulement tenu de les faire priser et estimer, pour en rendre une égale valeur lors de la restitution.

**1065.** — Il sera fait par le grevé, dans le délai de six mois, à compter du jour de la clôture de l'inventaire, un emploi des deniers comptants, de ceux provenant du prix des meubles et effets qui auront été vendus, et de ce qui aura été reçu des effets actifs. — Ce délai pourra être prolongé, s'il y a lieu.

**1066.** — Le grevé sera pareillement tenu de faire emploi des deniers provenant des effets actifs qui seront recouvrés et des remboursements de rentes ; et ce, dans trois mois au plus tard après qu'il aura reçu ces deniers.

**1067.** — Cet emploi sera fait conformément à ce qui aura été ordonné par l'auteur de la disposition, s'il a désigné la nature des effets dans lesquels l'emploi doit être fait ; sinon, il ne pourra l'être qu'en immeubles, ou avec privilége sur les immeubles.

**1068.** — L'emploi ordonné par les articles précédents sera fait en présence et à la diligence du tuteur nommé pour l'exécution.

Ces articles, qui eussent pu être supprimés et qui eussent au moins dû être simplifiés, concernent les mesures prescrites par le législateur napoléonien *pour la conservation des droits des appelés.*

En même temps que le grevé est *un propriétaire sous condition ré-*

*solutoire*, ou, comme disent certains auteurs, *un propriétaire* ad tempus (1), *les appelés* sont, en effet, *des propriétaires sous condition suspensive*, ou *des propriétaires* ex tempore. Il est donc tout simple qu'étant admise l'idée de la substitution, il soit nécessaire de pourvoir à la garantie du droit des appelés.

Les mesures édictées dans ce but sont :

1° *La nomination d'un tuteur à la substitution* (art. 1055, 1057);

2° *L'inventaire des biens* (art. 1058, 1061);

3° *La vente du mobilier* (art. 1062-1064);

4° *L'emploi des deniers* (art. 1065-1068).

Examinons successivement chacun de ces quatre points.

### 1° NOMINATION D'UN TUTEUR A LA SUBSTITUTION (art. 1055-1057.)

D'après les art. 1055 et 1056, combinés, il doit être nommé, dans tous les cas, un tuteur spécial, ou pour mieux dire, une espèce de *curateur* à la substitution, sans qu'il y ait à distinguer s'il existe déjà des appelés au moment de la donation ou du décès du testateur, ou s'il n'en existe pas encore.

Cependant, il y a un cas où cette nomination n'est pas nécessaire; c'est celui où la charge de rendre a été imposée par une donation entre-vifs, et où le disposant entend exercer lui-même la fonction de tuteur.

Dans cette sorte de tutelle qui, nous le répétons, est plutôt une curatelle, il n'y a pas lieu *à la nomination d'un subrogé-tuteur*, et les biens du tuteur ne sont pas grevés d'*une hypothèque légale* au profit des appelés (comparer art. 420 et 2121).

Bien entendu, le donateur ou le tuteur qui établit une substitution a le droit de nommer le tuteur chargé d'en assurer l'exécution.

Il peut faire cette nomination, soit dans l'acte même qui renferme la disposition, soit dans un acte postérieur, revêtu des formes prescrites pour les dispositions entre-vifs ou testamentaires (2).

Lorsque le disposant a négligé de nommer un tuteur, ou que le tuteur qu'il a désigné est mort ou se trouve excusé, l'art. 1056 décide qu'il en sera nommé un à la diligence :

Soit du grevé lui-même,

Soit du tuteur du grevé, si celui-ci est mineur ou interdit.

---

(1) V. en particulier M. Demolombe, p. 97 et suiv.

(2) L'art. 1055 porte : « Ou par un acte postérieur en forme authentique. » Evidemment les rédacteurs de ce texte avaient oublié que le Code Napoléon reconnait le testament olographe. (En ce sens, M. Valette à son cours, MM. Zachariæ, Aubry et Rau, t. VI, p. 42, texte et note 27. — M. Colmet de Santerre soutient à l'inverse qu'il faut prendre à la lettre la disposition de l'art. 1055. (T. IV, n° 217 *bis*, III.)

Cette nomination doit avoir lieu dans le délai d'un mois, à compter du jour du décès du donateur ou testateur, ou du jour que, depuis ce décès, l'acte contenant la disposition a été connu.

Selon l'enseignement général, elle doit être faite par le conseil de famille des appelés et dans les formes ordinaires prescrites pour les nominations de tuteur (arg. de l'art. 1055 *in fine*) (1).

L'art. 1057 porte une sanction de déchéance contre le grevé qui n'a pas satisfait à l'obligation de faire nommer un tuteur à la substitution.

*Mais les juges ont-ils simplement la faculté ou bien sont-ils dans la nécessité de prononcer cette déchéance?*

Sur ce point grave débat!

Ceux qui, dans la présente hypothèse, veulent accorder aux juges *un pouvoir d'appréciation*, font argument des mots : « et dans ce cas le droit pourra être déclaré ouvert au profit des appelés... »

Ceux qui estiment que les juges doivent *nécessairement* prononcer la déchéance répliquent en alléguant la formule : « Le grevé qui n'aura pas satisfait à l'article précédent sera déchu du bénéfice de la disposition. »

Ces derniers, d'ailleurs, ajoutent que la déchéance ne sera pas encourue par le grevé, lorsqu'il lui aura été absolument impossible de remplir son obligation dans le délai prescrit.

C'est là un pas important fait vers la conciliation (2).

On pense, en général, que le grevé, même mineur ou interdit, est soumis à l'application de l'art. 1057, s'il est pourvu d'un tuteur (3).

*La déchéance peut-elle être prononcée contre le grevé, lors même qu'il n'existe pas d'appelés?*

Cette question est encore controversée.

Les partisans de l'affirmative disent que la loi n'a pas pu ne pas vou-

---

(1) MM. Zachariæ, Aubry et Rau, t. VI, p. 43, texte et note 28. — M. Demolombe, t. XXII, p. 419. — Comparer Furgole sur l'ordonnance de 1747, art. 5, tit. II.

(2) Dans le sens du *premier* système, Grenier, t. III, n° 385. — M. Toullier, t. IV, p. 203. — M. Troplong, t. IV, n° 22.

Dans le sens du *second* système, MM. Zachariæ, Aubry et Rau, t. VI, p. 43, texte et note 29. — M. Colmet de Santerre, t. IV, n° 219 *bis*. — M. Demolombe, t. XXII, p. 424.

Nous osons avouer que nous sommes, pour notre compte, parfaitement indifférent à l'égard de cette controverse comme d'un millier d'autres, mais nous ne pouvons nous empêcher de faire remarquer que les auteurs qui professent le second système prêtent une grosse faute de français aux compilateurs napoléoniens, en tant qu'ils disent que la première proposition énoncée dans le texte concerne les tribunaux, et que la seconde, bien que reliée à la première par la conjonction *et*, ne se réfère qu'aux personnes que le législateur veut autoriser à exercer l'action en déchéance.

(3) Comparer MM. Zachariæ, Aubry et Rau, t. VI, p. 44, texte et note 30. — M. Colmet de Santerre, t. IV, n° 219 *bis*, I. — M. Demolombe, t. XXII, p. 420.

loir garantir les droits des appelés à naître aussi énergiquement que les droits des appelés déjà nés, et ils décident que les biens retourneront provisoirement aux héritiers ab intestat du donateur ou des testateurs.

Les partisans de la *négative* répondent qu'en saine logique une sanction ne peut être invoquée que par ceux dans l'intérêt desquels elle existe.

Cette dernière solution a pour elle l'évidence (1).

Remarquons enfin le renvoi que fait l'art. 1055 au titre de la minorité, de la tutelle et de l'émancipation; tout en n'ayant expressément trait qu'aux causes d'excuses, ce renvoi, de l'avis des auteurs, ne doit pas être entendu d'une manière trop stricte.

### 2° Inventaire des biens (art. 1058-1061).

La confection d'un inventaire n'est requise que lorsque la substitution résulte d'un *testament*, et aussi, en général, que tout autant qu'elle a pour objet l'*universalité* ou *une quote-part de l'universalité des biens du testateur*.

Cet inventaire doit être dans les formes ordinaires.

Il n'est applicable qu'aux biens mobiliers; cependant on estime, en général, qu'il est bon d'y ajouter un procès-verbal constatant l'état des immeubles.

Il doit être dressé dans les trois mois de l'ouverture de la succession (art. 1059 et 795 combinés), et en présence du tuteur nommé pour l'exécution.

Lorsque l'inventaire n'a pas été dressé à la requête du grevé ou de son tuteur dans le délai de trois mois, le tuteur nommé pour l'exécution doit y faire procéder dans le mois suivant, en y appelant à son tour le grevé ou son tuteur.

Lorsque ni le grevé, ni le tuteur nommé pour l'exécution, ne provoquent la confection de l'inventaire, les personnes désignées en l'art. 1057 ont toutes le droit de la requérir, en y appelant à la fois le grevé ou son tutenr et le tuteur nommé pour l'exécution.

Les frais de l'inventaire doivent être prélevés sur les biens compris dans la substitution (2).

---

(1) En ce sens, MM. Zachariæ, Aubry et Rau, t. VI, p. 44, texte et note 31. — M. Demolombe, t. XXII, p. 429.

En sens contraire, M. Colmet de Santerre, t. IV, n° 219 *bis*, II.

(2) Comparer MM. Zachariæ, Aubry et Rau, t. VI, p. 45 et suiv. — M. Demolombe, t. XXII, p. 435 et suiv.

### 3° Vente du mobilier (art. 1062-1064).

Le grevé doit faire procéder à la vente de tous les meubles compris dans la substitution.

La vente doit avoir lieu par affiches et enchères, en présence du tuteur nommé pour l'exécution.

Sont exceptés de cette mesure :

1° *Les meubles que le donateur ou le testateur a charge expressément le grevé de rendre en nature;*

2° *Les bestiaux et les instruments aratoires servant à l'exploitation des immeubles compris dans la substitution;*

3° *D'après la plupart des auteurs, les meubles que les juges autorisent le grevé à conserver, sous la condition qu'il les impute, suivant la prisée, sur les prélèvements qu'il a le droit d'exercer* (1).

La *seconde* exception a de quoi surprendre au premier abord, car elle se réfère non à des meubles, mais à des biens que l'art. 524 range expressément parmi les immeubles par destination, et qui, en cette qualité, se trouvent par conséquent soustraits d'eux-mêmes à l'empire de la règle de la vente du mobilier.

Voici comment s'explique la présence de cette fausse exception dans la compilation napoléonienne : le titre des *Donations entre-vifs et des testaments* qui contient l'art. 1064 a été décrété plusieurs mois avant le titre de la *Destination des biens* qui renferme l'art. 524; or, à l'époque où fut décrété l'art. 1064, les auteurs du Code Napoléon ignoraient s'ils admettraient une classe d'immeubles par destination, et, après qu'ils eurent admis cette classe, ils ne songèrent pas à réviser l'art. 1064.

Notons encore, *au sujet des bestiaux et des ustensiles aratoires*, que le grevé est tenu de les faire estimer pour en rendre non « une égale valeur », comme l'exprime vicieusement le texte, mais « d'une égale valeur » lors de la restitution (comparer art. 826) (2).

Dans le cas où le grevé négligerait de procéder à la vente du mobilier, le tuteur, à l'exécution, devrait l'actionner en justice et se faire autoriser à procéder lui-même à la vente (3).

---

(1) Toullier, t. III, n° 763. — M. Coin-Delisle, art. 1064, n° 2. — M. Demolombe, t. XXII, p. 450.

(2) Cette formule est celle qui se trouve dans l'art. 6, tit. II, de l'ordonnance de 1747; or, il n'est pas douteux que les compilateurs napoléoniens n'aient entendu reproduire la disposition de l'ordonnance; ils l'ont seulement reproduite, comme ils faisaient d'ordinaire, sans se soucier de comprendre.

(3) Toullier, t. V, n° 58. — MM. Zachariæ, Aubry et Rau, t. VI, p. 46.

### 4° Emploi des deniers (art. 1065-1068).

Le grevé est tenu de faire emploi dans les délais fixés par les art. 1065 et 1066, en présence du tuteur nommé pour l'exécution, de tous le deniers compris dans la substitution.

Ces deniers sont :

1° *Les deniers comptants;*

2° *Le produit de la vente des meubles;*

3° *Les sommes provenant de recouvrements de créances ou de remboursements de rentes.*

L'emploi doit être fait conformément aux intentions du disposant; à défaut d'une volonté exprimée par le disposant, il ne pourra être fait, dit l'art. 1067, qu'en *immeubles* ou avec *privilége sur des immeubles.*

On conçoit que le grevé ait toujours plus ou moins le moyen d'obtempérer à l'injonction de l'article en ce qui concerne le placement en immeubles, *mais comment s'y prendra-t-il pour placer avec privilége sur des immeubles, le privilége étant un droit attaché par la loi elle-même à la qualité de la créance, et qui ne peut être créé par la convention des parties* (art. 2095)?

On répond que le grevé achètera des créances privilégiées sur des immeubles (art. 2112), ou qu'il les paiera avec subrogation (art. 1250, 1° et 2°; art. 2103, 2°, et 5° (1).

Les actes d'acquisition ou de placement dressés en pareil cas doiven indiquer l'origine des deniers et le but des acquisitions et des place ments.

Le tuteur à l'exécution est chargé non-seulement de surveiller, mais aussi de provoquer l'emploi des deniers.

**1069.** — Les dispositions par actes entre-vifs ou testamentaires, à charge de restitution, seront, à la diligence, soit du grevé, soit du tuteur nommé pour l'exécution, rendues publiques; savoir, quant aux immeubles, par la transcription des actes sur les registres du bureau des hypothèques du lieu de la situation ; et quant aux sommes colloquées avec privilége sur les immeubles, par l'inscription sur les biens affectés au privilége.

**1070.** — Le défaut de la transcription de l'acte contenant la disposition pourra être opposé par les créanciers et tiers acquéreurs, même aux mineurs ou interdits, sauf le recours contre le grevé et contre le tuteur à l'exécution, et sans que les mineurs ou interdits puissent être restitués contre ce défaut de transcription, quand même le grevé et le tuteur se trouveraient insolvables.

**1071.** — Le défaut de transcription ne pourra être suppléé ni regardé comme

---

(1) La plupart des auteurs admettent, avec un sens pratique évident, qu'une première hypothèque suffit pour atteindre le but que la loi a en vue. (Comparer MM. Zachariæ, Aubry et Rau, t. VI, p. 47, texte et note 38. — M. Coin-Delisle, art. 1067, n° 1. — M. Demolombe, t. XXII, p. 456 )

couvert par la connaissance que les créanciers ou les tiers acquéreurs pourraient avoir eue de la disposition par d'autres voies que celle de la transcription.

**1072.** — Les donataires, les légataires, ni mêmes les héritiers légitimes de celui qui aura fait la disposition, ni pareillement leurs donataires, légataires ou héritiers, ne pourront, en aucun cas, opposer aux appelés le défaut de transcription ou inscription.

Ces articles règlent la *publicité* qui doit être donnée à la substitution. *Cette publicité est requise pour avertir les tiers de l'existence de la substitution, et par là même du véritable état de fortune du grevé.*

Elle consiste, d'après le texte de l'art. 1069 :

*A l'égard des immeubles, dans la transcription des actes sur les registres du bureau des hypothèques du lieu de la situation.*

*A l'égard des sommes colloquées avec privilége sur des immeubles, dans l'inscription sur les biens affectés au privilége.*

Ces deux formules ont grand besoin d'une explication.

A l'égard des immeubles, il y a *trois* cas à distinguer.

*S'agit-il, d'une manière générale, d'immeubles directement compris dans la substitution*, c'est la donation entre-vifs ou le testament contenant la substitution qu'il faut transcrire (1).

*S'agit-il d'immeubles acquis par le grevé conformément à l'une des dispositions* que renferme *l'art.* 1067 (V. *supra*, p. 631), c'est l'acte d'acquisition qui doit être transcrit.

*S'agit-il enfin de l'hypothèse spéciale prévue par l'art.* 1052, il faut :

1° Transcrire les deux actes successifs dont cet article suppose l'existence;

2° Faire une annotation de la transcription du second acte en marge de la transcription du premier.

*A l'égard des sommes colloquées avec privilége sur des immeubles*, il y a *deux* cas à distinguer :

*S'agit-il de créances* ou *de rentes, à raison desquelles une inscription a déjà été prise*, la substitution doit être indiquée au moyen d'une annotation en marge de l'inscription existante;

*S'agit-il de créances* ou *de rentes non inscrites, et à raison desquelles le grevé est tenu de prendre inscription*, il suffit que l'inscription prise par le grevé contienne la mention de la substitution (2).

Aucune formalité de publicité n'est applicable aux autres meubles corporels ou incorporels, et notamment aux sommes placées, soit par le

(1) Remarquons que, tandis que le testament n'est point sujet à transcription, en tant que testament, il y est sujet, en tant que contenant une substitution.

(2) Comparer MM. Zachariæ, Aubry et Rau, t. VI, p. 47, texte et notes 40-41. — M. Colmet de Santerre, t. IV, nos 232 et 232 *bis*. — M. Demolombe, t. XXII, p. 459 et suiv.

disposant lui-même, soit par le grevé, d'après la volonté du disposant en valeurs autres que celles désignées par l'art. 1067 (1).

Dans tous les cas où la publicité de la substitution est requise, si le grevé ou son tuteur omet d'y pourvoir, ce soin incombe au tuteur à l'exécution (art. 1069).

Ce même soin, dans la même hypothèse, incomberait également au tuteur des appelés, si ceux-ci sont mineurs.

*Lorsque les formalités de publicité de la substitution ont été accomplies, la substitution est opposable aux tiers, sans que ceux-ci, pour en conjurer les effets, en ce qui les concerne, puissent arguer de leur ignorance.*

De là il résulte que les droits acquis aux tiers, du chef du grevé, sont résolus, en même temps que le droit du grevé, par l'ouverture de la substitution.

D'ailleurs, d'après le texte de l'art. 1071, le défaut de transcription, ou, en des termes plus généraux et plus exacts, le défaut d'accomplissement des formalités de publicité de la substitution ne peut être suppléé ni regardé comme couvert par la connaissance que les tiers intéressés peuvent avoir eue de la disposition par d'*autres* voies que celles de ces formalités (2).

*Supposons maintenant que les formalités de publicité de la substitution n'aient pas été remplies, et voyons quels sont les tiers qui peuvent se prévaloir du défaut d'accomplissement de ces formalités.*

Dans l'ancien droit, la solution de cette question était fort claire; dans le droit napoléonien, elle est devenue fort obscure.

D'après l'art. 1070, les tiers qui peuvent se prévaloir du défaut d'accomplissement des formalités de publicité de la substitution sont :

1° *Les créanciers* (du grevé) ;

---

(1) Les rédacteurs du Code Napoléon qui voulaient admettre la substitution dans les deux cas des pères et mères et des frères et sœurs, mais qui ne savaient comment parvenir à l'organiser, n'ont imaginé rien de mieux que de plaquer l'ordonnance de 1747 sur leur propre conception. Par malheur, l'ordonnance de 1747, conçue dans un esprit aristocratique, formait un système assez bien lié qui ne concernait guère que les immeubles, et qui supposait, au moins en général, des placements immobiliers. Les compilateurs napoléoniens n'ont pas pris garde à cette circonstance; aussi ce qui était à peu près cohérent dans l'œuvre du législateur de 1747 est devenu un chaos dans l'œuvre du législateur de 1804.

(2) Quoique la justice exige impérieusement que le droit des tiers soit toujours sauvegardé, cette rigueur est de trop, et c'est une fausse science, à coup sûr, que celle qui professe que les formalités ne se suppléent point. (V. Pothier, *Des donations entre-vifs*, sect. II, art. 111, n° 499.)

On objecte le danger des procès; nous nions ce danger, et nous objectons, nous, que le législateur n'a, du reste, le droit de rien faire pour le prévenir. Laissez-nous plaider, si bon nous semble; c'est notre affaire, cela ne vous regarde pas.

2° *Les tiers acquéreurs* (à titre onéreux qui tiennent leurs droits du grevé) ou d'une manière plus générale, plus précise et plus exacte, *les tiers ayant acquis du grevé, à titre onéreux, des droits réels sur les biens substitués.*

Dans ces termes, la question paraît tranchée, et elle le serait, en effet, si l'art. 1072 n'existait pas.

*Or, que signifie l'art.* 1072 ?

Notons d'abord que la difficulté ne s'élève qu'à l'égard de la substitution faite par un acte de donation entre-vifs, et dans le cas seulement où cet acte n'a point été du tout transcrit, ni pour la donation, ni pour la substitution.

*Selon les uns, l'art.* 1072 *déroge à l'art.* 941 *dans l'intérêt des appelés, et il veut dire que les ayants cause à titre gratuit du disposant, et de même les ayants cause à titre gratuit des ayants cause à titre gratuit du disposant ne peuvent pas plus opposer aux appelés le défaut de transcription de la donation que le défaut de transcription ou d'inscription de la substitution* (1).

Les partisans de cette opinion se fondent sur ce que, dans le cas d'une substitution faite par un acte de donation entre-vifs, les rédacteurs du Code Napoléon n'avaient aucune raison de soumettre à des principes différents vis-à-vis des appelés la publication pour donation et la publication pour substitution.

*Selon d'autres, l'art.* 1072 *ne contient aucune dérogation à l'art.* 941 ; *il n'a en vue que le défaut de publication de l'acte considéré comme substitution, et il signifie simplement que les ayants cause à titre gratuit du grevé ne peuvent opposer aux appelés le défaut de publication de la substitution* (2).

Les partisans de cette opinion s'appuient sur ce que les anciens interprètes entendaient, en général, de cette manière l'art. 34 de l'ordonnance de 1747, dont l'art. 1072 n'est que la reproduction (3).

---

(1) MM. Zachariæ, Aubry et Rau, t. VI, p. 40, texte et note 49. — M. Colmet de Santerre, t. IV, n° 238 *bis*. — M. Demolombe, t. XXII, p. 474.

(2) M. Pison, *Revue crit. de législ.*, 1859, t. XIV, p. 14 et suiv. — M. Mourlon, *Traité de la transcription*, t. II, n° 430, et *Revue pratique de droit français*, 1864, t. XVII, p. 477.

(3) Comparer Pothier, *Des substitutions*, sect. I, art. 4, 5, 6. — D'Argou, *Instit. du droit français*, t. I, p. 378. — Thévenot D'Essaule, *Des substitutions*, sect. VI, chap. XLIII, § 3. — V. cependant Furgole, *sur l'art.* 34 *de l'ordonn. de* 1747.

Voici comment l'art. 34 avait pris place dans l'ordonn. de 1747 :

Une Déclaration du 17 novembre 1690 avait décidé que le défaut de publication de la substitution pourrait être opposé *par les créanciers et les tiers-acquéreurs*. Comme cette déclaration ne parlait pas du grevé, il se trouva des légistes pour enseigner (il s'en trouve toujours pour toute besogne du même genre), il se trouva donc des légistes pour soutenir que le grevé, bien que chargé lui-

Cet argument est décisif, car il est clair que les compilateurs napoléoniens n'ont eu ici d'autre pensée certaine que celle de copier les vieux textes; mais cela revient aussi finalement à dire que l'art. 1072 est inutile, car l'art. 1070, bien que dépourvu de précision, impliquait déjà *à contrario* la proposition que contient l'obscur article 1072.

Notons que les appelés auxquels les tiers opposeraient le défaut de publication de la substitution, ne pourraient être relevés des conséquences de cette omission, lors même qu'ils seraient mineurs ou interdits, et que le grevé, ainsi que le tuteur à l'exécution, se trouveraient tous les deux insolvables (art. 1070; V. aussi *infra* art. 1074).

Remarquons enfin, que la loi du 23 mars 1855 sur la transcription n'a point, en général, dérogé aux règles précédentes (art. 11, alin. 6); toutefois, les tiers qui acquièrent du grevé un droit de bail de longue durée ont, en vertu de cette loi (art. 2), le droit de se prévaloir du défaut de transcription de la substitution.

**1054.** — Les femmes des grevés ne pourront avoir, sur les biens à rendre, de recours subsidiaire, en cas d'insuffisance des biens libres, que pour le capital des deniers dotaux, et dans le cas seulement où le testateur l'aurait expressément ordonné.

Ce bizarre article se réfère indirectement aux droits du grevé. Il ne peut être rangé à sa place dans la théorie de la substitution qu'après un exposé préalable de ces droits.

Selon Pothier, les droits du grevé se résument dans *deux* principes :

1° *Le grevé, avant l'ouverture de la substitution, est le seul et vrai propriétaire des biens substitués;*

2° *Le droit de propriété du grevé est résoluble par l'événement de la condition qui donne ouverture à la substitution* (1).

Examinons chacun de ces *deux* principes.

---

même de rendre la substitution publique, avait le droit de se prévaloir du défaut de publication de la substitution.

Cette opinion était grave, et l'on conçoit bien qu'elle ait divisé les anciens docteurs.

De là, la nécessité d'une seconde déclaration (18 janvier 1712).

« Les substitutions, portait en substance ce nouvel acte législatif, seront publiées et enregistrées à la diligence des héritiers, soit institués, soit *ab intestat*, donataires ou légataires universels ou particuliers, lorsque leurs donations seront chargées de restitution;..... ne pourra le défaut de publication être opposé, en aucun cas, aux substitués par les héritiers institués ou *ab intestat*, donataires, ou légataires universels ou particuliers, ni par leurs successeurs.

Vint ensuite l'ordonnance de 1747, qui reproduisit la déclaration de 1712, et enfin la compilation napoléonienne qui reproduisit l'ordonnance. (V. Pothier, *loc. cit.*)

(1) Comparer Pothier, *Des substitutions*, sect. v.

De l'idée que *le grevé, avant l'ouverture de la substitution, est le seul et vrai propriétaire des biens substitués*, les auteurs déduisent les *trois* conséquences suivantes :

1° *Le grevé, tant que la substitution n'est pas ouverte, a le droit d'aliéner, soit à titre onéreux, soit à titre gratuit.*

De là il résulte que les créanciers personnels du grevé ont aussi le droit de faire saisir et exproprier provisoirement contre lui les biens substitués.

2° *Le grevé, tant que la substitution n'est pas ouverte, a qualité pour intenter toutes les actions relatives aux biens substitués et pour y défendre.*

Néanmoins les jugements rendus contre le grevé ne sont opposables aux appelés que tout autant qu'ils ont été rendus contradictoirement avec le tuteur à l'exécution et sur les conclusions du ministère public (1).

3° *Le grevé, tant que la substitution n'est pas ouverte, a le droit de transiger relativement aux biens substitués.*

Néanmoins, les transactions consenties par le grevé ne sont opposables aux appelés que tout autant qu'elles ont eu lieu avec les formalités prescrites pour les transactions dans lesquelles des mineurs sont intéressés (2).

*La prescription qui a couru contre le grevé est-elle opposable aux appelés ?*

Grâce à la subtilité juridique, qui finasse toujours et ne sait même pas remonter aux principes qu'elle a posés, cette question est résolue par les auteurs de la façon la plus confuse et la plus diverse (3).

Voici les *deux* principales solutions :

D'après une *première* opinion, *il faut distinguer entre le cas où les tiers qui invoquent la prescription ne tiennent pas leur droit du grevé, et le cas où ces mêmes tiers tiennent leur droit du grevé.*

*S'agit-il de tiers ne tenant pas leur droit du grevé, la prescription qui a couru contre le grevé est opposable aux appelés, même mineurs ou interdits.*

*S'agit-il de tiers tenant leur droit du grevé, la prescription qui*

---

(1) MM. Zachariæ, Aubry et Rau, t. VI, p. 51 et 52, texte et note 25. M. Demolombe, t. XXII, p. 497. — Comparer art. 44 et 50, Ordonnance de 1747, tit. II, et Thévenot d'Essaule, n° 711.

(2) MM. Zachariæ, Aubry et Rau, t. VI, p. 53. — M. Marbeau, *Des transactions*, n°s 116 et suiv. — M. Demolombe, t. XXII, p. 500. Comparer art. 53, Ordonnance de 1747, tit. II.

(3) Cette confusion et cette diversité ne datent pas d'aujourd'hui; on peut s'en convaincre en se reportant à Furgole (sur l'ordonnance de 1747). Thévenot d'Essaule, chap. IV. — Ricard, 2e partie, n°s 82-94. — Pothier, *Des substitutions*, sect. V, art. 1. — Dunod, *Des prescriptions*, chap. IV.

*a couru contre le grevé, n'est pas opposable aux appelés, même majeurs et capables* (1).

Les partisans de cette opinion raisonnent, comme il suit :

Lorsqu'il s'agit de tiers ne tenant pas leur droit du grevé, « les appelés n'ont d'autres actions que celles qui compètent au grevé lui-même, et comme ces actions appartiennent exclusivement à ce dernier jusqu'à l'ouverture de la substitution, c'est contre lui et non contre les appelés qu'elles se prescrivent » (2).

Au contraire, lorsqu'il s'agit de tiers tenant leur droit du grevé, « les actes d'aliénation consentis par le grevé ne peuvent être attaqués par ce dernier, ils ne peuvent l'être que par les appelés, et par cela même les actions qui leur compètent à cet effet ne sont susceptibles de s'éteindre directement ou indirectement que par des prescriptions acquises contre eux personnellement (3). »

D'après une *seconde* opinion, *la prescription qui a couru contre le grevé est opposable aux appelés majeurs et capables; elle n'est pas opposable aux appelés mineurs ou interdits* (4).

Les partisans de cette opinion argumentent ainsi :

Tant que la substitution n'est pas ouverte, la propriété ou la créance substituée réside éventuellement sur deux têtes, celle du grevé et celle des appelés; si la condition à laquelle était soumis le droit des appelés se réalise par l'ouverture de la substitution, ils seront censés avoir toujours été propriétaires des biens ou créanciers des débiteurs; donc, s'ils étaient mineurs ou interdits, la prescription n'aura jamais pu courir contre eux, et, s'ils étaient majeurs et capables, la prescription aura toujours pu courir contre eux.

Cette *seconde* opinion est la seule qui soit soutenable.

*Les auteurs discutent encore le point de savoir si dans le cas où*

---

(1) MM. Zachariæ, Aubry et Rau, t. VI, p. 52, texte et note 26. — M. Demolombe, t. XXII, p. 490.

(2) MM. Zachariæ, Aubry et Rau, t. VI, p. 52, note 26.

(3) MM. Zachariæ, Aubry et Rau, *loc. cit.*

Nous avouons ne pas comprendre comment ce raisonnement établit la double proposition qu'on prétend en faire résulter.

De son côté, M. Demolombe se contente d'alléguer l'autorité de Pothier (*Des substitutions*, sect. V, art. 1er), en ajoutant que le droit du grevé est un droit *ad tempus* et non un droit soumis à une condition résolutoire (t. XXII, p. 494). Plutôt que de distinguer entre le droit *ad tempus* et le droit soumis à une condition résolutoire, M. Demolombe eût, à nos yeux, bien mieux fait d'établir que, la substitution admise, il y a raison et justice à ce que la prescription qui a couru contre le grevé soit opposable aux appelés, mineurs, interdits, ou même non encore conçus.

(4) M. Valette, à son cours. — M. Bugnet, *Sur Pothier*, t. VIII, p. 514. — MM. Massé et Vergé, *Sur Zachariæ*, t. III, p. 204. — M. Colmet de Santerre, t. IV, n° 213 *bis*, IV.

*le grevé abuse de son droit, il peut, comme l'usufruitier, en être déclaré déchu* (art. 618).

La *négative* est certaine, car, d'une part, le grevé est un propriétaire et non un simple usufruitier; et, d'autre part, les déchéances ne se suppléent pas (1).

*De l'idée que le droit de propriété du grevé est résoluble par l'événement de la condition qui donne ouverture à la substitution*, les auteurs concluent que lorsque la substitution a été rendue publique, les droits que le grevé a consentis à des tiers sur les biens substitués sont, en général, affectés de la même condition résolutoire que celle qui est inhérente au droit du grevé.

On enseigne qu'il faut excepter de l'application de cette conséquence:

1° *Les actes d'administration faits par le grevé, par exemple les baux qu'il a passés sans fraude* (argument d'anal. tiré de l'art. 1673);

2° *Les actes faits par le grevé avec l'emploi des formalités requises;*

3° *L'hypothèque légale de la femme du grevé pour sûreté du capital de ses deniers dotaux.*

Ce *dernier* cas est enfin celui que règle l'art. 1054.

*Mais comment concevoir l'utilité d'une pareille disposition en présence du principe que l'ouverture de la substitution résout rétroactivement la propriété du grevé?*

*Comment concevoir surtout que le disposant puisse, même par une clause formelle, faire servir la substitution à la garantie hypothécaire de la femme du grevé, et cela au préjudice des appelés?*

L'explication du *premier* point se trouve dans les précédents historiques. D'après l'ordonnance de 1747, comme d'après les plus vieux errements de la jurisprudence française, la femme du grevé avait de plein droit une hypothèque subsidiaire sur les biens substitués (2). L'article abroge à cet égard l'ordonnance de 1747.

L'explication du *second* point tient à ce que, de longue date, dans notre Occident (3), la fortune de la femme mariée est souvent à la discrétion du mari, tant que dure le mariage, et qu'il est par conséquent nécessaire de donner à la femme mariée des garanties contre son mari

(1) En ce sens, MM. Massé et Vergé, *Sur Zachariæ*, t. III, p. 203. — M. Colmet de Santerre, t. IV, n° 212 *bis*, II. — M. Demolombe, t. XXII, p. 510.

En sens contraire, MM. Zachariæ, Aubry et Rau, t. VI, p. 54, texte et notes 67-69. — M. Duvergier, *Sur Toullier*, t. III, n° 782, note 1.

(2) V. art. 44 et 45, Ordonnance de 1747, tit. I.

(3) Comme nous le verrons, t. III, à l'occasion du *contrat de mariage*, le système slave est différent, et sur ce point beaucoup plus rationnel et plus juste.

pour qu'elle ait l'espoir de recouvrer sa dot à l'époque de la dissolution du mariage.

Cela tenait aussi autrefois à ce que le mari devait avoir de quoi assigner un douaire à sa femme (1).

Remarquons :

1° *Que, pour que l'hypothèque légale de la femme du grevé frappe les biens substitués, il faut que le disposant (donateur ou testateur) l'ait expressément ordonné;*

2° *Que cette hypothèque ne s'exerce sur les biens substitués que subsidiairement, c'est-à-dire en cas d'insuffisance des autres biens du grevé;*

3° *Qu'elle ne peut exister que pour sûreté d'une dot constituée en argent et apportée au mari par le contrat de mariage;*

4° *Qu'elle ne peut garantir que le capital de cette dot.*

Au surplus, l'art. 1054 est susceptible de s'appliquer tout aussi bien à la femme mariée sous le régime de la communauté qui s'est réservé la reprise de ses apports qu'à la femme mariée sous le régime dotal.

Terminons par le tableau des principales différences qui existent entre le grevé de substitution et l'usufruitier :

| | |
|---|---|
| 1° *Le grevé de substitution est actuellement propriétaire des biens substitués, et il peut toujours avoir la chance de le devenir d'une manière incommutable.* (V. *infra*, p. 641.) | 1° *Non-seulement l'usufruitier n'est pas actuellement propriétaire des biens sujets à usufruit, mais il ne peut même jamais avoir la chance de le devenir.* |
| 2° *Le grevé de substitution n'est point tenu de donner caution.* | 2° *L'usufruitier est tenu de donner caution* (art. 601) (2). |
| 3° *Le grevé de substitution est obligé de faire les grosses réparations, sauf à répéter le montant de ses impenses contre les appelés, lors de l'ouverture de leur droit;* | 3° *L'usufruitier n'est point tenu de faire les grosses réparations* (art. 605) (3); |
| 4° *Le grevé de substitution qui a fait des améliorations a le droit de réclamer des appelés le montant de ses avances, jusqu'à concurrence de la plus-value existante au moment de la restitution;* | 4° *L'usufruitier qui a fait des améliorations n'a pas le droit de réclamer le montant de ses avances* (4). |
| 5° *Le grevé de substitution a droit aux fruits jusqu'à ce que les appelés aient formé une demande en délivrance* (5). | 5° *L'usufruitier n'a droit aux fruits que jusqu'à l'époque où l'usufruit prend fin.* |

(1) Comparer Pothier, *Des substitutions*, sect. v, art. 11, § 1.

Par ses origines et par sa signification actuelle, l'art. 1054 se rattache au système légal qui, contre tout droit, met la femme dans la dépendance du mari.

(2) V. *Manuel de droit civil*, t. I, p. 628.

(3) V. *Manuel de droit civil*, t. I, p. 631.

(4) V. *Manuel de droit civil*, t. I, p. 624.

(5) Comparer art. 40, Ordonnance de 1744, tit. I, et MM. Zachariæ, Aubry

*Il a, en outre, droit à une indemnité pour les frais de labour et de semence des immeubles sur lesquels il existe des fruits au moment de la restitution.*

*Il n'a jamais droit à aucune indemnité pour les frais de labour et de semence* (art. 585 *et* 586) (1).

6° *Le grevé de substitution ne peut être déclaré déchu pour abus de jouissance* (V. *supra*, p. 638).

6° *L'usufruitier peut être déclaré déchu pour abus de jouissance* (art. 618) (2).

**1053.** — Les droits des appelés seront ouverts à l'époque où, par quelque cause que ce soit, la jouissance de l'enfant, du frère ou de la sœur, grevés de restitution, cessera; l'abandon anticipé de la jouissance au profit des appelés ne pourra préjudicier aux créanciers du grevé antérieurs à l'abandon.

Cet article concerne *les droits des appelés, en tant qu'il s'agit spécialement de l'ouverture de la substitution.*

*Selon la formule de Pothier, adoptée par les auteurs, l'appelé ou le substitué avant l'ouverture de la substitution, n'a, en principe, par rapport au bien substitué, aucun droit formel, mais une simple espérance.*

Cependant cette *espérance*, comme disent les auteurs, est un *droit conditionnel;* ce qui signifie que, en même temps que le grevé est *propriétaire sous une condition résolutoire* des biens substitués, les appelés en sont *propriétaires sous la condition suspensive* suivante : s'ils survivent à l'ouverture de la substitution, et s'ils peuvent et veulent la recueillir.

De là on déduit pour les appelés la faculté d'exercer dès avant l'ouverture de la substitution, soit par eux-mêmes, soit par le tuteur à l'exécution, tous les actes *conservatoires* de leurs droits.

Mais, après avoir endommagé la formule de Pothier, les auteurs deviennent plus rigoristes que Pothier lui-même, et, au nom des articles qui défendent les pactes sur une succession future (art. 791,1130 et 1609), ils déclarent nulle non-seulement toute renonciation pure et simple faite par l'appelé à la substitution non ouverte; mais encore toute renonciation conventionnelle faite par l'appelé au profit du grevé ou au profit d'un tiers (3).

---

et Rau, t. VI, p. 54, texte et note 65. — Cependant ce point est controversé. V. en sens contraire M. Demolombe, t. XXII, p. 540.

(1) V. *Manuel de droit civil*, t. I, p. 612.

(2) V. *Manuel de droit civil*, t. I, p. 648.

(3) Comparer Pothier, *Des substitutions*, sect. VII, art. 11, §§ 1 et 2. — M. Colmet de Santerre, t. IV, n° 211 *bis*, III. — M. Demolombe, t. XXII, p. 527 et suiv.

Comme la législation dont elle fait partie, cette *doctrine* est légèrement vacillante et contradictoire.

Toujours même leçon : on ne construit pas sur la déraison et sur l'arbitraire.

Comment la simple espérance, *ou le droit conditionnel des appelés, devient-il un droit certain, en d'autres termes, comment s'ouvre la substitution ?*

Les compilateurs napoléoniens n'ont point répondu à cette question d'une manière précise; la principale disposition qui s'y réfère est le vague art. 1053; aussi n'est-ce qu'à grand'peine que les auteurs parviennent à édifier en cette matière une sorte de théorie (1).

Il y a d'abord lieu de distinguer :

1° *La cause normale d'ouverture de la substitution;*

2° *Les causes anormales d'ouverture de la substitution.*

Passons successivement en revue ces deux sortes de causes.

### 1° CAUSE NORMALE D'OUVERTURE DE LA SUBSTITUTION.

La cause normale d'ouverture de la substitution est la *mort* du grevé

Cette cause est la seule qui produise des effets *absolus* tout à la fois envers les tiers (2) et envers les appelés.

*En ce qui concerne les tiers*, elle anéantit leurs droits en même temps que celui de leur auteur.

*En ce qui concerne les appelés*, recueillent la substitution uniquement ceux qui sont vivants et capables à la mort du grevé, et qui de plus veulent user de leur droit.

Si les appelés ne recueillent pas la substitution, le grevé doit être réputé avoir toujours été propriétaire des biens substitués.

Si les appelés recueillent la substitution, ce sont eux qui deviennent les donataires et les légataires du disposant d'après l'adage : « *Substitutus capit a gravante non a gravato.* »

### 2° CAUSES ANORMALES D'OUVERTURE DE LA SUBSTITUTION.

C'est à ces causes que semble se rapporter principalement l'art. 1053.

On ne s'entend ni sur la liste qu'il en faut dresser ni sur les effets qu'elles produisent.

D'après l'opinion qui réunit le plus de suffrages, il y aurait lieu d'en compter jusqu'à *cinq;* ce seraient :

1° *La déchéance qu'encoure le grevé lorsqu'il a négligé de faire nommer un tuteur à la substitution* (art. 1057, V. *supra*);

---

(1) Nous prévenons que nous suivons particulièrement ici M. Demolombe, dont l'exposé est de beaucoup supérieur à celui des autres interprètes. (V. t. XXII, p. 534 et suiv.)

(2) Nous entendons ici par *tiers* toutes les personnes intéressées à ce que la substitution ne s'ouvre pas ou s'ouvre au moins le plus tard possible, et notamment les tiers acquéreurs des biens substitués et les créanciers du grevé. (Art. 1070 et 1072; v. *supra*, p. 633.)

2° *L'abandon anticipé fait par le grevé;*

3° *La révocation, pour cause d'inexécution des charges ou pour cause d'ingratitude, de la donation entre-vifs ou du testament contenant la substitution* (art. 954, 955 et 1046);

4° *L'arrivée du terme ou de la condition, lorsque le disposant a fixé pour la substitution une époque autre que celle du décès du grevé* (V. *supra*, p. 622, note 1), *ou qu'il l'a fait dépendre d'un événement incertain autre que la survie des appelés;*

5° *La déchéance prononcée contre le grevé pour cause d'abus de jouissance.*

Nous avons déjà dit pour quelles raisons nous repoussons cette *dernière* (V. *supra*, p. 638). Nous allons examiner les *quatre* autres :

### 1° DÉCHÉANCE QU'ENCOURT LE GREVÉ LORSQU'IL A NÉGLIGÉ DE FAIRE NOMMER UN TUTEUR A LA SUBSTITUTION (art. 1057).

Cette cause d'ouverture est écrite dans l'art. 1057.

*En ce qui concerne les tiers*, elle ne produit aucun effet, car elle a un caractère purement pénal contre le grevé (1).

*En ce qui concerne les appelés*, elle ne produit qu'un effet provisoire, et cela par la raison sus-énoncée. L'époque qu'il y a lieu de considérer, pour régler définitivement les droits des appelés, reste donc l'époque de la mort du grevé.

De là, entre autres conséquences, celle-ci : un des appelés existants à l'époque de la déchéance du grevé est-il mort sans laisser de descendants, la part qu'il a obtenue dans le partage fait à l'époque de la déchéance du grevé accroîtra à celles des appelés survivants (2).

---

(1) En ce sens, Furgole, sur les art. 41 et 42, Ordonnance de 1747, tit. II. — M. Demolombe, t. XXII, p. 432 et 550.

En sens contraire MM. Zachariæ, Aubry et Rau, t. VI, p. 44. Ces auteurs se bornent à affirmer leur opinion.

(2) En ce sens, MM. Zachariæ, Aubry et Rau, t. V, p. 44-45, texte et note 32. — M. Colmet de Santerre, t. IV, n° 212 *bis*, v. — M. Demolombe, t. XXII, p. 546.

En sens contraire, M. Troplong, qui paraît s'être au moins convaincu lui-même au moyen de l'argumentation dont voici les termes : « Ce qu'il faut considérer, ce n'est pas l'époque du décès de celui qui était grevé, car, quand il est décédé, il n'était plus grevé, et sa jouissance avait cessé définitivement. Il ne faut avoir égard qu'à ce qui existait à l'époque de l'ouverture de la substitution; c'est là l'époque décisive, c'est là l'événement critique qui règle tout. Il n'y a pas deux ouvertures du fidéicommis; l'une provisoire, lors de la déchéance, de la résolution, etc.; l'autre définitive, lors du décès de celui qui était grevé; il n'y a qu'une ouverture, celle qui s'opère au moment où agissent les causes énumérées dans notre article 1053. » (T. IV, n° 2243.)

*Quod est demonstrandum*, ô grand légiste, car, à part le « quand il est décédé,

2° ABANDON ANTICIPÉ FAIT PAR LE GREVÉ.

Cette hypothèse doit d'abord être nettement distinguée de celle où *le grevé, en sa qualité de propriétaire, a disposé à titre gratuit entre-vifs au profit des appelés, comme il l'eût pu faire au profit de tierces personnes, soit de la jouissance, soit même de la propriété des biens substitués.*

C'est là, en effet, le cas d'*une pure donation entre-vifs*, et il y a lieu d'y appliquer les règles des donations.

*Quant à l'abandon anticipé fait par le grevé*, c'est-à-dire à la restitution des biens substitués faite avant l'époque de la déchéance, voyons ce qui en résulte.

Il faut commencer par remarquer que, malgré l'équivoque du mot «*jouissance*», employé par les rédacteurs du Code Napoléon dans la *seconde* proposition que renferme l'art. 1053, c'est bien à cette hypothèse que se rapporte cette *seconde* proposition.

Tel est, en effet, le cas que prévoyait l'art. 42 du titre I de l'ordonnance de 1747.

Or, il est indubitable que les compilateurs napoléoniens ont entendu reproduire ce texte dans la *seconde* proposition de l'art. 193; ils y ont seulement ajouté l'obscurité qui était dans leur esprit et qui se rencontre si constamment dans leur langage (1).

*Maintenant, quels sont les effets de cette cause d'ouverture?*

*En ce qui concerne les tiers*, elle n'en produit aucun, car il serait irrationnel que les tiers souffrissent d'un acte de la volonté du grevé, auquel ils demeurent étrangers.

C'est ce que déclare en termes exprès l'art. 1053 à l'égard *des créanciers du grevé antérieurs à l'abandon;* à fortiori, doit-on décider de même *à l'égard des tiers acquéreurs des biens subtitués?*

De là il résulte que les créanciers du grevé conservent leurs droits sur les biens substitués comme s'il n'y avait pas eu d'abandon, et *que par conséquent ils n'ont nul besoin, dans cette hypothèse, de l'action paulienne, puisque l'abandon est considéré à leur égard comme non avenu* (2).

---

il n'était plus grevé», qui est un raisonnement, et même très-remarquable, le reste n'est qu'une série d'assertions.

(1) Cependant il y a des auteurs qui pensent que le Code Napoléon ne prévoit pas la restitution anticipée.

Nous pensons, nous, que, au lieu d'échafauder laborieusement des systèmes pour justifier des textes bâclés, les auteurs feraient mieux d'être moins prêts à altérer en toute circonstance la vérité scientifique et historique.

(2) Furgole, sur l'art. 42, Ordonnance de 1747, tit. I. — M. Valette, à son

*En ce qui concerne les appelés*, il y a lieu d'adopter, dans le cas d'ouverture résultant de l'abandon anticipé, la *même* solution que dans le cas d'ouverture résultant de la déchéance du grevé (1).

3° RÉVOCATION, POUR CAUSE D'INEXÉCUTION DES CHARGES OU POUR CAUSE D'INGRATITUDE, DE LA DONATION ENTRE-VIFS OU DU TESTAMENT CONTENANT LA SUBSTITUTION (art. 954, 955 et 1046) (2).

On fonde l'existence de cette double cause d'ouverture de la substitution sur les termes généraux dans lesquels est conçu l'art. 1053 (3).

*En ce qui concerne les tiers*, il faut appliquer les règles relatives à la révocation des donations entre-vifs et des testaments pour cause d'inexécution des charges et pour cause d'ingratitude (art. 954, 958 et 1046 (V. *supra*, p. 490, 492 et 592).

*En ce qui concerne les appelés*, il faut continuer à décider que la substitution ne s'ouvre que provisoirement, et que le réglement définitif ne se fera qu'à la mort du grevé (4).

Remarquons que lorsque la révocation est demandée contre le grevé

---

cours. — M. Colmet de Santerre, t. IV, n° 212 *bis*, VIII. — M. Demolombe, t. XXII, p. 562.

(1) M. Colmet de Santerre, t. IV, n° 212 *bis*, VI. — M. Demolombe, t. XXII, p. 560.

Plusieurs auteurs soutiennent cependant que, si l'un des appelés auxquels l'abandon a été fait vient à mourir sans descendants avant le grevé, la part qu'il a obtenue n'accroîtra pas aux appelés survivants, mais qu'elle demeurera dans sa succession. (M. Duranton, t. IX, n° 606. — M. Troplong, t. I, n° 2242.)

L'argument de ces auteurs consiste à imaginer que le partage des biens substitués a, entre les appelés, le caractère d'une convention aléatoire par laquelle à la fois chacun d'eux assure son propre droit contre la caducité pouvant résulter de son prédécès, et garantit le droit des autres contre la même chance.

Imaginer n'est pas prouver.

(2) Chaos croissant de la doctrine juridique, et dans la circonstance, ce n'est pas la faute de cette doctrine, mais celle d'un législateur qui n'a point vu le conflit qu'il faisait naître entre les causes de révocation de la disposition à titre gratuit et la théorie de l'ouverture de la substitution.

Pour éviter un exposé aussi fastidieux que stérile, nous n'indiquerons que les solutions qui nous paraissent les moins improbables.

(3) MM. Zachariæ, Aubry et Rau, t. VI, p. 59, texte et note 78. — M. Colmet de Santerre, t. IV, n° 212 *bis*. — M. Demolombe, t. XXII, p. 565 et suiv.

Au contraire, Duranton, t. IX, n° 600, et Marcadé, art. 1052, n° VII, rejettent cette cause d'ouverture de la substitution.

Il faut bien convenir qu'il n'est point facile de comprendre, dans la première opinion, pourquoi l'ingratitude du grevé envers le disposant devient une cause de profit pour les appelés; mais la première opinion a un texte pour elle, la seconde n'en a pas, et voilà pourquoi la première opinion doit l'emporter sur la seconde.

(4) M. Demolombe, t. XXII, p. 565 et suiv.

pour inexécution des charges, les appelés ne peuvent échapper eux-mêmes à cette cause de révocation qu'en exécutant les charges, si elles n'ont point un caractère purement personnel à l'égard du grevé.

*Nota.* La révocation de la donation entre-vifs pour cause de survenance d'enfants ne peut donner ouverture à la substitution, car cette cause anéantit du même coup la substitution et la donation.

4° ARRIVÉE DU TERME OU DE LA CONDITION, LORSQUE LE DISPOSANT A FIXÉ POUR LA RESTITUTION UNE ÉPOQUE AUTRE QUE CELLE DU DÉCÈS DU GREVÉ (V. *supra*, p. 622, note 1), OU QU'IL L'A FAIT DÉPENDRE D'UN ÉVÉNEMENT INCERTAIN AUTRE QUE LA SURVIE DES APPELÉS.

Dans cette hypothèse, la substitution paraît devoir être déclarée ouverte *d'une manière absolue à l'égard des tiers et des appelés*, car telle semble bien être alors la volonté du disposant (1).

---

## APPENDICE

### CADUCITÉ DE LA SUBSTITUTION.

Tous les auteurs sont d'accord pour enseigner que la caducité de la substitution a lieu, du *chef de l'appelé*, dans les *trois* cas suivants :

1° *Lorsque l'appelé meurt avant l'ouverture de la substitution ;*

2° *Lorsqu'il se trouve incapable de la recueillir à l'époque de l'ouverture ;*

3° *Lorsque l'appelé, s'il n'y en a qu'un seul, ou tous les appelés, s'il y en a plusieurs, répudient la substitution.*

Ajoutons qu'il y a évidemment aussi caducité de la substitution lorsque les biens substitués ont péri totalement.

*La caducité de la substitution peut-elle avoir lieu du chef du grevé ?*

D'abord cette question n'est pas susceptible d'être posée *pour le cas où la substitution est contenue dans une donation entre-vifs.*

En effet, dans ce cas, ou bien la donation entre-vifs s'est formée, et alors le droit de l'appelé est né en même temps que celui du grevé, et il ne peut devenir ultérieurement caduc du chef du grevé, ou bien la donation entre-vifs ne s'est point formée, et alors il n'y a jamais eu de substitution.

*Pour le cas où la substitution est contenue dans un testament,* les auteurs cessent de s'entendre ; ils débattent la question de caducité de la subsitution dans *deux* hypothèses :

---

(1) En ce sens, MM. Zachariæ, Aubry et Rau, t. VI, p. 58.
En sens contraire, M. Demolombe, t. XXII, p. 572.

1° *Celle où le grevé répudie le legs à lui fait;*

2° *Celle où le grevé est prédécédé ou incapable.*

Dans ces *deux* hypothèses, la *négative* doit être admise :

1° *Parqu'elle est en harmonie avec les précédents historiques* (1);

2° *Parce qu'elle est, en outre, conforme à la volonté certaine du testateur; or, en tant que la volonté du testateur se meut, en matière de substitution, dans les limites des art.* 1048 et suiv., cette volonté est sanctionnée par la loi napoléonienne (2) (V. *supra*, p. 621).

Quant aux conséquences qui résultent de là pour les appelés, elles varient selon les cas (3).

**1073.** — Le tuteur nommé pour l'exécution sera personnellement responsable s'il ne s'est pas, en tout point, conformé aux règles ci-dessus établies pour constater les biens, pour la vente du mobilier, pour l'emploi des deniers, pour la transcription et l'inscription, et, en général, s'il n'a pas fait toutes les diligences nécessaires pour que la charge de restitution soit bien et fidèlement acquittée.

Ce texte consacre l'évidence.

**1074.** — Si le grevé est mineur, il ne pourra, dans le cas même de l'insolvabilité de son tuteur, être restitué contre l'inexécution des règles qui lui sont rescrites par les articles du présent chapitre.

Cet article est le pendant de l'art. 942 (V. *supra*, p. 460).

Dans une législation assise sur des principes, il serait tout aussi inutile que l'est l'art. 1073.

## CHAPITRE VII.

### DES PARTAGES FAITS PAR PÈRE, MÈRE OU AUTRES ASCENDANTS ENTRE LEURS DESCENDANTS.

Point de vue légal à part, le partage d'ascendant se définit en quelque sorte de lui-même; *il est l'opération par laquelle un ascendant distribue ses biens à ses descendants, soit de son vivant, soit pour le temps qui suivra sa mort.*

Rien ne paraît plus simple et plus net que le partage d'ascendant;

---

(1) Comparer art. 27, Ordonnance de 1747, tit. I. — Thévenot d'Essaule, nos 1163 et suiv. — Furgole, sur l'art. 26, Ordonnance de 1747, tit. I. — Pothier, sect. VII, art. 1, § 2.

(2) En ce sens, M. Colmet de Santerre, t. IV, n° 212 *bis*, X et XI. — M. Demolombe, t. XXII, p. 577 et suiv.

En sens divers, MM. Zachariæ, Aubry et Rau, t. VI, p. 55 et suiv., texte et notes 70 et 71. — M. Duranton, t. IX, n° 602. — M. Marcadé, art. 1053, n° 8.

(3) V. Notamment M. Demolombe, p. 581 et 588.

rien, au contraire, n'est plus compliqué et plus confus, d'après la législation napoléonienne comme d'après toute la tradition juridique, tant coutumière que romaine.

Cette complication et cette confusion tiennent à deux causes générales et à une cause spéciale.

La première cause générale est le formalisme dans lequel l'esprit légiste s'est efforcé, en tout temps, dans toutes les matières, d'emmailloter la volonté de l'individu.

La seconde cause générale est la casuistique, au moyen de laquelle l'esprit légiste a réussi, en tout temps, dans toutes les matières, à dénaturer la volonté de l'individu.

La cause spéciale tient :

D'une part, à ce que les législations ont soumis, en tout temps, à des formes propres le droit de disposer à titre gratuit, au moins par voie de testament, et opposé, en tout temps, l'une à l'autre, la succession *ab intestat* et la disposition à titre gratuit.

D'autre part, à ce que l'esprit légiste s'est ingénié, en tout temps, à séparer le partage d'ascendant à la fois de la disposition à titre gratuit, et de la succession *ab intestat*, sans parvenir, bien entendu, à en faire autre chose qu'un mélange de la disposition à titre gratuit et de la succession *ab intestat* (1).

D'après la loi napoléonienne, développée et complétée par la doctrine, voici la définition qui peut être tentée :

*Dans la forme, le partage d'ascendant est, selon la volonté de l'ascendant, tantôt une pure donation entre-vifs, tantôt un pur testament* (2).

*Au fond, c'est un acte* sui generis *dans lequel les règles de la suc-*

---

(1) Ce qui a fait que l'esprit légiste a essayé d'attribuer une nature propre au partage d'ascendant, c'est que cet esprit s'est trouvé, dans la circonstance, fort embarrassé de concilier l'idée de la copropriété familiale avec les règles dans lesquelles il jugeait bon d'emprisonner, en principe, le droit de disposer à titre gratuit (V. *supra*, p. 376 et 513). L'unique expédient était bien celui auquel il a eu recours.

Malheureusement, cet expédient n'a pas réussi, et il n'est aucune matière dont l'histoire puisse fournir une meilleure preuve de l'anarchie qui règne de toute antiquité dans la doctrine juridique. (Comparer ensemble L. 20, § 3, D. liv. X, tit. II. — L. 26, C., liv. III, tit. XXXV. — Nov. 18, cap. VII. — Nov. 107, cap. I et III. — Art. 15 et 18, Ordonnance de 1735 sur les testaments. — Lebrun, *Des successions*, liv. IV, chap. I, n° 11. — Domat, *Loix civiles*, liv. III, tit. I, sect. I. — Furgole, *Des testaments*, chap. VIII, sect. I, n° 165. — Boulleuois, question 17. — Guy-Coquille, *Sur la coutume de Nivernais*, n° 673. — Auroux des Pommiers, *Sur la coutume de Bourbonnais*, art. 216, n° 12, etc.) — V. aussi Féréol-Rivière, *Essai sur les partages d'ascendants* (*Revue de législ.*, 1847, t. III, p. 406). — Genty, *Des partages d'ascendants*, Paris, 1850, 1 vol. in-8.

(2) Sur ce point, les compilateurs napoléoniens ont innové ; et, comme de coutume, leur innovation constitue un progrès à rebours.

*cession* ab intestat, *se combinent, soit avec celles de la donation entre-vifs, soit avec celles du testament, selon que le partage a revêtu la forme de la donation entre-vifs ou du testament.*

Scientifiquement, le partage d'ascendant a la même valeur que la disposition à titre gratuit en général (1), dont il constitue seulement une application (2); il n'a aucune place à occuper dans une législation bien faite, et c'est ce qu'avaient compris les auteurs du Code de la Convention, qui le passerent absolument sous silence.

**1075.** — Les père et mère et autres ascendants pourront faire, entre leurs enfants et descendants, la distribution et le partage de leurs biens.

Cet article procède de la détestable idée de l'omnipotence du législateur, plus ou moins nettement associée dans l'esprit des compilateurs napoléoniens à celle de la copropriété familiale.

Les compilateurs napoléoniens se sont, en effet, imaginé qu'ils avaient le droit de refuser à tous autres qu'aux ascendants la faculté de faire le partage de leurs biens; or, cette faculté est un attribut inhérent au droit de propriété; donc, à ce titre, et en raison, elle appartient à toute personne capable de disposer à titre gratuit.

Toutefois, il n'est pas douteux que la disposition de l'art. 1075 doive être entendue dans un sens restrictif, et qu'elle ne concerne que les ascendants (3).

---

(1) Il serait inutile de revenir sur ce que nous avons déjà dit de la haute portée morale, économique et juridique, de la disposition à titre gratuit. (V. *supra*, p. 371 et 408.)

En exerçant la faculté de régler lui-même l'attribution de son patrimoine, l'ascendant a le moyen de compenser entre ses descendants les inégalités naturelles et accidentelles, et d'établir ainsi la véritable égalité.

Ce n'est point là tout à fait la pensée qu'exprimait, à ce même sujet, le conseiller d'État Berlier, imbu de la plus pure doctrine de la copropriété familiale et de l'idée du droit mathématiquement égal des enfants. (Comparer Fenet, t. XII, p. 412.)

(2) Nous savons bien qu'en disant cela nous heurtons de front les lois 20, § 3, 39, § 1, D., liv. X, tit. II, 16 et 21, C., liv. III, tit. XXXVI; mais nous avouons que cette considération nous laisse absolument froid, et nous allons même jusqu'à oser dénier toute base, soit réelle, soit rationnelle, à la doctrine qui enseigne aujourd'hui, comme au temps où existait la copropriété familiale, que le partage d'ascendant a un caractère plutôt *distributif* que *dispositif*. (Comparer M. Demolombe, t. XXII.)

(3) MM. Zachariæ, Aubry et Rau, t. VI, p. 217, texte et note 3. — M. Colmet de Santerre, t. IV, n° 242 *bis*, I. — M. Demolombe, t. XXII, p. 620.

En sens contraire, Delvincourt, t. II, p. 48, note 5.—M. Genty, p. 90 et suiv.

Par les causes que nous avons dites (*supra*, p. 647), toute cette théorie a été faussée d'un bout à l'autre, et, comme les rédacteurs du Code Napoléon ont encore ajouté aux ténèbres qu'elle a toujours comportées celles qui se trouvaient dans leur esprit, elle est devenue la plus indéchiffrable de toutes les énigmes napoléoniennes.

*D'où la conséquence que, si toute autre personne qu'un ascendant distribue ses biens entre ses futurs héritiers, ascendants ou collatéraux, l'acte fait par cette personne ne peut valoir qu'à titre de donation entre-vifs ou de testament.*

*De là encore il résulte que si, dans l'hypothèse précédente, le disposant a manifesté expressément la volonté d'attribuer à sa donation ou à son testament les effets d'un partage, cette clause ne peut également valoir qu'à titre de modalité d'une donation ou d'un legs.*

Par conséquent, l'obligation réciproque de garantie qui, en pareil cas, existerait entre les donataires et les légataires ne serait pas protégée par le *privilége* dont il est question dans l'art. 2103, § 3 ; en effet, les priviléges ne peuvent dériver de la volonté de l'homme (1).

On enseigne, en général, que le partage d'ascendant doit comprendre *tout enfant ou descendant qui a un droit héréditaire, et, par conséquent, l'enfant naturel tout aussi bien que l'enfant légitime, légitimé ou adoptif* (V. *infra*, art. 1078, p. 655) (2).

*Une personne qui a un ou plusieurs enfants, et en même temps des petits-enfants issus de ces enfants, peut-elle comprendre les uns et les autres dans un partage d'ascendant?*

Cette question est controversée; la *négative* nous paraît certaine à raison des origines historiques de la matière (3).

**1076.** — Ces partages pourront être faits par actes entre-vifs ou testamentaires, avec les formalités, conditions et règles prescrites pour les donations entre-vifs et testaments.

Les partages faits par actes entre-vifs ne pourront avoir pour objet que les biens présents.

Il faut entendre le *premier* alinéa de cet article en ce sens, non pas précisément *que le partage d'ascendant peut être fait par donation entre-vifs ou par testament, comme l'ont exprimé les compilateurs napoléoniens, mais qu'il ne peut être fait que de l'une ou l'autre manière* (4).

---

(1) En ce sens, M. Colmet de Santerre, t. IV, n° 242 *bis*, II. — M. Demolombe, t. XXII, p. 624.

En sens contraire, M. Genty, p. 253.

(2) En ce sens, MM. Zachariæ, Aubry et Rau, t. VI, p. 226, texte et note 5. — M. Colmet de Santerre, t. IV, n° 246 *bis*, III. — M. Demolombe, t. XXII, p. 626.

(3) En ce sens, M. Demolombe, t. XXII, p. 627.

En sens contraire, MM. Rigaud, Championnière et Pont, t. III, n° 2604 et t. V, n°s 555, 557, *Traité des droits d'enregistrement*.

(4) Nous avons déjà fait remarquer que cette disposition est introductive d'un

Il n'y a, d'ailleurs, nul égard à avoir aux expressions redondantes dont les mêmes compilateurs ont surchargé leur rédaction en disant que l'on doit observer dans le partage d'ascendant, non-seulement « les formalités », mais encore les « conditions et les règles prescrites pour les donations entre-vifs et testaments ». On s'accorde à reconnaître que ce renvoi n'a trait qu'à la forme du partage d'ascendant.

De ce qui précède, il résulte que lorsque le partage d'ascendant a lieu par donation entre-vifs, il faut lui appliquer les dispositions des articles 931 et suivants; de même, par corrélation, lorsqu'il est fait par testament, il est soumis aux règles posées par les art. 967 et suivants.

Le *second* alinéa de l'art. 1076 porte que «les partages faits par acte entre-vifs ne pourront avoir pour objet que les biens présents ».

Cette disposition incomplète veut dire d'une manière générale que les art. 944, 945 et 946 sont applicables aux partages par donation entre-vifs.

On voit par là qu'en tant que le partage a lieu par donation entre-vifs, le renvoi édicté par l'art. 1076 comprend non-seulement *les formes extrinsèques*, mais encore selon l'expression des auteurs, *les formes intrinsèques*, si inintelligemment conservées pour les donations entre-vifs (V. *supra*, p. 376).

Remarquons que la donation entre-vifs portant partage n'est parfaite qu'après que tous les enfants ont accepté, car ce que l'ascendant s'est proposé de faire, ce n'est pas un ensemble de donations individuelles, mais bien une seule donation collective (1).

*Peut-on fonder sur la disposition de l'art.* 1076 *la théorie des conditions de capacité requises, soit dans la personne de l'ascendant qui*

---

droit nouveau, et qu'elle est en même temps une aggravation des vices que présente la matière du partage d'ascendant.

L'aggravation est celle-ci :

1° *Jusqu'alors le partage d'ascendant avait échappé aux formalités qui, dans les donations et les testaments, font échec au droit individuel; aujourd'hui, il y est assujetti*;

2° *Jusqu'alors le partage d'ascendant était un acte* sui generis *aussi bien pour la forme que pour le fond; aujourd'hui il demeure un acte* sui generis *pour le fond, mais il a cessé de l'être pour la forme.*

Et M. Demolombe a su trouver pour ces beaux résultats une parole d'éloge ! Et pour commettre cette parole, l'éminent professeur qui a écrit, t. XXII, p. 628, que « le partage d'ascendant est plutôt *distributif* que *dispositif* », en est réduit à écrire, t. XXIII, p. 5, en réfutant directement la proposition qu'il vient d'admettre, t. XXII : « Est-ce que le partage d'ascendant ne constitue pas une *disposition* à titre gratuit? »

Avons-nous donc tort de prétendre que le pour et le contre forment aujourd'hui l'essence de la doctrine juridique?

(1) M. Genty, p. 118 et 183. — M. Demolombe, t. XXIII, p. 10.

*fait le partage, soit dans la personne des enfants qui en bénéficient?*

*En ce qui concerne l'ascendant*, les auteurs répondent affirmativement. Ils disent que l'ascendant qui fait un partage soit par donation entre-vifs, soit par testament, doit avoir la capacité de disposer, soit par donation entre-vifs, soit par testament.

*En ce qui concerne les enfants*, l'opinion la plus généralement reçue distingue :

*Le partage a-t-il lieu par donation entre-vifs*, les enfants doivent avoir la capacité en général requise pour recevoir par donation entre-vifs ;

*Le partage a-t-il lieu par testament*, les enfants doivent avoir, non pas la capacité en général requise pour recevoir par legs, mais la capacité requise pour recueillir une succession.

Cette *dernière* solution tient à ce que, dit-on, dans le cas où le partage se fait par testament, ce n'est pas *le testament* qui forme le titre d'acquisition des enfants, *c'est la volonté de la loi*, car la volonté de la loi leur eût, dans tous les cas, déféré la succession (1).

Notons enfin que, lorsqu'un ascendant a cumulé dans le même acte, comme il en a incontestablement le droit, un partage et un préciput, ce partage et ce préciput sont soumis, en général, à des règles distinctes et propres (V. cependant *infra*, art. 1079).

**1077.** — Si tous les biens que l'ascendant laissera au jour de son décès n'ont pas été compris dans le partage, ceux de ces biens qui n'y auront pas été compris seront partagés conformément à la loi.

---

(1) V. notamment M. Demolombe, t. XXIII, p. 17 et suiv.

Comme la volonté de la loi est une merveilleuse invention pour tenir lieu de la raison et de la justice, et comme les légistes ont beau jeu à s'exclamer ensuite contre le socialisme autoritaire!

Mais l'explication est trop large ; elle n'est topique qu'à l'égard de la réserve.

M. Demolombe ajoute (p. 27) un argument de conséquence (comparer art. 3, l. 31 mai 1857 et art. 727 C. N.) ; il redoute les embarras où l'on tomberait si l'on exigeait que les enfants, dans le cas du partage testamentaire, eussent la capacité requise pour recevoir par testament ; en effet, tel peut succéder *ab intestat* qui ne peut cependant recevoir par testament.

Or est-il rationnel, est-il juste, se demande à peu près M. Demolombe, que, parce qu'une personne a un enfant incapable de recevoir par testament, cette personne soit privée du droit de faire un partage testamentaire?.

Pourquoi M. Demolombe ne se demande-t-il pas s'il est rationnel et s'il est juste que l'enfant qui est apte à figurer dans le partage d'une succession ouverte *ab intestat* ne soit pas apte à figurer dans le partage de cette même succession fait par l'ascendant propriétaire ?

Mais cette question irait trop loin ; elle dérangerait la doctrine reçue relativement à la capacité requise pour figurer dans le partage entre-vifs.

Pauvre science juridique! Le plus clair, c'est que tout cela ne se tient pas, c'est qu'aucun principe ne le domine, c'est que nous sommes dans une Babel !

Cet article n'est guère autre chose qu'une répétition du paragraphe final de l'art. 887.

Il en résulte très-directement qu'un ascendant a le droit de faire plusieurs partages *partiels* et *successifs.*

## APPENDICE

Les compilateurs napoléoniens, ayant omis presque absolument, et pour cause, de caractériser au fond le partage d'ascendant et d'en déterminer les effets, c'est la doctrine qui a dû se charger de ce soin.

Nous examinerons :

1° *Le caractère et les effets du partage d'ascendant fait par donation entre-vifs;*

2° *Le caractère et les effets du partage d'ascendant fait par testament.*

### 1° CARACTÈRE ET EFFETS DU PARTAGE D'ASCENDANT FAIT PAR DONATION ENTRE-VIFS.

Dans ce *premier* cas, le caractère et les effets du partage d'ascendant sont extrêmement controversés.

Les *uns* disent que le partage d'ascendant, même fait par donation entre-vifs, est *une ouverture anticipée de la succession de l'ascendant*, de telle sorte que les enfants copartagés doivent être regardés, même du vivant de l'ascendant, non comme des donataires, mais comme des héritiers, et qu'ils peuvent exercer, dès le moment du partage, toutes les actions qui leur appartiendraient si la succession était ouverte.

D'*autres* professent qu'en même temps que les enfants sont *donataires*, ils sont non pas héritiers, mais au moins copartagés, et qu'ils peuvent, à ce dernier titre, exercer, même du vivant de l'ascendant, les actions qui dérivent de tout partage.

D'*autres* enseignent que, tant que l'ascendant existe, les enfants ne sont que des *donataires*, et qu'ils ne peuvent exercer, du vivant de l'ascendant, ni les actions qui appartiennent aux héritiers, ni même celles qui appartiendraient à des copartagés.

D'*autres*, enfin, disent que le partage d'ascendant est *un avancement d'hoirie;* ils accordent en conséquence aux enfants le droit d'exercer, même du vivant de l'ascendant, les actions qui ont pour but le maintien et l'exécution de la donation; mais ils leur refusent le droit d'exercer les actions relatives à la nullité ou à la rescision, et ils décident que ces actions ne peuvent être intentées qu'après la mort de l'ascendant (1).

(1) Comparer Cass. 12 juillet 1836, Dumas-Rambaud, Dev. 1836, I, 534 et 4 février 1845, De Meillonas, Dev. 1845. I, 305, Rapport du conseiller Lasagni. — Cass., 13 février 1860, Aubry, Dev. 1860, I, 562. — Cass.,

*Dans une science dénuée de principes et dans une matière qui n'a d'autre fondement que les traditions les moins raisonnées et les plus confuses, une telle question est insoluble.*

*Dans une science qui aurait des principes et qui écarterait les traditions inintelligentes, le partage d'ascendants, nous le répétons, ne serait qu'une application particulière de la disposition à titre gratuit.*

*Les enfants entre lesquels un ascendant partage entre-vifs l'universalité ou une quote part de l'universalité de ses biens présents sont-ils tenus de plein droit des dettes de cet ascendant?*

La *négative* n'est pas douteuse, car le partage entre-vifs qui porte même sur l'universalité ou sur une quote-part de l'universalité des biens d'un ascendant, ne constitue cependant qu'une transmission entre-vifs d'objets individuellement considérés, et par conséquent les descendants, entre lesquels il est fait, ne sont que des successeurs particuliers.

Soit donc que l'ascendant ait disposé par attribution d'objets spéciaux ou par attribution d'une universalité, ses créanciers n'ont que le droit d'attaquer le partage par l'action Paulienne (art. 1167) (1).

*Que doit-on décider pour le cas où l'un des enfants entre lesquels le partage a eu lieu est décédé avant l'ascendant?*

On distingue :

*L'enfant prédécédé n'a-t-il pas laissé d'enfants*, l'ascendant donateur pourra, le cas échéant, exercer le droit de retour légal (art. 747).

*L'enfant prédécédé a-t-il laissé des enfants*, ces enfants, par rapport à la succession de l'ascendant, doivent être considérés, en vertu de la

---

24 juin 1868, Quillet, *le Droit* du 25 juin 1868. — Dubernat de Boscq, *Revue crit. de jurisprud.*, 1859, t. XV, p. 251 et suiv., p. 481 et suiv.; 1861, t. XVIII, p. 33 et suiv. et p. 336 et suiv. — M. Labbé, *Journ. du palais*, 1863, p. 934 et suiv. — M. Colmet de Santerre, t. IV, n° 247 *bis*, VII à XI. — M. Genty, p. 258 et suiv. — MM. Zachariæ, Aubry et Rau, t. VI, p. 223 et 236. — M. Demolombe, t. XXIII, p. 122 et suiv. et 227 et suiv.

Le partage d'ascendant a surtout pour but, disent les auteurs, de prévenir les contestations entre les descendants; que l'on parcoure les recueils d'arrêts, et l'on jugera de la manière dont ce but est atteint sous l'empire du Code Napoléon.

(1) En ce sens, MM. Zachariæ, Aubry et Rau, t. VI, p. 230, texte et note 6. — M. Genty, p. 231-240. — M. Colmet de Santerre, t. IV, n° 243 *bis*. — M. Demolombe, t. XXIII, p. 130.

En sens contraire, M. Troplong, qui a écrit, t. III, n[os] 1214-1215 de son *Commentaire*, que le donataire entre-vifs, même de tous les biens présents, n'est pas assujetti, de plein droit, au payement des dettes, et t. IV, n° 2310, que lorsque le partage d'ascendant a lieu par donation entre-vifs, les dettes suivent le sort des biens, et que les enfants en sont tenus directement et personnellement envers les tiers. Mais ce légiste a toujours eu, en tous points, sa logique à lui.

théorie de la représentation, comme ayant été lotis dans la personne de leur père (art. 739 et 848) (1).

Remarquons que, d'après la doctrine unanimement admise en matière de partage entre-vifs, l'ascendant qui a donné sans préciput un bien à l'un de ses enfants, a le droit de comprendre ce bien dans le partage qu'il fait ultérieurement entre tous ses enfants, car le principe, disent les auteurs, c'est que l'ascendant a le droit de faire le partage de tous les biens que ses enfants auraient eux-mêmes à partager après sa mort (2).

2° CARACTÈRE ET EFFETS DU PARTAGE D'ASCENDANT FAIT PAR TESTAMENT.

Dans ce *second* cas, les auteurs sont d'accord pour enseigner que le partage d'ascendant fait par testament a le caractère d'*un pur testament, tant qu'existe l'ascendant qui en est l'auteur*, mais, en général, ils pensent, au contraire, qu'*une fois l'ascendant mort, c'est la théorie de la succession* ab intestat *qui reprend le dessus sur celle du testament*; en d'autres termes, que les enfants doivent être considérés comme des héritiers *ab intestat* et non comme des successeurs tenant leurs droits d'un testament (3).

*Légalement*, cette théorie a pour elle la tradition (4).

*Scientifiquement*, elle a contre elle la logique (5).

Nous répétons, au surplus, qu'au même point de vue scientifique, il n'y a pas lieu d'opposer l'une à l'autre la succession *ab intestat*, et la succession testamentaire (V. *supra*, p. 29).

*Les enfants entre lesquels un ascendant a fait le partage testamentaire de ses biens, sont-ils tenus des dettes de cet ascendant?*

En vertu de la théorie qui précède, l'*affirmative* est évidente; les enfants copartagés sont tenus *ultra vires*, des dettes de l'ascendant, s'ils

---

(1) Comparer MM. Zachariæ, Aubry et Rau, t. VI, p. 227, texte et note 7. — M. Genty, p. 285 et 309, 228 et 295. — M. Colmet de Santerre, t. IV, n° 243 *bis*, IV et 246 *bis*, II. — M. Demolombe, t. XXIII, p. 143.

(2) V. M. de Cacqueray, *Revue prat. de droit français*, 1863, t. XV, p. 5 et suiv. — M. Demolombe, t. XXIII, p. 71 et suiv.

(3) MM. Zachariæ, Aubry et Rau, t. VI, p. 217 et 231. — M. Genty, p. 189 et suiv. — M. Colmet de Santerre, t. IV, n° 243 *bis*. — M. Demolombe, t. XXIII, p. 96 et suiv.

(4) Comparer Lebrun, *Des successions*, liv. IV, chap. I, n° 11.

(5) Dans le détail des questions, les auteurs sont bien forcés de s'apercevoir de cette rupture d'idées.

Qu'on se reporte comme toujours au traité si complet, et en général, si clair de M. Demolombe, t. XXIII, p. 103 et suiv.

ont accepté purement et simplement, et *intra vires*, s'ils ont accepté sous bénéfice d'inventaire (1).

*Quelle solution doit-on admettre pour le cas où l'un des enfants entre lesquels le partage a eu lieu est décédé avant l'ascendant ?*

On distingue :

*L'enfant prédécédé n'a-t-il pas laissé d'enfants*, les biens compris dans le lot de cet enfant paraissent en principe devoir être attribués aux autres enfants survivants (art. 1077) (2).

*L'enfant prédécédé a-t-il laissé des enfants*, ces enfants le représentent et recueillent les biens qui lui avaient été attribués (3).

Remarquons qu'en matière de partage testamentaire, c'est une question controversée que celle de savoir *si l'ascendant qui a donné, sans préciput, un bien à l'un de ses enfants, a le droit de comprendre ce bien dans le partage qu'il fait ultérieurement entre tous ses enfants.*

L'*affirmative* prévaut par la raison déjà énoncée, que l'ascendant a le droit de faire le partage de tous les biens que ses enfants auraient eux-mêmes à partager après sa mort (V. *supra*, p. 654) (4).

**1078.** — Si le partage n'est pas fait entre tous les enfants qui existeront à l'époque du décès et les descendants de ceux prédécédés, le partage sera nul pour le tout. Il en pourra être provoqué un nouveau dans la forme légale, soit par les enfants ou descendants qui n'y auront reçu aucune part, soit même par ceux entre qui le partage aura été fait.

La *première* proposition contenue dans cet article signifie, selon la très-nette formule de MM. Zachariæ, Aubry et Rau, que :

*Pour être valable, « le partage d'ascendant doit être fait entre tous les descendants qui, se trouvant appelés à la succession* ab intestat *de l'ascendant, au moment de son ouverture, pourront et voudront la recueillir* (5).

---

(1) MM. Zachariæ, Aubry et Rau, t. VI, p. 231. — M. Genty, p. 206. — M. Colmet de Santerre, t. IV, n° 243 *bis*, XI. — M. Demolombe, t. XXIII, p. 121.

(2) MM. Zachariæ, Aubry et Rau, t. VI, p. 229. — M. Genty, p. 209. — M. Colmet de Santerre, t. IV, n° 243 *bis*, VIII. — M. Demolombe, t. XXIII, p. 111.

M. Troplong pense (t. IV, art. 2319) que le partage doit être réputé non avenu.

(3) MM. Zachariæ, Aubry et Rau, t. VI, p. 227. — M. Genty, p. 209-213. — M. Colmet de Santerre, t. IV, nos 243 *bis*, II et 243 *bis*, IX. — M. Demolombe, t. XXIII, p. 113.

D'autres soutiennent que le partage est alors caduc.

(4) Comparer MM. Zachariæ, Aubry et Rau, t. VI, p. 225. — M. Genty, p. 135-137. — M. Demolombe, t. XXIII, p. 73.

(5) MM. Zachariæ, Aubry et Rau, t. VI, p. 225.

Ainsi, soit que le partage ait revêtu la forme de la donation entre-vifs, soit qu'il ait revêtu celle du testament, c'est invariablement l'*époque du décès de l'ascendant* qui doit être considérée pour savoir si le partage a été fait entre tous ceux qu'il devait comprendre.

Cet article est celui qui, dans la compilation napoléonienne, met le mieux en relief le caractère *sui generis* du partage d'ascendant et l'idée de copropriété familiale dont ce partage relève.

De la proposition sus-énoncée, il résulte :

1° *Que le partage d'ascendant peut être nul, quoiqu'il ait compris tous les enfants qui devaient y figurer à l'époque de sa confection; ainsi, l'omission d'un enfant né postérieurement au partage, et celle même d'un enfant posthume, entraîne la nullité du partage;*

2° *Que le partage d'ascendant peut être valable, quoiqu'il n'ait pas compris tous les enfants qui devaient y figurer à l'époque de sa confection; ainsi, l'omission d'un enfant existant à l'époque de la confection du partage, et qui est décédé avant l'ouverture de la succession, qui a renoncé à la succession ou qui en a été exclu comme indigne, n'entraîne pas la nullité du partage.*

L'article attribue un effet de nullité tout aussi bien à l'omission *des descendants* des enfants prédécédés qu'à celle *des enfants eux-mêmes.* Remarquons que la formule « *les descendants des enfants prédécédés* » est trop étroite; elle ne s'applique qu'au cas où les petits-enfants viennent *par représentation* à la succession de l'ascendant auteur du partage; mais il est clair qu'il y a lieu à la même décision pour le cas où les petits-enfants viendraient *de leur chef* à la succession de l'ascendant, par suite de la renonciation des effets du premier degré ou de leur exclusion pour cause d'indignité.

Rappelons, toutefois, que les petits-enfants ne doivent pas être regardés comme omis dans le partage, lorsque la personne dont ils descendent y a été comprise (V. *supra*).

On enseigne, en général, que la nullité prononcée par l'art. 1078 est une nullité de *plein droit.*

De là il résulte que les enfants omis dans le partage ont le droit d'intenter la pétition d'hérédité pour provoquer un nouveau partage, sans être obligés d'intenter préalablement une action en nullité contre le partage fait par leur ascendant (1).

Notons enfin, toujours dans l'hypothèse d'enfants omis, que le partage

(1) MM. Zachariæ, Aubry et Rau, t. VI, p. 227, texte et note 8. — M. Demolombe, t. XXIII, p. 160.

est *nul pour le tout*, c'est-à-dire même à l'égard des enfants compris dans le partage.

C'est pourquoi la *seconde* proposition de l'article porte « qu'il pourra être provoqué un nouveau partage... même par ceux (les enfants) entre qui le partage aura été fait ».

**1079.** — Le partage fait par l'ascendant pourra être attaqué pour cause de lésion de plus du quart; il pourra l'être aussi dans le cas où il résulterait du partage et des dispositions faites par préciput, que l'un des copartagés aurait un avantage plus grand que la loi ne le permet.

Le *premier* alinéa de l'art. 1079 ne fait autre chose qu'appliquer au partage d'ascendant l'action en rescision pour cause de lésion établie par l'art. 888.

La lésion s'estime *eu égard à la masse des biens partagés entre les enfants et non relativement à la masse totale du patrimoine.*

De là, il résulte :

1° *Qu'il peut arriver que l'enfant, qui a plus que sa réserve, ait le droit d'attaquer le partage pour cause de lésion ;*

2° *Qu'il peut arriver que l'enfant, qui a moins que sa réserve, n'ait pas le droit d'attaquer le partage pour cause de lésion.*

*Exemple.* Une personne a deux enfants et 48 000 francs de fortune; la réserve de chaque enfant est par conséquent de 16 000 francs et le disponible d'égale somme.

Plaçons-nous alternativement dans les deux hypothèses suivantes :

1° L'un des enfants a reçu par partage 31 000 francs et l'autre 17 000 francs; ce dernier a plus que sa réserve, mais il a moins des trois quarts de sa part héréditaire eu égard à la masse partagée;

Cet enfant a le droit d'attaquer le partage pour cause de lésion.

2° Le disponible a été donné à un étranger ; puis l'un des enfants a reçu par partage 17 000 francs, et l'autre 15 000 francs; ce dernier a moins que sa réserve, mais il a plus des trois quarts de sa part héréditaire eu égard à la masse partagée.

Cet enfant n'a pas le droit d'attaquer le partage pour cause de lésion (1).

---

(1) Il est évident qu'il n'y a pas à tenter de raisonner ces solutions; la prémisse est irrationnelle, les conséquences sont irrationnelles; cela est dans l'ordre.

Et ces solutions ne sont pas les plus étonnantes de toutes celles que nous aurions à enregistrer, s'il y avait la moindre utilité, dans le cas présent, à citer les décisions des tribunaux. En voici pourtant une qui mérite d'être signalée, tant est concluante la réfutation qu'elle emporte avec elle.

Une personne a deux enfants et 48 000 francs de fortune; cette personne donne à l'un de ses enfants par préciput sa quotité disponible, c'est-à-dire 16 000 francs; puis, par un partage, elle attribue 22 000 francs à l'enfant qui n'a encore rien reçu et 10 000 francs à l'enfant donataire par préciput. Ce der-

Le partage d'ascendant peut donc porter atteinte au principe *sacré* de la réserve.

Toutefois, le *second* alinéa de l'art. 1079 vient au secours de la théorie de la réserve pour une hypothèse donnée.

Voici cette hypothèse :

Une personne a deux enfants et 48 000 francs de fortune ; elle donne par préciput à l'un de ses enfants tout le disponible, c'est-à-dire 16 000 francs ; puis elle attribue par partage 17 000 francs à l'enfant déjà avantagé du don préciputaire du disponible, et 15 000 francs à l'autre enfant.

Aux termes de l'art. 1079, ce dernier a le droit d'attaquer le partage, parce que, selon l'obscure proposition finale de l'article, « l'*un des copartagés a un avantage plus grand que la loi ne le permet* ». Or, ce que l'article entend *par un avantage plus grand que la loi ne le permet, c'est l'avantage consistant pour un des enfants à avoir, outre le disponible, plus que sa part de réserve* (1).

Pour juger, en raison, cette solution, il suffit de la rapprocher de celle qui la précède immédiatement.

Ici commence une série de controverses ayant toutes pour objet des questions aussi *insolubles* les unes que les autres.

PREMIÈRE CONTROVERSE. — *L'action établie par le second alinéa de l'art.* 1079 *est-elle une action en réduction ou une action en rescision pour cause de lésion ?*

---

nier enfant a reçu en tout 32 000 francs, tandis que l'autre n'en a reçu que 22 000. Cependant, l'enfant qui a reçu les 32 000 francs a le droit de se plaindre, car, eu égard à la masse partagée, il a été lésé de plus du quart par le partage. (V. dans ce sens, Caen, 21 mars 1838, Letulle, Dev., 1838, II, 419.)

(1) Les auteurs pensent expliquer cette disposition en disant qu'un tel avantage est, en effet, plus grand que la loi ne le permet, puisque, si l'ascendant, au lieu de cumuler une donation ou un testament avec un partage, se fût borné à faire une donation ou un testament, il n'eût pu attribuer au maximum que le total du disponible et de sa part de réserve à l'enfant qu'il entendait avantager ; mais les auteurs n'ont pas l'air de remarquer qu'il est au fond bien indifférent à l'enfant qui reçoit le moins, que ce soit son frère ou un étranger qui ait reçu le disponible ; or, quand c'est un étranger qui a reçu le disponible, il n'importe pas, comme nous venons de le voir, que l'un des enfants ait reçu plus et l'autre moins que sa réserve.

Donc, tout cela même ne se tient pas.

Quant aux auteurs, assurément ils ne sont point responsables des déductions auxquelles les textes les conduisent, et il est facile de voir qu'ils n'en sont pas peu surpris.

Mais alors pourquoi présenter des explications auxquelles on ne croit pas soi-même ? C'est là, dans une science morale, un procédé profondément dépravateur.

DEUX SYSTÈMES.

1er SYSTÈME (1). — *L'action établie par le second alinéa de l'art.* 1079 *est une action en réduction.*

*L'argument* de ce système consiste à affirmer que l'action dont il s'agit est fondée sur l'atteinte portée à la réserve;

D'où alors, la conséquence que c'est *une action en réduction;*

D'où, en outre, toutes les *conséquences* suivantes :

1° *Cette action n'a point pour effet l'anéantissement du partage; elle tend seulement à faire obtenir au demandeur le complément de sa réserve;*

2° *Elle doit être exclusivement dirigée contre l'enfant qui a reçu, outre le disponible, plus que sa part de réserve;*

3° *Le défendeur à l'action ne peut en arrêter le cours au moyen de l'offre d'une indemnité pécuniaire* (art. 891);

4° *Cette action ne se prescrit que par trente ans* (art. 2262) (2).

2e SYSTÈME (3). — *L'action établie par le second alinéa de l'art.* 1079 *est une action en rescision pour cause de lésion.*

1er *Arg.* — Cette solution ressort du texte lui-même qui indique que c'est le partage qui peut être attaqué.

2e *Arg.* — Les travaux préparatoires prouvent que les compilateur napoléoniens ont entendu établir une action en rescision pour cause de lésion spéciale au partage d'ascendant, c'est-à-dire telle que, lorsque se réalise l'hypothèse prévue par le second alinéa de l'art. 1079, la moindre lésion suffit pour y donner lieu (4).

---

(1) MM. Aubry et Rau, *Sur Zachariæ*, p. 238 et suiv., texte et notes 27-39. — M. Labbé, *Journ. du palais*, 1863, p. 934 et suiv. — M. Réquier, *Revue historique de Droit français et étranger*, 1866.

(2) Il y a cependant, sur ce dernier point, une dissidence entre les partisans du premier système; quelques-uns d'entre eux, faisant application de l'art. 1304, décident que l'action ne dure que dix ans.

Nous avons emprunté presque textuellement à MM. Aubry et Rau l'ensemble de ces déductions, mais nous ne pouvons nous empêcher de critiquer en deux points la manière dont s'expriment et dont raisonnent ces auteurs :

1° Ayant à qualifier l'action établie par le *second* alinéa de l'art. 1079, MM. Aubry et Rau déclarent que la qualification de cette action dépend principalement des conséquences qu'elle produit ou doit produire, et non de sa nature en elle-même; or c'est là, ce nous semble, renverser l'ordre rationnel;

2° MM. Aubry et Rau écrivent que l'enfant avantagé est, dans l'espèce, avantagé au delà de la quotité disponible; or, il y a dans ces paroles une équivoque; comme donataire ou comme légataire par préciput, l'enfant avantagé est supposé n'avoir reçu que la quotité disponible.

(3) M. Genty, p. 310 et 311. — M. Colmet de Santerre, t. IV, n° 247 *bis*, t. VIII et XII. — M. Demolombe, t. XXIII, p. 186.

(4) Ce *second* argument atteste à quelles extrémités, dans cette question, les interprètes se trouvent réduits; mais, comme d'ordinaire, la plus curieuse de toutes

D'où, les conséquences suivantes :

1° *Cette action a pour effet l'anéantissement du partage ; elle ne tend pas seulement à faire obtenir au demandeur sa réserve ;*

2° *Elle doit être dirigée contre tous les enfants copartagés ;*

3° *Le défendeur à l'action peut en arrêter le cours, au moyen de l'offre d'une indemnité pécuniaire* (art. 891) ;

4° *Cette action se prescrit par dix ans* (art. 1304).

DEUXIÈME CONTROVERSE. — *L'article* 832 *est-il applicable au partage d'ascendant ; en d'autres termes, outre les trois causes de nullité ou de rescision, prévues par les articles* 1078 *et* 1079, *en existe-t-il une quatrième fondée sur l'inégale répartition, dans les différents lots, des meubles, des immeubles, des droits ou des créances, de même nature et valeur, composant le patrimoine de l'ascendant ?*

TROIS SYSTÈMES.

1er SYSTÈME (1). — *L'article* 832 *n'est point applicable au partage d'ascendant.*

*L'argument de ce système* est que la loi a investi l'ascendant qui fait le partage de ses biens d'une sorte de magistrature, et qu'elle s'en est remis à la souveraine appréciation de l'ascendant, toutes les fois qu'elle n'a pas exprimé le contraire (2).

2e SYSTÈME (3). — *L'art.* 832 *n'est pas applicable au partage par donation entre-vifs.*

*Il est applicable au partage par testament.*

Le raisonnement des partisans de ce système se ramène aux termes suivants :

*S'agit-il d'un partage par donation entre-vifs*, ce partage constitue

---

les théories est encore celle du légiste Troplong ; on altérerait cela si on ne le transcrivait : « Dans ce cas, l'action en réduction prend la couleur de l'action en lésion ; elle est autant une action en lésion ou en nullité de partage qu'une action en réduction, et elle est, par un certain côté, une action en rescision. » (M. Troplong, t. IV, nos 2333 et 2334.)

(1) M. Zachariæ, § 731, édit. Aubry et Rau, t. VI, n° 221. — M. Dubernet de Bosq, *Revue crit. de jurispr.* — M. Demangeat, *Revue pratique de droit français*, t. XXV, p. 302.

(2) Ce puéril argument, tout pénétré de l'esprit romain, reproduit le perpétuel sophisme qui fait de la loi la source du droit.

Au surplus, si la prémisse et la forme de l'argument sont mauvaises, la solution du système est bonne ; l'ascendant est propriétaire, il règle, comme bon lui semble, l'attribution de ses biens ; voilà, certainement, le point de vue exact.

Par malheur, les traditions sont contraires.

(3) M. Genty, p. 147 et suiv. — M. Colmet de Santerre, t. IV, n° 243 *bis*, XVII.

une convention ; les enfants sont liés par le consentement qu'ils y ont donné, et par conséquent ils ne peuvent invoquer la nullité résultant de l'inapplication de l'art. 832.

*S'agit-il d'un partage par testament*, la solution doit changer, parce que le partage par testament est l'œuvre de la volonté seule de l'ascendant, et que, si l'ascendant se soustrayait à l'application de l'art. 832, il violerait le droit de copropriété qui appartient à chacun des enfants dans chacun des biens de la masse partageable (1).

3ᵉ SYSTÈME (2). — *L'art.* 832 *est applicable sans distinction au partage d'ascendant.*

*En ce qui concerne le partage par donation entre-vifs*, les partisans de ce système disent que sans doute le partage entre-vifs est bien une convention, tant que l'ascendant est vivant, mais qu'une fois l'ascendant mort, la donation s'évanouit et la succession s'ouvre.

D'où, à la mort de l'ascendant, le droit pour les enfants de réclame l'application de l'article 832.

*En ce qui concerne le partage par testament*, les partisans de ce système reproduisent l'argument du précédent (3).

Si l'on admet ce système, le partage d'ascendant se trouve comporter *quatre* causes de nullité ou d'annulation qui sont :

1° *Celle consistant en ce que tous les enfants et descendants n'ont pas été compris dans le partage* (art. 1078, V. *supra*, p. 655);

2° *Celle consistant en ce que l'un des copartagés a été lésé de plus du quart* (art. 1079, premier alinéa, V. *supra*, p. 657) ;

3° *Celle consistant en ce que la réserve de l'un des enfants est atteinte* (art. 1079, second alinéa, V. *supra*, p. 658) (4);

4° *Celle consistant en ce que les meubles, les immeubles, les droits ou les créances de même nature et valeur ont été répartis d'une manière inégale dans les différents lots* (art. 832, V. *supra*, p. 262).

Il va, du reste, de soi que, dans cette matière, comme dans toute

---

(1) Ce système a deux poids et deux mesures ; il témoigne fort bien de l'impossibilité où sont les auteurs de définir le caractère *sui generis* du partage d'ascendant.

(2) MM. Aubry et Rau, *Sur Zachariæ*, t. VI, p. 222, texte et note 4. — M. Demolombe, t. XXIII, p. 207.

(3) Il est bien possible que ce système ait raison, au point de vue des traditions ; du reste, il a sur le précédent l'incontestable avantage de mettre, en cette circonstance, une sorte d'unité dans la théorie du partage d'ascendant ; mais, qu'est-ce d'ailleurs que cet acte équivoque, donation d'abord, partage de succession ensuite ; et qu'est-ce aussi qu'une acceptation qui, liant jusqu'à telle date, cesse de lier à partir de la même date, et dans laquelle on est obligé de supposer l'existence d'une sorte de restriction mentale ?

Ce système est celui de la jurisprudence.

(4) Certains auteurs enseignent, comme nous l'avons dit, que c'est là une cause de *réduction* et non d'*annulation*.

autre, il faut appliquer les causes de nullité ou d'annulation de droit commun; ainsi, par exemple, la nullité pour vices de forme, ou l'annulation pour dol ou violence.

*En fait de partage par testament*, il n'y a aucune difficulté sur le double point de savoir :

*A quel moment s'ouvrent les différentes actions auxquelles le partage peut donner lieu ;*

*Quelle est la durée de ces actions.*

Il est clair, en effet, qu'on ne peut attaquer un partage par testament que du jour du décès de l'ascendant, auteur du partage.

Il ne paraît pas moins clair qu'en l'absence de tout texte spécial, la durée des actions qui peuvent exister contre un partage par testament doit être regardée comme soumise à la prescription générale de trente ans (1).

*En fait de partage par donation entre-vifs*, l'action résultant de ce que tous les enfants et descendants n'ont pas été compris dans le partage ne soulève, non plus, aucune difficulté.

D'abord l'art. 1078 suppose d'une manière générale, et tout aussi bien pour le cas du partage par donation entre vifs que du partage par testament, que cette action ne peut naître qu'à l'époque du décès de l'ascendant, auteur du partage.

Ensuite, comme cette même action constitue une pétition d'hérédité, il n'est point douteux qu'elle ne se prescrive que par trente ans (art. 2262).

Mais, à l'égard des autres actions auxquelles peut donner lieu le partage d'ascendant, fait par acte entre-vifs, il règne, dans la doctrine et dans la jurisprudence, de grandes incertitudes.

TROISIÈME CONTROVERSE. — *Quelle est l'époque à laquelle s'ouvrent dans le partage par donation entre-vifs :*

1° *L'action en rescision pour cause de lésion de plus du quart* (art. 1079, premier alinéa) ;

2° *L'action en rescision pour simple lésion, ou, selon d'autres* (V. *supra*, p. 658), *pour cause d'atteinte à la réserve* (art. 1079, second alinéa) ;

3° *L'action en annulation fondée sur l'inapplication de l'art.* 832?

(1) MM. Aubry et Rau, *Sur Zachariæ*, t. VI, p. 237, texte et note 18. — M. Colmet de Santerre, t. IV, n° 247 *bis*, VIII. — M. Demolombe, t. XXIII, p. 225.

En sens contraire, M. Duranton, t. IX, n° 646. — M. Genty, p. 329, n° 55. — M. Zachariæ, § 734, texte et note 11.

TROIS SYSTÈMES.

1er SYSTÈME (1). — *Dans le partage par donation entre-vifs, c'est du jour même de la donation entre-vifs, qu'à part l'action résultant de l'art. 1078, s'ouvrent toutes les actions auxquelles le partage peut donner lieu.*

1er *Arg.* — Des art. 1076 et 1077, il résulte que le partage d'ascendant par donation entre-vifs constitue une ouverture anticipée de la succession, relativement aux biens qui y sont compris, et, comme il est définitif, quant à ces biens, c'est du jour où il a été fait que doivent s'ouvrir les actions auxquelles il peut donner lieu.

2e *Arg.* — Il importe d'ailleurs à chacun et à tous que le sort des propriétés partagées soit fixé aussi promptement que possible (2).

2e SYSTÈME (3). — *Dans le partage par donation entre-vifs, pour savoir à quelle époque s'ouvrent les différentes actions auxquelles le partage peut donner lieu, il faut distinguer :*

*S'agit-il de l'action en réduction pour cause d'atteinte à la réserve, ce n'est que du jour de l'ouverture de la succession de l'ascendant que s'ouvre cette action ;*

*S'agit-il des autres actions, et notamment de l'action en rescision pour cause de lésion, c'est du jour même de la donation entre-vifs que s'ouvrent ces actions.*

Remarquons, que, dans ce système, on commence par supposer que l'action qui résulte du second alinéa de l'art. 1079 est une action en réduction.

Voici maintenant l'*argument :*

En ce qui concerne l'action en réduction, comme c'est une action qui implique la qualité d'héritier, cette action ne peut s'ouvrir qu'avec la succession de l'ascendant (art. 920 et 922).

En ce qui concerne les autres actions, un auteur de l'ancien droit,

---

(1) Cass. 12 juillet 1836, Dumas-Rambaud, *Dev.* 1836, II, 534 (rapporteur, M. Lasagni). — Cass. 4 fév. 1845, de Meillonas, *Dev.* 1845, I, 205. — M. Coin-Delisle, *Revue crit. de jurisprud.*, 1854, p. 143 et suiv.

(2) Cet argument, si exact en raison, mais si peu concluant sous l'empire de la législation napoléonienne, a été surtout mis en relief par M. Lasagni, ce conseiller qui disait des ouvrages de son collègue Troplong : « Ce ne sont que des *batailles d'arrêts.* » Et, de fait, dans la circonstance, M. Troplong a trouvé le moyen de faire battre ensemble les deux arrêts cités plus haut, bien qu'ils appuient le même système.

(3) M. Duranton, t. IX, n° 646. — M. Dubernet de Boscq, *Revue crit. de jurisprud.*, 1859, t. XV, p. 251 et suiv., p. 481 et suiv.; 1861, t. XVII, p. 33 et suiv. et p. 336 et suiv. — M. Labbé, *Journ. du palais,* 1863, p. 934-937. — M. Colmet de Santerre, t. IV, n° 247 *bis,* VII à XI.

Boullenois, professait sur le même point la même solution (1); de plus, si l'action en rescision pour cause de lésion, en particulier, ne s'ouvrait pas du jour même de la donation entre-vifs, on serait forcé d'estimer les objets partagés non suivant leur valeur à l'époque du partage (art. 890, mais suivant leur valeur à l'époque de l'ouverture de la succession, et ainsi toute stabilité se trouverait enlevée à l'œuvre du père de famille (2).

3e SYSTÈME (3). — *Dans le partage par donation entre-vifs, ce n'est qu'à l'époque du décès de l'ascendant que s'ouvrent toutes les actions auxquelles le partage peut donner lieu.*

Les partisans de ce système invoquent, comme *principal argument*, la décision de l'art. 1078, qu'ils généralisent. Comment concevoir, dit l'un d'eux, que l'enfant qui prétendrait n'avoir pas reçu une part assez forte, fût admis à se plaindre du vivant de l'ascendant, tandis que l'enfant qui n'a reçu aucune part ne peut y être admis qu'à la mort de l'ascendant (4) ?

En définitive, quelle que soit la solution que l'on adopte, il faut se résigner à heurter ou les textes ou la raison ; en préférant, comme cela est forcé, les textes à la raison, il faut encore se résigner à n'obtenir qu'une doctrine hétérogène.

Les auteurs sont d'accord pour restreindre au laps de dix ans la durée des actions en rescision dans le partage d'ascendant par donation entre-vifs (art. 1304) (5).

**1080.** — L'enfant qui, pour une des causes exprimées en l'article précédent, attaquera le partage fait par l'ascendant, devra faire l'avance des frais de l'esti-

---

(1) Boullenois, *Questions sur les démissions de biens* (quest. VII).

Moins stable encore que le partage d'ascendant et d'origine coutumière, la démission de biens a été définie par Pothier :

« *Un acte par lequel une personne, en anticipant le terme de sa succession, se dépouille, de son vivant, de l'universalité de ses biens, et en saisit d'avance ses héritiers présomptifs, en retenant néanmoins le droit d'y rentrer lorsqu'elle le jugera à propos.* » (Pothier, Intr. au tit. XVII de la coutume d'Orléans, appendice, § 1).

(2) V. en particulier M. Labbé, *loc. cit.*

Comme on le voit, ce système consiste finalement à admettre que le partage d'ascendant par donation entre-vifs procède au fond de deux idées opposées.

(3) Cass. 2 août 1848, Vignier, et 16 juillet 1849, Besse, *Dev.* 1849, I, 258 et 622. — Cass. 13 fév. 1860, Aubry, *Dev.* 1860, I, 562. — Cass. 7 janv. 1863, Céby, *Dev.* 1863, I, 121. — Cass. 24 juin 1868, Quillet, *le Droit* du 25 juin 1868. — MM. Aubry et Rau, t. VI, p. 236, texte et note 16. — M. Genty, p. 258 et suiv. — M. Demolombe, t. XXIII, p. 236.

(4) M. Demolombe, p. 237.

Si ce système doit l'emporter, et cela paraît probable à cause de l'art. 1078, quelle réponse faire à l'objection si sensée du conseiller Lasagni ?

(5) MM. Zachariæ, Aubry et Rau, t. VI, p. 223. — M. Demolombe, t. XXIII, p. 250.

mation ; et il les supportera en définitif, ainsi que les dépens de la contestation, si la réclamation n'est pas fondée.

Cet article a pour but de déroger à l'art. 131 du Code de procédure (1).

---

# CHAPITRE VIII

## DES DONATIONS FAITES PAR CONTRAT DE MARIAGE AUX ÉPOUX ET AUX ENFANTS A NAITRE DU MARIAGE.

Ce chapitre établit certaines dérogations, soit de forme, soit de fond, aux règles qui, d'après la fausse législation napoléonienne, gouvernent habituellement la donation entre-vifs.

Il est dû :

1° *A l'existence de ces règles elles-mêmes ;*

2° *A ce que, jusqu'à présent, les sociétés n'ont compris, ni que le titre de la propriété est le travail, ni que la propriété, comme toutes les autres institutions, relève de la loi morale, ni que la disposition à titre gratuit, au lieu d'être une affaire de fantaisie, doit être un acte de réparation* (2).

Nous avons dit assez souvent, pour n'avoir pas besoin d'y revenir, ce qu'il faut penser des règles restrictives qui, dans la loi napoléonienne, violent le droit de disposer à titre gratuit (3).

Quant aux dérogations qui font l'objet de ce chapitre, et que le droit napoléonien a empruntées au vieux droit français, les législations, en les

---

(1) Comment mieux résumer notre jugement sur le partage d'ascendant qu'en rappelant ces vers du fabuliste :

> Je suis oiseau, voyez mes ailes ;
> Je suis souris, vivent les rats.....

(2) V. *supra*, p. 372.

Il ne faut pas confondre, comme cela est journellement fait, et même par d'éminents esprits, *le point de vue juridique*, qui est celui de *l'action en justice*, avec *le point de vue moral*, qui est celui de *la conscience*.

*Juridiquement*, le droit de propriété doit être aussi libre que possible, et c'est pour cela que toutes les formes et toutes les règles qui limitent la liberté du propriétaire violent le droit de propriété.

*Moralement*, l'exercice du droit de propriété n'est légitime que tout autant qu'il a pour but le bien général, et, selon l'expression de John Stuart Mill, « l'intérêt permanent de la race humaine ».

Le plan de la nature a été de relier les hommes les uns aux autres, l'œuvre de la civilisation est de réaliser de plus en plus ce plan, mais c'est la conscience qui est l'instrument de la civilisation, ce n'est pas le gendarme.

Donc, droit individuel, morale solidaire !

(3) V. *supra*, notamment p. 371 et 508.

établissant, ont été inspirées par l'idée que c'est encourager le mariage que de faciliter les donations en faveur des époux et des enfants à naître du mariage, et que cet encouragement est bon.

Cet encouragement, au contraire, ne vaut rien, car il tend à dénaturer le fondement moral du mariage et à mettre à la place un fondement pécuniaire; il tend par là même à produire des unions qui n'ont rien de stable, et qui, en faisant le malheur de ceux qui les contractent, répandent le trouble dans la société (1).

Comme nous le verrons, au surplus, les dérogations qui vont suivre, en tant qu'elles ont trait à la règle de l'actualité et de l'irrévocabilité, heurtent, en trois points essentiels la théorie scientifique de la propriété ; elles rendent la propriété incertaine *ab initio*, résoluble, indisponible (2).

D'après les art. 1081-1086, les donations qui peuvent être faites par des tiers aux futurs époux seraient de quatre sortes ; il y aurait :

1° *La donation de biens présents* (art. 1081) ;

2° *La donation de biens à venir*, dite *institution contractuelle*, (art. 1082 et 1083) ;

3° *La donation cumulative de biens présents et à venir* (art. 1084) ;

4° *La donation faite sous des conditions potestatives de la part du donateur* (art. 1086).

Évidemment, cette classification est défectueuse; car, si l'on se place au point de vue des biens susceptibles d'être l'objet de la donation entre-vifs, les *trois premières* classes susmentionnées sont seules possibles, et, si l'on se place au point de vue de la potestativité des conditions suscep-

---

(1) On objecte les mœurs ; mais est-ce que les lois doivent suivre aveuglément les mœurs? est-ce que les lois ne doivent pas se proposer de corriger les mœurs, lorsque les mœurs sont mauvaises? Nous ne sommes point de l'école de Savigny : si les mœurs font les lois, les lois font aussi les mœurs.

Ajoutons que, jusqu'aujourd'hui, l'inégalité sociale de la femme a contribué pour une large part à persuader aux législateurs de faciliter les donations de mariage.

Jusqu'aujourd'hui, en effet, la femme, en général, a été hors d'état de se suffire et a dépendu de l'homme pour sa subsistance; aussi, dans la classe qui possède, cette situation est-elle présentée comme un motif aux donations que les ascendants ou les autres parents font à la femme qui se marie; puisqu'elle ne *gagne* pas, il faut que, par compensation, elle apporte au mari un certain capital pour subvenir aux charges communes.

Nous retrouverons cet argument et nous l'examinerons plus à notre aise dans la matière du *Contrat de mariage*.

Bornons-nous à constater pour le moment qu'il en est d'un état social où tous les rapports sont faussés, comme il serait d'un état social où tous les rapports seraient ce qu'ils doivent être ; tout s'y tient.

(2) Le Code de la Convention ne contenait pas de dispositions correspondant à celles du chap. VIII ; le système de ce Code sur les donations était, en effet, tout autre que celui du vieux droit français et du droit napoléonien. (Comparer Code de la Convention, liv. II, tit. III, § 3, et aussi *supra*, p. 376.)

tibles d'affecter la donation entre-vifs, il n'y a d'antithèse rationnelle possible qu'entre la donation qui comporte des conditions potestatives de la part du donateur, et la donation qui ne comporte pas de telles conditions.

La vérité est que ce que le Code Napoléon (art. 1086) et la presque totalité des auteurs (1) présentent dans cette matière, comme une *quatrième* sorte de donation, n'est autre chose qu'un ensemble de dispositions destinées, conformément à l'art. 949, à effacer, pour les donations faites par des tiers aux futurs époux, les règles posées par les art. 943-946.

**1087.** — Les donations faites par contrat de mariage ne pourront être attaquées, ni déclarées nulles, sous prétexte du défaut d'acceptation.

**1088.** — Toute donation faite en faveur du mariage sera caduque, si le mariage ne s'ensuit pas.

**1090.** — Toutes donations faites aux époux par leur contrat de mariage, seront, lors de l'ouverture de la succession du donateur, réductibles à la portion dont la loi lui permettait de disposer.

Ces articles édictent *trois* règles qui sont communes à toutes les donations faites par des tiers en faveur du mariage.

Savante législation, très-savante en effet, que celle qui corrige à chaque instant la règle par des exceptions, les exceptions par le retour à la règle, et le retour à la règle par de nouvelles exceptions!

A peu près copiée dans l'ordonnance de 1731 (art. 10 et 13), et fort mal rédigée, la *première* règle signifie, suivant l'opinion de la plupart des auteurs, *non pas que les donations faites par contrat de mariage sont dispensées de la formalité de l'acceptation, mais qu'elles ne sont pas soumises à la formalité de l'acceptation solennelle, c'est-à-dire expresse* (2).

La *seconde* règle est naïve, tant elle est évidente (3).

Comme la seconde, la *troisième* règle était facile à suppléer, étant admis le *principe* de la réserve (4).

---

(1) Comparer MM. Zachariæ, Aubry et Rau, t. VI, p. 245.

Nous ne connaissons que MM. Zachariæ, Aubry et Rau, qui n'aient pas commis cette faute de méthode.

(2) Comparer MM. Zachariæ, Aubry et Rau, t. VI, p. 244. — M. Demolombe, t. XXIII, p. 274.

(3) Elle est reproduite du Droit romain, qui la rapportait savamment à la théorie de la *condictio causa data, causa non secuta*. (L. 6, D. liv. XII, tit. IV, et l. 24, C., liv. V, tit. IV.)

(4) Cependant, il faut dire que les anciens auteurs avaient jugé à propos de soulever, sur ce point, une controverse. (V. Furgole, 10e question.)

Quant à la manière dont se réduisent les donations dont il s'agit dans le chapitre VIII, nous avons déjà vu qu'il faut appliquer la règle générale posée par l'art. 923, pour la réduction des donations entre-vifs. (V. *supra*, p. 443; et aussi *infra*, art. 1096.)

Notons, en outre :

*Que les donations faites par des tiers en faveur du mariage peuvent être affectées de conditions potestatives de la part du donateur* (art. 1086);

Et rappelons :

*Que ces mêmes donations ne sont pas révocables pour cause d'ingratitude* (art. 959).

On décide, en général, que les immunités, établies par les art. 1086 et 1087, ne s'appliquent pas aux donations qui, bien que faites par des tiers en faveur du mariage, sont contenues dans un acte *distinct* du contrat de mariage.

On décide aussi que, à la différence des donations faites par des tiers en faveur du mariage dans le contrat de mariage, les donations faites par des tiers en faveur du mariage, mais en dehors du contrat de mariage, ne peuvent comprendre que des biens présents (comparer art. 1082-1086).

Cette doctrine est fondée sur la lettre des textes et sur la règle d'interprétation qui veut que les exceptions soient toujours entendues dans un sens étroit (1).

**1081.** — Toute donation entre-vifs de biens présents, quoique faite par contrat de mariage aux époux, ou à l'un d'eux, sera soumise aux règles générales prescrites pour les donations faites à ce titre. — Elle ne pourra avoir lieu au profit des enfants à naître, si ce n'est dans les cas énoncés au chapitre VI du présent titre.

Quoique le *premier* alinéa de cet article semble assimiler de tous points la donation de biens présents faite par des tiers en faveur du mariage, dans le contrat de mariage, à la donation entre-vifs ordinaire, il faut entendre ce texte trop absolu, comme s'il avait réservé les dérogations indiquées dans et sous les articles précédents.

Remarquons, en particulier, que, *lorsque la donation de biens présents est affectée de clauses potestatives de la part du donateur* (art. 1086),

1° *Elle emporte une présomption de substitution vulgaire au profit des enfants et descendants à naître du mariage* (Arg. de l'art. 1082, V. *infra*, p. 669);

2° *Elle devient caduque, conformément à l'art.* 1089, *lorsque le donateur survit à l'époux donataire et aux enfants et descendants issus du mariage.*

---

(1) MM. Zachariæ, Aubry et Rau, t. VI, p. 242, 243 et 244, texte et notes 3 et 4. — M. Colmet de Santerre, t. IV, n° 249 *bis*. — M. Demolombe, t. XXIII, p. 283.

C'est le cas de dire que la forme emporte le fond, et l'esprit légiste, le sens commun.

*Se plaçant en dehors de l'hypothèse où la donation de biens présents est affectée de clauses potestatives*, le *second* alinéa de l'article rappelle très-inutilement la règle d'après laquelle, pour être capable de recevoir entre-vifs, il faut être conçu au moment de la donation (art. 906) ; il rappelle non moins inutilement l'exception qu'apporte à cette règle la théorie de la substitution fidéicommissaire.

**1082.** — Les pères et mères, les autres ascendants, les parents collatéraux des époux, et même les étrangers, pourront, par contrat de mariage, disposer de tout ou partie des biens qu'ils laisseront au jour de leur décès, tant au profit desdits époux qu'au profit des enfants à naître de leur mariage, dans le cas où le donateur survivrait à l'époux donataire.

Pareille donation, quoique faite au profit seulement des époux ou de l'un d'eux, sera toujours, dans ledit cas de survie du donateur, présumée faite au profit des enfants et descendants à naître du mariage.

**1083.** — La donation, dans la forme portée au précédent article, sera irrévocable, en ce sens seulement que le donateur ne pourra plus disposer, à titre gratuit, des objets compris dans la donation, si ce n'est pour sommes modiques, à titre de récompense ou autrement.

Ces articles se réfèrent à la donation de biens à venir, autrement dite *institution contractuelle*.

L'institution contractuelle a pour origine probable le régime féodal ; avec la réserve, avec la règle « donner et retenir ne vaut », à laquelle toutefois elle déroge, elle était un moyen de conservation des propres dans les familles, et si les compilateurs napoléoniens l'ont recueillie dans les débris du passé, c'est qu'ils y recueillaient tout (1).

*Mais, d'abord, que faut-il entendre par l'institution contractuelle ?*

Là, commencent les difficultés.

On peut dire que *l'institution contractuelle est une sorte de disposition amphibie* (2), *qui participe à la fois de la nature de la donation entre-vifs ou du contrat et de la nature du testament ou de l'institution d'héritier* (3).

---

(1) Consulter, si l'on veut, sur l'institution contractuelle : Montesquieu, *Esprit des lois*, liv. XXXI, chap. XXXIV. — De Laurière. Paris, 1715, 2 vol. in-12 — Anouilh, *De l'institution contractuelle dans l'ancien Droit français et d'après le Code Napoléon* (*Revue historique de Droit français et étranger*, 1860, t. VI, p. 289 et suiv., et p. 385 et suiv.). — M. Bonnet, *Origine et Historique de l'institution contractuelle*.

Cette vieillerie est aussi *antiéconomique* qu'*antijuridique* (nous parlons au point de vue du droit rationnel), et elle tombe de plus en plus en désuétude ; néanmoins, que l'étudiant y prenne garde, c'est une des têtes de Méduse que le professeur aime à montrer au candidat.

(2) Furgole, nous nous en apercevons, avait dit ce mot avant nous (art. 17 de l'ordonnance de 1731) ; mais il n'en continuait pas moins, le brave légiste, à entasser Pélion sur Ossa, pour faire la théorie de cet *amphibie*.

Dans la science du juste, cette espèce-là n'a pas place.

(3) C'est comme qui dirait *une donation-institution d'héritier* ou *une dona-*

En *premier* lieu, l'institution contractuelle participe de la nature de la donation entre-vifs ou du contrat :

*En ce qu'elle suppose le concours de la volonté de l'institué avec celle de l'instituant ;*

De là, d'après la compilation napoléonienne, développée par la doctrine, les deux conséquences suivantes :

1° *L'instituant ne peut, par une révocation directe, retirer à l'institué le bénéfice de ce qu'il lui a promis, et que celui-ci a accepté ;*

2° *L'instituant ne peut ultérieurement disposer, à titre gratuit, des objets compris dans l'institution, « si ce n'est pour sommes modiques, à titre de récompense ou autrement »* (art. 1083, *in fine*).

En *second* lieu, l'institution contractuelle participe de la nature du testament ou de l'institution d'héritier :

1° *En ce qu'elle ne s'ouvre qu'au décès de l'instituant et sous la condition de survie de l'institué ;*

2° *En ce que l'instituant conserve d'une manière absolue le droit de disposer, à titre onéreux, des objets compris dans l'institution* (1).

Pour achever d'esquisser la physionomie de l'institution contractuelle, ajoutons que, aux termes de l'art. 1082, *in fine*, *cette disposition emporte de plein droit une présomption de substitution vulgaire au profit des enfants et descendants à naître du mariage ;* ce qui signifie que *les enfants et descendants à naître du mariage sont appelés à recueillir le bénéfice de l'institution, toutes les fois que, par une cause quelconque, l'institué ne peut ou ne veut recueillir ce même bénéfice* (2).

*En tant qu'ils recueillent comme substitués vulgaires*, les enfants et descendants à naître du mariage recueillent *ex jure proprio*, et par conséquent, ils ont le droit de recueillir les biens compris dans l'institution, tout en répudiant la succession de l'institué.

Il n'y a pas de doute que l'instituant puisse, par la manifestation d'une volonté contraire, anéantir la présomption de substitution vulgaire établie

---

*tion-legs ;* et cependant, grave observation, ce n'est pas *une donation à cause de mort !*

(1) Ces belles prémisses posées, nous verrons *infra* comment les auteurs s'en tirent pour donner une définition du droit de l'institué.

(2) L'art. 1082, *in fine*, semble n'établir la présomption de substitution vulgaire au profit des enfants et descendants à naître du mariage que *pour le cas de survie de l'instituant* (donateur) *à l'institué ;* mais la plupart des auteurs pensent qu'il faut *élargir* le texte et y voir l'indication d'*une clause générale de substitution vulgaire* (art. 898 ; V. *supra*). (Comparer MM. Zachariæ, Aubry et Rau, t. VI, p. 256, texte et note 27. — M. Colmet de Santerre, t. IV, n° 255 *bis*, V. — M. Demolombe, t. XXIII, p. 317.)

Notons que la substitution vulgaire déroge à l'art. 906.

par l'art. 1082, *in fine* (1), ni qu'il puisse aussi confirmer en termes exprès cette même présomption ; mais, dans ce dernier cas, il ne pourrait pas assigner des parts inégales aux enfants et descendants à naître, ni, à plus forte raison, substituer quelques-uns d'entre eux en excluant les autres (2).

Au surplus, l'instituant, s'il est le père ou la mère, le frère ou la sœur de l'institué, peut, conformément aux art. 1048 et 1049, ajouter *à la clause de substitution vulgaire une clause de substitution fidéicommissaire* au profit des enfants à naître.

La clause de substitution vulgaire a son effet, si l'institué ne recueille pas ; la clause de substitution fidéicommissaire a, au contraire, le sien, si l'institué recueille.

Remarquons enfin que l'institution contractuelle déroge :

1° *A la règle « donner et retenir ne vaut », comme il a déjà été dit* supra, p. 869.

2° *A la prohibition des pactes sur succession future* (art. 1130) ;

3° *A la disposition de l'art.* 893 *qui ne reconnaît que deux sortes de dispositions à titre gratuit, la donation entre-vifs et le testament* (art. 893, v. *supra*, p. 378).

Voilà les traits les plus caractérisés de l'institution contractuelle ; voyons le reste.

*D'abord, quelle est la capacité requise, soit dans la personne de l'instituant, soit dans celle de l'institué ?*

De l'avis de la plupart des auteurs, toute personne apte à faire *une donation entre-vifs* est, par là même, apte à faire *une institution contractuelle ;* mais ne sont aptes à recevoir par voie d'institution contractuelle que : 1° *Les futurs époux ;* 2° *Les enfants et descendants à naître du mariage en vue duquel la disposition est faite, ou les enfants déjà nés qui seraient légitimés par ce mariage* (art. 333) (3).

---

(1) MM. Zachariæ, Aubry et Rau, t. VI, p. 256, texte et note 25. — M. Demolombe, t. XXIII, p. 319.

M. Coin-Delisle conteste ce point (art. 1082, nos 29-35).

(2) MM. Zachariæ, Aubry et Rau, t. VI, p. 256, texte et note 28. — M. Colmet de Santerre, t. IV, n° 255 *bis*, III. — M. Demolombe, t. XXIII, p. 319.

On fonde ces décisions sur ce que, dans l'espèce, la substitution vulgaire est une dérogation à l'art. 906, et qu'à ce titre elle doit être rigoureusement renfermée dans la formule de la loi.

(3) MM. Zachariæ, Aubry et Rau, t. VI, p. 253 et suiv. — M. Bonnet, t. II, n° 322 et suiv. — M. Demolombe, t. XXIII, p. 311 et suiv.

Dans l'ancien Droit, on appelait *clause d'association*, la clause par laquelle, en instituant contractuellement un des futurs époux, on lui imposait l'obligation de faire participer telle ou telle personne, en général ses frères et sœurs, au bénéfice de l'institution. (Comparer Auroux des Pommiers sur l'art. 124 de la Coutume de Bourbonnais.) Cette clause, autrefois valable, serait nulle aujourd'hui, et la part de l'associé reviendrait aux héritiers *ab intestat*. (Comparer MM. Za-

*Quels biens l'institution contractuelle peut-elle comprendre?*

D'après l'art. 1082, l'institution contractuelle peut avoir pour objet « tout ou partie des biens que l'instituant laissera au jour de son décès », c'est-à-dire, selon la doctrine généralement reçue :

*Soit l'universalité de l'hérédité de l'instituant;*

*Soit une quote-part de cette universalité;*

*Soit la totalité des immeubles ou des meubles de l'instituant, ou une quotité fixe de tous ses immeubles ou de tous ses meubles;*

*Soit enfin certains biens héréditaires individuellement envisagés.*

Dans le *premier* cas, elle est *universelle;*

Dans le *second* et dans le *troisième, à titre universel;*

Dans le *quatrième, à titre particulier* (1).

*Quelle est la nature du droit que l'institution contractuelle confère à l'institué?*

*Les uns disent que c'est un droit tel quel* (2);

*D'autres, un droit qui ne peut être qualifié par aucune expression technique* (3);

*D'autres, un droit actuel de propriété, mais qui ne porte que sur des biens à venir* (4);

*D'autres, enfin, un droit éventuel de succession, une sorte de réserve contractuelle* (5).

---

chariæ, Aubry et Rau, t. VI, p. 254, texte et note 23. — M. Bonnet, t. II, n° 387 et 388. — M. Colmet de Santerre, t. IV, n°s 255 *bis*, VII et VIII. — M. Demolombe, t. XXXII, p. 323.)

(1) M. Duranton, t. VI, n° 49.

(2) M. Colmet de Santerre, t. IV, n° 256 *bis*, II.

(3) MM. Zachariæ, Aubry et Rau, t. II, p. 263, texte et note 54.

(4) MM. Zachariæ, Aubry et Rau, t, VI, p. 250. — M. Bonnet, t. I, n°s 296-305. — M. Colmet de Santerre, t. IV, n° 254, II. — M. Demolombe, t. XXIII, p. 308.

MM. Delvincourt et Duranton ont contesté que l'institution contractuelle pût porter sur des objets héréditaires individuellement désignés. Selon le premier de ces auteurs, une institution de cette sorte constituerait un legs qui ne pourrait plus être révoqué par d'autres dispositions à titre gratuit; selon le second, elle constituerait une donation de la nue propriété, avec réserve d'usufruit. (M. Delvincourt, t. II, p. 421 et 422. — M. Duranton, t. IX, n° 576.)

Ce que MM. Delvincourt et Duranton ont parfaitement compris dans le cas présent, à la différence des interprètes qui les censurent, c'est qu'en tant que l'institution contractuelle a pour objet des choses déterminées, elle doit logiquement engendrer un droit réel immédiat; il est vrai que, généralisée comme elle devrait l'être, cette logique renverserait le principe même de l'institution contractuelle.

(5) M. Demolombe, t. XXIII, p. 337.

Si nous étions forcé de nous prononcer, nous préférerions l'opinion du *droit tel quel;* car, comment concevoir, par exemple, le langage de MM. Aubry et Rau, disant que l'institué a un droit de propriété dès le jour de l'institution,

L'instituant, avons-nous dit *supra*, conserve le droit d'aliéner à titre onéreux; *peut-il être valablement stipulé que l'instituant n'aura pas ce droit?*

La *négative*, à notre sens, n'est pas douteuse, car l'institution contractuelle constitue une dérogation au droit commun; et, d'ailleurs, toute inaliénabilité est contraire à la raison juridique et à l'intérêt économique (1).

*On est d'accord pour admettre que, à l'inverse, l'instituant peut se réserver le droit de disposer à titre gratuit dans une mesure plus large que celle qu'indique l'art.* 1083, in fine (2).

Quant à l'institué lui-même, les auteurs, en général, enseignent qu'il n'a *ni le droit d'attaquer du vivant de l'instituant les aliénations, soit à titre onéreux, soit à titre gratuit, que ce dernier ferait, ni même le droit de prendre aucune mesure conservatoire*; en effet, dit on, la position de l'héritier institué doit être assimilée à celle d'un *héritier à réserve* (3).

*L'institué peut-il, du vivant de l'instituant, céder son droit ou y renoncer?*

Cette question est débattue; la *négative* prévaut à cause de la prohibition des pactes sur succession future (art. 791) (4).

Au décès de l'instituant, l'institué acquiert le titre d'héritier légitime,

---

mais que ce droit n'a d'objet (de matière) que lors de l'ouverture de la succession de l'instituant? (MM. Aubry et Rau, p. 263, note 54.)

Est-ce que, même provisoirement, un droit peut exister, sans objet?

Nous répétons que l'institution contractuelle est *antijuridique*, car elle heurte cette doctrine éminemment juridique que, *de toute nécessité*, un contrat qui a pour but de faire naître le droit réel, ou bien engendre, *hic et nunc*, *ce droit lui-même*, s'il porte sur une chose *déterminée*, ou bien engendre, *hic et nunc*, *un droit de créance tendant à obtenir le droit réel stipulé*, s'il porte sur une chose *indéterminée*.

Nous répétons que l'institution contractuelle est tout ensemble *antijuridique* et *antiéconomique*, car la raison juridique et l'intérêt économique ne s'accommodent ni des inaliénabilités même partielles, ni des droits amphibies.

(1) Comparer MM. Zachariæ, Aubry, et Rau, t. VI, p. 262. — M. Demolombe, t. XXIII, p. 341.

MM. Troplong (t. IV, n° 2349) et Bonnet (t. II, n° 422) professent l'opinion contraire.

(2) Comparer M. Demolombe, t. XXIII, p. 346.

(3) MM. Zachariæ, Aubry et Rau, t. VI, p. 266, texte et note 63. — M. Demolombe, t. XXIII, p. 347.

(4) En ce sens, M. Bonnet, t. II, n$^{os}$ 451-453. — M. Colmet de Santerre, t. IV, n° 256 *bis*, III. — M. Demolombe, t. XXIII, p. 348.

En sens contraire, MM. Zachariæ, Aubry et Rau, t. VI, p. 264, texte et notes 55 et 56.

et, à l'instar d'un héritier légitime, il peut accepter le bénéfice de l'institution ou y renoncer.

S'il l'accepte, il peut se porter héritier pur et simple ou héritier bénéficiaire (art. 774 et 775).

*L'institué jouit-il de la saisine héréditaire légale?*

Ce point est très-obscur et très-controversé.

La plupart des auteurs décident que l'institué est investi de la saisine héréditaire légale, lorsque l'institution est universelle et qu'il n'existe pas d'héritiers à réserve (art. 1006). En dehors de ce cas, l'institué est tenu de former une demande en délivrance; mais, même avant d'avoir formé cette demande, il a droit aux fruits, et peut exercer contre les tiers les actions relatives aux biens compris dans l'institution (1).

En ce qui concerne le payement des dettes et charges de la succession, on s'accorde à assimiler en principe les institués aux légataires.

*L'institution contractuelle est-elle soumise à la formalité de la transcription?*

Cette question est très-controversée.

DEUX SYSTÈMES.

1<sup>er</sup> SYSTÈME (2). — *L'institution contractuelle est soumise à la formalité de la transcription.*

1<sup>er</sup> *Arg.* — Le traditionnalisme habituel aux compilateurs napoléoniens appuie cette solution, car, d'après les art. 19 et 20 de l'ordonnance de 1731, l'institution contractuelle était autrefois soumise à la formalité de l'insinuation.

2<sup>e</sup> *Arg.* — L'art. 947 ne vise que les quatre articles précédents (art. 943-946).

Ce n'est donc qu'en ce qui concerne l'application de ces quatre articles que les donations faites en faveur de mariage font exception à la théorie générale de la donation entre-vifs.

3<sup>e</sup> *Arg.* — Sans doute, la liste des personnes qui ont intérêt à la transcription de l'institution contractuelle et qui pourront en demander

(1) En ce sens, MM. Zachariæ, Aubry et Rau, t. VI, p. 267, texte et notes 66-68. — M. Bonnet, t. II, n<sup>os</sup> 460-461. — M. Demolombe, t. XXIII, p. 360.

En sens contraires et divers : Chabot, *Des successions*, art. 724, n° 14. — M. Duranton, t. IX, n<sup>os</sup> 719-720. — M. Colmet de Santerre, t. IV, n° 256 *bis*, v.

(2) M. Bonnet, t. II, n<sup>os</sup> 686-691. — M. Flandin, *De la transcription*, t. I, n° 701. — M. Mourlon, *De la transcription*, t. II, n° 1117.

la nullité, faute de transcription, cette liste n'est pas aussi nombreuse que celle des personnes qui ont intérêt à la transcription de la donation entre-vifs en général, et qui peuvent en demander la nullité, faute de transcription.

C'est ainsi qu'il faut d'abord incontestablement retrancher les acquéreurs à titre onéreux, puisque l'instituant peut aliéner, à ce titre, nonobstant l'institution.

C'est ainsi qu'il faut encore retrancher, pour la même cause, les créanciers à hypothèque conventionnelle.

Mais il reste :

Les donataires ;

Les légataires ;

Les créanciers chirographaires ;

Les créanciers à hypothèque légale ou judiciaire ;

Les créanciers privilégiés (Comparer art. 941, *supra*, p. 468) (1).

2e SYSTÈME (2). — *L'institution contractuelle n'est pas soumise à la formalité de la transcription.*

1er *Arg.* — C'est à tort qu'on invoque, dans le cas présent, l'*autorité* de l'ancien droit.

En effet, les anciens légistes ne s'entendaient pas entre eux sur le point de savoir si l'institution contractuelle devait être soumise à l'insinuation (3).

2e *Arg.* — L'argument fondé sur l'art. 947 est bien loin d'être concluant ; car, de l'aveu même des partisans du premier système, l'art. 948 n'est point applicable à l'institution contractuelle (v. *infra*, p. 676), et cependant l'art. 947 ne vise pas l'art. 948 (4).

---

(1) Pourquoi les partisans de ce système ne retrancheraient-ils pas les donataires et les légataires ?

Assurément, ce serait une grosse erreur de professer, comme le commentateur Troplong, qu'en général le défaut de transcription de la donation entre-vifs ne peut pas être opposé au donataire antérieur par un donataire postérieur ; cela a été réfuté plus haut (V. *supra*, p. 471) ; mais ce qui paraît bien ressortir de l'art. 1083, c'est que la *seule* circonstance d'avoir fait une institution enlève en principe à l'instituant le droit de donner entre-vifs ou de léguer ultérieurement les objets compris dans l'institution (comparer art. 1083).

(2) MM. Zachariæ, Aubry et Rau, t. VI, p. 252. — M. Demolombe, t. XXIII, p. 306.

(3) Comparer Guy-Coquille, sur l'art. 12 de la Coutume de Nivernais, avec Furgole sur l'art. 23 de l'ordonnance de 1731.

Ceux qui appliquaient à l'institution contractuelle la formalité de l'insinuation n'étaient pas davantage d'accord sur la manière d'accomplir cette formalité. (Comparer Furgole, *loc. cit.*, et Bacquet, *Des droits de justice*, chap. XVI, n° 284, avec Louet sur Brodeau, lettre A, n° 10.)

(4) Quels arguments, quelles réfutations, quel art que celui qui consiste dans de pareilles... balivernes !

Et c'est là pourtant ce qu'on présente aux populations, c'est là ce qu'on enseigne à de jeunes esprits, comme l'expression de la science du juste !

3e *Arg.* — « La transcription implique l'idée d'un acte actuellement translatif de la propriété d'un immeuble ou d'un droit réel immobilier (art. 939 ; art. 1 de la loi du 23 mars 1855);

» Or la donation de biens à venir ne transmet actuellement aucun droit réel au donataire. »

4e *Arg.* — « La transcription n'est applicable qu'aux mutations qui s'opèrent entre-vifs;

» Or la donation de biens à venir n'est translative de propriété qu'à l'époque du décès du donateur (1). »

Que les légistes parviennent à définir, en raison, l'institution contractuelle, et alors il sera temps de prendre parti sur ces systèmes (2).

On est enfin d'accord pour ne pas soumettre à la nécessité *d'un état estimatif* l'institution contractuelle qui a des meubles pour objet (3).

Quant à la caducité résultant pour l'institution contractuelle de ce que l'instituant survit à l'époux donataire et à sa postérité, V. art. 1089, *infra*, p. 681.

**1084.** — La donation par contrat de mariage pourra être faite cumulativement des biens présents et à venir, en tout ou en partie, à la charge qu'il sera

(1) Nous avons reproduit, pour ces deux derniers arguments, le texte de M. Demolombe, parce qu'il n'y a pas une autre manière de dire aussi clairement ce que veut dire l'éminent doyen. Mais, comment s'expliquer que M. Demolombe n'ait jamais été amené à réfléchir sur ces deux propositions et à en présenter, soit la justification, soit la critique au fond?

(2) Pour notre part, nous n'avons qu'à nous répéter : l'institution contractuelle est un anachronisme, et elle est aussi un non-sens; c'est de là que viennent toutes les difficultés auxquelles elle donne lieu.

Aux temps de l'iniquité féodale, elle avait son rôle : elle contribuait à perpétuer les familles illustres (comparer Montesquieu, *loc. cit.*). Mais notre point de vue a changé et il continuera à changer bien davantage dans le même sens; l'illustration deviendra de plus en plus personnelle; elle reposera sur la bonté du cœur, sur la supériorité de l'esprit, sur l'énergie de la volonté, sur les services rendus à la cause de tous; elle impliquera le désintéressement, l'abnégation, le dévouement, et elle pourra se passer sans inconvénients de l'institution contractuelle.

(3) Comparer MM. Zachariæ, Aubry et Rau, t. VI, p. 252. — M. Demolombe, t. XXIII, p. 304.

Notons qu'on appelait autrefois et qu'on appelle encore *promesse d'égalité*, *assurance de part héréditaire* ou *de réserve à succession*, la clause par laquelle les pères et mères s'engagent, dans le contrat de mariage d'un de leurs enfants, à laisser à cet enfant, dans leur succession, une part égale à celle des autres. De l'avis de presque tous les auteurs, cette clause vaut au profit du futur époux, par rapport à ses frères et sœurs, comme *institution contractuelle d'une part héréditaire dans la quotité disponible*. (MM. Zachariæ, Aubry et Rau, t. VI, texte et notes. — M. Demolombe. t. XXII, p. 329.)

MM. Championnière et Rigaud (*Traité des droits d'enregistrement*, t. IV, n° 295) décident, au contraire, que « cette clause n'assure rien au futur ».

annexé à l'acte un état des dettes et charges du donateur existantes au jour de la donation; auquel cas, il sera libre au donataire, lors du décès du donateur, de s'en tenir aux biens présents, en renonçant au surplus des biens du donateur.

**1085.** — Si l'état dont est mention au précédent article n'a point été annexé à l'acte contenant donation des biens présents et à venir, le donataire sera obligé d'accepter ou de répudier cette donation pour le tout. En cas d'acceptation, il ne pourra réclamer que les biens qui se trouveront existants au jour du décès du donateur, et il sera soumis au payement de toutes les dettes et charges de la succession.

Ces articles concernent *la donation cumulative de biens présents et à venir.*

La question *capitale* est ici de savoir si l'on doit considérer la donation cumulative de biens présents et à venir comme *un cumul de deux donations distinctes, l'une de biens présents, l'autre de biens à venir,* ou, comme *une institution contractuelle, revêtue d'un certain caractère propre.*

D'après ce *second* point de vue, aujourd'hui prédominant, la donation cumulative de biens présents et à venir *ne diffère de l'institution contractuelle que par le droit d'option dont jouit le donataire dans les termes de l'art.* 1084 (1).

Au surplus, cette décision ne doit être admise que si le donateur n'a pas manifesté une volonté contraire; car rien ne s'oppose assurément à ce qu'une personne fasse, dans un même contrat de mariage, deux donations distinctes, l'une de biens présents, l'autre de biens à venir.

Voyons successivement :

1° *L'hypothèse où, selon la prescription de l'art.* 1084, *il a été annexé à l'acte de donation un état des dettes et charges existantes au jour de la donation;*

2° *L'hypothèse où, contrairement à la prescription de l'art.* 1084, *il n'a point été annexé à l'acte de donation un état des dettes et charges existantes au jour de la donation.*

---

(1) En ce sens, la plupart des auteurs, et notamment MM. Zachariæ, Aubry et Rau, t. VI, p. 276 et suiv., texte et note 3. — M. Demolombe, t. XXIII, p. 367.

Encore un cas où l'on peut constater combien la doctrine juridique a toujours été vide de vrais *principes* juridiques et économiques!

Les légistes des pays de droit écrit, dans le dernier état, affirment que la donation cumulative contient deux donations, l'une de biens présents, l'autre de biens à venir, et que chacune doit produire ses effets propres. (Furgole, sur l'art. 117 de l'ordonnance de 1731.)

Les légistes des pays coutumiers répondent que c'est dénaturer cette même donation que de la couper en deux, et déclarent qu'elle est une institution contractuelle, augmentée d'un droit d'option. (Pothier, Introduction au titre XV de la Coutume d'Orléans, n° 26.) Mais un raisonnement quelconque appuyé sur des principes généraux et supérieurs, mais le souci de respecter l'exercice légitime de la volonté du propriétaire, on les chercherait en vain dans la *doctrine* des anciens légistes.

1re HYPOTHÈSE. — *Il a été annexé à l'acte de donation un état des dettes et charges existantes au jour de la donation.*

Dans cette hypothèse, il faut d'abord, conformément à la théorie de l'institution actuelle, admettre, *pour les biens présents comme pour les biens à venir :*

1° *Que le donateur n'est actuellement dessaisi ni de la propriété ni de la jouissance ;*

2° *Que la donation cumulative est de plein droit présumée faite au profit des enfants et descendants à naître du mariage.*

Bien entendu, cette donation est aussi soumise pour le tout à la cause de caducité prévue par l'art. 1089 (v. *infra*, p. 681).

A l'époque du décès du donateur, le donataire peut :

Ou répudier pour le tout le patrimoine,

Ou l'accepter pour le tout,

Ou opter pour le patrimoine tel qu'il se comportait activement et passivement à l'époque de la donation, en répudiant les biens et les dettes survenus depuis cette époque jusqu'à celle du décès du donateur.

Si le donataire prend ce *dernier* parti, la donation se transforme en une donation de biens présents.

Il faut alors décider :

*En ce qui concerne les immeubles*, que la donation n'est opposable aux tiers que tout autant qu'elle a été *transcrite*, conformément à l'art. 939 et à la loi du 23 mars 1855;

*En ce qui concerne les meubles*, que la donation n'est valable que tout autant qu'il a été annexé *un état estimatif* à la minute de l'acte, conformément à l'art. 948 (1).

2e HYPOTHÈSE. — *Il n'a pas été annexé à l'acte de donation un état des dettes et charges existantes au jour de la donation.*

Dans cette hypothèse, la donation est une pure institution contractuelle ordinaire, c'est-à-dire qu'il n'y a plus alors lieu *au droit d'option* (art. 1085).

Quant à la formule même de l'article qui dispose que « le donataire ne pourra réclamer que les biens qui se trouveront existants au jour du décès du donateur, elle est inexacte; car elle semble signifier que *le donataire n'a pas le droit, appartenant en principe à tout institué,*

---

(1) Comparer MM. Zachariæ, Aubry et Rau, t. VI, p. 280 et suiv., texte et note 22. — M. Colmet de Santerre, t. IV, n° 257 *bis*, III et IV. — M. Demolombe, t. XXIII, p. 391.

En sens contraire, M. Bonnet, t. II, n° 534.

*d'attaquer les dispositions, à titre gratuit, qui auraient été faites par le donateur en dehors des limites fixées par l'art.* 1083, *in fine;* or, ce que cette formule veut simplement dire, c'est que, *faute de l'annexion d'un état, les biens présents et les biens à venir ne forment qu'une seule masse.*

**1086.** — La donation par contrat de mariage, en faveur des époux et des enfants à naître de leur mariage, pourra encore être faite, à condition de payer indistinctement toutes les dettes et charges de la succession du donateur, ou sous d'autres conditions dont l'exécution dépendrait de sa volonté, par quelque personne que la donation soit faite : le donateur sera tenu d'accomplir ces conditions, s'il n'aime mieux renoncer à la donation; et en cas que le donataire, par contrat de mariage, se soit réservé la liberté de disposer d'un effet compris dans la donation de ses biens présents, ou d'une somme fixe à prendre sur ces mêmes biens, l'effet ou la somme, s'il meurt sans en avoir disposé, seront censés compris dans la donation, et appartiendront au donataire ou à ses héritiers.

Cet article se réfère aux *clauses de potestativité, de la part du donateur*, dont peuvent être affectées les donations faites par des tiers en faveur du mariage, dans le contrat de mariage.

Il tire son origine de l'art. 18 de l'ordonnance de 1731 qu'il a tantôt modifié, tantôt maladroitement reproduit.

Il a pour but de soustraire les donations sus-désignées aux applications de la règle : « *Donner et retenir ne vaut* » (art. 944-947) (1) ; c'est ainsi qu'il permet de faire ces donations :

1° *A la condition de payer indistinctement toutes les dettes et charges de la succession du donateur;*

2° *Sous des conditions dont l'exécution dépendrait de la volonté du donateur;*

3° *Sous la restriction que le donateur se soit réservé la liberté de disposer d'un effet compris dans la donation ou d'une somme fixe à prendre sur les biens donnés.*

Ce texte soulève plusieurs difficultés :

*D'abord, l'art.* 1086 *est-il applicable dans son ensemble aux donations de biens présents, aux donations de biens à venir et aux donations cumulatives de biens présents et à venir?*

Ce qui a fait naître le doute sur ce point, c'est la mauvaise rédaction de l'art. 1086 et les différences que cette rédaction présente avec celle de l'art. 18 de l'ordonnance; notamment, la *première* partie de l'art. 1086, à la différence de la *première* partie de l'art. 18 de l'ordonnance, ne mentionne pas la donation des *biens présents,* et semble même l'exclure, en parlant de la donation par contrat de mariage en faveur des époux et des enfants à naître de leur mariage (V. *supra*, p. 669); au

(1) Les art. 1082 et 1084 dérogent d'ailleurs, comme nous l'avons vu, à l'art. 943.

contraire, la *seconde* partie, mentionnant spécialement la donation de *biens présents*, semble exclure, par antithèse, la donation de *biens à venir*.

Cependant, l'opinion générale est que l'article est applicable aux *trois* sortes de donations précédentes (1).

Le texte porte que la donation par contrat de mariage peut être faite « *sous des conditions dont l'exécution dépendrait de la volonté* » ; il ne dit pas *de la seule volonté* (comparer art. 944) *du donateur*.

*Ne doit-on pas, en conséquence, décider que, même dans une condition faite par contrat de mariage, la condition purement potestative, de la part du donateur, annulle la donation ?*

L'*affirmative* paraît évidente, aussi bien pour le cas de la condition potestative *résolutoire* que pour celui de la condition potestative *suspensive*. Qu'est-ce, en effet, qu'un droit de propriété ou un droit de créance qui peuvent être anéantis ou ne pas prendre naissance au gré de celui qui en dispose (2) ?

La *dernière* disposition de l'article est enfin conçue de la manière suivante :

« Et en cas que le donateur, par contrat de mariage, se soit réservé la liberté de disposer d'un effet compris dans la donation de ses biens présents ou d'une somme fixe à prendre sur ces mêmes biens, l'effet ou la somme, s'il meurt sans en avoir disposé, seront censés compris dans la donation, et appartiendront au donataire ou *à ses héritiers.* »

Les mots « *ou à ses héritiers* » ont-ils un sens ?

---

(1) M. Bonnet, t. II, nos 544 à 564, 558 et 581. — M. Colmet de Santerre, t. IV, nos 259 et 259 *bis*, II. — M. Demolombe, t. XXIII, p. 400.

En sens contraire, M. Coin-Delisle (art. 1086, nos 3 à 7).

Si, avec les compilateurs napoléoniens, on s'arrêtait aux arguments fondés sur ce que les textes sont mal faits ou mal copiés, c'est à chaque article que l'obstacle surgirait ; combien en existe-t-il dans la compilation napoléonienne de textes rédigés à peu près d'une manière suffisante? Et voilà pourquoi la recherche du sens grammatical absorbe le reste dans la prétendue science juridique du temps présent ; voilà pourquoi les controverses les plus futiles et les plus vides remplissent les livres et les cours...

Ah ! le grand dommage de former de jeunes esprits avec une pareille sophistique !

(2) M. Bonnet, t. II, no 572.

MM. Colmet de Santerre (t. IV, no 259 *bis*) et Demolombe (t. XXIII, p. 406) proposent de distinguer entre la condition purement potestative résolutoire et la condition purement potestative suspensive ; ils déclarent nulle la donation faite sous cette dernière modalité, mais ils regardent comme valable la donation faite sous la première.

C'est pousser loin l'amour de la condition résolutoire !

Ils n'en ont *aucun;* ils ont été inattentivement empruntés à l'art. 18 de l'ordonnance de 1731 (1).

En effet, ou le donataire a survécu au donateur et a recueilli la donation, et alors il va suffisamment de soi, sans qu'il y ait besoin d'un article pour le dire, qu'il transmet la donation à ses héritiers dans sa propre succession ;

Ou le donataire est mort avant le donateur, et alors, comme il n'a pas pu recueillir la donation, il n'a pas pu la transmettre.

C'est là ce qui ressort de la règle de caducité que, à la différence de l'ordonnance de 1731, le législateur napoléonien a appliquée aux donations affectées de conditions potestatives, comme aux autres donations faites par contrat de mariage.

Quant aux enfants et descendants, ils recueillent en vertu d'une substitution vulgaire, c'est-à-dire *jûre proprio* (V. *supra*, p. 670).

**1089.** — Les donations faites à l'un des époux, dans les termes des art. 1082, 1084 et 1086 ci-dessus, deviendront caduques, si le donateur survit à l'époux donataire et à sa postérité.

Ce texte a besoin d'être corrigé ; il faut substituer aux mots « *et à sa postérité* » les mots : *et aux enfants issus du mariage.*

La caducité, établie par l'art. 1089, ne s'applique point d'ailleurs aux donations de biens présents faites dans les termes de l'art. 1081 (2).

# APPENDICE

## DIFFÉRENCES ENTRE LA DONATION FAITE PAR DES TIERS EN FAVEUR DU MARIAGE, ET LA DONATION ENTRE-VIFS ORDINAIRE.

1° *La donation faite par des tiers en faveur du mariage n'est point soumise à la formalité d'une acceptation solennelle* (art. 1087 ; V. *supra*, p. 667).

1° *La donation entre-vifs ordinaire est soumise à la formalité d'une acceptation solennelle* (art. 894 et 932 ; V. *supra*, p. 380 et 453).

2° *La donation faite par des tiers en faveur du mariage peut comprendre des biens à venir* (art. 1082 et 1084 ; V. *supra*, p. 669 et 676).

2° *La donation entre-vifs ordinaire ne peut comprendre des biens à venir* (art. 894 et 943 ; V. *supra*, p. 380 et 478).

3° *La donation faite par des tiers en faveur du mariage peut être potesta-*

3° *La donation entre-vifs ordinaire ne peut être potestative, ou, en d'autres*

(1) Comparer M. Bonnet, t. II, nos 586, 587. — M. Colmet de Santerre, t. IV, n° 259 *bis*, IV. — M. Demolombe, t. XXIII, p. 415.

M. Troplong ne manque pas de trouver que les mots : « *ou les héritiers* » de la fin de l'art. 1086 se relient très-logiquement à la caducité décrétée par l'art. 1089. Mais ce légiste a toujours eu des grâces d'état. (V. M. Troplong, t. IV, n° 2485.)

(2) Remarquons combien est à contre-sens l'innovation qui, en généralisant la caducité *pour cause de prédécès du donataire*, a augmenté les chances de résolution de la propriété.

| | |
|---|---|
| *tive* (art. 1086; V. *supra*, p. 679). | *termes, elle est irrévocable* (art. 894 et 944-946 ; V. *supra*, p. 380 et 481-484). |
| 4° *La donation faite par des tiers en faveur du mariage n'est pas révocable pour cause d'ingratitude* (art. 959 ; V. *supra*, p. 500). | 4° *La donation entre-vifs ordinaire est révocable pour cause d'ingratitude* (art. 953; V. *supra*, p. 489). |

Rappelons en outre :

1° *Que la donation faite par des tiers en faveur du mariage est « caduque,* comme dit l'art. 1088, *si le mariage ne s'ensuit pas »* (art. 1088, V. *supra*, p. 667) ;

2° *Que la donation de biens à venir faite par des tiers en faveur du mariage contient une clause de substitution vulgaire implicite au profit de personnes non encore conçues* (art. 1082, V. *supra*, p. 670) ;

3° *Que la donation de biens à venir faite par des tiers en faveur du mariage, qui a pour objet des immeubles, paraît ne pas être soumise à la formalité de la transcription, ou tout au moins qu'il y a controverse pour savoir s'il faut l'y soumettre* (V. *supra*, p. 674) ;

4° *Que la donation de biens à venir, faite par des tiers en faveur du mariage, qui a pour objet des meubles, n'est point soumise à la formalité de l'état estimatif* (V. *supra*, p. 676) ;

5° *Que la donation de biens à venir et la donation cumulative de biens présents et à venir, faites par des tiers en faveur du mariage, en plus, la donation même de biens présents, affectée de conditions potestatives, sont caduques si le donateur survit à l'époux donataire et aux enfants issus du mariage* (art. 1089, V. *supra*, p. 681).

# CHAPITRE IX

## DES DISPOSITIONS ENTRE ÉPOUX, SOIT PAR CONTRAT DE MARIAGE, SOIT PENDANT LE MARIAGE.

Comme sa rubrique l'annonce, ce chapitre traite de *deux* sortes de dispositions :

1° *Des dispositions à titre gratuit faites entre les futurs époux par contrat de mariage ;*

2° *Des dispositions à titre gratuit faites entre époux durant le mariage.*

Les premières ont à peine une histoire spéciale ; il n'en est pas de même des secondes.

Chez le peuple le plus cupide de l'antiquité, nous voulons dire les Romains, à l'époque où la république acheva de crouler avec les mœurs et où l'empire fut fondé, les Prudents rapportent que souvent l'un des époux, *deterior*, comme disent les textes, mettait à prix pour l'autre le maintien du mariage, c'est-à-dire exigeait de lui une donation entre-vifs, sous menace de divorce (1).

Pour porter remède à un tel état, l'usage ne sut trouver rien de mieux que de prohiber entre époux les donations entre-vifs, et voilà comment de l'abîme de la dépravation romaine sortit une règle qui a traversé les lois barbares, qui a été amplifiée par les coutumes aristocratiques du moyen âge, par les canons des conciles, par les édits des empereurs chrétiens, enfin qui semble n'avoir été un instant transformée et restreinte par la grande législation de la révolution que pour revivre plus incohérente et plus insensée dans l'œuvre des compilateurs de Brumaire (2).

Toutefois, dès les temps du Bas-Empire, sous les règnes de Septime Sévère et d'Antonin Caracalla, la prohibition qui frappait entre époux la donation entre-vifs, reçut un tempérament; au lieu de continuer à se traduire par une nullité de plein droit, elle n'eut plus désormais pour sanction que la faculté attribuée au donateur de révoquer sa libéralité (3).

En cette matière, comme en une foule d'autres, les lois barbares attestèrent, en général, un esprit de beaucoup supérieur à celui de la honteuse civilisation de l'empire romain, et si elles admirent que l'époux devait acheter l'épouse, qu'il devait récompenser la vierge du don du matin et la veuve du don du soir, est-ce à nous, est-ce à nos corruptions raffinées, est-ce à notre âge abaissé qu'il conviendrait de reprendre en ce point la naïveté grossière des Ripuaires et des Saliens (4)?

Au XIIIe siècle, c'est d'abord Pierre de Fontaines qui écrit en

---

(1) L. 2, D. liv. XXIV, tit. I.

(2) Nous disons avec la plupart des auteurs, en particulier avec M. Pellat (*Commentaire sur la dot*, p. 356), que cette règle date de la chute de la République et des commencements de l'Empire.

A la suite de Glück, M. de Savigny lui attribue une origine beaucoup plus ancienne; mais, pour soutenir son opinion, ce micrologue torture un texte (le § 302 des *Vatic. fragm.*), et perd de vue les causes générales (V. Glück, t. XXV, § 1253, p. 479, *Commentaire des Pandectes*, d'après Helfeld, 1797-1843; et de Savigny, t. IV, § 165, note C., p. 200, *Traité de Droit romain*, trad. Guénoux).

(3) L. 32, § 2, D., liv. IV, tit. I. Les élèves de M. de Savigny et le maître lui-même se sont exercés sur la question de savoir si cette disposition résulte de deux sénatus-consultes dont l'un aurait été rendu au temps de Septime Sévère, l'autre au temps de Caracalla, ou d'un seul sénatus-consulte rendu sous Septime Sévère, alors que Caracalla était déjà associé à l'Empire.

Le cas est grave, car il s'agit de sauver Ulpien d'une contradiction avec Ulpien. (Comp. entre elles les l. 23, 32, § 1, 32, § 23, pr. et § 2, D. liv. XXIV, tit. I.)

Consulter Savigny, § CLXIV, *Traité de Droit romain*, trad. Guénoux.

(4) L'idée ne vint même pas aux Ripuaires et aux Saliens qu'il pût y avoir lieu, soit de défendre les donations entre époux, soit de les soumettre à des

termes formels que : « Ce qu'on puet lessier à estrange persone, on pue

formes propres. (Comp. l. des Ripuaires, art. 48, et M. Pardessus, textes de la loi salique, 1845, p. 678-679.)

Quant à l'achat de la femme, au don du matin, *morgengabe*, et au don du soir, *abendgabe*, ils demandent quelques explications.

On sait que, dans toute l'antiquité, l'homme regarda la femme comme un être d'une nature inférieure ; et combien d'hommes, même de nos jours, sont encore, sur ce point, dans l'antiquité !

Ce fut là l'idée des Aryens, comme des Sémites ou des Chinois ; ce fut celle des lois de Manou, comme de l'Ancien Testament ou des Kings : la subordination de la femme à l'homme est une des bases de l'ordre social antique.

Naturellement, les Germains, un des rameaux de la race Aryenne, recueillirent cette tradition ; ils en firent leur *mundium*, espèce de puissance qui s'exerçait au profit de l'homme sur la femme, durant toute la vie de cette dernière.

C'est de ce même germe que chez les Romains, autres Aryens, étaient sorties la tutelle perpétuelle des femmes et la *manus*.

Tant que la femme n'était pas mariée, le *mundium* germanique appartenait au père, et, à défaut du père, au plus proche parent mâle ; à l'époque du mariage, il passait au mari, mais, comme il entraînait certains avantages pécuniaires, il paraissait juste que le mari en payât le prix.

Juridiquement donc, ce n'était pas la femme que le mari achetait, c'était le *mundium*; et, en effet, il y avait là quelques apparences.

Il n'en est pas de même du *morgengabe* et de l'*abendgabe*. Les deux reposent directement sur l'idée de l'infériorité de l'épouse par rapport à l'époux, sans que, dans ce cas, l'institution juridique vienne masquer la brutalité et l'immoralité du fait. Le *morgengabe* est, pour la vierge, la rançon de sa virginité; l'*abendgabe* est, pour la veuve, celle de la première nuit de ses secondes noces.

Et, en définitive, chez les barbares qui rapportaient tout à la force et la jouissance physiques, le *mundium* et l'achat du *mundium*, le *morgengabe* et l'*abendgabe* n'ont pas de quoi surprendre.

De la combinaison de l'achat du *mundium* avec le *morgengabe* et avec l'*abendgabe*, les canons des conciles et les ordonnances des rois firent résulter le *douaire* de la veuve.

On voit ainsi que le douaire est un nouveau produit juridique de l'idée de l'inégalité de la femme, mais ce ne serait pas dire assez que de le représenter seulement comme ayant conservé la signification précise des institutions dont il procède (V. sur ce sens du douaire, art. 367, *Coutume de Normandie*); le douaire est encore autre chose, et il a fait revêtir un nouvel aspect à l'idée de l'inégalité de la femme.

En effet, cette institution est fondée sur ce que la veuve est incapable de se suffire par le travail ; d'où la conséquence que c'est l'obligation du mari de continuer, même après sa mort, à pourvoir aux besoins de la femme.

Aujourd'hui, le mari n'achète plus la femme ; il ne la récompense plus par le don du matin ni par le don du soir ; dans les classes dites bourgeoises, il se fait acheter par elle, et il accepte, dans l'union légale, ce qu'il réputerait ignominieux en dehors de cette union.

De son côté, la femme est-elle riche, elle subit l'affront non-seulement d'être épousée pour son avoir, mais parfois même celui de faire des donations à son mari ; est-elle pauvre, elle subit l'autre affront d'être entretenue par son mari et d'en recevoir à son tour des donations.

Quand donc le mariage deviendra-t-il ce qu'il doit être ? Un acte moral entre deux personnes également libres? Quand donc la femme comprendra-t-elle que, pour conquérir sa dignité et son indépendance de femme, il faut qu'elle comen lessier à un de ses enfants et à se feme meisme (1) » ; c'est ensuite Beaumanoir, cette grande lumière du droit féodal (2), qui répète que : « Il est costume bien approvée, que li hom, toutes ces cozes dessus dictes, pot lessier à se feme ou la feme à son seignour (3). »

Ainsi, d'après les deux plus anciens légistes de la vieille France, la donation entre époux est aussi libre que la donation entre personnes étrangères.

Néanmoins, ne nous hâtons pas de conclure : plus pénétrés de l'idée romaine, les *Establissements de saint Louis*, les *Assises de Jérusalem*, la *Somme rurale*, le *Grant Coustumier de France*, n'autorisent entre époux la disposition à titre gratuit que tout autant que cette disposition s'exerce par testament et qu'il n'y a pas *hoir masle* (4).

Mais il nous faut revenir en arrière.

Sous Auguste, les immondes lois Julia et Papia Poppæa avaient favorisé les seconds mariages, et les Prudents professaient alors qu'il importe à la chose publique que les femmes aient leurs dots sauves, afin qu'elles puissent se remarier : « *Interest reipublicæ mulieres dotes salvas habere, propter quas nubere possint* (5). »

Plus tard, l'Église et l'Empire se mettent d'accord pour faire la leçon à la nature (6) ; le Christianisme proscrit, le Byzantinisme flétrit les secondes noces ; enfin, une constitution demeurée célèbre, la constitution *Hac edictali*, limite à une part d'enfant le moins prenant ce que l'époux remarié a le droit de donner à son nouvel époux (7).

---

mence par se mettre en état de se charger elle-même de son sort ? (V. au surplus, *Manuel de Droit civil*, t. III, Contrat de mariage.)

Consulter, pour l'histoire des donations entre époux d'après les lois barbares, M. Laboulaye, *Recherches sur la condition civile et politique des femmes*, 1843, 1 vol. in-8. — M. Kœnigswarter, *Histoire de l'organisation de la famille en France*. — M. Boutry-Boissonade, *Essais sur les donations entre époux*, 1852, 1 vol. in-8. — M. Paul Gide, *Étude sur la condition privée de la femme*, 1863, 1 vol. in-8.

(1) Pierre de Fontaines, chap. XXXIII, p. 386, *Conseil à un amy*, édit. Marnier, 1846, 1 vol. in-8.

(2) Montesquieu.

(3) Beaumanoir, chap. XII, 4, *Coutumes du Beauvoisis*, édit. Beugnot, 1847, 2 vol. in-8.

Le mérite de Beaumanoir consiste à avoir présenté un tableau complet du droit féodal et coutumier du moyen âge; mais si l'auteur des *Coutumes du Beauvoisis* est, à ce point de vue, une grande lumière, ce n'en était pas moins un partisan passionné de la monstrueuse hiérarchie féodale et un esprit absolument rebelle à l'idée du progrès. (V. l'épilogue des *Coutumes du Beauvoisis*.)

(4) *Establissements*, I, chap. 112, 114.

(5) V., au sujet des lois Julia et Papia Poppæa, *supra*, p. 601, note 3.

(6) Léon, Novelle 90.

(7) L. 6, pr. C. liv. V, tit. IX, et aussi les constitutions *Feminæ quæ* et *Generaliter*, l. 3 et 5, C. liv. V, tit. IX, et les Novelles II, XXII, XCVIII, CXXVII.

Quoique inspirées par le même esprit que la constitution *Hac edictali*, les

En réalité, c'est principalement contre le second mariage de la femme que l'Église entend diriger ses foudres, et le Bas-Empire, ses lois (1).

Au moyen âge, toutes les traditions se rencontrent et s'agrégent, comme elles peuvent.

Les pays de droit écrit suivent, à peu près sans en dévier, les errements du droit romain dans son dernier état (2).

En général, les Coutumes, notamment celles de Paris (art. 382) et d'Orléans (art. 280), défendent toute espèce de dispositions à titre gratuit entre époux, non-seulement par donations entre-vifs, mais encore par testament. Est-ce pour le même motif qu'en droit romain? Pothier le prétend, et le naïf légiste s'extasie, à cette occasion, sur la règle romaine. Plus perspicace, Ferrières rattache ce point au système général qui tendait à assurer la conservation des biens dans les familles (3).

Enfin, au temps de François II, le premier chef de l'Édit des se-

---

constitutions *Feminæ quæ* et *Generaliter* n'ont cependant pas le même caractère ; elles défendent à la veuve et au veuf de donner au second conjoint les biens que la veuve et le veuf tiennent du premier, afin de réserver aux enfants du premier le patrimoine de leur auteur; or, dans l'ordre de la copropriété familiale, cela était logique, bien que cela contînt une substitution.

(1) Comparer M. Labouiaye, *Recherches sur la condition civile et politique des femmes*, p. 53 et suiv.

(2) Sous le nom d'*augment de dot*, il s'y introduisit au profit de la femme une institution comparable au douaire des pays coutumiers; cependant, en général, les pays de droit écrit admirent un *contre-augment* au profit du mari. (V. Argou, *Inst. au droit français*, liv. III, chap. v.)

(3) Comparer Pothier, chap. prélim. art. I, n° 1, *Des donations entre mari et femme*, avec Ferrières, *Gloss.*, 2, n° 6, sur la Coutume de Paris.

L'explication de Ferrières n'est pas contestable.

Remarquons d'ailleurs que la prohibition qui, en droit romain, frappa entre époux la donation entre-vifs, n'était applicable ni à la donation à cause de mort, ni à la disposition testamentaire.

Toutefois, à partir des lois caducaires, appelées aussi lois décimaires, à ce nouveau point de vue, les époux furent privés du droit de recevoir l'un de l'autre par donation à cause de mort ou par testament, une portion supérieure à un dixième de leur patrimoine respectif en pleine propriété. Outre le dixième recueilli, comme dit Ulpien, *matrimonii nomine*, les époux pouvaient recevoir l'un de l'autre autant de dixièmes qu'ils avaient d'enfants, et, dans certains cas, ils avaient même la *solidi capacitas*. (Ulpien, Reg. tit. XV et XVI.)

Cette partie des lois caducaires ne fut, au surplus, abrogée d'une manière complète que par les empereurs Honorius et Théodose II. (L. 2, C. liv. VIII, tit. LXVIII).

Ce qui vient d'être dit ne démontre pas sans doute que la prohibition, portée par les Coutumes de Paris et d'Orléans, ne procède pas du droit romain, mais cela peut servir à prouver, même aux moins experts, que, dans l'histoire juridique, il a été normal jusqu'aujourd'hui que les institutions restassent les mêmes, tout en changeant de base.

Notons encore que le Droit coutumier reconnaissait, comme valable, *le don mutuel entre époux*, c'est-à-dire une sorte d'institution bien plutôt à titre onéreux qu'à titre gratuit, insignifiante, sinon immorale, et variable d'une Coutume à l'autre. (V. Ricard, *Don mutuel*, n° 2 et suiv.)

condes noces renouvelle contre le convol de la veuve l'espèce de sanction portée par la Constitution *Hæc edictali* (1).

Voilà, à travers les vicissitudes et l'enchevêtrement des vieilles institutions juridiques, les traits les plus généraux et les plus nets de l'ensemble.

La Révolution arrive.

Tout d'abord, la Convention comprit fort bien qu'il n'y avait lieu de soumettre les dispositions à titre gratuit, de quelques personnes qu'elles procèdent, à aucunes formes extrinsèques ou intrinsèques particulières (2); mais lorsque se posa la question de la quotité disponible entre futurs époux et entre époux, les légistes de la glorieuse Assemblée se troublèrent : devait-on permettre aux futurs époux et aux époux de disposer l'un envers l'autre d'une quotité supérieure à la quotité disponible ordinaire? Le Code de la Convention consacra la négative, au moins pour le cas où il existerait des enfants. La loi du 17 nivôse an II adopta le point de vue contraire, tout aussi bien pour le cas où il existerait des enfants que pour celui où il n'en existerait pas; elle décida notamment, pour le cas où il existerait des enfants, que les dispositions à titre gratuit entre futurs époux et entre époux pourrait absorber la pl eine propriété de tous les biens (3).

---

(1) Cet Édit a un second chef qui répète les Constitutions *Feminæ quæ* et *Generaliter*. (V. *supra*, p. 685, note 7.)

A l'époque où fut rendu l'Edit des secondes noces, l'Hospital était chancelier de France; on a peine à comprendre qu'un esprit, aussi libre et aussi éclairé, ait pu inspirer le premier et même le second chef d'un pareil Edit.

(2) V. liv. II, tit. III, § 3, *Code de la Convention*.

(3) On se rappelle que, d'après l'art. 26, liv. II, tit. III, § 3, du Code de la Convention (V. *supra*, p. 415), on ne pouvait donner à cause de mort que le 10e de son bien, si l'on avait des héritiers en ligne directe, et le 6e, si l'on n'avait que des héritiers collatéraux.

Voici ce que portait d'autre part l'art. unique formant l'Appendice du § 3 :

« *Tous dons et avantages faits par contrat de mariage, actes entre-vifs, ou de dernière volonté, réciproquement ou sans réciprocité, par un mari à sa femme, ou par une femme à son mari, et qui ne sont point encore recueillis, demeurent, à dater de ce jour, réduits à l'usufruit du sixième du revenu de l'époux disposant, soit qu'il y ait des enfants ou qu'il n'y en ait pas.* »

A ce texte, il faut ajouter l'art. 27 (mêmes liv., tit. et §), ainsi conçu :

« *Les époux qui n'ont point d'enfants de leur sang pourront, en outre (outre le disponible ordinaire du sixième), se donner à cause de mort l'usufruit d'un autre sixième de leurs biens* ».

La loi de nivôse qui, à l'égard du disponible ordinaire, reproduisit l'art. 26 du Code de la Convention, permit aux futurs époux et aux époux, même pour le cas où ils laisseraient des enfants, de se donner l'usufruit de la moitié de leurs biens (V. art. 13 et 14, l. 17 nivose an II).

Il semble que ce soit la vocation propre des légistes d'invectiver en toute rencontre la législation de la Révolution, et, pas plus dans cette matière que dans les autres, ils n'ont failli à leur habitude. Malheureusement pour leurs diatribes, aucun d'entre eux ne paraît même avoir lu *la plus grande œuvre législative des temps anciens et modernes*, nous voulons dire le *Code de la Convention*.

Est-il besoin d'ajouter que la Convention respecta dans la veuve l'intime liberté du mariage (1)?

Quant à la compilation napoléonienne, elle mérite bien ici deux appréciations distinctes.

Pour le fond, la compilation napoléonienne a ressuscité les traditions juridiques de Septime Sévère et d'Antonin Caracalla, ainsi que de la Constitution *Hâc Edictali ;* elle a, en outre, mêlé à la tradition de Septime Sévère et d'Antonin Caracalla le plagiat, qui le croirait ? de la loi de nivôse.

Cela, c'est l'idée historique de la compilation napoléonienne.

Pour le fond encore, la compilation napoléonienne a fait deux choses :

1° Elle a autorisé entre les futurs époux, dans le contrat de mariage, et entre les époux, naturellement en dehors du contrat de mariage, toutes les donations entre-vifs qu'elle autorise de la part des tiers au profit des futurs époux, dans le contrat de mariage.

D'où, grande faveur entourant les donations entre futurs époux, et même, dans cet ordre, les donations entre époux.

2° Elle a déclaré les donations entre-vifs faites entre époux essentiellement révocables au gré du donateur.

D'où, immense défaveur atteignant, dans ce nouvel ordre, les donations entre époux.

Qu'a décidé la compilation napoléonienne, en ce qui concerne la quotité disponible entre futurs époux et entre époux ?

Ce qu'elle a décidé ! *Adhuc sub judice lis est* (V. *infra*, p. 700 et suiv.

Cependant le plus probable, comme nous le verrons, c'est que cette quotité est tantôt plus large, tantôt moins large que la quotité disponible ordinaire.

Notons enfin qu'une foule de dispositions du Code Napoléon sont marquées de l'empreinte de l'*ingénieuse* règle de la révocabilité essentielle aux donations, même de biens présents, entre époux (2).

Tout cela, c'est l'idée philosophique, juridique et économique de la compilation napoléonienne.

Après le fond, la forme.

Pour la forme, la compilation napoléonienne a adopté la méthode suivante :

Elle a commencé par traiter des donations entre-vifs entre futurs époux par contrat de mariage (art. 1091-1093) ;

Elle a ensuite abordé la question de la quotité disponible entre futurs

---

(1) L'art. 61 de la loi 17 nivôse, et mieux encore l'esprit de la Révolution, abrogèrent implicitement l'Edit des secondes noces. (V. en sens contraire, pour le second chef de l'Edit, arrêt de cassation du 2 mai 1808.)

(2) V., en particulier, le *Contrat de mariage*, et l'art. 1595 de la Vente, *Manuel de Droit civil*, t. III.

époux et entre époux par donations entre-vifs et par testament pour deux cas, celui où le disposant laisse des ascendants et celui où il existe des enfants nés du mariage (art. 1094);

Elle est revenue à la théorie des donations entre-vifs entre futurs époux par contrat de mariage (art. 1095);

Elle a formulé une triple disposition sur la donation entre-vifs entre époux durant le mariage (art. 1096);

Elle a édicté une règle commune à la donation entre-vifs et au testament entre époux (art. 1097);

Elle a repris la question de la quotité disponible, pour le cas où l'un des futurs époux ou l'un des époux a des enfants d'un autre lit (1098);

Elle a terminé par deux textes qui servent de sanction à ses règles de quotité disponible (art. 1099-1100).

Nous laissons de côté, pour le moment, le point de vue de la rédaction des textes (1).

Voyons enfin la morale vraie, le droit vrai, en d'autres termes, la raison vraie.

En morale vraie, le mariage repose sur la convenance intime d'un homme et d'une femme, et honteuses les mœurs, plus honteuse encore la législation, qui le fondent sur l'intérêt pécuniaire.

En morale vraie, les futurs époux et les époux n'ont aucun motif spécial de disposer à titre gratuit l'un en faveur de l'autre, ni d'une manière réciproque (2).

En droit vrai, la collectivité sociale n'a pas le droit de se substituer au propriétaire pour régler à sa place la manière dont celui-ci devra user des fruits de son travail.

En raison vraie, il y a l'ordre moral et l'ordre juridique, l'ordre de la conscience et l'ordre de l'action en justice; toutes les législations jusqu'ici ont confondu les deux; nous attendons celle qui les distinguera (3).

**1091.** — Les époux pourront, par contrat de mariage, se faire réciproquement, ou l'un des deux à l'autre, telle donation qu'ils jugeront à propos, sous les modifications ci-après exprimées.

---

(1) Mais les peuples nous envient le Code Napoléon! Si les peuples nous l'enviaient, ce qui, soit dit en passant, est faux, cela prouverait que jusqu'à présent les peuples n'ont pas été difficiles en fait d'institutions juridiques, et la vérité est que nous ne savons pas trop en quoi les pauvres peuples ont été jusqu'à présent difficiles.

(2) Si les choses étaient ce qu'elles doivent être et ce qu'elles deviendront nécessairement, pas plus l'homme en faveur de la femme, que la femme en faveur de l'homme.

La femme doit devenir apte à se suffire, comme l'homme; à cette condition seule, l'ordre vrai commencera.

(3) V. *Encyclopédie générale*, notre développement sur l'*Action en justice*.

Cet article a pour but d'autoriser les futurs époux à faire l'un au profit de l'autre ou à se faire réciproquement l'un à l'autre, par contrat de mariage, les *trois* sortes de donations qu'un tiers est autorisé à faire en leur faveur par ce même contrat.

Ces *trois* sortes de donations sont, comme l'on sait :

1° *La donation de biens présents* (art. 1081, V. *supra*, p. 668).

2° *La donation de biens à venir ou institution contractuelle* (art. 1082 et 1083, V. *supra*, p. 669).

3° *La donation cumulative de biens présents et à venir* (art. 1084 et 1085, V. *supra*, p. 676).

Ajoutons que les donations entre futurs époux peuvent toujours aussi être affectées de *conditions potestatives*, (art. 1086; V. *supra*, p. 679).

Ces donations suivent, en général, les règles développées sous les articles qui viennent d'être rappelés (V. d'ailleurs art. 1092 et 1093).

Cependant, comme le fait entendre l'article 1091, elles sont soumises, sur plusieurs points, à un *droit propre* (V. art. 1093).

Les auteurs donnent pour raison d'être à l'art. 1091 :

1° *Philosophiquement, comme ils disent, la faveur que mérite le mariage ;*

2° *Historiquement, la nécessité où se trouvaient les compilateurs napoléoniens de déclarer qu'ils répudiaient les restrictions apportées par certaines coutumes à la liberté de la donation entre futurs époux* (1).

**1092.** — Toute donation entre-vifs de biens présents, faite entre futurs époux par contrat de mariage, ne sera point censée faite sous la condition de survie du donataire, si cette condition n'est formellement exprimée : et elle sera soumise à toutes les règles et formes ci-dessus prescrites pour ces sortes de donations.

La *première* proposition de l'art. 1092 est rendue inutile par la *seconde ;* elle se rapporte à une controverse de l'ancien droit (2), et elle a pour but de la trancher.

Nul doute, au surplus, que le donateur ne puisse subordonner sa disposition à la survie du donataire.

La *seconde* proposition de l'article 1092 confirme, pour les donations de biens présents, ce que nous avons dit (art. 1091), à savoir que les do-

(1) Guy-Coquille, sur la Coutume de Nivernais, en proposait une d'étrange sorte; ce légiste trouvait « *déshonnête qu'une vieille hors d'age de faire enfants, selon ses propres expressions, espousât un jeune homme* », et il voulait qu'on annulât les donations faites par la *vieille*.

Certes, voilà une *doctrine* qu'on ne sera pas tenté de reprendre pour excès d'idéalité. Et pourquoi donc la *vieille*, excellent légiste, n'épouserait-elle pas le jeune homme, et ne lui ferait-elle pas des donations, si tel est le bon plaisir de la vieille et du jeune homme ?

(2) V. Furgole, quest. 49, n° 27 et Ricard, *Des donations*, partie III, n° 823.

nations entre futurs époux suivent, en général, les règles expliquées dans le chapitre VIII.

**1093.** — La donation de biens à venir, ou de biens présents et à venir, faite entre époux par contrat de mariage, soit simple, soit réciproque, sera soumise aux règles établies par le chapitre précédent, à l'égard des donations pareilles qui leur seront faites par un tiers, sauf qu'elle ne sera point transmissible aux enfants issus du mariage, en cas de décès de l'époux donataire avant l'époux donateur.

La *première* proposition de l'art. 1093 a, pour la donation de biens à venir ou institution contractuelle et pour la donation cumulative de biens présents et à venir, le même sens et la même portée que la *seconde* proposition de l'article précédent; c'est un simple renvoi au chapitre VIII.

La *seconde* proposition de l'article 1093 établit une différence d'une certaine gravité entre l'*institution contractuelle faite par des tiers en faveur du mariage* et l'*institution contractuelle faite entre futurs époux*; cette *dernière* devient *caduque* par le prédécès du donateur, lors même qu'il laisse des enfants ou descendants issus de son mariage avec le donateur; en d'autres termes, elle ne renferme pas de *substitution vulgaire au profit desdits enfants ou descendants.*

Les auteurs assignent *deux* motifs à cette modification ; ils disent :

1° *Que les biens que les enfants et descendants ne trouveront pas dans le patrimoine de l'un des époux, ils les trouveront dans le patrimoine de l'autre, et que, par conséquent, la substitution vulgaire, dans ce cas, n'était pas réclamée par l'intérêt des enfants.*

2° « *Qu'il importait au bon ordre des familles de ne pas désarmer l'autorité paternelle du pouvoir de récompenser et de punir* » (1).

Le *premier* motif est peu sérieux; il est évident que les enfants et descendants auraient intérêt à être substitués, ne fût-ce qu'en prévision du cas où le donateur, après avoir repris les biens donnés, deviendrait ensuite insolvable.

Le *second* motif relève d'une idée morale deux fois fausse (2), et qui, espérons-le, a fait son temps.

*Les enfants et descendants peuvent-ils être expressément substitués au donataire?*

---

(1) M. Demolombe, t. XXIII, p. 453 et 454.

On ne fait pas des hommes en menaçant de récompenser et de punir; on fait des hommes en inculquant l'idée du devoir et en enseignant à la suivre, quoi qu'il advienne!

(2) Deux fois fausse, en effet : d'abord, parce qu'il faut, nous le répétons, que les hommes apprennent à pratiquer la justice sans souci d'aucune récompense ni d'aucune peine; ensuite, parce que le père n'est pas un maître, parce que c'est un directeur, puisant toute son autorité dans l'affection qu'il inspire et dans l'exemple qu'il donne.

L'*affirmative* est certaine; car, sur ce point, la loi ne portant pas de prohibition, la raison et la liberté reprennent leurs droits (1).

NOTA. Les compilateurs napoléoniens qui rappelaient, à propos des futurs époux, les trois donations autorisées de la part des tiers en faveur du mariage, n'ont pas pensé à rappeler également les *clauses de potestativité* indiquées dans l'article 1086; cela n'empêche pas, comme nous l'avons déjà dit *supra*, que ces clauses ne soient applicables dans les donations entre futurs époux (2).

**1095**. — Le mineur ne pourra, par contrat de mariage, donner à l'autre époux, soit par donation simple, soit par donation réciproque, qu'avec le consentement et l'assistance de ceux dont le consentement est requis pour la validité de son mariage ; et, avec ce consentement, il pourra donner tout ce que la loi permet à l'époux majeur de donner à l'autre conjoint.

Cet article déroge aux règles ordinaires de la tutelle :

1° *En ce que c'est le futur époux mineur lui-même qui, contrairement à la disposition de l'art.* 450, *doit figurer de sa personne dans les donations qu'il fait à son futur époux ;*

2° *En ce que le futur époux mineur a besoin, pour être capable de faire ces donations, non de l'assistance de son tuteur, mais de celle des personnes « dont le consentement est requis pour la validité de son mariage ».*

On dit, pour expliquer ce *dernier* point, qu'il existe un rapport de dépendance entre le consentement au mariage et le consentement aux donations (3).

Remarquons que tout mineur, apte à contracter mariage (art. 144 et 145), est par là même apte à consentir toutes les donations et toutes les conventions qui se rapportent au mariage : *Habilis ad nuptias, habilis ad pacta nuptialia* (4).

Quant à la sanction applicable au cas où le mineur ne serait pas assisté,

---

(1) En ce sens, M. Zachariæ, Aubry et Rau, t II, p. 182, texte et note 4. En sens contraire, M. Demolombe, t. XXIII, p. 454.

Si, dans ce débat, nous admettons l'affirmative, ce n'est pas que nous tenions le moins du monde à la substitution vulgaire au profit des enfants. En dehors du droit à être reconnus, du droit à être élevés, de la créance éventuelle d'aliments, les enfants n'ont absolument aucuns droits; le reste est pure affaire du père ou du propriétaire avec sa conscience, et si, à la place du milieu social actuel, nous supposons un milieu où régneraient la raison et le droit, l'enfant, élevé et valide, ne devrait avoir à compter, pour devenir propriétaire, que sur son effort personnel.

(2) M. Delvincourt, t. II, p. 17. — M. Demante, t. IV, n° 269. — M. Demolombe, t. XXXIII, p. 455.

(3) Comment l'entend-on ? sont-ce les donations qui dépendent du mariage, ou le mariage des donations?

(4) La disposition de l'art. 1095 est répétée et généralisée plus loin par les art. 1309 et 1398.

comme il doit l'être, nous verrons, sous l'art. 1398, qu'elle consiste dans une nullité qui, au lieu d'être simplement *relative*, selon la règle (art. 1125), est, par exception, *absolue*.

**1096.** — Toutes les donations faites entre époux pendant le mariage, quoique qualifiées entre-vifs, seront toujours révocables. — La révocation pourra être faite par la femme, sans y être autorisée par le mari ni par justice. — Ces donations ne seront point révoquées par la survenance d'enfants.

**1097.** — Les époux ne pourront, pendant le mariage, se faire, ni par acte entre-vifs, ni par testament, aucune donation mutuelle et réciproque par un seul et même acte.

Les articles 1096 et 1097 nous mettent en présence des *donations entre époux*.

Dans une législation où la liberté de l'individu, en matière de donations entre-vifs, est limitée par les règles les plus arbitraires et les plus compliquées, ces textes méritent au premier chef le reproche d'être insuffisants.

Sans donc nous en tenir strictement à l'exégèse des art. 1096 et 1097, nous traiterons :

1° *Des formes des donations entre époux;*

2° *De la nature des donations entre époux.*

### 1° FORMES DES DONATIONS ENTRE ÉPOUX.

*En ce qui concerne les formes extrinsèques*, les auteurs professent, en général :

1° *Que les donations entre époux doivent être passées dans la forme indiquée par l'art.* 931 (rapprocher art. 2, l. 21 juin 1843);

2° *Qu'elles doivent être expressément acceptées par l'époux donataire* (art. 932-938);

3° *Qu'elles doivent être transcrites lorsqu'elles ont pour objet des biens présents susceptibles d'hypothèques* (art. 939-942) ;

4° *Qu'elles doivent être accompagnées d'un état estimatif lorsqu'elles ont pour objet tout ou partie du mobilier présent de l'époux donateur* (art. 948).

On fonde ces *quatre* propositions sur le motif que les donations entre époux sont, à titre de donations entre-vifs, soumises à toutes les règles des donations entre-vifs, à moins que pour elles les textes ne dérogent à ces règles.

On dit, *au sujet de la transcription en particulier*, que cette formalité est nécessaire pour protéger la donation :

1° *Contre les créanciers chirographaires du donateur;*

2° *Contre les tiers qui, postérieurement à la donation, auraient acquis des priviléges, des hypothèques légales ou judiciaires contre le donateur.*

En effet, ajoute-t-on, la circonstance que le donateur a contracté de nouvelles dettes, ou la naissance de sûretés réelles, non consenties par lui, ne sauraient faire présumer de sa part l'intention de révoquer les donations dont il est l'auteur (1).

Remarquons qu'aux termes de l'art. 1097, *les époux ne peuvent se faire aucune donation mutuelle et réciproque par un seul et même acte.*

Mais, bien entendu, il n'existe aucun obstacle à ce qu'ils se fassent des donations mutuelles et réciproques par des actes séparés, quoique passés immédiatement l'un à la suite de l'autre, devant le même notaire et les mêmes témoins.

L'art. 1097 est la reproduction et la généralisation de l'art. 968 (V. *supra*, p. 504).

*En ce qui concerne les formes intrinsèques*, c'est-à-dire les règles contenues dans les art. 943-946, l'art. 947 porte qu'elles ne s'appliquent pas aux donations dont il est mention aux chapitres VIII et IX du présent titre (le titre *Des donations entre-vifs et des testaments*).

D'où, la conséquence que les donations entre époux peuvent être :

1° *Des donations de biens présents ;*

2° *Des donations de biens à venir ou institutions contractuelles ;*

3° *Des donations cumulatives de biens présents et à venir.*

Ces donations sont d'ailleurs essentiellement susceptibles d'être affectées de clauses *potestatives* (V. *infra*) (2).

2° NATURE DES DONATIONS ENTRE ÉPOUX.

*Les donations entre époux sont-elles des donations entre-vifs?*

*D'après certains auteurs*, ce sont des donations à cause de mort (3);

*D'après d'autres*, ce sont des donations dans lesquelles les éléments de la donation entre-vifs se combinent avec ceux de la donation à cause de mort (4);

---

(1) Comparer MM. Zachariæ, MM. Aubry et Rau, t. VI, p. 284, texte et note 5. — M. Boutry-Boissonade, *Essai sur les donations entre époux*, p. 179. — M. Colmet de Santerre, t. IV, n° 276 *bis*, II. — M. Demolombe, t. XXIII, p. 480.

On donne aussi quelques raisons spéciales à l'état estimatif, et l'on dit notamment qu'il sera utile à l'époux donataire pour défendre sa donation contre les poursuites des créanciers de l'époux donateur ; mais quand donc les légistes resteront-ils à court de raisons ?

(2) Comparer MM. Zachariæ, Aubry et Rau, t. IV, p. 286. — M. Boutry-Boissonade, p. 177. — M. Colmet de Santerre, t. IV, n° 276. — M. Demolombe, t. XXIII, p. 487.

(3) M. Delvincourt, t. II, p. 197. — M. Vazeille, art. 904, n° 2.

(4) Merlin, *Répert.*, v° Donation, art. 904, n° 2, sect. X. — M. Troplong, art. 1096.

*D'après d'autres enfin*, ce sont des donations entre-vifs affectées d'une condition résolutoire spéciale, c'est-à-dire révocables au gré du donateur (1).

Cette *dernière* opinion paraît prévaloir, mais elle a certainement contre elle la formule, d'ailleurs fort surprenante, du *premier* alinéa de l'art. 1096.

Ce même alinéa déclare que les donations dont il s'agit « seront toujours révocables ».

*La révocabilité des donations entre époux est-elle une révocabilité* ad nutum, ex mero arbitrio, *c'est-à-dire, en français, au plein gré du donateur?*

L'*affirmative* est admise par la plupart des auteurs, et elle repose en effet sur *deux* raisons péremptoires.

La *première* est le sens absolu que comporte cette disposition « toutes donations faites entre époux pendant le mariage.. seront toujours révocables » (art. 1096).

La *seconde* est que ce sens est en harmonie avec la tradition issue du sénatus-consulte de Septime Sévère et d'Antonin Caracalla.

Cette décision est donc aussi bien appuyée que possible (2).

---

(1) MM. Zachariæ, Aubry et Rau, t. IV, p. 286, texte et note, 3-7. — M. Demolombe, t. XXIII, p. 473.

Pourquoi les auteurs ne se tirent-ils pas tout simplement d'affaire en déclarant que la donation entre époux est un acte *sui generis*, un amphibie? Cela n'en ferait qu'un de plus, et cela serait fort exact. Est-ce que l'éminent M. Demolombe, qui qualifie la donation entre époux du Code Napoléon de « *vraie donation entre-vifs* », pourrait dire quel est, dans l'état de la législation, le type rationnel de la donation entre-vifs? Est-ce qu'il pourrait expliquer comment la donation entre époux se rapporte à ce type?

(2) En ce sens, Delvincourt, t. II, p. 409. — Toullier, VII, n° 918. — MM. Zachariæ, Aubry et Rau, t. VI, p. 285.

En sens contraire, M. Demolombe, t. XXIII, p. 477, et *Rev. crit. de jurispr.*, 1851, t. I, p. 481 et suiv. — M. Boutry-Boissonade, p. 181.

M. Demolombe est le premier, sinon l'unique contradicteur qu'ait rencontré sur ce point l'opinion commune; il nie que l'époux ait le droit de révoquer de son plein gré la donation qu'il a faite; si le *législateur* (l'être abstrait que nous savons, taillant, comme il lui plaît, dans le droit rationnel et humain), si donc *le législateur a accordé à l'époux la faculté de révocation, c'est à la condition que celui-ci n'use pas arbitrairement de cette faculté, qu'il soit lui-même un juge dans sa conscience*.

Voilà, pour terminer, d'excellentes paroles; oui, l'homme est apte à être lui-même un juge dans sa conscience; mais, par malheur, la compilation napoléonienne, ainsi que tous les commentaires de cette compilation, ne font que nier d'un bout à l'autre l'*aptitude de la conscience individuelle à l'office de juge*, qu'affirmer d'un bout à l'autre *la légitimité de la tutelle sociale;* comment donc penser que, dans le cas particulier de la révocation de la donation entre époux, le Code Napoléon ait écarté les traditions dont il porte partout l'empreinte, et qu'il ait adopté ici un point de vue qui n'est jamais le sien ?

Ajoutons bien vite que cette discussion est dépourvue d'intérêt, car, à moins

*Maintenant de quelles manières peut avoir lieu la révocation des donations entre époux?*

En général, les auteurs répondent que cette révocation peut être *expresse* ou *tacite*, et qu'il faut y appliquer *les mêmes règles qu'à celle des testaments* (art. 1035 et suiv.; V. *supra*, p. 584) (1).

Quant aux tiers, bien entendu, ils subissent ici, comme ailleurs, les conséquences du déraisonnable brocard : « *Resoluto jure dantis, resolvitur jus occipientis* (2). »

*La faculté de révocation est-elle essentielle aux donations entre époux, en d'autres termes, l'époux donateur n'aurait-il pas le droit d'y renoncer par une clause formelle?*

Les auteurs sont unanimes pour admettre la *négative*, et la plupart pensent que le *second* alinéa de l'art. 1099 et l'art. 1100 complètent ce point par une sanction de nullité contre les donations qui auraient pour but d'éluder la règle de la révocabilité (V. *infra*, art. 1099 et 1100) (3).

Remarquons :

1° *Que bien que la femme soit,* malesanæ mentis, *d'après la compilation napoléonienne comme d'après toute la tradition juridique, elle a cependant le droit de révoquer par elle-même, sans aucune autorisation, la donation qu'elle a faite à son mari* (2e alinéa de l'art. 1096) (4);

2° *Que les donations entre époux ne sont pas révoquées par la survenance d'enfants* (3e alinéa de l'art. 1096) (5).

---

de confondre l'ordre moral et l'ordre juridique, la doctrine de M. Demolombe ne peut avoir que des résultats moraux.

Pour conclure, la vérité rationnelle, à nos yeux, réside dans les deux propositions suivantes :

1° Au point de vue moral, les époux n'ont pas, en principe, de donations à se faire;

2° Au point de vue à la fois moral, économique et juridique, lorsque les époux se sont fait des donations, ces donations, non plus que toutes les autres, ne doivent jamais être résolubles.

(1) MM. Zachariæ, Aubry et Rau, t. VI, 293, et suiv. M. Demolombe, t. XXIII, p. 510 et suiv.

(2) V. pour l'appréciation de ce brocard, p. 308, note 3, p. 364, 447, etc.

(3) MM. Zachariæ, Aubry et Rau, t. VI, p. 285 et 286, texte et note 1. — M. Demolombe, t. XXIII, p. 482 et suiv.

(4) Donc, M. Demolombe n'a pas raison, quand il enseigne que si le législateur napoléonien n'a pas déterminé lui-même les causes de révocation, c'est qu'il entendait constituer l'époux juge dans sa conscience.

Quoi ! la femme dont il est nécessaire de faire la volonté dépendante (V. M. Demolombe, t. IV, p. 316), la femme qu'il serait intolérable d'affranchir de l'autorité maritale (V. M. Demolombe, t. IV, p. 141), la femme pourrait être juge dans sa conscience entre son mari et elle ! Mais c'est le renversement de toute logique. Il est vrai que nous-même nous ne sauvons point la *théorie* napoléonienne de la contradiction et que nous la laissons tomber à plat ; en toute franchise, la chose nous est indifférente.

(5) Cela est une mauvaise redite d'une mauvaise disposition. (Comparer *supra*, art. 960, p. 508.)

Restent *deux* questions :

1° *Celle de la réductibilité des donations entre époux;*

2° *Celle de la caducité de ces mêmes donations.*

1re QUESTION. — *Dans quel ordre les donations entre époux sont-elles réductibles?*

QUATRE SYSTÈMES.

1er SYSTÈME (1). — *Les donations entre époux doivent être réduites au marc le franc avec les dispositions testamentaires.*

L'*argument* de ce système est que, comme au temps de Septime Sévère et d'Antonin Caracalla, les donations entre époux ne sont parfaites que par la mort du donateur.

D'où il résulte qu'elles doivent suivre la même règle de réduction que les dispositions testamentaires.

2e SYSTÈME (2). — *Les donations entre époux doivent être réduites avant les donations entre-vifs ordinaires et après les dispositions testamentaires.*

L'*argument* de ce système se décompose en *deux* parties :

D'un côté, si l'on compare les donations entre époux aux donations entre-vifs ordinaires, il est facile de voir que les donations entre époux créent un droit moins fort que les donations entre-vifs ordinaires;

En effet, lorsque l'époux qui a fait une donation à son conjoint fait ensuite à un tiers une seconde donation qui, réunie à la première, porte atteinte à la réserve, cet époux a, par là même, *renoncé au droit de confirmer la première, en tant que cette confirmation pourrait nuire à la seconde.*

D'un autre côté, si l'on compare les donations entre époux aux dispositions testamentaires, il est facile de voir que les donations entre époux créent un droit plus fort que les dispositions testamentaires;

En effet, l'époux donataire est saisi de son droit en vertu de son titre, et n'a pas de délivrance à demander, tandis qu'en général, il en est autrement du légataire.

3e SYSTÈME (3). — *S'agit-il de donations entre époux ayant pour objet des biens présents, ces donations suivent la règle de réduction des donations entre-vifs ordinaires* (art. 923);

*S'agit-il de donations ayant pour objet des biens à venir, ces donations doivent être réduites avant les donations entre-vifs ordinaires et après les dispositions testamentaires.*

L'*argument* propre à ce système est que, dans la donation de biens

(1) M. Duranton, t. VIII, n° 357.

(2) M. Colmet de Santerre, t. IV, n° 276 *bis*, VIII.

(3) MM. Zachariæ, Aubry et Rau, t. IV, p. 290.

présents, le droit du donataire rétroagit au jour du contrat, et, par conséquent, prend date à partir du contrat, tandis que, dans la donation de biens à venir, le droit du donataire ne peut, quant à son objet, rétroagir au jour du contrat, et que, par conséquent, il ne prend date, à cet égard, qu'au jour du décès.

4e SYSTÈME (1). — *Les donations entre époux suivent la règle de réduction des donations entre-vifs ordinaires.*

L'*argument* de ce système est le suivant :

Le Code Napoléon ne reconnaît que deux manières de disposer à titre gratuit : la donation entre-vifs et le testament ;

Or, les art. 1096 et 1097 autorisent les époux à se faire des donations pendant le mariage ;

Donc, ces donations sont nécessairement des donations entre-vifs.

Ce système ajoute qu'il existe en ce point une différence capitale entre l'idée romaine et l'idée moderne.

L'idée romaine n'admettait la donation entre époux comme parfaite que lorsque le donateur était mort après avoir persévéré toute sa vie dans la volonté de donner ;

L'idée *moderne* regarde, au contraire, la donation entre époux comme parfaite *hic et nunc.*

L'idée moderne ! En vérité, elle n'est avec aucun de ces vieux enfantillages, et nous nous garderons bien de prendre parti pour aucun (2).

2e QUESTION. — *Les donations entre époux deviennent-elles caduques par le prédécès de l'époux donataire?*

DEUX SYSTÈMES.

1er SYSTÈME (3). — *Toutes les donations entre époux, les donations de biens présents, comme les donations de biens à venir, sont caduques par le prédécès de l'époux donataire.*

1er *Arg.* — Les donations entre époux ne constituent au fond que des dispositions testamentaires ; donc, comme les dispositions testamentaires, elles sont caduques par le prédécès du bénéficiaire.

2e *Arg.* — La caducité est une conséquence de la révocabilité ; aussi ne comprendrait-on pas, dans la présente hypothèse, que la donation

(1) M. Demolombe, t. XXIII, p. 498.

(2) L'idée moderne greffée sur le droit de Sévère et de Caracalla ; les fils de la Révolution, de cette grande science du XVIIIe siècle, demandant leurs prémisses au droit du Bas-Empire ! Vous n'y pensez pas, monsieur Demolombe !

(3) Delvincourt, t. II, p. 607. — Toullier, t. III, no 918. — M. Duranton, t. IX, no 777. — M. Coin-Delisle, art. 1096, no 6. — Conclusions de M. Delangle, Cass., 1845, Dev. 1845, I, 649-652.

ne devant recevoir sa perfection que par la mort du donateur, elle ne tombât pas par le prédécès du donataire.

3e *Arg.* — Les traditions du droit romain et de l'ancien droit français appuient cette décision.

4e *Arg.* — La donation, faite dans les termes de l'art. 1086, est plus difficilement révocable que la donation faite entre époux; or, la première donation est caduque par le prédécès du donataire; donc, *à fortiori*, la seconde doit l'être également.

5e *Arg.* — De ce que le législateur a pris soin de déclarer dans l'art. 1092 que la donation entre futurs époux n'est pas caduque par le prédécès du donataire, il s'ensuit, *à contrario*, que la donation entre époux est caduque par le prédécès du donataire.

2e SYSTÈME (1). — *S'agit-il des donations de biens présents entre époux, ces donations ne sont pas caduques par le prédécès de l'époux donataire;*

*S'agit-il de donations de biens à venir, ces donations sont caduques par le prédécès de l'époux donataire.*

1er *Arg.* — Les donations entre époux sont des donations entre-vifs, par conséquent, des contrats; or, un contrat ne peut être anéanti que pour les causes que la loi autorise, et la loi n'a pas soumis les donations entre époux à la caducité pour cause de prédécès de l'époux donataire.

2e *Arg.* — La caducité est bien, en effet, une conséquence nécessaire de « cette révocabilité souveraine » (2) qui empêche que le droit ne soit acquis; à l'inverse, elle ne peut être une conséquence de cette révocabilité *sui generis*, qui ne constitue qu'une condition résolutoire.

3e *Arg.* — En tant qu'il s'agit de l'influence de l'idée de la révocabilité sur la perfection de la donation entre époux, le Code Napoléon a dérogé aux traditions du droit romain et de l'ancien droit français (3).

4e *Arg.* — Si la donation, faite dans les termes de l'art. 1086, est caduque par le prédécès du donataire, c'est uniquement parce que le législateur a craint que, dans le cas de cette donation, la faculté de révocation ne pût pas être exercée librement après la mort du donataire; or, cette considération est étrangère à la donation entre époux.

5e *Arg.* — L'argument déduit, *à contrario*, de l'art. 1092 est purement imaginaire; l'art. 1092 fait antithèse à l'art. 1093, et non à l'article 1096.

---

(1) MM. Zachariæ, Aubry et Rau, t. VI, p. 290 et suiv. texte et notes 18-20. — M. Demolombe, XXIII, p, 501 et suiv.

(2) M. Demolombe, t. XXIII, p. 503.

(3) M. Demolombe répète à chaque instant cette assertion, mais, à part le raisonnement aussi peu concluant que possible, qu'il fonde sur la combinaison des art. 893 et 1096, l'éminent doyen oublie absolument de fournir la preuve de son allégation.

A l'inverse, dans ce système, on déclare *la donation de biens à venir caduque par le prédécès de l'époux donataire*, parce que, dit-on, l'art. 1093 fournit à cette solution un irréfutable argument d'analogie. Cette fois encore, nous observerons une prudente réserve (1).

Rappelons *in terminis* que, sous l'empire de la compilation napoléonienne, il y a lieu d'appliquer aux donations entre époux la cause de révocabilité fondée sur l'ingratitude (2).

**1094.** — L'époux pourra, soit par contrat de mariage, soit pendant le mariage, pour le cas où il ne laisserait point d'enfants ni descendants, disposer en faveur de l'autre époux, en propriété, de tout ce dont il pourrait disposer en faveur d'un étranger, et, en outre, de l'usufruit de la totalité de la portion dont la loi prohibe la disposition au préjudice des héritiers. — Et pour le cas ou l'époux donateur laisserait des enfants ou descendants, il pourra donner à l'autre époux, ou un quart en propriété et un autre quart en usufruit, ou la moitié de tous ses biens en usufruit seulement.

**1098.** — L'homme ou la femme qui, ayant des enfants d'un autre lit, contractera un second ou subséquent mariage, ne pourra donner à son nouvel époux qu'une part d'enfant légitime le moins prenant, et sans que, dans aucun cas, ces donations puissent excéder le quart des biens.

Ces *deux* articles figurent au nombre des dispositions les plus défectueuses, en même temps que les plus *considérables*, de toute la compilation napoléonienne.

*Ils se rapportent à la question de la quotité dont les futurs époux ou les époux peuvent disposer l'un envers l'autre, soit par acte entre-vifs, soit par testament.*

Nous n'avons besoin de rappeler ici ni par quelles dispositions sages et simples, la grande législation de la Convention réglait le droit de l'époux nécessiteux contre la succession de l'époux prédécédé, ni dans quelle aberration est tombé sur le même sujet le Code de brumaire (3).

---

(1) Cependant, si nous étions obligé de nous prononcer, nous avouons que nous serions pour Sévère et pour Caracalla plutôt que pour les auteurs actuels; sans doute la législation de Sévère et de Caracalla, sur les donations entre époux, est détestable; elle l'est particulièrement à notre point de vue moderne (V. *supra*, p. 682 et suiv.) ; mais, du moins, cette législation se suit, elle est compréhensible ; en pourrait-on dire autant des différentes théories qui biaisent avec l'idée des deux empereurs et qu'a fait éclore le Code de brumaire ?

(2) V. *supra*, p. 500, et aussi *Manuel de droit civil*, t. I. p. 284.

(3) En écrivant que *nous n'avons pas besoin de rappeler le droit de la Convention*, nous commettons assurément une hardiesse de style; nous répétons que non-seulement aucun légiste du temps actuel ne cite jamais ce droit, mais qu'en outre, par la manière dont tous y font allusion, tous témoignent qu'ils l'ignorent profondément.

Citons donc de nouveau, même pour les légistes, le droit de la Convention :

« *L'époux survivant, nécessiteux, a droit à la jouissance de tout ou partie des biens de l'époux décédé.* »

« *La quotité de cette jouissance est réglée par un Conseil de famille dans la pro-*

La Convention eut le tort de ne point s'en tenir à son excellent projet de décret relatif à l'époux survivant nécessiteux (1); elle se laissa prendre, comme nous l'avons déjà dit, à sa fausse idée du droit social et à l'influence de ses légistes (2); elle voulut réglementer la quotité disponible entre époux, et alors vint l'arbitraire avec son incertitude habituelle.

Les auteurs du Code de brumaire, qui avaient si piteusement échoué là où la Convention avait si bien réussi, ne devaient pas évidemment réussir là où la Convention avait échoué; mais, à coup sûr, c'eût été le moins que ces hommes comprissent ce qu'ils édictaient et qu'ils l'exprimassent en un langage clair.

Abordons la question elle-même.

D'après la compilation napoléonienne, pour savoir la quotité dont les futurs époux ou les époux peuvent disposer l'un envers l'autre, soit par acte entre-vifs, soit par testament, il faut distinguer trois cas :

Ces cas sont :

1° *Celui où l'époux disposant ne laisse ni enfants ni descendants, mais laisse des ascendants;*

2° *Celui où l'époux disposant laisse des enfants ou descendants issus de son mariage avec l'époux gratifié;*

3° *Celui où l'époux disposant laisse des enfants ou descendants issus d'un autre lit.*

Le *premier* cas est réglé par le *premier* alinéa de l'art. 1094;

Le *second* cas, par le *second* alinéa du même art. 1094;

Le *troisième* cas, par l'art. 1098.

Avant d'étudier en détail chacun de ces cas, remarquons :

1° *Que lorsque l'époux disposant n'a ni enfants ou descendants, ni ascendants, il peut disposer au profit de son époux de l'universalité de ses biens, en pleine propriété, comme il pourrait en disposer au profit d'un étranger* (art. 916);

2° *Que, tandis que, pour les donations entre-vifs que l'un des futurs époux fait au profit de l'autre par contrat de mariage, il n'y a pas à distinguer si le futur époux donateur est majeur ou mineur, pourvu que, dans ce dernier cas, il soit valablement assisté; au contraire,*

---

*portion des besoins de l'époux et des enfants* (Code de la Convention, art. 25 et 26, liv. I, tit. III, § 4).

V. au surplus *supra*, p. 171 et suiv.

(1) Tout au plus, y avait-il lieu d'ajouter que :

« *Si le défunt ne laisse aucun parent, ou si ceux qu'il a ne se présentent pas pour recueillir sa succession, le conjoint survivant pourra la recueillir et le transmettre à ses héritiers.* » Code de la Convention, art. 76, liv. II, tit. VI, § 4).

(2) Nous avons déjà dit que le renégat Merlin de Douai fut le rapporteur de la loi de nivôse.

*pour les dispositions soit entre-vifs, soit testamentaires, que l'un des époux voudrait faire au profit de l'autre pendant le mariage, il importe beaucoup de distinguer, selon l'avis général, si l'époux disposant est majeur ou mineur* (1).

1° CAS OU L'ÉPOUX DISPOSANT NE LAISSE NI ENFANTS NI DESCENDANTS, MAIS LAISSE DES ASCENDANTS.

Le *premier* alinéa de l'art. 1094 porte que :

« L'époux pourra, soit par contrat de mariage, soit pendant le mariage, pour le cas où il ne laisserait point d'enfants ni descendants, disposer en faveur de l'autre époux, en propriété, de tout ce dont il pourrait disposer en faveur d'un étranger, et, en outre, de l'usufruit de la totalité de la portion dont la loi prohibe la disposition *au préjudice des héritiers.* »

*Que signifie ce logogriphe?*

*Il signifie que lorsqu'un époux ne laisse ni enfants ni descendants, mais qu'il laisse des ascendants, cet époux peut disposer en faveur de son époux de toute la quotité disponible ordinaire, et en plus de l'usufruit de la réserve des ascendants.*

Voici, en effet, sur quel fondement repose cette traduction :

D'après la loi du 4 germinal an VIII, comme nous l'avons dit (V. *supra*, p. 415), outre les enfants ou descendants, et les ascendants, certains collatéraux avaient qualité d'héritiers réservataires.

Le projet du Code Napoléon (art. 16) suivit sur ce point la loi de germinal (2).

De là, lorsqu'il fut ensuite question de fixer la quotité disponible entre époux, un article (l'art. 152) qui déclarait que, pour le cas où il n'existerait ni enfants, ni descendants, l'époux aurait le droit de disposer, en usufruit, de la totalité de la portion dont la loi prohibait la disposition *au préjudice des héritiers.*

C'était obscur; ce n'était pas inexact.

Qu'a fait la compilation napoléonienne? elle a gardé l'obscurité et ajouté l'inexactitude (3).

Voilà pour la forme ; venons au fond.

---

(1) V. *supra*, art. 903 et 904.

Quelles complications, et à quoi servent-elles?

(2) Fenet, t. XII, p. 571.

(3) Les rédacteurs du Code Napoléon semblent ne s'être jamais bien mis dans l'esprit qu'ils avaient rejeté la réserve des collatéraux (V. *supra*, art. 918, p. 432).

L'époux peut recevoir, disons-nous, de son époux, l'*usufruit de la réserve des ascendants*; or, l'époux survivant gratifié, est habituellement beaucoup moins âgé que l'ascendant; néanmoins, c'est l'époux qui a l'usufruit; quant à l'ascendant, on lui laisse la nue propriété, un os à ronger.

Mais sans doute l'ascendant a une ressource toute prête; la réserve fait fonction pour lui de la dette alimentaire; à défaut d'une réserve suffisante, l'ascendant réclamera la dette alimentaire.

Grave erreur! cet ascendant est, par rapport à l'époux survivant, un *allié*; notre hypothèse est *qu'il n'y a pas d'enfants nés du mariage*, et précisément, *quand il n'existe pas d'enfants nés du mariage, les gendres et belles-filles n'ont pas l'obligation de fournir des aliments à leurs beau-père et belle-mère* (art. 206).

Le fond ici ne fait donc pas tort à la forme (1).

Veut-on maintenant voir apparaître l'harmonie de l'ensemble? que l'on rapproche les uns des autres les art. 748-752, 904-915 et le 1er alinéa de l'article 1094 (V. *supra*, p. 110, 112, 392 et 423 (2).

Observation finale : Dans le cas réglé par le 1er alinéa de l'article 1094, la quotité disponible entre époux est *extensive* de la quotité disponible ordinaire.

2° CAS OU L'ÉPOUX DISPOSANT LAISSE DES ENFANTS OU DESCENDANTS ISSUS DE SON MARIAGE AVEC L'ÉPOUX GRATIFIÉ.

Le *second* alinéa de l'article 1094 porte que :

« Pour le cas où l'époux donateur laisserait des enfants ou descendants, il pourra donner à l'autre époux, ou un quart en propriété et un autre quart en usufruit, ou la moitié de tous ses biens en usufruit seulement. »

Ce qui ressort de la simple lecture de ce texte, c'est que les compilateurs napoléoniens ont posé là une alternative dont le *premier* terme comprend le *second*, et qui, par conséquent, n'en est pas une.

Il est clair, en effet, que si l'époux peut disposer en faveur de son

---

(1) Feu Troplong louait cela (M. Troplong, t. IV, n° 2556); on pouvait s'y attendre.

Heureusement, pour l'honneur de l'interprétation, Maleville a dit le mot, et M. Demolombe l'a répété : « *cette disposition est dérisoire* ». (Comparer Maleville, *Analyse raisonnée de la discussion du Code civil*, t. II, p. 437; et M. Demolombe, t. XXIII, p. 530.)

(2) Quelles péripéties pour le malheureux ascendant qui désirerait bien succéder et qui consulterait lui-même le Code Napoléon! Quelle crainte d'abord (art. 748, 752 et 904), quel espoir ensuite (art. 915), quelle crainte derechef (1er alinéa de l'art. 1094).

Et voilà pourtant les dispositions auxquelles les auteurs ont attaché le nom de *Droit nouveau!* Et voilà, en législation, les titres de l'Homme de brumaire.

époux *d'un quart en pleine propriété et d'un quart en usufruit*, à fortiori pourra-t-il disposer en faveur de ce même époux, *d'une moitié en usufruit.*

Toutefois, les auteurs, en général, n'admettent point que cette naïveté se trouve dans la loi, et pour l'en effacer, ils recourent à l'*histoire*.

L'article 151 du projet du Code Napoléon fixait à la même quotité le disponible en usufruit et le disponible en propriété; plus tard, l'article 917 du Code Napoléon changea ce système, et les dispositions en usufruit purent dépasser les dispositions en propriété, sauf le droit d'option attribué au réservataire par l'article 917; or, disent les auteurs, ce que signifie le *second* terme de l'alternative, posée par la loi napoléonienne, est tout simple : *tandis que pour les dispositions d'usufruit faites au profit d'un étranger, la quotité disponible n'a rien de fixe; au contraire, pour les dispositions d'usufruit entre époux, elle est fixée au maximum de l'usufruit de la moitié des biens de l'époux disposant* (1).

Passons à un autre point.

Celui-là est *énorme*, et cette fois la controverse amène sur le terrain les gros bataillons.

Il ne s'agit pas, en effet, de peu; il s'agit de savoir *si l'époux disposant qui a des enfants issus de son mariage avec l'époux qu'il voudrait gratifier, a le droit de se placer à son gré, soit dans l'article* 913, *soit dans le seconda linéa de l'article* 1094, *en d'autres termes, de choisir, à son gré, entre la quotité disponible, telle qu'elle est fixée par l'article* 913, *et la quotité disponible, telle qu'elle est fixée par le second alinéa de l'article* 1094 ?

A quoi tient donc la gravité du cas?

A ce que, pour répondre à la question qui vient d'être posée, l'interprète, à son tour, est forcé de choisir entre la violation des textes les plus formels, et l'aveu que, dans le cas présent, la compilation napoléonienne a commis un gros contre-sens.

Remarquons, en effet, que la quotité disponible du *second* alinéa de l'article 1094, à la différence de la quotité disponible de l'article 913, ne dépend pas du nombre des enfants laissés par le disposant.

Remarquons, en outre, que la première (*second* alinéa de l'art. 1094)

---

(1) Colmet de Santerre, t. IV, n° 274 *bis*, VI. — M. Demolombe, t. XXIII, p. 553 et 555.

A une naïveté législative les auteurs *réussissent* à substituer une inattention et une incohérence.

Au moins, MM. Zachariæ, Aubry et Rau se contentent d'enregistrer l'*erreur* (V. t. VI, p. 608, texte et note 4).

est *tantôt plus forte, tantôt plus faible que la seconde* (art. 913).

C'est ce qu'un *double* exemple mettra en lumière.

Supposons d'abord que le *de cujus* ait *trois* enfants;

*S'il dispose en faveur de son époux, son disponible*, aux termes du *second* alinéa de l'article 1094, est d'un quart en pleine propriété et d'un quart en usufruit;

*S'il dispose en faveur d'un étranger*, son disponible, aux termes de l'article 913, n'est que d'un quart en pleine propriété.

*Ici, le disponible du second alinéa de l'article* 1094 *est plus fort que le disponible de l'article* 913.

Supposons maintenant que le *de cujus* n'ait qu'*un* enfant;

*S'il dispose en faveur de son époux*, son disponible, aux termes du *second* alinéa de l'article 1094, reste toujours fixé à un quart en pleine propriété et à un quart en usufruit;

*S'il dispose en faveur d'un étranger*, son disponible, aux termes de l'article 913, devient d'une moitié en pleine propriété.

*Ici, le disponible du second alinéa de l'article* 1094 *est plus faible que le disponible de l'article* 913.

Il en serait de même si le *de cujus*, au lieu de laisser *un seul* enfant, en laissait *deux*.

Arrivés à ce point, nous sommes au niveau de la discussion, et nous pouvons la comprendre.

*Lorsqu'aux termes du* second *alinéa de l'article* 1094, *l'époux ne pourrait disposer en faveur de son époux, que d'une quotité plus faible que celle dont il pourrait disposer en faveur d'un étranger, aux termes de l'article* 913, *a-t-il le droit de laisser de côté l'article* 1094, *et de disposer en faveur de son époux de ce dont il pourrait disposer en faveur d'un étranger?*

DEUX SYSTÈMES.

1er SYSTÈME (1). — *Aff.*

1er *Arg.* — La philosophie du droit exige que, dans les dispositions entre époux, la qualité d'époux soit d'une manière absolue ou une cause de faveur ou une cause de défaveur; ce qui serait absurde, c'est qu'elle fût à la fois les deux.

Or, c'est là le résultat auquel arrive le système contraire.

Donc, ce système est inadmissible, et l'on peut même dire qu'il est *monstrueux* (2).

(1) M. Benech, *la Quotité disponible entre époux*, V. édit. 1842, in-8. — M. Valette, le *Droit* du 11 mars 1846. — MM. Zachariæ, Aubry et Rau, t. V, p. 609, note 5. — M. Boutry-Boissonade, 198.

(2) Benech, p. 105.

Nous nous demandons comment M. Benech a pu parvenir à se faire assez

2e *Arg.* — Le texte du *second* alinéa de l'art. 1094 appuie cette solution.

En effet, ce second alinéa porte que « l'époux..... pourra donner à son époux, etc. » ;

Donc, la formule est permissive ;

Donc encore, elle n'exclut pas l'existence d'une autre quotité disponible entre époux ; au contraire, elle la suppose.

3e *Arg.* — L'art. 16 du projet du Code Napoléon fixait la quotité disponible ordinaire au quart des biens en pleine propriété, quel que fût le nombre des enfants du disposant ;

L'art. 151 du même projet fixait la quotité disponible entre époux au quart des biens en pleine propriété et au quart en usufruit, ou à la moitié des biens en usufruit ;

De là il ressort que, dans l'esprit des rédacteurs du projet, la quotité disponible entre époux devait être toujours *extensive* de la quotité disponible ordinaire.

Or, l'art. 913 correspond à l'art. 16 du projet, et l'art. 1094 reproduit l'art. 151 ;

Donc, puisque, dans la pensée du législateur, l'art. 151 avait pour but de favoriser l'époux, l'art. 1094 a nécessairement conservé le même but.

C'était, au surplus, l'avis du conseiller d'État Berlier (1).

2e SYSTÈME (2). — *Nég.*

1er *Arg.* — L'argument que le premier système tire de la philosophie du droit n'est pas concluant ; en effet, dans le règlement de la quotité disponible du *second* alinéa de l'art. 1094, le législateur napoléonien entend sauvegarder deux intérêts à la fois :

Celui des époux ;

Celui des enfants nés du mariage.

Il pourvoit au premier en permettant aux époux de s'assurer, dans tous les cas, l'un à l'autre une existence convenable ;

Il pourvoit au second en interdisant aux époux des libéralités qu'il juge excessives.

---

illusion à lui-même pour orner un tel argument du grand nom de *la philosophie du droit*.

La philosophie du droit, ce dilemme sophistique !

La philosophie du droit, ce syllogisme puéril !

La philosophie du droit ; mais est-ce qu'elle a quelque chose à démêler avec toutes ces tortures de texte, avec toutes ces questions vides, avec tous ces manques de sincérité, avec toutes ces négations du droit vrai.

La philosophie du droit ! Vous y toucherez, légistes, quand vous aurez brûlé vos textes et renouvelé vos traditions !

(1) MM. Demante, t. IV, n° 274 ; et Colmet de Santerre, n° 274 *bis*, I, VI. — M. Duverger, à son cours. — M. Demolombe, t. XXIII, p. 544.

(2) Fenet, t. XI, p. 416 et 417.

Voilà comment le pour et le contre se concilient; voilà comment le disponible entre époux se trouve réunir, sans aucune contradiction, deux caractères opposés.

2e *Arg.* — Il est vrai que le *second* alinéa de l'art. 1094 porte que « l'époux..... pourra donner à son époux, » etc.

Et qu'il ne porte pas que l'époux..... *ne* pourra donner à son époux, etc.

« Mais déclarer que l'époux pourra disposer jusqu'à une certaine limite, n'est-ce pas déclarer nécessairement qu'il ne pourra disposer au delà de cette limite (1)? »

3e *Arg.* — Sans doute, dans le projet originaire, il résultait de la combinaison des art. 16 et 151 l'un avec l'autre que la quotité disponible entre époux était toujours *extensive* de la quotité disponible ordinaire; mais la quotité disponible, telle qu'elle était réglée par l'art. 16 du projet, a été augmentée par l'art. 913, et l'on ne saurait prétendre que le législateur se fût engagé par l'art. 151 à faire toujours profiter l'époux de la quotité disponible ordinaire, telle qu'elle pourrait être fixée plus tard par des dispositions encore ignorées.

Il y a mieux; la section de législation du tribunat avait précisément proposé l'adoption du premier système, et l'amendement de la section n'a pas réussi (2).

Donc, l'art 151, devenu l'art. 1094, a cessé de se relier à l'art. 16 devenu l'art. 913.

C'était, au surplus, l'opinion du conseiller d'État Bigot (3).

4e *Arg.* — L'économie générale du chapitre IX prouve que le législateur napoléonien a entendu que ce chapitre se suffit à lui-même pour le règlement des dispositions entre époux.

L'économie spéciale des art. 1094 et 1098 renforce cette considération, en ce qui concerne particulièrement la quotité disponible entre époux.

5e *Arg.* — Enfin l'art. 1099 porte que « les époux ne pourront se donner indirectement au delà de ce qui leur est permis par les dispositions ci-dessus. »

Ce texte achève donc la démonstration.

Oui, il l'achève comme le bourreau achève le patient.

Ainsi, d'après *notre* système (le *second*, celui des textes), voici quels sont *nos* résultats :

Un époux a-t-il *trois*, *quatre*, *cinq* ou *six* enfants, la disposition qu'il fait en faveur de son époux n'est *excessive* que si elle réduit *chacun de*

(1) M. Demolombe, t. VI, p. 547.
(2) Fenet, t. XII, p. 457.
(3) Fenet, t. XII, p. 572 et 573.

*ses enfants à une portion inférieure au tiers, au quart, au cinquième, au sixième de la moitié de ses biens en pleine propriété et du quart en nue propriété.*

Un époux n'a-t-il qu'*un* enfant, la disposition qu'il fait en faveur de sen époux est *excessive*, s'il réduit *cet enfant à une moitié en pleine propriété.*

Il est vrai que, si au lieu de disposer au profit de son *époux*, le même époux, qui n'a qu'un enfant, s'avisait de disposer au profit d'un *étranger*, il pourrait réduire l'enfant *à une moitié en pleine propriété.*

Mais l'époux, c'est beaucoup plus dangereux qu'un étranger, cela sollicite beaucoup plus l'affection, et enfin où en serait l'ordre social si les enfants ne se distinguaient plus en riches et en pauvres, si tous les enfants étaient également obligés de faire effort, de travailler?

Cependant, on pourrait bien encore insister; on pourrait bien dire en prenant les termes même de la doctrine actuelle qu'il est à peu près sans intérêt pour les enfants de trouver les biens dans le patrimoine de l'un de leurs auteurs, plutôt que dans le patrimoine de l'autre; mais il ne faut pas confondre, il y a cas et cas; cet argument, c'est celui de l'article 1093 (V. *supra*, p. 691), ce sera peut-être aussi celui de l'art. 1496 (V. *infra*, Contrat de mariage); ce n'est pas celui du second alinéa de l'art. 1094 (1).

Voyons autre chose.

*Dans le cas où l'époux disposant laisse des enfants ou descendants, et où la disposition qu'il a faite en faveur de son époux est d'un usufruit ou d'une rente viagère, l'article* 917 *est-il applivable?*

Nous avons déjà répondu *négativement* en ce qui concerne la disposition *en usufruit* (V. *supra*); en d'autres termes, les enfants ou descendants ne sont point alors placés dans l'alternative établie par l'article 917; ils ont le droit de demander la réduction de la disposition à la moitié des biens en usufruit seulement, sans être obligés de faire un abandon de propriété.

---

(1) Nous n'avons guère le tempérament de Philinte, et nous n'estimons pas du tout Philinte; cependant, à ceux qui nous reprocheraient ici de berner la doctrine juridique, nous répondrions comme Philinte :

Mais sérieusement, que voulez-vous qu'on fasse?

Concluons : les auteurs qui ont répandu des flots d'encre pour expliquer la question de la quotité disponible entre époux, n'ont perdu de vue qu'un tout petit point; il existe aujourd'hui un engin de destruction mille fois plus terrible pour toutes les quotités disponibles et pour tous les vieux règlements juridiques que ne l'est le canon rayé ou le chassepot pour les peuples qui veulent reprendre leur droit; cet engin, sans cesse grandissant, qui aujourd'hui augmente l'anarchie, qui demain fera régner l'ordre, *c'est la fortune mobilisée.*

A l'égard de la disposition *en rente viagère*, nous ferons la même réponse qu'à l'égard de la disposition *en usufruit ;* par conséquent, les enfants ou descendants auront le droit de faire réduire la rente viagère, jusqu'à concurrence de la moitié du revenu des biens (1).

Ici, se présente la thèse scabreuse du concours entre des disposition faites par un époux, les unes en faveur de son époux, les autres en faveur d'autres personnes.

Sur ce point, *trois* questions :

1° *La quotité disponible, telle qu'elle est fixée par l'article* 1094, *peut-elle se cumuler avec la quotité disponible, telle qu'elle est fixée par les articles* 913 *et* 915?

2° *Si l'on décide que ces deux quotités ne peuvent être cumulées, de quelle manière doivent-elles être combinées l'une avec l'autre?*

3° *Lorsqu'il y a lieu à la réduction, de quelle manière y doit-on procéder?*

Sur la *première* question, les auteurs enseignent unanimement que le cumul n'est pas possible, et que l'ensemble des dispositions faites par l'époux ne peut dépasser le disponible le plus élevé (2).

Sur la *seconde* et sur la *troisième* question, les auteurs se débattent contre une logique qui les presse en mille sens, et l'irrationnel principe des réserves vient succomber une nouvelle fois devant les impossibilités qu'il accumule (3).

### 3° CAS OU L'ÉPOUX DISPOSANT LAISSE DES ENFANTS OU DES ASCENDANTS ISSUS D'UN AUTRE LIT.

L'art. 1098 porte que :

« L'homme ou la femme qui, ayant des enfants d'un autre lit, contractera un second ou subséquent mariage, ne pourra donner à son nouvel époux qu'une part d'enfant légitime le moins prenant, et sans que, dans aucun cas, ces donations puissent excéder le quart des biens. »

*Cette formule enchevêtrée signifie que, dans le cas réglé par l'ar-*

(1) MM. Zachariæ, Aubry et Rau, t. V, p. 810, texte et note 8.—M. Colmet de Santerre, t. IV, n° 274 *bis*, VI et VII. — M. Demolombe, t. XXIII, p. 554 et suiv.

En sens contraires et divers, M. Benech, p. 335. — M. Boutry-Boissonade, p. 427, art. 1094, n° 9. — M. Coin-Delisle, art. 1094, n° 9. — M. Bonnet, t. IV, n$^{os}$ 1041 et 1042.

(2) M. Valette, *le Droit*, 4 mars 1846. — MM. Zachariæ, Aubry et Rau, t. V, p. 612, texte et note 14. — M. Colmet de Santerre, t. IV, n° 281 *bis*, I, — M. Boutry-Boissonade, n° 476. —M. Demolombe, t. XXIII, p. 569.

(3) V. pour le développement des deux questions, M. Demolombe, t. XXIII, p. 569 et suiv.

*ticle* 1098, *la quotité dont l'époux peut disposer en faveur de son époux, a deux mesures:*

*L'une, variable, qui est la part d'enfant légitime, le moins prenant, c'est-à-dire non préciputaire* (*à supposer, bien entendu, que le* de cujus *ait usé de la faculté de faire des préciputs au profit d'un ou de quelques-uns de ses enfants du premier lit*);

*L'autre, fixe, qui est le quart en propriété du patrimoine du* de cujus, *et qui vient se substituer à la précédente, toutes les fois que la précédente excède le quart en propriété du patrimoine du* de cujus.

On voit par là que *la quotité disponible ordinaire est, en général, plus forte que la quotité fixée par l'article* 1098.

Un *seul* cas fait exception, c'est celui où le disposant a *trois* enfants du premier lit; dans ce cas, en effet, la quotité disponible fixée par l'article 1098 se trouve être d'un quart en propriété, exactement comme la quotité disponible ordinaire (1).

Remarquons :

1° *Que l'art.* 1098 *est applicable tout aussi bien à l'époux qui laisse des enfants légitimés, par l'effet d'un précédent mariage* (art. 333), *qu'à celui qui laisse des enfants légitimes;*

2° *Qu'au contraire l'art.* 1098 *est inapplicable lorsque le disposant laisse seulement des enfants adoptifs ou des enfants naturels* (2).

---

(1) Nous avons indiqué plus haut, p. 686, l'origine de la disposition antijuridique et immorale portée par l'art. 1098; la compilation napoléonienne a amélioré en un point et a aggravé en un autre le *droit* du Bas-Empire, et de l'Edit des secondes noces.

Voyons d'abord l'amélioration.

D'après le droit du Bas-Empire et d'après le second chef de l'Edit des secondes noces, les veuves (la constitution *Generaliter*, dans le droit du Bas-Empire, et la jurisprudence des parlements, dans le vieux droit français, ajoutèrent les veufs), les veuves donc ayant enfants d'un premier lit, et convolant à de nouvelles noces, ne pouvaient faire à leurs nouveaux maris aucune part des biens à elles acquis par dons et libéralités de leurs défunts maris, et lesdites veuves étaient tenues de réserver ces biens aux enfants issus de leur union avec l'époux qui les avait gratifiés.

C'était là une véritable substitution en faveur des enfants du premier lit.

La compilation napoléonienne n'a point fait revivre cette substitution.

Passons à l'aggravation.

D'après le droit du Bas-Empire et d'après l'Edit des secondes noces, la quotité dont l'époux convolant à de secondes noces pouvait disposer en faveur de son nouvel époux n'était soumise qu'à la limite variable de la part d'enfant légitime le moins prenant.

La compilation napoléonienne a ajouté la limite fixe du quart en propriété.

Rappelons maintenant les principes :

1° *La propriété est à l'individu, non à la famille, et sauf ce qui concerne la dette normale d'éducation et la dette éventuelle d'aliments, les enfants n'ont aucun droit aux biens qui appartiennent à leurs père et mère;*

2° *L'individu, homme ou femme, tient de la loi naturelle et morale le droit de second comme de premier mariage.*

(2) A l'égard de l'enfant adoptif, il existe une controverse; mais c'est vaine-

3° *Qu'enfin, bien que le droit de demander, en vertu de l'art.* 1098, *la réduction des dispositions faites au nouvel époux ne puisse jamais s'ouvrir dans la personne des enfants du second mariage, ceux-ci cependant ont le droit de partager, avec leurs frères et sœurs du premier mariage, les biens rentrés dans le patrimoine de l'auteur commun, sur les poursuites des enfants du premier lit* (1).

*L'art.* 1098 *reste-t-il applicable aux enfants légitimes ou légitimés qui ne deviendraient pas héritiers du disposant.*

La *négative* est évidente, car l'art. 1098 pose certainement une règle de réserve; *or, pour être réservataire il faut être héritier* (V. *supra*, p. 416 et suiv.) (2).

*Lorsque une personne, ayant des enfants d'un précédent mariage, convole successivement en plusieurs nouveaux mariages, quelle est la quotité dont cette personne peut disposer en faveur de ses nouveaux époux?*

Dans l'ancien droit, on professait que le maximum du disponible, en faveur de tous les nouveaux époux ensemble, était d'une part d'enfant (3).

Aujourd'hui, la question est controversée.

### TROIS SYSTÈMES.

1er SYSTÈME (4). — *Lorsqu'une personne, ayant des enfants d'un précédent mariage convole successivement en plusieurs nouveaux mariages, cette personne peut disposer en faveur de tous ses nouveaux époux ensemble de toute la quotité disponible ordinaire, sous la condi-*

---

ment qu'on invoque l'art. 350 pour assimiler dans la présente hypothèse l'enfant adoptif à l'enfant légitime; les secondes noces manquant, tout motif manque à l'application de l'art. 1098 (V. au surplus *Manuel de droit civil*, t. I, p. 274).

Quant à l'enfant naturel, on sait quel est, en ce qui le concerne, le système général du Code Napoléon.

(1) MM. Zachariæ, Aubry et Rau, t. V, p. 631, texte et notes, 39-40. — M. Colmet de Santerre, t. IV, n° 278 *bis*, x. — M. Demolombe, t. XXIII, p. 685.

Ces auteurs vont même plus loin; ils décident, selon les traditions de la *bonorum possessio contra tabulas* (l. 3, § 2, D., liv. XXXVII, tit. V) et de l'ancien droit français (Pothier, *Contrat de mariage*, n° 567) que, si les enfants du premier mariage négligent ou refusent de demander le retranchement, ceux du second mariage ont alors eux-mêmes le droit d'action.

(2) En ce sens, MM. Zachariæ, Aubry et Rau, t. V, p. 629 et suiv., texte et note 36. — M. Colmet de Santerre, t. IV, n° 278 *bis*, I. — M. Demolombe, t. XXIII, p. 653.

En sens contraire, M. Troplong, t. IX, n° 2723.

(3) Pothier, *Contrat de mariage*, n° 566.

(4) M. Duranton, t. IX, n° 804. — M. Taulier, t. IV, p. 246.

*tion que chacun d'eux n'aura pas au delà d'une part d'enfant le moins prenant.*

Les partisans de ce système s'appuient sur ce que l'art. 1098, au lieu de contenir, comme l'édit de 1560, la formule collective : « *à leurs nouveaux maris* », contient la formule individuelle : « *à son nouvel époux* ».

2e SYSTÈME (1). — *Lorsqu'une personne, ayant des enfants d'un précédent mariage, convole successivement en plusieurs nouveaux mariages, cette personne peut disposer en faveur de chacun des nouveaux époux d'une part d'enfant le moins prenant, pourvu que toutes ces dispositions réunies ne dépassent pas le quart des biens.*

Les partisans de ce système commencent par reproduire l'argument des partisans du 1er système.

Puis, ils ajoutent que la limite du quart est imposée par la formule : « *Et sans que, dans aucun cas, ces donations puissent excéder le quart des biens* » (art. 1098).

3e SYSTÈME (2). — *Lorsqu'une personne, ayant des enfants d'un précédent mariage, convole successivement en plusieurs nouveaux mariages, cette personne ne peut disposer en faveur de tous ses nouveaux époux ensemble que de la quotité de biens déterminée par l'art.* 1098.

Les partisans de ce système invoquent les traditions.

Ils rappellent, en outre, que la compilation napoléonienne est encore plus restrictive que l'édit des secondes noces.

Ils citent enfin quelques paroles de Bigot-Préameneu (3).

Ce *triple* argument est, à nos yeux, irréfutable.

Quant aux enfants qui, dans tous les cas, font nombre pour déterminer la part d'enfant, ce point est tout simple.

Bien entendu, d'abord, on ne tient compte *que des enfants qui viennent à la succession* (4), mais il faut remarquer :

---

(1) M. Demante, t. IV, n° 278. — M. Colmet de Santerre, n° 278 *bis*, XI.

(2) M. Valette, à son cours. — MM. Zachariæ, Aubry et Rau, t. V, p. 632, texte et note, 43. — M. Demolombe, t. XXIII, p. 663.

(3) Voici les paroles de Bigot-Préameneu :

« On a maintenu cette sage disposition que l'on doit encore moins attribuer à la défaveur des seconds mariages, qu'à l'obligation où sont les père et mère qui ont des enfants, de ne pas manquer à leur égard, lorsqu'ils forment de nouveaux liens, aux devoirs de la paternité. Il a été réglé que, dans ces cas, les donations au profit du nouvel époux ne pourront excéder une part d'enfant légitime, et que, dans aucun cas, ces donations ne pourront excéder le quart des biens. » (Fenet, t. XII, p. 593.)

Ces paroles prouvent aussi que nous n'avons pas calomnié (*supra*, p. 687) l'esprit de la compilation napoléonienne.

(4) M. Troplong est, à notre connaissance, le seul auteur qui ait nié cette proposition (t. VI, nos 2714, 2716) ; mais M. Troplong traitait le droit dans ses commentaires, comme la philosophie dans ses préfaces.

1° Que les enfants, issus du second ou du troisième mariage, font nombre, comme ceux issus du premier ;

2° Que les descendants d'un enfant prédécédé ne comptent que pour l'enfant dont ils sont issus, soit qu'ils succèdent par représentation, soit qu'ils viennent de leur chef (art. 914; V. *supra*, p. 420) ;

3° Que l'enfant adoptif fait nombre (art. 350) (1) ;

4° Que les enfants naturels font également nombre, en ce sens que l'on doit commencer par distraire de la masse la portion des biens à laquelle ils ont droit (art. 75; V. *supra*, p. 133).

Ajoutons qu'enfin l'époux, qui bénéficie de la disposition, fait lui-même nombre (2).

**1099.** — Les époux ne pourront se donner indirectement au delà de ce qui leur est permis par les dispositions ci-dessus.

Toute donation, ou déguisée, ou faite à personnes interposées, sera nulle.

**1100.** — Seront réputées faites à personnes interposées, les donations de l'un des époux aux enfants ou à l'un des enfants de l'autre époux issus d'un autre mariage, et celles faites par le donateur aux parents dont l'autre époux sera héritier présomptif au jour de la donation, encore que ce dernier n'ait point survécu à son parent donataire.

De l'avis général des auteurs, ces deux articles servent de sanction à l'ensemble des dispositions du chapitre IX (en ce qui concerne spécialement l'art. 1096, v. *supra*, p. 693) (3).

Examinons d'abord l'art. 1099.

Du *premier* alinéa de ce texte, il résulte que les donations *indirectes* entre futurs époux et entre époux sont *valables* tout entières, si elles n'excèdent pas la quotité disponible, et *réductibles* jusqu'à due concurrence, si elles excèdent la quotité disponible.

Du *second* alinéa du même texte, il paraît bien ressortir que les donations faites entre futurs époux et entre époux *sous le déguisement d'un contrat à titre onéreux* ou *par une personne interposée* sont *nulles*, car c'est là ce que déclare, en termes propres, le *second* alinéa (4).

Cependant, certains auteurs ont résisté à ce dernier résultat ; de là, une *grosse* controverse.

(1) V. *Manuel de droit civil*, t. I, p. 373.

(2) Comparer MM. Zachariæ, Aubry et Rau, t. V, p. 627. — M. Demolombe, t. XXIII, p. 671.

(3) Comparer MM. Zachariæ, Aubry et Rau, t. VI, p. 286. — M. Colmet de Santerre, t. IV, p. 270 *bis*, III. — M. Demolombe, t. XXIII, p. 690.

(4) V. pour la *définition* des donations indirectes, déguisées ou faites à personnes interposées (*supra*, p. 292, note).

DEUX SYSTÈMES.

1er SYSTÈME (1). — *Les donations faites entre futurs époux et entre époux sous le déguisement d'un contrat à titre onéreux ou par une personne interposée sont valables tout entières, si elles n'excèdent pas quotité disponible, et réductibles jusqu'à due concurrence, si elles excèdent la quotité disponible.*

Les partisans de ce système prétendent d'abord qu'en raison et d'une manière générale, il n'y a nul lieu de distinguer entre les donations indirectes d'une part, et d'autre part, les donations déguisées ou faites par une personne interposée.

Ils ajoutent, à l'égard des donations entre futurs époux et entre époux, que la sanction qui annulerait, dans tous les cas, les donations déguisées ou faites par une personne interposée serait exorbitante, car elle dépasserait le but qu'il s'agit d'atteindre.

Quant au mot « *nulle* » qui se trouve dans le texte, c'est un *lapsus ;* il signifie *nulle* pour ce qui excède la quotité disponible ; donc, réductible.

2e SYSTÈME (2). — *Les donations faites entre futurs époux et entre époux sous le déguisement d'un contrat à titre onéreux, ou par une personne interposée, sont nulles tout entières, soit qu'elles excèdent, soit qu'elles n'excèdent pas la quotité disponible.*

Les partisans de ce système invoquent :

1° La distribution de l'article en *deux* alinéas ;

2° La formule nette du *second* alinéa de l'article.

De ces *deux* systèmes, le *dernier* a le texte pour lui ; le *premier* a le bon sens (3).

---

(1) M. Valette, à son cours. — M. Merville, *Revue pratique*, 1863, t. XV, p. 193 et suiv.

(2) M. Vernet, *Revue pratique*, t. XV, p. 195 et suiv. — M. Lauth, *De la quotité disponible entre époux* n° 293. — M. Colmet de Santerre, t. IV, n° 279 *bis*, II. — M. Demolombe, t. XXIII, p. 697.

(3) Il existe *deux* systèmes intermédiaires.

L'un fait la distinction suivante :

Les donations n'excèdent-elles pas la quotité disponible, elles sont valables tout entières ;

Les donations excèdent-elles la quotité disponible, elles sont nulles tout entières (M. Troplong, t. IV, n° 2744).

L'autre fait une autre distinction :

Les donations n'ont-elles pas été faites dans le but d'excéder la quotité disponible, elles sont valables tout entières, si elles n'excèdent pas la quotité disponible ;

Les donations ont-elles été faites dans le but d'excéder la quotité disponible, elles sont nulles tout entières, lors même qu'elles n'excèdent pas la quotité disponible (MM. Aubry et Rau *Sur Zachariæ*, t. V, p. 625, texte et notes, 24-25.)

Nous attendons le *cinquième* système.

Du *dernier* système, le vrai légalement, il résulte que *quiconque y a intérêt*, et non pas seulement les héritiers réservataires, a le droit d'invoquer la nullité décrétée par le second alinéa de l'art. 1099 (1).

Reste l'art. 1100.

Ce texte répute personnes interposées :

1° *Les enfants ou l'un des enfants de l'autre époux issus d'un autre mariage ;*

2° *Les parents dont l'autre époux était héritier présomptif au jour de la donation, encore que ce dernier n'ait point survécu à son parent donataire.*

Remarquons que, comme celle de l'art. 911, cette présomption légale est *juris et de jure*, et qu'elle embrasse un plus grand nombre de personnes que celle de l'art. 911 (V. *supra*, p. 405) ; cependant, les enfants communs ne sont pas compris dans la présomption de l'art. 1100 (2).

# APPENDICE

## I. — DIFFÉRENCES ENTRE LA DONATION FAITE ENTRE FUTURS ÉPOUX ET LA DONATION ENTRE-VIFS ORDINAIRE.

1° *La donation entre futurs époux n'est point soumise à la formalité d'une acceptation solennelle* (V. *supra*, p. 690);

2° *La donation entre futurs époux peut comprendre des biens à venir* (art. 1091 et 1093; V. *supra*, p. 690 et 691);

3° *La donation entre futurs époux peut être potestative* (art. 1091 et 1093; V. *supra*, p. 690 et 691).

4° *La donation entre futurs époux n'est pas révocable pour cause de survenance d'enfants* (art. 960; V. *supra*, p. 501);

1° *La donation entre-vifs ordinaire est soumise à la formalité d'une acceptation solennelle* (art. 894 et 932; V. *supra*, p. 380 et 453);

2° *La donation entre-vifs ordinaire ne peut comprendre des biens à venir* (art. 894 et 943; V. *supra*, p. 380 et 478);

3° *La donation entre-vifs ordinaire ne peut être potestative, ou, en d'autres termes, elle est irrévocable* (art. 984 et 944-946; V. *supra*, p. 380 et 481-483);

4° *La donation entre-vifs ordinaire est révocable pour cause de survenance d'enfants* (art. 960; V. *supra*, p. 501);

(1) Nouvel embrouillamini de la doctrine et de la jurisprudence (comparer ensemble M. Troplong, t. IV, n$^{os}$ 2745 et 2746; Cass., 2 mai 1855, Deballut, Dev., 1856, I, 178. — M. Demolombe, t. XXIII, p. 704.)

(2) Il est arbitraire, même dans le système du chapitre IX, que la présomption, édictée par l'art. 1100, ne puisse point être combattue et démontrée fausse. Nous essayerons de dire *infra* à quelles conditions la présomption légale doit satisfaire pour être légitime.

5° *La donation entre futurs époux peut être faite par le mineur, pourvu qu'il soit assisté des personnes dont le consentement est requis pour la validité de son mariage* (art. 1095; V. *supra*, p. 692);

5° *La donation entre-vifs ordinaire est absolument interdite au mineur* (art. 903 et 904; V. *supra*, p. 392);

6° *La donation entre futurs époux a pour mesure la quotité disponible fixée par les art.* 1094 *et* 1098 (V. *supra*, p. 700).

6° *La donation entre-vifs ordinaire a pour mesure la quotité disponible fixée par les art.* 913 *et* 915 (V. *supra*, p. 416 et 423).

De plus :

1° *La donation entre futurs époux est caduque si le mariage ne s'ensuit pas* (V. *supra*, p. 667);

2° *La donation entre futurs époux est révoquée en plein par la séparation de corps* (art. 299) (1);

3° *La donation entre futurs époux est soumise à la présomption d'interposition de personnes décrétée par* l'art. 1100 (V. *supra*, p. 713);

4° *La donation de biens à venir entre futurs époux, qui a pour objet des immeubles, paraît ne pas être soumise à la formalité de la transcription, ou, tout au moins, il y a controverse pour savoir s'il faut l'y soumettre* (V. *supra*, p. 690 et 674);

5° *La donation de biens à venir entre futurs époux, qui a pour objet des meubles, n'est point soumise à la formalité de l'état estimatif* (V. *supra*, p. 690 et 676).

### II. — DIFFÉRENCE ENTRE LA DONATION FAITE ENTRE ÉPOUX ET LA DONATION ENTRE-VIFS ORDINAIRE.

1° *La donation entre époux, faite à titre réciproque par un seul et même acte, est défendue* (art. 1097; V. *supra*, p. 693);

1° *La donation entre-vifs ordinaire, faite à titre réciproque par un seul et même acte, est permise.*

2° *La donation entre époux peut comprendre des biens à venir* (art. 947; V. *supra*, p. 484);

2° *La donation entre-vifs ordinaire ne peut comprendre des biens à venir* (art. 894 et 943; V. *supra*, p. 380 et 478);

3° *La donation entre époux est essentiellement révocable au gré de l'époux disposant* (art. 1096; V. *supra*, p. 693);

3° *La donation entre-vifs ordinaire est irrévocable* (art. 894 et 944-946; V. *supra*, p. 380 et 481-483);

4° *La donation entre époux n'est pas révocable pour cause de survenance d'enfants* (art. 960 et 1096, 3e alinéa; V. *supra*, p. 501 et 696);

4° *La donation entre-vifs ordinaire est révocable pour cause de survenance d'enfants* (art. 960; V. *supra*, p. 501);

5° *La donation entre époux a pour mesure la quotité disponible fixée par les art.* 1094 *et* 1098 (V. *supra*, p. 700);

5° *La donation entre-vifs ordinaire a pour mesure la quotité disponible fixée par les art.* 913 et 915 (V. *supra*, p. 416 et 423).

(1) V. *Manuel de droit civil*, t. 1, p. 282.

De plus :

1° *La donation entre époux est révoquée de plein droit par la séparation de corps* (art. 299) (1);

2° *La donation entre époux est soumise à la présomption d'interposition de personnes décrétée par l'art.* 1100 (V. *supra*, p. 713) ;

3° *La donation de biens à venir entre époux, qui a pour objet des immeubles, paraît ne pas être soumise à la formalité de la transcription ou, tout au moins, il y a controverse pour savoir s'il faut l'y soumettre* (V. *supra*, p. 693 et 676);

4° *La donation de biens à venir entre époux, qui a pour objet des meubles, n'est pas soumise à la formalité de l'état estimatif* (V. *supra*, p. 693 et 676);

5° *La donation de biens à venir entre époux est caduque par le prédécès du donataire* (V. *supra*, p. 698).

---

# TITRE III

## DES CONTRATS OU DES OBLIGATIONS CONVENTIONNELLES EN GÉNÉRAL

### I

L'ordre juridique tout entier repose sur cet axiome primordial, à savoir que « naturellement l'homme est un être sociable (2) », car là où il n'y aurait pas société, il ne saurait exister de rapports sanctionnés par

---

(1) V. *Manuel de droit civil*, loc. cit.

(2) Aristote, *Politique*, trad. Barthélemy-Saint-Hilaire, p. 7.

Aristote ajoute : « Celui qui reste sauvage par organisation, et non par l'effet du hasard est certainement ou un être dégradé, ou un être supérieur à l'espèce humaine. »

Les voyageurs et les anthropologistes témoignent que l'homme même qui reste sauvage par l'effet du hasard, s'il possède certaines facultés étrangères aux autres hommes, est privé de celles qui font la supériorité de l'espèce sur les autres.

On sait que Hobbes a soutenu au contraire que « l'homme n'est pas né avec une disposition naturelle à la société », et qu'il a édifié sur cette base la théorie de son monstrueux despotisme.

Quant au grand Rousseau, s'il a constamment exalté la vie sauvage et s'il l'a placée au-dessus de la vie civile, ce n'est qu'en haine de nos sociétés dépravées ; mieux qu'aucun ancien et aucun moderne, il a compris que la loi d'organisation des sociétés a pour fondement la nature.

(Comparer Aristote, *Politique*, trad. Barthélemy-Saint-Hilaire, chap. I et II. — Hobbes, *Œuvres philosophiques*, édit. de 1787, 2 vol. in-8, t. I. *La liberté*. — Jean-Jacques Rousseau, *Discours sur l'origine et les fondements de l'inégalité parmi les hommes*, édit. Dalibon.)

l'action en justice, c'est-à-dire par la force de tous mise à la disposition de chacun pour protéger le droit de chacun.

Aucune matière n'est plus propre à mettre ce point en évidence que la double matière des contrats et des obligations.

1° DU CONTRAT.

Le contrat doit être défini :

*Le concours de deux ou de plusieurs volontés sur une même chose, en tant que ce concours produit un effet de droit.*

Bien entendu, l'effet de droit se rapporte à *l'action;* en d'autres termes, le contrat *engendre, modifie* ou *anéantit une action.*

Mais à quel signe discerner si le concours de deux ou de plusieurs volontés sur une même chose engendre, modifie ou anéantit une action.

Ici, la difficulté peut paraître considérable, car il ne s'agit de rien moins que de tracer la ligne de démarcation entre l'ordre moral ou de la conscience, et l'ordre juridique ou de l'action en justice.

L'ordre moral et l'ordre juridique n'ont ni l'un ni l'autre des limites immuables, et le progrès le plus certain de la race humaine est précisément que l'ordre moral agrandisse de jour en jour sa sphère et restreigne de jour en jour davantage celle où se meut l'ordre juridique.

Dans l'état actuel, à la lumière de la science du XVIIIe siècle et de la Révolution française, de la grande devise : Liberté, Égalité, Fraternité, nous avons dit :

D'une part, que la loi morale se ramène à ces trois termes : « Sois libre, respecte la liberté des autres, aime les autres. »

D'autre part, que la loi juridique correspond à cet unique terme : « Respecte la liberté des autres. »

Donc, il faut d'abord éliminer de l'ordre juridique tout ce qui concerne les rapports de l'individu avec lui-même, et tout ce qui, dans les rapports de l'individu avec les autres, ne relève que du point de vue de la fraternité.

Quant au terme commun à la loi morale et à la loi juridique, le respect de la liberté des autres, c'est affaire à la fois au législateur, au jurisconsulte, au juge et au magistrat (1) de le départir entre l'ordre moral et de l'ordre juridique, et de déterminer, selon les cas, si l'atteinte à la liberté d'autrui est suffisante pour motiver l'intervention de la force sociale.

On voit par là que le contrat, tout en demeurant étranger à un grand

(1) On sait qu'à nos yeux la fonction de juge et de magistrat sont deux fonctions distinctes, que la fonction de juge ne doit pas être déléguée, qu'elle doit être exercée par les citoyens eux-mêmes. (V. *Manuel de Droit civil*, t. 1, introd., p. 65.)

nombre de rapports, n'embrasse pas exclusivement ceux qui ont le patrimoine pour objet (1).

Ce que nous venons d'exposer, c'est le côté juridique du contrat; essayons maintenant d'en indiquer les bases philosophiques et d'en faire au moins apercevoir le rôle économique.

Au point de vue philosophique, le principe qui dominera le plus les législations est celui de l'autonomie de l'individu; maître de sa conscience, son propre pape, l'homme moderne veut devenir de plus en plus le maître de ses actes, son propre empereur; comment l'idée du contrat s'accorde-t-elle avec le principe de l'autonomie de l'individu?

D'abord, si nous considérons les mobiles, divers en apparence, qui nous portent à contracter, il n'est point difficile de voir qu'ils se réduisent à un seul, l'intérêt de notre liberté.

Or, ce mobile unique nous conduit à contracter en deux sens opposés.

Nous ne passons pas un seul jour sans éprouver que nous sommes à l'étroit dans notre personnalité; nés sociables, nous avons besoin que l'activité d'autrui vienne aider la nôtre, et nous cherchons dans les rapports contractuels une assistance pour notre liberté.

De là, une première série de contrats, la plus abondante, et qui, bien loin d'affaiblir ou de restreindre l'autonomie de l'individu, ne tend qu'à la fortifier, à la développer (2).

---

(1) La doctrine en ce point est remplie d'incertitudes.

Les écrits des Prudents contiennent à peine une allusion aux contrats qui ne concernent pas le patrimoine. (V. cependant L. 5, D., liv. II, tit. XIV, et Gaius, Comm. III, § 94); aussi, rétrécissant selon leur habitude l'enseignement même du droit romain, les romanistes professent-ils pour la plupart que la notion du contrat n'est applicable qu'au patrimoine.

M. de Savigny adopte ici un point de vue plus large; mais il arrive à opposer ce qu'il nomme le *contrat obligatoire* à *l'acte contractuel obligatoire*, et la notion exacte du contrat disparaît dans cette phraséologie métaphysique. (M. de Savigny, *Traité de Droit romain*, trad. Ch. Guénoux, t. III, p. 322 et suiv., et le *Droit des obligations*, trad. C. Gérardin et P. Jozon, p. 27.)

Un partisan déclaré des idées philosophiques, M. Ahrens, reconnaît des contrats purement juridiques et des contrats éthico-juridiques (M. Ahrens, *Cours de droit naturel ou de Philosophie du droit*, 2 vol. in-8, 6e édit. Leipzig, 1868, p. 226 et suiv. du t. II).

Cette nouvelle distinction ne nous semble pas plus acceptable que celle de M. de Savigny; nous répétons que, pour notre compte, nous ne voyons de contrat que dans le concours de volontés qui engendre, modifie ou anéantit une action.

(2) Qu'un ouvrier mineur accepte de travailler dix heures par jour à 500 pieds au-dessous du sol, pour un salaire qui lui fournit à peine de quoi manger et de quoi faire manger sa famille, qu'il accepte pour ce salaire de périr, s'il y a lieu, par le feu grisou, par les inondations ou par les éboulements, qu'il accepte enfin pour ce même salaire de détruire sa santé minute par minute et de mourir d'une mort certaine en moins de dix années, en laissant pour héritage à ses enfants l'horrible existence qu'il a menée lui-même, assurément, il peut sembler paradoxal de ranger un tel contrat parmi ceux qui favorisent l'autonomie de l'individu; cependant, rien n'est plus exact; si le mineur, dénué de tout capital, ne louait

Dans d'autres contrats, nous nous proposons simplement de revenir à un état antérieur, de recouvrer une part de liberté aliénée.

Pour cette seconde série de contrats comme pour la première, le mobile qui nous fait agir est évidemment d'accord avec le principe de l'autonomie de l'individu.

Cependant, si nous faisons un pas de plus, si nous supposons le contrat formé, n'est-ce point ici que va se dresser l'écueil et que la liberté va faire naufrage? Le lien contractuel noué, en effet, n'advient-il pas, dans une foule de contrats, qu'une volonté se trouve pour un temps sous le joug d'une autre, et l'autonomie de l'individu enchaînée pour un temps?

Commençons par déterminer les contrats qui ne doivent pas figurer dans l'objection.

Ce sont :

1° Les contrats révocables au gré du débiteur;

2° Les contrats qui anéantissent une action;

3° Les contrats par eux-mêmes translatifs de droit réel.

Qu'il n'y ait pas lieu de comprendre dans l'objection les contrats de la première et de la seconde sorte, cela est de la plus entière évidence.

Quant à l'élimination des contrats de la troisième sorte, elle se justifie par cette considération que lorsqu'il y a un déplacement immédiat de droits réels, il n'existe aucun temps appréciable durant lequel une volonté soit sous le joug d'une autre et l'autonomie de l'individu enchaînée.

Pour que l'objection surgisse, il faut donc se placer dans l'hypothèse des contrats productifs d'obligations.

A l'égard de ces derniers, on pourrait d'abord faire remarquer que, dans la plupart, nous n'aliénons notre liberté que moyennant une compensation de même ordre, en d'autres termes, nous échangeons une part de liberté pour une autre; mais, outre que cette proposition ne comporte pas une application absolue, elle ne résout pas l'objection au fond; il reste toujours à faire voir qu'il n'y a nulle incompatibilité entre le principe de l'autonomie de l'individu et l'engagement qui résulte du contrat; or, à notre avis, rien n'est plus simple, et le tout porte sur la distinction de l'ordre moral et de l'ordre juridique.

Dans l'ordre juridique, l'individu doit être laissé libre de ne pas exé-

---

ses services à ceux qui ont le capital en leurs mains, le mineur chômerait et mourrait; cela revient à dire qu'en louant ses services il échange la certitude d'une mort à bref délai par la faim, contre le risque d'une mort à plus long terme par le feu grisou, les inondations, les éboulements ou l'asphyxie.

Donc, ce que fait le mineur, en se louant, favorise l'autonomie du mineur.

Ce qui cesse de la favoriser, c'est que, lorsque le mineur entre en grève et en révolte, la société fusille le mineur.

Une société qui, pour instituer l'autonomie de ses membres les plus misérables, ne sait employer que l'arme à feu, court au-devant des catastrophes.

cuter le contrat qu'il a formé, sauf la réparation pécuniaire due au cocontractant pour le dommage que cette inexécution lui cause.

Dans l'ordre moral, l'honnête homme ne prend jamais un engagement qu'il ne soit disposé à tenir et qu'il ne doive tenir à tous risques, sauf le cas où une cause légitime l'en relève (1).

Si, du point de vue philosophique, nous passons au point de vue économique, le contrat nous apparaît comme le moteur du monde économique.

C'est, en effet, par le contrat que le travailleur qui n'a point l'instrument de travail peut parvenir à se le procurer (*contrat de crédit, louage de la terre*); c'est par le contrat que le travailleur peut mettre ses services à la disposition d'un autre, moyennant une rémunération (*contrat de prestation de travail*); c'est par le contrat que le travailleur peut associer son effort à celui d'un autre (*contrat de société*); c'est enfin par le contrat que le travailleur peut échanger son produit (*contrat d'achat-vente* et *contrat d'échange* proprement dit.)

---

(1) Qu'on n'abuse pas de ces derniers mots pour prétendre qu'ils annulent l'affirmation qui les précède. Si la morale est individuelle, en ce sens qu'il appartient à chacun de se poser sa règle morale, cela ne détruit en rien la notion d'une morale générale, car la vérité se manifeste la même pour tous ceux qui la cherchent.

Grotius, Puffendorf, Burlamaqui, fondent la raison obligatoire des contrats sur la fiction d'une convention tacite entre les hommes de rester fidèles à leurs promesses.

M. Ahrens enseigne que l'homme doit tenir ses engagements, parce que s'il ne les tenait pas, il ne pourrait compter que sur lui-même ; ce qui rendrait la société sans utilité. (Ahrens, *Cours de droit naturel ou de philosophie du droit*. Leipzig, 2 vol. in-8.)

En définitive, aucun de ces auteurs ne touche la question.

Quant à Bentham, il veut que l'homme tienne ses engagements pour son propre intérêt; d'où il semble bien ressortir *à contrario*, quoique Bentham ne le dise pas, que l'homme peut manquer à ses engagements, s'il y trouve son intérêt.

Mais nous répondons à Bentham, que l'intérêt pris comme seul guide est le plus inévitable des trompeurs, qu'il ne peut servir à délimiter le droit de chacun, et qu'il n'est pas la base de la loi morale.

Au surplus, la partie morale de la solution que nous-même nous présentons est indépendante du point de savoir si les volitions et les actions humaines sont enfermées pour chacun de nous dans des limites que détermine pour chacun sa propre nature, ou encore si ces volitions et actions sont soumises à la loi de causalité.

En effet, dans le premier système, il n'en reste pas moins vrai que l'activité la mieux douée doit être, aux yeux de chacun, celle qui se meut dans les limites les moins étroites, et qu'en outre aucun ne connaissant *à priori* les limites assignées à sa propre activité, chacun, à moins de prononcer lui-même l'arrêt de sa déchéance, doit être porté à supposer qu'elles sont pour lui aussi reculées que possible ; or, la perfection est qu'il les atteigne.

Dans le second système, la causation n'étant rien autre qu'une succession invariable, certaine et inconditionnelle, il est clair qu'elle n'est point destructive de la liberté. (Comparer les si remarquables travaux du docteur L. Büchner, *Force et matière;* John Stuart Mill, *Système de logique*, trad. L. Peisse, t. II, chap. II, *De la liberté et de la nécessité*, p. 418.)

Nommer l'échange, c'est indiquer le dernier acte du grand drame du travail, en même temps que le point central de l'économie politique. L'homme en société travaille, en général, pour avoir de quoi échanger; ôtez l'échange des rapports économiques, et les rapports économiques disparaissent.

De là, le haut rang qui, même dans la classification actuelle des contrats (1), appartient à l'échange ou à l'achat-vente (échange d'une marchandise contre de la monnaie).

Que si l'on recherche maintenant les conditions dans lesquelles les différents contrats relatifs au travail peuvent se développer et rendre les services qu'une société vivante serait en droit d'en attendre, on verra que ces conditions se résument dans une seule, *la liberté.*

Mais qu'est-ce donc que la liberté des contrats relatifs au travail, et suffirait-il de la proclamer pour qu'elle existât ?

Assurément, ce serait déjà là un point énorme; reconnaître la liberté de l'effort et inscrire au frontispice de toutes nos lois que dorénavant toutes les fonctions sont au concours, que la meilleure revient de droit à la meilleure activité, ce serait reprendre la grande tradition de la Révolution française, ce serait inaugurer l'ordre vrai.

Cependant, pour que la liberté du contrat soit une réalité, c'est trop peu que la loi n'y apporte aucun obstacle; il faut encore que les contractants soient en situation de débattre librement l'un avec l'autre les termes du contrat; il ne faut pas que la volonté de l'un s'impose à l'autre comme une nécessité de pain quotidien.

On voit par là que la question de la liberté des contrats relatifs au travail, ou plus simplement de la liberté du travail, est en étroite relation avec l'économie générale de la société; or, tant vaut celle-ci, tant vaudrait l'application de celle-là, si l'ensemble n'était restitué à la justice (2).

---

(1) Nous verrons *infra* ce qu'il y a lieu de penser de cette classification.

(2) Dans une société telle que la nôtre, il n'y a pas de réformes partielles à accomplir, car ces réformes n'aboutiraient à rien. Il n'est que temps de nous l'avouer à nous-mêmes : nous ne vivons que sur les débris des plus inintelligentes traditions, et, chose incroyable, après avoir fait la *Révolution française*, nous en sommes revenus en une foule de points à l'ancien régime.

Lorsque Turgot proclamait que le droit de travailler est la propriété de tout homme et que cette propriété est la première, la plus sacrée et la plus imprescriptible de toutes, certes Turgot prononçait une parole immense et une des plus révolutionnaires qui aient jamais été dites dans le monde. (V. Edit de février 1776. *Œuvres de Turgot*, édit. E. Daire et H. Dussart, t. II, p. 306.)

C'est ce que pressentirent les légistes du Parlement, qui, comme on sait, refusèrent d'enregistrer l'édit, en alléguant qu'il violait la propriété et que le travail était essentiellement droit *domanial.*

Toutefois, les économistes, et Turgot lui-même, ont-ils jamais mesuré dans toute son étendue le principe de la liberté du travail? ont-ils vu que cette liberté suppose une refonte intégrale de la société, car, pour que la liberté du travail puisse se mouvoir, il faut d'abord que l'instrument du travail soit à la disposi-

2° DES OBLIGATIONS.

D'après les légistes, l'obligation doit être définie :

*Un lien de droit par lequel nous sommes astreints à la nécessité de payer quelque chose* (1).

Pour notre part, nous la définirions de préférence :

*La nécessité juridique où se trouve une personne déterminée d'accomplir une certaine prestation* (2).

Comme nous l'avons déjà dit, il faut ajouter que, lorsque l'obligé n'a pas le droit de se démettre purement et simplement de son obligation, il doit toujours avoir la faculté de s'en délier en payant une somme d'argent; autrement, l'obligation cesserait d'être compatible avec la liberté (3).

---

tion de toute activité ; or, ce simple point, c'est une économie nouvelle, et c'est aussi, qu'on le comprenne, une morale nouvelle. (Comparer les économistes logiciens, Charles Dunoyer, *Liberté du travail;* Fr. Bastiat, *Sophismes économiques* et *Harmonies économiques.* — John Stuart Mill, *Principles of political economy;* Courcelle-Seneuil, *Traité d'économie politique*, t. II, et *Liberté et socialisme.*)

Quant aux publicistes qui, au lieu du *droit du travail,* réclament le *droit au travail,* ils confondent l'ordre moral avec l'ordre juridique. Reconnaître à chacun le droit d'action contre la société afin que la société puisse être contrainte à fournir du travail à chacun, c'est tomber dans ces systèmes de justice distributive par l'État, qui, supprimant à la fois la liberté et la responsabilité, méconnaîtraient l'autonomie de l'individu. Cependant, il ressort des écrits de ces publicistes une vérité considérable : le milieu social ne commencera à être constitué d'après la justice, que lorsque toute activité y possédera par elle-même l'instrument du travail, ou, du moins, sera à même de l'obtenir à des conditions non onéreuses.

Aujourd'hui, dans notre état anarchique, tant qu'il y aura des enfants de deux sortes, les uns légitimes, les autres illégitimes ; les uns jouissant de tous les droits, les autres exposés ou condamnés à mourir de faim ; tant que dans la famille et dans la société il y aura inégalité entre l'homme et la femme, tant que les lois de propriété auront pour fondement le caprice arbitraire du législateur et qu'elles resteront inspirées de l'idée de la copropriété familiale, tant qu'il existera en grand nombre des fortunes mal acquises, tant que l'impôt n'aura pas accompli une œuvre de réparation, tant que les devoirs de la propriété ne seront ni acceptés, ni même formulés, tant que tous ne se sentiront pas solidaires, tant que chacun, répétons-le à outrance, tant que chacun n'aura pas à sa disposition l'instrument du travail, la liberté du travail et des contrats, qui s'y rapportent, sera un vain mot.

(1) Les Institutes portent :

« *Obligatio est vinculum juris, quo necessitate astringimur alicujus rei solvendæ, secundum nostræ civitatis jura.* »

Comme on le voit, les légistes reproduisent la définition romaine, en en retranchant les mots « *secundum nostræ civitatis jura* », qui signifient qu'en droit romain l'obligation n'existait que tout autant qu'elle était reconnue par la loi civile. Or, le droit romain lui-même avait dû largement tempérer cette rigueur.

Certains exégètes traduisent autrement que nous le « *secundum nostræ civitatis jura* », mais sans s'appuyer sur aucune raison. (V. M. Demangeat, *Cours élémentaire de Droit romain.* — Comparer M. Ortolan, *Institutes* de Justinien.)

(2) Comparer Kant, *Doctrine du droit*, et notre *Manuel de droit civil*, t. I, p. 20.

(3) Remarquons que, bien que l'obligation existe, en général, au profit d'une

Selon les législations actuelles, cette addition serait inexacte, car jusque aujourd'hui la convertibilité de la prestation en un payement de somme d'argent n'a été admise, en principe, que pour certaines obligations, celles dites *obligations de faire.* (V. *infra*, chap. III, sect. II et III.)

Cette restriction constitue, à nos yeux, un vice des législations actuelles, et ce vice tient à ce qu'aucune législation, jusqu'aujourd'hui, n'a encore su se dérober à l'inintelligent empire des traditions, à ce qu'aucune législation, jusque aujourd'hui, n'a encore été assise sur la seule base rationnelle et légitime, sur le principe de l'autonomie de l'individu (1).

Or, le principe de l'autonomie de l'individu implique une modification de l'ancienne théorie de l'obligation.

Insistons de nouveau sur ce point en pénétrant dans la nature intime de l'obligation.

Hegel a dit (2), Puchta et M. de Savigny ont répété (3) que l'obligation consiste dans la domination sur une personne étrangère.

Cette affirmation est exacte, mais elle suppose une contre-partie.

L'obligation est à la liberté naturelle de la personne ce que la servitude est à la liberté naturelle de la propriété; donc, de même que dans le cas de la servitude, la faculté de rachat est le moyen rationnel et juste de restituer la liberté de la propriété (4), de même, dans le cas de l'obligation, la convertibilité de la prestation en un payement de somme d'argent est aussi le moyen rationnel et juste de restituer la liberté de la personne (5).

---

personne déterminée, cependant ce dernier caractère n'est pas essentiel à l'obligation. Ainsi, dans la théorie du droit politique (droit de cité), les délégations exécutive, législative et judiciaire (abusivement, pouvoir exécutif, législatif et judiciaire), ces délégations sont conférées à des individus déterminés par la masse indéterminée qui compose la majorité.

Le mot *prestation* signifie ici *acte*, *action*, mais nous le préférons aux mots *acte* et *action*, parce qu'il n'est pas moins général et qu'il est plus précis et plus technique.

(1) L'enfance du genre humain s'est offerte d'elle-même au joug des traditions; son âge viril n'appartiendra qu'à la souveraineté de la raison.

En veut-on une preuve sans réplique? Que l'on compare ce qui avait lieu autrefois à ce qui a lieu aujourd'hui. Autrefois, pour convaincre un homme, il suffisait de lui dire : « Cela s'est toujours fait. » Aujourd'hui, chacun commence à demander pourquoi cela doit se faire.

Donc, elles touchent à leur fin, les dominations de toutes sortes; donc, il approche, le règne de la justice.

(2) Hegel, *Philosophie des Rechts*, § 67.

(3) Puchta, *Cursus*, III, p. 2, 3; *Pandekten*, § 220. — M. de Savigny, *Traité de droit romain*, trad. Guénoux, 332, et *Le droit des obligations*, trad. C. Gérardin et P. Jozon, t. I, p. 16 et suiv.

(4) *Manuel de droit civil*, t. I, p. 707.

(5) Hegel a cru résoudre le problème de la conciliation de l'obligation avec le droit d'autonomie de l'individu en déclarant qu'une obligation n'est légitime,

Sans doute, dans l'état actuel, dans une société où il existe des riches et des pauvres, on peut répliquer en fait, que c'est attribuer aux pauvres une liberté illusoire que de reconnaître à l'obligé le droit de se délier en payant une somme d'argent, mais cette objection ne prouve rien contre notre idée; ce qu'elle prouve, c'est que tant qu'il existera des riches et des pauvres, l'autonomie de l'individu sera une chimère, la raison et le droit seront de vains mots.

Donc, en doctrine vraie, il n'y a nulle incompatibilité entre l'obligation et la liberté de l'obligé.

Voyons maintenant quelles sont les causes des obligations, c'est-à-dire les principes d'où dérivent légitimement les obligations.

Ces principes sont :

1° L'assistance volontaire, intéressée ou non intéressée, prêtée à la liberté d'autrui ;

2° Le préjudice causé à la liberté d'autrui.

Dans la théorie juridique, au premier principe correspondent les obligations qui naissent du contrat et du quasi-contrat; au second, celles qui naissent du délit et du quasi-délit.

Examinons la corrélation du premier principe avec le contrat et avec le quasi-contrat.

Nous avons étudié d'assez près le contrat pour comprendre qu'idéalement le contrat productif d'obligation est le double acte de deux libertés temporairement associées, soit pour se prêter une mutuelle assistance, soit pour que l'une prête assistance à l'autre.

Quant au quasi-contrat, quelque indécise qu'en soit demeurée la notion, on le définit, en général : un fait licite et volontaire de la part d'une partie seulement.

En nous bornant à citer ici le plus grave de tous les quasi-contrats, la procréation des enfants, il nous suffit d'énoncer un simple fait pour

---

que tout autant qu'elle n'absorbe pas la personnalité même, et qu'elle ne porte que sur des actes isolés.

Nous trouvons que le premier terme de l'antithèse faite par Hegel est incompréhensible; qu'est-ce en effet qu'une obligation absorbant la personnalité même? Epictète se sentait et était réellement libre dans les fers. Nous trouvons, en outre, que le fondement de cette antithèse est faux, car si l'homme peut abdiquer sa liberté pour un seul acte, il doit pouvoir l'abdiquer pour tous ses actes.

M. de Savigny, surtout, a développé l'idée de Hegel; mais comment ce juriste n'a-t-il pas vu qu'un homme qui loue ses services pour un temps, abdiquerait sa liberté pour un ensemble d'actes, s'il n'avait pas le droit de se soustraire à son obligation?

Il est vrai que M. de Savigny finit par écrire que *la liberté naturelle doit être limitée par la nécessité des affaires*. (M. de Savigny, *Le droit des obligations*, trad. C. Gérardin et Jozon, t. I, p. 20.)

Si, à son tour, cette déclaration n'a pas toute la clarté désirable, au moins, est-elle franche.

montrer que l'homme et la femme, qui donnent la vie à un enfant, prêtent à la liberté de cet enfant l'assistance la plus effective et la plus efficace, puisque, sans eux, cet enfant, cette liberté, n'existerait pas (1).

Du premier principe, passons au second.

Les obligations nées du délit et du quasi-délit procèdent au fond, disons-nous, de l'idée d'un préjudice causé à la liberté d'autrui.

Que sont en effet le délit et le quasi-délit? Tous les deux des faits illicites et dommageables à autrui, différant d'ailleurs seulement entre eux en ce que l'un est volontaire, tandis que l'autre est involontaire.

Dans le délit et dans le quasi-délit, le préjudice causé à la liberté est, en général, évident, et il est non moins évident que ce préjudice oblige celui qui l'a causé à en fournir la réparation.

Finalement, en ce qui touche la question de la législation applicable au contrat, et à l'obligation, nous résumerions nos solutions dans les trois propositions fondamentales suivantes :

1° *Le règlement de la forme du contrat doit être laissé à la libre volonté des contractants, sauf en ce qui concerne les mesures de publicité destinées à avertir les tiers, lorsque le contrat crée une personne juridique ou opère une translation de droits réels.*

2° *Le règlement des dispositions du contrat doit être absolument laissé à la libre volonté des contractants, et sur ce point le rôle du législateur doit se borner à assurer la manifestation de cette libre volonté.*

3° *L'exécution du contrat productif d'obligation doit être laissée à la volonté des contractants, sauf la réparation pécuniaire due au contractant que l'inexécution lèse.*

---

(1) Comparer *Manuel de droit civil*, t. I, p. 203 et suiv.

On pourrait objecter que le payement de l'indû ne se rattache pas à notre premier principe ; mais nous dénions au payement de l'indû le caractère d'un quasi-contrat; nous y voyons tantôt un quasi-délit, tantôt un délit, selon que l'*accipiens* est de bonne ou de mauvaise foi. (Comparer *infra, Des quasi-contrats*, tit. IV, chap. 1er.)

Le droit romain « *à qui nous avons dû un petit nombre de vérités utiles et beaucoup plus de préjugés tyranniques* ». (Condorcet, *Esquisse des progrès de l'esprit humain*), le droit romain, s'il n'a pu faire dans cette matière œuvre de tyrannie, a du moins réussi à faire œuvre de science incomplète et fausse; il a à peine discerné la notion du quasi-contrat, et il a rangé sans raison le payement de l'indû au nombre des quasi-contrats.

De là, l'enseignement traditionnel des légistes. (V. M. de Savigny, *Traité de droit romain*, trad. Ch. Guenoux, passim, t. III, et *Le droit des obligations*, trad. C. Gérardin et P. Jozon, t. II, p. 135 et 481.)

## II

Un des rares esprits philosophiques qui aient encore fécondé la science du droit, Édouard Gans, a écrit que si l'on se place au point de vue du droit abstrait (*abstract Recht*), les Romains ont atteint le comble dans la matière des obligations (1). Même en ce qui concerne ce que Gans appelle le point de vue abstrait, cette louange est exagérée.

Sans doute, il existe, à certains égards, dans la forme du droit romain, un arrangement symétrique et une rigueur de déduction qu'on est fort loin de rencontrer dans les écrits des légistes modernes; c'est ce *mos geometricus* (2), d'ailleurs tout superficiel, qui a fait le meilleur succès des textes romains, et qui a permis à l'esprit catholique et monarchique du moyen âge de construire sur cette base.

Toutefois, n'outrons pas, comme l'a fait Gans, le mérite extrinsèque de la théorie romaine des obligations. Il ne faut pas oublier que le droit romain est un droit formé de couches superposées les unes aux autres, ou pour mieux dire, c'est un droit d'alluvion; or, il arrive à chaque instant, en droit romain, que les doctrines se croisent et se mêlent; que tantôt l'interprétation des Prudents, tantôt l'édit du Préteur amende les lois; que les constitutions impériales apportent à leur tour de nouveaux changements, et qu'enfin, taillant dans le tout, Justinien s'efforce d'adapter les décisions anciennes aux mœurs de son empire byzantin.

Mauvaise condition à coup sûr, pour éviter les subtilités, les fictions et les biais, pour que les idées juridiques s'enchaînent, pour que la trame législative ne soit jamais rompue (3).

Mais, quand bien même il serait exact qu'au point de vue purement abstrait, la théorie romaine des obligations présente un type achevé, cette perfection serait peu de chose dans une science vivante et progressive comme devrait l'être le droit (4).

Examinons donc ce que vaut au fond la doctrine du droit romain sur les obligations : le point a d'autant plus d'importance, que cette fois les philosophes ont laissé la carrière libre à la tradition, et que les légistes

(1) Edouard Gans, *le Droit de succession au point de vue de son développement dans l'histoire du monde* (*Das Erbrecht in weltgeschichtlicher Entwickelung*). Berlin, 1824, t. I, Préface, p. 24.

(2) Cette parole est de Leibnitz; Leibnitz l'a dite un peu vite.

(3) V. notamment l. 7, § 2. D. liv. II, tit. XIV et l. 5, §§ 2 et 3, liv. XIV, tit. V.

(4) Ce qui est exact, c'est qu'à part l'amas d'idées fausses que nous a transmis le droit romain, c'est du droit romain que procède cette méthode oblique qui depuis quinze siècles déprave toute l'interprétation des lois.

n'ont eu d'autre souci que de reproduire aussi fidèlement que possible l'enseignement romain.

Avant tout, la théorie romaine des obligations est une théorie *civile* dans le sens strict du mot; le contrat y est *civil*, le délit y est *civil*; la cité règle la forme et arrête la nomenclature des contrats; la cité dresse la liste des délits susceptibles d'être sanctionnés par une peine pécuniaire, et, si elle veut bien déclarer accessibles aux pérégrins les obligations qu'elle a empruntées au droit des gens, elle réserve rigoureusement aux citoyens celles qu'elle a créées elle-même.

Donc, dans son principe, le droit romain des obligations est corrompu par la fausse idée qui est comme la clef de voûte de toutes les institutions romaines; la cité a tracé le cercle dans lequel l'individu aura la faculté de se mouvoir; la cité est omnipotente, l'individu n'a qu'à obéir.

Il est bien vrai que dans la partie des obligations, comme dans le reste, la réaction commença promptement, et que le despotisme de la cité dut fléchir devant les besoins.

C'est ainsi que, pour nous en tenir au seul point de vue des contrats, les Prudents inventèrent cet expédient des contrats innommés, qui finit par occuper dans la doctrine romaine une place si considérable; mais, qu'était-ce en droit que les contrats innommés, et sur quel principe en devait-on appuyer l'action ?

Même à l'époque, réputée la plus brillante dans l'histoire du droit romain, les Prudents ne parvinrent pas à s'entendre sur ce point fondamental, et la compilation de Justinien a transmis aux siècles les traces de leurs controverses.

En définitive, les premiers Romains avaient placé les contrats en dehors de la liberté et de la moralité humaine, et lorsque leurs descendants sentirent le besoin de restituer le droit de l'une et de l'autre, ils ne surent comment s'y prendre pour opérer cette restitution.

Veut-on à cet égard une nouvelle preuve?

En ramenant l'idée de la légitimité et de la validité des contrats à celle de la reproduction de certains types, la cité ne prit pas garde qu'en bonne logique, elle s'enlevait à elle-même le droit de réprimer la fraude; dès le moment, en effet, que le demandeur était en mesure de prouver que les rites légaux avaient été accomplis, qu'importait que pour déterminer le défendeur à contracter, il eût commis un dol envers lui? L'un avait dit: *Spondes-ne?* L'autre avait répondu : *Spondeo;* l'obligation n'était-elle pas irrévocablement liée?

Quelque contraire à toute raison, comme à toute justice, que nous paraisse aujourd'hui ce droit, cependant il subsista sans modification tant que se maintint l'honnêteté des mœurs; mais lorsqu'à la loyauté des premiers siècles eut succédé la mauvaise foi la plus impudente, les Romains se virent placés dans l'alternative ou de réformer directement leur barbare législation ou de la *tourner* pour la corriger.

Ils prirent le second parti, et c'est alors qu'un préteur, ami de Cicéron, imagina la complaisante formule du dol (1).

Tel fut à Rome, dans ses traits philosophiques et moraux, le droit des obligations; signalons-en maintenant les côtés économiques.

Durant les dix ou onze siècles que vécut le peuple romain, il n'est aucun moment de son histoire où il ait honoré et estimé le travail.

L'orgueil patricien et guerrier de la République dégrade le citoyen qui s'adonne au commerce ou à l'industrie (2).

La stupidité féroce du Bas-Empire marque d'un fer chaud l'ouvrier des manufactures de l'État (3).

Et pour Cicéron, pour Sénèque, pour les politiques et pour les penseurs, qu'est-ce qu'un ouvrier, *opifex?* c'est un homme qui exerce un art sordide, *artem sordidam*, l'art d'un vil esclave, *vilis mancipii* (4).

L'esclavage, le travail regardé comme le lot du vil esclave, voilà bien le système économique du monde ancien et du monde romain (5) !

Or, dans un pareil milieu, dans cette société romaine que nous vantons sans l'approcher et sans la connaître, qu'étaient les contrats relatifs au travail, que devinrent-ils à mesure que le travail de l'homme libre dut se retirer devant le travail de l'esclave et devant l'ombrageuse tyrannie des Césars (6)?

---

(1) Tout le monde connaît l'histoire de ce chevalier romain, indignement trompé dans une vente par un banquier de Syracuse, mais qui ne put revenir contre son obligation, parce qu'il avait contracté selon le droit civil, et que la formule du dol n'existait pas encore. V. au surplus Cicéron, *De officiis*, liv. III, § 14.

(2) «Οὐδενι ἐξῆν Ρωμαιῶν οὔτε καπήλον, οὔτε χειροτέχνην ἔχειν βιον (Denys d'Halicarnasse, IX, 25).

(3) V. le monstrueux code Théodosien, l. 4, liv. X, tit. XXII.

Quant à Justinien, il décida qu'au lieu de marquer l'ouvrier au bras, comme le voulait la loi 4, on lui imprimerait sur chaque main, toujours avec le fer chaud, le nom de l'empereur « *singulis manibus eorum felici nomine pietatis nostræ impresso signari decernimus*, l. 10. C. liv. XI, tit. XLII.

Célébrez donc, romanistes, célébrez le droit de l'Empire romain !

(4) Cicéron, *De officiis*, liv. I, § 42. — Sénèque, *Epist. ad Luc.*, 90.

(5) Comparer M. Wallon, *Histoire de l'Esclavage dans l'antiquité*, liv. II, chap. v, et M. Levasseur, *Histoire des classes ouvrières en France depuis la conquête de Jules César jusqu'à la Révolution*, t. 1er, chap. I et III.

(6) C'est un fait bien souvent rapporté que le travail de l'esclave finit par prendre à Rome la place du travail de l'homme libre; mais ce qui n'a pas été dit, c'est à quel point ce fait influa sur le développement juridique du peuple romain.

Quant aux Césars, cette honte de l'histoire du monde, ils persécutèrent, comme cela était logique, les colléges d'artisans, car, dans ces associations, survivait encore, même aux temps d'un Néron, l'antique esprit de la liberté. Comparer Sueton., *August.*, 33. — Dio Cass., LX, 6. — Tacite, *Ann.* XIV, 17.

Quelque question que l'on pose sur l'histoire juridique de Rome, il y a d'abord un fait qu'il faut placer en lieu haut, car c'est ce fait qui domine et qui éclaire toute l'histoire du droit romain : Rome avait été engendrée par la conquête, et Rome n'admit jamais en réalité un autre droit que le droit de conquête ; aussi la société romaine demeura-t-elle toujours incapable de soupçonner l'immense rôle qui appartient au travail et aux contrats dans la production de la richesse ; à plus forte raison, fut-elle aussi toujours incapable de s'élever jusqu'à la conception d'un ordre de choses où chaque homme aurait à sa disposition l'instrument du travail.

Donc, qu'on se garde bien de chercher dans la théorie romaine des obligations le moindre indice d'une préoccupation économique; c'est la coutume d'un peuple inculte qui a fait la loi; c'est la coutume de ce peuple qui a produit à l'origine l'indétermination, plus tard les subtilités et les complications du contrat de vente (1) ; c'est la coutume de ce peuple qui a toujours été impuissante même à discerner la notion du contrat de prestation de travail (2) ; c'est la coutume de ce peuple qui n'a jamais réussi à faire du contrat de prêt à intérêt et du contrat de société autre chose qu'un double instrument d'oppression ; c'est la coutume de ce peuple qui, en un mot, a constamment soumis le travail au joug.

On peut, à ces quelques traits, mesurer la distance qui sépare la direction économique de la société romaine de l'idéal qui dirige le monde moderne (3).

Cependant, comme nous l'avons dit, la théorie romaine des obligations est encore entourée d'un prestige que, faute d'un examen suffisant, les esprits inquiets des principes, les philosophes eux-mêmes, ont plutôt contribué à accroître qu'à affaiblir.

Ce prestige doit disparaître ; la doctrine du droit romain sur les obligations ne vaut sensiblement ni plus ni moins pour l'avenir du monde moderne, du monde de l'autonomie, que le corps tout entier du droit romain ; c'est l'épave d'une civilisation qui ne fut orientée que du côté du privilége et qui a pour jamais fait naufrage.

Rendons grâces aux économistes ; les premiers et presque les seuls, ils

---

(1) On sait que le vendeur en droit romain contractait l'obligation, non de transférer la propriété, mais de remettre seulement la libre possession (*vacuam possessionem*).

Quant aux subtilités et aux complications, voyez entre autres les lois 25, § 1, D. liv. XVIII, tit. I ; 16, § ult. D. liv. XII, tit. IV ; 80, § 3, D. liv. XVIII, tit. I.

(2) Les Romains en ont confusément distribué les différents cas entre le louage d'ouvrage (*locatio operis*), de louage de services (*locatio operarum*), le mandat, et les contrats innommés..

(3) Il est difficile d'imaginer à quel point notre enseignement officiel du droit romain est dépourvu d'esprit critique, de science véritable ; aussi cet enseignement agonise-t-il, et, n'étaient les nécessités d'examen, il serait déjà mort.

ont réagi contre le déplorable enseignement du droit romain, et c'est de l'un d'eux qu'est cette parole : « Il est triste de penser que la science du droit, chez nous, au XIXe siècle, en est encore aux idées que la présence de l'esclavage avait dû susciter dans l'antiquité (1). »

## III

Le Code de la Convention avait consacré tout un livre (le livre III et dernier) à la matière des Obligations.

Ce livre est inférieur pour la netteté des idées aux deux qui le précèdent ; on sent que la Convention n'était pas en possession des principes dont l'obligation dérive ; elle n'a point suffisamment vu que l'obligation n'est qu'une fonction de la liberté, comme diraient les mathématiciens ; de là, entre autres erreurs, celle qui lui avait fait porter la disposition suivante :

« *La loi est quelquefois une cause d'obligation, sans qu'il n'y ait ni contrat ni fait direct à opposer à celui qu'elle oblige.* (Code de la Convention, art. 4, liv. III, tit. I, partie I, § 1er.)

La Convention avait oublié ici que le législateur déclare le droit, qu'il ne le crée pas (2).

La méthode du Code de la Convention est aussi moins rigoureuse dans le livre III que dans les deux autres ; c'est ainsi, par exemple, que le

---

(1) Bastiat, *Petits Pamphlets*, t. I, p, 279.

Voici le passage tout entier :

« Les Romains devaient considérer la propriété comme un fait purement conventionnel, comme un produit, comme une création artificielle de la loi écrite. Evidemment, ils ne pouvaient, ainsi que le fait l'économie politique, remonter jusqu'à la constitution même de l'homme, et apercevoir le rapport et l'enchaînement nécessaires qui existent entre ces phénomènes : besoins, facultés, travail, propriété. C'eût été un contre-sens et un suicide. Comment eux, qui vivaient de rapines, dont toutes les propriétés étaient le fruit de la spoliation, qui avaient fondé leurs moyens d'existence sur le labeur des esclaves, comment auraient-ils pu, sans ébranler les fondements de leur société, introduire dans la législation cette pensée, que le vrai titre de la propriété, c'est le travail qui l'a produite ? Non, ils ne pouvaient ni le dire, ni le penser. Ils devaient avoir recours à cette définition empirique de la propriété, *jus utendi et abutendi*, définition qui n'a de relations qu'avec les effets, et non avec les causes, non avec les origines ; car les origines, ils étaient bien forcés de les tenir dans l'ombre.

» Il est triste de penser que la science du droit, chez nous, au XIXe siècle, en est encore aux idées que la présence de l'esclavage avait dû susciter dans l'antiquité ; mais cela s'explique. L'enseignement du droit est monopolisé en France, et le monopole exclut le progrès. »

Nous n'échangerions pas ces quelques lignes de Bastiat pour tout le corps des lois romaines et tous les commentaires qu'on en a faits.

(2) Comme toujours, c'est à ses légistes, imbus des pauvres doctrines de Pothier, que la Convention est redevable de cette erreur. (Comparer Pothier, *Traité des obligations*, part. I, ch. I, sect. II, § 3.)

livre III est placé sous la rubrique générale : *Des Contrats;* or, cette rubrique n'est propre qu'à engendrer la confusion.

D'une part, le contrat peut créer immédiatement le droit réel tout aussi bien que l'obligation, et c'est ce qu'admettait lui-même le Code de la Convention (art. 15, tit. III); d'autre part, l'obligation peut procéder de causes autres que le contrat, et il est vrai que, sous ce dernier point de vue, le Code de la Convention paraît être en pleines ténèbres (art. 2-5 et notamment art. 5, tit. I, partie I, § 1er) (1).

Aussi qu'est-il advenu, c'est qu'entraîné par sa fausse rubrique, le Code de la Convention a commis trois graves fautes de méthode :

1° Il n'a inscrit que d'une manière épisodique, dans la vente, le principe si considérable en vertu duquel le contrat, qui a pour but la création du droit réel et qui porte sur un corps certain, crée immédiatement le droit réel ;

2° Il n'a également indiqué que d'une manière épisodique les causes des obligations autres que le contrat ; ce qui a nécessairement contribué à lui masquer la nature de ces causes ;

3° Après avoir annoncé la matière des contrats, il a dû commencer par consacrer deux titres aux obligations nées de toutes causes.

Ajoutons que le Code de la Convention a commis une quatrième faute de méthode en comprenant sous la rubrique : *Des Contrats*, les règles générales de la preuve.

Ces critiques à part, on retrouve dans le livre III du Code de la Convention, les mérites qui caractérisent les deux premiers, c'est-à-dire la clarté, le relief, la précision de la formule, et, dans le détail, la distribution logique des matières et l'enchaînement logique des idées.

Voyons maintenant ce qui concerne le Code napoléonien.

Si les auteurs de cet inextricable chaos s'étaient proposé d'embrouiller, en fait de contrat et d'obligation, toutes les notions exactes, assurément ils n'eussent pu mieux réussir. Ils ont mêlé ensemble l'enseignement du droit romain, celui de Dumoulin, de Domat, de Pothier, celui du Code de la Convention, et ils ont marqué le tout du sceau de leurs ignorances et de leurs inattentions.

Comme il serait impossible de donner même un simple aperçu des erreurs de toutes sortes que les compilateurs napoléoniens ont accumulées dans la législation des obligations, nous n'insisterons en ce lieu que sur les chefs les plus apparents, sauf à indiquer les autres à mesure qu'ils se présenteront.

---

(1) Voici le texte de l'article 5 :

« *Les causes des obligations peuvent se définir : causes conventionnelles, causes de fait et causes légales. Les premières n'appartiennent qu'à la stipulation.* »

D'abord, les compilateurs napoléoniens ont réparti entre deux titres les différentes causes des obligations : dans le titre III, ils ont placé *le contrat ;* dans le titre IV, ce que, dans leur langue dépourvue de toute netteté scientifique, ils ont appelé : *les engagements qui se forment sans convention* (1). Puis, après avoir séparé sans raison les différentes causes des obligations, ils ont traité sous la rubrique : *Des Contrats ou des obligations conventionnelles*, des obligations nées de toutes causes.

Cette rubrique, à son tour, contient une erreur et un défaut de précision.

L'erreur consiste en ce que les compilateurs napoléoniens ont annoncé le contrat comme simplement créateur d'obligation, tandis que, d'après le Code Napoléon (art. 1138), comme d'après le Code de la Convention, le contrat peut créer le droit réel.

Le défaut de précision tient à ce que les mêmes compilateurs se sont servis des expressions «*obligations conventionnelles* », qui font songer à un concours de volontés qui peut ne pas être un contrat, au lieu d'employer les mots topiques d'*obligations contractuelles.*

Puis sont venues les confusions (art. 1108), les énigmes juridiques (art. 1114-1121, 1138), les ruptures d'idée (*l'effet des obligations*, chap. III, au lieu de *l'effet des contrats*), les prolixités (section XV), les naïvetés (section X), etc.

Pour tout dire en un mot, dans la triste compilation napoléonienne, aucune partie n'est plus défectueuse que l'ensemble des règles qui se rapportent au contrat et à l'obligation.

Le titre III est divisé en six chapitres, dont voici les rubriques :

1° *Dispositions préliminaires* (chap. I);

2° *Des conditions essentielles pour la validité des conventions* (chap. II);

3° *De l'effet des obligations* (chap. III) ;

4° *Des diverses espèces d'obligations* (chap. IV) ;

5° *De l'extinction des obligations* (chap. V) ;

6° *De la preuve des obligations et de celle du payement* (chap. VI).

(1) C'est-à-dire les obligations, dérivant selon eux :
*Du quasi-contrat ;*
*Du délit ;*
*Du quasi-délit ;*
*Enfin de la loi.* (V. *infra*, art. 1370.)
Ce qui eût été bien étrange, c'est que, sur ce dernier point, les rédacteurs du Code Napoléon n'eussent pas reproduit la *doctrine* de Pothier.

# CHAPITRE PREMIER

## DISPOSITIONS PRÉLIMINAIRES.

Ces dispositions contiennent :

1° *La définition du contrat ;*

2° *L'énumération et la définition des différentes sortes de contrats.*

### 1° DÉFINITION DU CONTRAT.

**1101.** — Le contrat est une convention par laquelle une ou plusieurs personnes s'obligent, envers une ou plusieurs autres, à donner, à faire ou à ne pas faire quelque chose.

Cet article commence par exprimer que le contrat est une *convention.*

Qu'est-ce, en conséquence, qu'une convention ?

Au point de vue de la science du droit, le mot convention comporte *deux* sens, l'un *générique*, l'autre *spécifique.*

Dans le sens générique, *la convention est tout concours de deux ou de plusieurs volontés sur une même chose.*

D'après ce *premier* sens, le contrat, qui est un concours de volontés, ayant un caractère spécial, un concours de volontés produisant un effet de droit, le contrat est une espèce de convention.

Dans le sens spécifique, *la convention est l'accord de volontés qui ne produit aucun effet de droit.*

D'après ce *second* sens, la convention devient l'*antithèse* du contrat (1).

---

(1) Pothier enseigne :

1° Que la *convention* est le consentement de deux ou de plusieurs personnes, pour former entre elles quelque engagement, ou pour en résoudre un précédent, ou pour le modifier;

2° Que l'espèce de convention qui a pour objet de former quelque engagement est celle qu'on appelle *contrat.* (Pothier, *Traité des obligations,* part. 1, sect. I, art. 1.)

Il y a à répondre :

1° Qu'en grammaire et en logique, la convention désigne tout concours de volontés, aussi bien celui qui rentre dans le domaine du droit que celui qui n'y rentre pas ;

2° Qu'en logique, si certain concours de volontés (le contrat) a la force de produire l'obligation (de former un engagement, dit Pothier), ce même concours de volontés doit avoir la force de modifier ou d'éteindre l'obligation.

Le naïf légiste n'a, d'ailleurs, pas vu que le contrat peut aussi créer le droit réel; mais c'est que le droit romain n'attribuait que très-exceptionnellement cet effet au contrat.

Comme on le voit, c'est dans le sens *générique* que l'art. 1101 emploie le mot *convention*.

Maintenant, quelle est, selon ce même article, la convention qui constitue le contrat?

C'est celle « *par laquelle une ou plusieurs personnes s'obligent envers une ou plusieurs autres à donner, à faire ou à ne pas faire* ».

Cette définition est assez généralement l'objet des trois critiques suivantes :

1° *Elle paraît supposer que le contrat ne peut jamais produire d'obligations que d'un seul côté, en d'autres termes, ne peut jamais être qu'unilatéral* (art. 1103), *tandis que l'art.* 1102 *constate lui-même que le contrat peut produire des obligations réciproques, en d'autres termes, qu'il peut être synallagmatique* (art. 1102);

2° *Elle n'indique pas que le contrat peut tout aussi bien anéantir ou modifier l'obligation que la créer* (1);

3° *Elle n'indique pas non plus que le contrat peut tout aussi bien produire le droit réel que l'obligation* (2).

Pour notre part, nous adresserions à la définition de l'art. 1101 une *quatrième critique relativement à la décomposition de l'obligation en obligation de donner, de faire ou de ne pas faire*.

Les Romains professaient que l'obligation consiste *ad dandum aliquid, vel faciendum, vel præstandum* (3).

---

(1) C'est l'erreur signalée plus haut et empruntée à Pothier.

(2) Cette dernière omission est très-explicable; non-seulement les compilateurs napoléoniens n'ont jamais pensé à se poser doctrinalement la question de savoir si le contrat était susceptible de produire le droit réel, mais, bien qu'ils aient ensuite attribué cet effet au contrat, ils ne se sont jamais doutés qu'ils le lui attribuaient. (V. *infra*, art. 1138.)

Cependant un professeur, M. Colmet de Santerre, tient à justifier sur ce point l'art. 1101, et voici ce qu'il a écrit :

« Aujourd'hui que la convention de transférer la propriété transfère immédiatement, il est impossible de refuser le nom de contrat aux conventions qui ont cet objet, parce qu'il ne peut plus y avoir de différence, sous ce rapport, entre la convention par laquelle une personne promet de donner un corps certain, convention comprise dans la définition de l'art. 1101, et celle par laquelle une personne consent à donner immédiatement la propriété. » (V. n° 3 *bis*, I.)

Nous avouons ne pas bien entendre ce que veut dire M. Colmet de Santerre.

Nous préférons ce que dit M. Demolombe, savoir que le contrat ne crée pas toujours le droit réel, tandis qu'il crée toujours le droit personnel, et que c'est là ce qui pourrait expliquer comment les rédacteurs dans leurs définitions n'ont mentionné comme effet du contrat que la production du droit personnel. (M. Demolombe, t. XXIX, p. 15.)

Toutefois, la vérité historique n'est pas plus dans la seconde explication que dans la première; la vérité historique est dans l'explication que nous venons de présenter nous-même, à quoi il faut ajouter que les compilateurs napoléoniens ont d'ailleurs copié dans Pothier la fin de l'art. 1101.

(3) L. 3, pr., D., liv. XLIV, tit. VII.

Cette nomenclature était dépourvue de toute valeur rationnelle, car la *seconde* obligation, l'obligation de *facere*, y absorbait l'obligation de *dare* (1), et s'y heurtait contre celle de *præstare* (2).

Pothier ne gâta pas sensiblement la *doctrine* romaine, en en retranchant l'obligation de *prester* et en y ajoutant celle de *ne pas faire*.

Quant aux compilateurs napoléoniens, ainsi que nous l'avons déjà dit, ils ont reproduit la formule de Pothier ; mais, comme nous allons le voir, le cas pour eux se trouve être plus grave que pour Pothier et pour le droit romain.

Rectifions d'abord la théorie romaine et la théorie de Pothier.

*Scientifiquement,* l'obligation ne consiste jamais qu'à *faire,* c'est-à-dire que *l'obligation met plus ou moins complétement une activité à la disposition d'une autre;* or, qu'il s'agisse de *dare* ou de *præstare,* comme s'exprimait le droit romain, de faire, de donner ou de ne pas faire, comme parle Pothier, et, après lui, l'art. 1101, c'est toujours à l'idée fondamentale d'une *activité mise plus ou moins complétement à la disposition d'une autre* que se ramène la notion de l'obligation.

De là vient que, *pour être conforme au droit naturel, pour ne pas violer l'autonomie de l'individu,* la loi positive doit reconnaître, dans tous les cas, à l'obligé, *le droit de se délier en payant une somme d'argent.*

C'est ce que les Romains avaient été bien éloignés de comprendre, et Pothier, comme les Romains (3).

Au surplus, le droit romain et l'ancien droit français n'ayant vu ni l'un ni l'autre que *le contrat doit par lui-même créer le droit réel, toutes les fois qu'il porte sur un corps certain,* on conçoit que le droit romain et l'ancien droit français, eussent-ils soupçonné le problème, auraient été fort empêchés de le résoudre ; en effet, autant, selon nous, il est rationnel et juste que la personne qui dans un contrat promet de procurer à une autre un droit réel sur une chose indéterminée, ait la faculté de se délier en payant à l'autre une indemnité suffisante, autant il serait irrationnel et injuste que la personne qui, dans un contrat, se

---

(1) *Dare*, c'est transférer la propriété.

(2) *Præstare,* c'est remettre une chose dans tout but autre que celui d'en transférer la propriété, et plus généralement, disent les commentateurs, *præstare* comprend toute sorte d'avantages qu'une personne est tenue de procurer à une autre.

(3) Évidemment, il n'y a rien de commun entre l'idée que nous énonçons et celle que Gaius exprimait en ces termes :

« Omnium autem formularum quæ condemnationem habent ad pecuniarium destinationem condemnatio concepta est. » (Gaius, C. IV, § 41.)

Certes, à notre point de vue moderne, il serait absurde que lorsqu'une personne revendique le fonds qui lui appartient, le défendeur pût se faire quitte de l'action en offrant la *litis æstimatio*. (Comparer Gaius, *loc. cit.*)

démet envers une autre d'un droit réel sur un corps certain, ait la faculté de retenir ce droit réel en donnant à l'autre une compensation pécuniaire ; dans le premier cas, pour accomplir le contrat, il y a nécessairement une activité qui doit s'employer au profit d'une autre, c'est-à-dire qu'il naît nécessairement une *obligation ;* dans le second cas, le contrat s'accomplit tout seul, c'est-à-dire que le déplacement du droit s'opère au moment même où le contrat a lieu, et, par conséquent, sans qu'il y ait besoin après coup de l'intervention d'aucune activité; donc, les deux cas sont profondément distincts; donc aussi le droit romain et l'ancien droit français, qui n'avaient pas su les séparer l'un de l'autre, étaient tout aussi peu en état, pour le premier que pour le second, de trouver la solution scientifique.

A la différence du droit romain et de l'ancien droit français, les compilateurs napoléoniens consacrèrent, comme il a déjà été dit, le principe que *le contrat qui porte sur un corps certain et qui a pour but de produire le droit réel, produit par lui-même ce droit;* mais, comme il a été dit également, ces compilateurs n'aperçurent jamais la nouvelle règle qu'à travers d'épais nuages; aussi, continuèrent-ils à décomposer l'obligation à la manière de Pothier, et ne comprenant pas que toute obligation consiste essentiellement à *faire*, ils ne comprirent pas davantage que *toute obligation doit se résoudre en dommages-intérêts à la volonté de l'obligé.*

Il ne faut pas confondre le *contrat* avec l'*écrit*, *instrumentum*, auquel les parties ont recours pour constater les contrats les plus importants.

Le contrat, relation tout intellectuelle, est le *fait générateur du droit ;* l'écrit, acte extérieur, est la *preuve* de ce fait générateur (1).

Le mot *obligation* a pour synonymes les mots *dette* et *dette passive ;* il a pour corrélatifs les mots *créance*, *droit personnel*, *dette active.*

On appelle *créancier*, la personne à laquelle est dû l'acquittement de l'obligation ; *débiteur*, la personne qui doit cet acquittement.

Enfin dans une terminologie, non exempte de pédantisme, on désigne sous le nom de *pollicitation* la promesse qui n'est pas encore acceptée par celui à qui elle est faite.

---

(1) Mêlant toutes les expressions, comme ils ont mêlé toutes les idées, les compilateurs napoléoniens ont constamment employé les uns pour les autres les termes de *convention*, de *contrat* et d'*obligation*, et ils n'ont même pas toujours distingué le *contrat* de l'*écrit qui constate le contrat*. (V. notamment art. 931, 1915, 1984, 2117.)

En droit, c'est-à-dire au point de vue de l'action en justice, la pollicitation ou simple promesse n'oblige pas (1).

Les articles suivants distinguent quatre espèces de contrats:

1° *Le contrat bilatéral ou synallagmatique et le contrat unilatéral* (art. 1102-1103);

2° *Le contrat à titre onéreux et le contrat de bienfaisance* (art. 1106 et 1105);

3° *Le contrat commutatif et le contrat aléatoire* (art. 1104);

4° *Le contrat nommé et le contrat innommé* (art. 1107);

5° *Le contrat consensuel et le contrat réel;*

6° *Le contrat non solennel et le contrat solennel;*

7° *Le contrat principal et le contrat accessoire.*

Bien qu'elles aient une certaine importance pratique, ces distinctions appartiennent essentiellement au domaine de la doctrine, et c'est avec raison que le Code de la Convention les passait sous silence.

### 1° CONTRAT BILATÉRAL OU SYNALLAGMATIQUE, ET CONTRAT UNILATÉRAL.

**1102.** — Le contrat est *synallagmatique* ou *bilatéral* lorsque les contractants s'obligent réciproquement les uns envers les autres.

**1103.** — Il est *unilatéral* lorsqu'une ou plusieurs personnes sont obligées envers une ou plusieurs autres, sans que de la part de ces dernières il y ait d'engagement.

*Le contrat bilatéral synallagmatique est celui où il naît une ou plusieurs obligations à la charge de chacune des deux parties* (2).

Ainsi, la vente, l'échange, le louage, etc.

*Le contrat unilatéral est celui où il ne naît d'obligation qu'à la charge de l'une des parties.*

---

(1) Voyez, au sujet de la promesse de vente faite pour un prix déterminé à quiconque offrira ce prix, c'est-à-dire au public en général, *Manuel de Droit civil*, t. III, tit. VI, *De la vente*, art. 1587.

De ce qu'on ne doit pas être contraint, *manu militari*, à l'exécution d'une simple promesse, qu'on se garde d'en conclure que la simple promesse ne puisse jamais renfermer une obligation morale; mais c'est à la conscience individuelle qu'il appartient d'apprécier si cette obligation existe ou si elle subsiste.

Pothier, à l'occasion de la pollicitation, a écrit cette phrase : « Quoique la pollicitation ne soit pas obligatoire dans les purs termes du droit naturel, néanmoins le droit civil, qui ajoute au droit naturel... » (*Traité des obligations*, chap. I, sect. I, art. 1, § 2.)

Pothier entend ici le droit naturel comme l'entendaient les Romains, c'est-à-dire qu'il ne l'entend pas du tout.

(2) Faut-il ajouter, comme le fait M. Demolombe, que, dans le contrat synallagmatique, l'obligation de l'une des parties est la cause de l'obligation de l'autre ?

Cela a cessé d'être exact à l'égard du contrat qui a pour but la translation de la propriété, et qui porte sur un corps certain. (V. *infra*, sect. IV, *De la cause*.)

Ainsi, le cautionnement, la constitution d'hypothèque, le prêt à usage ou commodat, le prêt à intérêt, le dépôt, etc. (1).

L'intérêt pratique de la division des contrats en bilatéraux ou synallagmatiques et unilatéraux est double :

1° *Dans le contrat bilatéral ou synallagmatique, il y a toujours une condition résolutoire sous-entendue au profit de chacune des parties pour le cas où l'autre n'acquitterait pas son obligation* (art. 1104).

*Or, il est clair que cette décision ne peut s'appliquer au contrat unilatéral.*

2° *Lorsque le contrat est bilatéral synallagmatique, l'acte sous seing privé qui est destiné à en faire preuve doit être rédigé en autant d'originaux qu'il y a de parties ayant un intérêt distinct, et chaque original doit porter la mention expresse de l'accomplissement de cette formalité* (art. 1325).

*Or, comme le précédent, ce nouveau point est inapplicable au contrat unilatéral.*

On peut, en outre, remarquer que lorsqu'il s'agit d'un contrat unilatéral par lequel une personne s'engage à payer à une autre une somme d'argent ou une chose *appréciable* (2), il faut appliquer l'art. 1326 qui exige que *le billet ou la promesse sous seing privé soit écrit en entier de la main de l'obligé, ou du moins que, outre sa signature, l'obligé ait écrit de sa main un bon ou un approuvé portant, en toutes lettres, la somme ou la quantité de la chose.*

Les anciens légistes subdivisaient les contrats synallagmatiques en *synallagmatiques parfaits et synallagmatiques imparfaits.*

Pothier disait que les synallagmatiques imparfaits, ou, selon ses expressions, *les moins parfaitement synallagmatiques* « sont ceux dans lesquels il n'y a que l'obligation de l'une des parties qui soit l'obligation

---

(1) Dans les écoles, on aime à contester aux élèves que le prêt à usage soit un contrat unilatéral ; on leur objecte l'*économie* du chapitre I du titre X ; on leur dit que ce chapitre traite dans deux sections distinctes (les sections II et III) : 1° des engagements de l'emprunteur ; 2° des engagements de celui qui prête à usage ; on insiste enfin sur la formule de l'art. 1888, qui porte que « le prêteur ne peut retirer la chose prêtée qu'après le terme convenu, ou, à défaut de convention, qu'après qu'elle a servi à l'usage pour lequel elle a été empruntée.

Les élèves doivent répondre que, parmi les engagements du prêteur, *deux* ne peuvent naître qu'*ex post facto* (art. 1890 et 1891), et que, quant à l'art. 1888, il constate, *non pas l'existence d'une obligation de ne pas faire à la charge du prêteur, mais l'absence pour lui du droit de redemander la chose avant une certaine époque.* En effet, toute obligation est nécessairement sanctionnée par une action ; or, dans le cas présent, il n'existe pas d'action au profit de l'emprunteur contre le prêteur : donc, il n'existe pas non plus d'obligation du prêteur envers l'emprunteur.

Avons-nous tort de soutenir qu'un enseignement qui se plaît à de pareilles discussions en est encore au moyen âge ?

(2) C'est le langage de la compilation napoléonienne.

principale du contrat, tandis que, dans les synallagmatiques parfaits, l'*obligation* que contracte chacun des contractants est également une obligation principale du contrat » (1).

Cela signifie que certains contrats n'obligent immédiatement et nécessairement que l'une des parties, mais que, *postérieurement*, ils peuvent devenir *l'occasion* d'une obligation pour l'autre partie.

Tels sont, par exemple, le prêt à usage et le dépôt, lorsque l'emprunteur et le dépositaire ont fait des dépenses pour la conservation de la chose déposée (art. 1890 et 1947).

Cette distinction n'a pas été reproduite par la compilation napoléonienne, mais elle est doctrinalement exacte, et elle a une certaine importance, au point de vue de la théorie du droit de rétention.

### 2° CONTRAT A TITRE ONÉREUX ET CONTRAT DE BIENFAISANCE.

**1106.** — Le contrat *à titre onéreux* est celui qui assujettit chacune des parties à donner ou à faire quelque chose.

**1105.** — Le contrat *de bienfaisance* est celui dans lequel l'une des parties procure à l'autre un avantage purement gratuit.

D'après la formule de l'art. 1106, « *le contrat à titre onéreux assujettirait chacune des parties à donner ou à faire quelque chose* », en d'autres termes, *ce contrat ferait naître une obligation à la charge de chacune des parties*.

Cette définition est fausse : *le contrat à titre onéreux est celui dans lequel chacune des parties a en vue un intérêt pécuniairement appréciable*.

Ainsi, la vente, l'échange, le louage.

D'ailleurs, contrairement à ce qui résulte de la définition de l'art. 1106, le contrat à titre onéreux peut être *unilatéral*.

Tel, par exemple, le prêt à intérêt.

Ce qui seulement est exact, c'est que tous les contrats bilatéraux ou synallagmatiques sont nécessairement à titre onéreux, tandis que les contrats unilatéraux sont, les uns à titre onéreux, les autres de *bienfaisance*, comme parle le Code Napoléon.

D'après la formule de l'art. 1106, « le *contrat* dit de *bienfaisance*, *est celui dans lequel l'une des parties procure à l'autre un avantage purement gratuit*.

Cette définition n'est pas fausse, comme la précédente ; néanmoins, dans l'intérêt de la précision scientifique, elle a besoin d'être corrigée.

D'abord, les expressions de *contrat de bienfaisance* doivent être remplacées par celles de *contrat à titre gratuit*.

(1) Pothier, *Traité des obligations*, n° 8.

Les expressions de *contrat de bienfaisance* ont, au point de vue moral, le grave tort *de paraître atténuer le devoir de fraternité qui est le fondement de la relation à laquelle s'applique l'art.* 1105 (1).

Quant au contrat à titre gratuit lui-même, par antithèse avec le contrat à titre onéreux, il peut être défini :

*Celui dans lequel l'une des deux parties n'a en vue aucun intérêt pécuniairement appréciable.*

Ainsi, le prêt sans intérêt, le dépôt, le mandat, le cautionnement.

*Quant à la donation entre-vifs*, les auteurs déclarent que, bien que soumise sur un grand nombre de points aux règles qui gouvernent les contrats en général, elle ne doit pas cependant être confondue avec les contrats de bienfaisance proprement dits (2).

L'intérêt pratique de la division des contrats en contrats à titre onéreux et contrats à titre gratuit, n'est pas bien considérable.

*D'une part, dit-on, l'erreur sur la personne a plus de gravité dans les contrats à titre gratuit que dans les contrats à titre onéreux* (comp. art. 1109);

*D'autre part, ajoute-t-on, la responsabilité du débiteur, sa faute, doit être appréciée d'une manière moins sévère dans le contrat à titre gratuit que dans le contrat à titre onéreux* (comp. art. 1137, 1927, 1928, 1992).

### 3° CONTRAT COMMUTATIF ET CONTRAT ALÉATOIRE.

**1104.** — Il est *commutatif* lorsque chacune des parties s'engage à donner ou à faire une chose qui est regardée comme l'équivalent de ce qu'on lui donne ou de ce qu'on fait pour elle.

Lorsque l'équivalent consiste dans la chance de gain ou de perte pour chacune des parties, d'après un événement incertain, le contrat est *aléatoire*.

Quoique les compilateurs napoléoniens aient présenté la division des *contrats*, en *commutatifs* et *aléatoires*, comme une *division générale*

(1) Ces expressions ont été empruntées par les compilateurs napoléoniens à la *philosophie* de Pothier (*Traité des obligations*, n° 12).

Encore si, dans ce sujet de la division des contrats, les compilateurs napoléoniens avaient partout copié la manière plate, mais en général exacte de Pothier !

(2) Comparer M. Demolombe, t. XXIV, p. 23.

Cela n'est pas très-clair, surtout dans une législation qui considère la donation entre-vifs comme un contrat, et qui soumet autant qu'elle le peut au rapport les avantages conférés à titre gratuit d'une manière quelconque; mais c'est le ressouvenir d'une vieille idée romaine; et quoi de plus fructueux pour nous que de cultiver des idées qui n'ont aucun rapport avec nos propres conceptions sociales? (V. L. 9, § 3, D., liv. XXIII, tit. III; L. 58, § 2, D., liv. XXIV, tit. I; L. 14, D., liv. XLIII, tit. XXVI; L. 14, § 11, D., liv. XLVII, tit. II; et aussi M. de Savigny, *Traité de Droit romain*, trad. Ch. Guénoux, t. IV, p. 25.)

*des contrats*, cette division, ainsi que nous allons le voir, n'est qu'*une subdivision des contrats à titre onéreux.*

Il y a, d'ailleurs, lieu de redresser les *deux* définitions écrites dans les *deux* alinéas de l'art. 1104, et voici dans quels termes elles peuvent être refaites :

*Le contrat commutatif est celui dans lequel chacune des parties a en vue un équivalent déterminé dès le moment même du contrat ;*

*Le contrat aléatoire est celui dans lequel chacune des parties a en vue un équivalent dépendant d'un événement incertain*, c'est-à-dire *consistant dans une chance de gain ou de perte.*

Ainsi, sont des contrats *commutatifs :*

La vente, l'échange, le louage;

Sont des contrats *aléatoires :*

Le contrat d'assurance, le prêt à la grosse aventure, le jeu et le pari, le contrat de rente viagère (art. 1964) (1).

On voit donc que tous les contrats commutatifs et tous les contrats aléatoires sont nécessairement à titre onéreux, car dans les uns et dans les autres, chacune des parties a en vue un intérêt pécuniairement appréciable.

On voit, en outre, que si tout contrat bilatéral ou synallagmatique est nécessairement commutatif, la réciproque n'est pas vraie; un contrat unilatéral peut avoir le caractère commutatif.

Tel, le prêt à intérêt.

Ici, pourrait se poser une discussion :

*Certains auteurs se demandent si, dans le contrat aléatoire, la chance peut n'exister que d'un seul côté.*

*Rationnellement*, la solution de cette question est incontestable; s'il y a chance de gain ou de perte pour l'un des contractants, il y a nécessairement chance de gain ou de perte pour l'autre co-contractant.

Cependant, l'art. 1964 déclare que la chance de gain ou de perte peut n'exister que « *pour l'une des parties ou plusieurs d'entre elles* »,

---

(1) Nous jugeons utile de donner par anticipation la définition du contrat d'assurance et du prêt à grosse aventure.

*L'assurance est, en général, un contrat qui a pour but d'indemniser une personne d'une perte résultant d'un cas fortuit.*

*Le prêt à grosse aventure est un contrat par lequel une personne prête à une autre un capital sur des objets exposés à des risques maritimes, à condition que, si ces objets arrivent heureusement, celui qui a reçu la somme sera tenu de la rendre à celui qui l'a prêtée, avec un certain profit convenu (profit maritime), ou que si, par les accidents de la navigation, ces objets périssent ou sont détériorés, celui qui a prêté le capital ne pourra réclamer une somme supérieure à celle que les objets se trouveront valoir.* (V. d'ailleurs *Manuel de droit civil.* t. III, art. 1964.)

cette phrase de hasard suffisait bien pour que l'esprit légiste se donnât carrière.

Il n'y a pas lieu de s'arrêter à cette amusette (1).

L'intérêt pratique de la division des contrats à titre onéreux en commutatifs et aléatoires se réduit au seul point suivant :

*Dans les cas tout exceptionnels où la lésion est une cause de rescision des contrats à titre onéreux, cette cause cesse de s'appliquer lorsque le contrat, au lieu du caractère commutatif, a revêtu le caractère aléatoire* (Comp. art. 887 et 1968).

### 4° CONTRAT NOMMÉ ET CONTRAT INNOMMÉ.

**1107.** — Les contrats, soit qu'ils aient une dénomination propre, soit qu'ils n'en aient pas, sont soumis à des règles générales qui sont l'objet du présent titre.

Les règles particulières à certains contrats sont établies sous les titres relatifs à chacun d'eux, et les règles particulières aux transactions commerciales sont établies par les lois relatives au commerce.

La distinction des contrats en *nommés* et en *innommés*, distinction

---

(1) Il faut cependant que, dans l'intérêt des victimes du funeste monopole universitaire, nous insistions quelque peu.

Voici comment RAISONNE l'examinateur qui soutient contre l'examiné que, dans le contrat aléatoire, la chance de gain ou de perte peut n'exister que pour l'une des parties :

« Supposons, dit l'examinateur, un contrat d'assurance contre l'incendie ; il est facile de faire voir que, dans ce contrat, il n'y a jamais chance ni de gain ni de perte pour l'assuré : il n'y a pas chance de gain, car l'assuré, si sa maison brûle, obtiendra de l'assureur seulement l'estimation de sa maison ; il n'y a pas chance de perte, car l'assuré doit payer, à tout événement, la prime qu'il a promise à l'assureur. »

La réponse est que cette argumentation constitue un pur abus de mots, car, d'une part, l'assuré dont la maison brûle, et qui eût perdu la valeur de sa maison s'il ne se fût pas assuré, gagne la valeur de sa maison par l'effet du contrat d'assurance, sauf, bien entendu, déduction de la somme plus ou moins forte qu'il peut avoir payée pour les primes jusqu'au jour où la maison a brûlé ; et, d'autre part, l'assuré dont la maison ne brûle pas perd évidemment le montant des primes qu'il a payées.

Remarquons, d'ailleurs, que, dans le cas où sa maison brûle, l'assuré, à la place du droit réel sur sa maison, se trouve n'avoir qu'un droit de créance contre l'assureur, et que, lorsqu'il recouvre ensuite la valeur de sa maison, à la place de son droit de créance, il acquiert un droit réel sur des écus.

Donc, au moment où sa maison brûle, l'assuré *perd*, car le droit de créance ne vaut pas le droit réel, et, par conséquent, au moment où l'assuré est remboursé par l'assureur, l'assuré *gagne*.

A *brimades, brimades*, et à *subtilités, subtilités ;* mais quel enseignement propre à rendre l'esprit droit et la conscience ferme !

Comparer M. Duranton, t. X, p. 77. — MM. Massé et Vergé sur Zachariæ, t. III, n° 550. — M. Demolombe, t. XXI, p. 27.

toute romaine (V. *supra*, p. 728), n'offre d'autre intérêt, dans le droit moderne, que celui qu'indique l'art. 1107.

## APPENDICE

5°, 6° ET 7° CONTRAT CONSENSUEL ET CONTRAT RÉEL, CONTRAT NON SOLENNEL ET CONTRAT SOLENNEL, CONTRAT PRINCIPAL ET CONTRAT ACCESSOIRE.

*Le contrat consensuel est celui qui se forme par le seul consentement des parties.*

Ainsi, la vente, l'échange, le louage.

*Le contrat réel est celui qui ne se forme que tout autant qu'il y a eu non-seulement consentement des parties, mais encore remise de la chose qui fait l'objet du contrat.*

Ainsi, le prêt à usage ou commodat, le dépôt, le nantissement, etc.

*Le contrat non-solennel est celui pour l'existence duquel l'accomplissement d'aucune formalité spéciale n'est requis.*

Ainsi en est-il aujourd'hui pour le plus grand nombre des contrats.

*Le contrat solennel est celui pour l'existence duquel l'accomplissement de certaines formalités spéciales est requis.*

Ainsi en est-il encore aujourd'hui, sous l'empire de la compilation napoléonienne et contrairement à l'indication du droit vrai, pour la donation (art. 931), pour le contrat de mariage (art. 1394), et pour le contrat de constitution d'hypothèque (art. 2127) (1).

L'intérêt pratique des deux divisions précédentes est évident, *puisque ces divisions tiennent aux conditions d'existence de certains contrats.*

Enfin, *le contrat principal est celui qui est fait pour lui-même ;*

*Tandis que le contrat accessoire est fait pour assurer l'exécution d'un autre contrat.*

La vente, par exemple, est évidemment un contrat principal.

Le cautionnement, le nantissement, la constitution d'hypothèque, sont des contrats accessoires.

*L'intérêt pratique de cette division est que le sort du contrat principal ne dépend de celui d'aucun autre ;*

*Tandis que le sort du contrat accessoire dépend, en général, de celui dn contrat principal* (2).

(1) Si l'on ajoute le mariage, contrat d'union des époux (art. 675) et le contrat d'adoption (art. 353), on aura les *cinq* contrats solennels consacrés par la compilation napoléonienne.

(2) V. cependant *Manuel de Droit civil*, t. III, art. 2180.

# CHAPITRE II

## DES CONDITIONS ESSENTIELLES POUR LA VALIDITÉ DES CONVENTIONS.

Cette rubrique constitue un non-sens, et, à ce point de vue, on ne saurait lui reprocher de ne pas être en harmonie avec l'article qu'elle précède.

Dire que *certaines conditions sont essentielles au contrat*, c'est dire que *ces conditions sont requises pour l'existence du contrat.*

Dire que *certaines conditions sont nécessaires à la validité du contrat*, c'est dire que *ces conditions sont requises non pas pour l'existence du contrat, mais pour l'existence non vicieuse du contrat.*

Ce n'est pas la même chose de ne pas exister et d'exister vicieux.

Les compilateurs napoléoniens, chose étrange ! se sont à peine doutés de cela.

Signalons aussi le mot *convention* inscrit abusivement dans la rubrique, à la place du mot *contrat.*

**1108.** — Quatre conditions sont essentielles pour la validité d'une convention :

Le consentement de la partie qui s'oblige ;
Sa capacité de contracter ;
Un objet certain qui forme la matière de l'engagement ;
Une cause licite dans l'obligation.

Comme on devait s'y attendre d'après la rubrique, ce mauvais article confond *les conditions essentielles au contrat* (conditions requises pour l'existence du contrat) avec *les conditions nécessaires à la validité du contrat* (conditions requises pour l'existence non vicieuse du contrat).

Cependant le point est capital.

Les conditions essentielles au contrat sont :

1° *Le consentement des parties* (V. *infra*, sect. I).

2° *Un objet certain et licite qui forme la matière de l'obligation* (V. *infra*, sect. III).

3° *Une cause non fausse et licite* (V. *infra*, sect. IV).

Il est facile de voir que l'art. 1108 ne se borne pas à *confondre*, et que dans ce texte *la rédaction vaut la méthode* (1).

Aux conditions essentielles, il faut, au surplus, ajouter :

*Pour le contrat réel, la remise de la chose qui fait l'objet du contrat ;*

---

(1) Qu'est-ce, par exemple, que le consentement *de la partie qui s'oblige?* Et si une personne consent à la demande d'un enfant de quatre ans, se forme-t-il donc un contrat ?

*Pour le contrat solennel, l'accomplissement des formalités spécialement requises.*

Les conditions nécessaires à la validité du contrat sont :

1° *L'absence de certains vices dans le consentement* (V. *infra*, sect. I);

2° *La capacité de l'obligé* (V. *infra*, sect. II).

Remarquons que ce sont les compilateurs napoléoniens eux-mêmes, qui, à la suite de Pothier, ont fait de la *capacité* une condition distincte du *consentement* (1).

*La sanction n'est pas la même, il s'en faut de beaucoup, lorsque manquent, soit les conditions essentielles au contrat, soit les conditions nécessaires à la validité du contrat.*

Dans le *premier* cas, il y a *nullité ;* donc, impossibilité de prescription et de confirmation.

Dans le *second* cas, il y a *annulabilité*, *cause d'annulation ;* donc, possibilité de prescription et de confirmation (V. *infra*, art. 1304).

Rappelons, en outre, que la nullité peut être invoquée par toute personne intéressée, tandis que l'annulabilité ne peut l'être que par la personne dont l'intérêt a souffert (2).

Pour se reconnaître dans la partie de la compilation napoléonienne qui concerne le consentement, il est indispensable de séparer la *nullité* de l'*annulabilité* (3).

NOTA. Cujas distinguait dans tout contrat :

1° *Les choses essentielles ;*

2° *Les choses accidentelles.*

Il appelait *choses essentielles* les choses sans lesquelles tel contrat ne peut se former, et dont l'absence fait ou qu'il n'y a pas du tout de contrat, ou qu'il y a une autre espèce de contrat que celui que les parties ont entendu faire.

---

(1) Comparer Pothier, *Traité des obligations*, part. I, chap. I, sect. I, art. 4. Il n'est assurément pas difficile de voir que cette *séparation* est un *contresens*, et que, dans une doctrine juridique qui aurait souci de la raison, *la théorie de la capacité rentrerait dans la théorie du consentement*.

Nous sommes obligé, dans cette circonstance comme dans une foule d'autres, de nous plier à la méthode napoléonienne.

(2) Voyez cependant, en ce qui concerne les cas d'annulabilité du mariage, *Manuel de droit civil*, t. I, p. 124.

(3) M. Demolombe, appréciant *philosophiquement* les conditions indiquées par l'art. 1108, s'exprime en ces termes : « Les unes sont, comme on dit, de droit naturel, et se retrouvent à peu près les mêmes dans tous les lieux et dans tous les temps, tandis que les autres ont un caractère en quelque sorte moins primitif, et sont l'œuvre plus arbitraire et plus variable du droit positif. » (T. XXIV, p. 45.)

Nous nous étions toujours douté que M. Demolombe prend le droit naturel pour un *on-dit* et pour une *chose primitive*.

Tout le reste, pour Cujas, était un *accidens*.

Cette distinction procède, comme on le voit, d'une idée différente de celle que nous venons d'exposer.

Elle se rapporte à *l'appréciation de chaque contrat particulier*, et *non à l'appréciation du contrat, en général*.

Dans ces termes, l'idée de Cujas est irréprochable.

Cependant, le naïf Pothier a cru devoir ajouter à la distinction précédente, l'élément des choses qu'il appelle *naturelles*, c'est-à-dire, selon sa définition « qui sans être de l'essence du contrat, font partie du contrat, quoique les parties contractantes ne s'en soient pas expliquées ». (*Traité des obligations*, nos 5 et 7).

Comme les interprètes reproduisent, en général, la distinction de Pothier de préférence à celle de Cujas, il importe de faire observer :

1° Que Pothier emploie ici le mot *naturel*, non dans le sens scientifique, mais dans le sens vulgaire, comme synonyme du mot *habituel ;*

2° Qu'opposées aux choses *essentielles*, les choses *accidentelles* de Cujas renferment rationnellement les choses *naturelles* de Pothier.

## SECTION PREMIÈRE.

### DU CONSENTEMENT.

Le contrat a pour base le concours des volontés de tous ceux qui y prennent part ; c'est ce qu'on exprime sous une autre forme en disant que tous ceux qui figurent dans un contrat, doivent donner leur consentement à ce contrat.

*Le consentement consiste dans la conformité de sentiment, dans l'entente.*

Le consentement peut n'exister qu'en apparence, et, dans ce cas, *scientifiquement*, le contrat est *nul* (V. *supra*, p. 746).

Le consentement peut exister réellement, mais d'une manière vicieuse, et, dans ce cas, *scientifiquement*, le contrat est *annulable* (V. *supra*, p. 746).

*Le consentement ne peut, d'ailleurs, jamais emporter aliénation d'une parcelle de la liberté humaine, car il emporterait par là même aliénation de la personnalité*, c'est-à-dire *qu'il emporterait avec lui son principe* (1).

Une législation bien faite devrait laisser à la doctrine le soin d'établir la théorie du consentement et d'indiquer les causes qui sont suscepti-

(1) Si cette vérité était comprise, ce n'est pas seulement le droit civil qui serait transformé, c'est toute l'économie des sociétés. A la jurisprudence d'apprécier ensuite les cas si divers que fait naître de nos jours la multiplicité des rapports économiques.

bles de rendre le consentement, soit inexistant, soit simplement vicieux.

Qu'elle le sache ou qu'elle l'ignore, l'humanité marche à la liberté la plus absolue possible.

Les compilateurs napoléoniens ne l'ont pas entendu de cette façon, et l'on verra, dans les articles ainsi que dans les sections qui vont suivre, comment ils ont réussi à compliquer les choses simples, à embrouiller les choses claires et à fausser la vérité (1).

D'après cet article, sont susceptibles de porter atteinte au consentement les *trois* causes suivantes :

**1109.** — Il n'y a point de consentement valable si le consentement n'a été donné que par erreur, ou s'il a été extorqué par violence ou surpris par dol.

1° *L'erreur ;*

2° *La violence ;*

3° *Le dol.*

L'article 1118 ajoute :

« *La lésion dans certains contrats ou à l'égard de certaines personnes.* »

La compilation napoléonienne présente ces *quatre* causes comme des causes d'*annulation* du contrat ; tous les auteurs s'accordent à reconnaître que *certaines erreurs* et *certaines violences* sont des causes de *nullité* (V. *infra*, art. 1110, 1111 et 1115).

### 1° ERREUR.

**1110.** — L'erreur n'est une cause de nullité de la convention que lorsqu'elle tombe sur la substance même de la chose qui en est l'objet.

Elle n'est point une cause de nullité lorsqu'elle ne tombe que sur la personne avec laquelle on a intention de contracter, à moins que la considération de cette personne ne soit la cause principale de la convention.

Ce mauvais texte contient *deux* propositions.

D'après le *premier* alinéa, l'erreur est une « *cause de nullité* » de

---

(1) Quant aux auteurs, au lieu de faire œuvre philosophique et juridique, ils reproduisent les vieux enfantillages romains. L'un offre 20, l'autre accepte 10 ; le moins est-il contenu dans le plus? (Comparer Ulpien et Paul, L. 1, § 4, et L. 83, § 3, D., liv. XLV, tit. I. — Gaïus et Justinien, t. III, § 102, et liv. III, tit. XIX, § 5.) — L'un interroge, l'autre répond, *nutu solo ;* ce dernier a-t-il consenti ? (Comparer Modestin et Mæcianus, L. 52, § 10, D., liv. XLIV, tit. VII, et L. 56, § 3, D., liv. XXXVI, tit. X.) — Doit-on admettre, en matière de contrats, que *quisque tacet, non utique fatetur ?* (Comparer Paul, L. 142, D., liv. I, tit. XVII.)

Epiménide n'avait dormi que cent ans ; nos interprètes ont-ils dormi quinze cents ans?

(2) Le Code de la Convention refusait d'une manière absolue aux majeurs l'action en restitution pour simple cause de lésion. (Liv. III, tit. I, art. 15.)

la « *convention* », lorsqu'elle tombe sur la « *substance* » même de la chose qui en est l'objet.

D'après le *second* alinéa, l'erreur est encore une « *cause de nullité* » de la « convention », lorsqu'elle tombe sur la personne avec laquelle on a intention de contracter, si la considération de cette personne est *la cause principale* de la « *convention* ».

Il semble, d'ailleurs, qu'aux yeux de la loi napoléonienne, en dehors de ces deux cas, aucune erreur ne porte atteinte au consentement.

Rectifions d'abord la terminologie.

Les mots « *cause de nullité* » signifient ici *cause d'annulation*, et le mot « *convention* » est employé pour *contrat.*

Quant à l'explication au fond de l'incomplet et obscur art. 1110, le plus simple est de la faire rentrer dans l'exposé de la théorie qui est, en général, enseignée, relativement à l'erreur.

*Qu'est-ce d'abord que l'erreur?*

*L'erreur est une opinion non conforme à la vérité.*

En matière de contrats, la doctrine actuelle distingue environ *sept* sortes d'erreurs :

1° *L'erreur sur la nature du contrat;*

2° *L'erreur sur l'objet du contrat;*

3° *L'erreur sur la cause du contrat;*

4° *L'erreur sur la substance de la chose;*

5° *L'erreur sur les qualités accidentelles de la chose;*

6° *L'erreur sur la personne avec laquelle on a intention de contracter;*

7° *L'erreur sur les motifs du contrat.*

Cette nomenclature n'a de valeur scientifique que pour les *deux premiers* cas et pour *une partie du troisième;* quant aux autres, une doctrine rationnelle devrait les réunir sous cette rubrique commune : *erreurs dont l'influence sur le sort du contrat varie selon les espèces*, ou encore *erreurs qui, d'après l'appréciation des tribunaux, peuvent affecter le contrat, soit de nullité, soit d'annulabilité, ou même être indifférentes.*

Parcourons néanmoins tous les *différents* cas que distinguent les auteurs.

### 1° ERREUR SUR LA NATURE DU CONTRAT.

L'un des co-contractants entend faire une vente, l'autre entend recevoir une donation.

*Dans ce cas*, les deux volontés n'ont point concouru sur une même chose; le contrat n'existe pas, il est nul.

2° ERREUR SUR L'OBJET DU CONTRAT.

Exemple : L'un des co-contractants entend vendre une maison, sise en tel lieu ; l'autre entend acheter une maison, sise en tel autre lieu.

C'est la *même* solution que dans le *premier* cas.

3° ERREUR SUR LA CAUSE DU CONTRAT.

On distingue *deux* cas :

*L'erreur sur l'existence de la cause ;*

*L'erreur sur l'efficacité juridique d'une cause, d'ailleurs existante.*

Exemple *de l'erreur sur l'existence de la cause.*

Un héritier *ab intestat* s'oblige à payer un legs contenu dans un testament, qui se trouve révoqué à son insu par un testament postérieur.

C'est la *même* solution que dans les *deux* cas précédents (1).

Exemple *de l'erreur sur l'efficacité juridique d'une cause, d'ailleurs existante.*

Une personne est tenue d'une dette naturelle (2); elle s'imagine que cette dette est civilement obligatoire et elle s'engage par voie de novation à la payer.

*Dans ce cas*, le contrat existe, enseigne-t-on, mais il est *annulable* (3).

---

(1) Comparer M. Demolombe, t. XXIV, p. 118, 86, 349.

Un auteur, M. Larombière, propose d'appeler *erreur-obstacle* l'erreur qui rend le contrat *nul*, et *erreur-nullité* l'erreur qui rend le contrat *annulable*. (M. Larombière, *Traité des obligations*.)

Cette bizarre terminologie est dépourvue d'utilité, et elle manque de précision ; nous nous étonnons que M. Demolombe y ait adhéré.

Quant à MM. Aubry et Rau, ils reconnaissent bien que, philosophiquement, certaines erreurs sont exclusives de tout consentement ; mais ils pensent que « les besoins de la pratique ont amené les rédacteurs du Code Napoléon à envisager la convention conclue par suite d'une erreur comme simplement sujette à annulation et non comme inexistante ». (T. III, p. 209, note 13.)

Nous avons dit, pour notre part, ce que les besoins de la pratique, autant que les nécessités de la raison, eussent exigé des compilateurs napoléoniens. S'ils avaient su s'abstenir de dogmatiser sur le consentement, ils eussent servi du même coup la pratique et la raison. Ils n'ont pas su faire cela, et ils ont légiféré à tort et à travers. Néanmoins, dans tous les cas où ces hommes ont été muets, c'est à la doctrine de reprendre ses droits ; or, en doctrine, il existe de vraies nullités.

Ici d'ailleurs, doit être marquée la limite où la doctrine actuelle cesse d'avoir le caractère scientifique. (V. *supra*, p. 747.)

(2) V., sur ce nouvel amphibie, art. 1235.

(3) Comparer M. Demolombe, t. XXIV, p. 118, et Aubry et Rau, t. III, p. 210, texte et note 16.

### 4° ERREUR SUR LA SUBSTANCE DE LA CHOSE.

C'est là un des deux cas d'erreur prévus par la compilation napoléonienne (V. *supra*, p. 748).

*Mais qu'est-ce que la substance de la chose?*

Le mot ne brille pas précisément par sa clarté, et c'est le moindre défaut de la disposition qui nous occupe (1).

Les légistes disent que *la substance de la chose est la qualité que les contractants ont eue principalement en vue.*

Exemple : Voulant acheter une paire de chandeliers d'argent, j'achète de vous une paire de chandeliers que vous me présentez à vendre, que je prends pour des chandeliers d'argent, quoiqu'ils ne soient que de cuivre argenté (2).

*Dans ce cas*, le contrat existe, professe-t-on encore, mais il est *annulable* (3).

*On discute le point de savoir ce qu'il faut décider lorsque les parties ne se sont pas expliquées sur les qualités de la chose, et que l'une d'elles est dans une erreur qui invaliderait le contrat, si elle était partagée par les deux.*

Exemple : Un collectionneur achète un tableau qu'il prend pour un Léonard de Vinci ; le marchand n'a d'ailleurs rien su de l'intention du collectionneur.

C'est dans ces termes que la question de la volonté du contrat se pose.

A nos yeux, cette question n'est pas douteuse, elle doit être résolue dans le sens de la *validité.*

---

(1) Ulpien paraît s'être servi le premier du mot *substantia*. (L. 9, § 2, D., liv. XVIII, tit. I.)

Pothier a reproduit le vocabulaire d'Ulpien. (*Traité des obligations*, n° 18.)

(2) Pothier, *loc. cit.*

(3) Pourquoi pas *nul*, comme dans le cas d'erreur sur l'objet? Est-ce qu'il n'y a pas telle espèce encore plus frappante que celle citée dans le texte où l'erreur sur la substance est absolument exclusive du consentement? Ainsi, j'achète par erreur du vinaigre pour du vin ; le vendeur m'eût-il montré la tonne qui contient le vinaigre, est-ce que je n'ai pas acheté *aliud pro alio*, tout aussi bien que si à la place d'une certaine tonne de vin que j'avais en vue j'en avais acheté une autre?

Au moins Ulpien et Pothier, qui copiait Ulpien, donnaient-ils la même solution dans les deux cas.

Tout cela, sous couleur de science, est pur galimatias ; en dehors des trois cas exposés en commençant, c'est l'affaire des tribunaux de décider, selon l'espèce, si l'erreur est de nature à affecter le contrat, soit de nullité, soit d'annulabilité, ou même si elle n'est pas indifférente.

Comparer M. Demolombe, qui fournit de longs développements en sens contraire de notre propre idée (t. XXIV, p. 85 et suiv.).

En effet, la volonté qu'a l'une des parties et qu'elle ne manifeste pas à l'autre est pour cette autre une volonté qui n'existe pas ; la seule volonté dont il y ait logiquement et légitimement lieu de tenir compte, c'est la volonté manifestée (1).

### 5° ERREUR SUR LES QUALITÉS ACCIDENTELLES DE LA CHOSE.

Les légistes disent que la qualité *accidentelle*, c'est la qualité *accessoire*, ou encore « *celle qui peut s'ajouter à des degrés divers, en bien ou en mal à la chose, et que l'on désigne, en effet, par un adjectif* » (2).

Exemple : J'achète chez un libraire un certain livre dans la fausse persuasion qu'il est excellent, quoiqu'il soit au-dessous du médiocre (3).

*Dans ce cas*, l'erreur, déclare-t-on, ne porte *aucune atteinte* au consentement.

### 6° ERREUR SUR LA PERSONNE AVEC LAQUELLE ON A INTENTION DE CONTRACTER.

C'est là le *second* cas d'erreur dont parle la compilation napoléonienne (V. *supra*, p. 748).

Exemple : Une personne veut faire faire un tableau par tel peintre, elle traite par erreur avec un autre peintre.

*Dans ce cas*, dit-on, le contrat est *annulable* (4).

### 7° ERREUR SUR LES MOTIFS DU CONTRAT.

Il ne faut pas confondre l'erreur sur la cause du contrat avec l'erreur sur les motifs du contrat ; on verra plus bas (section IV), comment on distingue la cause des motifs.

*Exemple d'erreur sur les motifs du contrat :*

---

(1) En ce sens, Toullier, t. IV, n° 55. — M. Pardessus, *Cours de Droit commercial*, t. II, p. 16. — M. Larombière, t. I, art. 1110, n° 3.

En sens contraire, M. Colmet de Santerre, t. V, n° 16 *bis*, IV. — M. Demolombe, t. XXIV, p. 99.

(2) M. Demolombe, t. XXIV, p. 90.

Toutes ces tentatives de définition n'aboutissent à rien, et la raison en est que c'est l'intention des parties qui fait que telle qualité est principale ou accessoire.

(3) Pothier, n° 14.

Cet exemple comporte exactement la même critique que celle que nous venons d'adresser aux définitions qu'il a pour but d'expliquer.

(4) M. Demolombe, t. XXIV, p. 108.

Nous n'aurions qu'à reproduire sous ce nouveau cas la note 3 de la page 751. Toutefois, pour ce cas comme pour celui de l'erreur sur la substance, il ne faut pas oublier qu'il y a une solution imposée par l'art. 1117, le contrat ne peut être nul, il ne peut être qu'*annulable*. (V. *infra*, p. 702.)

On m'a rapporté faussement que mes chevaux étaient morts, et sur ce faux avis, j'en ai acheté d'autres, en faisant d'ailleurs part à mon vendeur du motif pour lequel j'achetais des chevaux.

*Dans ce cas*, les auteurs décident que l'erreur ne porte *aucune atteinte* au contrat.

Toutefois, on ajoute que l'erreur sur les motifs affecterait le contrat, *même de nullité*, si la réalité des motifs constituait une condition à laquelle les parties auraient subordonné l'existence du contrat (1).

Cette nomenclature épuisée, remarquons :

1° *Que l'erreur sur la valeur de la chose qui fait l'objet du contrat ne porte, en général, aucune atteinte au lien contractuel* (V. *infra*, art. 1118);

2° *Que l'erreur qui, par elle-même, ne porte aucune atteinte au lien contractuel, peut cependant devenir une cause d'annulation du contrat, lorsqu'elle se complique d'un dol* (V. *infra*, art. 1116);

3° *Que, dans les différents cas où l'erreur porte atteinte au lien contractuel, il n'y a nullement à distinguer entre l'erreur de droit et l'erreur de fait* (2).

### 2° VIOLENCE.

**1111.** — La violence exercée contre celui qui a contracté l'obligation est une cause de nullité, encore qu'elle ait été exercée par un tiers autre que celui au profit duquel la convention a été faite.

**1112.** — Il y a violence lorsqu'elle est de nature à faire impression sur une personne raisonnable, et qu'elle peut lui inspirer la crainte d'exposer sa personne ou sa fortune à un mal considérable et présent.

On a égard, en cette matière, à l'âge, au sexe et à la condition des personnes.

**1113.** — La violence est une cause de nullité du contrat, non-seulement lorsqu'elle a été exercée sur la partie contractante, mais encore lorsqu'elle l'a été sur son époux ou sur son épouse, sur ses descendants ou ses ascendants.

---

(1) Depuis Puffendorf et Barbeyrac, les auteurs s'agitent pour résoudre en thèse la question de l'effet de l'erreur sur les motifs du contrat : ils n'ont réussi qu'à revêtir d'une forme dogmatique une série de banalités. (V. en particulier Puffendorf, liv. III, chap. VI, n° 7, et Barbeyrac sur Puffendorf. — Ajouter Pothier, n° 20, pour la vérification complète de notre appréciation.)

(2) MM. Zachariæ, Aubry et Rau, t. III, p. 211. — M. Demolombe t. XXIV, p. 119.

Qu'on rapproche maintenant le 3° de l'art. 14, liv. III, tit. I, Code de la Convention, de l'art. 1110, et qu'on compare les deux procédés : au lieu de faire de l'*a priori* comme l'art. 1110, le Code de la Convention se bornait à poser l'erreur comme vice du contrat et à donner ensuite un exemple.

Selon nous, l'exemple même est de trop; mais, d'une part, quelle méthode pleine de bon sens, et de l'autre quel article bâclé !

**1114.** — La seule crainte révérentielle envers le père, la mère, ou autre ascendant, sans qu'il y ait eu de violence exercée, ne suffit point pour annuler le contrat.

L'être personnel est seul capable de consentement, parce qu'il est seul capable de liberté.

Donc, sans liberté, pas de consentement (1).

*Sous l'empire de la compilation napoléonienne, que faut-il entendre par le défaut de liberté*, ou, comme s'expriment les textes, *par la violence* (2), *en matière de contrats ?*

L'art, 1112 répond à cette question de la manière suivante :

« *Il y a violence, lorsqu'elle est de nature à faire impression sur une personne raisonnable, et qu'elle peut lui inspirer la crainte d'exposer sa personne ou sa fortune à un mal considérable et présent.* »

« *On a égard, en cette matière, à l'âge, au sexe et à la condition des personnes.* »

Pour compléter cette définition, il faut ajouter :

1° *Qu'aux termes de l'art.* 1113, *la violence exercée sur le conjoint, sur les descendants ou sur les ascendants de l'une des parties, entraîne les mêmes conséquences que celle qui est exercée sur cette partie elle-même ;*

2° *Qu'aux termes de l'art.* 1114, *la seule crainte révérentielle envers le père, la mère ou autre ascendant, sans qu'il y ait eu de violence exercée, ne suffit point pour annuler le contrat ;*

3° *Qu'aux termes de l'art.* 1111, *il n'importe pas que la violence ait été exercée « par un tiers autre que celui au profit duquel la convention a été faite ».*

Voilà qui est enfin complet ; mais, si toutes les définitions occupaient cette place, ce serait pour le coup qu'il faudrait renoncer aux définitions.

---

(1) Nous avons déjà indiqué cet axiome de l'ordre juridique, qui est aussi un axiome de l'ordre moral ; nous ne saurions trop répéter, en ce qui concerne l'ordre moral, que, juge pour lui-même du point de savoir si son consentement a été libre, l'individu se rend coupable envers la loi morale de la plus grave infraction s'il se délie d'un contrat auquel il a donné une adhésion libre.

Plus il importe au progrès du genre humain que le joug de la loi disparaisse, plus il importe à ce même progrès que le joug de la conscience soit senti.

On ne fera point passer dans les faits l'idée du droit si l'on n'y fait passer en même temps l'idée du devoir.

(2) Les Romains disaient *la crainte, metus ;* Pothier, dans sa rubrique, *le défaut de liberté*, et, dans son texte, *la violence ;* le Code de la Convention, *le défaut de liberté.*

Cette dernière formule était la bonne.

Ayant à choisir, les compilateurs napoléoniens ont inattentivement reproduit la plus mauvaise.

Voyons maintenant ce que contient cette *chose.*

D'abord, comme dans l'art. 1110, nous trouvons dans l'art. 1111 les mots « *cause de nullité* » et « *convention* » employés pour ceux de *cause d'annulation* et de *contrat.*

En outre, les auteurs sont à peu près d'accord pour retrancher le mot « *présent* » de la fin du *premier* alinéa de l'art. 1112 ; il suffit, en effet, de la crainte d'un mal considérable pour qu'il y ait violence (1).

Mais tout n'est pas dit sur cette définition si complète.

Les profonds rédacteurs du Code Napoléon ne se sont pas aperçus que le *second* alinéa de l'art. 1112 détruisait le *premier* alinéa du même article.

Ces philosophes ont à la fois admis que la violence a une mesure *absolue* (*premier* alinéa) et une mesure *relative* (*second* alinéa).

Évidemment, c'est la mesure *relative* qui a raison contre la mesure *absolue*, et le *second* alinéa contre le *premier ;* mais cette observation va fort loin et elle a bien l'air de ruiner la définition (2).

Restent *deux* questions pour achever ce commentaire ;

1° *De ce que l'art.* 1113 *déclare en termes exprès que la violence annule le contrat non-seulement lorsqu'elle a été exercée sur la partie contractante, mais encore lorsqu'elle l'a été sur son époux ou sur son épouse, sur ses descendants ou sur ses ascendants, doit-on décider* a contrario, *que la violence exercée contre d'autres personnes que celles que comprend cette liste, n'est point une cause d'annulation du contrat?*

2° *Pour quel motif la violence exercée par un tiers est-elle une cause d'annulation du contrat?*

Sur le *premier* point, on répond, en général, que la différence qui existe entre les personnes *désignées dans l'art.* 1113 et les personnes *non désignées dans le même article*, c'est que *la violence exercée sur les premières est présumée de plein droit avoir été exercée sur la partie contractante elle-même ;* ce qui signifie que cette partie n'a aucune preuve à fournir de l'affection qui la rattache aux premières, tandis qu'elle doit fournir la preuve de l'affection qui la rattache aux secondes (3).

---

(1) Comparer MM. Aubry et Rau, t. III, p. 211, texte et note 21. — M. Colmet de Santerre, t. V, n° 22 *bis*, II. — M. Demolombe, t. XXIV, p. 127.

Ulpien exigeait *metum præsentis* (L. 9, D., liv. IV, tit. II). Pothier ne comprit pas et parla d'*un mal que la personne devait être menacée d'endurer sur-le-champ* (n° 25). Les compilateurs n'ont fait que résumer en un seul mot la proposition de Pothier.

(2) M. Colmet de Santerre justifie la formule de l'art. 1112. (V. M. Colmet de Santerre, t. V, n° 22 *bis*, I.)

(3) M. Larombière, t. I, art. 1113, n° 16. — M. Colmet de Santerre, t. V, n° 23 *bis*. — M. Demolombe, t. XXIV, p. 145.

Donc, dans la présente hypothèse, et cela certainement est d'un législateur très-fort, Oreste conservera le droit d'établir que Pylade est son ami.

Sur le *second* point, on allègue en première ligne l'*autorité du droit romain* (1);

On donne ensuite *quatre* raisons et l'on dit :

Que la personne qui a été victime de la violence est à l'abri de tout reproche, et que, par conséquent, il est indispensable que cette personne soit indemnisée d'une façon ou d'une autre ;

Que la violence est d'ordinaire pratiquée sous le masque et que l'auteur de la violence restant ainsi d'ordinaire inconnu, l'action en dommages-intérêts contre lui est insuffisante ;

Que, connût-on l'auteur de la violence, on n'en serait pas plus avancé, car la violence procède, en général, de gens insolvables, et que contre un insolvable, l'action en dommages-intérêts est inefficace ;

Qu'enfin, la violence doit toujours être châtiée d'une manière exemplaire (2).

Nous aussi, nous sommes absolument d'avis que les violents qui outragent le droit doivent être corrigés, mais nous pensons en même temps que quatre mauvaises raisons n'en font pas une bonne.

*Comment est-il rationnel et juste que le co-contractant, étranger à la violence commise contre son co-contractant, soit responsable de cette violence? Voilà la question telle qu'elle eût dû être posée*; il est vrai que, dans ces termes, elle se fût trouvée toute résolue : il n'est, en effet, ni rationnel, ni juste, n'en déplaise à toute la doctrine romaine, ancienne ou actuelle, qu'un homme réponde d'un fait dont il n'est pas l'auteur et que l'on dépouille l'innocent pour indemniser la victime (3).

En somme, les *quatre* articles qui concernent la violence sont de bons vieux anachronismes ou de bonnes vieilles trivialités empruntés au vieux Pothier; et tant valent les n$^{os}$ 21-27 du *Traité des Obligations*, tant valent les art. 1111-1114 (4).

En droit vrai, il n'y a pas à définir la violence ; c'est aux juges d'apprécier si elle a existé de manière à porter atteinte au consentement (5).

---

(1) Et quel meilleur argument, en effet, que d'avoir pour soi l'édit du préteur ! (L. 9, § 1, D., liv. IV, tit. II.)

(2) Comparer M. Demolombe, t. XXIV, p. 143.

(3) La violence châtiée sur un autre dos que sur celui du délinquant ! Le parfait motif de comédie !

(4) Toutefois, n'outrons pas les choses à l'égard de Pothier : l'excellent homme n'inventa jamais rien ; lui-même amalgamait ici la loi 9, Grotius, Puffendorf et Barbeyrac (n° 23).

(5) Comparer Code de la Convention, art. 14 2°, liv. III, tit. I.

*La violence peut-elle être non-seulement une cause d'annulation, mais même une cause de nullité du contrat?*

De l'avis des auteurs, la violence est une cause de *nullité* du contrat, lorsqu'elle consiste dans une contrainte *physique* obligeant matériellement à faire ce que l'on n'eût pas fait sans cette contrainte.

Tel serait, dit-on, par exemple, le cas où une personne plus robuste qu'une autre obligerait matériellement cette autre à signer un certain acte (1).

Nous admettons ce cas, mais nous n'oserions affirmer pour notre compte, qu'il soit le seul où la violence puisse être de nature à affecter le contrat de nullité. (V. au surplus *infra.*)

Encore une fois, la question doit être laissée à l'appréciation discrétionnaire des tribunaux.

*Que faut-il décider lorsque la violence n'a pas eu pour but de faire contracter l'obligation, mais qu'elle a cependant donné lieu à une obligation?*

Exemple : Un voyageur tombe entre les mains d'une bande de brigands; il est menacé de mort, et il promet une somme considérable à un tiers, si celui-ci le délivre.

Cette espèce embarrasse beaucoup les auteurs, et il y a, en effet, de quoi être embarrassé, en présence de textes qui ont bien l'air de n'avoir trait qu'à la violence exercée dans le but d'extorquer un consentement. (Comparer art. 1109 et 1111.)

Les *uns* professent avec Pothier que les tribunaux ont le droit de *réduire* l'obligation, si la somme promise leur paraît *excessive* (2).

Les *autres* décident que le contrat est *nul pour défaut de consentement;* mais, après avoir admis cette commune prémisse, ils se divisent sur le point final (3).

D'après une *première* opinion, le tiers auquel la promesse a été faite a le droit de réclamer par une action de gestion d'affaires le prix du service qu'il a rendu (4).

---

(1) Comparer M. Demolombe, t. XXIV, p. 122.

(2) Pothier, n° 24. — M. Duvergier, *Sur Toullier*, t. III, n° 85, note *a*. — M. Larombière, t. I, art. 1112, n° 12. (Comparer art. 1109 et 1111.)

(3) Voilà, qu'on se l'avoue ou non, un cas de *nullité* pour défaut de liberté *morale*.

(4) M. Marcadé, art. 1114, n° 444. — M. Mourlon, t. II, n° 1054, qui cite en ce sens M. Valette.

Ces auteurs confessent que leur système est une *échappatoire*.

Il y a des mots que les naïfs seuls prononcent. Eh! nous ne le savons que trop, que toutes vos *prétendues doctrines* ne visent qu'à l'*échappatoire*.

D'après une *seconde* opinion, ce tiers a le droit d'invoquer l'article 1382 (1).

D'après une *troisième* opinion, il n'a que le droit de se faire indemniser des dépenses qu'il pourrait avoir faites (2).

Selon nous, il en est de ce cas, comme de ceux qui précèdent, il ne comporte pas une solution à priori, et, comme le Code Napoléon ne s'explique pas sur la question, les tribunaux auront le droit d'apprécier (3).

**1115.** — Un contrat ne peut plus être attaqué pour cause de violence, si, depuis que la violence a cessé, ce contrat a été approuvé, soit expressément, soit tacitement, soit en laissant passer le temps de la restitution fixé par la loi.

Presque littéralement copié dans Pothier (n° 21), cet article énonce un caractère des actions en annulation.

*Ces actions tombent, en général, devant la ratification expresse ou tacite de celui qui a le droit de les intenter.*

Le fait de laisser passer le délai de restitution fixé par la loi, constitue un cas de ratification *tacite;* en somme, l'art. 1115 est une disposition redondante et d'autant plus malavisée qu'elle semble restreindre *à l'action* en annulation pour cause de *violence* un caractère, qui, nous le répétons, est celui de toute *la classe des actions en annulation*.

### 3° DOL.

**1116.** — Le dol est une cause de nullité de la convention lorsque les manœuvres pratiquées par l'une des parties sont telles qu'il est évident que, sans ces manœuvres, l'autre partie n'aurait pas contracté.

Il ne se présume pas et doit être prouvé.

Le dol doit être défini :

*Toute manœuvre frauduleuse employée pour tromper autrui.*

On voit, à cette définition, que le dol suppose toujours une *erreur ;* cependant, ce vice du consentement ne fait pas double emploi avec celui qui résulte de l'erreur, car, comme on le sait, il y a des erreurs qui par elles-mêmes sont insuffisantes pour porter atteinte au contrat, ainsi, l'*erreur sur les motifs;* or, quand des *manœuvres frauduleuses* y ont été jointes, *l'erreur sur les motifs* devient une cause d'annulation du contrat.

---

(1) M. Demolombe, t. XXIV, p. 139.

(2) M. Colmet de Santerre, t. V, n° 20 *bis*.

(3) Si les choses étaient ce qu'elles doivent être et ce qu'il faudra bien qu'elles deviennent, le rôle du juge, dans cette question comme dans une foule d'autres, serait de tendre constamment par ses décisions à reconstituer la conscience et à élever le niveau moral.

Selon l'enseignement des romanistes, la doctrine actuelle distingue :

1° *Le dol principal* (dans causam contractui) ;

2° *Le dol incident* (dolus incidens in contractum) (1).

*Le dol principal est celui que définit le premier alinéa de l'art.* 1116; *c'est le mobile déterminant du contrat.*

*Le dol incident est celui qui survient durant les pourparlers relatifs au contrat et qui a pour but de modifier les conditions du contrat au détriment de la partie qui subit le dol.*

On professe que, *tandis que le dol principal est une cause d'annulation du contrat, le dol incident ne peut être, en général, le fondement que d'une action en dommages-intérêts* (2).

Cette distinction est, en définitive, de peu de valeur, car elle se ramène forcément à une appréciation en fait.

La tromperie du marchand qui dissimule les défauts de sa marchandise, ou qui en exagère les qualités, n'est point, d'ailleurs, regardée comme un dol incident (3).

Toujours, d'après l'enseignement romain, les auteurs actuels distinguent encore :

1° *Le dolus malus ;*

2° *Le dolus bonus.*

Le dolus malus, *c'est celui dont nous venons de nous occuper.*

*Quant au* dolus bonus, *c'était*, disaient les Romains, *la machination permise* « adversus hostem latronemve » (liv. I, § 3, D. liv. **IV**, tit. III) (4).

Il résulte enfin des termes de l'art. 1116, que le dol, même principal, n'est une cause d'annulation du contrat que tout autant qu'il a été pratiqué *par l'une des parties envers l'autre.*

C'est dans ce sens que, par antithèse au vice de violence, on qualifie de *personnel* le vice de dol.

---

(1) Comparer Struvius, ex. 8, th. 27 et 33. — Coccejus, *De dolo malo*, quest. I.

(2) Pothier, n° 31. — MM. Demante et Colmet de Santerre, t. V, nos 26 et 26 *bis*. — M. Larombière, t. I, art. 1116, n° 3. — M. Demolombe, t. XXIV, p. 155.

(3) Nous sommes bien d'avis que c'est l'affaire de l'acheteur de se protéger lui-même contre les *méchantes* ruses du vendeur; mais nous pensons aussi qu'il y a lieu de flétrir la doctrine résumée par Ulpien dans les termes suivants : « *In pretio emptionis et venditionis, licet naturaliter contrahentibus se circumvenire.* (L. 16, § 4, D., liv. IV, tit. IV.)

(4) Cela rappelle le :

« ..... *Dolus an virtus, quid in hoste requirat?* »

Nous comprenons la légitime défense, nous ne comprenons l'emploi de la fraude contre personne, pas même contre le voleur.

La décision relative à la personnalité du dol s'appuie sur les vrais principes juridiques, car si c'est un tiers qui a commis le dol, sans que la partie qui se trouve en bénéficier n'y ait en rien participé, il est tout simple que l'autre partie soit réduite à un recours en dommages-intérêts contre le tiers qui lui a fait tort.

Au contraire, si c'est la partie envers laquelle l'obligation a été contractée, qui est elle-même l'auteur du dol, il est parfaitement logique que l'autre partie obtienne la restitution de son obligation, à titre de dommages-intérêts (1).

Rappelons que le dol est considéré comme un vice *réel*, en matière d'acceptation de succession. (V. *supra*, p. 199.)

Quand au *second* alinéa de l'art. 1116, il pose une règle qui peut se passer de tout commentaire (2).

### LÉSION.

**1118.** — La lésion ne vicie les conventions que dans certains contrats ou à l'égard de certaines personnes, ainsi qu'il sera expliqué en la même section.

*La lésion est le préjudice qu'éprouve l'une des parties dans un contrat commutatif.*

---

(1) MM. Demante et Colmet de Santerre, t. V, n[os] 26 et 27 *bis*, III. — M. Vernet, *Textes choisis sur la théorie des obligations en droit romain*, p. 243.)

Nous avons dit plus haut que, si les légistes avaient souci d'élever leurs théories à l'état scientifique, la violence ne devrait, elle aussi, être une cause d'annulation du contrat que lorsqu'elle a été exercée par le co-contractant.

Chose curieuse cependant, et qui montre à quel point est peu compris, parmi les légistes, *le principe de la liberté personnelle et de la responsabilité propre*, ce n'est pas la violence qu'on a proposé d'assimiler, sous ce point de vue, au dol, c'est le dol qu'on voudrait voir revêtir du même caractère *réel* que la violence. (M. Larombière, t. I, art. 1116, n° 8.)

La plupart des auteurs n'ont, du reste, que des éloges pour la *doctrine* romaine et pour la *doctrine* française. (V. M. Gide, *Revue pratique de Droit français*, 1865, t. XIX, p. 239, et M. Demolombe, t. XXIV, p. 163.)

(2) Encore une petite phrase de Pothier reproduite à tout hasard. (Pothier, n° 30, *in fine*.)

En vérité, les secrétaires qui compilèrent et rédigèrent le Code Napoléon en prirent plus qu'à leur aise, et il paraît impossible qu'ils aient même relu leur œuvre.

Louons-les cependant, ou, pour mieux dire, louons Pothier de n'avoir point tenté pour le dol ce qu'il a si malheureusement essayé pour l'erreur et pour la violence, c'est-à-dire de s'être abstenu de donner du dol une définition caractérisée.

Nul doute, d'ailleurs, que, dans une théorie exacte, le dol ne dût être regardé, selon les cas, comme une cause, non pas seulement d'annulation, mais même de nullité. Mais tel n'est pas le point de vue de Pothier (n° 29), ni par conséquent des compilateurs napoléoniens.

Les anciens légistes français admettaient, en principe, l'action en rescision pour cause de lésion au profit des mineurs.

C'était là une suite des traditions romaines.

Les mêmes anciens légistes s'entendaient assez mal entre eux sur les effets de la lésion entre mineurs; cependant le plus grand nombre enseignaient que les contrats qui avaient pour objet des immeubles ou des meubles précieux, étaient susceptibles d'être attaqués pour cause de lésion (1).

Après le culte du droit romain, celui de l'idée aristocratique; ne convenait-il pas, en effet, de maintenir en situation d'oisiveté les familles riches?

Le vrai Code du droit nouveau, le Code de la Convention, abolissait d'une manière radicale l'action en restitution pour cause de lésion (2).

Mais la réaction des compilateurs de brumaire arriva, et grâce aux efforts de Portalis, appuyés de ceux de Bonaparte, l'hérésie économique de la rescision pour cause de lésion reparut dans la loi française (3).

D'après l'art. 1118, la lésion est un vice du consentement :

1° *A l'égard de certaines personnes ;*

2° *Dans certains contrats.*

Les *certaines personnes* sont *les mineurs;* pour eux, la lésion continue à être admise, en principe, comme cause de rescision (art. 1305).

Les *certains contrats* concernent *les majeurs ;* ces contrats sont :

1° *La vente d'un immeuble lorsque le vendeur est lésé de plus des sept douzièmes* (art. 1674 et suiv.);

2° *Le partage, lorsque l'un des copartageants est lésé de plus du quart* (art. 887);

3° *La société, dans le cas réglé par l'art.* 1854.

*A l'égard des mineurs,* le fondement de l'action en rescision pour cause de lésion ne peut logiquement être que l'*idée d'incapacité personnelle.*

*A l'égard des majeurs,* dans certains contrats, le fondement de

---

(1) Comparer Despeisses, I, p. 20 et suiv. — Pothier, n° 33 et suiv.

(2) « La loi n'admet pas l'action en restitution pour simple cause de lésion dans le prix des choses même immobilières (art. 15, liv. III, tit. I, Code de la Convention).

Pour cette question comme pour toutes les autres, M. Demolombe passe sous silence le *monument* de la Convention, et l'éminent doyen s'imagine bonnement avoir scruté le droit de la Révolution parce qu'il cite un article d'une loi, toute de circonstance, la loi du 14 floréal an III.

C'est que M. Demolombe est rempli de dédain pour le droit de la Révolution, et qu'il réserve son étude, comme son enthousiasme, pour le pathos napoléonien.

(3) V. *Manuel de Droit civil,* t. III, la discussion à laquelle donna lieu la section de la rescision de la vente pour cause de lésion (sect. II, chap. VI, tit. VI).

l'action en rescision pour cause de lésion est, selon les uns (1), l'*erreur sur la valeur de la chose;* selon les autres (2), *le défaut de liberté.*

**1117.** — La convention contractée par erreur, violence ou dol, n'est point nulle de plein droit; elle donne seulement lieu à une action en nullité ou en rescision dans les cas et de la manière expliqués à la section VII du chapitre V du présent titre.

Cet article, mal classé, concerne l'*action en rescision pour cause de lésion*, tout aussi bien que *les actions en annulation pour cause d'erreur, de violence ou de dol.*

Son utilité consiste à rappeler que l'erreur, le dol et la violence peuvent donner lieu à l'*annulation* du contrat qui est affecté d'un de ces vices.

On tombe d'accord que les actions en annulation ou en rescision pour cause d'erreur, de violence ou de lésion, sont *réelles*, c'est-à-dire *qu'elles sont opposables non-seulement à la partie qui a figuré au contrat et à ses héritiers ou successeurs universels, mais encore à ses successeurs particuliers.* (*Arg.* de l'art. 2125.)

C'est l'application du brocard: « *Nemo plus juris in alium transferre potest, quam ipse habet* (3). »

*Doit-on admettre que l'action en annulation pour cause de dol est réelle, comme les trois précédentes?*

### DEUX SYSTÈMES.

1er SYSTÈME (4). — *L'action en annulation pour cause de dol est personnelle.*

---

(1) Pothier, n° 33.

(2) M. Demolombe, t. XXIV, p. 181.

Voici les propres paroles de M. Demolombe : « Le vice du consentement est le défaut de liberté et non pas l'erreur : le défaut de liberté, disons-nous, d'une partie qui a subi une sorte de contrainte morale, sous l'empire d'un besoin pressant d'argent.

Cela pourrait mener loin le savant professeur, du reste pas plus loin que nous n'allons nous-même. Dans les relations des travailleurs avec les capitalistes, quel est donc le contrat qui, à l'heure présente, ne s'impose pas à l'une des parties comme une nécessité de pain quotidien? quel est le contrat qui, intervenant entre le travailleur et le capitaliste, ne mérite d'être, *a priori*, suspecté de lésion? quel est le contrat dont on puisse dire que le travailleur y a obtenu l'équitable rémunération de son effort?

Thèses imprudentes à soulever de la part des amis de l'*ordre* actuel!

(3) Une maxime qui, sous cette forme générale, vaut l'autre maxime : « *Resoluto jure dantis, resolvitur jus accipientis* ». (V. *supra*, en particulier p. 308, note 3.)

(4) Delvincourt, t. II, p. 679. — M. Marcadé, art. 1116, n° 11.

L'*argument* de ce système est que l'action en annulation pour cause de dol n'est autre chose qu'une action en dommages-intérêts ; or, toute action en dommages-intérêts est essentiellement personnelle, c'est-à-dire qu'elle n'est opposable qu'à l'auteur du dommage et à ses héritiers ou successeurs universels.

2e SYSTÈME (1). — *L'action en annulation pour cause de dol est réelle.*

L'*argument* de ce système est que l'art. 1109 range le dol au nombre des vices du consentement, et que l'art. 1117 n'établit aucune différence entre les actions résultant de l'erreur, de la violence ou du dol ; donc, il y a lieu d'appliquer aux unes comme aux autres le brocard : « *Nemo plus juris in alium transferre potest, quam ipse habet.* »

Le *premier* système a la raison pour lui ; le *second* a les textes (2).

---

## APPENDICE

### DU DÉFAUT DE LIEN

Logogriphiques dans la forme, naïfs jusqu'à l'extrême simplicité ou irrationnels au fond, les quatre articles suivants ont beaucoup exercé les interprètes.

Ils sont issus de la plus pure doctrine romaine, et ils ont été puisés dans Pothier par les auteurs du fatras napoléonien (3).

**1119.** — On ne peut, en général, s'engager ni stipuler en son propre nom que pour soi-même.

**1120.** — Néanmoins on peut se porter fort pour un tiers, en promettant le fait de celui-ci, sauf l'indemnité contre celui qui s'est porté fort ou qui a promis de faire ratifier si le tiers refuse de tenir l'engagement.

**1121.** — On peut pareillement stipuler au profit d'un tiers lorsque telle est la condition d'une stipulation qu'on fait pour soi-même ou d'une donation qu'on fait à un autre. Celui qui a fait cette stipulation ne peut plus la révoquer si le tiers a déclaré vouloir en profiter.

---

(1) M. Duranton, t. X, n° 180. — M. Demolombe, t. XXIV, p. 169.

(2) Tout cela est arbitraire, s'écrie un des partisans du second système, M. Duranton.

C'est entièrement notre avis ; oui, le tout est arbitraire, et, si on le passait au crible, nous ignorons ce qu'il en resterait.

(3) *Inst.*, § 20, liv. III, tit. XIX. — L. 83, D., liv. XLV, tit. I. — *Inst.*, §§ 3 et 4, liv. III, tit. XIX. — L. 73, § 4, D., liv. L, tit. XVII. — Pothier, nos 53-84.

Si l'on veut de nouveau mesurer par soi-même la portée d'esprit de l'honnête Pothier, qu'on jette seulement un regard sur les numéros que nous venons d'indiquer.

**1122.** — On est censé avoir stipulé pour soi et pour ses héritiers et ayants cause, à moins que le contraire ne soit exprimé ou ne résulte de la nature de la convention.

L'art. 1119 dispose que :

On ne peut, en général, s'engager ni stipuler en son propre nom, que pour soi-même.

Au point de vue de la forme, voici comment ce texte doit être traduit :

*Une personne ne peut promettre, en son propre nom, pour un tiers.*

*Une personne ne peut stipuler, en son propre nom, pour un tiers* (1).

Examinons séparément ces *deux* propositions.

PREMIÈRE PROPOSITION. — *Une personne ne peut promettre, en son propre nom, pour un tiers.*

Au point de vue du fond, cela signifie que lorsqu'on fait, en son propre nom, une promesse pour un tiers :

1° *Cette promesse n'oblige pas le tiers pour qui elle a été faite ;*

2° *Cette même promesse n'oblige pas non plus la personne qui l'a faite.*

Elle n'oblige pas le tiers, parce qu'elle est pour le tiers « *res inter alios acta* ».

Elle n'oblige pas la personne qui l'a faite, parce que, dit-on, d'après le droit romain, la personne qui a promis le fait d'un tiers n'a pas annoncé suffisamment par cela seul l'intention de s'obliger elle-même (2).

Donc, *deux* nouvelles propositions ; voyons chacune d'elles.

1° *La promesse, faite pour un tiers, n'oblige pas le tiers pour qui elle a été faite.*

Au temps où florissait le vieux formalisme romain, cette règle comportait une application absolue.

Une personne ne pouvait promettre pour un tiers, même au nom de ce tiers ; en d'autres termes, le mandataire et le gérant d'affaires ne pouvaient agir qu'en leur propre nom.

Aujourd'hui, toutes les fois que celui qui promet pour un tiers, promet, *au nom de ce tiers*, comme mandataire ou comme gérant d'affaires, le tiers pour qui la promesse a été faite se trouve obligé.

Au surplus, les cas du mandat et de la gestion d'affaires sont en dehors de l'art. 1119, puisque ce texte parle d'une personne qui se serait engagée, *en son propre nom* (3).

(1) Comparer Pothier, p. 1, chap. I, sect. I, art. V, § 1.

(2) Comparer L. 3, *in fine*, C., liv. IV, tit. XII. — *Inst.*, § 3, liv. III, tit. XIX ; — et Pothier, n° 56.

(3) Quel rapport existe-t-il entre la théorie du droit romain sur le mandat et

2° *La promesse, faite pour un tiers, n'oblige pas la personne qui l'a faite.*

Comme exception à cette règle, l'art. 1120 indique le cas où le promettant a entendu se *porter fort* de la ratification du tiers pour lequel la promesse a été faite.

L'intention de se *porter fort* sera, d'ailleurs, évidente, si le promettant s'est engagé à payer une certaine somme de dommages-intérêts, à titre de clause pénale, pour le cas où le tiers ne ratifierait pas.

Remarquons que l'obligation du *porte-fort* diffère de celle de la *caution*, en ce que le *porte-fort* n'est tenu, en général, que *de faire ratifier*, tandis que la caution est obligée *de payer, si le débiteur principal ne paye pas.*

CONCLUSION. — *Rationnellement et pratiquement, il est inadmissible que celui qui promet pour un autre ne soit pas le mandaire ou le gérant d'affaires de cet autre, ou n'entende pas se porter fort pour cet autre.*

*Donc, il n'y avait lieu d'inscrire dans un code ni la première disposition de l'art.* 1119, *ni la disposition de l'art.* 1120.

Au juge d'interpréter l'intention des parties, selon ce qui est équitable et utile.

SECONDE PROPOSITION. — *Une personne ne peut stipuler, en son propre nom, pour un tiers.*

Au point de vue du fond, cela signifie que, lorsqu'on fait, en son propre nom, une stipulation pour un tiers :

1° *Cette stipulation ne confère pas d'action au tiers pour qui elle a été faite;*

2° *Cette même stipulation ne confère pas non plus d'action à la personne qui l'a faite.*

Elle ne confère pas d'action au tiers, parce qu'elle est pour le tiers *res inter alios acta.*

Elle ne confère pas non plus d'action à la personne qui l'a faite, parce que cette personne n'y a pas un intérêt pécuniaire appréciable.

---

sur la gestion d'affaires, et les deux règles romaines, *De se quemque promittere oportet* (L. 88, D., liv. XLV, tit. I), *Alteri stipulari nemo potest* (*Inst.*, § 19, liv. III, tit. XIX)? C'est là un point aussi obscur qu'inutile à examiner. Ce qu'il y a d'incontestable, c'est que la même idée formaliste a inspiré l'ensemble. (Comparer Molitor, *Les obligations en Droit romain*, t. I, p. 95. — M. Vernet, *Textes choisis sur la théorie des obligations en Droit romain*, p. 191. — M. Humbert, *Revue historique de Droit français et étranger*, 1865, p. 653. — M. Ortolan, *Institutes expliqués*, §§ 3 et 4, liv. III, tit. XIX. — M. Demangeat, *Cours élémentaire de Droit romain*, t. II, p. 211. — M. Labbé, *Dissertation sur les effets de la ratification des actes d'un gérant d'affaires*, n^os^ 10 et 12.)

Donc encore, *deux* nouvelles propositions ; rendons-nous compte de chacune d'elles.

1° *La stipulation, faite pour un tiers, ne confère pas d'action au tiers pour qui elle a été faite.*

Conformément à ce qui a été dit, *supra*, il faut commencer par faire remarquer que, dans le droit moderne, cette règle ne concerne pas les stipulations faites pour un tiers, *au nom de ce tiers*, c'est-à-dire les cas du mandat ou de la gestion d'affaires.

Aujourd'hui, dans ces cas, la stipulation, faite pour un tiers, confère une action au tiers pour qui elle a été faite.

La règle s'applique seulement à la stipulation qu'une personne fait, *en son propre nom*, pour un tiers.

Toutefois, l'art. 1121 pose *deux* exceptions :

*L'une, concernant le cas où la stipulation, faite pour un tiers, est la condition d'une stipulation qu'on fait pour soi-même.*

*L'autre, relative au cas où la stipulation, faite pour un tiers, est la condition d'une donation qu'on fait à un autre.*

Dans ce cas, d'ailleurs, le stipulant a, en général, le droit de *révoquer* la stipulation, *tant que le tiers n'a pas déclaré vouloir en profiter.*

2° *La stipulation, faite pour un tiers, ne confère pas d'action à celui qui l'a faite.*

Ici, le correctif à apporter est que celui qui a fait la stipulation a une action, toutes les fois qu'il y a *un intérêt pécuniairement appréciable.*

Au surplus, pour qu'il existe un intérêt pécuniairement appréciable, il suffit que la stipulation renferme *une clause pénale* au profit du stipulant, car, en ce cas, déclare Pothier, la clause pénale est le contrat principal, et la stipulation joue le rôle d'une condition (1).

D'après l'art 1121, on ajoute encore que le stipulant a action :

*Dans le cas où la stipulation, faite pour un tiers, est la condition d'une stipulation qu'il fait pour lui-même ;*

*Dans le cas où la stipulation, faite pour un tiers, est la condition d'une donation que le stipulant fait à un autre.*

Évidemment, ces *deux* cas rentrent dans le correctif que nous avons d'abord indiqué (2).

---

(1) Pothier, n° 70.

(2) Les auteurs dissertent sur le point de savoir si la gestion d'affaires peut commencer par une stipulation qu'une personne fait en son nom pour un tiers. N'est-ce pas le cas de répondre, avec le laconisme de certains textes romains : « Et pourquoi non ? » (Comparer Pothier, n$^{os}$ 59 et 60. — Molitor, *Les obligations en Droit romain*, t. I, p. 100 et suiv. — M. Vernet, *Textes choisis*, p. 196. — M. Larombière, t. I, art. 1120, n° 9. — M. Labbé, *Dissertation sur les effets de la ratification des actes d'un gérant d'affaires*, n° 64. — M. Demolombe, t. XXIV, p. 212 et suiv.)

CONCLUSION. — *Rationnellement et pratiquement, il est inadmissible que celui qui stipule pour un tiers ne soit pas le mandataire ou le gérant d'affaires de ce tiers, ou qu'il n'ait pas à la stipulation un intérêt pécuniairement appréciable.*

*Donc, il n'y avait lieu de formuler dans un code ni la seconde disposition de l'art.* 1119, *ni la disposition de l'art.* 1121 (1).

Passons à l'art. 1122.

Cet article pose en principe que :

On est censé avoir stipulé (activement ou passivement) non-seulement pour soi, mais encore :

1° *Pour ses héritiers ;*

2° *Pour ses ayants cause.*

Occupons-nous successivement de ces *deux* classes de personnes.

1° *Héritiers du stipulant ou du promettant.*

Pothier disait : « c'est stipuler ou promettre pour nous-mêmes et non pour autrui, lorsque nous stipulons ou promettons pour nos héritiers, puisqu'ils sont en quelque façon la continuation de nous-mêmes : « *Hœres personam defuncti sustinet.* »

Pothier disait, en outre : « Non-seulement nous pouvons valablement stipuler pour nos héritiers, mais nous sommes censés ordinairement l'avoir fait... de même, nous sommes censés promettre pour nos héritiers et les engager à tout ce que nous promettons » (2).

Cette théorie est incontestablement celle que les compilateurs napoléoniens ont entendu consacrer, car, dans toute l'étendue de la présente section, ils ont suivi Pothier pas à pas.

Il faut excepter :

1° *Le cas où le caractère d'intransmissibilité héréditaire résulte d'une clause formelle du contrat;*

2° *Le cas où le caractère d'intransmissibilité héréditaire résulte de la nature de la chose, du fait ou de l'abstention qui est l'objet du contrat.* (V. notamment art. 617, 631, 634, 1441, 1514, 1795, 1865, 1974, 1975, 2003, etc.) (3).

---

(1) Comparer les notes pleines de bon sens de M. Bugnet sur les nos 54-60 du traité des *Obligations.*

Remarquer que Pothier, qui n'a jamais eu la moindre notion du droit naturel, c'est-à-dire du droit idéal, appelle constamment la morale, dans cette partie, du nom de droit naturel. Quant à son droit positif, comme toujours il le puise dans les textes romains, sans soumettre ces textes à aucune critique.

(2) Pothier, nos 61, 63, 66.

(3) Pothier, no 63. — M. Larombière, t. I, art. 1122, nos 13 et 14. — M. Demolombe, t. XXIV, p. 244 et suiv.

*On peut stipuler ou promettre pour ses héritiers, sans stipuler ou promettre pour soi-même* (1).

Nous verrons *infra* art. 1221, § 4, *si l'on peut stipuler ou promettre pour un ou quelques-uns de ses héritiers, sans stipuler ou promettre pour les autres.*

2° *Ayants cause du stipulant ou du promettant.*

Les ayants cause d'une personne sont de *deux* sortes :

*Les uns universels ou à titre universel ;*

*Les autres à titre particulier.*

Les ayants cause *universels* ou *à titre universel* du stipulant ou du promettant, légataires ou donataires de biens à venir par contrat de mariage, doivent, en général, être assimilés aux *héritiers* (V. cependant *supra*, p. 323, le point de savoir si ces ayants cause sont tenus *ultra vires* des dettes de leur auteur).

Quant aux ayants cause *à titre particulier*, distinguons :

1° *L'effet des stipulations ;*

2° *L'effet des promesses.*

*En ce qui concerne l'effet des stipulations*, les ayants cause à titre particulier recueillent le profit :

1° *Des stipulations qui ont créé un droit réel pour tout propriétaire de la chose transmise*, par exemple *un droit de servitude réelle ;*

2° *Des stipulations qui ont créé des droits devant appartenir à tout acquéreur de la chose transmise à titre d'accessoires de cette chose*, par exemple *un droit d'hypothèque* (2).

Mais les ayants cause à titre particulier ne recueillent pas le profit *des stipulations qui n'ont produit qu'un droit personnel, relativement à la chose transmise.*

Ainsi, propriétaire d'un terrain, je fais avec un entrepreneur un contrat par lequel celui-ci s'oblige à élever des constructions sur mon terrain ;

Puis, avant l'exécution des travaux, je vends mon terrain.

L'acheteur ne peut profiter d'une stipulation qui n'a produit un droit que dans ma personne (3).

*En ce qui concerne l'effet des promesses*, les ayants cause à titre particulier supportent la charge :

1° *Des promesses qui ont grevé la chose transmise d'un droit réel*, par exemple, *d'un droit de servitude personnelle ou réelle ;*

2° *Des promesses que tout tiers détenteur est tenu de remplir*, par

---

(1) M. Duranton, t. X, n° 255. — M. Demolombe, t. XXIV, p. 249.

(2) Comparer MM. Zachariæ, Aubry et Rau, t. II, p. 62 et suiv. — M. Demolombe, t. XXIV, p. 258.

(3) En ce sens, MM. Zachariæ, Aubry et Rau, t. II, p. 63.

En sens contraire, M. Demolombe, t. XXIV, p. 261.

exemple *de payer au vendeur originaire d'un immeuble le prix de cet immeuble.*

*Quant aux promesses qui n'ont produit qu'une obligation à la charge de leur auteur*, les ayants cause à titre particulier n'en sont point, en général, tenus. (V. une importante exception, art. 1743) (1).

## SECTION II.

### DE LA CAPACITÉ DES PARTIES CONTRACTANTES.

La théorie de la capacité des parties contractantes n'est, comme nous l'avons dit, qu'un côté de celle du consentement ; celui qui, en effet, ne se rend pas compte de sa propre pensée ou qui peut-être ne s'en rend compte que d'une manière imparfaite, celui-là n'est pas capable du consentement nécessaire au contrat;

L'incapacité peut être de nature ou à rendre le contrat *nul* ou à le rendre *simplement annulable.*

Est de nature à rendre le contrat *nul* l'incapacité :

*De l'enfant non parvenu à l'âge de raison ;*

*De l'individu en état de démence ;*

*De l'individu en état d'ivresse.*

Est de nature à rendre le contrat *simplement annulable* l'incapacité :

*Du mineur.*

Voilà les indications fournies à la fois par l'observation des faits et par la raison philosophique ; voyons quelle est la législation napoléonienne.

Cette législation a séparé le point de vue de la capacité des parties de celui du consentement, et elle a fait du consentement et de la capacité deux conditions distinctes du contrat (2).

Cette législation a, en outre, considéré l'incapacité des parties comme n'étant susceptible de constituer qu'une simple cause d'*annulabilité* du contrat (3).

Aux yeux du législateur napoléonien, est de nature à rendre, en général, le contrat *annulable* l'incapacité :

1° *Du mineur ;*

2° *De l'interdit ;*

---

(1) Comparer M. Demolombe, t. XXIV, p. 264.

Il y a bien des matières vaines dans la théorie juridique actuelle, il n'y en a pas de plus vaine que celle que Pothier vient de nous condamner à exposer. En bonne doctrine, le tout se résume dans cette règle de sens commun : il faut interpréter les contrats d'après l'intention des parties.

(2) En cela, la compilation napoléonienne a suivi la *méthode* traditionnelle. (Comparer Pothier, part. I, chap. I, sect. I, art. 3 et 4.)

(3) En cela, la compilation napoléonienne a innové. (Comparer Pothier, n^os 49 et 50.)

3° *De la femme mariée* (1).

Cette nomenclature est incomplète.

D'après le législateur napoléonien lui-même, il faut ajouter :

4° *Les personnes civiles ou juridiques* (art. 910, 1712, 2045);

D'après la loi du 30 juin 1838 :

5° *Les individus placés dans un établissement public ou privé d'aliénés* (2).

Sous l'empire de la législation napoléonienne, quel effet y a-t-il lieu d'attribuer à l'incapacité :

*De l'enfant non parvenu à l'âge de raison;*

*De l'individu en état de démence qui n'est point interdit;*

*De l'individu en état d'ivresse?*

L'incapacité de ces personnes est-elle une *cause* de *nullité* ou une *simple cause d'annulabilité* du contrat ?

*A l'égard du contrat fait avec un enfant non parvenu à l'âge de raison*, on s'accorde à décider que ce contrat est *nul* (3).

Le fondement de cette solution est que la législation napoléonienne, n'ayant point prévu ce cas, c'est à la doctrine de le régler; or, en doctrine, il n'est pas niable qu'un enfant, non parvenu à l'âge de raison, est incapable de consentement.

*A l'égard du contrat fait avec un individu en état de démence ou en état d'ivresse*, les auteurs sont divisés.

Les *uns* enseignent que la législation napoléonienne ne s'est pas non plus occupée de cette double hypothèse, et qu'il y a lieu à la *même* solution que dans le cas de l'enfant non parvenu à l'âge de raison (4).

---

(1) Nous avons apprécié, *in extenso*, cette incapacité-là. (*Manuel de Droit civil*, t. I, p. 224.)

(2) V., pour cette catégorie de personnes, *Manuel de Droit civil*, t. I, p. 514.

Convient-il aussi d'ajouter, d'après les compilateurs napoléoniens, les *individus légalement interdits*, car il n'est pas douteux qu'en mentionnant *l'interdit*, les compilateurs napoléoniens n'ont entendu parler que de *l'individu judiciairement interdit?*

Pour répondre à cette question, il faudrait d'abord qu'on sût ce que c'est que l'interdiction légale; or, quel légiste est en état de définir, sans biaiser, l'interdiction légale? (V. *Manuel de Droit civil*, t. I, p. 56.)

Donc, on ne peut faire un seul pas dans l'interprétation du Code Napoléon, sans se convaincre de plus en plus que la théorie de ce Code est impossible. Science de cas, disait un romaniste, par allusion à la science du droit romain; science de cas, répéterons-nous, pour toute la science ancienne ou actuelle du droit!

(3) MM. Zachariæ, Aubry et Rau, t. III, p. 209. — M. Demolombe, t. XXIV, p. 81 et 272.

(4) M. Lacaze, *De la folie, considérée dans ses rapports avec la capacité civile*, p. 45. — M. Brillaud-Laujardière, *De l'ivresse, considérée dans ses conséquences médico-légales*. — M. Colmet de Santerre, t. V, n° 14 *bis*. — M. Demolombe, t. XXIV, p. 81.

Les *autres* professent, au contraire, qu'on ne peut sans contradiction admettre une théorie d'*annulabilité* à l'égard du contrat fait avec un individu interdit pour cause de démence et une théorie de *nullité* à l'égard du contrat fait avec un individu en état de démence qui n'est point interdit, ou avec un individu en état d'ivresse (1).

Cette *dernière* opinion nous paraît avoir pour elle l'évidence (2).

**1123.** — Toute personne peut contracter, si elle n'en est pas déclarée incapable par la loi.

Cet article revient à dire qu'en matière de contrats, la *liberté de l'individu est le droit commun.*

---

(1) Toullier, t. III, n° 112. — MM. Zachariæ, Aubry et Rau, t. III, p. 209.

(2) Nous comprenons bien que la pratique s'en soit écartée et qu'il existe des arrêts en sens contraire ; on a beau faire violence dans un Code à la nature des choses, la nature des choses est la plus forte, et il y a des cas où elle impose ses solutions. Mais quelque habile dans l'art de subtiliser et de distinguer que soit la casuistique des lois, qu'elle explique, si elle le peut, cette casuistique, comment il est rationnel et juste que le contrat fait par un fou, qui n'est pas interdit, soit déclaré nul, tandis que le contrat fait par le même fou, si ce fou était interdit, serait simplement annulable !

*Ce point n'est après tout que de détail; ce qui ne l'est pas, c'est la manière dont tous les auteurs s'expriment sur le droit positif, sur le droit naturel, et sur le rapport qui relie le premier au second.*

Ainsi, Pothier écrit en toutes lettres « qu'il y a des personnes qui sont par la nature capables de contracter, mais qui en sont rendues incapables par la loi civile » (n° 50), et son annotateur, M. Bugnet, ajoute : « Il y a des incapables de contracter, parce qu'ils sont incapables de consentir...; il y a des incapacités qui sont l'œuvre de la loi » (note 2).

M. Demolombe dit dans le même sens « qu'il ne faut pas confondre l'incapacité naturelle de consentir avec l'incapacité légale de contracter. » (T. XXIV, p. 80.)

MM. Zachariæ, Aubry et Rau, impriment cette phrase : « Quoique le consentement qui ne réunit pas les conditions ci-dessus indiquées doive, philosophiquement parlant, être considéré comme inexistant, il ne faut cependant pas en conclure que la convention à laquelle un pareil consentement a servi de base soit toujours réputée non avenue selon le droit positif. » (T. III, p. 209.)

Que veulent dire toutes ces affirmations, d'ailleurs plus ou moins dépourvues de clarté ? En dernière analyse, que signifient-elles, sinon que le droit naturel ou philosophique a sa sphère, le droit positif la sienne, en d'autres termes, que les titres de la nature et de la raison ne sont pas nécessairement des titres aux yeux du législateur ?

Et nous, qui étions convaincu que le droit naturel était l'étoile polaire du droit positif ! nous qui pensions même que la perfection du droit positif était de chercher à réaliser le plus complètement possible, à chaque heure, l'idée qui forme l'essence du droit naturel !

Nous insistons, car nous touchons le vice dont est infectée toute la tradition juridique, romaine, germanique, féodale ou royale ; nous insistons, car nous touchons la plaie saignante de toute la prétendue doctrine juridique du temps présent. Cette tradition et cette doctrine sont sans idée ; or, « *sans l'idée, il n'y a pas de science* » (Aristote, *Métaph.*, I) ; « *sans l'idée, la science s'égare dans les faits de détail ou dégénère en routine.* » (Platon, *Rép.*, V.)

Cette déclaration a le tort de porter à supposer que le droit tout entier puisse avoir un autre fondement.

**1124.** — Les incapables de contracter sont :
Les mineurs,
Les interdits,
Les femmes mariées, dans les cas exprimés par la loi,
Et généralement tous ceux à qui la loi a interdit certains contrats.

Comme il a déjà été dit, les incapables de contracter sont, d'après la compilation napoléonienne :

1° *Les mineurs ;*

2° *Les interdits ;*

3° *Les femmes mariées.*

A la suite des mots « les femmes mariées » l'art. 1124 ajoute : « dans les cas exprimés par la loi ».

On discute pour savoir si cette addition concerne les *trois* classes d'incapables mentionnées par l'article ou seulement *les femmes mariées*.

En général, on décide qu'elle ne concerne que *les femmes mariées* (1).

Au surplus, ce n'est là qu'une affaire d'interprétation de texte ; on est d'accord pour enseigner que, bien que les trois incapacités des mineurs, des interdits et des femmes mariées, affectent l'état général de la personne, cependant, il y a des cas à excepter pour le mineur et pour l'interdit, comme pour la femme mariée.

L'art. 1124 ajoute encore cette proposition :

« Et généralement tous ceux à qui la loi interdit certains contrats. »

Ces nouveaux incapables sont frappés d'une incapacité qualifiée de *spéciale*, par antithèse à l'incapacité dite *générale* qui atteint les mineurs, les interdits et les femmes mariées.

Les personnes, frappées d'une incapacité spéciale, sont nombreuses (V. notamment art. 450, 1596, 1597, 1840).

Rappelons d'ailleurs :

1° *Que la liste dressée dans l'*art. 1124, *pour les personnes atteintes d'une incapacité générale de contracter, est incomplète* (V. *supra*, p. 770).

2° *Que la première catégorie d'incapables désignée en tête de cette liste*, c'est-à-dire *celle des mineurs, renferme :*

*La classe des mineurs non émancipés ou en tutelle ;*

*La classe des mineurs émancipés ou en curatelle* (2) ;

3° *Qu'en regard de la seconde catégorie d'incapables également mentionnée dans cette liste*, c'est-à-dire *celle des interdits, il faut inscrire*

(1) Comparer M. Demante, t. V, n° 36. — M. Demolombe, t. XXIV, p. 270-274 ; — et aussi Fenet, t. XIII, p. 227.

(2) V. *Manuel de Droit civil*, t. I, p. 410, et aussi p. 472.

*les personnes pourvues d'un conseil judiciaire et qui sont frappées d'une sorte de demi-interdiction* (1).

Remarquons enfin, sauf à développer ultérieurement ce chef (art. 1304 et suiv.), que, toute question de forme à part, l'*incapacité des mineurs est moins radicale que celle des interdits et celle des femmes mariées;* le mineur qui a figuré lui-même dans un contrat, est restituable non point en tant que mineur, mais en tant que lésé, tandis que l'interdit et la femme mariée sont restituables en tant qu'interdit et en tant que femme mariée, abstraction faite de toute circonstance de lésion (V. *infra*, art. préc.) (2).

**1125.** — Le mineur, l'interdit et la femme mariée ne peuvent attaquer, pour cause d'incapacité, leurs engagements que dans les cas prévus par la loi.

Les personnes capables de s'engager ne peuvent opposer l'incapacité du mineur, de l'interdit ou la femme mariée, avec qui elles ont contracté.

Cet article signifie que l'incapacité du mineur, de l'interdit et de la femme mariée rend *simplement annulable* le contrat où sont intervenues ces personnes.

Nous le savions déjà, et nous savions aussi que l'action en annulabilité n'appartient pas à l'individu capable qui a traité avec l'individu incapable (3).

## SECTION III.

### DE L'OBJET ET DE LA MATIÈRE DES CONTRATS.

Cette rubrique est *fausse;* les inattentifs compilateurs napoléoniens ont traité dans la section III, non *de l'objet des contrats*, mais *de l'objet des obligations contractuelles.*

Pour se convaincre de la confusion qui s'est faite dans l'esprit des compilateurs, il suffit de comparer :

1° Les trois premiers articles de la section (art. 1126-1128), où il n'est parlé que du *contrat*, avec les deux derniers articles de la section (art. 1129 et 1130), où il n'est plus parlé que de l'*obligation;*

---

(1) V. *Manuel de Droit civil*, t. 1, p. 495, 518 et 521.

(2) Ce qui est une incomparable réfutation pratique de l'incapacité de la femme mariée, c'est de voir, dans une foule de cas, le mari et la femme s'entendre ensemble pour frauder les tiers au moyen de cette incapacité.

Où la raison manque, la moralité ne saurait régner.

(3) Les compilateurs napoléoniens ont encore ajouté ici (premier alinéa de l'art. 1125) : « dans les cas prévus par la loi ».

Pauvres gens, ils craignaient de se perdre, on le conçoit, dans le dédale de leurs *casus!*

2° La section III tout entière avec la section correspondante de Pothier (section IV, n[os] 129-140) (1).

En principe d'ailleurs, il est irrationnel de confondre *l'objet du contrat* avec *l'objet de l'obligation.*

Qu'est-ce, en effet, que l'objet d'une relation juridique ? Qu'est-ce que le contrat ? Qu'est-ce que l'obligation ?

L'objet d'une relation juridique, c'est la chose à laquelle s'applique cette relation, ou, si l'on veut, sur laquelle elle porte.

Le contrat, c'est un concours de volontés, de nature à engendrer, à modifier ou à anéantir une action.

L'obligation, c'est la nécessité juridique d'accomplir une certaine prestation.

Or, supposons d'abord le cas du contrat qui anéantit une action ; n'est-il pas évident que, dans ce cas, le contrat ne produisant pas d'obligation, le contrat a un objet propre ?

Mais, allons plus loin, et supposons le cas du contrat qui engendre ou qui modifie une action.

Ici, il y a à distinguer : ou le contrat est par lui-même translatif de droit réel ou il est simplement productif d'obligation.

Le contrat est-il par lui-même translatif de droit réel, comme alors il n'est point nécessaire que le contrat produise en même temps des obligations, il est encore évident, dans cette nouvelle hypothèse, que le contrat est susceptible d'avoir un objet propre (2).

Enfin, le contrat est-il simplement productif d'obligation, il n'est pas du tout impossible que le contrat et l'obligation qui en résulte aient deux objets différents ; ainsi, la transaction a pour objet un droit constaté et l'obligation mise par ce contrat à la charge de l'une des parties, peut, par exemple, avoir pour objet une somme d'argent.

*Donc, c'est une erreur d'identifier en principe l'objet du contrat avec l'objet de l'obligation.*

Toutefois, il est vrai que, dans certains cas, le contrat a pour objet ce qui fait l'objet de l'obligation ou des obligations dont il est cause (3).

---

(1) Le double exemple du Digeste et de la compilation napoléonienne prouve qu'il n'est pas aussi facile qu'on pourrait le croire de découper des textes dans les auteurs et d'en faire des dispositions légales, car il faut comprendre les textes qu'on découpe, et il faut les agencer.

(2) Sans doute, il arrive habituellement que le contrat, qui est par lui-même translatif de droit réel, produit en même temps des obligations ; mais ces obligations ne sont qu'accessoires, elles n'importent en rien à l'existence, au but, en un mot à la détermination du contrat : ainsi, la vente de tel cheval reste la vente de tel cheval, le vendeur n'eût-il la charge ni de conserver ni de délivrer le cheval. (V. *infra*, chap. III, sect. II.)

(3) Nous n'en sommes pas moins étonné que M. Demolombe ait commis cette proposition absolue :

« Le contrat n'ayant d'autre but que de produire des obligations, a nécessai-

Ce point éclairci, remarquons :

1° *Que la seule règle légale qui eût dû être posée en cette matière est que toutes les choses susceptibles d'une appréciation pécuniaire peuvent être l'objet du contrat ou de l'obligation, pourvu qu'elles ne soient pas contraires à l'ordre public véritable, c'est-à-dire à l'harmonie des droits et des libertés individuelles* (1) ;

2° *Que le défaut d'objet entraîne la nullité, et non pas simplement l'annulabilité, du contrat ou de l'obligation.*

Les compilateurs napoléoniens étant entrés, à la suite de Pothier, dans certains détails, nous examinerons rapidement ces détails.

**1126.** — Tout contrat a pour objet une chose qu'une partie s'oblige à donner, ou qu'une partie s'oblige à faire ou à ne pas faire.

Cet article est une imitation d'une phrase dans laquelle Pothier définissait l'*objet de l'obligation* (n° 130).

Appliquée à l'*objet du contrat*, cette phrase ne fait guère que répéter l'art. 1101.

Comme l'art. 1101 d'ailleurs, l'art. 1126 omet d'indiquer qu'aujourd'hui le contrat peut être par lui-même translatif de droit réel.

Remarquons que dans le texte, le mot « chose » désigne non-seulement *toute chose* proprement dite, mais *tout fait positif ou négatif*.

**1127.** — Le simple usage ou la simple possession d'une chose peut être, comme la chose même, l'objet du contrat.

Article naïf plagié dans Pothier (n° 130); toutefois, Pothier disait : *objet de l'obligation*, là où les compilateurs ont écrit « objet du contrat ».

**1128.** — Il n'y a que les choses qui sont dans le commerce qui puissent être l'objet des conventions.

**1129.** — Il faut que l'obligation ait pour objet une chose au moins déterminée quant à son espèce.

La quotité de la chose peut être incertaine, pourvu qu'elle puisse être déterminée.

Ces *deux* articles-là, ce sont : l'un, le *premier* alinéa du n° 131 de Pothier; l'autre, le *second* alinéa du même n° 131 de Pothier.

Seulement, malgré le jargon dont se servait Pothier, le second alinéa

---

rement lui-même pour objet ce qui fait la matière des obligations qui en dérivent. » (T. XXIV, p. 278.)

(1) Cette conception de l'ordre public est à nos yeux la base sur laquelle sera construite la science sociale tout entière le jour où l'on voudra bien s'occuper de la construire.

En attendant, nos législateurs imbéciles continueront à séparer l'ordre public et la liberté.

du n° 131 de cet auteur était clair, tandis que la formule de l'art. 1129 ne l'est pas.

Voici ce que signifie cette formule : *il n'est point nécessaire que l'objet de l'obligation soit un corps certain; cet objet peut être une chose indéterminée; mais il ne faut pas cependant que son indétermination soit de telle sorte qu'on ne puisse discerner quelle a été l'intention des parties.*

Cette chose *indéterminée*, mais *déterminable*, comme disait Pothier, c'est ce que l'art. 1108 et les auteurs appellent *un objet certain* (1).

**1130.** — Les choses futures peuvent être l'objet d'une obligation.
On ne peut cependant renoncer à une succession non ouverte, ni faire aucune stipulation sur une pareille succession, même avec le consentement de celui de la succession duquel il s'agit.

Si les *choses futures* peuvent être l'objet d'une obligation, c'est que, comme disent les auteurs « si elles n'existent pas encore, il y a chance qu'elles existeront dans l'avenir (2) ».

Toutefois, comme le législateur romain avait sans doute ses raisons pour défendre les pactes sur succession future, le très-docile Pothier et ses non moins dociles *imitateurs* prohibent *les pactes sur succession future* (3).

## SECTION IV.

### DE LA CAUSE.

*La cause d'une obligation contractuelle est le but essentiel* (d'autres disent : *le but le plus prochain*) *que les parties se proposent d'atteindre en s'obligeant.*

---

(1) Très-forte doctrine ! Ne pas confondre, au surplus, l'objet certain, exemple : un cheval, avec le corps certain, exemple : tel cheval.

Prendre bien garde en outre :

1° Que, dans le premier alinéa de l'art. 1129, le mot *espèce* a un sens intermédiaire entre les mots *individu* et *genre;*

2° Que d'ailleurs le mot *genre* a dans certains textes le même sens que le mot *espèce* dans l'art. 1129. (Comparer M. Demolombe, t. XXIV, p. 287 et 288.)

Aussi forte terminologie que forte doctrine !

Si les élèves veulent comprendre, qu'ils s'en tiennent à ce qui vient d'être dit dans le commentaire.

(2) Ne pas confondre le contrat portant sur une *chose future* avec le contrat portant sur *l'espoir d'une chose future.*

(3) Et la rente viagère ?... et l'assurance sur la vie ?... qu'en font les auteurs qui approuvent ?

Nous ne sommes pas à Rome, nous sommes en France, à une triste époque, cela est vrai, à une époque où les professeurs de droit sont les contempteurs du droit et les adorateurs du fait ; enfin, nous sommes en France.

Ainsi, dans la location de telle maison moyennant tel loyer, le *but essentiel* que se propose d'atteindre le bailleur est de toucher périodiquement tel loyer, et le *but essentiel* que se propose d'atteindre le preneur est d'obtenir la jouissance de telle maison.

Donc, le loyer est la *cause* de l'obligation du bailleur, et la jouissance de la maison, la *cause* de l'obligation du preneur.

Ainsi encore, dans le prêt, soit à titre onéreux, soit à titre gratuit de telle somme, le *but essentiel* que se propose d'atteindre l'emprunteur est la remise de telle somme entre ses mains.

Donc, la remise de la somme est la *cause* de l'obligation de l'emprunteur.

Comme on le voit, l'exemple de la location est emprunté à la classe des contrats bilatéraux ou *synallagmatiques*, et l'exemple des deux prêts à la classe des contrats *unilatéraux* (1).

On enseigne, en général, que dans les contrats bilatéraux ce qui est l'objet de l'obligation de l'une des parties est la cause de l'obligation de l'autre, et réciproquement.

Cette proposition était absolument exacte dans l'ancien droit (2) ; elle exige aujourd'hui un correctif.

En effet, dans les contrats bilatéraux, il peut s'agir, pour l'une des parties, de l'acquisition d'un droit réel sur un corps certain, et c'est ce qui a fréquemment lieu dans le plus important des contrats bilatéraux, dans la vente.

Or, supposons le cas de la vente de telle maison, moyennant telle somme ; la cause de l'obligation de l'acheteur est évidemment *avant tout l'acquisition immédiate de la propriété sur la maison vendue ; ce n'est qu'à titre accessoire que les obligations de conserver et de délivrer* dont pourra être tenu le vendeur devront être regardées comme la *cause* de l'obligation de l'acheteur.

Concluons qu'il n'y a, en principe, aucun moyen mécanique de discerner la cause de l'obligation dans les contrats, soit bilatéraux, soit unilatéraux, et qu'on ne peut la découvrir qu'en analysant les éléments du contrat (3).

Du reste, la cause de l'obligation n'est pas nécessairement *intéressée ;* dans les contrats, dits de bienfaisance, la cause, c'est *la volonté d'obéir au devoir de fraternité.*

---

(1) Il importe de bien remarquer que, dans le prêt à titre gratuit, la cause de l'obligation est la même que dans le prêt à titre onéreux, et qu'elle consiste dans la numération des espèces.

(2) Comparer Pothier, n° 42.

(3) Certains auteurs disent qu'on reconnaît *l'objet* en se demandant, *quid debetur*, la *cause*, en demandant : *cur debeatur*.

Ce procédé nous a toujours paru peu efficace pour faire discerner la cause.

Avec la cause telle qu'elle vient d'être définie, il ne faut pas confondre :

1° *La* causa civilis obligationis *du droit romain ;*

2° *Le motif de l'obligation.*

La *causa civilis obligationis* du droit romain n'est pas une chose bien claire ; cependant, on sait qu'à Rome la plupart des contrats ne pouvaient se former *solo consensu ;* or, dans ces contrats, la *causa civilis obligationis* paraît avoir été *le fait extérieur sans l'accomplissement duquel le contrat ne pouvait exister* (1).

Quant au motif de l'obligation, c'est, comme on le conçoit, *la pensée éminemment variable qui peut porter les parties à contracter.*

Finalement, il est manifeste que, comme celle de l'objet de l'obligation, la matière de la cause ne peut être que de doctrine et de jurisprudence (2).

**1131.** — L'obligation sans cause, ou sur une fausse cause, ou sur une cause illicite, ne peut avoir aucun effet.

Cet article revient à dire que *toute obligation qui, juridiquement, n'a pas de cause est une obligation nulle.*

Les auteurs discutent sur le point de savoir si l'obligation *sans cause* et l'obligation *sur une fausse cause* rentrent l'une dans l'autre.

Il n'y a qu'un fou, disent les uns, qui puisse s'obliger sans cause ;

Il est possible, disent les autres, qu'un homme, parfaitement sage, prenne un simple motif d'obligation pour une cause juridiquement suffisante.

Remarquons :

1° *Que lorsque l'obligation de l'une des parties a pour cause une obligation successive imposée à l'autre partie, si cette autre partie cesse d'acquitter son obligation, la première est elle-même déliée de la sienne.*

*Exemple :* Dans le cas de louage, la maison louée vient à périr ; le preneur ne doit les loyers que jusqu'au jour où la maison a péri.

2° *Que lorsque la cause est fausse, mais que l'erreur ne porte que sur la substance de la chose, l'obligation, au lieu d'être nulle, est simplement annulable* (V. *supra*, p. 751).

---

(1) Comparer M. Gide, *Revue pratique de Droit français*, 1865, t. XIX, p. 237. — M. Accarias, *Théorie des contrats innommés*, p. 5, 1°. — M. Humbert, *Revue historique de Droit français et étranger*, 1865, p. 655. — M. Huc, *Etude historique sur la notion de la cause dans les obligations, selon les principes du vieux Droit romain.* — M. Vernet, *Textes choisis*, p. 163 et suiv.

(2) Elimination progressive de la loi, substitution du sens moral au sens juridique ; on n'échappera pas à cette nécessité.

Et voilà surtout pourquoi le Code de la Convention avait une supériorité si marquée sur le Code issu du 18 brumaire !

**1133.** — La cause est illicite quand elle est prohibée par la loi, quand elle est contraire aux bonnes mœurs ou à l'ordre public.

Nous nous en référons à notre commentaire de l'art. 6 (1).

Rappelons d'ailleurs que la *condition illicite*, insérée dans une donation, ne porte aucune atteinte à la validité de la donation (V. *supra*, p. 384).

**1132.** — La convention n'est pas moins valable, quoique la cause n'en soit pas exprimée.

Cet article se rapporte à une question de *preuve;* on peut espérer de parvenir à l'entendre en lui faisant subir *deux* transformations.

D'abord, au lieu de lire :

« *La convention n'est pas moins valable* », etc.

Il semble bien qu'il faille lire :

*L'écrit qui constate un contrat unilatéral n'est pas moins valable, quoiqu'il n'énonce pas la cause de l'obligation.*

Démontrons la nécessité de cette *première* transformation.

Appliqué au contrat lui-même (le texte porte : « la *convention* »), l'article serait absolument inintelligible, au fond comme dans la forme (2).

Appliqué à l'écrit qui constaterait un contrat bilatéral, l'article ne serait pas moins inintelligible, car tout écrit qui constate un contrat bilatéral contient forcément l'énonciation de la cause des obligations réciproques que le contrat engendre.

Mais d'un non-sens cette *première* transformation nous fait tomber dans une naïveté; en quoi peut-il importer, en principe, que l'écrit qui constate un contrat unilatéral n'énonce pas la cause de l'obligation, pourvu d'ailleurs que l'obligation ait une cause (3) ?

De là, la nécessité d'une *seconde* transformation :

*Lorsqu'un écrit constate un contrat unilatéral et que cet écrit ne mentionne pas la cause de l'obligation, l'obligation n'en doit pas moins être présumée avoir une cause.*

Cela veut dire, en définitive, que *ce sera au souscripteur de l'écrit, s'il prétend que l'obligation est sans cause, à prouver que l'obligation est sans cause.*

Seulement, le souscripteur a le droit d'exiger que *le créancier détermine une cause*, et, si le souscripteur prouve que la cause indiquée par le créancier est fausse, c'est alors au créancier de prouver l'existence d'une autre cause.

---

(1) V. *Manuel de droit civil*, t. I, p. 12.

(2) Comparer M. Demolombe, t. XXIV, p. 340.

(3) Le droit commercial exige que la cause soit mentionnée sur certains titres : lettres de change, billets à ordre (art. 110, 188), etc.

Bien entendu, lorsque le souscripteur est poursuivi par l'héritier du créancier, il ne peut pas exiger que l'héritier détermine une cause, et, s'il ne parvient pas à prouver qu'il ne doit pas, il payera.

Le pathos pour consacrer l'évidence, car tout cela est vérité de sens commun (V. *infra*, art. 1315) (1).

---

# CHAPITRE III

## DE L'EFFET DES OBLIGATIONS.

Les compilateurs napoléoniens ont confondu ici *les effets du contrat* avec *les effets de l'obligation*.

Cette confusion domine le chap. III tout entier, et elle a répandu sur certaines parties de ce chapitre les ombres les plus épaisses (V. notamment art. 1138).

## SECTION PREMIÈRE.

### DISPOSITIONS GÉNÉRALES.

**1134.** — Les conventions légalement formées tiennent lieu de loi à ceux qui les ont faites.

Elles ne peuvent être révoquées que de leur consentement mutuel, ou pour les causes que la loi autorise.

Elles doivent être exécutées de bonne foi.

Le *premier* alinéa de cet article signifie que *les parties doivent observer les contrats régulièrement formés entre elles.*

De ce que, d'ailleurs, le contrat consiste dans le concours de deux

---

(1) Le pathos des Portalis et des Tronchet, dans la discussion et dans la rédaction de l'art. 1132 (V. Locré, *Législation civile*, t. XII, p. 139, 140), n'a d'équivalent que celui de la plupart des commentateurs du même article.

Il en est, et nous en passons des meilleurs, qui, au point de vue de cette question de preuve, ont proposé de distinguer entre le cas où l'écrit porte la mention :

*Je reconnais devoir*, etc.,

et le cas où l'écrit contient les mots :

*Je promets payer*, etc.

Dans ce *second* cas, la preuve relative à la cause incomberait au créancier.

Ce *système* ne comporte même pas une réfutation. (V. *infra* les *Principes de la preuve*, chap. VI.)

Dans le sens de l'interprétation donnée ci-dessus, M. Valette, à son cours. — M. Bonnier, *Traité des preuves*, n° 157. — M. Colmet de Santerre, t. V, n° 48 *bis*. — M. Dejaer, *Revue étrangère*, 1841, t. VIII, p. 020. — M. Demolombe, t. XXIV, p. 345.

volontés, il s'ensuit que ni les tribunaux, ni même le législateur ne peut toucher à un contrat.

Les tribunaux n'ont, en principe, que le seul droit d'annuler le contrat, s'ils ne le reconnaissent pas comme régulièrement formé.

Quant aux mots « tiennent lieu de loi », c'est une métaphore; l'interprétation d'un contrat, à la différence de l'interprétation d'une loi, ne soulève qu'une question de pur fait.

Le *second* alinéa déclare que les contrats ne peuvent être révoqués que « de leur consentement mutuel » (le consentement mutuel des parties), « ou pour les causes que la loi autorise ».

Ces *derniers* mots : « ou pour les causes que la loi autorise », ne sont dans le Code Napoléon, qu'une redondance; les causes que la loi autorise constituent des cas de consentement mutuel tacite (V. notamment art. 1674, 1736, 1759, 1845, 6°, 1871, 2003) (1).

Remarquons :

1° *Que certains contrats ne peuvent être révoqués même du consentement mutuel des parties; ainsi, le contrat de mariage* (art. 1294, 1395, 1443).

2° *Qu'à l'inverse, certains autres contrats peuvent être révoqués par la volonté de l'une des parties seulement; ainsi, le mandat* (art. 1865, 5°).

Remarquons encore :

*Que lorsque le contrat est par lui-même translatif de droit réel, l'effet de la révocation consentie entre les parties est limité aux parties elles-mêmes.*

Le *troisième* alinéa veut dire que nous n'admettons pas la distinction faite par le droit romain entre les actions que ce droit appelait *actiones bonæ fidei*, et celles qu'il dénommait *actiones stricti juris.*

**1135.** — Les conventions obligent non-seulement à ce qui y est exprimé, mais encore à toutes les suites que l'équité, l'usage ou la loi donnent à l'obligation d'après sa nature.

Article évident et inutile.

On peut, si l'on veut, en rattacher l'explication à celle du *troisième* alinéa de l'article précédent.

## SECTION II.

### DE L'OBLIGATION DE DONNER.

Dans cette rubrique, empruntée à Pothier, le mot *donner* signi-

(1) Nous nous sommes expliqué plus haut sur la thèse scientifique de l'irrévocabilité des contrats entre les parties.

fie : *transférer la propriété*, ou plus généralement *le droit réel* (1).

Quant au mot : *obligation*, il était exact dans Pothier; il est devenu faux, comme nous allons le voir, dans la compilation napoléonienne; la section II, en effet, *ne traite pas seulement de l'obligation contractuelle qui a pour but de transférer le droit réel; elle traite, en général, du contrat qui a pour but de transférer ce même droit* (2).

Pour débrouiller ici la législation napoléonienne, il faut distinguer :

1° *Le contrat qui a pour but de transférer la propriété d'un corps certain;*

2° *Le contrat qui a pour but de transférer la propriété d'une chose indéterminée.*

S'agit-il du contrat qui a pour but de transférer la propriété d'un corps certain, ce contrat produit *trois* effets :

1° *Il transfère par lui-même la propriété;*

2° *Il engendre l'obligation de conserver le corps certain jusqu'à l'époque de la délivrance;*

3° *Il engendre l'obligation de délivrer.*

S'agit-il du contrat qui a pour but de transférer la propriété d'une chose indéterminée, ce contrat produit *deux* effets :

1° *Il engendre l'obligation de transférer la propriété;*

2° *Il engendre l'obligation de délivrer.*

Dans la pratique, *l'obligation de transférer la propriété* est acquittée en même temps que *l'obligation de délivrer;* aussi, la doctrine elle-même a-t-elle l'habitude de ne pas distinguer l'une de l'autre ces *deux* sortes d'obligations; cependant, comme *l'obligation de transférer la propriété* peut être acquittée par la seule *détermination* de la chose, tandis que *l'obligation de délivrer* implique la *remise effective* de la chose (V. *infra*), *il est rationnel de distinguer l'obligation de transférer la propriété de l'obligation de délivrer, même lorsqu'il s'agit du contrat portant sur une chose indéterminée.*

---

(1) M. Demolombe conteste cette interprétation; mais celle que préfère l'éminent professeur est loin de briller par la netteté. (Comparer, dans le même sens que M. Demolombe, MM. Zachariæ, Aubry et Rau, t. III, p. 29, texte et note 2.)

(2) Il ne faut cependant pas prendre non plus cette dernière affirmation dans un sens trop absolu; avec une législation et une doctrine juridique qui ne sont fondées que sur des mots, si l'on tente de généraliser, on risque constamment de pécher en restant en deçà ou en allant au delà; le correctif est toujours voisin de la règle. Ainsi, dans le cas présent, plusieurs contrats, le nantissement, la constitution d'hypothèque, tout en ayant pour but la translation du droit réel, ont des règles propres.

C'est pour cette raison que, dans les développements qui vont suivre, nous emploierons plutôt cette formule : *contrat qui a pour but de transférer la propriété*, que celle-ci : *contrat qui a pour but de transférer le droit réel.*

Les auteurs se tirent de ces difficultés en habiles gens : ils les sous-entendent.

*Quant à l'obligation de conserver*, c'est-à-dire *de donner des soins à la chose due*, elle disparaît forcément dans le cas du contrat portant sur une chose *indéterminée;* on ne peut, en effet, concevoir l'obligation de conserver que tout autant que le contrat est relatif à un *corps certain.* Mais il faut bien entendre cette proposition : en effet, tandis que, dans le cas du contrat relatif à un corps certain, le débiteur est libéré s'il établit que la chose qu'il doit a péri par cas fortuit, au contraire il ne peut, pour se décharger, présenter la même allégation dans le cas du contrat portant sur une chose indéterminée, puisque la chose qu'il doit n'a pas d'individualité ; de là l'adage : « *Genera non pereunt* ».

Remarquons :

1° *Que, lorsque le contrat a pour but de transférer la propriété d'un corps certain, les deux obligations qu'engendre en même temps le contrat ne lui sont pas essentielles, ou, en d'autres termes, qu'il est loisible aux parties de les supprimer* (V. *supra*, p. 774, note 2);

2° *Que, lorsque le contrat, par lui-même translatif de propriété, a pour objet un immeuble, la translation de la propriété n'a lieu à l'égard des tiers qu'après que certaines conditions de publicité ont été remplies* (V. *infra*, art. 1140.)

**1136.** — L'obligation de donner emporte celle de livrer la chose et de la conserver jusqu'à la livraison, à peine de dommages et intérêts envers le créancier.

Cet article mentionne comme conséquences de l'obligation de *donner* ou de transférer la propriété :

1° *L'obligation de livrer la chose ;*
2° *L'obligation de la conserver jusqu'à la livraison.*

*L'obligation de livrer* dont parle l'art. 1136 est identique *avec l'obligation de délivrer* que mentionne l'art. 1602 et dont traite la section II du chap. IV du titre *de la Vente.*

*L'obligation de délivrer est la nécessité de mettre la chose à la disposition plus ou moins complète de l'acquéreur, selon la nature et l'étendue du droit réel que l'acquéreur a ou doit avoir sur cette chose.*

La manière dont s'opère la délivrance dépend *de la nature du contrat, de celle de la chose, et des circonstances* (1).

Remarquons que *l'obligation de délivrer* non-seulement est la con-

(1) A proprement parler, il n'y a pas de théorie possible sur ce point : la délivrance est avant tout une chose de fait.

En édictant une théorie de la délivrance relativement à la vente (art. 1605 et suiv.), les compilateurs napoléoniens ont accumulé les erreurs. (V. *Manuel de droit civil*, t. III.)

séquence de *l'obligation de donner*, mais qu'elle peut être également celle :

1° *Du contrat par lui-même translatif de droit réel;*

2° *De certains contrats qui n'ont pas pour but la translation d'un droit réel*, par exemple, du louage (art. 1726);

3° *De certains quasi-contrats*, par exemple de l'acceptation d'une succession.

*Quelle est, en cas d'inexécution, la sanction de l'obligation de délivrer?*

Cette sanction ne consiste pas, en général, *en simples dommages-intérêts; le créancier peut obtenir des tribunaux la faculté de se procurer la chose aux frais du débiteur, lorsque le contrat n'a pas pour objet un corps certain, ou celle de se mettre lui-même en possession de la chose,* manu militari, *lorsque le contrat a pour objet un corps certain.*

*L'obligation de conserver est la nécessité d'apporter à la garde de la chose « tous les soins d'un bon père de famille »*, déclare l'art. 1137, c'est-à-dire *d'un propriétaire diligent.*

Comme l'obligation de délivrer, *l'obligation de conserver* non-seulement est la conséquence de *l'obligation de donner*, mais elle peut être également celle :

1° *Du contrat par lui-même translatif de droit réel ;*

2° *De certains contrats qui n'ont pas pour but la translation du droit réel*, par exemple du dépôt (art. 1927);

3° *De certains quasi-contrats*, par exemple de l'acceptation d'une succession.

*Quelle est, en cas d'inexécution, la sanction de l'obligation de conserver?*

Ici, c'est la règle des dommages-intérêts qui est évidemment seule applicable (1).

**1137.** — L'obligation de veiller à la conservation de la chose, soit que la convention n'ait pour objet que l'utilité de l'une des parties, soit qu'elle ait pour objet leur utilité commune, soumet celui qui en est chargé à y apporter tous les soins d'un bon père de famille.

Cette obligation est plus ou moins étendue relativement à certains contrats, dont les effets, à cet égard, sont expliqués sous les titres qui les concernent.

Ce confus article a pour but de déterminer l'étendue de l'obligation

(1) Comparer M. Demante, t. V, n° 53. — MM. Zachariæ, Aubry et Rau, t. III, p. 30. — M. Larombière, t. I, art. 1136. — M. Demolombe, t. XXIV, p. 374.

de conserver ; il se rapporte à une des plus célèbres et des plus vaines théories juridiques, celle de la *prestation des fautes*.

Tout d'abord, on peut remarquer une sorte de contradiction entre le *premier* et le *second* alinéa.

D'après le *premier* alinéa, il semble que la responsabilité du débiteur au point de vue de la conservation de la chose, ait une mesure *absolue*.

D'après le second alinéa, cette même responsabilité paraît devoir varier, selon la nature *du contrat*.

*Quelle est la mesure absolue posée par le premier alinéa de l'art.* 1136 ?

Cet alinéa déclare que, soit que le contrat n'ait pour objet que l'utilité de l'une des parties, soit qu'il ait pour objet leur utilité commune, le débiteur est tenu d'apporter à la garde de la chose « *les soins d'un bon père de famille* ».

Le bon père de famille, c'est le *propriétaire diligent*.

Toutefois, et c'est peut-être le sens de l'allusion que contient le *second* alinéa, il existe dans la Babel napoléonienne *deux* cas d'obligation contractuelle où la mesure de la responsabilité du débiteur est spéciale ; ainsi :

1° *Le dépositaire ne doit à la chose déposée que les soins qu'il apporte dans la garde des choses qui lui appartiennent* (art. 1927) ;

2° *Le commodataire* (*emprunteur à usage*) *doit à la chose qu'il a empruntée plus que les soins d'un propriétaire diligent* (comparer art. 1882).

Il existe, en outre, un cas *d'obligation quasi-contractuelle* où la responsabilité du débiteur n'a que la mesure de celle du dépositaire ; ce cas est celui de l'*héritier bénéficiaire*.

Dans la langue de la scolastique juridique, on appelle :

1° Culpa lata in concreto, *la faute pour l'appréciation de laquelle on compare le débiteur à lui-même ;*

2° Culpa levis in abstracto, *la faute pour l'appréciation de laquelle on compare le débiteur à un type abstrait d'homme moyennement diligent, ou, tout simplement, diligent.*

3° Culpa levissima in abstracto, *la faute pour l'appréciation de laquelle on compare le débiteur à un type abstrait d'homme extrêmement diligent.*

Il faut, d'ailleurs, bien se garder de confondre le *risque* avec la *faute :* le risque procède d'un cas fortuit ou d'une force majeure ; la faute, au contraire, suppose un fait imputable (1).

(1) Ce qu'on a écrit sur la théorie de la *prestation des fautes*, tant en droit romain qu'en droit français, remplirait plusieurs in-folio. Nous déclarons avoir

**1138.** — L'obligation de livrer la chose est parfaite par le seul consentement des parties contractantes.

Elle rend le créancier propriétaire et met la chose à ses risques dès l'instant où elle a dû être livrée, encore que la tradition n'en ait point été faite, à moins que le débiteur ne soit en demeure de la livrer; auquel cas la chose reste aux risques de ce dernier.

Cet article est celui qui, dans la compilation napoléonienne, consacre le principe :

*Que le contrat est par lui-même translatif de propriété, toutes les fois qu'il porte sur un corps certain.*

L'art. 1138 décide aussi que le corps certain est aux *risques* de l'acquéreur *dès l'instant même du contrat*, à moins que le débiteur ne soit *en demeure*, c'est-à-dire *en retard de le délivrer.*

Aucun texte, dans la compilation napoléonienne, ne dépasse celui-là en importance; aucun non plus, en obscurité.

Commençons par lui opposer les deux articles si simples et si clairs que contenait sur le même point le Code de la Convention.

« *Du moment que le contrat est formé, la propriété passe à l'acheteur; jusqu'au temps de la livraison, le vendeur doit la lui conserver; si elle périt dans l'intervalle, sans qu'il y ait faute de ce dernier, la perte est tout entière pour l'acheteur.* »

« *Si l'acheteur est en retard d'enlever, le soin de conserver la chose n'appartient plus au vendeur, et si elle périt par défaut de soins, la perte n'en est pas moins pour l'acheteur* (art. 15 et 16, liv. III, tit. III) (1). »

---

reculé cette fois devant la fastidieuse énonciation de systèmes dont le moindre tort est d'être dépourvus de toute utilité pratique.

Cependant, nous indiquerons en deux mots la théorie que Pothier avait cru lire dans les textes romains.

D'après le vieux légiste, il faut distinguer :

1° *Les contrats qui ne concernent que l'intérêt du créancier;*

2° *Les contrats qui concernent l'intérêt du créancier et du débiteur;*

3° *Les contrats qui ne concernent que l'intérêt du débiteur.*

Dans les *premiers*, le débiteur serait tenu de la *culpa lata;*

Dans les *seconds*, de la *culpa levis in abstracto;*

Dans les *troisièmes*, de la *culpa levissima in abstracto.*

La vérité est qu'il n'y a pas le moindre fondement à une théorie de la faute; ce sont les romanistes qui ont inventé d'en édifier une, mais le point est tout en fait.

V. les excellentes conclusions de M. Demolombe dans le même sens, t. XXIV, p. 386.

On peut consulter, sur la théorie de la prestation des fautes :

Hasse, *Die Culpa des romischen Rechts*. Kiel, 1815.

Blondeau, *Thémis*, t. II, p. 349.

Alban d'Hautuille, *Revue de législation et de jurisprudence*, t. II, p. 269 et 342.

(1) Ces dispositions n'avaient qu'un seul tort, celui de n'être pas placées en

Voyons maintenant la rédaction de la compilation napoléonienne.

Le *premier* alinéa de l'art. 1138 porte que ;

« L'obligation de livrer la chose est parfaite par le seul consentement des parties. »

Le *second* alinéa ajoute que :

« Elle (grammaticalement, l'obligation de livrer) rend le créancier propriétaire et met la chose à ses risques, dès l'instant où elle a dû être livrée, encore que la tradition n'en ait point été faite. »

On ne s'entend pas sur la manière d'expliquer ces *deux* propositions.

PREMIER MODE D'EXPLICATION (1).

Le *premier* alinéa de l'art. 1138 signifie que :

*Le contrat qui a pour but la translation de la propriété* (les auteurs disent : *la convention de donner*) *est formé par le seul consentement.*

Le *second* alinéa signifie que :

*Ce même contrat rend le créancier* (*de la délivrance*) *propriétaire de la chose et met la chose à ses risques, dès l'instant de la formation du contrat, encore que la tradition n'en ait point été faite.*

On objecte contre cette explication :

1° *Qu'elle attribue au premier alinéa de l'art.* 1138 *un sens qui est par trop naïf;*

2° *Qu'elle tourmente et mutile l'art.* 1138.

SECOND MODE D'EXPLICATION (2).

Le *premier* alinéa de l'art. 1138 signifie que :

*L'obligation de livrer est accomplie par le seul consentement des parties.*

En d'autres termes, les compilateurs napoléoniens ont inscrit dans la loi *la clause de constitut possessoire, de précaire, de dessaisine et de saisine, que l'on insérait autrefois dans les contrats.*

Ce qui revient encore à dire que, dorénavant, *tout contrat qui a pour but la translation de la propriété d'un corps certain doit être regardé comme renfermant implicitement une clause de tradition feinte.*

---

tête de la matière des *Obligations*, et d'être seulement inscrites dans le titre de la *Vente*.

Nous constatons de nouveau qu'elles ne sont citées par aucun interprète du Code Napoléon, pas même par M. Demolombe. (V. notamment ce dernier auteur, t. XXIV, p. 391 et suiv.)

(1) Delvincourt, t. II, p. 240. — M. Duranton, t. X, nos 417, 418. — M. Demante, t. V, n° 55.

(2) M. Valette, à son cours. — M. Colmet de Santerre, t. V, n° 55 *bis*, III. — M. Demolombe, t. XXIV, p. 393 et suiv.

V. aussi *supra*, p. 459.

Le *second* alinéa signifie que :

*La clause de tradition feinte a pour effet de transférer la propriété à partir du moment que les parties ont fixé.*

C'est-à-dire, *dès le moment même du contrat, lorsque le contrat est pur et simple et à terme.*

On peut objecter contre cette explication :

1° *Que, si l'on maintient dans le premier alinéa les mots : « l'obligation de livrer », on aboutit à un non-sens, car l'obligation de livrer pouvant exister dans le contrat qui n'a pas pour objet un corps certain et même dans le contrat qui n'a pas pour but la translation du droit réel, il s'ensuivrait que l'on doit cependant regarder la clause de tradition feinte, comme sous-entendue dans ces contrats;*

2° *Que, si l'on maintient dans le second alinéa les mots : « dès l'instant où elle a dû être livrée », on est logiquement conduit à dire que, dans les contrats à terme, la délivrance ne devant être faite qu'au terme, la translation de la propriété ne devrait également avoir lieu qu'au terme ; ce qui, il est vrai, serait en complète contradiction avec le principe que le terme ne fait point obstacle à la naissance des droits.*

La seconde explication prévaut (1).

---

(1) Involontairement, nous songeons à saint Jérôme lisant Perse et désespérant de l'expliquer : « Attends, je vais t'éclaircir ». Et il le jeta au feu.

Quant aux auteurs du Code Napoléon, aux complices de l'homme de Brumaire, veut-on constater une fois de plus leur profonde ignorance des idées juridiques les plus simples et les plus connues, qu'on les écoute à tour de rôle.

D'abord, Portalis :

« Dans les premiers âges, il fallait la tradition, l'occupation corporelle pour consommer le transfert de propriété... Dans les principes de notre droit français, le contrat suffit; le contrat est consommé dès que la foi est donnée. Le système du droit français est plus raisonnable que celui du droit romain, il est encore plus favorable au commerce, et rend possible ce qui ne le serait souvent pas si la tradition matérielle était nécessaire pour rendre la vente parfaite. »

Maintenant, Bigot :

« C'est le consentement des contractants qui rend parfaite l'obligation de livrer la chose ; il n'est donc pas besoin de tradition réelle pour que le créancier doive être considéré comme propriétaire aussitôt que l'instant où la livraison doit se faire est arrivé. Ce n'est plus alors un simple droit à la chose qu'a le créancier, c'est un droit de propriété *jus in re;* si donc elle périt par force majeure ou par cas fortuit depuis l'époque où elle a dû être livrée, la perte est pour le créancier, suivant la règle : *Res perit domino.* »

Voici Favart :

« L'obligation de livrer la chose rend le créancier propriétaire du moment que le consentement a formé le contrat : d'où il résulte que la chose périt pour lui, à moins que le débiteur n'ait été mis en demeure, car, dans ce cas, la chose est à ses risques. Ces principes ont été consacrés de tout temps parmi nous. »

Ecoutons enfin Mouricault :

« S'agit-il d'une obligation de donner un objet déterminé? Elle emporte non-seulement l'engagement de livrer l'objet, mais encore celui de veiller en bon père de famille à sa conservation jusqu'à la livraison ; et comme l'obliga-

Remarquons que, dans ces *deux* explications, on s'accorde sur le résultat, et que, dans l'une, comme dans l'autre, on enseigne que, *d'après l'art.* 1138, *toutes les fois que le contrat a pour but de transférer la propriété d'un corps certain, le contrat opère par lui-même la translation de la propriété.*

Toutefois, la translation immédiate de la propriété n'a pas lieu :

1° *Si les parties sont convenues de renvoyer cette translation à une époque ultérieure, et c'est ce que l'usage commercial veut que l'on suppose dans les ventes dites : ventes à livrer ;*

2° *Si le contrat a pour objet un corps certain appartenant à autrui.*

Remarquons encore que, dans les deux explications qu'on en donne, l'art. 1138 laisse à résoudre la question de savoir si *l'effet de translation de la propriété par le seul consentement des parties est absolu ou relatif, en d'autres termes s'il a lieu même à l'égard des tiers ou s'il est limité aux parties* (V. *infra*, art. 1140 et 1141).

Nous n'avons qu'un mot à ajouter ici, en ce qui concerne les *risques* de la chose.

Comme nous l'avons déjà dit incidemment, les auteurs font résulter du *second* alinéa de l'art. 1138 une proposition qui peut être formulée de la manière suivante :

*Dans les contrats purs et simples ou à terme qui ont pour but la translation d'un droit réel sur un corps certain, le corps certain est aux risques du créancier dès le moment même du contrat* (Rapprocher art. 1182 et 1302) (1).

Les *uns* rattachent cette décision au brocard « *Res perit domino* », *le plus grand nombre*, au brocard « *Debitor rei certæ fortuito interitu rei liberatur* ».

Faisons enfin observer que si, dans le cas où le débiteur est en

---

tion est parfaite par le seul consentement des parties, elle constitue immédiatement le créancier propriétaire de la chose, et désormais cette chose est à ses risques, quoique la tradition n'en soit pas faite, à moins que le débiteur ne soit en demeure. » (Fenet, t. XIII, p. 230 et 420 ; et aussi t. XIV, sur l'art. 1583.)

Pour juger cela, nous n'avons qu'à citer un légiste qu'on ne saurait accuser de partialité contre l'œuvre napoléonienne, un légiste de vraie race, mais qui cependant était un homme de bon sens et qui comprenait ce qu'il disait :

« Il est difficile d'accumuler plus d'erreurs en aussi peu de mots : confusion de la perfection de l'obligation et de la mutation de propriété ; risques de la chose indiqués comme conséquence nécessaire de la propriété, et l'un d'eux ne faisant naître ces risques qu'à l'arrivée du terme. »

Et là-dessus M. Bugnet ajoute assez naïvement :

« C'est une preuve qu'on peut occuper des places éminentes qui exigent la connaissance du droit, et néanmoins en ignorer les éléments. » (M. Bugnet, *Note sur le n° 151 de Pothier*, p. 71.)

(1) Par antiphrase sans doute, M. Demolombe dit que le texte s'exprime sur ce point de la façon la plus nette. (T. XXIV, p. 401.)

demeure, les risques passent à sa charge, c'est que la demeure est une *faute* (1).

NOTA. — L'art. 1139 ne pourrait être expliqué, à cette place, sans qu'il en résultât un défaut de suite dans les idées; nous en intercalerons le commentaire entre celui de l'art. 1152 et celui de l'art. 1153.

**1140.** — Les effets de l'obligation de donner ou de livrer un immeuble sont réglés au titre de *la Vente* et au titre *des Priviléges et hypothèques*.

*En ce qui concerne les immeubles*, le contrat qui a pour but la translation de la propriété sur un corps certain opère la translation de la propriété, *non-seulement entre les parties, mais même à l'égard des tiers.*

C'est à cette thèse importante que se réfère l'art. 1148.

Nous avons déjà dit que le droit de la Révolution avait institué, en cette matière, *le vrai principe scientifique*, c'est-à-dire *qu'il avait décidé la publicité de la transmission des droits réels.*

D'après la loi du 11 brumaire an VII, les actes translatifs de biens et droits susceptibles d'hypothèques n'étaient opposables aux tiers que tout autant qu'ils avaient été transcrits.

Les compilateurs napoléoniens ne surent trop s'ils devaient admettre ou rejeter le système inauguré par la loi du 11 brumaire, et, de la part d'hommes aussi dénués d'idées politiques et économiques que d'idées morales, on conçoit bien cet embarras.

Toujours est-il que, dans l'art. 1140, on commença par éluder la difficulté, en en renvoyant la solution au titre de la *Vente* et à celui des *Priviléges et Hypothèques;* lorsqu'on en fut à la *Vente*, on renouvela l'ajournement, et lorsqu'on en fut aux *Priviléges et Hypothèques*, on escamota la question (2).

Finalement, sous l'empire du Code Napoléon, il n'est pas douteux que *l'on dût considérer la loi de brumaire comme implicitement abrogée par la loi du* 30 *ventôse an XII* (3).

*Aujourd'hui, la loi du* 23 *mars* 1855 *a fait revivre la formalité de la transcription*, mais si grandes sont l'ignorance et l'incurie qui ont présidé à la rédaction de cette loi, qu'elle a déjà engendré une multitude de controverses (4).

---

(1) Comparer Pothier, *Du contrat de vente*, n° 308. — M. Larombière, t. I, art. 1138, n° 23. — M. Demolombe, t. XXIV, p. 404.

(2) Nous disons qu'on *l'escamota*, nous ne disons pas assez : on l'escamota en témoignant par preuves irrécusables qu'on ne l'entendait pas. (V. Locré, *Législation civile*, t. XVI, p. 289.)

(3) MM. Zachariæ, Aubry et Rau, t. II, p. 248 et suiv. — M. Colmet de Santerre, t. V, n° 56 *bis*, II. — M. Demolombe, t. XXIV, p. 425.

(4) En comparaison des auteurs de la loi du 23 mars, des Rouher, des Rou-

C'est ainsi, par exemple, qu'on est allé jusqu'à soutenir que désormais la transcription est nécessaire pour opérer la translation du droit réel, non-seulement à l'égard des tiers, mais même entre les parties.

Cette opinion prend le contre-pied de la raison scientifique, et, comme le texte de la loi nouvelle ne l'impose pas, il n'y a pas lieu de s'y arrêter (1).

**1141.** — Si la chose qu'on s'est obligé de donner ou de livrer à deux personnes successivement est purement mobilière, celle des deux qui en a été mise en possession réelle est préférée et en demeure propriétaire, encore que son titre soit postérieur en date, pourvu toutefois que la possession soit de bonne foi.

*En ce qui concerne les meubles, le contrat qui a pour but la translation de la propriété d'un corps certain opère-t-il la translation non-seulement entre les parties, mais même à l'égard des tiers?*

C'est le point de droit correspondant à celui qui vient d'être résolu pour les immeubles.

*L'article* 1141 *décide implicitement que l'effet de translation de la propriété par le seul consentement des parties a lieu même à l'égard des tiers.*

D'abord, la formalité de publicité ne peut consister ici que dans la tradition, car il va de soi qu'il ne peut s'agir de transcription pour les meubles.

*La tradition est-elle nécessaire?*

Bien que l'art. 1141 s'exprime d'une manière équivoque, la *négative* paraît certaine.

*Quelle est, en effet, l'hypothèse que prévoit cet article?*

Il suppose qu'un *même objet mobilier* a été, par exemple, vendu successivement à *deux* personnes (2), et que le *second* acquéreur a été mis en possession avant le premier; dans cette situation, il décide que le

---

land, des Suin, les Portalis, les Bigot, les Favart, les Mouricault, pourraient redresser la tête : c'étaient de vrais géants.

Si l'on veut se faire une opinion sur ce point, qu'on consulte l'exposé des motifs de M. Suin et les procès-verbaux de la discussion.

(1) En ce sens, M. Duverger, *De l'effet de la transcription relativement aux droits du vendeur*, 1865. — M. Humbert, *Revue historique de Droit français et étranger*, t. I, p. 484. — M. Paul Gide, *Revue critique*, avril 1865. — MM. Zachariæ, Aubry et Rau, t. II, p. 275, 278. — M. Colmet de Santerre, t. V, n° 50 *bis*, v. — M. Larombière, t. I, art. 1138, n° 48. — M. Demolombe, t. XXIV, p. 436.

En sens contraire, M. Bayle-Mouillard, Dev., 1860, t. I. — MM. Rivière et Huguet, *Questions sur la transcription*, n° 374.

(2) Par inattention, les compilateurs ont écrit : « Si la chose qu'on s'est obligé de donner ou de livrer à deux personnes successivement », etc., au lieu de : Si la chose aliénée successivement à deux personnes. (Comparer Fenet, t. II, p. 165.)

*second*, s'il est de bonne foi, est préféré au *premier* et devient (non pas « *demeure* ») propriétaire de l'objet.

La raison de cette solution est que le *second a prescrit instantanément contre le premier*, car toutes les conditions requises pour la prescription instantanée des meubles se rencontrent dans le cas présent : le meuble est *corporel*, *individuel*, *non perdu*, *non volé;* il y a enfin *juste titre* au profit du second acquéreur et *bonne foi* de sa part (comparer *infra*, art. 2279).

Si l'on objecte que le fait du vendeur, tel que nous venons de le supposer, est *un vol*, il faut répondre qu'il constitue *un abus de confiance*, et que, dans le système de la compilation napoléonienne, *l'abus de confiance ne fait pas obstacle à la prescription instantanée.*

*Donc, par là même, se trouve établi le droit de propriété du premier acquéreur* (1).

De là aussi il résulte que si les conditions requises pour la prescription instantanée n'existent pas au profit du *second* acquéreur, le droit de propriété du premier reprend toute sa force; sinon le premier est réduit à une action en dommages-intérêts contre son vendeur.

Les auteurs discutent sur ce que c'est que « la possession réelle » dont parle le texte; le point est certainement de fait (2).

*Pour les créances* (meubles incorporels), *le droit passe bien du cédant au cessionnaire par le seul consentement des parties; mais, à l'égard des tiers, le cessionnaire n'est saisi que par la signification de la cession faite au débiteur ou par l'acceptation faite par le débiteur dans un acte authentique ou sous seing privé ayant date certaine* (art. 1689-1690).

## SECTION III.

### DE L'OBLIGATION DE FAIRE OU DE NE PAS FAIRE.

*Philosophiquement*, toute obligation est de *faire; juridiquement*, toute obligation devrait être de *faire;* nous ne revenons pas sur ce que nous avons dit à cet égard (V. *supra*, p. 736).

(1) En ce sens, MM. Zachariæ, Aubry et Rau, t. II, p. 48, texte et note 7. — M. Colmet de Santerre, t. V, n° 57 *bis*, III. — M. Larombière, t. I, art. 1141, n° 18. — M. Demolombe, t. XXIV, p. 461.

En sens contraire, Toullier, t. VII, n$^{os}$ 35, 36. — M. Troplong, *De la vente*, n° 42. — M. Huc, *Recueil de l'Académie de législation de Toulouse*, t. XII, p. 286.

Ces derniers auteurs invoquent l'autorité de Pothier (n° 153); étant donné le système de composition du Code Napoléon, l'argument n'est pas sans force.

(2) Pourquoi ne pas discuter aussi ce que signifie le mot *purement*? Hélas! il ne signifie rien.

**1142.** — Toute obligation de faire ou de ne pas faire se résout en dommages et intérêts, en cas d'inexécution de la part du débiteur.

**1143.** — Néanmoins le créancier a le droit de demander que ce qui aurait été fait par contravention à l'engagement soit détruit, et il peut se faire autoriser à le détruire aux dépens du débiteur, sans préjudice des dommages et intérêts, s'il y a lieu.

**1144.** — Le créancier peut aussi, en cas d'inexécution, être autorisé à faire exécuter lui-même l'obligation aux dépens du débiteur.

La plupart des auteurs enseignent que la disposition de l'art. 1142 est *trop générale*, et qu'elle est restreinte par celles des *deux* art. 1143 et 1144.

D'où, la doctrine suivante :

*Le débiteur d'une obligation de faire ou de ne pas faire ne peut être personnellement contraint de faire ou de ne pas faire ; cependant, le créancier est fondé à réclamer l'exécution effective de l'obligation, toutes les fois que cette exécution peut avoir lieu, sans que le débiteur soit personnellement contraint.*

On ajoute que *lorsque le débiteur contrevient à l'obligation, le créancier a, dans tous les cas, le droit de conclure à des dommages-intérêts* (1).

**1145.** — Si l'obligation est de ne pas faire, celui qui y contrevient doit les dommages et intérêts par le seul fait de la contravention.

La formule de l'art. 1145 paraît rentrer dans les termes généraux de l'art. 1142.

L'art. 1145 nous apprend, d'ailleurs, fort utilement que, *dans les obligations de ne pas faire*, on s'expose à des dommages-intérêts par cela seul qu'on contrevient à l'obligation, ou, comme disent les interprètes, *on se met en une sorte de demeure par cela seul que l'on fait* (2).

## SECTION IV.

### DES DOMMAGES ET INTÉRÊTS RÉSULTANT DE L'INEXÉCUTION DE L'OBLIGATION.

Cette section eût pu être réduite à deux lignes sur la *mise en demeure*

---

(1) En ce sens, M. Duranton, t. X, n° 460. — M. Colmet de Santerre, t. V, nos 60 et 60 *bis*, I et II. — M. Demolombe, t. XXIV, p. 480 et suiv.

En sens divers, MM. Zachariæ, Aubry et Rau, t. III, p. 29, texte et note 3-5. — M. Larombière, t. I (art. 1142).

Cette doctrine, fort peu nette, paraît être légale, mais elle n'est ni rationnelle ni raisonnable : aussi les faits se sont-ils imposés aux tribunaux. Le débiteur d'une obligation de faire ou de ne pas faire n'est habituellement condamné, en cas d'inexécution, qu'à des dommages et intérêts.

Quand donc la doctrine se souciera-t-elle de remonter à des principes ?

(2) Il nous semble cependant que ce sont plutôt là des intérêts *compensatoires* que des intérêts *moratoires*. (V. *infra*, p. 795.)

c'est-à-dire sur la constatation juridique du retard du débiteur; et encore ce point est-il de procédure plutôt que de droit.

Quant aux dommages-intérêts, nous avons indiqué *supra*, p. 723, le rôle qui devrait leur appartenir dans une doctrine et dans une législation rationnelle.

Remarquons que la section IV ne concerne que les dommages-intérêts qui résultent de l'inexécution des obligations contractuelles ou quasi-contractuelles; elle est inapplicable aux dommages-intérêts qui forment l'objet même des obligations engendrées par le délit ou par le quasi-délit.

**1146.** — Les dommages et intérêts ne sont dus que lorsque le débiteur est en demeure de remplir son obligation, excepté néanmoins lorsque la chose que le débiteur s'était obligé de donner ou de faire ne pouvait être donnée ou faite que dans un certain temps qu'il a laissé passer.

L'art. 1146 dispose :

1° *Que le débiteur n'est astreint à payer des dommages et intérêts, qu'autant qu'il est en demeure;*

2° *Que, parmi les cas de demeure, il faut ranger celui où la chose que le débiteur s'était obligé de donner ou de faire, ne pouvait être donnée ou faite que dans un certain temps qu'il a laissé passer.*

Le 1° est naïf; qui eût pu s'imaginer, en effet, que le débiteur fût passible de dommages et intérêts, même avant d'avoir contrevenu à son obligation ?

Le 2° eût dû méthodiquement figurer dans l'art. 1139 (V. *infra*, p. 800).

On remarquera que le 2°, présenté dans le texte sous la forme d'une *exception* au 1°, est au contraire une application du 1° (1).

**1147.** — Le débiteur est condamné, s'il y a lieu, au payement de dommages et intérêts, soit à raison de l'inexécution de l'obligation, soit à raison du retard dans l'exécution, toutes les fois qu'il ne justifie pas que l'inexécution provient d'une cause étrangère qui ne peut lui être imputée, encore qu'il n'y ait aucune mauvaise foi de sa part.

Ce texte inoffensif commence par *confirmer* et par *rectifier* le précédent.

Il le *confirme*, en tant qu'il déclare que le débiteur doit des dommages-intérêts, *à raison du retard dans l'exécution.*

Il le *rectifie*, en tant qu'il constate que le débiteur doit aussi des dommages-intérêts *à raison de l'inexécution de l'obligation.*

---

(1) Donc, ces gens ne se comprenaient pas eux-mêmes. Lorsqu'on comprend ce qu'on dit, on n'écrit pas : « *excepté néanmoins* », à la place de : *ainsi, par exemple.*

De là, selon les auteurs, *deux* sortes de dommages-intérêts, les uns appelés *moratoires*, les autres dits *compensatoires* (1).

L'article ajoute d'une manière embrouillée que les dommages-intérêts supposent l'existence d'un fait imputable au débiteur, *d'une faute* de sa part, encore bien que ce fait ou cette faute soit exempt de toute mauvaise foi.

*En deux mots, pour que le débiteur soit passible de dommages-intérêts, il faut et il suffit qu'il puisse être regardé comme responsable de l'inexécution de son obligation* (2).

**1148.** — Il n'y a lieu à aucuns dommages et intérêts lorsque, par suite d'une force majeure ou d'un cas fortuit, le débiteur a été empêché de donner ou de faire ce à quoi il était obligé, ou a fait ce qui lui était interdit.

Ce texte-là, c'est la répétition de la fin du précédent.

La détermination de la *force majeure* ou du *cas fortuit* ne soulève qu'une question de fait (3).

**1149.** — Les dommages et intérêts dus au créancier sont, en général, de la perte qu'il a faite et du gain dont il a été privé, sauf les exceptions et modifications ci-après.

Pothier disait :

« On appelle dommages-intérêts la perte que quelqu'un a faite et le gain qu'il a manqué de faire (4). »

On voit que la formule de l'art. 1149 est à peu près identique avec celle de Pothier, laquelle est à peu près identique avec celle de Paul.

Paul disait, en effet, que les dommages-intérêts doivent représenter : *quantum mea interfuit, id est quantum mihi abest, quantumque lucrari potui* (5).

La doctrine appelle le *premier* élément, *damnum emergens*; le *second*, *lucrum cessans*.

---

(1) Comparer M. Demolombe, t. XXIV, p. 552.

L'expression *dommages et intérêts compensatoires*, opposée à celle de *dommages et intérêts moratoires*, est mauvaise : *rationnellement, il n'y a de dommages et intérêts légitimes que ceux alloués à titre de compensation*.

Cette idée a été faussée par la compilation napoléonienne (V. *infra*, art. 1153, premier et deuxième alinéa), et encore plus par la *doctrine*.

(2) On conçoit que les complices de l'acte de Brumaire dussent éprouver quelque peine à formuler le principe de responsabilité.

Ce principe n'a, au surplus, besoin d'être inscrit dans aucun article spécial ; sa place est en tête des lois.

(3) Le lecteur curieux de développements sur la *force majeure* et le *cas fortuit* peut consulter Averani, *Interpretationes juris*, lib. II, cap. XXVI, et le renégat Merlin en son répertoire, v° *Force majeure* et v° *Cas fortuit*.

(4) Pothier, n° 159.

(5) L. 13, D., liv. XLVI, tit. VIII.

Finalement, l'expression dommages-intérêts en dit tout autant que les définitions qui précèdent.

Il semblerait qu'au moins législativement il n'y ait rien à ajouter. Mais, comme les compilateurs napoléoniens reproduisaient Pothier, et que Pothier, à la suite de Dumoulin, entrait dans le détail du règlement des dommages-intérêts, les compilateurs napoléoniens sont entrés dans le même détail (1).

De là, le vague correctif : « sauf les exceptions et les modifications ci-après ».

Ces exceptions et ces modifications consistent :

1° *En ce que*, comme nous le verrons (art. 1153, 1er et 2e alin.), *la règle du* lucrum cessans *et du* damnum emergens *ne s'applique qu'aux obligations qui n'ont pas pour objet une somme d'argent* (art. 1150-1145);

2° *En ce que, même relativement aux obligations qui n'ont pas pour objet une somme d'argent, la règle du* lucrum cessans *et du* damnum emergens *comporte une application plus ou moins étendue*, selon les cas (art. 1150 et 1151) (2).

**1150.** — Le débiteur n'est tenu que des dommages et intérêts qui ont été prévus ou qu'on a pu prévoir lors du contrat, lorsque ce n'est point par son dol que l'obligation n'est point exécutée.

**1151.** — Dans le cas même où l'inexécution de la convention résulte du dol du débiteur, les dommages et intérêts ne doivent comprendre, à l'égard de la perte éprouvée par le créancier et du gain dont il a été privé, que ce qui est une suite immédiate et directe de l'inexécution de la convention.

**1152.** — Lorsque la convention porte que celui qui manquera de l'exécuter payera une certaine somme à titre de dommages et intérêts, il ne peut être alloué à l'autre partie une somme plus forte ni moindre.

*Ces articles concernent les dommages-intérêts dus dans les obligations qui n'ont pas pour objet une somme d'argent.*

Il y a d'abord lieu de distinguer *deux* cas:

---

(1) Comparer Pothier, nos 159-172. — Dumoulin, *Tractatus de eo quod interest.*

(2) Il y a des siècles que les légistes ont entrepris de réglementer la matière des dommages et intérêts. (V. *L. unic.*, C., liv. VII, tit. IV.)

Dumoulin constate que, de son temps, cette partie de la doctrine juridique renfermait *ineptissimas iniquitates, controversissimas legum conciliationes, imo contorsiones*. Le célèbre légiste se proposa d'y mettre de l'ordre et de la raison ; ce à quoi il réussit médiocrement. (V. *Tractatus de eo quod interest.*)

Le Code de la Convention contenait la vraie règle législative :

« Si l'obligation n'est pas exécutée ou ne l'est pas en temps opportun et convenu, elle se résout en dommages et intérêts qui sont arbitrés en justice, s'il s'agit de choses sommaires, ou estimées par experts dans les autres matières. (Liv. III, tit. I, art. 8.)

1° *Celui où ce n'est pas par le dol du débiteur que l'obligation n'est pas exécutée ;*

2° *Celui où c'est par le dol du débiteur que l'obligation n'est pas exécutée* (1).

Dans le *premier* cas, le débiteur est tenu des dommages-intérêts « *qui ont été prévus ou qu'on a pu prévoir lors du contrat* ».

Les auteurs fondent cette décision sur l'existence d'une clause accessoire tacitement convenue entre le débiteur et le créancier.

Dans le *second* cas, le débiteur est tenu des dommages-intérêts « *qui,* selon les termes de l'art. 1151, *sont une suite directe et immédiate de l'inexécution de l'obligation* ».

Pothier disait dans le même sens, en invoquant l'autorité de Dumoulin, que « on ne doit pas comprendre dans les dommages-intérêts dont un débiteur est tenu pour raison de son dol, ceux qui non-seulement n'en sont qu'une suite éloignée, mais qui n'en sont pas une suite nécessaire et qui peuvent avoir d'autres causes » (2).

Citons maintenant l'exemple classique :

Un marchand me vend une vache qu'il sait être affectée d'une maladie contagieuse, et il dissimule ce vice; la vache communique sa maladie à mes bœufs; le marchand est responsable du dommage que j'ai souffert, non-seulement dans la vache qu'il m'a vendue, mais aussi dans mes bœufs (3).

Les auteurs professent que c'est le dol du débiteur qui est, ici, cause des dommages-intérêts.

Quant à l'art. 1152, il prévoit le cas où les parties ont réglé elles-mêmes d'avance le montant des dommages-intérêts dont le débiteur pourra être tenu.

Ce règlement anticipé porte en droit le nom de *clause pénale* (art. 1229, V. *infra*).

L'article décide que les tribunaux n'ont pas le droit de modifier l'évaluation faite par les parties.

Cependant, Dumoulin et Pothier enseignaient que la peine stipulée en cas d'inexécution d'une obligation peut, lorsqu'elle est excessive, être réduite par le juge (4).

---

(1) Voici la définition du dol telle que Dumoulin la formulait dans la circonstance : « .....*Non accipio dolum large, ex eo solo quod quis negligit suo loco et tempore id implere ad quod scit se obligatum... Sed pro dolo in specie, vel destinata malitia...* » (N° 156.)

(2) Pothier, n° 167.

(3) Pothier, n° 166.

Pothier va plus loin, mais alors le vieux légiste s'embrouille un peu. (V. le dernier alinéa de son n° 167.)

(4) Dumoulin, n°s 159 et suiv. — Pothier, n° 345.

C'est au Code de la Convention (art. 10, liv. III, tit. I), que les compilateurs napoléoniens ont emprunté l'art. 1152 (1).

**1153** (alinéas 1 et 2). — Dans les obligations qui se bornent au payement d'une certaine somme, les dommages et intérêts résultant du retard dans l'exécution ne consistent jamais que dans la condamnation aux intérêts fixés par la loi, sauf les règles particulières au commerce et au cautionnement.

Ces dommages et intérêts sont dus sans que le créancier soit tenu de justifier d'aucune perte.

*Ce texte concerne les dommages-intérêts dus dans les obligations qui ont pour objet une somme d'argent.*

Il consacre *deux* règles spéciales aux obligations de cette sorte :

1° *Dans les obligations qui ont pour objet une somme d'argent, le taux des dommages-intérêts est fixé par la loi d'une manière invariable;*

2° *Dans ces mêmes obligations, le créancier, pour obtenir les dommages-intérêts fixés par la loi, n'est tenu de justifier d'aucun manque de gain, ni d'aucune perte, et, de son côté, le débiteur n'est pas recevable à fournir la preuve que le créancier n'a souffert aucun préjudice.*

La loi du 3 septembre 1807 a fixé le taux des dommages-intérêts ou des intérêts, en matière civile, à 5 pour 100, et en matière commerciale à 6 pour 100 (art. 2).

Les parties ne peuvent, au moyen d'une clause pénale, excéder ce taux, et, si elles l'excèdent, la clause pénale doit être réduite (2).

Comment les auteurs expliquent-ils ces règles particulières?

Les auteurs disent avec Pothier :

1° Que, comme les dommages-intérêts qui peuvent résulter du retard de l'accomplissement de cette espèce d'obligation varient à l'infini, et qu'il est aussi difficile de les prévoir que de les justifier, il a été nécessaire de les régler, comme par une espèce de forfait, à quelque chose de fixe;

2° Que le taux auquel ils ont été fixés est le prix commun du profit légitime que le créancier aurait pu retirer de la somme qui lui était due, si elle lui avait été payée (3).

---

(1) Les anciens auteurs distinguaient les dommages et intérêts en *intrinsèques* (relatifs à la chose qui fait l'objet du contrat) et *extrinsèques* (relatifs aux autres biens du créancier), en *communs* ou *généraux*, et en *propres* ou *particuliers* (ceux là sont plus malaisés à définir).

Le seul résultat clair de cette scolastique est de prouver que, lorsque les parties ne se sont pas expliquées, l'évaluation des dommages et intérêts est *nécessairement* une pure question de fait.

Comparer M. Demolombe, qui conclut en sens opposé. (T. XXIV, p. 558 et suiv.)

(2) M. Demolombe, t. XXIV, p. 620. — Comparer M. Duranton, t. X, nos 487-489.

(3) Pothier, no 170. — M. Demolombe, t. XXIV, p. 605.

Tant sont futiles ces raisons, qu'il n'y a pas lieu de les discuter, au moins à cette place (1).

Toutefois, les dommages-intérêts peuvent dépasser les intérêts légaux dans les *trois* cas suivants :

1° *Au profit du porteur de la lettre de change ou d'un autre effet négociable lorsque la lettre ou l'effet n'est pas payé à l'échéance* (art. 177-187, C. Co.);

2° *Au profit de la caution, lorsque celle-ci paye pour le débiteur principal* (art. 2028) (2);

3° *Au profit de la société, lorsque l'un des associés devait apporter une somme dans la société et qu'il ne l'a point fait* (art. 1849).

Les auteurs font remarquer que, dans les obligations de sommes d'argent, les dommages-intérêts ne peuvent résulter *que du retard dans l'exécution*, en d'autres termes, qu'ils ne peuvent être que *moratoires*.

En effet, dit-on, dans le cas d'inexécution, une obligation de somme d'argent, ne saurait se transformer en une obligation subsidiaire de somme d'argent.

Les auteurs ajoutent cependant que, même en matière d'obligation de sommes d'argent, il peut exister des intérêts *compensatoires*.

Tels sont :

1° Les intérêts stipulés pour prix de la jouissance d'un capital prêté;

2° « Les intérêts alloués au créancier par le juge pour la réparation de tout autre dommage que celui résultant du retard dans l'exécution d'une obligation ayant pour objet une somme d'argent et comme com-

---

(1) Contentons-nous de remarquer que les deux premiers alinéas de l'art. 1153 constituent :

1° *Une usurpation du législateur sur le droit individuel;*

2° *Une méconnaissance des principes économiques.*

L'usurpation sur le droit individuel est flagrante.

Si, par sa demeure, le débiteur n'a causé aucun dommage au créancier, pourquoi serait-il tenu de l'indemniser?

S'il lui a causé un dommage supérieur à 5 ou à 6 pour 100, pourquoi ne lui devrait-il pas toute la réparation de ce dommage?

Si les parties ont réglé elles-mêmes, à tout événement, le montant des dommages et intérêts, pourquoi cette clause de leur contrat ne recevrait-elle pas exécution?

La méconnaissance des principes économiques n'est pas moins évidente :

*L'argent est une marchandise.*

Que Pothier n'ait pas su cela, on peut l'en excuser, car le *Traité des obligations* est de 1761, et le Mémoire de Turgot sur les prêts d'argent, de 1769; mais que, nous-mêmes, nous conservions dans nos lois une erreur réfutée depuis plus d'un siècle, comment s'en rendre compte?

Race routinière et romaine qui ne peut se passer de la tutelle et des lisières!

(2) Les termes : « sauf les règles particulières au commerce » sont trop généraux. — Comparer Pothier, n° 171.

plément accessoire de l'indemnité pécuniaire à laquelle le débiteur est condamné envers lui » (1).

Les *premiers* sont dits *conventionnels*; les *seconds*, *judiciaires* (2).

**1139.** — Le débiteur est constitué en demeure, soit par une sommation ou par un autre acte équivalent, soit par l'effet de la convention, lorsqu'elle porte que, sans qu'il soit besoin d'acte, et par la seule échéance du terme, le débiteur sera en demeure.

**1153** (alinéa 3). — Ils (les dommages et intérêts) ne sont dus (dans les obligations de sommes d'argent) que du jour de la demande, excepté dans les cas où la loi les fait courir de plein droit.

Il faut distinguer :

1° *Les règles de la demeure relatives aux obligations qui n'ont pas pour objet une somme d'argent* (art. 1139) ;

2° *Les règles de la demeure relatives aux obligations qui ont pour objet une somme d'argent* (art. 1153, 3e alin.).

Voyons successivement les unes et les autres.

### 1° RÈGLES DE LA DEMEURE RELATIVES AUX OBLIGATIONS QUI N'ONT PAS POUR OBJET UNE SOMME D'ARGENT.

*Dans les obligations de cette sorte, le débiteur n'est, en principe, constitué en demeure que par une sommation « ou, dit l'art.* 1139, *par autre acte équivalent* » (3).

Les actes de mise en demeure, autres que la sommation, sont, par exemple :

La demande en justice ;

La citation en conciliation suivie dans le mois d'une demande en justice (art. 576).

Il y a lieu de placer sur la même ligne la déclaration écrite par laquelle le débiteur se reconnaîtrait en demeure (Comparer art. 2244-2248) (4).

---

(1) M. Demolombe, t. XXIV, p. 602.

(2) MM. Zachariæ, Aubry et Rau, t. III, p. 64, note 10. — M. Demolombe, *loc. cit.*

V. d'ailleurs, sur l'expression *dommages et intérêts compensatoires*, ce qui a été dit *supra*, p. 795, note 1.

(3) Comparer Pothier, n° 144.

(4) Nous répétons les définitions de la sommation, de la demande en justice et du commandement :

La sommation est un acte d'huissier qui a pour but unique de mettre une personne en demeure.

La demande en justice est un acte d'huissier qui a pour but d'organiser une instance.

Le commandement est une sommation faite en vertu d'un titre exécutoire,

Cette règle est commune aux obligations de *faire*, comme à celles de *donner*.

Quant aux obligations de *ne pas faire*, la nature même de ces obligations exclut toute idée de demeure (V. art. 1145, *supra*, p. 793, note 2).

Par *exception* à la règle sus-énoncée, *la seule échéance du terme* constitue le débiteur en *demeure :*

1° *Lorsque la loi en a ainsi disposé* (art. 1302, *dernier* alinéa, et 1378) (1) ;

2° *Lorsque le contrat contient à cet égard une clause formelle* (art. 1139) ;

3° *Lorsque l'obligation ne pouvait être exécutée que dans un certain temps que le débiteur a laissé passer* (art. 1146, V. *supra*, p. 794).

C'est, dans ces cas seulement, que s'applique l'ancienne règle : *Dies interpellat pro homine* (2).

2° RÈGLES DE LA DEMEURE RELATIVES AUX OBLIGATIONS QUI ONT POUR OBJET UNE SOMME D'ARGENT.

*Dans les obligations de cette sorte, le débiteur n'est, en principe, constitué en demeure que par une demande en justice, ou, tout au moins, par une citation en conciliation, suivie dans le mois d'une demande en justice* (art. 57, C. Pr.).

Toutefois, il y a :

1° *Des cas où une simple sommation suffit pour faire courir les intérêts ;*

2° *Des cas où les intérêts courent de plein droit.*

Parmi les *premiers*, on peut citer :

Le cas où le mineur est reliquataire envers le tuteur (art. 474, 2e alin.);

Le cas où l'acheteur d'une chose non frugifère est en retard de payer son prix (art. 1652) (3);

Parmi les *seconds*, nous mentionnerons :

---

revêtue elle-même de la formule exécutoire, et qui précède nécessairement certaines saisies.

Quant à la citation en conciliation, c'est un acte d'huissier par lequel on mande une personne devant un juge de paix, afin d'essayer de prévenir un procès par une entente amiable.

(1) Comparer, pour l'art. 1302, *dernier* alinéa, Pothier, n° 144, 3e alinéa.

(2) V. Noodt, *De fœnor. et usur.*, lib. III, cap. IX, p. 209.

(3) V. aussi art. 1936 C. N. et art. 184 C. Co.

Faute de posséder les plus simples notions de l'économie politique, les compilateurs napoléoniens ont distingué, au point de vue qui nous occupe, la vente de la chose qui produit des fruits ou autres revenus, de la vente de la chose qui, pour reprendre le même langage, ne produit pas de fruits ou autres revenus. (V. *Manuel de droit civil*, t. III, art. 1652.)

Le cas où le tuteur est reliquataire envers le mineur (art. 474, 1er alin.);

Le cas où l'acheteur d'une chose frugifère est en retard de payer son prix (art. 1652);

Le cas où la caution paye pour le débiteur principal (art. 2028);

Le cas où l'un des associés devait apporter une somme dans la société et ne l'a point fait (art. 1846);

Le cas où le mandataire a employé à son usage les sommes qui appartiennent au mandant (art. 1996);

Le cas où le mandataire a fait des avances pour le mandant (art. 2001) (1).

Cette *seconde* catégorie d'exceptions est la seule à laquelle la compilation napoléonienne ait fait allusion ; elle renferme tant de *casus* qu'elle renverse à vrai dire la règle (2).

*On discute la question de savoir si la demande par laquelle une personne réclame le payement de la somme qui lui est due suffit pour faire courir les intérêts moratoires.*

Les partisans de l'*affirmative* (3) disent :

La demande en justice joue, dans les obligations de sommes d'argent, le même rôle que la sommation dans les autres obligations;

Donc, elle doit produire le même effet.

Or, dans les obligations, autres que celles de sommes d'argent, la sommation, qui ne conclut qu'au payement du principal, donne au créancier droit aux dommages-intérêts;

Donc, pareillement, dans les obligations de sommes d'argent, la demande en justice, qui ne conclut qu'au payement du principal, donne au créancier droit aux intérêts.

On ajoute qu'il suffit que le créancier prenne, durant l'instance, des conclusions relatives aux intérêts.

Les partisans de la *négative* (4) opposent les termes mêmes du 3e alin. de l'art. 1153, qui porte que :

« Les intérêts ne sont dus que du jour de la demande ».

Légalement, cette *seconde* opinion nous paraît devoir l'emporter sur la *première*.

**1154.** — Les intérêts échus des capitaux peuvent produire des intérêts, ou par une demande judiciaire, ou par une convention spéciale, pourvu que, soit

---

(1) V. aussi art. 456, 856, 1378, 1440, 1473, 1570.

(2) Nulle raison, nul enchaînement! l'aventure en plein!

(3) Delvincourt, t. II, p. 746. — Cass., 20 novembre 1848, Albrecht, Dev., 1849, t. I, 129.

(4) MM. Zachariæ, Aubry et Rau, t. III, p. 65, texte et note 12. — M. Colmet de Santerre, t. V, n° 70 *bis*, VII. — M. Larombière, t. I, art. 1153, n° 21. — M. Demolombe, t. XXIV, p. 612.

dans la demande, soit dans la convention, il s'agisse d'intérêts dus au moins pour une année entière.

Cet article concerne la *capitalisation des intérêts*, ou, comme on dit dans la doctrine, l'anatocisme, de ἀνὰ, qui marque redoublement, et τὸκος, usure.

L'ancien droit romain permettait la capitalisation des intérêts *échus* et défendait la capitalisation des intérêts *à échoir* (l. 26, § 1, D., liv. XII, tit. VI).

Justinien défendit à la fois la capitalisation des intérêts *præteriti temporis* et celle des intérêts *futuri temporis* (L. 28, C., liv. IV, tit. XXXII).

Le vieux droit français suivit les errements du droit de Justinien (1), et il faut dire qu'à cette époque, comme aux temps de Rome, la manière dont la propriété était acquise donnait des motifs, au moins apparents, à la prohibition.

Le droit de la Révolution, qui avait retenu l'enseignement de Turgot et qui avait admis que l'argent est une marchandise comme une autre, ce droit défendit-il l'anatocisme ?

Les légistes ont admis l'affirmative, mais ils ont prêté, en cela, leurs propres idées au droit de la Révolution (2).

Quant à l'œuvre d'inintelligente réaction dont nous commentons les textes, qu'a-t-elle décidé au sujet de la capitalisation des intérêts?

L'art. 1154 pose une règle, extrêmement obscure, qui n'atteste d'une façon certaine que l'ignorance de ses rédacteurs (3).

D'après l'interprétation qui prévaut en général à l'École, voici quelle serait cette règle :

*Pour que la capitalisation des intérêts, soit au moyen d'une demande en justice, soit au moyen d'une convention, puisse avoir lieu, il faut:*

1° *Que les intérêts soient échus ;*

2° *Qu'ils soient dus, au moins, pour une année entière* (4).

---

(1) Domat, *Loix civiles*, liv. III, tit. X, sect. I, n° 10. — Bourjon, *Droit commun de la France*, t. I, chap. VII, n° 25.

(2) Comparer Merlin, *Répertoire*, v° *Anatocisme*.

Nous examinerons ce point (*Manuel de droit civil*, t. III, tit. X, chap. III).

(3) Cette ignorance éclata d'une façon tout à fait notable dans la discussion ; pour s'en convaincre, on n'a qu'à se reporter à Fenet (t. XIII, p. 61-66) et à lire les *explications* qu'échangèrent, au sujet de l'art. 1154, les Cambacérès, les Tronchet, les Bigot, les Treilhard, les Regnault, les Pelet...

Ce n'est que par la lecture de ces procès-verbaux qu'on peut se faire une idée de la manière dont fut bâclée la compilation napoléonienne.

Et les peuples, grâce à leurs légistes, s'y sont laissé prendre ! Et c'est ce ramassis qui gouverne le monde *civilisé !*

(4) Comparer MM. Colmet de Santerre, t. V, n° 71 *bis*, III et IV. — M. Demolombe, t. XXIV, p. 640.

*En ce qui concerne le cas de la convention*, cette interprétation est à peu près écartée par la pratique (1) ; les tribunaux se sont vus forcés d'admettre :

1° *Que les parties ont le droit de convenir d'avance que les intérêts, à mesure qu'ils seront échus d'année en année, seront productifs d'intérêts ;*

2° *Que les parties ont le droit de convenir que les intérêts échus et dus au moment de la convention, pour moins d'une année, seront productifs d'intérêts.*

Cependant la doctrine professée, en général, à l'École semble avoir pour elle :

1° Le texte de l'art. 1154 ;

5° L'esprit qui inspirait les compilateurs napoléoniens (2).

**1155.** — Néanmoins les revenus échus, tels que fermages, loyers, arrérages de rentes perpétuelles ou viagères, produisent intérêt du jour de la demande ou de la convention.

La même règle s'applique aux restitutions de fruits et aux intérêts payés par un tiers au créancier en acquis du débiteur.

Il résulte de cet article que *certains revenus peuvent être rendus productifs d'intérêts, quoiqu'ils ne soient pas dus pour une année entière, et pourvu seulement qu'ils soient échus* (3).

Ces revenus sont :

1° *Les fermages des biens ruraux et les loyers des maisons ;*

2° *Les arrérages de rentes perpétuelles ou viagères ;*

3° *Les restitutions de fruits (auxquelles est astreint le possesseur de mauvaise foi) ;*

4° *Les intérêts dus, non au créancier lui-même, mais à un tiers qui les aurait payés en l'acquit du débiteur.*

La jurisprudence ajoute :

5° *Les intérêts des sommes dues par compte-courant commercial.*

Au point de vue rationnel, les *trois premières* exceptions sont en contradiction flagrante avec l'interprétation donnée par l'École à la règle posée par l'art. 1154, relativement à la capitalisation des intérêts des sommes d'argent ; il n'existe, en effet, aucune différence rationnelle

(1) Cass., 11 décembre 1844 ; de Gras-Préville, Dev. 1845, I, 97. — Cass., 10 août 1859 ; Thériot, Dev., 1860, I, 456.

Quelle science, quelle législation que celles auxquelles les besoins font à chaque instant violence !

(2) Outre le *Mémoire de Turgot sur les prêts d'argent*, qui reste la base, on peut consulter aussi le *Dictionnaire de l'économie politique*, au mot MONNAIE.

(3) M. Demolombe enseigne que cette seconde condition elle-même est supprimée (t. XXIV, p. 656) ; mais le texte de l'art. 1155 résiste à cette opinion.

entre les intérêts des sommes d'argent et les revenus mentionnés dans les *trois premières* exceptions (1).

La *quatrième* exception manque de tout sens, car elle se rapporte, non *aux intérêts* d'une somme d'argent, mais *à une somme* qui est par elle-même un *capital.*

La *cinquième* exception est de même sorte que les *trois* premières; ce sont les besoins qui l'ont imposée (2).

---

(1) Ce n'est que par distraction que M. Demolombe a pu commettre les deux incroyables propositions suivantes :

« Les fermages et loyers ne sont pas des intérêts; ils étaient, par leur nature même, et sans qu'il fût besoin de les excepter, en dehors de la règle qui ne statue que sur les intérêts.

» La même observation est applicable aux restitutions de fruits dus par le possesseur de mauvaise foi. » (M. Demolombe, t. XXIV, p. 652 et 653.)

(2) Depuis le commencement des siècles, une abominable inégalité règne dans le monde : les uns consument leur vie dans le travail, dans les privations et dans la misère; c'est le grand nombre; — les autres demeurent oisifs tout le temps de leur existence et sont pourvus de tout le superflu de la vie; c'est le petit nombre.

A mesure que le grand nombre comprend, il ne veut plus accepter son sort, il refuse d'entretenir la jouissance du petit nombre.

Mais pour changer l'état des choses, que faut-il faire? Y parviendra-t-on en poussant le cri de guerre contre *l'infâme* capital?

Cette clameur vient de faux amis du peuple ou d'hommes abusés.

Sans le capital, tous, tant que nous sommes, nous ne pourrions pas mouvoir un fétu; le capital est la condition même de notre travail; c'est grâce à lui que nous subsistons pendant que nous travaillons; c'est le capital qui met en nos mains la matière et l'outil du travail.

Le problème n'est donc pas, bien s'en faut, d'abolir le capital; autant vaudrait dire alors que le problème est de faire exister le producteur sans manger tout le temps que dure la production, et d'obtenir des produits sans matière et sans instrument.

Le problème est que le capital soit réparti selon la justice, et que tout homme l'ait à sa disposition.

Or, c'est cette loi de la répartition du capital qui, depuis les origines, demeure foulée aux pieds.

Elle réside tout entière dans la formule suivante :

A l'activité la meilleure, c'est-à-dire la plus honnête et la plus intelligente, la meilleure fonction.

Et tous sont intéressés à ce qu'il en soit ainsi.

Et dans ces termes, la légitimité de l'appropriation du capital et du loyer du capital n'est plus discutable; elle a la même évidence rationnelle que le droit de chacun d'être une personne.

Il est vrai aussi que, dans ces termes, l'appropriation du capital et le loyer du capital cesseraient d'opprimer aucun membre du corps social.

Nous reviendrons sur ce grave sujet; mais nous devons constater que ceux qui aujourd'hui détiennent le capital ignorent au même degré leurs devoirs et leurs droits; sceptiques et cupides, ils ont peur d'une *liquidation* violente, qui risquerait, en effet, de n'être qu'une nouvelle forme de la misérable anarchie où se débat la société française, et ils font tout pour précipiter cette liquidation.

En tout, notre mal est le même : nous périssons faute de conscience.

## SECTION V.

### DE L'INTERPRÉTATION DES CONVENTIONS.

**1156.** — On doit, dans les conventions, rechercher quelle a été la commune intention des parties contractantes, plutôt que de s'arrêter au sens littéral des termes.

**1157.** — Lorsqu'une clause est susceptible de deux sens, on doit plutôt l'entendre dans celui avec lequel elle peut avoir quelque effet que dans le sens avec lequel elle n'en pourrait produire aucun.

**1158.** — Les termes susceptibles de deux sens doivent être pris dans le sens qui convient le plus à la matière du contrat.

**1159.** — Ce qui est ambigu s'interprète par ce qui est d'usage dans le pays où le contrat est passé.

**1160.** — On doit suppléer dans le contrat les clauses qui y sont d'usage, quoiqu'elles n'y soient pas exprimées.

**1161.** — Toutes les clauses des conventions s'interprètent les unes par les autres, en donnant à chacune le sens qui résulte de l'acte entier.

**1163.** — Quelque généraux que soient les termes dans lesquels une convention est conçue, elle ne comprend que les choses sur lesquelles il paraît que les parties se sont proposé de contracter.

**1164.** — Lorsque dans un contrat on a exprimé un cas pour l'explication de l'obligation, on n'est pas censé avoir voulu par là restreindre l'étendue que l'engagement reçoit de droit aux cas non exprimés.

**1162.** — Dans le doute, la convention s'interprète contre celui qui a stipulé, et en faveur de celui qui a contracté l'obligation.

Hormis *un seul*, tous ces textes se réduisent à l'idée que, *dans l'interprétation des contrats, le juge doit avant tout rechercher quelle a été la commune intention des parties* (art. 1156).

C'est là une pensée qu'un législateur sérieux non-seulement n'eût pas songé à délayer en huit articles, mais qu'il eût estimé inutile même de formuler.

Les compilateurs napoléoniens ont copié dans Pothier ces banales maximes. Pothier, à son tour, les avait, pour la plupart, empruntées au droit romain; et voilà comment on peut lire dans la compilation napoléonienne que, *pour comprendre un contrat*, il n'est pas bon d'en isoler les différentes clauses (1).

Quant à l'article 1162, il applique cette vérité de sens commun, que c'est à celui qui allègue un droit qu'incombe la charge de prouver ce droit (comparer *infra*, art. 1315).

---

(1) En droit romain, dans cette législation où la forme emporta si longtemps le fond, il pouvait être relativement hardi d'écrire : *In conventionibus, contrahendum voluntatem potiùs quam verba spectari.* (L. 209, D., liv. IV, tit. XVI.) Dans le droit moderne, il y a une grande naïveté à répéter cet adage.

## SECTION VI.

### DE L'EFFET DES CONVENTIONS A L'ÉGARD DES TIERS.

Il faut substituer dans cette rubrique le terme de *contrats* à celui de *conventions*.

Déjà, d'ailleurs, il a été question de l'effet des contrats à l'égard des tiers, *en tant que les contrats sont par eux-mêmes translatifs du droit réel* (V. *supra*, art. 1140 et 1141, p. 790 et 791).

Quant aux deux principales dispositions de la section (art. 1166 et 1167), elles se rapportent au patrimoine tout entier et elles dépendent de la règle formulée plus loin (art. 2093).

En réalité, ce dernier point est de pure doctrine et ne devait pas prendre place dans un Code.

Nous retrouvons donc partout le même désordre et les mêmes inutilités.

**1165.** — Les conventions n'ont d'effet qu'entre les parties contractantes; elles ne nuisent point au tiers, et elles ne lui profitent que dans le cas prévu par l'art. 1121.

Cet article ne concerne que les effets *des contrats productifs du droit personnel.*

Il répète les articles 1119 et suivants (V. *supra*, p. 763), et correspond aux nos 85-90 de Pothier.

*Qu'est-ce ici que les parties? Qu'est-ce que les tiers?*

Sont *parties* au contrat :

1° *Les personnes qui y ont été représentées par leur mandataire ou par leur gérant d'affaires ;*

2° *Les personnes qui y ont été représentées par leur auteur* (V. *supra*, art. 1122, p. 764).

Toutes autres personnes sont des *tiers.*

*En ce qui concerne la règle que le contrat ne nuit pas aux tiers*, on cite comme exception :

*Le cas du concordat*, du contrat d'*attermoiement*, disait Pothier, n° 88.

En effet, d'après une doctrine arbitraire, consacrée par notre déplorable législation commerciale, lorsqu'une personne est tombée en faillite et que la majorité de ses créanciers consent à lui accorder des remises, la minorité est forcée de subir les conséquences de ce contrat, s'il est homologué par le tribunal (1).

C'est là ce qu'on nomme le *concordat.*

---

(1) En tout ordre, le droit des minorités est peu compris, et c'est la même absurde idée de *salus populi* qui empêche de le comprendre.

*En ce qui concerne la règle que le contrat ne profite pas aux tiers*, l'art. 1165 indique comme exception :

1° *Le cas prévu par l'art.* 1121.

Dans ce cas, on peut stipuler au profit d'un tiers, lorsque telle est la condition d'une stipulation que l'on fait pour soi-même ou d'une donation que l'on fait à un autre.

Les auteurs ajoutent :

2° *Le cas de la donation grevée de substitution ;*

3° *Le cas de la donation de biens à venir faite par des tiers en faveur du mariage (institution contractuelle et donation cumulative de biens présents et à venir).*

La donation grevée de substitution profite, en effet, aux appelés (art. 1048, V. *supra*, p. 621) ;

Et la donation de biens à venir profite aux enfants à naître du mariage (art. 1082 et suiv., V. *supra*, p. 669).

On sait, au surplus, que ces *deux dernières* sortes de dispositions n'ont aucun fondement rationnel (V. *supra*, p. 614 et 669).

## I. DROIT DES CRÉANCIERS D'EXERCER LES DROITS ET ACTIONS DE LEUR DÉBITEUR. — II. DROIT DES CRÉANCIERS DE DEMANDER LA RÉVOCATION DES ACTES FAITS PAR LEUR DÉBITEUR EN FRAUDE DE LEURS CRÉANCES.

C'est à ce double droit que se rapportent les art. 1166 et 1167.

Il y a une intime corrélation entre le droit des créanciers d'exercer les droits et actions de leur débiteur et le droit des créanciers de demander la révocation des actes faits par leur débiteur en fraude de leurs créances ; le *premier* de ces deux droits a pour sauvegarde le *second*.

Les compilateurs napoléoniens ont, d'ailleurs, eu le tort non-seulement, comme nous l'avons dit, de rattacher ces deux droits à la règle que les contrats ne nuisent ni ne profitent aux tiers, mais encore de les présenter comme *deux* exceptions à cette règle.

En effet, d'une part, lorsque les créanciers exercent les droits et actions de leur débiteur, *ils agissent comme parties dans l'acte de leur débiteur*, c'est-à-dire *comme ayant été représentés dans cet acte par leur auteur* (V. *supra*, p. 807).

D'autre part, lorsque les créanciers demandent la révocation des actes faits par leur débiteur en fraude de leurs créances, *ils prétendent qu'ils ont été mal représentés dans l'acte fait par leur débiteur, et que, par conséquent, cet acte ne leur est pas opposable.*

Finalement donc, les deux droits consacrés par les art. 1166 et 1167, quoiqu'ils comportent une étendue d'application beaucoup plus large que la règle posée par l'art. 1165, sont cependant, en ce qui concerne l'effet des contrats, deux applications de cette règle.

Nous examinerons successivement l'un et l'autre.

### I. — DROIT DES CRÉANCIERS D'EXERCER LES DROITS ET ACTIONS DE LEUR DÉBITEUR.

**1166.** — Néanmoins, les créanciers peuvent exercer tous les droits et actions de leur débiteur, à l'exception de ceux qui sont exclusivement attachés à la personne.

La règle qui domine cet article, ainsi que l'article suivant, est, répétons-le de nouveau, que *les biens d'un débiteur sont le gage commun de ses créanciers.*

D'après les auteurs, malgré la généralité apparente de ses termes, l'art. 1166 ne se rapporte pas à *tous* les actes que les créanciers peuvent avoir intérêt à faire pour conserver le gage commun.

A cet égard, il y a lieu de distinguer :

1° *Les actes purement conservatoires ;*

2° *Les actes d'exécution ou de poursuite.*

L'art. 1166 ne concerne que les *derniers ;* cela résulte de ce que, dans ce texte, le mot « action » vient immédiatement corriger la trop grande généralité des mots « tous les droits » (1).

On enseigne, *en ce qui touche les actes purement conservatoires*, que tout créancier a le droit de les exercer *de plano*, que sa créance soit pure et simple, à terme ou sous condition, qu'il soit ou non muni d'un titre exécutoire.

*Les actes conservatoires sont*, par exemple :

L'interruption d'une prescription ;

Le renouvellement d'une inscription hypothécaire ;

La demande en reconnaissance d'écriture ;

L'opposition à partage, etc.

*Quant aux actes d'exécution ou de poursuite*, c'est-à-dire *à ceux qui font l'objet de l'art.* 1166, *quels sont avant tout ces actes ?*

On cite comme exemples :

L'action qui a pour but de faire reconnaître un droit réel ;

L'action en payement d'une créance ;

L'action en partage d'une succession (V. *supra*, p. 243) ;

L'action en rapport (V. *supra*, p. 287) ;

L'action en réduction (V. *supra*, p. 432) ;

L'action en réparation d'un dommage causé aux biens du débiteur par un délit ou par un quasi-délit ;

---

(1) Quelle pitié d'avoir ainsi à corriger tous les textes ! Et c'est ce Code que tant de gens qui ne l'ont pas même approché appellent un monument *immortel !* (V. l'historien du *Consulat et de l'Empire*.)

L'exercice contre une décision judiciaire de toutes les voies de recours ordinaires et extraordinaires, etc.

Par là même, on voit que les créanciers peuvent exercer les actions dérivant non-seulement d'un contrat, mais aussi d'un quasi-contrat, d'un délit, d'un quasi-délit ou de la loi.

Cependant, à côté de la *règle*, l'art. 1166 pose une *exception:*

*Les créanciers ne peuvent exercer les droits qui sont exclusivement attachés à la personne.*

*Quels sont ces droits-là?*

Les auteurs n'en tentent même pas la définition, et il faut bien convenir que, dans l'état de confusion séculaire où s'agitent *doctrine* et lois, cette définition serait périlleuse.

De là, un grand nombre de controverses (1).

*Toutefois, les auteurs s'accordent à reconnaître comme droits exclusivement attachés à la personne*, par exemple:

L'action en séparation de corps (2);

L'action en annulation de mariage, lorsqu'elle est fondée sur une cause de nullité relative;

L'action en révocation de donations pour cause d'ingratitude (3), etc.

Il reste à savoir sous quelles conditions les créanciers peuvent exercer les actes auxquels se rapporte l'art. 1166; d'où, *trois* questions principales:

1° *Faut-il que les créanciers soient judiciairement subrogés à l'exercice des droits et actions de leur débiteur?*

2° *Faut-il que leur créance soit exigible?*

3° *Faut-il qu'ils soient munis d'un titre exécutoire?*

Ces *trois* points sont controversés.

L'opinion qui paraît préférable c'est que *tout créancier peut exercer les droits de son débiteur sans qu'il ait besoin ni de subrogation judiciaire ni de titre exécutoire et pourvu seulement que sa créance soit exigible* (4).

---

(1) Voy. notamment *Manuel de Droit civil*, t. I, p. 322, et *supra*, p. 78.

(2) C'est une action *vindictam spirans*, disent à la fois MM. Zachariæ, Aubry et Rau, et M. Demolombe.

Dans l'état juridique actuel, cette affirmation peut bien être une vérité.

(3) Encore une action *vindictam spirans!*

Comparer MM. Zachariæ, Aubry et Rau, t. III, p. 81 et suiv., et M. Demolombe, t. XXV, p. 56. Ces auteurs ont d'ailleurs dressé de vastes nomenclatures.

(4) M. Valette, à son cours. — M. Demolombe.

Un grand nombre d'auteurs, entre autres Proudhon (*De l'usufruit*, t. V, n^os^ 2236 à 2257), M. Demante (t. V, n° 81, note 1), M. Colmet de Santerre

*On demande encore si le créancier qui exerce les droits et actions de son débiteur, agit au nom et comme mandataire de son débiteur* ou *en son propre nom :*

Il semble peu contestable qu'il agit *en son propre nom* (1).

*Enfin le créancier qui a agi est-il tenu de communiquer le profit de l'action aux créanciers qui n'ont point agi ?*

Aux termes de l'art. 2093, *l'affirmative* ne saurait souffrir de difficultés (2).

### II. — DROIT DES CRÉANCIERS DE DEMANDER LA RÉVOCATION DES ACTES FAITS PAR LEUR DÉBITEUR EN FRAUDE DE LEURS CRÉANCES.

**1167.** — Ils peuvent aussi, en leur nom personnel, attaquer les actes faits par leur débiteur en fraude de leurs droits.

Ils doivent néanmoins, quant à leurs droits énoncés au titre *des Successions* et au titre du *Contrat de mariage et des Devoirs respectifs des époux,* se conformer aux règles qui y sont prescrites.

Cet article se rapporte à l'action connue sous le nom d'action *Paulienne* ou *révocatoire.*

L'action Paulienne tire son nom du préteur Paulus qui en inventa la formule (3).

Comme cette action est issue du droit romain, les légistes se sentent fort embarrassés de l'adapter exactement à la législation napoléonienne.

Toutefois, tradition romaine mise à part, certains auteurs donnent à l'action Paulienne un double fondement rationnel; ils la font reposer selon les cas, tantôt sur le principe que *tout fait illicite de l'homme qui cause un dommage à autrui oblige celui qui en est l'auteur à le*

---

(nº 81 *bis*, v), MM. Zachariæ, Aubry et Rau (t. III, p. 78, texte et note 2), admettent la nécessité d'une *subrogation judiciaire.*

M. Labbé, de son côté, a émis l'avis que le créancier doit être muni *d'un titre exécutoire.* (*Revue critique de jurisprudence,* 1856, t. IX.)

Dans la pratique, le créancier assigne le débiteur en même temps que le tiers contre lequel l'action doit être formée, et il conclut à être subrogé, à la place du premier, à l'action qu'il exerce contre le second.

(1) Dans le même sens, M. Labbé. (*Revue critique de jurisprudence,* 1856, t. IX.)

MM. Larombière (t. I, art. 1166, nº 22) et Colmet de Santerre (t. V, nº 81 *bis*, II) pensent que le créancier agit *au nom et comme mandataire de son débiteur ;* Proudhon (t. V, nº 2300) et M. Demolombe (t. XXV, p. 111 et suiv.) estiment que le créancier agit à la fois *au nom et comme mandataire de son débiteur, et en son propre nom ;* ces auteurs ressuscitent, pour le cas présent, la théorie du *mandatum in rem suam.*

(2) Elle en souffre cependant de nombreuses. (V. les développements fournis sur cette question par M. Demolombe, t. XXV, p. 133.)

(3) Comparer § 6, *Inst.*, liv. IV, tit. VI; — D., liv. XLII, tit. VIII; — C., liv. VII, tit. LXXV.

*réparer* (comp. art. 1382), tantôt sur le principe que *nul ne doit s'enrichir injustement aux dépens d'autrui.*

Ce *double* fondement est fort bon ; malheureusement, les ressouvenirs du droit romain viennent troubler les déductions des commentateurs, et comme la compilation napoléonienne présente aussi peu de suite dans cette matière que dans toutes les autres, il en résulte que la théorie de l'action, dite action Paulienne, est remplie d'incertitudes.

Arrêtons, autant que possible, les principales lignes.

On admet, en général :

1° *Que l'action Paulienne appartient à tout créancier chirographaire ou hypothécaire* (1);

2° *Que l'acte, attaqué par le créancier, doit emporter pour lui un* eventus damni, c'est-à-dire *lui causer un préjudice* (2) ;

3° *Que ce même acte doit receler un* consilium fraudis, c'est-à-dire *constituer une fraude du débiteur envers le créancier* (3);

---

(1) *L'action Paulienne appartient-elle au créancier à terme ou conditionnel, comme au créancier pur et simple?*

Cette question est discutée.

*Aff.*, M. Demolombe, t. XXV, p. 231 et suiv.

*Nég.*, M. Capmas, *Des actes faits par le débiteur en fraude des droits du créancier*, n°s 70 et 71.

(2) L'*eventus damni* résulte évidemment de tout acte par lequel le débiteur porte atteinte d'une manière quelconque au droit de gage qui appartient à ses créanciers sur ses biens, par conséquent, *aux actes par lesquels le débiteur néglige d'augmenter son patrimoine*, comme *à ceux par lesquels il le diminue.*

En ce sens, M. Demante, t. V, n° 82. — MM. Zachariæ, Aubry et Rau, t. III, p. 89 et suiv., texte et notes 12-13. — M. Demolombe, t. XXV, p. 160.

D'autres auteurs professent, selon l'enseignement romain, que l'action Paulienne n'est applicable qu'*aux actes par lesquels le débiteur diminue son patrimoine.* (L. 6, D., liv. LII, tit. VIII.)

En ce sens, M. Colmet de Santerre, t. V, n° 82 *bis*, III. — M. Marcadé, art. 1167, n° 3.

(3) Grâce à l'anarchie qui règne dans la compilation napoléonienne, ce point donne aujourd'hui lieu à une controverse.

D'après un *premier* système, *les actes gratuits de renonciation peuvent être attaqués par l'action Paulienne, alors même qu'en les faisant le débiteur n'a eu aucune intention frauduleuse.* (V. notamment *supra*, *Manuel de Droit civil*, t. I, art. 622 et 788.)

Ce système maintient, d'ailleurs, la nécessité de l'intention frauduleuse de la part du débiteur, pour le cas où il s'agit d'attaquer une donation proprement dite.

En ce sens, M. Demante, t. II, n° 471 *bis*, I et II. — M. Colmet de Santerre, t. V, n° 32 *bis*, IX et X. — M. Capmas, p. 15 et suiv.

D'après un *second* système, *l'intention frauduleuse du débiteur n'est jamais une condition nécessaire pour l'admissibilité de l'action Paulienne, non-seulement dans les simples renonciations, mais même dans les donations proprement dites.*

En ce sens, MM. Zachariæ, Aubry et Rau, t. III, p. 90, et t. V, p. 172. — M. Duvergier, *Sur Toullier*, t. III, n° 354, note 1.

D'après un *troisième* système, *il n'y a, en tant qu'il s'agit du débiteur, nulle*

4° *Que si l'acte est à titre onéreux, il faut que le tiers avec lequel le débiteur a traité ait été* participeps fraudis (1) ;

5° *Que l'action Paulienne est personnelle* (2).

*Qu'est-ce que le préjudice que doit causer au créancier l'acte attaqué? Qu'est-ce que la fraude qu'il doit recéler de la part du débiteur? Qu'est-ce que la participation du tiers à la fraude?*

Le *préjudice* existe lorsque l'acte attaqué a produit ou a augmenté l'insolvabilité du débiteur.

Le *préjudice* suppose, en outre, que le droit du créancier est antérieur à l'acte attaqué.

Le créancier doit prouver le préjudice en *discutant* préalablement les

---

*distinction à faire entre les actes à titre gratuit et les actes à titre onéreux ; les uns et les autres ne peuvent être attaqués par l'action Paulienne que lorsqu'ils recèlent une intention frauduleuse de la part du débiteur.*

Ce système invoque :

Le texte même de l'art. 1167 ;

La doctrine traditionnelle du droit romain et de l'ancien droit français ;

L'impossibilité finale dans laquelle se trouvent les deux précédents systèmes de concilier entre eux les art. 822, 988, 1464 ;

(Quant aux art. 1053 et 2225, c'est à tort qu'on les fait figurer dans cette thèse.)

Il répond aux autres qu'ils sont fondés sur *l'inadvertance* des Cambacérès et des Portalis.

Ce système est le nôtre.

En ce sens, Toullier, t. III, n° 348. — Proudhon, t. V, n^os^ 2353-2359. — M. Larombière, t. I, art. 1167, n° 14. — M. Demolombe, t. XXV, p. 180.

(1) *En tant qu'il s'agit du tiers avec lequel le débiteur a traité, on enseigne unanimement qu'en ce qui concerne la fraude il y a lieu de distinguer entre les actes à titre onéreux et les actes à titre gratuit.*

Le tiers est-il un acquéreur à titre gratuit, il est passible de l'action Paulienne, même lorsqu'il n'est pas *particeps fraudis,* car alors *certat de lucro captando,* tandis que le créancier *certat de damno vitando.* (Comparer MM. Zachariæ, Aubry et Rau, t. III, p. 90-91. — M. Colmet de Santerre, t. V, n° 82 *bis,* XI. — M. Capmas, n° 46. — M. Larombière, t. I, art. 1167, n^os^ 26-27. — M. Demolombe, t. XXV, p. 188.

(2) En droit romain, existait-il deux actions Pauliennes, l'une *personnelle,* l'autre *réelle?* ou bien n'existait-il qu'une seule Paulienne, que le préteur rédigeait tantôt *in personam,* tantôt *in rem,* conformément à *l'intentio actoris?* C'est une *grosse* question d'archéologie juridique. (Comparer M. Ortolan, *Instituts expliqués sur le* § 6, liv. IV, tit. VI. — M. Demangeat, *Cours élémentaire de Droit romain,* t. XI, p. 316-318.)

Dans le droit moderne, l'action Paulienne ne peut rationnellement être fondée que sur un rapport obligatoire qui se forme entre le créancier qui l'intente et le tiers contre lequel elle est dirigée : elle est donc *personnelle.*

En ce sens, MM. Zachariæ, Aubry et Rau, t. III, p. 95, texte et note 32. — M. Capmas, p. 41, et 71 à 80. — M. Demolombe, t. XXX, p. 147.

En sens contraires et divers, Proudhon, t. V, n° 2351. — M. Larombière, t. I, art. 1167, n° 45. — Arrêt de la cour d'Amiens, 16 mars 1839, D., *Rec. alph.,* v° *Action,* sect. II, art. 2, § 1, n° 85.

biens du débiteur, à moins que ce dernier ne se trouve déjà en état de faillite ou de déconfiture ouverte.

On voit par là que l'action Paulienne constitue un recours subsidiaire (1).

Quant à la *fraude*, c'est la connaissance qu'avait le débiteur, au moment où il a fait l'acte onéreux ou gratuit qui est attaqué par le créancier, du préjudice que cet acte allait causer au créancier.

Enfin la *participation du tiers à la fraude*, c'est la connaissance qu'a le tiers de la fraude du débiteur.

*Que faut-il décider à l'égard des sous-acquéreurs, c'est-à-dire des tiers qui sont les ayants cause à titre particulier de celui qui a traité avec le débiteur ?*

On professe, en général, que l'action Paulienne n'est admissible contre les sous-acquéreurs qu'autant qu'elle le serait si les sous-acquéreurs avaient traité *directement* avec le débiteur (2).

Restent *deux* questions :

1° *Quels sont les effets de l'action Paulienne dans les rapports respectifs des créanciers de la personne qui a fait l'acte frauduleux ?*

2° *Quelle est la durée de l'action Paulienne ?*

Ces *deux* questions sont fort controversées ; voyons successivement les systèmes qu'elles ont fait naître.

1re QUESTION. *Quels sont les effets de l'action Paulienne dans les rapports respectifs des créanciers de la personne qui a commis la fraude ?*

TROIS SYSTÈMES.

1er SYSTÈME (3). — *Le bénéfice de l'action Paulienne profite à tous les créanciers*, c'est-à-dire *non-seulement aux créanciers qui ont exercé l'action, mais encore :*

1° *Aux créanciers antérieurs à l'acte frauduleux, qui, pouvant exercer l'action, ne l'ont pas fait ;*

---

(1) MM. Zachariæ, Aubry et Rau, t. III, p. 87.

(2) MM. Zachariæ, Aubry et Rau, t. III, p. 91 et 92, texte et notes 19-20. — M. Capmas, n° 6. — M. Colmet de Santerre, t. V, n° 82 *bis*, XII. — M. Larombière, t. I, art. 1167, n° 40. — M. Demolombe, t. XXV, p. 188 et suiv.

Cependant, lorsqu'il existe un premier acheteur de mauvaise foi et un second acheteur de bonne foi tenant ses droits du premier, M. Duvergier est d'avis qu'on doit appliquer l'irrationnelle maxime : *Resoluto jure dantis resolvitur jus accipientis.* (M. Duvergier, *Sur Toullier*, t. III, n° 352, note 1.)

Et la responsabilité propre ? et les besoins économiques ? quel cas ce légiste en fait-il donc ?

(3) M. Colmet de Santerre, t. V, n° 82 *bis*, XIV et XV. — MM. Massé et Vergé, *Sur Zachariæ*, t. III, p. 413.

2° *Aux créanciers, même postérieurs.*

1er *Arg.* Les biens d'un débiteur sont le gage commun de ses créanciers ;

Or, l'action Paulienne fait rentrer dans le patrimoine du débiteur le bien que celui-ci a aliéné.

Donc, par l'effet de l'action Paulienne, le bien aliéné redevient le gage commun des créanciers.

2e *Arg.* Nulle part, la loi n'accorde une préférence à un créancier, à raison de l'antériorité, soit de son titre, soit de sa poursuite.

2e SYSTÈME (1). — *Le bénéfice de l'action Paulienne appartient à tous les créanciers antérieurs, sans qu'il y ait à distinguer entre ceux qui ont exercé l'action et ceux qui ne l'ont pas fait ;*

*Il n'appartient pas aux créanciers postérieurs.*

Les partisans de ce système adoptent les *deux* arguments du précédent en ce qui concerne les créanciers antérieurs qui n'ont pas exercé l'action ;

Ils repoussent les créanciers postérieurs, en disant que l'action Paulienne existe dans un but de réparation, et qu'aucune réparation n'est due à ceux qui n'ont éprouvé aucun dommage.

3e SYSTÈME (2). — *Le bénéfice de l'action Paulienne ne profite qu'aux créanciers qui ont exercé l'action.*

1er *Arg.* Il n'y a aucun motif pour ne point appliquer au jugement rendu à la suite d'une action Paulienne la règle générale applicable à la chose jugée ;

Or, cette règle est que la chose jugée n'a d'effet qu'entre les parties.

2e *Arg.* Les créanciers qui ont exercé l'action n'ont agi que pour leur propre compte ;

Ils n'ont pas été les représentants de ceux qui n'ont pas exercé l'action.

3e *Arg.* Le résultat de l'action Paulienne n'est, d'ailleurs, pas de faire rentrer les biens aliénés dans le patrimoine du débiteur, mais seulement de les rendre saisissables par rapport aux créanciers qui ont exercé l'action.

Les arguments du *troisième* système nous paraissent *décisifs.*

2e QUESTION. *Quelle est la durée de l'action Paulienne?*

---

(1) Chardon, *Du dol et de la fraude,* t. II, n° 280. — M. Larombière, t. I, art. 1167, n° 68.

(2) M. Valette, à son cours. — MM. Zachariæ, Aubry et Rau, t. III, p. 96, texte et note 35. — M. Capmas, nos 85 et suiv. — M. Demolombe, t. XXV, p. 258.

TROIS SYSTÈMES.

1er SYSTÈME (1). — *Il appartient aux juges de déterminer, d'après les circonstances, la durée de l'action Paulienne.*

Ce système se *fonde* sur ce que l'ancienne jurisprudence reconnaît aux juges le droit d'apprécier si le temps écoulé depuis l'acte prétendu frauduleux était suffisant pour détruire le soupçon de fraude.

2e SYSTÈME (2). — *La durée de l'action Paulienne est de dix ans.*

Ce système *s'appuie* sur la disposition de l'art. 1304.

3e SYSTÈME (3). — *La durée de l'action Paulienne est de trente ans.*

Ce système *applique* l'art. 2262.

Il répond :

Au *premier*, que ce système confond le fait avec le droit.

Au *second*, que l'art. 1304 ne concerne que l'action en annulation ou en rescision d'un contrat.

Le *dernier* système a pour lui l'évidence.

Le délai de la prescription court, d'ailleurs, à partir du jour où a été fait l'acte frauduleux.

Remarquons que lorsque l'acte attaqué par les créanciers consiste *dans un jugement rendu contre le débiteur en fraude de leurs droits*, l'action Paulienne reçoit le nom de *tierce opposition* (art. 1351, V. *infra*).

Remarquons, en outre, que l'action Paulienne n'est applicable :

*Ni à l'acte par lequel le débiteur a renoncé à un droit exclusivement attaché à sa personne ;*

*Ni au partage de succession* (art. 882 ; V. *suprà*, p. 352).

Quant à la partie du *second* alinéa de l'article qui renvoie au contrat de mariage, on convient, en général, qu'elle est dénuée de sens (4).

# CHAPITRE IV

## DES DIVERSES ESPÈCES D'OBLIGATIONS.

Ce chapitre envisage les obligations au point de vue des principales *modalités* sous lesquelles elles peuvent être contractées.

---

(1) Toullier, t. III, n° 356.

(2) M. Duranton, t. X, 585.

(3) MM. Zachariæ, Aubry et Rau, t. III, p. 97, texte et note 37. — M. Capmas, n° 79. — M. Colmet de Santerre, t. V, n° 82 *bis*, XVII. — M. Larombière, t. I, art. 1167, n° 54. — M. Demolombe, t. XXV, p. 244.

(4) Comparer M. Demolombe, t. XXV, p. 163.

Il traite d'une matière, bien plutôt doctrinale que législative, et il constitue pour le tout une plate reproduction et souvent un travestissement des théories de Pothier (1).

Plusieurs des modalités qui vont suivre peuvent, du reste, affecter le droit *réel* né d'un contrat, tout aussi bien que le droit *personnel*.

## SECTION I.

### DES OBLIGATIONS CONDITIONNELLES.

#### § I. — DE LA CONDITION EN GÉNÉRAL ET DE SES DIVERSES ESPÈCES.

**1168.** — L'obligation est conditionnelle lorsqu'on la fait dépendre d'un événement futur et incertain, tout en la suspendant jusqu'à ce que l'événement arrive, soit en la résiliant, selon que l'événement arrivera ou n'arrivera pas.

**1169.** — La condition *casuelle* est celle qui dépend du hasard, et qui n'est nullement au pouvoir du créancier ni du débiteur.

**1170.** — La condition *potestative* est celle qui fait dépendre l'exécution de la convention d'un événement qu'il est au pouvoir de l'une ou de l'autre des parties contractantes de faire arriver ou d'empêcher.

**1171.** — La condition *mixte* est celle qui dépend tout à la fois de la volont d'une des parties contractantes et de la volonté d'un tiers.

**1172.** — Toute condition d'une chose impossible, ou contraire aux bonnes mœurs, ou prohibée par la loi, est nulle, et rend nulle la convention qui en dépend.

**1173.** — La condition de ne pas faire une chose impossible ne rend pas nulle l'obligation contractée sous cette condition.

**1174.** — Toute obligation est nulle lorsqu'elle a été contractée sous une condition potestative de la part de celui qui s'oblige.

Cette section est remplie de distinctions toutes scolastiques; la compilation napoléonienne n'eût pu que gagner à ce que ces distinctions n'y figurassent pas (2).

De l'article 1168, il résulte que :

*La condition est un événement futur et incertain auquel est subordonnée l'existence ou la résiliation d'une obligation.*

Les mots d'une *obligation* doivent être remplacés par ceux d'un *droit*, car la condition peut affecter tout aussi bien le droit *réel*, né d'un contrat, que le droit *personnel*.

D'après Pothier (3) et d'après les compilateurs napoléoniens, les conditions sont :

1° *Suspensives* ou *résolutoires*, suivant qu'elles suspendent l'existence ou la résiliation du droit (art. 1181-1182 1183-1184).

(1) Comparer Pothier, chap. III, *Traité des obligations*, et aussi Code de la Convention, liv. III, tit. I, part. II.

(2) Comparer Code de la Convention, liv. III, tit. I, art. 18 et 19.

(3) Comparer nos 199-201.

*Exemple de condition suspensive :*

Je vous vends ma maison pour cent mille francs, si tel navire revient d'Asie.

*Exemple de condition résolutoire :*

Je vous vends ma maison pour cent mille francs, mais le contrat sera non avenu si tel navire revient d'Asie (1).

2° *Positives* ou *négatives*, suivant qu'elles doivent se réaliser si tel événement arrive ou si tel événement n'arrive pas (art. 1168, 1176, 1177).

La condition suspensive peut, comme la résolutoire, être positive ou négative.

3° *Casuelles potestatives* ou *mixtes*.

Ces conditions sont définies par les articles 1169-1171.

*Exemple de condition casuelle :*

Si tel navire arrive d'Asie à bon port.

*Exemple de condition potestative :*

Si je vais étudier les mœurs et les institutions de la grande République américaine.

*Exemple de condition mixte :*

Si je fais un contrat de société avec un tel.

4° *Possibles* ou *impossibles*, suivant que leur accomplissement est ou non, physiquement ou juridiquement, possible (art. 1172 et 1173).

*Exemple de condition physiquement impossible :*

Si vous enlevez un poids de cinquante kilogrammes.

*Exemple de condition juridiquement impossible :*

Si vous émancipez votre fils à douze ans.

Il faut prendre garde de confondre les conditions *juridiquement im-*

---

(1) Les Romains n'admettaient pas, en principe, la condition *résolutoire*, et les Romains avaient raison. En parlant d'une vente faite sous une condition que, d'après la compilation napoléonienne, nous devrions qualifier de *résolutoire*, ils déclaraient la vente elle-même pure et simple, et ajoutaient que *ce qui était conditionnel, c'était la résolution de la vente*. (V. M. Bufnoir, *Théorie de la condition dans les divers actes juridiques, suivant le droit romain.*)

Le Code de la Convention avait fort bien dit (liv. III, tit. I, art. 18) :

« Les conditions suspendent l'obligation qui leur est subordonnée; si elles n'arrivent, il n'y a point d'obligation. »

La condition résolutoire n'a nul fondement philosophique, et, appliquée au droit réel, elle produit de déplorables effets économiques.

C'est avec un vif sentiment de la réalité que M. Dupont (de Bussac) s'écriait en 1850 à l'Assemblée législative (séance du 16 décembre) : « Tant que vous aurez la condition résolutoire, vous aurez là une maladie organique qui tuera tout germe de crédit. »

C'est avec un profond sentiment du droit que, dans la même séance, le puissant tribun Michel (de Bourges) proposait *de supprimer l'action résolutoire, même entre les parties*. (V. *Manuel de Droit civil*, t. III, art. 1654, et chap. VI *de la Vente*.)

*possibles* avec celles *qui consistent dans un acte contraire aux bonnes mœurs ou à la loi.*

Les effets de la condition suspensive et ceux de la condition résolutoire sont indiqués dans les § II et III (V. *infrà*).

En ce qui concerne la condition *potestative*, il faut distinguer la condition qui n'est pas *purement* potestative et la condition qui est *purement* potestative.

La condition *purement potestative* est la condition : Si je veux.

C'est à cette *dernière* que se rapporte l'art. 1174, bien que le mot *purement* ait été retranché de ce texte (1).

*Dans les contrats à titre onéreux*, l'obligation contractée sous une condition, *purement* potestative de la part de celui qui s'oblige, est *nulle* (comparer pour la donation entre-vifs *suprà*, art. 944, p. 481) (2).

*Dans les mêmes contrats*, est pareillement *nulle* l'obligation contractée sous une condition *physiquement* ou *juridiquement impossible*, lorsque cette condition est *positive* (art. 1172, comparer pour les donations entre-vifs, et pour les legs art. 900, *suprà*, p. 384).

Au contraire, la condition, *physiquement* ou *juridiquement impossible*, lorsqu'elle est *négative*, ne porte *aucune atteinte* à la validité de l'obligation.

Quant aux conditions consistant *dans un fait contraire aux bonnes mœurs ou à la loi*, qu'elles soient *positives* ou *négatives*, elles *annulen* ou *laissent subsister* le contrat, selon que le but poursuivi par la part qui a imposé la condition *rend* ou *ne rend pas immoral* ou *illicite* contrat lui-même (3).

Remarquons que, bien que les compilateurs napoléoniens, à l'exemple de Pothier, n'aient fait allusion, dans les art. 1172 et 1173, qu'à la condition *suspensive*, les auteurs sont d'accord pour déclarer ces textes également applicables à la condition *résolutoire* (4).

---

(1) Comparer Pothier, n° 205, et V. Fenet, t. XIII, p. 13 et 148.

(2) Bien entendu, cela n'empêche pas que, si le contrat est *synallagmatique*, la partie obligée sous une condition *purement* potestative ne puisse réclamer l'exécution de l'obligation de l'autre partie. (V. M. Bufnoir, *Théorie de la condition*, p. 123. — Pothier, n°s 477 et suiv., *Traité du contrat de vente.* — MM. Zachariæ, Aubry et Rau, t. III, p. 48, texte et notes 17-18. — M. Demolombe, t. XXV, p. 309.)

(3) Comparer M. Bufnoir, *Théorie de la condition*, notamment p. 33 et suiv. — M. Accarias, *Revue critique de législation*, 1867, t. XXXI. — MM. Zachariæ, Aubry et Rau, t. III, p. 47. — M. Demolombe, t. XXV.

(4) Comparer M. Colmet de Santerre, t. V, n° 93 *bis*, II. — M. Demolombe, t. XXV, p. 296.

Cependant, *en revanche*, l'art. 1174, qui est conçu en termes généraux, paraît bien ne devoir être appliqué qu'à la condition *suspensive* (1).

**1175.** — Toute condition doit être accomplie de la manière que les parties ont vraisemblablement voulu et entendu qu'elle le fût.

**1176.** — Lorsqu'une obligation est contractée sous la condition qu'un événement arrivera dans un temps fixe, cette condition est censée défaillie lorsque le temps est expiré sans que l'événement soit arrivé. S'il n'y a point de temps fixe, la condition peut toujours être accomplie ; elle n'est censée défaillie que lorsqu'il est devenu certain que l'événement n'arrivera pas.

**1177.** — Lorsqu'une obligation est contractée sous la condition qu'un événement n'arrivera pas dans un temps fixe, cette condition est accomplie lorsque ce temps est expiré sans que l'événement soit arrivé : elle l'est également si, avant le terme, il est certain que l'événement n'arrivera pas, et, s'il n'y a pas de temps déterminé, elle n'est accomplie que lorsqu'il est certain que l'événement n'arrivera pas.

Ces *trois* articles consacrent l'évidence.

Cependant, en ce qui concerne la condition *potestative*, on se pose la question suivante :

*Lorsque je promets à mon voisin une certaine somme s'il abat tel arbre qui me nuit, ai-je le droit de faire fixer par les tribunaux un délai passé lequel je serai déchargé de mon obligation ?*

Certains auteurs admettent la *négative*.

Ces auteurs se croient encore en plein formalisme romain (2).

**1178.** — La condition est réputée accomplie lorsque c'est le débiteur, obligé sous cette condition, qui en a empêché l'accomplissement.

Cette décision est empruntée au n° 212 de Pothier, et Pothier, à son tour, l'avait traduite du droit romain (3).

Voici comment elle doit être interprétée :

*Lorsqu'une personne est obligée sous une certaine condition, et que, par sa faute, elle empêche cette condition de s'accomplir, la condition est réputée accomplie, mais il en est autrement lorsqu'en empêchant la condition de s'accomplir, la personne n'a fait qu'exercer un droit.*

Les auteurs fondent cette décision sur ce que l'exécution du contrat,

---

(1) En ce sens, M. Bufnoir, *Théorie de la condition*, p. 128. — M. Demolombe, t. XXV, p. 313.

En sens contraire, M. Colmet de Santerre, t. V, n° 94 *bis*, III.

(2) Comparer Pothier, n° 209, et la très raisonnable note de M. Bugnet. « Question d'intention », dit ce juriste ; or, l'intention de celui qui s'est obligé à payer la somme, si la condition était accomplie, n'a pas pu être de rester *indéfiniment* dans les liens de cette obligation, la somme promise n'étant que l'équivalent de l'utilité que doit lui procurer l'accomplissement de la condition.

(3) L. 81, § 1, D., liv. XXXV, tit. I, et L. 85, § 7, D., liv. XLV, tit. I. — Comparer M. Bufnoir, p. 99.

quand elle est possible, forme la réparation la plus adéquate du préjudice causé à l'autre partie (1).

**1179.** — La condition accomplie a un effet rétroactif au jour auquel l'engagement a été contracté. Si le créancier est mort avant l'accomplissement de la condition, ses droits passent à son héritier.

**1180.** — Le créancier peut, avant que la condition soit accomplie, exercer tous les actes conservatoires de son droit.

Lorsque le contrat productif d'une obligation, ou par lui-même translatif d'un droit réel, est soumis à une condition suspensive, l'obligation ou le droit réel est en suspens, tant que la condition n'est pas réalisée.

Cependant la personne au profit de laquelle le contrat a été fait a dans l'intervalle un *droit;* elle a *un droit au droit* qui est susceptible de prendre ultérieurement naissance (2).

D'ailleurs, la condition, une fois accomplie, *rétroagit* au jour où le contrat s'est formé (3).

De ce qu'il existe un droit au droit, *pendente conditione*, il résulte :

1° *Que ce droit est susceptible de se transmettre activement et passivement*, c'est-à-dire *aux héritiers du créancier et aux héritiers du débiteur* (4) ;

2° *Que le créancier peut, avant que la condition soit accomplie, exercer tous les actes conservatoires de son droit.*

De ce que la condition, une fois accomplie, rétroagit au jour où le contrat s'est formé, il résulte :

1° *Que tous les droits consentis*, pendente conditione, *par le débiteur sur la chose promise s'évanouissent* (5);

2° *Qu'à l'inverse tous les droits consentis*, pendente conditione, *par le créancier sur cette même chose se trouvent confirmés.*

*Le débiteur conditionnel est-il tenu de restituer les fruits avec la chose au créancier, lorsque la condition s'accomplit?*

Cette question est controversée.

En principe, *l'affirmative* ne paraît pas contestable; mais, bien

---

(1) M. Demolombe, t. XXV, p. 33.

(2) Les Romains disaient : *Spes est debitum iri;* ils eussent dû dire que cette espérance elle-même était un droit.

(3) Cette proposition demande un correctif pour le cas où il s'agit d'un contrat *translatif d'un droit réel immobilier ;* le contrat n'est opposable aux tiers que du jour où il a été *transcrit*. (V. *supra*.)

(4) Pothier rattache cet effet à la rétroactivité de la condition. (N° 220.)

(5) Toutefois, certains auteurs professent que cette conséquence n'a pas lieu au cas où il s'agit d'une condition consistant dans un fait dont l'accomplissement dépend de la volonté du débiteur.

En ce sens, Toullier, t. III, n° 546. — MM. Zachariæ, Aubry et Rau, t. III, p. 52, texte et note 35.

En sens contraire, M. Larombière, t. II, art. 1179, n° 10. — M. Demolombe, t. XXV, p. 361.

entendu, il y a toujours à examiner, en fait, quelle a été l'intention des parties (1).

Remarquons que, toutes les fois que le contrat affecté d'une condition est par lui-même translatif d'un droit réel, l'événement qui fait *naître* le droit de l'un, *anéantit* le droit de l'autre ; c'est-à-dire que la condition qui est *suspensive* pour l'un est nécessairement *résolutoire* pour l'autre.

## § II. — DE LA CONDITION SUSPENSIVE.

**1181.** — L'obligation contractée sous une condition suspensive est celle qui dépend ou d'un événement futur et incertain, ou d'un événement actuellement arrivé, mais encore inconnu des parties.

Dans le premier cas, l'obligation ne peut être exécutée qu'après l'événement.

Dans le second cas, l'obligation a son effet du jour où elle a été contractée.

Cet article est inutile et inexact.

Il est inutile, en tant qu'il répète que la condition suspensive est celle qui dépend d'un événement futur et incertain (V. art. 1168, *supra*, p. 817).

Il est inexact, en tant qu'il ajoute que cette condition est *aussi* celle qui dépend d'un événement *actuellement arrivé*, mais encore inconnu des parties.

Dans ce *dernier* cas, l'obligation est, en réalité, *à terme* (2).

**1182.** — Lorsque l'obligation a été contractée sous une condition suspensive, la chose qui fait la matière de la convention demeure aux risques du débiteur, qui ne s'est obligé de la livrer que dans le cas de l'événement de la condition.

Si la chose est entièrement périe sans la faute du débiteur, l'obligation est éteinte.

Si la chose s'est détériorée sans la faute du débiteur, le créancier a le choix ou de résoudre l'obligation, ou d'exiger la chose dans l'état où elle se trouve, sans diminution du prix.

Si la chose s'est détériorée par la faute du débiteur, le créancier a le droit ou de résoudre l'obligation, ou d'exiger la chose dans l'état où elle se trouve, avec des dommages et intérêts.

---

(1) En ce sens, MM. Zachariæ, Aubry et Rau, t. III, p. 52-53, texte et note 37. — M. Larombière, t. II, art. 1181, n° 14.

M. Valette à son cours, M. Colmet de Santerre (t. V, n° 98 *bis*, II), et M. Demolombe (t. XXV, p. 383), soutiennent, en principe, la *négative*.

(2) Comparer M. Bufnoir, *Théorie de la condition*, p. 4. — M. Demolombe, t. XXV, p. 282-283.

Il faut aussi remarquer que, dans le *second* alinéa, les mots « l'obligation ne peut être exécutée » ont été mis par erreur à la place de ceux-ci : *L'obligation ne prend naissance*. Mais les corrections de cette sorte, c'est à chaque article qu'elles se présentent !

Les *trois premiers* alinéas de cet article complètent l'art. 1138, au point de vue de la question des *risques.*

Le *quatrième* alinéa est une pure superfétation, se rapportant au point de vue de la *faute.*

L'article suppose, d'ailleurs, implicitement :

1° *Que le contrat a pour objet un corps certain ;*

2° *Que le contrat est synallagmatique ou au moins unilatéral à titre onéreux.*

*Voyons ce qui concerne les risques.*

Il y a alors *deux* hypothèses possibles.

*Ou la chose périt totalement*, pendente conditione;

*Ou elle périt partiellement; en d'autres termes, elle est détériorée.*

Dans le *premier* cas, l'obligation *ne peut prendre naissance* (et non pas comme se sont exprimés les compilateurs « est éteinte») (1).

Dans le *second* cas, les compilateurs ont donné au créancier le choix ou *de résoudre l'obligation*, ou *d'exiger la chose dans l'état où elle se trouve sans diminution du prix.*

La *première* solution est rationnelle; il n'y a, en effet, aucune différence appréciable, entre une condition qui ne peut se réaliser utilement et une condition qui ne se réalise pas.

Donc, dans ce *premier* cas, le créancier n'est pas tenu de payer son prix; ce qui revient à dire que *la perte est pour le débiteur.*

La *seconde* solution est irrationnelle; le principe de rétroactivité exigeait, en effet, que les détériorations subies par la chose, *pendente conditione*, fussent *à la charge du créancier.*

Pour comble, tandis que le créancier ne souffrira pas des *détériorations, il profitera des améliorations* (2).

Passons à l'hypothèse de la *faute.*

*Que la chose ait péri totalement ou qu'elle ait péri partiellement par la faute du débiteur, il est manifeste que le créancier a droit à des dommages-intérêts, et, quand la chose a péri partiellement, le créancier*

---

(1) Comparer Pothier, n° 219.

(2) Pauvres compilateurs! pauvre M. Bigot! Et M. Demolombe défend cela? (T. XXV, p. 412.)

Pothier disait, d'après le droit romain (L. 8, D., liv. XVIII, tit. VI) : « Si la chose existe au temps de l'accomplissement de la condition, l'accomplissement de la condition a cet effet que la chose est due en l'état où elle se trouve; le créancier profite de l'augmentation survenue en la chose, si elle est augmentée, et il souffre de la détérioration et diminution qui y est survenue, pourvu que cela soit la faute du débiteur. » (N° 219.)

Comparer M. Bigot-Préameneu (*Exposé des motifs*, Locré, t. XII, p. 341-342).

*peut être tout aussi bien fondé à réclamer des dommages-intérêts lorsqu'il résout le contrat, que lorsqu'il le maintient.*

## § III. — DE LA CONDITION RÉSOLUTOIRE.

**1183.** — La condition résolutoire est celle qui, lorsqu'elle s'accomplit, opère la révocation de l'obligation, et qui remet les choses au même état que si l'obligation n'avait pas existé.

Elle ne suspend point l'exécution de l'obligation; elle oblige seulement le créancier à restituer ce qu'il a reçu dans le cas où l'événement prévu par la condition arrive.

Le *premier* alinéa de cet article répète l'art. 1168.

Le *second* alinéa indique :

1° *Que la condition résolutoire ne suspend point l'exécution de l'obligation* (1); *ce qui veut dire que, tant que la condition résolutoire est en suspens, l'obligation doit être regardée comme non conditionnelle;*

2° *Que l'accomplissement de l'obligation oblige le créancier à restituer ce qu'il a reçu; ce qui signifie qu'il naît alors une obligation inverse de celle que le contrat avait produite.*

Rappelons, d'ailleurs, que, dans le contrat par lui-même translatif d'un droit réel, la condition qui est *suspensive* pour l'un est *résolutoire* pour l'autre.

D'où, la conséquence que la question des *risques* ayant été tranchée par l'art. 1182 pour la condition *suspensive*, cette question se trouve également tranchée pour la condition *résolutoire* (V. *suprà*, p. 823) (2).

*Comment s'accomplit la condition résolutoire?*

La règle est que cette condition s'accomplit *de plein droit*, sans qu'il y ait à distinguer si la condition est casuelle, mixte ou potestative, affirmative ou négative, expresse ou tacite (arg. tiré de l'opposition des termes des art. 1183 et 1184) (3).

La règle que la condition résolutoire s'accomplit *de plein droit* signifie :

1° *Que la résolution a lieu, par le seul fait de la réalisation de l'événement dans lequel consiste la condition;*

---

(1) Comparer Pothier, n° 224.

(2) En ce sens, M. Valette, à son cours. — M. Colmet de Santerre, t. V, n° 102 *bis*, IV. — M. Demolombe, t. XXV, p. 435.

Comparer M. Duranton, t. XI, n° 91. — M. Larombière, t. II, art. 1183, n° 63.

V. aussi, sur ce même point, en droit romain, les deux opinions opposées de M. Vernet (*Textes choisis*, p. 136) et de M. Bufnoir (*Théorie de la condition*, p. 455).

(3) Comparer Toullier, t. III, nos 553-554. — MM. Zachariæ, Aubry et Rau, t. III, p. 54, texte et note 44. — M. Demolombe, t. XXV, p. 448.

2° *Que la résolution a lieu, même malgré la volonté des parties.*

De la *première* proposition, il résulte :

*Que la résolution prend date à partir de la réalisation de l'événement dans lequel consiste la condition.*

*Qu'en cas de litige, les tribunaux n'ont à intervenir que pour vérifier le fait, et ordonner, s'il y échet, la restitution de la chose.*

De la *seconde* proposition, il résulte :

*Que si elles veulent rétablir entre elles le rapport qui était né du contrat, les parties doivent faire un nouveau contrat ;*

*Que toute personne intéressée peut invoquer la résolution.*

**1184.** — La condition résolutoire est toujours sous-entendue dans les contrats synallagmatiques, pour le cas où l'une des deux parties ne satisfera point à son engagement.

Dans ce cas, le contrat n'est point résolu de plein droit. La partie envers laquelle l'engagement n'a point été exécuté a le choix ou de forcer l'autre à l'exécution de la convention lorsqu'elle est possible, ou d'en demander la résolution avec dommages et intérêts.

La résolution doit être demandée en justice, et il peut être accordé au défendeur un délai selon les circonstances.

D'après une tradition issue du droit coutumier, le *premier* alinéa de l'art. 1184 décrète que :

« La condition résolutoire est toujours sous-entendue dans les contrats synallagmatiques, pour le cas où l'une des deux parties ne satisfera point à son engagement ».

La formule « dans les contrats synallagmatiques » est beaucoup trop étroite ; *l'espèce de condition résolutoire dont l'événement consiste dans l'inexécution des obligations, imposées par le contrat à l'une des parties, doit être sous-entendue dans tous les contrats, quels qu'ils soient, où il existe des obligations imposées à l'une des parties.*

Telle est la règle (V. cependant art. 1978).

*Comment s'accomplit l'espèce de condition résolutoire tacite dont il est ici question?*

Le *second* alinéa de l'art. 1184 porte que :

« Dans ce cas, le contrat n'est point résolu de plein droit ».

Cette disposition exceptionnelle signifie :

1° *Que cette résolution tacite particulière n'a lieu qu'en vertu de la décision des tribunaux ;*

2° *Que cette même résolution tacite n'a lieu que tout autant qu'elle est demandée par la partie envers laquelle l'engagement n'a point été exécuté ou par ses ayants cause.*

---

(1) Comparer Pothier, *Traité des obligations*, n° 672, et *Du contrat de vente*, n° 476. — M. Valette, *Sur Proudhon*, t. I, p. 65. — M. Demolombe, t. XXV, p. 464 et suiv.

De la *première* proposition, il résulte :

*Que la résolution ne prend date qu'à partir du jugement qui la prononce ;*

*Que les tribunaux ont le droit d'accorder au défendeur un délai de grâce, afin de le mettre à même d'accomplir ses obligations.*

De la *seconde* proposition, il résulte :

*Que la partie envers laquelle l'engagement n'a point été exécuté ou ses ayants cause peuvent renoncer à demander la résolution, et que notamment ils ont le droit de forcer l'autre partie à l'exécution du contrat, lorsque cette exécution est possible, plutôt que de demander la résolution ;*

*Que les tiers intéressés ne peuvent se prévaloir de la résolution, si elle n'a été prononcée, au préalable, sur la demande de la partie qui a le droit de se plaindre de l'inexécution du contrat.*

Il est normal, au surplus, que cette dernière partie puisse avoir, dans tous les cas, le droit de demander des dommages-intérêts à l'autre (*second* alinéa de l'art. 1184, *in fine*).

Jusque-là, les légistes sont à peu près d'accord, mais *que décider lorsque les parties conviennent expressément que si l'une d'elles ne satisfait pas à ses obligations dans un certain délai, le contrat sera résolu de plein droit?*

C'est le cas célèbre de la *lex commissoria* romaine (1) et la question confuse du *pacte commissoire* français (2).

*Le pacte commissoire doit-il être assimilé à la condition résolutoire ordinaire ou à la condition résolutoire tacite réglée par l'art. 1184? Plutôt encore, ne doit-il pas être regardé comme une résolution* sui generis ?

Cette *dernière* opinion est celle qu'adopte l'École ; elle se résume dans les points suivants :

1° *Le pacte commissoire opère, sans qu'il y ait lieu à une résolution prononcée en justice ;*

2° *Le pacte commissoire ne suffit pas cependant pour constituer en demeure la partie qui n'a point accompli son obligation.*

*Cette partie doit être mise en demeure par une sommation ou par un autre acte équivalent.*

3° *Enfin, le pacte commissoire ne peut être invoqué que par la partie envers laquelle l'engagement n'a point été exécuté ou par ses ayants cause.*

(1) V. D., liv. XVIII, tit. II et III. — L. 12, C., liv. I; et aussi Maynz, *Éléments de Droit romain*, t. II, p. 321. — Molitor, t. II, p. 147.

(2) Domat, *Lois civiles*, liv. I, tit. II, sect. XII, n° 12. — Pothier, *De la vente*, n° 661.

Quant aux *deux premiers* points, on fonde cette doctrine sur l'art. 1656.

Le *troisième* a pour lui l'évidence rationnelle.

Rien n'empêche, d'ailleurs, que les parties ne conviennent qu'à défaut d'exécution à telle époque, le contrat sera résolu *de plein droit*, même sans qu'il soit besoin d'acte et par la seule échéance du terme (art. 1139) (1).

## SECTION II.

### DES OBLIGATIONS A TERME.

**1185.** — Le terme diffère de la condition en ce qu'il ne suspend point l'engagement, dont il retarde seulement l'exécution.

Pothier disait :

« Le terme est un espace de temps accordé au débiteur pour s'acquitter de son obligation » (n° 228).

Il ajoutait :

« Le terme diffère de la condition, en ce que la condition suspend l'engagement que doit former la convention ; le terme, au contraire, ne suspend pas l'engagement, mais diffère l'exécution (n° 230).

De son côté, le Code de la Convention portait que :

« Quand il y a terme, le débiteur, quoique irrévocablement lié, ne peut être contraint au payement qu'à l'échéance » (2).

De là ressort suffisamment le caractère du terme ; *c'est une modalité, qui, tout en ne suspendant pas l'existence de l'obligation, en suspend l'exigibilité.*

Au terme *suspensif*, on peut opposer le terme *extinctif.*

Le terme *extinctif* est celui qui limite la durée de l'obligation.

Le terme est *exprès* ou *tacite :*

*Exprès* lorsqu'il résulte d'une clause expresse :

*Tacite* lorsqu'il résulte d'une clause nécessairement sous-entendue.

Le terme est *certain* ou *incertain :*

*Certain*, lorsqu'il consiste dans un événement dont la date est certaine ;

*Incertain*, lorsqu'il consiste dans un événement en lui-même certain, mais dont la date est incertaine.

Dans les *contrats*, il n'importe pas, au surplus, de distinguer le terme *incertain* du terme *certain*. (Comparer *suprà*, p. 597.)

---

(1) Comparer MM. Zachariæ, Aubry et Rau, t. III, p. 56, texte et notes 48-50. — M. Colmet de Santerre, t. V, n° 105 *bis*, II. — M. Demolombe, t. XXV, p. 519.

(2) Code de la Convention, liv. III, tit. I, art. 21.

Enfin, le terme est *de droit* ou *de grâce :*

*De droit*, lorsqu'il est convenu par contrat ou établi par la loi ;

*De grâce*, lorsqu'il est accordé par le juge (art. 1244).

Il est utile, à un *double* point de vue, de distinguer le *terme de grâce* du *terme de droit.*

1° *A la différence du terme de droit, le terme de grâce est un obstacle à la compensation* (art. 1291) ;

2° *Les causes qui font déchoir le débiteur du terme de grâce, sont plus nombreuses que celles qui le font déchoir du terme de droit* (V. *infrà*, art. 1188, p. 829).

**1186.** — Ce qui n'est dû qu'à terme ne peut être exigé avant l'échéance du terme ; mais ce qui a été payé d'avance ne peut être répété.

La *première* proposition que contient cet article répète l'article précédent ; elle est la paraphrase de l'adage : *Qui a terme ne doit rien* (1).

La *seconde* porte que :

« Ce qui a été payé d'avance ne peut être répété. »

Copiée, comme la première, dans Pothier (n° 230), cette proposition est romaine d'origine et inexacte aujourd'hui (2).

Elle n'est applicable qu'au débiteur qui paye *sciemment* avant l'échéance du terme ; on peut, en effet, présumer que celui-là a renoncé au bénéfice du terme.

Quant au débiteur qui paye, *par erreur*, avant l'échéance, il paye plus qu'il ne doit ; donc, il a le droit de répéter, par application de l'art. 1377 (3).

Le créancier peut, du reste, avant l'échéance du terme, exercer tous les *actes conservatoires de son droit* (arg. à fortiori de l'art. 1180).

---

(1) Le jour de l'échéance, le *dies ad quem* est compris tout entier dans le terme ; le jour du point de départ, le *dies a quo* doit-il être mis en dehors du calcul? Question célèbre parmi les anciens légistes. On finit par décider que : *Dies termini non computatur in termino.*

(2) Pothier l'avait empruntée à la théorie de la *condictio indebiti ;* car, pour le vieux légiste, le droit romain, c'était, depuis le premier article jusqu'au dernier, la raison faite loi ! Raison immuable, espèce de divination, de prophétie juridique, une Bible, en un mot, une vraie Bible, coloris à part.

(3) En ce sens, M. Valette, à son cours. — M. Bugnet sur Pothier, p. 109, note 4. — M. Demolombe, t. XXV, p. 594.

En sens contraire, M. Colmet de Santerre, t. V, n° 108 *bis*. — M. Larombière, t. II, art. 1186, n° 34.

Nous ne tenons pas du tout à amender la législation napoléonienne par voie d'interprétation. Nous pensons, en effet, que le seul parti rationnel à prendre à l'égard de cette législation est de la restituer au passé. Mais, en vérité, les légistes font tort, même au Code Napoléon : quoi ! je paye avant terme, je paye par erreur, il y a dans le Code Napoléon un article qui permet de répéter ce qu'on a payé par erreur, et il se trouve des *jurisconsultes* pour contester que cet article soit applicable à l'espèce ! C'est pousser loin l'amour de la controverse.

Enfin, à la différence de ce qui a lieu dans le cas de la condition, la chose, dans le cas du terme, est aux *risques* du créancier (art. 1138 et 1182 : V. *supra*, p. 786 et 822).

**1187.** — Le terme est toujours présumé stipulé en faveur du débiteur, à moins qu'il ne résulte de la stipulation ou des circonstances qu'il a été aussi convenu en faveur du créancier.

De la proposition principale de cet article, il résulte que le créancier ne peut, en général, refuser le payement qui lui est offert avant l'expiration du terme.

Bien entendu, il en serait tout autrement s'il apparaissait que le terme a été stipulé dans l'intérêt commun du débiteur et du créancier (art. 146 C. Co.) ou dans l'intérêt unique de ce dernier (art. 1194) (1).

**1188.** — Le débiteur ne peut plus réclamer le bénéfice du terme lorsqu'il a fait faillite, ou lorsque par son fait il a diminué les sûretés qu'il avait données par le contrat à son créancier.

D'après cet article, le débiteur perd le bénéfice du terme :

1° *Lorsqu'il a fait faillite* (art. 444 C. Co.) (2) (*il faut ajouter : ou lorsqu'il est tombé en déconfiture*) (arg. tiré de l'art. 1913) (3) ;

2° *Lorsque par son fait, il a diminué les sûretés qu'il avait données par le contrat à son créancier* (*il faut ajouter : ou qu'il n'a pas fourni celles qu'il avait promises*) (alin. 2, art. 1912 et 1977).

*En ce qui concerne le* 1°, la *déconfiture* doit être ajoutée à la faillite, parce qu'il y a même raison de décider dans les deux cas.

On sait que, suivant une tradition venue du moyen âge, la législation napoléonienne distingue le *commerçant* du *non-commerçant.*

*La faillite est l'état d'un commerçant qui a cessé de payer ses dettes commerciales.*

*La déconfiture est l'état constaté d'insolvabilité d'un non-commerçant* (4).

Donc, relativement à la déchéance du terme, il est logique d'assimiler la déconfiture à la faillite (Comp. art. 1613, 1446, 1913 et alinéa 2 de 2032 (5).

*En ce qui concerne le* 2°, le cas où le débiteur n'a pas *fourni* les

---

(1) Comparer Pothier, n° 233. — M. Demolombe, t. XXV, p. 584.

(2) Comparer Pothier n° 325.

(3) Le Code de la Convention portait (liv. III, tit. I, art. 21) : « Néanmoins, en cas de discussion du débiteur, les poursuites du créancier sont admises avant le terme. »

(4) Comparer art. 180, Coutume de Paris.

(5) V. d'ailleurs Fenet, t. XIII, p. 69. — Locré, *Législation civile*, t. II, p. 161-162.

sûretés qu'il avait promises, doit être ajouté, *a fortiori*, au cas où il a diminué les sûretés qu'il avait données par le contrat.

Remarquons qu'il s'agit ici non des atteintes *générales* qu'un débiteur peut porter à son patrimoine, mais d'une atteinte à une sûreté *spéciale* donnée ou promise à un créancier.

Si l'atteinte à la sûreté spéciale résulte, non du *fait* du débiteur, mais d'un cas fortuit, le créancier a le droit de demander de nouvelles sûretés et d'exiger le remboursement, si le débiteur ne peut ou ne veut les lui fournir (comp. art. 2020 et 2131).

*A l'égard du terme de grâce*, le débiteur en est déchu;

D'abord:

*Dans les deux cas prévus par l'art.* 1188.

En outre:

*Lorsque ses biens sont vendus à la requête d'autres créanciers;*

*Lorsqu'il est en état de contumace;*

*Lorsqu'il est constitué prisonnier* (art. 124, C. pr.) (1).

Dans le cas de la condition, à la différence du cas du terme, le *débiteur*, on le conçoit, ne peut jamais être déchu (2).

## SECTION III.

### DES OBLIGATIONS ALTERNATIVES.

Le Code de la Convention renfermait sur cette matière l'unique disposition suivante :

« Celui qui s'est obligé à livrer de deux choses l'une, est maître du choix. Si l'une des deux périt, il doit livrer l'autre ».

Cette disposition était plus que suffisante.

**1189.** — Le débiteur d'une obligation alternative est libéré par la délivrance de l'une des deux choses qui étaient comprises dans l'obligation.

« L'obligation alternative, comme dit Pothier, est celle par laquelle quelqu'un s'oblige à donner ou à faire plusieurs choses, à la charge que (à la condition que) le payement d'une chose l'acquittera de toutes les autres » (3).

---

(1) V. la loi du 22 juillet 1867, abolitive de la contrainte par corps, sauf pour le cas des amendes, restitutions et dommages et intérêts dus en matière de crimes, délits ou contraventions.

Sur l'effet de la déchéance du terme, consulter M. Demolombe, t. II, p. 648.

(2) V. Pothier, n° 237, pour le cas du terme joint aux conditions, c'est-à-dire pour le cas de l'obligation, qui est à la fois sous condition et à terme.

(3) Pothier, n° 245.

*Premier exemple :* Une personne a promis à une autre un cheval ou un bœuf.

*Second exemple :* Une personne a promis à une autre de lui bâtir une maison ou de lui payer cent mille francs.

On voit qu'il faut lire l'art. 1189, comme si, à la place des mots « par la délivrance, etc. », il y avait : par la prestation de l'un des objets compris dans l'obligation.

**1190.** — Le choix appartient au débiteur, s'il n'a pas été expressément accordé au créancier.

Cet article est fondé sur le principe de liberté de la personne (1).

**1191.** — Le débiteur peut se libérer en délivrant l'une des deux choses promises ; mais il ne peut pas forcer le créancier à recevoir une partie de l'une et une partie de l'autre.

La *première* phrase de cet article répète l'art. 1189.

La *seconde* phrase consacre l'idée, par elle-même évidente, que le débiteur n'a pas le droit de payer une partie de l'une des choses comprises dans l'obligation et partie de l'autre.

C'est ce que les auteurs appellent *l'indivisibilité de l'option.*

Cette indivisibilité s'impose de même au créancier, lorsque c'est lui qui a le choix (2).

**1192.** — L'obligation est pure et simple, quoique contractée d'une manière alternative, si l'une des deux choses promises ne pouvait être le sujet de l'obligation.

Cette disposition est évidente (3).

Toutefois, on fait remarquer que la forme alternative peut cacher une obligation *principale,* accompagnée d'une clause pénale ; or, dans ce cas, le *tout est nul* (art. 1227).

*Exemple :* Je m'oblige envers une personne à incendier la maison du voisin ou à payer dix mille francs à cette personne (4).

---

(1) Pothier, n° 247.

Quelque oppressives qu'aient été jusqu'à présent les législations, il a bien fallu que çà et là elles s'inclinassent devant l'autonomie de l'individu.

(2) Pothier, n° 247.

Comparer M. Colmet de Santerre, t. V, n° 118 *bis,* I.

(3) Pothier, n° 249.

(4) L'École ne goûterait pas l'exemple suivant ; il est pourtant excellent :

Je m'oblige à abdiquer mon droit d'homme, à me soumettre à un monarque, ou à payer tant.

Il est vrai que ceux qui abdiquent ainsi, sachant ce qu'ils font, sont plutôt payés qu'ils ne payent. (V. l'histoire contemporaine.)

**1193.** — L'obligation alternative devient pure et simple si l'une des choses promises périt et ne peut plus être livrée, même par la faute du débiteur. Le prix de cette chose ne peut pas être offert à sa place.

Si toutes deux sont péries, et que le débiteur soit en faute à l'égard de l'une d'elles, il doit payer le prix de celle qui a péri la dernière.

**1194.** — Lorsque, dans les cas prévus par l'article précédent, le choix avait été déféré par la convention au créancier,

Ou l'une des choses seulement est périe; et alors, si c'est sans la faute du débiteur, le créancier doit avoir celle qui reste; si le débiteur est en faute, le créancier peut demander la chose qui reste, ou le prix de celle qui est périe;

Ou les deux choses sont péries; et alors, si le débiteur est en faute à l'égard des deux, ou même à l'égard de l'une d'elles seulement, le créancier peut demander le prix de l'une ou de l'autre à son choix.

**1195.** — Si les deux choses sont péries sans la faute du débiteur et avant qu'il soit en demeure, l'obligation est éteinte, conformément à l'art. 1302.

Il s'agit dans ces textes de la perte *des choses* ou de *l'une des choses* dues sous une alternative.

D'abord, lorsque *toutes* les choses ont péri par *cas fortuit*, il est clair que le débiteur est *libéré*, sans qu'il y ait à distinguer si le choix lui appartenait ou s'il appartenait au créancier (art. 1195).

Au contraire, lorsque le débiteur est *en faute*, il importe de distinguer si le choix lui appartenait ou s'il appartenait au créancier.

Voyons successivement les *deux* hypothèses.

1re HYPOTHÈSE. *Le choix appartenait au débiteur* (art. 1193) (1).

Deux règles.

1re *Règle. L'une des choses a péri, soit par cas fortuit, soit par la faute du débiteur.*

*Dans ce cas*, l'obligation n'a plus pour objet que la chose qui reste (1er alinéa de l'art. 1193).

*Mais le débiteur est-il recevable à offrir le prix de celle qui a péri, pour éviter de payer celle qui reste?*

Le *premier* alinéa de l'art. 1193 répond : *non*, avec Pothier.

« Car, dit Pothier, la chose qui a péri n'existant plus, n'est plus due : celle qui reste est la seule qui soit due, et par conséquent la seule qui puisse être payée » (n° 250-251) (2).

2e *Règle. Les deux choses ont péri l'une après l'autre, et le débiteur est en faute à l'égard de l'une d'elles.*

*Dans ce cas*, le *second* alinéa de l'art. 1193 décide que le débiteur doit payer le prix de celle qui a péri la dernière.

---

(1) Il y a de nombreux vices de rédaction dans les articles de cette section; signalons seulement, dans l'art. 1193, la formule : « si l'une des choses périt et ne peut plus être livrée », mise à la place de celle-ci : *si l'une des choses périt ou ne peut plus être livrée pour une autre cause.* (V. Fenet, t. XIII, p. 246, alinéa.)

(2) Comparer M. Pellat, *Textes choisis des Pandectes*, p. 193 et suiv.

Cette solution répond à *deux* hypothèses ; en effet, il est possible que la *faute* existe :

*Soit à l'égard de la première chose ;*

*Soit à l'égard de la seconde chose.*

*La faute existe-t-elle à l'égard de la première chose*, la seconde ayant, d'ailleurs, été détruite par cas fortuit, il semblerait que, conformément au *premier* alinéa de l'art. 1193, on devrait décider que le débiteur est libéré ; mais cela serait injuste, car s'il en était ainsi, le débiteur en faisant périr l'une des deux choses, c'est-à-dire par contre, en réduisant son obligation à l'autre chose, augmenterait évidemment ses chances de libération *rei interitu* (1).

*La faute existe-t-elle à l'égard de la seconde chose*, la première ayant, d'ailleurs, été détruite par cas fortuit, la solution dérive de l'idée que l'obligation n'avait plus pour objet que la chose qui restait.

2e HYPOTHÈSE. *Le choix appartenait au créancier* (art. 1194).

Quatre règles :

1re RÈGLE. *L'une des choses dues a péri par cas fortuit.*

*Dans ce cas*, l'obligation étant réduite à celle qui reste, le créancier est tenu de se contenter de celle qui reste.

2e RÈGLE. *L'une des choses dues a péri par la faute du débiteur.*

*Dans ce cas*, le créancier a le droit de demander la chose qui reste ou le prix de celle qui a péri.

3e RÈGLE. *Les deux choses ont péri par la faute du débiteur.*

*Dans ce cas*, le créancier a le droit de demander le prix de l'une ou de l'autre.

4e RÈGLE. *L'une des deux choses a péri par la faute du débiteur, et l'autre, par cas fortuit.*

---

(1) Pourquoi cependant le débiteur doit-il dans ce cas le prix de la chose qui a péri la dernière, et non, comme le décidait Pothier (n° 252), le prix de la chose qui a péri par sa faute ?

Les *uns* trouvent que la solution de la compilation napoléonienne est mauvaise, et ils allèguent que si la faute du débiteur n'avait pas occasionné la perte de la chose, ce serait cette chose qui serait due en cas de perte ultérieure de la seconde par cas fortuit : donc, etc. (M. Bugnet, *Sur Pothier*, p. 117, note 2.)

Les *autres* répliquent que « la décision du Code est à la fois plus pratique et plus juste : plus pratique, parce qu'elle n'oblige pas à rechercher rétroactivement la valeur d'une chose détruite peut-être depuis longtemps ; plus juste, parce que, si le débiteur a été dans son droit en détruisant la chose, il serait désastreux qu'un cas fortuit survenu à l'autre chose pût le rendre débiteur d'une valeur considérable et devînt une cause de bénéfice pour le créancier. (M. Colmet de Santerre, t. V, n° 120 *bis*.)

Ces *deux* opinions, et plutôt encore la *seconde* que la *première*, pourraient être aisément réfutées ; nous ne les reproduisons l'une et l'autre que comme un spécimen des discussions d'École ; la question en elle-même est de fait.

*Dans ce cas*, le créancier a encore le droit de demander le prix de l'une ou de l'autre (1).

Remarquons que, dans les art. 1193 et 1194, il faut toujours assimiler la perte résultant du *fait* du débiteur à celle qui procède de sa *faute* (art. 1302).

**1196.** — Les mêmes principes s'appliquent aux cas où il y a plus de deux choses comprises dans l'obligation alternative.

Ce texte consacre l'évidence.

NOTA. Les auteurs mettent en regard de l'obligation alternative :
1° *L'obligation conjonctive ;*
2° *L'obligation facultative ;*
3° *L'obligation avec clause pénale.*

### 1° OBLIGATION CONJONCTIVE.

*L'obligation conjonctive est celle qui astreint le débiteur à faire plusieurs prestations indépendantes les unes des autres.*

*Exemple :* Une personne a promis à une autre un cheval et un bœuf.

Les *principales* différences entre l'obligation conjonctive et l'obligation alternative sont les suivantes :

1° *Dans le cas de l'obligation conjonctive, le débiteur n'est libéré qu'après avoir accompli les différentes prestations dont il est tenu.*

*Dans le cas de l'obligation alternative, au contraire, le débiteur est libéré, dès qu'il a payé un des objets compris dans l'obligation.*

2° *Dans le cas de l'obligation conjonctive, les choses dues sont aux risques du créancier dès le moment du contrat ; la perte de ces choses ne dispense pas le créancier de payer son prix.*

*Dans le cas de l'obligation alternative, au contraire, les choses dues ne sont pas aux risques du créancier ; la perte de toutes les choses comprises dans l'obligation dispense le créancier de payer son prix* (V. *suprà*, p. 832).

3° *Dans le cas de l'obligation conjonctive, la nature de l'obligation est déterminée* à priori, *l'obligation est mobilière quant aux meubles, immobilière quant aux immeubles qu'elle comprend.*

---

(1) On critique cette *dernière* solution, et l'on dit que, d'après les *principes*, le créancier n'aurait dû avoir le droit de réclamer que le prix de la chose dont la perte est imputable au débiteur, puisque c'est cette chose qu'il recevrait si le débiteur ne l'avait pas détruite. (Comparer Pothier, n° 253. — M. Bugnet, note 3. — M. Colmet de Santerre, t. V, n° 121 *bis*, I.)

Quelle pitié ! Idées niaises ou idées creuses ! et comme avec de pareils exercices on doit bien former des *consciences !*

*Dans le cas de l'obligation alternative, au contraire, si l'obligation a pour objet un meuble ou un immeuble, la nature de l'obligation ne peut être déterminée qu'*à posteriori; *l'obligation sera mobilière ou immobilière, suivant la nature de la chose qui sera payée.*

### 2° OBLIGATION FACULTATIVE.

*L'obligation facultative est celle qui n'a pour objet qu'une seule prestation, mais qui donne au débiteur le droit de se libérer, en faisant une autre prestation que celle dont il est tenu.*

*Exemple :* Une personne a promis à une autre un cheval, mais avec faculté de lui donner un bœuf à la place du cheval.

Les *principales* différences entre l'obligation facultative et l'obligation alternative sont les suivantes :

1° *Dans le cas de l'obligation facultative, si la prestation principale est affectée d'un vice, l'obligation est nulle, bien que la prestation accessoire soit exempte de vice.*

*Dans le cas de l'obligation alternative, au contraire, il suffit, pour la validité de l'obligation, que l'une ou l'autre des prestations qu'elle comprend soit exempte de vice.*

2° *Dans le cas de l'obligation facultative, si la chose due périt par cas fortuit, l'obligation est éteinte.*

*Dans le cas de l'obligation alternative, au contraire, si l'une des deux choses dues périt par cas fortuit, l'obligation a pour objet celle qui reste.*

3° *Dans le cas de l'obligation facultative, la nature de l'obligation est déterminée* à priori; *l'obligation est mobilière ou immobilière, selon que la chose due est elle-même un meuble ou un immeuble.*

*Dans le cas de l'obligation alternative, au contraire, la nature de l'obligation, comme il a déjà été dit, ne peut être déterminée qu'*à posteriori.

4° *Dans le cas de l'obligation facultative, le créancier peut ne comprendre dans sa demande que la chose due.*

*Dans le cas de l'obligation alternative, au contraire, si le choix appartient au débiteur, le créancier doit comprendre dans sa demande les différentes choses qui font l'objet de l'obligation* (1).

### 3° OBLIGATION AVEC CLAUSE PÉNALE.

*L'obligation avec clause pénale est celle dans laquelle les parties ont*

(1) Comparer MM. Zachariæ, Aubry et Rau, t. V, p. 31 et suiv. — M. Demante, t. V, n° 115, et M. Colmet de Santerre, n° 115 *bis*, I-III.

*elles-mêmes fixé d'avance le montant des dommages-intérêts, que la partie obligée devra à l'autre, en cas d'inexécution.*

*Dans l'obligation avec clause pénale, ce qui est dû, c'est la chose qui forme l'objet de l'obligation principale.*

*Dans l'obligation alternative, au contraire, ce qui est dû, c'est la chose choisie, selon le cas, par le débiteur ou par le créancier.*

De là, on peut déduire les différences qui séparent l'obligation avec *clause pénale* de l'obligation *alternative*.

Il reste *une* question :

*Le contrat par lequel une personne promet à une autre la translation de propriété de deux corps certains sous une alternative, est-il simplement productif d'obligations, ou est-il par lui-même translatif de propriété?*

Cette *dernière* solution a pour elle :

1° Le principe posé en termes généraux par l'art, 1138 ;

2° La logique, car, d'après le Code Napoléon, la translation de propriété a un effet rétroactif lorsqu'elle est affectée d'une condition suspensive ; or, il n'y a aucune raison pour qu'elle n'ait pas le même effet, lorsqu'elle est soumise à une alternative.

L'option faite, la translation de propriété *rétroagira* donc au jour du contrat (1).

## SECTION IV.

### DES OBLIGATIONS SOLIDAIRES.

Les compilateurs napoléoniens ont traité :

Dans un premier paragraphe, de la solidarité entre créanciers ;

Dans un second paragraphe, de la solidarité entre débiteurs.

La solidarité entre créanciers est d'un intérêt pratique tout à fait nul (2).

---

(1) Comparer M. Colmet de Santerre, t. V, n° 115 *bis*, VI.

Cependant, dans l'Exposé des motifs du titre *des Obligations*, Bigot-Préameneu disait : « Lorsque deux choses ont été promises sous une alternative, il y a incertitude sur celle des choses qui sera livrée, et de cette incertitude il résulte qu'aucune propriété n'est transmise au créancier que par le payement. Jusque-là la propriété reste sur la tête du débiteur, et conséquemment aux risques du débiteur. »

Mais l'opinion de Bigot-Préameneu est d'un poids léger.

(2) Encore une idée romaine dont nous comprenons à peine l'application, même au monde romain !

Certains archéologues allemands se sont ingéniés à reconstituer les théories romaines sur la corréalité active ; mais ils n'ont oublié que de dire quelle utilité présentait à Rome ce rapport de droit. (M. Ribbentrop, *Zur Lehre von der correal Obligation;* M. Fritz, sur Wening-Ingenheim, *System der Pandekten*, t. III, p. 182 et suiv.; M. de Wangerow, *Lehrbuch der Pandekten*, t. III, p. 64 ;

On peut comparer avec cette section les art. 24-28 du Code de la Convention (liv. III, tit. I).

§ I. — DE LA SOLIDARITÉ ENTRE LES CRÉANCIERS.

**1197.** — L'obligation est solidaire entre plusieurs créanciers lorsque le titre donne expressément à chacun d'eux le droit de demander le payement du total de la créance, et que le payement fait à l'un d'eux libère le débiteur, encore que le bénéfice de l'obligation soit partageable et divisible entre les divers créanciers.

**1198.** — Il est au choix du débiteur de payer à l'un ou à l'autre des créanciers solidaires, tant qu'il n'a pas été prévenu par les poursuites de l'un d'eux.

Néanmoins, la remise qui n'est faite que par l'un des créanciers solidaires ne libère le débiteur que pour la part de ce créancier.

**1199.** — Tout acte qui interrompt la prescription à l'égard de l'un des créanciers solidaires profite aux autres créanciers.

L'obligation solidaire entre créanciers peut être définie :

*L'obligation qui existe au profit de plusieurs personnes et qui donne à chacune de ces personnes le droit d'exiger pour le tout la même chose du même débiteur, mais de façon que le payement fait à l'une d'elles libère le débiteur envers les autres.*

La solidarité entre créanciers ne peut être établie que par un *titre*, contrat ou testament, et d'une manière *expresse* (art. 1197).

*Les créanciers solidaires sont censés s'être donné mandat les uns aux autres pour ce qui concerne le bénéfice de la créance*, ad perpetuandam vel ad augendam obligationem.

Voyons quelles sont les conséquences de ce mandat au *double* point de vue :

1° *Des rapports des créanciers solidaires avec le débiteur ;*

2° *Des rapports des créanciers solidaires entre eux.*

1° RAPPORTS DES CRÉANCIERS SOLIDAIRES AVEC LE DÉBITEUR.

Du *mandat* que sont censés s'être donné les créanciers, il résulte :

1° *Que chaque créancier solidaire a le droit d'exiger la totalité de la créance* (art. 1197) ;

2° *Que le débiteur a le droit de payer à l'un ou à l'autre des créanciers solidaires, tant qu'il n'a pas été prévenu par les poursuites de l'un d'eux* (art. 1198 (1) ;

M. Demangeat, *Des obligations solidaires en droit romain*. Ce dernier auteur reproduit, en général, assez exactement les théories enseignées dans les Universités allemandes.)

L'honnête Pothier déclarait franchement (n° 259) ne pas trop savoir à quoi servait la *solidité* entre créanciers.

(1) Décision et correctif, le tout a été puisé dans Pothier (n° 260). Pothier

3° *Que tout acte qui interrompt la prescription au profit de l'un des créanciers solidaires l'interrompt également en faveur des autres* (art. 1199);

4° *Que, si l'un des créanciers solidaires constitue le débiteur en demeure, le débiteur se trouve constitué en demeure au profit de tous;*

5° *Que, si l'un des créanciers solidaires fait courir les intérêts par une demande en justice formée contre le débiteur, les intérêts courent au profit de tous;*

6° *Que, si l'un des créanciers solidaires se fait attribuer une hypothèque ou toute autre sûreté, cette hypothèque ou cette sûreté profite à tous;*

7° *Que, si le débiteur est libéré envers l'un des créanciers solidaires par l'effet, soit d'un payement, soit d'une compensation intégrale* (1), *ce débiteur est également libéré vis-à-vis des autres;*

8° *Que la novation ou la transaction faite par l'un des créanciers solidaires et le jugement qu'il a obtenu profitent aux autres, lorsque les autres estiment utile de les invoquer* (2).

*Remarquons que la suspension de prescription* qui existe au profit de l'un des créanciers solidaires, *à raison d'une qualité toute personnelle à ce créancier* (art. 2252, 2253), ne profite pas aux autres (3).

Remarquons encore qu'aucun des créanciers solidaires n'a la faculté de *diminuer* le droit des autres (*second* alinéa de l'art. 1198; — V. aussi art. 1365 et 2051) (4).

2° RAPPORTS DES CRÉANCIERS SOLIDAIRES ENTRE EUX.

Du mandat que sont censés s'être donné les créanciers solidaires, il résulte que *celui qui a touché la totalité de la créance est tenu de faire raison aux autres du montant de la part à laquelle ils ont droit.*

---

citait à l'appui du correctif la loi 16, D., liv. XLV, tit. II. Mais, à Rome, la chose s'expliquait au moyen de l'effet extinctif de la *litis contestatio*. Chez nous, les auteurs sont réduits à alléguer qu'il est juste que le créancier le plus diligent profite de sa diligence. (Comparer M. Colmet de Santerre, t. V, n° 129 *bis*, et M. Bugnet, *Sur Pothier*, p. 121.)

(1) En ce sens, MM. Zachariæ, Aubry et Rau, t. III, p. 12, texte et note 11. — M. Colmet de Santerre, t. X, n° 130 *bis*, IV.

En sens contraire, Delvincourt, t. II, p. 500.

(2) En ce sens, MM. Zachariæ, Aubry et Rau, t. III, p. 12, texte et note 12. En sens contraire, M. Colmet de Santerre, t. V, n° 130 *bis*, III.

(3) En ce sens, M. Valette, à son cours — MM. Zachariæ, Aubry et Rau, t. III, p. 13, texte et note 15. — M. Colmet de Santerre, t. V, n° 131 *bis*, II.

En sens contraire, Delvincourt, t. II, p. 899, et M. Duranton, n° 180.

(4) Ici, les compilateurs napoléoniens se sont écartés de la *doctrine* de Pothier. (Comparer Pothier, n° 260, 4°.)

### § II. — DE LA SOLIDARITÉ DE LA PART DES DÉBITEURS.

**1200.** — Il y a solidarité de la part des débiteurs lorsqu'ils sont obligés à une même chose, de manière que chacun puisse être contraint pour la totalité, et que le payement fait par un seul libère les autres envers le créancier.

L'obligation solidaire entre débiteurs peut être définie :

*L'obligation qui existe à la charge de plusieurs personnes et qui astreint chacune de ces personnes à payer* in totum et totaliter *la même chose au même créancier, mais de façon que le payement fait par l'une d'elles libère les autres* (1).

**1201.** — L'obligation peut être solidaire, quoique l'un des débiteurs soit obligé différemment de l'autre au payement de la même chose : par exemple, si l'un n'est obligé que conditionnellement, tandis que l'engagement de l'autre est pur et simple, ou si l'un a pris un terme qui n'est point accordé à l'autre.

*Quoique l'obligation solidaire soit une, au point de vue de la chose qui en fait l'objet, elle se compose d'autant de liens qu'il y a de personnes obligées* (2).

D'où, les conséquences suivantes :

1° *Chacun des codébiteurs solidaires peut être obligé sous une modalité différente* (comparer la disposition exceptionnelle de l'art. 444, C. Co.) ;

2° *Chacun des codébiteurs solidaires peut être obligé en vertu d'un acte différent, pourvu que les différents actes se réfèrent les uns aux autres.*

**1202.** — La solidarité ne se présume point ; il faut qu'elle soit expressément stipulée.

Cette règle ne cesse que dans les cas où la solidarité a lieu de plein droit, en vertu d'une disposition de la loi.

D'après le *premier* alinéa de l'art. 1202, la solidarité entre débiteurs doit être établie d'une manière *expresse*.

Le mot *stipulée*, employé dans ce *premier* alinéa, n'empêche pas que la solidarité ne puisse résulter d'un *testament*, tout aussi bien que d'un *contrat*.

D'après le *second* alinéa de l'art. 1202, la solidarité peut avoir lieu *de plein droit*, en vertu d'une disposition de la loi.

---

(1) Les mots : *in totum* et *totaliter*, sont une des *clefs* de Dumoulin : ils signifient que « chacun des débiteurs solidaires se trouve obligé aussi totalement à la prestation de la chose que s'il eût seul contracté l'obligation ». (Pothier, n° 262.)

On dit, par une sorte d'opposition, que les débiteurs d'une dette *indivisible* sont tenus *in totum, sed non totaliter*. (V. *infra*, sect. v.)

(2) Comparer Pothier, n° 263.

Le cas où la solidarité existe ainsi *de plein droit* sont nombreux :

On peut citer :

1° *Le cas de la mère tutrice et du second mari* (art. 395 et 396) ;

2° *Le cas de plusieurs comandataires conjoints* (art. 1887) ;

3° *Le cas des comandants* (art. 2002) ;

4° *Le cas des associés en nom collectif* (art. 22, C. Co.) ;

5° *Le cas des exécuteurs testamentaires qui ont reçu en commun la saisine du mobilier héréditaire* (art. 1033) ;

6° *Le cas du conjoint survivant et du subrogé-tuteur lorsqu'il n'a pas été fait un inventaire des biens de la communauté* (art. 1442) ;

7° *Le cas des colocataires lorsqu'il y a eu incendie du bâtiment loué* (art. 1734) (1) ;

8° *Le cas des individus condamnés pour un même crime ou pour un même délit, en ce qui concerne les amendes* (2), *les dommages-intérêts et les frais.*

*Les auteurs discutent le point de savoir si, dans ces différents cas, la solidarité est de la même sorte et si elle produit les mêmes effets.*

D'après une théorie fort accréditée, il faut distinguer :

1° *Une solidarité, dite parfaite ;*

2° *Une solidarité, dite imparfaite.*

*La solidarité parfaite repose sur l'idée que les différents codébiteurs se sont donné mandat les uns aux autres, au double effet de recevoir les poursuites au créancier et de perpétuer l'obligation*, ad conservandam et perpetuandam obligationem, disait, avec un pléonasme, Pothier (n° 273).

*Au contraire, la solidarité imparfaite ne comporte aucune idée de mandat : elle consiste uniquement*, dit-on, *en ce qu'elle donne au créancier le droit de poursuivre pour le tout chacun des différents codébiteurs.*

De là, *certaines* conséquences qui seront mentionnées par les art. 1205-1207.

*Mais quels cas faut-il ranger dans la solidarité parfaite, et quels dans la solidarité imparfaite ?*

On répond :

D'abord, *que toute solidarité contractuelle est parfaite ;*

---

(1) Ce cas n'est pas la raison même ; nous l'examinerons à sa place.

(2) Pothier ne parlait pas des amendes ; il disait : « Ceux qui ont concouru à un délit sont tous obligés solidairement à la réparation. »

L'amende est une *peine*, et, comme le fait remarquer avec infiniment de sens M. Bugnet, il est tout aussi rationnel de déclarer les codelinquants solidaires pour l'amende qu'il l'eût été de les déclarer solidaires pour l'emprisonnement ou pour l'échafaud.

Ensuite, *que toute solidarité, même légale, est parfaite lorsqu'il s'agit de codébiteurs entre lesquels il existe des rapports habituels.*

*Au contraire, toute solidarité légale est imparfaite lorsqu'il s'agit de codébiteurs qui n'ont les uns avec les autres que des rapports accidentels.*

Cette théorie range dans la solidarité *parfaite* les *cinq premiers* cas sus-indiqués, et les *trois derniers*, dans la solidarité *imparfaite.*

D'autres auteurs, tout en admettant, comme les précédents, la nécessité de distinguer une solidarité, dite *parfaite,* et une solidarité, dite *imparfaite*, classent les *huit* cas, ci-dessus énumérés, dans la solidarité *parfaite*, et restreignent l'application de la théorie de la solidarité *imparfaite :*

1° *Au cas des différents signataires d'une lettre de change ou d'un billet à ordre* (art. 140 et 187; 167 et 168, C. Co.);

2° *Au cas de la responsabilité collective des différents auteurs d'un même délit civil* (art. 1382 et 1388) (1).

Dans l'état de confusion traditionnelle qui est le propre de la doctrine juridique en tant de matières, et notamment en matière de solidarité (2), ce *dernier* avis nous paraît le moins incertain.

Ceux qui le partagent réfutent la *première* opinion en disant :

1° Que, dans les *trois* cas rangés par la *première* opinion dans la solidarité *imparfaite*, le législateur napoléonien se sert du mot *solidarité*, absolument comme dans les *cinq* cas classés d'un accord unanime dans la solidarité *parfaite ;* or, il n'est pas probable que le législateur napoléonien ait employé le même mot dans deux cas différents (3).

2° Que, contrairement à l'un des principes qu'elle pose elle-même, la *première* opinion fait rentrer dans la solidarité *imparfaite* le cas des codélinquants où il s'agit évidemment de codébiteurs entre lesquels il existe des rapports *habituels.*

On ajoute :

3° En ce qui concerne les différents signataires d'une lettre de change ou d'un billet à ordre, que si, d'une part, les art. 140 et 187 du Code de Commerce les déclarent tenus à la garantie solidaire envers le porteur, d'autre part, les art. 167 et 168 du même Code décident implicitement que ces codébiteurs ne doivent pas être regardés comme mandataires les

---

(1) La jurisprudence déclare tenus de la solidarité imparfaite les auteurs de plusieurs quasi-délits dont le résultat est indivisible.

Comparer, sur la solidarité parfaite et sur la solidarité imparfaite, MM. Zachariæ, Aubry et Rau, t. III, p. 15 et suiv. — M. Colmet de Santerre, t. V, n° 135 *bis*, I-III.

(2) V., en ce qui concerne la théorie romaine sur la solidarité, les exposés de M. Demangeat, *Des obligations solidaires en droit romain,* et *Cours élémentaire de droit romain,* t. II, p. 256.

(3) Cet argument, nous l'avouerons, ne nous impressionne pas du tout.

uns des autres à l'effet de recevoir les poursuites et de perpétuer l'obligation.

3° En ce qui concerne la responsabilité collective des différents auteurs d'un même délit civil, que si cette responsabilité collective paraît résulter virtuellement des art. 1382 et 1383, il n'existe d'ailleurs *aucun texte* qui lui assigne les effets, à certains égards exorbitants, de la solidarité, dite *parfaite*.

Voyons quels sont les effets de la solidarité entre débiteurs.

La compilation napoléonienne envisage ces effets au *double* point de vue :

1° *Des rapports du créancier avec les codébiteurs solidaires* (art. 1203-1212) ;

2° *Des rapports des codébiteurs solidaires entre eux* (art. 1213-1218).

1° RAPPORTS DU CRÉANCIER AVEC LES CODÉBITEURS SOLIDAIRES (1).

**1203.** — Le créancier d'une obligation contractée solidairement peut s'adresser à celui des débiteurs qu'il veut choisir, sans que celui-ci puisse lui opposer le bénéfice de division.

Cet article a pour but de refuser le *bénéfice de division* aux débiteurs solidaires.

*Le bénéfice de division eût consisté à permettre au débiteur solidaire poursuivi pour le tout de demander la division de la dette entre lui et ses autres codébiteurs solvables.*

**1204.** — Les poursuites faites contre l'un des débiteurs n'empêchent pas le créancier d'en exercer de pareilles contre les autres.

Cet article est la reproduction du n° 271 de Pothier, lequel numéro était la reproduction de la loi 28, C., liv. VIII, tit. XLI.

Il signifie que, non plus qu'au temps de Justinien, il n'existe de *litis contestatio* chez nous, ni, par conséquent, d'effet extinctif résultant de la *litis contestatio*.

**1205.** — Si la chose due a péri par la faute ou pendant la demeure de l'un ou de plusieurs des débiteurs solidaires, les autres codébiteurs ne sont point déchargés de l'obligation de payer le prix de la chose ; mais ceux-ci ne sont point tenus des dommages et intérêts.

Le créancier peut seulement répéter les dommages et intérêts tant contre les

(1) Comparer Pothier, n$^{os}$ 270-279.

Cette partie de la théorie contient de nombreuses fautes de logique, et elle n'est pas toujours d'une extrême clarté, le pauvre Pothier ne savait comment se tirer des textes romains, ni comment en adapter les décisions aux besoins nouveaux.

débiteurs par la faute desquels la chose a péri que contre ceux qui étaient en demeure.

**1206.** — Les poursuites faites contre l'un des débiteurs solidaires interrompent la prescription à l'égard de tous.

**1207.** — La demande d'intérêts formée contre l'un des débiteurs solidaires fait courir les intérêts à l'égard de tous.

Ces articles ne sont applicables qu'à la solidarité *parfaite*.

*Dans le cas de cette solidarité, les codébiteurs solidaires sont réputés, avons-nous dit, s'être donné mandat les uns des autres au double effet de recevoir les poursuites du créancier et de perpétuer l'obligation* (ad conservandam et perpetuandam obligationem).

De ce mandat, il résulte selon la compilation napoléonienne :

1° *Que, si la chose due a péri par la faute (ou par le fait) de l'un des codébiteurs solidaires, tous restent obligés au payement du prix de la chose qui a péri par suite de cette faute (ou de ce fait)*, art. 1205 ;

2° *Que, de même, si la chose due a péri par cas fortuit après la mise en demeure de l'un des codébiteurs solidaires, tous restent obligés au payement du prix de la chose qui a péri après la mise en demeure* (art. 1205) ;

3° *Que les poursuites dirigées contre l'un des codébiteurs solidaires ou la reconnaissance que l'un des codébiteurs solidaires fait de la dette interrompent la prescription à l'égard de tous* (art. 1206) ;

4° *Que lorsque l'obligation a pour objet le payement d'une somme d'argent, la demande en justice formée contre l'un des codébiteurs solidaires, fait courir les intérêts à l'égard de tous* (art. 1207).

Remarquons que, si la chose due a péri par la faute (ou par le fait) de l'un des codébiteurs solidaires, et, de même, si elle a péri par cas fortuit après la mise en demeure de l'un des codébiteurs solidaires, le créancier ne peut demander de *dommages-intérêts* qu'au débiteur par la faute ou par le fait duquel la chose due a péri, ou qui était en demeure.

En effet, disaient Dumoulin et Pothier, les lois romaines distinguent entre *ce qui perpétue* et ce *qui augmente l'obligation.*

Les codébiteurs solidaires sont *mandataires* les uns des autres, *relativement à ce qui perpétue l'obligation;* ils ne sont pas *mandataires* les uns des autres, *relativement à ce qui augmente l'obligation :* donc, il est logique d'admettre que la faute, le fait ou la demeure de l'un des codébiteurs solidaires préjudicie à ses codébiteurs en tant qu'il s'agit du payement du prix de la chose due, mais qu'au contraire la faute, le fait ou la demeure de l'un des codébiteurs solidaires ne préjudicie pas à ses codébiteurs, en tant qu'il s'agit de la dette des dommages-intérêts (1).

(1) Dumoulin, *Tractatus de dividuis et de individuis*, p. 3, n° 126. — Pothier, n° 273.

Il ressort suffisamment de notre exposé que le raisonnement de Dumoulin et

Cependant, Dumoulin et Pothier enseignaient, et l'on enseigne encore aujourd'hui, d'après ces auteurs, que si les dommages-intérêts ont été fixés à l'avance *par une clause pénale*, la faute, le fait ou la demeure de l'un des codébiteurs solidaires entraîne pour tous l'obligation de payer le montant de la clause pénale.

En effet, ajoutait Dumoulin, *hoc casu insons magis ad pœnam tenetur ex conditione stipulationis, quæ exstat, tanquam ex causâ propinquâ et immediatâ, quam ex facto consortis* (1).

Remarquons encore qu'en décidant que lorsque l'obligation a pour objet une somme d'argent, la demande en justice formée contre l'un des débiteurs solidaires fait courir les intérêts à l'égard de tous, les compilateurs napoléoniens semblent bien avoir admis cette fois que les codébiteurs solidaires sont mandataires les uns des autres *même relativement à ce qui augmente l'obligation*, mais ce n'est là, affirme l'École, qu'une simple apparence; la loi du 3 septembre 1807 ayant fixé, en matière d'obligations de sommes d'argent, la base d'évaluation des dommages intérêts, il résulte de là, dit-on, que, *dans les obligations de sommes d'argent, la dette des dommages-intérêts doit être regardée comme dérivant d'une clause pénale sous-entendue entre les parties* (2).

**1208.** — Le codébiteur solidaire poursuivi par le créancier peut opposer

---

de Pothier est un pur sophisme ; ces deux légistes n'ont eu dans la circonstance aucun souci de la vérité rationnelle, et leur seule préoccupation a été de concilier la L. 18, D., liv. XLV, tit. II, avec la L. 32, § 4, D., liv. XXII, tit. I. (Comparer M. Colmet de Santerre, t. V, n° 139 *bis*, I.)

M. Mommsen, l'auteur de la savante *Histoire romaine* qui tient à une si grande distance les exercices exégétiques de nos romanistes français, M. Mommsen a, d'ailleurs, expliqué qu'en droit romain la *mora* d'un des *correi* avait un effet purement relatif. (F. Mommsen, t. III, p. 281 et suiv., *Beiträge zum Obligation recht.*)

(1) Dumoulin, *Tractatus de dividuis et individuis*, p. 111, n° 126. — Pothier, n° 173 et 356. — MM. Zachariæ, Aubry et Rau, t. III, p. 21, texte et note 41. — M. Duranton, t. XI, n° 371. — M. Colmet de Santerre, t. V, n° 139 *bis*, II.

(2) M. Colmet de Santerre, t. V, n° 141 *bis*, I. — Comparer ce qu'ont écrit très-judicieusement sur le même point MM. Zachariæ, Aubry et Rau, t. III, n° 43.

M. Colmet de Santerre n'a pas pris garde que si l'explication qu'il adopte était bonne *lorsqu'il s'agit des intérêts moratoires en matière d'obligations ayant pour objet des sommes d'argent*, cette explication devrait être également bonne *lorsqu'il s'agit des dommages et intérêts auxquels se rapporte l'art.* 1150. (V. *supra.*)

Donc, ou bien les deux art. 1205 et 1207, ou bien les trois art. 1150, 1205 et 1207, ne peuvent être conciliés entre eux.

Quelles que soient les censures qu'on adresse au style, à la méthode et aux idées juridiques des compilateurs napoléoniens, nous défions qu'on atteigne au niveau de la vérité.

toutes les exceptions qui résultent de la nature de l'obligation, et toutes celles qui lui sont personnelles, ainsi que celles qui sont communes à tous les codébiteurs.

Il ne peut opposer les exceptions qui sont purement personnelles à quelques-uns des autres codébiteurs.

Cet article est un *spécimen* de la manière dont Portalis et ses collègues savaient généraliser les idées juridiques ; il correspond aux numéros où Pothier traitait des *moyens de défense* que les codébiteurs solidaires ont le droit d'opposer à l'action du créancier.

Voyons le *spécimen :*

D'abord, le mot « *exception* » dont se sert l'article est défectueux ; *les exceptions ont pour but soit de critiquer la procédure déjà faite, soit de retarder l'instance;* il s'agit ici de *moyens tendant à dénier la prétention même de l'adversaire*, c'est-à-dire *qu'il s'agit de défenses au fond.*

Lisons donc : *défenses*, là où les compilateurs ont écrit : *exceptions.*

D'après l'article, le codébiteur solidaire poursuivi peut, selon les cas, opposer au créancier *trois* sortes de défenses au fond :

1° *Les défenses qui résultent de la nature de l'obligation ;*

2° *Les défenses personnelles;*

3° *Les défenses communes.*

Il suffit de regarder cette liste pour voir que le lien des idées y est rompu ; évidemment, le *premier* terme fait disparate avec les *deux* autres ; *toute défense, quelle qu'en soit la base, est nécessairement commune ou personnelle.*

*Mais que signifient ces mots : « défenses qui résultent de la nature de l'obligation » ?*

Les auteurs se sentent mal à l'aise pour l'expliquer ; ne pouvant mieux faire, ils recourent à une énumération (1).

Selon l'opinion qui paraît à peu près rallier les suffrages, on devrait ranger parmi les défenses résultant de *la nature de l'obligation ;*

1° *Les défenses fondées sur la nullité de l'obligation* (objet non certain ou illicite, cause inexistante ou fausse, inobservation des solennités nécessaires).

2° *Les défenses fondées sur les clauses et sur les modalités sous lesquelles tous les codébiteurs solidaires ont contracté l'obligation ;*

3° *Dans le cas spécial d'une vente d'immeuble par plusieurs ven-*

---

(1) M. Colmet de Santerre écrit : « La première classe, *Moyens résultant de la nature de l'obligation,* comprend les défenses consistant à opposer un *vice* qui entache l'obligation à l'égard de tous. » (T. V, n° 142 *bis*, I.)

A merveille ! Mais c'est ce *vice* qu'il eût fallu définir.

*deurs solidaires, la défense fondée sur ce que les vendeurs ont été lésés de plus des sept douzièmes* (1).

Les auteurs rectifient, du reste, la qualification des défenses de cette classe ; ils leur appliquent le nom de *réelles*, toutefois, en ayant soin de déclarer qu'elles sont *communes*.

D'où il n'est pas très-difficile de conclure qu'il serait plus simple de les appeler de ce *dernier* nom (2).

Il n'y a, en effet, et il ne peut y avoir que des défenses *communes* ou des défenses *personnelles*.

Plaçons-nous donc maintenant à ce point de vue.

D'abord, *en ce qui concerne les défenses communes, il est évident que ce sont celles que tous les codébiteurs solidaires ont le droit d'invoquer.*

*Quant aux défenses personnelles*, on les subdivise en *personnelles* et en *purement personnelles.*

*Les défenses* personnelles *sont celles qui, tout en ne pouvant être invoquées pour la dette entière que par un seul des codébiteurs solidaires, peuvent cependant être opposées par les autres, pour la part de celui qui a le droit de les invoquer pour la dette entière.*

*Les défenses* purement personnelles *sont celles qui sont exclusivement propres à l'un des codébiteurs solidaires.*

*Quelles sont les défenses qui doivent être classées, soit parmi les communes, soit parmi les personnelles, non pures ou pures?*

Sur ce nouveau chef, nouvelle indécision de la théorie ; essayons cependant de dresser des listes.

Sont *défenses communes :*

1° *Toutes les défenses*, dites *réelles ;*

2° *Le plus grand nombre des défenses fondées sur l'extinction de la dette.*

Cette *seconde* catégorie de défenses *communes* comprend les cas :

1° *Du payement ;*

2° *De la novation* (art. 1281) ;

3° *De la remise de la dette, faite au profit même d'un seul des codébiteurs solidaires à moins que le créancier n'ait expressément réservé ses droits contre les autres* (art. 1285, V. aussi *infrà*, 1210) (3) ;

---

(1) MM. Zachariæ, Aubry et Rau, t. III, p. 19. — M. Colmet de Santerre, t. V, n° 142 *bis*, I.

(2) Nous reconnaissons bien volontiers que, dans le développement qui précède, nous avons parlé pour ne rien dire ; mais en cela, du moins, on ne saurait nous reprocher de n'être pas en plein dans la tradition juridique.

(3) Pothier hésitait sur ce cas (n° 275) ; les compilateurs napoléoniens ont résolument tranché la question, et ils ont consacré... une absurdité.

On explique dans les écoles que Cambacérès et Portalis ont préféré ici la théorie de l'acceptation à celle du pacte *de non petendo*.

Et qui donc prétend que le droit romain ne conserve pas son utilité?

4° *De la compensation opposée au créancier par le débiteur dans la personne duquel elle s'est opérée* (V. *infrà*);

5° *De la perte de la chose, lorsqu'elle est arrivée par cas fortuit* (art. 1302, comparer *suprà*, art. 1205, p. 842);

6° *De la prescription* (1).

Sont défenses *personnelles :*

1° *Les défenses fondées sur une cause d'annulabilité propre à l'un des codébiteurs solidaires;*

2° *Les défenses fondées sur une clause ou sur une modalité propre à l'un des codébiteurs solidaires;*

3° *Les défenses fondées sur une cause d'extinction propre à l'un des codébiteurs solidaires.*

Aux *premières*, on doit rapporter les cas :

1° *Des vices d'erreur, de violence ou de dol entachant le consentement de l'un des codébiteurs solidaires;*

2° *De l'incapacité de l'un des codébiteurs solidaires pour minorité, interdiction, etc.*

Aux *secondes* se rattachent, par exemple, les cas :

*Du terme ou de la condition résolutoire affectant l'obligation de l'un des codébiteurs solidaires.*

Quant aux *troisièmes*, elles comprennent les cas:

1° *De la compensation opérée du chef de l'un des codébiteurs solidaires et non encore opposée au créancier par ce codébiteur* (alin. 3, art. 1294);

2° *De la remise de la dette faite au profit d'un seul des codébiteurs solidaires, avec réserve expresse des droits du créancier contre les autres* (art. 1285; V. aussi *infrà* art. 1210);

3° *De la confusion opérée dans la personne de l'un des codébiteurs solidaires* (art. 1209, et alin. 3, art. 1301).

*Parmi les défenses personnelles, comment enfin discerner celles qui sont purement personnelles?*

Ce point est délicat, en théorie.

---

(1) Il y aurait lieu d'ajouter, comme causes d'extinction engendrant des défenses *communes :*

*La lésion de plus des sept douzièmes au préjudice des vendeurs solidaires d'un même immeuble;*

*La condition résolutoire, lorsqu'elle affecte l'obligation de tous les codébiteurs solidaires.*

Mais, d'après le classement que nous avons dû faire pour ne pas déranger la méthode du Code Napoléon et des auteurs, ces causes d'extinction se trouvent comprises dans la *première* catégorie des défenses communes, c'est-à-dire parmi les défenses dites *réelles*.

On cite, comme exemples de défenses *purement personnelles*, les cas :

1° *Des vices d'erreur, de violence et de dol, entachant le consentement de l'un des codébiteurs solidaires, lorsque les autres codébiteurs ont connu, en contractant, le vice dont était atteint le consentement de leur codébiteur ;*

2° *De l'incapacité de l'un des codébiteurs solidaires pour minorité, interdiction, etc. ;*

3° *Du terme ou de la condition résolutoire stipulée par l'un des codébiteurs solidaires dans son intérêt exclusif ;*

4° *De la remise consentie par un concordat au profit de l'un des codébiteurs solidaires faillis* (art. 407-526, C. Co.) ;

5° *De la compensation opérée du chef de l'un des codébiteurs solidaires et non encore opposée au créancier par ce dernier* (alinéa 3, art. 1294 (1).

Cet article est la reproduction du n° 276 de Pothier ; il se réfère à l'un des cas de défense *personnelle* cités dans l'article précédent, c'est-à-dire au cas de la *confusion* opérée dans la personne de l'un des codébiteurs solidaires.

*La confusion est la réunion dans une même personne des qualités de débiteur et de créancier d'une même dette.*

Il est facile de voir que, comme le n° 276 de Pothier, l'art. 1209 est fort mal rédigé.

---

(1) Comparer Pothier, nos 274-275. — MM. Zachariæ, Aubry et Rau, t. III, p. 17 et suiv. — M. Colmet de Santerre, t. V, n° 142 *bis*, I-V.

*En ce qui est du cas de la compensation*, certains auteurs, conformément à l'opinion de Domat (*Loix civiles*, p. 1, liv. III, tit. III, § 1, art. 8) et de Pothier (n° 274), le rangent parmi les exceptions *personnelles* (non pures). (V., dans ce sens notamment, Delvincourt, t. II, p. 11, 507 et 567. — Toullier, t. VI, nos 733-737. — MM. Zachariæ, Aubry et Rau, t. III, p. 19-20, texte et note 37.)

La compensation n'étant qu'*un payement abrégé*, elle devrait constituer une défense *commune* ; mais le Tribunat fit repousser cette idée rationnelle, en invoquant un argument dénué de sens ; il disait que, « si le débiteur solidaire était autorisé à opposer la compensation opérée du chef de son codébiteur, ce dernier pourrait se trouver engagé malgré lui dans des procès désagréables relativement à l'existence de sa créance, et à la question de savoir si elle est ou non susceptible d'être opposée en compensation. » (Locré, *Législ. civ.*, t, XII, p. 279, n° 57.)

De là, le *troisième* alinéa de l'art. 1294.

Donc, il faut aller jusqu'au bout et décider que la compensation est une défense purement *personnelle*.

Comparer la solution de la L. 10, D., liv. XLV, tit. I, qui concerne le cas des *correi debendi* non associés, c'est-à-dire une relation demeurée énigmatique, mais qui n'en est pas moins *la base d'origine* de l'idée adoptée par les compilateurs napoléoniens.

**1209.** — Lorsque l'un des débiteurs devient héritier unique du créancier, ou lorsque le créancier devient l'unique héritier de l'un des débiteurs, la confusion n'éteint la créance solidaire que pour la part ou portion du débiteur ou du créancier.

Contrairement à ce que donnent à entendre la formule de Pothier et celle de l'article :

1° La confusion peut avoir lieu *sans que le débiteur et le créancier deviennent héritiers l'un de l'autre,* par exemple lorsque le créancier cède sa créance à l'un des débiteurs ;

2° La confusion a lieu, *non pour le tout,* mais *pour partie seulement,* lorsqu'un des débiteurs succède au créancier, ou lorsque le créancier succède à l'un des débiteurs, en concours avec d'autres héritiers.

Naturellement, la confusion, opérée entre l'un des codébiteurs solidaires et le créancier, profite aux autres codébiteurs solidaires jusqu'à concurrence de la part que devait supporter dans la dette commune le codébiteur dans la personne duquel la confusion s'est opérée.

*Premier exemple :* Dette de vingt mille francs ; quatre codébiteurs solidaires ; l'un de ces codébiteurs, Paul, devient l'héritier unique du créancier.

Paul, en sa qualité de créancier, a le droit de poursuivre chacun de ses trois codébiteurs pour le tout, moins sa part personnelle, c'est-à-dire pour quinze mille francs.

*Second exemple :* Dette de vingt mille francs ; quatre codébiteurs solidaires ; l'un d'eux meurt, laissant cinq héritiers, parmi lesquels Paul, le créancier.

Paul conserve son action solidaire pour dix-neuf mille francs, contre chacun des débiteurs primitifs, et il a le droit de demander quatre mille francs à chacun de ses cohéritiers.

**1210.** — Le créancier qui consent à la division de la dette à l'égard de l'un des codébiteurs conserve son action solidaire contre les autres, mais sous la déduction de la part du débiteur qu'il a déchargé de la solidarité.

Cet article correspond au n° 277 de Pothier ; mais, comme nous allons le voir, il innove en *un* point.

D'abord, *si le créancier consent à la division à l'égard de tous les codébiteurs solidaires, l'obligation devient simplement conjointe,* c'est-à-dire que *chacun des codébiteurs ne peut plus être poursuivi que pour sa part.*

Ce *premier* cas est en dehors des prévisions de l'article ; c'est celui de la remise *absolue* de la solidarité.

*Que si le créancier ne consent à la division de la dette qu'à l'égard de l'un des codébiteurs, le codébiteur déchargé de la solidarité ne peut plus être poursuivi que pour sa part, mais l'obligation reste solidaire à l'égard des autres.*

Ce *second* cas fait l'objet de l'article ; c'est celui de la remise *relative* de la solidarité.

Dans ce cas, venons-nous de dire, l'obligation reste *solidaire à l'égard des codébiteurs du débiteur déchargé ;* toutefois, cette proposition comporte *deux* restrictions :

1° *Les codébiteurs du débiteur déchargé ne peuvent plus être poursuivis que déduction faite de la part du codébiteur déchargé* (1);

2° *Le créancier est obligé de supporter personnellement la part pour laquelle le débiteur déchargé eût été tenu de contribuer aux parts des insolvables.*

D'où il résulte qu'il n'a le droit de poursuivre les autres codébiteurs que *déduction faite de cette part* (art. 1215 ; V. *infrà*, p. 852).

Sur le *premier* point, Pothier était d'un avis différent ; il professait que la remise faite à l'un des codébiteurs solidaires n'enlevait pas au créancier le droit de poursuivre pour le tout les autres codébiteurs.

Cette opinion était logique (2).

On enseigne d'ailleurs, en général, que *la réserve expresse faite par le créancier du droit de poursuivre pour le tout, les codébiteurs non déchargés serait nulle*, car cette réserve augmenterait les chances qu'avait chacun des codébiteurs non déchargés d'être poursuivi pour le tout (3).

Remarquons :

1° *Que la remise relative de la solidarité constitue une sorte de défense personnelle ;*

2° *Que, tandis que, dans le cas de la remise de la dette*, c'est-à-dire *dans le cas le plus grave pour le créancier, la remise est présumée absolue; dans le cas, au contraire, de la remise de la solidarité*, c'est-à-dire *dans le cas le moins grave pour le créancier, la remise est présumée relative* (4).

**1211.** — Le créancier qui reçoit divisément la part de l'un des débiteurs,

---

(1) Certains auteurs ont écrit que cette déduction n'est imposée au créancier que pour le cas où l'un des codébiteurs a été déchargé, moyennant le payement de sa part dans la dette.

La lecture de l'article suffit pour réfuter cette opinion. (Comparer MM. Zachariæ, Aubry et Rau, t. III, p. 24, texte et note 52, et M. Demante, t. V, n° 144. — M. Colmet de Santerre, n° 144 *bis*, III.)

(2) Comparer M. Bugnet, *Sur Pothier*, n° 277, note 1.

(3) M. Valette, à son cours. — M. Colmet de Santerre, n° 144 *bis*, IV.

Nous croyons cette solution inexacte. (Comparer M. Marcadé, t. IV, n° 620.)

(4) *E sempre bene*; demandez-le plutôt aux légistes!

sans réserver dans la quittance la solidarité ou les droits en général, ne renonce à la solidarité qu'à l'égard de ce débiteur.

Le créancier n'est pas censé remettre la solidarité au débiteur lorsqu'il reçoit de lui une somme égale à la portion dont il est tenu, si la quittance ne porte pas que c'est *pour sa part*.

Il en est de même de la simple demande formée contre l'un des codébiteurs *pour sa part*, si celui-ci n'a pas acquiescé à la demande, ou s'il n'est pas intervenu un jugement de condamnation.

**1212.** — Le créancier qui reçoit divisément et sans réserve la portion de l'un des codébiteurs dans les arrérages ou intérêts de la dette, ne perd la solidarité que pour les arrérages ou intérêts échus, et non pour ceu à échoir, ni pour le capital, à moins que le payement divisé n'ait été continué pendant dix ans consécutifs.

Ces *deux* inutiles articles, qui transforment un point de fait en un point de droit, ont été à peu près copiés dans Pothier (n° 277-279).

Comme on le voit, ils indiquent :

Le *premier*, dans quels cas doit être présumée la remise de la solidarité, *quant au capital ;*

Le *second*, dans quels cas doit être présumée cette même remise, *quant aux intérêts* (1).

**1213.** — L'obligation contractée solidairement envers le créancier se divise de plein droit entre les débiteurs, qui n'en sont tenus entre eux que chacun pour sa part et portion.

Pothier disait (n° 264) : « Lorsque plusieurs personnes contractent une dette solidairement, ce n'est que vis-à-vis du créancier qu'elles sont devenues chacune débitrice du total ; mais entre elles la dette se divise et chacune d'elles en est débitrice pour soi, quant à la part seulement qu'elle a eue à cause de la dette. »

L'art. 1213 reproduit la même idée, et presque dans les mêmes termes.

Donc, le codébiteur solidaire qui a été obligé de payer la dette a le droit de recourir contre ses codébiteurs pour se faire rembourser par chacun proportionnellement à l'intérêt de chacun dans la dette.

L'intérêt de chacun étant jusqu'à preuve contraire présumé *égal*, la division a lieu *par parts viriles*, à moins qu'il ne soit prouvé que la part des uns doit être plus forte que celle des autres.

Le codébiteur solidaire qui a payé la dette a deux actions pour exercer son recours :

1° *Une action née dans sa personne, l'action de mandat ;*

(1) Qu'on se ceigne les reins et qu'on lise les quatre énorme pages que Pothier a consacrées à cet intéressant sujet ; ça n'est pas plus fastidieux que les *variations* des auteurs contemporains sur les textes du Digeste ou du Code Napoléon, et c'est certainement tout aussi fort.

2° *L'action du créancier, laquelle lui est acquise en vertu d'une subrogation légale* (art. 1251 3°).

Chacune de ces actions a ses avantages propres.

*L'action de mandat donne au codébiteur le droit d'exiger à dater du jour du payement l'intérêt des sommes qu'il a payées* (art. 2001).

*L'action qu'il acquiert en vertu de la subrogation lui donne droit à toutes les garanties accessoires de la créance (gages, hypothèques ou priviléges).*

**1214.** — Le codébiteur d'une dette solidaire, qui l'a payée en entier, ne peut répéter contre les autres que les part et portion de chacun d'eux.

Si l'un d'eux se trouve insolvable, la perte qu'occasionne son insolvabilité se répartit par contribution entre tous les autres codébiteurs solvables et celui qui a fait le payement.

L'effet de la subrogation est de substituer le subrogé aux droits du subrogeant ; il semblerait donc que le codébiteur solidaire qui a payé devrait avoir le droit de réclamer de l'un ou de l'autre de ses codébiteurs, à son choix, le total de la dette, sous la déduction de sa part personnelle.

L'art. 1214 déclare qu'il n'en est pas ainsi ; le codébiteur qui a payé ne peut répéter contre les autres que la part de chacun d'eux.

*Sur quel motif est fondée cette dérogation aux principes de la subrogation?*

Pothier disait (n° 281) qu'elle avait pour but d'éviter *un circuit d'actions.*

D'après l'explication que préfère aujourd'hui l'École, il faut dire qu'elle tient à ce que *les codébiteurs solidaires sont garants les uns envers les autres, et que, si le codébiteur solidaire qui a payé le créancier avait un recours pour le tout, moins sa propre part, contre celui de ses codébiteurs qu'il voudrait choisir, il exposerait ce codébiteur à courir un risque dont il lui doit lui-même la garantie* (V. au surplus, notre développement sur un cas de même sorte, *suprà*, p. 336, art. 875).

Cette idée de *garantie* explique aussi pourquoi la part des codébiteurs insolvables se répartit entre tous les autres codébiteurs solvables, y compris celui qui a fait le payement.

**1215.** — Dans le cas où le créancier a renoncé à l'action solidaire envers l'un des débiteurs, si l'un ou plusieurs des autres codébiteurs deviennent insolvables, la portion des insolvables sera contradictoirement répartie contre tous les débiteurs, même entre ceux précédemment déchargés de la solidarité par le créancier.

Cet article exprime fort mal la pensée qu'il a empruntée à Pothier.

Il veut dire que lorsque le créancier a déchargé de la solidarité un des codébiteurs, ce codébiteur n'en doit pas moins être compris (fictivement) dans la répartition de la part des insolvables, car autrement on ne pourrait savoir quelle est la quotité du droit que le créancier conserve contre les autres codébiteurs. Mais, bien entendu, c'est le créancier qui est obligé de supporter *personnellement* la part pour laquelle le débiteur déchargé eût été tenu de contribuer aux parts des insolvables (1).

**1216.** — Si l'affaire pour laquelle la dette a été contractée solidairement ne concernait que l'un des coobligés solidaires, celui-ci serait tenu de toute la dette vis-à-vis des autres codébiteurs, qui ne seraient considérés par rapport à lui que comme ses cautions.

Par une remarquable exception, cet article est parfaitement clair, mais il est aussi parfaitement inutile (combiner art. 2032 et 2033, 2°).

NOTA. A l'obligation *solidaire*, on oppose l'obligation *conjointe*.

*Dans l'obligation conjointe, les parts des divers créanciers ou débiteurs constituent autant de créances ou de dettes, distinctes les unes des autres, qu'il existe de créanciers ou de débiteurs.*

## SECTION V.

### DES OBLIGATIONS DIVISIBLES ET INDIVISIBLES.

Cette section est encore pire que la précédente, et de beaucoup.

Textes rédigés au rebours du sens commun (2), idées sans suite comme sans vérité, reproduction des inintelligibles quintessences de Dumoulin (3), plagiat du plagiat de Pothier, et partant double altération de l'original, tout ce qui peut rebuter l'esprit ou le rendre louche, subtil, étroit, préoccupé du rien juridique : voilà les traits généraux de la section.

Les Romains avaient rencontré çà et là *l'idée* de l'indivisibilité ;

---

(1) Delvincourt, t. II, p. 510. — Toullier, t. VI, n° 739. — MM. Zachariæ, Aubry et Rau, t. III, p. 24-25, texte et note 53. — M. Duranton, t. XI, n° 231.

Toutefois, d'après certains auteurs (notamment M. Colmet de Santerre, t. V, n° 150 *bis*, V), l'article a pour but de faire contribuer *réellement* les codébiteurs déchargés au payement de la part des codébiteurs insolvables.

On invoque dans ce sens une phrase prononcée par Bigot dans l'Exposé des motifs (V. Fenet, t. XIII, p. 255); mais la merveille serait que Bigot, exposant les motifs d'une loi, eût compris cette loi.

Au surplus, il n'y a là qu'une chicane de texte : les art. 1210 et 1215 sont évidemment en étroite corrélation l'un avec l'autre.

(2) Nous pourrions citer à peu près tous les articles de la section ; contentons-nous d'indiquer les n°s 1, 3 et 5 de l'art. 1221.

(3) Encore une réputation singulièrement usurpée ! Dumoulin fort supérieur, nous en convenons, à Pothier, Dumoulin n'en était pas moins un esprit rempli de lui-même, sans portée, sans tenue, catholique à telle date, protestant à telle autre, catholique à telle autre encore, en un mot un vrai légiste de race.

M. Michelet a étonnamment surfait Dumoulin (*Histoire de France, passim*) ;

mais, quoi qu'en ait pu dire un estimable auteur (1), ils l'avaient clairée d'une médiocre lumière (2).

Quant à la doctrine actuelle, quant à cette méthode scolastique qui jamais ne vaut mieux et qui souvent vaut moins que celle du moyen âge, avec ses arguments *à contrario* et *à simili*, *à barbaro* et *à barocco*, elle est arrivée à un résultat : abandonné à ses seules forces, le meilleur esprit eût pu désespérer de comprendre; guidé par la doctrine, il est certain de ne pas comprendre.

Nous sommes loin de ce Code dont Cambacérès pouvait dire à la Convention : « Des règles simples, faciles à saisir, plus faciles à exécuter, tel est le résultat de nos veilles et le fruit de nos méditations » (3) ?

**1217.** — L'obligation est divisible ou indivisible selon qu'elle a pour objet ou une chose qui dans sa livraison, ou un fait qui dans l'exécution, est ou n'est pas susceptible de division, soit matérielle, soit intellectuelle.

**1218.** — L'obligation est indivisible, quoique la chose ou le fait qui en est l'objet soit divisible par sa nature, si le rapport sous lequel elle est considérée dans l'obligation ne la rend pas susceptible d'exécution partielle.

« *L'obligation divisible*, dit Dumoulin, *est celle qui peut se diviser; l'obligation indivisible est celle qui ne peut se diviser* (4). »

Cette première notion est incontestable; mais qu'est-ce que l'obligation qui ne peut se diviser ?

D'après la seule théorie, qui présente quelque sens, il y a à distinguer, en matière d'obligations, sous l'empire de la loi actuelle, *deux* espèces d'invisibilité :

1° *L'indivisibilité qui tient à la nature de l'objet dû;*

---

ce qui l'excuse et ce qui l'accuse, c'est qu'il n'en a jamais lu une seule ligne.

La science juridique n'a jamais compté un seul vrai grand homme; c'était impossible, étant donné le procédé. Domat lui-même, cœur droit, esprit élevé, et qui, par conséquent, n'appartient pas à la famille, Domat n'est pas un *génie*.

(1) Maynz, dans sa très-exacte photographie du droit romain.

(2) V. notamment l. 5 § 4, l. 85 § 6, D., L. XLV, tit. I et IX, § 1, D., liv. II, tit. XI; L. 6 § 4, D., liv. VIII, tit. V; L. 15, D., liv. XIV, tit. et L. 59, D., liv. XIX, tit. II; la loi 71, D., liv. XLV, tit. I, sur cette dernière loi (la L. 71), Dumoulin (p. 11, n$^{os}$ 278, 569), mentionne dix-sept opinions de *docteurs*, la sienne non comprise, etc.

V., sur les obligations indivisibles en droit romain, Maynz, *Éléments de droit romain*, t. II, p. 86 et suiv.; Molitor, *Les obligations en droit romain*, p. 303 et suiv.

(3) Rapport fait à la Convention nationale, par Cambacérès.

Et c'est le cynique Cambacérès, qui à neuf ou dix années d'intervalle, présidait le conseil d'État, délibérant sur *l'entassement* napoléonien.

Inutile de faire remarquer que le Code de la Convention avait laissé cette matière en dehors de ses dispositions.

(4) Dumoulin, p. 111, n$^{os}$ 7 et suiv. — Comparer Pothier, n° 287.

Quel dommage que le grand Molière n'ait point pénétré les arcanes du droit! c'est là qu'il eût trouvé à exploiter une mine abondante!

2° *L'indivisibilité qui tient à l'intention des parties.*

L'art. 1217 se rapporte à la *première*, et l'art. 1218 à la *seconde.*

Ces *deux* articles sont fort mal conçus; tous les deux expriment, en effet, que l'indivisibilité d'une obligation consiste en ce que l'*exécution* de cette obligation n'est pas susceptible de division, tandis qu'il eût fallu dire que ce qui constitue l'indivisibilité d'une obligation, c'est toujours l'*indivisibilité de l'objet dû.*

De plus, il y a, comme nous le verrons, des cas où l'obligation, *divisible en elle-même*, est *indivisible*, *quant à son exécution* (art. 1225); or, prises à la lettre, les expressions, employées par les compilateurs napoléoniens dans les *deux* articles, conduiraient à faire rentrer toutes les obligations indivisibles parmi les obligations divisibles en elles-mêmes, mais indivisibles, quant à l'exécution (1).

Examinons l'une après l'autre l'*indivisibilité de nature* et l'*indivisibilité d'intention.*

### 1° INDIVISIBILITÉ QUI TIENT A LA NATURE DE L'OBJET DU.

*Une obligation est indivisible, dans ce sens, lorsque l'objet dû n'est susceptible de division ni matérielle, ni intellectuelle.*

---

(1) Dans son *Extricatio labyrinthi dividui et individui*, Dumoulin distingue *trois* espèces d'indivisibilité :

1° *L'individuum contractu* ou *natura;*

2° *L'individuum obligatione;*

3° *L'individuum solutione tantum.*

Le *premier* terme désigne l'indivisibilité qui tient à la *nature* de l'objet dû.

Le *second*, l'indivisibilité qui tient à *l'intention* des parties.

Quant au *troisième* terme, il se rapporte aux obligations *divisibles en elles-mêmes*, mais *indivisibles quant à l'exécution.*

La terminologie de Dumoulin est très-obscure et sa classification ne vaut guère mieux que sa terminologie.

La *première* indivisibilité est une indivisibilité de nature.

La *seconde*, une indivisibilité d'*intention.*

Quant à la *troisième*, ce n'est pas une *indivisibilité de l'obligation*, c'est une *indivisibilité relative à l'exécution de l'obligation*, or, les deux points sont forts différents.

Pothier répète ici, mot à mot, la leçon qu'il a apprise dans Dumoulin; cependant, il se hasarde à appeler *indivisibilité absolue* ce que Dumoulin appelle *individuum contractu.*

Le lecteur qu'intéresseraient ces abstractions peut consulter :

*C. Molinæi opera*, t. III, p. 89 et suiv.;

Pothier, *Des obligations dividuelles et des obligations individuelles*, n^os^ 287 et 336 ;

Molitor, *Les obligations en droit romain* (*Des obligations indivisibles en droit français*) ;

M. Guis, analyse de l'ouvrage allemand de Julius Rubo (*Revue étrangère*, 1841, t. VIII, p. 148 et 371);

M. Rodière, *De la solidarité et de l'indivisibilité.* Paris, 1852, 1 vol. in-8.

Qu'est-ce que la divisibilité *intellectuelle?*

*C'est la qualité qu'a un objet de pouvoir être conçu comme divisible, bien qu'il soit matériellement indivisible.*

*Exemple :* Paul s'est obligé à livrer un cheval à Pierre.

L'obligation de livrer un cheval est divisible *intellectuellement.*

En effet, on conçoit fort bien qu'un cheval puisse appartenir à plusieurs personnes par parties aliquotes : ainsi, à l'une pour un quart, à une autre, pour un autre quart, à une troisième enfin, pour moitié.

D'ailleurs, l'obstacle à la division peut être *juridique* ou *physique.*

*Premier exemple* (obstacle *juridique*) : Paul s'est obligé à constituer au profit de Pierre une servitude réelle ou une hypothèque.

*Juridiquement*, la servitude réelle et l'hypothèque sont toutes les deux indivisibles.

*Second exemple* (obstacle *physique*) : Paul s'est obligé au profit de Pierre à ne pas passer dans un certain lieu.

*Physiquement*, il n'y a pas de moyen terme entre ne pas passer dans un certain lieu et passer dans ce lieu.

2° INDIVISIBILITÉ QUI TIENT A L'INTENTION DES PARTIES.

*Une obligation est indivisible dans ce sens, lorsque l'objet dû, bien que divisible en lui-même, n'est pas susceptible de division dans l'intention des parties.*

*Exemple :* Paul s'est obligé de construire une maison à Pierre.

Remarquons :

1° *Que toutes les obligations qui ne rentrent pas dans l'une des* deux *classes ci-dessus indiquées sont divisibles;*

2° *Que pour savoir si, d'après la compilation napoléonienne, une obligation est divisible ou indivisible, il faut s'en tenir au criterium ci-dessus indiqué, sans qu'il y ait lieu d'établir*, à priori, *aucune distinction entre les obligations de donner, de faire ou de ne pas faire* (1);

3° *Qu'il n'y a aucun intérêt pratique à distinguer l'une de l'autre l'indivisibilité de nature et l'indivisibilité d'intention* (V. *infra*, p. 860 et suiv.) (2).

**1219.** — La solidarité stipulée ne donne point à l'obligation le caractère d'indivisibilité.

---

(1) Molitor enseigne que les obligations de *faire* et de ne pas *faire* sont toutes indivisibles de nature, p. 349 et suiv. Nous jugeons inutile de prendre parti dan cette discussion; selon nous, toute obligation est de *faire;* toute obligation devrait être convertible en un payement de somme d'argent, à la volonté du débiteur; nous écartons donc la théorie de l'indivisibilité.

(2) Faire de la théorie pour la forme et discuter pour la forme, cela se pratiquait aussi à Byzance!

Il existe de notables différences entre l'*indivisibilité* et la *solidarité*.

A certains égards, l'indivisibilité est plus rigoureuse que la solidarité ; à certains autres égards, c'est le contraire qui a lieu (V. *infra*, p. 860 et suiv.).

## § I. — DES EFFETS DE L'OBLIGATION DIVISIBLE.

**1220.** — L'obligation qui est susceptible de division, doit être exécutée entre le créancier et le débiteur comme si elle était indivisible. La divisibilité n'a d'application qu'à l'égard de leurs héritiers, qui ne peuvent demander la dette ou qui ne sont tenus de la payer que pour les parts dont ils sont saisis ou dont ils sont tenus comme représentant le créancier ou le débiteur.

Le *premier* alinéa de cet article veut dire que :

*Lorsqu'une seule personne s'oblige envers une autre, il n'y a pas lieu d'examiner si l'obligation est divisible ou indivisible ; l'obligation, même divisible, doit être exécutée entre les contractants, comme si elle était indivisible* (V. cep. art. 1244, *second* alin.) (1).

Le *second* alinéa de l'article signifie que :

*Lorsque l'obligation est divisible, et que le créancier ou le débiteur est mort en laissant plusieurs héritiers, chacun des héritiers du créancier n'a le droit de réclamer l'acquittement de l'obligation, et chacun des héritiers du débiteur n'est tenu de procurer cet acquittement qu'au prorata de sa part héréditaire* (art. 1222 ; comparer l'inexact art. 873, *supra*, p. 328) (2).

Cet alinéa, qui nous vient de Pothier (n° 299), est trop étroit, et les auteurs font remarquer que la question de divisibilité ou d'indivisibilité se pose aussi, *lorsqu'il existe dès le principe plusieurs créanciers ou plusieurs débiteurs conjoints* (art. 1222) (3).

**1221.** — Le principe établi dans l'article précédent reçoit exception à l'égard des héritiers du débiteur. — 1° Dans le cas où la dette est hypothécaire ; —

---

(1) M. Demante, dans son très-net *Programme*, n° 156.

(2) Depuis le droit romain, comme nous le savons (V. *suprà*, p. 46 et 59, note 1), l'héritier est réputé le continuateur de la personne du *de cujus* ; mais, lorsqu'il en existe plusieurs, en même temps que chacun a, comme individu, sa personnalité propre, tous réunis ne font que continuer la personne du *de cujus*.

Aussi mystérieux que le dogme catholique et que les fameuses hypostases des Alexandrins !

(3) MM. Zachariæ, Aubry et Rau, t. III, p. 37 ; M. Colmet de Santerre, t. V, n° 156 *bis*.

Il faut ajouter le cas où le créancier cède une partie de son droit.

Si c'est, au contraire, le débiteur qui cède une partie de sa dette, il est clair que le droit du créancier n'est point affecté par cette cession ; le débiteur reste tenu pour le tout envers le créancier ; mais, quoi qu'en ait pensé M. Colmet de Santerre, cette décision n'a nul rapport avec la théorie de l'indivisibilité. (Comparer M. Colmet de Santerre, *loc. cit.*)

2° Lorsqu'elle est d'un corps certain; — 3° Lorsqu'il s'agit de la dette alternative de choses, au choix du créancier, dont l'une est indivisible; — 4° Lorsque l'un des héritiers est chargé seul, par le titre, de l'exécution de l'obligation; — 5° Lorsqu'il résulte, soit de la nature de l'engagement, soit de la chose qui en fait l'objet, soit de la fin qu'on s'est proposée dans le contrat, que l'intention des contractants a été que la dette ne pût s'acquitter partiellement. — Dans les trois premiers cas, l'héritier qui possède la chose due ou le fond hypothéqué à la dette, peut être poursuivi pour le tout sur la chose due ou sur le fonds hypothéqué, sauf le recours contre ses cohéritiers. Dans le quatrième cas, l'héritier seul chargé de la dette, et dans le cinquième cas, chaque héritier, peut aussi être poursuivi pour le tout; sauf son recours contre ses cohéritiers.

Comme il vient d'être dit (*second* alinéa de l'article précédent), l'obligation divisible se fractionne *de plano* entre les héritiers du créancier et entre ceux du débiteur.

Toutefois, le défectueux art. 1221 indique *cinq* cas qui feraient exception à cette règle *à l'égard des héritiers du débiteur.*

Ces cas sont :

1° *Celui où la dette est hypothécaire.*

Dans ce 1°, les compilateurs napoléoniens ont confondu l'*obligation* avec l'*hypothèque* qui peut en être la garantie.

L'obligation divisible reste divisible tant passivement qu'activement, lorsqu'elle est garantie par une hypothèque; ce qui est indivisible, ce n'est pas l'*obligation*, droit *personnel*, c'est l'*hypothèque*, droit *réel*.

Donc, ce 1° est à retrancher (1).

2° *Celui où la dette est d'un corps certain.*

Ce 2° doit être restreint à l'hypothèse *où les héritiers du débiteur ont déjà partagé la succession du* de cujus, *au moment où le créancier intente son action.*

Avant le partage, chacun des héritiers ne peut être poursuivi que *pour sa part.*

Après le partage, au contraire, lorsque le corps certain qui forme l'objet de l'obligation a été compris dans les lots, l'héritier dans le lot duquel il se trouve peut être poursuivi pour le tout.

Ce 2° ne se rapporte aujourd'hui qu'à l'*action personnelle* en délivrance.

Il concerne, d'ailleurs aussi, le cas où la dette consiste *dans la restitution d'une chose dont le créancier est propriétaire* (dépôt, commodat) (2).

---

(1) Pothier (n° 300) mettait aussi ce cas à cette place, mais, au moins, avait-il soin de prévenir que son classement ne valait rien, car il disait qu'*abstraction faite de l'hypothèque, la dette se divise entre les héritiers.*

(2) Pothier (n°s 302 et 303) avait maladroitement séparé ces *deux* cas; les faiseurs napoléoniens étaient pressés; ils recueillirent la formule de l'un et omirent l'autre.

En définitive, l'intérêt pratique de ce 2° est à peu près nul.

3° *Celui*, dit le texte, *où il s'agit de la dette alternative de choses, au choix du créancier*, *dont l'une est indivisible*.

Pothier (n° 312) avait écrit :

« Le payement partiel d'une dette, quoique divisible, n'est pas valable, s'il s'agit de dettes alternatives. »

On voit que le passage de Pothier se rapporte à l'*indivisibilité de l'option* dans la dette alternative.

« Par exemple, continuait Pothier, si celui qui est débiteur d'une telle maison ou d'une somme de dix mille livres laisse deux héritiers, l'un des héritiers ne sera pas admis à payer la moitié d'une de ces choses jusqu'à ce que l'autre héritier paye aussi la moitié de la même chose... »

Décision naïve, tant elle est évidente, et qui n'a, au surplus, aucun rapport avec la règle établie par l'art. 1221.

Quant à la formule napoléonienne, elle n'a pas de sens (1).

4° *Celui où l'un des héritiers est chargé seul par le titre de l'exécution de l'obligation.*

Ce 4° concerne le cas où il a été dit, soit dans le titre *constitutif de l'obligation*, soit dans un titre *postérieur*, *que tel des héritiers du débiteur serait seul tenu de l'acquittement de la dette*.

Que ce titre soit un *contrat* ou un *testament*, il n'importe ; toutefois, ce n'est que par un testament que le débiteur peut défendre à l'héritier chargé seul de l'exécution, de recourir contre les autres héritiers, et, bien entendu, encore faut-il tenir compte de la limitation que la théorie de la *réserve* apporte au droit de disposer (2).

5° *Celui où il résulte, soit de la nature de l'engagement, soit de la chose qui en fait l'objet, soit de la fin qu'on s'est proposée dans le contrat que l'intention des contractants a été que la dette ne pût s'acquitter partiellement.*

Ce 5° est textuellement copié dans le n° 315 de Pothier.

Plusieurs auteurs enseignent que les trois cas qui y sont indiqués constituent une véritable indivisibilité tenant à l'*intention* des parties.

D'autres disent qu'il peut y avoir des gradations dans l'intention des

---

(1) Toullier, t. VI, n° 765. — MM. Zachariæ, Aubry et Rau, t. III, p. 41, texte et note 31. — M. Marcadé, t. IV, n° 641, 30.

Les compilateurs napoléoniens ont procédé ici à la façon de l'élève qui copie à la hâte sa version sur celle du voisin ; le voisin a écrit une chose intelligible, le copiste écrit un non-sens.

Cependant M. Colmet de Santerre a entrepris de justifier le copiste ; mais, hélas ! là où fallait un cas d'indivisibilité, *quant à l'exécution*, l'ingénieux professeur a trouvé un cas d'indivisibilité, *quant à l'obligation ;* or, ici, *quod abundat vitiat*. (V. M. Colmet de Santerre, t. V, n° 157 *bis*, IV.)

(2) A l'exemple de Dumoulin, Pothier (n° 313) ne prévoyait que le cas du contrat.

parties et qu'il s'agit ici de cas où les parties, sans vouloir aller jusqu'à l'indivisibilité complète, ont entendu admettre une indivisibilité d'*exécution* (1).

*Quels sont ces cas?*

La découverte du *premier* (celui qui résulte de la nature de l'engagement), demeure un *desideratum* (2).

On cite, comme exemples :

Du *second* (celui qui résulte de la chose faisant l'objet de l'engagement), le cas de la dette *in genere ;*

Du *troisième* (celui qui résulte de la fin qu'on s'est proposée dans le contrat), le cas où une personne stipule d'une autre une certaine somme à l'effet de libérer son fils du service militaire.

En résumé, sur les *cinq* exceptions mentionnées par l'art. 1221, *trois*, tout au plus, se vérifient.

Remarquons, d'ailleurs, que lorsqu'une de ces trois exceptions se présente, chacun des héritiers, non-seulement ne peut valablement offrir *la part dont il est débiteur*, mais encore peut être poursuivi et condamné pour la totalité de la dette, sauf recours (3).

Telle est l'indivisibilité relative à l'*exécution* de l'obligation, ou, d'après la terminologie de Dumoulin, l'indivisibilité *solutione tantum*. (V. *supra*, p. 855, note 1.)

## § II. — DES EFFETS DE L'OBLIGATION INDIVISIBLE.

**1222.** — Chacun de ceux qui ont contracté conjointement une dette indivisible, en est tenu pour le total, encore que l'obligation n'ait pas été contractée solidairement.

**1223.** — Il en est de même à l'égard des héritiers de celui qui a contracté une pareille obligation.

**1224.** — Chaque héritier du créancier peut exiger en totalité l'exécution de l'obligation indivisible. — Il ne peut seul faire la remise de la totalité de la dette; il ne peut recevoir seul le prix au lieu de la chose. Si l'un des héritiers a seul remis la dette ou reçu le prix de la chose, son cohéritier ne peut demander la chose indivisible qu'en tenant compte de la portion du cohéritier qui a fait la remise ou qui a reçu le prix.

---

(1) Distinction *très-fine*, écrit un légiste; oui, et fine à ce point que, si le juge cherchait à la faire, nous craindrions fort pour l'intérêt qu'elle doit sauvegarder.

(2) Comparer MM. Zachariæ, Aubry et Rau, t. III, p. 43, texte et note 37. Cette fois, Pothier s'est tiré de la difficulté par un sous-entendu; il a donné la formule, mais il a omis l'exemple (n° 315).

(3) Ce *dernier* point est une innovation (comparer Pothier, n° 319). Il en résulte que la prescription est interrompue pour le tout, contre le débiteur qui a été poursuivi *pour le tout*, et cependant ce débiteur n'est obligé que *pour partie*.

D'après les art. 1222, 1223 et 1224 (1er alin.), l'indivisibilité d'une obligation produit les effets suivants :

1° *Chaque débiteur* (1) *peut être poursuivi pour le tout* (art. 1222 et 1223) ;

2° *Chaque créancier peut exiger l'accomplissement intégral de l'obligation* (art. 1223, 1er alin.).

Il faut ajouter que :

3° *L'interruption de prescription, opérée par l'un des créanciers, et la suspension de prescription, existant en faveur de l'un d'eux, profitent à tous les autres* (arg. tiré des art. 709 et 710) ;

4° *L'interruption de prescription, opérée contre l'un des débiteurs, suffit pour conserver les droits du créancier contre tous les autres* second alin.) ;

5° *Lorsque l'obligation indivisible est accompagnée d'une clause pénale, la peine est encourue par la contravention d'un seul des codébiteurs* (art. 1233).

Le *premier* et le *second* effet sont des déductions logiques de l'indivisibilité.

Le *troisième* et le *quatrième* effet n'ont aucune raison d'être, et le point relatif à la suspension de la prescription est un pur nonsens.

En ce qui concerne l'*interruption* de la prescription opérée par l'un des créanciers, ou contre l'un des débiteurs, les compilateurs napoléoniens ont oublié que, dans la dette indivisible, il n'existe de mandat ni entre les cocréanciers ni entre les codébiteurs.

En ce qui concerne la *suspension* de la prescription, existant en faveur de l'un des créanciers, les compilateurs napoléoniens ne se sont plus souvenus que toute protection est éminemment personnelle (2).

Enfin, le *cinquième* effet est aussi illogique que les précédents (V. *infra*, art. 1232).

Le *second* alinéa de l'art. 1224 est, en quelque sorte, la contre-partie des art. 1222, 1223 et 1224 1er alin.) ; il dispose :

1° *Que chaque créancier peut seul faire remise de la dette ;*

---

(1) Les compilateurs napoléoniens ont dit : « Chaque héritier du débiteur, chaque héritier du créancier. » Ces formules manquent de généralité.

(2) A son cours, M. Valette opine dans le même sens. — Comparer M. Colmet de Santerre, n° 161 *bis*, et MM. Zachariæ, Aubry et Rau, t. III, note 26.

Il est probable que les rédacteurs du Code Napoléon ont considéré comme impossible de concilier l'idée de l'indivisibilité avec celle d'une interruption ou d'une suspension produisant des effets partiels.

Que ne regardaient-ils ce qu'ils décrétaient eux-mêmes dans le *second* alinéa de l'art. 1224, touchant la remise de la dette faite par un seul des héritiers du créancier?

2° *Que chaque créancier ne peut recevoir seul le prix, au lieu de la chose due.*

Ces *deux* dispositions résultent de ce que chaque créancier d'une dette indivisible, tout en étant créancier *in totum* ne l'est pas *totaliter;* ce qui signifie que, *bien que chaque créancier ait le droit d'exiger la totalité de la chose due, il n'est pas personnellement maître de toute la créance* (1).

Du reste, le créancier solidaire, quoique réputé mandataire de ses cocréanciers, n'a non plus le droit ni de faire une remise, ni de consentir une transformation de la dette préjudiciable à ses mandants.

*Cependant, si l'un des créanciers de la dette indivisible a remis la dette, cette remise est-elle sans effet ?*

A cet égard, il faut distinguer deux cas :

*Ou bien la remise procure aux cocréanciers de celui qui l'a faite un profit pécuniairement appréciable ;*

*Ou bien elle ne procure pas aux cocréanciers un tel profit.*

Dans le *premier* cas, les cocréanciers doivent indemniser le débiteur dans la mesure du profit que leur procure la remise.

Dans le *second* cas, ils ne doivent aucune indemnité au débiteur et celui-ci obtient pour tout gain d'être délivré de la demande du créancier qui lui a fait la remise.

Éclaircissons ce point par deux exemples.

*Premier exemple :* Paul doit à quatre personnes la construction d'une maison; un des créanciers fait à Paul remise de la dette; Paul n'en est pas moins tenu de construire la maison ; mais il a le droit de se faire indemniser par les autres jusqu'à concurrence de la part de celui qui lui a remis la dette.

Dans ce cas, en effet, la remise procure aux cocréanciers un profit pécuniairement appréciable.

On conçoit, d'ailleurs, que la nature de la dette ne permet pas de déduire la part de celui qui a fait la remise.

*Second exemple :* Paul doit à quatre copropriétaires d'un fonds une servitude réelle de passage; un des créanciers fait à Paul remise de la dette ; non-seulement Paul doit constituer la servitude comme s'il n'y avait pas eu de remise, mais il n'a le droit de réclamer aux cocréanciers aucune indemnité.

*Dans ce cas*, en effet, le remise ne procure aux cocréanciers aucun profit pécuniairement appréciable (2).

Les mêmes solutions sont applicables dans toutes les circonstances

---

(1) Comparer Pothier, n° 327.

(2) M. Valette, à son cours. — MM. Zachariæ, Aubry et Rau, t. III, p. 37, note 17. — M. Colmet de Santerre, t. V, n$^{os}$ 159 bis, II et III.

analogues (*novation* consentie par un des cocréanciers, *jugement* qui a débouté l'un d'eux de sa demande, *transaction* faite avec l'un d'eux), et notamment lorsque l'un des cocréanciers a reçu seul le prix, au lieu de la chose due.

**1225.** — L'héritier du débiteur, assigné pour la totalité de l'obligation, peut demander un délai pour mettre en cause ses cohéritiers, à moins que la dette ne soit de nature à ne pouvoir être acquittée que par l'héritier assigné, qui peut alors être condamné seul, sauf son recours en indemnité contre ses cohéritiers.

Aux termes de l'art. 175 du Code de procédure, tout défendeur qui prétend avoir le droit d'appeler une personne en garantie, jouit d'un certain délai pour mettre en cause cette personne.

C'est là une faculté de droit commun qui appartient aux codébiteurs solidaires, tout aussi bien qu'aux codébiteurs d'une obligation indivisible.

Mais les codébiteurs d'une obligation indivisible jouissent d'une autre faculté beaucoup plus importante ; le codébiteur assigné a le droit de mettre en cause ses codébiteurs *afin de les faire condamner à l'acquittement de la dette par le même jugement qui l'y condamnera lui-même.*

Les compilateurs napoléoniens ont, comme toujours, emprunté cette décision à Pothier (n° 330), lequel l'avait empruntée à Dumoulin.

Ce dernier la fondait sur la loi 11, § 23, D., liv. XXXIII, et sur l'idée que chaque codébiteur d'une obligation indivisible n'est tenu qu'*in totum* (1).

*Cependant, si la dette est de nature à ne pouvoir être acquittée que par l'héritier assigné, cet héritier peut alors être condamné sans aucun délai, sauf à lui à demander, s'il y a lieu, une indemnité à ses codébiteurs.*

*Exemple :* L'obligation a pour objet une servitude réelle de passage, et l'immeuble sur lequel la servitude doit être constituée se trouve compris dans le lot du codébiteur (cohéritier) assigné.

L'effet de l'appel en cause est d'amener, avons-nous dit, la condamnation conjointe de tous les codébiteurs. En vertu de cette condamnation, chacun se trouve tenu d'exécuter avec les autres, et pour sa part, l'obligation indivisible.

Si, par le refus de l'un des codébiteurs de concourir à l'exécution, l'obligation n'est point accomplie, elle se transforme en une dette de *dommages-intérêts*, et, comme ces dommages-intérêts sont divisibles, l'obligation se divise alors entre tous les codébiteurs qui n'en sont tenus chacun que pour leur part, à l'exception pourtant de celui dont le refus

(1) Dans la présente hypothèse, Dumoulin et Pothier étaient aussi peu clairs l'un que l'autre ; voilà un motif bien suffisant pour expliquer l'obscurité de l'art. 1225.

a rendu l'exécution impossible, et qui, à cause de cette circonstance, doit être condamné à la totalité des dommages-intérêts (Comp. art. 1232).

NOTA. Remarquons que, tandis que l'obligation *solidaire* se divise entre les héritiers de chaque débiteur, l'obligation *indivisible* reste indivisible aussi longtemps que la prestation à faire conserve le caractère de l'indivisibilité.

## SECTION VI.

### DES OBLIGATIONS AVEC CLAUSES PÉNALES.

Dans un livre de doctrine bien fait, cette insignifiante section pourrait se réduire à deux mots :

*L'obligation née d'une clause pénale est une obligation accessoire.*

Dans un Code, elle est un hors-d'œuvre.

Mais Pothier avait parlé, et longuement (n^os 337-364) ; les compilateurs napoléoniens ont répété Pothier, toutefois en l'abrégeant.

Les idées issues du formalisme romain et les confusions commises par les Prudents ont, d'ailleurs, gâté à certains égards, la théorie moderne de la clause pénale (1).

**1226.** — La clause pénale est celle par laquelle une personne, pour assurer l'exécution d'une convention, s'engage à quelque chose en cas d'inexécution.

Ceci est le n° 337 de Pothier,

Dans l'état actuel, la clause pénale doit être définie :

*Une stipulation, en général, accessoire, par laquelle les parties déterminent à l'avance le montant des dommages-intérêts que devra payer le débiteur, en cas, soit d'inexécution, soit de retard dans l'exécution de son obligation.*

**1227.** — La nullité de l'obligation principale entraîne celle de la clause pénale. — La nullité de celle-ci n'entraîne point celle de l'obligation principale.

Cet article reproduit les n^os 338 et 340 de Pothier.

En tant que la clause pénale a un caractère *accessoire*, rien de plus indiscutable que les *deux* propositions qu'énonce le texte.

Toutefois, la clause pénale engendre une obligation *principale* dans les *deux* cas suivants :

1° *Lorsqu'elle est la sanction d'une obligation à l'accomplissement de laquelle celui envers qui elle a été contractée n'a aucun intérêt*

(1) V. L. 25, § 9, 12, D., liv. XII, tit. II. — L. 2, § 2, 3, 4, § 1, 131 pr. D., liv. XLV, tit. I. — § 19, 21 Inst., liv. III, tit. XIX.

*appréciable, par exemple, dit Pothier*, cum quis alteri stipulatus est (V. *supra*, art. 1121, p. 766) (1);

2° *Lorsqu'elle est ajoutée à une obligation dont la nullité peut donner lieu à des dommages-intérêts, par exemple à l'obligation de la personne qui a vendu la chose d'autrui* (2).

Rappelons que, dans le *premier* cas, la clause pénale se trouve avoir pour effet de valider indirectement l'obligation dont elle est la sanction.

**1228.** — Le créancier, au lieu de demander la peine stipulée contre le débiteur qui est en demeure, peut poursuivre l'exécution de l'obligation principale.

**1229.** — La clause pénale est la compensation des dommages et intérêts que le créancier souffre de l'inexécution de l'obligation principale. — Il ne peut demander en même temps le principal et la peine, à moins qu'elle n'ait été stipulée pour le simple retard.

**1230.** — Soit que l'obligation primitive contienne, soit qu'elle ne contienne pas un terme dans lequel elle doive être accomplie, la peine n'est encourue que lorsque celui qui s'est obligé, soit à livrer, soit à prendre, soit à faire, est en demeure.

**1231.** — La peine peut être modifiée par le juge lorsque l'obligation principale a été exécutée en partie.

Les *trois* premiers de ces articles ont été copiés dans Pothier (nos 341-344); les *quatre* sont d'une banalité qui dispense de tout commentaire.

On peut cependant remarquer que l'art. 1228 cesserait de s'appliquer s'il apparaissait que l'intention des parties a été de faire une *novation conditionnelle*, c'est-à-dire de substituer la *seconde* obligation à la *première*, en cas d'inexécution ou de retard dans l'exécution de la première (3).

On remarquera aussi dans l'article 1230, les mots « obligations de prendre livraison »; c'est, disent certains auteurs, une variante de l'obligation de faire (4); c'est, dirons-nous, une mauvaise expression due à l'inadvertance des copistes napoléoniens.

**1232.** — Lorsque l'obligation primitive contractée avec une clause pénale est d'une chose indivisible, la peine est encourue par la contravention d'un seul des héritiers du débiteur, et elle peut être demandée, soit en totalité contre celui qui a fait la contravention, soit contre chacun des cohéritiers pour leur part et portion, et hypothécairement pour le tout, sauf leurs recours contre celui qui a fait encourir la peine.

**1233.** — Lorsque l'obligation primitive contractée sous une peine est divisible, la peine n'est encourue que par celui des héritiers du débiteur qui contre-

---

(1) Nous nous éloignons, d'ailleurs, de la théorie de Pothier, qui, même dans ce cas, présente la clause pénale, comme engendrant une obligation *accessoire*.

(2) Ces *deux* cas sont en dehors de la clause pénale; ils n'y figurent que parce que les textes des praticiens romains sont devenus pour nous des fétiches; et quels fétiches, le plus souvent!

(3) Pothier, n° 341.

(4) M. Colmet de Santerre, t. V, n° 167 *bis*, II.

vient à cette obligation, et pour la part seulement dont il était tenu dans l'obligation principale, sans qu'il y ait d'action contre ceux qui l'ont exécutée. — Cette règle reçoit exception lorsque la clause pénale ayant été ajoutée dans l'intention que le payement ne pût se faire partiellement, un cohéritier a empêché l'exécution de l'obligation pour la totalité. En ce cas, la peine entière peut être exigée contre lui, et contre les autres cohéritiers pour leur portion seulement, sauf leur recours.

La clause pénale peut être la sanction d'une obligation *indivisible* ou d'une obligation *divisible*.

Donc, il y a *deux* cas à distinguer :

PREMIER CAS. — *La clause pénale est la sanction d'une obligation indivisible.*

*Dans ce cas,* l'art. 1232 dispose que *la peine est encourue par la contravention d'un seul des codébiteurs;* cependant, la peine ne peut être demandée en totalité que contre le débiteur contrevenant; les autres n'en sont tenus que pour leur part.

*Cette décision qui est celle de Dumoulin et de Pothier* (n° 355), *est-elle logique? N'aurait-on pas dû plutôt décider que les codébiteurs qui n'ont pas commis la contravention sont affranchis de la peine?*

Les *uns* tiennent pour ce dernier avis, car disent-ils, en matière d'obligation indivisible, il n'y a aucune raison pour rendre les codébiteurs responsables de la faute de leur codébiteur (1).

Les *autres* répliquent, au nom du formalisme romain, que, lorsque la première obligation n'est pas exécutée, la condition qui constitue la clause pénale se trouve accomplie, et que, par conséquent, il n'y a pas à distinguer si c'est par la faute de tous les codébiteurs ou par la faute d'un seul que la première obligation n'est pas exécutée.

Remarquons :

1° *Que, si la peine était indivisible, chaque codébiteur serait tenu de la totalité ;*

2° *Qu'il en serait de même si la clause pénale était garantie par une hypothèque.*

SECOND CAS. — *La clause pénale est la sanction d'une obligation divisible.*

*Dans ce cas,* le *premier* alinéa de l'art. 1233 dispose que *la peine n'est encourue que par le codébiteur qui contrevient à l'obligation,* et pour la part seulement dont il était tenu dans l'obligation principale, sans qu'il y ait d'action contre ceux qui l'ont exécutée.

D'après le *second* alinéa du même article, si la clause pénale a,

(1) M. Valette, à son cours, M. Bugnet, *Sur Pothier*, p. 191, et M. Demante, *Programme*, n° 169, semblent partager cette manière de voir.

été ajoutée dans le but d'imprimer à l'obligation le caractère de l'indivisibilité, il faut appliquer la *même* solution que dans le premier cas (1).

---

# CHAPITRE V

## DE L'EXTINCTION DES OBLIGATIONS.

Le Code de la Convention (liv. III, tit. I, partie III) reconnaissait huit causes d'extinction des obligations, savoir :

1° *Le payement ;*

2° *La novation ;*

3° *La délégation ;*

4° *La remise de la dette ;*

5° *La compensation ;*

6° *L'extinction de l'obligation par l'extinction de la chose même ;*

7° *La condition résolutoire ;*

8° *La prescription.*

Dans cette nomenclature, la délégation était à tort séparée de la novation dont elle fait partie.

Le Code de la Convention réglait en quinze articles ces huit causes d'extinction (art. 38-53).

La compilation napoléonienne a consacré au même sujet quatre-vingts articles (1234-1314).

Ces textes sont verbeux, inexacts et remplis d'idées romaines, les unes défigurées, les autres exactement reproduites, un grand nombre subtiles autant qu'oppressives pour la volonté des parties.

**1234.** — Les obligations s'éteignent : — Par le payement. — Par la novation. — Par la remise volontaire. — Par la compensation. — Par la confusion. — Par la perte de la chose. — Par la nullité ou la rescision. — Par l'effet de la condition résolutoire, qui a été expliquée au chapitre précédent. — Et par la prescription qui fera l'objet d'un titre particulier.

Aux *neuf* causes d'extinction mentionnées dans cet article les auteurs ajoutent :

10° *L'expiration du temps pour lequel l'obligation a été formée* (terme résolutoire) ;

11° Dans certains cas exceptionnels, *la mort du créancier ou du débiteur* (V. art. 419, 617, 957, 1795, 1865, 1879, 1983, 2003).

Remarquons que la condition résolutoire n'éteint l'obligation que

---

(1) Comparer Pothier, n° 361.

tout autant que l'obligation n'est point encore exécutée au moment où cette condition se réalise; si l'obligation est exécutée, bien loin d'être alors une cause d'extinction de l'obligation, *la condition résolutoire produit, au contraire, l'obligation de restituer ce qui a été payé en vertu de l'obligation résolue.*

## SECTION PREMIÈRE.

### DU PAYEMENT.

Le Code Napoléon comprend sous cette rubrique :

1° *Le payement en général;*

2° *Le payement avec subrogation*, c'est-à-dire, *le payement fait en l'acquit du débiteur par une personne qui se trouve substituée aux droits du créancier;*

3° *L'imputation des payements;*

4° *Les offres qui, lorsqu'elles sont suivies de consignation, tiennent lieu de payement;*

5° *La cession de biens*, qui est, d'ailleurs, fort mal à propos classée dans la matière du payement.

#### § I. — DU PAYEMENT EN GÉNÉRAL.

**1235.** — Tout payement suppose une dette : ce qui a été payé sans être dû est sujet à répétition. — La répétition n'est pas admise à l'égard des obligations naturelles qui ont été volontairement acquittées.

Pothier (n° 494) définit le payement, « l'accomplissement réel de ce qu'on s'est obligé de donner ou de faire ».

En termes plus simples, *le payement est l'acquittement de l'obligation.*

Donc, comme l'exprime le *premier* alinéa de l'art. 1235, *le payement suppose une dette qu'il s'agit d'éteindre.*

De là, *deux* conséquences :

1° *S'il n'existe pas de dette, le payement est sans cause, et il y a lieu à répétition* (V. *infra*, art. 1376, 1381);

2° *La prestation accomplie, à titre de payement, doit faire présumer qu'il existe une dette* (V. *infra*, art. 1315).

Le *second* alinéa de l'art. 1235 est gros de difficultés; il porte que : « La répétition n'est pas admise à l'égard des obligations *naturelles* qui ont été volontairement acquittées. »

*Qu'est-ce que l'obligation naturelle?*

Cela n'est pas tout à fait facile à savoir.

Le droit romain, qui avait faussé la nature si complétement et souvent d'une manière si énorme, le droit romain qui légitimait l'esclavage, qui avait organisé cette *patria potestas* où la personnalité du fils était à l'origine absorbée par celle du père, qui avait assis la propriété sur ces deux bases, conquête et servitude, qui entendait gouverner à sa guise le propriétaire et qui lui défendait de contracter en dehors des formes légales, le droit romain, pour pallier les iniquités dont il est rempli, avait *imaginé* la théorie des obligations dites *naturelles.*

Les légistes rencontrèrent le mot; comme ce mot venait de la *ratio scripta*, ils se gardèrent de le répudier, mais il fallait lui trouver un sens, car l'*idée* romaine n'était plus possible; c'est ce sens que l'on cherche encore.

Selon Pothier (n° 173), *l'obligation naturelle est :*

*Celle qui, dans le for de l'honneur et de la conscience, oblige celui qui l'a contractée à l'accomplissement de ce qui y est contenu* (1).

Selon Bigot-Préameneu, *les obligations naturelles sont celles que la loi civile, à raison de motifs particuliers, considère comme nulles, ou encore, celles dont la cause est trop défavorable pour que l'action soit admise* (2).

Selon MM. Zachariæ, Aubry et Rau, les *obligations naturelles sont les devoirs qui, d'après le caractère des actes auxquels ils s'appliquent, seraient légitimement susceptibles de devenir l'objet d'une coercition extérieure, mais que le droit positif n'a point élevés au rang d'obligations civiles, ou auxquels il a retiré l'efficacité attachée à de pareilles obligations* (3). »

D'autres enseignent que *l'obligation naturelle est celle à laquelle la loi refuse la sanction de l'action, à raison de présomptions qui ne lui sont démontrées fausses que par l'aveu du débiteur ou par quelque acte équivalent* (4).

D'autres, enfin, disent que *l'obligation naturelle est celle qui, tout en n'étant pas munie d'action, produit cependant certains effets civils* (5).

On peut choisir indifféremment entre ces *deux dernières* définitions;

---

(1) M. Demolombe adhère à la définition de Pothier, t. XX, p. 32.
(2) Locré, *Législ. civ.*, t. XII.
(3) MM. Zachariæ, Aubry et Rau, t. III, p. 3.
(4) C'était la définition que donnait, à son cours, M. le professeur Oudot.
(5) Comparer Molitor, *Les obligations en droit romain*, p. 34 et 67.
Nous en passons et des meilleures; en voici une *sixième :*
*Les obligations naturelles sont toutes celles qu'imposent la délicatesse, l'honneur ou les convenances.*
Nous serions curieux, pour notre part, de voir comment s'y prendrait la magistrature actuelle pour appliquer cette définition.

il est vrai qu'elles ne définissent rien, mais c'est pour cela que, dans l'état de la *doctrine*, elles sont excellentes.

Citons les exemples généralement admis.

Sont obligations naturelles :

1° *L'obligation qui incombe aux pères et mères de pourvoir à l'établissement de leurs enfants par mariage ou autrement;*

2° *L'obligation annulée ou rescindée en raison d'une incapacité légale, lorsqu'elle a été contractée par une personne capable en fait d'un consentement libre (mineur, femme mariée)*;

3° *L'obligation contre laquelle le débiteur a le droit de se prévaloir de la chose jugée, du serment décisoire ou de la prescription;*

4° *L'obligation qui pèse sur le failli concordataire de désintéresser intégralement ses créanciers* (V. art. 604 et suiv. C. Co.) (1).

*Quels sont maintenant les effets civils de l'obligation naturelle?*

On est d'accord sur les effets suivants :

1° *L'obligation naturelle peut être garantie par un cautionnement;*

2° *Elle peut être garantie par une hypothèque;*

3° *Elle peut être novée*, c'est-à-dire *convertie en une obligation pleinement civile ;*

4° *Elle fournit une défense contre la demande en répétition de la prestation volontairement faite par le débiteur dans le but de se libérer.*

Ce *quatrième* effet est celui que prévoit le *second* alinéa de l'art. 1235, et c'est l'effet *principal* de l'obligation naturelle.

Remarquons que, selon la plupart des auteurs, le mot « volontairement » employé dans le texte, signifie ici *sciemment*, *en connaissance de cause*.

Ce n'est, en effet, ajoute-t-on, que tout autant que le débiteur paye en connaissance de cause, qu'il peut être réputé avoir renoncé à la présomption qui le protégeait (2).

Nous allons examiner successivement :

1° *Par qui le payement peut être fait* (art. 1236, 1238);

2° *A qui le payement peut être fait* (art. 1239, 1242);

3° *Quelle chose doit être payée* (art. 1343, 1246);

---

(1) Comparer Pothier, n$^{os}$ 192 et 196. — Bigot-Préameneu, *Exposé des motifs* (Locré, *Législ. civ.*, tit. XII, p. 364). — MM. Zachariæ, Aubry et Rau, t. III, p. 4. — M. Colmet de Santerre, t. V, n° 174 *bis*, IV-X. — M. Massol, *Des obligations naturelles*.

On ne s'entend pas au sujet des dettes de jeu et de pari, et des professeurs de droit se demandent si de telles dettes constituent des obligations naturelles.

Le jeu et le pari intéressés n'ont jamais rien de moral, et ils peuvent être souverainement immoraux; la propriété pour chacun doit reposer sur l'effort propre.

(2) Comparer Fenet, t. XIII, p, 264. — M. Marcadé, t. IV, n° 671. — M. Colmet de Santerre, t. V, n° 174 *bis*, XI.

4° *En quel lieu et aux frais de qui le payement doit être effectué* (art. 1247, 1248).

1° PAR QUI LE PAIEMENT PEUT ÊTRE FAIT.

**1236.** — Une obligation peut être acquittée par toute personne qui y est intéressée, telle qu'un coobligé ou une caution. — L'obligation peut même être acquittée par un tiers qui n'y est point intéressé, pourvu que ce tiers agisse au nom et en l'acquit du débiteur, ou que, s'il agit en son nom propre, il ne soit pas subrogé aux droits du créancier.

**1237.** — L'obligation de faire ne peut être acquittée par un tiers contre le gré du créancier, lorsque ce dernier a intérêt qu'elle soit remplie par le débiteur lui-même.

Du *premier* alinéa de l'art. 1236 et du sens commun, il résulte implicitement ou explicitement que le payement peut être fait :

1° *Par le débiteur ;*

2° *Par toute personne intéressée à l'extinction de l'obligation ;* ainsi un codébiteur solidaire, une caution (1).

En général, les personnes de cette seconde catégorie acquièrent, en payant, le bénéfice de la subrogation légale (1251, 3° alin., *infra*).

*Que veut dire le* second *alinéa de l'art.* 1236 ?

Ce qu'il y a d'abord d'incontestable, c'est que, d'après cet alinéa, *un tiers non intéressé à l'extinction de l'obligation peut éteindre l'obligation par un payement.*

Mais *deux* hypothèses sont possibles :

*Ou le tiers*, comme s'exprime l'article, *agit au nom et en l'acquit du débiteur* (2), c'est-à-dire *dans l'intérêt du débiteur.*

*Ou le tiers*, toujours comme s'exprime l'article, *agit en son propre nom*, c'est-à-dire *dans son propre intérêt.*

Dans la *première* hypothèse, le tiers non intéressé qui paye la dette peut *obtenir*, mais *non pas exiger* que le créancier le *subroge* à ses droits (art. 1250, 1er alin.).

A défaut de subrogation, ce tiers a contre le débiteur une action *negotiorum gestorum*, c'est-à-dire *une action qui lui donne, dans ce cas, le droit de demander au débiteur le remboursement de ce qu'il a payé pour lui.*

Dans la *seconde* hypothèse, le tiers, non intéressé, qui paye la dette, ne peut *ni exiger*, *ni même obtenir* que le créancier le *subroge* à ses droits.

---

(1) Le Code de la Convention se bornait à porter l'utile et rationnelle disposition suivante :

« Tout débiteur a essentiellement la faculté de se libérer, nonobstant toute stipulation contraire. (Liv. III, tit. I, art. 38.)

(2) Vieilles expressions du vieux droit qui n'ont pas précisément le mérite de la clarté.

En effet, la subrogation repose sur l'idée que le subrogé s'est proposé de rendre un service au débiteur (V. *infra*, paragraphe *Du payement avec subrogation*), et la présente hypothèse exclut une pareille idée.

Lorsque, dans cette *seconde* hypothèse, le tiers paye, sans stipuler la transmission des droits du créancier, il n'a pour se faire rembourser qu'une action *de in rem verso*, c'est-à-dire *une action qui lui donne seulement le droit de demander au débiteur ce qui a tourné à son profit.*

Lorsque le tiers, en payant, a stipulé que le créancier lui transmettrait ses droits, cette transmission, de quelque nom qu'on l'ait revêtue, est un *transport-cession* (art. 1689), et le tiers acquiert alors contre le débiteur l'*action du créancier* (1).

Remarquons :

1° *Qu'aux termes de l'art.* 1237, *l'obligation de faire ne peut être acquittée par un tiers contre le gré du créancier, lorsque ce dernier a intérêt à ce qu'elle soit remplie par le débiteur lui-même* (2) ;

2° *Que, d'après ce que nous venons de dire ci-dessus, toute obligation, autre que celle de faire, peut être acquittée par un tiers contre le gré du créancier pourvu qu'il n'exige pas que le créancier le subroge.*

*Un tiers peut-il payer, malgré le débiteur?*

L'*affirmative* est, en général, admise pour le cas où le créancier consent au payement ; la *négative*, pour le cas où le créancier refuse le payement.

Si un tiers a payé malgré le débiteur, ce tiers a alors contre le débiteur un recours *de in rem verso* (3).

**1238.** — Pour payer valablement, il faut être propriétaire de la chose donnée en payement, et capable de l'aliéner. — Néanmoins le payement d'une somme en argent ou autre chose qui se consomme par l'usage, ne peut être répété contre le créancier qui l'a consommée de bonne foi, quoique le payement en ait été fait par celui qui n'en était pas propriétaire ou qui n'était pas capable de l'aliéner.

Le 1er alinéa de cet article dénature les nos 495 et 495 de Pothier ; il exige, pour que le payement soit valable :

1° *Que la personne qui paye soit propriétaire de la chose donnée en payement ;*

---

(1) Comparer Fenet, t. XIII, p. 157 et 265. — M. Marcadé, t. IV, n° 673. — MM. Zachariæ, Aubry et Rau, t. III, texte et note 9. — M. Colmet de Santerre, t. V, n° 175 *bis*, IX.

(2) Comparer Pothier, (n° 500).

(3) Comparer Toullier, t. VII, nos 10 et 12. — M. Duranton, t. XII, nos 18 et 19. — MM. Zachariæ, Aubry et Rau, t. III, p. 100, note 1. — M. Colmet de Santerre, t. V, n° 175 *bis*, X-XI.

2° *Que cette personne soit capable d'aliéner la chose donnée en payement.*

Pothier restreignait sa proposition à l'obligation de *donner;* inattentivement, les compilateurs napoléoniens ont généralisé cette proposition.

En outre, l'eussent-ils restreinte à l'obligation de donner, comme le faisait Pothier, au lieu de deux vices, leur formule, il est vrai, n'en contiendrait plus alors qu'un seul, mais ce vice resterait un vice capital.

En effet, les compilateurs ne se sont plus souvenus qu'aux termes de l'art. 1138, *le contrat qui a pour but la translation de la propriété, opère aujourd'hui par lui-même cette translation, toutes les fois qu'il porte sur un corps certain* (V. *supra*, p. 786).

Donc, en général, dans le contrat qui a pour but la translation de la propriété, le débiteur ne peut être propriétaire *au moment où il paye*, c'est-à-dire *où il délivre l'objet du contrat*, car il a cessé d'être propriétaire de cet objet *dès l'instant même du contrat* (1).

Supposons maintenant que le contrat qui a pour but de transférer la propriété ne puisse par lui-même opérer cette translation; c'est, par exemple, un contrat dont l'objet est *une chose indéterminée; qu'arrivera-t-il:*

1° *Si le débiteur n'est pas propriétaire de l'objet qu'il paye;*

2° *S'il est incapable de l'aliéner?*

Voyons successivement ces deux hypothèses :

1^re^ HYPOTHÈSE. *Le débiteur n'est pas propriétaire de l'objet qu'il paye.*

Dans cette hypothèse, il est clair d'abord que le créancier ne peut être tenu de conserver l'objet payé, d'où il résulte qu'il a toujours le droit de réclamer un nouveau payement (2).

Quant au débiteur, au moyen d'un argument *à contrario* fondé sur le second alinéa de l'art. 1138 et contrairement à la maxime « *quem de evictione tenet actio, eumdem agentem repellit exceptio* », on lui

---

(1) Et puis, comme il est utile que le législateur nous apprenne que lorsque nous devons, nous n'avons pas le droit de payer avec l'argent ou la chose du voisin, et aussi que la personne qui fait un acte doit être capable de le faire.

Panégyristes, vantez la grande législation napoléonienne; elle en est remplie, de ces textes graves!

Ce qu'il y a d'inconcevable, c'est l'illusion qu'a produite toute cette parade, alors que ceux mêmes qui l'accomplissaient avaient soin de nous avertir à chaque instant; témoin l'inépuisable M. Bigot, qui disait au sujet du payement :

« Le payement est un transport de propriété ». (*Législ. civ.*, t. X, p. 365.)

(2) M. Valette, à son cours. — M. Bugnet sur Pothier, t. II, p. 272. — M. Colmet de Santerre, t. V, n° 177 *bis*, XII-XIII. — Comparer MM. Zachariæ, Aubry et Rau, t. III, p. 103.

reconnaît, en général, le droit de répéter l'objet payé, sauf à en offrir un autre dont il soit propriétaire (1).

Toutefois, le payement est irrévocable, si l'objet payé a été consommé de bonne foi par le créancier (2e alin. art. 1238).

SECONDE HYPOTHÈSE. *Le débiteur est incapable d'aliéner l'objet qu'il paye.*

Dans cette hypothèse, le créancier n'a évidemment nul droit de plainte, car, aux termes de l'art. 1125, les personnes capables n'ont pas le droit de demander l'annulation des actes qu'elles ont faits avec une personne incapable.

Quant au débiteur, il a le droit de répéter l'objet payé, à moins que le créancier ne l'ait consommé de bonne foi.

2° A QUI LE PAYEMENT PEUT ÊTRE FAIT.

**1239.** — Le payement doit être fait au créancier, ou à quelqu'un ayant pouvoir de lui, ou qui soit autorisé par justice ou par la loi à recevoir pour lui. — Le payement fait à celui qui n'aurait pas pouvoir de recevoir pour le créancier est valable, si celui-ci le ramène, ou s'il en a profité.

**1240.** — Le payement fait de bonne foi à celui qui est en possession de la créance, est valable, encore que le possesseur en soit par la suite évincé.

**1241.** — Le payement fait au créancier n'est point valable s'il était incapable de le recevoir, à moins que le débiteur ne prouve que la chose payée a tourné au profit du créancier.

**1242.** — Le payement fait par le débiteur à son créancier, au préjudice d'une saisie ou d'une opposition, n'est pas valable à l'égard des créanciers saisissants ou opposants : ceux-ci peuvent, selon leur droit, le contraindre à payer de nouveau, sauf, en ce cas seulement, son recours contre le créancier.

D'après ces textes, le payement peut être fait :

1° *Au créancier lui-même ;*

2° *Au mandataire conventionnel, légal ou judiciaire du créancier;*

3° *Au possesseur de la créance.*

Examinons ces différents cas :

1° Payement fait au créancier lui-même.

Pour que le payement fait entre les mains du créancier soit valable, il faut, comme dit Pothier (n° 504), que le créancier soit capable d'administrer son bien.

---

(1) En ce sens, M. Valette à son cours. — M. Colmet de Santerre, t. V, n° 177 *bis*, VII-VIII. — En sens contraire, MM. Zachariæ, Aubry et Rau, t. III, p. 103, texte et note 14.

Il y a une question de conscience engagée dans cette controverse, et, dans le doute, c'est pour la conscience, non pour la subtilité juridique, qu'il faut décider.

Néanmoins, le payement fait à une personne incapable ne peut être argué de nullité :

1° *Lorsque le débiteur prouve qu'il a tourné au profit du créancier et que ce profit subsiste au moment de la demande d'un nouveau payement fait par l'incapable ou en son nom* (art. 1241, 1312) (1);

2° *Lorsque le créancier, devenu capable de recevoir, confirme le payement* (art. 1338).

*Que faut-il décider, en ce qui concerne le payement fait au préjudice d'une saisie-arrêt, régulièrement formée entre les mains du débiteur?*

On sait que la saisie-arrêt ou opposition est la défense qu'une personne fait au débiteur de son débiteur de payer entre les mains de celui-ci.

Supposons l'espèce suivante :

Paul doit à Pierre 10 000 francs et Jean est débiteur de Paul de 20 000 francs; Pierre fait une saisie-arrêt entre les mains de Jean, pour la somme que lui doit Paul, c'est-à-dire pour 10 000 francs.

D'abord, si, nonobstant la saisie-arrêt, Jean paye à Paul les 20 000 fr. qu'il lui doit, il n'est pas douteux que le payement soit valable dans les rapports de Jean avec Paul; mais Pierre, qui avait saisi 10 000 francs entre les mains de Jean, a le droit de contraindre Jean à lui payer 10 000 francs, sauf le droit de Jean de recourir contre Paul.

*Le tiers saisi*, c'est-à-dire *la personne entre les mains de laquelle la saisie-arrêt a été faite* (Jean, dans l'espèce), *peut-elle, sans danger, payer à son créancier* (Paul) *l'excédant de la somme saisie sur elle?*

La réponse est qu'en payant cet excédant, le tiers saisi s'exposerait à une perte.

Soit, en effet, un second créancier qui pratique en temps utile une nouvelle saisie pour une somme de 10 000 francs; *comme, entre créanciers saisissants, la priorité des saisies ne crée aucun droit de préférence au profit de ceux qui les ont pratiquées*, le second créancier a le droit de venir, au marc le franc avec le premier, sur la somme restée entre les mains du tiers saisi; or, par suite du payement que le tiers saisi a fait, cette somme se trouve réduite à 10 000 francs; en d'autres termes, les deux créanciers, qui tous les deux isolément ont le droit de

---

(1) Pothier, n° 504. — Delvincourt,, t. II, p. 542 et 543. — M. Duranton, t. II, n° 45.

MM. Zachariæ, Aubry et Rau (t. III, p. 109, texte et note 17), et M. Colmet de Santerre (t. V. n$^{os}$ 185 *bis*, II-III), enseignent qu'il suffit, pour que le payement ne puisse être argué de nullité, que l'incapable en ait profité au moment où il a été fait, ou depuis.

Les compilateurs napoléoniens suivaient pas à pas Pothier; ils ont, il est vrai, omis de reproduire, dans l'art. 1241, un des membres de la phrase de cet auteur, mais cet indice est trop faible pour qu'on en puisse sûrement conclure qu'ils ont entendu s'écarter de l'idée de Pothier.

réclamer 10 000 francs, ont 10 000 francs à se distribuer; d'où il résulte que, dans l'espèce, chacun d'eux recevra 5000 francs.

Mais, évidemment, le préjudice éprouvé par le premier créancier saisissant procède du fait du tiers saisi; si ce dernier n'avait pas payé au saisi l'excédant des causes de la saisie, il y aurait eu entre ses mains une somme suffisante pour payer les deux créanciers; or, le premier saisissant n'avait pas saisi tels 10 000 francs plutôt que tels autres, il avait saisi 10 000 francs sur une somme de 20 000 francs.

Donc, ce créancier éprouvant un préjudice par le fait du tiers saisi, a le droit de demander au tiers saisi réparation de ce préjudice, c'est-à-dire *que, sans tenir compte du payement fait au saisi, il a le droit d'exiger du tiers saisi le complément de ce qui lui est dû, et le tiers saisi se trouve ainsi contribuer du sien.*

*Faut-il conclure de là :*

*D'une part, que le tiers saisi soit provisoirement placé dans l'impossibilité de se libérer;*

*D'autre part, que le saisi soit provisoirement obligé de laisser la chose due aux mains de son débiteur qui devient insolvable?*

On enseigne que le tiers saisi a la faculté de consigner la chose due, et le saisi, la faculté d'exiger que le tiers saisi opère cette consignation (1).

### 2° Payement fait au mandataire conventionnel, légal ou judiciaire du créancier (2).

Le cas du mandat *conventionnel* s'explique de lui-même: mais il faut distinguer, parmi les mandataires conventionnels, celui qu'on nomme :

L'*adjectus solutionis gratia*, ou, en français, la personne désignée pour recevoir le payement.

Habituellement, lorsque le contrat désigne une tierce personne pour recevoir le payement, cette désignation se fait dans l'intérêt du débiteur.

---

(1) MM. Boitard et Colmet d'Olage, Leçons sur la procédure, édit 1868, t. II n° 834. — M. Colmet de Santerre, t. V, n° 181 *bis*, VII-VIII.

Ce procédé est le seul, en effet, que la loi autorise, mais il n'est rien moins que satisfaisant, il est possible :

1° Que la saisie-arrêt soit faite sur une somme supérieure à celle pour laquelle a lieu la saisie arrêt;

2° Qu'il n'y ait pas de saisies-arrêts postérieures.

Dans cet état, n'est-il pas exorbitant que le saisi ne puisse toucher l'excédant des causes de la saisie, et ne voit-on pas à quelles fraudes il pourra se trouver en butte?

Il était si rationnel, si pratique, si simple de déclarer que la diligence crée des droits, et que le premier créancier saisissant doit primer le second.

(2) A ce propos, Pothier passe en revue une foule de textes romains, tous plus banals les uns que les autres (V. Pothier, n°s 506-529).

Donc, le créancier n'a pas qualité pour révoquer un tel mandataire (1).

Le cas du mandat *légal*, c'est, par exemple :

Celui du tuteur (art. 450 et 509) ;

Celui du mari, dans certaines hypothèses (art. 1428, 1531, 1549);

Celui des envoyés en possession provisoire des biens d'un absent (art. 125).

Le cas du mandat *judiciaire* comprend :

Celui du créancier saisissant muni d'un jugement qui ordonne au tiers saisi de payer entre ses mains;

Celui du curateur à une succession vacante (art. 812);

Celui du curateur donné à un créancier absent (art. 113).

Remarquons, ce qui va, d'ailleurs, suffisamment de soi, qu'aux termes du *second* alinéa de l'art. 1239, le payement fait à celui qui n'aurait pas pouvoir de recevoir pour le créancier est valable :

1° *Si le créancier le ratifie;*

2° *S'il en a profité.*

### 3° Payement fait au possesseur de la créance.

Cette obscure expression ne comporte pas de définition, ou, si l'on en veut une, il faut dire que *le possesseur de la créance est celui que le débiteur a des raisons plausibles, en droit, de considérer comme créancier.*

Tel est l'héritier apparent. (V. *supra*, p. 180 et 181.)

Le possesseur du titre qui constate l'existence d'une créance ne doit pas, à raison de cette seule circonstance, être, en général, regardé comme un possesseur de la créance; il en serait toutefois autrement s'il s'agissait de titres au porteur.

### 3° QUELLE CHOSE DOIT ÊTRE PAYÉE.

**1243.** — Le créancier ne peut être contraint de recevoir une autre chose que celle qui lui est due, quoique la valeur de la chose offerte soit égale ou même plus grande.

**1245.** — Le débiteur d'un corps certain et déterminé est libéré par la remise de la chose en l'état où elle se trouve lors de la livraison, pourvu que les détériorations qui y sont survenues ne viennent point de son fait ou de sa faute, ni de celle des personnes dont il est responsable, ou qu'avant ces détériorations il ne fût pas en demeure.

**1246.** — Si la dette est d'une chose qui ne soit déterminée que par son espèce, le débiteur ne sera pas tenu, pour être libéré, de la donner de la meilleure espèce, mais il ne pourra l'offrir de la plus mauvaise.

---

(1) C'est ce que décident, avec un grand sérieux, les L. 11, § 3, et 106, D., liv. XLVI, tit. III. — Comparer la L. 57, § 1, même livre et même titre.

Conformément aux textes romains, Pothier disait (n° 530) :

« Régulièrement, c'est la chose due qui doit être payée ; et un débiteur ne peut obliger son créancier à recevoir en payement autre chose que ce qu'il lui doit (1) ».

Lorsque le créancier consent à recevoir une autre chose que celle qui lui est due, le payement constitue, selon les cas, une *datio in solutum*, ou une *novation par le changement d'objet.*

Il y a *datio in solutum*, c'est-à-dire translation en propriété (d'une certaine chose), à titre de payement (de la chose due), dans le cas où le créancier accepte en payement la propriété d'une chose à la place de la prestation qui forme la matière de l'obligation ; ainsi, le débiteur doit mille francs et le créancier consent à recevoir en payement un cheval, ou *vice versâ.*

Comme on le voit, la *datio in solutum* ressemble tantôt à un *échange*, tantôt à une *vente.*

*Lorsque le créancier a reçu en payement une chose autre qu'une somme d'argent, et que, plus tard, il est évincé de cette chose, que lui est il dû par le débiteur?*

*Est-ce la valeur de la chose, au temps de l'éviction?*

*Est-ce le montant de la créance originaire?*

En général, dans le droit actuel, on se range à ce dernier avis (2).

Il y a *novation par le changement d'objet*, dans le cas où le créancier consent à changer l'objet de la dette ; ainsi, le débiteur doit 10 000 fr., et, à la place de ces 10 000 fr., il promet un cheval au créancier qui accepte (art. 1271 ; V. *infra*, p. 896).

Remarquons :

1° *Que lorsque l'obligation a pour objet un corps certain, le débiteur est libéré par la remise de la chose dans l'état où elle se trouve lors de la livraison*, pourvu que... etc. (V. art. 1245 et comparer les art. 1147, 1138 et aussi le second alinéa de l'art. 1302) (3) ;

2° *Que lorsque la dette est d'une chose qui n'est déterminée que par son espèce, le débiteur n'est pas tenu de donner une chose de la meilleure qualité, mais il ne peut en offrir une de la plus mauvaise* (art. 1246) ;

---

(1) Cette solution est en principe évidente, et il était peu nécessaire que le droit romain vînt nous l'enseigner.

Toutefois, l'argent, comme dit Mill, étant un intermédiaire circulant (*a circulating medium*; V. *Principles of political economy*, t. II), il serait rationnel et juste que, toutes les fois que l'obligation ne consiste pas en une somme d'argent, elle fût toujours convertible en une somme d'argent. (V. *supra*, p. 720 et 723.)

(2) Pour juger de la confusion des textes romains sur cette question, on n'a qu'à se reporter aux livres des commentateurs. (V. notamment M. Demangeat, *Cours élémentaire de droit romain*, et M. Labbé, Textes de droit romain sur la *Garantie*.

(3) Que d'inutilités, mais il fallait bien reproduire le n° 544 de Pothier !

3° *Que lorsque la dette est d'une somme d'argent, le payement doit être fait en espèces métalliques d'or ou d'argent ayant cours en France, au moment où il est effectué* (1).

**1244.** — Le débiteur ne peut point forcer le créancier à recevoir en partie le payement d'une dette, même divisible. — Les juges peuvent néanmoins, en considération de la position du débiteur, et en usant de ce pouvoir avec une grande réserve, accorder des délais modérés pour le payement, et surseoir l'exécution des poursuites, toutes choses demeurant en état.

Le Code de la Convention portait :

« L'on est obligé au payement intégral, quand aucune clause n'admet la libération partielle » (art. 39, liv. III, tit. I).

Ce Code s'en tenait là.

Le *premier* alinéa de 1244, emprunté à Pothier (n° 534), consacre la même solution.

Il est inutile de justifier cette solution, tant elle est logique en ce qui concerne l'obligation contractuelle, tant elle est conforme à la notion que le contrat est le concours de deux volontés sur une même chose.

Cependant, le *second* alinéa de l'art. 1244 apporte au *premier* un correctif qui le détruit.

*Les juges ont le droit d'accorder au débiteur des délais modérés, et de surseoir l'exécution des poursuites, toutes choses demeurant en état.*

De ce texte il résulte, que d'après la compilation napoléonienne, les juges peuvent modifier l'obligation contractuelle à un double point de vue :

1° *Ils ont le droit d'en retarder l'exécution ;*

2° *Ils ont le droit d'en diviser l'exécution* (2).

Cette *double* disposition est étrangère à la raison et à la justice (3).

---

(1) L'insensé monopole qui fait de la Banque de la France la dispensatrice du crédit, ne va pas jusqu'à assurer le cours forcé à ses billets.

(2) On a contesté ce *second* point ; la formule de l'article exclut toute controverse, et de même le passage de Pothier, d'où cet article est tiré.

Pothier dit, en effet (n° 536), que le juge a le droit de diviser la somme due, en considération de la pauvreté du débiteur.

Comparer Locré, *Législ. civ.*, t. XII, p. 170. — MM. Zachariæ, Aubry et Rau, t. III, p. 111 et 113, texte et note 7. — M. Colmet de Santerre, t. V, n° 153 *bis*, IV. — M. Duranton, t. XII, n° 88.

(3) La société nouvelle n'a que faire de la charité du juge ; ce qu'il lui faut, c'est la justice en tout ordre.

Que Pothier, écrivant sous l'empire des idées catholiques et dans un monde fondé sur l'antagonisme des intérêts ; que Pothier, disons-nous, se soit ému de compassion pour le débiteur malheureux, c'était l'affaire de Pothier ; ç'a été aussi celle des complices de l'homme de Brumaire de restaurer le plus qu'ils l'ont pu la société du moyen âge.

Ou l'humanité est destinée à une perpétuelle enfance, ce qui, à ne voir que

Le terme accordé par les juges au débiteur se nomme, comme on le sait, *terme de grâce.*

Au surplus, il va de soi que les juges ne peuvent accorder un terme de grâce au débiteur, dans les différents cas où le débiteur serait déchu de ce terme, si déjà il en avait obtenu un (V. *supra*, p. 830).

Toutefois, il y a certains titres dont la nature forme obstacle à ce que les juges usent de la faculté que leur confère le second alinéa de l'art. 1244.

Ces titres sont :

1° *Les effets négociables* (art. 157 et 187 C. Co.);

2° *Les jugements* (art. 122 C. Pr. Voyez cependant art. 2112 C. N.)

*Faut-il admettre que les juges aient le droit d'accorder des délais au débiteur, lorsque le titre invoqué par le créancier est la grosse d'un acte notarié?*

Un grand nombre d'auteurs soutiennent la *négative* en disant que « le premier jugement portant la formule apposée au nom de la souveraineté : « Mandons et ordonnons, etc., » il y aurait manque de respect à la suprême autorité, à contredire ce qui avait été ainsi ordonné d'abord (1). »

Ce *grave* argument ne nous arrêtera pas (2) : le texte est formel, il permet aux juges de *surseoir l'exécution des poursuites*, toutes choses demeurant en état (3).

Remarquons que la division des payements peut encore avoir lieu :

*Lorsque le créancier étant débiteur de son débiteur se trouve ainsi*

---

les temps présents, peut paraître possible, et alors il n'y a pas à s'occuper d'elle ; ou elle saura, à un jour donné, se passer de ses lisières, et alors, pour sauver la liberté de l'un, on comprendra qu'il n'y a pas à entamer celle de l'autre.

Harmonie des droits, harmonie des devoirs, et, pour en commencer la réalisation, science et conscience.

(1) En ce sens, le renégat Merlin de Douai *Quest.*, v° *Exécution parée*, § 2. — Delvincourt, t. II, part. II, p. 556. — M. Duranton, t. III, n° 89. — M. Duvergier sur Toullier, t. VI, n° 660.

(2) Si nous n'étions pas à Byzance, il n'y aurait nul besoin d'expliquer ce point, mais nous sommes à Byzance et nous l'expliquerons.

*D'abord, la souveraineté n'appartient qu'à la raison et à la vérité, et c'est une expression à rayer de notre vocabulaire politique, que celle de la souveraineté appliquée même à un peuple.*

*Ensuite, tout gouvernement monarchique n'est qu'un état de fait, tout gouvernement monarchique est en dehors du droit, car tout gouvernement de cette sorte est une violation permanente du droit de l'individu.*

Que nous parle-t-on donc de souveraineté et de suprême autorité, à propos de la bouffonne formule apposée sur nos titres exécutoires?

(3) En ce sens, M. Valette à son cours, MM. Aubry et Rau, t. III, p. 114, texte et note 29, M. Colmet de Santerre, n° 183 *bis*, VIII.

Comparer MM. Colmet d'Aage et Bonnier, qui proposent une distinction.

*forcé de subir la compensation d'une somme plus faible qu'il doit avec une somme plus forte qui lui est due* (art. 1290) (1) ;

*Lorsque plusieurs personnes ayant cautionné la même dette, et que l'une d'elles étant poursuivie par le créancier, celle-ci oppose ce qu'on nomme le bénéfice de division.* (V. *supra*, p. 842.)

Remarquons encore que la règle de l'indivisibilité du payement ne concerne pas le cas où le débiteur meurt laissant plusieurs héritiers (art. 1220 ; V. *supra*).

4° EN QUEL LIEU ET AUX FRAIS DE QUI LE PAYEMENT DOIT ÊTRE EFFECTUÉ.

**1247.** — Le payement doit être exécuté dans le lieu désigné par la convention. Si le lieu n'y est pas désigné, le payement, lorsqu'il s'agit d'un corps certain et déterminé, doit être fait dans le lieu où était, au temps de l'obligation, la chose qui en fait l'objet. — Hors ces deux cas, le payement doit être fait au domicile du débiteur.

**1248.** — Les frais du payement sont à la charge du débiteur.

L'art. 1247 est presque littéralement extrait des nos 548 et 549 de Pothier ; il contient *trois* règles :

1° « *Lorsque par la convention* (le contrat) *il y a lieu convenu où le payement doit se faire, il doit être fait en ce lieu* (2); »

2° *S'il n'a été désigné aucun lieu, et que l'obligation ait pour objet un corps certain, le payement doit être fait au lieu où se trouvait la chose au temps de la formation du contrat ;*

3° *S'il n'a été désigné aucun lieu, et que la dette ait pour objet une chose indéterminée, le payement doit être fait au domicile du débiteur* (3).

Les frais du payement sont, en général, à la charge du débiteur.

Ces frais peuvent se rapporter :

1° *A la quittance*, par exemple, dit Pothier, *si le débiteur veut une quittance notariée ;*

2° *A la délivrance* (opposer art. 1608).

§ II. — DU PAYEMENT AVEC SUBROGATION.

On peut, sauf controverse (V. *infra*, p. 882), définir la subrogation :

*La substitution au créancier d'un tiers qui le désintéresse, de façon que la dette éteinte dans les rapports du créancier originaire avec le débiteur est censée revivre au profit du tiers qui a désintéressé le créancier.*

---

(1) Comparer Pothier, n° 538.
(2) Pothier, *sic*, n° 548.
(3) Aussi dit-on que les dettes sont, en général, *quérables*.

Le principal résultat de la subrogation est d'attribuer au *subrogé*, c'est-à-dire au tiers qui désintéresse le créancier, les garanties qui appartenaient au *subrogeant*, c'est-à-dire au créancier.

Cette attribution est, dit-on, fondée sur ce double motif :

1° *Qu'il est bon de favoriser la personne qui paye pour le débiteur, eût-elle elle-même intérêt à acquitter la dette ;*

2° *Qu'il n'y a, au surplus, aucune injustice pour les autres créanciers à accorder à cette personne des prérogatives qui eussent continué à subsister au profit du premier créancier si le payement n'avait pas eu lieu.*

A la subrogation *personnelle*, on oppose la subrogation *réelle*, c'est-à-dire *la substitution d'une chose à une autre*, de façon qu'une chose prend les caractères juridiques d'une autre chose à laquelle elle est substituée.

**1249.** — La subrogation dans les droits du créancier au profit d'une tierce personne qui le paye, est ou conventionnelle ou légale.

Cet article distingue *deux* espèces de subrogation :

1° *La subrogation conventionnelle ;*

2° *La subrogation légale.*

Avant d'aborder les textes qui concernent l'une et l'autre, voyons la controverse fondamentale qui existe sur la nature juridique, et, par suite, sur les effets de la subrogation.

### DEUX SYSTÈMES.

1er SYSTÈME (1). — *La subrogation est un payement avec attribution conventionnelle ou légale des garanties d'une première créance à une seconde.*

1er *Arg.* — Le nom donné à la subrogation par les rédacteurs du Code Napoléon (payement avec subrogation) et la place que cette matière occupe dans leur œuvre prouvent que la subrogation est un payement.

2e *Arg.* — « Le créancier peut sans doute vendre, céder, transporter ses droits à un tiers, et ce cessionnaire aura évidemment la plénitude des droits du cédant, créancier primitif, mais alors il n'y a pas eu payement de la dette (2). »

3e *Arg.* — Le système contraire est obligé de s'appuyer, en définitive, sur l'idée d'une sorte de cession ; or, comment expliquer, à ce point de vue, qu'il existe une subrogation par la volonté du débiteur (art. 1250,

(1) M. Grappe, *Questions de droit de Merlin*, v° *Subrogation*, § 1. — M. Bugnet, *Sur Pothier*, p. 291, 292 et 299.

(2) M. Bugnet, *Sur Pothier*, p. 291.

second alinéa), c'est-à-dire que le débiteur cède les droits que son créancier a contre lui?

4ᵉ *Arg.* — Le système contraire est également obligé de recourir à l'idée d'une fiction; or, les fictions doivent être supprimées, car elles altèrent la vérité.

5ᵉ *Arg.* — Le droit romain, cela est vrai, avait admis l'existence d'une fiction dans cette matière (L. 36, D., liv. XLVI, tit. I), et Pothier, ainsi que les anciens légistes, subissaient la regrettable influence du droit romain; mais la pratique avait devancé la théorie, et ce sont les errements de cette pratique qu'a suivis le Code Napoléon (1).

De ce système il résulte :

1° *Que le subrogé n'a qu'une seule action, celle qui est née dans sa personne :*

*Action du mandat, s'il a payé par la volonté du débiteur,*

*Action de gestion d'affaire, s'il a payé spontanément,*

*Action de prêt s'il a fourni les deniers que le débiteur destinait au payement de la dette* (art. 1250, second alinéa);

2° *Que le subrogé ne conserve, de l'ancienne créance, que les priviléges, les hypothèques et les cautionnements qui la garantissaient.*

2ᵉ SYSTÈME (2). — *La subrogation est une cession de créance* sui generis; *elle transmet au subrogé la créance elle-même.*

1ᵉʳ *Arg.* — L'ordonnance de 1609 était conçue dans ce sens; elle portait que le subrogé acquiert les droits, actions, priviléges et hypothèques de l'ancien créancier.

2° *Arg.* — Renusson disait de même que la subrogation est une *cessio fictiva*, et Pothier, qu'elle est une fiction de droit par laquelle le créancier est censé céder ses droits, actions, priviléges et hypothèques au tiers qui le paye. »

3ᵉ *Arg.* — L'art. 1250, *premier* alinéa, est conforme à ces traditions; car il dispose que le créancier, en recevant son payement d'une tierce personne, la subroge dans ses droits, actions, priviléges ou hypothèques contre le débiteur (art. 1250, premier alinéa; V. *infra*, p. 884).

4ᵉ *Arg.* — L'origine historique de la subrogation par la volonté du débiteur suffit pour écarter l'objection fondée sur ce que cette subrogation ne s'harmonise pas avec l'idée d'une cession (1250, *second* alinéa; V. *infra*, p. 885).

5ᵉ *Arg.* — La subrogation est un moyen de crédit; donc, il est utile d'en élargir le plus possible les effets.

Le *second* système a pour lui les antécédents historiques.

---

(1) Comparer M. Bugnet, *Sur Pothier*, p. 298.

(2) M. Valette, à son cours; MM. Zachariæ, Aubry et Rau, t. III, p. 117. — M. Colmet de Santerre, t. V, n° 189 *bis*, II-VI.

De ce système il résulte :

1° *Que le subrogé a deux actions qu'il peut exercer à son choix :*

*Celle qui est née dans sa personne,*

*Celle du créancier originaire ;*

2° *Que le subrogé conserve l'ancienne créance avec toutes ses qualités, comme avec tous ses accessoires.*

*Ainsi, la créance était-elle commerciale pour le subrogeant, elle reste commerciale pour le subrogé.*

*De même, le subrogeant pouvait-il user d'un titre exécutoire, le subrogé pourra user de ce titre.*

### I. — SUBROGATION CONVENTIONNELLE.

**1250.** — Cette subrogation est conventionnelle : — 1° Lorsque le créancier recevant son payement d'une tierce personne la subroge dans ses droits, actions, privilèges ou hypothèques contre le débiteur : cette subrogation doit être expresse et faite en même temps que le payement ; — 2° Lorsque le débiteur emprunte une somme à l'effet de payer sa dette, et de subroger le prêteur dans les droits du créancier. Il faut, pour que cette subrogation soit valable, que l'acte d'emprunt et la quittance soient passés devant notaires ; que dans l'acte d'emprunt il soit déclaré que la somme a été empruntée pour faire le payement, et que dans la quittance il soit déclaré que le payement a été fait des deniers fournis à cet effet par le nouveau créancier. Cette subrogation s'opère sans le concours de la volonté du créancier.

Il y a *deux* espèces de subrogation conventionnelle :

*L'une a lieu par la volonté du créancier;*

*L'autre par la volonté du débiteur.*

#### Subrogation conventionnelle par la volonté du créancier.

Aux termes de l'art. 1250, n° 1, la subrogation conventionnelle, par la volonté du créancier, requiert *deux* conditions ; il faut :

1° *Qu'elle soit expresse ;*

2° *Qu'elle ait lieu en même temps que le payement.*

Cette subrogation doit être *expresse*, c'est-à-dire que la volonté des parties doit être clairement exprimée, sans que, d'ailleurs, il soit nécessaire que le créancier se serve du mot *subroger* pour indiquer qu'il veut se substituer le tiers qui le paye.

Remarquons :

1° *Que la quittance subrogatoire peut être indifféremment sous seing privé ou notariée ;*

2° *Que le créancier est parfaitement libre de restreindre les effets de la subrogation et de ne la consentir*, par exemple, *que pour les privilèges et hypothèques.*

Cette subrogation doit être faite *en même temps* que le payement, parce que, disent les auteurs, le subrogeant ne peut par une déclaration subséquente de subrogation, faire revivre une créance antérieurement éteinte (1).

De là il résulte que *la quittance qui constate le payement doit également constater la subrogation.*

Subrogation conventionnelle par la volonté du débiteur.

Voici d'abord l'origine de cette subrogation.

Au temps de Charles IX, les rentes étaient au denier douze (8 1/3 p. 100); Henri IV en ayant abaissé le taux au denier seize (6 1/4 p. 100), les débiteurs cherchèrent en masse à rembourser leurs créanciers afin de se procurer des capitaux à meilleur marché; mais la même cause qui portait les débiteurs à vouloir se libérer agissait naturellement en sens inverse sur les créanciers, et, pour conserver les placements qu'ils avaient faits à l'ancien taux, ceux-ci refusaient impitoyablement la subrogation aux tiers qui offraient de les payer dans l'intérêt des débiteurs.

Dans cet état, les débiteurs postulèrent auprès de Henri IV, et ils obtinrent de pouvoir consentir eux-mêmes la subrogation.

Aux termes de l'art. 1250, n° 2, la subrogation conventionnelle, par la volonté du débiteur, exige, comme la précédente, *deux* conditions; il faut :

1° *Que l'acte d'emprunt et la quittance du créancier soient l'un et l'autre passés devant notaires;*

2° *Que dans l'acte d'emprunt il soit déclaré que les deniers ont été empruntés pour faire le payement; dans la quittance, que le payement a été fait de ces deniers.*

Ces formalités ont été exigées afin de prévenir, dit-on, des fraudes de différentes sortes.

Ainsi, si l'acte d'emprunt et la quittance n'étaient pas notariés, on pourrait en les antidatant faire revivre une hypothèque éteinte.

*Exemple :* Deux créanciers hypothécaires sont inscrits sur un immeuble dont la valeur est inférieure au montant de leurs deux créances réunies. Le débiteur paye le premier créancier, et le second se trouve ainsi venir en ordre utile. Plus tard, le débiteur a de nouveau besoin d'emprunter; mais le capitaliste auquel il s'adresse exige une première hypothèque; rien de plus facile que de la lui attribuer, si l'acte d'emprunt et la quittance n'étaient pas notariés; il suffirait de les antidater l'un et l'autre.

---

(1) Comparer Bigot-Préameneu, *Exposé des motifs* (Locré, *Législ. civ.*, p. 369). — Toullier, t. VII, n° 116. — MM Zachariæ, Aubry et Rau, t. III, p. 118. — M. Colmet de Santerre, t. V, n° 190 *bis*, II.

Mais alors le second créancier, devenu premier en rang, redeviendrait second, et perdrait la chance d'être payé (1).

Remarquons :

1° *Qu'en ce qui concerne l'origine des deniers payés, les auteurs sont d'accord pour ne pas entendre à la lettre la disposition de l'art.* 1250, *n°* 2 (*il n'est pas indispensable que ces deniers soient identiquement ceux que fournit le prêteur*);

2° *Que l'emprunt et le payement peuvent avoir lieu séparément;*

3° *Que lorsque l'emprunt et le payement ont lieu en même temps, il suffit d'un seul acte pour constater les deux.*

Remarquons encore que :

*Si le créancier refuse de délivrer une quittance notariée mentionnant l'origine des deniers, le débiteur a le droit de lui faire des offres réelles et de consigner. Le récépissé du receveur de la caisse des dépôts et consignations équivaut, dit-on, en pareil cas, à une quittance notariée* (2).

### II. — SUBROGATION LÉGALE.

**1251.** — La subrogation a lieu de plein droit, — 1° Au profit de celui qui étant lui-même créancier, paye un autre créancier qui lui est préférable à raison de ses priviléges ou hypothèques; — 2° Au profit de l'acquéreur d'un immeuble, qui emploie le prix de son acquisition au payement des créanciers auxquels cet héritage était hypothéqué; — 3° Au profit de celui qui, étant tenu avec d'autres ou pour d'autres au payement de la dette, avait intérêt de l'acquitter; — 4° Au profit de l'héritier bénéficiaire qui a payé de ses deniers les dettes de la succession.

D'après cet article la subrogation a lieu *de plein droit* dans *quatre* cas. Voyons chacun de ces cas.

1er CAS. *La subrogation a lieu de plein droit au profit de celui qui, étant lui-même créancier, paye un autre créancier qui lui est préférable à raison de ses priviléges ou hypothèques.*

Cette disposition s'applique tout aussi bien aux créanciers chirographaires, primés par un privilégié ou par un hypothécaire, qu'à un privilégié ou à un hypothécaire, primé lui-même par un autre privilégié ou un autre hypothécaire.

---

(1) Quoique les auteurs se mettent l'esprit à la torture pour trouver d'autres cas de fraude, celui que nous venons d'indiquer est certainement le plus probable; il est vrai qu'on eût prévenu cette fraude-là, en se bornant à exiger des actes qui eussent date certaine (art. 1328).

(2) Comparer M. Mourlon, *Traité des subrogations personnelles*. Paris, 1848, 1 vol. in-8. — M. Gauthier, *Traité de la subrogation de personnes*. Paris, 1853, 1 vol. in-8. — MM. Zachariæ, Aubry et Rau, t. III, p. 122 et suiv. — M. Colmet de Santerre, t. V, n° 191 *bis*, I-XIII.

Il y a *deux* cas dans lesquels un créancier primé peut avoir intérêt à rembourser celui qui le prime :

1° *Lorsque celui qui le prime poursuit la vente des biens en temps inopportun, c'est-à-dire dans un temps tel que, si l'immeuble est vendu à ce moment-là, il est probable que le prix de la vente ne sera pas suffisant pour payer le créancier primé ;*

2° *Lorsque celui qui le prime veut faire vendre en justice, c'est-à-dire faire des frais qu'il serait possible d'éviter* (art. 751 et 773 C. Pr.) *et que si ces frais sont faits, le prix de vente, dans ce cas comme dans le précédent, ne sera pas suffisant pour payer le créancier primé.*

*Le créancier qui en prime un autre et qui paye cet autre est-il subrogé à cet autre?*

Le bon sens dit *oui*, les auteurs *non* (1), et la loi semble être de l'avis des auteurs.

2e CAS. *La subrogation a lieu de plein droit au profit de l'acquéreur d'immeuble qui emploie le prix de son acquisition au payement des créanciers auxquels cet héritage était hypothéqué.*

Cette disposition mal faite doit être généralisée; elle s'applique *à tout détenteur* d'un immeuble qui paye les créanciers auxquels cet immeuble est hypothéqué (2).

Ainsi étendue, elle rentre dans le n° qui va suivre. (V. *infra*, p. 888.)

Posons l'espèce pour le cas particulier de l'acheteur :

Paul achète 50 000 francs un immeuble grevé d'hypothèques pour une somme de 60 000 francs; il paye son prix entre les mains des créanciers premiers inscrits; le créancier des dix derniers mille francs n'est, par conséquent, pas payé.

---

(1) Comparer M. Colmet de Santerre, n° 193 *bis*, II.

C'est qu'en effet le 1° de l'art. 1251 est romain (V. L. 4, C., liv. VIII, tit. XIX), et qu'à Rome le *jus oblationis*, auquel correspond notre 1°, avait été exclusivement organisé pour permettre aux créanciers hypothécaires postérieurs de rembourser le premier créancier, qui seul avait le droit de vente.

Il est vrai que nous ne sommes plus à Rome, et que si, par hasard, un premier créancier se trouve avoir intérêt à en rembourser un second, il est tout à fait incompréhensible que, puisque le second, en remboursant le premier, obtiendrait la subrogation, le premier, en remboursant le second, ne jouisse pas du même avantage.

Le cas dans lequel un premier créancier pourrait avoir intérêt à en rembourser un second, serait par exemple celui où le second créancier, en poursuivant dans un moment inopportun la vente de l'immeuble hypothéqué, compromettrait le payement non-seulement de sa propre créance, mais aussi de celle du créancier.

Quand donc nous mettrons-nous en tête que, si les praticiens romains revivaient, ils seraient les premiers à bafouer nos superstitions juridiques?

(2) Comparer Delvincourt, t. II, part. II, p. 775. — MM. Zachariæ, Aubry et Rau, t. III, p. 126, texte et note 41.

Ce créancier a le droit de saisir l'immeuble et de le faire revendre aux enchères.

Dans cette hypothèse, l'acheteur exproprié se fera rembourser, sur le prix de l'adjudication, à la place et au rang des créanciers qu'il a désintéressés.

Il existe, d'ailleurs, pour l'acheteur d'un bien hypothéqué un parti meilleur à prendre que celui de payer les créanciers premiers inscrits ; cet autre parti s'appelle la *purge* (1).

3e CAS. *La subrogation a lieu de plein droit au profit de celui qui, étant tenu avec d'autres ou pour d'autres au payement de la dette, avait intérêt de l'acquitter.*

Cette disposition s'applique au *codébiteur solidaire* et au *codébiteur d'une obligation indivisible*, même *solutione tantum*, qui payent la dette commune (art. 1200, 1221 et 1222).

Pareillement, au *cofidéjusseur* qui paye la dette qu'il a cautionnée (art. 2025 et 2033).

Ce sont là, en effet, des cas où celui qui paye est tenu *avec* d'autres.

Cette même disposition s'applique, en outre, à la *caution* (art. 2029), *à celui qui, sans s'obliger personnellement, a fourni un gage ou constitué une hypothèque,* enfin au *tiers détenteur d'un immeuble hypothéqué*, en tant qu'il s'agit, non plus seulement comme dans le n° 2 (V. *supra*, p. 887) de l'immeuble qu'il détient, mais de tout autre bien hypothéqué à la même dette.

En ce qui concerne ce *dernier* cas, une question se présente :

*Supposons qu'il existe plusieurs détenteurs de biens hypothéqués à la même dette, et que l'un d'eux se soit trouvé forcé de payer, comment répartir la dette entre tous les tiers détenteurs ?*

D'abord, il ne saurait être question de contester le droit de recours de celui qui a payé contre ceux qui n'ont pas payé ; ce droit de recours résulte de l'idée même de la subrogation, et d'ailleurs, tous les tiers détenteurs étant *in pari causa*, tant qu'aucun n'a purgé, il serait absurde que le créancier pût, en s'adressant de préférence à l'un d'entre eux, détruire cette égalité de situation (art. 1033 ; argument d'analogie).

*Donc, comment répartir la dette?*

La solution qui paraît logique est que chacun des tiers détenteurs supporte une part proportionnelle à la valeur de l'immeuble détenu par lui, mais sous la restriction que les tiers détenteurs qui possèdent des immeubles d'une valeur supérieure au montant de la dette, ne soient

(1) V. *Manuel de Droit civil*, t. III, art. 2181 et 2193.

compris dans la répartition que comme s'ils détenaient une valeur exactement égale au montant de la dette (1).

4e CAS. *La subrogation a lieu de plein droit au profit de l'héritier bénéficiaire qui a payé de ses deniers les dettes de la succession.*

L'héritier bénéficiaire peut avoir intérêt à payer la succession, afin d'empêcher les frais et les ventes inopportunes.

Aux *quatre* cas de subrogation légale prévus par l'art. 1251, il convient d'ajouter, à titre de *cinquième* cas :

*Celui où une personne paye, par intervention, une lettre de change ou un billet à ordre* (art. 159 et 187, C. Comm.) (2).

**1252.** — La subrogation établie par les articles précédents a lieu tant contre les cautions que contre les débiteurs : elle ne peut nuire au créancier lorsqu'il n'a été payé qu'en partie ; en ce cas, il peut exercer ses droits, pour ce qui lui reste dû, par préférence à celui dont il n'a reçu qu'un payement partiel.

La *première* partie de l'art. 1252 est naïve :

Il va, en effet, suffisamment de soi que la subrogation a lieu contre le débiteur ;

Il va aussi suffisamment de soi qu'elle a lieu contre les cautions (V. *supra*, p. 881 et 883).

La *seconde* partie de l'art. 1252 est irrationnelle.

Elle dispose, en effet, que lorsque la subrogation est *partielle*, le subrogeant *prime* le subrogé pour ce qui lui reste dû ; or, cette disposition est contraire à l'idée même de la subrogation, car la subrogation met le subrogé à la place du subrogeant : donc, le subrogé et le subrogeant devraient concourir l'un avec l'autre (V. aussi art. 2093) (3).

Toutefois, remarquons que le droit de préférence créé par la seconde partie de l'art. 1252 ne s'applique :

1° *Que lorsque le créancier a des sûretés spéciales* (privilége, hypothèque ou cautionnement) (V. art. 544, C. Comm.) ;

2° *Qu'au profit du créancier originaire et de ceux auxquels il aurait transmis ce droit de préférence, par voie de cession* (4).

---

(1) Comparer MM. Zachariæ, Aubry et Rau, t. III, p. 126 et 127.

(2) Comparer, sur l'ensemble de la subrogation légale, Pothier, n° 558.

(3) Comparer MM. Zachariæ, Aubry et Rau, t. III, p. 132, texte et note 64. — M. Colmet de Santerre, t. V, n° 197 *bis*, XIV.

(4) Il n'y a pas lieu, en effet, d'étendre une décision aussi peu raisonnable, et c'est à tort que certains auteurs l'appliquent au cas où plusieurs personnes ont été subrogées dans des parties d'une même dette.

Comparer Renusson, *Traité de la subrogation*, chap. VI et addit. à ce chap. — Pothier, *Coutume d'Orléans*, introduction au titre XX, n° 87, Merlin, *Rép.*, v° *Subrogation de personnes*, sect. II, § 8, n° 8. — MM. Zachariæ, Aubry et Rau, t. III, p. 133, texte et note 68. — M. Colmet de Santerre, t. V, n° 197 *bis*, XV.

### DIFFÉRENCES QUI EXISTENT ENTRE LA SUBROGATION ET LA CESSION DE CRÉANCE.

D'abord, en principe, d'après la théorie qui prévaut en matière de subrogation, la subrogation diffère de la cession de créance, en ce que la subrogation est à la fois *extinctive* dans les rapports du créancier originaire avec le débiteur et *transmissive* dans les rapports du subrogeant avec le subrogé, tandis que la cession de créance est *purement transmissive.*

Voici maintenant le tableau des autres différences qui séparent la subrogation de la cession de créance :

| | |
|---|---|
| 1° *Le subrogé a deux actions :*<br>*L'une née dans sa personne (action de mandat, de gestion d'affaires, de prêt)* ;<br>*L'autre qui lui est transmise par le subrogeant.* | 1° *Le cessionnaire n'a que l'action qui lui est transmise par le cédant.* |
| 2° *La subrogation est conventionnelle ou légale* (art. 1249). | 2° *La cession de créance est toujours conventionnelle* (art. 1689 et suiv.). |
| 3° *Le subrogé est saisi à l'égard des tiers sans avoir besoin d'accomplir aucune formalité spéciale.* | 3° *Le cessionnaire n'est saisi à l'égard des tiers que par la signification de la cession faite au débiteur ou par l'acceptation de la cession, faite par le débiteur dans un acte authentique* (art. 1690). |
| 4° *Le subrogeant n'est pas garant de l'existence de la créance* ;<br>*D'où il résulte que si la créance n'existe pas, le subrogeant ne doit au subrogé que la restitution de la somme qu'il en a reçue* (V. cep. art. 1378). | 4° *Le cédant est garant de l'existence de la créance* (art. 1693) ;<br>*D'où il résulte que si la créance n'existe pas, le cédant doit au cessionnaire, outre la somme qu'il en a reçue, celle des frais et loyaux coûts du contrat, celle des frais de poursuite contre le prétendu débiteur, enfin les intérêts du prix de cession* (art. 1630). |
| 5° *Le subrogé n'a le droit d'exiger du débiteur que le montant de ses déboursés.* | 5° *Le cessionnaire a le droit d'exiger du débiteur le montant intégral de la créance.* |
| 6° *Lorsque la subrogation est partielle et que le subrogeant a des sûretés spéciales, le subrogeant prime le subrogé pour ce qui lui reste dû* (art. 1252). | 6° *Lorsque la cession est partielle, le cédant et le cessionnaire doivent être colloqués au marc le franc, alors même que le cédant a des sûretés spéciales* (art. 1602). |

### § III. — DE L'IMPUTATION DES PAYEMENTS.

**1253.** — Le débiteur de plusieurs dettes a le droit de déclarer, lorsqu'il paye, quelle dette il entend acquitter.

**1254.** — Le débiteur d'une dette qui porte intérêt ou produit des arrérages, ne peut point, sans le consentement du créancier, imputer le payement qu'il fait sur le capital par préférence aux arrérages ou intérêts : le payement fait sur le capital et intérêts, mais qui n'est point intégral, s'impute d'abord sur les intérêts.

**1255.** — Lorsque le débiteur de diverses dettes a accepté une quittance par laquelle le créancier a imputé ce qu'il a reçu sur l'une de ces dettes spécialement, le débiteur ne peut plus demander l'imputation sur une dette différente, à moins qu'il n'y ait eu dol ou surprise de la part du créancier.

**1256.** — Lorsque la quittance ne porte aucune imputation, le payement doit être imputé sur la dette que le débiteur avait pour lors le plus d'intérêt d'acquitter entre celles qui sont pareillement échues; sinon, sur la dette échue, quoique moins onéreuse que celles qui ne le sont point. — Si les dettes sont d'égale nature, l'imputation se fait sur la plus ancienne : toutes choses égales, elle se fait proportionnellement.

Sur ces insignifiants articles, on peut remarquer :

1° Qu'il appartient, en principe, au débiteur de plusieurs dettes de faire, comme il l'entend, l'imputation de la somme qu'il paye;

2° Que ce n'est que, faute par le débiteur d'avoir fait lui-même l'imputation, que le créancier a le droit de la faire à sa place.

Du reste, il suffit qu'il y ait *surprise* de la part du créancier pour que le débiteur ait le droit de réclamer contre l'imputation.

3° Que lorsque la quittance ne contient pas d'imputation, la loi en fait elle-même une, d'après les *quatre* règles suivantes :

1° *Si l'une des dettes est échue tandis que les autres ne le sont pas, l'imputation doit se faire d'abord sur la dette échue ;*

2° *Si toutes les dettes sont également échues ou non échues, l'imputation doit se faire sur la dette que le débiteur avait le plus d'intérêt à acquitter ;*

3° *Si les dettes sont toutes échues, et que le débiteur ait même intérêt à acquitter les unes que les autres, l'imputation doit se faire sur la plus ancienne;*

4° *Enfin, toutes choses égales, l'imputation doit se faire proportionnellement sur toutes.*

*Que faut-il entendre, dans la troisième règle, par la dette « la plus ancienne » ?*

On discute :

Les *uns* disent que c'est la dette qui a pris naissance la première (1) ;

Les *autres*, que c'est la dette la plus anciennement échue (2).

(1) M. Colmet de Santerre, t. V, n° 201 *bis*, IV.

(2) M. Marcadé, t. IV, n° 726.

Comparer Pothier, *Imputation des payements*, n$^{os}$ 565-571.

C'est à Pothier que nous sommes redevables de toutes ces bonnes trivialités.

## § IV. — DES OFFRES DE PAYEMENT ET DE LA CONSIGNATION.

Cette matière est de procédure, non de droit.

Le Code de la Convention portait en un seul article :

« Les offres réelles, suivies de consignation, si elles sont jugées suffisantes, sont encore un moyen d'éteindre la dette ; c'est un payement » (art. 40, liv. III, tit. I) (1).

Les dispositions qui suivent sont tout ensemble prolixes et obscures.

Nous indiquerons successivement :

1° *Les règles relatives aux dettes de sommes d'argent ;*

2° *Celles relatives aux dettes de corps certains ;*

3° *Celles relatives aux dettes qui ont pour objet des choses indéterminées, autres qu'une somme d'argent.*

### 1° RÈGLES RELATIVES AUX DETTES DE SOMMES D'ARGENT.

**1257.** — Lorsque le créancier refuse de recevoir son payement, le débiteur peut lui faire des offres réelles, et, au refus du créancier de les accepter, consigner la somme ou la chose offerte. — Les offres réelles suivies d'une consignation libèrent le débiteur ; elles tiennent lieu à son égard de payement, lorsqu'elles sont valablement faites, et la chose ainsi consignée demeure aux risques du créancier.

**1258.** — Pour que les offres réelles soient valables, il faut : — 1° Qu'elles soient faites au créancier ayant la capacité de recevoir, ou à celui qui a pouvoir de recevoir pour lui ; — 2° Qu'elles soient faites par une personne capable de payer ; — 3° Qu'elles soient de la totalité de la somme exigible, des arrérages ou intérêts dus, des frais liquidés, et d'une somme pour les frais non liquidés, sauf à la parfaire ; — 4° Que le terme soit échu, s'il a été stipulé en faveur du créancier ; — 5° Que la condition sous laquelle la dette a été contractée soit arrivée ; — 6° Que les offres soient faites au lieu dont on est convenu pour le payement, et que, s'il n'y a pas de convention spéciale sur le lieu du payement, elles soient faites ou à la personne du créancier, ou à son domicile, ou au domicile élu pour l'exécution de la convention ; — 7° Que les offres soient faites par un officier ministériel ayant caractère pour ces sortes d'actes.

**1259.** — Il n'est pas nécessaire, pour la validité de la consignation, qu'elle ait été autorisée par le juge, il suffit : — 1° Qu'elle ait été précédée d'une sommation signifiée au créancier, et contenant l'indication du jour, de l'heure et du lieu où la chose offerte sera déposée ; — 2° Que le débiteur se soit dessaisi de la chose offerte, en la remettant dans le dépôt indiqué par la loi pour recevoir les consignations, avec les intérêts jusqu'au jour du dépôt ; — 3° Qu'il y ait eu procès-verbal dressé par l'officier ministériel, de la nature des espèces offertes, du refus qu'a fait le créancier de les recevoir, ou de sa non-comparution et enfin du dépôt ; — 4° Qu'en cas de non-comparution de la part du créancier, le procès-verbal du dépôt lui ait été signifié avec sommation de retirer la chose déposée.

**1260.** — Les frais des offres réelles et de la consignation sont à la charge du créancier, si elles sont valables.

(1) C'est encore Pothier, n$^{os}$ 572-573, qui a été l'inspirateur de ce nouveau paragraphe.

**1261.** — Tant que la consignation n'a point été acceptée par le créancier, le débiteur peut la retirer; et s'il la retire, ses codébiteurs ou ses cautions ne sont point libérés.

**1262.** — Lorsque le débiteur a lui-même obtenu un jugement passé en force de chose jugée, qui a déclaré ses offres et sa consignation bonnes et valables, il ne peut plus, même du consentement du créancier, retirer sa consignation au préjudice de ses codébiteurs ou de ses cautions.

**1263.** — Le créancier qui a consenti que le débiteur retirât sa consignation après qu'elle a été déclarée valable par un jugement qui a acquis force de chose jugée, ne peut plus pour le payement de sa créance exercer les priviléges ou hypothèques qui y étaient attachés : il n'a plus d'hypothèque que du jour où l'acte par lequel il a consenti que la consignation fût retirée aura été revêtu des formes requises pour emporter l'hypothèque.

**1264.** — Si la chose due est un corps certain qui doit être livré au lieu où il se trouve, le débiteur doit faire sommation au créancier de l'enlever, par acte notifié à sa personne ou à son domicile, ou au domicile élu pour l'exécution de la convention. Cette sommation faite, si le créancier n'enlève pas la chose, et que le débiteur ait besoin du lieu dans lequel elle est placée, celui-ci pourra obtenir de la justice la permission de la mettre en dépôt dans quelque autre lieu.

*La procédure d'offres réelles consiste à faire présenter au créancier par un officier ministériel la chose due, afin de mettre le créancier en demeure de la recevoir.*

L'officier ministériel qui a qualité pour faire les offres réelles est le *notaire* et l'*huissier*.

Les art. 1258 C. N., 871 et 873 C. Pr., dressent, au surplus, la surabondante liste des conditions requises pour la validité des offres réelles (1).

Si le créancier *accepte* les offres, l'officier ministériel lui *remet* la somme contre quittance, et le créancier doit, en général, supporter les frais (2).

Si, au contraire, le créancier *n'accepte pas* les offres, le débiteur *consigne*.

*La consignation est un dépôt qui se fait, à Paris, à la Caisse des dépôts et consignations; aux chefs-lieux de département, chez les trésoriers payeurs généraux; dans les chefs-lieux d'arrondissement, chez les receveurs particuliers des finances* (art. 110 et 111, L. 28 avril 1816; ordonn. roy. 22 mai et 3 juillet, même année) (3).

L'art. 1259 indique les conditions de validité de la consignation.

*La consignation, précédée d'offres réelles, libère le débiteur et tient, à son égard, lieu de payement.*

---

(1) Les compilateurs napoléoniens ont à peu près textuellement reproduit les n$^{os}$ 574-577 de Pothier.

(2) Favart, *Répert.*, t. IV, p. 34. — Pigeau, t. II, p. 404.

On remarquera que les offres sont *portables*. (Comparer le n° 6 de l'art. 1258 avec l'art. 1247, *supra*, p. 881.)

(3) La caisse des dépôts et consignations doit les intérêts de la somme consignée, à 3 p. 100, à partir du soixante et unième jour depuis la consignation.

*De là, les conséquences suivantes :*

1° *Elle arrête le cours des intérêts, soit compensatoires, soit moratoires ;*

2° *Elle met la chose aux risques du créancier* (1).

Cependant, la consignation ne transfère pas au créancier la *propriété* de la chose consignée : *dominium non acquiritur, nisi corpore et animo*, dit Pothier (n° 573).

De là, les conséquences suivantes :

1° *Le débiteur peut retirer la consignation, tant qu'elle n'a pas été acceptée par le créancier* (comp. Avis du conseil d'État, 16 mai 1810) ;

2° *Les hypothèques et les priviléges attachés à la créance continuent à subsister ;*

3° *Les codébiteurs et les cautions ne sont pas libérés* (2).

L'*extinction de la dette* n'est accomplie qu'après que la consignation a été *acceptée* par le créancier ou qu'elle a été *déclarée valable par un jugement qui a acquis force de chose jugée.*

Finalement, c'est le créancier qui supporte les frais des offres réelles régulières, suivies d'une consignation déclarée valable.

Lorsqu'il s'agit d'*effets négociables*, la procédure des offres n'est pas nécessaire ; si le porteur ne se présente pas dans les trois jours qui suivent l'échéance, le débiteur se libère par le seul fait de la consignation (L. 6 thermidor an III).

### 2° RÈGLES RELATIVES AUX DETTES DE CORPS CERTAINS.

Voici ce que ce cas présente de spécial :

1° *Les offres réelles sont remplacées par une sommation faite au créancier de venir enlever le corps certain qui forme l'objet de l'obligation ;*

2° *La consignation de ce corps certain ne peut avoir lieu qu'en vertu d'une permission du juge ;*

3° *Le lieu de la consignation doit être déterminé par le juge.*

---

(1) MM. Zachariæ, Aubry et Rau, t. III, p. 136-138, texte et notes 21-26.

Certains auteurs rapportent ces effets aux offres. (V. notamment Toullier, t. VII, n° 220.)

M. Valette enseigne que le débiteur peut, même avant la consignation, faire cesser le cours des intérêts *en réitérant ses offres à l'audience.*

L'éminent professeur appuie cette opinion :

1° Sur l'art. 816 C. Pr. ;

2° Sur ce qu'autrefois, au Châtelet de Paris, on appelait *réalisation* la réitération des offres à l'audience, et que cette réalisation faisait cesser le cours des intérêts.

Ce système est en désaccord avec le n° 2 de l'art. 1259.

(2) Comparer M. Duranton, t. XII, n°s 230 et 342. — MM. Zachariæ, Aubry et Rau, t. III, p. 138-139.

3° RÈGLES RELATIVES AUX DETTES QUI ONT POUR OBJET DES CHOSES INDÉTERMINÉES AUTRES QU'UNE SOMME D'ARGENT.

Il y a lieu d'appliquer à ces sortes d'obligations les *mêmes* règles qu'à celles qui ont pour objet un corps certain (1).

### § V. — DE LA CESSION DE BIENS.

**1265.** — La cession de biens est l'abandon qu'un débiteur fait de tous ses biens à ses créanciers, lorsqu'il se trouve hors d'état de payer ses dettes.

**1266.** — La cession de biens est volontaire ou judiciaire.

**1267.** — La cession de biens volontaire est celle que les créanciers acceptent volontairement, et qui n'a d'effet que celui résultant des stipulations mêmes du contrat passé entre eux et le débiteur.

**1268.** — La cession judiciaire est un bénéfice que la loi accorde au débiteur malheureux et de bonne foi, auquel il est permis, pour avoir la liberté de sa personne, de faire en justice l'abandon de tous ses biens à ses créanciers, nonobstant toute stipulation contraire.

**1269.** — La cession judiciaire ne confère point la propriété aux créanciers; elle leur donne seulement le droit de faire vendre les biens à leur profit, et d'en percevoir les revenus jusqu'à la vente.

**1270.** — Les créanciers ne peuvent refuser la cession judiciaire, si ce n'est dans les cas exceptés par la loi. — Elle opère la décharge de la contrainte par corps. — Au surplus, elle ne libère le débiteur que jusqu'à concurrence de la valeur des biens abandonnés; et dans le cas où ils auraient été insuffisants, s'il lui en survient d'autres, il est obligé de les abandonner jusqu'au parfait payement.

Avant la loi du 22 juillet 1867, qui a aboli la contrainte par corps, on distinguait *deux* espèces de cession de biens :

1° *La cession de biens volontaire;*

2° *La cession de biens judiciaire.*

La cession de biens *volontaire* constitue un contrat dont les parties sont libres, selon le droit commun, de régler, à leur guise, les conditions.

La cession de biens *judiciaire* donnait au débiteur malheureux et de bonne foi, comme parlait l'art. 1268, le moyen de se soustraire à la contrainte par corps.

Aujourd'hui que la contrainte par corps est à peu près abolie et que nous en sommes à peu près revenus sur ce point aux errements législatifs de la Convention (L. 6 mars 1793), la cession de biens ne pourrait

---

(1) Comparer Toullier, t. VI, n° 212. — M. Duranton, t. XII, n° 221. — MM. Zachariæ, Aubry et Rau, t. III, p. 136. — M. Marcadé, t. IV, n° 745.

M. Colmet de Santerre (t. V, n° 208 *bis*, III) enseigne que les tonneaux de vin, les sacs de blé, les bœufs et les moutons (*sic*), doivent être offerts à domicile. Voilà un système que les hommes de pratique ne seront pas tentés d'adopter ; mais il faut avouer, en revanche, que les jeunes gens ne perdent pas leur temps à apprendre de si utiles choses.

avoir d'utilité que dans les cas où la contrainte par corps continue de subsister ; c'est-à-dire pour les amendes dues à l'État, pour les réparations pécuniaires, et pour les restitutions dues à des particuliers en matière de crimes, de délits et de contraventions (art. 1er, L. 22 juillet 1867 (1) ; or, qu'on se place au point de vue du droit ou à celui du fait, il est peu probable que la cession de biens puisse trouver application dans ces cas.

## SECTION II.

### DE LA NOVATION.

Le Code de la Convention avait consacré à la matière de la novation quatre articles aussi simples que sensés (art. 41-44, liv. III, tit.).

Comme toujours, les compilateurs napoléoniens ont suivi Pothier pas à pas, et Pothier a suivi la subtilité romaine (2).

**1271.** — La novation s'opère de trois manières : — 1° Lorsque le débiteur contracte envers son créancier une nouvelle dette qui est substituée à l'ancienne, laquelle est éteinte ; — 2° Lorsqu'un nouveau débiteur est substitué à l'ancien, qui est déchargé par le créancier ; — 3° Lorsque, par l'effet d'un nouvel engagement, un nouveau créancier est substitué à l'ancien, envers lequel le débiteur se trouve déchargé.

Pothier définit la novation :

« La substitution d'une nouvelle dette à une ancienne. »

Les Romains disaient :

« *Novatio est prioris debiti in aliam obligationem vel civilem vel naturalem transfusio atque translatio.* » (L. 1, D., liv. XLVI, tit. II.)

D'après Pothier (nos 582-584) et d'après l'art. 1271, la novation s'opère de *trois* manières :

1° *Par changement d'objet* (c'est ainsi qu'il faut entendre le n° 1 de l'art. 1271).

*Exemple* : Paul doit 1000 francs à Pierre, et il convient avec Pierre de lui donner un cheval, à la place de cette somme.

2° *Par changement de débiteur.*

---

(1) Pourquoi cette exception ? Si le principe de la contrainte par corps est bon, pourquoi ne l'a-t-on pas maintenu? S'il est mauvais, pourquoi ne l'a-t-on pas abrogé, sans exception, sans restriction ?

Il n'y a, dans l'histoire du monde, aucun exemple d'un peuple qui ait oublié sa tradition au point où nous avons oublié la nôtre. Que l'on contemple tel sujet politique ou social que l'on voudra ; puis, que l'on se reporte à la législation de la Révolution, et que l'on compare !

Ici, c'est la loi du 9 mars 1793 qui nous fait la leçon.

Gens de *casus*, de subtilités, d'iniquités, réapprenant misérablement, mesquinement, ce que les gens de *la droite* eux-mêmes savaient il y a quatre-vingts ans, voilà ce que nous sommes devenus !

(2) Comparer Pothier, nos 581-605.

*Exemple :* Paul doit 1000 francs à Pierre; Jean s'oblige envers Pierre à payer cette somme, à la place de Paul, et Pierre décharge Paul.

3° *Par changement de créancier.*

*Exemple :* Paul doit 1000 francs à Pierre; sur l'ordre de Pierre, il promet cette somme à Jean, qui devient ainsi son créancier, à la place de Pierre.

Les *deux dernières* espèces de novation se ramènent à une seule :

*La novation par changement de personne.*

A ces trois novations, mentionnées dans l'article, il faut, d'ailleurs, ajouter :

*La novation par changement de cause.*

*Exemple :* Paul doit 1000 francs à Pierre, pour cause de loyer; Pierre laisse cette somme à Paul, à titre de prêt.

Évidemment, ces différents modes de novation peuvent concourir les uns avec les autres.

On verra (*infra*, art. 1274-1276) que la novation par changement de débiteur peut, à son tour, être :

*Soit une expromission,*

*Soit une délégation.*

*L'expromission est le fait d'un tiers qui vient s'obliger, de lui-même, à payer, à la place du débiteur* (art. 1274).

*La délégation est le fait du débiteur qui présente à son créancier une tierce personne laquelle s'oblige à payer, à la place du débiteur* (art. 1275, 1276).

Habituellement, le tiers, ainsi présenté, est *le débiteur du débiteur;* d'où il résulte que la délégation contient alors *une novation par changement de débiteur et une novation par changement de créancier.*

La définition de la novation implique, d'ailleurs, que, pour opérer une novation, il faut *deux* dettes, dont l'une soit éteinte par l'autre, qui lui est substituée; mais, pourvu que ces dettes aient *un principe d'existence civile*, la novation est possible, et le point de savoir si elle a eu lieu n'est plus qu'une question d'*intention* (V., en ce qui concerne l'obligation *naturelle, supra*, art. 1235, p. 868) (1).

**1272.** — La novation ne peut s'opérer qu'entre personnes capables de contracter.

---

(1) Les auteurs discutent ici plusieurs questions qui n'ont aucune raison d'être; par exemple celle-ci :

*Peut-on nover une dette pure et simple, par une dette conditionnelle?*

Pothier (n° 588) répondait *non*, pour le cas où la condition de la seconde dette viendrait à manquer, et même, ajoutait-il, pour celui où avant l'accomplissement de la condition, la première dette aurait été éteinte.

Mais Pothier raisonnait d'après le formalisme romain (L. 14, D., liv. XLVI, tit. II).

Allons, légistes, vous avez fait au Bas-Empire d'assez longues funérailles! ayez

La novation a un *double* caractère ; elle est :

1° *Extinctive d'une première obligation ;*

2° *Productive d'une nouvelle obligation.*

De là aussi, une *double* conséquence :

1° *Le créancier doit être capable de renoncer à la première obligation ;*

2° *Le débiteur doit être capable de consentir la nouvelle obligation.*

Bien entendu, l'incapacité de l'une des parties n'empêche pas la novation de produire effet, si l'incapable ne réclame pas (art. 1125).

**1273.** — La novation ne se présume point ; il faut que la volonté de l'opérer résulte clairement de l'acte.

Cette disposition est toute simple ; on ne peut, en effet, présumer qu'une personne renonce à son droit.

Cependant, l'art. 1273 n'exige pas que la novation soit *expresse ;* il veut seulement qu'*elle ressorte de l'acte d'une manière claire.*

*Y a-t-il novation lorsqu'un créancier reçoit de son débiteur des effets de commerce en payement de sa créance?*

Les *uns* adoptent la *négative*, en se fondant sur ce que, en pareil cas, la volonté d'opérer la novation ne résulte pas clairement de l'acte ; en effet, disent-ils, la seule chose qui apparaisse, c'est que le créancier a entendu se procurer un moyen plus facile de recouvrer ce qui lui est dû (1).

D'*autres* se prononcent pour l'*affirmative ;* ils répliquent qu'il ne s'agit pas, dans l'espèce, d'une question d'interprétation de la volonté. En effet, au lieu d'avoir, comme auparavant, une cause *civile,* la dette a désormais une cause *commerciale ; donc, le cas emporte forcément une novation par changement de cause* (comparer art. 575 C. Co.) (2).

*Rationnellement*, le *premier* système est le vrai.

*Juridiquement*, à cause de l'arbitraire séparation des matières civiles et des matières commerciales, le *second* système doit l'emporter.

**1274.** — La novation par la substitution d'un nouveau débiteur, peut s'opérer sans le concours du premier débiteur.

---

le courage de secouer le vieux joug. En raison, le point présent est de fait.

Comparer MM. Zachariæ, Aubry et Rau, t. III, p. 148. — M. Colmet de Santerre, 219 *bis*, IV ; 219 *bis*, VIII.

(1) En ce sens, Merlin, *Répert.*, v° *Novation*, p. 5. — MM. Zachariæ, Aubry et Rau, t. III, p. 150, texte et note 21. — M. Larombière, t. V.

(2) M. Duranton, t. XII, n° 287. — MM. Delamarre et Lepoitvin, *Traité de droit commercial,* t. V, p. 350 et suiv.

Cet article prévoit le cas de la novation par changement de débiteur, qu'on appelle *expromission.*

Remarquons :

1° *Que, bien que l'expromission s'opère sans le concours du débiteur* (comparer art. 1236), *elle ne peut cependant avoir lieu sans le consentement du créancier ;*

2° *Que l'expromission diffère du cautionnement, en ce que l'expromisson décharge le débiteur de son obligation, tandis que la caution s'oblige accessoirement au débiteur ;*

3° *Que, dans le doute, on doit présumer le cautionnement et non l'expromission.*

**1275.** — La délégation par laquelle un débiteur donne au créancier un autre débiteur qui s'oblige envers le créancier, n'opère point de novation, si le créancier n'a expressément déclaré qu'il entendait décharger son débiteur qui a fait la délégation.

Cet article a généralisé le sens du mot *délégation.*

A l'instar du droit romain (l. II, D., liv. XLVI, tit. II) Pothier (n° 600) définissait la délégation :

« Une espèce de novation par laquelle l'ancien débiteur, pour s'acquitter envers son créancier, lui donne une tierce personne, qui, à sa place, s'oblige envers ce créancier, ou envers la personne qu'il indique. »

Les rédacteurs du Code Napoléon appellent délégation : *tout acte par lequel un débiteur donne un nouveau débiteur à son créancier, soit que celui-ci accepte le nouveau débiteur comme seul obligé, soit qu'il entende seulement l'accepter comme coobligé.*

Dans ce dernier cas, la délégation, comme on le voit, ne constitue pas une *novation.*

La doctrine actuelle qualifie de *parfaite* la délégation *qui emporte novation*, d'*imparfaite* celle *qui n'emporte pas novation.*

Il résulte de l'art. 1275 que, pour qu'il y ait *délégation parfaite*, il faut que le créancier déclare *d'une manière expresse* qu'il entend décharger son débiteur primitif (1).

La délégation nécessite le concours de *trois* personnes :

1° *Celui du déléguant*, c'est-à-dire *du débiteur qui présente à son créancier un nouveau débiteur ;*

2° *Celui du délégué*, c'est-à-dire *du tiers qui, sur la présentation du déléguant, devient débiteur du créancier ;*

3° *Celui du délégataire*, c'est-à-dire *du créancier qui reçoit le délégué comme débiteur.*

---

(1) Comparer MM. Zachariæ, Aubry et Rau, t. III, p. 151, texte et note 26. — M. Colmet de Santerre, t. V, n° 223 *bis*, IV. — M. Duranton, t. XII, n°s 309, 323 et 324.

Rappelons que, le plus souvent, le délégué est le débiteur du débiteur, et que, si la délégation est parfaite, il y a alors *deux* novations (V. *suprà*, p. 897).

**1276.** — Le créancier qui a déchargé le débiteur par qui a été faite la délégation, n'a point de recours contre ce débiteur, si le délégué devient insolvable, à moins que l'acte n'en contienne une réserve expresse, ou que le délégué ne fût déjà en faillite ouverte, ou tombé en déconfiture au moment de la délégation.

De cet article, il résulte que le déléguant ne répond du délégué que dans *deux* cas :

1° *Lorsqu'il a été fait, à ce sujet, une réserve expresse;*

2° *Lorsque le délégué, à l'insu du créancier* (1), *se trouvait déjà en état de faillite ou de déconfiture, à l'époque de la novation.*

La *première* disposition est suffisamment claire par elle-même.

La *seconde* reproduit une décision fort équitable de Cujas sur la l. 26, § 2, D., liv. XVII, tit. 1 (2).

Du reste, l'action qui appartenait, dans ces *deux* cas, au créancier, n'est pas, au moins en général, *l'action résultant de l'ancienne obligation*, mais *une action en garantie* fondée sur le dommage que la délégation a causé au créancier.

**1277.** — La simple indication, faite par le débiteur, d'une personne qui doit payer à sa place, n'opère point novation. — Il en est de même de la simple indication, faite par le créancier, d'une personne qui doit recevoir pour lui.

Cet article est naïf.

C'est la *seconde* partie du n° 605 de Pothier (art. 1278).

**1278.** — Les priviléges et hypothèques de l'ancienne créance ne passent point à celle qui lui est substituée, à moins que le créancier ne les ait expressément réservés.

Voici un cas où, comme on dit à l'École, l'hypothèque peut survivre à la créance qu'elle garantit (3).

Bien entendu, si la nouvelle créance est plus forte que l'ancienne, la

---

(1) L'article ne dit pas cela; mais on tombe d'accord qu'il est mal rédigé. Comparer Pothier, n° 604, et Locré, *Législ. civ.*, t. XII, p. 481.

(2) Comparer Pothier, n° 604.

(3) Il y en a toujours au moins un autre (V. 1299, *infrà*, p. 912), et les deux sont à noter pour l'Ecole, car l'Ecole adore les *casus*.

Et elle a bien raison, l'Ecole; elle est *forte en textes*, et ce n'est pas elle qui donnera jamais dans les billevesées des principes.

« N'y a-t-il pas au moins un cas où, etc.? » La science est de trouver ce cas; l'ignorance, de ne pas le trouver.

Excellente Ecole, comme elle sait bien s'y prendre pour élargir les esprits et ne pas atrophier les consciences!

réserve des priviléges et des hypothèques ne vaut que jusqu'à concurrence de l'ancienne.

*Lorsque la novation a lieu par changement de débiteur, la réserve des priviléges et des hypothèques sur les biens de l'ancien débiteur est-elle possible sans l'accession de ce dernier?*

Pothier (n° 599) répondait *négativement*, mais, soit inattention, soit réflexion, les compilateurs n'ont pas distingué, et l'*affirmative* doit être admise, car elle est *rationnelle* (1).

**1279.** — Lorsque la novation s'opère par la substitution d'un nouveau débiteur, les priviléges et hypothèques primitifs de la créance ne peuvent point passer sur les biens du nouveau débiteur.

Cet article est obscur et naïf.

Il veut dire que l'hypothèque, donnée par le nouveau débiteur, ne peut pas prendre la date de l'hypothèque existant sur les biens de l'ancien.

**1280.** — Lorsque la novation s'opère entre le créancier et l'un des débiteurs solidaires, les priviléges et hypothèques de l'ancienne créance ne peuvent être réservés que sur les biens de celui qui contracte la nouvelle dette.

Pris à la lettre, cet article signifierait que lorsqu'il s'opère une novation entre le créancier et l'un des codébiteurs solidaires, le créancier n'a nul moyen de réserver les priviléges et hypothèques dont peuvent se trouver grevés les biens des autres codébiteurs.

Évidemment, ce sens est inadmissible.

Ce que les compilateurs ont voulu dire, d'après Pothier (n° 599), c'est que *la réserve ne peut avoir lieu que du consentement des autres codébiteurs*.

Voilà pour la forme.

Quant au fond, la décision de l'art. 1280 est en contradiction avec celle que nous avons donnée, d'après l'art. 1278, *pour le cas où la novation a lieu par changement de débiteur, sans accession de l'ancien débiteur* (2).

**1281.** — Par la novation faite entre le créancier et l'un des débiteurs solidaires, les codébiteurs sont libérés. — La novation opérée à l'égard du débiteur

---

(1) N'est-il pas rationnel, en effet, que dans une novation, toute profitable au débiteur, les priviléges et hypothèques qui grèvent ses biens puissent être réservés sans son adhésion?

En ce sens, Toullier, t. VII, n° 312. — M. Duranton, t. XII, n°s 310 et 311. — MM. Zarhariæ, Aubry et Rau, t. III, p. 154-155, texte et note 42. — M. Colmet de Santerre, t. V, n° 226 *bis*, III et IV.

Dans le sens de Pothier, M. Marcadé, t. IV, n° 780.

(2) Ou déraison, ou incohérence, c'est-à-dire toujours déraison.

Comparer MM. Zachariæ, Aubry et Rau, t. III, p. 155, texte et note 43. — M. Colmet de Santerre, t. V, n° 228 *bis*, II.

principal libère les cautions. — Néanmoins, si le créancier a exigé, dans le premier cas, l'accession des codébiteurs, ou, dans le second, celle des cautions, l'ancienne créance subsiste, si les codébiteurs ou les cautions refusent d'accéder au nouvel arrangement.

Cet article est la reproduction presque littérale des alinéas 2, 3 et 4 du n° 599 de Pothier.

En ce qui concerne les codébiteurs solidaires, il suffit de remarquer que la novation, faite avec l'un d'eux, constitue un cas de défense *commune* (V. *suprà*, p. 846).

NOTA. La novation par changement de créancier, ainsi que la délégation parfaite, lorsque le débiteur a présenté son propre débiteur, peuvent être comparées :

1° *A la subrogation ;*

2° *A la cession de créance.*

Le point capital de cette comparaison est que la novation est *purement extinctive,* tandis que la subrogation est *extinctive* à un certain point de vue et *transmissive* à un autre, et la cession de créance *purement transmissive.*

## SECTION III.

### DE LA REMISE DE LA DETTE.

Cette matière ne présente en elle-même aucune difficulté sérieuse ; cependant la confusion qui y règne est grande, surtout depuis la promulgation du Code Napoléon.

Des sept articles que ce Code y a consacrés, deux sont obscurs, deux à contre-sens, trois inutiles.

Du reste, le Code de la Convention (art. 45-47, liv. III, tit. I) n'a, dans la circonstance, sur le Code Napoléon, que la supériorité d'une rédaction claire ; les deux ont également le tort de ne pas définir la nature juridique de la remise de la dette et de s'attacher presque exclusivement à l'idée de la preuve.

**1282.** — La remise volontaire du titre original sous signature privée, par le créancier au débiteur, fait preuve de la libération.

**1283.** — La remise volontaire de la grosse du titre fait présumer la remise de la dette ou le payement, sans préjudice de la preuve contraire.

Ces articles n'ont trait qu'à une pure question de preuve ; pour en faciliter la compréhension, il est indispensable de les faire précéder d'un préambule.

*La remise de la dette est l'abandon gratuit que le créancier fait de son droit.*

Lorsque le créancier retire de l'*abandon* qu'il fait un avantage pécuniairement appréciable, il n'y a plus, à proprement parler, *remise de la dette;* il peut y avoir, selon les cas, une *datio in solutum* ou une *novation.*

La remise de la dette peut avoir lieu, soit *par acte entre-vifs*, soit *par testament.*

S'agit-il du fond, elle est toujours soumise aux règles qui gouvernent les dispositions à titre gratuit.

*S'agit-il de la forme*, si elle a lieu entre-vifs, elle est dispensée des règles qui gouvernent les donations (V. *supra*, p. 449, art. 931).

*Lorsqu'elle a lieu entre-vifs, la remise de la dette peut-elle se faire par la seule volonté du créancier, c'est-à-dire sans contrat?*

Barbeyrac a soutenu l'*affirmative;* les auteurs modernes se prononcent, en général, pour la *négative* (1).

La remise entre-vifs peut être *expresse* ou *tacite ;* c'est à la remise tacite que se rapportent les art. 1282 et 1283.

D'après ces textes, *deux* cas doivent être distingués :

*Ou la créance est constatée par un acte sous seing privé* (art. 1282);

*Ou elle est constatée par un acte authentique fait en minute* (art. 1283).

Dans le *premier* cas, le créancier a-t-il restitué au débiteur *le titre original sous seing privé*, cette restitution fait *preuve* de la libération.

Dans le *second* cas, le créancier a-t-il restitué au débiteur *la grosse du titre*, cette restitution fait *présumer* la libération (par voie de remise ou de payement), *sans préjudice de la preuve contraire.*

Donc, *deux* présomptions, c'est-à-dire deux inductions fondées sur l'observation de faits plus ou moins constants.

La *première* présomption, celle relative au cas de la restitution de l'acte sous seing privé, *est exclusive de la preuve contraire* (2).

Si le créancier a volontairement restitué au débiteur le titre original sous seing privé, il s'est dessaisi du titre qui constatait l'existence de son droit, et l'art. 1282 en déduit, comme conséquence, la libération certaine du débiteur.

La *seconde* présomption, celle relative au cas de la restitution de la grosse du titre, *n'est pas exclusive de la preuve contraire.*

Si le créancier a volontairement restitué au débiteur la grosse du

---

(1) Comparer Pothier, n° 614. — MM. Zachariæ, Aubry et Rau, t. III, p. 142 et 143, texte et note 15. — M. Colmet de Santerre, t. V, n° 230 *bis*, IV.

Nous n'apercevons aucune raison qui fasse obstacle à ce qu'une renonciation soit unilatérale (V. d'ailleurs, *supra*, p. 381, note 1).

(2) *Rationnellement,* nous n'admettons pas qu'une présomption puisse jamais être exclusive de la preuve contraire.

titre, il résulte bien de cette circonstance que le débiteur doit être réputé libéré, car les créanciers n'ont pas l'habitude de se dessaisir de leur titre exécutoire ; mais, comme il existe une minute, la libération, au lieu d'être certaine, n'est que probable, et l'art. 1283 réserve formellement au créancier le droit de fournir la preuve contraire.

Quant à la restitution au débiteur de l'acte *en brevet*, c'est-à-dire de l'acte authentique dont l'original a été délivré au créancier par l'officier public qui l'a rédigé, il est clair qu'elle entraîne une présomption de même force que la restitution du titre original sous seing privé.

Remarquons :

1° *Que lorsque le créancier prétend que la restitution du titre n'a pas été volontaire, comme le débiteur est à la fois détenteur et défendeur, c'est au créancier de prouver son allégation ;*

2° *Que la restitution du titre original sous seing privé et aussi celle de la grosse du titre font présumer, soit le payement, soit la remise de la dette, au gré du débiteur ou de ses ayants cause ;*

3° *Toutefois, que, lorsque la restitution est celle de la grosse, le créancier étant admis à prouver que la restitution n'a pas eu lieu à titre libératoire, doit,* à fortiori, *être admis à prouver qu'elle n'a pas eu lieu au titre qu'invoque le débiteur* (1).

**1286.** — La remise de la chose donnée en nantissement ne suffit point pour faire présumer la remise de la dette.

Cet article est la reproduction du n° 610 de Pothier.

Comme le dit le très-véridique Pothier, le créancier, en remettant la chose donnée en nantissement, peut fort bien n'avoir d'autre intention que de remettre le nantissement (2).

**1284.** — La remise du titre original sous signature privée, ou de la grosse du titre, à l'un des débiteurs solidaires, a le même effet au profit de ses codébiteurs.

La disposition de cet article est la conséquence nécessaire de la *double* présomption que consacrent les art. 1282 et 1283.

La restitution du titre ou de la grosse du titre fait supposer, avons-nous dit, que le créancier est payé ou qu'il a l'intention de faire remise de la dette ; donc, s'il y a plusieurs codébiteurs, il est tout simple que cette restitution, ne fût-elle faite qu'à l'un d'entre eux, ait le même effet à l'égard de tous.

Point de doute, que si semblable restitution est faite au débiteur principal, elle ne profite aussi à la caution.

(1) Comparer Pothier, n° 606-609. — MM. Zachariæ, Aubry et Rau, p. 142 et suiv. — M. Colmet de Santerre, n$^{os}$ 230 *bis*, I-IV, 231 *bis*, I-IV, 232 *bis*, I-III.

(2) *O sancta simplicitas !*

**1285.** — La remise ou décharge conventionnelle au profit de l'un des codébiteurs solidaires, libère tous les autres, à moins que le créancier n'ait expressément réservé ses droits contre ces derniers. — Dans ce dernier cas, il ne peut plus répéter la dette que déduction faite de la part de celui auquel il a fait la remise.

Cet article est contraire à la décision donnée par Pothier (n° 617), et, ce qui est *un peu* plus grave, il est, en outre, contraire à la raison.

En effet, que de ce que le créancier fait remise à l'un des codébiteurs solidaires, il n'y a nul lieu d'en conclure qu'il entend également faire remise aux autres; les libéralités ne sont-elles pas éminemment personnelles ?

Rappelons que le cas constitue pour les codébiteurs solidaires un cas de défense *commune* (V. *supra*, p. 846) (1).

**1287.** — La remise ou décharge conventionnelle accordée au débiteur principal libère les cautions; — Celle accordée à la caution ne libère pas le débiteur principal; — Celle accordée à l'une des cautions ne libère pas les autres.

Cet article consacre l'évidence.

Il reproduit une partie du n° 617 de Pothier; mais, en lisant ce numéro, les compilateurs n'ont pas vu que, lorsqu'il existe plusieurs cautions et qu'une décharge personnelle a été accordée à l'une d'elles, Pothier a soin d'ajouter :

« Néanmoins, si les cofidéjusseurs ont pu compter sur le recours qu'ils auraient, en payant, contre cette caution que le créancier a déchargée, ayant contracté leurs cautionnements avec elle ou depuis elle, il est équitable que la décharge accordée à cette caution les libère, quant à la part pour laquelle, en payant, ils auraient eu recours contre cette caution, si elle n'eût pas été déchargée. »

Et Pothier ici parle d'or, quoiqu'il ne parle pas français.

**1288.** — Ce que le créancier a reçu d'une caution pour la décharge de son cautionnement, doit être imputé sur la dette, et tourner à la décharge du débiteur principal et des autres cautions.

Cet article signifie que *lorsqu'une caution paye une certaine somme, pour être déchargée de son cautionnement, cette somme devra être imputée sur le montant de la dette principale et qu'elle tournera ainsi à la décharge du débiteur et des autres cautions.*

C'est-à-dire que la loi, en vertu de la niaise théorie d'omnipotence, chère aux légistes, transforme un contrat que les parties ont voulu faire *onéreux* et *aléatoire* en un contrat *à titre gratuit.*

En effet, de par l'art. 1282, la caution se trouve avoir payé un

---

(1) Pothier désigne sous le nom de remise *réelle,* la remise qui, comme dit cet auteur (n° 616), « équipolle au payement ».

à-compte pour le débiteur ; donc, elle a droit de répéter du débiteur le montant de cet à-compte ; donc, finalement, de par la loi, le créancier court un risque sans compensation (1).

## SECTION IV.

### DE LA COMPENSATION.

La compensation est un payement abrégé.

Pour acquérir toute l'importance dont elle est susceptible, la compensation a besoin d'un milieu où les transactions économiques soient fréquentes et où le crédit ait atteint un certain développement.

A Rome, l'idée de la compensation se fit péniblement jour ; et l'on conçoit qu'il en devait être ainsi chez un peuple qui ne vécut longtemps que de rapine et pour lequel la propriété de chacun fut toujours le fruit du travail d'autrui.

Ce n'est qu'à une époque récente que l'on a commencé à apercevoir le rôle considérable que peut jouer la compensation dans les rapports sociaux (2).

Cette matière, du reste, réclame à peine l'intervention du législateur ; le Code de la Convention y avait consacré trois dispositions fort claires et tout à fait suffisantes (art. 48-50, liv. III, tit. I) ; le Code Napoléon n'a pas imité ce sage laconisme ; aussi la section IV est-elle remplie des redondances et de toutes les fautes habituelles aux compilateurs napoléoniens.

**1289.** — Lorsque deux personnes se trouvent débitrices l'une envers l'autre, il s'opère entre elles une compensation qui éteint les deux dettes, de la manière et dans les cas ci-après exprimés.

La compensation peut être définie :

Un payement abrégé consistant dans la balance faite entre deux dettes qui existent respectivement entre deux personnes.

Les Romains disaient : *Compensatio est debiti et crediti inter se contributio* (L. 1, D., liv. XV, tit. II).

*Exemple :* Paul doit mille francs à Pierre, et Pierre la même somme à Paul ; les deux dettes se compensent.

**1290.** — La compensation s'opère de plein droit par la seule force de la loi,

---

(1) Cette incroyable disposition est surtout due à Treilhard ; on comprend qu'en face de pareils hommes, l'honnête Pothier soit un génie législatif. (Comparer Fenet, p. 87 et 88, avec Pothier, nos 617 *in fine* et 618.)

Le moindre praticien sait éluder l'art. 1288, en omettant de mentionner dans l'acte de décharge la somme payée par la caution.

(2) V. John Stuart Mill, *Principles of political Economy*, t. II, chap. XI.

même à l'insu des débiteurs; les deux dettes s'éteignent réciproquement, à l'instant où elles se trouvent exister à la fois, jusqu'à concurrence de leurs quotités respectives.

Cet article pose le principe de la compensation dite légale et qui serait beaucoup mieux nommée *nécessaire*, car la loi ne crée rien; elle ne fait que constater des rapports *nécessaires* (1).

*La compensation*, dite à tort donc *compensation légale*, *est celle qui, toutes les fois que certaines conditions concourent, a lieu par l'effet même de l'existence de ces conditions.*

Outre la compensation *légale*, les auteurs distinguent :

*La compensation facultative*, c'est-à-dire *celle qui dépend de la volonté d'une seule des parties* (V. *infra*, p. 913);

*La compensation judiciaire*, c'est-à-dire *celle qui est le résultat d'une demande reconventionnelle* (V. *infra*, p. 913) (2).

Comme on le comprend, toute compensation est tantôt *totale*, tantôt *partielle*, selon qu'il y a égalité dans les deux dettes respectivement existantes ou que l'une de ces dettes est inférieure à l'autre.

De là, dit-on, dans ce *dernier* cas, *une exception à la règle que le créancier ne peut être contraint de recevoir un payement partiel* (art. 1244; V. *supra*, p. 879).

**1291.** — La compensation n'a lieu qu'entre deux dettes qui ont également pour objet une somme d'argent, ou une certaine quantité de choses fongibles de la même espèce et qui sont également liquides et exigibles. — Les prestations en grains ou denrées, non contestées, et dont le prix est réglé par les mercuriales, peuvent se compenser avec des sommes liquides et exigibles.

**1292.** — Le terme de grâce n'est point un obstacle à la compensation.

Les conditions requises, pour que la compensation légale puisse avoir lieu, sont au nombre de *trois;* il faut :

1° *Que les deux dettes aient également pour objet, soit une somme d'argent, soit une certaine quantité de choses fongibles de la même espèce*, porte le texte;

2° *Que les deux dettes soient liquides;*

3° *Que les deux dettes soient exigibles.*

---

(1) Nous le répéterons, tant que nous tiendrons une plume; la loi n'est pas un concept arbitraire, la loi n'est pas une chose de fantaisie; la loi est une idée, une idée de justice, une idée de vérité; l'œuvre du législateur est de trouver la loi, non de la créer, et, l'ayant trouvée, de savoir la formuler.

Notre misérable temps a absolument perdu l'idée de la loi.

(2) On appelle ainsi la demande incidente formée par le défendeur contre le demandeur.

Comparer sur cette division, M. Duranton, t. XII, nos 383 et 461-466. — MM. Zachariæ, Aubry et Rau, t. III. p. 156. — M. Colmet de Santerre, t. V, n° 240 *bis*.

Dans l'art. 1291, le législateur napoléonien entend, dit-on, par *choses fongibles de la même espèce, les choses qui peuvent faire fonction les unes des autres, et qui, par conséquent, appartiennent à la même catégorie* (1).

Toutefois, le *second* alinéa de l'art. 1291 considère comme fongibles entre elles les dettes de *sommes d'argent* et celles consistant en *prestations de grains ou autres denrées dont le prix est réglé par les mercuriales*.

On appelle dettes *liquides* celles dont l'existence est certaine et la quotité déterminée.

Quant aux dettes *exigibles*, ce sont les dettes susceptibles de donner immédiatement lieu à action.

De cette dernière notion, on conclut qu'une obligation *naturelle* ne peut servir de base à une compensation (2).

Remarquons :

1° *Que*, comme il a déjà été dit, *le terme de grâce n'est point un obstacle à la compensation* (art. 1292) ;

2° *Que l'exigibilité qui résulte de la faillite* (art, 1188 C. N., et 444, C. Co.), *n'entraîne pas de compensation; en effet, chacun des créanciers chirographaires, en cas de faillite, ne doit recevoir qu'un dividende, et, si l'un d'eux avait le droit d'arguer d'une compensation, celui-là recevrait un payement intégral.*

**1293.** — La compensation a lieu, quelles que soient les causes de l'une ou de l'autre des dettes, excepté dans le cas : — 1° De la demande en restitution d'une chose dont le propriétaire a été injustement dépouillé ; — 2° De la demande en restitution d'un dépôt et du prêt à usage ; — 3° D'une dette qui a pour cause des aliments déclarés insaisissables.

Cet article indique *trois* causes pour lesquelles la compensation légale n'est pas possible ; ce sont :

1° *Le cas de spoliation ;*

2° *Le cas de dépôt ou de prêt à usage ;*

3° *Le cas où une dette a pour objet des aliments déclarés insaisissables.*

---

(1) M. Duranton, t. XII, n° 394. — MM. Zachariæ, Aubry et Rau, t. III, p. 156. — M. Colmet de Santerre, t. XI, n° 242 *bis*, II et IV.

La question de fongibilité eût dû être laissée à l'appréciation des tribunaux et être décidée conformément à la notion de la fongibilité, c'est-à-dire *d'après l'intention susceptible d'être raisonnablement attribuée aux parties*.

C'est ce qu'avaient compris les rédacteurs du Code de la Convention (art. 49, liv. III, tit. I).

(2) Comparer *Exposé des motifs*, Bigot-Préameneu (Locré, *Législ. civ.*, t. XII, p. 365). — M. Duranton, t. II, n°s 405 et 406. — MM. Zachariæ, Aubry et Rau, t. III, p. 158. — M. Colmet de Santerre, t, V, n° 242 *bis*, X.

La *première* exception est naïve, tant elle est évidente.

Paul doit à Pierre une somme de 1000 francs ; Pierre enlève par violence cette somme à Paul ; puis, sur la demande en restitution de Paul, Pierre oppose la compensation. On écarte Pierre par la maxime : *Spoliatus ante omnia restituendus* (1).

La *seconde* exception, qui, à proprement parler, est *double*, est moins facile à comprendre que la *première*.

En effet, le dépositaire et l'emprunteur à usage sont tous les deux tenus de rendre la chose même qui leur a été confiée ; ils sont tous les deux débiteurs d'un corps certain ; donc, ils ne tombent pas sous la règle de la compensation (art. 1291 ; V. *supra*, p. 907), et, par conséquent, il n'y avait pas lieu de les excepter de cette règle.

Cependant, on tente *deux* explications pour le dépôt.

Une *première* explication dit que les compilateurs napoléoniens, à l'instar de Pothier (n° 625), ont entendu parler ici du dépôt *irrégulier*.

Ainsi, par exemple, une personne a déposé entre les mains d'une autre une somme qui, d'après la commune intention des parties, peut être restituée en espèces équivalentes ; si, de son côté, le dépositaire est créancier du déposant, l'exception est utile pour empêcher la compensation.

Une *seconde* explication applique l'exception au cas où le dépositaire a détourné ou a fait périr la chose déposée et est ainsi devenu débiteur de dommages-intérêts; ce seraient ces dommages-intérêts qui ne pourraient entrer en compensation avec ce que le déposant doit au dépositaire.

On reproduit *pour le prêt à usage* cette dernière explication.

La vérité est que la *seconde* exception, formulée par l'art. 1293, procède d'un malencontreux souvenir du droit romain. En droit romain, dans les actions *bonæ fidei*, la compensation était admise *officio judicis*, même pour les choses non fongibles ; cependant, on exceptait formellement de cette théorie la double hypothèse du dépôt et du commodat. Les compilateurs napoléoniens n'ont pas pris garde qu'en décrétant que la compensation n'aurait désormais lieu que pour les choses *fongibles*, ils rendaient inutile l'exception relative au *dépôt* et au *commodat* (2).

La *troisième* exception doit être étendue :

1° *Aux provisions alimentaires adjugées par justice ;*

2° *A toutes les dispositions, faites à titre d'aliments, alors même que le disposant n'en aurait pas déclaré l'insaisissabilité ;*

Ou, d'une manière encore plus générale, *à toutes les choses insaisissables* (art. 581, C. Pr.).

---

(1) Comparer Pothier, n° 625.

(2) Comparer M. Duranton, t. XII, n$^{os}$ 448 et 449. — MM. Zachariæ, Aubry et Rau, t. III, p. 162, texte et notes 3 et 4. — M. Colmet de Santerre, t. V, n$^{os}$ 244 *bis*, III-VIII.

Une *quatrième* exception est fondée sur les règles relatives à l'organisation des finances publiques; *elle concerne les contributions dues à l'État;* le contribuable ne peut jamais, en aucun cas, se prétendre libéré par voie de compensation (1).

*On s'est demandé si les parties ont le droit de renoncer d'avance à se prévaloir de la compensation.*

L'*affirmative* est évidente (2).

**1294.** — La caution peut opposer la compensation de ce que le créancier doit au débiteur principal. — Mais le débiteur principal ne peut opposer la compensation de ce que le créancier doit à la caution. — Le débiteur solidaire ne peut pareillement opposer la compensation de ce que le créancier doit à son codébiteur.

Le *premier* alinéa de cet article est logiquement déduit de l'idée que la compensation est un payement abrégé. Comment la caution pourrait-elle continuer à être obligée, lorsque la compensation a eu lieu du chef du débiteur principal, c'est-à-dire lorsque le débiteur principal a payé au créancier ce qu'il lui devait?

Le *second* alinéa de cet article consacre une disposition évidente; de ce que la caution est devenue créancière du créancier, il est clair, en effet, qu'il ne s'ensuit point que le débiteur principal puisse se prétendre libéré par voie de compensation; car la caution n'est tenue de payer qu'*à défaut* du débiteur principal.

Toutefois, si, sur les poursuites du créancier, la caution s'est prévalue de la compensation opérée de son chef, le débiteur principal se trouve libéré.

Le *troisième* alinéa est en dehors de la logique; il n'y a aucune raison pour qu'un codébiteur solidaire ne puisse se prévaloir de la compensation opérée du chef de son codébiteur (V. *supra*, p. 848, texte et note 1) (3).

**1295.** — Le débiteur qui a accepté purement et simplement la cession qu'un créancier a faite de ses droits à un tiers, ne peut plus opposer au cessionnaire la compensation qu'il eût pu, avant l'acceptation, opposer au cédant. — A l'égard de la cession qui n'a point été acceptée par le débiteur, mais qui lui a été signifiée, elle n'empêche que la compensation des créances postérieures à cette notification.

Cet article prévoit le cas d'une cession de créance, et il suppose que,

---

(1) Locré, *Législ. civ.*, t. XII, p. 186.

(2) En ce sens, Delvincourt, t. II, p. 579. — MM. Zachariæ, Aubry et Rau, t. III, p. 162, texte et note 1.

En sens contraire, Toullier, t. VII, n° 393.

Qu'on n'objecte pas que la compensation légale est une compensation nécessaire, car la nécessité dont il s'agit ici est une nécessité rationnelle, et qui, par conséquent, laisse intacte la liberté de contracter. (Comparer *infra*, art. 2220.)

(3) Cet alinéa est la reproduction d'une mauvaise décision de Pothier (n° 274).

dans ce cas, *le cédé*, c'est-à-dire *le débiteur*, veuille se prévaloir contre le *cessionnaire*, c'est-à-dire contre l'*acquéreur*, des causes de compensation qu'il avait contre le *cédant; le cédé possède-t-il ce droit?*

Il faut distinguer :

*Ou la cession a été acceptée par le cédé, en d'autres termes, le cédé s'est reconnu vis-à-vis du cessionnaire débiteur du cédant, et, par là même, il doit être réputé avoir renoncé vis-à-vis du cessionnaire à se prévaloir de la compensation;*

*Ou la cession a été simplement signifiée au cédé, et il est logique que le cédé ait le droit d'invoquer contre le cessionnaire les causes de compensation qu'il avait contre le cédant antérieurement à la signification de la cession, mais non celles qui lui sont advenues postérieurement* (1).

**1296.** — Lorsque les deux dettes ne sont pas payables au même lieu, on n'en peut opposer la compensation qu'en faisant raison des frais de la remise.

*Toute marchandise est plus ou moins chère, selon qu'elle est plus demandée ou plus offerte; le prix de toute marchandise varie donc selon l'état du marché*, et, par conséquent, dans le *payement abrégé* qu'on appelle la *compensation*, il y a lieu de tenir compte de cette circonstance.

*Exemple :* Paul doit payer à Pierre, à Marseille, une somme de 10 000 francs, et, de son côté, Pierre doit payer à Paul, à Paris, une égale somme. Si le cours du change de Paris sur Marseille est de 2 p. 100, tandis que celui de Paris sur Marseille est de 1 p. 100, Paul doit faire raison à Pierre d'une somme de 100 fr. car s'il n'y avait pas eu de compensation, Paul eût dû dépenser 200 fr. pour faire toucher à Pierre 10000 francs à Marseille, et, de son côté, Pierre n'eût eu à débourser que 100 fr. pour faire toucher à Paul une égale somme à Paris; donc, pour que les choses soient dans le même état que s'il n'y avait pas eu compensation, Paul doit remettre 100 francs à Pierre.

On fait remarquer que l'art. 1296 déroge à la règle relative à la *liquidité* des dettes à compenser (art. 1291, 1er alinéa).

**1297.** — Lorsqu'il y a plusieurs dettes compensables dues par la même personne, on suit, pour la compensation, les règles établies pour l'imputation par l'article 1256.

Cette disposition est absolument inutile; elle allait d'elle-même.

**1298.** — La compensation n'a pas lieu au préjudice des droits acquis à un tiers. Ainsi celui qui, étant débiteur, est devenu créancier depuis la saisie-arrêt faite par un tiers entre ses mains, ne peut, au préjudice du saisissant, opposer la compensation.

(1) Comparer Pothier, n° 632.

Cet article revient à dire que la compensation est *impossible* dans les cas où le payement ne peut avoir lieu (1).

A l'exemple, cité par le texte, du débiteur, entre les mains duquel a été formée une *saisie-arrêt*, ajoutons celui de l'acheteur *d'un immeuble hypothéqué* qui doit toujours conserver son prix pour les créanciers hypothécaires.

**1299.** — Celui qui a payé une dette qui était, de droit, éteinte par la compensation, ne peut plus, en exerçant la créance dont il n'a point opposé la compensation, se prévaloir, au préjudice des tiers, des priviléges ou hypothèques qui y étaient attachés, à moins qu'il n'ait eu une juste cause d'ignorer la créance qui devait compenser sa dette.

Encore une *conséquence* du principe que la *compensation est un payement abrégé*.

Supposons que l'une des deux personnes entre lesquelles la compensation a eu lieu ait payé ultérieurement à l'autre ce qu'elle devait à cette autre avant la compensation, alors elle lui a payé l'*indû* et elle aura contre elle l'action en répétition de l'indû (*condictio indebiti*); mais il est clair que *les priviléges ou hypothèques qui garantissaient son ancienne créance demeurent éteints, ainsi que cette créance* (2).

Cependant, *si la personne qui a payé la dette éteinte par compensation avait un juste sujet d'ignorer la compensation qui l'a libérée, l'article réserve à cette personne les priviléges ou hypothèques qui garantissaient son ancienne créance.*

*Exemple :* Paul doit à Pierre une somme de 10 000 francs, et Pierre doit, de son côté, la même somme à l'oncle d'Amérique de Paul dont Paul est l'héritier. Paul, ignorant que son oncle est mort, et que, par conséquent, la compensation l'a libéré envers Pierre, paye à Pierre la somme qu'il croit encore lui devoir. Si l'oncle de Paul avait une hypothèque contre Pierre, l'action en répétition de Paul contre Pierre sera munie de l'hypothèque qui garantissait la créance éteinte par compensation.

Voilà donc un nouveau cas où l'hypothèque *survit* à la créance qu'elle garantit (V. *supra*, p. 900) (3).

---

(1) Nous le croyons sans peine, puisque *la compensation est un payement abrégé*.

Que de riens amoncelés! mais si on les supprimait, ces riens, que resterait-il de nos kyrielles de lois et de tous les commentaires qu'on en a faits?

(2) Comparer Pothier, n° 539.

Dans l'article, les compilateurs parlent *d'exercice de la créance éteinte;* même de la part de simples copistes qui eussent été soucieux de comprendre ce qu'ils écrivaient, l'erreur de langage serait forte.

Certains auteurs trouvent la formule très-exacte. (V. M. Colmet de Santerre, t. V, n° 251 *bis*, I.)

(3) Pothier n'admettait pas que la compensation eût lieu dans ce cas, et quelques auteurs reproduisent la décision de Pothier.

Comparer M. Bugnet *Sur Pothier*, p. 349, note 3. — MM. Zachariæ, Aubry

Remarquons que, bien que l'article ne parle que des priviléges ou hypothèqnes, il y a lieu d'appliquer aux cautionnements la double disposition qu'il contient.

# APPENDICE

## COMPENSATION FACULTATIVE ET COMPENSATION JUDICIAIRE.

*La compensation facultative a lieu, toutes les fois que la compensation légale n'était empêchée que dans l'intérêt de l'une des parties et que cette partie invoque elle-même la compensation :* ainsi, lorsque l'une des parties renonce à se prévaloir de ce que sa dette est à terme, tandis que sa créance est pure et simple (1).

Si les conditions de la compensation *légale* manquent des *deux parts*, la compensation ne peut être que *conventionnelle*.

*La compensation judiciaire a lieu lorsque le défendeur forme une demande reconventionnelle tendant à faire liquider une créance qu'il prétend avoir contre le demandeur et à obtenir du juge le bénéfice d'une compensation* (2).

## SECTION V.

### DE LA CONFUSION.

Le Code de la Convention n'avait pas rangé la confusion au nombre des modes d'extinction des obligations (V. partie III, liv. III, tit. I).

Dans une doctrine qui, pour être exacte, n'en est pas moins subtile, on enseigne que la confusion ne détruit jamais l'obligation et qu'elle en *paralyse* seulement les effets (3).

Les articles qui vont suivre sont fort mal rédigés ; ce qui atténue ici la faute des compilateurs napoléoniens, c'est le très-médiocre intérêt que le sujet présente.

---

et Rau, t. III, p. 166, texte et notes 5-8. — M. Colmet de Santerre, t. V, n° 251 *bis*, I-III.

Qu'ont voulu exactement les compilateurs? Il faut bien avouer *in terminis* qu'ils n'en savaient rien eux-mêmes.

Au surplus, sauf dans l'hypothèse de l'oncle d'Amérique, quand donc l'article 1299 trouvera-t-il une application?

(1) V., sur la compensation facultative, M. Frédéric Duranton, *Revue de droit français et étranger*, 1846, p. 874.

(2) V. Albert Desjardins, p. 499 et suiv., *Traité de la compensation et des demandes reconventionnelles*.

(3) V. M. Labbé, *Étude sur quelques difficultés relatives à la perte de la chose due et à la confusion*, p. 159.

Cet auteur paraît préoccupé d'améliorer la théorie de la confusion.

**1300.** — Lorsque les qualités de créancier et de débiteur se réunissent dans la même personne, il se fait une confusion de droit qui éteint les deux créances.

Ce mauvais texte ne pourrait avoir trait qu'à la *compensation;* il ne se rapporte nullement à la *confusion.*

*La confusion n'éteint pas ou plutôt ne paralyse pas deux créances; elle paralyse une créance et une dette.*

Au point de vue de la théorie des obligations, la confusion peut être définie :

*La réunion dans la même personne des qualités de créancier et de débiteur de la même obligation* (1).

La confusion a lieu dans *trois* cas :

1° *Lorsque le créancier succède à titre universel au débiteur;*

2° *Lorsque le débiteur succède à titre universel au créancier;*

3° *Lorsqu'une tierce personne succède à titre universel, tant au créancier qu'au débiteur.*

Le bénéfice d'inventaire met obstacle à la confusion (art. 802; V. *supra*, p. 229) (2).

De ce que la confusion *paralyse* les effets de l'obligation, plutôt qu'elle n'éteint le droit lui-même, il s'ensuit qu'*elle n'empêche nullement les effets qui peuvent encore se produire.*

*Exemple :* Une personne laisse une succession composée de 100 000 francs de biens, et, en plus, une créance de 100 000 francs.

Cette personne a un fils et elle a institué un légataire universel.

Supposons alternativement que la créance des 100 000 francs existe contre le fils ou contre le légataire.

Dans le premier cas, la confusion, opérée dans la personne du fils, ne paralyse pas les effets de l'obligation du fils vis-à-vis du légataire universel, et, dans le second cas, la confusion, opérée dans la personne du légataire universel, ne paralyse pas les effets de l'obligation du légataire universel vis-à-vis du fils; donc, dans les deux cas, le disponible et la réserve se calculant sur 200 000 francs, il en résulte que, dans le premier cas, le fils obtient simplement sa libération, et que, dans le second, c'est le légataire universel qui obtient la sienne.

**1301.** — La confusion qui s'opère dans la personne du débiteur principal

---

(1) Les compilateurs napoléoniens n'ont lu, dans la circonstance, que la première phrase du premier numéro de Pothier sur la confusion.

Pothier disait (n° 641) : « On appelle confusion le concours de deux qualités dans un même sujet, qui se détruisent. »

Si Bigot et ses collègues ne s'en fussent point tenus à la première phrase, s'ils eussent lu la seconde, ils fussent arrivés à comprendre. Pothier ajoutait, en effet :

« Celle (la confusion) dont il est ici question est le concours des qualités de créancier et de débiteur d'une même dette dans une même personne. »

(2) Comparer Pothier, n° 640.

profite à ses cautions; — Celle qui s'opère dans la personne de la caution n'entraîne point l'extinction de l'obligation principale; — Celle qui s'opère dans la personne du créancier ne profite à ses codébiteurs solidaires que pour la portion dont il était débiteur.

Cet article est encore d'une rédaction fort défectueuse, car, pris à la lettre, les *trois* alinéas qu'il renferme sembleraient ne devoir s'appliquer qu'à l'*un* des cas où s'opère la confusion, et ils s'appliquent, en réalité, aux différents cas où la confusion peut avoir lieu.

Les règles posées par ces trois alinéas sont, d'ailleurs, faciles à comprendre.

Rappelons que le *troisième* établit, pour les codébiteurs solidaires, un cas de défense *personnelle* (V. *supra*, p. 847).

On distingue la *révocation de la confusion* de la *cessation de la confusion.*

*La révocation de la confusion a lieu lorsque la confusion est anéantie en vertu d'une cause antérieure à l'événement qui l'a produite, ou, au moins, concomitante avec cet événement; dans ce cas, la confusion doit être considérée comme n'ayant jamais existé, même à l'égard des tiers.*

*Exemple :* Paul, créancier de Pierre, est devenu l'héritier de Pierre : la créance de Paul se trouve ainsi paralysée par la confusion; mais il arrive que Paul fait révoquer son acceptation comme entachée, par exemple, de dol : la créance de Paul reparaît avec tous ses accessoires, priviléges, hypothèques et cautionnements; en d'autres termes, les choses se passent, comme s'il n'y avait jamais eu réunion dans la même personne des qualités de créancier et de débiteur de la même obligation.

*La cessation de la confusion a lieu lorsque la confusion prend fin en vertu d'une cause postérieure à l'événement qui l'a produite; dans ce cas, les effets de la confusion n'en demeurent pas moins définitifs à l'égard des tiers.*

*Exemple*: Paul qui était créancier de Pierre et qui a recueilli la succession de Pierre, vend ses droits héréditaires; la créance de Paul ne reparaît pas; seulement, l'acquéreur de l'hérédité est tenu de faire raison à son vendeur de tout ce dont celui-ci était créancier (art. 1698).

## SECTION VI.

### DE LA PERTE DE LA CHOSE DUE.

Le Code de la Convention réglait cette cause d'extinction en un seul article (art. 51, liv. III, tit. II).

La compilation napoléonienne a consacré à cette même cause deux articles, dont un inutile et à contre-sens.

Il faut, d'ailleurs, entendre par *perte de la chose due*, *tout événement qui rend impossible l'exécution de l'obligation.*

**1302.** — Lorsque le corps certain et déterminé qui était l'objet de l'obligation vient à périr, est mis hors du commerce, ou se perd de manière qu'on en ignore absolument l'existence, l'obligation est éteinte si la chose a péri ou a été perdue sans la faute du débiteur, et avant qu'il fût en demeure. — Lors même que le débiteur est en demeure, et s'il ne s'est pas chargé des cas fortuits, l'obligation est éteinte dans le cas où la chose fût également périe chez le créancier si elle lui eût été livrée. — Le débiteur est tenu de prouver le cas fortuit qu'il allègue. — De quelque manière que la chose volée ait péri ou ait été perdue, sa perte ne dispense pas celui qui l'a soustraite de la restitution du prix.

Cet article pose, en principe, que, *dans les obligations de corps certains, le débiteur est libéré toutes les fois qu'il justifie que le corps certain sur lequel portait son obligation a péri sans sa faute;* il faut ajouter : *ou sans son fait* (1).

En effet, il ne peut y avoir de dette sans un objet dû, ni de responsabilité du débiteur, lorsqu'il s'agit d'un fait qui est étranger au débiteur.

*Dans les obligations qui portent sur une chose indéterminée*, le cas de perte se réalise rarement ; de là, l'adage : *genera non pereunt.*

Cependant, on peut concevoir que le genre auquel appartient la chose due soit tout entier mis *hors du commerce*, ou encore que le *dernier* individu de ce même genre vienne à *périr* avant que l'obligation soit exécutée ; évidemment, la règle posée pour les corps certains devrait alors être appliquée.

S'il y a *faute* (ou *fait*) du débiteur, le débiteur devient *responsable.*

Remarquons que le *premier* alinéa de l'art. 1302 assimile implicitement la *demeure* du débiteur à la *faute.*

Toutefois, le *second* alinéa de l'article décide que, lorsque le débiteur n'est responsable des cas fortuits qu'à raison de sa *demeure*, il peut se soustraire au payement de tous dommages-intérêts en prouvant que *la chose eût également péri chez le créancier si elle lui eût été livrée* (2).

Remarquons encore qu'aux termes du *quatrième* alinéa de l'article, le voleur est traité d'une manière exceptionnelle, à un double point de vue :

1° *Le voleur est toujours en demeure ;*

2° *Le voleur ne peut s'exonérer des dommages-intérêts en prouvant que la chose volée eût également péri chez le propriétaire.*

---

(1) Comparer art. 1042, et Pothier, n° 661.

(2) Certains auteurs font observer que la loi *ne défend pas* aux parties de mettre tous les cas fortuits à la charge du débiteur.

Nous sommes tellement habitués à ce que la loi viole notre liberté, que cette observation paraît toute naturelle.

Cette *dernière* décision est *irrationnelle* et *injuste* (1).

Remarquons enfin que lorsque le débiteur est libéré par la perte de la chose arrivée sans sa faute ou sans son fait, *la question du maintien de l'obligation corrélative, dans les contrats synallagmatiques, ne peut être tranchée d'une manière uniforme.*

Si l'obligation éteinte était de *donner*, l'obligation corrélative *subsiste* lorsque l'obligation éteinte était *pure et simple* ou *à terme* (art. 1138) ; au contraire, l'obligation corrélative est *détruite* lorsque l'obligation éteinte était *conditionnelle* (art. 1182).

Si l'obligation éteinte était de *faire* ou de ne *pas faire*, l'obligation corrélative est *détruite* dans *tous* les cas (2).

**1303.** — Lorsque la chose est périe, mise hors du commerce ou perdue, sans la faute du débiteur, il est tenu, s'il y a quelques droits ou actions en indemnité par rapport à cette chose, de les céder à son créancier.

Cet article est une malencontreuse reproduction du n° 670 de Pothier.

Aujourd'hui, il n'en est plus comme au temps de Pothier ; le débiteur n'a aucune action à céder au créancier ; dans le cas prévu par l'article, le *créancier*, aujourd'hui, est *propriétaire* (art. 1138) (3).

## SECTION VII.

### DE L'ACTION EN NULLITÉ OU RESCISION DES CONVENTIONS.

Il s'agit, dans cette section, non de « *l'action en nullité des conventions* », comme parle le Code Napoléon, mais de *l'action en annulabilité* ou en *annulation des contrats* (V. *supra*, p. 746).

Notons, d'ailleurs, que *l'action en rescision* est aujourd'hui *à peu près identique avec l'action en annulabilité*, mais qu'elle en *différait* autrefois, à plusieurs points de vue :

1° *L'action en nullité* (le vieux droit disait, comme les copistes napoléoniens, *nullité* à la place d'*annulabilité*), *l'action en nullité, donc, s'appliquait aux obligations dont la nullité était prononcée par les ordonnances ou par les coutumes.*

---

(1) Comparer Pothier, n° 664.

Il est légitime d'indemniser le propriétaire du tort qui lui a été causé ; il est légitime de chercher à corriger, à *améliorer* le voleur ; il est illégitime d'enrichir le propriétaire aux dépens du voleur.

(2) Comparer MM. Zachariæ, Aubry et Rau, t. III, p. 226. — M. Colmet de Santerre, n° 257 *bis*, IV.

(3) Il y a des auteurs bien embarrassés pour expliquer l'art. 1303 ; car comment avouer que les compilateurs napoléoniens n'ont jamais soupçonné le *grand* principe qu'ils avaient eux-mêmes décrété, à savoir, que *la propriété se transmet par le seul effet du contrat, lorsque le contrat porte sur un corps certain.*

M. Colmet de Santerre, se fait historien et se réfugie timidement dans une hypothèse. (V. t. V, n° 260 *bis*, II.)

*L'action en rescision se référait aux obligations que l'on réputait nulles, d'après les règles du droit romain ou de l'équité* (1).

2° *L'action en nullité s'intentait immédiatement devant les tribunaux.*

*L'action en rescision ne pouvait être intentée que par la partie qui avait préalablement obtenu des lettres de rescision délivrées, au nom du roi, par les chanceliers établis près des cours souveraines* (2).

3° *L'action en nullité ne se prescrivait, en général, que par trente ans ;*

*L'action en rescision se prescrivait par dix ans.*

Le droit de la Révolution supprima les lettres de rescision (l. 7, 11 septembre 1790).

De son côté, la législation napoléonienne a soumis au *même* délai de prescription (le délai de dix ans) les deux actions en nullité et en rescision.

Cependant, certains auteurs refusent d'admettre que les deux actions en nullité et en rescision soient actuellement fondues en une seule (3).

Quant à l'ensemble de la section, il est confus dans la forme et confus au fond ; les compilateurs napoléoniens s'y sont montrés ce qu'ils sont partout, épris de traditions qu'ils n'entendaient pas, et qui, les eussent-ils entendues, n'étaient propres qu'à les égarer.

**1304.** — Dans tous les cas où l'action en nullité ou en rescision d'une convention n'est pas limitée à un moindre temps par une loi particulière, cette action dure dix ans. — Ce temps ne court, dans le cas de violence, que du jour où elle a cessé ; dans le cas d'erreur ou de dol, du jour où ils ont été découverts ;

(1) C'était la *restitutio in integrum* des Romains, bizarrement transportée dans le chaos monarchique et féodal du Moyen-âge.

(2) Il y avait une absurdité si palpable à assimiler le roi au préteur romain, que les chancelleries avaient fini par délivrer ces lettres de rescision sans connaissance de cause.

(3) Et pourquoi seraient-elles fondues en une seule? Est-ce que les rédacteurs du Code Napoléon ont jamais eu, sur un sujet quelconque, une vue d'unité quelconque? Est-ce que ces hommes se souciaient d'avoir de telles vues? Est-ce qu'à cet égard notre démonstration n'est pas mille fois faite? Donc, bien que cela n'ait en soi absolument aucun sens, nous distinguerons avec MM. Zachariæ, Aubry et Rau l'action en rescision de l'action en nullité, et nous dirons avec ces auteurs :

1° *Que les compilateurs napoléoniens emploient indifféremment les termes de nullité ou de rescision pour désigner les cas où le consentement est entaché d'erreur, de violence ou de dol, mais qu'ils se servent exclusivement du mot rescision, lorsque l'obligation est entachée de lésion;*

2° *Que le défendeur ne peut écarter l'action en nullité, en offrant au demandeur une indemnité suffisante, tandis qu'il peut par ce moyen écarter l'action en rescision pour cause de lésion* (art. 891 et 1681).

Comparer MM. Zachariæ, Aubry et Rau, t. III.

D'autres auteurs trouvent encore d'autres différences. (Comparer Toullier, t. VII, n^os 527-529.)

et pour les actes passés par les femmes mariées non autorisées, du jour de la dissolution du mariage. — Le temps ne court, à l'égard des actes faits par les interdits, que du jour où l'interdiction est levée; et à l'égard de ceux faits par les mineurs, que du jour de la majorité.

Cet article commence par déclarer que *l'action en nullité* (en *annulabilité*) *ou en rescision des contrats dure, en principe, dix ans.*

Le législateur napoléonien applique ensuite formellement cette règle aux cas :

1° *D'erreur ;*

2° *De violence;*

3° *De dol;*

4° *D'actes passés par les femmes mariées non autorisées ;*

5° *D'actes faits par les interdits ;*

6° *D'actes faits par les mineurs.*

Les *deuxième* et *troisième* alinéas de l'art. 1304 déterminent, d'ailleurs, *le point de départ de la prescription de l'action dans ces différents cas*, et les auteurs, généralisant cette fois contre leur habitude, proposent la formule suivante :

*La prescription court à partir du moment où la personne, dans l'intérêt de laquelle le contrat est annulable, a pu en demander librement la nullité.*

Les auteurs sont, en outre, d'accord pour appliquer l'art. 1304, non-seulement à l'action en nullité ou en rescision des *contrats*, mais encore à l'action en nullité ou en rescision de *tous actes de volonté, assimilables aux contrats quant à leurs effets* (1).

*Quatre* questions controversées se posent ici ; nous allons les parcourir successivement :

1re QUESTION. — *Lorsque la femme mariée a fait sans autorisation un acte que, d'après la loi napoléonienne, elle est incapable de faire de la sorte, à partir de quel moment court le délai de l'action en nullité qui appartient alors au mari?*

Les *uns* se retranchent derrière le texte de l'art. 1304 qui ne fait aucune distinction entre l'action du mari et celle de la femme, et ils décident que le délai des deux actions ne court qu'*à partir de la dissolution du mariage* (2).

Les *autres* disent qu'à la différence de la femme, le mari est tout aussi libre d'agir pendant le mariage qu'après la dissolution du mariage, et que le délai de l'action du mari court *à partir du moment où le mari a connu l'acte fait par sa femme.*

(1) Comparer MM. Zachariæ, Aubry et Rau, t. III, p. 196, texte et note 10. — M. Colmet de Santerre, t. V, n° 265 *bis*, IX.

(2) M. Colmet de Santerre, t. V, n° 265 *bis*, V.

Dans cette *grave* controverse, nous nous décidons pour le *second* avis (1).

2e QUESTION. — *Le délai de dix ans, fixé par l'article* 1304, *constitue-t-il une déchéance* sui generis *ou une prescription soumise aux règles du droit commun?*

Si l'on se décide pour la *déchéance*, le délai est *invariable*.

Si l'on prend, au contraire, parti pour la *prescription*, les causes de *suspension* et d'*intervention* du droit commun sont *applicables* (art. 2242-2249).

DEUX SYSTÈMES.

1er SYSTÈME (2). — *Le délai de dix ans, fixé par l'art.* 1304, *constitue une déchéance* sui generis :

1er *Arg.* L'art. 2264 soustrait à la théorie générale de la prescription toute prescription réglée par un titre spécial (3).

2e *Arg.* Il est *d'ordre public* que les actions en nullité d'un contrat aient une durée fixe.

2e SYSTÈME (4). — *Le délai de dix ans, fixé par l'art.* 1304, *constitue une prescription soumise aux règles du droit commun.*

1er *Arg.* L'art. 2264 ne renferme qu'un simple renvoi.

2e *Arg.* Il est *d'ordre public* que le droit de chacun soit respecté.

3e *Arg.* Le *second* alinéa de l'art. 1676 décide que, dans le cas spécial de la rescision de la vente d'immeuble pour cause de lésion, le délai de l'action en rescision court contre les mineurs, venant du chef d'un majeur; donc, *à contrario*, le délai de l'action en rescision ne court pas, en général, contre les mineurs, venant même du chef d'un majeur.

Nous optons pour le *second* système, à cause de son *second* argument.

3e QUESTION. — *Le délai de dix ans, applicable à la durée de l'action fondée sur la nullité* (annulabilité) *d'un contrat, est-il applicable à la durée de l'exception* (défense) *fondée sur la même nullité?*

Voici l'espèce :

Circonvenu par le dol de Pierre, Paul a contracté envers Pierre une

---

(1) M. Demolombe, t. IV, p. 260. (V. sur l'aberration que la théorie juridique appelle *l'incapacité de la femme mariée*, notre *Manuel de droit civil*, t. I, p. 224 et suiv.)

(2) Toullier, t. VII, n° 615. — M. Duranton, t. XII, n° 548.

(3) V. *Manuel de droit civil*, supplément au t. II, *De la prescription*, art. 2264.

(4) Pothier, *Procéd. civ.*, chap. IV, art. 2, § 6. — Delvincourt, t. II, part. II, p. 806. — MM. Aubry et Rau, t. III, texte et note 31. — M. Colmet de Santerre, t. V, n° 265 *bis*, III-V.

certaine obligation, il découvre ensuite le dol de Pierre. Il a le droit de demander la nullité de son obligation ; au lieu d'user de ce droit, il laisse s'écouler dix ans depuis la découverte du dol ; Pierre exige alors de Paul l'exécution de son obligation ; Paul a-t-il perdu le droit d'opposer à Pierre le dol dont celui-ci s'est rendu coupable ?

DEUX SYSTÈMES.

1er SYSTÈME (1). — Conformément à la maxime romaine : « *Quæ temporalia sunt ad agendum, perpetua sunt ad excipiendum* », *le délai de l'exception fondée sur la nullité d'un contrat a une durée égale à celle de l'action que ce contrat fait naître au profit du créancier.*

1er *Arg.* En droit romain, cette décision ne souffrait aucun doute (V. L. 5, § 6, D., liv. XLIV, tit. IV).

2e *Arg.* Elle est, d'ailleurs, fondée sur la nature même des choses, car aussi longtemps que dure le droit d'attaque, aussi longtemps doit durer le droit de défense.

3e *Arg.* L'art. 134 de l'Ordonnance de Villers-Cotterets (1549) avait restreint à dix ans le délai pendant lequel on pouvait faire valoir, tant en demandant qu'en défendant, les causes de rescision, et même certaines causes de nullité ;

Or, l'art. 1304 ne parle que des actions en nullité ou en rescision ; il ne parle pas des exceptions.

2e SYSTÈME (2). — *Le délai de dix ans, applicable à la durée de l'action fondée sur la nullité d'un contrat, est applicable à la durée de l'exception fondée sur la même nullité.*

1er *Arg.* En droit romain, la maxime *quæ temporalia sunt ad agendum, perpetua sunt ad excipiendum* tenait à ce que le débiteur ne pouvait prendre lui-même l'initiative des poursuites ;

Or, cette raison n'existe plus en droit français.

2e *Arg.* L'expiration du délai de dix ans emporte confirmation de l'acte.

3e *Arg.* Si les rédacteurs du Code Napoléon ne se sont pas expliqués sur ce point, c'est évidemment qu'ils entendaient maintenir le droit établi depuis l'ordonnance de Villers-Cotterets.

*Rationnellement*, le *premier* système est *préférable ;*

*Légalement*, c'est peut-être le *second* qui doit *l'emporter*.

---

(1) Delvincourt, t. II, p. 596 à 600. — Toullier, t. VII, nos 600 et suiv. — MM. Zachariæ, Aubry et Rau, t. III, p. 198 et 199, t. VI, p. 514 et 515, texte et note 1.

(2) M. Duranton, t. XII, p. 549. — M. Colmet de Santerre, t. V, n° 265 *bis*, VI.

4e QUESTION. — *En vertu de l'art.* 39 *de la loi du* 30 *juin* 1838, *l'action en nullité des actes passés par une personne, placée dans un établissement d'aliénés et dont l'interdiction n'a point été prononcée, ne se prescrit contre cette personne elle-même qu'à partir de la signification qui lui en a été faite ou de la connaissance qu'elle en a eue autrement, après sa sortie définitive de la maison d'aliénés : et, à l'égard de ses héritiers, qu'à dater de la signification qui leur en a été faite, ou de la connaissance qu'ils en ont eue depuis la mort de leur auteur.*

*On demande si cette disposition est applicable à l'interdit.*

La *négative* est évidente ; l'art. 39 de la loi du 30 juin n'a pas modifié, pour l'interdit, l'alin. 3 de l'art. 1304.

**1305.** — La simple lésion donne lieu à la rescision en faveur du mineur non émancipé, contre toutes sortes de conventions ; et en faveur du mineur émancipé, contre toutes conventions qui excèdent les bornes de sa capacité, ainsi qu'elle est déterminé au titre *de la Minorité, de la Tutelle et de l'Émancipation.*

*Ce texte s'applique-t-il aux actes que le tuteur a régulièrement faits, au nom du mineur non émancipé, ou que le mineur émancipé a régulièrement faits, avec l'assistance de son curateur ?*

*Ne s'applique-t-il, au contraire, qu'aux actes que le mineur, soit non émancipé, soit émancipé, a faits seul et qui devaient être faits par le tuteur ou avec l'assistance du curateur ?*

Ce point a été fort controversé.

D'après un *premier* système, *le mineur, soit non émancipé, soit émancipé, est restituable, comme mineur, pour les actes qu'il a faits seul et qui devaient être faits par le tuteur ou avec l'assistance du curateur ;*

*Il est restituable, comme lésé, pour ceux qui sont régulièrement faits par le tuteur ou avec l'assistance du curateur* (1).

D'après un *second* système, *la restitution pour lésion ne s'applique qu'aux actes que le mineur, soit non émancipé, soit émancipé, a faits seul et qui devaient être faits par le tuteur ou avec l'assistance du curateur ; elle ne s'applique pas aux actes qui sont régulièrement faits par le tuteur ou avec l'assistance du curateur* (2).

Comme on le voit, le *premier* système *oppose* la nullité *pour inca-*

(1) Toullier, t. VI, n° 106. — M. Troplong, *Traité de la Vente*, n° 166.

(2) M. Valette, sur Proudhon, t. II, p. 465 et suiv. — M. Frédéric Duranton, *Revue étrangère et française de la législation*, 1843, p. 345 et 609. — MM. Zachariæ, Aubry et Rau, t. III, p. 179 et suiv., texte et notes 3-8. — M. Marcadé, t. IV, nos 270 *bis*, I-XXII.

Il existe un troisième système proposé par M. Demante.

D'après M. Demante, *la restitution pour lésion s'appliquerait aux deux catégories d'actes ci-dessus mentionnés.* (V. pour l'exposition et pour la réfutation de ce système, M. Colmet de Santerre, *loc. cit.*)

*pacité* (art. 1108, 1124 et 1122) à la rescision *pour lésion* (art. 1302).

Le *second* système, au contraire, déclare que la nullité *pour incapacité* et la rescision *pour lésion se confondent.*

Aujourd'hui, le *second* système prévaut.

On le fonde :

1° Sur l'autorité du droit ancien, considéré dans son dernier état ;

2° Sur les travaux préparatoires du Code Napoléon ;

3° Sur l'ensemble des articles de la section.

Le *premier* argument n'est rien moins que probant ; il suffit, pour s'en convaincre, de se reporter à Pothier (1).

Le *second* argument a quelque apparence (2).

Le *troisième* est encore le moins incertain ; les art. 1304, 1307, 1309, 1310 et 1311 supposent tous, en effet, des actes accomplis par le mineur lui-même (3).

La disposition de l'art. 1305 étant générale, la plupart des auteurs admettent que le mineur a le droit de se faire restituer pour cause de lésion, même contre un mineur (4).

**1306.** — Le mineur n'est pas restituable pour cause de lésion, lorsqu'elle ne résulte que d'un événement casuel et imprévu.

Cet article consacre l'évidence ; il signifie simplement que le mineur n'est restituable pour cause de lésion contre l'acte qu'il a fait seul, *que tout autant que la lésion résulte de cet acte.*

**1307.** — La simple déclaration de majorité, faite par le mineur, ne fait point obstacle à sa restitution.

Le mineur ne perd pas le bénéfice de l'action en rescision *en se déclarant majeur ;* c'est aux tiers de contrôler cette déclaration.

Cependant, le mineur cesserait d'être restituable, s'il employait des

(1) Pothier, *Procéd. civ.*, part. V, chap. IV, art. 2, § 1.

(2) V. *Exposé des motifs*, par Bigot-Préameneu, et *Rapport au Tribunat* par Jaubert. (Fenet, t. XVII, p. 283, 271-272. — Locré, *Législ. civ.*, t. XII, p. 391, 494 et 497.)

(3) Nous n'insistons pas sur cette discussion, et nous renvoyons pour les détails aux auteurs ci-dessus cités. Quant à nous, nous enregistrerons simplement ce résultat :

*Le mineur, agissant seul dans les cas où il a besoin d'être représenté ou assisté, n'est pas restituable, comme mineur, il n'est restituable que comme lésé.*

*La femme mariée, agissant seule dans les cas où elle a besoin d'être autorisée, est restituable, comme femme mariée, indépendamment de toute lésion.*

Et qui paye les *frais*, dans ce dernier cas ? Les *tiers*.

S'ils lisent nos lois, nos neveux auront de quoi rire à nos dépens.

(4) Comparer Toullier, t. VII, n° 591. — MM. Zachariæ, Aubry et Rau, t. III, p. 183. — M. Colmet de Santerre, t. V, n° 270 *bis*, XXIII.

*manœuvres frauduleuses* pour faire croire à sa majorité, par exemple s'il présentait un faux acte de naissance.

**1308.** — Le mineur commerçant, banquier ou artisan, n'est point restituable contre les engagements qu'il a pris à raison de son commerce ou de son art.

**1309.** — Le mineur n'est point restituable contre les conventions portées en son contrat de mariage, lorsqu'elles ont été faites avec le consentement et l'assistance de ceux dont le consentement est requis pour la validité de son mariage.

**1310.** — Il n'est point restituable contre les obligations résultant de son délit ou quasi-délit.

Ces articles n'ont besoin d'aucun commentaire ; ils indiquent *trois* cas où le mineur n'est pas restituable pour cause de lésion (Comparer pour le 1er cas, art. 2 et 3, C. Co. — V. aussi art. 487, C. N.).

**1311.** — Il n'est plus recevable à revenir contre l'engagement qu'il avait souscrit en minorité, lorsqu'il l'a ratifié en majorité, soit que cet engagement fût nul en sa forme, soit qu'il fût seulement sujet à restitution.

Cet article, mal rédigé, entend permettre au mineur, devenu majeur, de ratifier :

1° *Les actes nuls en la forme*, c'est-à-dire *faits sans les formes protectrices de la minorité, que le mineur aurait consentis lui-même ou qui auraient été consentis par son tuteur ;*

2° *Les actes sujets à restitution.*

*En ce qui concerne les actes nuls en la forme*, les auteurs se demandent si ces actes sont *nuls* (inexistants), ou *seulement annulables.*

Ce qui peut faire croire qu'ils sont *seulement annulables*, c'est que l'art. 1311 les considère comme susceptibles d'être *ratifiés.*

De là, il résulte que *la nullité de ces actes est prescriptible par dix ans, à partir de l'époque où le mineur a atteint sa majorité* (1).

**1312.** — Lorsque les mineurs, les interdits ou les femmes mariées sont admis, en ces qualités, à se faire restituer contre leurs engagements, le remboursement de ce qui aurait été, en conséquence de ces engagements, payé pendant la minorité, l'interdiction ou le mariage, ne peut en être exigé, à moins qu'il ne soit prouvé que ce qui a été payé a tourné à leur profit.

En principe, l'annulation ou la rescision remet les choses dans l'état où elles seraient si l'acte annulé ou rescindé n'eût jamais existé ; d'où, la conséquence que *les parties doivent réciproquement se restituer tout ce qu'elles ont reçu l'une de l'autre, en vertu de l'acte annulé ou rescindé.*

---

(1) En ce sens, Zachariæ, t. II, p. 445. — MM. Aubry et Rau, t. III, p. 117, texte et note 14. — M. Solon, *Des nullités*, t. II, n° 468. — M. Marcadé, t. IV, n° 900.

En sens contraire, M. Duranton, t. X, n° 284.

Cet auteur pense que, dans ce cas, le délai de la prescription est de trente ans.

Il y a naturellement une *exception* pour tous les incapables mineurs, interdits ou *femmes mariées* (1).

**1313.** — Les majeurs ne sont restitués pour cause de lésion que dans les cas et sous les conditions spécialement exprimés dans le présent Code.

Les majeurs sont restituables pour cause de lésion :

1° *Dans les partages, lorsque la lésion est de plus d'un quart;*

2° *Dans les ventes d'immeubles, lorsque c'est le vendeur qui est lésé, et que la lésion est de plus des sept douzièmes.*

**1314.** — Lorsque les formalités requises à l'égard des mineurs ou des interdits, soit pour aliénation d'immeubles, soit dans un partage de succession, ont été remplies, ils sont, relativement à ces actes, considérés comme s'ils les avaient faits en majorité ou avant l'interdiction.

Cet article doit être généralisé et étendu *à tous les actes régulièrement faits par le tuteur ou avec l'assistance du curateur* (V. *suprà*, p. 922).

# CHAPITRE VI

## DE LA PREUVE DES OBLIGATIONS ET DE CELLE DU PAYEMENT.

Cette mauvaise rubrique n'annonce pas ce que contient le chapitre VI; il s'agit, dans les art. 1315 et suivants, de la preuve relative tant aux droits réels qu'aux droits personnels.

La matière de la preuve occupe une place considérable dans la pratique juridique ; assurément, un droit qu'on ne parvient pas à prouver ne cesse pas pour cette raison d'être un droit, mais la collectivité sociale ne peut prêter l'appui de sa force qu'aux droits dont elle a constaté l'existence.

Au point de vue social, donc, un droit qui n'est pas prouvé est comme un droit qui n'existe pas : il est dénué de sanction.

Mais tant que les droits ne s'harmoniseront pas d'eux-mêmes, tant que l'ordre public ne subsistera pas de lui-même (2), la société aura le

(1) N'est-ce pas le cas de redemander si l'absurdité de la théorie de l'incapacité de la femme mariée n'est pas une nouvelle fois démontrée par les conséquences que l'incapacité de la femme mariée engendre?

Cette société, prise de défaillance, oublie depuis soixante-dix ans la raison; qu'elle retourne à l'école des vrais maîtres, à l'école des Turgot, des Condorcet; là seulement se trouvera la lumière, et avec la lumière, le salut.

(2) Et que faudrait-il pour qu'il subsistât de lui-même? Une chose fort simple : que ceux surtout qui croient savoir abdiquassent leur ignorance d'origine; que les hommes comprissent que leurs intérêts sont *identiques*.

devoir d'intervenir pour faire respecter les droits exposés à être violés et impuissants à se protéger.

Tenue de la sanction, la société a-t-elle le droit de limiter la preuve ? Tous sont-ils autorisés à dire à chacun : Si tu prouvais ton droit, nous devrions notre assistance à ce droit, mais nous t'empêcherons de le prouver ou nous en entraverons la preuve ?

L'esprit légiste, le contraire de l'esprit du droit, a toujours résolu cette question au rebours de la raison la plus certaine; le Bas-Empire commença à réglementer la preuve; le moyen âge recueillit et développa l'enseignement du Bas-Empire, et c'est presque un axiome de la fausse science juridique actuelle que le législateur a le droit de restreindre la liberté de la preuve (1).

L'idée vraie est l'idée opposée: tout individu doit être laissé libre de prouver son droit, comme il entend le faire.

Et cet axiome-là n'est pas seulement fondé sur la base même du droit, nous voulons dire sur l'*autonomie de l'individu*, il est commandé par la nature de la preuve.

Qu'est-ce que la preuve, en logique abstraite ou concrète?

Interrogez les métaphysiciens, ceux qui comptent dans l'histoire de la pensée; tous répondront que l'homme n'arrive qu'à la connaissance subjective de la vérité (2).

Passez ensuite en revue vos propres appréciations quotidiennes, dénombrez, si vous le pouvez, les erreurs de vos tribunaux, et, cela fait, osez prétendre que votre système restrictif est dans le courant du progrès humain, osez affirmer que plus on emprisonne la recherche de la vérité, plus on multiplie les chances de rendre cette recherche féconde (3).

---

(1) Il faut rendre au droit de la République romaine la justice de reconnaître qu'à l'égard de la preuve, il demeura toujours étranger au système despotique et sophistique, qui s'établit à l'époque du Bas-Empire; c'est ce dont témoigne un rescrit, plein de bon sens, où Adrien constate le droit qui existait encore au commencement du IIe siècle :

« *Quæ argumenta et ad quem modum probandæ cuique rei sufficiant, nullo satis certo modo definiri potest. Sicut non semper, ita sæpè sinè publicis monumentis cujusque rei veritas deprehenditur. Aliàs numerus testium, aliàs dignitas et auctoritas, aliàs veluti consentiens fama, confirmat rei, de qua quæritur, fidem. Hoc ego solum tibi rescribere possum summatim, non utique ad unam probationis speciem cognitionem statim alligari debere; sed ex sententia animi tui te æstimare debere quid aut credas, aut parum probatum tibi opineris.* » (L. 7, § 2, D., liv. XXII, tit. V.)

Il est remarquable que le système des preuves légales s'est établi en même temps qu'a prévalu le principe monarchique des tribunaux permanents, c'est-à-dire d'une magistrature instituée par les chefs d'Etat, et jugeant cumulativement le fait et le droit.

(2) V. Descartes, *Discours de la méthode*. — Kant, trad. Tissot, *Critique de la raison pure*. — Bentham, édit. Dumont, *Traité des preuves judiciaires*. — John Stuart Mill, trad. L. Peisse, *Système de logique*.

(3) Nous n'ignorons pas qu'en ce qui concerne les tribunaux de l'époque

Donc, la preuve n'est qu'une probabilité; donc aussi, de cette nouvelle considération, ressort encore la même conséquence : le législateur n'a point à réglementer la preuve, et c'est affaire à l'individu de choisir les moyens qu'il juge propres à manifester son droit.

Quels sont maintenant ces moyens? Peut-on les classer? Peut-on en mesurer, *à priori*, la force respective?

Ici, commence l'œuvre de la doctrine; nous n'en indiquerons que les traits essentiels.

En droit, le procédé de la preuve est de deux sortes : ou bien un certain fait est directement connu du juge, et le juge en conclut que le fait allégué est vrai ; ou bien le juge raisonne d'après une induction fondée sur l'observation de faits d'un certain ordre, et il applique cette induction aux faits de même ordre qui sont la matière du débat.

Ainsi, des témoins déposent-ils qu'ils ont entendu un tel promettre à tel autre telle somme, la conséquence sera tirée du fait connu, le témoignage, au fait inconnu, la promesse : c'est le premier procédé, celui de la preuve, proprement dite.

Pareillement, est-il avéré qu'un certain nombre de femmes, dans l'état de mariage, ont conçu des œuvres de leur mari, cette observation deviendra l'induction: « *Pater is est quem nuptiæ demonstrant* », et, telle femme mariée étant accouchée, le juge lui appliquera cette induction : c'est le second procédé, celui de la présomption, ainsi nommée par antithèse à la preuve.

La preuve, proprement dite, consiste toujours dans un témoignage; seulement, ce témoignage est tantôt celui d'une des parties, tantôt celui de tiers.

Dans le premier cas, le Droit donne au témoignage le nom d'aveu; dans le second, il lui conserve le nom de témoignage.

L'aveu peut être fait devant le juge, et alors le juge n'a qu'à le constater lui-même; il peut aussi être fait en dehors de la présence du juge,

---

actuelle, notre argument peut être critiqué, car on peut nous dire que l'organisation judiciaire actuelle repose sur une base fausse; qu'au lieu de procéder de la raison, elle n'est fondée que sur le caprice, et qu'en un mot la merveille serait qu'une institution aussi radicalement mauvaise pût porter de bons fruits.

Cette appréciation est entièrement la nôtre, et, qui mieux est, nous nous trouvons en situation de la corroborer par une série d'observations décisives; cependant, elle ne change en rien notre manière de voir sur l'effet désastreux de la limitation de la preuve, et sur la fatalité des erreurs auxquelles cette irrationnelle doctrine condamne le juge.

Qu'on suppose même une magistrature aussi éclairée, aussi pénétrée de l'idée du progrès et du sentiment des besoins sociaux que la nôtre l'est peu, le nombre des erreurs judiciaires ne diminuerait pas dans une proportion notable, si l'on ne restituait à l'individu le droit de prouver librement son droit, si l'on ne reconnaissait au juge le droit d'apprécier librement la preuve.

soit devant des témoins, soit par écrit privé, et alors il devient une preuve subordonnée à une autre.

Le témoignage comporte évidemment les deux mêmes modes; mais, dans nos fausses organisations sociales, il y a un témoin dont l'attestation revêt un caractère et obtient une valeur exceptionnelle; ce témoin, c'est l'officier public auquel la loi attribue compétence pour rédiger certains actes.

Dans le seul État que la raison avoue et que nos neveux connaîtront, dans l'État républicain, tout témoignage n'empruntera son autorité qu'à la moralité plus ou moins notoire de la personne dont il procédera, et l'on n'admettra pas qu'il existe dans cet ordre la moindre différence entre le témoignage du fonctionnaire public, c'est-à-dire de l'homme élu pour servir les autres, et le témoignage de ceux qui l'institueront pour les servir (1).

Sans doute, on conçoit que le mandat de réquisition de la force publique ne puisse être apposé sur un acte que par un officier public ayant qualité pour l'y inscrire, mais autre est ce mandat, autre le point relatif à la valeur probante de l'acte qui le contient.

Considéré comme preuve à part, l'acte dit *authentique* est donc appelé à disparaître.

Les législations actuelles reconnaissent, en outre, une preuve que les auteurs se trouvent fort empêchés de classer, le serment judiciaire.

Le serment est un débris de ces âges où l'on n'apprenait point à confesser la vérité, à cause d'elle-même, et où l'on n'était retenu de la trahir que par la crainte de la foudre de Jupiter ou de Jéhovah, ou encore par celle des peines réservées dans une autre vie au parjure.

Cette foi antique, cette foi naïve subsiste-t-elle aujourd'hui? Notre siècle n'a-t-il pas témoigné d'une manière assez éclatante et par des faits assez honteux que la religion du serment est entièrement détruite? Aujourd'hui, quel malhonnête homme hésite à fausser la vérité? quel homme, sûr de sa conscience, pourrait se croire permis de l'offenser?

Donc, le serment judiciaire n'a aucune raison d'être; loin de purifier les mœurs, il ne contribue qu'à les corrompre, et la Convention était guidée par un profond sentiment moral, lorsqu'elle projetait de le supprimer (2).

---

(1) Nous prévenons de nouveau que nous ne parlons dans ce livre qu'au point de vue de l'idée républicaine, et que tout ce que nous écrivons suppose, comme prémisse, l'établissement du gouvernement républicain.

La science n'est point l'assemblage fantaisiste d'opinions contradictoires, elle est une synthèse; la science n'est point un chaos, elle est une harmonie; les sociétés nouvelles ne naîtront que lorsque l'idée de cette synthèse et de cette harmonie sera devenue vulgaire : jusque-là, résignons-nous à nous agiter au milieu des ruines, impuissants nous-mêmes, luttant contre d'autres impuissants.

(2) Et puis le serment, devant quels juges! Et s'il arrivait que les juges se

Si, de la preuve proprement dite, nous passons aux présomptions, nous constaterons d'abord que l'induction, dans laquelle la présomption consiste, peut être faite par la loi elle-même ou abandonnée par elle à la discrétion du juge.

Ces deux espèces de présomptions sont loin de présenter le même caractère.

Érigées chacune *à priori* en règles générales, les présomptions légales sont exposées à se heurter contre l'écueil de l'arbitraire : or, cet écueil-là, comme on sait, est éminemment grave, car l'arbitraire législatif s'impose à un ensemble de cas, et il se perpétue tant que la loi n'est pas changée.

Construites pour l'espèce même sur laquelle le juge doit statuer, les présomptions judiciaires ont une application restreinte à cette espèce ; or, si c'est par soi-même un grand mal que l'existence d'un seul jugement contraire au droit, ce mal, toutefois, n'est pas comparable à celui que produit une série de jugements multipliant la même injustice, parce que la loi y contraint le juge.

Au surplus, la présomption judiciaire est la condition même d'une foule de décisions, et, si le juge n'était pas autorisé à procéder par voie d'induction, sa fonction, à vrai dire, deviendrait impossible (1).

Que faut-il penser maintenant de la force respective des différentes

---

trouvassent eux-mêmes des faussaires?... s'il arrivait que, tous en masse, ils fussent les complices d'un parjure?...

(1) Si, en France, toute réorganisation judiciaire serait impossible, sans la refonte des lois, à combien plus forte raison n'est-il pas vrai à son tour, que toute refonte des lois serait vaine, sans la réorganisation judiciaire!

Que de questions, prétendues théoriques, qui ne sont que des questions de jurisprudence, et quelles difficultés, relevant plus complétement de la jurisprudence et en même temps plus fréquentes, que celles qui concernent la preuve!

Or, voulons-nous avoir de bons juges, voulons-nous des juges qui présentent des garanties de moralité vraie, de savoir vrai, nous n'avons, nous autres Français, qu'à nous ressouvenir.

Nos pères, les Constituants, dans la constitution *monarchique* de 1791, avaient écrit :

« Le pouvoir judiciaire est délégué à des juges élus à temps par le peuple. » (Art. 5, tit. III.)

Nos pères, les Conventionnels, dans la Constitution républicaine de 1793, avaient redit :

« Il y a des juges de paix élus tous les ans par les citoyens des arrondissements déterminés par la loi (art. 88 et 95) ;

» Il y a des arbitres publics élus tous les ans par les assemblées électorales. » (Art. 91 et 95.)

Nos pères, dans la Constitution de 1795, avaient répété :

« Les assemblées primaires nomment le juge de paix et ses assesseurs (art. 27, n° 2);

» Les assemblées électorales élisent les juges des tribunaux civils. » (Art. 40, n° 6).

Bonaparte a retardé de plus d'un siècle le progrès de la France et du genre humain.

preuves? Les preuves, proprement dites, l'emportent-elles, en principe, sur les présomptions, ou bien le contraire est-il vrai? Entre les preuves, proprement dites elles-mêmes, y a-t-il lieu d'établir une hiérarchie?

Questions oiseuses, questions bonnes tout au plus à défrayer l'esprit légiste, si l'on a, d'ailleurs, compris ce qu'est la preuve, à savoir, une probabilité dans l'appréciation de laquelle l'honnêteté et l'intelligence du juge entrent, en général, pour la plus grande part.

Il y a peu de chose à recueillir dans l'histoire de la preuve, en matière civile.

Le Code de la Convention porte ici, dans plusieurs articles, l'empreinte des doctrines de Pothier et la trace évidente de l'esprit légiste; cependant, ce Code renfermait sur la preuve trois dispositions remarquables :

1° Il ne reconnaissait pas à l'acte authentique une force probante exceptionnelle, et n'imposait pas pour le combattre la nécessité d'une procédure spéciale (l'inscription de faux) (1).

2° Il abolissait, comme nous l'avons dit, le serment judiciaire;

3° Il n'admettait la présomption légale que dans des cas extrêmement rares.

Quant à la compilation napoléonienne, elle a reproduit, en l'altérant, Pothier, et Pothier, à son tour, a reproduit, en l'altérant, Dumoulin.

NOTA. Remarquons que le mot *preuve* se prend dans *différents* sens, il désigne :

1° *Le fait de produire les moyens de nature à déterminer la conviction du juge*, par exemple lorsque l'on dit : *la charge de la preuve incombe au demandeur* (V. *infra*);

2° *Ces moyens eux-mêmes*, par exemple lorsque l'on dit : *le demandeur n'a su fonder ses allégations sur aucune preuve;*

3° *Le résultat de la production de ces moyens*, par exemple lorsque l'on dit : *le demandeur a fait une preuve irrécusable.*

**1315.** — Celui qui réclame l'exécution d'une obligation doit la prouver. — Réciproquement, celui qui se prétend libéré doit justifier le payement ou le fait qui a produit l'extinction de son obligation.

Copié dans le n° 728 de Pothier, cet article manque de généralité; il doit être remplacé par la formule suivante:

*La preuve incombe à celui qui allègue un fait contraire au cours*

(1) Dans le SYSTÈME des codes napoléoniens, cette procédure est remplie de difficultés, et elle expose à de graves périls celui qui serait tenté d'y recourir : aussi, est-elle à peu près inusitée.

*normal des choses, ou à la situation que l'adversaire a déjà démontrée être la sienne* (1).

Le *demandeur* est la personne qui allègue ce fait, et le *défendeur*, la personne contre laquelle il est allégué.

D'où, le double adage :

« *Actori incumbit onus probandi* » ;

« *Reus excipiendo fit actor* » (2).

Dans une même instance, les rôles de demandeur et de défendeur peuvent varier *indéfiniment*, car ils sont subordonnés à la *nature* des allégations des parties.

En revanche, il n'importe nullement, à cet égard, que le fait allégué ait un caractère *négatif* ou *positif*; le principe si simple, énoncé plus haut, doit, *dans tous les cas*, recevoir son application, et *la partie qui, ayant la preuve à sa charge, ne parvient pas à la fournir, doit succomber dans l'instance* (3).

**1316.** — Les règles qui concernent la preuve littérale, la preuve testimoniale, les présomptions, l'aveu de la partie et le serment, sont expliquées dans les sections suivantes.

Cet article indique *cinq* modes de preuves; une section est consacrée à chacun d'eux.

## SECTION PREMIÈRE.

### DE LA PREUVE LITTÉRALE.

*La preuve littérale est celle qui résulte des actes ou titres* (4) (*instrumenta*), *et, plus généralement, de toute espèce d'écrits.*

Comme Pothier (n° 729), les compilateurs napoléoniens ont distingué *trois* classes d'actes :

1° *Les actes authentiques et les actes sous seing privé;*

---

(1) M. Bonnier et plusieurs autres auteurs posent le même principe dans les termes suivants :

« *Quiconque allègue un fait nouveau contraire à la position acquise de l'adversaire, doit établir la vérité de ce fait.* » (V. M. Bonnier, *Traité des preuves*, seconde édit. 1852, n° 35.)

(2) Cette dernière formule n'est conservée que par abus ; le mot *excipiendo* est défectueux; la maxime signifie que le défendeur devient demandeur, en opposant, à titre de défense, un fait contraire à la situation que l'adversaire a déjà démontrée être la sienne.

(3) Il serait, en effet, souverainement irrationnel et injuste qu'une partie pût, en alléguant un fait négatif, s'exonérer elle-même de la preuve et en imposer l'obligation à son adversaire.

C'est cependant ce que certains docteurs ont autrefois soutenu en se fondant sur les lois romaines. (V. notamment la célèbre L. 2, D., liv. XXII, tit. III.)

(4) On se rappelle que le mot *titre* signifie aussi le *fait juridique qui produit le droit.*

2° *Les actes originaux et les copies ;*

3° *Les actes primordiaux et les actes récognitifs.*

L'art. 1333 assimile à la preuve littérale celle qui résulte des *tailles*.

### § I. — DU TITRE AUTHENTIQUE.

**1317.** — L'acte authentique est celui qui a été reçu par officiers publics ayant le droit d'instrumenter dans le lieu où l'acte a été rédigé, et avec la solennité requise.

En termes plus brefs que l'article, on peut dire que :

*L'acte authentique est celui qui est rédigé par un officier public compétent et avec les formalités requises.*

Donc, *trois* conditions sont nécessaires pour qu'un acte soit authentique ; il faut :

1° *Qu'il soit reçu par un ou plusieurs officiers publics procédant en cette qualité ;*

2° *Que l'officier public ait agi dans les limites de ses attributions, au point de vue non-seulement du lieu où il a instrumenté* (compétence *territoriale*), comme l'exprime le texte ; *mais encore de la nature de l'acte qu'il a reçu* (compétence *réelle*) ;

3° *Que les formalités requises aient été accomplies* (1).

Confèrent l'*authenticité* aux actes qu'ils rédigent, par exemple :

*Les officiers de l'état civil ;*

*Les notaires ;*

*Les greffiers des tribunaux ;*

*Les huissiers.*

Ce sont d'ailleurs les *actes de l'état civil* et les *actes notariés* qui constituent les actes authentiques les plus importants (2).

---

(1) Comparer Pothier. — M. Demante, *Programme*, n° 279. — MM. Zachariæ, Aubry et Rau, t. VI, p. 358 et suiv.

(2) V., pour les formalités auxquelles sont soumis les actes notariés, la loi du 25 ventôse an XI, et celle du 23 juin 1843.

Les notaires exercent un monopole et les notaires achètent et vendent leurs offices ; or, tout monopole est contraire au droit, tout monopole est contraire à l'intérêt de chacun, et il y a quatre-vingts ans que la vénalité des offices a été abolie par la Révolution française.

Voici d'abord ce que statuaient sur ce dernier point les décrets des 4, 6, 7, 8 et 11 août 1789 :

« *La vénalité des offices de judicature et de municipalité est supprimée dès cet instant.* »

Voici ce que vint ensuite déclarer le préambule de la Constitution du 3 septembre 1791 :

« *Il n'y a plus ni vénalité, ni hérédité d'aucun office public.* »

Le Consulat rétablit le monopole (L. 25 ventôse an XI) ; la monarchie *légitime* fit revivre la vénalité des offices (L. 28 avril 1816).

Dans l'État républicain, le monopole du notariat devra disparaître, ainsi

Un acte *sous seing privé* revêt lui-même le caractère *authentique* lorsque toutes les parties qui l'ont signé en effectuent le dépôt chez un notaire, et qu'un acte de ce dépôt est dressé.

**1318.** — L'acte qui n'est point authentique par l'incompétence ou l'incapacité de l'officier, ou par un défaut de forme, vaut comme écriture privée, s'il a été signé des parties.

Lorsqu'un acte ne peut valoir comme *authentique* à raison :
*Soit de l'incompétence de l'officier public ;*
*Soit de l'incapacité de l'officier public ;*
*Soit d'un défaut de forme.*

Cet acte est valable comme *acte sous seing privé*, pourvu seulement qu'il soit signé des parties (1).

Ainsi, notamment, il n'est point soumis aux dispositions des art. 1325 et 1326 (V. *infra*, p. 938 et 939) (2).

L'incompétence dont il s'agit dans l'article est la *territoriale* et non la *réelle*.

L'incapacité se présenterait, par exemple, dans le cas où un notaire qui a fait un acte, d'ailleurs de sa compétence, était suspendu au moment où il a fait cet acte, ou bien encore n'avait pas le droit d'instrumenter parce que l'acte concernait un de ses proches (3).

Quant au défaut de forme, c'est l'omission dans l'acte d'une formalité prescrite à peine de nullité (4).

**1319.** — L'acte authentique fait pleine foi de la convention qu'il renferme entre les parties contractantes et leurs héritiers ou ayants cause. — Néanmoins, en cas de plaintes en faux principal, l'exécution de l'acte argué de faux sera suspendue par la mise en accusation; et, en cas d'inscription de faux faite incidemment, les tribunaux pourront, suivant les circonstances, suspendre provisoirement l'exécution de l'acte.

Le *premier* alinéa de cet article pose la règle relative à la *force probante exceptionnelle* de l'acte authentique.

---

que tous les monopoles, et toute fonction publique sera élective et révocable.

Il est nécessaire qu'il y ait des *serviteurs publics* pour apposer le mandat de réquisition de la force publique sur les actes passés entre les particuliers;

Il est également nécessaire qu'il y ait des *serviteurs publics* pour garder les minutes des actes de toutes sortes.

Ce qui est irrationnel et aussi peu *pratique* que possible, c'est que deux fonctions de même ordre, celles de notaire et de greffier, soient séparées, et que toutes les deux constituent un monopole et un office.

(1) Comparer notamment M. Bonnier, n° 379, art. 68, L. 25, ventôse an XI. — MM. Zachariæ, Aubry et Rau, t. VI, p. 375, texte et note 61. — M. Colmet de Santerre, t. V, n° 280 *bis*, IV.

(2) M. Bonnier, n° 277. — MM. Zachariæ, Aubry et Rau, t. VI, n° 374, texte et note 56. — M. Colmet de Santerre, t. V, n° 280 *bis*, III.

(3) Comparer art. 52 et 8, L. 25 ventôse an XI.

(4) Comparer art. 12, alin. 2, 13, 14, 16, etc., L. 25 ventôse an XI.

Le *second* alinéa indique ensuite un tempérament applicable à la *force exécutoire* qui peut appartenir à certains actes authentiques.

D'après la règle posée par le *premier* alinéa, « l'acte authentique fait pleine foi de la convention (contrat) qu'il renferme, entre les parties contractantes et leurs héritiers ou ayants cause ».

On est d'accord pour corriger cette vicieuse formule et pour décider que la force probante de l'acte authentique existe *à l'égard des tiers aussi bien qu'entre les parties* (1).

La force probante *exceptionnelle* de l'acte authentique consiste, d'ailleurs, en ce qu'on ne peut attaquer que par la voie difficile et périlleuse de l'*inscription de faux* (art. 214 et suiv. C. Pr.) les faits que l'officier public atteste avoir constatés *ex propriis sensibus* : ainsi, la comparution des parties devant lui et la date de cette comparution (2).

Cette confiance accordée à l'officier public est fondée :

1° *Sur ce que l'officier public est réputé être un homme honorable ;*

2° *Sur ce que, s'il altère la vérité, il s'expose à aller au bagne* (art. 147, C. Pr.).

D'après le tempérament indiqué par le *second* alinéa de l'article, la force exécutoire des actes authentiques qui peuvent contenir le mandat d'exécution (actes notariés, art. 19, L. 25 ventôse an XI ; grosses des jugements et arrêts, art. 547 C. Pr.), est suspendue :

1° *Dans le cas de procédure criminelle de faux, à partir du moment où est intervenu un arrêt de mise en accusation* (art. 218, 231 C. I. C.);

2° *Dans le cas de procédure civile de faux, à partir du moment où le tribunal estime convenable de suspendre l'exécution de l'acte.*

Outre la force probante exceptionnelle dont il est doué, l'acte authentique emporte *présomption, à raison de sa forme* (et jusqu'à preuve contraire administrée par la voie du faux), *que c'est bien un officier public qui l'a rédigé.*

C'est là, comme nous le verrons, une *nouvelle différence* de l'acte authentique avec l'acte sous seing-privé (3).

---

(1) Comparer Dumoulin, *Commentarii in consuetudines parisienses*, tit. I, § 8, n^os 9, 10 et 64. — M. Bonnier, n° 433 et suiv. — MM. Zachariæ, Aubry et Rau, t. VI, texte et note 36. — M. Colmet de Santerre, n° 282 *bis*, VIII.

Les compilateurs ont confondu dans cet article les *effets* du contrat (art. 1165) avec la *force probante* de l'écrit authentique qui constate le contrat. Il faut dire, à leur décharge, que, dans le cas présent, Pothier, en traduisant mal Dumoulin, a contribué à les égarer. (Comparer Pothier, n° 735.)

M. Colmet de Santerre justifie néanmoins le texte (n° 282 *bis*, IX), mais quel texte ne justifie pas M. Colmet de Santerre !

(2) Comparer M. Bonnier, n° 434. — MM. Zachariæ, Aubry et Rau, t. IV, p. 367 et suiv. — M. Colmet de Santerre, t. V, n^os 282 *bis*, IV-V.

(3) Ce point, déjà indiqué par Pothier (n° 734), est fort nettement mis en relief par M. Colmet de Santerre (t. V, n° 282 *bis*, II-III).

**1320.** — L'acte, soit authentique, soit sous seing privé, fait foi entre les parties, même de ce qui n'y est exprimé qu'en termes énonciatifs, pourvu que l'énonciation ait un rapport direct à la disposition. Les énonciations étrangères à la disposition ne peuvent servir que d'un commencement de preuve.

On distingue, dans les actes, la partie *dispositive* et la partie *énonciative*.

D'après l'art. 1320, l'acte, soit *authentique*, soit *sous seing privé*, fait foi :

*Même de ce qui n'y est exprimé qu'en termes énonciatifs, pourvu qu'il s'agisse d'énonciations ayant directement trait à la partie dispositive de l'acte.*

Les autres énonciations, toujours d'après l'article, ne peuvent servir que *d'un commencement de preuve.*

*Comment discerner les premières des secondes?*

Évidemment, le point est de fait (1).

Voici un *exemple* d'énonciation ayant directement trait à la partie dispositive de l'acte : Un créancier accorde des délais à son débiteur, et il est dit dans le contrat, d'une manière incidente, que les intérêts ont été payés jusqu'au jour où est dressé l'acte.

**1321.** — Les contre-lettres ne peuvent avoir leur effet qu'entre les parties contractantes : elles n'ont point d'effet contre les tiers.

On entend habituellement par *contre-lettre :*

*Un acte destiné à rester secret et qui a pour but de modifier un acte destiné, de son côté, à être produit en public* (2).

L'acte auquel déroge la contre-lettre peut être un acte *sous seing privé* tout aussi bien qu'un acte *authentique.*

La contre-lettre est valable *entre les parties*, mais elle n'est pas opposable *aux tiers.*

D'après la doctrine généralement reçue, les *tiers* sont, dans ce cas, *tous les ayants cause à titre particulier* des contractants ou disposants, sans qu'il y ait à distinguer si leur droit a pris naissance à une date

---

(1) Dumoulin a écrit sur cette *thèse* de bien étranges choses ; il veut notamment que, dans les actes anciens, les paroles énonciatives fassent pleine foi, même contre les tiers et au préjudice d'un tiers, *etiam contrà alios et in præjudicium tertii.* (Dumoulin, *Commentarii in consuetudines parisienses,* n° 76.)

Encore une nouvelle occasion de mesurer la largeur d'esprit de ce légiste.

Pothier a reproduit Dumoulin ; seulement, il ajoute qu'en matière de droits réels, de servitudes par exemple, les énonciations doivent être soutenues de la longue possession. (Pothier, n° 739.)

Quelle lumière attendre de pareils enseignements !

(2) V. Plasman, *Des contre-lettres.* Paris, 1839, 1 vol. in-8.

La contre-lettre peut indifféremment revêtir la forme sous seing privé ou la forme authentique.

*antérieure* ou *postérieure* à l'opération relatée dans l'acte auquel déroge la contre-lettre (1).

Rien n'empêche, d'ailleurs, que les ayants cause à titre particulier des contractants ou disposants ne puissent invoquer la contre-lettre en tant qu'elle leur est *profitable;* car alors ils exercent les droits de leur auteur.

L'art. 40 de la loi du 22 frimaire an VII sur l'enregistrement, déclarait *nulle* « toute contre-lettre, faite sous signature privée, qui aurait pour objet une augmentation du prix stipulé dans un acte public ou dans un acte sous signature privée précédemment enregistré ».

Cette inique pénalité est virtuellement abolie par l'art. 1321 (2).

### § II. — DE L'ACTE SOUS SEING PRIVÉ.

Sous cette rubrique trop étroite, les compilateurs ont traité :

1° *Des actes sous signature privée* (art. 1322-1328);

2° *Des écrits privés non signés* (art. 1329-1332).

#### 1° DES ACTES SOUS SIGNATURE PRIVÉE.

**1322.** — L'acte sous seing privé, reconnu par celui auquel on l'oppose, ou légalement tenu pour reconnu, a, entre ceux qui l'ont souscrit et entre leurs héritiers et ayants cause, la même foi que l'acte authentique.

*L'acte sous seing privé est celui qui est fait sous la seule signature des parties.*

Cette signature ne peut être remplacée par une croix ni par aucun autre signe (3).

L'acte sous seing privé n'a, par lui-même, *aucune force probante*, et, si la personne à laquelle il est opposé en dénie l'écriture, c'est à la personne qui l'invoque qu'incombe la charge de la preuve.

Ainsi, en *premier* lieu, l'acte sous seing privé diffère de l'acte authentique, en ce qu'il n'a pas en sa faveur la présomption de sincérité qui s'attache à l'apparence authentique (V. *infra*, art. 1323 et 1324).

---

(1) M. Bonnier, n°s 399 et 400. — MM. Zachariæ, Aubry et Rau, t. VI, p. 373, texte et note 33, p. 398, texte et note 91. — M. Colmet de Santerre, t. V, n° 283 *bis*, III-VIII.

(2) Locré, *Législ. civ.*, t. XII, p. 214 et 295. — M. Bonnier, n° 403. — MM. Zachariæ, Aubry et Rau, t. VI, texte et note 35. — M. Colmet de Santerre, t. V, n° 283 *bis*, IX.

En sens contraire, M. Plasman, § 3.

(3) M. Bonnier, n° 590.

On appelle *blanc seing*, l'acte dont la signature a été donnée en blanc, c'est-à-dire en laissant en blanc un espace que celui auquel est confié le blanc seing doit remplir selon les intentions du signataire. (V. art. 1407, C. P., relativement à l'abus des blancs seings.)

*La véritable valeur de l'acte sous seing privé pour le créancier est de substituer à la preuve, toujours difficile du droit, la preuve facile de l'écriture.*

Supposons maintenant, avec l'art. 1322, l'acte sous seing privé *reconnu en justice* ou *légalement tenu pour tel*, c'est-à-dire *vérifié en justice ;* il a alors, *tant entre les parties qui l'ont signé et leurs successeurs ou ayants cause qu'à l'égard des tiers, la même force probante que l'acte authentique, en ce qui concerne l'existence du fait juridique qu'il a pour objet de constater et des énonciations relatives à ce fait* (V. *supra*, art. 1319 et 1320).

Par conséquent, l'*inscription de faux* reste, à ce point de vue, la seule voie ouverte (art. 214, C. Pr.).

Cependant, l'acte *sous seing privé*, *même reconnu en justice* ou *légalement reconnu pour tel*, n'est pas assimilable, *quant à sa date*, à l'acte *authentique.*

D'une part, en effet, *les parties et leurs successeurs ou ayants cause* sont admissibles à combattre cette date par la preuve *contraire*, sans inscription de faux ;

D'autre part, l'acte sous seing privé ne peut faire foi de sa date, ou, comme l'on dit, n'a *date certaine à l'égard des tiers* que lorsqu'il remplit l'une des conditions indiquées par l'art. 1328 (1).

Question de force probante à part, notons que l'acte, *reconnu en justice* ou *légalement tenu pour tel*, a un *effet hypothécaire* et une *force exécutoire* qui peuvent le rendre préférable à l'acte *authentique* (Comparer art. 2123 C. N., et art. 1er l. 3 septembre 1807 ; art. 1244 C. N., et 122 C. Pr.).

**1323.** — Celui auquel on oppose un acte sous seing privé, est obligé d'avouer ou de désavouer formellement son écriture ou sa signature. — Ses héritiers ou ayants cause peuvent se contenter de déclarer qu'ils ne connaissent point l'écriture ou la signature de leur auteur.

**1324.** — Dans le cas où la partie désavoue son écriture ou sa signature, et dans le cas où ses héritiers ou ayants cause déclarent ne les point connaître, la vérification en est ordonnée en justice.

Bien que l'acte sous seing privé soit dénué par lui-même de toute force probante, la personne qui entend se servir d'un acte de cette sorte n'est point tenue d'en demander formellement la *reconnaissance* ou la *vérification préalable ;* il suffit que l'acte soit *notifié* ou *opposé* à la partie adverse, et, si cette partie ne contredit pas, son silence équivaut à une *reconnaissance*.

---

(1) Comparer sur la force probante de l'acte sous seing privé, Pothier, n° 742. — MM. Zachariæ, Aubry et Rau, t. VI, p. 395 et suiv. — M. Colmet de Santerre, t. V, nos 285 *bis*, I et suiv.

Lorsque la partie adverse contredit, il faut distinguer :

*Ou bien cette partie est elle-même l'auteur prétendu de l'acte, et elle n'en peut alors paralyser les effets qu'en désavouant formellement son écriture ou sa signature ;*

*Ou bien cette partie est le représentant ou l'ayant cause de l'auteur prétendu, ou même c'est une personne étrangère, et elle peut alors se contenter de déclarer qu'elle ne connaît point l'écriture ou la signature.*

Lorsque le défendeur désavoue ou méconnaît l'écriture, le juge, avant toute condamnation, doit statuer sur la *sincérité* de l'acte.

Notons, du reste, que le juge est *expert de droit* en cette matière comme en toute autre, et que, s'il est convaincu de la sincérité de l'acte, il ne saurait être obligé d'en ordonner la vérification (1).

**1325.** — Les actes sous seing privé qui contiennent des conventions synallagmatiques, ne sont valables qu'autant qu'ils ont été faits en autant d'originaux qu'il y a de parties ayant un intérêt distinct. — Il suffit d'un original pour toutes les personnes ayant le même intérêt. — Chaque original doit contenir la mention du nombre des originaux qui en ont été faits. — Néanmoins le défaut de mention que les originaux ont été faits doubles, triples, etc., ne peut être opposé par celui qui a exécuté de sa part la convention portée dans l'acte.

Cet article appartient aux vieilles traditions formalistes de la science juridique ; tant valent ces traditions, tant il vaut lui-même (2).

D'après le texte, la preuve par acte sous seing privé des contrats *synallagmatiques* (parfaits) est soumise à *deux* conditions spéciales :

1° *L'acte doit être rédigé en autant d'originaux qu'il y a de parties ayant un intérêt distinct ;*

2° *Chaque original doit mentionner l'accomplissement de cette formalité.*

Il n'est, d'ailleurs, point nécessaire que la signature de toutes les parties se trouve sur chacun des originaux.

Dans la pratique, les parties se contentent de l'échange de leurs signatures.

Les auteurs expliquent l'injonction de la loi relativement à la formalité des *doubles*, en disant que lorsque deux parties contractent des obli-

(1) En ce sens, M. Chauveau, sur Carré, *Lois de la Procédure civile*, I, *Quest.* 803 *ter*.

En sens contraire, M. Rauter, *Cours de procédure civile*, n° 198.

V. sur la procédure en vérification d'écriture, les art. 193-213, C. Pr.

(2) V. sur les origines de cet article, M. Bonnier, n° 603.

Nous reconnaissons cependant, de la meilleure grâce, qu'ici le Code Napoléon est en *progrès* sur l'ancien régime : le Parlement de Paris exigeait la formalité des *doubles*, non pas seulement pour la *preuve*, mais même pour la *validité* des contrats synallagmatiques.

gations réciproques, le législateur n'a pas dû permettre que l'une fût armée et l'autre désarmée (1).

Toutefois, aux termes du *quatrième* alinéa de l'art. 1325, « le défaut de mention que les originaux ont été faits doubles, triples, etc., ne peut être opposé par celui qui a exécuté (*totalement* ou *partiellement*) le contrat ».

D'après les auteurs, cette exécution *couvre* également la nullité résultant de ce que l'acte n'a pas été fait double (2).

Comme exemple d'uu contrat synallagmatique exécuté par l'une des parties sans que l'autre ait concouru à l'exécution, on peut citer le cas où, en vertu d'un compromis, l'une des parties a déjà remis ses pièces à l'arbitre, tandis que l'autre ne lui a pas encore remis les siennes.

*L'acte sous seing privé, non valable pour cause d'inobservation des formalités prescrites par l'art.* 1325, *peut-il du moins servir de commencement de preuve par écrit* (art. 1347 ; V. *infra*) ?

Le texte semble dire *non ;*

Le bon sens dit *oui ;*

Les auteurs sont *divisés* (3).

Notons que l'art. 1325 ne s'applique pas aux contrats synallagmatiques qui constituent à l'égard de toutes les parties des actes de *commerce* (Comparer art. 109, C. Co.).

**1326.** — Le billet ou la promesse sous seing privé par lequel une seule partie s'engage envers l'autre à lui payer une somme d'argent ou une chose appréciable, doit être écrit en entier de la main de celui qui le souscrit ; ou du moins il faut qu'outre sa signature il ait écrit de sa main un *bon* ou un *approuvé*, portant en toutes lettres la somme ou la quantité de la chose ; — Excepté dans le cas où l'acte émane de marchands, artisans, laboureurs, vignerons, gens de journée et de service.

**1327.** — Lorsque la somme exprimée au corps de l'acte est différente de celle exprimée au *bon*, l'obligation est présumée n'être que de la somme moindre, lors même que l'acte ainsi que le *bon* sont écrits en entier de la main de celui qui s'est obligé, à moins qu'il ne soit prouvé de quel côté est l'erreur.

Puisées dans l'ancien droit comme la précédente (4), ces deux dispositions se rattachent aussi à la *déplorable* idée que *la loi doit protection aux individus majeurs;* mais, ce qu'il y a de plus curieux, c'est que la

(1) V. notamment M. Colmet de Santerre, t. V, n° 288 *bis*, II.
Excellent législateur ! il n'a pas compris que ces choses-là ne le regardent point et que c'est affaire aux individus de se protéger comme ils l'entendent.

(2) M. Bonnier, n° 565. — MM. Zachariæ, Aubry et Rau, t. VI, p. 381. — M. Colmet de Santerre, t. V, n° 288 *bis*, IX.

(3) *Aff.* MM. Aubry et Rau, t. VI, p. 384, texte et note 34. — M. Marcadé, art. 1347. — M. Colmet de Santerre, t. VI, n° 288 *bis*, X.
*Nég.* M. Duranton, t. XIII, n° 164. — M. Bonnier, n° 563.

(4) Comparer Pothier, n°s 744-749.

loi ne *protége* dans ces articles que les individus qui, à tout prendre, ont encore le moins besoin d'être protégés (1).

D'après l'article 1326, *tout acte sous seing privé contenant une obligation unilatérale de payer une somme d'argent ou une chose appréciable*, c'est-à-dire *une certaine quantité de choses qui s'estiment au nombre, au poids ou à la mesure, doit, à moins qu'il ne soit écrit en entier de la main de la partie obligée, être revêtu d'un* bon *ou* approuvé *écrit de sa main et portant en toutes lettres, comme dit l'article, la somme ou la quantité de la chose.*

L'acte dont parle l'article est habituellement appelé *billet*.

Les légistes expliquent que cette disposition a pour but de prévenir l'abus des blanc seings et des autres surprises de même ordre dont peuvent être victimes les personnes imprudentes.

On voit, d'ailleurs, que la protection ne s'applique pas aux *marchands, artisans, laboureurs, vignerons, gens de journée et de service.*

*A l'égard des marchands*, les besoins s'imposaient.

*A l'égard des autres personnes non protégées*, on dit que la protection se serait retournée contre elles. Beaucoup savent signer et ne savent pas écrire; il eût été fâcheux de les astreindre à faire des actes notariés pour des choses de peu d'importance.

La disposition de l'art. 1327 applique la maxime : « *In dubiis quod minimum est sequimur* ».

*L'acte qui n'est point conforme à l'article* 1326 *peut-il du moins servir de commencement de preuve par écrit* (art. 1347, V. *infrà*).

L'*affirmative* est généralement admise (2).

**1328.** — Les actes sous seing privé n'ont de date contre les tiers que du jour où ils ont été enregistrés, du jour de la mort de celui ou de l'un de ceux qui les ont souscrits, ou du jour où leur substance est constatée dans les actes dressés par des officiers publics, tels que procès-verbaux de scellé ou d'inventaire.

L'acte sous seing privé acquiert *date certaine à l'égard des tiers* dans *trois* cas :

1° *Lorsqu'il a été enregistré* (3);

2° *Lorsque le signataire ou l'un des signataires est décédé;*

---

(1) Donc, par l'étude de l'œuvre napoléonienne, on arriverait légitimement à cette définition :

La loi, c'est le contre-pied du sens commun.

(2) En ce sens, Toullier, t. VIII, n° 281. — M. Duranton, t. XIII, n°s 189 et suiv. — M. Bonnier, n° 554. — MM. Zachariæ, Aubry et Rau, t. VI, texte et note 76. — M. Colmet de Santerre, t. V, n° 289 *bis*, VI.

En sens contraire, Delvincourt, t. II, p. 613.

(3) L'enregistrement est une mention par extrait, faite sur des registres publics.

3° *Lorsque la substance de l'acte*, dit l'article, *est constatée dans des actes dressés par des officiers publics, tels que procès-verbaux de scellé ou d'inventaire.*

Cette énumération est évidemment *limitative.*

On appelle ici *tiers :*

*Tous ceux qui, n'ayant pas figuré dans l'acte, peuvent invoquer, en leur propre nom, des droits réels ou personnels, dont l'existence ou l'efficacité serait compromise si le fait juridique constaté par l'acte sous seing privé pouvait leur être opposé* (1).

*Exemple :* Paul vend le même objet mobilier, d'abord à Pierre, puis à Jacques ; aucun des deux acheteurs n'a été mis en possession. Pour établir la priorité de son droit contre Jacques, Pierre invoquerait en vain la priorité de l'acte sous seing privé qui constate la vente faite à son profit.

La question devra être décidée d'après les circonstances.

Les auteurs sont unanimes pour ne pas appliquer l'art. 1328 aux *quittances* (2).

### 2° DES ÉCRITS PRIVÉS NON SIGNÉS.

**1329.** — Les registres des marchands ne font point, contre les personnes non marchandes, preuve des fournitures qui y sont portées, sauf ce qui sera dit à l'égard du serment.

**1330.** — Les livres des marchands font preuve contre eux ; mais celui qui veut en tirer avantage ne peut les diviser en ce qu'ils contiennent de contraire à sa prétention.

De ces *deux textes* il résulte :

1° *Que les livres des commerçants ne font pas foi en faveur des commerçants contre les non-commerçants ;*

2° *Que les livres des commerçants font foi contre les commerçants en faveur de toute personne commerçante ou non commerçante ;*

Il faut ajouter :

3° *Que les livres des commerçants, régulièrement tenus, peuvent faire foi en faveur des commerçants contre les commerçants pour faits de commerce* (art. 12, C. Co.).

Remarquons :

En ce qui concerne la *première* proposition, que s'il s'agit de fourni-

---

(1) Comparer M. Serrigny, *Revue de droit français et étranger*, 1846, t. III. — M. Marinier, *Revue pratique*, 1856 et 1857, t. I et II. — MM. Zachariæ, Aubry et Rau, t. VI, p. 398, texte et note 21. — M. Colmet de Santerre, t. V, n°s 291 *bis*, I-III.

(2) Comparer M. Bonnier, n° 570. — MM. Zachariæ, Aubry et Rau, t. VI, p. 402 et 403 texte et notes 100, 101. — M. Colmet de Santerre, t. V, n° 291 *bis*, IV.

tures faites par le commerçant au non-commerçant, les livres régulièrement tenus constituent un *commencement de preuve* suffisant pour permettre au juge de déférer d'office le *serment supplétoire* à l'une ou à l'autre des parties (art. 1367) (1);

En ce qui concerne la *seconde* proposition, que le non-commerçant ou le commerçant qui veut tirer avantage des énonciations des livres ne peut *diviser* ces énonciations et rejeter ce qu'elles contiennent de contraire à sa prétention pour s'en tenir à ce qui la favorise (comparer art. 1356, 3e alinéa);

En ce qui concerne la *troisième* proposition, que lorsque les livres des *deux* parties sont régulièrement tenus et ne sont pas d'accord, ils doivent, en général, être regardés comme *se neutralisant* respectivement.

Remarquons encore que, dans tous les cas où les livres des commerçants font preuve, la preuve contraire peut être établie tant à l'aide de simples présomptions qu'au moyen de témoins (2).

**1331.** — Les registres et papiers domestiques ne font point un titre pour celui qui les a écrits. Ils font foi contre lui : 1° dans tous les cas où ils énoncent formellement un payement reçu; — 2° lorsqu'ils contiennent la mention expresse que la note a été faite pour suppléer le défaut du titre en faveur de celui au profit duquel ils énoncent une obligation.

Les livres, tenus par des non-commerçants, et les papiers domestiques ne peuvent, en principe, être produits en justice qu'à titre de *renseignements*.

Par *exception*, ils font foi contre celui qui les a écrits dans *deux* cas:

1° *Lorsqu'ils énoncent formellement un payement reçu;*

2° *Lorsqu'ils mentionnent une obligation contractée, et qu'en outre il est expressément dit, dans une note, que la mention a été faite pour suppléer le défaut du titre en faveur du créancier.*

Pothier donne pour raison de la *première* décision que la libération est *favorable*.

---

(1) M. Bonnier, n° 633. — MM. Zachariæ, Aubry et Rau, t. VI, p. 409, texte et note 3. — M. Colmet de Santerre, t. V, n° 293 *bis*, IV.

*Le commencement de preuve qui résulte des livres des commerçants, peut-il être complété par la preuve testimoniale?*

La *négative* est certaine, puisqu'aux termes de l'art. 1347, le commencement de preuve par écrit doit émaner de la personne à laquelle on l'oppose.

Et cependant si, aux yeux du législateur napoléonien, le serment du commerçant lui-même peut suffire pour corroborer l'indication fournie par ses écritures et pour entraîner la condamnation du non-commerçant, comment comprendre que la preuve testimoniale soit insuffisante aux mêmes fins?

Voilà pourtant les beaux résultats que produit l'art savant de la preuve!

(2) Pardessus, *Cours de droit commercial*, t. 1, n° 260.

Quant à la seconde décision, il écrit :

« Si j'ai fait connaître que je faisais la note pour qu'elle servît de preuve du prêt dans le cas auquel je serais prévenu par la mort, comme lorsque j'ai déclaré par cette note que celui qui m'avait fait le prêt n'avait pas voulu recevoir de billet de moi, la note, quoique non signée, doit faire une preuve de la dette contre moi et contre mes héritiers (1). »

Remarquons qu'*à la différence des mentions qui se trouvent sur les livres des commerçants*, les *deux précédentes* ne font foi que *lorsqu'elles sont écrites de la main de celui auquel on les oppose* (2).

**1332.** — L'écriture mise par le créancier à la suite, en marge ou au dos d'un titre qui est toujours resté en sa possession, fait foi, quoique non signée ni datée par lui, lorsqu'elle tend à établir la libération du débiteur. — Il en est de même de l'écriture mise par le créancier au dos, ou en marge, ou à la suite du double d'un titre ou d'une quittance, pourvu que ce double soit entre les mains du débiteur.

Cet obscur article a fait le désespoir des interprètes, et il y a de quoi.

Dans le *premier* alinéa, les compilateurs napoléoniens ont *corrigé* la *doctrine* de Pothier.

Voici, en effet, ce qu'écrivait Pothier :

« Les quittances, quoique non signées ni datées, font une pleine preuve du payement, non-seulement lorsqu'elles sont écrites de la main du créancier, mais même de quelque main qu'elles soient écrites, fût-ce même de la main du débiteur, parce qu'il est plus que probable que le créancier n'aurait pas laissé écrire ces reçus sur le billet qui était en sa possession, si les payements ne lui avaient pas été faits effectivement. »

Pothier, comme on le voit, attribuait une force probante, *même aux mentions écrites par des tiers et par le débiteur ;* de là, à ses yeux, la nécessité que *le titre fût toujours resté en la possession du créancier.*

Les compilateurs n'admettent comme *libératoires* que les mentions faites *de la main du créancier*, et, sans l'apparence d'une raison, ils ont continué à exiger que *le titre fût toujours resté en sa possession* (3).

---

(1) Comparer Pothier, n° 750.

Qu'est-ce que tout cela signifie ? Quelle portée cela a-t-il, en raison, en pratique, et peut-on comprendre que l'on inscrive de pareilles pauvretés dans une œuvre de codification ?

(2) *Les art.* 15 *et* 17, *C. Co., relatifs à la représentation en justice des livres des commerçants, s'appliquent-ils aux livres des non-commerçants et aux papiers domestiques ?*

La *négative* est certaine, car les art. 15 et 17 établissent un droit d'exception.

En ce sens, MM. Zachariæ, Aubry et Rau, t. VI, p. 421, texte et note 9.

En sens contraire, Toullier, t. VIII, n° 404. — M. Duranton, t. XIII, n° 210.

(3) V. Fenet, t. II, p. 193. — Comparer MM. Zachariæ, Aubry et Rau, t. VI, p. 413, texte et note 11. — M. Marcadé, art. 1332. — M. Colmet de Santerre, t. V, n° 297 *bis*, I-II.

Il y a mieux, les compilateurs ont mis le mot *titre* là où Pothier avait employé

Dans le *second* alinéa, les compilateurs ont entendu dire, comme l'exprime fort bien M. Demante, que l'écriture mise par le créancier sur une pièce *formant titre pour le débiteur* (par exemple sur le double d'un bail ou sur une quittance précédente) établit la libération *pourvu que cette pièce se trouve entre les mains du débiteur* (1).

## § III. — DES TAILLES.

**1333.** — Les tailles corrélatives à leurs échantillons font foi entre les personnes qui sont dans l'usage de constater ainsi les fournitures qu'elles font et reçoivent en détail.

Le mot *taille* (dans la basse latinité *talea*, c'est-à-dire, suivant Ducange, *ramus incisus*) désigne un petit bâton fendu en deux parties égales.

L'une, la *taille* proprement dite, reste entre les mains du fournisseur; l'autre, l'*échantillon*, est remise au consommateur.

A chaque fourniture, on rapproche les deux moitiés, et l'on fait sur l'une et sur l'autre une *coche* transversale.

Le nombre des coches indique la quantité des fournitures.

Les tailles sont surtout en usage dans le commerce des fourrages et dans celui de la boulangerie.

Les points à remarquer sont:

1° *Que les tailles corrélatives à leurs échantillons font foi entre les personnes qui*, comme dit l'art. 1333, *sont dans l'usage de constater ainsi les fournitures qu'elles font et reçoivent en détail.*

D'où il suit que, s'il n'existe pas le même nombre de coches sur la taille proprement dite et sur l'échantillon, la fourniture n'est prouvée que jusqu'à concurrence du nombre de coches commun aux deux;

2° *Que la force probante des tailles n'est limitée à aucune somme, car les tailles constituent une sorte de preuve littérale.*

*Que doit-on décider si le marchand présente une taille et que le consommateur nie l'existence de l'échantillon?*

---

le mot *quittance;* or, supposons que le titre soit un billet à ordre, comme la circonstance qu'il est toujours resté en la possession du créancier va prêter un merveilleuse force au *pour acquit* que le créancier y aura inscrit d'avance!

(1) M. Demante, *Programme*, n° 297. — MM. Zachariæ, Aubry et Rau.

Bien entendu, dans les cas réglés par cet article comme par le précédent, le droit d'administrer la preuve contraire doit être regardé comme réservé. (V. cependant MM. Zachariæ, Aubry et Rau, *loc. cit.*, et note 16.)

Lorsque les compilateurs napoléoniens eurent achevé leur œuvre *immortelle*, sans contredit le meilleur châtiment à leur infliger eût été de les condamner à en fournir l'explication.

Les auteurs discutent, parce qu'ils traitent comme une question de *droit* une question qui appartient au *fait* (1).

## § IV. — DES COPIES DES TITRES.

**1334.** — Les copies, lorsque le titre original subsiste, ne font foi que de c qui est contenu au titre, dont la représentation peut toujours être exigée.

**1335.** — Lorsque le titre original n'existe plus, les copies font foi d'après les distinctions suivantes : — 1° Les grosses ou premières expéditions font la même foi que l'original : il en est de même des copies qui ont été tirées par l'autorité du magistrat, parties présentes ou dûment appelées, ou de celles qui ont été tirées en présence des parties et de leur consentement réciproque. — 2° Les copies qui, sans l'autorité du magistrat, ou sans le consentement des parties, et depuis la délivrance des grosses ou premières expéditions, auront été tirées sur la minute de l'acte par le notaire qui l'a reçu, ou par l'un de ses successeurs, ou par officiers publics qui, en cette qualité, sont dépositaires des minutes, peuvent, au cas de perte de l'original, faire foi quand elles sont anciennes. — Elles sont considérées comme anciennes quand elles ont plus de trente ans. — Si elles ont moins de trente ans, elles ne peuvent servir que de commencement de preuve par écrit. — 3° Lorsque les copies tirées sur la minute d'un acte ne l'auront pas été par le notaire qui l'a reçu, ou par l'un de ses successeurs, ou par officiers publics qui, en cette qualité, sont dépositaires des minutes, elles ne pourront servir, quelle que soit leur ancienneté, que de commencement de preuve par écrit. — 4° Les copies de copies pourront, suivant les circonstances, être considérées comme simples renseignements.

**1336.** — La transcription d'un acte sur les registres publics ne pourra servir que de commencement de preuve par écrit; et il faudra même pour cela : — 1° Qu'il soit constant que toutes les minutes du notaire, de l'année dans laquelle l'acte paraît avoir été fait, soient perdues, ou que l'on prouve que la perte de la minute de cet acte a été faite par un accident particulier ; — 2° Qu'il existe un répertoire en règle du notaire, qui constate que l'acte a été fait à la même date. — Lorsqu'au moyen du concours de ces deux circonstances la preuve par témoins sera admise, il sera nécessaire que ceux qui ont été témoins de l'acte, s'ils existent encore, soient entendus.

Il y a ici à remarquer :

1° *L'exception* apportée par l'art. 45 au *principe* que les copies de titres ne font pas, en général, foi par elles-mêmes (art. 1334).

Nous avons vu, en effet, que les *extraits* des actes de l'état civil lorsqu'ils ont été délivrés, c'est-à-dire *certifiés conformes aux registres*, ont la *même* force probante que les *registres* (2).

2° *Les deux exceptions* apportées par les art. 1336 C. N. et 844 C. Pr. au *principe* que les copies de copies ne constituent que de *simples renseignements* (art. 1335, n° 4).

La *première* de ces *deux* exceptions (art. 1336) concerne la *trans-*

(1) Comparer M. Bonnier, n^os^ 664 et suiv. — M. Duranton, t. XIII, n° 235. — MM. Zachariæ, Aubry et Rau, t. VI, p. 416, texte et note 1. — M. Colmet de Santerre, t. V, n° 298 *bis*, III.

(2) V. *Manuel de Droit civil*, t. I, p. 74.

*cription*, c'est-à-dire *la reproduction littérale d'un acte sur des registres publics.*

La *transcription*, quoique n'étant qu'*une copie de copie*, peut servir de *commencement de preuve par écrit*, pourvu toutefois que les *deux* conditions exigées par l'art. 1336 se rencontrent.

La *seconde de ces deux* exceptions (art. 844 C. Pr.) concerne la *seconde grosse tirée sur une grosse déposée.*

La *seconde grosse*, quoique n'étant qu'*une copie de copie*, obtient, en cas de perte de la première grosse, la *même* force probante que l'*original.*

### § V. — DES ACTES RÉCOGNITIFS ET CONFIRMATIFS.

**La théorie des actes récognitifs est issue de Dumoulin; Pothier n'a pas compris Dumoulin et a cru à tort le reproduire; les incapables et improbes rédacteurs du Code Napoléon ont reproduit Pothier (1).**

**Quant** *aux actes confirmatifs*, **ou, pour mieux dire, quant** *à la confirmation*, **contentons-nous de remarquer qu'elle se rapporte non à la théorie de la** *preuve*, **mais à celle des** *vices des contrats.*

**Cette fois, les compilateurs ont innové, en ce qui concerne la** *méthode!*

**Nous nous occuperons successivement :**

1° *Des actes récognitifs;*

2° *Des actes confirmatifs ou de la confirmation.*

#### 1° DES ACTES RÉCOGNITIFS.

**1337.** — Les actes récognitifs ne dispensent point de la représentation du titre primordial, à moins que sa teneur n'y soit spécialement relatée. — Ce qu'ils contiennent de plus que le titre primordial, ou ce qui s'y trouve de différent, n'a aucun effet. — Néanmoins, s'il y avait plusieurs reconnaissances conformes, soutenues de la possession, et dont l'une eût trente ans de date, le créancier pourrait être dispensé de représenter le titre primordial.

**Dans un sens exact,** *l'acte récognitif serait celui par lequel une personne reconnaîtrait l'existence d'un droit préexistant.*

**Dans le sens où les rédacteurs du Code Napoléon ont pris ce mot, d'après Pothier (n° 776),** *l'acte récognitif est l'antithèse de l'acte pri-*

(1) Nous disons les *incapables* et *improbes* rédacteurs du Code Napoléon, et, en le disant, nous ne faisons qu'énoncer contre cette tourbe d'intrigants le jugement de la plus stricte justice.

Leur incapacité? Et quelle intelligence libre, quel esprit de bonne foi la niera, en présence des preuves que nous accumulons!

Leur improbité? Furent-ils donc honnêtes, ces hommes qui, pour la plupart, avaient trahi leurs convictions républicaines par l'unique souci de ce qu'ils estimaient leur intérêt propre, et qui, devenus législateurs, ne surent imprimer à leur œuvre que le double sceau de la contre-révolution et de leur inimaginable incurie?

Le 18 brumaire pèse depuis assez longtemps sur la France et sur le monde pour que la conscience et la science cherchent enfin à prendre contre lui leur revanche.

*mordial*, et il signifie *l'écrit qui, se référant à un écrit antérieur, atteste l'intention de maintenir le droit constaté par ce premier écrit.*

Du *premier* alinéa de l'article, il résulte que, *même lorsque le créancier ne peut représenter l'acte primordial, l'acte récognitif ne fait pas preuve de l'obligation.*

Cette décision est inexplicable, car l'acte récognitif constitue un *aveu* du débiteur.

Il y a *deux* cas à excepter :

1° *Celui où l'acte récognitif relate spécialement la teneur de l'acte primordial ;*

2° *Celui où le créancier produit plusieurs actes récognitifs conformes l'un à l'autre, soutenus de la possession, et dont l'un a au moins trente ans de date.*

Dans ce *dernier* cas, le créancier *n'est pas précisément dispensé* de représenter le titre primordial, mais *il peut être dispensé par le juge* de le représenter.

Remarquons, d'ailleurs, que la règle, ci-dessus formulée, ne concerne pas les actes portant reconnaissance de droits *réels* (1).

Finalement, l'utilité de l'acte récognitif qui ne remplace pas l'acte primordial consiste à interrompre la prescription (art. 2248 et 2263) (2).

Quant au *second* alinéa de l'article, il est fondé sur l'idée que l'acte récognitif a pour but, non d'*innover*, mais de *maintenir* un certain état de choses.

### 2° DES ACTES CONFIRMATIFS ET DE LA CONFIRMATION.

**1338.** — L'acte de confirmation ou ratification d'une obligation contre laquelle la loi admet l'action en nullité ou en rescision, n'est valable que lorsqu'on y trouve la substance de cette obligation, la mention du motif de l'action en rescision, et l'intention de réparer le vice sur lequel cette action est fondée. — A défaut d'acte de confirmation ou ratification, il suffit que l'obligation soit exécutée volontairement après l'époque à laquelle l'obligation pouvait être valablement confirmée ou ratifiée. — La confirmation, ratification, ou exécution volontaire dans les formes et à l'époque déterminées par la loi, emporte la renonciation aux moyens et exceptions que l'on pouvait opposer contre cet acte, sans préjudice néanmoins du droit des tiers.

Il faut bien distinguer dans cet article la *confirmation* de l'*acte confirmatif*.

Le *premier* alinéa est consacré à l'*acte confirmatif ;* le *second* et le *troisième*, à la *confirmation*.

Parlons d'abord de la confirmation (3).

---

(1) Comparer art. 695, *Manuel de Droit civil*, t. I, p. 720.

(2) Comparer Pothier, n° 777.

(3) Les art. 1338 et 1340 appellent aussi la confirmation du nom de *ratifica-*

*La confirmation est le fait de volonté qui répare les vices susceptibles d'entraîner l'annulation ou la rescision d'une obligation.*

De là, *deux* conditions, d'ailleurs évidentes, pour que la confirmation soit valable; il faut qu'elle ait lieu :

1° *En connaissance du vice dont l'obligation est affectée;*

2° *Dans l'intention de réparer ce vice* (1).

*L'effet de la confirmation est de détruire, même pour le passé, les causes d'annulation ou de rescision;* mais, bien entendu, comme l'exprime le *dernier* alinéa de l'art. 1338, « sans préjudice du droit des tiers ».

Ainsi, Paul mineur vend à Pierre un immeuble; devenu majeur, il revend le même immeuble à Jean; puis, il confirme la vente faite à Pierre ; cette confirmation n'est pas opposable à Jean.

La confirmation est *expresse* ou *tacite.*

*Elle est expresse lorsqu'elle consiste dans une manifestation formelle de la volonté.*

*Elle est tacite lorsqu'elle résulte de l'exécution volontaire, soit totale, soit même partielle, de l'acte annulable.*

La confirmation expresse peut, en général, être établie par *tous* les modes de preuve qu'admet la législation napoléonienne.

*Lorsque la confirmation expresse est constatée par un acte, que cet acte soit authentique ou sous seing privé*, il ne peut être valable, aux termes du *premier* alinéa de l'art. 1338, que s'il contient :

1° *La substance de l'obligation à confirmer;*

2° *La mention du vice à réparer;*

3° *La manifestation de l'intention de réparer le vice.*

**1339.** — Le donateur ne peut réparer par aucun acte confirmatif les vices d'une donation entre-vifs; nulle en la forme, il faut qu'elle soit refaite en la forme légale.

**1340.** — La confirmation ou ratification, ou exécution volontaire d'une donation par les héritiers ou ayants cause du donateur, après son décès, emporte leur renonciation à opposer, soit les vices de forme, soit toute autre exception.

Ces articles signifient :

1° *Qu'en tant qu'il s'agit d'une donation entre-vifs nulle pour vice de formes, et que c'est le donateur qui veut réparer ces vices par une confirmation, la confirmation est impossible: la donation doit être refaite dans les formes imposées par la loi napoléonienne;*

2° *Que, dans la même hypothèse, si ce sont les héritiers du donateur qui veulent confirmer la donation, la confirmation est possible.*

---

*tion,* mais ce dernier mot comporte un *second* sens; il désigne *l'approbation donnée par une personne aux actes qu'une autre personne a faits en son nom, sans en avoir reçu le mandat* (art. 1998).

(1) Comparer MM. Zachariæ, Aubry et Rau, t. III, p. 190, texte et note 19.

*Pourquoi cette différence?*

Le cas est embarrassant.

M. Demante dit que, tout en étant *nulle*, la donation impose aux héritiers du donateur une obligation *naturelle, laquelle devient civile par la confirmation des héritiers* (1).

*L'action en annulation des héritiers est-elle prescriptible par trente ans?*

On discute; cependant l'*affirmative* paraît logique (2).

## SECTION II.

### DE LA PREUVE TESTIMONIALE.

On entend par preuve par témoins l'*audition de témoins sur certains faits.*

*En matière commerciale, la preuve par témoins peut être admise par le juge, quel que soit le montant du litige* (V. *infra*, p. 950 et 951).

*En matière civile, il en est autrement; le juge ne peut admettre la preuve par témoins, toutes les fois que le montant du litige dépasse 150 francs.*

Cependant, en matière *commerciale*, les procès ont, d'ordinaire, une importance plus considérable qu'en matière *civile*, les questions d'état mises à part.

Pourquoi donc la preuve par témoins peut-elle être admise *in infinitum* en matière commerciale, tandis qu'au contraire, elle ne peut être admise, en matière civile, que dans les limites les plus restreintes?

Les auteurs disent:

*Que l'admission trop facile de la preuve par témoins aurait pour effet de multiplier les procès;*

*Que, d'ailleurs, la mémoire des témoins peut être infidèle;*

*Que leur bonne foi peut être suspecte.*

---

(1) M. Demante, *Programme*, n° 313.

Mais qu'est-ce qu'une obligation naturelle? Pourquoi l'obligation est-elle naturelle pour les héritiers du donateur; pourquoi ne l'est-elle pas pour le donateur lui-même? Ou plutôt pourquoi s'acharne-t-on à justifier des textes injustifiables? Pourquoi cette méthode? L'acte de foi vaut beaucoup mieux, et nous nous plaisons, en vérité, à reproduire cette autre *explication :* « Cela doit nous porter à croire que la nullité a changé de nature et que l'acte qui était radicalement nul par rapport au donateur, est devenu simplement annulable par rapport aux héritiers. » (M. Colmet de Santerre, t. V, n° 313 *bis*, I.)

A merveille, il y a mystère!

(2) En ce sens, M. Colmet de Santerre, t. V, n° 313 *bis*, I.

En sens contraire, M. Marcadé, t. V, art. 1339-1340.

Mais, apparemment, ces raisons s'appliquent aux relations *commerciales* comme aux relations *civiles* (1).

*Quelles sont donc les causes vraies qui ont empêché de traiter, à ce point de vue, les matières civiles, au moins comme les matières commerciales ?*

Ces causes, les voici :

*Le droit civil est resté sous la pure influence des légistes ; or, cette influence est détestable ; cette influence, c'est celle, en effet, de l'esprit du Bas-Empire romain, organisant, distribuant, réglementant à sa fantaisie.*

Parlez de *droit naturel* au légiste ; il ne comprend pas, — en toute sincérité ; ôtez-lui le règlement, la société devient à ses yeux une énigme, un chaos, elle va crouler.

Et puis le règlement, c'est sa raison d'être, à lui, légiste !

Donc, on limitera le droit, on limitera la preuve du droit ; cette fois, c'est logique.

En matière *commerciale*, les choses sont moins faciles à arranger ; les hommes entre lesquels le lien juridique sans cesse se noue et se dénoue, ceux-là sentent le besoin de la liberté, et, quand on les enferme dans un réseau trop serré, ils le brisent, au grand scandale des légistes.

Voilà pourquoi la législation sur la preuve par témoins est différente en matière *civile* et en matière *commerciale ;* voilà pourquoi cette législation, en matière civile, est encore en plein *droit monarchique*, en plein droit du temps de Charles IX et de Louis XIV.

Il y a :

1° *D'une manière générale, à abroger la distinction du commerce et du non-commerce ;*

2° *Au point de vue de la preuve par témoins, à reconnaître le droit de chacun à user de cette preuve, non pas à la discrétion du juge, mais à sa propre convenance* (2).

**1341.** — Il doit être passé acte devant notaires ou sous signature privée, de toutes choses excédant la somme ou valeur de cent cinquante francs, même pour dépôts volontaires ; et il n'est reçu aucune preuve par témoins contre et outre le contenu aux actes, ni sur ce qui serait allégué avoir été dit avant, lors ou depuis les actes, encore qu'il s'agisse d'une somme ou valeur moindre de cent cinquante francs. — Le tout sans préjudice de ce qui est prescrit dans les lois relatives au commerce.

Du *premier* alinéa de l'art. 1341, il résulte qu'*en matière civile, la prohibition de la preuve par témoins* (*ou preuve vocale*, comme disait aussi Pothier) *est la règle.*

---

(1) Comparer l'art. 54 de l'*Ordonnance de Moulins* (1566) et Pothier, n° 784.

(2) V. sur l'histoire de la preuve par témoins, M. Bonnier, *Traité des preuves*, n$^{os}$ 101 et suiv.

Bon nombre d'auteurs enseignent que cette règle est autant d'*ordre public* que d'*intérêt privé* (1).

D'où la conséquence, qu'*en vain les parties seraient-elles d'accord pour admettre la preuve testimoniale dans les cas où la loi la prohibe*, le juge doit la rejeter d'*office* (2).

Cependant, d'autres auteurs et certains arrêts admettent que *le consentement des parties peut écarter la prohibition* (3).

Du *second* alinéa de l'art. 1341, il ressort que la question de *l'admissibilité de la preuve par témoins est réservée, quant aux matières commerciales.*

Précisons la règle de la prohibition, en ce qui concerne les matières *civiles.*

D'après le *premier* alinéa de l'art. 1341, cette règle comprend *deux* termes; il est donc nécessaire d'examiner successivement l'un et l'autre.

PREMIÈRE PARTIE DE LA RÈGLE DE PROHIBITION DE LA PREUVE PAR TÉMOINS.

« Il doit être passé acte devant notaires ou sous signature privée, porte l'art. 1341, de toutes choses excédant la somme ou valeur de 150 francs. »

Cette formule, inexacte et vague, signifie que :

*Toutes les fois qu'un fait juridique crée, modifie ou éteint des droits et qu'il s'agit d'un intérêt supérieur à 150 francs, la preuve testimoniale ne peut, en général, être admise pour établir ce fait.*

La même règle d'exclusion s'applique aux *présomptions judiciaires*, mais non à l'aveu ni au serment.

Remarquons que, *d'après la doctrine généralement reçue à l'égard des contrats, il suffit, pour qu'il y ait lieu d'appliquer la prohibition de la preuve testimoniale, que, soit dans le contrat, soit même dans la demande, le droit contesté présente un intérêt supérieur à 150 francs* (4).

La mention spéciale du *dépôt volontaire* dans cette première partie

---

(1) Toujours la même antithèse et toujours la même lourde erreur! *L'ordre public, le vrai, c'est l'harmonie de tous les droits, de toutes les libertés, et, par conséquent, de tous les intérêts.*

(2) Singulier *ordre public* que celui où l'on protége les individus malgré eux. Et qu'est-ce qui est protégé ici? le riche; le pauvre n'a pas de gros procès.

(3) Comparer Danty sur Boiceau (*Traité de la preuve par témoins en matière civile*. Paris, 1738, 1 vol. in-4, *addit.* au chap. I, n$^{os}$ 7-9). — MM. Zachariæ, Aubry et Rau, t. VI, p. 423, texte et note 4. — M. Bonnier, n° 135. — M. Colmet de Santerre, t. V, n° 325 *bis*, II.

(4) Comparer M. Bonnier, n° 105. — M. Marcadé sur l'article 1342. — MM. Zachariæ, Aubry et Rau, t. VI, p. 430 et suiv. — M. Colmet de Santerre, t. V, n$^{os}$ 315 *bis*, VIII-XII.

de la règle tient à ce qu'on avait douté autrefois que le dépôt y fût compris (1).

SECONDE PARTIE DE LA RÈGLE DE PROHIBITION DE LA PREUVE PAR TÉMOINS.

« Il n'est reçu aucune preuve par témoins outre et contre le contenu aux actes, ni sur ce qui serait allégué avoir été dit avant, lors ou depuis les actes, encore qu'il s'agisse d'une somme ou valeur moindre de 150 francs. »

Prouver *contre* l'acte, ce serait, par exemple, prouver qu'au lieu de la somme de 100 francs indiquée dans un écrit, on ne doit que celle de 80 francs.

Prouver *outre* l'acte, ce serait, par exemple, prouver qu'au lieu de la somme de 100 francs indiquée dans un écrit, il nous est dû celle de 120 francs (2).

Dans le *premier* cas, ce serait le débiteur qui prouverait; dans le *second*, le créancier.

*Cela est défendu.*

Les auteurs en donnent, en général, pour *raison* que les parties ayant rédigé ou fait rédiger un écrit, elles ont *dû* le rédiger ou le faire rédiger exact et complet (3).

**1342.** — La règle ci-dessus s'applique au cas où l'action contient, outre la demande du capital, une demande d'intérêts qui, réunis au capital, excèdent la somme de cent cinquante francs.

**1343.** — Celui qui a formé une demande excédant cent cinquante francs ne peut plus être admis à la preuve testimoniale, même en restreignant sa demande primitive.

**1344.** — La preuve testimoniale, sur la demande d'une somme même moindre de cent cinquante francs, ne peut être admise lorsque cette somme est déclarée être le restant ou faire partie d'une créance plus forte qui n'est point prouvée par écrit.

**1345.** — Si dans la même instance une partie fait plusieurs demandes dont il n'y ait point de titre par écrit, et que, jointes ensemble, elles excèdent la

(1) Pothier (n° 786) dit fort bien pourquoi l'on doutait : « Celui qui prie son ami de se charger de la garde de certains objets n'ose pas d'ordinaire demander une reconnaissance à un homme qui n'accepte une responsabilité que pour lui être agréable. »

C'était là une parole sensée; mais l'ordonnance de 1667 (tit. XX, art. 2) avait décidé le contraire, Pothier enregistrait la décision de l'ordonnance, les compilateurs napoléoniens ont fait comme leur guide.

(2) Telle est l'explication donnée par les auteurs; la vérité est que *prouver contre l'acte* comprend les *deux* cas, et que l'article contient une redondance.

(3) Et si cependant elles ne l'ont pas fait rédiger *exact* et *complet!...*

Comparer Pothier, n^os^ 792-800. — M. Bonnier, n^os^ 103 et suiv. — MM. Zachariæ, Aubry et Rau, t. VI, p. 441 et suiv. — M. Colmet de Santerre, t. V, n^os^ 315 *bis*, XVI XXIII.

somme de cent cinquante francs, la preuve par témoins n'en peut être admise, encore que la partie allègue que ces créances proviennent de différentes causes, et qu'elles se soient formées en différents temps, si ce n'était que ces droits procédassent, par succession, donation ou autrement, de personnes différentes.

Ces articles appliquent ou sanctionnent la *première* partie de la règle de prohibition formulée par l'art. 1341.

De l'ensemble, il résulte qu'on ne peut être admis à la preuve testimoniale :

1° *Lorsque les intérêts, échus au moment où est formée la demande du capital, dépassent, réunis au capital, la somme de* 150 *francs;*

2° *Lorsqu'on a formé une demande dépassant* 150 *francs, et qu'on restreint ensuite cette demande à* 150 *francs, à moins, bien entendu, qu'il ne soit établi que l'intérêt du litige ne dépasse pas* 150 *francs, et que c'est par erreur qu'on a d'abord demandé davantage* (art. 1343);

3° *Lors même qu'on demande une somme moindre de* 150 *francs, dans le cas où cette somme est reconnue être le reliquat ou faire partie d'une somme plus forte qui n'est pas prouvée par écrit* (art. 1344);

4° *Lorsque, dans la même instance, une partie forme plusieurs demandes dont il n'y a point de titre par écrit et que, bien qu'aucune, prise isolément, ne dépasse* 150 *francs, toutes réunies excèdent cette somme.*

Il est indifférent que le demandeur allègue que ces demandes procèdent de différentes causes; cependant, la prohibition n'est point applicable, s'il s'agit de droits qui, après avoir appartenu à différentes personnes, se trouvent réunis sur la même tête par voie de succession, de donation ou de toute autre manière (art. 1345) (1).

**1346.** — Toutes les demandes, à quelque titre que ce soit, qui ne seront pas entièrement justifiées par écrit, seront formées par un même exploit, après lequel les autres demandes dont il n'y aura point de preuve par écrit ne seront pas reçues.

Cet article sanctionne d'abord l'art. 1345 ; il a, en outre, pour but de prévenir la multiplicité des petits procès.

D'après la plupart des auteurs, il doit être appliqué :

1° *En général, dans les cas même où le montant des diverses demandes est inférieur à* 150 *francs;*

2° *Dans les cas où la preuve testimoniale est exceptionnellement admise par les art.* 1347 *et* 1348;

3° *Dans les cas où les droits, après avoir appartenu à différentes personnes, se trouvent déjà réunis sur la même tête à l'époque où la demande est formée.*

---

(1) Comparer M. Bonnier, n$^{os}$ 117 et suiv. — MM. Zachariæ, Aubry et Rau, t. V, p. 430 et suiv.

*L'art. 1346 s'applique-t-il aux créances non exigibles, en ce sens du moins que le demandeur serait tenu de les indiquer avec les créances exigibles, afin que le juge fasse le total des unes et des autres?*

La question est forcément controversée (1).

### EXCEPTIONS A LA DOUBLE RÈGLE DE PROHIBITION DE LA PREUVE PAR TÉMOINS EN MATIÈRE CIVILE.

La *double* règle qui vient d'être indiquée reçoit exception dans *deux* cas :

1° *Lorsqu'il existe un commencement de preuve par écrit* (art. 1347);

2° *Lorsqu'il est physiquement ou moralement impossible à celui qui invoque la preuve par témoins de présenter une preuve écrite* (article 1348).

### PREMIÈRE EXCEPTION. — COMMENCEMENT DE PREUVE PAR ÉCRIT.

**1347.** — Les règles ci-dessus reçoivent exception lorsqu'il existe un commencement de preuve par écrit. — On appelle ainsi tout acte par écrit qui est émané de celui contre lequel la demande est formée, ou de celui qu'il représente, et qui rend vraisemblable le fait allégué.

De cet article, il résulte que *pour qu'un écrit puisse servir de commencement de preuve par écrit*, il faut :

1° *Qu'il émane de celui contre qui la demande est formée, ou de celui qu'il représente.*

Toutefois, il existe certains cas où un écrit peut servir de commencement de preuve, bien qu'il n'émane ni du défendeur, ni de celui qu'il représente. (V. notamment art. 324, 1320, 1335, 2° et 3°, et 1336.)

2° *Qu'il rende vraisemblable le fait allégué.*

L'article n'exige pas, comme on le voit, que l'écrit soit *signé*.

Nous avons indiqué plus haut (art. 1325 et 1326 p. 938 et 939) *deux* exemples, l'un, peu contesté, l'autre, fort contesté, de commencement de preuve par écrit (2).

---

(1) Comparer M. Duranton, t. XIII, n° 327. — M. Bonnier, n° 105. — MM. Aubry et Rau, t. VI, p. 439, texte et note 41. — M. Colmet de Santerre, t. V, n° 319 *bis*, III.

Quel beau champ pour la casuistique que tout cet arbitraire législatif, et comme les auteurs savent bien l'exploiter !

(2) Pour les développements *théoriques* sur cette demi-preuve, nous renvoyons à Pothier, n^os 801-808.

V. aussi M. Bonnier, n^os 125 et suiv. — MM. Zachariæ, Aubry et Rau, t. VI, p, 450 et suiv.

SECONDE EXCEPTION. — IMPOSSIBILITÉ PHYSIQUE OU MORALE DE PRÉSENTER UNE PREUVE ÉCRITE.

**1348.** — Elles reçoivent encore exception toutes les fois qu'il n'a pas été possible au créancier de se procurer une preuve littérale de l'obligation qui a été contractée envers lui. Cette seconde exception s'applique : — 1° Aux obligations qui naissent des quasi-contrats et des délits ou des quasi-délits; — 2° Aux dépôts nécessaires faits en cas d'incendie, ruine, tumulte ou naufrage, et à ceux faits par les voyageurs en logeant dans une hôtellerie, le tout suivant la qualité des personnes et les circonstances du fait. — 3° Aux obligations contractées en cas d'accidents imprévus, où l'on ne pourrait pas avoir fait des actes par écrit; — 4° Au cas où le créancier a perdu le titre qui lui servait de preuve littérale, par suite d'un cas fortuit, imprévu et résultant d'une force majeure.

Ce mauvais article, auquel ses auteurs n'ont pas même su donner une forme générale, n'est qu'un ressassement de plusieurs numéros (809-815) de Pothier. Tel qu'il est conçu, il doit, pour cesser d'être obscur, être distribué en deux parties.

Il indique :

1° *Certains cas où le demandeur a pu être, dès l'origine, dans l'impossibilité de se procurer une preuve écrite* (n$^{os}$ 1, 2 et 3);

2° *D'une manière générale, tous les cas fortuits, imprévus et résultant d'une force majeure qui ont pu être cause que le créancier ait perdu le titre qui lui servait de preuve littérale.*

On est d'accord pour admettre que les différentes applications, mentionnées dans les numéros 1, 2 et 3 de l'article, ne constituent que des exemples qui ont pour but d'expliquer le sens de l'exception, mais qui, d'ailleurs, n'en restreignent ni n'en étendent la portée (1).

Cette observation se vérifie tout particulièrement pour les *quasi-contrats;* dans la gestion d'affaires, par exemple, le gérant est, d'ordinaire, en situation d'établir par écrit les dépenses qu'il a faites.

## APPENDICE

Il existe certains contrats dont l'existence ne peut être prouvée par témoins; ce sont :

Le *louage des choses* (art. 1715);

La *transaction* (art. 2044);

L'*antichrèse* (art. 2085).

Il existe aussi certains faits qui ne peuvent, en général, être prouvés par témoins; ce sont :

Les *faits relatifs à l'état civil et à la filiation* (art. 46, 319, 320, 323, 340 et 341).

---

(1) Comparer M. Bonnier, n$^{os}$ 129 et suiv. — MM. Zachariæ, Aubry et Rau, t. VI, p. 461. — M. Colmet de Santerre, t. V, n° 321 *bis*, II.

## SECTION III.

### DES PRÉSOMPTIONS.

Nous nous sommes expliqué plus haut sur les conditions de légitimité et sur la valeur des présomptions; nous n'avons qu'à nous en référer aux développements que nous avons fournis. (V. *suprà*, p. 927.)

**1349.** — Les présomptions sont des conséquences que la loi ou le magistrat tire d'un fait connu à un fait inconnu.

Cette définition a été à peu près copiée dans Pothier (nº 839); elle ne caractérise pas du tout l'espèce particulière de preuve à laquelle Pothier l'appliquait.

Nous avons déjà dit que *la présomption est une induction fondée sur l'observation de certains faits et appliquée ensuite à un fait de même ordre.*

#### § 1. — DES PRÉSOMPTIONS ÉTABLIES PAR LA LOI.

Ce paragraphe contient une série de dispositions tout particulièrement arbitraires; en classant *l'autorité de la chose jugée* parmi les présomptions légales, il a reproduit, comme nous allons le voir, la plus inintelligente tradition (V. art. 1350, *infra*).

**1350.** — La présomption légale est celle qui est attachée par une loi spéciale à certains actes ou à certains faits : tels sont : — 1° Les actes que la loi déclare nuls, comme présumés faits en fraude de ses dispositions, d'après leur seule qualité; — 2° Les cas dans lesquels la loi déclare la propriété ou la libération résulter de certaines circonstances déterminées : — 3° L'autorité que la loi attribue à la chose jugée; — 4° La force que la loi attache à l'aveu de la partie ou à son serment.

Cet article indique *quatre* sortes de présomptions légales.

La liste qu'il dresse a besoin d'être *doublement* amendée; elle comporte à la fois plusieurs suppressions et un grand nombre d'additions.

Tous les auteurs en retranchent l'*aveu* et le *serment*, en déclarant que l'aveu est une preuve et le serment un fait *sui generis*.

Tous y maintiennent l'*autorité de la chose jugée.*

*Est-il exact que l'autorité de la chose jugée soit une présomption ?*

Malgré l'adage « *res judicata pro veritate habetur* », l'autorité de la chose jugée ne doit point être classée parmi les présomptions; elle n'en a point les caractères, car la présomption est une *induction* fondée sur l'observation de certains faits et appliquée ensuite à un fait de même ordre; or, l'adage « *res judicata pro veritate habetur* » consacre non une *induction*, mais une fiction; il est né, non de l'observation de certains faits; mais, comme l'expriment tous les légistes, d'une pensée d'intérêt social (1); et c'est l'équivoque contenue dans la formule de cet adage qui a seule conduit à ranger l'autorité de la chose jugée au nombre des présomptions.

*L'autorité de la chose jugée n'a d'autre base admissible que l'adhésion donnée d'avance par chacun à la sentence que le juge a mandat de rendre;* elle dépend entièrement du système général d'organisation de la cité; pourvue d'une haute valeur rationnelle si l'organisation politique a pour clef de voûte le droit de chacun, elle est le mensonge le moins niable et elle peut devenir le plus dangereux instrument d'oppression si l'organisation politique n'a d'autre principe que la force (2).

Donc, dans une doctrine exacte, l'autorité de la chose jugée est, comme l'on voit, en dehors de la théorie des présomptions (3).

---

(1) Il est, en vérité, inouï que les légistes aient si souvent reproduit les idées romaines sans les comprendre, et sans apercevoir ce qu'elles avaient de spécial au droit romain. Nous répétons que, si les Paul, les Ulpien et les Papinien pouvaient revivre, ils seraient les premiers à réclamer contre des admirations qui ressemblent à des trahisons; ils seraient les premiers à montrer que la plupart des théories qu'on loue chez eux ne comportent aucune application dans un état juridique et social, éminemment différent de celui où ils ont vécu.

Voici, par exemple, le cas de la *res judicata;* les Romains s'en sont surtout occupés à l'occasion de l'exception *rei judicatæ* (D., liv. XLIV, tit. II); or, examinons un peu sur quoi ils avaient principalement fondé l'exception *rei judicatæ*.

A Rome, il existait des instances qui consommaient le droit du demandeur, et d'autres qui ne le consommaient pas; en termes techniques, il y avait à Rome des *judicia* où la *litiscontestatio* et la *sententia* produisaient un effet extinctif, et des *judicia* où cet effet n'avait pas lieu (Comparer Gaius, C. IV, §§ 106 et 107); si bien que, dans ces derniers, le demandeur, en droit et en logique stricte, eût pu renouveler indéfiniment le même procès.

Cette conséquence d'un faux principe était absurde, et c'est surtout pour y remédier que les Romains créèrent l'exception *rei judicatæ*.

Pour la *pratique* romaine donc (la *doctrine* n'existe le plus souvent que dans le cerveau des commentateurs), pour la pratique romaine, l'autorité de la chose jugée, s'imposait comme une nécessité sociale.

Or, nous le demandons de bon compte : qu'avons-nous à démêler aujourd'hui avec cette nécessité toute romaine, et est-il raisonnable de recourir à la fiction lorsque la réalité est sous notre main, lorsque, pour asseoir une institution sur un fondement vrai, il suffit de relier nos idées?

(2) L'État monarchique est *nécessairement* la négation plus ou moins complète du droit de chacun, et en faussant dans son principe la délégation exécutive, l'Etat monarchique est *nécessairement* condamné, pour se maintenir, à fausser la délégation législative et la délégation judiciaire.

L'Etat républicain est le seul Etat ou l'individu puisse ne relever que de lui-même, il est le seul État conforme à l'idée du droit, et c'est aussi pour cette cause qu'il est le seul État dont les institutions puissent être raisonnées.

Question de fond, non de forme, comme l'a dit si illogiquement Montesquieu.

Voulons-nous réaliser dans l'Etat la raison et la justice? Peuples et individus, commençons par rompre les liens qui, de tous côtés, nous enserrent; commençons par nous appartenir à nous-mêmes.

(3) Donc aussi, le principe de l'autorité de la chose jugée une fois passé dans les faits, l'appel n'aurait aucune raison d'être; l'idée de l'appel n'a été inspirée

Restent, d'après l'article 1350, les présomptions légales relatives :

1° *A la nullité de certains actes réputés faits en fraude des dispositions de la loi.*

Tel est, par exemple, le cas des donations faites aux père, mère, descendants ou époux d'une personne incapable de recevoir (art. 911 ; V. *supra*, p. 404, et aussi art. 1100 C. N., art. 446 C. Co.);

2° *A l'établissement de la propriété ou de la libération.*

Tels sont, par exemple, pour l'établissement de la propriété, le cas des présomptions de mitoyenneté ; pour l'établissement de la libération, le cas de la remise du titre (art. 553, 653, 666, 670, 1282 et 1283 : V. aussi art. 1402, 1908, 2219 et 2279).

Les présomptions comprises dans ces *deux* classes ont déjà été appréciées ou le seront plus loin.

La compilation napoléonienne a établi encore une foule d'autres présomptions légales (V. art. 1, 312, 314 et 315, 472, 720-722, 847 et 849, 918, 2230, 2231, 2234 et 2268).

*Remarquons que la présomption légale résulte d'une loi spéciale, et que, par conséquent, elle n'est pas susceptible d'être étendue d'un cas à un autre* (1).

**1351.** — L'autorité de la chose jugée n'a lieu qu'à l'égard de ce qui fait l'objet du jugement. Il faut que la chose demandée soit la même ; que la demande soit fondée sur la même cause ; que la demande soit entre les mêmes parties, et formée par elles et contre elles en la même qualité.

L'autorité de la chose jugée est, comme nous l'avons dit, une conséquence de l'organisation rationnelle de l'État. Là, en effet, où tous concourent, avec le même droit à déclarer la loi, et où tous exercent, par eux-mêmes ou par leurs délégués, le pouvoir judiciaire, l'autorité de la chose jugée n'est plus un mythe ou un fétiche ; elle est la condition même du maintien de l'ordre dans l'État, c'est-à-dire de l'harmonie des droits individuels.

*Que faut-il entendre par la chose jugée ?*

Les légistes du temps présent sont en dissidence sur cette question.

Les *uns* disent qu'en cette matière, la chose jugée signifie *la décision contenue dans un jugement qui est susceptible d'être frappé d'un*

---

que par une fausse science de l'organisation sociale ; à Rome, il eut surtout une origine monarchique. (V. Zimmern, *Traité des actions*, p. 492.)

Mais nous ne pourrons fournir ici les développements dont ce point serait susceptible, et nous renvoyons à l'excellent écrit, trop peu connu, de Charles Comte (*Considérations sur le pouvoir judiciaire*, en tête de la traduction du traité de sir Richard Phillips sur les *Pouvoirs et les obligations des jurys*).

(1) Comparer M. Bonnier, n°s 735 et suiv. — MM. Zachariæ, Aubry et Rau, t. VI, p. 330. — M. Colmet de Santerre, t. V, n° 327 *bis*, I-II.

*recours ordinaire* (opposition ou appel), *mais qui n'en est pas encore frappé* (1).

*D'autres, la décision contenue dans un jugement qui est à l'abri des voies ordinaires de recours* (2).

D'*autres*, enfin, *la décision contenue dans un jugement contre lequel il n'existe plus aucun mode de recours ni ordinaire ni extraordinaire* (3).

*Que faut-il maintenant pour qu'un jugement ait l'autorité de la chose jugée, relativement à une nouvelle demande?*

L'art. 1351 exige *trois* conditions :

1° *L'identité de l'objet ;*

2° *L'identité de la cause;*

3° *L'identité juridique des parties.*

Examinons chacune de ces conditions.

### 1° IDENTITÉ DE L'OBJET.

Les auteurs enseignent que cette identité n'est pas nécessairement une identité *physique*.

1er *Exemple :* La première demande portait sur un troupeau ; la seconde demande a pour objet le même troupeau ; il y a identité d'objet malgré les changements qui, dans l'intervalle des deux demandes, ont pu s'opérer dans le troupeau.

2e *Exemple :* La première demande portait sur la propriété d'un fonds, la seconde a pour objet l'usufruit *causal* du même fonds, c'est-à-dire la jouissance de ce fonds considérée comme partie intégrante de la propriété (4).

### 2° IDENTITÉ DE LA CAUSE.

Les auteurs disent qu'en cette matière, il faut entendre par la *cause*, le *fait juridique qui est le fondement immédiat du droit que la partie demande à exercer.*

La *cause* doit être soigneusement distinguée des *moyens*, c'est-à-dire des faits qui servent à l'établir.

---

(1) M. Marcadé, t. V, art. 1351.
(2) M. Duranton, t. XIII, nos 454 et 455.
(3) M. Bonnier, n° 758.
(4) Comparer M. Bonnier, nos 762-767. — MM. Zachariæ, Aubry et Rau, t. VI, p. 493 et suiv. — M. Colmet de Santerre, t. V, n° 328 *bis*, v.

Théoriquement, cette question est tout ce qu'il y a de plus simple, mais, grâce aux textes romains et à l'ingénieux esprit légiste, certains auteurs l'ont consciencieusement embrouillée.

Doit-on admettre que *pars est in toto*, que *totum in parte non est?* Nous n'aborderons pas ces sérieux sujets; nous renvoyons aux gros livres.

*Premier exemple :* Une personne attaque un acte notarié, en invoquant un vice de forme tiré de la minorité d'un des témoins, et elle perd son procès. Cette personne ne peut attaquer le même acte dans une nouvelle instance, en invoquant un autre vice de forme tiré de la circonstance que l'un des témoins n'aurait pas été français.

*Second exemple :* Une personne demande à une autre le remboursement d'une somme qu'elle prétend avoir prêtée à cette autre ; elle produit des témoins pour justifier son allégation, et elle perd son procès. Cette personne ne peut renouveler l'instance en offrant, cette fois, une preuve littérale (1).

### 3° IDENTITÉ JURIDIQUE DES PARTIES.

Comme les contrats, la chose jugée n'a d'effet qu'entre les parties ; elle ne doit ni profiter ni nuire aux tiers. « *Res inter alios judicata, aliis prodesse aut nocere non solet* » (L. D., liv. XX, tit. IV).

L'identité juridique des parties suppose des personnes :

1° *Ayant figuré dans la première instance, soit par elles-mêmes, soit par leurs représentants ;*

2° *Procédant en la même qualité que dans la première instance.*

Ainsi, sont parties :

*Les mandants légaux, judiciaires ou conventionnels ;*

*Les héritiers et successeurs universels ;*

*Les créanciers chirographaires ;*

*Les successeurs à titre particulier* (acheteurs, donataires, etc.), *lorsque leurs titres d'acquisition sont postérieurs à l'époque à laquelle peut remonter l'effet du jugement* (2).

*Les créanciers hypothécaires sont évidemment assimilables aux successeurs à titre particulier; en d'autres termes, pour que les jugements rendus contre la personne du chef de laquelle sont nés les droits d'hypothèque soient opposables aux créanciers hypothécaires, il faut que ces jugements aient produit leurs effets antérieurement à l'époque où l'hypothèque est devenue efficace à l'égard des tiers* (3).

*En ce qui concerne spécialement les créanciers chirographaires, il*

---

(1) Comparer M. Bonnier, nos 768-771. — MM. Zachariæ, Aubry et Rau, t. VI, p. 197 et suiv. — M. Colmet de Santerre, t. V, n° 228 *bis*, IX.

Le double point de l'identité de l'objet et de l'identité de la cause relève avant tout de la jurisprudence ; les explications des auteurs n'ont servi qu'à le rendre confus.

(2) Rappelons que pour les actes entre-vifs translatifs de droits réels immobiliers, ce qu'il faut considérer, ce n'est pas, à dire vrai, l'antériorité du titre, mais bien l'antériorité de la *transcription*.

(3) Comparer M. Valette, *Revue de droit français et étranger*, t. I, 1844, p. 27.

*importe de remarquer que, dans le cas où leur débiteur aurait, par suite d'une collusion frauduleuse, laissé rendre un jugement à son préjudice, ces créanciers ont le même droit que dans le cas de contrats frauduleux; ils peuvent se pourvoir contre le jugement par la voie de la tierce opposition* (art. 474 et suiv. C. Pr.), *qui est ici la forme de l'action Paulienne* (V. *supra*, p. 811).

Certaines personnes ont une position *double;* elles sont considérées comme parties dans les jugements qui leur sont profitables, comme tiers dans ceux qui peuvent leur nuire.

On range assez généralement parmi ces personnes :

Le nu-propriétaire, quant au jugement rendu avec l'usufruitier ;

La caution, quant au jugement rendu avec le débiteur principal ;

Les créanciers ou les débiteurs solidaires, quant au jugement rendu avec l'un des cocréanciers ou codébiteurs ;

Les cointéressés dans une obligation indivisible, quant au jugement rendu avec l'un des cointéressés (1).

Il est, d'ailleurs, manifeste que, pour qu'un jugement ait, à l'égard d'une certaine personne, l'autorité de la chose jugée, il faut que cette personne *agisse ou soit poursuivie dans la nouvelle instance, en la même qualité que dans la première.*

Ainsi, le jugement rendu avec un mandataire n'a pas l'autorité de la chose jugée pour ou contre lui *personnellement* (2).

**1352.** — La présomption légale dispense de toute preuve celui au profit duquel elle existe. — Nulle preuve n'est admise contre la présomption de la loi, lorsque, sur le fondement de cette présomption, elle annule certains actes ou dénie l'action en justice, à moins qu'elle n'ait réservé la preuve contraire, et sauf ce qui sera dit sur le serment et l'aveu judiciaires.

Le *premier* alinéa de cet article consacre l'évidence (3).

Quant au *second* alinéa, il est aussi confus que le plus confus article de la codification napoléonienne.

---

(1) Comparer M. Bonnier, nos 782 et suiv. — MM. Zachariæ, Aubry et Rau, t. VI, p. 487 et suiv. — M. Colmet de Santerre, t. V, no 328 *bis*, xx-xxx.

Au surplus, cette *matière* est hérissée de controverses; et qui donc, en effet, dans une prétendue science, faite de débris amoncelés et où toute théorie est flottante quand elle n'est pas fausse, qui donc peut dire, à coup sûr, ce qu'est une *partie* et ce qu'est un *tiers?*

Vous n'agencerez que des mots, légistes, tant que vous ne sortirez pas de vos déplorables errements.

(2) V., sur l'ensemble de la théorie de l'autorité de la chose jugée, Pothier, nos 850-909.

(3) La vérité est qu'on ne s'en douterait guère, à voir les thèses que soulevaient, à ce sujet, Alciat, Menochius et Barthole (se reporter au t. X de Toullier, nos 57-59).

Forcés de s'incliner devant la raison, la plupart des auteurs posent, en principe, que *les présomptions légales peuvent être combattues par la preuve contraire ;* ils font résulter cette règle, par argument *à contrario*, du *second* alinéa de l'art. 1352; en effet, disent-ils, puisque ce *second* alinéa repousse explicitement la preuve contraire pour deux catégories de présomptions légales, c'est donc qu'il l'admet implicitement pour les catégories qu'il ne mentionne pas.

Les présomptions légales, qui comportent la preuve contraire, sont dites présomptions *juris* ou *juris tantum*, et aussi présomptions *simples*.

Les présomptions légales, qui excluent la preuve contraire, sont appelées présomptions *juris et de jure*, et aussi présomptions *absolues* (1).

Remarquons que, dans le cas des présomptions *juris tantum*, la preuve contraire peut, en principe, avoir lieu par tous les moyens que la loi napoléonienne autorise.

Aux termes du second alinéa de l'article, les présomptions *juris et de jure* comprennent :

1° *Les cas où la loi annule certains actes.*

Ainsi, lorsqu'une disposition à titre gratuit est faite au père ou à la mère, à un descendant ou au conjoint d'une personne incapable de recevoir du disposant (art. 911 ; V. aussi art. 1100 C. N. et art. 446 C. Co.).

2° *Les cas où la loi dénie l'action en justice*, c'est-à-dire *accorde au défendeur le droit de repousser la prétention du demandeur au moyen d'une fin de non-recevoir.*

Ainsi, lorsque le défendeur oppose l'autorité de la chose jugée (2).

Notons enfin :

1° *Que certaines présomptions* juris et de jure *peuvent être combattues par la preuve contraire, dans des cas que la loi détermine.*

Ainsi, la présomption *pater is est quem nuptiæ demonstrant*, dans les cas dits de *désaveu* (art. 312 et 313 ; V. aussi art. 653, 666, 670 et 2279).

2° *Que toutes les présomptions* juris et de jure *peuvent être com-*

---

(1) *Menochius* (*Tractatus de Præsumptionibus*, lib. I, quæst. 3) explique ainsi ce dernier nom : *Præsumptio juris sic vocatur quia a lege introducta est; et de jure, quia super tali præsumptione lex inducit firmum jus, et habet eam pro veritate.*

Ce n'est pas d'hier, comme on le voit, que les légistes professent le dogme de l'*omnipotence du législateur*.

(2) Nous nous plaçons, dans cet exemple, au point de vue de la fausse théorie qui range l'autorité de la chose jugée parmi les présomptions.

*battues par le serment décisoire et par l'aveu..... à moins que l'ordre public ne s'y oppose* (1).

### § II. — DES PRÉSOMPTIONS QUI NE SONT POINT ÉTABLIES PAR LA LOI.

Les présomptions jouent nécessairement un rôle considérable dans les décisions judiciaires comme dans les appréciations quotidiennes auxquelles se livrent les individus ; nous n'avons ici qu'à répéter que : *tant vaut le juge, tant vaut l'induction du juge* (2).

**1353.** — Les présomptions qui ne sont point établies par la loi, sont abandonnées aux lumières et à la prudence du magistrat, qui ne doit admettre que des présomptions graves, précises et concordantes, et dans les cas seulement où la loi admet les preuves testimoniales, à moins que l'acte ne soit attaqué pour cause de fraude ou de dol.

Il y a à remarquer :

1° *Que la loi napoléonienne conseille au magistrat de n'admettre que des présomptions graves, précises et concordantes ;*

2° *Que les présomptions judiciaires sont admissibles dans tous les cas où la preuve testimoniale l'est elle-même, mais qu'elles ne le sont que dans ces cas ;*

3° *Que, de l'avis de tous les auteurs, la restriction finale : « à moins que l'acte ne soit attaqué pour cause de fraude ou de dol » est due à une inadvertance des copistes napoléoniens.*

Comme la présomption judiciaire, la preuve testimoniale est admissible, *en cas de fraude ou de dol* (3).

## SECTION IV.

### DE L'AVEU DE LA PARTIE.

*L'aveu est la reconnaissance d'un fait qui nous est personnel.*

*Au point de vue du droit, ce fait doit être de nature à produire des conséquences juridiques contre celui de qui l'aveu émane.*

---

(1) Les auteurs s'entendent fort peu sur l'interprétation du *second* alinéa de l'art. 1352 ; nous avons essayé de choisir l'explication la moins improbable, Comparer M. Bonnier, n$^{os}$ 739 et suiv. — MM. Zachariæ, Aubry et Rau, t. VI. p. 332, texte et note 11. — M. Colmet de Santerre, t. V, n° 329 *bis*.

(2) Il y a vingt et un ans que nous enseignons le droit, et que nous voyons se succéder les générations qui peuplent les parquets, les tribunaux et les barreaux ; or, la question de conscience mise à part, combien de fois n'avons-nous pas vérifié que nos magistrats-juges se recrutent, en général, parmi les jeunes hommes les moins pourvus de capacité et de savoir !

Cependant l'organisation judiciaire est un des fondements de l'État.

(3) Fenet, t. XIII, p. 303 et 403.

L'aveu de la partie a, en général, une force probante considérable ; cependant, il n'est pas impossible que, même au civil, il n'exprime point la vérité.

**1354.** — L'aveu qui est opposé à une partie est ou extrajudiciaire ou judiciaire.

**1355.** — L'allégation d'un aveu extrajudiciaire purement verbal est inutile toutes les fois qu'il s'agit d'une demande dont la preuve testimoniale ne serait point admissible.

**1356.** — L'aveu judiciaire est la déclaration que fait en justice la partie ou son fondé de pouvoir spécial. — Il fait pleine foi contre celui qui l'a fait. — Il ne peut être divisé contre lui. — Il ne peut être révoqué, à moins qu'on ne prouve qu'il a été la suite d'une erreur de fait. Il ne pourrait être révoqué sous prétexte d'une erreur de droit.

D'après l'art. 1354, l'aveu est *extrajudiciaire* ou *judiciaire.*

*En ce qui concerne l'aveu extrajudiciaire*, l'art. 1355 se borne à déclarer que, si cet aveu est fait verbalement, il ne peut être prouvé par témoins qu'autant que le fait juridique qui en est l'objet est lui-même susceptible d'être établi de cette manière.

C'est, d'ailleurs, au juge d'apprécier la valeur qu'il doit attribuer à cette sorte de preuve.

*En ce qui concerne l'aveu judiciaire*, la théorie se résume dans les points suivants :

1° *Lorsque l'aveu entraîne une obligation ou une aliénation, il ne peut être fait par un incapable ;*

Ainsi, par un mineur, par une femme mariée non autorisée (1).

2° *Lorsque l'aveu ne procède pas de la partie elle-même, il doit être fait par un mandataire, spécialement autorisé à cet effet.*

Cependant, l'aveu fait par un mandataire *ad lites*, avoué ou huissier, lie la partie au nom de laquelle il est fait, à moins que celle-ci ne le fasse tomber par la procédure particulière du *désaveu* (art. 352 et suiv. C. Pr.).

3° *L'aveu fait pleine foi contre celui qui l'a fait*, c'est-à-dire *que l'adversaire est dispensé de rapporter aucune preuve du fait avoué.*

Cependant, il y a des matières dans lesquelles la loi napoléonienne *n'admet pas* l'aveu.

Ainsi est inefficace :

L'aveu de nature à entraîner la perte d'un droit auquel celui qui avoue ne peut renoncer ou sur lequel il lui est défendu de transiger ;

(1) La femme mariée ne pouvant se lier, même par son aveu? Quelle législation, et comme il y a bien de quoi pour un peuple de s'enorgueillir !

L'aveu qui a pour objet un fait dont la reconnaissance est interdite (art. 335).

4° *L'aveu ne peut être divisé contre celui qui l'a fait.*

*L'indivisibilité de l'aveu est la qualité qu'a l'aveu de ne pouvoir être scindé par l'adversaire, de façon que celui-ci accepte ce qui lui est favorable et rejette ce qui lui est défavorable.*

Néanmoins, les auteurs professent, en général, que *l'aveu n'est indivisible qu'autant que la déclaration accessoire qu'il renferme se rattache nécessairement au fait principal qui forme l'objet du procès* (1).

*Premier exemple.* — Le débiteur avoue la dette, mais il déclare l'avoir acquittée.

*Dans ce cas*, dit-on, l'aveu est *indivisible.*

*Second exemple.* — Le débiteur avoue la dette, mais il prétend qu'elle est compensée.

*Dans ce cas*, dit-on, l'aveu est *divisible* (2).

5° *L'aveu ne peut être rétracté si ce n'est dans le cas où la personne qui a avoué a reconnu, par erreur, l'existence d'un fait qui, en réalité, n'existait pas.*

Quant à l'erreur de *droit*, c'est-à-dire quant à l'erreur qui porte sur les conséquences juridiques du fait avoué, l'art. 1356 déclare qu'elle n'autorise jamais à révoquer un aveu (3).

## SECTION V.

### DU SERMENT.

Les auteurs définissent le serment :

*Un acte tout à la fois civil et religieux par lequel une personne prend Dieu à témoin de la vérité d'un fait ou de la sincérité d'une promesse et l'invoque comme vengeur du parjure* (4).

---

(1) Ici, ce n'est plus la liberté de la preuve que l'on veut limiter; c'est la liberté de l'appréciation du juge, et, bien entendu, on réussit de la même manière dans les deux cas.

Ayez une bonne organisation judiciaire, et laissez le juge apprécier selon son intelligence et selon sa conscience.

V. sur l'indivisibilité de l'aveu *qualifié* et de l'aveu *complexe* M. Bonnier, n° 293 et suiv. — MM. Zachariæ, Aubry et Rau, t. IV, p. 340 et suiv.

(2) Comparer M. Bonnier, n° 293. — MM. Zachariæ, Aubry et Rau, t. VI, p. 341 et 342. — M. Colmet de Santerre, t. V, n° 324 *bis*, III et IV.

Et cependant si la compensation est *un payement abrégé* (V. *suprà*, p. 906).

(3) On discute sur le point de savoir si *l'aveu peut être rétracté par celui qui l'a fait, tant que l'adversaire n'a pas déclaré vouloir en profiter.*

V. Pothier, *De la confession*, n° 830. — M. Bonnier, n°s 291 et 292. — MM. Zachariæ, Aubry et Rau, t. VI, p. 338, texte et note 17. — M. Colmet de Santerre, n° 335 *bis*, I.

(4) MM. Zachariæ, Aubry et Rau, t. VI, p. 345.

Cette définition est fort bonne ; elle confirme ce que nous avons dit plus haut, à savoir, que le jour où disparaîtra le faux mécanisme de la preuve judiciaire, devra disparaître en même temps le serment judiciaire.

**1357.** — Le serment judiciaire est de deux espèces : — 1° Celui qu'un partie défère à l'autre pour en faire dépendre le jugement de la cause : il est appelé *décisoire ;* — 2° Celui qui est déféré d'office par le juge à l'une ou à l'autre des parties.

Le Code Napoléon reconnaît *deux* espèces de serment judiciaire. *L'un est déféré par l'une des parties à l'autre pour en faire dépendre le jugement de la cause.*

C'est le serment *litis-décisoire* ou simplement *décisoire.*

*L'autre est déféré d'office par le juge à l'une ou à l'autre des parties pour compléter une preuve insuffisante.*

C'est le serment *supplétif* ou *supplétoire.*

Au serment judiciaire on oppose le serment *extrajudiciaire,* c'est-à-dire le serment prêté hors de justice.

Lorsque les parties sont convenues de faire dépendre la solution d'une contestation, d'un serment *extrajudiciaire, la prestation de ce serment emporte transaction.*

Examinons séparément les dispositions qui concernent :

1° *Le serment décisoire ;*

2° *Le serment supplétoire.*

### § I. — DU SERMENT DÉCISOIRE.

Ce serment donne lieu tantôt à une sorte de transaction imposée par l'une des parties à l'autre, tantôt à une sorte d'aveu.

Il donne lieu à une transaction imposée lorsque la partie à laquelle il est déféré le *prête,* ou qu'elle le *réfère* à l'autre, et que celle-ci le *prête.*

Il donne lieu à un *aveu* lorsque la partie à laquelle il est déféré ou référé *refuse de le prêter.*

**1358.** — Le serment décisoire peut être déféré sur quelque espèce de contestation que ce soit.

**1359.** — Il ne peut être déféré que sur un fait personnel à la partie à laquelle on le défère.

**1360.** — Il peut être déféré en tout état de cause, et encore qu'il n'existe aucun commencement de preuve de la demande ou de l'exception sur laquelle il est provoqué.

Le *premier* de ces textes (art. 1358) exige un correctif :

*Le serment décisoire n'est applicable qu'aux contestations dont l'objet est susceptible de transaction et d'aveu.*

Le *second* de ces textes (art. 1359) réclame un complément ;

*Il est permis de déférer aux veuve et héritiers ou successeurs universels d'une personne décédée, un serment dit de* crédibilité *ou de* crédulité *sur un fait personnel à leur auteur*, c'est-à-dire *de les interpeller sous serment sur le point de savoir s'ils ont ou non connaissance de ce fait* (Comparer art. 2275 C. N., et 189 C. Co.).

Le *troisième* de ces textes (art. 1360) implique *deux* conséquences :

1° *Le serment décisoire peut être déféré même en appel ;*

2° *Lorsque le serment décisoire est déféré par l'une des parties à l'autre, le juge ne peut refuser de mettre la partie à laquelle il est déféré en demeure de le prêter* (1).

**1361.** — Celui auquel le serment est déféré, qui le refuse ou ne consent pas à le référer à son adversaire, ou l'adversaire à qui il a été référé et qui le refuse, doit succomber dans sa demande ou dans son exception.

**1362.** — Le serment ne peut être référé quand le fait qui en est l'objet n'est point celui des deux parties, mais est purement personnel à celui auquel le serment avait été déféré.

**1363.** — Lorsque le serment déféré ou référé a été fait, l'adversaire n'est point recevable à en prouver la fausseté.

**1364.** — La partie qui a déféré ou référé le serment, ne peut plus se rétracter lorsque l'adversaire a déclaré qu'il est prêt à faire ce serment.

Sur ces textes, il y a à remarquer :

1° *Que tant que la délation ou la relation du serment n'a pas été acceptée, la partie qui l'a faite peut la retirer* (arg. *à contrario* de l'art. 1364) ;

2° *Que, lorsque le serment décisoire a été effectivement prêté, la partie qui l'a déféré ou référé, n'est point recevable à en prouver la fausseté, sauf la condamnation correctionnelle que peut encourir le faussaire si le ministère public juge à propos de le poursuivre* (V. art. 1 C. I. C., et art. 366 C. P.) (2).

**1365.** — Le serment fait ne forme preuve qu'au profit de celui qui l'a déféré ou contre lui, et au profit de ses héritiers et ayants cause ou contre eux. — Néanmoins le serment déféré par l'un des créanciers solidaires au débiteur ne

---

(1) En ce sens, MM. Zachariæ, Aubry et Rau, t. VI, p. 354, texte et note 23. — M. Colmet de Santerre, t. V, n° 337 *bis*, v.

En sens contraire, de nombreux arrêts, notamment Limoges, 10 mai 1845, Dev. 46, II, 73.

(2) Les auteurs démontrent fort bien que cela est légal et juridique ; tous hormis un seul (M. Duranton, t. III, n° 600), oublient de démontrer que cela est rationnel et juste.

Il est vrai que Bigot pensait comme eux (*Exposé des motifs*) ; mais, en fait de serment, les complices de l'Homme de brumaire étaient de mauvais juges.

Rappelons, pour nos temps, que le Code pénal du premier Empire punit le faux serment de la dégradation civique (art. 366), et que la dégradation civique entraîne la destitution et l'exclusion des emplois ou offices publics (art. 34).

libère celui-ci que pour la part de ce créancier. — Le serment déféré au débiteur principal libère également les cautions. — Celui déféré à l'un des débiteurs solidaires profite aux codébiteurs. — Et celui déféré à la caution ne profite aux autres codébiteurs ou au débiteur principal que lorsqu'il a été déféré sur la dette, et non sur le fait de la solidarité ou du cautionnement.

Le *premier* et le *second* alinéa de cet article sont mal rédigés.

Le *premier* alinéa doit être lu, comme s'il portait :

*Le serment prêté ne forme preuve que contre celui qui l'a déféré ou référé, et contre ses héritiers et ayants cause ; le refus de serment ne forme preuve qu'au profit de celui qui a déféré le serment ou qui l'a référé, et au profit de ses héritiers et ayants cause.*

Le mot « *néanmoins* » par lequel commence le *second* alinéa doit être rayé, car ce *second* alinéa est en rapport avec la pensée de l'article, qui est celle-ci :

*La prestation ou le refus du serment judiciaire n'a d'effet qu'entre les parties et entre les personnes que les parties représentent.*

Or, comme on sait, les créanciers solidaires ne sont mandataires les uns des autres que pour la conservation ou pour l'amélioration de la créance commune.

Remarquons que *tandis que la remise de la dette faite à la caution ne profite pas au débiteur principal* (art. 1287, n° 2), *au contraire le serment prêté par la caution profite à ce débiteur.*

Cela tient, dit-on, à ce que « le Code a admis, dans ce cas, une certaine analogie entre le serment prêté et le payement (1). »

## § II. — DU SERMENT DÉFÉRÉ D'OFFICE.

Ce *serment*, comme l'indique M. Demante, *est une épreuve à laquelle le juge, dans les cas autorisés par la loi, a le droit de soumettre l'une des parties.*

Cette très-exacte appréciation suffirait à elle seule pour condamner le serment supplétoire.

**1366.** — Le juge peut déférer à l'une des parties le serment, ou pour en faire dépendre la décision de la cause, ou seulement pour déterminer le montant de la condamnation.

**1367.** — Le juge ne peut déférer d'office le serment, soit sur la demande, soit sur l'exception qui y est opposée, que sous les deux conditions suivantes, il faut : — 1° Que la demande ou l'exception ne soit pas pleinement justifiée ; — 2° Qu'elle ne soit pas totalement dénuée de preuves. — Hors ces deux cas, le juge doit ou adjuger ou rejeter purement et simplement la demande.

**1368.** — Le serment déféré d'office par le juge à l'une des parties, ne peut être par elle référé à l'autre.

(1) M. Colmet de Santerre, t. V, n° 341 *bis*, III.

**1369.** — Le serment sur la valeur de la chose demandée ne peut être déféré par le juge au demandeur que lorsqu'il est d'ailleurs impossible de constater autrement cette valeur. — Le juge doit même, en ce cas, déterminer la somme jusqu'à concurrence de laquelle le demandeur en sera cru sur son serment.

En dégageant ces textes, voici la théorie qu'on en peut faire résulter :

Il y a *deux* espèces de serment *supplétoire;*

*L'un a pour objet l'existence même du droit réclamé;*

*L'autre, seulement le montant de la condamnation à prononcer* (art. 1366 et 1369) (1).

Le *premier* peut, en principe, être déféré à l'une ou à l'autre des parties;

De plus, il ne peut être déféré qu'aux deux conditions suivantes ; il faut :

1° *Que la demande ou l'exception ne soit pas pleinement justifiée ;*

2° *Qu'elle ne soit pas totalement dénuée de preuves* (2);

Enfin, ce serment ne peut être *référé.*

Le *second* est toujours déféré au demandeur.

De plus, le juge doit déterminer la somme jusqu'à concurrence de laquelle le demandeur en sera cru sur son serment (3).

Remarquons que le serment supplétoire n'a point le caractère *transactionnel;*

---

(1) Celui-ci reçoit des auteurs le nom spécial de serment *in litem* ou en *plaids* (plaidoiries).

(2) Dans le cas où la loi napoléonienne considère la preuve par témoins comme insuffisante, la délation du serment supplétoire ne paraît possible que s'il existe un commencement de preuve par écrit. (Comparer MM. Zachariæ, Aubry et Rau, t. VI, p. 473).

Remarquons, en outre, qu'aucun texte ne défend au juge de déférer le serment supplétoire sur un fait non personnel à la partie qui doit le prêter.

(3) V. Pothier, nos 921-931.

Les auteurs font, à propos du serment supplétoire, ce que les compilateurs napoléoniens ont fait à peu près en toute occasion : ils suivent Pothier, mais ils ne lisent pas, et l'on s'en aperçoit à la manière dont certains confondent le serment supplétoire avec le *juramentum in litem.* Eh bien, dans ce cas précisément, Pothier, l'honnête Pothier, est bon à lire : sa conscience suffit à le mettre en progrès sur la doctrine contemporaine; nous transcrivons littéralement son appréciation du serment supplétoire.

« Je ne conseillerais pas néanmoins aux juges d'user souvent de cette précaution, qui ne sert qu'à donner occasion à une infinité de parjures.

» Quand un homme est honnête homme, il n'a pas besoin d'être retenu par la religion du serment... Quand il n'est pas honnête homme, il n'a aucune crainte de se parjurer.

» Depuis plus de quarante ans que je fais ma profession, j'ai vu une infinité de fois déférer le serment, et je n'ai pas vu arriver plus de deux fois qu'une partie ait été retenue par la religion du serment, de persister dans ce qu'elle avait soutenu. »

Pauvre Pothier, qu'eût-il donc dit s'il eût vu toutes les turpitudes de notre époque?

D'où, *deux* conséquences :

1° *Le juge peut rétracter le jugement par lequel il a déféré un serment supplétoire ;*

2° *La partie perdante est recevable à prouver la fausseté du serment supplétoire, soit en appel, soit au moyen d'une demande en dommages-intérêts formée devant le tribunal civil ou devant le tribunal correctionnel* (1).

---

# TITRE IV

## DES ENGAGEMENTS QUI SE FORMENT SANS CONVENTIONS

**1370.** — Certains engagements se forment sans qu'il intervienne aucune convention, ni de la part de celui qui s'oblige, ni de la part de celui envers lequel il est obligé. — Les uns résultent de l'autorité seule de la loi ; les autres naissent d'un fait personnel à celui qui se trouve obligé. — Les premiers sont les engagements formés involontairement, tels que ceux entre propriétaires voisins, ou ceux des tuteurs et des autres administrateurs qui ne peuvent refuser la fonction qui leur est déférée. — Les engagements qui naissent d'un fait personnel à celui qui se trouve obligé, résultent ou des quasi-contrats, ou des délits ou quasi-délits ; ils font la matière du présent titre.

Ce vicieux article exigerait presque autant de rectifications qu'il contient de mots ; il suffit de constater qu'en dehors du contrat il reconnaît *quatre* autres sources d'obligations.

Ces sources sont :

1° *La loi ;*

2° *Le quasi-contrat ;*

3° *Le délit ;*

4° *Le quasi-délit.*

A l'égard de la loi considérée comme créatrice du droit, nous n'avons qu'à reproduire ce mot de Montesquieu : « On ne fait pas les lois, on les trouve » (2).

---

(1) En ce sens, M. Marcadé, t. V, art. 1369. — M. Colmet de Santerre, t. V, n° 345 *bis*.

En sens contraire, MM. Zachariæ, Aubry et Rau, t. II, p. 476, texte et note 21.

(2) Il n'est que trop vrai que Rousseau a commis une lamentable erreur, en répétant sur tous les tons que *la loi est l'expression de la volonté générale* ; cela est faux, absolument faux.

*Ou la loi est la constatation du juste, ou bien la loi n'est rien, et la volonté générale est tout aussi impuissante à créer le juste qu'à décréter, par exemple, qu'un malfaiteur est un honnête homme.*

# CHAPITRE PREMIER

## DES QUASI-CONTRATS.

La théorie du quasi-contrat est, comme nous l'avons déjà dit, un des *desiderata*, malheureusement beaucoup trop nombreux, de la science juridique du temps présent.

Le quasi-contrat peut être défini :

*Un fait licite et volontaire de la part d'une partie seulement, en tant que ce fait est de nature à produire des obligations* (1).

L'obligation dérivant du quasi-contrat a d'ailleurs pour base philosophique *l'assistance volontaire intéressée ou non intéressée prêtée à la liberté d'autrui.*

On voit par là que la liste des quasi-contrats est indéfinie.

Les compilateurs napoléoniens ont traité spécialement :

*De la gestion d'affaires;*

2° *Du payement de l'indû* (2).

Beaucoup d'autres exemples de quasi-contrats pourraient être cités; ainsi :

*La procréation des enfants;*

*L'acceptation d'une tutelle par un tuteur qui aurait pu la refuser ;*

*L'acceptation d'une succession par un héritier renonçant;*

*Le maintien de l'état d'indivision entre copropriétaires.*

**1371.** — Les quasi-contrats sont les faits purement volontaires de l'homme, dont il résulte un engagement quelconque envers un tiers, et quelquefois un engagement réciproque des deux parties.

Cet article contient un vice capital : le législateur napoléonien a omis

---

(1) Dans le mémoire que Me Marie a consacré à la défense des porteurs des obligations mexicaines, et qui a été sanctionné de l'adhésion de MMes Allou, Plocque, Ad. Crémieux et le Blond, on lit :

« Oui, en se mêlant, comme il l'a fait aux opérations financières du Mexique, le gouvernement de la France a donné à ces opérations un relief, un crédit, qu'elles n'auraient pas eu par elles-mêmes ;

» Oui, en allant au delà de ses pouvoirs, il a excité ainsi la confiance des capitalistes et préparé les périls sous lesquels ils succombent aujourd'hui;

» Oui, il y a là une faute, une faute préjudiciable ; donc un quasi-contrat, sinon un contrat dont l'effet est la réparation du préjudice causé;

» Oui, cette responsabilité du gouvernement doit s'appliquer à la France. »

Nous ne relèverons pas toutes les erreurs accumulées dans ces lignes, mais n'est-ce pas chose piteuse, de voir d'anciens bâtonniers ou d'anciens membres du Conseil de l'ordre, ignorer la première idée du quasi-contrat et le confondre avec le délit.

(2) Nous avons déjà dit que le payement de l'indû n'appartient pas en réalité à la classe des quasi-contrats, et qu'il se rapporte tantôt à celle des quasi-délits, tantôt à celle des délits.

d'y signaler un des caractères constitutifs du quasi-contrat, à savoir que le fait dans lequel le quasi-contrat consiste est *licite*.

Du reste, l'article met assez nettement en relief cette idée que le quasi-contrat peut produire des obligations:

*Soit à la charge de la partie qui agit ;*

*Soit à la charge de la partie qui souffre l'action ;*

*Soit à la charge des deux parties.*

On voit par là que, contrairement à la proposition contenue dans le *quatrième* alinéa de l'art. 1379, *le quasi-contrat ne suppose pas nécessairement un fait personnel à l'obligé.*

### 1° DE LA GESTION D'AFFAIRES.

**1372.** — Lorsque volontairement on gère l'affaire d'autrui, soit que le propriétaire connaisse la gestion, soit qu'il l'ignore, celui qui gère contracte l'engagement tacite de continuer la gestion qu'il a commencée, et de l'achever jusqu'à ce que le propriétaire soit en état d'y pourvoir lui-même; il doit se charger également de toutes les dépendances de cette même affaire. — Il se soumet à toutes les obligations qui résulteraient d'un mandat exprès que lui aurait donné le propriétaire.

**1373.** — Il est obligé de continuer sa gestion, encore que le maître vienne à mourir avant que l'affaire soit consommée, jusqu'à ce que l'héritier ait pu en prendre la direction.

**1374.** — Il est tenu d'apporter à la gestion de l'affaire tous les soins d'un bon père de famille. — Néanmoins les circonstances qui l'ont conduit à se charger de l'affaire peuvent autoriser le juge à modérer les dommages et intérêts qui résulteraient des fautes ou de la négligence du gérant.

**1375.** — Le maître dont l'affaire a été bien administrée, doit remplir les engagements que le gérant a contractés en son nom, l'indemniser de tous les engagements personnels qu'il a pris, et lui rembourser toutes les dépenses utiles ou nécessaires qu'il a faites.

*La gestion d'affaires est le fait d'une personne qui a l'intention de procurer à une autre personne une utilité en faisant sans mandat l'affaire de cette autre personne.*

L'art. 1372 énonce que la gestion d'affaires existe, soit que le propriétaire connaisse la gestion, soit qu'il l'ignore.

Évidemment, le premier membre de cette phrase est inexact, car *lorsque le propriétaire connaît la gestion, et que, pouvant s'y opposer, il ne s'y oppose pas, il y a là un fait juridique qui sort des limites du quasi-contrat de gestion d'affaires.*

Donc, la formule de l'art. 1372 doit être corrigée, et il faut la lire comme si elle était ainsi conçue :

*Il y a gestion d'affaires, soit lorsque le propriétaire connaisse la gestion et qu'il se trouve dans l'impossibilité de s'y opposer, soit qu'il ignore la gestion.*

*Lorsque le propriétaire*, ou, pour mieux dire, *le maître de l'affaire connaît la gestion, et que, pouvant s'y opposer, il ne s'y oppose pas, il y a alors un contrat de mandat tacite* (1).

*Importe-t-il de distinguer le mandat de la gestion d'affaires?*

Cela importe, à un triple point de vue :

1° *Le mandataire a le droit de réclamer au mandant le montant de toutes les dépenses qu'il a faites pour l'exécution du mandat, lors même que l'affaire n'aurait pas réussi* (art. 1985);

*Le gérant d'affaires a le droit de réclamer au maître de l'affaire, seulement le montant des dépenses utiles qu'il a faites* (art. 1375).

2° *Lorsque le mandant meurt, le mandataire n'est tenu d'achever la chose commencée que s'il y a péril en la demeure* (art. 1991);

*Lorsque le maître de l'affaire meurt, le gérant est tenu de continuer la gestion de l'affaire, jusqu'à ce que l'héritier ait pu en prendre la direction* (art. 1373).

*En outre, le mandataire et le gérant répondent bien tous les deux de la* culpa levis in abstracto, *mais l'appréciation de la faute du gérant doit être faite, en général, avec plus de rigueur que l'appréciation de la faute du mandataire.*

A part ces différences, le quasi-contrat de gestion d'affaires fait naître entre le *gérant* et le *maître de l'affaire* des rapports semblables à ceux qui existent entre le *mandataire* et le *mandant.*

Ainsi, d'une part, le *gérant* est tenu :

1° *De continuer la gestion jusqu'à ce que le maître de l'affaire ou ses héritiers soient en état d'y pourvoir eux-mêmes* (art. 1372, 1er alin. et art. 1373);

2° *D'apporter à la gestion tous les soins d'un bon père de famille* (art. 1374, 1er alin.);

3° *De rendre compte de sa gestion* (art. 1993, 1994) ;

L'action du maître de l'affaire contre le gérant est l'action directe de gestion d'affaires, *actio negotiorum gestorum directa.*

D'autre part, le *maître de l'affaire* est tenu :

1° *De remplir les engagements que le gérant a contractés en son nom* (art. 1375);

2° *D'indemniser le gérant de tous les engagements personnels qu'il a pris* (art. 1375) ;

3° *De rembourser au gérant l'intégralité des dépenses, occasionnées par la gestion, avec intérêts à partir du jour des avances faites par le gérant* (art. 1375 et 2001).

L'action du gérant contre le maître de l'affaire est l'action contraire de gestion d'affaires, *actio negotiorum gestorum contraria.*

---

(1) En sens opposé, MM. Zachariæ, Aubry et Rau, t. III, p, 527. — M. Colmet de Santerre, n° 349 *bis*, III.

Remarquons :

1° *Que toute personne, même incapable de contracter dont l'affaire a été utilement gérée par un tiers, est soumise aux obligations du maître de l'affaire envers le gérant ;*

2° *Que, pour savoir si la gestion a été utile, il faut uniquement rechercher*, comme l'indique l'art. 1375, *si l'affaire a été bien administrée* (1).

Remarquons enfin *que celui qui s'immisce dans les affaires d'autrui par un motif personnel, n'est pas un gérant d'affaires; cependant, si sa gestion a tourné au profit du maître, il a contre le maître une action jusqu'à la concurrence de la somme dont ce dernier se trouve enrichi au moment de la demande* (action *de in rem verso*).

### 2° DU PAYEMENT DE L'INDU (2).

**1376.** — Celui qui reçoit par erreur ou sciemment ce qui ne lui est pas dû, s'oblige à le restituer à celui de qui il l'a indûment reçu.

**1377.** — Lorsqu'une personne qui, par erreur, se croyait débitrice, a acquitté une dette, elle a le droit de répétition contre le créancier. — Néanmoins ce droit cesse dans le cas où le créancier a supprimé son titre par suite du payement, sauf le recours de celui qui a payé contre le véritable débiteur.

*Le payement de l'indû est le payement effectué par une personne qui n'est pas débitrice.*

En droit romain, l'action en répétition de l'indû recevait le nom de *condictio indebiti ;* celui qui payait indûment était le *solvens* ou le *dans*, celui qui recevait indûment, l'*accipiens.*

D'après une doctrine assez généralement enseignée, on distingue, en matière de payement de l'indû, les *trois* cas suivants :

1° *Celui du payement effectué pour une dette qui n'existe pas* (art. 1235 et 1376) ;

2° *Celui du payement effectué pour une dette qui existe, mais où celui qui a reçu n'était pas le créancier* (art. 1376) ;

3° *Celui du payement effectué pour une dette qui existe, mais où celui qui a payé n'était pas le débiteur* (art. 1377).

Dans les *deux* premiers cas, l'art. 1376 ne distingue pas, *si celui qui a payé l'a fait ou non sciemment.*

Donc, dans les *deux* cas, celui qui a payé a le droit de répéter la

---

(1) Comparer sur la gestion d'affaires, MM. Zachariæ, Aubry et Rau, t. III, p. 526 et suiv.

(2) La doctrine actuelle attache à cette matière une grande importance ; cela tient sans doute à ce que pratiquement elle n'en a aucune ; de nos jours, on ne paye pas toujours le dû ; qu'est-ce donc de l'indû ?

chose comme indue, sans qu'en principe il y ait lieu de distinguer.

Dans le *troisième* cas, l'art. 1377 n'accorde positivement l'action en répétition à celui qui a payé que *s'il l'a fait non sciemment* (par erreur).

Dans ce même *troisième* cas, si celui qui a payé l'a fait sciemment, il a le droit de recourir contre le débiteur par l'action de gestion d'affaires.

Du reste, lorsque la répétition est fondée sur ce que le payement a été fait par erreur, il n'y a pas à distinguer entre l'erreur de *droit* et l'erreur de *fait*, car les termes de l'art. 1377 sont généraux.

Reste à régler la question de la *preuve*.

Le demandeur en répétition de l'indû doit établir :

1° *Le fait du payement ;*

2° *L'inexistence de la dette ;*

3° *Son erreur* (art. 1377).

Cependant, lorsque le défendeur a commencé par nier la réalité du payement et qu'il a succombé sur ce point, on décide que si la dénégation du défendeur a eu lieu *de mauvaise foi*, le juge doit dispenser le demandeur de toute autre preuve, et condamner le défendeur, à moins que ce dernier n'établisse que le payement lui a été fait pour une juste cause (1).

Remarquons que :

*Dans le cas prévu par l'art.* 1371, *si le créancier a supprimé son titre, l'action en répétition n'a pas lieu* (rapprocher les dispositions contenues dans les articles suivants).

Bien entendu, cette décision n'est applicable qu'au créancier *de bonne foi.*

**1378.** — S'il y a eu mauvaise foi de la part de celui qui a reçu, il est tenu de restituer, tant le capital que les intérêts ou les fruits, du jour du payement.

**1379.** — Si la chose indûment reçue est un immeuble ou un meuble corporel, celui qui l'a reçue s'oblige à la restituer en nature, si elle existe, ou sa valeur, si elle est périe ou détériorée par sa faute; il est même garant de sa perte par cas fortuit, s'il l'a reçue de mauvaise foi.

**1380.** — Si celui qui a reçu de bonne foi a vendu la chose, il ne doit restituer que le prix de la vente.

D'après ces articles, voici les différences à faire, quant à l'étendue de l'obligation de restituer entre celui qui a reçu *de mauvaise foi* et celui qui a reçu *de bonne foi :*

1° *Celui qui a reçu de mauvaise foi a l'obligation de restituer tant*

(1) Comparer L. 25, D., liv. XXII, tit. V.

*le capital que les intérêts ou les fruits du jour du payement* (article 1378).

*Cette sanction est inapplicable à celui qui a reçu de bonne foi* (art. 1378; *arg. à contrario*).

2° *Celui qui a reçu de mauvaise foi est tenu des cas fortuits* (article 1379).

*Cette sanction est inapplicable à celui qui a reçu de bonne foi* (art. 1379; *arg. à controrio*).

3° *Celui qui a reçu de mauvaise foi, dans le cas où il a vendu la chose qui lui a été indûment payée, est obligé de restituer le prix qu'il a obtenu, si ce prix est supérieur à la valeur de la chose, et, dans le cas contraire, la valeur de la chose* (art. 1380; *arg. a contrario*).

*Celui qui a reçu de bonne foi, dans le cas où il a vendu la chose qui lui a été indûment payée, n'est tenu de restituer que le prix de la vente.*

Certains auteurs examinent la question de savoir *si l'action de celui qui a payé par erreur est une action réelle.*

On adopte, en général, l'*affirmative*, en disant que *celui qui a reçu indûment n'a pu transférer des droits qu'il n'avait pas lui-même* (1).

On ajoute, d'ailleurs, afin de respecter l'art. 1380, que le demandeur devra indemniser l'aliénateur de bonne foi de tous les dommages-intérêts que ce dernier sera obligé de payer à l'acheteur évincé.

**1381.** — Celui auquel la chose est restituée, doit tenir compte, même au possesseur de mauvaise foi, de toutes les dépenses nécessaires et utiles qui ont été faites pour la conservation de la chose.

Le mot *utiles*, dans cet article, est de trop; les compilateurs n'ont bien évidemment entendu parler que des dépenses *nécessaires*.

Il faut appliquer aux dépenses *utiles* la règle posée par l'art. 555 (2).

NOTA. — Les auteurs distinguent encore :

L'action en répétition du payement effectué sans cause, *condictio sine causa*.

---

(1) Comparer MM. Zachariæ, Aubry et Rau, t. III, p. 535, texte et note 19. — M. Colmet de Santerre, t. V, n$^{os}$ 261 *bis*, III et IV.

Le droit romain n'admettait pas que l'action en répétition de l'indû pût être dirigé contre les tiers détenteurs. (V. aussi Pothier, n$^{os}$ 178 et 179.)

Comme disent les auteurs, les *principes* du Code Napoléon commandent une solution contraire; fort heureusement, l'espèce est chimérique, et ces *principes* ne recévront jamais aucune application.

(2) Comparer, sur le payement de l'indû, MM. Zachariæ, Aubry et Rau, t. III, p. 530 et suiv.

L'action en répétition du payement effectué pour une cause contraire aux bonnes mœurs, *condictio ob turpem causam.*

L'action en répétition de la chose dont une personne a été injustement dépouillée, *condictio ob injustam causam.*

Il y a seulement à remarquer, quant à la seconde, qu'elle ne s'applique pas, si la turpitude est commune aux deux parties (comparer L. 1, § 2, D., liv. XII, tit. V, C., — et L. 4, C., liv. IV) (1).

---

# CHAPITRE II

## DES DÉLITS ET DES QUASI-DÉLITS.

En droit civil, le mot *délit* n'a pas le même sens qu'en droit criminel.

*En droit civil, le délit est tout fait illicite, intentionnel et dommageable à autrui.*

En droit criminel (nous parlons d'après le Code pénal napoléonien), le *délit peut ne pas être intentionnel,* mais *il n'existe que s'il est prévu et puni par la loi pénale* (2).

De là, il résulte qu'un délit *civil* n'est pas nécessairement un délit *criminel*, et *vice versâ.*

Ainsi, certains faits de dol sont des délits civils et ne sont pas des délits criminels.

A l'inverse, la plupart des faits qui entraînent des peines de simple police ne sont pas des délits civils.

Il importe de distinguer le délit civil en ce que :

1° *Le délit purement civil est de la compétence des tribunaux civils ;*

*Le délit criminel est de la compétence des tribunaux criminels* (V. cep. art. 308 C. N.).

2° *La prescription de l'action civile, née du délit purement civil, s'accomplit par trente ans* (art. 2262) ;

*La prescription de l'action civile, née d'un délit à la fois criminel et civil, a lieu par le même laps de temps que celle de l'action publique,* c'est-à-dire par dix ans, trois ans ou un an, suivant que l'action est née

---

(1) V. aussi Maynz, *Eléments de droit romain,* t. II, p. 415.

(2) En droit criminel vrai, le délit est toute entreprise sur la liberté d'autrui qui atteste de la part de son auteur une volonté pervertie.

D'où il suit que la prison doit devenir, selon les cas, une école ou un hôpital. (V. notre *Manuel de droit pénal et d'instruction criminelle.*)

d'un crime, d'un délit ou d'une simple contravention (art. 637, 638, 640 C. I. C.) (1).

*Le quasi-délit est tout fait illicite, non intentionnel et dommageable à autrui.*

On voit qu'entre le *délit civil* et le *quasi-délit*, la différence consiste uniquement en ce que le *premier* est *intentionnel*, tandis que le *second* n'est pas *intentionnel.*

Quant au fondement philosophique de l'obligation dérivant du délit ou du quasi-délit, il consiste, comme il a été indiqué plus haut, dans *le préjudice causé à la liberté d'autrui.*

Il n'est pas plus possible de dresser une liste des délits et des quasi-délits qu'il n'est possible de dresser une liste des quasi-contrats, et le parti le plus sage qu'eussent pu prendre, en cette matière, les compilateurs napoléoniens, eût été de s'en tenir à poser le principe inscrit dans l'art. 1382.

**1382.** — Tout fait quelconque de l'homme, qui cause à autrui un dommage, oblige celui par la faute duquel il est arrivé à le réparer.

Cette disposition est une des meilleures que renferme le Code Napoéon, et si les compilateurs napoléoniens en eussent compris le sens profond, non-seulement elle les eût dispensés de faire figurer dans leur œuvre une foule de détails inutiles, mais encore elle les eût préservés de consacrer une multitude de dispositions oppressives.

Chaque homme est une liberté; chaque homme a droit au libre développement de ses facultés, de sa sensibilité, de sa raison, de sa volonté; chaque homme a le droit d'être maître de lui-même, autant qu'il le peut, et c'est pour cela que, dans l'état social, tout homme qui empiète sur la liberté d'autrui est obligé de réparer le dommage qu'il a causé à autrui.

Voilà un point lumineux !

Il est clair, du reste, que, lorsqu'un individu cause un dommage à un autre, pour qu'il y ait lieu à réparation, il faut :

1° *Que celui qui a causé le dommage ait excédé son droit, en le causant;*

2° *Qu'il ait, en outre, agi avec une volonté libre, car, sans liberté, il n'y a point de responsabilité* (2).

(1) L'anomalie que constate ce 2° est injustifiable, et c'est vainement que les auteurs entreprennent de l'expliquer. (Comparer M. Ortolan, *Eléments de Droit pénal*).

(2) Il serait difficile de trouver dans aucune législation une théorie moins rationnelle que celle de la législation romaine, en matière de délit.

Pour nous en tenir à un seul exemple, nous nous contenterons de rappeler le curieux passage où Ulpien enseigne que lorsqu'un homme libre est blessé par la faute d'un tiers, il n'a pas l'action de la loi Aquilia, car, dit le jurisconsulte,

**1383.** — Chacun est responsable du dommage qu'il a causé, non-seulement par son fait, mais encore par sa négligence ou par son imprudence.

Cet article ne fait que *doubler* le précédent.

**1384.** — On est responsable, non-seulement du dommage que l'on cause par son propre fait, mais encore de celui qui est causé par le fait des personnes dont on doit répondre, ou des choses que l'on a sous sa garde. — Le père, et la mère après le décès du mari, sont responsables du dommage causé par leurs enfants mineurs habitant avec eux. — Les maîtres et les commettants, du dommage causé par leurs domestiques et préposés dans les fonctions auxquelles ils les ont employés. — Les instituteurs et les artisans, du dommage causé par leurs élèves et apprentis pendant le temps qu'ils sont sous leur surveillance. — La responsabilité ci-dessus a lieu, à moins que les père et mère, instituteurs et artisans, ne prouvent qu'ils n'ont pu empêcher le fait qui donne lieu à cette responsabilité.

Les compilateurs napoléoniens ont établi dans cet article une série de *présomptions de quasi-délits.*

Au sujet de ces présomptions légales, il y a à remarquer :

1° *En ce qui concerne la présomption applicable aux père et mère relativement au dommage causé par leurs enfants mineurs habitant avec eux,*

Que, d'après l'avis général des auteurs, cette présomption subsiste, même lorsque les père et mère laissent leurs enfants se livrer *à une vie vagabonde*, et même lorsque l'enfant est *émancipé*, à moins cependant qu'il n'ait été émancipé par le mariage (1).

2° *En ce qui concerne la présomption applicable aux maîtres et aux commettants, relativement au dommage causé par leurs domestiques et préposés dans les fonctions auxquelles ils les ont employés,*

Que cette *dernière* partie de la formule est *trop étroite*, à un certain point de vue, et *trop large*, à un autre ; les maîtres et les commettants sont responsables de tout dommage causé par leurs domestiques et préposés, *même en dehors des fonctions auxquelles ils les ont employés*, pourvu que le dommage se rattache à ces fonctions ; et à l'inverse, les

---

personne, ce semble, n'a la propriété de ses membres, *dominus membrorum suorum nemo videtur*. (L. 13, D., liv. IX, tit. II.)

Et là-dessus un commentateur d'ajouter qu'il serait, en effet, *bizarre* de feindre au profit du demandeur, le *dominium membrorum suorum*. (V. M. Ch. Demangeat, *Cours élémentaire de Droit romain*, t. II, p. 405.)

Ah ! çà, mais à qui donc appartiennent-ils, les membres du demandeur? Adorable commentateur, enseignez-nous !

(1) Comparer Toullier, t. X, n° 277. — M. Duranton, t. XIII, n° 715. — MM. Zachariæ, Aubry et Rau, t. III, p. 549, texte et notes 2-4. — M. Colmet de Santerre, t. V, n° 565 *bis*, II.

Faut-il étendre cette présomption au tuteur?

Les partisans de l'affirmative ont pour eux la logique, mais les défenseurs de la négative peuvent répliquer que les présomptions sont de droit étroit, et que le Code Napoléon n'a pas parlé du tuteur.

maîtres et les commettants ne sont pas responsables du dommage causé par leurs domestiques et préposés, *même dans les fonctions auxquelles ils les ont employés*, lorsque le dommage ne se rattache pas à ces fonctions (1).

3° *En ce qui concerne la présomption applicable aux instituteurs et aux artisans, relativement au dommage causé par leurs élèves et apprentis pendant le temps qu'ils sont sous leur surveillance,*

Que l'*instituteur*, d'après le sens probable que l'article a attribué à ce mot, est une personne qui, à un titre quelconque, est chargée d'une manière permanente de l'éducation ou de la surveillance d'enfants ou de jeunes gens (2).

D'ailleurs, aux termes du *dernier* alinéa de l'article, les père et mère, instituteurs et artisans, peuvent repousser par la preuve *contraire* la présomption de faute qui pèse sur eux; mais, comme ce même alinéa ne mentionne pas les maîtres et les commettants, *il en faut conclure qu'à l'égard de ces derniers, la présomption de faute est invincible* (3).

Sont encore responsables du fait d'autrui :

*Les aubergistes et les hôteliers dans le cas prévu par l'art*, 73, *C. P.*

*Les Communes, dans les cas indiqués par la loi du* 10 *vendémiaire an IV*,

Notons que le mari n'est pas, en général, déclaré responsable du dommage causé par sa femme (4).

---

(1) Nous sommes assurément fort loin d'approuver les différentes présomptions décrétées par l'art. 1384; mais ces présomptions existent, et le sens que nous donnons à celle qui concerne les maîtres et les commettants nous semble le seul qui soit rationnel.

Comparer MM. Zachariæ, Aubry et Rau, t. III, p. 551-552. — M. Colmet de Santerre, t. V, n° 365, *bis*, VII.

V. aussi Fenet, t. XIII, p. 476.

(2) MM. Zachariæ, Aubry et Rau, t. III, p. 552.

(3) Les auteurs croient expliquer cette décision, en disant que les maîtres et les commettants sont *réputés* en faute pour avoir mal choisi leurs serviteurs et employés. (M. Colmet de Santerre, t. V, n° 365 *bis*, VII.)

Cela démontre-t-il qu'ils sont *réellement* en faute?

Remarquons :

1° *Que, lorsque l'auteur du fait dommageable est capable de discernement, l'individu lésé a le droit de recourir à son choix ou contre l'auteur même du fait, ou contre l'individu que la loi présume responsable;*

2° *Que, lorsque l'individu lésé exerce son recours contre l'individu que la loi présume responsable, celui-ci a un recours contre l'auteur du fait;*

3° *Qu'enfin, selon les circonstances, il peut exister des recours, soit de la part des instituteurs et des artisans contre les père et mère, soit de la part des père et mère contre les instituteurs et les artisans.*

(4) Quelle lacune et quelle inconséquence! Dans le système napoléonien, la femme n'est-elle pas une *mineure?*

**1385.** — Le propriétaire d'un animal, ou celui qui s'en sert, pendant qu'il est à son usage, est responsable du dommage que l'animal a causé, soit que l'animal fût sous sa garde, soit qu'il fût égaré ou échappé.

Pour l'application de cet article, il n'y a pas à distinguer :

1° *Entre les animaux domestiques et les animaux sauvages;*

2° *Entre l'animal qui a causé le dommage en suivant sa nature et l'animal qui l'a causé en s'écartant de sa nature* (1).

La personne, présumée en faute, a, d'ailleurs, le droit de fournir la preuve *contraire*, car l'article ne le lui dénie pas.

**1386.** — Le propriétaire d'un bâtiment est responsable du dommage causé par sa ruine, lorsqu'elle est arrivée par une suite du défaut d'entretien ou par le vice de sa construction.

Remarquons :

1° *Que lorsque la ruine d'un bâtiment est arrivée par suite d'un vice de construction, le propriétaire peut être en droit d'exercer un recours contre l'architecte ou l'entrepreneur* (art. 1792);

2° *Qu'il n'y a jamais lieu chez nous à la* cautio damni infecti, *car le droit napoléonien nous a fait grâce de l'abandon noxal des Romains.*

---

(1) Les Romains professaient sur ce point une *doctrine* différente; ils n'accordaient à la victime l'action en réparation du dommage (*actio de pauperie*), que lorsque l'animal avait agi contre sa nature. (*Instit.*, liv. IV, tit. IX, Pr.)

Et, en effet, comme l'exprime un ingénieux professeur (M. Demangeat), l'idée romaine paraît bien qu'il y a *un écart de conduite* dans le fait du cheval qui lance une ruade ou du bœuf qui donne un coup de corne; de là, la plaisante décision que donne encore Ulpien : « *Cum arietes vel boves commisissent, et alter alterum occidit, Quintus Mucius distinxit, ut, si quidem is periisset qui adgressus erat, cessaret actio; si is qui non provocaverat competeret actio. Quamobrem, eum sibi aut noxam sarcire aut in noxam dedere oportere.* (L. 1, § 11, D., liv. IX, tit. I.)



FIN DU DEUXIÈME VOLUME.

www.ingramcontent.com/pod-product-compliance
Lightning Source LLC
LaVergne TN
LVHW020953300926
849160LV00007B/133
* 9 7 8 2 0 1 9 1 8 8 2 8 3 *